사회심리학

SOCIAL PSYCHOLOGY

SOCIAL PSYCHOLOGY

사회심리학

마음과 행동을 결정하는 사회적 상황의 힘

로버트 치알디니, 더글러스 켄릭, 스티븐 뉴버그 지음

김아영 옮김

The 6th Edition

웅진 지식하우스

| 일러두기 |

1. 이 책에 등장하는 지명, 인명의 외래어 표기는 국립국어원의 표기법을 따랐다.
2. 책 제목은 겹낫표(『』), 편명, 논문, 보고서는 홑낫표(「」), 신문, 잡지 등의 간행물은 겹화살괄호(《》), 영화, TV 프로그램, 음악, 사진 등은 홑화살괄호(〈〉)로 표기했다.
3. 원서에서 볼드 및 이탤릭체로 강조한 단어를 이 책에서는 고딕체로 표시했다.

개인의 심리학에서 사회의 심리학으로

김경일
아주대학교 사회과학대학 심리학과 교수

이 책은 기본적으로 전공 서적이다. 대학 강의실에서 교수가 학생들에게 강의할 때 사용되는 전문 학술 도서인 셈이다. 하지만 사회심리학 전공 도서라면 예외일 수 있다. 사회심리학이라는 분야 자체가 심리학으로 한정 짓기에는 다루는 영역이 너무나 넓기 때문이다. 사람과 사회에 대해 궁금한 이들이라면 반드시 알아야 하는 게 바로 사회심리학이다. 게다가 임상 및 상담, 발달, 교육심리학을 비롯해 가장 딱딱하다는 신경심리학과 인지심리학에 이르기까지, 모든 심리학 연구들을 망라하는 것 또한 사회심리학의 역할이자 책임이다. 이를 반증하듯 전통적으로 사회심리학 분야 논문이 게재되어온 《성격및사회심리학지(Journal of Personality and Social Psychology)》나 《실험사회심리학지(Journal of Experimental Social Psychology)》 등의 학술지는 여러 분야의 심리학 연구자들이 논문을 선보이는 박람회로 자리매김한 지 오래다.

　이러한 학문의 특성상 사회심리학을 다룬 책은 저자와 관련 연구자들의 학문적 역량이 뒷받침되는 것뿐 아니라, 광범위한 독자층을 감안해 매우 쉽고 직관적으로 집필되어야 하는 이중의 고통을 떠안을 수밖에 없다. 사회심리학의 바로 옆에 자리한 인지심리학을 연구하는 나로서는 늘 그들을 바라보는 심정이 안쓰럽기만 하고 한편으로는 고마우며 경우에 따라 미안할 때도 많다.

이토록 어려운 일을 그 누구보다도 잘해낸 최고의 적임자들을 이 책에서 만날 수 있다. 로버트 치알디니, 더글러스 켄릭, 그리고 스티븐 뉴버그, 세 학자 모두 심리학자들 사이에서 우열을 가리기 힘든 명성을 지녔다. 그중에서도 유난히 눈에 띄는 한 사람이 있으니, 살아 있는 심리학자의 책으로는 한국에서 가장 많이 팔린 『설득의 심리학』을 쓴 로버트 치알디니다. 치알디니의 후속작 『초전 설득』을 번역했던 나에게도 그는 특별하다. 단순히 세계적인 베스트셀러 작가라서가 아니다. 그는 최고 수준의 연구자일 뿐 아니라, 여러 이론들이 현실에서 발현되는 과정을 몸소 사람들 틈을 비집고 들어가 확인하는 행동가이기 때문이다. 누군가를 설득하는 과정을 살펴보기 위해 보험 설계사 교육과정을 직접 수강하고, 소비자들이 불법 다단계 제품에 현혹되는 이유를 파헤치기 위해 현장 판매가 이뤄지는 (한국과 놀랍게도 유사한) 관광버스에 올라타는 사람이 바로 치알디니다. 이러한 행동력은 나머지 두 저자들도 조금도 다르지 않다. 다시 말해 사회심리학자 중에서도 실험실 안에서 연구하는 데 그치지 않고, 사람과 사회 속에 직접 들어가보는 연구자라는 뜻이다. 우리는 이를 두고 '경험'이라고 한다. 연구자들이 가장 취약한 것이 이 경험인데, 이 책의 세 저자들이 지닌 폭넓은 경험은 (자신들이 스스로 강조했듯이) 사회심리학에서 기술(記述, description)과 설명(說明, explanation)을 당당하게 구분하는 원동력으로 작용한다. 그렇다면 기술과 설명은 무엇이 다른가? 기술은 대상이나 과정의 내용과 특징을 있는 그대로 열거하거나 기록해 서술하는 것이다. 설명은 어떤 일이나 대상의 내용을 상대방이 잘 알 수 있도록 밝혀내는 것으로, 반드시 원인과 결과에 대한 명확한 근거가 뒷받침되어야 한다. 사회심리학은 꽤 최근까지도 방대한 분량의 기술에 비해 설명이 부족하다는 비판을 받아왔는데, 이 책은 그 문제를 제대로 해결했다. 책 곳곳에서 살아 숨 쉬는 실존 인물과 사건들을 제시하며, 사회심리학이라는 영역에서 이제껏 축적해왔던 풍부한 기술에 제대로 된 설명을 보완해 완성체를 이룬 수작이다.

이 책은 인간과 그들이 모여 이룬 사회에 대해 우리가 가졌던 거의 모든 궁금증과 질문에 대답하고 있다. 사람과 상황, 자신과 타인 같은 객체의 관점을 비롯해, 태도 형성과 설득의 과정, 관계 맺기와 우정, 사랑 등, 우리 인생에서 가장 큰 관심사들을 하나하나 짚으며 답을 제시한다. 더불어 얼핏 똑같아 보이는 우리 인간들이 사회와 문화에 따라 어떻게 달라지는지도 중요하게 다루고 있다. 그 과정에서 양질의 검증된 실험들을 선정해 논리를 세워나가는 것은 물론이다. 이러한 작업은 사회심리학자로서 실험을 가장 잘 이해하고 인지심리학자들의 러브 콜을 받는 스티븐 뉴버그가 대부분 담당했다. 또한 이 책은 최근 학문의 전 영역에서 다시금 그 영향력과 가치를 재조명받는 진화적 관점을 곁들여 현실을 바라보는 우리의 안목을 넓혀준다. 이 부분은 전 세계 최고 권위자로 꼽히는 더글러스 켄릭의 힘이 절대적으로 기여했다.

무엇보다 이 책은 심리학의 수많은 연구 분야와 사회심리학 간 연결 고리를 명확하게 이해하고 집필되었다는 점을 분명하게 짚고 싶다. 심리학뿐 아니라 여타 학문 분야에 관한 이해 수준도 매우 우수하다. 이는 결코 연구자 개인이나 연구 팀의 역량으로만 해결될 수 있는 일이 아니다. 실제로 전문 분야에서는 세계 최고 수준을 자랑하지만 다른 분야와의 연결성이 형편없어 깊고 깊은 우물 안 개구리로 전락한 책들이 무수하다. 깊은 우물 안에서 올려다본 세상에 대해 심오한 논의를 이어가는 진지한 난쟁이들로 북적이는 곳이 연구자 집단이라고 할 수 있다. 그중에서도 몇몇이 유기적이면서 광범위한 연결성을 만들어내는 원동력은 무엇일까? 엉뚱하게 들리겠지만 그 비밀은 거의 절대적으로 연구자 개인의 인품에 달려 있다. 활기차게 교류를 이어가고 남을 따뜻하게 배려하며 진실되게 이해하려는 보편적 선함을 지닌 연구자들만이 다른 연구자들을 받아들이고 끌어안아 학문적 연결성을 만들어낸다. 요컨대, 학계의 생리도 평범한 사람들이 사는 동네와 전혀 다르지 않다.

이 책의 세 저자들은 그저 유능한 '사회심리학자'가 아니라, 성숙하고 활기차게 세상과 교류하는 '사회인'이다. 학자로서, 사회인으로서 그들이 지닌 평판이 얼마나 좋은지는 한참 멀리 떨어진 한국에 사는 나조차 익히 알고 있을 정도다. 세상을 감동시키는 책을 쓰고도 정작 글쓴이의 실제 삶은 그것과 완전히 동떨어진 경우가 어디 한두 번이었는가. 심리학자들도 예외는 아니라서, 심리학자들의 책을 읽을 때마다 겁난 적이 많았다. 하지만 이 책의 저자들은 믿어도 좋다. 이들은 차가운 머리와 냉철한 이성으로 사회심리학의 최고봉에 올랐을 뿐 아니라, 훌륭한 인품으로 심리학을 다른 학문들과 연결했고, 놀라운 호기심으로 설명의 뿌리가 될 만한 세상의 실재들을 직접 찾아 나선 탐험가들이다.

이론을 집대성한 책들은 무수히 많다. 당연히 이 책도 그 점에 있어서는 최고 수준의 완성도를 지니고 있다. 하지만 객관적인 근거에 의거해 합리적 주관을 가진 저자들을 통해 다양한 주제와 논의 속에서 중요한 핵심과 기본적 흐름을 잃지 않게 해주는 서적은 정말 귀하다. 여기에 독자들에 대한 세심한 배려까지 있다면 무엇을 더 바라겠는가. 심리학도가 아니라도 늘 곁에 두며 참조하고 곱씹어볼 내용들로 가득 찬, 가장 지혜로운 심리학자들이 인류와 사회에 대해 들려주는 과학적인 이야기들이 지금 시작된다. 전공 서적 같다는 선입견만 버리시라. 그럼 그 열매는 인생에 두고두고 남을 만큼 달콤하고 귀할 것이다. 나 역시 이 책을 밑줄을 그어가며 몇 번이나 탐독했는지 모르겠다. 이런 책에는 무작정 추천한다는 건방진 말 대신, 세상에 나와주어 고맙다는 진심 어린 감사의 말을 전해야 한다.

인간과 사회에 관한 지상 최대의 이야기

사회심리학은 본디 재미있는 학문이다. 현란한 묘기가 펼쳐지는 한 편의 서커스처럼 보이기도 한다. 인간의 이타적인 면모를 보며 경외심에 사로잡히다가도, 서슬 퍼런 공격성으로 금세 충격에 휩싸인다. 상대방의 생각과 행동을 바꾸는 설득 메커니즘은 마술사의 모자를 보는 듯하고, 인간 피라미드를 쌓아올리는 협동의 위력과 자기기만의 교묘한 아이러니도 쉴 새 없이 눈을 잡아끈다. 조금만 시선을 돌리면 아슬아슬하게 사랑의 줄타기를 하는 연인이 보이고, 정신을 차려보면 또다시 공격성이라는 야생 사자의 굴로 이끌려간다.

하지만 사회심리학을 처음 접하는 사람에게 어지러운 서커스처럼 선보이는 건 현명한 선택이 아니다. 인간의 사회적 행동이 일정한 패턴으로 서로 연관되어 있다는 중대한 사실이 가려지기 때문이다. 공격성과 신념, 편견, 인간관계 등 각 장의 내용을 연관성 없이 따로따로 제시할 경우 사회심리학이라는 분야에 대한 오해를 키울 수도 있다. 사회적 행동의 다양한 측면 뒤에는 핵심을 이루는 상식적 개념과 차원, 원리가 항상 존재한다. 내재된 원리들을 발견하고 이를 체계화해 결합하면 많은 자료를 더욱 쉽게 얻고 간직할 수 있다.

아무리 재미있고 자극적이라도 서커스가 훌륭한 학습의 장은 될 수 없다. 사회심리학이라는 분야는 눈이 휘둥그레지는 서커스가 아니라 일관되고 매혹적인 연대기로 봐야 한다. 물론 그 형태가 다채롭고 아주 복잡하게 꼬여 있는 것에 가깝지만, 자세히 들여다보면 그 안에는 반복적으로 등장하는 인물과 장면, 각각의 요소들과 관련된 주제가 담겨 있다. 이 책은 사회심리학이라는 분야에 통합적으로 접근하는 틀을 제공함으로써, 독자들에게 무질서 속의 질서를 발견하는 지적 유희와 사회를 읽는 안목을 선사한다.

이 책의 집필하기 전 우리는 매주 오후에 만나 사람들에게 사회심리학을 제대로 알릴 진정한 틀을 개발하려고 애썼다. 사전 논의하는 데에만 꼬박 1년이 걸렸고, 회의가 열릴 때마다 획기적인 아이디어와 통찰이 샘솟듯 나왔다. 그 과정에서 역설적인 이점 하나를 발견했는데, 세 저자의 의견이 일치하지 않았다는 사실이다. 우리는 하나의 사안에 대해 사회적 인지와 사회적 학습, 진화심리학 등 현대 사회심리학의 여러 이론적 관점에서, 때로는 정반대의 관점에서 접근했다. 이렇게 다양한 접근법을 아우르는 틀을 찾는다면 보다 폭넓은 토대 위에서 사회심리학이라는 분야를 통합적으로 이해할 수 있다는 걸 깨달았다. 그리고 비로소 세 사람 모두가 흡족해하는 틀을 발견해냈다.

이 책에서는 사회심리학의 여러 논제를 2가지 핵심 주제로 아우른다. 첫째는 사회심리학의 목표 지향적 특성이다. 의식적으로 설명할 수는 없어도, 권위 있는 인물에게 복종하거나 새로운 인간관계를 시작하거나 서로 주먹질을 하는 등 모든 사회적 반응 뒤에는 목표가 존재한다. 가령 타인에게 인정받기, 자아상(self-image) 정당화하기, 사회적 지위 얻기가 목표의 예가 된다. 1장에서는 사회적 유대 형성, 상대의 마음 끌기, 자신과 주변 사람 이해하기 같은 목표가 어떻게 파생되는지 살펴보고, 2장에서는 그 목표가 어떤 작용을 하는지 알아본다. 3장부터 14장까지는 "공격성이나 순응, 편견(또는 각 장에서 다루는 특정한 행동)에는 어떤 목표가 있는가?" 하는 문제의식을 중심으로 목표를 강조한다.

둘째는 사람과 상황의 상호작용이다. 한 사람의 사회적 행동이 어디에서 나오는지 충분히 이해하려면 개인의 다양한 측면이 주변 상황과 상호작용하는 과정을 살펴보아야 한다. 태도와 특질, 기대, 속성, 기분, 목표, 고정관념, 감정 같은 개인의 내면적 특징이 상황과 어떻게 상호작용해 사회적 행동에 영향을 미칠까? 독일의 심리학자 커트 르윈(Kurt Lewin)이 도입한 상호작용주의는 사회심리학에서 상당히 중요하다. 유감스럽게도 사회심리학 개론서 가운데 상호작용주의가 사회현상의 얼마나 많은 부분을 설명할 수 있는지 제대로 다루는 책은 드물다. 이 책에서는 개인의 내면과 외부 세계의 상호작용을 중점적으로 조명해볼 예정이다.

지난 20년 동안 사회심리학자들은 개인이 사회적 상황과 관련된 정보를 어떻게 처리하는지 이해하기 위해 인지적 관점을 활용했다. 그 덕분에 사회적 학습의 관점에서 밝혀진 연구 결과들의 근거가 더욱 많아졌다. 특히 최근에는 다양한 인간 문화와 동물 종에서 나타나는 사회적 행동에 대한 흥미로운 사실들이 발견되어 사회 문화적 관점과 진화론적 관점이 결합되는 일이 잦아지고 있다.

사회 문화적 관점에서는 개인의 사회적 행동과 생각이 사회라는 더 넓은 배경에 어떻게 둘러싸여 있는지를 중요하게 여긴다. 효과적인 설득의 기술이 무엇인지, 개인을 규정하는 기준이 그 사람의 자질인지 그가 속한 집단의 특징인지, 배우자를 몇 명 두는지 등의 질문에 대한 답은 문화에 따라 달라진다. 문화 연구가 흥미로운 이유는 차이점에 주목하는 경우가 많고 결과적으로 '우리의 방식'이 유일한 게 아니라는 사실을 상기시키기 때문이다.

비교 문화 연구는 전 인류에게 공통적인 행동 방식과 사고방식이 존재한다는 또 다른 사실을 일깨워준다. 진화론적 관점은 다양한 인간 문화뿐 아니라 동물 종 사이에도 공통점이 존재하는 이유를 이해하는 데 도움이 된다. 초기의 진화심리학은 공격성과 성(性), 이성 간의 격돌을 초래하는 '이기적 유전자(selfish gene)' 등 인간 본성의 어두운 면을 부각시켰다. 하지만 진화론적 분석에 따르면 우리 선조들이 살아남을 수 있었던 것은 배타적인 경쟁뿐 아니라 집단 구성원들과의 협력과 우정, 가족 간의 유대를 귀하게 여기는 행동 덕분이기도 했다. 이로써 하나의 관점이 다른 관점을 '대체'하는 건 아니라는 점이 분명해진다. 오히려 다양한 관점들이 한데 어우러질 때 우리는 사회를 더욱 잘 이해할 수 있다.

이 책에서는 사회심리학이 신경과학과 발달심리학, 임상심리학 같은 심리학의 다양한 영역뿐 아니라 인류학과 경제학, 정치학, 동물학 등 다른 행동과학에 어떤 관련이 있는지 집중적으로 살펴본다. 사회심리학과 문화, 신경과학과 연관된 다수의 최신 연구 결과를 바탕으로 더욱 새롭고 광범위한 주제를 다루려고 했다. 예컨대 7장에서는 개인을 집단의 일부로 여기지 않는 문화에서는 사람들의 뇌가 자신의 성공과 타인의 성공에 다르게 반응한다는 연구 결과를 소개한다. 14장에서는 짝짓기 동기에 의해 마음이 움직일 경우 경제적 손실에 아주 다르게 반응한다는 것을 보여주는 연구 결과를 소개한다. 지난 5판과 비교해 300편에 달하는 참고 문헌이 추가되었고 그중 대부분이 2011년 이후 새로 발표된 논문이다.

이 책의 구성과 특징

이 책의 1장에서는 사회심리학을 소개하고, 2장에서는 개인과 사회적 상황에 대해 좀 더 자세히 살펴보았으며, 3장부터는 논점 중심으로 체계를 구성했다. 각 장의 도입부에는 유명인의 사례를 들어 사회적 화두를 던진다. 1장은 한때 가난한 미혼모였지만 운명적인 계기로 삶이 완전히 달라진 J. K. 롤링(J. K. Rowling)의 이야기로 시작한다. 출세작 『해리 포터』 시리즈로 벼락부자가 된 그녀는 수백만 달러를 기부했다. 갑자기 큰돈을 쥐었을 때 왜 누구는 부를 축적하고 누구는 자비로운 자선가가 되는가? 이러한 의문과 관련해 사회심리학자 엘리자베스 던(Elizabeth Dunn)과 동료들이 타인에게 심리적 편익(psychological benefit)을 제공하는 행동에 관해 흥미로운 연구를 수행했다. 롤링의 사례는 사회적 학습과 문화, 인지, 생태가 사회적 결정에 어떠한 영향을 미치는지 의문을 제기한다. 이외에도 마틴 루서 킹(Martin Luther King)부터 달라이 라마(Dalai Lama), 찰스 맨슨(Charles Manson)에 이르는 다양한 인물들의 흥미로운 일화를 통해 논쟁적인 화두를 던진다.

이러한 화두는 단순히 흥미를 끄는 것을 넘어, 학습 자료에 접근하는 기본적인 방법을 알려준다. 우리의 접근법은 대개 연구에 바탕을 둔다. 연구는 훌륭한 수사와 같다. 수사관과 마찬가지로 연구자는 흥미롭거나 곤혹스러운 의문점이 생기면 조사를 시작해 단서를 탐색하고 증거를 모으며 가설을 검증하고 가능성을 하나씩 제거해가다가 앞뒤가 맞아떨어지는 정답을 발견한다. 아울러 세계 곳곳의 연구자들이 의문점에 대해 어떻게 해답을 얻었는지 그 방법론을 간단히 설명한다. 가령, 1장 도입부의 수수께끼와 관련해 브리티시컬럼비아대학교의 엘리자베스 던은 기부 행위의 이점에 대한 연구와 더불어 그 주제를 비교 문화와 발달이라는 측면에서 새롭게 조명했다. 집단에 대해 다룬 장에서 암스테르담자유대학교의 마크 판 퓌흐트(Mark Van Vugt)는 리더십에 대한 자신의 연구를 들어, 적절한 환경만 갖춰지면 남성보다 여성 지도자가 선택받을 가능성이 훨씬 높은 이유를 설명한다. 사회적 딜레마에 대한 장에서 텍사스크리스천대학교의 세라 힐(Sarah Hill)은 백인이 '혼혈'인 사람을 백인이나 흑인으로 인지하는 데 경제적 요소가 어떤 영향을 미치는지 보여주는지 설명한다. 자기 제시(self-presentation)를 다루는 장에서는 퀸즐랜드대학교의 빌 폰 히펠(Bill von Hippel)이 스케이트보드 공원에서 젊고 아름다운 여성의 존재만으로 스케이트보드를 타는 남성들의 테스토스테론 수치가 치솟고 더욱 위험한 묘기를 부려 말 그대로 목숨을 걸게 되는 과정을 보여준다.

이 책에서는 각각의 사회적 행동을 '사람(Person)', '상황(Situation)', '사람과 상황의 상호작용(Interaction)'이라는 3가지 요소로 나눠 조명해 그 안에 어떠한 목표가 내재되어 있는지 살펴본다.

첫 번째 '사람'에서는 인간 내면의 요소가 각각의 목표를 이끌어내는지 알아본다. 어떤 특질이 사람들로 하여금 순응해서 사회적으로 인정받게 만드는지, 자신과 타인을 정확히 파악하기 위해 깊이 생각하는 것은 어떤 기분의 영향인지 알아본다.

두 번째 '상황'에서는 각각의 목표를 이끌어내는 외부 요인을 살펴본다. 개인이 느끼는 위협이 어떤 식으로 자기방어적 선입견을 불러일으키는가? 문화 규범은 가벼운 관계에서 성적 만족을 얻으려는 욕구에 어떤 영향을 미치는가? 시간의 압박은 낯선 사람을 판단하는데 어떤 영향을 미치는가?

마지막 '상호작용'에서는 개인적 요소와 상황적 요소가 상호작용하는 원리를 보여준다. 개인은 상황을 선택하고, 마음에 들지 않는 상황을 바꾸기도 하며, 어떤 상황에서는 거부당하고 타인에 의해 변하기도 한다. 예를 들어 외로운 사람은 애정에 굶주린 행동을 보이면 주변 사람들은 그 사람을 피하고 모임에 부르지 않게 된다. 결국 그의 내면에서는 사회적으로 고립되었다는 느낌이 더욱 강해진다. 이 책에서는 개인과 상황의 상호작용의 중요성을 체계적으로 보여줌으로써, 심리학에서 자주 쓰이는 단일 요인 설명, 즉 하나의 요인으로 현상을 설명하는 방식의 한계를 밝힌다. 이는 문제의 원인을 개인의 공격성이나 맹목적 복종 탓으로만 돌리거나, 반대로 개인을 대인 관계라는 거대한 체스판 위의 대체 가능한 말로 여기는 것의 오류와도 직결된다.

본문 중간마다 배치된 〈BOX〉에서는 여러 실험 결과와 현실 사이의 연관 관계를 논한다. 이를테면 연구를 통해 얻은 통찰이 덜 불공평한 학급 분위기를 만들고, 부부 생활을 지속하도록 돕고, 폭력을 줄이는 데 어떻게 활용될 수 있는지 알아본다. 연구 결과가 현실에 적용되는 과정에서 발생한 예상치 못한 부작용에 대해서도 짚어본다. 건전하다고 여겨지는 사회적 행동도 도가 지나치면 불건전한 결과를 낳는다. 연인 간에 강한 유대를 형성하려는 평범한 적응적 성향이 집착의 단초가 되는 것이 대표적이다. 이외에도 건강이나 사업, 법률 같은 주제도 사회심리학의 주요 논점과 어떻게 연결되는지 알아본다. 그 과정을 좇다 보면 사회심리학의 원리가 우리의 평범한 일상과 필연적인 관계를 맺고 있다는 걸 깨닫게 된다.

연구 방법론에 관한 해설은 필수적인 것들 위주로 담았다. 1장에서 사회심리학의 주요 연구 방법들을 소개하기는 하나, 이 또한 의문점에 대한 답을 구하는 과정 위주로 정리했다(가령, 메타 분석이라는 개념을 소개하면서 매체가 공격성에 미치는 영향에 대한 연구를 함께 제시한다). 도출 과정을 이해해야 연구 결과를 온전히 신뢰할 수 있기 때문이다.

마지막으로 이 책에서 통합을 강조한다는 점을 다시 한번 말하고 싶다. 이 책에서는 사회적 인식과 영향, 관계 등을 따로 분류하지 않는 대신, 각 장의 주제가 주로 개인의 내면에서 시작해 외부에서 일어나는 현상까지 연속적으로 흘러간다. 하지만 첫 장과 마지막 장을 제외하면 반드시 순서를 따를 필요는 없다. 통합은 벽돌 쌓듯 일정한 비율로 차곡차곡 이루어지는 것이 아니기 때문이다. 그보다는 여러 주제에 두루 적용되는 **목표**와 **사람과 상황의 상호작용**이라는 한 쌍의 개념을 통해 통합이 이루어진다. 목표는 다양해도 목표의 기능, 즉 목표가 발전하고 작용하는 방식은 공격성이나 매력 발산, 자기 제시 등 다양한 사회적 행동에서 비슷하게 나타난다. 또 연구 대상에 따라 작용하는 요소가 다르지만 사람, 상황, 상호작용의 3요소를 이해하면 어떤 행동을 어떤 순서로 살펴보든 일상 속 사회적 행동의 원인을 속속들이 알 수 있다. 바로 이 2가지 중심 개념 덕에 이 책의 내용을 통합적이고 유연하게 구성할 수 있었다.

이제 독자들은 서커스보다 밀접하게 얽히고 상호 연관된 일상 속 사회적 행동을 보게 될 것이다. 사회심리학은 '지상 최대의 쇼'라기보다 놀랍고 논리적이며 유익하기까지 한 '지상 최대의 **이야기**'라고 할 만하다. 독자들도 이 말에 동의할 수 있기를 바란다.

| 목차 |

———— 제1장. 일상의 수수께끼를 푸는 열쇠 ————

———— 제2장. 행동을 결정짓는 2개의 축, 사람과 상황 ————

제3장. 자신과 타인 이해하기

제7장. 관계 맺기와 우정

제8장. 사랑과 낭만적 관계

제9장. 친사회적 행동

제10장. 공격성

제11장. 편견, 고정관념, 차별

제14장. 사회심리학의 종합

제1장

일상의 수수께끼를 푸는 열쇠

◖

—— 가난했던 싱글 맘이 기부 천사가 된 이유 : J. K. 롤링 ——

대학을 졸업하고 몇 년이 지나도록 조이스의 삶은 꼬여갔다. 그녀는 당시 상황
을 이렇게 회고한다.

> 나는 어마어마한 실패를 겪었다. 지극히 짧았던 결혼 생활은 파탄 났고,
> 직업도 없이 혼자 아이를 키웠으며, 노숙자만 아니었을 뿐이지 영국에서
> 가장 가난하게 살았다. 부모님과 내가 두려워하던 일이 전부 실제로 일
> 어났고, 일반적 기준으로 볼 때 모든 면에서 나는 최악의 실패자였다.

이러한 개인적·경제적 실패에 직면하면 대다수의 사람들은 더 이상 어떤
시도도 하지 않을 것이다. 하지만 조이스는 운명에 순순히 굴복하지 않았다.
어린 딸의 끼니를 마련하기 위해 분투하는 한편, 고전문학에 대한 지식을 활용
해 밤늦게까지 아동 소설을 썼다.

소설 집필은 경제적 성공에 그다지 현실적인 대안이 아니다. 매년 영국에
서는 어림잡아 49만 3000권의 책이 출판되고, 출판할 곳을 찾지 못하는 책은
그보다 훨씬 많다. 조이스의 소설도 그녀가 겪게 될 또 다른 실패로 보였다. 그
녀의 책은 12개 출판사에서 거절당했다.

그러던 중 열세 번째 출판사에서 그 책을 받아주었다. 편집자는 조이스에
게 1500파운드를 선인세로 제시하며, 아동 서적으로 돈을 벌 수 있을 것 같지

않으니 소설을 쓰는 대신 직장을 구해보라고 조언했다.(Blais, 2005) 하지만 상황이 불리해 보였음에도 조이스의 책은 서점에서 꽤 잘 팔렸다. 조이스는 직장을 구하는 대신 후속 작품을 썼고, 그것 역시 상당한 매출을 올렸다. 그렇게 가난에 쪼들리던 싱글 맘은 몇 년 만에 《포천》의 억만장자 목록에 올랐다.

이 이야기의 주인공인 조이스는 『해리 포터』 시리즈의 작가인 J. K. 롤링(J. K. Rowling)이다.

가난하게 살던 롤링이 힘들게 번 돈을 차곡차곡 모았다면 그것은 그리 놀라운 일이 아니었을 것이다. 큰돈을 벌기 시작한 사람들은 세금을 그토록 많이 내야 한다는 데 덜컥 놀라고 세금을 절약할 방도를 찾아 나서는 게 일반적이다. 하지만 롤링은 그러지 않았다. 자랑스럽게 세금을 냈을 뿐 아니라 남은 재산 가운데 많은 금액을 기부하기 시작했다. 한 번에 1500만 달러를 기부한 적도 있었다. 그리고 그런 일은 여러 번 이어졌다. 기부를 너무 많이 한 나머지 《포천》의 억만장자 목록에서 빠질 정도였다.

재정적으로 엄청난 성공을 이룬 후 롤링은 하버드대학교 졸업식 연설자로 초청받았다. 졸업생 중에는 앞으로 백만장자와 세계적 지도자가 될 학생들이 많았다. 롤링은 졸업생들에게 어려운 일을 수행할 능력과 지성, 소양을 자신만을 위해 쓰지 말고 세계 도처에서 고통받는 수천, 수만의 힘없는 사람들의 처지를 개선하는 데 사용해달라고 부탁했다.

J. K. 롤링의 이야기는 몇 가지 흥미로운 수수께끼를 던진다. 많은 사회과학의 기초가 되는 인간 본성에 대한 일반적인 견해는 우리의 마음이 이기적으로 설계되었다는 것이다. 즉 인간은 자신의 이익에 따라 의사결정을 한다는 의미다. 그렇다면 롤링 같은 사람들은 왜 돈과 관련해 그토록 관대하고 다른 이들의 복지를 염려할까?

이 책에서는 인간 본성에 대한 광범위한 의문뿐 아니라 사랑과 증오, 관대함과 공격성, 영웅적 행위와 배신 등에 관련된 일상 속 수수께끼를 탐구하려 한다. 왜 어떤 사람에게는(혹은 어떤 상황에서는) 관대하고 다정하게 대하고, 어떤 사람에게는 방어적이고 공격적으로 대하게 될까? 부모의 사랑과 대비되는 낭만적 사랑의 본질은 무엇일까? 왜 어떤 사람은 J. K. 롤링처럼 결혼한 지 몇 달 만에 파경을 맞고 어떤 사람은 평생을 해로할까? 어떻게 하면 직장 동료의 협조를 얻어낼 수 있을까? 왜 어떤 사람은 더 훌륭한 지도자가 될까? 타인에 대한 반응에 영향을 미치는 요소는 문화적 배경일까, 어릴 적 경험일까, 성별일까, 뇌 속에서 벌어지는 신경화학적 작용일까?

대개 뉴스를 열심히 시청하고 책을 탐독하거나 자신의 느낌과 의견에 대해 친구들과 이야기를 나누면서 이러한 의문을 풀려고 노력한다. 사회심리학에서는 여기에서 한발 더 나아가 과학적 탐구라는 체계적 방법을 적용해 조사·연구한다.

사회심리학에 관하여

사회심리학(social psychology)은 우리의 생각과 느낌, 행동이 다른 사람들에게 어떤 식으로 영향을 받는지 과학적으로 연구하는 학문이다. 이때 '과학적'이라는 말은 무슨 뜻일까?

사회적 행동의 기술과 설명

과학적 사회심리학의 과제는 기술(description)과 설명(explanation)이라는 2가지 일반적 범주로 나눌 수 있다. 어떤 현상(조류의 이동이나 지진, 부족 간의 전투 등)에 대한 과학적 설명의 첫 단계에는 객관적이고 믿을 만한 기술(묘사)이 필요하다. 과학자들은 한쪽으로 치우치거나 부주의하게 기술하지 않도록 도와주는 타당하고 믿을 만한 연구 방법을 개발하기도 한다.

면밀한 기술은 과학적 설명의 첫 단계지만 그것만으로는 호기심을 충분히 채울 수 없다. 사회심리학자들은 사람들이 서로의 행동에 영향을 미치는 이유를 설명하려고 애쓰기도 한다. 훌륭한 과학적 설명은 서로 무관한 수많은 관찰 결과를 관련지어 논리적이고 의미 있는 패턴을 만들어낼 수 있다. 철학자 쥘 앙리 푸앵카레(Jules Henri Poincaré)는 과학적 사실을 집 짓는 데 쓰는 돌에 비유하면서, 이론이 없다면 이러한 사실들은 잘 지어진 집이 아니라 돌 더미에 불과하다고 말했다. 관찰한 사실들을 체계화하고 연결하는 과학적 설명을 가리켜 **이론**(theory)이라고 한다.

이론은 기존의 지식을 체계화할 뿐 아니라 앞으로 보아야 할 방향을 알려준다. J. K. 롤링처럼 유독 타인에게 도움의 손길을 내미는 사람이 있는가 하면,

더 이기적으로 행동하는 사람도 있는 이유는 무엇일까? 이럴 때 참고할 이론이 없다면 어디에서부터 답을 찾아야 할지 알 수 없을 것이다. 어쩌면 타인을 돕는 성향은 최초의 이타주의자들이 태어난 때의 행성 배열이나 그들이 마신 물속의 어떤 성분 때문인지도 모른다. 하지만 사회심리학 이론은 이러한 사회적 행동의 원인을 다른 데서 찾는다. 이를테면 당시 각자가 처한 사회적 환경이나 가정환경, 문화, 개코원숭이를 비롯한 사회적 동물과 인간이 공유하는 일반적 성향 등에 착안한다. 앞으로 살펴보겠지만 사회심리학자들은 특정 행동을 유발한 다양한 원인을 가려낼 수 있도록 흥미로운 연구 방법들을 개발해왔다.

마지막으로 과학 이론은 미래의 사건을 예측하고 다루기 어려운 현상들을 미리 통제하도록 도와주기도 한다. 과학 이론은 전구와 개인용 컴퓨터, 우주왕복선 개발을 이끌어냈고, 천연두 같은 질병을 통제할 수 있게 만들었다. 앞으로 살펴보겠지만 사회심리학 이론은 사람들이 폭동이나 사이비 종교에 가담하는 이유를 비롯해 이해하기 어려운 편견과 호의, 애정의 근원 등에 대해 유용한 정보를 제공한다.

학문과 학문을 잇다

비단 사회심리학자만 사회적 행동의 수수께끼에 주목하는 것은 아니다. 인류학자는 어떤 사회의 관습이 다른 사회에서는 아주 부적절한 것으로 취급받는 이유를 분석한다.(8장에서는 한 여성이 여러 남성과 결혼하는 일처다부제 사회에 대해 이야기할 것이다.) 진화생물학자는 인간의 사회적 행동과, 침팬지와 하이에나, 유리멧새 등의 사회적 행동 사이에 공통의 패턴이 있는지 살펴본다.(10장에서는 테스토스테론과 공격성 및 성 역할의 연관성이 광범위한 생물 종에 걸쳐 비슷하게 나타나는지 알아볼 것이다.) 정치학자와 역사학자는(11장과 13장에서 살펴볼) 전쟁 및 집단 간 갈등의 요인을 찾는다. 경제학자는 사람들이 자원을 공공의 이익 증진에 쓸지 자기 몫으로 빼돌릴지를 결정하는 근거를 찾는다.(이 주제 역시 9장과 13장에서 살펴볼 것이다.)

이 모든 학문 분야의 관점들이 더 큰 그림으로 맞춰질 수 있을까? 생물학 수업에서 배우는 지식은 인류학 수업에서 배우는 지식과 어떻게 연결될까? 근거 없는 역사적 지식은 신경과학계의 새로운 발견들과 어떤 연관이 있을까? 지리학과 경제학, 결혼의 양상은 서로 어떤 연관성이 있을까? 사실 이러한 것들은 모두 깊이 연관돼 있고, 어찌 보면 개인의 생애뿐 아니라 세계정세와 주요 사회문제에도 영향을 미친다고 할 수 있다. 진화생물학과 신경과학, 역사, 문화, 지리학은 모두 사람들이 사회적으로 상호작용하는 방식에 중요한 영향을 미치고, 그로 인해 어떤 도덕적·종교적 견해를 법률로 시행할지, 아이들을 어떻게 교육할지, 심지어 의사가 환자를 어떻게 대할지도 달라진다.

　이 모든 요소가 사회적 행동에 영향을 미치므로 사회심리학자들은 사회적 행동을 다양한 분석의 틀로 살펴본다. 최근의 연구에 따르면 구성원의 친절과 사교성의 차이는 문화권별 질병 유행의 양상과 연관성이 있다. 다시 말해 병이 만연한 지역에서는 타인과 접촉하기를 꺼리는 경향이 있다.(Murray et al., 2011 : Schaller & Park, 2011) 또 다른 연구에서는 역사적 요인과 호르몬 수준, 생리 주기, 뇌의 활동이 타인과의 관계에 미치는 영향을 알아보는 한편, 이것이 궁극적으로 신체적·정신적 건강뿐 아니라 경제 행위와 정치적 신념과 어떤 상관관계를 이루는지 알아보았다.(e. g., Apicella et al., 2008 : Cantú et al., 2014 : Gelfand et al., 2011 : Little et al., 2008 : Uskul, Kitayama & Nisbett, 2008 : Varnum et al., 2014) 이렇듯 사회심리학은 다양한 방식으로 다양한 학문을 잇는 분야다. 이 책을 읽어가면서 독자들은 여러 학문 분야를 이어주는 연결 고리와 계속 마주칠 것이다. 또한 문화와 진화생물학, 신경과학을 아우르는 것을 넘어, 경영학과 법학, 의학 등 응용 학문과 관련된 연구 결과들도 살펴볼 것이다.

주요 이론적 관점

사회심리학은 DNA의 발견에서 인공지능의 출현에 이르는 지적 발달에 영향받아왔다. 사회심리학 분야에서 가장 두드러지는 4가지 이론적 관점은 사회 문화적 관점과 진화론적 관점, 사회적 학습의 관점, 사회적 인지의 관점이다.

사회 문화적 관점

1908년 『사회심리학(Social Psychology)』이라는 제목으로 두 권의 명저가 출간되었다. 한 권은 사회학자 에드워드 올스워스 로스(Edward Alsworth Ross)가 쓴 것이다. 로스는 사회적 행동의 원천은 개인이 아니라 사회집단이라고 주

　　　　　　　　　　　　　　　　　　　　　　　　　　사회심리학

장했다. 사람들이 "군중 속에 퍼지는 폭력적 기운······ [혹은] 열렬한 감정의 유행", 즉 "사회 흐름(social current)"(Ross, 1908, pp. 1~2)에 휩쓸린다는 것이었다. 로스는 1634년에 일어난 네덜란드의 튤립 파동 사건을 분석했다. 당시 사람들은 집과 땅을 팔아 금보다 비싸게 튤립 구근을 사들였지만 그 열풍이 멈추자 튤립 구근의 가치가 곤두박질쳤다. 이 현상을 설명하기 위해 로스는 구성원 개인이 아닌 집단 자체를 살펴보았다. 그는 이러한 열풍과 유행이 "수많은 사람들 가운데 흥미와 느낌, 의견, 행위 등이 비합리적으로 일치하고, 그로 인해 제안과 모방이 일어나는······ 군중심리"의 산물이라고 보았다.(Ross, 1908, p. 65)

로스처럼 사회학에 기반을 둔 이론가들은 지역 공동체와 인종 집단, 정당 등 더 큰 사회집단을 강조한다.(Sumner, 1906) 이러한 경향은 현대의 **사회 문화적 관점**(sociocultural perspective)에서도 이어진다. 사회 문화적 관점은 개인의 편견과 선호, 정치적 신념이 국적과 사회계층, 현재의 역사적 추세같이 집단적 요인에 영향받는다는 관점이다.(Gelfand et al., 2014; Heine, 2010) 예컨대 미국 맨해튼에 있는 기업의 간부인 현대 여성과 아일랜드 출신 노동자 계층인 할머니는 혼전 성관계나 기업 내 여성의 역할에 대한 태도가 다를 가능성이 크다.(Roberts & Helson, 1997) 사회 문화적 이론을 주장하는 학자들은 "손으로 음식을 먹지 마라", "결혼식에 반바지를 입고 가지 마라" 등 적절한 행동에 대한 **사회규범**(social norm)이나 규칙의 중요성에 초점을 맞춘다. 이 관점의 중심에는 **문화**(culture)라는 개념이 있다. 문화는 특정한 시대와 장소에 사는 사람들끼리 공유하는 일련의 믿음과 관습, 습관, 언어 등으로 넓게 정의할 수 있다. 이탈리아와 프랑스 사람들은 지인을 만났을 때 양 볼에 입을 맞추는 행동이 적절하다고 여기지만, 그곳을 방문한 미국인에게는 이러한 관습이 불편하고 하이파이브가 훨씬 편하게 느껴질 수 있다.

문화는 인간의 손길이 닿은 모든 환경을 아우른다. 문화의 범주에는 예의범절 같은 주관적 측면과 의식주 같은 객관적 측면이 포함된다.(Fiske, 2002; Triandis, 1994) 최근 아이폰과 소셜 미디어 등의 기술이 소통의 방식과 빈도를 크게 바꾼 것이 입증되었듯, 문화의 기술적 측면은 사회적 행동에 강력한 영향을 미칠 수 있다.(Crabb, 1996a, 1996b, 1999; Guadagno et al., 2008; McKenna & Bargh, 2000)

우리는 저마다 민족성과 사회·경제적 지위, 자란 곳의 지리적 위치, 종교에 따라 다른 문화 규범을 접해왔다.(Cohen, 2009; Iyengar & Lepper, 1999; Johnson et al., 2013; Krauss et al., 2011; Sanchez-Burks, 2002) 예컨대 미국 남부에서 가난하게 자랐다면 컨트리음악을 좋아하는 반면, 서부 태평양 연안의 중상류층 도시에서 자랐다면 록 음악을 좋아할 가능성이 크다. 두 장르의 노랫말은 아주 다른 문화적 가치를 강조한다. 록 음악의 가사는 순리에 따르지 않고 자기만의 길을 가며 세상을 바꾸자는 메시지를 던진다. 컨트리음악의 가사는 세상의 변화에 잘 적응하고 쉽게 굴하지 않으며 고결함을 지키는 데 중점을 둔다.(Snibbe & Markus, 2005) 또 다른 예로, 아시아계 미국인은 자기표현과 개인의 선택, 의견 표출에 상대적으로 낮은 가치를 두어 여러 면에서 유럽계 미국인과 다르다.(Kim, 2002; Kim & Sherman, 2007) 집단과 문화, 사회 규범은 여전히 사회심리학의 주요 연구 주제다.(e. g., Adams, 2005; Alter & Kwan 2009; Chen, 2008; Matsumoto et al., 2008; Ross et al., 2005; Shiota et al., 2010) 이러한 사회 문화적 영향은 이 책의 모든 장에서 살펴볼 것이다.

사회 문화적 관점을 취하는 심리학자라면 J. K. 롤링이 대학생 시절 카페에서 진보적 지식인들과 교류했다는 점에 주목할 것이다. 이러한 하위문화에서는 사회적 공헌을 높이 평가하고 사리사욕을 채우려는 행위를 경멸한다. 대학 졸업 후 롤링은 세계 전역의 빈곤층과 억압받는 약자를 구하는 활동에 역점을 두는 국제사면위원회에 들어갔다. J. K. 롤링이 속한 사회집단에서는 부를 긁어모으는 행위가 규범에 어긋나는 한편, 궁핍한 사람들에게 재산을 기부하는 행위는 매우 적절하다고 여겨졌을 것이다.

진화론적 관점

1908년에 출간된 또 다른 『사회심리학』은 원래 생물학을 공부하던 영국 심리학자가 쓴 책이었다. **진화론적 관점**(evolutionary perspective)을 취한 윌리엄 맥두걸(William McDougall)은 인간의 사회적 행동의 근원을 우리 선조들이 생존하고 생식할 수 있도록 도와준 신체적·정신적 성향에서 찾았다. 맥두걸은 인간의 사회적 행동(미소, 조롱 등의 감정 표현)이 신체적 특징(직립, 움켜쥘 수 있는 손)에서 발달했다는 찰스 다윈(Charles Darwin, 1873)의 견해를 따랐다.

진화의 주요 원동력은 **자연선택**(natural selection), 즉 생존과 번식에 도움이 되는 특성을 자손에게 물려주는 과정이다. 특정한 환경에 잘 맞는 새로운 특성, 즉 **적응**(adaptation)은 주어진 조건에 덜 맞는 특성을 대체한다. 돌고래는 젖소와 밀접하게 관련된 포유동물이지만 다리가 진화해 지느러미가 되었다. 그 모양이 수중 생활에 더 알맞기 때문이다. 다윈은 동물의 몸이 자연선택에 따라 만들어졌듯 뇌도 마찬가지일 것이라고 가정했다.

한때 심리학자들은 진화가 선천적으로 '내재된' 확고한 '본능'만을 만들어낼 수 있고 환경의 영향은 그리 크지 않다고 가정했다. 하지만 오늘날 진화와 행동을 연구하는 전문가들은 인간과 다른 동물들에 대한 생물학적 영향력이 대체로 환

진화심리학에 대한 최초의 책에서 찰스 다윈은 감정을 나타내는 몇 가지 표정이 선조에게 물려받은 보편적 의사소통 양상일지 모른다고 주장했다.

경에 민감하고 유연하게 변한다는 사실에 합의한다.(e. g., Gangestad et al., 2006: Kenrick & Gomez-Jacinto, 2014: O'Gorman et al., 2008: Robinson et al., 2008) 두려움을 예로 들어보자. 선조들이 독충이나 뱀, 타인의 위협에 재빨리 반응하도록 진화된 심리적 반응이 두려움이라는 증거가 있다.(Ohman, Lundqvist & Esteves, 2001) 지속적으로 경계 태세를 유지하면 몸이 지치기 때문에 싸움 또는 도주 반응(fight-or-flight response, 무서운 상황에서 도망가거나 자신을 방어하고자 하는 반응)은 우리가 언제 위험에 처할지 알려주는 상황 단서에 아주 민감하다.(Cannon, 1929)

한 연구 팀은 두려움에 대한 진화론적 관점이 어떻게 서로 다른 집단 간 편견을 촉발하는지 연구했다.(Schaller, Park & Mueller, 2003) 연구진은 백인 캐나다인과 아시아계 캐나다인 대학생들에게 아프리카계 미국인 남성들의 사진을 평가하게 했다. 일부 학생은 밝게 불이 켜진 방에서, 나머지는 완전히 어두운 방에서 실험을 진행했다. 그 결과 세상을 위험한 곳으로 본 학생들 가운데 어두운 방에서 사진을 평가한 경우 흑인 남성을 위협적인 존재로 보는 경향이 특히 높았다. 또한 이러한 경향은 평가자가 남성일 때 더욱 강했다. 연구진

은 집단 간 관계에 대한 진화론적 관점에 따라 이 자료를 해석했다.(Kurzban & Leary, 2001; Navarrete et al., 2009; Sidanius & Pratto, 1998) 해가 진 후 두 남성 집단이 마주치면 위험한 충돌이 일어날 가능성이 높아진다. 이와 비슷한 상황에 처한 남성들에게 경계심을 느끼게 했을 것이다. 연구진에 따르면 현대의 다문화 사회에서 이러한 원초적인 자기방어적 경향은 괴롭히기와 패싸움, 집단 간 충돌 등의 부정적 결과로 이어질 수 있다.

앞서 이야기했듯 사회 문화적 이론가는 다양한 문화에 따른 행동의 차이에 관심을 둔다. 진화론적 이론가들은 인간이라는 종의 일반적 특징에 관심을 두기 때문에 전 세계에 걸쳐 공통적으로 나타나는 사회적 행동 패턴을 탐색했다.(e. g., Dunn et al., 2010; Kenrick & Keefe, 1992; Matsumoto & Willingham, 2006; Schmitt, 2006) 예를 들어 모든 인간 사회에서 남녀는 장기적 혼인 관계를 형성하고 남성은 여성이 자식을 돌보도록 물질적·정신적 도움을 준다.(Geary, 2000; Hrdy, 1999) 우리의 털북숭이 친척을 살펴보기 전까지는 이 사실이 그리 놀랍지 않을 수 있다. 인간 이외의 포유류 가운데 95~97%는 어미가 수컷의 도움을 전혀 받지 않고 혼자 힘으로 새끼를 돌본다. 왜 수컷 포유류에게서는 새끼를 중요하게 여기는 가치관을 찾아보기 어려울까? 수정 후에는 아버지가 그다지 필요하지 않기 때문일지도 모른다. 하지만 물리적으로 무력한 상태로 태어나는 코요테나 인간 같은 종은 아버지의 보호가 도움이 된다.(Geary, 2005)

진화심리학자들은 인간 본성의 광범위한 공통점뿐 아니라 사람 간의 차이점에도 관심이 있다.(e. g., Boothroyd et al., 2008; Duncan et al., 2007; Feinberg et al., 2008; Griskevicius, Delton et al., 2011; Jackson & Kirkpatrick, 2008) 모든 종에게는 생존과 번식을 위한 다양한 전략이 있다. 예를 들어 개복치는 몸집이 크고 자기 영역을 지키고 보금자리를 마련한 수컷이 암컷을 유혹한다. 몸집이 작은 수컷은 넓은 영역을 차지한 수컷과 암컷이 짝짓기 할 때 암컷인 척 흉내 내며 재빨리 달려들어 알을 수정시킨다.(Gould & Gould, 1989) 인간 사회에서도 짝짓기 전략은 상당히 다양할 수 있다. 일부일처 관계를 맺는 경우 티베트처럼 남편을 2명 이상 두기도 하고, 아프가니스탄처럼 부인을 2명 이상 두는 곳도 있다.(Schmitt, 2005) 앞으로 살펴보겠지만 사회심리학자들은 생물학적 성향과 문화가 어떻게 상호작용해 폭력과 편견, 이타주의, 사랑, 독실한 신앙 등 복잡한 사회적 행동을 형성하는지 이제 막 탐색을 시작한 단계다.(e. g., Cottrell & Neuberg, 2005; Elfenbein & Ambady, 2002; Weeden, Cohen & Kenrick, 2008)

사회적 학습의 관점

1908년 이후 수십 년 동안 로스의 집단 중심적 관점과 맥두걸의 진화론적 접근법은 점점 인기를 잃었다. 그 대신 많은 심리학자들이 **사회적 학습의 관점**(social learning perspective)을 취했다. 사회적 학습의 관점에서는 사회적 행동이 보상과 처벌에 따른 과거의 학습 경험에서 비롯된다고 본다.(e. g., Allport, 1924; Hull, 1934)

부모와 교사, 친구에게 받는 보상과 처벌이 다른 사람이나 다른 집단의 사람을 좋아하는지 싫어하는지, 사교적인지 내성적인지, 사람들을 이끌고 싶은지 따르고 싶은지 등을 결정한다. 하지만 모든 일을 직접 시행착오를 겪으며 배울 필요는 없다. 텔레비전이나 책, 잡지를 통해 사람들에게 일어나는 일을 관찰할 수도 있다. 스탠퍼드대학교의 앨버트 밴듀라(Albert Bandura)와 동료들은 공격성에 대한 아주 유명한 실험을 수행했다. 아이들에게 어른이 '보보 인형'이라는 공기 주입식 인형을 때리고 보상을 받는 장면을 보여주자 아이들은 공격적 행동을 따라 했다.(e. g., Bandura, Ross & Ross, 1961) 실험 결과는 영화나 텔레비전이 젊은이들에게 폭력적 행위가 영웅적이며 보상도 받을 수 있는 일이라고 가르친다는 사실을 보여주었다. 밴듀라는 그 점을 우려했고, 예술을 모방하는 사람들의 수많은 사례가 이러한 우려를 입증했다. 예컨대 2000년 4월 8일 《애리조나리퍼블릭》은 1999년에 상영된 영화 〈파이트 클럽〉에서 브래드 피트가 연기한 인물을 따라 한 무리의 남학생들이 파이트 클럽을 시작했다는 이야기를 전했다. 이 남학생들은 영화에서처럼 한데 모여 맨손으로 주먹질을 했다.(Davis, 2000) 10장에서도 논하겠지만, 적을 죽이거나 때릴 때마다 점수를 얻는 게임의 영향으로 어린 소년들이 폭력에 둔감해지고 타인을 해치는 행위를 보상과 연결하는 법을 학습하는 것도 비슷한 맥락으로 받아들일 수 있다.(Anderson & Dill, 2000; Bartholow et al., 2006; Englehardt et al., 2011)

J. K. 롤링의 베풂과 사회적 행동주의(social activism)를 사회적 학습의 관

점에서 설명하려는 이론가라면, 그녀가 롤 모델로 사회운동가 제시카 미트포드(Jessica Mitford)를 지목한 것에 흥미를 느낄 것이다. 10대 시절 롤링은 고전문학을 가르치던 친척 할머니에게 미트포드의 자서전을 한 권 받았다. 미트포드는 부유하고 보수적인 영국 상류층 출신으로, 가정을 등지고 미국으로 건너가 사회운동가이자 폭로 전문 기자로 활약한 반항적 여성이었다. 그녀는 오랜 세월 미국에서 가난한 흑인들을 도왔다. 어린 조이스 롤링은 미트포드의 이야기에 감동해 그녀의 책을 모조리 읽었다. 몇 년 후 롤링은 부모의 소망을 저버리고 관습에 얽매이지 않는 친척 할머니의 뒤를 따라 대학에서 고전문학을 전공하기로 했다. 이와 같이 롤링의 친척 할머니는 그녀에게 문학을 공부하고 가르치는 보람 있는 삶이라는 직접적 롤 모델을 제공하는 한편, 다른 여성의 작품을 소개해 그녀가 평등주의적 사회운동가로 거듭나는 계기를 마련한 셈이다.

사회적 학습의 관점은 사회적 행동의 원인을 개인의 환경에서 찾는다는 점에서 사회 문화적 관점과 유사하지만, 시간과 장소에 얼마나 초점을 두는지가 약간 다르다. 사회적 학습의 관점에서는 가정이나 학교, 또래 집단에서 겪은 개인의 경험을 강조한다. 사회 문화적 관점에서는 개인의 독특한 경험 대신 아시아계 캐나다인과 라틴아메리카계 미국인, 대학교 여학생 클럽, 개신교인, 상류층 구성원처럼 더 큰 사회집단을 살펴본다.(e. g., Cohen, Malka, Hill et al., 2009 : Hoshino-Browne et al., 2005 : Vandello & Cohen, 2003) 또한 사회 문화적 관점에서는 복장 규정 같은 규범이 비교적 빨리 변화할 수 있다고 가정하는 반면, 사회적 학습의 관점에서는 한번 몸에 밴 습관은 깨뜨리기 어렵다고 본다.

사회적 인지의 관점

각각 다른 점은 있지만 사회 문화적 관점과 진화론적 관점, 사회적 학습의 관점은 모두 객관적 환경을 강조한다. 세 관점은 사회적 행동이 현실 세계의 사건에 영향을 받는다고 가정한다. 1930~40년대에 커트 르윈(Kurt Lewin)은 사회에서 일어나는 사건을 저마다 주관적으로 해석하는 데서 사회적 행동이 나온다고 주장하며 새로운 관점을 사회심리학에 도입했다. 예를 들어 학급 회장이라는 목표를 위해 노력할지의 여부는 (1) 당선될 확률에 대한 주관적 추측과 (2) 학급 회장이 되었을 때의 이득에 대한 주관적 평가에 달려 있다.(Higgins,

1997) 학급 회장이 되는 것이 개인적으로 중요하다고 **생각**하지 않거나 회장이 되고 싶지만 당선되리라고 **기대**하지 않는다면, 객관적으로 당선될 만한 상황이거나 그 자리가 주는 혜택에 상관없이 입후보하지 않을 것이다.

르윈이 주관적 해석을 강조한 나머지 객관적 현실은 존재하지 않는다고 암시하려던 것은 아니었다. 그 대신 그는 특정 상황에서 일어나는 사건과 개인의 해석을 강조했다. 르윈은 상황에 대한 개인의 해석이 해당 시점의 목표와도 관련된다고 생각했다. 싸움을 하고 싶어 안달이 난 10대 소년이라면 우연히 부딪힌 일도 시비를 거는 것으로 해석할 수 있다.

내면의 경험과 외부 세계의 상호작용을 강조하는 관점은 자연스럽게 사회심리학과 인지심리학의 연계로 이어진다.(Ross, Lepper & Ward, 2010) 인지심리학자는 주변의 사건을 인식·해석·판단·기억하는 것과 관련된 정신적 과정을 연구한다. 1950년대 컴퓨터의 출현은 '인지 혁명', 즉 정신 작용에 대해 다시금 주목하는 계기가 되었다. 그리하여 1970~80년대에는 **사회적 인지의 관점**(social cognitive perspective)을 취하는 사회심리학자가 늘어났다. 사회적 인지의 관점은 어떤 사회적 사건에 주의를 기울이고 이러한 사건을 어떻게 해석하고 기억에 저장할지에 초점을 맞춘다.(e. g., Anderson & Chen, 2002; Carlston, 2013; Plant et al., 2004; Roese & Summerville, 2005)

주의나 기억 같은 인지적 요소가 사회적 상황에 대한 반응에 어떤 영향을 미칠 수 있는지 알아보는 흥미로운 실험이 있다.(e. g., Donders et al., 2008; Sharif & Norenzayan, 2007; Trawalter et al., 2008) 한 실험에서 고등학생들에게 미래의 직장에서 돈을 많이 버는 것이 얼마나 중요하게 생각하는지 물었다.(Roney, 2003) 일부 학생들은 이성과 같은 방에서 질문을 받았고, 다른 학생들은 동성끼리 있을 때 질문을 받았다. 여학생의 경우 남학생의 존재가 응답 내용에 영향을 미치지 않았다. 하지만 남학생의 경우 여학생과 함께 있다는 점이 부의 가치를 높게 평가하는 데 영향을 미쳤다. 또 다른 실험에서는 시카고 대학교 남학생들을 대상으로 젊고 매력적인 모델이 등장하는 광고를 보여주자 자신을 의욕적이고 재정적 성공에 더 큰 가치를 두는 사람으로 평가했다. 연구진은 이러한 결과를 단순한 인지 기제(cognitive mechanism)의 측면에서 설명했다. 젊은 남성은 젊고 매력적인 여성을 볼 때 이성과의 데이트에 대해 생각하게 된다. 그리고 이것이 결국 '여성이 원하는 것'을 떠올리게 한다. 이 생각에는 여성이 짝을 찾을 때 재정적 성공을 중요하게 생각하는 성향도 포함된다.(e. g., Li, Bailey et al., 2002; Li, Yong et al., 2013)

사회적 정보를 처리하는 과정에서 마주칠 수 있는 하나의 문제는 정보가 너무 많다는 점이다. 오늘 아침 학교에서 마주친 사람을 전부 기억하기란 사실상 불가능하다. 하물며 지난주, 지난해 겪은 일은 더욱 어렵다. 보고 듣는 모든 것에 모두 집중할 수 없기 때문에 우리는 사회적 정보를 선택적으로 처리한다. 어떻게 행동할지 빨리 판단할 수 있도록 도와줄 표면적 세부 사항에 초점을 맞추는 것이다.(이를테면 급히 어딘가에 가고 있을 때 손을 내미는 노숙자에게 50센트를 줄지 여부를 결정해야 하는 경우가 이에 해당한다.)

여기에는 새로운 사회적 정보에 완전히 공정하고 열린 마음을 유지하기가 대단히 어렵다는 사실도 한몫한다. 그런 태도를 유지하려고 노력해도 잘되지 않는다.(e. g., Lord et al., 1979) 사회적 정보를 처리하는 것은 과학자가 진리를 탐구하는 과정보다 변호사가 의뢰인을 변호하는 과정에 가깝다.(Haidt, 2001) 어느 연구 팀에서 캐나다 대학생들을 상대로 "지금 나는 어떤 사람이며, 16세 때의 나와는 어떻게 다른가?"라는 질문을 던지고 반응을 지켜봤다. 대학생들은 과거의 자신에 대해서는 부정적인 점을, 현재의 자신에 대해서는 긍정적인 점을 많이 말했다. 물론 나이가 들어 더 나은 사람이 되었을 가능성도 있다. 하지만 다른 집단의 학생들에게 동갑인 지인들을 평가해달라고 하자 학생들은 그들을 더 나은 사람으로 보거나 그들이 자라면서 더 나은 사람이 되었다고 생각하지 않았다.(Wilson & Ross, 2001) 타인은 그러지 않지만 자신은 환골탈태했다고 여기는 경향은, 인간이 스스로에게 유리한 방향으로 사회적 정보를 처리한다는 수많은 발견들과도 일치한다.(Greenwald et al., 2002; Kurzban, 2012; Vohs et al., 2005)

우리는 대부분 자신의 행동과 신념이 일치하지 않을 때 불쾌해하는 경향이 있다.(Gawronski, 2012) 행동과 신념의 불일치를 피하기 위해 상당히 애쓰기도 한다.(Festinger, 1957) J. K. 롤링은 세금을 많이 내기 싫지 않느냐는 질문에 자신이 가난한 싱글 맘이었을 때 정부 보조금 덕을 보았다고 말했다. 그런 롤링이 부유해진 후 세금 내기를 회피했다면 그것은 위선적 행동이었을 것이다. 게다가 롤링은 국제사면위원회에서 일한 데다가, 상류층을 경멸하고 사회운동가가 된 제시카 미트포드와 자신을 동일시한다고 공개적으로 밝힌 적도 있다. 롤링이 부를 축적하기 시작했다면 그것은 자신이 대외적으로 선언한 진보적 사회운동가라는 자아상에 어긋나는 행동이다. 반면 다양한 사회운동을 돕기 위해 많은 돈을 쓰는 일은 그녀의 자아상과 완전히 일치한다.

현대 사회심리학에서 아주 중요한 위치를 차지하는 사회적 인지의 관점은 이 책에서 사회적 행동과 관련된 수많은 수수께끼를 푸는 중요한 열쇠가 될 것이다.

통합적 관점

〈표 1.1〉은 사회심리학의 주요 이론적 관점 4가지를 요약한 것이다. 이러한 관점들은 상충되는 것처럼 보이지만 사실은 각각 사회생활의 수수께끼의 다양한 측면에 초점을 맞춘다.

표 1.1 사회심리학의 주요 이론적 관점

관점	사회적 행동을 야기하는 요소	예
사회 문화적 관점	더 큰 사회집단의 영향력	1960년대에 IBM 직원들은 흰 셔츠가 아니라 푸른색 셔츠를 입었다. 2015년에 애플에서 일하는 사람들은 직장에서 다양한 색의 티셔츠와 청바지를 입는 경우가 더 많다.
진화론적 관점	선조들의 생존과 번식에 도움이 된 방식으로, 사회 환경에 반응하는 선천적 성향	모든 아기들은 빨기, 울음, 옹알이 등 몇 가지 행동 방식을 타고나며, 이런 본능적인 행동들은 엄마의 호르몬 변화를 유도해 보살핌을 받을 가능성을 높인다.
사회적 학습의 관점	보상과 처벌. 다른 사람들이 각자의 사회적 행동으로 어떻게 보상받고 처벌받는지 관찰한 결과	콘서트에서 사람들이 리드 싱어를 찬양하며 소리 지르는 광경을 본 10대 소년이 뮤지션이 되기로 결심한다.
사회적 인지의 관점	사회적 상황에서 주의를 기울이는 대상과 사회적 상황을 해석하는 방식, 사회적 상황과 관련된 과거의 경험을 관련짓는 방식	길에서 노숙자와 마주쳤을 때 그 사람의 빈곤한 처지가 그의 능력 밖의 일이라고 해석하거나 착한 사마리아인 우화가 떠오를 경우 노숙자를 도와줄 가능성이 높아진다.

기존의 관점들은 저마다 그림의 한 부분에만 초점을 맞추므로 큰 그림을 보려면 각각의 접근법들을 통합해야 한다. 인지 연구자들이 다루는 주의와 기

억의 과정은 학습 경험과 당시의 문화적 환경에 따라 형성된다. 그리고 결과적으로 이러한 학습의 문화적 환경과 학습 이력은 인간이 사회집단을 만들고 거꾸로 거기서 영향을 받기도 하면서 진화해온 세월의 산물이다.(Kenrick, Nieuweboer & Buunk, 2010: Klein et al., 2002) 편견이라는 주제에 대해 생각해보자. 다른 집단 구성원들에 대한 편견은 낯선 사람들에 대한 혐오감에서 진화된 감정과 관련 있으며, 우리 선조들에게 대개 낯선 사람들은 새로운 질병과 물리적 충돌을 불러오는 원천일 때가 많았다.(e. g., Schaller et al., 2003) 하지만 외부인은 혐오의 대상인 동시에 거래 상대였다. 서로 다른 집단 사이에 물자가 오가고 결혼 상대를 교환했기 때문이다.(Faulkner et al., 2004 ; Navarette et al., 2007) 따라서 인간에게 누가 친구고 누가 적인지, 외부 집단의 구성원 중 누구를 두려워해야 하고 누구를 믿을 수 있는지 분간하는 것은 중요한 문제였다.(e. g., Phelps et al., 2000) 집단 사이에 많은 사건이 일어나면서 집단의 관계가 변하면 그에 따라 문화 규범도 변한다. 예컨대 1950년대에는 대다수의 아프리카계 미국인이 투표권을 인정받지 못했으나 50년 후에는 많은 변화가 일어나 아프리카계 미국인이 미국의 대통령이 될 수 있었다. 사회생활의 수수께끼를 완전히 이해하기 위해서는 여러 가지 관점에서 얻은 단서들을 통합해야 한다.

사회적 행동의 기본 원리

사회심리학의 주요 관점들은 각각 다르지만 2가지 중요한 가정을 공통적으로 포함한다. 첫째, 사람들은 내면의 동기를 충족하거나 일정한 목표를 성취하기 위해 상호작용한다. 인지심리학자들은 현재 당면한 상황에서 의식적 목표가 나온다고 강조한다. 이를테면 "아버지의 날이 코앞으로 다가왔어요!"라는 광고를 보면 당장 뛰쳐나가 작년에 아버지가 받고 정말 고마워한 알록달록한 넥타이를 하나 더 사야겠다는 마음이 든다. 학습 이론가들은 사람들이 과거의 보상을 토대로 특정 목표에 착수하고 나머지를 버리는 과정에 초점을 맞춘다. 예컨대 장난감을 여동생과 같이 가지고 놀 때마다 부모님이 자랑스러운 미소를 짓고 돈 이야기를 할 때마다 얼굴을 찌푸렸다면, 어쩌면 당신은 월가의 증권사 대신 평화 봉사단에 들어가겠다는 목표를 세울지도 모른다. 진화론적 관점을 취하는 이론가들은 선조들이 살던 과거에 뿌리를 둔 사회적 동기를 강조한다. 예를 들어 자신이 속한 사회집단의 구성원들과 잘 지내려는 동기가 있는 사람들은 자기중심적 은둔자에 비해 살아남아 유전자를 남길 가능성이 더 높았을 것이다.

두 번째 공통적 가정은 사람과 상황의 상호작용에 초점을 맞추는 것이다. 사회심리학의 주요 관점들에서는 내면의 동기와 외부 상황에서 일어나는 사건들이 상호작용한다고 본다. 예를 들어 진화론적 관점에서는 생존이나 번식과 관련된 상황(굶주려 보이는 포식자나 추파 등)이 어떻게 분노와 공포, 성적 흥분 등의 체내 반응을 일으키는지를 주로 살펴본다. 사회적 학습의 관점에서는 개인의 내면에서 학습된 반응이 사회적 상황에서의 보상이나 처벌과 어떤 관련이 있는지 연구한다. 인지적 관점에서는 사람의 사고 과정이 그때그때 변하는 사회적 상황과 어떤 관련이 있는지 연구한다.

이제 우리는 사회심리학을 관통하는 2가지 일반적 원리를 책 전반에 걸쳐 강조할 것이다.

> (1) 사회적 행동은 **목표 지향적**이다. 사람들은 내면의 동기를 충족하거
>   나 일정한 목표를 성취하기 위해 상호작용한다.
> (2) 사회적 행동은 사람과 상황 사이의 연속적 **상호작용**을 나타낸다.

이 2가지 원리를 조금 더 자세히 살펴보자.

목표 없는 행동은 없다

목표는 여러 형태로 사회적 행동에 영향을 미친다. 표면적으로는 그날그날의 목표를 길게 나열할 수 있다. 최근 직장에서 어떤 뒷이야기가 도는지 알아내기, 교사에게 좋은 인상 남기기, 다음 주 토요일 저녁 데이트 약속 잡기 등이 여기에 해당한다. 더 넓게는 장기적인 목표에 대해 이야기할 수 있다. 유능하다는 평판 얻기, 호감 가는 사람으로 보이기, 자신에게 만족하기, 연인 관계 맺기 등이 여기에 해당한다. 이러한 목표들은 그날그날의 일상적 목표들을 한데 묶은 것들이다. 연인 관계를 맺겠다는 목표는 토요일 저녁 데이트 약속을

잡는 것이나 시험이 끝난 후 상대에게 위안을 얻는 것 같은 단기적 목표들을 포함한다.

가장 넓은 수준에서는 사회적 행동의 궁극적 기능인 근본적 동기에 대해 물을 수 있다.(Kenrick, Griskevicius, Neuberg & Schaller, 2010) 예를 들어 직업적 성공 및 고위직 인사와 인맥 형성하기라는 목표는 둘 다 '지위를 얻고 유지하기'라는 근본적 동기에 포함될 수 있다. 사회심리학자들이 연구해온 대표적인 근본적 동기를 살펴보자.

사회적 유대 형성 J. K. 롤링의 소설 『해리 포터』에서 해리 포터는 악의 세력 볼드모트 일당에게 승리를 거둔다. 하지만 단짝 친구인 헤르미온느 그레인저와 론 위즐리의 도움과 호그와트 마법 학교의 교장 알버스 덤블도어의 비호가 없었다면 불가능한 일이었다. 마법을 쓸 수 없는 우리 같은 머글이 사는 현실 세계에서도 마찬가지다. 우리가 추구하는 거의 모든 목표 역시 조력자가 있을 때 더욱 쉽게 달성할 수 있다. 학교를 세우거나 하다못해 소파를 한 층 위로 옮기는 목표들은 협동 작업을 거치지 않으면 이룰 수 없을 것이다.

심리학자들이 인간 행동에 내재한 가장 기본적인 동기를 열거할 때 타인과의 유대 형성은 늘 상위 목록에 들어간다.(Bugental, 2000; McAdams, 1990) 사람들은 거부에 극도로 민감하며 소외되었다고 느낄 때 무슨 수를 써서라도 다른 사람들과 연결되려 한다.(Anthony et al., 2007; Maner et al., 2007; Williams & Nida, 2011) 한 연구 팀은 다른 두 사람과 함께 가상의 공 던지기 놀이를 하는 사람들의 뇌파를 관찰했다. 두 사람이 실험 참가자를 빼놓고 자기들끼리 공을 주고받을 때 소외된 참가자는 신체적 손상과 관련된 두 군데의 피질에서 일정한 활동 패턴을 보였다.(Eisenberger et al., 2003) 또 다른 연구에 따르면 사회적으로 고립되었을 때 느끼는 괴로움은 출혈을 동반한 외상을 입었을 때 느끼는 고통과 유사해 마취제로 진정시킬 수 있다고 한다.(Panksepp, 2005) 왜 사회적 고립은 신체적 고통과 똑같은 신경 기전을 통해 나타날까? 친구가 없었다면 선조들이 살아남지 못했을 것이기 때문이다.(Hill & Hurtado, 1996; MacDonald & Leary, 2005) 이러한 이유로 사회적 거부가 원초적인 생리적 위급 반응을 일으키는 것으로 볼 수 있다.

자신과 타인 이해하기 사람들이 모이는 자리에는 늘 뒷이야기가 오간다. 뿐만 아니라 우리는 신문에서 범죄자의 특성을 분석한 글을 읽고, 매력적인 이성과 데이트할 가능성에 대해 친구들과 이야기를 나눈다. 이런 정보가 중요한 것은 당연하다. 자신을 이해하고 타인과의 관계를 이해함으로써 삶을 더욱 효율적으로 영위할 수 있기 때문이다. 이러한 현실과의 '접촉이 끊긴' 사람은 사회집단에서 살아남기가 쉽지 않다.(Leary & Baumeister, 2000; Sedikides & Skowronski, 2000) 사회적 지식은 모든 인간관계에서 아주 본질적이기 때문에 일찍부터 사회심리학자들은 사회적 인지라는 주제에 주목했다.(앞서 언급했듯 사회적 인지는 다른 사람들을 돌보고 해석하고 기억하는 것과 관련된 정신적 과정을 가리킨다.) 이 주제에 대해서는 3장에서 더 깊이 다룰 것이다.

지위를 얻고 유지하기 해리 포터가 그토록 유명해진 것은 친척에게 홀대받으며 벽장에서 살던 고아가 실패자에서 영웅적 위치까지 오르기 때문이기도 하다. 승리와 패배는 유소년 야구단에 들어가려고 경쟁하는 초등학생에게도, 학점을 따려고 분투하는 대학생에게도, 중요한 직책을 얻으려고 애쓰는 중간 관리자에게도, 대통령에 당선되기 위해 선거운동을 벌이는 정치인에게도 지극히 중요한 문제다. 지위를 얻으려고 발버둥 치는 것은 인간만이 아니다. 개코원숭이역시 자신이 속한 사회계층에 굉장히 신경 쓰는 사회적 영장류다. 사회적 사건에 대한 개코원숭이의 생리적 반응을 집중적으로 연구한 결과, 지위의 상실이 공격적인 호르몬의 분비로 이어진다는 점이 밝혀졌다.(Sapolski, 2001)

지위 획득에는 당장의 물질적 이득뿐 아니라 다른 사람(혹은 개코원숭이)의 존경과 존중을 얻는 사회적 이득도 있다.(Henrich & Gil-White, 2001; Maner & Mead, 2010) 따라서 많은 사람들이 타인에게 자신의 긍정적 측면을 드러내는 것뿐 아니라 당당하게 행동할 만한 이유가 있다고 스스로 확신하기 위해 갖은 애를 쓰는 것도 말이 된다.(e. g., Sedikides et al., 2003; Tesser, 2000) 이 책 전반에 걸쳐 우리는 수많은 사회적 행동의 이면에 지위를 얻고 유지하려는 동기가 깔려 있다는 사실을 깨닫게 될 것이다.

소중한 사람들과 자신 지키기 지역 수준에서 보면 사람들은 집 주변에 담을 두르고, 대문에 "들어오지 마시오"라는 표지판을 세우고, 패거리와 어울리고, 자신을 지키기 위해 맹견을 기른다. 국가 수준에서 보면 각 나라는 군대를 길러 다른 나라의 군대로부터 자신들을 보호한다. 사람들은 평판이나 자원, 가족이 위협받을 때 자신을 지키려는 강한 동기를 느낀다. 사람들은 고작 1초 만에도 화난 표정을 인지할 수 있고 그것이 남성의 얼굴이라면 훨씬 더 빠르게 알아볼 수 있다.(Becker et al., 2007) 왜 그럴까? 일반적으로 남성은 여성에 비해 더 심각한 물리적 위협을 가할 수 있으며 그가 낯선 사람이나 외부 집단의 구성원일 경우 그럴 가능성이 더 커지기 때문이다.(Ackerman, Shapiro et al., 2007 ; Neel et al., 2012)

스스로를 지키려는 동기는 자신과 가족들의 생존 가능성을 높여주는 등 명백한 이득을 가져다주지만 폭력이나 인종차별적 태도로 이어질 수도 있다.(Duntley, 2005 ; Schaller et al., 2003) 가끔 무서운 형태로 나타나는 자기방어적 동기에 대해서는 공격성과 편견, 집단 간 갈등을 다루는 장에서 논의할 것이다.

짝을 유혹하고 관계 유지하기 인도 파티알라 번왕국의 6대 마하라자인 라진데르 싱(Rajinder Singh)은 350명의 배우자를 맞아들였다. 그런가 하면 미국인은 최소 1명을 배우자로 맞는다. 사람들은 온갖 수단을 동원해 동반자를 찾고 관계를 유지하며, 기나긴 연애편지를 쓰고, 새벽 2시까지 통화를 하고, 결혼 정보 서비스에 가입한다. 심리학 수업에서 마음에 드는 사람과 가볍게 노닥거리던 것이 끌림으로, 낭만적 사랑으로, 평생의 가족 관계로 이어질 수도 있다. 진화론적 관점에서는 이 모든 것이 연관되어 있다.(Kenrick, Maner & Li, 2014) 그야말로 모든 사회적 목표 아래 번식이라는 목표가 깔려 있다고 보는 것이다. 어딘가에 소속되고, 사회적 정보를 구하고, 지위를 얻으려고 애쓰고, 공격적이고 자기방어적인 방식으로 행동하는 것은 모두 유전자의 복제와 번식이라는 궁극적 목적을 실현하기 위해서다.(Buss, 2004 ; Hill et al., 2012 ; Neuberg et al., 2010)

사람과 상황의 상호작용

처음 보는 매력적인 사람이 왼쪽에서 추파를 던지기 시작한다면 아마 당신은 오른쪽에 서 있는 상사에게 잘 보이려던 행동을 멈출 것이다. 시간이 조금 지나 제3의 인물, 즉 검은색 가죽옷을 입은 덩치 큰 남성이 코웃음을 치며 그 매력적인 사람에게 가까이 다가서기 시작하면 몸을 사려야겠다는 생각이 들 것이다. 반면 출세에 눈이 먼 동료는 상사에게 잘 보이려고 필사적으로 애쓰느라 추파를 주고받을 기회나 신체적 위협은 전혀 염두에 두지 않을 수도 있다.

요컨대 근본적 동기와 언제든 마음에 떠오를 수 있는 구체적 목표는 개인의 내부 요소와 상황의 외부 요소 사이의 끊임없는 상호작용을 나타낸다. 여기에서는 '사람'과 '상황'이 무슨 의미인지, 그리고 이 2가지가 '사람과 상황의 상호작용'을 통해 어떻게 엮이는지 간략히 살펴보자.

사람

이 책에서 **사람**(person)은 보통 사회적 상황에서 드러나는 개인의 특성을 말한다. 사람들에게 자신을 묘사해보라고 하면 신체적 특징(키, 성별 등), 지속적인 태도나 선호(공화당, 민주당, 자유당에 투표하는 성향), 심리적 특징(내향적, 외향적, 감정적, 침착함 등)을 언급한다. 이러한 특징들은 그 사람을 다른 사람들과 구별되게 하는 유전적·신체적 요소들을 기반으로 하거나 과거의 경험을 바탕으로 형성돼, 일상에서 마주치는 사람들과 자신에 대해 생각하는 특정 방식에 따라 유지된다. 개인의 또 다른 측면인 현재의 기분이나 자기 가치감(sense of self-worth) 같은 것들은 좀 더 일시적이다. 이 책에서 개인의 특징에 특히 초점을 맞추고자 할 때는 '사람'이라는 기호로 표시할 것이다.

상황

이 책에서 **사회적 상황**(situation)은 개인을 둘러싼 외부 환경이나 사건을 말한다. 상황의 범주는 즉각적인 사회적 맥락에서 잠깐 일어나고 마는 사건(낯선 사람의 윙크)에서 몬태나주의 외딴 시골 농장에서 자란다거나 뉴욕주에서 다양한 인종에 둘러싸여 산다거나 하는 장기적 영향력까지 모두 아우른다. 상황의 특징에 초점을 맞추고자 할 때는 '상황'이라는 기호로 표시할 것이다.

상호작용

사람과 상황은 둘 다 고정된 실체가 아니다. 이에 대해 윌리엄 제임스(William James)는 다음과 같이 말했다. "부모와 교사 앞에서는 얌전하지만 '거친' 친구들 사이에서는 해적처럼 거들먹거리고 욕설을 하는 젊은이가 많다."(1890, p. 294) 사회적 상황에 따라 목표도 달라진다. 다시 말해 우리는 호감을 얻고 싶어 할 때도 있고, 두려움의 대상이 되고 싶어 할 때도 있고, 다른 것을 원할 때도 있다.(Griskevicius, Tybur et al., 2009; Maner & Gerend, 2007) 하나의 상황에서 여러 가지 일이 일어날 때가 많으므로, 무엇에 주의를 두느냐에 따라 목표는 좌우될 수 있다. 또한 사람들은 현재의 목표와 성격에 따라 각자의 방식대로 상황에 반응한다.(e. g., Graziano et al., 2007) 같은 파티라도 춤추는 사람이 있고 철학적 토론을 하는 사람이 있는가 하면 야한 농담을 하는 사람도 있다는 걸 떠올려보라.

2장에서 자세히 논하겠지만 사람과 상황은 다양한 방식으로 상호작용한다. 예를 들어 사람들은 모호한 상황을 각자 개인적 동기에 맞게 해석하기 쉽다.(Dunning & Balcetis, 2013; Huang & Bargh, 2014) 누군가가 작업을 거는지 단순히 친절하게 대하는지에 대한 판단은 당신의 성별이 무엇인지, 연애에 관심이 있는지에 따라 달라진다.(Maner et al., 2003) 성격 또한 각자 처하고 싶은 상황에 영향을 미친다.(Roberts et al., 2003; Snyder & Ickes, 1985) 내향적인 사람이라면 파티 초대를 거절할 것이고 외향적인 사람이라면 초대받지도 않은 파티에 몰래 들어갈 것이다.

사람들이 상황을 선택하는 것과 마찬가지로 사회적 상황도 특정 유형의 사람을 선택한다. 예를 들어 평균보다 키가 큰 학생은 농구를 해보라는 권유를 받고, 수학과 과학에 뛰어난 학생은 우등반에 들어오라는 권유를 받을 것이다. 초기의 작은 차이가 상황(농구 훈련, 우등반 수업 등)에 따라 점차 커질 수도 있다. 이처럼 사람과 상황은 서로를 선택하고 형성하는 순환을 계속한다. 사람과 상황의 상호작용에 특히 초점을 맞추고자 할 때는 '상호작용'이라는 기호로 표시할 것이다.

사회적 행동의 연구 방법

과학적 연구는 범죄 수사와 비슷한 점이 있다. 수사관은 의문점에서 시작해 목격자와 면담을 하고, 범행 동기를 찾고, 다양한 용의자를 배제해나가고, 증거

사회심리학

를 탐색하는 등 의문점을 풀기 위한 일련의 절차를 밟는다. 모든 절차에는 함정이 숨겨져 있다. 목격자가 거짓말을 하거나 근거 없는 가정을 토대로 증언하거나 목격자에게 숨겨진 동기가 있거나 누군가가 증거에 손을 댈 수도 있다. 이 장 역시 다음과 같은 몇 가지의 의문점으로 시작했다. 한 여성이 거액의 재산을 기부한 원인은 무엇이었을까? 결혼하고 금방 파국을 맞는 사람이 있는 반면 평생토록 결혼 생활을 지속하는 사람이 있는 이유는 무엇일까? 왜 어떤 사람은 더 훌륭한 지도자가 될까? 사회심리학자들에게는 이러한 수수께끼를 풀기 위한 일련의 절차가 있다. 그리고 수사관과 마찬가지로 절차를 수행하면서 마주칠지도 모를 함정에 대해 알아야 한다.

심리학자의 수사는 **가설**(hypothesis)로 시작한다. 가설은 증거가 어떻게 드러날지를 지식에 근거해 추측한 것이다. 어떤 흥미로운 사회적 행동의 근거를 찾는다고 해보자. 그 연구를 이끌어나갈 가설은 어떻게 생각해낼 것인가? 앞서 논한 이론적 관점 중 하나로 시작해보는 것도 좋겠다. J. K. 롤링의 자선 활동과 사회적 행동주의를 사회적 학습의 관점에서 보자. 그녀의 친척 할머니가 자서전을 한 권 주었고, 그 책의 주인공이 부유한 가족을 떠나 미국에서 시민권 운동에 앞장선 여성이었다는 사실에 주목할 것이다. 9장에서 다루겠지만 성인기의 친사회적 행동은 성장기에 이타적 롤 모델이 존재했는지 여부와 관련 있다는 가설을 세워볼 수 있다. 또 다른 가설로 사람들이 이타적 성향을 부모에게 유전적으로 물려받는다고 생각해볼 수도 있다.(이것 역시 9장에서 다룰 것이다.)

하지만 모든 사회심리학적 가설이 과학 이론에서 논리적으로 파생되는 것은 아니다. 종교 지도자가 세상에 종말이 오지 않는다고 예언한 후 신자들이 더욱 독실해지듯, 상식과 반대되는 것으로 보이는 특이한 사건에서 흥미로운 가설을 이끌어낼 수도 있다.(Festinger, Reicken & Schachter, 1956) 아이에게 보상을 주었더니 하던 일을 그만두는 경우처럼 기존의 심리학 원리에서 예외를 찾아볼 수도 있다.(e. g., Lepper, Green & Nisbett, 1973) 사회심리학자 윌리엄 맥과이어(William McGuire, 1997)는 연구 가설을 세우는 방법을 49가지나 열거하기도 했다.

우리는 누군가가 관대하거나 열광적이거나 공격적이거나 다정해 보이는 이유에 대해 그럴듯한 설명이 떠오르면 더 이상 그것에 대해 살펴보지 않는 경향이 있다. 하지만 그럴듯해 보이는 가설을 만드는 것은 과학적 탐색의 시작에 불과하다. 가끔은 가설이 완전히 틀리는 경우도 있다. 예를 들어 교육자와 정치가들이 혼전 성관계, 폭행, 강간, 살인에 이르는 모든 사회문제의 만병통치약으로 학생들의 자존감을 높이는 방법을 제시한 적이 있었다.(Baumeister, Smart & Boden, 1996) 자신에 대해 좋지 않게 생각하는 사람이 약한 자존감을 북돋기 위해 폭력적이거나 성적인 행동을 할 가능성이 높다는 가설에 기반을 둔 것이다. 이는 꽤 합리적으로 보인다. 하지만 심리학자들의 연구 결과를 보면 아무리 논리적인 듯 보여도 낮은 자존감의 위험성과 관련된 가설은 틀린 경우가 많다. 2000년 사회심리학자 로이 바우마이스터(Roy Baumeister)와 브래드 부시먼(Brad Bushman), 키스 캠벨(Keith Campbell)은 자존감이 낮은 사람보다 자신을 과대평가하는 사람이 더 무섭다는 결론을 내렸다. 낮은 자존감을 겸손으로, 높은 자존감을 오만과 불손으로 연관 지으면 이치에 맞는다.

심리학자들이 가설과 관련된 자료를 모으기 위해 사용하는 탐지 수단은 크게 두 갈래로 나뉜다. **기술적 방법**(descriptive method)은 자연 상태의 행동, 생각, 느낌을 측정하거나 기록할 때 쓰인다. 기술적 방법을 사용할 때 심리학자들은 대상이 되는 행동을 있는 그대로 담아낸다. 이와 반대로 **실험적 방법**(experimental method)은 상황의 일부 측면을 체계적으로 조작해 행동의 원인을 밝히는 데 쓰인다.

기술적 방법

어떤 현상의 원인을 이해하기 전까지는 대상을 자세히 기술하는 것이 도움이 된다. 사회적 행동을 자세하게 기술하려면 어떻게 할까? 사회심리학자들은 5가지 기술적 방법을 사용한다. 자연 관찰, 사례 연구, 기록 연구, 설문 조사, 심리검사가 그것이다.

자연 관찰 자연 관찰(naturalistic observation)은 가장 직접적인 기술적 방법이다. 그저 자연스러운 상황에서 나타나는 행동을 관찰하는 것이다. 한 예로 심리학자 모니카 무어(Monica Moore, 1985)는 술집을 찾아가 여성들이 남성들을 유혹하기 위해 내보이는 비언어적 행동의 횟수를 세고 여성들이 도서관이나 여성 센터 모임에서 하는 행동과 비교했다. 술집에서 남성에게 추파를 던지는 여성은 다른 상황에서 좀처럼 하지 않는 몸짓을 보였다. 예를 들어 목이 잘 보이도록 45도 정도로 고개를 기울이고 머리를 쓸어 넘기면서 미소 지은 채 몇 초 동안 남성을 쳐다보는 행동을 자주 반복했다.

자연 관찰은 여러 가지 장점이 있는 연구 방법이다. 그중 하나는 자연스러운 상황에서 자연스럽게 일어나는 행동이라는 점이다. 추파를 던지는 몸짓을 인위적으로 연출하기가 얼마나 어려울지 상상해보라. 무엇보다 사람들은 자신이 실제로 추파를 던질 때 어떤 동작을 하는지 알지 못한다. 또한 연구자가 노트를 들고 자신을 바라보는 상황에서 추파를 던지기는 어렵다.

자연 관찰법에는 장점도 있지만 문제점도 있다. 연구자는 누군가가 지켜보고 있다는 사실을 관찰 대상이 모르게 해야 한다. 그러지 않으면 보통 때처럼 행동하지 않을 것이기 때문이다. 자연 관찰의 또 다른 문제는 보기 드문 행동을 연구하려 할 때 발생한다. 길모퉁이에서 살인 사건이 일어나기를 기다린다고 상상해보라. 아무리 흉흉한 동네라도 관찰 상대를 찾기까지 아주 오래 기다려야 할 것이다.

자연 관찰의 마지막 문제점은 관찰이 아주 체계적으로 진행되지 않으면 관찰자가 한쪽으로 치우친 기대를 하게 되어 행동에 영향을 미치는 요인 중 어떤 것은 무시하고 어떤 것은 과장한다는 점이다. 연구자는 가설을 뒷받침하는 정보를 찾는 데 치중하는 한편 가설과 모순되는 증거를 발견하지 못하게 된다. 이러한 문제를 **관찰자 편향**(observer bias, 관찰자가 발견하리라고 기대하는 행동을 지나치게 중시하고 기대하지 않은 행동을 발견하지 못할 때 생기는 측정상의 오류)이라고 한다. 예컨대 술집에서 추파를 던지는 행동을 볼 수 있으리라 기대했다면 맥주잔에 머리카락이 들어가지 않도록 머리를 쓸어 넘기는 여성의 행동을 추파로 오해할 수도 있다.

사례 연구 다른 관찰법으로는 개인이나 집단을 집중적으로 조사하는 **사례 연구**(case study)가 있다. 연구자는 아주 평범한 사람이나 집단을 연구 대상으로 삼을 수도 있지만 흔치 않은 행동 패턴이 나타나는 사례를 선택할 때도 많다. 조용히 살던 사람이 갑자기 부유해지고 유명한 지위에 올랐을 때 어떻게 반응하는지 연구한다고 해보자. 쇼핑몰이나 심리학 수업에서 무작위로 뽑는다면 유명한 사람을 발견하기 어려울 테니 J. K. 롤링이나 미셸 오바마 같은 사람을 인터뷰하면 될 것이다.

　사례 연구는 흔치 않은 사람 혹은 집단을 더욱 잘 이해하고 싶을 때 쓰인다. 예를 들어 1997년 사회심리학자 마크 샬러(Mark Schaller)는 갑자기 유명해진 사람들의 심경에 어떤 변화가 생기는지 알아보고자 했다. 샬러는 몇몇 유명인들의 삶이나 글에서 사례 연구 자료를 얻어 조사했다. 그중에는 전성기인 1990년대에 자살한 록 스타 커트 코베인(Kurt Cobain)도 있었다. 여기에서 알 수 있듯이 사례 연구의 기준에 따르면 명성이 반드시 좋은 것은 아니다. 누군가에게는 자기 관심(self-concern)의 정도가 불쾌할 정도로 높아져 자신에게 병적으로 신경을 쓰는 원인일 수도 있다.

　사례 연구는 가설의 풍부한 원천이 되기도 한다. 예를 들어 심리학자들은 빈센트 반 고흐(Vincent van Gogh)가 자신의 귀를 잘라 천에 싸서 한 창녀에게 선물로 준 이유에 대해 많은 가설을 세웠다.(Runyan, 1981) 그중 한 가설에 따르면 고흐의 기행은 그 창녀가 자기 친구인 폴 고갱(Paul Gauguin)과 동침한 일에 대한 분노를 표현한 것이라고 한다. 또 다른 가설은 고흐가 무의식적으로 폴 고갱에게 동성애 감정을 품게 되었지만 이를 용납할 수 없어 자신을 상징적으로 거세하고자 했다는 것이다. 안타깝게도 사례 연구 자료만 연구하는 심리학자들은 자신의 직감대로 사건을 고르고 연구 대상의 삶에서 증거를 찾아 가설에 맞춰 왜곡하는 경우가 많다.(Runyan, 1981) 무엇보다 단일 사례 연구만으로는 사건의 실제 원인이 무엇이었는지, 어떤 사건이 관계없었는지 알 수 없다. 사례 연구를 통해 흥미로운 가설을 많이 세울 수는 있지만 사건이 일어난 원인을 확실히 알 수 없다.

　사례 연구의 또 다른 문제는 연구 결과가 유사한 상황에 적용되는 범위를 나타내는 **일반화 가능성**(generalizability)과 관련 있다. 빈센트 반 고흐나 J. K. 롤링 같은 단일 사례의 조사가 끝나더라도 어떤 구체적인 점을 비슷한 사례로 일반화할 수 있을지 알 수 없다.

기록 연구 일반화 가능성 문제의 해결책 중 하나는 비슷한 사례를 많이 조사하는 것이다. 1972년 한 해 동안 디트로이트에서 일어난 512건의 살인 사건에 대한 경찰 기록을 조사한 연구가 있었다. 그 내용은 다음과 같다.

　　　　　　　　　　　　　　　　　　　　　　　　사회심리학

피해자(남성, 22세)와 가해자(남성, 41세)가 술집에 있을 때 두 사람이 함께 아는 사람이 그곳으로 걸어 들어왔다. 가해자가 피해자에게 그 남성이 싸움을 얼마나 잘하는지 허풍을 떨며 그 남성과 싸운 적이 있다고 말했다. 피해자가 "싸움 좀 하나 보네"라고 대답한 후 피해자와 가해자는 둘 중 누가 나은지 실랑이를 벌였다. 피해자가 가해자에게 "나 총 있어"라고 하자 가해자가 "나도 있어"라고 답했고, 두 사람은 각자의 주머니를 가리켰다. 그때 피해자가 "난 죽고 싶지 않아. 당신도 죽고 싶지 않잖아. 이제 그만하지"라고 말했다. 하지만 가해자는 소형 자동 권총을 꺼내 피해자를 쏘아 살해한 뒤 술집을 떠났다.(Wilson & Daly, 1985, p. 64)

여기에서 세부 사항들은 이 사례만의 독특한 것이지만, 마고 윌슨(Margo Wilson)과 마틴 데일리(Martin Daly)는 수백 건의 살인 사건 사례에서 상당한 공통점을 발견했다. 첫째, 가해자와 피해자는 대개 남성이고, 특히 20대 초반이 다수였다. 둘째, 살인 사건은 사회적 우위(social dominance)를 둘러싼 갈등에서 시작된 경우가 많았다.

윌슨과 데일리의 살인 사건 연구는 **기록 연구**(archival method)의 한 예이다. 기록 연구를 할 때에는 원래 다른 목적으로 수집된 자료(경찰 기록, 결혼 허가증, 신문 기사 등)를 사용해 가설을 검증한다. 또 다른 기록 연구에 따르면 조지 W. 부시(George W. Bush) 전 대통령의 1기 임기(아프가니스탄과 이라크를 상대로 전쟁을 시작한 시기) 동안 정부의 테러 경고 이후 부시의 지지율이 높아졌다고 한다.(Willer, 2004) 그 밖의 연구들은 어떤 도시의 일일 기온과 같은 날 보고된 강력 범죄 건수 사이의 연관성을 살펴보았다.(e. g., Bell, 2005 ; Bushman et al., 2005 ; Cohn & Rotton, 2005) 기록 연구의 장점은 현실 세계의 많은 자료에 쉽게 접근할 수 있다는 점이고, 단점은 흥미로운 사회현상 중 기록되지 않은 것이 많다는 점이다. 두 달간 지속된 결혼은 그 시작과 끝이 기록으로 남지만, 5년 동안 동거하다 결혼 전에 파혼한 관계는 기록으로 남지 않는 것처럼 말이다.

설문 조사 아주 흥미로운 행동들은 공적으로 기록이 남거나 자연스러운 상황에서 드러나는 일이 드물다. 예를 들어 생물학자 앨프리드 킨제이(Alfred Kinsey)

는 1940년대에 자위행위와 혼전 성관계와 같은 성적 행동이 얼마나 성행하는지 알아보고자 했다. 이런 행동을 공개적으로 하는 사람은 극히 드물기 때문에 자연 관찰법으로는 조사할 수 없었다. 마찬가지로 유죄를 선고받은 성범죄자나 매춘부 같은 사람을 대상으로 사례 연구를 한다면 평범한 성적 행동에 대한 정보를 충분히 얻기 힘들었다. 그래서 킨제이는 응답자들의 행동, 신념, 견해에 대해 질문을 던지는 **설문 조사**(survey method) 방법을 선택했다.

설문 조사에는 큰 장점이 있다. 공개적으로 드러나기 어려운 현상에 대한 자료를 아주 많이 수집할 수 있다는 점이다. 하지만 다른 연구 방법들과 마찬가지로 설문 조사에도 단점이 있다. 첫째, 응답자가 정직하지 않거나 왜곡된 기억을 바탕으로 응답할 경우 정확한 정보를 얻지 못할 수 있다. 예를 들어 여성에 비해, 남성이 이성애 경험이 더 많다고 응답해 연구자가 혼란에 빠질 때가 많다. 영국, 프랑스, 미국 남성들은 평생에 걸쳐 10~12명 정도의 상대와 성행위를 했다고 응답하는 데 비해, 여성들은 3명이 조금 넘는 정도라고 답한다.(Einon, 1994) 이런 불일치가 나타나는 이유는 **사회적 선망 편향**(social desirability bias), 즉 사실 여부에 상관없이 자기 기준에 적절하거나 허용 가능한 것을 말하기 때문이다. 사회적으로 성적 활동에 관대한 성별은 남성이다.(Hyde, 1996) 그러므로 남성들은 자신의 성적 일탈에 대해 더 이야기하거나 잘 기억하는 반면, 여성들은 그런 경험을 부각하지 않는 경향이 있다.(Alexander & Fisher, 2003)

설문 조사의 또 다른 잠재적 문제는 **대표적 표본**(representative sample)을 얻게 된다는 점이다. 표본은 연구자가 기술하려는 특정한 참가자 집단을 대표한다. 북미 지역 기업 간부의 대표적 표본에는 남성, 여성, 흑인, 라틴아메리카계, 캐나다인, 중서부 사람, 남부 사람의 비율이 포함되고 이는 북미 대륙 내 기업 간부의 총 인원수를 반영한다. 토론토 소재 은행의 남성 간부 혹은 뉴욕 패션계의 라틴아메리카계 여성 간부가 모인 소집단은 북미 지역 기업 간부 전체를 대표하지 못한다. 「킨제이 보고서」에서 다룬 표본은 주로 지역사회의 구성원 가운데 자원한 사람들이었다. 이 말은 「킨제이 보고서」가 미국 사회의 많은 부분을 제대로 반영하지 못했다는 뜻이다.

「킨제이 보고서」가 직면한 또 다른 문제는 그 표본에 스스로 들어가고 싶어 하는 사람도 있고 빠지고 싶어 하는 사람도 있었다는 점이다. 응답자 중에는 자원해서 자신의 성생활을 밝히는 걸 꺼리는 경우도 많다. 그런가 하면 연구자에게 자신의 자유분방한 성 경험을 털어놓을 기회를 즐기는 사람들도 있다. 설문 참여자의 성 행동 규범이 서로 다르다면 전체 인구에 대해 잘못된 결론이 나올 수 밖에 없다. 꼼꼼하게 구성된 설문 조사는 이러한 문제를 얼마간 줄일 수 있지만 모든 설문 조사가 믿을 만하지는 않다. 특히 설문에 참여할지 스스로 결정하게 하는 조사일 경우 더욱 그러하다.

심리검사 다른 사람들에 비해 사회성이 유난히 뛰어난 사람이 있을까? 어떤 주장에 설득당하기 전에 비판적으로 생각하는 사람이 따로 있을까? **심리검사**(psychological test)는 사람들의 능력, 인지, 지속적 동기 등의 차이를 평가하는 도구다. 설문 조사가 대개 특정한 태도나 행동을 겨냥하는 것과 달리, 심리검사는 사람들에게 더욱 광범위하게 내재한 특성을 밝혀내기 위한 것이다. 대부분 한 번쯤은 다양한 심리검사를 받아봤을 것이다. SAT(미국의 대학 입학 자격 시험) 같은 검사는 대학 생활을 얼마나 잘할 수 있을지에 따라 사람들을 분류하도록 설계된다. 스트롱 직업 흥미검사(Strong Vocational Interest Blank) 같은 경우는 다양한 직업 가운데 어떠한 직업을 즐길 수 있을지에 따라 사람들을 분류하도록 만들어진다.

심리검사가 항상 측정하고자 하는 대상을 완벽하게 알려주는 지표는 아니다. 예를 들어 인기 잡지에 실린 '연인과 잘 지낼 수 있는 능력' 같은 검사는 실제 연인 관계에 잘 들어맞지 않을 수도 있다. 심리검사가 제 기능을 하려면 먼저 2가지 기준을 충족해야 한다. 바로 신뢰도(reliability)와 타당도(validity)다.

신뢰도는 검사 결과의 일관성이다. 예컨대 처음 사회성 검사를 받았을 때는 카리스마 있는 사람이라는 결과가 나오고 일주일 후에 받았을 때는 사회성이 부족하다는 결과가 나왔다면 그 점수는 신뢰성이 없다고 봐야 한다. 무엇을 측정하든 측정 도구는 반드시 일관성을 유지해야 한다. 일례로 로르샤흐 잉크 반점 검사(Rorschach inkblots test)에서 나온 점수는 신뢰도가 그다지 높지 않지만, IQ 검사에서는 훨씬 일관성 있는 점수가 나온다. 하지만 신뢰도 있는 검사라도 타당성은 높지 않을 수 있다.

타당도는 검사로 대상을 제대로 측정하는 정도를 말한다. 타당도와 거리가 먼 예를 들면, 눈동자 색을 기준으로 그 사람이 이성에게 얼마나 매력적인지 측정하는 것이다. 이 검사는 신뢰도는 아주 높을 수 있다. 숙련된 관찰자들은 푸른색, 적갈색, 갈색 눈동자를 가진 사람들에 대해 의견을 모을 것이고, 관찰 대상의 눈동자 색은 한두 달 후에 다시 측정해도 분명 크게 변하지 않을 것이다. 하지만 눈동자 색은 매력을 측정하는 타당한 지표가 아니다. 눈동자 색은 작년에 데이트한 사람의 수와는 상관없다. 그 대신 전문가들이 그 사람의 얼굴이나 대화하는 영상을 평가한다면 그 점수는 신뢰도가 조금 낮더라도 데이트하고 싶은 이성으로서의 매력을 나타내는 지표로서 조금 더 타당하다고 할 수 있을 것이다.

신뢰도와 타당도는 모든 연구 방법에 적용할 수 있다. 예를 들어 남녀의 결혼 연령 차이에 대한 기록은 다양한 문화와 시대에 걸쳐 상당히 일관성이 있다.(Campos et al., 2002; Kenrick & Keefe, 1992) 따라서 그 정보를 바탕으로 검증된 추정이 가능하다.(예컨대 10대에 결혼하는 여성이 남성보다 몇 배나 많다고 판단할 수 있다.) 하지만 한 달 동안 작은 마을에서 있었던 결혼 기록은 그리 믿을 만하지 않다.(그 달에 결혼한 10대 소년은 2명, 10대 소녀는 1명이었을 수도 있다.) 환경과 관련된 3가지 설문 조사에서 사람들이 재활용을 더 많이 하고 자동차를 덜 사용한다는 결과가 모두 일치했다고 해보자. 하지만 이 결과는 신뢰도는 높더라도 타당하지는 않을 수 있다. 응답자가 자신의 재활용이나 운전 습관에 대해 잘못된 응답으로 일관할 수도 있기 때문이다. 따라서 어떤 연구든 그 결과가 믿을 만한지 의문을 품는 것이 중요하다. 다른 관찰자가 다른 방식으로 측정해도 똑같은 결과가 나오는가? 그렇다면 그 결과는 타당한가? 다시 말해 연구자가 의도한 대상을 제대로 연구하고 있는가?

상관관계와 인과관계

기술적 방법으로 얻은 자료는 **상관관계**(correlation)를 나타낼 수 있다. 상관관계란 2가지 이상의 변인이 함께 나타나는 정도를 가리킨다.(심리학에서 '변수' 혹은 '변인'이라는 용어는 기온, 사람들의 키, 머리 색, 군중의 규모, 대학교 내에서 소비되는 알코올의 양 등 변동하는 요인을 두루 가리킨다.) 리언 만(Leon Mann)은 자살 충동을 느끼는 사람에게 자살을 부추기는 구경꾼들의 당혹스러운 행동에 어떤 변인이 연관되어 있을지 조사하고자 했다. 어느 날 밤 500명의 군중이 글로리아 폴리치(Gloria Polizzi)라는 여성에게 급수탑에서 뛰어내리라고 부추기는 것도 모자라 출동한 구조대에게 돌을 던지고 욕설을 퍼부은 사건이 있었다. 만 교수는 신문 기사를 이용해 이 주제를 연구하다가 자살을 조장하는 행동이 군중의 규모와 상관관계가 있음을 발견했다. 군중의 규모가 클수록 벼랑 끝에 몰린 사람을 조롱할 가능성이 높았다.(Mann, 1981)

두 변인 사이의 상관관계는 **상관계수**(correlation coefficient, 두 변인의 관계를 수학적으로 나타낸 수치)라는 통계 용어로 수학적으로 표현될 때가 많다. 상관계수가 +1.0일 때는 두 변인이 완벽하게 **정적 상관관계**(positive correlation)에 있고, 0일 때는 아무 관계가 없으며, -1.0일 때는 완벽하게 **부적 상관관계**(negative correlation)에 있음을 나타낸다. 정적 상관관계란 한 변인의 오르내림에 따라 다른 변인이 같이 오르내리는 것을 말한다. 군중의 규모가 커지면 자살 조장 행위가 증가하는 경우가 이에 해당한다.

반대로 부적 상관관계는 한 변인이 다른 변인의 오르내림과 반비례하는 경우다. 예를 들어 여성이 현재 연인에게 더 헌신하고 만족할수록 일반적으로 다른 매력적인 남성들에게 주의를 기울이는 시간이 **줄어든다**.(Maner et al., 2003: Miller, 1997)

상관관계는 중요한 단서를 줄 수는 있지만 원인과 결과가 무엇인지 결론을 내려주지는 않는다. 군중의 규모와 자살 조장 행위의 관계를 다시 살펴보자. 자살 조장 행위 외에도 록 콘서트나 핼러윈 블록 파티(block party, 길목을 막고 벌이는 즉흥 파티) 혹은 대형 스포츠 행사가 끝난 후 대규모의 군중이 거리를 장악하고 부적절한 행동을 일삼는 경우가 많다. 군중의 규모가 커지면 구성원들이 저마다 익명의 존재가 된 기분을 느낀다는 만 교수의 설명은 그럴듯해 보인다. 결과적으로 군중의 규모가 커지면 자신이 잔인하고 끔찍한 행동을 저지른 가해자로 밝혀질 걱정이 줄어들 수 있다. 하지만 여기에서 상관관계가 인과관계와 같지는 않다는 게 중요하다.

왜 상관관계가 인과관계와 같지 않을까? 우선 상관관계는 변인들의 순서를 바꾸어도 항상 성립한다. 많은 군중을 변인 A, 자살 조장 행위를 변인 B, 야간 음주를 변인 C라고 해보자. A가 B를 유발한다고 하는 대신 B가 A를 유발한다고 해도 말이 된다. 자살 조장 행위가 시작되었을 때 라디오에서 그 상황이 생중계되어 주변에 있던 청취자들이 사건 현장으로 몰려들었을 가능성도 있다. 따라서 자살 조장 행위가 군중을 몰려들게 했을 수도 있고, 그 반대로 생각할 수도 있다. 또 다른 문제는 전혀 인과관계가 없는 곳에서 상관관계가 발견될 수 있다는 점이다. 이를테면 변인 C가 변인 A와 변인 B를 함께 유발하는 경우다. 만 교수는 자살 조장 행위가 밤에 더욱 빈번히 일어난다는 점을 발견했다. 사람들이 밤에 술을 마시는 경우가 많고 술에 취하면 사람들과 쉽게 어울리며(따라서 군중이 형성되기도 쉽고) 통제하기도 어려워진다.(따라서 누군가가 자살할지도 모르는 상황을 조롱할 가능성이 높아진다.) 그렇다면 자살 조장 행위의 직접적 원인은 군중의 규모나 밤늦은 시각이 아니다. 각 변인들 사이에 우연히 관계가 생겨났을 뿐이다.

　　상관관계인 변인들 사이에 또 다른 연관성이 있을 수 있기 때문에 상관관계에서 명확한 인과적 결론을 이끌어내기는 어렵다. 이에 따라 연구자들은 원인과 결과에 대해 결론을 내리기 위해 변인과 함께 일어나는 다른 요소들을 변인들과 분리하는 실험적 방법을 사용하는 게 일반적이다.

실험적 방법

기술적 방법을 사용할 때에는 연구 중인 현상을 방해하지 않는 게 관건이다. 예를 들어 자연 관찰법을 사용하는 연구자는 연구 대상이 관찰된다는 사실을 모르게 하고 싶어 한다. 설문 조사를 하는 연구자는 응답자가 자신의 진짜 감정이나 행동을 잘못 표현하지 않도록 질문지를 작성한다. 하지만 **실험적 방법**(experimental methods)을 쓸 때에는 상황의 한 측면만 체계적으로 조작하고 나머지 측면을 통제해 사람들의 행동을 변화시키는 작업에 착수한다. 많은 군중 속에서 생기는 익명성이 실제로 반사회적 행위를 유발하는지 알고 싶다면, 어떤 사람들은 익명성을 느끼고 나머지 사람들은 자신의 신원이 드러난다고 느끼도록 상황을 조작할 수 있다. 필립 짐바르도(Philip Zimbardo, 1969)의 연구가 그랬다. 그는 참가자의 절반은 자기 옷을 그대로 입고 이름표를 달아 신원이 금방 식별되도록 했다. 나머지는 익명성을 위해 큼직한 흰색 옷과 얼굴을 완전히 가리는 복면을 뒤집어쓰게 했다. 그러고는 참가자를 임의로 나눠 한쪽이 다른 한쪽에게 전기 충격을 주게 했다. 그 결과 익명성을 부여받은 참가자들은 누구인지 금방 알아볼 수 있는 학생들에 비해 2배나 많은 전기 충격을 가했다.

변인 조작 실험자가 조작하는 변인을 **독립변인**(independent variable)이라고 한다. 짐바르도의 실험에서 독립변인은 참가자가 입는 옷의 종류였다.(신원을 알아볼 수 있는 차림과 알아볼 수 없는 차림.) 측정 대상이 되는 변인은 **종속변인**(dependent variable)이라고 한다. 이 사례에서 실험자가 측정한 것은 참가자가 가한 전기 충격의 양이었다.

실험에 대해 알아두어야 할 사항이 몇 가지 있다. 짐바르도의 실험에서 핵심은 참가자가 익명과 비(非)익명 조건에 무작위로 배정받았다는 점이다. **무작위 배정**(random assignment)이란 참가자들이 각기 다른 조건에 배정될 확률이 같다는 뜻이다. 연구 대상을 둘 이상의 무리로 나눌 때 동전을 던져 배정함으로써 실험 결과에 영향을 미칠 수 있는 정서, 성격, 사회계층 등의 측면에서 집단 간 차이가 날 확률을 줄이는 식이다. 이렇게 하면 집단 간의 체계적 차이, 즉 집단 자체의 성향 차이를 최소화할 수 있다. 앞의 사례에서는 각각 낮과 밤에 자살하려는 사람을 지켜보던 군중으로 집단을 나눌 수 있을 것이다. 자살을 조장하던 다수의 사람들은 그러지 않던 소수의 사람들과 반사회적 측면에서 달랐을 수도 있지만 참가자가 무작위로 배정되면 그런 체계적 차이가 문제되지 않는다. 짐바르도의 연구에서 참가자들 간의 유일한 차이는 참가자를 무작위로 뽑아 변화를 주었기 때문에 생겼다.(실험자가 큰 집단을 다루면 무작위 배정의 중요성이 낮아진다.) 또한 두 집단 사이의 차이점이 신원을 알아볼 수 없는 차림(독립변인)뿐이었다는 사실 역시 중요했다. 연구자, 환경, 피해자, 부과된 과제 등 상황의 다른 측면은 모두 같았다. 이것 역시 나머지 변인들이 반사회적 행동에 영향을 미쳤을 가능성을 줄여준다. 마지막으로 익명성이 높은 집단과 낮은 집단에서 똑같은 방식으로 공격성을 측정함으로써, 각각의 조건에서 참가자들이 가한 전기 충격의 정확한 양을 수량화할 수 있었다.

참가자를 무작위로 배정하고 관계없는 변인을 통제하면 비로소 인과관계를 언급할 수 있다. 짐바르도의 연구에서도 높은 수준의 공격성이 나타난 이유가 익명성 조건에 배정된 참가자들이 아니라 익명성을 부여한 데에 있다고 확신할 수 있었다.

실험적 방법의 잠재적 한계 실험적 방법은 기술적 방법에 비해 인과적 진술에 유리하지만 그 나름의 단점이 있다. 우선 대부분의 실험에서 쓰이는 실험실의 환경은 인위적이다. 어두운 밤 군중 속에 섞여 있는 것과 얼굴을 복면으로 가려 신원이 드러나지 않는 상태가 동일하다고 할 수 있을까? 다른 참가자에게 전기 충격을 주는 행동이 자살자 구조대에게 돌을 던지는 양상과 같다고 할 수 있을까?

앞서 심리검사에 대해 이야기하면서 타당도의 개념을 설명했다. 타당도는 검사를 통해 대상을 제대로 측정하는지를 나타낸다. 실험에도 똑같은 질문을 던질 수 있다.(Aronson, Wilson & Brewer, 1998) **내적 타당도**(internal validity)는 실험이 원인과 결과에 대해 얼마나 확실한 결론을 도출할 수 있는지 보여주는 척도다. 독립변인이 참가자의 행동을 체계적으로 변화시키는 유일한 요인인가? 짐바르도의 탈개인화 실험에서 익명 조건에 배정된 참가자들은 아주 불쾌한 남성 실험자에게 지시를 받고, 비익명 조건에 배정된 참가자들은 아주 유쾌한 여성 실험자에게 지시를 받았다고 해보자. 이때 익명 조건의 참가자들이 더 공격적인 행동을 보였다면 익명이라는 조건 때문인지 실험을 지시받는 과정에서 불쾌함을 느꼈기 때문인지 알 수 없다. 독립변인과 함께 체계적으로 변하는 변인을 **혼재 변인**(confounding variable)이라고 한다. 앞에 가정한 상황에서 실험자의 성별과 성격은 둘 다 익명성 조건과 함께 변해 결과 분석에 혼란을 가져온다. 이러한 혼재 변인은 상관관계에서 보이지 않는 제3의 변인처럼 연구 대상의 행동의 원인이 무엇인지 알기 어렵게 한다.

외적 타당도(external validity)는 실험 결과가 다른 상황에도 일반화될 수 있는지 나타내는 척도다. 앞서 언급했듯 단일 사례 연구에서는 일반화의 여지가 문제될 수 있다. 실험에서도 같은 문제가 있을 수 있다. 예컨대 실험에서 익명으로 전기 충격을 가하는 행동이 어두운 밤 군중 속에 있는 것과 같은 과정으로 일어날까? 아마 그러지 않을 것이다. 물론 완전히 똑같은 2가지 상황이란 존재할 수 없겠지만 실험자들은 현실 세계에서와 비슷한 정신적·감정적 과정을 일으킬 수 있는 변인을 선택하려고 노력한다.

실험 연구를 실제 상황에서의 행동으로 일반화할 때 생기는 문제는 참가자들이 실험실에서 관찰받는다는 사실을 인지한다는 점이다. 앞서 자연 관찰법에 대해 언급했듯 누군가가 지켜보는 것을 알면 사람들은 평소와 다르게 행동하기도 한다. **요구 특성**(demand characteristic)은 실험자가 참가자에게 어떤 행동을 기대하는지 참가자들에게 알려주는 실험상의 단서를 말한다. 실험자들은 이 문제를 피하기 위해 참가자에게 실험의 진짜 목적을 노출시키지 않는 것이다. 그 대신 처벌이 학습에 미치는 영향을 연구한다는 둥, 전기 충격기를 조작해야 하는 그럴듯한 이유를 댄다. 이렇게 하면 전기 충격기를 사용하는 목적보다 충격을 받는 사람의 반응 쪽으로 참가자의 주의가 옮겨진다. 이처럼 사회심리학자들은 참가자의 자연스러운 반응을 끌어내는 교묘한 방식들을 개발했지만, 이것이 혼재 변인이 되지 않도록 항상 경계하는 것이 중요하다. 예를 들어 짐바르도의 익명 실험에서 (마치 과격한 인종차별 단체인 KKK의 복장처럼) 큼직한 흰색 옷과 복면을 착용하게 함으로써 반사회적 행동을 기대한다는 메시지를 전했을지도 모른다.

현장 실험 인위성과 요구 특성의 장애물을 뛰어넘는 하나의 방법은 실험실을 벗어나 일상적 상황에서 실험하는 것이다. 자연스러운 상황에서 아무것도 모르는 참가자들에게 실험적 조작을 가하는 연구 방법을 **현장 실험**(field experimentation)이라고 한다.

할러윈 분장처럼 자연스럽게 만들어진 익명의 상황을 이용한 연구가 있었다.(Diener, Fraser, Beaman & Kelem, 1976) 연구 대상은 시애틀의 어느 집에 분장한 채 사탕을 얻으러 오는 아이들이었다. 연구 보조자는 아이들을 맞아들여 동전이 든 그릇 옆에 놓인 사탕 그릇을 가리키며 사탕을 **하나씩만** 가져가라고 말한 뒤 바쁘다며 서둘러 자리를 비웠다. 그러고는 보이지 않는 곳에 숨어서 아이들을 지켜보면서 사탕을 더 가져가거나 동전 그릇에서 동전을 슬쩍하는지 기록했다.

이것이 실험인 이유는 연구자들이 각각 다른 익명성 조건에 아이들을 무작위로 배정했기 때문이다. 익명성의 조작은 연구 보조자가 아이들을 맞아들이는 방식을 통해 이루어졌다. 아이들 가운데 절반에게는 일일이 이름을 물어 분장으로 가려진 정체성이 드러나게 하고, 나머지 절반에게는 이름을 묻지 않았다. 이 실험의 결과는 리언 만이 얻은 상관관계와 필립 짐바르도가 얻은 실험의 결과를 뒷받침해주었다. 익명으로 남아 있던 꼬마 악마들은 사탕을 정해진 양보다 많이 가져간 반면, 정체를 밝혀야 했던 아이들은 대부분 천사처럼 행동했다.

장님 코끼리 만지기가 되지 않으려면

〈표 1.2〉에는 다양한 연구 방법과 장단점을 요약했다. 모든 연구 방법에 단점이 있다면 심리학에서 지식을 추구한다는 건 영 가망 없는 일일까? 전혀 그렇지 않다. 어떤 방법의 단점은 다른 방법의 장점일 때가 많다. 예컨대 실험은 인과관계로 결론을 내릴 수 있지만 인위적이라는 문제가 있다. 이와 반대로 기록연구와 자연 관찰법은 상관관계를 발견하는 연구 방법이므로 인과관계로 결론을 내릴 수는 없지만 이 방법을 통해 얻은 자료는 전혀 인위적이지 않다. 사회심리학자들은 다양한 연구 방법을 결합함으로써 하나의 방법만 사용할 때보다 믿을 만한 결론에 도달할 수 있다.(McGrath, Martin & Kukla, 1982)

기부를 하면 더 행복해진다는 가설을 검증하기 위해 다양한 방법을 사용한 최근의 연구 프로그램을 살펴보자.(Aknin et al., 2013; Dunn & Norton, 2013) 우선 엘리자베스 던(Elizabeth Dunn)과 동료들은 이 가설을 검증하기 위해 설문 조사를 실시했다.(Dunn et al., 2008) 초기의 한 상관관계 연구에서는 전 국민을 대표하는 표본으로 632명을 뽑은 다음 생활비와 자신에게 쓰는 돈과 다른 사람들에게 선물하고 자선단체에 기부하는 금액이 수입의 몇 %를 차지하는지 측정하고 전반적인 행복도를 스스로 평가하게 했다. 자신에게 선물하는 행동은 행복과 관련이 없었지만 타인에게 선물하는 행동은 관련 있었다. 다만 이 결과는 상관관계이므로 타인에게 선물하는 행동이 행복의 원인인지 불행한 사람이 덜 관대한 것인지(혹은 타인에게 돈을 쓸 때 덜 행복해지는지) 확실히 알 수 없다. 그래서 연구자들은 직장에서 뜻밖의 보너스를 받은 사람들을 대상으로 종단 연구(longitudinal study)를 수행했다. 이 연구에서는 보너스를 받기 전과 6~8주가 지난 후의 행복도를 측정했다. 다른 이들에게 보너스를 쓴 사람들은 행복도가 크게 높아졌고, 자신에게 쓴 사람들은 그렇지 않았다. 이 종단 연구에서는 초기의 행복도를 일정하게 맞출 수 있었지만 그것만으로는 인과관계를 확실히 밝혀낼 수 없다.(타인에게 돈을 쓰기로 한 사람들은 평소 행복도 외에도 무언가 다른 점이 있을지 모른다.) 그래서 연구자들은 실험 연구를 했다. 한 무리의 대학생을 대상으로 아침에 행복도를 측정한 뒤 5~20달러의 돈이 든 봉투를 주고 타인이나 자신에게 돈을 쓰도록(선물을 사 주거나 기부하도록) 무작위로 집단을 나누어 배정했다. 학생들은 저녁때쯤 다시 자신의 행복도를 평가했다. 자신에게 돈을 쓴 사람은 아침에 비해 행복도가 변하지 않았지만 다른

표 1.2 사회심리학의 주요 연구 방법

방법		설명	장점	단점
기술적 방법	자연 관찰	자연스러운 상황에서 나타나는 행동을 행위자가 알지 못하게 기록하는 방법 (예: 여성의 추파 던지는 행위에 대한 무어의 연구)	• 실제 상황에서 나타나는 자발적 행위에 접근한다. • 자기 경험을 전달하는 사람들의 능력에 의존하지 않는다.	• 연구자가 행위를 방해할 가능성이 있다.
	사례 연구	한 사람이나 집단을 집중적으로 조사하는 방법 (예: 명성과 자기 인식에 대한 샬러의 연구)	• 다양한 가설의 원천을 제공한다. • 희귀한 행동을 연구할 수 있다.	• 관찰자 편향. • 단일 사례에서 얻은 연구 결과를 일반화하기 어렵다. • 복잡한 과거의 사건에서 원인을 재구성기가 불가능하다.
	기록 연구	여러 사례에 대한 공적 기록을 연구하는 방법 (예: 윌슨과 데일리의 살인 사건 경찰 기록 연구)	• 미리 기록된 다량의 자료에 쉽게 접근할 수 있다.	• 흥미로운 사회적 행동은 기록되지 않는 경우가 많다.
	설문 조사	연구자가 사람들에게 직접 질문을 던지는 방법 (예: 킨제이의 성 행동 연구)	• 관찰하기 어려운 행동, 생각, 감정을 연구할 수 있다.	• 응답자가 대표성을 띠지 않을 수 있다. • 답변이 솔직하지 않거나 왜곡될 수 있다.
	심리검사	연구자가 개인의 능력, 인지, 동기, 행동 등을 평가하려는 방법 (예: 스트롱 직업 흥미검사, SAT)	• 항상 쉽게 관찰할 수 없는 특성을 측정할 수 있다.	• 검사의 신뢰도가 낮을 수 있다.(점수가 일관성 있게 나오지 않음.) • 검사의 신뢰도는 높으나 타당도가 낮을 수 있다.(측정하고자 한 특성을 제대로 측정하지 못함.)
실험적 방법	실험실 실험	연구자가 변인을 조작하고 그 변인이 실험실에서 참가자의 행동에 미치는 영향을 관찰하는 방법 (예: 짐바르도의 공격성과 익명성 연구)	• 인과관계로 결론을 내릴 수 있다. • 관계없는 변인을 통제할 수 있다.	• 인위적 조작으로 실제 상황에서 일어나는 비슷한 사건을 그대로 나타내지 못할 수도 있다. • 참가자들이 관찰된다는 사실을 알기 때문에 반응이 자연스럽지 못할 수도 있다.
	현장 실험	실험 연구와 같으나 다만 조작하지 않은 자연 상태의 대상을 연구하는 방법 (예: 다이너 등의 핼러윈 사탕 연구)	• 인과관계로 결론을 내릴 수 있다. • 참가자가 좀 더 자연스러운 반응을 보인다.	• 조작이 자연스럽지 않을 수 있다. • 실험실에서와 달리 관계없는 변인을 완전히 통제하기 어렵다.

사람에게 쓴 사람은 더 행복해졌다고 느꼈다. 다른 학생들에게 둘 중 어느 경우가 더 행복해질지를 묻자 흥미롭게도 20달러를 자신에게 쓸 때라고 답해 실험과 엇갈린 결과가 나왔다. 이것은 제대로 된 실험이 아니라는 주장이 있을 수도 있다. 연구자가 행복에 주목했고 일정한 돈을 준 것 역시 행복을 측정하기 위해서라는 사실을 학생들이 눈치챘을 수도 있기 때문이다. 하지만 실험 결과가 두 번의 상관관계 연구와 들어맞아 자연 상태에서 비슷한 양상이 나타났으므로 연구자들은 하나의 방법만 썼을 때보다 결과를 훨씬 확신할 수 있었다.

심리학자는 여러 명의 목격자가 있는 살인 사건을 맡은 수사관과 같다. 목격자 가운데 사건을 처음부터 끝까지 완전히 아는 사람은 없다. 눈이 먼 여성은 다투는 소리를 들었지만 누가 방아쇠를 당겼는지 볼 수 없다. 귀가 먹은 남성은 살인 사건이 일어나기 직전에 누군가가 방으로 들어오는 것을 보았지만 총소리는 듣지 못했다. 아이는 그곳에서 보고 들었지만 세부 사항을 혼동하는 경향이 있다. 목격자들에게 문제가 하나씩 있지만 모두 집사가 범인이라고 입을 모은다면 총에 집사의 지문이 묻었는지 확인해보는 것이 타당하다. 수사관과 마찬가지로 사회심리학자는 그 자체로 완벽하지 않지만 합쳐놓으면 흥미로운 사례가 될 수 있는 증거들과 항상 마주한다.

수사관은 증거와 직감 사이를 넘나든다. 즉 증거가 직감을 끌어내고 그 직감이 새로운 증거에 대한 조사로 이끈다. 사회심리학자 역시 실험실과 실제 상황 사이를 오간다.(Cialdini, 1995) 실제 상황을 기술적 방법으로 연구해 나온 증거는 이론으로 이어지고 연구자들은 이를 엄격하게 통제된 실험을 통해 검증한다. 이론을 검증하는 실험의 결과는 다시 현실 세계의 자연 발생적 사건에 대해 새로운 직감을 떠올리게 한다. 이렇게 다양한 증거를 결합해나가며 더욱 확실한 결론에 이른다.

인간을 연구한다는 것

짐바르도의 공격성과 익명성 연구에 대해 읽으면서 참가자들이 다른 참가자에게 전기 충격을 가한 후에 스스로에 대해 어떻게 생각했을지 궁금했을 것이다. 지리학이나 화학과 달리 사회심리학 연구는 살아서 숨을 쉬고 감정을 느끼는 인간(혹은 다른 생물)을 대상으로 한다. 이 점은 또 다른 중요한 문제를 생각하게 한다. 연구가 윤리적으로 정당한가에 관해서다.

사회심리학 연구의 윤리적 위험 이 책의 저자들이 수행한 연구를 몇 가지 살펴보자. 로버트 치알디니(Robert Cialdini)는 다음과 같은 기만적 기법(deceptive technique)을 사용해 학생들을 대상으로 헌혈을 하라고 설득했다. "최소 3년 동안 6주에 한 번씩 500밀리리터씩 헌혈하는 프로그램에 참여할 생각이 있나요? 싫다면 내일 한 번만 500밀리리터를 헌혈하는 건 어떤가요?"(Cialdini & Ascani, 1976) 더글러스 켄릭(Douglas Kenrick)은 학생들에게 사람을 죽이는 상상을 해본 적이 있는지 묻고 그런 경험이 있으면 자세히 묘사해보라고 했다.(Kenrick & Sheets, 1994) 그런가 하면 스티븐 뉴버그(Steven Neuberg)는 자신이 속한 집단 외의 집단(페미니스트, 기독교인, 유럽계 미국인, 아프리카계 미국인, 남성 동성애자 등)에 감정적으로 편견 섞인 반응을 한 적이 있는지 털어놓게 했다.(Cottrell & Neuberg, 2005)

이 연구들은 자선 기부, 폭력적 충동, 편견 섞인 감정에 대해 잠재적으로 유용한 정보를 제공했다. 하지만 동시에 사회심리학자들이 자주 마주치는 윤리적인 논란의 여지도 남겼다. 살인에 대한 환상이나 편견 섞인 감정을 묻는 일은 엄연히 **사생활 침해**다. 물론 참가자들이 자원해서 참여했고 원한다면 정보를 제공하지 않을 권리가 있었기 때문에 심각한 침해는 아닐 수도 있다. 하지만 그런 질문을 던진다는 사실만으로도 여전히 사회적 관습에 어긋나는 것이 아닐까? 사생활 침해의 문제는 참가자들이 자신에 대한 정보를 드러내고 있다는 사실을 모르는 자연 관찰과 현장 실험의 경우에 더욱 심각해진다. 한 연구에서는 사설탐정이 아무것도 모르는 참가자에게 접근해 정부를 위해 어떤 사무실에 불법으로 침입해 증거를 수집하지 않겠느냐고 제의해 논란이 되기도 했다.(West, Gunn & Chernicky, 1975) 이런 사생활 침해가 인간의 행동에 대해 알아낼 수 있다는 이유로 정당화될 수 있을까? 일부 심리학자들은 경험상 참가자들이 완전히 익명으로 남을 수 있고, 그런 행동을 실제로 하지만 않는다면(예를 들어 실제로 불법 침입을 하지만 않는다면) 아무것도 모르는 사람도 연구에 활용해도 된다는 입장을 취하기도 한다.

사람의 행동을 조작하는 실험에는 또 다른 문제가 제기된다. 이 연구가 참가자에게 신체적·정신적 손상을 입히지 않을까? 실제로 사회심리학 연구 중에는 격렬한 운동 등 불쾌한 신체적 조작(Allen et al., 1989), 아드레날린 같은 약물의 주입(Schachter & Singer, 1962), 불편할 정도의 열기에의 노출(Rule,

Taylor & Dobbs, 1987), 알코올 섭취(MacDonald, Fong, Zanna & Martineau, 2000) 등이 포함된 연구가 있다.

일반적으로 사회심리학 연구는 질병이나 사망에 이를 수 있는 의학 연구에 비해 신체적 위험이 덜하지만 그럼에도 약간의 불편과 위험은 존재한다. 사회심리학적 연구는 창피함(이를테면 거짓 절차에 '낚인' 경우), 죄책감(살인에 대한 환상 혹은 연인을 다른 사람으로 대체하는 생각), 불안(전기 충격의 위협) 등 심리적 손상을 수반할 가능성이 높다.

아마도 사회심리학에서 가장 논란이 컸을 스탠리 밀그램(Stanley Milgram, 1963)의 연구에서는 참가자들이 심장 질환을 앓는 노인에게 고통스러운 전기 충격을 주고 있다고 믿게 했다. 실험 진행 중 노인이 반응을 완전히 멈춘 상황에서도 실험자는 참가자에게 더 강한 전기 충격을 주라고 요구했다. 이 연구에 참가한 사람들은 다한증, 경련, 말더듬증 등 극도로 불안한 모습을 보였다. 이 연구가 윤리적 논란의 대상이 되었지만 밀그램(1964)은 참가자가 지속적 손상의 증거를 보이지 않았다는 점을 내세우며 연구의 정당성을 주장했다. 사실 참가자의 74%는 중요한 교훈을 배웠다고 답했다. 연구가 끝나고 1년 후 한 참가자는 다음과 같이 적었다. "이 실험은 권위에 반발하는 위험을 무릅쓰고서라도 사람에게 해를 끼쳐서는 안 된다는 나의 믿음을 더욱 굳건하게 해주었다"(Milgram, 1964, 850) 밀그램 역시 "깨우침은 무지보다 고귀할 뿐 아니라 새로운 지식은 인간적인 결과들로 가득하므로 이 연구가 인간을 더 나은 길로 인도할 것"이라는 진심 어린 소망에서 논란이 될 줄 알면서도 연구를 이어갔다고 말했다.

사회심리학 연구의 윤리적 안전장치 사회심리학 연구는 사랑과 편견, 폭력적 살인에 대한 지식처럼 더 나은 사회를 위해 사용될 수 있는 지식이 이득을 가져오리라고 보장한다. 하지만 이러한 이득은 그로 인한 대가보다 커야 한다. 참가자가 감내해야 하는 불편은 어느 정도까지 허용될까?

다행히도 과학적 연구의 악용을 막는 안전장치가 있다. 그중 하나는 미국심리학회(APA)에서 마련한 몇 가지 윤리 지침이다. 이 지침에 따르면 심리학 연구 참가자는 실험 도중 유·무형의 손상을 입을 수 있다는 사실을 안내받고 여기에 동의하기 전 얼마든지 취소할 수 있다. 또한 연구가 완료된 후에는 설명을 듣는다. **디브리핑**(debriefing), 즉 실험 사후 설명은 참가자를 돌려보내기 전에 함께 절차와 가설 및 거부반응에 대해 논하고 문제를 완화하는 과정이다. APA의 지침은 심리학자들에게 연구의 대가와 이득을 따져보는 기준이 되기도 한다. 이 연구가 일시적 불편을 정당화할 만큼 유용한 지식을 얻게 해주는가? 예컨대 밀그램은 복종 실험이 나치 독일에서 일어난 끔찍한 사건들에 대한 통찰을 제공한다고 주장했다.

또 다른 윤리적 안전장치로 미국 연방 연구 기금을 신청하는 연구 기관은 (대학교와 마찬가지로) 연구의 잠재적 대가와 이득을 평가하는 기관 심사 위원회의 심사를 거쳐야 한다. 심사 위원회는 심사 대상이 되는 연구와 관련이 없는 사람으로 구성된다. 대개 심사 위원회는 연구자들에게 변인 조작, 동의서, 디브리핑 절차 등을 수정하도록 요구한다. 심리학자들은 이러한 안전장치를 통해 참가자의 불편과 연구로 얻을 잠재적 지식이 최대한 균형을 이루기를 바란다.

다른 학문과의 연결 고리

앞에서도 언급했듯 사회심리학은 본질적으로 여러 측면에서 다른 학문과 연결되는 분야이다. 사회심리학자들은 다른 학문 분야의 연구자들과 많은 이론, 연구 방법, 연구 결과를 공유한다. 따라서 사회심리학이 다른 지식 영역에 어떻게 들어맞는지 이해한다면 사회심리학을 좀 더 잘 이해할 수 있다.

심리학 안에서의 연계

사회심리학은 심리학의 다른 영역들과 직접적으로 연관된다. 실험심리학의 2가지 주요 영역인 **인지심리학**(cognitive psychology, 행동의 주관적 측면에 주목하여 연관된 정신적 과정을 연구하는 분야)과 **행동 신경과학**(behavioral neuroscience, 신경 및 생화학적 구조가 행동과 어떤 관련이 있는지 연구하는 분야)에 대해 생각해보자. 한 사람의 혈압, 심박 수, 눈을 깜박이는 빈도 등 생리적 과정에 다른 사람들이 미치는 영향을 연구하는 심리학자가 점차 늘어나고 있다.(e. g., Amodio et al., 2003; Fritz, Nagurney & Hegelson, 2003; Mendes et al., 2003) 이 과정에서 **사회 신경과학**(social neuroscience, 사회적 행동이 뇌나 다른 신경계의 가지에서 일어나는 현상과 어떤 관련이 있는지 연구하는 학문)이라는 새로운 학문 분야가 나타 났다.(e. g., Berntson & Cacioppo, 2000; Dickerson et al., 2004; Lieberman, 2007; Varnum et al., 2012) 예컨대 한 연구에서는 핵자기공명장치(MRI)를 이 용해 흑인 남성의 얼굴을 보는 백인 대학생의 뇌파 활동을 관찰했다. 학생들 이 낯선 흑인 남성을 볼 때 유발되는 부정적 감정은 편도체(뇌에서 감정과 관련 된 정보를 처리하는 부위)의 활동과 관련 있었다. 하지만 마틴 루서 킹, 윌 스미스, 덴젤 워싱턴 등 낯익고 긍정적인 이미지의 흑인 얼굴을 보여주었을 때는 그렇 지 않았다.(Phelps et al., 2000) 한편 사회 신경과학에서는 뇌 손상을 입은 환 자들을 연구해 뇌, 인지, 사회적 행동이 어떻게 서로 연결되는지 단서를 얻는 다.(Stone et al., 2002) 뇌의 특정 부위에 손상을 입으면 사람의 얼굴을 알아보 지 못하는 안면 인식 장애가 생기기도 한다.(Rossion et al., 2003)

또한 사회심리학은 행동에서 나타나는 기능장애와 치료에 대해 연구하 는 **임상심리학**과도 밀접한 관계가 있다.(e. g., Snyder & Forsyth, 1991; Sny- der, Tennen, Affleck & Cheavens, 2000) 심리학 차원에서 우울증을 치료 하거나 일상 속 스트레스에 대처하려면 반드시 사회적 관계를 이해해야 한 다.(Dandeneau, Baldwin, Baccus, Sakellaropoulo & Pruessner, 2007; Fred- rickson et al., 2003; Simpson et al., 2003) 더구나 행동 장애는 개인의 사회생 활에 치명적인 영향을 미친다고 정의되는 경우가 많다. 이러한 '기능과 기능장 애의 연계'에 대한 내용은 본문 중간마다 등장하는 〈BOX〉에서 다룰 예정이다. 이 부분에서는 사회적 상황이 장애인에게 어떤 영향을 미칠 수 있는지나 평범 한 집단과정이 어떻게 잘못될 수 있는지에 대해 집착적 연애부터 '외부인'에 대한 망상적 불신까지 다양한 사례를 들어 살펴볼 것이다.

임상심리학은 통상적으로 쇠약이나 장애 같은 문제를 완화하는 데 주안점 을 둔다.(Seligman, Steen, Park & Peterson, 2005) 이와 반대로 어떤 요소가 긍정적 감정이나 바른 행동, 사람과 집단 사이에서 가장 적절한 행동 등을 야 기하는지 연구하는 학문도 있다. 바로 **긍정심리학**(positive psychology)이다.(e. g., Diener & Biswas-Diener, 2008; Gable & Haidt, 2005; Hogan & Kaiser, 2005) 긍정심리학자들은 사람이 사회생활을 통해 행복해질 수 있는 원인이 무 엇인지 연구한다.(e. g., Lyubomirsky et al., 2005; Myers, 2000; Van Boven,

2005)

질병과 신체적 건강에 영향을 미치는 행동 및 심리적 요소를 연구하는 **건강심리학**(health psychology)도 있다. 타인과의 관계는 건강에 직접적 영향을 미치며, 관계가 잘 유지되면 스트레스를 완화하지만 좋지 못하면 건강에 문제를 일으킬 수 있다.(e. g., Stinson et al., 2008; Taylor et al., 2008) 또한 인간 면역 결핍 바이러스(HIV)에 감염될 위험이 있는 비행 청소년의 콘돔 사용 등, 건강에 유익한 행동을 증진하기 위해 사회적 영향력을 활용하기도 한다.(Bryan, Aiken & West, 2004)

발달심리학(developmental psychology)에서는 성인기의 감정, 생각, 행동을 형성하는 생애 초기의 생물학적 영향과 소인을 그 사람의 경험과 결합하는 분야다. 사회적 관계는 발달 과정에서 핵심적 역할을 한다. 예컨대 아기들이 부모와 애착 관계를 어떻게 형성하고 이러한 생애 초기의 경험이 성인기의 인간관계에 어떤 영향을 미치는지 연구한다.(e. g., Del Giudice, 2009; Rom & Mikulincer, 2003; Sharpsteen & Kirkpatrick, 1997)

성격심리학(personality psychology)은 사람 사이의 차이를 다루는 한편 심리적 요소들이 어떻게 결합해 한 사람의 인격을 형성하는지도 살펴본다. 중요한 성격상의 차이들은 사회적 관계와 밀접한 경우가 많다.(Biesanz et al., 2007; Joireman et al., 2003; Pratto et al., 2013; Webster & Bryan, 2007) 예컨대 사람들이 서로를 묘사할 때 가장 많이 사용하는 2가지 특성인 외향성과 친화력은 주로 사회적 관계에 따라 정의된다.(Aron & Aron, 1997; Graziano et al., 1997)

환경심리학(environmental psychology)은 물리적·사회적 환경과 사람의 상호작용을 연구하는 분야다.(Aarts & Dijksterhuis, 2003) 여기에는 사람들이 왜 환경을 파괴하고 열기, 물 부족, 도시의 인파에 어떻게 반응하는지, 에너지 절약에 힘쓰게 만드는 요인이 무엇인지 등이 포함된다.(Campbell et al., 2005; Griskevicius, Tybur & Van den Bergh, 2010; Schroeder, 1995b; Van Vugt, 2009) 환경과 관련된 이러한 문제에 대해서는 세계의 사회적 딜레마를 다루는 13장에서 자세히 다룰 것이다.

심리학 바깥에서의 연계

사회심리학은 심리학의 다른 영역들뿐 아니라 다른 학문 분야와도 밀접한 관계가 있다. 초기 사회심리학 도서 중 하나는 사회학자가 쓴 것이었고, 사회심리학과 사회학의 관계는 오늘날에도 지속되고 있다. 사회학자들이 집단 수준의 문제에 초점을 맞추는 반면, 사회심리학자들은 개인의 생각, 감정, 행동에 더 치중한다. 하지만 사회학자와 마찬가지로 사회심리학자도 사회계층이나 공통적 사회규범 등의 변인이 편견이나 공격성 같은 행동에 어떤 영향을 미치는지 연구할 때가 많다.(e. g., Barnes et al., 2012; Jackson & Esses, 1997; Vandello & Cohen, 2003) 사회심리학자들은 집단과정이 개인의 생각과 행동에서 자연스럽게 생겨나는 양상을 살펴보기 시작했다.(Kerr & Tindale, 2004; Vallacher et al., 2002)

또한 사회심리학은 인간의 문화와 본성 간 상관관계에 주목하는 인류학과도 연결된다.(e. g., Fiske, 2000; Henrich et al., 2006) 인류학자들은 어떤 사회적 방식이 보편적이면서도 특수성을 지니는지에 대한 정보를 얻기 위해 세계의 문화를 연구한다. 사회심리학은 유전학과 동물학을 비롯한 생물학의 여러 영역과도 관련 있다.(e. g., Campbell, 1999; Gangestad & Simpson, 2000) 최근 몇 년 동안 사회심리학자들은 신경과학의 연구 방법을 사용해 호르몬과 뇌 구조가 사회적 스트레스에 대한 반응과 양육, 연인 관계에 미치는 영향을 살펴보기 시작했다.(e. g., Berntson & Cacioppo, 2000; Diamond, 2003; Lieberman, 2007)

사회심리학은 기초과학뿐 아니라 법학, 의학, 경영학, 교육학, 정치학을 비롯한 응용과학과도 관련 있다.(e. g., Caprara et al., 2003; Kay et al., 2008; Kenrick & Griskevicius, 2013; McCann, 1997) 다른 사람과의 상호작용은 학교와 직장에서 많이 일어나므로 사회심리학을 이해함으로써 이러한 환경에서 실질적인 이익을 얻을 수 있다. 산업·조직심리학(industrial/organizational psychology)은 사회심리학과 경영학을 통합한 학문으로, 조직 내의 사회적 관계를 조망한다.(Pfeffer, 1998; Roberts et al., 2003; Van Vugt, Hogan & Kaiser, 2008) 환경 파괴, 인구 과잉, 국제분쟁 등 오늘날 세계가 정치적 영역에서 직면한 가장 시급한 문제는 대부분 사회적 상호작용과 밀접하게 관련된다.

요약

1장을 시작하며 몇 가지 수수께끼를 소개했다. 가난에 시달리던 여성이 베스트셀러 작가가 되어 하루아침에 부자가 된 후 만난 적도 없는 사람들을 돕기 위해 그동안 애써 번 돈을 기부한 이유는 무엇이었을까? 궁극적으로 던지고 싶은 질문은 "사람들이 자선 행위, 편견, 이혼 등의 사회적 행동을 하게 만드는 요소는 무엇일까" 하는 것이었다.

우리는 1장에서 논한 이론적·방법론적 원리들을 통해 자선 행위, 영웅적 행동, 편견, 리더십 등에 관해 좀 더 자세한 답을 탐구하기 시작했다. 우선 사례 연구의 한계를 이해함으로써 J. K. 롤링이 이기적으로 재산을 독차지하는 대신 애써 번 돈을 기부하기로 결정한 원인을 재구성하는 데 한계가 있다는 점을 깨달을 수 있다. 아마 롤링은 생활 보조금을 받을 정도로 고생하던 싱글 맘 시절의 경험 덕에 사람들에게 유난히 더 공감하게 되었을 것이다.(사실 그녀의 자선사업은 주로 한 부모 가정의 자녀를 돕기 위한 것이었다.) 또는 롤링의 너그러움은 국제사면위원회에서 일하던 시절에 시작되었는지도 모른다. 그 시절 롤링은 부유하고 강력한 독재자 치하에서 지독한 가난과 잔인하고 부당한 처사에 시달리던 외국인들과 직접 대면했다.(롤링의 소설에서 탐욕과 악의 화신인 볼드모트 경과 죽음을 먹는 자가 현실에 존재하는 것과 같다.) 어쩌면 사랑하는 어머니를 잃은 고통 때문이었는지도 모른다.(도입부에서 언급한 1500만 달러는 일찍이 세상을 떠난 어머니가 앓던 병인 다발성경화증 환자들의 투병을 돕는 데 쓰였다.) 롤링이 너그러운 성향을 어머니에게 유전적으로 물려받았을 가능성도 있다. 연구의 대상이 되는 사례는 이론적 추측을 가능하게 해주지만 사례 연구에 바탕을 둔 가설은 결국 다양하고 통제된 방법으로 얻은 정교한 자료를 통해 검증되어야 한다. 이 과정을 한 차례 거친 후 철저한 조사를 통해 도출된 이론적 원리는 다시 현실 세계의 사례에 대해 생각해볼 새로운 방식을 이끌어낸다.

사회심리학 이론과 연구 방법은 구체적 사례에서 제기된 더 일반적인 의문점들을 다루는 데 유용한 탐색 도구를 제공한다. 사회심리학자들은 사회 문화적 관점이나 인지적 관점 같은 이론적 관점을 통해 연구를 시작할 지점에 대한 단서를 얻는다. 설문 조사나 실험 같은 연구 방법은 수사관이 쓰는 지문 채취 도구와 마찬가지로 연구자가 맨눈으로 볼 수 없는 영역을 보도록 도와준다.

2장부터는 연구자들이 이렇게 다양한 이론과 연구 방법을 통해 1장에서 제기된 광범위한 의문점들에 대한 많은 정보를 어떻게 얻어냈는지 검토할 것이다. 앞으로도 살펴보겠지만 사회심리학자들은 사람들이 서로 돕고 상처받고 사랑하고 미워하는 이유와 방식, 자선 행위와 영웅적 행위에 숨겨진 동기 등에 대해 상당히 많은 것들을 알아냈다. 또한 생물학적 요소가 타인과의 관계에 영향을 미치는 이유와 방식, 인간의 생태와 문화가 활발하고 흥미롭게 상호작용하는 양상에 대해서도 깨닫기 시작했다.

사회심리학 책을 읽는 모든 사람이 연구자가 되려 하지는 않는다. 하지만 누구나 친척, 친구, 연인, 동료, 심지어 길에서 마주치는 낯선 사람들의 행동에서도 자신의 생각, 감정, 행동에 크게 영향을 받는다. 사회심리학의 기초를 이해하면 우리에게 이토록 크게 영향을 미치는 사람들을 새로운 렌즈를 통해 바라볼 수 있게 된다. 우리가 사회적 행동에 대해 평소 느끼는 직감은 약간 뒤틀려 있을 때가 많고 가끔 심각하게 틀릴 때도 있다. 다른 사람의 내밀한 동기와 자신의 인지적 편향을 인식하려고 노력한다면 언뜻 '명백해' 보이는 것들에 눈이 멀지 않을 수 있고, 표면 아래에 자리한 복잡함을 이해할 수도 있을 것이다.

사회심리학의 원리들은 일상에서 사람들과 잘 지내는 법에 대한 단서를 제공할 뿐만 아니라 박식한 사람이 되도록 도와준다. 유권자이자 잠재적 지도자로서 교육, 범죄 행위, 도시 개발, 인종 간의 관계와 관련된 중요한 결정을 내려야 할 순간이 있다. 이때 증거를 평가하는 법을 모르면 결정을 제대로 내리기 어렵다. 지금 우리는 사회생활의 수많은 수수께끼가 밝혀지는 한편 그러한 발견에 경탄할 준비가 된 지성인들의 시대로 들어서고 있다.

제2장

행동을 결정짓는 2개의 축, 사람과 상황

◐

— 무엇이 평범한 그를 비범하게 만들었을까 : 마틴 루서 킹 —

누이의 말에 따르면 그는 "평범한 사람"이었다. 중산층 가정에서 태어나 행복하지만 단조로운 어린 시절을 보냈다.(Branch, 1988; Garrow, 1986) M. L.이라는 애칭으로 불리던 그는 분명 똑똑했지만 가족이나 친구들 중 그가 뛰어난 재능을 타고났다고 생각하는 사람은 없었다.

대학 생활 역시 평범했다. 그저 그런 성적을 받았고, 여름에 함께 아르바이트를 한 동료에게 "게으름뱅이"라고 놀림당하기도 했다. 신학교에서 석사과정을 밟은 후 M. L.은 일자리를 구하기 위해 아내와 함께 앨라배마주의 몽고메리로 거처를 옮겼다. 이 '평범한' 젊은 목사는 평범한 성직자 생활에 적응했다.

하지만 안정된 생활은 그리 오래가지 않았다. 그가 첫아이를 얻은 지 몇 주 후 몽고메리 경찰이 버스에서 백인에게 자리를 양보하지 않았다는 이유로 아프리카계 미국 여성인 로자 파크스(Rosa Parks)를 체포했다. 나머지는 다들 아는 대로다. 지극히 평범했던 어느 목사가 1955~56년에 벌어진 몽고메리 버스 승차 거부 운동을 성공적으로 이끌면서 미국 시민권 운동의 상징이 되었다. 그는 바로 마틴 루서 킹(Martin Luther King) 목사다.

이후 12년간 킹 목사는 체포, 구금, 암살 기도를 견뎌냈다. 이렇게 많은 장애물에도 불구하고 킹 목사는 계속 앞으로 나아갔다. 그의 지도 아래 시민권 운동 세력은 흑인이 교육, 고용, 투표, 주거 영역에서 평등한 기회를 누릴 수 있도록 법을 뒤엎는 데 성공했다. 킹 목사는 공공의 이익을 위해 거대한 개인적 부담을 기꺼이 감수함으로써 인종을 불문하고 수많은 사람들에게 존경을 받았다. 암살자의 총알에 39세의 나이로 생을 마감한 킹 목사는 여러 사람에게 순교자로 여겨졌고 그의 죽음은 미국 내 모든 인종 문제와 더불어 훨씬 나아질 미래에 대한 희망을 상징했다.

어떻게 "평범한 사람"이 그토록 비범한 일을 행할 수 있었을까? 어떤 이들은 사람의 행동이 성격에 따라 결정된다고 주장한다. 이 관점에서 보면 킹 목사는 승차 거부 운동을 이끌기 전에도 놀라운 인격을 갖추었어야 한다. 그렇다면 킹 목사의 가족, 친구, 동료, 교사가 그를 잘못 보았다고 해야 할까? 그랬을 수도 있다. 하지만 킹 목사를 가장 잘 아는 사람들이 그의 진정한 성격을 알지 못했다면 누가 알았겠는가? 또한 킹 목사의 행동이 특별한 가치관과 재능을 겸비한 비범한 인격에서 나왔다면 그 훌륭한 인격이 사라진 것처럼 보이는 시기는 어떻게 설명할 수 있을까? 예컨대 독실한 기독교 신앙과 가족에게 헌신하는 태도에 비춰볼 때 그의 거듭된 외도는 어떻게 설명할 것인가? 킹 목사의 타고난 성격이 로자 파크스 사건 이후 행보의 원인이라면 분명 그것은 사람들이 당연히 그가 갖추었을 거라고 여기는 훌륭한 인격은 아니었다.

한편 사람의 행동이 상황에 따라 결정된다고 주장하는 사람들도 있다. 그럴 수도 있다. 그렇다면 킹 목사가 처한 상황이 워낙 강력해서 사실상 어떤 사람이든 똑같이 대처했을 거라고 보아야 한다. 킹 목사 본인은 이런 설명을 마음에 들어 했다. 그는 종종 자신이 시민권 운동을 이끌지 않았다고 말했다. 사람들이 자신을 내세웠다는 말이었다. 하지만 이것 또한 지나친 단순화다. 어쨌든 몽고메리 버스 승차 거부 운동 당시 킹 목사처럼 무거운 책임을 지려 했던 지도자들은 드물었고, 미국 각지에서 이와 같은 인종차별 사건을 목격하면

마틴 루서 킹은 시민권 운동을 대표하는 비범한 행적으로 영웅시된다. 하지만 친구와 가족의 말에 따르면 그는 여러모로 '평범한' 사람이었다. 평범한 사람이 어떻게 비범한 업적을 남길 수 있을까? 2장에서는 사람과 상황의 특징이 어떻게 어우러져 사회적 세계와 흥미로운 관계를 맺을 수 있게 하는지 탐색한다.

서도 행동하지 않은 사람도 매우 많았다. 킹 목사의 경우처럼 상황이 그 사람들을 사로잡지는 못했던 것이다.

킹 목사의 성격과 상황 중 어느 하나만으로는 그의 행동을 설명하기에 충분하지 않은 듯하다. 그렇다면 킹 목사의 놀라운 업적은 어떻게 설명할 수 있을까? 마틴 루서 킹 목사의 이야기는 현대 사회심리학의 근본 원리를 보여준다. 개인이나 상황 가운데 어느 하나가 사회적 행동을 결정하지 않는다. 사람과 상황의 특징이 흥미롭고 복잡하기까지 한 방식으로 **함께 작용**해 사람들이 사회적 세계와 관계를 맺는 데 영향을 미치는 것이다.(Snyder & Cantor, 1998) 2장에서는 사회심리학자들이 '사람', '상황', '사람과 상황의 상호작용'이라는 말을 어떤 의미로 사용하는지 소개하면서 사람과 상황의 매혹적인 상호작용을 탐색하기 시작한다.

──────── 나는 어떤 사람인가 : 사람 ────────

사회적 행동의 탐색은 "저 사람은 사회적 상황에서 어떤 사람인가?"라는 질문을 던지며 개인을 들여다보는 데서 시작한다. 앞으로 알게 되겠지만 여기에서 사람이란 사회적 개인을 말한다. 사회적 개인은 동기, 지식, 느낌이 역동적으로 결합된 존재이며 동기, 지식, 느낌은 서로 결합함으로써 앞으로 이 책에서 발견하게 될 매혹적인 사회적 사고와 행동을 이끌어낸다.

사람을 움직이는 원동력, 동기부여

동기부여(motivation)는 원하는 결과를 향해 움직이게 하는 에너지, 원동력이다. 해결해야 할 범죄에 맞닥뜨린 형사는 범죄자가 **왜** 그런 악랄한 짓을 저질렀는지 알아내려고 애쓰면서 동기에 대한 질문을 던진다. 이 책에서는 동기와 관련된 많은 의문점을 풀 해답을 제공한다. 왜 자신의 생명이 위급할 때조차 다른 사람을 돕는가? 왜 알지도 못하는 사람을 편견 가득한 눈으로 보는가? 왜 갖고 싶거나 필요하지 않은데도 물건을 사는가?

동기와 목표 다음 몇 주 동안 이루고 싶은 일들을 잠시 생각해보자. 오랜만에

옛 친구와 만나 저녁을 먹고 싶은가? 곧 치를 시험에 대비해 공부를 하고 싶은가? 당신의 **목표**는 무엇인가? 이루고 싶은 것은 무엇인가?

대부분의 사람이 데이트를 위한 치장이나 친구에게 필기 빌리기, 집 청소 등 일상적인 계획이나 할 일과 관련된 목표를 많이 떠올릴 것이다.(e. g., Emmons, 1989; Little, 1989) 이제 그 목표들을 왜 이루고 싶은지 생각해보자. 매력적으로 보이고, 화학 노트의 빠진 부분을 채우고, 집을 깨끗하게 유지하고 싶은 이유는 무엇인가? 목표의 대부분은 더 큰 목표로 향하는 단계인 **하위 목표**다. 예를 들어 매력적으로 보이는 것은 데이트 약속을 잡는 데 도움이 될 테고, 필기를 빌리는 것은 좋은 점수를 받는 데 도움이 된다. 데이트 약속을 잡고 좋은 점수를 받는 것이 왜 중요한지 묻는다면, 데이트는 당신이 바라던 장기적 관계로 이어질 수 있기 때문이고 모범적인 학교생활은 사회·경제적 지위를 획득하는 데 도움이 된다는 결론이 나올 것이다. 우리에게는 다양한 수준의 목표가 있고, 우리는 이 목표들 덕에 더 중요한 다른 목표들로 다가갈 수 있다. **동기**(motive, 사회적 생존에 기본이 되는 높은 수준의 목표)는 지위를 획득하고 가족을 위험에서 보호하는 등의 소망처럼 목표를 넓은 범위에서 본 것이다.

의식적·자동적 목표 추구 목표 추구 과정에는 상당한 주의가 필요하다. 어떤 전략을 선택할지 살펴보고, 어떤 목표를 추구할지 결정하고, 효율성을 꼼꼼히 관리하고, 필요한 경우 목표를 조정해야 한다.(e. g., Duval & Wicklund, 1972; Heatherton, 2011; Mischel et al., 1996; Scheier & Carver, 1988) **주의**(attention)는 자신의 내부와 외부에서 어떤 일이 일어나는지 의식적으로 주목하는 정신적 과정이다. 주의를 기울이는 대상은 목표에 따라 크게 달라진다.(e. g., Maner et al., 2007; Moskowitz, 2002) 주의는 목표를 이루는 데 필요한 정보를 비추는 스포트라이트라고 생각하면 된다. 연애에 관심 있는 사람은 매력적인 사람과 그 사람의 반응에 주의의 빛을 비춘다. 안전에 관심 있는 사람은 험상궂은 사람이나 어두운 골목, 질주하는 자동차에 주의를 기울인다.

일련의 과정이 몸에 배어 더 이상 주의가 필요하지 않은 경우도 있다.(e. g., Bargh & Williams, 2006) **자동성**(automaticity)은 한번 시작하면 의식적 노력을 기울이지 않고 행동이나 생각을 할 수 있는 능력을 말한다.(Huang & Bargh, 2014; Wood & Neal, 2007) 예컨대 숙련된 운전자는 일단 운전을 해야겠다고 마음먹으면 페달과 기어, 핸들을 조정하는 데 주의를 기울일 필요가 없다.

주의는 한정된 자원이라서 한 번에 주의를 기울일 수 있는 정보의 양은 적다.(e. g., Pashler, 1994) 하지만 하나의 일을 자동화하면 한정된 주의를 다른 일에 쏟을 수 있다. 숙련된 운전자가 다른 승객과 잡담을 하거나 라디오 채널을 돌리는 데 주의를 할애하는 것처럼 말이다. 마찬가지로 타인에 대해 생각하고 상호작용하는 방식을 자동화하면 목표를 효과적으로 추구할 수 있다.

주의를 기울이지 않고도 결정을 내릴 수 있다는 건 분명한 이점이다. 하지만 자동성 대신 치러야 하는 대가도 있다. 우리는 가끔 '생각 없이' 실수를 한다. 다음 상황을 상상해보자. 도서관에서 복사기를 쓰려는데 낯선 사람이 다가와 다섯 페이지만 먼저 복사해도 되겠느냐고 묻는다. 한 연구에서는 이런 경우 무작정 부탁했을 때보다 이유를 말할 때("급해서 그러는데. 복사기 좀 써도 될까요?") 더 쉽게 부탁을 들어주는 것으로 나타났다.(전자의 경우 60%가, 후자의 경우 94%가 양보해주었다.) 이것은 상당히 합리적인 전략으로 보인다. 어쨌든 요구 사항이 사소하고 납득할 만한 이유가 있다면 친절하게 도와주지 않을 까닭이 없다. 하지만 놀랍게도 그 이유에 새로운 정보가 없을 때에도("복사를 좀 해야 해서 그러는데, 복사기를 써도 될까요?") 사람들은 그 요청을 쉽게 받아들였다.(Langer, Blank & Chanowitz, 1978) '~해서'라는 말을 듣자마자 아무 생각 없이 요청을 받아들이고 도와주어야 한다는 평소의 전략을 가동한 것이다. '~해서'라는 말은 이유가 있다는 뜻이므로 이유가 그다지 타당하지 않다는 사실(누구나 복사를 해야 해서 복사기를 쓰므로 '복사를 해야 해서'는 타당한 이유가 되지 못한다)은 거의 인식하지 못한다. 이처럼 자신이 무엇을, 왜 하고 있는지 크게 주의를 기울이지 않는 경우가 있다.(Langer & Moldoveneau, 2000)

사고억제 우리는 가끔 목표와 어긋나는 생각들을 억제함으로써 어려운 목표에 도달하려고 애쓴다. 다이어트를 하는 사람은 달콤한 디저트를 생각하지 않으려 하고, 실연의 상처에서 회복하려는 사람은 헤어진 연인을 떠올리지 않으려한다. 불행하게도 무언가를 생각하지 **않으려고** 하기는 어렵다. 실험을 하나 해보자. 종이와 펜, 시계를 꺼낸 다음, 마음을 비우고 다음과 같이 따라 해보라.

지금부터 3분 동안 흰곰을 생각해서는 **안 된다**. 그렇다, **흰곰**. 귀엽고 조그맣고 보송보송한 곰 인형도, 북극곰도, 어떤 종류의 흰곰도 생각해서는 안 된다. 흰곰이 **생각나면** 종이에 작게 표시를 하라. 하지만 흰곰을 생각하지 **않으려**고 열심히 노력하고 있으므로 자꾸 표시를 해서는 안 된다. 준비가 되었다면 흰곰을 생각하면 안 된다는 점을 기억하라. 자, 지금부터 3분을 재보자.

어떻게 되었는가? 흰곰을 전혀 떠올리지 않았는가? 대니얼 웨그너(Daniel Wegner)의 실험에 참가한 사람들과 같다면 아마 흰곰이 머릿속에 최소한 몇 번은 들락날락했을 것이다.(Wegner et al., 1987) 어떤 사람들은 그 복슬복슬한 동물의 모습을 도저히 떨쳐내지 못한다. 게다가 흰곰을 떠올리지 않으려는 노력을 멈추면 처음에 흰곰을 떠올리지 않으려는 노력을 시작하기 전보다도 흰곰이 자주 떠오를 것이다.(Wegner & Erber, 1992)

그렇다면 흰곰보다 더욱 중요한 다른 생각들은 어떨까? 예컨대 다이어트 중이라면 음식에 대한 생각을 떨치려는 노력이 오히려 감자튀김, 빅 맥, 퍼지 아이스크림을 먹는 즐거움에 더 집중하게 할까? 거미에 대한 공포를 억누르려는 노력이 오히려 세세한 생김새를 떠올리게 만들어 두려움을 조장할까? 좋아하지 않는 이민족 집단에 대한 고정관념을 억누르려는 노력이 실제로는 그 집단을 더욱 부정적인 고정관념에 가두는 결과를 낳을까? 여러 연구 결과에 따르면 이 질문들에 대한 답은 전적으로 '그렇다'인 것 같다.(e. g., Hooper et al., 2011 ; Macrae et al., 1996 ; Monteith, Sherman & Devine, 1998 ; Wenzlaff & Wegner, 2000) 무언가를 생각하지 않으려는 노력은 역효과를 낳을 때가 많다.

이와 같이 사람에 대한 첫 고찰을 통해 우리가 동기에 따라 움직이는 존재라는 점을 알게 되었다. 우리에게는 목표가 있고, 우리는 그것을 추구한다. 목표 추구에는 가끔 주의와 의지가 필요하지만 주의와 의지는 자동으로 작동할 때가 많다. 이러한 자동성 덕분에 주의와 의지를 다른 곳에 집중할 수 있다. 이제 사람의 두 번째 핵심 구성 요소인 지식에 대해 탐색해보자.

세상을 바라보는 틀, 지식

지식은 풍부하고 다양한 형태로 머릿속에 들어온다. 우리에게는 시각적 이미지, 냄새, 소리, 맛, 촉감 등의 **감각기억**(sensory memory)이 있다. 예컨대 여태까지 접했던 영상을 바탕으로 마틴 루서 킹이라는 인물을 떠올려보면, 킹 목사가 링컨 기념관에서 "나에게는 꿈이 있습니다"라는 감동적인 연설을 할 때 어떤 모습이었고 어떤 목소리로 말했는지에 대한 이미지가 있을 것이다. 또한 우리에게는 사람들의 행동, 특성, 능력, 목표, 선호, 인간관계, 평소의 활동에 대한 **믿음**도 있다. 다시 마틴 루서 킹을 예로 들면 그에 대한 인상에는 목사이자 시민권 운동가이고 능숙한 연설가라는 믿음이 포함되어 있을 것이다. 지식에는 사람과 집단, 상황 등이 왜 그런 모습인지에 대한 **설명**도 포함된다.(e. g., Kunda, Miller & Claire, 1990; Sedikides & Anderson, 1994) 가령 킹 목사의 평등주의적 목표 추구는 그의 종교적 가치를 들어 설명할 수 있다.

연구에 비추어볼 때 그 목록에는 마틴 루서 킹, 에이브러햄 링컨, 빅토리아 여왕 등 위대한 지도자의 **구체적인** 예가 포함될 것이다. 구체적인 일화, 사건, 사람에 대한 기억을 **전형**(exemplar)이라고 한다.(e. g., Smith & Zárate, 1992) 써내려간 목록에는 위대한 지도자 집단이 갖추었을 만한 **일반적 특성**도 포함될 것이다. 예컨대 위대한 지도자라면 주변 사람들의 삶을 개선하고 싶어 하고 권위를 내세워 다른 사람들을 더 좋은 쪽으로 이끄는 영향력을 발휘한다고 믿을 것이다. 이렇게 일반화된 정보를 나타내는 지식을 **도식**(schema)이라고 한다.(e. g., Bartlett, 1932; Taylor & Crocker, 1981) 사회적 세계를 바라보는 시각에는 전형과 도식이 모두 들어 있다. 또한 우리에게는 사회적 상황과 그 상황에 적응하는 방식에 대한 지식도 있다. 이제 그 내용에 대해 살펴보자.

지식은 어떤 역할을 하는가 지식은 우리가 사회적 판단을 내리는 데 필요한 '원자재'를 제공한다. 건축가가 벽돌, 나무, 콘크리트를 사용해 집을 짓듯 사람들은 지식을 사용해 인상을 형성하고 결정을 내린다.

또한 지식은 우리가 세상과의 만남에서 무엇을 얻을지 알려준다. 대학 교수 집단이 얼빠진 사람들이라고 믿는다면 다음에 만날 교수 역시 조금은 실없는 사람이라고 예상하게 된다. 근사한 식당에서는 정중하게 시중드는 종업원을 고용한다고 믿는다면 다음에 멋진 식당에 방문했을 때 기분 좋은 대접을 받기를 기대한다. 지식은 예상의 방향을 잡아주고, 어디에 주의를 기울이고 모호한 상황을 어떻게 해석해야 하며 어떻게 행동해야 할지 알려줌으로써 사회적 세계에서 마주치는 상황에 대비하게 해준다.

해럴드 켈리(Harold Kelley, 1950)의 유명한 연구를 살펴보자. 어느 날 대학생들은 원래의 강사 대신 다른 사람이 수업을 진행할 것이라는 소식을 들었다. 대리 강사에 대해 일부 학생들은 따뜻하고 친절한 사람일 거라고 생각했고, 나머지는 약간 차갑고 거리감 있는 사람일 거라고 믿었다. 수업이 끝난 후 모든 학생이 강사를 평가했다. 두 집단이 같은 강의를 들었지만 강사가 친절하리라고 예상한 학생들은 불친절하리라고 예상한 학생들에 비해 강사에게 호의적인 인상을 받았다. 왜 그랬을까? 각자 기대에 따라 다른 행동에 초점을 맞추었고, 같은 행동에 초점을 맞추었더라도 다르게 해석했기 때문이다. 이처럼 사회적 사건을 관찰하면서 떠올리는 지식은 그 사건을 이해하는 방식에 영향을 미친다.(e. g., Bruner, 1957 ; Higgins et al., 1977 ; Sinclair et al., 1987) 3장에서는 사람들이 사회적 세계를 이해하려 노력할 때 예상이 얼마나 중요한 역할을 하는지에 대해 더 자세히 탐색할 것이다.

점화된 지식 우리는 살아가면서 어마어마한 양의 지식을 쌓는다. 하지만 이 지식을 항상 모든 판단에 적용하는가? 그중 일부만 사용한다면 어떤 지식을 왜 사용하는가? 다른 지식에 비해 사용하기 쉽게 '준비된' 지식이 따로 있을까?

10대 시절 잔디깎이로 이웃집의 잔디를 깎아봤다면 알겠지만, 기계에 시동을 걸기 전에는 '점화'를 해야 한다. 연소 장치를 켜기 전에 연료를 조금 넣는 것이다. 기계를 사용하려고 준비하는 과정으로 엔진을 점화하듯, 심리학적 의미의 **점화**(priming)는 지식이나 목표를 사용하기 위해 활성화하는 과정을 말한다.(Wheeler & DeMarree, 2009)

지식은 우리가 처한 상황에 맞게 점화된다. 수학 수업을 듣는 동안 떠오르는 생각은 가족끼리 저녁 식사를 하는 동안 떠오르는 생각과 다르다. 이러한 상황 점화(situational priming)는 가장 적절한 지식을 필요로 할 때 유용하다.

지식은 연관된 또 다른 지식에 점화되기도 한다. 자신의 남동생에 대해 생각해보자. 일정한 시각적 이미지와 함께 그의 목표, 성격, 특유의 행동 등에 대한 믿음도 함께 떠오를 것이다. 이는 다른 가족 구성원에 대한 생각으로 이어지는 기폭제가 되기도 한다. 지식은 서로 연결되어 있기 때문에 어떤 생각이 활성화되면 그것과 관련 있는 다른 지식도 점화된다.

한편 다른 생각보다 쉽게 떠오르는 생각들이 있다. 아주 약한 자극만으로도 '즉시 작동할' 준비가 된 생각이다. 예를 들어 새 직장에 특히 정신이 집중된 상태라면 직장 동료의 모습은 비교적 쉽게 떠오르지만 1학년 때 같은 반이었던 친구의 모습을 떠올리기는 쉽지 않다.(e. g., Bargh & Pratto, 1986 ; Higgins, King & Mavin, 1982; Wyer & Srull, 1986) 다시 말하지만 이 체계는 매우 유용하다. 직장에서 오래 시간을 보내는 사람에게는 직장과 관련된 지식이 쉽게 떠오르고 준비되어 있는 것이 중요하다.

이 책에서는 사회적 세계에 대한 지식이 그 세계에 대한 생각과 느낌, 그 안에서의 행동 방식에 어떤 영향을 미치는지 계속 탐색할 것이다.

감각이 내게 말해주는 것들, 느낌

텅 빈 거리에서 험상궂은 폭력배를 보면 마음이 두려움으로 가득 차고, '특별한' 사람과의 마술 같은 첫 만남은 마음을 낭만과 갈망으로 채우며, "나에게는 꿈이 있습니다"라는 말로 시작하는 마틴 루서 킹 목사의 연설은 사람들의 마음에 슬픔과 희망이 메아리치게 한다. 느낌은 삶의 음악이다.

사회심리학자들은 느낌의 3가지 유형인 태도, 감정, 기분을 다룬다. **태도**(attitude)는 특정한 사람, 사물, 사건, 생각 등에 대한 호의적이거나 비판적인 평가를 말한다.(Bohner & Dickel, 2011; Eagly & Chaiken, 1998; Petty & Wegener, 1998) 태도는 비교적 기본적인 느낌이며 긍정과 부정을 오가는 단순한 평가다. 우리는 어떤 대상에 대해 긍정적이거나 부정적으로 느끼고, 마음에 들거나 못마땅하다고 느끼며, 찬성하거나 반대한다고 느낀다. 어떤 사람이 정치가를 싫어하고 퍼지 아이스크림을 좋아하며 사형에 찬성하는 것처럼 말이다.

두려움, 즐거움, 분노, 죄책감 등의 느낌인 **감정**(emotion)은 태도보다 다양하고 복잡하며 강렬하다. 감정에는 긍정적 · 부정적 요소 외에 신체적 각성이라는 요소도 있다. 예컨대 두려움을 느끼면 심장이 쿵쿵 뛰기 시작하고 숨이 가빠지며 표정이 변하고 몸속에서 아드레날린이 솟구치기 시작한다. 또한 감정에는 복잡한 생각이 따라올 때도 많다. 이를테면 수치심은 청소년기에 사회적 관습을 어겼거나 어린 시절에 부적절한 행동을 한 경험들을 불러일으키기도 한다.

마지막으로 **기분**(mood)은 감정에 비해 주의가 덜 집중되고 오래 지속된다. 기분이 나쁘면 그날 아침에는 만사가 회색으로 보이고, 기분이 좋으면 세상이 장밋빛으로 보인다. 불안한 기분일 때는 그림자만 보아도 신경이 쓰이고 초조해질 수 있다. 기분은 그것이 처음 시작된 특정한 사건뿐만 아니라 모든 경험에 색을 칠한다.

느낌은 사회적 행동에 커다란 영향을 주므로 느낌을 평가하는 것은 매우 중요한 일이다. 물론 다른 사람의 마음속에서 어떤 일이 일어나는지 알기란 어렵다. 하지만 사회심리학에서 통용되는 몇 가지 기법을 활용하면 사람의 느낌을 읽는 데 도움이 될 것이다.

느낌 평가하기 남자 친구와 헤어진 친구가 어떤 기분일지 알고 싶다면 어떻게 해야 할까? 우선 그냥 물어볼 수 있을 것이다. 좀 더 체계적이고 복잡한 방식을 사용하기는 하지만 연구자들도 똑같은 방법을 쓸 때가 많다. **자기 보고 척도**(self-report measure)는 몇 가지 간단한 질문을 던지는 직접적인 방식이다. 예를 들어 이런 식이다. "(9점 척도에서) 1은 몹시 슬프다, 9는 몹시 행복하다고 할 때 지금 당신의 느낌은 어느 정도입니까?"

사람들에게 자신의 느낌에 대해 직접 묻는 것은 대개 합리적이다. 결국 느낌이란 개인적 경험이므로 당사자가 가장 잘 알 것이다. 하지만 이 기법에는 문제가 있다. 스스로 생각하기에 사회적으로 부적절하거나 바람직하지 못한 느낌을 보고하기를 주저할 수 있다. 일례로 오래 사귄 남자 친구와 헤어진 친구는 자신이 전혀 슬프지 않다는 사실을 인정하기가 곤란할 수도 있다.

사람들은 가끔 어떤 이유로든 진실한 느낌을 숨기려 하거나 느낌을 말로 표현하기 어려워한다. 이런 이유로 사회심리학자들은 **행동**에서 단서를 찾는다. 물론 심리학자가 아닌 사람들도 다른 사람의 말을 믿지 못할 때 비슷한 행동을 한다. 예컨대 입을 앙다물고 어딘가를 노려보며 주먹을 꽉 쥔 사람을 보면 화가 났다고 생각할 수 있다. 실제로 표정은 그 사람이 어떻게 느끼는지 들여다볼 수 있는 멋진 창이 되는 경우가 많다.(Ekman, 1982; Keltner & Ekman, 1994) 하지만 이것 역시 100% 확실한 방법이 아니다. 사람들은 가끔 감정 표현을 교묘하게 조작하기도 한다. 예를 들어 정말 화가 나지 않았는데도 화난 척을 할 수 있다. 또한 같은 감정을 느끼더라도 사람에 따라 아주 다른 방식으로 반응할 수 있다.(e. g., Gross, John & Richards, 2000) 화가 나면 노발대발하는 사람이 있는가 하면 냉정해지고 계산적으로 돌변하는 사람도 있다. 그럼에도 느낌을 파악할 때 심리학자들은 행동을 관찰함으로써 아주 유용한 정보를 얻을 수 있다.

사회심리학자들에게는 일반인이 사용할 수 없는 도구가 몇 가지 있다. 예를 들어 연구자들은 혈압, 심박 수, 호흡, 땀 분비, 생화학적 물질 분비 등 **생리적 수치**를 모으는 장비를 사용할 수 있다. 이를테면 불안한 사람은 손바닥에 땀이 나고 심장이 두근거리기 쉬운데, 특수 장비를 사용해 이런 현상을 포착할 수 있다.(Blascovich & Kelsey, 1990) 이와 마찬가지로 분노, 공포, 혐오, 환희 같은 감정은 표정으로 나타난다. 얼굴 근육의 미세한 변화까지 잡아내는 전극을 붙여 이러한 표정이 어떤 감정을 나타내는지 판단할 수 있다.(Cacioppo et al., 1993) 감정과 관련된 뇌 활동은 양자 단층 촬영(PET)과 기능성 핵자기공명장치(fMRI) 같은 현대 기술을 이용해 관찰할 수 있다. 예를 들어 행복할 때나 반대로 역겹거나 화가 날 때, 친구가 상을 받아서 기분이 좋을 때 활성화되는 뇌의 영역은 각각 다르다.(e. g., Davidson et al., 1990; Varnum et al., 2014)

하지만 생리적 수치 역시 절대적이진 않은데, 똑같은 감정 상태라도 사람마다 다른 생물학적 반응을 보이기 때문이다. 흥분했을 때 심박 수가 증가하는 사람이 있는가 하면 피부 전도(skin conductance, 피부에 전기가 통하는 정도) 수준이 높아지는 사람도 있다. 또한 생리적 수치는 감정이 아닌 다른 것에도 영향을 받는다. 예컨대 심박 수는 화가 날 때뿐 아니라 운동을 할 때도 올라간다. 가장 중요한 것은 어떤 연구자들도 각각의 감정에 완벽하게 대응하는 생리적 패턴을 발견하지 못했다는 점이다. 이 문제는 4장에서 알아볼 거짓말탐지기 논란의 주된 원인이기도 하다.

그럼에도 생리적 수치는 매우 유용하며, 특히 다른 수치들과 함께 쓰일 때 더욱 효과적이다. 누군가가 무섭다고 말하고 두려워하는 표정과 몸짓을 하며 심장이 쿵쿵 뛰고 손바닥에 땀이 난다면 십중팔구 겁에 질린 것이다. 여기에서 가장 중요한 사실은 자기 보고 척도, 행동 지표, 생리적 수치가 모두 하나의 증거로 **수렴**하는 한 그 사람이 무엇을 느끼는지 확실히 안다고 믿어도 된다는 점이다.

느낌의 유전적 · 문화적 바탕 느낌과 그것을 표현하는 방식에 유전적 근거가 있을까? 있다면 어떻게 알 수 있을까? 첫째, 인류는 대부분의 유전자를 공유하므로 여러 가지 느낌 역시 공통적일 것이다. 이 가설에 맞게 다양한 사회에 속한 사람들이 놀라울 정도로 비슷한 방식으로 감정을 경험하고 표현한다.(e. g., Ekman & Friesen, 1971; Hejmadi, Davidson & Rozin, 2000; Mauro, Sato &

Tucker, 1992) 예를 들어 서양의 영향에 노출되지 않은 원시적 문화를 비롯해 다양한 문화에 속한 사람들의 행복, 슬픔, 두려움, 역겨움, 분노 등을 나타내는 표정이 거의 일치하고, 느낌, 생리적 징후, 감정과 관련된 행동 역시 매우 비슷한 양상을 보인다.(Scherer & Wallbott, 1994) 둘째, 느낌에 강력한 영향을 미치는 유전적 요소가 있다면 언제, 어떻게 경험하고 표현하는지 배울 기회가 없었던 사람들도 그것을 경험하고 표현할 수 있어야 한다. 실제로 선천적 시각장애인 운동선수도 승부에서 이기거나 졌을 때 시각이 손상되지 않은 선수와 마찬가지로 환희와 고통의 표정을 지었다.(Matsumoto & Willingham, 2009) 마지막으로 유전자가 느낌에 영향을 미친다면 유전적으로 다른 사람들은 느낌도 달라야 한다. 이것 역시 사실이다.(e. g., Gabbay, 1992) 유전 형질은 감정 표현, 기분, 심지어 일상적 태도에도 영향을 미친다.(Kim et al., 2011 ; Lykken & Tellegen, 1996 ; Plomin et al., 1990 ; Tesser, 1993 ; Waller et al., 1990) 이와 같이 유전자가 느낌에 크나큰 영향을 미치는 것은 분명하다.

문화와 학습 역시 중요한 역할을 한다. 예컨대 느낌의 경험과 표현 방식이 여러 문화에 걸쳐 비슷하기도 하지만 문화에 따라 큰 차이가 나타나기도 한다.(e. g., Eid & Deiner, 2001 ; Kobayashi et al., 2003 ; Marsh et al., 2003 ; Mesquita, 2001 ; Russell, 1994, 1995 ; Wong et al., 2008) 예를 들어 유럽계 미국인, 아시아계 미국인, 홍콩계 중국인이 원하는 긍정적 감정의 성격이 조금씩 다르다. 유럽계 미국인은 신나는 느낌을 중시하고, 홍콩계 중국인은 차분한 느낌을 가치 있게 여기며, 아시아계 미국인은 둘 다 중요하게 여긴다.(Tsai, Knutson & Fung, 2006) 또 다른 예를 들면 알래스카 중부의 이누이트족은 자극을 받아도 화를 내는 일이 드물고, 이집트 서부의 아우라드 알리 베두인족은 모욕적인 기미가 조금이라도 있으면 즉시 분노를 표출한다.(Abu-Lughod, 1986 ; Briggs, 1970) 사람들은 타인의 감정을 추측할 때 자신이 속한 문화에 따라 얼굴과 주변 상황에서 각기 다른 단서를 보는 경우가 많다.(Masuda et al., 2008 ; Yuki et al., 2007) 특정한 문화는 그 문화에 속한 구성원들에게 언제, 어떻게 느낌을 경험하고, 표현하고, 이해할지 가르치는 것이 분명하다.(e. g., Lewis, 1993 ; Saarni, 1993) 이처럼 유전자와 문화가 결합되어 우리가 느낌을 경험하고 표현하는 바탕이 만들어진다.

사회심리학

생리적·인지적 측면이 감정에 미치는 영향 우리는 유전자 덕에 일정한 감정, 기분, 태도를 경험할 수 있고, 이러한 능력은 학습과 문화를 통해 다른 문화권의 사람들과 구별되고 변화하고 발달한다. 그렇다면 특정 순간에 감정을 느끼게 하는 요인은 무엇일까? 이 질문에 대해 간단히 답하면, 감정은 특정 사건을 인지함으로써 저절로 일어난다고 할 수 있다.(e. g., Zajonc, 1980; Ohman & Mineka, 2001) 예컨대 머리 위로 말벌이 빠르게 날아드는 것을 인식하는 것만으로도 공포를 유발하기에 충분하다. 이제 감정을 불러일으키는 2가지 주요 원인인 생리적 상태와 생각에 대해 알아보자.

〈그림 2.1〉과 같이 따라 해보라. 펜의 끝부분을 이로 부드럽게 물고 펜이 입술에 닿지 않도록 한다(a). 잠시 후 펜을 내려놓았다가 이번에는 펜 끝부분을 입술로 꽉 물고(이는 닿지 않도록) 펜이 아래로 처지지 않도록 해보라(b). 어떤 느낌이 드는가?

1988년 프리츠 슈트라크(Fritz Strack), 레너드 마틴(Leonard Martin), 자비네 스테퍼(Sabine Stepper)는 자원해 참가한 학생들을 대상으로 이 실험을 수행했다. 참가자들에게는 신체적 장애가 있는 사람들이 글쓰기나 전화 걸기 같은 일상적 과제를 수행하는 방식을 조사하기 위한 실험이라고 말해두었다. 연구진의 지시에 따라 학생들은 이로, 입술로, 평소 잘 쓰지 않는 손으로 펜을 잡고 여러 개의 점을 잇거나 밑줄을 긋는 과제를 수행했다. 그러고는 정해진 대

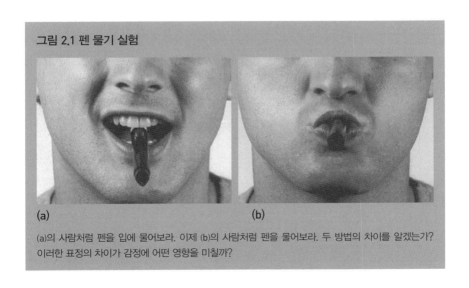

그림 2.1 펜 물기 실험

(a)

(b)

(a)의 사람처럼 펜을 입에 물어보라. 이제 (b)의 사람처럼 펜을 물어보라. 두 방법의 차이를 알겠는가? 이러한 표정의 차이가 감정에 어떤 영향을 미칠까?

로 펜을 물거나 잡은 채 만화를 몇 편 본 뒤 얼마나 재미있는지 숫자로 평가해 나타냈다. 이 마지막 과제야말로 연구자들이 정말로 궁금해하는 것이었다. 연구자들은 펜을 잡는 3가지 방법에 따라 재미를 느끼는 정도가 다르리라고 예상했다. 연구자들은 어떤 결과를 얻었을까? 그렇게 생각한 이유는 무엇일까?

2가지 방법으로 펜을 물었던 것을 떠올려보자. 그리고 〈그림 2.1〉의 사진을 다시 보라. 이 사이에 펜을 살짝 끼우면 얼굴 근육이 웃을 때처럼 수축한다. 반면 입술로 펜을 꽉 물면 웃는 것보다는 화가 나서 찡그린 표정과 비슷해진다. 행복하거나 즐거울 때 자주 웃듯 다양한 표정은 각각 다른 감정 상태와 관련 있다. 따라서 연구자들이 세운 가설은 이로 펜을 문(웃는 얼굴이 된) 학생들이 만화를 더 재미있다고 평가하고 입술로 펜을 문(웃을 수 없었던) 학생들이 덜 재미있다고 평가하리라는 것이었다. 그리고 학생들의 실제 반응도 그랬다. 다른 연구에서도 비슷한 패턴이 발견됨에 따라(McCanne & Anderson, 1987), 특정한 얼굴 근육의 수축과 이완이 감정에 영향을 미칠 수 있다는게 사실로 밝혀졌다.(e. g., Cacioppo et al., 1993; Kleck et al., 1976)

얼굴 근육의 변화가 감정을 바꿀 수 있듯이 다른 생리적 측면, 즉 신경화학적 측면과 자율신경계(심장, 내장, 내분비샘 등)도 동일하게 작용할 수 있다.(Lewis, 2000; Plutchik, 1994) 그때그때 생각의 변화 역시 감정에 영향을 미친다. 특히 감정은 상황을 어떻게 해석하고 **평가**하느냐에 크게 영향을 받는다.(e. g., Lazarus & Folkman, 1984; Neumann, 2000; Siemer, Mauss & Gross, 2007; Sinclair et al., 1994) 예를 들어 죄책감은 자신이 마음을 쓰거나 자신에게 마음 써주는 사람에게 해를 끼쳤다는 인식에서 나온다.(Baumeister et al., 1994; Tangney, 1992) 따라서 엄마에게 온 전화를 받지 않을 때는 죄책감을 느끼지만 짜증 날 정도로 끈질긴 영업 사원에게 걸려온 전화를 무시할 때는 죄책감을 느끼지 않는다. 전화를 받지 않는 행동은 같지만 2가지 상황에 대한 다른 평가가 상반된 감정을 불러일으키는 것이다.

1995년 빅토리아 메드벡(Victoria Medvec), 스콧 매디(Scott Madey), 토머스 길로비치(Thomas Gilovich)는 일련의 생각이 감정에 어떤 영향을 미칠 수 있는지 절묘하게 보여주었다. 이들의 연구에 대해 읽기 전에 다음 질문에 답해보라. 올림픽에 출전해 2등을 한 은메달리스트가 더 행복할까, 3등을 한 동메달리스트가 더 행복할까? 연구자들은 1992년 하계 올림픽에서 선수들을 찍은 영상을 분석한 뒤 더 좋은 성적을 거둔 은메달리스트보다 동메달리스트의 행복도가 높다는 사실을 발견했다. 왜 그럴까? 은메달리스트 입장에서는 조금만 더 잘했더라면 금메달과 함께 1등의 영광을 얻었을 거라고 상상하기 쉽다. 그 결과 자신의 성과에 실망한 것이다. 이와 반대로 동메달리스트는 조금만 실수했더라면 4등 이하로 떨어져 아예 메달을 받지 못했을 거라고 상상하기 쉽다. 그 결과 동메달을 받았다는 사실에 안도하고 행복을 느낀 것이다.

'~했을지도 모르는데'라는 **반사실적 사고**(counterfactual thinking) 역시 일상의 평범한 사건에 대한 감정 반응에 영향을 미친다.(Epstude & Roese, 2008; Mandel, 2003) 슬퍼하고 기뻐하고 후회하고 죄책감을 느끼는 것은 실제로 일어난 일보다 행복하고 슬프고 자랑스러운 대안을 상상하느냐에 따라서도 달라진다.(e. g., McMullen & Markman, 2002; Niedenthal, Tangney & Gavanski, 1994; Tykocinski & Steinberg, 2005)

이와 같이 감정의 바탕은 유전자와 문화에 따라 결정되며, 우리의 주된 반응은 현재의 생리적 상태와 더불어 상황을 어떻게 해석하고 감정에 어떤 이름표를 붙이느냐에 크게 영향을 받는다.

느낌이 중요한 이유 길을 걸으면서 얼마 후 있을 친구의 결혼식에 대해 생각하는데, 언뜻 흐릿한 형체가 빠르게 다가오는 모습이 보인다. 그것이 자동차라는 것을 깨닫기도 전에(경찰에 신고할 때 필요한 차종과 제조사를 알아보기 전임은 물론이고) 몸은 팽팽히 긴장되어 한쪽으로 피할 태세를 갖추고 심장은 거세게 뛴다. 친구의 결혼식에 두었던 주의의 초점은 눈앞에 닥친 위험으로 옮겨진다. 결과적으로 두려움 덕분에 당신은 자동차를 피한다.

이 장면은 감정의 주요 기능 가운데 하나를 보여준다. 즉 무언가가 정상 궤도에서 벗어났을 때 경고음을 울리는 것이 감정의 역할 중 하나다. 질주하는 차가 친구의 결혼식에 대한 생각을 방해할 때처럼, 진행 중인 활동이 방해받을 때 우리는 생리적으로 각성되고, 각성 상태가 신호를 보내 새로 나타난 관심사로 주의를 돌리게 한다.(e. g., Berscheid, 1983; Frijda, 1986; Tomkins, 1980)

고철 덩어리가 다가오는 것을 감지한 순간에는 결코 즐겁거나 슬프거나 유쾌해지지 않는다. 이런 상태는 회피하는 동작을 취하는 데 도움이 되지 않는다. 그 대신 우리는 공포를 느낀다. 재빨리 움직이기에 알맞게 아드레날린 분비가 증가하는 것이다. 여기에서 중요한 사실을 알 수 있다. 서로 다른 상황에는 각각 다른 감정이 따라온다는 것이다.(Carver & Scheier, 1998; Frijda, 1988; Gonnerman et al., 2000; Izard, 2007; Shiota et al., 2006) 안전이 위협받으면 우리는 두려움에 사로잡힌다. 기대와 달리 시험에서 낮은 점수를 받으면 슬퍼지고, 예상보다 임금이 많이 인상되면 기쁨을 느낀다.

감정과 마찬가지로 태도와 기분 역시 유용하다. 태도는 어떤 대상에 대해 너무 깊이 생각하지 않고서도 접근할지 회피할지 신속하게 판단할 수 있게 해준다.(e. g., Cacioppo, Gardner & Berntson, 1999; Chen & Bargh, 1999) 우리는 친구를 보면 다가가지만 가죽옷에 쇠사슬을 걸친 험상궂은 사람과 마주치면 시선을 피하며 조용히 지나가려 한다. 기분은 감정 반응에서 비롯된 느낌일 때가 많으며, 현재 상황에 대처할 준비를 하게 해준다.(Schwarz & Clore, 1996) 직장에서 해고에 대한 이야기를 들으면 해고의 징후에 초조하게 촉각을 곤두세우게 되고, 최근에 상사에게 칭찬을 들었다면 회사에서 또 다른 보상이 있지는 않을지 행복한 기대에 부푼다.

느낌은 장기적 이득을 제공하기도 한다. 긍정적 감정은 부정적 사건에서 받은 신체적 스트레스를 줄이고, 더 창의적이고 개방적이며 폭넓은 사고를 할 수 있게 해준다.(e. g., Fredrickson & Levenson, 1998; Isen, 2002; Zautra et al., 2005) 그 결과 더욱 효과적으로 위기에 대처하는 방법을 개발할 수 있다.(Fredrickson, 2001) 2001년 9월 11일 뉴욕과 워싱턴 D. C.에서 일어난 테러 공격에 대한 미국인들의 반응을 예로 들어보자. 이 비극적 사건에는 엄청난 감정적 손실이 따랐다. 많은 미국인이 심한 분노와 공포, 슬픔을 겪었고 잠을 자거나 집중하기 어려워했다. 하지만 9월 11일 이후 몇 주 동안 수집된 자료에 따르면 부정적 감정을 긍정적 감정으로 보완한 사람이 그러지 않은 사람에 비해 상황에 잘 적응했다.(Fredrickson et al., 2003) 이런 사람들은 사건의 여파 속에서 희망, 자부심 등 긍정적 측면을 발견해냈다. 아마 친구와 가족에게 더 감사하게 되거나 온 나라가 단합할 수 있다는 느낌을 받았을 것이다. 이처럼 긍정적 감정은 장·단기적으로 부정적 사건과 위기에 더욱 잘 대처하고 적응할 수 있도록 돕는 중요한 역할을 한다.

이렇듯 감정은 사람을 구성하는 필수적 요소이며, 목표를 향해 제대로 가고 있는지 알려준다. 또한 상황에 대처할 준비 태세를 갖추고 유익해 보이는 방향으로 적응하도록 돕는다. 비이성적인 인간 오류와 고통의 원천이라는 일반적 견해와 달리, 감정은 여러모로 요긴하고 실용적이다.(Keltner, Haidt & Shiota, 2006 ; Parrott, 2002)

나를 이해하는 척도, 자아와 자존감

당신은 '좋은' 사람인가? 장기적 목표에 도달하기 위해 무엇을 할 수 있는가? 다른 사람들이 당신을 왜 그런 식으로 본다고 생각하는가? 이런 질문에 맞는 답을 찾는 가장 쉽고 자연스러운 방법이 있다. 바로 스스로에게 물어보는 것이다. 인간은 다른 동물과 달리 자기 성찰적인(self-reflective), 즉 자신에 대해 많이 생각하는 존재다.

왜 우리는 이토록 자신에게 집착할까? 자기 성찰을 통해 우리는 자신에 대해 알고, 행동을 통제하고, 자신을 다른 사람들에게 더욱 효과적으로 드러낼 수 있다.(e. g., Leary & Tangney, 2003) 이 책에서는 자아의 영향에 대해 계속 탐색할 것이다. 여기에서는 몇 가지 주요 개념을 간단히 소개하고자 한다.

나는 누구이며 자신에 대해 어떻게 느끼는가: 자아 개념과 자존감 "나는 누구인가?" 잠시 자신에 대해 생각나는 대로 써보라. 내용은 앞서 위대한 지도자들에 대해 적은 것과 다르겠지만 **항목**은 거의 비슷할 것이다. 아마 과거의 행동과 자신을 나타낸다고 생각하는 일반적 특성을 몇 가지 적었을 것이다. 사실 우리는 다른 사람에 대한 지식과 마찬가지로 자신에 대한 지식을 갖고 있다. 이것이 바로 **자아 개념**(self-concept)이다. 다른 사람이나 사회적 사건과 마찬가지로 자신 역시 이해의 '대상'이다.(James, 1890)

앞서 적은 내용에는 자신에 대한 태도도 포함될 것이다. 이것이 **자존감** (self-esteem)이다. 자신에 대해 호의적으로 느끼면 자존감이 높다고 하고, 자신에 대해 부정적으로 느끼면 자존감이 낮다고 한다. 자존감이 얼마나 높고 안정적이고 사회적 사건에 얼마나 흔들리는지에 따라 우리의 생각, 감정, 행동도 크게 좌우된다.

다중 자아

나는 하나인가, 여럿인가? '위대한 지도자'에 관한 상이 여러 가지 전형으로 이뤄지듯 자아 개념 역시 다양한 자아를 포함한다. 이러한 자아들은 우리가 맡는 역할 및 인간관계와 관련 있다.(e. g., Chen, Boucher & Tapias, 2006; Markus & Wurf, 1987) 예컨대 마틴 루서 킹 목사는 자신을 남편이자 아버지, 지도자, 목사라고 생각했을 것이다. 자아는 현재 삶의 목표와 관련되기도 한다.(Kenrick & Griskevicius, 2013)

그런가 하면 미래와 관련된 자아도 있다. 이것은 앞으로 자신이 되고 싶은 이상적 모습뿐 아니라 되어야 한다고 믿는 모습, 되고 싶지 않은 모습까지도 아우른다.(e. g., Markus & Nurius, 1986; Oyserman et al., 2004) 킹 목사는 시민권을 지키는 강하고 유능한 투사가 되고자 했고, 아내에게 좋은 남편이자 아이에게 좋은 아버지가 되어야 한다고 생각했으며, 사람들과 멀어져 명성만 추구하는 지도자가 될까 봐 두려워했다. 이러한 미래 자아(future self)가 중요한 이유는 목표를 분명히 정하고 이를 실현하기 위한 행동을 이끌기 때문이다. 예를 들어 '실제 자아(actual selves, 실제로 자신이라고 생각하는 모습)'가 '당위적 자아(ought selves, 자신이 되어야 한다고 생각하는 모습)'에 미치지 못한다고 생각하면 우리는 불안해지고, 그 불안을 동기 삼아 목표를 이루기 위해 더욱 매진한다.(Higgins, 1996) 많은 사람들은 마틴 루서 킹 목사처럼 '꿈이 있고', 더 나은 세상을 그리는 그 꿈 안에서 더 나은 미래의 '나'를 상상한다.

정도의 차이는 있지만 우리에게는 **집단적 자아**(collective self)도 있다. 킹 목사가 자신을 흑인인 미국인으로 보았던 것처럼, 저마다 자신을 뉴요커, 여성, 유니테리언(Unitarian, 삼위일체 교리를 거부하는 기독교의 교파) 등으로 볼 것이다.(Deaux et al., 1995; Triandis, 1989) 곧 살펴보겠지만, 특정 순간 표출되는 자아는 그 상황에 맞춰 자아의 어떤 측면이 가장 두드러지는지에 따라 달라지는 경우가 많다.

자아 개념과 자존감은 어디에서 오는가

자신에 대한 믿음과 느낌은 어디에서 올까? 우리는 가끔 **사회 비교**(social comparison)를 통해 자신에 대해 알게 된다. 다시 말해 능력, 태도, 믿음을 다른 사람들과 비교하는 것이다.(Festinger, 1954; Wood & Wilson, 2003) 예컨대 같은 수업을 듣는 친구와 시험 점수를 비교함으로써 자신의 학업 능력에 대해 알게 된다.

사회심리학

또한 우리는 **반사적 평가**(reflected appraisal)을 통해, 즉 다른 사람들이 자신을 어떻게 생각할지 상상하거나 관찰함으로써 스스로에 대해 알게 된다.(e. g., Cooley, 1902; Mead, 1934; Tice & Wallace, 2003) 아이들은 부모나 친구들이 자신을 어떻게 대하는지 관찰한 것을 토대로 자신이 재능 있다거나 재미있다거나 까다롭다거나 과체중이라고 여긴다.

반대로 우리는 다른 사람들에 대해 알게 되는 것과 같은 방식으로 자신을 이해하는 방법도 있다. 예컨대 아이를 심하게 질책하는 이웃을 본다면 냉담하거나 모진 사람이라고 생각할 것이다. 이와 비슷한 방식으로 '자신에게서 한 발짝 물러나' 스스로의 행동을 관찰함으로써 자신에 대해 알게 된다.(Bem, 1967, 1972) 우리는 이러한 **자기 인식**(self-perception)을 통해 내면의 특성을 추론함으로써 자신이 좋은 부모라거나 좋은 부모가 아니라는 결론에 이른다.

2003년 제리 버거(Jerry Burger)와 데이비드 콜드웰(David Caldwell)이 수행한 실험을 살펴보자. 표면적으로 참가자들은 성격과 관련된 연구라고만 알고 있었다. 연구진은 참가자를 4개의 집단으로 나눠 그중 세 집단에만 노숙자 문제 해결에 더욱 힘써달라는 내용으로 정치인들에게 보내는 탄원서에 서명하도록 요청했다. 첫 번째 집단은 서명만 했고, 두 번째 집단은 서명의 대가로 1달러를 받았고, 세 번째 집단은 서명 후 "어려운 사람들을 친절하게 도와주는 분을 만나서 기쁘네요."라는 말을 들었다. 마지막 집단은 서명에 대한 별다른 요청을 받지 않았다.

이틀 후 연구진은 모든 참가자에게 전화해서 주말에 2시간 동안 지역 노숙자 쉼터에 기부할 통조림 식품을 포장하는 봉사 활동에 자원할 생각이 있느냐고 물었다. 어떠한 결과가 나왔을까? 어떤 학생들이 더 적극적으로 시간을 할애했을까?

〈그림 2.2〉에서 볼 수 있듯 서명 후 친절하다는 말을 들은 학생들이 기꺼이 시간을 냈다. 왜 그랬을까? 2가지 이유가 있었다. 첫째, 이들은 약자를 위한 탄원서에 서명한 자신의 행동을 관찰한 후 자기 인식 과정을 거쳐 자신이 남을 기꺼이 도와주는 사람이라고 생각하게 되었다. 둘째, 타인에게 친절한 사람이라는 말을 들은 후 반사적 평가 과정을 거쳐 다시 한번 자신이 남을 기꺼이 도와주는 사람이라고 생각하게 되었다. 특히 이 학생들은 서명 후 자신이 어려운 이들을 도와주는 사람이라고 응답했다.

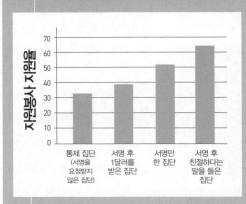

그림 2.2 "나는 남을 잘 도와주는 사람이야."

자기 인식과 반사적 평가에 대한 사회심리학자들이 밝혀낸 내용처럼, 노숙자들을 돕기 위한 탄원서에 대가 없이 서명한 학생들은 일정한 보수를 받고 서명한 학생보다 노숙자 쉼터에서 봉사할 가능성이 높았다. 특히 서명 후 친절하다는 말을 들은 학생들은 자원 봉사에 가장 적극적으로 나섰다. 그러나 서명 후 1달러를 받은 학생들은 애초에 탄원서에 서명하지 않은 통제 집단의 학생들과 자원 봉사 지원율에서 큰 차이가 없었다.

출처: Burger, J. M., & Caldwell, D. F., "The effects of monetary incentives and labeling on the foot-in-the-door effect: Evidence for a self-perception process", *Basic and Applied Social Psychology*, 25(2003), 235~231, Table 3, p. 239.

결과적으로 노숙자를 돕자는 탄원서에 대가 없이 서명한 학생들과 서명 후 친절하다는 말을 들은 학생들이 노숙자 쉼터 봉사에 가장 적극적으로 나섰다. 이는 자기 인식과 반사적 평가에 대한 사회심리학자들의 발견과 일치하는 결과였다. 반면 서명 후 보수를 받은 학생들은 아예 서명을 하지 않은 집단의 참가자들과 지원율에서 차이가 없었다.

서명의 대가로 1달러를 받은 학생들은 왜 봉사 활동에 소극적으로 반응했을까? 보상을 받았으니 나중에도 같은 행동을 할 가능성이 높지 않았을까? 이 경우에는 그렇지 않다. 자기 인식 과정을 염두에 두고 예상해보면 이들은 돈을 받고 서명한 자신의 모습을 관찰함으로써 자신이 서명한 이유가 친사회적이라서라기보다 돈 때문이라고 생각하게 된다. 실제로 해당 참가자들의 경우 봉사 활동 지원율에 변화가 없었을 뿐 아니라 자아 개념 역시 친사회적 방향으로 거의 변화하지 않았다.

6장에서는 '문간에 발 들여놓기(foot-in-the-door)'라는 영향력 기법에 대해 알아볼 것이다. 사람들에게 작은 일(탄원서에 서명하기)부터 하게 했을 때 결과적으로 더 큰 일(귀중한 2시간을 할애하기)을 유도하기가 쉬워지는 원리에 대한 내용이다. 하지만 방금 살펴본 연구에 한해 말하면 여기에서 알게 된 사실

사회심리학

은 간단하다. 우리는 다른 사람과 자신을 비교하기도 하고 다른 사람이 자신을 어떻게 보는지와 자신이 어떻게 행동하는지 관찰함으로써 *스스로*에 대해 알게 된다.

자신에 대해 믿고 싶은 것들

누군가가 나의 단점이나 부정적 특성에 대해 말해주더라도 그것이 사실이기를 바라는가? 이미 자신이라고 믿는 모습에 들어맞는 이야기를 듣고 기존의 자아 개념을 확인하고 싶은가? 아니면 내 마음에 들고 나를 높여주는 이야기를 들어 자신에 대해 좋게 생각하고 싶은가? 자세한 내용은 3장에서 논하겠지만 사람들은 종종 자아 관념을 높이기 위해 상당한 인지적 노력을 들인다. 이를테면 자기보다 못한 사람들과 자신을 비교하거나, 성공은 자기 덕으로 돌리고 실패는 남의 탓으로 돌리기도 한다.(e. g., Crocker & Park, 2003: Sedikides, Skowronski & Gaertner, 2004)

그러면서도 누구든 자신에 대해 정확히 알고 싶어 한다. 자아 개념을 확인해주는 정보를 남이 말해주길 바라는 것이다.(e. g., Bosson & Swann, 1999: Swann, Rentfrow & Guinn, 2003) 이미 자신의 모습이라고 믿는 바를 확인하려는 의도에 따라 누구와 함께 시간을 보낼지 결정하기도 한다. 한 연구에 따르면 기혼자들은 자신과 같은 시각으로 자신을 바라봐주는 배우자에게 더 헌신한다고 한다. 이것은 배우자가 자신을 **부정적으로** 보는 경우에도 마찬가지다.(Swann, Hixon & De La Ronde, 1992b) 남들이 나와 같은 시각으로 나를 봐주었으면 하는 바람은 자아상에 확신이 있는 사람들에게 특히 더 중요하다.(Pelham, 1991) 즉 자신이 어떤 사람인지 안다고 진실로 믿는 사람은 다른 사람들도 자신과 똑같이 생각해주기를 바란다.

내가 원하는 것, 그것을 얻는 방법: 자기 조절 파티에 갔는데 같은 수업을 듣는 팻이라는 매력적인 친구가 오디오 근처에서 CD를 살펴보며 서 있는 것을 발견했다고 하자. 심장이 두근거린다. 한 학기 내내 팻과 친해지고 싶었던 당신은 어떻게 해야 그와 잘될 수 있을지 생각하기 시작한다. 어떻게 해야 할까? 먼저 다양한 전략을 검토할 것이다.("팻이 눈치챌 때까지 기다려야 하나?" "친구한테 소개해 달라고 할까?" "CD에 관심 있는 척 주변을 얼쩡거려 볼까?") 용기를 내서 전략을 선택한 다음에는 전략이 효과를 발휘하는지, 필요하다면(아직 의욕이 있다면) 2안, 3안, 4안을 실행해야 할지 평가한다. 이것이 행동의 **자기 조절**(self-regulation) 과정이다. 즉 목표에 도달하기 위해 전략을 선택하고, 경과를 관찰하고, 다시 전략을 조절하는 과정이다.(Heatherton, 2011)

앞서 살펴보았듯 자기 조절 과정에는 많은 주의가 필요하고(수동 기어 차량을 처음 운전할 때) 의지력을 많이 사용해야 한다(맛있지만 몸에 좋지 않은 음식을 먹고 싶어도 참아야 할 때). 그럼에도 처참히 실패할 수 있다.(지금쯤은 흰곰이 머릿속에서 사라졌길.) 하지만 인간은 행동을 상당히 잘 통제하는 편이다. 이것은 목표 지향적 활동이 대부분 자동화되었다는 의미다. 그리하여 우리는 운전을 하면서 공상을 하거나 장을 볼 때 간식이 잔뜩 진열된 코너를 피해 갈 수 있으며 흰곰보다 긴급한 문제를 생각할 수 있다.

다른 사람들이 어떻게 봐주기를 원하는가: 자기 제시 팻이라는 친구가 자신을 알아본 순간 당신은 팻에게 잘 보이려 노력하기 시작한다. 팻이 좋아해주기를 바라는가? 그렇다면 어떻게 해야 호감 가는 사람으로 보일 수 있을까? 팻이 당신을 유능하거나 지위가 높은 사람으로 봐주기를 원하는가? 그러려면 팻에게 어떤 모습을 보여주겠는가?

사람들이 자신에게 받는 인상을 통제하는 과정인 **자기 제시**(self-presentation)는 사회생활에 지대한 영향을 미친다.(e. g., Leary, 1995; Schlenker, 2003) 토요일 밤 외출 전에 고른 옷, 면접을 보러 가서 행동하는 방식, 할머니 할아버지가 들어왔을 때의 행동 변화 등은 모두 다른 사람들이 봐주기를 바라는 자신의 모습들이다. 또한 다른 사람들이 자신을 어떻게 보는지에 그토록 신경 쓰는 것은 당연하다. 우정이든 직업이든 우리가 원하는 것들은 다른 사람들이 가지고 있을 때가 많기 때문이다. 앞서 언급했듯 스스로에 대한 관점은 자신의 행동에서 영향을 받는다. 자기 인식 과정을 통해 직접 영향받기도 하고 반사적 평가를 통해 간접적으로 영향받기도 한다. 따라서 우리가 사람들에게 보여주려는 모습 역시 자신을 보는 시각에 영향을 받는다.

지금까지는 동기, 지식, 감정이 무엇이며 그것들과 자아가 아주 밀접하게 뒤얽혀 있다는 점을 간단히 소개했다. 2장에서는 사람, 상황, 사람과 상황의 상호작용에 대해 알아보고, 3장부터는 다채롭고 다양한 사회생활에 대해 알아볼 것이다. 또한 사람들이 자신과 다른 이들에 대해 생각하고 느끼고 행동하는 방식에 자아가 미치는 영향을 여러 번 되풀이해 살펴보려 한다.

어떤 환경에 놓였는가 : 상황

오늘 지금까지 어디에 있었는가? 누구와 함께 있었고 그들과 얼마나 상호작용했는가? 하루를 돌이켜보면 자신이 물리적 · 사회적 세계에 둘러싸여 있음을 금세 깨닫게 된다. 우리는 **상황에 놓여 있고** 그 상황은 우리가 생각하고 느끼고 행동하는 방식에 크나큰 영향을 미친다.

물리적 환경에 대해 생각해보자. 물리적 환경은 시끄럽다, 조용하다, 따뜻하다, 춥다, 좁다, 넓다, 아름답다, 흉하다 등으로 표현된다. 그리고 이러한 특

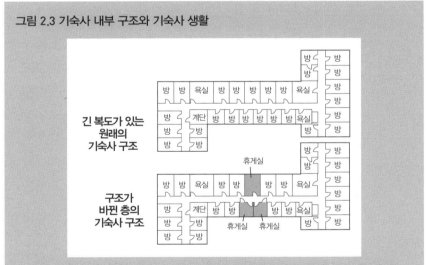

그림 2.3 기숙사 내부 구조와 기숙사 생활

앤드루 바움과 글렌 데이비스(1980)는 긴 복도가 있던 층에 출입문 2개를 더 만들고 방 3개를 공동 휴게실로 바꿔 기숙사생들의 사회생활을 변화시켰다. 처음에는 2개 층의 기숙사생들이 비슷한 생활을 했으나 구조가 바뀐 층의 학생들은 친구가 더 많이 생기고 더 사교적으로 변했으며, 같은 층에 사는 사람들과 문제를 덜 일으켰다.

출처: Baum, A., & Davis, G. E., "Reducing the stress of high-density living: An architectural intervention", *Journal of Personality and Social Psychology*, 38(1980), 471~481. Fig. 1, p. 475.

성들은 우리에게 영향을 미친다.(e. g., Guinote, 2008) 예컨대 소음은 스트레스를 준다. 자동차, 비행기, 층간 소음 등에 오래 노출되면 건강을 해치고, 독해 능력이 저해되며, 주어진 과업을 열심히 수행하려는 의욕도 떨어진다.(e. g., Maxwell & Evans, 2000) 지금 살고 있는 집의 구조는 어떠한가? 같이 사는 사람이 불쑥불쑥 들어와 방해하기 쉬운 구조라면 그렇지 않은 집에 살 때에 비해 심리적으로 고통스럽고 사회적으로 위축될 수 있다.(e. g., Evans, Lepore & Schroeder, 1996) 1980년 앤드루 바움(Andrew Baum, 1980)과 글렌 데이비스(Glenn Davis)는 흥미로운 실험에서 기숙사 한 층의 배치를 바꾸는 것만으로 기숙사생끼리 친구가 되는 경우가 늘어났다는 사실을 발견했다.(〈그림 2.3〉)

물리적 환경과 마찬가지로 사회적 환경 역시 생각, 감정, 행동을 형성할 수 있다. 인간은 매우 사회적인 종이고 다른 이들과 많은 시간을 보낸다. 하루 동안 마주치는 사람의 수를 세보자. 금세 감당하기 어려운 일이 될 것이다. 아침에 만난 아내와 세 아이, 출근 전에 통화한 다섯 사람, 운전하면서 지나친 수백 명의 사람들, 차에서 사무실까지 걸어가면서 만난 100여 명의 학생과 교직원, 업무 중에 받은 이메일 14통과 전화 메시지 3개, 아침 우편물을 가지러 갔다가 만난 열댓 명의 부서 직원과 동료, 도서관에 가면서 만난 40명의 사람들, 돌아오면서 만난 30명의 사람들…… 오전 10시가 될 때까지 만난 사람은 수백 명, 이야기를 나누고 친밀한 상호작용을 한 사람은 30명 이상이었다.

표면적으로 보면 대부분의 사회적 만남은 중요하지 않은 것처럼 여겨진다. 아침마다 마주치는 수백 명의 사람들 중 우리에게 정말로 영향을 미치는 사람이 몇 명이나 되겠는가? 하지만 실제로는 생각보다 많은 사람이 우리에게 영향을 미친다. 짧고 약한 사회적 만남이라도 강력한 효과를 발휘할 수 있다. 또한 함께 있지 않은 사람들도 우리에게 영향을 미칠 수 있다. 이를테면 우리는 옳지 않은 일을 했을 때 고향인 피츠버그에 있는 엄마나 경찰이 어떻게 반응할지 상상함으로써 '옳은 행동'을 하겠다는 마음을 먹게 된다.

지금부터는 다채롭고 다양한 상황의 속성을 더욱 깊이 탐색하고, 이 책에서 계속 논의할 상황의 영향력을 유형별로 미리 살펴보자.

참을 수 없는 타인의 존재감

1963년 워싱턴 행진에서 마틴 루서 킹 목사는 "나에게는 꿈이 있습니다"라는 말로 시작하는 연설로 수많은 대중의 심금을 울렸다. 하지만 킹 목사에게만 초점을 맞추면 청중 역시 킹 목사에게 중요한 상황의 일부였다는 사실을 놓치기 쉽다. 이것은 어떤 사회적 상황에서도 마찬가지다. 모든 사회적 상황에서 서로에 대한 영향력은 어느 정도 상호관계가 있다. 친구와 저녁을 먹는다고 했을 때 당신의 상황은 친구에게, 친구의 상황은 당신에게 달린다. 사람들은 서로에게 일종의 상황이 된다.

다른 사람의 존재 자체 다른 사람들의 존재는 생각, 감정, 행동에 영향을 미치는 상황이 된다. 고등학교 때 학생 수가 많았는지 적었는지, 그것이 고등학교 생활에 어떤 영향을 미쳤는지 생각해보라. 로저 바커(Roger Barker)는 미국 캔자스주 동부의 13개 고등학교를 비교해 이 문제를 연구했다.(Barker & Gump, 1964) 이 학교들은 전반적으로 조건이 비슷했지만 학생들에게 흥미로운 차이가 있었다. 그 이유를 이해하는 데는 규모가 작든 크든 학교마다 비슷한 활동과 과제를 제공한다는 사실이 도움이 될 것이다. 예컨대 규모가 작은 학교라도 일반적으로 운동부, 합창부, 학생부, 댄스 팀 등이 있다. 이 말은 학생 수가 적은 학교에서는 각 활동에 참여할 사람을 구하기가 어려워 '인원 부족'을 겪는다는 의미이다. 반대로 규모가 큰 학교에서는 활동에 필요한 인원보다 학생 수가 많아서 '인원 과다' 현상을 겪을 때가 많다.

이런 이유로 규모가 작은 학교에서는 학생들이 각자 더 많은 역할을 맡아야 하므로 서로의 차이를 잘 견디고 반 친구들을 활동에 참여시키려고 열심히 설득하리라고 예상할 수 있다. 반면에 규모가 큰 학교에서는 서로의 차이를 덜 참아도 되는 한편 비주류에 속하는 학생들이 밀려나고 고립되어 활동에 참여하지 않는 구경꾼이 될 것이다.

바커의 연구는 이 가설을 뒷받침했다.(e. g., Barker & Gump, 1964) 규모가 큰 학교의 학생들에 비해 작은 학교의 학생들은 의욕이 더 충만하고 더 많은 활동에 참여하며 더한 책임을 맡고 도전 의식을 느꼈다. 학생들이 다양한 활동에 참여하고 리더십을 경험함으로써 시간이 지날수록 그로 인한 이점을 누릴 것이라고 쉽게 짐작할 수 있다. 큰 집단에 소속되는 것에도 장점(더 큰 일을 성취하는 능력을 기를 수 있음)이 있지만 작은 집단에 소속되는 것에도 장점이 있다.

바커의 연구는 주변 환경의 사람 수만으로도 상황이 달라질 수 있음을 보여준다. 또한 사람의 수뿐만 아니라 그 사람들이 있는 장소도 우리에게 영향을 미친다. 한 연구에 따르면 도시 통근 열차를 이용하는 승객의 스트레스 정도에 영향을 미치는 요인은 총 승객 수가 아니라 자신과 가까운 거리에 자리한 승객의 수였다.(Evans & Wener, 2007) 비행기를 타고 여행해보면 가운데 자리에 앉는 게 얼마나 스트레스 쌓이는 일인지 알 수 있다.

여기에서는 주변인의 수가 사회적 행동에 중요한 영향을 미치는지를 알아보았다. 12장에서는 이와 관련해 특히 중요한 2가지 예를 살펴볼 것이다. 주변인들은 존재만으로도 과제의 수행에 영향을 미칠 수 있다. 숙련된 과제를 수행할 때는 주변인의 존재가 성과 향상에 도움이 되지만 복잡하고 익숙지 않은 과제를 수행할 때는 오히려 실력을 발휘하지 못하게 하는 요인이 된다. 또한 익명의 군중은 내면의 가치관과 기준을 잊고 반사회적 행동을 하게 만들기도 한다.

행동 유도성: 기회와 위험 주변의 타인은 저마다 다른 것을 제공한다. 회사 야유회에서 상사는 승진과 출세의 기회를 주고, 야외 탁자 건너편에 앉은 매력적인 사람은 연애할 기회를 준다. 하지만 때로는 주변 사람들의 존재가 위험으로 작용하기도 한다.(Baron & Misovich, 1993) 음주 운전자는 신체적으로 위해를 가할 수 있고, 예산 삭감을 위해 새로 부임한 인사 담당자는 퇴직수당을 주고 당신을 해고할 수도 있다. 매력적인 사람은 연애의 기회를 선사할 수도 있지만 무안을 주며 거절할 수도 있다. 이렇게 사람과 상황에서 오는 기회와 위험을 **행동 유도성**(affordance)이라고 한다.(Baron & Boudreau, 1987: Gibson, 1979: McArthur & Baron, 1983)

사람들은 타인이 주는 잠재적 기회와 위험을 능숙하게 평가한다.(Ambady & Rosenthal, 1992: Kenny et al., 1994: Matsumoto & Hwang, 2011: Zebrowitz & Collins, 1997) 예컨대 얼굴을 찍은 사진이나 짧은 영상만 보고도 그 사람이 얼마나 지배적인지, 외향적인지, 양심적인지, 공격적인지, 성적인 관계가 가능한지 꽤 정확히 파악한다. 한 연구에서 참가자들은 놀랍게도 교사의 강의를 2초씩 잘라 붙인 무성 영상만 보고 그 사람이 얼마나 유능한지 정확히 판단했다.(e. g., Ambady & Rosenthal, 1993) 이처럼 우리와 마주치는 사람들은 다양한 기회와 위험을 제공하며, 우리는 그것을 쉽고 정확히 분간해낼 때가 많다.

기술적 규범 타인은 기회와 위험을 제공하거나 단순히 주변에 있는 것만으로 도 우리에게 영향을 미친다. 이들은 또한 **기술적 규범**(descriptive norm)을 전 달함으로써 영향력을 발휘하기도 한다. 기술적 규범은 사람들이 특정 상황에 서 공통적으로 보이는 행동에 대한 정보로, 우리가 옳은 결정을 내리는 데 도 움을 준다. 예컨대 대학 입학 후 첫 수업 시간에 강사가 교탁으로 걸어올 때 친 구들이 말을 멈춘다면 입을 다무는 것이 현명한 행동일 가능성이 크다. 기술 적 규범의 영향은 매우 강력하다. 남을 돕고 편견을 드러내고 탈세하고 간통하 고 도박하고 에너지를 절약할지 여부를 결정할 때에도 큰 영향을 미친다.(e. g., Buunk & Baker, 1995 ; Larimer & Neighbors, 2003 ; Latané & Darley, 1970 ; Nolan et al., 2008 ; Steenbergen et al., 1992)

사람들이 클럽 밖에 줄을 서 있다면 십중팔구 기다릴 만한 곳이라는 뜻이 다. 하지만 가끔은 사람들이 행동으로 보여주는 규범과 실제로 생각하고 믿는 바가 일치하지 않을 때도 있다. 한 수업에서 교수가 말이 안 되는 내용을 강의 한다고 해보자. 이상한 일임이 분명하다. 하지만 혼란스러운 와중에도 손을 들 어 질문하기는 망설여진다. 왜일까? 다른 학생들이 당신의 행동을 보고 수업 내용을 이해하지 못했다고 여기는 게 창피하기 때문이다. 수업 내용이 난해하 고 혼란스럽다는 믿음을 사회적으로 확인받고 싶어 당혹스러운 표정을 짓는 친구가 없는지 둘러봐도 다들 수업을 이해하는 듯 당당한 표정이다. 당신은 창 피를 당하고 싶지 않아 손을 들지 않고 그대로 있다. 하지만 당신이 모르는 사실이 하나 있다. 바로 다른 학생들도 똑같이 행동하고 있다는 점이다. 그들 역시 다른 사람들이 혼란스러워하는지 살피며 자신의 당혹감을 감춘다. 결과 적으로 당신을 비롯한 모든 학생이 실제로 생각하는 바를 서로 숨기고 있기 때 문에 아무도 교사에게 질문하지 않는다.(Miller & McFarland, 1987)

강의실에서 흔히 일어나는 이런 일은 **다원적 무지**(pluralistic ignorance) 의 한 예이다. 즉 모든 사람이 자신의 믿음과 일치하지 않는 행동을 하기 때문 에 집단 내의 사람들이 다른 사람들의 믿음을 오해하는 현상을 말한다.(e. g., Miller & Nelson, 2002) 앞에서 언급한 사례에서는 모두가 혼란스러운 마음을 숨기고 있기 때문에 누군가는 혼란스러워한다는 것을 알지 못한다. 다원적 무 지는 대학에서 흔히 볼 수 있는 폭음의 원인이 되기도 한다.

BOX 2.1

"나는 싫지만 다들 좋아하니까"—대학 내 폭음과 다원적 무지

스콧 크루거(Scott Krueger)는 똑똑하고 운동 신경이 뛰어난 학생으로, 미래의 지도자감으로 꼽을 만한 인재였다. 많은 사람들이 그에게 호감을 갖고 훌륭한 롤 모델로 삼았다. 그만큼 아주 전도유망한 젊은이였다.

하지만 그 장래성은 결코 실현되지 못했다. 매사추세츠공과대학교(MIT)에서 첫해를 시작하기 몇 주 전 스콧 크루거는 병원 침대에 혼수상태로 누워 있었다. 술에 익숙지 않은 상태로 남학생 사교 클럽 입회식에서 호된 신고식을 치른 탓이었다. 스콧의 혈중 알코올 농도는 0.41%까지 치솟았다. 이것은 매사추세츠주에서 법적으로 제한한 운전자 혈중 알코올 농도의 5배가 넘는 수치였다. 3일 동안 의료 전문가들은 할 수 있는 모든 조치를 과감하게 취했지만 소용이 없었다. 스콧의 뇌는 반응하지 않았고 끝내 숨을 거두었다.

남성의 경우 연속 다섯 잔 이상, 여성의 경우 연속 너 잔 이상의 술을 마셨을 때 폭음으로 규정한다. 폭음은 대학 교정에서 흔히 볼 수 있다.(Wechsler et al., 2000; Wechsler & Nelson, 2008) 미국 39개 주의 4년제 대학교 119곳, 1만 4000명 이상의 학생을 대상으로 한 설문 조사에서는 다음과 같은 결과가 나왔다.

- 45%의 학생이 술을 마실 때 폭음을 한다.
- 47%의 학생이 취하기 위해 술을 마신다.
- 기숙사생(45%)과 학교 밖에서 마시는 학생들(44%)에 비해 남학생·여학생 사교 클럽 회원들이 폭음하는 일이 훨씬 많다.(79%)
- 남학생(51%)이 여학생(40%)에 비해 폭음하는 일이 더 많다.
- 백인 학생들(49%)이 다른 인종 집단(라틴아메리카계 40%, 아시아계 23%, 아프리카계 미국인 16%)에 비해 폭음하는 일이 더 많다.
- 폭음이 잦은 학생들은 그렇지 않은 학생들에 비해 수업에 빠지고, 경찰이 개입하는 문제를 일으키고, 부상을 입고, 피임을 하지 않은 채 즉흥적으로 성행위를 하는 일이 훨씬 많다.

교내에서의 음주량을 고려해보면, 음주 경험이 적은 신입생들은 대학생들이라면 대부분 과음하기를 아주 좋아하고 그것이 좋은 일이라고 믿기 쉽다.(e. g., Borsari & Carey, 2003; Segrist et al., 2007; Suls & Green, 2003) 이 믿음은 다원적 무지의 대표적 사례다. 1993년 데버러 프렌티스(Deborah Prentice)와 데일 밀러(Dale Miller)는 다수의 학생들이 교내 음주를 불편해하는 사람이 자신뿐이라고 오해한다는 사실을 발견했다. 연구에 따르면 이런 오해는 남학생들에게 특히 중요한 영향을 미쳤다. 이들의 태도는 한 학기 동안 다른 사람들의 관점에 대한 오해에 맞게 실제로 변해갔다. 시간이 지남에 따라 과음을 더욱 좋게 생각하게 되었던 것이다.

다원적 무지는 위험할 수 있다. 학생들은 자신이 편하게 느끼는 양 이상으로 술을 마시게 된다. 왜 그럴까? "다른 사람들도 많이 마시니까 괜찮겠지." 이런 생각은 스콧 크루거처럼 음주 경험이 적어서 얼마나 마셔야 과음인지 모르는 학생들이 쉽게 빠지는 함정이다. 과음이 안전하다고 생각하는 학생은 거의 없지만, 과음 행위 자체가 그런 메시지를 전하는 것이다. 학생들은 의도치 않게 다른 학생들에게 과음을 조장하는 셈이며 이러한 과정은 계속 되풀이된다.

다원적 무지가 스콧 크루거를 죽음으로 몰아넣은 것일까? 확실히 단언할 수는 없지만 다원적 무지가 유력한 공범일 가능성이 매우 높다.

정해진 각본에 따라 움직이다 : 명령적 규범

리처드 프라이스(Richard Price)와 데니스 부파르(Dennis Bouffard)는 1974년 인디애나대학교 학생들에게 15가지의 상황(침실, 공중화장실, 면접 등)과 15가지 행동(말하기, 웃기, 싸우기 등)을 조합해, 각각의 상황에서 특정 행동을 하는 것이 얼마나 **적절한지** 0에서 9까지 점수를 매기도록 했다.(0은 "상황에 심하게 부적절한 행동"이고 9는 "상황에 지극히 적절한 행동"이다.) 그 결과 어떤 행동들(말하기, 웃기)은 다양한 상황에서 적절하다고 여겨진 반면 다른 행동들(싸우기)은 대개 부적절하다고 여겨졌다. 더욱 중요한 점은 상황에 따라 적절하다고 여겨지는 행동의 수가 다르다는 것이었다. 자기 방, 공원, 기숙사 휴게실 같은 상황에서는 다양한 행동이 '허용'된다. 하지만 교회나 면접 같은 상황에서는 허용되는 행동의 종류가 급격히 제한된다.

사실 예배나 면접처럼 특정한 상황마다 허용되는 행동과 허용되지 않는 행동을 규정하는 '규칙'이 있다. 이러한 규칙을 **명령적 규범**(injunctive norm)이라고 하며, 이것은 해당 상황에서 해도 되는 행동과 하면 안 되는 행동으로 규정된다. 명령적 규범은 기술적 규범과 다르다. 기술적 규범이 사람들의 전형적인 행동을 알려준다면 명령적 규범은 당위적인 행동을 알려준다.(Cialdini,

Kallgren & Reno, 1991) 명령적 규범의 중요한 예는 호혜의 규범(norm of reciprocity)이다. 이것은 다른 사람들에게 받은 호의를 갚아야 한다는 규범이다. 네가 내 등을 긁어주면 나도 네 등을 긁어 주겠다는 식이다. 이 호혜의 규범에 대해서는 6장과 9장에서 다시 살펴볼 것이다.

명령적 규범은 어떤 상황이 얼마나 '정해져' 있는지에 영향을 준다. 다시 말해 각본처럼 할 일이 정해진 상황이 있다. 이런 상황에서는 일련의 사건이 정해진 순서대로 일어난다. 이런 상황을 **정해진 상황**(scripted situation)이라고 한다. 예컨대 1980년대에 대학생끼리 데이트할 때 정해진 각본은 이런 것이었다.(Pryor & Merluzzi, 1985)

- 두 사람이 서로의 존재를 알아차린다.
- 서로 빤히 쳐다보다가 미소를 짓는다.
- 친구들을 통해 서로에 대해 알게 된다.
- '우연히' 다시 만나려고 시도한다.
- 친구를 통해 서로 소개받는다.
- 대화를 시작하고 공통 관심사를 찾는다.
- **드디어** 한 사람이 상대방에게 데이트를 신청한다.

또한 데이트할 때 언제, 무엇을 해야 할지 정해진 각본도 있다.(e. g., MorrSerewicz & Gale, 2008; Rose & Frieze, 1993) 첫 데이트에서 약혼까지 사귀는 동안 어떻게 해야 하는지에 대한 각본도 있다.(Holmberg & Macken-zie, 2002) 만족스러운 성 경험과 관련된 활동을 알려주는 각본도 있다.(Seal et al., 2008) 심지어 연애하다가 헤어지는 것에 대한 각본도 있다.(Battaglia, Rich-ard, Datteri & Lord, 1998) 이러한 정신적 각본은 다른 사람의 행동에 맞춰 행동하고 그 상황의 명령적 규범을 어기지 않는 데 도움이 된다.(Abelson, 1981; Forgas, 1979; Schank & Abelson, 1977) 정신적 각본에 대한 의존 정도를 알아보려면, 누군가가 각본에 어긋나는 행동을 할 때 얼마나 쉽고 빠르게 알아차리는지 떠올려보자. 예를 들어 웨이트리스가 옆에 앉아 음식을 빼앗아 먹기 시작한다든지, 메인주에서 열리는 장로교식 장례식에 이웃 사람이 알록달록한 셔츠에 반바지를 입고 나타난다면 놀라지 않겠는가?

사회심리학

강한 상황과 약한 상황

지금까지 살펴본 것에 따르면 다른 상황보다 특히 더 '강력한' 상황이 있다.(Snyder & Ickes, 1985) 달려오는 트럭 앞이나 장례식처럼 특정한 방식으로 행동해야 하는 상황이 있고, 클럽이나 텅 빈 거실처럼 다양한 방식으로 행동해도 되는 상황이 있다. 강한 상황에 처했을 때는 좁은 범위의 기회와 위험에 마주치게 된다. 예컨대 트럭이 달려오는 상황이라면 영웅처럼 트럭을 번쩍 들어 올리는 경우를 제외하고는 기회의 폭이 매우 좁고 아주 명확한 (신변 보호에 대한) 위험 요소가 하나 있는 셈이다. 또한 강한 상황에서는 명령적 규범과 기술적 규범이 아주 분명하게 나타난다. 이를테면 장례식에서는 적절한 행동과 적절하지 않은 행동이 매우 명확히 구분된다. 만일 조문객이 그 규범을 알아차리지 못한다면 따가운 눈총을 받고 팔꿈치 공격을 당하면서 그 실수를 바로잡을 수밖에 없을 것이다. 강한 상황은 정해진 상황일 때가 아주 많다. 예를 들어 장례식은 전형적인 순서에 따라 진행되며 그 사이에 다른 활동이 끼어들 여지가 별로 없다.

이와 반대로 약한 상황에는 비교적 넓은 범위의 기회와 위험이 존재한다. 예를 들어 클럽에서는 친구들과 어울리고 연애 상대를 찾고 춤을 출 수 있을 뿐만 아니라 친구에게 바보 같은 말을 하거나 관심 있는 사람에게 거절을 당하거나 어설픈 춤 솜씨를 선보일 수도 있다. 또한 약한 상황에서는 다른 사람들의 행동이 아주 다양하기 때문에 분명한 기술적 규범이 없다는 특징이 있다. 예컨대 클럽에서는 친밀하게 대화하는 사람도 있고, 술을 들이켜는 사람도 있으며, 입에 발린 말로 뻔뻔하게 추파를 던지는 사람도 있다. 행동의 범위는 그 범위 내에서 행동해도 된다는 사회적 허락인 셈이다. 약한 상황에는 명령적 규범 역시 거의 없다. 클럽에서는 장례식에서처럼 행동에 많은 '규칙'이 없다. 약한 상황은 정해진 상황인 경우가 드물다. 클럽에서는 장례식에 갔을 때에 비해 언제, 무엇을 할지가 비교적 자유롭다.

물론 대부분의 상황은 면접처럼 강한 상황과 공원에서 즐기는 소풍처럼 약한 상황 사이에 해당하며 적당한 범위의 행동을 허용하는 경우가 많다.

문화의 차이 : 개인주의 vs 집단주의

당신이 중국의 어느 시골에서 자랐다면 친하게 지내는 사람은 그래봐야 사촌,

삼촌, 이모, 고모일 것이다. 당신이 하는 일도 그들의 기대에 크게 영향받을 것이다. 반면 미국 남부 캘리포니아주 근교에서 자랐다면 많은 사람들과 친분을 쌓을 것이다. 그들은 대부분 가족이 아니고, 친척들의 선호는 당신이 살아가면서 내리는 결정에 비교적 적은 영향을 미칠 것이다. 특정한 시대, 특정한 공간에서 사는 사람들이 공유하는 믿음, 관습, 습관, 언어 등을 가리키는 문화는 우리가 마주치는 상황(예컨대 친척들과 얼마나 많은 시간을 보내는지)과 그 상황의 영향력(내가 하는 일에 친척들이 큰 영향을 미치는지 여부)을 좌우한다.

최근 몇 년 동안 사회심리학자들 사이에서 사람들의 생각, 감정, 행동 방식에 문화가 어떤 영향을 미치는지에 대한 관심이 점차 높아졌다.(A. Cohen, 2009; Kitayama & D. Cohen, 2007; Lehman, Chiu & Schaller, 2004; Oyserman & Lee, 2008; Smith, Bond & Kağitçibasi, 2006) 이유는 단순하다. 어쨌든 우리 모두 생물학적 바탕과 인간의 기본적 욕구를 공유하므로, 세계의 각 문화에 속하는 사람들이 많은 측면에서 비슷하기도 하지만 굉장히 흥미로운 차이를 보이기 때문이다. 이 책에서는 사회적 행동의 수수께끼를 파헤치면서 이러한 공통점과 차이점을 탐색할 것이다.

문화에 대한 연구는 대부분 어떤 문화가 개인주의의 양상을 띠고 집단주의의 양상을 띠는지에 초점을 맞추었다.(〈표 2.1〉 참고)(Chinese Cultural Connection, 1987; Hofstede, 1980/2001; Triandis, 1989) **개인주의적 문화**(individualistic culture)(미국, 호주, 영국 등)에서는 대개 구성원들이 자신을 고유의 개인으로 보고 개인적 목표를 우선으로 삼도록 사회화한다. 반면에 **집단주의적 문화**(collectivistic culture)(과테말라, 한국, 대만 등)에서는 구성원이 자신을 인간관계 속에서 파악하고 더 큰 집단의 일원으로 생각하며 자신보다 집단과 상대방의 관심사를 우선으로 삼도록 사회화한다.(Brewer & Chen, 2007) 문화에 관한 대부분의 연구는 이 개인주의·집단주의 차원을 집중적으로 다룬다. 특히 개인주의는 미국과 유럽 문화로, 집단주의는 동아시아 문화로 대표된다. 따라서 문화가 어떻게 구성원들에게 광범위한 상황적 배경이 되는지 알아보기 위해 2장에서는 개인주의·집단주의 차원에 초점을 맞춰 문화를 살펴보려고 한다.

표 2.1 개인주의적 국가와 집단주의적 국가

개인주의 순위	국가	개인주의 순위	국가
1	미국	32	멕시코
2	호주	34	포르투갈, 동아프리카 지역
3	영국	40	싱가포르, 태국, 서아프리카 지역
4	캐나다, 네덜란드	43	대만
10	프랑스	44	한국
15	독일(서독)	45	페루
20	스페인	49	콜롬비아
22	일본	50	베네수엘라
25	자메이카	51	파나마
26	아랍 지역, 브라질	52	에콰도르
30	그리스	53	과테말라

네덜란드의 사회심리학자 헤이르트 호프스테더(Geert Hofstede, 1980/2001)는 대규모 다국적기업 직원 8만 명 이상에게 얻은 업무 관련 목표 및 가치와 관련된 자료를 분석했다. 이 순위는 특히 라틴아메리카와 아시아에 비해 서구 영미권 국가들이 개인주의를 훨씬 장려하는 경향이 있음을 보여준다.

출처: J. Deregewski et al., *Expissications in Cross-Cultural Psychology*(1983), pp. 335~355, Fig.2 © Swets & Zeitlinger Publishers.

문화적 행동 유도성 서로 다른 문화는 그 구성원에게 다른 기회를 제공한다. 예컨대 개인주의적 문화에서는 독립과 자기통제의 기회가 많다. 그 방법 중 하나는 구성원들에게 넓은 선택권을 주는 것이다.(Fiske et al., 1998) 예를 들어 미국에서는 누구나 대통령(또는 우주 비행사, 프로 운동선수, 유명한 음악가 등)이 될 수 있다는 믿음이 있다. 이런 말도 있다. "그저 열심히 노력하라. 무엇이든 되고자 하는 대로 될 수 있다. 모든 기회가 열려 있다." "취향대로 고르세요(Have it your way™), 선택은 당신의 것입니다"라는 유명 패스트푸드점의 광고 문구도 있다. 미국에서는 동네 슈퍼마켓에서 우유를 하나 사더라도 수많은 선택지를 제공한다. 일반 우유, 저지방 우유, 탈지유, 버터밀크, 유산균 우유, 무유당 우유, 두유, 칼슘 우유, 초콜릿 우유, 딸기 우유, 4리터짜리, 2리터짜리, 1리터짜리, 0.5리터짜리, 종이 갑, 플라스틱 병…… 미국 애리조나주 피닉스의 평범한 슈퍼마켓에서는 2만 종류 이상의 품목을 취급하는 반면 일부 집단주의적 문화권 국가에서는 슈퍼마켓이라는 개념이 터무니없고 불필요한 것으로 여겨질 수도 있다. 개인주의적 문화에서는 구성원들에게 많은 선택권을 부여함으로써 개성을 표현하고 주도적으로 자신의 욕구를 채울 수 있게 한다. 이처럼 서로 다른 문화는 그 구성원에게 다른 기회를 제공한다는 것을 알 수 있다.(Bond, 2004; Morling, Kitayama & Miyamoto, 2002)

문화와 규범 "될 수 있는 모든 것이 돼라"라는 미 육군 모집 광고 문구가 있었다. "이랬다저랬다 하지 마라"라고 말하는 사람들은 일관성 없게 행동하는 사람을 비웃는다. 개인주의적 사회의 규범은 분명한 메시지를 전달한다. "군중 속에서 돋보여라! 자신에게 솔직해져라!"

반면 말레이시아에는 "검은 물 한 방울이 우유 한 통을 못 쓰게 만든다"라는 속담이 있다. 또 중국 격언 중에는 "손가락 하나가 다치면 손 전체가 아프다"라는 말도 있다. 이러한 동아시아 격언들은 집단주의적 문화 특유의 믿음을 잘 나타낸다. 즉 집단 구성원들은 조화를 추구해야 하고 다른 사람에 비해 튀면 안 된다는 믿음이다. 개인주의적 사회에서 독립적 행동을 장려하는 규범을 전달하는 것처럼 집단주의적 사회에서는 독립성을 억제하고 상호 의존성을 장려하는 규범을 전달한다.

이와 같이 조화와 상호 의존성을 지향하는 경향에 맞게 집단주의적 문화의 구성원들은 주변 사람들의 행동에 맞춰 행동하는 경향이 강하고, 특히 그 대상이 아는 사람일 경우 더욱 그렇다. 미국에서 처음 수행된 선분 대조 실험에 대해 생각해보자. 이 연구에서 참가자들은 집단의 나머지 사람들이 만장일치로 틀린 답을 내놓으면 명백히 잘못된 선택을 따르는 경우가 많다.(Asch, 1956) 집단주의적 사회에서는 이런 순응의 양상이 더욱 강하게 나타난다.(Smith & Bond, 1994) 그렇다고 집단주의적 사회의 구성원들이 두각을 나타내지 않는다는 말은 아니다. 하지만 집단과 별개로 독특한 존재가 되고자 애쓰는 개인주의자들과 달리 집단주의자들은 집단 내에서 높은 자리를 차지하는 방향으로 특출해지려고 애쓴다.(Becker et al., 2012)

문화마다 규범을 적용하는 방식도 다르다.(Tinsley & Weldon, 2003) 예를 들어 미국인 부모는 골칫덩이인 아이를 혼낼 때 권리와 특권을 빼앗는 방식을 사용하는 경우가 많다. "일주일 동안 외출 금지야. 텔레비전도 보면 안 돼!" 이와 반대로 일본이나 중국인 부모는 아이의 사회적 평판을 위협하는 방식을 많이 사용한다. "그렇게 행동하면 사람들이 비웃을 거야."(Miller, Fung & Mintz,

　　　　　　　　　　　　　　　　　　　　　　　사회심리학

1996: Okimoto & Rohlen, 1988) 각 문화의 관점에서 보면 이렇게 다른 처벌 방식을 이해할 수 있다. 개인주의적 문화에 속한 사람들은 개인적 자유에 큰 가치를 두므로 자유를 빼앗는 처벌 방식이 특히 효과적이다. 반면 집단주의적 문화에 속한 사람들은 인간관계에 큰 가치를 두므로 사회적 유대를 위협하는 처벌 방식이 효과를 발휘한다.

문화적 각본 앞서 살펴보았듯 사회적 각본이 있으면 사람들이 다른 사람들에 맞춰 행동하기 쉬워진다. 이러한 각본의 활용에 문화가 어떤 영향을 미칠 수 있을까?

첫째, 다른 문화에 비해 사회적 각본이 더 널리, 강력하게 퍼져 있는 문화가 있을 수 있다. 예컨대 일본에는 가족끼리의 식사, 피아노 수업, 인사 등의 행동을 할 때 형식을 중시하는 정교한 사회적 각본이 있다.(Hendry, 1993) 미국에서는 대개 이런 일들을 할 때 훨씬 덜 체계적으로 한다. 문화심리학자들은 '엄격한' 문화(규범이 강하고 일탈을 거의 허용하지 않는 문화)와 '느슨한' 문화(규범이 비교적 관대하거나 형식을 중시하지 않고 일탈을 조금 더 허용하는 문화)를 구분한다.(Gelfand, 2013: Pelto, 1968: Triandis, 1989) 당신이 비교적 '엄격한' 사회인 싱가포르나 말레이시아에서 자랐다면 규칙을 잘 따르고 규칙에서 벗어나지 않으리라는 기대를 받을 것이다. 이와 반대로 비교적 '느슨한' 사회인 네덜란드나 브라질에서 자랐다면 규칙을 고르는 선택의 폭이 훨씬 넓어진다.(Gelfand et al., 2011)

둘째, 똑같은 상황에 대한 각본이라도 문화에 따라 내용이 상당히 다를 수 있다. 장례식을 예로 들어보자. 거의 모든 문화의 장례식에는 시신 처리와 애도 등 공통점이 있지만 아주 흥미로운 차이점도 있다.(Matsunami, 1998) 예컨대 미국에서 장례식은 (민족, 종교, 지역에 따라 차이가 있지만) 대개 조용하고 절제된 행사다. 점잖은 차림을 하고, 조용히 말하며, 예의 바르게 이야기를 듣고, 슬픔을 공개적으로 드러내지 않도록 절제한다. 반면 말레이제도의 보르네오섬에 사는 베라완족의 장례식은 이와 다르다.(Metcalf & Huntington, 1991) 베라완족은 최소 8개월, 길면 5년의 간격을 두고 장례식을 두 번 치른다. 첫 번째 장례식은 사망 직후에 시작된다. 특별한 자리를 마련해 시신을 놓아두고 가까운 친척들이 모두 볼 때까지 하루나 이틀 정도 그대로 둔다. 두 번째 장례식에는 연락을 받고 도처에서 모인 조문객들이 유골 단지나 관 근처에서 4~10일간 열리는 떠들썩한 파티에 참가한다. 술을 마시고 여럿이 어울리는 분위기가 조성되고, 술을 진탕 마시고 음악과 게임을 즐기느라 1킬로미터 밖에서도 왁자지껄하는 소리가 들릴 정도다. 우리에게 익숙한 장례식 풍경은 아니다. 문화는 사회적으로 용인된 각본이 일상적 상황에서 차지하는 비중뿐만 아니라 각본의 내용 자체에도 영향을 미친다. 지금까지 개인이 물리적·사회적 환경에 둘러싸여 있으며 그것이 사람의 생각, 행동에 영향을 미친다는 걸 살펴보았다. 이번에는 사람과 상황을 함께 생각해보자.

사람과 상황의 상호작용

누군가가 가장 친한 두 친구에 대해 설명해달라고 한다. 이때 당신은 한 친구는 사교적이지만 다른 친구는 수줍음이 많다거나 한 친구는 신뢰할 수 없지만 다른 친구는 믿을 수 있다는 식으로 말할 것이다. 하지만 대화가 진행될수록 "그 친구는 걱정이 많고 낯을 가리지만 친구들과 있을 때는 편하게 행동하고 약간 거칠기도 해요"라든가 "그 친구는 일에 의욕이 넘치고 믿을 만하지는 않지만 아주 헌신적이고 든든한 친구예요"라는 말이 나올 수 있다.

이렇듯 다양한 상황에 반응하는 방식에 따라 성격은 어느 정도 달라진다. 즉 각자 마주하는 다양한 상황에서 나타나는 특정한 목표, 생각, 감정, 행동에 따라 성격이 다르게 규정되는 것이다.(e. g., Mischel, Shoda & Mendoza-Denton, 2002) 친구에 대한 앞선 설명은 사람과 상황이 **함께 작용해** 생각, 감정, 행동 방식에 영향을 미친다는 사회심리학의 원리와 일맥상통한다.(e. g., Kenrick & Funder, 1988; Ozer, 1986; Shoda, Lee Tiernan & Mischel, 2002; Snyder & Ickes, 1985) 이제부터는 사람과 상황이 서로 영향을 미치고 상호작용해 사회생활을 형성하는 6가지 방식에 대해 알아보자.

왜 같은 조건에서 사람들은 다르게 반응할까

비디오게임이 빠른 의사 결정 능력에 미치는 영향을 연구하는 실험에 참가했다고 가정해보자. 우선 당신과 다른 참가자 한 사람이 각자 게임을 한다. 그런 다음 두 사람은 헤드폰에서 소리가 나면 상대보다 빨리 반응해야 하는 경쟁적인 게임을 한다. 상대보다 자판을 빨리 누르면 화면에 커다랗게 '승리'라는 글자가 나타난다. 상대보다 느리게 누르면 '패배'라는 글자와 함께 헤드폰에서 삑 하는 시끄러운 소리를 듣는다. 참가자들은 매번 시행 전에 자신이 이길 경우 상대에게 무음에서 최대 105데시벨(몇 발자국 떨어진 곳에서 자동차 경적을 울릴 때와 같은 소리의 크기)의 소음이 2.5초 동안 울리게끔 설정할 수 있다. 이때 당신은 상대가 어느 정도의 소음을 견디게 하겠는가?

2005년 브루스 바톨로(Bruce Bartholow)와 마크 세스터(Marc Sestir), 에드워드 데이비스(Edward Davis)는 참가자들이 경쟁적 게임을 하기 전에 한 비디오게임의 종류(폭력적인 게임과 비폭력적인 게임)와 과거에 폭력적인 게임을 한 경험의 정도에 따라 상대방에게 들리도록 설정하는 소음의 강도가 달라진다는 사실을 발견했다. 연구자들은 학생들을 무작위로 선정해 실감나는 '총 쏘기' 게임을 하도록 배정했다. 이 게임은 죽인 사람의 수로만 점수를 매겼다. 나머지 학생들은 비폭력적인 퍼즐 게임을 했다. 폭력적 게임 경험이 상대적으로 적은 참가자들의 경우 게임의 유형에 따라 다른 참가자에게 공격적으로 벌칙을 부과하는 정도가 크게 달라졌다. 즉, 폭력적 게임 경험이 적은 상태에서 폭력적 게임을 한 참가자는 비폭력적 게임을 한 참가자에 비해 상대에게 더 공격적으로 벌칙을 부과함으로써 상황의 힘을 잘 보여주었다. 이와 대조적으로 이미 폭력적인 게임 경험이 많은 참가자들의 경우에는 게임의 유형이 크게 영향을 미

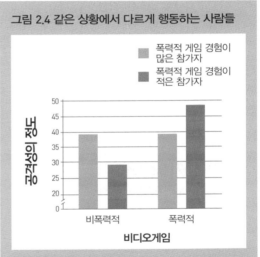

그림 2.4 같은 상황에서 다르게 행동하는 사람들

폭력적 게임 경험이 많은 참가자
폭력적 게임 경험이 적은 참가자

공격성의 정도

비폭력적   폭력적

비디오게임

과거 폭력적 게임 경험이 상대적으로 적은 학생들은 비폭력적 게임을 한 후보다 폭력적 게임을 한 후 더욱 공격적으로 상대에게 벌칙을 부과했다. 이와 대조적으로 이미 폭력적 게임 경험이 많은 참가자들은 게임의 유형과 상관없이 상대에게 공격적으로 벌칙을 부과했다.

출처: Bartholow, B. D., Sestir, M. A., & Davis, E. B., "Correlates and consequences of exposure to video game violence: Hostile personality, empathy, and aggressive behavior", *Personality and Social Psychology Bulletin*, 31(2005), 1573~1586. Figure 2, p. 1581.

치지 않았다. 이들은 게임의 유형에 상관없이 상대가 시끄러운 소음을 듣게 설정했다.(〈그림 2.4〉 참고)

이러한 발견들은 사람과 상황의 상호작용 유형 중 중요한 유형을 보여준다. **같은 상황에 다르게 행동하는 사람들**이다. 이 유형의 사람과 상황의 상호작용이 일어나는 이유는 각자 상황의 다른 측면에 동조하거나 같은 상황이라도 사람에 따라 다른 의미를 내포하기 때문이다. 이 실험에서 '상대방'은 사실 지정된 각본에 따르는 컴퓨터였기 때문에 모든 참가자가 똑같은 처벌을 받은 셈이었다. 하지만 이미 폭력적 게임 경험이 있는 사람들은 상대의 행동을 특히 더 적대적으로 받아들였고 심지어 **비폭력적** 퍼즐 게임을 한 후에도 그랬다. 반면 폭력적 게임 경험이 적은 사람들은 폭력적 게임을 한 후에만 상대의 반응을 적대적으로 인식했다. 폭력적 게임 경험이 많은 사람과 적은 사람에게 비폭력적 상황의 의미가 각각 달랐기 때문에 이들은 상황에 각자 다르게 반응했다.

사람과 상황의 적합성(person-situation fit)은 사람과 상황이 잘 맞는 정도를 가리킨다. 맞는 자물쇠에 꽂지 않으면 열쇠가 제 기능을 못하듯 상황이 적절한 기회를 제공하지 않으면 어떤 사람도 목표를 달성할 수 없다. 누구든 잘못된 상황에 놓이면 불만이 늘고 실패하기 쉬워진다. 예컨대 대학 환경에 잘 적응하는 데서 가치를 찾는 학생들은 그렇지 않은 학생들에 비해 더 만족스러워하는 경향이 있다.(e. g., Pervin & Rubin, 1967; Sagiv & Schwartz, 2000)

상황이 사람을 선택할 때

매년 대학 입학을 둘러싼 경쟁이 끝나고 나면 세계 각지의 수많은 학생들이 사교 클럽, 저녁 식사 모임 등으로 무섭게 몰려든다. 연극부에서 배역을 따거나 학생회의 간부가 되기 위해, 운동부에 들어가기 위해 노력하는 사람이 있는가 하면, 우등생 명단에 이름을 올리려고 노력하는 학생들도 있다. 그리고 졸업 후에는 취업을 하거나 대학원 입학 허가를 받기 위해 경쟁한다.

영국의 록 밴드 롤링 스톤스의 믹 재거(Mick Jagger)가 말한 것처럼 원하는 것을 항상 가질 수는 없다. 모든 사람이 원하는 상황에 놓이는 것은 아니다. 어떤 학생들은 1지망 대학에 떨어지고, 유명한 사교 클럽 입회를 거부당하고, 발이 닳도록 일자리를 알아보러 다녀야 한다. 이것은 사람과 상황의 상호작용의 또 다른 유형으로, **상황이 사람을 선택하는** 경우다. 8장에서도 살펴보겠지만 전 세계 여성들은 연애 상대로 동갑이거나 조금 연상인 남성을 선호한다.(Kenrick & Keefe, 1992; Dunn et al., 2010) 그 결과 14살짜리 소년은 21살 여성과 데이트할 기회가 거의 없다. 그런 기회를 갈망하는 소년이 많더라도 여성들은 그런 아이들을 선택하지 않을 것이다. 어린 소년이 성인 여성에게 선택받지 못하듯, 사교성이 떨어지는 여성들은 들어가고 싶은 사교 클럽에 선택받지 못하고, 취업 준비생들은 우수한 기업에 선택받지 못하고, 나태한 학생은 좋은 대학원에 들어가지 못한다.

사실 대부분의 상황은 아무나 들어올 수 없도록 '입장'을 제한한다. 운동부에는 한정된 인원의 선수들을 위한 자리만 있고, 사람들이 친구들을 위해 쓸 수 있는 시간과 에너지도 한정적이다. 이러한 제한 때문에 비교적 관대한 상황이라도 대개 이런저런 '입장 요건'이 존재한다. 이것을 직접 입증하고 싶다면 2주 정도 씻지 않고 새 친구를 사귀려 해보면 된다.

사람이 상황을 선택할 때

상황이 사람을 선택하듯 **사람도 상황을 선택한다**. 이번 토요일 저녁에 동네 극장에 가기로 할 수 있고 도서관에 가기로 할 수도 있다. 결혼해서 가정을 꾸리기로 할 수도 있고 독신으로 남겠다고 마음먹을 수도 있다. 항상 상황이 사람에게 **닥쳐오는** 것만은 아니다. 도리어 사람이 자신의 상황을 결정하는 데 중요한 역할을 할 때도 있다.

우리는 상황에서 파생되는 기회를 바탕으로 상황을 선택한다. 곧 치를 시험에 대해 잊어버리는 것이 목표라면 도서관보다 극장이 더 나은 선택일 수 있다. 편두통이 있다면 사람이 꽉 들어찬 공연장에서 록 콘서트를 관람하기보다는 집에서 편안한 저녁 시간을 보내는 편이 나을 수 있다. 상황마다 다른 기회를 제공한다면 사람들은 자신의 욕망이나 목표에 맞는 기회를 제공하는 상황을 선택하는 경향이 있다.(Buss, 1987; Caspi & Bem, 1990; Emmons, Diener & Larsen, 1986; Snyder & Ickes, 1985) 극장에서는 기분 전환을 할 수 있으므로 곧 닥칠 시험 생각에서 벗어나려는 사람은 도서관 대신 극장을 선택할 것이다. 록 콘서트에는 크고 시끄러운 소리라는 위험이 있으므로 두통을 가라앉히려는 사람은 콘서트 대신 거실 소파를 선택할 것이다.

BOX 2.2

할리우드 큰손과 디즈니의 잘못된 만남

마이클 오비츠(Michael Ovitz)는 협상의 대가였던 인물이다. 톰 크루즈 같은 초대형 스타의 매니저이자 CAA(Creative Artists Agency)의 대표였던 오비츠는 유명 감독과 배우를 투입하거나 투입하지 않음으로써 새로운 영화 촬영을 성사시키기도 하고 무산시켰다. 월트 디즈니는 사장을 교체할 때가 되자 오비츠를 영입했고, 그로써 사업계의 슈퍼스타인 마이클 아이스너(Michael Eisner) 회장과 함께 오비츠는 디즈니의 환상적인 드림팀으로 불렸다.

하지만 그 환상은 곧 악몽이 되었다. 오비츠를 그토록 뛰어난 매니저로 만든 특성, 즉 몸소 나서는 성격과 주변 사람들을 지휘하고 통제하는 능력은 기업 관리자 역할에 맞지 않았다. 게다가 그는 지시를 받는 데 익숙지 않았고 지시받고 일하는 데 서툴렀다. 그리하여 오비츠의 영입을 언론에서 떠들썩하게 보도한 지 16개월 만에 그는 실수를 인정하고 사임해 디즈니 측으로부터 비난을 받았다.(*Ovitz & out at Disney*, 1996 : *Ovitz, Hollywood power broker, resigns from no. 2 job at Disney*, 1996) 실용적 지식과 에너지, 재능에도 마이클 오비츠는 그 일에 적합한 인물이 아니었다. 그는 그곳에 맞지 않았다.

기원전 4세기 그리스의 철학자 플라톤은 각자 자신의 능력과 성격에 맞는 일을 배정받아야 한다고 주장했다. 직업마다 다른 기술과 성격이 필요하므로 각각의 직업에 모든 사람이 훌륭한 자격을 갖출 수 없다는 것이었다. 현대의 이론가들은 이에 동의하며(e. g., Driskell et al., 1987 : Hackman & Oldham, 1980 : Holland, 1997), 여러 자료도 그 의견을 뒷받침한다. 흥미, 목표, 능력, 특성 같은 개인적 특성이 직업의 요구 사항과 기회에 적합할 때 더 행복하고, 그 일을 계속할 가능성이 높다.(e. g., Ambrose et al., 2008 : Gardner et al., 2012) 한 연구에 따르면 경영학과 학생 중 개인적 특성이 '잘나가는 젊은 관리자'의 특성에 더 잘 맞는 학생들이 1년 후 졸업하자마자 더 많은 취업 제의를 받았다. 또한 졸업한 지 4년 후에는 더 높은 급여를 받았고, 정규직으로 일하는 경우가 많았으며, 이직 횟수도 적었다.(Chatman et al., 1999)

또 다른 연구에서는 직업뿐 아니라 조직의 문화에도 적합한 사람을 뽑는 것의 중요성을 보여준다. 조직 문화에 맞는 직원은 회사에 더 만족하고 더 헌신적이며 이직률도 낮은 경향이 있다.(e. g., Adkins & Caldwell, 2004 : Silva et al., 2010)

이와 같이 근로자와 직업 및 직장이 잘 맞는 경우 명확한 이점이 있다. 개인 입장에서는 자신의 특성을 발견하고 그에 맞는 직업

사회심리학

유형을 찾음으로써 직무 적합성과 만족도를 높일 수 있다. 회사에서는 직원들과 면담을 해서 회사의 가치와 맞지 않는 사람을 가려낼 수 있다. 관리자는 신입 직원들을 회사의 가치에 맞게 사회화해 적합성을 높이려 시도할 수 있다.(Chatman, 1991)

오비츠와 아이스너는 실수를 저지르고 있음을 알아야 했을까? 아마 그랬을 것이다. 어쨌든 그 실수는 모든 관계자에게 큰 손실이었다. 개인적 명성에 크게 금이 갔고, 디즈니는 오비츠에게 거의 9000만 달러에 달하는 퇴직금을 지급해야 했다. 모두 직원 한 사람이 직무와 직무 환경에 적합하지 않은 탓에 벌어진 일이었다.

상황에 따라 얼굴을 고르는 사람들

주변을 둘러보면 2가지 이상의 문화에 속한 사람이 1명쯤은 있을 것이다. 2가지 문화를 받아들이고 2가지 모두 내면에 '살아 있다'라고 느끼는 사람들. 어쩌면 당신이 그런 사람일 수도 있다. 이중 문화에 속한 사람들은 내면화된 2가지 문화가 '번갈아' 자신의 행동에 영향을 미친다고 종종 말한다.(LaFromboise, Coleman & Gerton, 1993 : Phinney & Devich-Navarro, 1997) "학교에서는…… 저를 포함해서 모두 미국인이에요. 그러다 오후에 집에 가면 다시 멕시코인이 돼요."(Padilla, 1994, p. 30)

우리는 상황이 그것과 관련된 지식을 점화할 수 있다는 사실을 살펴보았다. 앞서 인용한 멕시코계 미국인 학생의 경우 각각의 환경에서 사용되는 언어가 그 학생의 문화적 성향을 각각 불러일으켰을 것이다. 다시 말해 그 학생은 부모와 조부모가 집에서 쓰는 스페인어를 들으며 자신이 멕시코인이라고 느끼고, 학교에서는 영어를 들으며 자신이 미국인이라고 느꼈던 것이다.(Ross, Xun & Wilson, 2002) 많은 연구에서 이 점화의 개념을 사용해 상황의 특성에 따라 정말 각각 다른 문화적 성향이 지배적으로 나타나는지 알아보았다.(e. g., Pouliasi & Verkuyten, 2007 : Zou, Morris & Benet-Martinez, 2008 : Zhang et al., 2013) 한 연구에서는 중국적인 자아 개념과 서양적인 자아 개념을 둘 다 갖춘 홍콩의 중국인 대학생을 대상으로 실험을 수행했다. 이 연구에서 학생들은 용이나 만리장성 같은 중국 문화의 상징을 본 후에는 집단주의적으로 생각했고, 성조기나 국회의사당 같은 미국 문화의 상징을 본 후에는 개인주의적으로 생각했다.(Hong, Chiu & Kung, 1997) 문화적 상징은 심지어 다른 문화에 속하는 구성원들의 사고방식을 점화하기도 한다.(Clobert & Saraglou, 2012) 음양의 상징은 좋은 것 뒤에 나쁜 것이 따르고 빛 뒤에 어둠이 따르는 등 역동적으로 변화하며 균형 있게 계속되는 삶에 대한 동아시아의 이해를 나타낸다. 2009년 애덤 얼터(Adam Alter)와 버지니아 콴(Virginia Kwan)은 일련의 흥미로운 연구를 통해 유럽계 미국인들이 교묘하게 음양의 상징을 접한 후 유럽계 미국인다운 사고방식은 약해진 반면 (통제 조건에서와 반대로) 동아시아인에 가까운 사고방식을 취한다는 점을 밝혔다. 이를테면 맑은 날이 이어진 후 비가 오고 비 오는 날이 이어진 후 맑은 날이 오리라고 예측하는 것이다.

이러한 연구 결과들은 사람과 상황의 상호작용의 다른 유형을 보여준다. 바로 **상황에 따라 사람의 다른 측면이 점화된다**는 것이다. 예를 들어 매력적인 사람이 미소를 짓는다면 사랑에 대한 생각이 점화되지만 그 사람이 나를 향해 고함을 지른다면 안전을 걱정하게 된다. 사람들은 상황에 따라 자신의 생각, 감정, 행동에 영향을 미치는 목표와 믿음을 떠올린다. 더 이상 같은 상황에 있지 않더라도 마찬가지다.(e. g., Higgins, 1996) 낯선 사람과 극장 밖에서 부딪쳐 미묘한 갈등 상황이 되었을 때, 슬랩스틱코미디를 보고 나왔는지("우리 둘 다 참 덤벙거리네요") 때려 부수는 액션 스릴러 영화를 보고 나왔는지("뭐 하는 짓이야? 따끔한 맛 좀 볼래?")에 따라 상황을 해석하고 반응하는 방식이 달라진다.

심지어 우리가 미처 알아차리지 못한 상황의 특성도 행동에 강력한 영향을 미친다.(Ferguson & Bargh, 2004) 1996년 존 바그(John Bargh)와 마크 첸(Mark Chen), 라라 버로스(Lara Burrows)가 수행한 한 실험에서는 5개의 단어를 뒤섞은 뒤 학생들에게 네 단어를 사용해 문장을 만들게 했다. 그중 몇 세트에는 무례함과 관련된 단어를, 다른 몇 세트에는 공손함과 관련된 단어를 의도적으로 넣고 나머지 세트에는 무례함이나 공손함과 관계없는 단어를 넣었다. 과제를 마친 뒤 참가자들은 연구진을 불러 두 번째 실험을 준비해야 했다. 연구자를 부르러 간 참가자들은 연구자가 다른 참가자와 대화하는 것을 발견하게 된다. 연구자는 자신을 찾아온 참가자가 중간에 끼어들 때까지(혹은 10분이 지날 때까지) 대화를 계속했다. 이때 무례함과 관련된 단어, 공손함과 관련된 단어, 중립적인 단어로 점화된 참가자 중 어느 쪽이 연구자의 대화에 더 많이 끼어들었을까?

　무례함과 관련된 단어로 점화된 사람들을 골랐다면 정답이다. 무례함과 관련된 단어로 점화된 참가자 중 63%가 10분 안에 끼어들었다. 이와 비교해 중립적 단어 조건의 참가자는 38%, 공손함과 관련된 단어 조건의 참가자는 17%가 끼어들었다. 상황의 사소한 특징이라도 목표, 믿음, 감정, 습관을 점화할 수 있다. 이와 같이 사람들은 상황에 따라 공손하게 행동하기도 하고 무례하게 행동하기도 한다.

사람이 상황을 바꿀 때

잘 덤벙거리는 사람이 벽에 부딪치면 벽은 멀쩡하고 사람만 다칠 가능성이 크다. 하지만 사회적 상황은 벽과 아주 달라서 **상황에 처한 사람에게는 저마다 그 상황을 바꿀 능력이 있다.** 회사 야유회에서 하는 터치 풋볼(미식축구를 조금 변형한 운동경기)같이 가벼운 놀이에 경쟁심 강한 사람을 참가시키면 '터치'는 곧 '태클'이 되어버린다. 사회성이 뛰어난 교사를 유치원 첫 수업에서 서로 어색해하는 아이들 사이에 데려다 놓으면 아이들은 언제 낯을 가렸냐는 듯 금방 친해지기 시작한다.

　사람들은 상황을 선택할 때와 같은 이유로 상황을 바꾸기도 한다. 바로 목표를 더 잘 달성하기 위해서다. 지저분한 동네를 치우고 싶어 하는 사람은 다른 사람들을 불러다 협조적인 팀을 꾸릴 것이고 유치원 교사들은 제자들이 기분 좋게 잘 지내기를 바랄 것이다.

　물론 본의 아니게 상황을 바꾸는 경우도 생긴다. 우울한 대학생은 룸메이트를 우울하게 만들려는 의도가 없어도 우울하게 만들 수 있다. 그렇게 되면 룸메이트는 그 사람을 피하기 시작할 것이다.(Hames, Hagan & Joiner, 2013; Strack & Coyne, 1983) 활기찬 룸메이트는 꼭 다른 사람들의 기운을 북돋우려는 의도가 없더라도 기운을 북돋울 가능성이 있다. 친구들은 기운을 내야 할 때 그 학생을 찾기 시작할 것이다. 이 책에서는 집단의 효율성을 높이는 지도자들, 사회적으로 고립되게 행동하는 사람들, 일반적이지 않은 견해로 다른 사람들의 마음을 바꾸어놓는 사람들의 일화를 통해 사람이 상황을 어떻게 바꾸는지 살펴볼 것이다.

상황이 사람을 바꿀 때

무신경한 부모는 차분한 성향의 아기를 불안하게 만들 수 있다. 배우자는 상대 배우자의 정치관과 사회적 쟁점에 대한 시각을 바꿀 수 있다. 폭력적 음란물을 보는 행동은 여성을 향한 공격성에 무뎌지게 할 수 있다. 사람이 상황을 바꾸듯 **상황도 사람을 바꾸는 게 가능하다.**

이 변화는 누가 봐도 확실할 때가 있다. 우리는 한때 어떤 사람이었다가 달라진다. 미친 듯이 날뛰는 사냥개를 보고 겁에 질렸던 아기는 개를 무서워하게 된다. 하지만 상황은 가끔 느리고 분명하지 않은 방식으로 사람을 형성하기도 한다.

사회화(socialization)는 문화가 그 구성원에게 특정한 믿음, 관습, 습관, 언어를 가르치는 과정이다. 개인주의적 문화에서는 아이들이 독립성과 개인적 성공, 높은 자존감을 추구하는 어른으로 자라도록 사회화한다. 이와 반대로 집단주의적 문화에서는 아이들이 상호 의존성과 인간관계, 집단의 성공, 집단 내의 조화 등을 추구하는 어른으로 자라도록 사회화한다. 문화는 어떻게 이런 일을 하는가? 문화에는 '좋은 것'에 대한 핵심 개념이 있고, 그 가치들은 관습, 규범, 정치, 제도 등에 나타난다. 예컨대 개인의 성취라는 개인주의적 가치는 미국의 법(사유재산권의 강조 등), 교육 분야(의욕적인 모든 아이들이 잠재력을 발휘할 수 있게 하는 수단), 언론(기업가와 그들의 성공을 묘사하기 위한 수단)에서 드러난다. 이러한 분위기는 사람들이 날마다 서로 상호작용하는 방식에 영향을 미친다.(예컨대 미국에서는 아이들이 아주 어린 나이에 자기 방을 갖고 '자립'하도록 교육받는 경우가 많다.)

문화는 많은 '단계'로 존재한다.(A. Cohen, 2009) 미국 내에서도 지역에 따라 문화가 조금씩 다르다.(10장에서 논의할 '남부의 명예 문화(culture of honor)' 등) 또한 문화는 도시인지 지방인지에 따라 달라진다. 도시는 작은 마을과 농촌에 비해 집단주의적 성향이 약하다. 민족과 종교, 대학마다 문화가 다르기도 하다. 해군사관학교에서 4년을 보낸 학생은 일반 사립대학교에 다니는 학생과 아주 다른 규범, 규칙, 관습 속에서 생활할 가능성이 크다. 심지어 가족 문화에도 차이가 있다. 집안마다 가정교육의 내용이 조금씩 다르기 때문이다. 이와 같이 세계에서 가장 개인주의적인 나라 안에도 한 사람을 형성하는 다양한 문화적 영향력이 존재한다. 지속력이 길든 짧든, 관련된 상황끼리 얽혀 있든 단순하든 상황이 사람들을 변화시킬 수 있다.

지금까지 살펴보았듯 사람과 상황은 흥미로운 방식으로 상호작용해 우리의 생각, 감정, 행동에 영향을 미친다.(〈표 2.2〉 참고)

표 2.2 사람과 상황의 상호작용 유형

상호작용	예
똑같은 상황에도 다르게 반응하는 사람	대학 생활이 신나고 재미있다고 생각하는 학생이 있고, 지루하고 따분하다고 생각하는 학생이 있다.
상황이 사람을 선택하는 경우	대학교에서는 입학하고 싶어 하는 모든 사람에게 입학 허가를 해주지 않는다.
사람이 상황을 선택하는 경우	한 친구는 사교 클럽에 가입하기로 하고 다른 친구는 기숙사에 계속 있기로 할 수 있다.
상황에 따라 점화되는 사람의 다양한 측면	학교에서는 학구적이지만 파티에서는 재미 있게 놀고 싶어 한다.
사람이 상황을 바꾸는 경우	에너지가 넘치고 박식한 교사가 조용하고 수동적인 학급을 적극적이고 의욕적인 학급으로 바꿀 수 있다.
상황이 사람을 바꾸는 경우	아주 비슷한 두 사람 중 한 사람은 해군사관학교로, 다른 사람은 일반 사립대학교로 진학한다면 4년 후 두 사람의 유사성은 훨씬 적어질 가능성이 크다.

요약

사실 마틴 루서 킹은 여러 측면에서 평범한 사람이었지만 훗날 시민권 운동의 지도자로 간주될 만한 특성도 몇 가지 갖추고 있었다. 아프리카계 미국인이 존중받기를 바라는 마음은 그의 아버지가 심어준 것이었다. 그의 아버지는 어느 신발 가게의 '백인 전용' 구역에 들어갔을 때 직원이 손님 대접을 거부하자 주저 않고 신발 가게를 나와버려 어린 아들에게 오랫동안 강한 인상을 남겼다.

킹 목사의 동기와 믿음에는 강렬한 느낌이 따랐다. 뜨거운 열정을 품을 수 있었던 그는 어린 시절에도 대공황 시기에 식량 배급을 받으려고 줄 선 가난한 사람들을 보며 깊은 연민을 표했다. 이렇게 강렬한 감정을 느끼는 능력은 이후 대의를 위한 헌신과 호소력 짙은 연설에서도 드러났다. 킹 목사의 동기, 믿음, 감정 등 '사람'에 초점을 맞춤으로써 우리는 앞으로 전 세계가 알게 될 마틴 루서 킹의 능력을 발견하기 시작했다.

하지만 이러한 개인적 특성들이 킹 목사의 행보를 결정한 유일한 요인은 아니었다. 첫째, 그는 적절한 시기, 적절한 장소에 있었다. 개인적으로 큰 위험을 무릅쓰고 몽고메리의 차별에 관한 조례를 어긴 용감한 여성 로자 파크스는 미국유색인지위향상협회(NAACP) 지부에서 서기를 맡고 있었고 킹 목사는 그곳 이사회의 일원이었다. 로자 파크스와 교류가 있던 킹 목사는 그 지역에서 일어난 논란에 깊이 관여하게 되었다. 또한 새로 이사 온 지 얼마 안 되는 인물로서 지역 공동체의 버스 승차 거부 운동을 이끌어달라는 요청에 아주 뿌듯한 기분이 들었을 것이다. 더구나 목사가 공동체의 지도자가 되어야 한다는 지역 사회의 기대를 고려할 때 그로서는 요청을 거부하기 어려웠다.

이러한 상황적 특징이 그를 일찍이 지도자의 자리에 올려놓기는 했지만 그것이 성공을 보장하지는 않았다. 사실 킹 목사는 일약 스타가 된 것이 아니었다. 저항을 북돋우던 그의 승차 거부 연설이 후에 킹 목사가 알려지는 계기가 되었으나 처음부터 큰 파장을 일으키지는 못했다. 하지만 오랜 차별과 불평등에 청중들의 열기가 강해지자 킹 목사는 높은 기대에 부응할 수밖에 없었다. 중요한 순간이 **필요**했던 청중들의 열렬한 반응과 열정이 킹 목사에게서 그 중요한 순간을 끌어냈다. 킹 목사는 자신과 군중에게 지도자로서의 능력을 입증하며 군중에게 힘을 불어넣었다. 상황이 그를 선택했고, 그는 도전을 받아들였던 것이다. 킹 목사는 지도자로 변모했고 이어 사람들에게 점차 큰 희망을 주었다.

승차 거부 운동이 진행되는 동안 사람과 상황이 끊임없이 상호작용했다. 킹 목사의 믿음과 자신감이 흔들리기 시작할 때면 사람들의 호의적인 지지와 열광이 그를 굳건히 잡아주었다. 속도위반을 조작해 그를 수감하기로 한 경찰의 결정은 오히려 그를 더욱 주목하게 하고 신용도를 높여주었으며, 그의 집에 가해진 폭탄 기습 공격도 비슷한 결과를 낳았다. 평범한 사람들의 희생 의지가 승차 거부 운동을 성공으로 이끌었고, 《타임》에서 킹 목사를 특집 기사로 다루어 전국적으로 명성을 얻게 한 셈이다.

사회심리학

마틴 루서 킹 목사는 평등주의 원리에 대한 열렬한 헌신, 마하트마 간디의 영향으로 받아들인 비폭력 저항, 훌륭한 웅변의 기술을 자신의 상황으로 끌어들였다. 상황이 킹 목사에게 자신감과 에너지, 풍부한 기회를 제공했다. 실로 비범한 그의 업적은 단지 개인적 장점 때문만이 아니라 그러한 성격과 강력한 상황의 힘이 일생 동안 상호작용함으로써 가능했다. 우리 모두와 마찬가지로 킹 목사 역시 한 인간으로서 장점과 단점이 있었고 그의 행동과 인격은 그가 처한 상황에 맞게 형성되었다. 그리고 우리 모두와 마찬가지로 그 역시 자신의 세상을 만들어 갔다. 이것이 사회심리학의 본질이다.

지금까지 위대한 성공을 가능케 하고 시민권 운동을 밀어붙이는 데 큰 도움을 준 킹 목사와 상황의 조화에 대해 살펴보았다. 사실 사람과 상황의 적합성이라는 사회심리학적 개념은 작업 현장의 생산성에서 가장 첨예한 정치적 문제와 관련된 업적에 이르기까지 일상생활의 많은 측면을 이해하는 데 중요하다는 점이 입증되어왔다. 한편 2장에서 살펴본 연구들을 통해 사회심리학 분야의 발견이 산업·조직 행동학 및 정치학의 원리들을 훨씬 넘어선 범위까지 연결된다는 사실을 알 수 있다. 예를 들어 사회심리학은 감정과 그 기원, 영향을 이해하고 일종의 지도로 형상화한다는 측면에서 유전학, 신경과학, 인류학과 연결되며, 기술적·명령적 규범이 단순하거나 복잡한 사회적 행동을 형성하는 원리를 설명하는 데 도움이 된다는 점에서 사회학과 그 밖의 문화 연구와도 연결된다.

우리는 사회적 행동의 놀라운 세계를 이해하기 위한 여정의 첫발을 이제 막 내디뎠다. 3장부터는 사람들이 자신의 사회적 상황에 대해 생각할 때 사용하는 사고 과정이나 행동을 더욱 깊이 탐구하면서 이 여정이 어디로 향하고 끝맺을지 알아볼 것이다.

제3장

자신과 타인 이해하기

●

―차세대 리더일까, 탐욕스러운 권력가일까 : 힐러리 클린턴―

보수적인 공화당원이었다가 진보적인 민주당원이 된 힐러리 클린턴(Hillary Clinton)은 미국 중서부에서 자라 북동부에 있는 대학교와 로스쿨에 들어갔고 최남부 지역에 살았다. 그녀는 한 아이의 어머니이자 노련한 변호사이며 빈곤층의 열렬한 옹호자다. 또한 영부인이었고, 상원 의원이었으며, 미국의 외교 정책을 책임지는 국무부 장관이기도 했다. 유력한 대선 주자로서 윤리적 과실을 범했다는 혐의를 받았지만 공식적으로 기소된 적은 없다. 그런가 하면 남편의 외도와 추문, 탄핵 위기를 겪기도 했다. 이것만 봐도 힐러리 클린턴이 놀랍고 흥미로운 삶을 살아왔다는 사실을 부정하기는 어려울 것이다.

현대사의 여느 인물들과 마찬가지로 힐러리를 바라보는 시선은 극단적인 편이다. 그녀는 많은 사람에게 사랑받는 한편 많은 사람에게 욕을 먹기도 했다. 최근 몇 년간 인기가 더 높아졌지만 2008년 대선에 출마했을 때 공화당원의 84%가 그녀에게 호의적이지 않았다.(Cohen & Blake, 2013) 똑똑하고 노련한 정치 전문가들이 그녀에 대해 기록하거나 발언한 내용을 살펴보자.

- "그녀에게는 비범한 지능과 강인함, 놀라운 직업윤리가 있다. 힐러리를 국무부 장관으로 임명한 것은 미국 외교를 새롭게 하고 동맹 관계를 회복하겠다는 내 공약의 진정성을 적과 친구에게 알리는 신호다."
  — 버락 오바마(Barak Obama, 미국 제44대 대통령)

　　　　　　　　　　　　　　　　　　　　　　　　　　　　사회심리학

- "그녀가 얼마나 위험한 존재가 될지 모른다. …… 그녀도 빌(클린턴)도 미국을 사랑하지 않는다. 그들은 조국에 도움이 되기 위해서가 아니라 권력을 얻는 발판으로 삼기 위해 대통령직을 원한다."
  — 페기 누넌(Peggy Noonan, 레이건 및 부시 행정부 연설문 담당)

- "소녀들에게는 인생의 모범이 되고 소년들에게는 여성을 위한 기회와 약속을 이해하게 해주는 사람이다."
  — 캐런 버스타인(Karen Burstein, 전 뉴욕주 상원 의원 겸 판사)

- "분명 재능 있고 자기 세대의 많은 이들에게 롤 모델이었던 여성. 우리의 영부인은 타고난 거짓말쟁이다."
  — 윌리엄 새파이어(William Safire, 퓰리처상 수상 작가)

- "상원 의원에 선출되기 위해 뉴욕에 입성하기로 한 [힐러리의] 결정은 대의 민주주의라는 가장 기본적인 사상을 본질적으로 뒤엎는다. …… 힐러리는 우리와 함께하고 싶은 것이 아니다. 우리가 그녀를 워싱턴으로 보내주어야만 여기에서 살 것이다. 우리는 발판에 지나지 않는다. 힐러리가 뉴욕 양키스 모자를 쓰고 포즈를 잡고 있으면 역겨워서 속이 뒤집히는 것 같다."
  — 딕 모리스(Dick Morris, 클린턴 전 대통령의 정치 참모)

- "힐러리 클린턴은 뉴욕의 진보적 개혁가 세대의 특징이었던 이상주의와 강인함을 적절히 결합했다고 볼 수 있다. 그리고 그 일로 평생 양키스 팀을 응원한 사람만큼이나 뉴욕 토박이 자격을 얻기에 충분하다."
  — 엘렌 체슬러(Ellen Chesler, 작가)

힐러리가 평생을 대중의 시선 속에서 살아왔고 그녀의 인생의 굵직한 사건들이 사람들에게 잘 알려져 있다는 사실을 고려한다면 그녀가 어떤 사람인지에 대해 의견이 일치할 법하다. 하지만 그녀에 대한 사람들의 생각은 극명하게 갈린다. 심지어 힐러리와 긴밀하게 일한 까닭에 상대적으로 그녀에 대한 정보가 많은 사람들도 가끔 완전히 다르게 그녀를 묘사한다.

이러한 견해의 차이는 비단 힐러리 클린턴뿐 아니라 우리가 매일 마주치는 많은 사람들에게도 적용된다. 당신의 남자 친구를 두고 룸메이트는 아주 섬세하고 매력적이라고 생각하는 반면, 부모님은 따분하고 얄팍한 머저리로 여길지 모른다. 당신은 형이 재미있는 사람이라고 생각하지만 당신의 여자 친구는 그가 무례하다고 느낄 수 있다. 이것을 어떻게 설명할 수 있을까? 힐러리 클린턴처럼 공적인 인물뿐 아니라 일상적으로 마주치는 이들에게서도 이토록 다른 인상을 받는 이유는 무엇일까?

내 머릿속의 블랙박스, 사회적 인지

누군가가 예상치 못한 행동을 하면 사람들은 이렇게 묻는다. "무슨 생각으로 그랬을까?" 우리는 사람들이 하는 행동뿐 아니라 그들의 머릿속 '블랙박스'에서 펼쳐지는 생각에도 관심을 가진다. 우리를 둘러싼 사회에 대한 생각이 행동에도 영향을 미치므로, 3장에서는 사람들이 자신과 타인에 대해 생각하고 이해하는 과정인 **사회적 인지**(social cognition)를 살펴보고자 한다.(Moskowitz, 2005)

사회적 인지의 4단계
몇 주 동안 지켜보고 교류해온 사람이 있다고 할 때, 그 사람에 대해 어떻게 생각하는가? 왜 그런 인상을 받게 되었는가? 이런 질문들에 답하려면 우선 사회적 인지의 4가지 핵심 과정인 주의, 해석, 판단, 기억을 살펴보아야 한다.

주의: 정보 선별 앞서 2장에서 우리는 자신이나 주변 환경의 여러 측면에 의식적으로 초점을 맞추는 과정이 주의이며, 주의는 한정적이라는 점을 살펴보았다. 사람들은 이용할 수 있는 정보 중 극히 일부에만 주의를 기울일 수 있다. 또한 목표에 따라 특정한 사람과 행동의 일부에 더 많은 주의를 기울인다.(〈그림 3.1〉 참고)

사람마다 받아들이는 정보가 다르고 주의를 기울일 정보를 선별한다. 같

사회심리학

은 교수를 보고 학생들이 저마다 다른 인상을 받는 이유도 여기에 있다. 어떤 학생들은 상담 시간이나 동네 커피숍에서 교수와 마주쳤을 수도 있다. 반면 교수가 강의실에서 보이는 모습 말고는 그에 대해 전혀 모르는 학생도 있을 것이다. 다른 정보에 주의를 기울인다면 당연히 같은 사람에게도 아주 다른 인상을 받을 수 있다.(e. g., Maner et al., 2003; Sanbonmatsu, Akimoto & Biggs, 1993; Taylor & Fiske, 1978) 교수가 자신의 갓난아이에 대한 감정을 이야기한 날 수업에 빠진 학생은 나머지 학생들과 달리 그가 따뜻한 사람이라고 생각하지 않을 것이다. 3장에서는 사람과 상황의 특

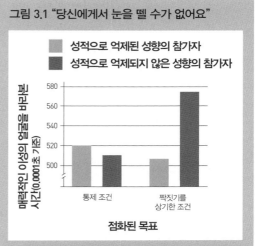

그림 3.1 "당신에게서 눈을 뗄 수가 없어요"

- 성적으로 억제된 성향의 참가자
- 성적으로 억제되지 않은 성향의 참가자

(세로축) 매력적인 이성의 얼굴을 바라본 시간(0.0001초 기준)

(가로축) 점화된 목표 — 통제 조건 / 짝짓기를 상기한 조건

한 실험에서 단기간의 성적인 만남에 관대한 이성애자(성적으로 억제되지 않은 성향)가 짝짓기에 대해 생각하도록 점화된 경우(성행위가 포함된 관계에 흥미를 느끼게 하는 분위기를 조합해 제시함) 매력적인 이성에게서 눈을 떼기가 특히 더 어려운 것으로 나타났다.

출처: Maner, J. K., Gailliot, M. T., Rouby, D. A., & Miller, S. L., "Can't take my eyes off you: Attentional adhesion to mates and rivals", *Journal of Personality and Social Psychology*, 93(2007), 389~401.

징이 주의의 대상에 어떤 영향을 미치는지, 자신과 타인에 대해 형성하는 인상을 어떻게 좌우하는지 알아보려 한다.

해석: 정보에 의미 부여하기 일단 무언가에 주의를 기울이고 있다면 그 정보가 무슨 의미인지 판단해야 한다. 즉, 그 정보를 해석해야 한다는 말이다. 교수의 유쾌한 분위기는 타고난 열정에서 나오는 것일까, 아니면 교재에 흥미를 느끼게 하려고 꾸며낸 태도일까?

　사회적 행동은 대부분 다양하게 해석할 수 있다. 예컨대 힐러리 클린턴이 회고록을 출판했을 때 정치적 자유주의자들은 언론의 비평이 가혹하다고 꼬집은 반면, 보수주의자들은 언론이 힐러리와 그녀의 책에 긍정적으로 일관한다고 불평했다. 이와 같은 해석의 차이는 드문 일이 아니다. 사회·정치 운동에 열렬히 참여하는 사람들은 주요 언론에서 자신의 반대편을 옹호한다고 믿

는 경우가 많다.(Matheson & Dursun, 2001; Vallone, Ross & Lepper, 1985) 1994년 로저 히네르소로야(Roger Giner-Sorolla)와 셸리 체이컨(Shelly Chaiken)이 수행한 연구에서는 이스라엘이나 팔레스타인 한쪽을 지지하는 학생들에게 이스라엘과 팔레스타인의 충돌을 다룬 같은 뉴스를 보여주었다. 그 결과 이스라엘을 지지하는 학생들은 방송이 팔레스타인에 유리한 내용으로 해석했고, 팔레스타인을 지지하는 학생들은 같은 방송을 보고도 이스라엘에 유리한 내용이라고 받아들였다. 3장에서는 사건을 해석하는 방식에 영향을 미치는 다양한 요소에 대해 알아볼 것이다.

판단: 정보를 이용해 인상 형성하고 결정 내리기 우리는 왜 사람들에 대한 정보를 모으고 해석하는가? 중요한 결정을 내리려면 사람들에 대한 인상을 형성해야 하기 때문이다. 우리는 새로 알게 된 지인이 믿을 만한 친구가 될지, 어떤 영업 전략이 낯선 고객에게 가장 효과적일지 알고 싶어 한다. 이러한 결정 과정이 쉽고 단순할 때도 있다. 예컨대 누군가의 키를 알고 싶다면 그를 벽 앞에 세우고 줄자로 재면 된다. 하지만 사회적으로 인상을 형성하고 결정하는 과정에는 여러모로 불확실성이 자리하기 때문에 더 어렵다. 주어진 정보를 평가하는 방법이 명확하지 않을 때가 많다. 예를 들어 대학원에 진학하려는 학생에게 교수가 그러기는 쉽지 않을 거라고 말했다. 그는 도움을 주려고 솔직히 조언한 것일까, 아니면 무신경한 사람이라서 그러는 것일까? 결과적으로 사람들의 판단과 그들이 받는 인상은 대부분 주어진 정보를 활용해 도달할 수 있는 '최선의 추측(best guess)' 정도다.

기억: 나중에 사용하기 위해 정보 저장하기 어떤 일에 충분히 주의를 기울이면 기억에 남는다. 친밀한 만남을 가졌던 사람에게 조언을 구해야겠다고 마음먹는 것처럼, 기억은 새로운 판단의 직접적 원인이 될 수 있다. 또한 기억은 주의를 기울이는 대상과 그것을 해석하는 방식에 영향을 미침으로써, 우리가 형성하는 인상과 결정을 좌우하기도 한다. 이를테면 즐거운 만남을 가졌다는 기억 덕분에 상대의 반응을 호의적으로 해석할 가능성이 커지는 식이다. 2장에서 알게 되었듯 기존의 기억은 '준비가 완료되었을 때', 즉 최근에 점화되었거나 지속적으로 접근 가능할 때 특히 영향력이 커진다.

따라서 자신과 타인에 대해 어떻게 생각하는지 이해하려면 주의, 해석, 판단, 기억이라는 기초적 인지 과정들을 고려해야 한다. 이러한 과정은 힐러리에 대한 극단적인 평가를 설명하는 데 도움이 된다. 힐러리를 지지하는 사람들은 아동을 돕기 위한 그녀의 노력에 주의의 초점을 맞추고, 국무부 장관으로서의 활동을 국가에 봉사하려는 의지로 해석하며, 정치적 실패를 더 적게 떠올릴 가능성이 크다. 이와 반대로 힐러리를 비난하는 사람들은 그녀가 연루된 여러 정치적 스캔들과 도덕적 혐의에 초점을 맞추고, 그녀의 공무 수행을 정치권력에 대한 천박한 갈망으로 해석하며, 아동을 위한 활동에서 거둔 성공에 대해서는 덜 생각할 것이다. 3장에서는 계속해서 주의, 해석, 판단, 기억의 4가지 과정에 대해 알아보고, 이것이 (1) 목표, 지식, 감정에 어떤 영향을 미치고 (2) 자신과 타인에 대한 생각에 어떤 영향을 미치는지 탐색하려 한다.

어떤 인지 전략을 따를 것인가

사회적 사고는 유연해야 한다. 가령 지나가는 행인에게 연인에게 하듯 정성을 쏟는다면 말이 되지 않는다. 다행히도 우리의 사고 과정은 온갖 종류의 환경에 적응할 준비가 잘 되어 있다. 사람들은 어떤 대상에 대해 빠르게 인상을 형성하고 크게 힘들이지 않으면서 '충분히 좋은' 결정을 내리고 싶어 하는 등 정신적 효율성을 추구할 때가 있다. 그런가 하면 자아상을 높이거나 보호하기 위해 자신에 대해 좋게 생각하고 싶어 한다. 또한 대가가 뒤따르는 오류와 실수를 피하려 정확한 판단을 내리고 싶어 하기도 한다. 이와 같이 목표가 저마다 매우 다르기 때문에 각각의 목표를 달성하기 위해 다른 생각의 '유형'이 필요할 때가 있다. 사람은 동기에 따라 움직이는 책략가이다. 목표가 바뀌면 다른 생각의 유형을 적용한다.(Fiske & Taylor, 1991 ; Smith & Semin, 2007) 지금부터는 이러한 목표가 사람들이 자신과 다른 이들에 대해 생각하는 방식에 어떤 영향을 미치는지 살펴보자.

빠르게 중요한 것들만 취한다

우리는 강의실, 쇼핑몰, 기숙사 등 복잡한 사회적 환경에서 많은 시간을 보내고, 그곳에서 민족, 성별, 매력, 태도, 연령, 복장 등이 다양한 사람들을 만난다. 그때마다 마주치는 어마어마한 양의 정보를 어떻게 처리하는가?

2장에서 알아보았듯 의식적으로 생각할 수 있는 것은 한 번에 몇 가지뿐이다. 만약 사람이나 사건을 한 번에 하나씩만 마주치고 새로운 상황에 처할 때마다 충분히 생각한 뒤 다음 정보로 넘어갈 수 있다면 그런 한계는 없을 것이다. 하지만 안타깝게도 현실 사회에서는 정보가 많기도 하거니와 인정사정없이 빠르게 지나간다. 사회적 사건들은 기다리는 법 없이 매 순간 닥쳐온다.

이런 까닭에 노력을 들여 '합리적으로' 정보를 처리할 정신적 자원이 늘 충분하지 않다. 따라서 부족한 정신적 자원을 확보해 다른 중요한 일에도 사용하려면 인지적 전략이 필요하다. 요컨대 세상을 이해하는 데 사용하기 쉬운 수단이 필요하며, 그것은 바로 최소한의 정신적 노력을 들여 '충분히 괜찮은' 판단을 내리도록 도와줄 전략이다.(e. g., Goldstein & Gigerenzer, 2002; Haselton & Funder, 2006) 이제 그런 전략을 몇 가지 살펴보자.

예상의 득과 실

2장에서는 세상에 대한 믿음이 **예상**의 형태로 기능한다고 배웠다. 예상은 자신이 주변의 사람과 상황에 무엇을 기대하는지 알려줌으로써 매번 새로운 상황을 평가하는 데 드는 노력을 아끼게 해준다. 남학생 사교 클럽 회원에 대한 고정관념이 있다고 해보자. 이런 경우 같은 수업을 듣는 친구가 남학생 사교 클럽 회원이라는 사실을 알게 된다면 이미 그 사람에 대해 어느 정도 '아는' 셈이고, 그 사람을 마음에 들어 할지 여부도 정해진 셈이다. 이러한 지식은 꼬리표를 떼고 상대를 바라보려 노력하지 않고도 그 사람에 대해 생각할 준비를 하게 해준다.(Sedikides & Skowronski, 1991) 이와 같은 예상은 상당히 유용하기 때문에 사람들은 예상이 틀리더라도 선뜻 인정하려 들지 않는다.

우리는 예상을 통해 지속적으로 이익을 얻기 위해, 의식적으로 예상을 유지하는 경향이 있다. 자신의 예상과 관련 있는 사건과 행동에 특별히 주의를 쏟고 심지어 그 예상을 입증하는 정보를 찾는 게 대표적이다.(e. g., Trope &

Thompson, 1997) 친구가 남학생 사교 클럽 회원이라고 믿는다면 당신은 그가 수업에 늦게 들어왔을 때 특히 더 쉽게 알아차릴 것이다. 지각은 사교 클럽 회원에 대한 믿음과 일치하는 특성이기 때문이다.

또한 우리는 모호한 사건과 행동을 자신의 예상과 부합하는 방식으로 해석하기도 한다. 가령 사교 클럽 회원인 남학생이 피곤한 모습으로 나타나면, 시험을 앞두고 열심히 공부해서라기보다 전날 밤 파티에서 놀았기 때문일 거라고 추측한다.

마지막으로 우리는 예상에 들어맞는 사람과 사건을 유독 잘 기억한다.(e. g., Hirt, McDonald & Erikson, 1995) 이를테면 사교 클럽 회원인 남학생이 자모카 아몬드 퍼지 아이스크림을 좋아하던 모습보다 값싼 맥주를 열렬히 반기던 모습이 먼저 떠오를 것이다. 예상 밖의 사건 역시 주의를 많이 끌기 때문에 기억에 남지만 예상과 일치하는 사건에 대한 기억은 거의 항상 뚜렷하게 각인된다.(e. g., Sherman & Frost, 2000 ; Stangor & McMillan, 1992)

예상은 많은 인지적 노력을 들이지 않고 사람과 사건을 이해할 수단을 제공할 뿐만 아니라, 인지적 과정을 크게 단순화시켜 그 자체로도 유용하다.(e. g., Macrae, Milne & Bodenhausen, 1994) 또한 예상이 정확하면 효율적이고 정확한 판단을 내릴 수 있다.(Jussim, 1991)

하지만 유감스럽게도 예상이 빗나갈 때도 있다. 예컨대 사교 클럽 회원인 남학생에 대한 사람들의 고정관념은 어느 정도 진실일 수 있지만 모든 사교 클럽 회원에게 적용되지는 않는다. 사교 클럽 회원이면서도 박사과정을 밟고 저명한 학자가 되는 학생들도 있다. 무엇보다 부정확한 예상에 따라 행동하다가 잘못된 결정과 판단을 내릴 수 있다. 이를테면 사교 클럽 남학생에 대한 지나치게 부정적인 고정관념 때문에 좋은 인재를 놓칠 수 있는 것이다. 부정확한 예상에서 자기 충족적 예언이 나온다는 점, 다시 말해 잘못된 예상이 실제 현실이 된다는 점이 치명적인 문제로 작용한다.

BOX 3.1

어떤 말은 정말 씨가 된다 —자기 충족적 예언

1930년대 초반 미국의 수많은 은행들이 수십억 달러에 달하는 고객의 돈을 날리며 줄줄이 도산했다. 놀랄 것도 없이 다른 은행의 예금자들 역시 같은 일이 일어날까 두려워하며 가슴을 졸였다. 은행이 곧 파산한다는 소문이 삽시간에 퍼졌다. 예금자가 우르르 몰려와 예금액을 인출하는 바람에 막심한 피해가 발생했다. 탄탄하고 관리가 잘되는 은행도 예금액을 금고에만 보관하지 않는다. 대신 주택 담보대출이나 기업 대출 같은 장기 투자의 형태로 사회에 순환시키는 경우가 많다. 따라서 고액의 현금 인출 요청이 몰리면 지불 능력이 있던 멀쩡한 은행도 버텨낼 수 없기 마련이다. 은행들이 몇 시간 만에 무너졌고, 뒤늦게 도착한 예금자들은 목숨과도 같은 예금액을 몽땅 잃었다. 공포에 질린 예금자들이 막연한 두려움을 자기도 모르게 현실로 만든 셈이다.

사회학자 로버트 머튼(Robert Merton, 1948)은 이러한 예를 들어 **자기 충족적 예언**(self-fulfilling prophecy)이라는 개념을 소개했다. 자기 충족적 예언은 초기의 잘못된 예상이 이를 실현하는 방향으로 행동을 이끄는 현상을 말한다. 교사가 어떤 아이를 똑똑하다고 잘못 예상한 나머지 따뜻하게 대하고 의욕을 북돋우며 더 많이 상호작용해주면 아이는 학업을 잘 수행할 수 있다.(e.

g., Harris & Rosenthal, 1985; Madon et al., 2001) 면접관들이 어떤 지원자가 일자리에 적합지 않다고 잘못 예상한 경우, 그 사람에게 덜 호의적인 질문을 하고 면접 시간도 짧게 할애하며 부정적인 비언어적 행동을 '흘리기' 때문에 면접 결과는 좋지 않을 가능성이 있다.(e. g., Neuberg, 1989; Word, Zanna & Cooper, 1974) 내향적이라고 잘못 인식된 사람은 주변에서 친근하게 대하지 않기 때문에 더 수줍어할 수 있다.(Stukas & Snyder, 2002) 이처럼 우리는 부정확한 예상에 따라 행동함으로써 그 예상을 실현시킨다.

틀린 예상이 부정적인 것이라면 그로 인해 상당한 피해가 발생할 수도 있다. 어느 작은 마을에 똑똑하고 친절한 14살짜리 소년이 가족과 함께 이주했다고 가정해보자. 마을 사람들은 그 소년과 같은 '부류'의 사람들이 낯설고 이질적인 나머지 그들을 도둑으로 여긴다. 소년은 거리의 행인과 경찰관에게 의심의 눈초리를 받는다. 학교에서는 소년이 공부에 재능이 없다고 잘못 추측하는 교사들에게 무시를 당한다. 동네의 문제아들은 소년을 자기네 패거리에 들일 한 후보로 취급한다. 공정하게 실력을 발휘할 기회를 거의 얻지 못한 소년은 결과적으로 범죄 행위에 발을 들이게 되어 주변의 예상이 옳았음을 입증할 수도 있다.

자기 충족적 예언은 피할 수 없을까? 다행히 그렇지는 않다. 자기 충족적 예언은 대개 (1) 잘못 예상하는 사람들이 사회적 만남을 통제하는 입장일 때, (2) 예상의 대상이 되는 사람들이 이러한 통제에 따를 때 발생하기 쉽다.(e. g., Smith et al., 1997: Snyder & Haugen, 1995) 예컨대 예상하는 사람이 교사-학생, 면접관-지원자, 의료인-환자 등의 사회적 만남에서 더 큰 권한을 가지면 자기 충족적 예언이 들어맞을 가능성이 더 높다.(Copeland, 1994) 사실 교육 체계에서 학생이 아프리카계 미국인나 여성처럼 사회경제적 지위가 낮고 권한이 적은 입장이라면 교사의 예상에 특히 영향받기 쉽다.(Jussim, Eccles & Madon, 1995)

정확한 예상은 유용하지만 정확하지 않은 예상은 역기능을 낳는다. 사람과 상황을 잘못 판단하게 하는 데 그치지 않고, 가장 두려워하는 것을 자기도 모르게 실현하거나 다른 사람의 성취를 제한하도록 유도할 수 있기 때문이다.

잘하든 못하든 성격 탓? : 기본적 귀인 오류

어느 날 저녁 집에 오는 길에 새 룸메이트가 아버지와 통화하면서 소리를 지르는 것을 보았다고 해보자. 그녀의 행동을 어떻게 설명하겠는가? 짜증의 원인이 그녀의 성격에 있다고(타고난 성격이 원래 무례하고 버릇이 없다고) 보겠는가? 아니면 상황의 특성에 있다고(그 친구의 아버지가 딸의 남자 친구에 대해 터무니없는 비난을 늘어놓았다고) 보겠는가? 그것도 아니면 친구의 성격과 상황의 상호작용이 문제라고(친구의 무례한 성격과 친구 아버지의 트집이 결합되어 싸움으로 번졌다고) 생각하겠는가?

3장에서는 사람들이 타인의 행동의 원인을 정확히 이해하고자 할 때 사람과 상황에 대한 정보를 어떻게 사용하는지 알아볼 것이다. 대개 우리는 정신적 노력을 아끼고 단순하게 생각하고 싶을 때 다른 사람의 행동이 주로 그의 성격에서 나온다고 보는 경향이 있다.(Gilbert & Malone, 1995 : Jones, 1990) 가령 거리에서 낯선 사람에게 소리를 지르는 사람을 보면 깊이 생각하지 않아도 그가 적대적이라고 생각한다. 이렇게 누군가의 행동의 원인을 그 사람의 성격 혹은 기질에서 찾는 것을 **기질적 추론**(dispositional inference)이라고 한다. 기질적 추론은 별 노력 없이 자연스럽게 일어나는 듯하다. 다시 말해 누군가의 행동을 판단할 때 그 사람의 성격적 측면에 주목한다는 말이다.(e. g., Carlston, Skowronski & Sparks, 1995: Kressel & Uleman, 2010: Moskowitz & Roman, 1992: Uleman, Saribay & Gonzalez, 2008)

대응 편향: 기본적 귀인 오류 타인의 행동이 그들의 기질과 일치한다고 여긴 나머지 우리는 상황의 힘이 얼마나 중요한지 과소평가한다. 사실 행동의 원인을 지나치게 기질 탓으로 돌리는 경향(Ross, 1979)인 **대응 편향**(correspondence bias)은 자주 일어나는 일이기 때문에 사회심리학자들은 이것을 **기본적 귀인 오류**(fundamental attribution error)(Ross, 1977)라고 불렀다. 에드워드 존스(Edward Jones)와 빅터 해리스(Victor Harris, 1967)가 수행한 연구가 있다. 연구진은 참가자에게 당시 쿠바 국가평의회 의장 피델 카스트로(Fidel Castro)를 지지하거나 반대하는 논조의 글을 보여주었다. 그리고 일부 참가자에게는 글쓴이가 글에 자신의 관점을 드러냈다고 말하고, 다른 참가자에게는 어느 편에서 글을 쓸지 토론 코치에게 지시받았다고 말했다. 글쓴이가 자신의 관점에서 썼다고 들은 참가자들은 그 글이 글쓴이의 태도를 반영한다고 생각했다. 즉 카스트로를 지지한 글을 쓴 이는 정말 카스트로를 열렬히 지지하고, 반대한 글을 쓴 이는 완강히 반대하는 입장이라고 보았다. 하지만 놀랍게도 글쓴이가 입장을 선택할 수 없었다고 들은 참가자들 역시 기질적 추론을 했다. 토론 코치의 지시라는 상황이 글쓴이의 태도에 미친 영향을 과소평가한 셈이다.

이와 같이 우리는 타인의 행동이 성격에서 나온다고 보는 경향이 있을 뿐 아니라 이 때문에 상황의 영향력을 과소평가한다. 왜일까? 일반적으로 상황의 영향력보다 성격의 영향력을 추측하는 편이 더 간단하기 때문이다.(Gilbert & Malone, 1995) 상황이 행동에 미치는 영향력은 관찰자에게 '보이지 않을' 때가 많다. 예컨대 새 룸메이트가 아버지에게 소리 지르는 모습을 보았을 때, 친구의 아버지가 그녀의 남자 친구를 부당하게 깎아내린다는 사실을 모를 수도 있다. 이러한 상황의 영향력을 모르기 때문에 친구가 그렇게 행동하는 원인이 무례한 성격 때문이라고 생각하기 쉽다.

사람들이 기질적 추론으로 치우치는 또 다른 이유는 대개 그것이 정확하기 때문이다. 실험실 밖 현실 세계에서는 사회적 상황에 무작위로 배정되는 일이 거의 없다. 그보다는 2장에서 살펴보았듯 사람이 자신의 성격에 맞는 상황을 선택하고 상황이 그 요건에 맞는 사람을 선택하는 경우가 많다. 프로 운동선수가 체력 단련에 관심이 많고 대학교수가 지적 호기심이 많은 경향이 있듯, 대개 사람과 상황이 잘 들어맞기 때문에 기질적 추론은 다른 사람의 행동을 이해하는 간단하고 정확한 방법일 수 있다.

문화와 기본적 귀인 오류 1991년 11월 강루(Lu Gang) 박사가 아이오와대학교에서 총기를 난사해 5명을 살해하고 몇몇 사람들에게 치명상을 입힌 뒤 자살했다. 갓 물리학과 박사 학위를 받은 강루는 우수 논문 경연 대회에서 다른 학생들에게 밀려 상심한 상태였다. 이 소름 끼치는 10분 동안 강루는 건물을 오가며 대회의 수상자, 물리학과 학과장과 두 교수, 학생처 부처장, 접수원까지 차근차근 희생자를 찾아다녔다. 학살이 끝난 후 그는 총구를 자신에게 겨누었다.

2주 후 미시간주 디트로이트 외곽에서 토머스 매킬베인(Thomas McIl-vane)이 우체국에 반자동소총을 들고 난입했다. 집배원으로 일하다가 해고된 지 얼마 안 된 매킬베인은 6분 동안 예전 직장 동료들을 향해 총알을 난사한 끝에 4명의 관리자를 살해하고 5명에게 부상을 입힌 뒤 경찰이 도착하자 스스로 목숨을 끊었다. 매킬베인은 상급자의 지시에 불복한다는 이유로 해고당했고, 6일 전 복직을 위한 최종 항소심에서 패소한 상태였다.

강루와 토머스 매킬베인이 그렇게 극단적인 길을 택한 이유는 무엇이었을까? 앞서 논한 내용에 비추어보면 이 소식을 접한 사람들은 가장 먼저 두 사람의 개인적 특성과 이 일을 결부시켰을 것이라고 예상할 수 있다. 실제로《뉴욕타임스》기사에서도 범인들의 기질적 요소를 강조했다. 기사에 따르면 강루는 "음험하고 불안한 상태"였고 "성격이 좋지 않았다"거나 "도전받는 것에 대한 심리적 문제"가 있었고, 토머스 매킬베인은 "정신적으로 불안정하고" "무술에 빠져 있었으며" "욱하는 성질"이었다고 한다. 이와 대조적으로 마이클 모리스(Michael Morris)와 펑카이핑(Kaiping Peng, 1994)은 중국어 신문《월드저널》에서 이 대량 살상의 원인을 사뭇 다르게 보았다는 점에 주목했다.《월드저널》에서는 강루가 "중국인 공동체와 단절"되어 있었고 그의 행동이 "총기를 구하기 쉬운 상황"에 기인했다고 적었다. 이와 비슷한 맥락에서 매킬베인에 대해서는 "해고된 지 얼마 되지 않았고" 상사와 "적대적인 관계"였으며 "텍사스주에서 일어난 다중 살인 사건의 선례를 따랐다"라고 적었다. 미국 신문기자들은 기본적 귀인 오류의 특징과 마찬가지로 개인의 기질에 초점을 맞춰 원인을 찾은 반면, 중국 신문기자들은 상황에 초점을 맞춰 원인을 찾았다. 이러한 차이를 어떻게 설명할 수 있을까? 그러한 차이가 믿을 만한 것이라면 기본적 귀인 오류는 얼마나 기본적이라고 할 수 있을까?

앞서 2장에서 **개인주의적** 성향을 띠는 문화와 **집단주의적** 성향을 띠는 문화가 있다는 점을 살펴보았다. 미국처럼 개인주의적 성향이 강한 문화에서는 사람들을 개인으로 규정하고 독립적으로 행동하도록, 즉 성공과 실패를 개인이 책임지도록 사회화한다. 이와 반대로 중국처럼 집단주의적 성향이 강한 사회에서는 사람들이 공동체와의 관계 속에서 규정되고 **상호** 의존적으로 행동하도록, 다시 말해 다른 사람들이 기대하는 바를 고려하도록 사회화한다. 이러한 중요한 차이를 감안하면, 각 문화에 속한 사람들이 저마다 다른 데서 행동의 원인을 찾으리라고 예상할 수 있다. 개인주의적 문화에 속한 사람들은 행동의 원인이 주로 행위자의 성격적 특성이나 태도에 있다고 믿을 것이다. 이와 반대로 집단주의적 문화에 속한 사람은 규범이나 사회적 압박 같은 상황적 측면이 더 큰 영향을 미친다고 생각할 것이다. 행동의 원인을 이해하는 방식의 문화적 차이는 각 문화에서 사람들을 개인으로 보느냐, 사회집단의 일원으로 보느냐의 차이에서 나온다고 볼 수 있다.(e. g., Norenzayan & Nisbett, 2000; Oyserman & Lee, 2008) 심지어 개인주의적 사회와 집단주의적 사회의 구성원들, 양쪽 모두 행동의 기질적 원인을 쉽게 찾을 수 있는 경우에도, 집단주의적 사회의 구성원들은 행동의 원인을 상황에서 찾을 가능성이 높다.(Krull et al., 1999; Lieberman, Jarcho & Obayashi, 2005; Miyamoto & Kitayama, 2002; Norenzayan, Choi & Nisbett, 2002) 미국 내에서도 문화적 특성에 따라 행동의 원인을 사람들의 내적 특성에서 찾는 방식에 차이를 보인다. 개인적 책임의 중요성을 특히 강조하는 개신교인은 가톨릭교인에 비해 행동의 원인을 개인의 내면에서 찾는 경향이 강하다.(Li, Johnson, Cohen et al., 2012)

이렇듯 비교 문화적 관점에서 볼 때 기본적 귀인 오류는 '기본'과는 거리가 멀어 보인다.

인지적 어림법의 종류

여기까지 정신적 노력을 아끼면서 사회적 세계를 이해할 수 있는 2가지 전략에 대해 논했다. (1) 사람들은 예상을 하고 그것을 확인하려 하며, (2) (특히 개인주의적 문화에서) 다른 사람의 행동의 원인을 기질에서 찾으려 한다. 여기에서는 자주 쓰이는 다른 **인지적 어림법**(cognitive heuristic, 판단을 내릴 때 활용하는 인지적 지름길)에 대해 탐색하고자 한다.

대표성 어림법 짐은 맥주를 많이 마시고 많은 시간을 스포츠 잡지를 보며 보낸다. 짐은 남학생 사교 클럽과 환경 운동 단체 중 어느 쪽 구성원에 가까울까? 다른 모든 조건이 똑같다면 대부분의 사람은 짐이 전자에 해당할 가능성이 크다고 생각할 것이다. 짐의 행동이 사교 클럽 소속 남학생이 보일 만한 것이라고 예상한 셈이다. 이러한 예상을 **대표성 어림법**(representative heuristic)이라고 하는데, 어떤 대상이 특정 범주의 대표적 사례와 비슷한 경우 그 범주에 속한다고 분류하는 것이다. 짐이 어떤 집단에 속하는지 판단할 때 그의 행동과 특징이 어떤 집단의 특성에 맞는지, 어떤 집단을 적절히 대표하는지에 근거를 두기 때문이다.(Kahneman & Tversky, 1972) 짐의 특성이 사교 클럽 소속 남학생의 특성에 들어맞기 때문에 사람들은 그가 사교 클럽에 속한다고 추측하는 것처럼 말이다.

가용성 어림법

- 만성 호흡곤란
- 알츠하이머
- 당뇨병
- 신장 질환
- 패혈증
- 파킨슨병
- 폐렴
- 암

- 심장 질환
- 살인
- 유행성 독감
- 교통사고
- 간 질환
- 고혈압
- 자살
- 뇌졸중

위의 질환들을 치사율이 높은 순서대로 순위를 매겨보자. 어떤 기준에 따라 순위를 매겼는지 생각해보라. 통계자료가 없기 때문에 각각의 병으로 죽는 사례를 얼마나 쉽게 떠올릴 수 있는지에 근거해 순위를 매겼을 것이다. 심리학자들은 이러한 전략을 **가용성 어림법**(availability heuristic, 사례가 떠오르는 정도에 따라 사건의 발생 가능성을 평가하는 것)이라고 한다.(Caruso, 2008; Schwarz et al., 1991; Tversky & Kahneman, 1973) 당뇨병으로 인한 사망보다 살인으로 인한 사망이 더 쉽게 떠오른다면, 살인으로 죽을 가능성이 더 높다고 추측하는 것이 타당하다. 결국 쉽게 떠오르는 사건이 대개 더 많이 일어나는 사건이기 때문이다. 하지만 유감스럽게도 살인 사건처럼 충격적이고 눈에 보이는 사건에 치우친 언론 보도로 인해 실제 세상에서 일어나는 일에 대한 인식이 왜곡되기도 한다. 그 결과 우리는 '뉴스거리가 되는' 사망 원인의 발생 가능성을 과대평가하고 뉴스와 거리가 먼 사망 원인의 발생 가능성을 과소평가하는 경향이 있다.

기준점과 조정 어림법 대학 입시에서 차별 철폐 조치(affirmative action, 소수자 차별을 시정하기 위한 적극적 우대 조치)를 채택되는 것이 좋은 생각이라고 보는가? 찬성 혹은 반대라면 그 이유는 무엇인가? 주변 친구들은 뭐라고 대답할까? 당신의 의견에 동의하는 사람은 몇 % 정도 될까?

사람들은 이런 판단을 내릴 때 자신의 생각에 동의하는 사람의 범위를 과대평가하는 경향이 있다. 이른바 **허위 합의 효과**(false consensus effect)의 함정에 빠지는 것이다.(e. g., Kulig, 2000; Mussweiler & Strack, 2000; Ross, Greene & House, 1977) 허위 합의 효과는 또 다른 유용한 단순화 전략인 **기준점과 조정 어림법**(anchoring and adjustment heuristic, 초반에 어림잡은 수치를 현재 상황의 특성에 맞춰 조정하는 것)의 결과다. 우리는 새로운 판단을 할 때 대충 상황을 평가해 시작점 혹은 **기준점**으로 삼고 그것이 완벽하지 않다는 점을 감안해 **조정**해나간다.(Janiszewski & Uy, 2008; Tversky & Kahneman, 1974)

다른 인지적 어림법과 마찬가지로 기준점과 조정 어림법은 시간과 노력을 아끼게 해준다. 의사결정 전에 많은 정보를 모으지 않고도 유용한 근사치에서 시작해 조정할 수 있기 때문이다. 사실 기준점을 제대로 잡고 적절히 조정한다면 이 전략만큼 효율적이면서도 유용한 것은 없다.(Dawes, 1989; Krueger, 2007) 그러나 불행하게도 우리는 가끔 기준점을 잘못 잡거나 제대로 조정하지 못한다.(Epley & Gilovich, 2004; Kruger, 1999) 허위 합의 효과는 기준점을 잡고 정하는 과정에서 자신의 관점을 기준으로 삼을뿐더러 적절하게 조정하지 못한 결과로 나타난다.(Alicke & Largo, 1995; Fenigstein & Abrams, 1993)

예컨대 대학 입시에서 차별 철폐 조치를 적용하는 것에 대한 다른 사람들의 생각을 스스로 어떻게 판단했는지 생각해보자. 실제로 다른 학생들이 어떻게 대답할지 모르기 때문에, 자신의 의견을 기준점으로 삼고 그들도 대부분 비슷하게 생각하리라 가정했을 것이다. 하지만 적어도 몇 명은 그 문제에 대해 깊이 생각하지도 않고 반대하리라는 사실 역시 알고 있다. 그래서 처음에는 동의하는 수강생이 100%일 것이라고 가정했다가 조금 조정해서 내렸을 것이다. 물론 친구들의 의견을 모두 조사할 때까지 추측을 미루거나 대표적 표본을 선별해 질문하는 방법도 있다. 하지만 이런 전략에는 시간이 많이 들고, 이 질문에 그 정도로 완벽한 답을 구할 필요성을 느끼지 못할 수 있다. 무엇보다 기준점과 조정 어림법을 통한 직관적 추정만으로도 충분해 보였을 것이다.

지금까지 사회적 세계를 이해하는 과정을 단순화하는 몇 가지 전략에 대해 알아보았다. 이러한 전략은 정신적 경제성이라는 목표에 상당히 도움이 된다. 빨리 사용할 수 있고, 인지적 자원이 비교적 적게 들며, 일반적으로 꽤 정확한 판단과 결정을 내릴 수 있게 해주기 때문이다. 이제 우리가 언제 정신적 경제성을 추구하는지 개인의 내면적 요소부터 초점을 맞춰 살펴보자.

사람

아침형 인간과 저녁형 인간의 비밀

조깅, 자전거 타기, 공포 영화 관람 등은 모두 신체적 각성 수준을 높인다. 하지만 이러한 활동이 사고방식을 바꾸기도 한다는 사실을 알면 놀랄 것이다.(Mather & Sunderland, 2011) 특히 각성은 우리를 인지적 지름길에 의존하게 만든다. 각성 상태에서는 유독 기존의 믿음과 예상에 의존해 의사결정을 내리는 경향이 높고(Wilder & Shapiro, 1989) 가용성 어림법의 유혹에 넘어가기 쉬우며(Kim & Baron, 1988) 다른 대안적 가능성을 무시하기 쉽다.(Keinan, 1987) 왜 그럴까?

각성 상태에서는 주의가 산만해져 단순화를 추구하게 된다. 예컨대 테니스를 치다가 심장이 두근거리는 것에 신경이 쓰이는 경우에는 승부에서 처참하게 지고 있는 이유를 파악하는 데 주의를 덜 기울이게 된다. 그런가 하면 주의의 범위가 줄어들어 더 광범위한 인지적 전략을 사용하기 어려워질 때도 단순화를 추구하게 된다.(이 내용은 잠시 후에 알아볼 것이다.) 이렇듯 각성 상태에서는 복합적으로 생각하기가 어려워지기 때문에 노력이 덜 드는 지름길에 의존하게 된다.

이와 관련해 게일런 보덴하우젠(Galen Bodenhausen, 1990)은 사람들이 각자의 생체리듬에 따라 일정한 주기로 주의 자원(attentional resource)이 줄어든다고 주장했다. 그는 아침 일찍 인지적 기능이 최고조에 달하는 '아침형 인간'이 밤에 인지적 지름길(대표성 어림법 등)을 더 많이 사용하는 반면, 저녁때쯤 인지적 기능이 최고조에 달하는 '저녁형 인간'은 아침에 인지적 지름길을 더 많이 사용한다는 가설을 세우고 실험에 돌입했다. 여러 번의 연구에서 참가자들은 오전 9시나 오후 8시에 무작위로 배정되어 실험에 참가했다. 어떤 참가자들은 인지적 기능이 최고로 활성화되었을 때 실험에 참가한 반면, 다른 참가자들은 인지적 기능이 '쉬고' 있을 때 실험에 참가한 셈이었다. 보덴하우젠의 추측대로 아침형 인간은 밤에 인지적 지름길을 더 많이 사용한 반면, 저녁형 인간은 아침에 인지적 지름길을 더욱 많이 사용했다. 요컨대 각성 수준이 심하게 높거나 생체 주기상 인지 기능이 떨어지는 시간이어서 주의 자원이 부족한 상태로 어떤 상황에 처할 경우, 단순화 전략에 의존할 가능성이 커지는 것이다.

사람
세상을 단순하게 보고 싶은 사람들 : 구조 욕구

세상을 단순화하는 것이 덜떨어진 사람들만 하는 짓이라고 생각한다면 오산이다. 예컨대 각성 상태인 사람들은 단순화를 추구하기 쉬운데, 이러한 각성은 누구에게나 이따금 일어난다. 안정적인 성격을 지닌 사람들도 단순한 인지적 전략을 사용할지, 복잡한 인지적 전략을 사용할지 선택의 기로에 서는 것은 마찬가지다. 이러한 경향을 **구조 욕구**(need for structure)라고 하며, 여기에는 정신적·물리적 세계를 단순하게 조직하려는 동기가 어느 정도 반영된다. 이러한 동기부여 정도를 평가하기 위해 메건 톰슨(Megan Thompson), 마이클 나카라토(Michael Naccarato), 케빈 파커(Kevin Parker, 1989)는 **개인 구조 욕구 척도**(personal need for structure scale)를 만들었다. 구조 욕구가 높은 사람은 명확하고 구조화된 생활양식을 선호하고 모든 종류의 인지적 지름길을 사용할 가능성이 더 크다. 예컨대 이런 사람들은 타인을 평가할 때 기존의 예상에 의존하고, 고정관념을 특히 잘 형성하며, 행동의 원인을 기질에서 찾는 경향이 있다.(Moskowitz, 1993; Neuberg & Newsom, 1993; Schaller et al., 1995; Webster, 1993)

요컨대 생리적 각성과 구조 욕구가 높은 성격은 정신적 경제성을 갈망해 인지적 지름길을 사용하게 한다. 또한 뒤이어 살펴볼 내용과 같이 특정 **상황** 역시 단순화를 추구하도록 유도한다.

상황

멀티태스킹에도 절대적인 한계가 있다

당신은 네 과목의 시험을 보고 생화학 과제를 내고 이사도 가야 한다. 이런 상황에서 아르바이트하는 핫도그 가게의 점장이 종업원을 뽑아야 한다며 당신에게 18명을 면접 보라고 한다. 온갖 일들이 머릿속에 가득한 채 아르바이트 지원자들의 경험, 성격, 배경 등을 깊이 탐색하고 각자의 장단점을 신중하게 비교하게 될까? 아니면 흔히 사용하는 '빠르고 간편한' 지름길에 의존하게 될까? 연구에 따르면 사람들의 선택은 후자에 가깝다. 주의는 한정되어 있는데 자꾸만 새로운 일이 생겨 상황이 복잡해질수록 신중하게 생각하기 어려워진다.(Biesanz et al., 2001; Bodenhausen & Lichtenstein, 1987; Gilbert, Pelham & Krull, 1988; Pratto & Bargh, 1991) 한번은 머릿속으로 덧셈을 하면서 화난 얼굴을 인식하는 실험이 진행되었다. 참가자들은 실제로는 여성임에도 남성의 얼굴로 인식하거나 혹은 백인 남성임에도 흑인 남성의 얼굴로 인식했다. 즉, 한정된 주의를 사용하는 동안 고정관념에 들어맞는 얼굴을 보았던 것이다.(Becker, Neel & Anderson, 2010; Neel et al., 2012)

시간의 압박이 있을 때에도 인지적 지름길에 의존하기 쉬워진다.(De Dreu, 2003; Epley et al., 2004; Rieskamp & Hoffrage, 2008) 당장 내일 기말 과제를 제출하고 두 과목의 시험을 봐야 하는데 아직 공부는 시작도 안 했고 과제도 마치지 못했다고 상상해보라. 이런 일들이 인지적 지름길을 사용해 아르바이트 지원자를 평가하려는 생각에 영향을 미치지 않겠는가?

한 실험에서는 이스라엘인 교사들에게 명문가 출신 학생과 평범한 집안의 학생이 쓴 논술 과제를 읽게 했다. 일부 교사들은 1시간 동안(낮은 시간 압박) 채점한 반면, 다른 교사들은 고작 10분 안에(높은 시간 압박) 채점을 해야 했다. 시간의 압박이 약한 경우에도 명문가 출신 학생이 평범한 집안의 학생에 비해 똑같은 논술 과제로 더 높은 점수를 받았음은 물론이고(73% 대 64%), 이러한 고정관념의 효과는 교사가 시간에 쫓길 때 더욱 커졌다.(80% 대 64%) 시간의 압박을 받은 교사들은 명문가 출신 학생에게 약 67%나 더 높은 점수를 주었다.(Kruglanski & Freund, 1983)

　　이렇듯 사람들은 상황이 복잡하고 시간이 많지 않을 때 단순화된 인지적 전략을 사용할 가능성이 높다.

상호작용
단순화로는 설명이 되지 않는 순간들

지금까지의 논의로만 보면 대부분의 사람들이 인지적 지름길을 준비한 상태로 사회적 상황에 임하고 복잡한 전략은 거의 사용하지 않는다고 생각할지 모른다. 우리가 단순화 전략을 자주 사용하는 것은 사실이다. 하지만 현실 세계에서 살아남기 위해서는 상황에 따라 융통성을 발휘해 단순화 이상의 전략을 취해야 할 때도 있다. 판단에 책임을 지고 그 판단의 타당성을 다른 이들에게 보여주어야 하는 경우에는 사회적 세계를 판단할 때 단순한 방법에 덜 의존하는 경향이 있다.(e. g., Bodenhausen et al., 1994; Pendry & Macrae, 1996; Schaller et al., 1995) 인지적 지름길에서 한 발 더 나아가 깊이 생각하도록 동기를 부여하는 상황에 대해서는 3장 뒷부분에서 깊이 탐색할 것이다. 여기에서는 사람들이 상황에 따라 인지적 지름길을 사용하지 않는다는 점을 보여주기만 해도 충분할 것이다.

　　친구와 커피를 마시면서 친구가 새로 알게 된 파블로라는 예술가에 대해 이야기한다고 해보자. 이야기를 듣는 순간 독창적이고 규범에 얽매이지 않으며 다소 이상주의적인 사람을 떠올릴 것이다. 그래서 그 사람이 얼마나 재미있게 시간을 보내고 옷을 특이하게 입는지 들어도 별로 놀라지 않는다. 어쩌면 파블로가 예상에 들어맞는 사람이기 때문에 다른 예술가들과 비슷하려니 생각할 수도 있다. 하지만 친구가 파블로에 대해 깐깐할 정도로 깔끔하고 체계적이며 보수적 정치 성향을 가진 사람이라고 설명한다면 어떨까? 이 설명은 예상에 부합하지 않는다. **체계적인 예술가라고? 게다가 깐깐할 정도로 깔끔하다고?** 이때 처음의 예상을 고수하고 그를 전형적인 예술가로 보겠는가? 초반의 예상과 믿음이 아주 중요하다면 그럴 수도 있다. 하지만 그렇지 않다면 당신은 파블로라는 사람을 이해하기에 더 좋은 방법, 즉 그의 복잡한 특성을 더욱 쉽게 설명해주는 방법을 찾으려 할 것이다.(e. g., Biek, Wood & Chaiken, 1996; Edwards & Smith, 1996; Fiske & Neuberg, 1990)

앞서 논한 대로 사람들은 자신의 예상이 옳음을 확인하는 방향으로 생각하거나 행동하지만 늘 그러지는 않는다. 오히려 주어진 정보와 상호작용해 그에 따라 예상을 입증할지, 더 정확한 판단을 내릴지 결정한다. 다시 말해 세상이 예상에 명확히 들어맞지 않으면 예상에서 한 걸음 더 나아가 그 이상의 조치를 취하는 것이다.(McNulty & Swann, 1994)

──── 어떻게 자신을 지키고 드높일 것인가 ────

최근에 본 시험 성적이 나빴는가? 그 이유는 무엇인가? 연인과는 잘 지내는가? 잘 지내지 못한다면 누구 탓인가? 이런 질문에 대해 생각하다 보면 간단한 대답으로는 충분치 않을 때가 많다. 이 경우 사람들은 자신에 대해 긍정적인 방향으로 대답할 때가 많다. "진지하게 듣기에는 수업들이 다 별로였어. 그리고 그 남자는 잘 지내기가 도저히 **불가능한** 사람이었어."

당신만 해당되는 얘기가 아니다. 예를 들어 대부분의 미국인은 스스로 자존감이 높고 미래를 낙관적으로 바라보며, 부정적 행동의 원인을 외부에서 찾고 자신이 평균 이상의 좋은 특성과 능력을 갖추었다고 믿는다.(e. g., Alicke & Govorun, 2005; Helweg-Larsen & Shepperd, 2001; Malle, 2006; Weinstein & Klein, 1996; Williams & Gilovich, 2008) 요컨대 대부분의 사람들은 자신에 대해 좋게 생각하고 싶어 한다.

사람들이 자신을 긍정적으로 보려 하는 몇 가지 이유가 있다. 첫째, 긍정적 자기 평가(self-regard)에는 자신이 유능하다는 믿음, 즉 목표를 성취할 수 있다는 믿음이 포함된다. 이러한 믿음은 목표 달성에 필요한 의지와 에너지를 불러일으키는 데 도움이 된다. 따라서 자기 평가를 개선하는 방법을 찾는 과정에서 중요한 일을 수행하는 능력이 향상될 수 있다.(McFarlin et al., 1984) 둘째, 자기 평가는 사회생활을 어떻게 영위하는지를 나타낸다. 사회적 상호작용과 교우 관계가 원만하게 유지된다면 자신에 대해 더욱 좋게 생각하게 된다.(e. g., Anthony, Holmes & Wood, 2007; Denissen et al., 2008) 따라서 스스로를 긍정하기 어렵다면 그것은 인간관계를 살펴보고 개선해야 한다는 신호일 수 있다.(e. g., Leary et al., 1995) 결과적으로 자기 평가를 끌어올릴 방법을 찾는 과정에서 인간관계에 대한 걱정을 덜 수도 있다. 셋째, 자기 평가는 사회의 가치 기준을 얼마나 충족하며 사는지 나타낸다. 자기 평가가 낮다는 건 사회의 가치를 따라야 한다는 신호일 수 있다. 따라서 자기 평가를 끌어올릴 방법을 찾는 과정에서 자신이 속한 사회의 기준으로 볼 때 자신이 '좋은 사람'인지에 대한 우려 역시 줄일 수 있다.(Pyszczynski et al., 2004)

스스로에 대한 관점의 개선은 정신적 건강에도 도움이 된다.(Stinson et al., 2008) 예를 들어 2001년 9월 11일 테러 공격 이후 세계 무역 센터 근처에서 살거나 일한 사람들이 경험한 잠재적 트라우마에 대해 생각해보자. 많은 사람들이 이 사건으로 심리적 피해를 입었다. 하지만 자기 평가를 끌어올리는 습관이 밴 자기 향상적인(self-enhancing) 사람들은 사건 발생 후 7~18개월이 지난 시점에 우울증과 외상 후 스트레스 장애를 덜 경험했다.(Bonanno, Rennicke & Dekel, 2005)

그렇다고 우리가 무턱대고 자신을 속이고 싶어 한다는 말은 아니다. 마주한 현실은 형편없는데 만사가 순조롭다고 믿는다고 해서 적응력이 뛰어난 것은 분명 아니다. 자기 평가가 터무니없을 정도로 긍정적이어서 자만심이나 자기도취 수준이 되면 인간관계에 해가 되고 괴롭힘의 원인이 되며 그 외에도 심각한 문제를 유발한다.(Baumeister et al., 2003; Colvin, Block & Funder, 1995; Crocker & Park, 2004) 실제로 자기 향상적 경향이 강해서 테러 사건에 **개인적으로** 잘 적응한 사람들은 친구와 가족들에게 **사회적으로** 적응하거나 정직하지 못하다고 여겨졌다.(Bonanno et al., 2005) 이렇듯 다소 약한 수준의 자기기만은 목표를 추구하는 동시에 일상적인 걱정을 어느 정도 줄이는 데 도움이 된다.(e. g., Sedikides & Luke, 2008; Taylor et al., 2003b) 여기에서는 사람들이 자아상을 향상하고 보호하는 데 사용하는 인지적 전략을 몇 가지 살펴보고, 그러한 전략을 유도하는 사람과 상황 요인을 탐색하려 한다.

자기 향상 전략

다른 장에서 살펴보겠지만 우리는 가끔 행동을 통해 원하는 자아상을 실현하려 한다. 예컨대 다른 사람을 도와주는 행동은 자신에 대해 좋게 생각하는 데 도움이 된다. 꼭 행동하지 않더라도 정신적으로 자아상을 뒷받침할 수 있다. 여기에서는 사람들이 자아상을 높이고 보호하기 위해 취하는 몇 가지 인지적 전략에 초점을 맞춰 살펴보자.

사회적 비교 당신은 얼마나 똑똑한가? 그것을 어떻게 아는가? 당신의 정치적 견해는 타당한가? 그것을 어떻게 아는가? 리언 페스팅어(Leon Festinger)가 1954년에 발표한 기념비적 논문에 따르면, 누구에게나 자신의 능력과 의견을 평가하려는 근본적 동기가 있으며 그러기 위해 타인과 자신을 비교한다. 자신의 지적 능력을 평가하려 한다면 친구들과 비교해 자신의 수능 점수가 어느 정도에 위치하는지 알아볼 것이고, 대통령에 대한 자신의 의견이 타당한지 평가하고 싶다면 자신의 의견을 이웃의 의견과 비교해볼 것이다. 1954년 발표된 페스팅어의 사회 비교 이론(social comparison theory)은 자신의 능력과 의견의 타당성을 **정확히** 평가하려는 동기에 초점을 맞춘다. 7장과 12장에서는 사회 비교 이론의 이러한 측면을 살펴보면서 우리가 어떤 사람을 친구로 선택하고 왜 집단의 일원이 되는지에 대해 탐색할 것이다.

우리는 자기 향상(self-enhancement)을 위해 타인과 자신을 비교하기도 한다.(e. g., Suls, Martin & Wheeler, 2002: Wood, 1989) 어떻게 사회적 비교를 통해 자아상을 높일까? 첫째, 자기보다 능력이 떨어지거나 행복하지 못한 사람들과 자신을 비교하는 **하향적 사회 비교**(downward social comparison)가 있다. 유방암 환자에 관한 연구에 따르면, 대다수의 환자들은 자연스럽게 자기보다 상태가 나쁜 사람과 자신을 비교했다.(Wood, Taylor & Lichtman, 1985) 그중 한 여성은 이렇게 말했다. "저는 비교적 적은 부위만 수술을 받았는데도 너무 고통스럽고 우울했어요. 그러니 유방 절제술을 받은 여자들은 얼마나 비참하겠어요." 하향적 비교는 자존감을 높이고 스트레스를 줄여주므로 이 여성은 자신의 힘든 상황에 더욱 잘 대처할 수 있을 것이다.(Gibbons & Gerrard, 1989: Lemyre & Smith, 1985)

둘째, 자기보다 나은 사람과 자신을 비교하는 **상향적 사회 비교**(upward social comparison)를 통해 긍정적 자기 평가를 추구하는 방안도 있다.(Collins, 1996; Lockwood et al., 2012) 가령 수학 수업의 아주 총명한 학생과 자신을 비교해 자기 향상(self-improvement)의 동기를 얻음으로써 이득을 취할 수 있다.(Blanton et al., 1999; Helgeson & Taylor, 1993; Vrugt & Koenis, 2002) 하지만 한편으로는 자신이 남들만큼 똑똑하지 않다는 사실을 깨닫기 쉬우므로 위험이 따르는 전략이다. 실제로 상향적 비교를 하다가 의도치 않게 역효과가 생기기도 한다. 상향적 비교의 요령은 자기보다 나은 사람도 자신과 **일반적으로 같은 범위**에 있다고 믿는 것이다. 자신 또한 그들처럼 성공으로 가는 중간 과정에 있다고 믿는다면 상향적 비교가 자신에 대해 좋게 생각하는 데 도움이 될 수 있다.(e. g., Burleson, Leach & Harrington, 2005)

자기 본위적 귀인 대부분의 사람들은 **자기 본위적 편향**(self-serving bias)을 드러낸다. 성공하면 자신이 잘해서 그랬다고 생각하고 실패하면 외부의 영향력을 탓하는 것이다.(Shepperd, Malone & Sweeny, 2008) 대학생을 예로 들어보면 A학점을 받은 학생은 수업을 특별히 잘 이해했다든가 아주 열심히 공부했다는 식으로 원인을 내부에서 찾을 때가 많다. 반대로 나쁜 성적을 받으면 공정하지 못한 교사나 전날 걸린 감기 등 자신이 통제할 수 없는 외부 요인이 문제라고 생각한다.

이러한 자기 본위적 편향은 자신의 성과에 거는 기대에 기인한다. 일반적으로 누구나 성공을 기대하므로 성공이 자신의 능력과 노력을 반영한다고 해석하기 쉽다. 또한 일반적으로 실패를 기대하지 않으므로 실패하면 '방해가 된' 외부의 사건을 찾으려 한다.(Miller & Ross, 1975) 하지만 본질적 측면에서 보면 자기 본위적 편향은 자아상을 높여준다. 성공을 자기 덕으로 돌리는 행동은 자신을 좋게 생각하는 데 도움이 된다.(e. g., Miller, 1976; Sicoly & Ross, 1979; Weary, 1980)

실패 후의 자기 본위적 귀인(self-serving attribution), 즉 실패를 외부의 영향력 탓으로 돌리는 행동은 쉽다 못해 자동적으로 나온다. 한 연구에서는 참가자들에게 화면에 빠른 속도로 나타나는 여러 개의 얼굴을 보고 서로 같은 얼굴인지 알아보는 과제를 주고, 과제의 실제 수행 여부와 별개로 조작된 피드백을 건네며 그들의 뇌의 활동을 측정했다. 참가자들은 실험의 목적에 따라 조작

사회심리학

된 피드백을 받은 뒤 자신이 성공하거나 실패한 이유를 선택했다. 개인 내부에 초점을 맞춘 이유로는 "똑똑해서", "열심히 하지 않아서" 등이 있었고, 외부에 초점을 맞춘 이유로는 "어려워서", "운이 나빠서" 등이 있었다. 참가자들이 성공을 자기 덕으로 여기고 실패를 외부의 탓으로 여겼을 때와 달리, 실패를 자기 탓으로 여기고 성공을 외부의 덕으로 여겼을 때는 사람들이 자동적이고 일상적인 반응을 통제해야 할 때 쓰이는 뇌 부위가 활성화되었다.(Krusemark, Campbell & Clementz, 2008) 이러한 연구 결과는 편향에 빠지지 않고 원인을 찾을 때 정신적 통제력이 많이 필요해진다는 점을 보여준다. 그만큼 자기 본위적 귀인은 쉽게 일어난다.

장점 부풀리기, 단점 축소하기 다음 6가지 특성을 중요성에 따라 순위를 매겨보라. 지적 능력이 가장 중요하다고 생각한다면 1위에 놓고, 감수성이 가장 덜 중요하다고 생각한다면 6위에 놓으면 된다.

- 창의성
- 근면성
- 지적 능력
- 친절
- 유머 감각
- 감수성

이번에는 이 특성들이 당신을 얼마나 잘 나타내는지 순위를 매겨보라. 당신의 강점이 창의성이라면 그것을 1위에 놓으면 된다. 두 평가표를 비교할 때 무엇을 도출해낼 수 있을까?

대부분의 경우 두 평가표가 아주 비슷해 보일 것이다. 즉 자신이 꽤 똑똑하다고 생각한다면 지적 능력을 높게 평가했을 테고, 자신이 재미있는 편이라고 생각한다면 유머 감각에 큰 비중을 두었을 것이다. 일반적으로 우리는 자신과 타인에게 모두 적용되는 기준을 세울 때 자신에게 있는 특성과 능력을 상당히 높이 평가하는 경향이 있다.(e. g., Dunning, Perie & Story, 1991: Harackiewicz, Sansone & Manderlink, 1985: Schmader & Major, 1999) 동시에 자신에게 없는 능력을 깎아내리는 경향도 있다. 한 연구에 따르면, 지능이 높지만 스스로 학업을 잘해내지 못한다고 생각하는 남학생들은 학업의 중요성을 가장 낮게 평가하고 다른 활동의 중요성을 높게 평가했다.(Gibbons, Benbow & Gerrard, 1994)

자기 평가의 관점에서 보면 이런 현상이 나타나는 이유는 명백하다. 다양한 특성과 능력의 상대적 중요성을 이용해 자아상을 높일 수 있기 때문이다.(Greve & Wentura, 2003) '나에게는 중요한 것이 있다'라고 생각함으로써 자신의 가치를 높게 평가하게 되는 것이다. 또한 자신의 장점을 기준으로 다른 사람들을 평가하므로 자신이 그들보다 낫다고 생각할 가능성이 커지며, 이것 역시 자아상을 높이는 데 도움이 된다.

통제력이 자신에게 있다고 믿기 자아상의 고취와 보호는 주변의 사건과 상황을 통제하고 있다는 믿음과 연관되는 경우가 많다. 얼마 전 미국의 파워볼 복권의 당첨금이 110만 달러에 달한 적이 있다. 저자의 한 지인은 당첨 확률이 터무니없음에도 복권을 사려고 줄을 섰다가 이런 대화를 엿들었다.

> 행인 1 : 번호를 직접 선택할 거야, 아니면 자동 선택으로 돌릴 거야?
> 행인 2 : 내가 선택해야지. 그래야 당첨 확률이 높아지잖아.

확률이 높아진다고? 인간의 '논리적' 사고로는 말도 안 되는 추정에 불과하다. 어쨌든 복권 당첨 번호는 무작위로 선택되므로 어떤 조합이든 똑같이 당첨 확률이 희박하다. 하지만 컴퓨터로 숫자를 선택하면 110만 달러나 걸린 엄청나게 중요한 사건의 결과가 자신의 통제를 완전히 벗어나게 된다. 그럴 경우 우리는 어떻게 하는가? 크랩스(craps, 2개의 주사위를 이용하는 도박) 판에서 직접 주사위를 던지고 중요한 경기를 관람할 때 행운의 티셔츠를 입는 것처럼, 우리는 복권 당첨 번호를 직접 고르며 스스로 **통제 지각**(perception of control)을 만들어낸다.(e. g., Biner et al., 1995 ; Langer, 1975 ; Thompson, 1999)

어느 정도의 통제 지각은 세상에 적응하는 데 도움이 된다. 통제 지각이 없으면 어려운 목표를 추구하는 데 필요한 자신감이 부족해지기도 한다. 예컨대 기업의 인사 담당자가 자신을 채용하도록 설득할 자신이 없는 사람은 면접도 보지 않을 테고 결국 그 일자리를 확실히 놓칠 것이다. 실제로 자기 통제감 (sense of personal control)이 부족한 청소년은 학교생활에서 성취도가 낮고 비행을 저지를 가능성이 높다. 그렇기에 지난 40년에 걸쳐 미국 청소년들이 자신이 경험하는 사건에 통제력이 없다고 믿는 경향이 훨씬 강해졌다는 연구 결과는 자못 충격적으로 다가온다.(Twenge, Zhang & Im, 2004)

자기 통제감은 매우 중요하기 때문에 이것을 박탈당한 사람들은 뚜렷한 반응을 보인다.(Brehm & Brehm, 1981) 예컨대 자신이 좋아하는 행동을 했는데 물질적 보상을 받으면 그 활동에 흥미를 잃는다. 그 보상이 자신을 통제하려는 시도로 여겨지기 때문이다.(e. g., Deci, Koestner & Ryan, 2001; Lepper, Greene & Nisbett, 1973) 학령기의 아이들도 마찬가지다. 학습에 보상을 주는 경우 대부분의 아이가 당연히 좋아하겠지만 알고 보면 그러한 보상이 아이들을 자율적 학습에서 멀어지게 한다. 물론 아이가 책 읽기에 관심이 없다면 보상이 필요할 수도 있다.(e. g., Hidi & Harackiewicz, 2000) 하지만 칭찬을 비롯한 보상은 대단히 해로운 영향을 미칠 수 있고, 특히 보상이 개인의 행동을 통제하려는 시도로 인식될 때는 더욱 그렇다.(Deci, Koestner & Ryan, 1999; Henderlong & Lepper, 2002)

자신에게 더 이상 통제력이 없다는 느낌은 전에 즐기던 활동에 대한 흥미와 성취동기를 줄이는 데 그치지 않고 건강에도 중대한 영향을 미친다.

살펴본 바와 같이 우리는 스스로를 긍정하기 위해 폭넓은 인지적 전략을 사용한다. 자신을 다른 사람과 비교하기도 하고, 성공하면 곧바로 자기 덕이라고 생각하며, 자신의 장점을 특히 중요하게 여기고, 통제력을 실제보다 부풀려서 생각하기도 한다. 물론 자아상을 높이고 보호하려는 욕구가 유독 강한 사람도 있다. 그러면 이제 긍정적 자기 평가를 추구하도록 동기를 부여하는 사람과 상황의 요소를 탐색해보자.

사람

자존감이 높은 사람, 자존감이 낮은 사람

자존감이 높은 사람들, 즉 자신을 좋게 생각하는 사람들은 특히 자기 향상적 전략을 사용할 가능성이 크다. 이들은 자존감이 낮은 사람들에 비해 사회 비교로 자신을 높이는 경향이 있고, 상향적·하향적 비교 전략에 능숙하며(Buunk et al., 1990), 다른 사람들을 끌어내려 자기 가치감을 높이는 경우가 많다.(e. g., Crocker et al., 1987: Gibbons & McCoy, 1991) 또한 자기 본위적 편향을 자주 나타내고(Blaine & Crocker, 1993: Taylor & Brown, 1988), 자신의 성격적 특성과 성공의 중요성을 부풀리며(Harter, 1993), 통제감을 과장해 생각한다.(Alloy & Abramson, 1979) 요컨대 자존감이 높을수록 다양한 인지적 전략을 사용해 자신에 대해 좋게 생각하려 한다.

자존감이 낮은 사람은 어떨까? 이들은 자기 향상에 영향을 받지 않을까? 긍정적 자기 평가에 관심이 없을까? 사실 자존감의 수준과 상관없이 누구나 자신에 대해 좋게 생각하고 싶어 한다.(Baumeister, 1993: Pelham, 1993) 하지만 자존감은 긍정적 자아상을 형성하기 위한 전략에 영향을 미친다. 자존감이 높은 사람들은 대담하고, 직접적인 **자기 향상적** 전략을 사용한다. 반면 자존감이 상대적으로 낮은 사람들은 긍정적 자기 평가를 추구하는 방식에 좀 더 신중하게 접근하는 경향이 있다.(e. g., Shepperd, Ouellette & Fernandez, 1996) 대신 이들은 원래의 자존감을 보호하는 데 치중한다.(Bernichon, Cook & Brown, 2003: Spencer, Josephs & Steele, 1993: Tice, 1993) 부정적 자아상에도 좋은 점이 있다. 최근의 한 연구에 따르면, 자신을 부정적 시각으로 보는 사람들은 부정적 피드백에 더 잘 대처한다고 한다.(Ayduk et al., 2013)

> ### 상황
> ### 궁지에 몰린 자의 마지막 일격 : 자기 보호적 편향
>
> 자존감에 대한 위협은 자아상을 지키고 향상하게 만든다. 한 연구에서는 표준화된 지능검사에 대한 학생들의 느낌을 평가하는 일환으로 참가자들에게 창의성과 지능의 기초라고 서술된 일련의 문제를 풀게 했다.(Greenberg, Pyszczynski & Solomon, 1982) 더불어 이 시험이 앞으로의 학업과 경제적 성공을 잘 예측하는 지표라는 설명도 덧붙였다. 그 과정에서 일부 참가자들은 자신이 시험을 못 보았다고 믿게 되었고, 나머지 참가자들은 꽤 잘 보았다고 믿게 되었다. 이후 참가자들에게 시험에 대해 평가해달라고 하자 집단에 따라 평이 극과 극으로 나뉘었다. 시험을 망쳤다고 생각한 학생들은 고득점을 받는 것의 중요성을 깎아내릴 뿐 아니라, 자신이 낮은 점수를 받은 이유가 불운이나 모호한 설명, 시험 자체의 낮은 타당성 등 자신의 능력을 제외한 여러 요인에 있다고

BOX 3.2

"내 손으로 모든 것을 제어할 수만 있다면"—통제 지각

통제력 상실을 인지하면 사람들은 스트레스에 잘 대처하지 못하고 건강이 악화된다. 노인 요양원 거주자들의 경우 스스로 통제력이 있다고 생각하는 사람들에 비해 자신의 삶을 통제할 기회가 거의 없다고 느끼는 사람들의 상태가 더 나쁘게 나타났다.(Rodin, 1986) 암 환자들 또한 자기 통제감이 낮을 때 더 적응을 못한다.(Taylor, Lichtman & Wood, 1984: Thompson et al., 1993)

따라서 통제 지각을 높이는 프로그램이 스트레스 대처 능력을 향상시킬 수 있다. 노인 요양원 거주자 중 일상생활에서 통제권을 더 많이 행사하는 사람들은 다른 사람들에 비해 일반적으로 더 행복하고 활동적이며 건강하다.(Langer & Rodin, 1976: Rodin & Langer, 1977: Schulz, 1976) 또한 수술 후 입원 환자들에게 진통제의 양을 조절할 권한을 주면, 대개 의사가 처방하는 양보다 적은 양을 투여함에도 통증이 줄어들거나 심지어 회복이 빨라진다.(Egan, 1990: Ferrante, Ostheimer & Covino, 1990)

자기 통제감이 증가하면 모든 사람에게 유익할까? 그렇지는 않은 것 같다. 자신의 환경을 통제하고 싶어 하는 **내적 통제자**(internals)에게는 도움이 되지만 다른 사람들이 통제하기를 바라는 **외적 통제자**(externals)에게는 오히려 해가 되기도 한다. 한 연구에서 류머티즘성 관절염 환자이며 '외적 통제자'인 중년 여성들은 통제력을 사용하도록 남편에게 권유받았을 때 더 고통스러워했다.(Reich & Zautra, 1995) 통제와 행복의 관계는 문화에 따라서도 달라진다. 예컨대 외적 통제 소재(external locus of control, 행동을 통제하는 요인이 외부에 있다고 믿는 성향)와 불안의 연관성은 집단주의적 문화에 비해 개인주의적 문화에서 더 강하게 나타난다.(Cheng et al., 2013)

마지막으로 통제 지각이 단순한 착각일 때, 즉 실제로는 삶의 중요한 사건에 대해 통제력이 없는 경우에 통제 지각은 적응을 해치는 요소일 수 있다.(e. g., Colvin & Block, 1994) 예를 들어 심장병 환자와 류머티즘성 관절염 환자의 비현실적인 통제 지각은 낮은 적응도와 관련 있다.(Affleck et al., 1987: Helgeson, 1992) 하지만 건강에 대해 우리가 통제력을 행사할 여지는 생각보다 상당하다. 예를 들어 인간 면역 결핍 바이러스에 양성 반응을 보이는 사람이라도 약물요법을 충실히 따르고 건강한 습관을 지키며 의지가 되는 인간관계를 유지하고 일상적인 스트레스를 피한다면 수명을 늘릴 수 있다. 또한 연구에 따르면 통제에 대한 긍정적 믿음은 그 자체만으로도 도움이 된다.(Taylor et al., 2000a) 요컨대 실제로 통

제력을 행사할 수 있을 때 통제 지각은 신체 건에 대한 영향력을 상실했을 때는 그 상실
적·정신적 건강에 상당히 도움이 된다. 이 을 받아들이는 것이 정신적 행복에 도움이
미 그런 예는 상당히 많다. 하지만 주변 사 될 수 있다.

답했다. 이러한 자기 보호적 편향(self-protective bias)이 실험실에서만 나타
나는 것은 아니다. 예를 들어 플로리다대학교 학생 중 SAT 점수가 낮은 학생들
은 SAT의 타당성이 낮다고 응답했다.(Shepperd, 1993b)

이와 같은 현상은 꽤 흔히 발견된다. 자아상을 위협하는 상황적 요인이 자
아상을 회복하려는 노력을 이끌어내는 경우가 많다.(e. g., Guenther & Alicke,
2008; Jordan & Monin, 2008; Shepperd, Arkin & Slaughter, 1995) 형편없
는 시험 점수 외에 자아상을 위협하는 요인으로는 인간관계에서 받는 부정
적 피드백("살 좀 빼지 그래?")이나 암을 비롯한 심각한 질병 등이 있다. 사랑하
는 사람에게 냉정하게 대하고 나서 스스로 지독한 사람이라고 느끼는 행동 역
시 여기에 포함된다. 우리는 이러한 위협에 대처하기 위해 앞서 설명한 전략들
을 똑같이 사용하기도 한다. 다시 말해 자기보다 덜 행복한 사람과 자신을 비
교하거나, 부정적 피드백을 주는 사람들을 무시하는 것이다.(e. g., Dunning,
Leuenberger & Sherman, 1995; Kernis et al., 1993; Wood, Giordano-Beech
& Ducharme, 1999)

자아상을 위협하는 요소 가운데 흥미로운 것은 **죽음 현저성**(mortality sa-
lience), 즉 언젠가는 죽는다는 인식이다. 토머스 피진스키(Thomas Pyszczyn-
ski)와 제프 그린버그(Jeff Greenberg), 셸던 솔로몬(Sheldon Solomon, 1999)
은 자신의 죽음에 대한 생각이 자아상을 심하게 위협하는 요인이 된다고 주장
했다. 또한 이 난관에 대처하기 위해 사람들은 저마다 자기관(self-view)을 보
호하거나 개선할 방법을 찾는다고도 했다. 연구 결과가 이러한 가설을 뒷받침
한다. 자신의 죽음에 대해 생각하게 된 사람들은 자기 본위적 편향을 더 드러
내고 특히 대학생들의 경우 향후 15년 동안의 경제적 환경을 낙관적으로 내다

본 것이다.(Kasser & Sheldon, 2000; Mikulincer & Florian, 2002)

또한 연구진은 사람들이 언젠가 죽는다는 사실을 인정하기가 두려운 나머지 삶에 더욱 의미를 부여하는(그리고 나아가 천국에서 영원히 살 수 있다고 제안하기까지 하는) 영적·문화적 관점을 택한다고도 주장한다. 요컨대 우리는 자신의 죽음을 의식하게 되면 자신이 중요하게 여기는 관점에 동의하는 사람들은 지지하고 반발하는 사람들은 폄하함으로써 삶에 의미를 부여하는 행위를 재확인하는 경향이 특히 강해진다.

한 연구에서는 기독교 신앙을 가진 학생들을 대상으로 죽음에 관한 인식을 묻는 설문을 진행했다. 일부 학생들은 설문에 응답하면서 죽을 때 어떤 일이 일어날지와 자신의 죽음을 생각할 때 어떤 기분이 드는지 적었다. 나머지 학생들은 내용은 동일하지만 죽음에 대한 언급만 없는 설문에 응답했다. 그러고 나서 연구진은 모든 학생에게 실험 도중 누구인지 몰랐던 한 사람이 기독교인이나 유대인임을 알려주고 어떤 인상을 받았는지 물었다. 이 연구 결과 역시 가설에 부합했다. 상대에 대한 평가는 유대인일 때보다 기독교인일 때, 즉 학생들과 종교적 가치를 공유하는 사람일 때 더 호의적이었다. 하지만 이런 결과는 자신의 죽음을 강하게 의식했던 학생들에게만 나타났다.(Greenberg et al., 1990) 죽음에 대한 생각이 자아상을 위협할 때, 사람들은 자신의 가치관을 지지하는 상대를 호의적으로 보고 자신의 가치관에 반대하는 상대는 좋지 않은 시선으로 보게 된다.(Greenberg et al., 2001)

요약하면 명백한 실패든 타인에게 받는 부정적 피드백이든 심각한 질병이든 자신의 부정적 행동이든 죽음에 대한 생각이든, 자아상을 위협하는 모든 형태의 상황적 요소는 우리가 자아상을 지키기 위해 더욱 노력하게 만든다.

상호작용

자존감의 안정성

주변을 둘러보면 자존감이 매우 안정적인 사람들이 있다. 이들은 어제도 자신에 대해 좋게 생각했고, 오늘도 좋게 생각하고, 내일도 좋게 생각할 것이다. 반면 짧은 시간 안에도 자존감이 급격히 요동치는 사람들도 있다.(Kernis et al., 2000)

자존감이 불안정한 사람들은 일상적 사건에 대한 자기 의미 부여(self-implication)와 관련되며, 일련의 사건을 겪을 때 자신을 높이거나 보호하려 하기 쉽다. 한 연구에 따르면 자존감이 불안정한 학생들은 자존감이 안정적인 학생들에 비해 시험 결과에 핑계를 대는 경우가 많았다.("이 시험에서는 그렇게 열심히 공부하려 하지 않았어.") 사실 자존감이 높은 학생들이 핑계를 대며 자아상을 높이고, 자존감이 낮은 학생들이 핑계를 대며 자아상을 보호하는 경향은 자존감이 불안정한 학생들에게 주로 나타났다.(Kernis, Grannemann & Barclay, 1992) 이와 같이 자존감의 안정성과 자존감의 수준이 맞물려 상호작용함으로써 긍정적 자기 평가를 유지하는 방식에 영향을 미친다는 점을 알 수 있다.

이렇게 자존감의 불안정성과 자존감의 상호 영향력은 자존감이 위협받는다고 느낄 때 특히 두드러진다. 한 연구에서는 학생들의 연설에 대해 긍정적이거나 부정적인 피드백을 주었다. 전체 참가자 가운데 자존감이 높고 불안정한 학생은 부정적 피드백을 받은 뒤 자신이 잘하지 못한 데에 구실을 내세우는 경향("별로 열심히 하지 않았어")이 가장 높았고, 긍정적 피드백을 받은 후 핑계를 대는 경향이 가장 낮았다.(Kernis et al., 1993) 자존감, 불안정한 자존감, 자존감의 위협 요소가 함께 작용해 자신을 보는 방식에 영향을 미친 것이다.

문화에 따른 긍정적 자기 평가

긍정적 자기 평가에 대한 갈망은 오래전부터 보편적 욕구로 여겨졌다. 누구나 자신을 좋게 보려 하고 그럴 것으로 짐작된다. 정말 그럴까? 지금까지 살펴본 연구 결과에 따르면 확실히 그렇다. 사람들은 대개 자신을 좋게 보기 위해 자신과 다른 사람들을 비교하고, 자신의 성공과 실패를 바라보는 방식을 조정하며, 자신의 장점을 부풀리고 단점을 축소해서 생각하고, 스스로 상황을 통제할 수 있다고 믿는다. 하지만 우리가 살펴본 연구들은 대부분 미국, 캐나다, 북유럽 사람들을 대상으로 한 것이다. 다른 문화에 속하는 사람들은 자존감을 높이려는 동기가 비교적 약할 수도 있을까?

개인주의적 문화에서는 '나'에 초점을 맞추도록 가르친다는 사실을 기억하자. 개인주의적 문화에 속한 사람들은 개인적 목표와 관심사를 추구하고 여러 사람 가운데서 눈에 띄어야 한다고 배운다. 그들의 자존감은 자신을 자율적 존재로 보는 개인적 자아 개념 혹은 독립적 자아 개념에 바탕을 둔다. 이와 반대로 집단주의적 문화에서는 '우리'를 강조하며, 다른 사람들에게 맞추고 조화를 추구하도록 가르친다. 집단주의적 문화에 속하는 사람들의 자존감은 자신을 다른 사람과의 관계 속에서 파악하는 사회적 자아 개념 혹은 상호 의존적 자아 개념에 주로 바탕을 둔다.(Markus & Kitayama, 1991) 따라서 상호 의존적 자아 개념을 가진 사람들은 개인적 자아상을 높이고 보호하려는 동기가 상대적으로 약하다고 할 수 있다. 결국 사람들 사이에서 '튀는' 것은 다른 이들과의 조화로운 관계를 해칠 수 있는데, 자기 향상은 여러 사람 가운데 눈에 띄려는 것이기 때문이다.("튀어나온 못이 망치를 맞는다"라는 일본의 격언을 떠올려보라.)

실제로 일본과 미국을 대조하는 연구에 따르면 집단주의적 문화의 구성원들은 지금까지 살펴본 편향들을 덜 나타내는 경향이 있다고 한다.(e. g., Chang & Asakawa, 2003; Heine & Hamamura, 2007; Ross et al., 2005) 예컨대 미국인은 자신의 실패를 상황 탓으로 돌리는 반면, 일본인은 자신의 부족함 때문이라고 생각한다.(Kitayama, Takagi & Matsumoto, 1995) 캐나다인 역시 일본인에 비해 더 비현실적 낙관성을 나타내는 것으로 보인다.(Heine & Lehman, 1995)

이와 같이 긍정적 자기 평가에 대한 욕구는 집단주의적 문화보다 개인주의적 문화의 특징으로 보인다. 정말 그럴까? 최근의 연구에서는 중국, 일본, 미국 출신의 대학생들이 모두 자기 향상을 통해 암묵적이고 미묘하게 자존감을 높이는 것으로 드러났다.(Yamaguchi et al., 2007) 또 다른 연구에서는 집단주의적 문화의 구성원 역시 개인주의적 문화의 구성원만큼 자기 향상을 하지만 방식에 차이가 있다는 사실을 발견했다.(e. g., Dalsky et al., 2008; Kudo & Numazaki, 2003; Kurman, 2001; Sedikides, Gaertner & Vevea, 2005) 예를 들어 미국인은 개인주의적 문화에서 높게 평가하는 특질(독립성, 독창성, 자기 의존성 등)로 자신을 묘사할 때 자신을 더 좋게 생각하는 반면, 일본인은 집단주의적 문화에서 높게 평가하는 특질(충실성, 타협, 협동 등)로 자신을 묘사할 때 자신을 더 좋게 생각하는 경향이 있다.(Sedikides, Gaertner & Toguchi, 2003)

그렇다면 긍정적 자기 평가의 욕구는 보편적 현상인가? 그렇다고 생각하는 사람들도 있지만(Sedikides & Gregg, 2008) 이 흥미로운 문제에 대해서는 아직 확실히 결론이 나지 않았다. 어쨌든 전부는 아니라도 대다수에게 긍정적 자아상을 형성하고 유지하는 일은 확실히 중요하며, 이러한 욕구는 자신과 타인에 대해 생각하는 방식에도 종종 큰 영향을 미친다.

세상을 제대로 읽는 법, 귀인 추론

여기까지 살펴본 결과 우리의 판단은 온갖 종류의 단순화와 자기 향상 전략의 영향 아래 있음을 알게 되었다. 언뜻 생각하면 이러한 현상은 인간을 사회적 사고의 주체라고 하긴 어려워 보인다. 판단과 행동을 할 때 이러한 정신적 지름길로 인해 온갖 편향에 빠질 우려도 있다.

하지만 우리가 매 순간 인지적 부담이 크고 복잡한 사회 환경에 둘러싸일 때마다 정신적 지름길이 '충분히 괜찮은' 답을 제공한다는 점을 상기하자.(Haselton & Funder, 2006) 사실 정신적 지름길은 짧은 시간 안에 빈약한 정보만으로 타인에 대해 상당히 정확하게 판단할 수 있게 해주는 등 꽤 효과적일 때가 많다.(Ambady, Bernieri & Richeson, 2000; Funder, 1999; Johnson, Gill, Reichman & Tassinary, 2007; Kenny, 1994; Yamagishi et al., 2003) 게다가 단순화 전략인 어림법 이상의 조치를 취할 경우 생각이 너무 많아져 판단의 정확도가 떨어지기도 한다.(e. g., Wilson & LeFleur, 1995) 그렇다고 정신적 지름길이 자신과 타인에 대해 정확히 판단하게 해준다는 말은 결코 아니지만, 높은 수준의 이해로 이어질 수 있는 '빠르고 간단한' 길은 분명 제공해준다.(Goldstein & Gigerenzer, 2002)

또한 자기 향상 전략의 유용한 기능도 떠올려보자. 가장 중요할 수도 있는 지점인데, 스스로 유능하다는 느낌을 높이는 방향으로 이를 활용하면 바람직한 보상이 걸린 기회를 얻기 위해 실패할 위험을 무릅쓸 가능성도 함께 높아진다. 이를테면 고소득 직업을 얻기 위해 수백 명의 지원자와 경쟁하거나, 자신에게 과분해 보이는 매력적인 이성에게 데이트 신청을 하거나, 어려운 과제를 해내기 위해 갖은 노력을 쏟게 된다는 말이다. 항상 성공하지는 못하겠지만 하나는 분명하다. "뛰어들지 않으면 이길 수도 없다." 이처럼 적당한 수준까지 높아진 자기 평가는 적응에 상당한 도움이 될 수 있다.

그럼에도 우리는 단순화와 자기 향상 전략을 마구잡이로 남용하지 않는다. 무엇보다도 사회적 세계의 난관을 뚫고 살아남는 데는 자신과 다른 사람들을 열심히, 끈질기게 살펴보는 것이 도움이 될 때가 있다. 따라서 이번에는 우리가 사회적 세계를 더욱 정확히 이해하고자 채택하는 전략에 대해 알아볼 것이다.

불편한 정보에 주목하라

일상생활에서 좀 더 정확함을 추구하려는 동기가 생기면 사람들은 평소보다 많은 정보를 모은다. 예를 들어 타인에 대해 정확한 인상을 형성하고 싶을 때 우리는 더 많은 질문을 하고 더 많은 이야기를 듣는다.(Darley et al., 1988; Neuberg, 1989) 또한 편향을 뛰어넘는 데 도움이 될 정보를 중요하게 여기기도 한다. 랠프 어버(Ralph Erber)와 수전 피스크(Susan Fiske, 1984)는 한 연구에서 학생 참가자들에게 교육학 전공자와 함께 아동용 게임을 만들게 될 것이라고 알려주었다. 잘하면 현금으로 보상을 받을 수 있다고도 했다. 실험을 시작하기 전 모든 참가자가 각자 자신을 간단히 소개하는 프로필을 작성해 교육학 전공자라는 사람과 교환했다. 교육학 전공자로 위장한 실험자는 참가자의 절반에게는 자신을 아주 창의적인 사람으로 표현하고, 나머지 절반에게는 창의적이지 않은 사람으로 표현했다. 나중에 참가자들은 공모자의 강의 평가서를 읽었다. 평가의 절반은 상당히 호의적이고 나머지 절반은 그리 호의적이지 않은 내용이었다. 실험자는 참가자들이 어떤 유형의 평가를 얼마나 오래 읽는지 시간을 측정했다.

참가자들은 무엇에 초점을 맞추었을까? 기대에 들어맞지 않는 평가서가 유용하리라는 점에 유념하자. 거기에만 새로운 정보가 들어 있기 때문이다. 실제로 자신을 긍정적으로 표현한 실험자를 만난 참가자들은 호의적이지 않은 평가서에 더 집중했다. 반면 자신을 부정적으로 표현한 실험자를 만난 참가자들은 호의적인 평가서에 더 집중했다. 상대와 서로 의지해 보상을 받으려는 동기가 있었던 학생들처럼, 정확한 판단을 내리려는 동기가 있는 경우 사람들은 당초의 생각을 넘어서게 해주는 새로운 정보에 특히 주의를 기울인 것이다.(Fiske & Neuberg, 1990)

"정말 이게 최선입니까?" : 악마의 대변인 효과

우리는 많은 정보를 모으고도 형편없는 결정을 내릴 때가 있다. 다른 가능성을 진지하게 평가하지 않기 때문이다. 어려운 결정을 앞둔 집단이 한 구성원에게 '악마의 대변인(devil's advocate)' 역할을 맡기는 것도 이런 까닭에서다. 그 사람의 임무는 일반적 관점이 무엇이든 그것에 반대하는 주장을 펼치는 것이다. 집단 내에서 이러한 역할이 중요한 이유는 그 집단이 대안을 살펴보고 약점을 노출할 가능성을 높이기 때문이다.

누구나 인지적으로 숙고할 일이 생기면 비슷한 방식으로 대처하는 게 가능하다. 대안이 될 수 있는 것들을 고려함으로써 기준점과 조정 어림법과 같은 인지적 지름길을 사용할 때 흔히 발생하는 오류를 피할 수 있다.(e. g., Hirt & Markman, 1995; Mussweiler et al., 2000) 찰스 로드(Charles Lord), 마크 레퍼(Mark Lepper), 엘리자베스 프레스턴(Elizabeth Preston, 1984)의 연구가 그 원리를 잘 보여준다. 이 연구에서 참가자들은 상반되는 내용의 두 연구에 대해 읽게 되었다. 하나는 사형이 살인 사건 발생을 예방할 수 있다는 연구고, 다른 하나는 사형이 그리 효과적인 범죄 예방책이 아니라는 연구였다. 참가자들의 반응은 예상 과정에서 나타나는 편향에 대한 연구 결과와 일치했다. 참가자들은 자신의 관점을 지지하는 연구가 반대 관점을 지지하는 연구에 비해 방법론적으로 탄탄하고 설득력 있다고 믿었다. 사형 지지자들은 사형의 예방적 효과를 보여주는 연구를 더 좋아했고, 반대 의견 지지자들은 예방적 효과가 부족함을 보여주는 연구를 더 좋아했다.

두 번째 집단의 참가자들에게도 똑같은 절차로 실험을 진행했지만 한 가지 중요한 변화가 있었다. 이들은 연구 내용을 읽기 전에 대부분의 사람들이 흔히 자신의 기대와 바람에 따라 사물을 해석한다는 점을 배웠다. 또한 이러한 타고난 경향을 상쇄하기 위해 반대 입장도 고려하라는 설명을 들었다. "반대편 입장에서 완전히 똑같은 연구를 해서 결과를 냈더라도 그렇게 똑같이 높게 평가하거나 낮게 평가했을지 각 단계마다 자신에게 물어보세요." 이들은 스스로에게 악마의 대변인이 될 것을 요구받은 셈이다. 연구자들의 생각대로 이 전략은 편향을 줄이는 데 효과적이었다. 참가자들은 2가지 연구가 똑같이 설득력 있다고 평가했다. 공정한 판단을 내리고 싶을 때 이 전략은 당초의 관점에 의문을 제기하고 대안을 고려하도록 도와줄 것이다.

대응 추론 이론과 공변 모형

우리는 타인의 행동의 원인을 더욱 잘 이해해 판단의 정확성을 높이려 할 때도 있다. 이것은 간단한 재주로 가능한 것이 아니다. 오랜 세월 동안 사회심리학자들은 사람들이 이 일을 어떻게 해내는지 이해하고자 했다.(e. g., Heider, 1958; Malle, 1999, 2004) 앞서 살펴보았듯 사람들은 내부 귀인(internal attribution)이나 외부 귀인(external attribution)을 통해 이런 일들을 해낸다. 즉 행동의 원인을 행위자 내부(성격의 특징 등)나 외부(사회적 상황의 특징 등)에서 찾으려 하는 것이다. 단순화하려는 동기가 있을 때 서양인들은 특히 행위자의 내부로 향해 기질에서 원인을 찾는 경향이 있다. 반면 정확성을 추구하려는 동기가 있을 때는 공정한 수사관에 가까운 입장에서 내부(기질적)와 외부(상황적)의 원인을 모두 신중하게 고려한다.

하지만 행동의 원인을 행위자 내부에서 찾을지, 외부에서 찾을지, 혹은 내·외부의 조합에서 찾을지 어떻게 결정할까? 귀인 이론(attribution theory, 사람들이 행동의 원인을 어떻게 판단하는지 설명하는 이론)은 이 질문에 답하기 위해 고안되었다. 귀인 이론 중 특히 우세한 이론이 2가지 있다. 하나는 에드워드 존스와 키스 데이비스(Keith Davis)가 제시한 대응 추론 이론(correspondent inference theory)이다.(Davis, 1965 ; Jones, 1990) 이 이론은 특정한 행위가 행위자의 지속적인 성격과 일치하는지 논리적으로 판단하는 과정을 설명한다. 이 판단 과정에서는 (1) 의도적인 행동이었는지, (2) 행위의 결과가 예측 가능했는지, (3) 자유의지로 선택한 행동이었는지, (4) 행동에 대항하는 요소가 있음에도 행동이 일어났는지 따진다. 두 번째는 해럴드 켈리(Harold Kelley, 1973)가 제시한 공변 모형(covariation model)이다. 이는 다른 사람들도 행위자와 비슷하게 행동하는지(일치성), 행위자가 비슷한 상황에서 비슷하게 행동하는지(독특성), 시간이 지나도 같은 상황에서 비슷하게 행동하는지(일관성)를 평가해 행동의 원인을 판단하는 과정을 말한다. 공변 모형에서는 사람들이 사건과 공변(共變)하는, 즉 가장 밀접하게 연관되어 함께 변화하는 잠재적 원인에 무게를 두어 가능성 있는 몇 가지만 추린다고 설명한다.

사회적 맥락에서 행동 분석하기 어느 날 학교에 가보니 친구인 잭이 질에게 청혼했다고 한다. 처음에는 잭이 질을 사랑한다는 생각이 든다. 이것은 내부적·기질적 추론이다. 하지만 호기심이 들어 조금 더 깊이 생각하고 정확히 판단하려는 동기가 생긴다. 어쨌든 잭이 청혼한 데는 다른 이유도 있을 수 있다. 그렇다면 잭의 청혼이 진심에서 우러난 애정 때문인지 어떻게 판단할 수 있을까?

뛰어난 수사관은 설명이 필요한 행동에 맞닥뜨렸을 때 행동이 발생한 전후 상황에서 단서부터 찾기 시작한다. 이러한 분석이 대응 추론 이론의 핵심이다. 대응 추론 이론에 따르면 우리는 행위자가 그런 행동을 할 **의도**가 있었는지, 결과를 **예측**할 수 있었는지부터 따져볼 것이다. 예컨대 잭이 단지 드라마속 등장인물의 대사를 따라 했을 뿐이고 때마침 질이 그 근처에 있다는 걸 알지 못했다면 우리는 잭의 청혼이 우연이었다고 생각한다. 의도와 결과 예측성이 없을 때 우리는 행위자의 평소 성격이나 강력한 상황적 요소에 대해 추론할수 없다.

그렇다면 그 행동에 의도가 있었고 결과를 예측할 수 있다고 해보자. 잭이 청혼할 때 질이 그것을 진지하게 받아들이리라는 것을 알았다면 우리는 그 행동이 잭의 자유의지에서 나왔는지 생각하게 된다. 예컨대 중무장을 하고 나타난 질의 오빠에게 강요받아 청혼했다면 그 청혼이 질에 대한 깊은 애정에서 비롯되었다고 추론하기 어렵다. 자유의지로 한 행동만이 행동에 상응하는 기질을 반영할 수 있다.

그림 3.2 절감 원리와 증가 원리

다음 중 잭이 청혼한 동기가 사랑이었다고 더욱 확신할 수 있는 것은 어느 쪽인가?

A	B
잭은 질을 사랑하고, 잭의 친구들도 질을 좋아한다.	잭은 질을 사랑하고, 잭의 친구들도 질을 좋아하고, 질은 부유하고, 잭의 나쁜 버릇을 참아준다.

아마 당신은 A라고 대답했을 것이다. B에는 청혼의 이유가 될 수 있는 요소가 많은데, 이러한 잠재적 이유가 많아질수록 청혼의 가장 큰 동기가 사랑이었다고 확신하기 어려워진다. 이 추론 과정은 **절감 원리**를 잘 보여준다.

이제 다음의 상황들을 살펴보자. 청혼의 동기가 사랑이었다고 더욱 확신할 수 있는 것은 어느 쪽인가?

A	B
잭은 질을 사랑하고, 잭의 친구들은 질을 싫어하고, 질은 찢어지게 가난하고, 항상 잭의 나쁜 버릇을 고치려든다.	잭은 질을 사랑하고, 잭의 친구들은 질을 좋아하고, 질은 부유하고, 잭의 나쁜 버릇을 참아준다.

이번에도 당신은 A를 골랐을 것이다. 왜 그랬을까? 청혼하지 않을 만한 이유가 있는데도 청혼을 했기 때문이다. 더 넓게 보면 우리는 행위자가 어떤 행동을 하지 않을 이유가 많아질수록 행동의 이유가 될 만한 요소에 더욱 무게를 싣는다. 이것이 **증가 원리**다.

사회심리학

하지만 잭이 자기 행동의 결과에 대해 잘 알고(질이 청혼을 받고 승낙할 것이라는 예측) 자유의지에 따라 청혼했다고 판단해도, 그 청혼이 잭의 구체적 특성과 일치해서인지 아니면 그의 상황 때문인지 여전히 알 수 없다. 이쯤에서 분석이 더욱 복잡해진다. 각각의 범주에 여러 가능성이 생겨나기 때문이다. 예컨대 잭의 친구들이 질을 아주 좋아할 수도 있고, 질이 언덕 위의 끝내주는 저택에 살 수도 있으며, 잭이 아는 여성 가운데 그의 나쁜 버릇들을 참아줄 여성이 질밖에 없을지도 모른다. 이렇게 가능성이 다양해질수록 그중 어느 하나에 특별히 무게를 싣기가 어려워진다. 잭의 청혼은 진정한 사랑 때문이었을 수도 있고, 아닐 수도 있다. 우리가 이런 상황에서 잭의 청혼이 사랑에서 나온 행동이었다고 호언장담할 수 없는 것은 **절감 원리**(discounting principle) 때문이다. 즉 가능성 있는 원인이 많아질수록 그중 어느 하나가 진짜 원인이라고 확실하게 판단하기 어려워지는 것이다.(Kelley, 1973: Oppenheimer, 2004)

또 다른 상황을 생각해보자. 잭의 친구들이 질을 정말 싫어할 수도 있고, 질이 찢어지게 가난할 수도 있으며, 틈만 나면 잭의 나쁜 버릇을 고치려들 수도 있다. 이렇게 불리한 요인에도 **불구하고** 잭이 청혼한다면 그것은 잭의 사랑이라는 내부적 영향력이 매우 강하다는 뜻이다. 이러한 추론은 **증가 원리**(aug-menting principle)를 보여준다. 즉 강력하게 대항하거나 반대하는 요인에도 불구하고 사건이 일어났다면 잠재적 원인이 진짜 원인일 가능성은 더욱 높아진다.(Kelley, 1973) (〈그림 3.2〉 참고)

분석의 확장: 공변 모형 켈리의 공변 모형은 마치 유능한 수사관이 직접적인 상황 외의 정보를 고려해 분석의 범위를 확장하는 것과 같다. 예컨대 다른 남성들도 질에게 청혼했는지 알아볼 수 있다. **일치성**(consensus)이 없다면, 즉 잭말고 다른 남성들은 질과 결혼하고 싶어 하지 않거나 결혼을 원하는 사람이 있더라도 아주 드물다면, 우리는 원인을 잭의 내부적 요인에서 찾으려 할 것이다. 이와 반대로 많은 남성들이 질과 결혼하고 싶어 해 일치성이 높다면, 우리는 청혼의 원인을 질의 매력 같은 외부적 요인에서 찾으려 할 것이다.

더 나아가 잭이 다른 여성들에게도 똑같이 행동했는지 알아볼 수 있다. 즉 잭의 행동에 **독특성**(distinctiveness)이 없어서 데이트하는 여성마다 청혼한다면, 우리는 그 행동이 잭의 내부 요인(절박한 상태 등)에서 나왔다고 볼 수 있다.

반대로 잭이 다른 여성들에게는 청혼하지 않고 질에게만 청혼했다면 적어도 원인의 일부는 외부적 요인(질의 호감 가는 성격 등)에 있다고 볼 수 있다.

마지막으로 잭이 질에게 청혼한 적이 전에도 있는지 알아볼 수 있다. 예컨대 주말마다 청혼해서 그의 행동에 높은 **일관성**(consistency)이 있다면 행동에 내재한 원인이 안정적이라고 볼 수 있다. 반면 이번 주에는 결혼을 하고 싶어 했는데 그다음 주에는 그러지 않는다면 일관성이 낮다고 할 수 있다. 이런 경우 확실한 결론을 내리기 어려울 것이다.

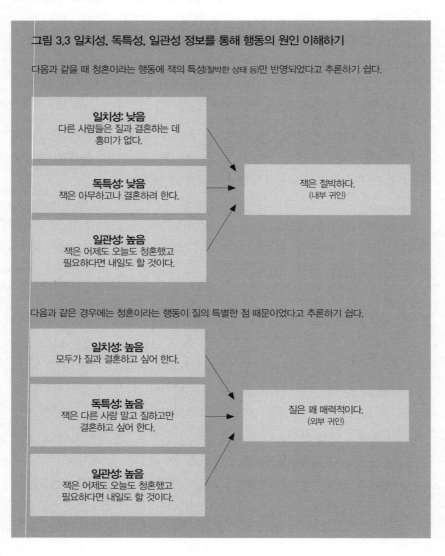

그림 3.3 일치성, 독특성, 일관성 정보를 통해 행동의 원인 이해하기

다음과 같을 때 청혼이라는 행동에 잭의 특성(절박한 상태 등)만 반영되었다고 추론하기 쉽다.

일치성: 낮음
다른 사람들은 질과 결혼하는 데 흥미가 없다.

독특성: 낮음
잭은 아무하고나 결혼하려 한다.

일관성: 높음
잭은 어제도 오늘도 청혼했고 필요하다면 내일도 할 것이다.

잭은 절박하다.
(내부 귀인)

다음과 같은 경우에는 청혼이라는 행동이 질의 특별한 점 때문이었다고 추론하기 쉽다.

일치성: 높음
모두가 질과 결혼하고 싶어 한다.

독특성: 높음
잭은 다른 사람 말고 질하고만 결혼하고 싶어 한다.

일관성: 높음
잭은 어제도 오늘도 청혼했고 필요하다면 내일도 할 것이다.

질은 꽤 매력적이다.
(외부 귀인)

사회심리학

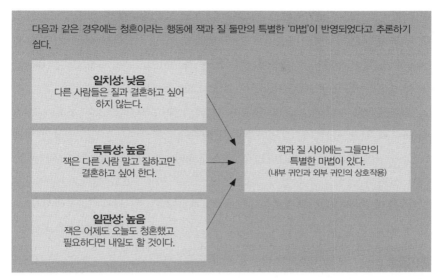

다음과 같은 경우에는 청혼이라는 행동에 잭과 질 둘만의 특별한 '마법'이 반영되었다고 추론하기 쉽다.

일치성: 낮음
다른 사람들은 질과 결혼하고 싶어
하지 않는다.

독특성: 높음
잭은 다른 사람 말고 질하고만
결혼하고 싶어 한다.

일관성: 높음
잭은 어제도 오늘도 청혼했고
필요하다면 내일도 할 것이다.

잭과 질 사이에는 그들만의
특별한 마법이 있다.
(내부 귀인과 외부 귀인의 상호작용)

켈리의 공변 모형은 우리가 일치성, 독특성, 일관성 정보의 다양한 구성에 따라 어떤 사람의 행동에 내재하는 원인에 대해 다양한 결론을 내리게 된다고 설명한다. 이 3가지 구성은 특히 명확한 결론을 내릴 수 있는 경우다.(McArthur, 1972) 잭이 질에게 청혼한 사건을 분석한 〈그림 3.2〉를 참고하라.
출처: McArthur, L, A,, "The how and what of why: Some determinants and consequences of causal attribution", *Journal of Personality and Social Psychology*, 22(1972), pp. 171~193.

이를 모두 종합하면 일치성, 독특성, 일관성 정보의 다양한 조합이 행동의 원인에 대해 각각 다른 결론을 내리도록 이끈다는 점을 알 수 있다. 〈그림 3.3〉 은 행동의 원인을 판단할 때 3가지의 조합이 어떤 도움을 주는지 보여준다.

지금까지 사람들이 특히 정확성을 추구할 때 다양한 전략을 사용하는 양 상을 살펴보았다. 사람들은 한쪽으로 치우치지 않는 종합적 방식으로 정보를 모으고, 대안을 검토하며, 논리적으로 원인을 찾기도 한다. 이제 사람들이 자 신과 다른 이들에 대해 깊이 생각하게 하는 요소를 사람과 상황 속에서 탐색해 보자.

사람

슬픔이 지닌 위력

2장에서 살펴보았듯 행복한 감정은 "모든 것이 잘되고 있다", 즉 세상이 안전 하고 가치 있는 곳이라는 신호를 보낸다. 그 결과 행복할 때는 경계하거나 조심할 필요가 줄어들고, 우리의 '검증된' 사고방식이 바람직한 결과를 낳으리라고 더욱 확신하게 된다. 사실 사람들은 행복할 때 단순화를 위한 인지적 지름길을 유독 많이 사용하는 경향이 있다.(e. g., Bodenhausen, Kramer & Süsser, 1994; Park & Banaji, 2000; Ruder & Bless, 2003)

반면 부정적 감정은 상황이 좋지 않다는, 즉 무언가 중요한 목표에 미치지 못하고 있다는 신호를 보낸다.(Frijda, 1988) 예를 들어 슬픔은 우정이나 좋은 성적, 귀중한 재산을 잃었다는 신호를 보낸다. 그 결과 슬플 때는 자신을 둘러싼 사회적 환경을 의식하게 된다. 이러한 환경이 목표를 달성하기 어렵게 만들었을지 몰라도, 한편으로는 그것이 장차 목표를 추구하는 과정에서 의지할 수 있는 희망이기도 하다. 사람들은 슬픔을 심하게 느끼지 않을 때 편한 인지적 지름길을 고수하는 대신 그로 인해 발생하는 편향에 덜 빠지는 사고방식으로 상황을 받아들이는 경향이 높다.(Forgas, 1995; Isbell, 2004; Schaller & Cialdini, 1990; Schwarz, 1990)

예를 들어 가벼운 우울을 느끼는 사람은 사회적 사건에 대해 더욱 철저하게 생각한다.(e. g., Gannon, Skowronski & Betz, 1994) 현재 룸메이트가 더이상 당신과 함께 살고 싶어 하지 않는 것을 알게 된 상황에서 당신이 새 룸메이트가 될 사람들을 얼마나 철저히 살펴보고 면담할지 생각해보라. 존 에드워즈와 기포드 위리(Gifford Weary)가 수행한 실험에서 가벼운 우울증을 앓는 학생들은 다른 학생들에 대한 인상을 형성할 때 고정관념에 덜 의존했다. 슬픔을 느끼는 상태에서 신중하고 종합적인 사고가 통제력 상실과 불확실성에 대처하는 데 도움이 되는 것이다.(Weary et al., 1993) 이렇듯 슬픈 감정은 때때로 더욱 명확하게 생각하는 데 도움이 되므로 부수적인 순기능이 있다고 볼 수 있다.(Forgas, 2013)

사람

귀신같이 거짓을 간파하는 사람들 : 인지 욕구

수수께끼를 풀기 좋아하거나 생각하기를 즐기고 주장의 강점과 약점을 발견하는 데서 재미를 느끼는 사람들이 있다. 이렇게 인지에 대한 욕구가 높은 사람들은 세상을 정확하게 이해하려 애쓴다. 이들은 단순화 전략인 어림법을 덜 사용하는 한편, 각별한 노력을 기울여 상황을 완벽하게 평가하려는 경향이 있

다.(e. g., Cacioppo et al., 1996)

　　한 연구에서 참가자들은 낙태 합법화에 찬성하거나 반대하는 연설문을 읽은 뒤 연설자가 입장을 스스로 선택하지 못하고 특정한 입장을 대변하도록 배정받았다는 설명을 들었다. 그 결과 인지 욕구가 낮은 사람에게는 대응 편향이 나타났다. 즉 연설문의 내용이 연설자의 실제 태도와 일치한다고 믿고 연설자에게 선택의 자유가 없었다는 점을 간과했다. 이와 반대로 인지 욕구가 높은 사람들은 연설자의 상황을 정확히 고려했다.(D'Agostino & Fincher-Kiefer, 1992) 다른 연구에 따르면 인지 욕구가 높은 참가자들이 거짓말을 잘 간파한다고 한다. 이들은 거짓임이 드러날 수 있는 더 많은 단서에 면밀하게 주의를 기울이기 때문이다.(Reinhard, 2010)

상황

정확성 목표와 통제력

정확성이라는 목표는 통제력을 높이려는 욕구에서 나온다. 사람들은 자신에 대한 통제력을 빼앗겼을 때 더 신중해진다.(e. g., Pittman & D'Agostino, 1985 ; Swann, Stephenson & Pittman, 1981) 예상 밖의 사건은 통제력을 위협하므로 이런 경우 대개 생각은 더욱 복잡한 방식으로 흘러간다.(e. g., Clary & Tesser, 1983) 한 연구에서 참가자들은 고등학교 시절 우수했던 학생과 부진했던 학생에 대해 읽은 뒤 그 학생들의 대학교 성적에 대해 알게 되었다. 일부 참가자들의 경우 예상이 들어맞았다. 고등학교 때 우수했던 학생이 대학교에서도 높은 성적을 거두었다는 정보를 들은 것이다. 나머지 참가자들의 경우 예상이 어긋났다. 고등학교 때 부진했던 학생이 대학에서 예상 외로 성적이 높았다는 정보를 들은 것이다. 이후 참가자들은 친구에게 전달하듯 녹음기에 대고 이에 대해 이야기했다. 뜻밖의 결과를 들은 참가자들은 예상이 들어맞았던 참가자들에 비해 다양한 원인을 고려했다.("결국 공부하는 법을 알게 되어 의외로 좋은 성적을 받았나 봐.")(Kanazawa, 1992) 이처럼 예상 밖의 사건들은 더욱 많은 가능성을 탐색하도록 유도한다.

'같은 배'를 탔다는 것

우리는 자신의 성패가 타인에게 달렸을 때, 즉 타인의 행동에 중요한 의미가 있을 때 그들에 대해 더욱 주의를 기울인다. 우리가 다른 사람들에게 책임이 있는 경우에도 마찬가지다. 예컨대 당신이 내린 채용 결정을 상사가 꼼꼼히 검토하겠다고 한다면, 당신은 지원자를 철저히 평가할 가능성이 높다.(e. g., Kruglanski & Mayseless, 1988; Tetlock & Kim, 1987) 타인과 경쟁하거나 그들의 세력 아래 있을 때도 마찬가지다. 예를 들어 하급 관리자는 상사에게 받는 관심에 비해 상사에게 주의를 더 많이 기울이는 경향이 있다.(Hall, Carter & Horgan, 2001; Ruscher & Fiske, 1990) 협력적 인간관계를 맺고 있을 때도 별반 다르지 않다. 우리는 친구, 배우자, 공동 프로젝트를 추진하는 동료에게 의지할 때 그들에 대해 깊이 생각한다.(Brewer, 1988; Fiske & Neuberg, 1990)

학생들을 대상으로 대학생 나이의 장기 입원 환자가 일상에 적응하도록 도와주는 프로그램에 참여한다고 알리고 그들의 반응을 살피는 실험이 있었다. 참가자들은 파트너와 가까워지기 위해 함께 재미있는 게임을 만들어야 하고, 특히 창의적 아이디어를 내면 상금을 받을 수 있다는 이야기를 들었다. 일부 참가자들은 자신의 **개인적** 노력 여하에 따라 상금을 받을 수 있다고 들은 반면, 다른 참가자들은 **공동의** 노력이 중요하다고 들었다. 또한 모든 참가자들은 '프랭크'라는 파트너가 조현병(정신분열증)으로 입원한 적이 있다는 사실을 알게 되었다. 그 후 프랭크가 자신에 대해 쓴 글을 읽고 프랭크의 첫인상이 어떤지 판단했다.

프로그램에서의 성공이 프랭크와 관련 있다고 생각한 학생들의 경우 프랭크의 첫인상을 말할 때 조현병에 대한 고정관념에 영향을 덜 받았다. 그 대신 이들은 프랭크가 쓴 글에 각별히 주의를 기울이고 그에 맞춰 첫인상을 조정했다.(Neuberg & Fiske, 1987) 이처럼 우리는 타인과 상호 의존적 관계일 때 그들에 대해 더욱 깊이 생각하고 인지적 지름길에 덜 의지하게 된다.

활용 가능한 인지적 자원은 충분한가

정확한 판단을 내리려는 동기가 아무리 강해도 필요한 주의 자원이 부족하다면 깊이 생각할 수 없을 것이다.(Ferreira et al., 2012; E. P. Thompson et al., 1994; Wyer, Sherman & Stroessner, 2000) 많은 정보를 모으고, 스스로 악마의 대변자가 되고, 복잡한 귀인 추론을 하려면 힘이 들고 정신적 자원이 많이 필요하다. 예컨대 어떤 자리에 가장 적합한 사람을 뽑기로 굳게 결심하더라도 대출 승인을 기다리느라, 여자 친구 부모님과의 저녁 식사 약속을 생각하느라, 혹은 회사에 퍼진 정리 해고 소문에 정신이 산란해지면 잘해낼 수 없다.

　루이스 펜드리(Louise Pendry)와 닐 매크레이(Neil Macrae, 1994)는 한 실험에서 참가자들에게 65세의 '힐다'라는 사람과 문제 해결 과제를 함께 수행해야 한다고 알려주었다. 앞서 살펴본 '프랭크' 연구와 마찬가지로, 일부 참가자들은 힐다와 함께 과제를 잘 수행하면 금전적 보상을 받을 수 있다고 들었다. 이들은 힐다와 **상호 의존적** 관계가 되었으므로 그녀에 대해 정확한 인상을 형성해야 하는 동기가 생겼다. 나머지 참가자들은 자신의 개인적 노력 여하에 따라서만 보상을 받을 것이라고 들었다. 이들은 **독립적**으로 과제를 수행할 것이므로 힐다에 대한 인상을 정확히 형성해야 할 동기가 없었다. 이어서 연구진은 동시에 여러 과제를 수행하는 과정을 알아본다면서 각 조건에 배정된 참가자 중 절반에게는 여덟 자리 수를 기억하라고 했다. 이런 지시를 받은 참가자들은 긴 숫자를 기억하는 일과 힐다를 파악하는 일에 주의를 분산해야 했으므로 인지적으로 분주해졌다. 그런 다음 모든 참가자는 힐다를 소개하는 글을 읽게 되었다. 그 글에는 노인에 대한 고정관념이 일부 포함되고 그렇지 않은 부분도 있었다. 마지막으로 참가자들은 힐다를 만나기 직전 그녀에 대해 어떤 인상을 형성했는지 표현했다.

　참가자들은 정확한 인상을 형성하려는 동기가 부여되거나 부여되지 않는 두 집단으로 나뉘었고, 그 안에서도 인지적으로 분주하거나 분주하지 않은 집단으로 나뉘었다. 정확성 동기가 없는 참가자들은 노인에 대한 고정관념에 비추어 힐다를 평가했고, 정확성 동기가 있으나 인지적으로 분주한 참가자들도 이와 같았다. 정확성 동기가 있는 **동시에** 인지적으로 분주하지 않은 참가자들만이 노인에 대한 고정관념에 덜 의존할 수 있었다. 이와 같이 이 연구는 정확한 판단을 내리고자 하는 바람만으로는 부족하다는 점을 보여준다. 정확성에 대한 욕구가 충분한 인지적 자원과 결합되어야 단순화 경향에서 벗어날 수 있다.

요약

3장은 힐러리 클린턴에 대해 크게 나뉘는 관점을 살펴보면서 시작했다. 3장에서 배운 점들이 사람들이 그녀를 어떻게 그토록 다양한 시각으로 볼 수 있는지 이해하는 데 어떤 도움을 줄 수 있을까?

수십 년 동안의 많은 연구들이 우리가 주변의 세상을 이해하고 해석하고 판단하고 기억하는 데 예상과 관점이 어떤 영향을 미치는지 보여준다. 예를 들어 2003년 미국의 민주당 지지자들은 힐러리에 대해 호의적인(75%) 의견이 호의적이지 않은(13%) 의견보다 훨씬 많았던 반면, 공화당 지지자들은 호의적이지 않은(72%) 의견이 호의적인(18%)의견보다 훨씬 많았다. 한편 등록된 유권자는 거의 반으로 나뉘어 양당으로 크게 치우쳤다(Gallup, 2003).

이번에는 앞서 인용한 개인의 논평을 살펴보자. 가장 비판적인 두 사람(페기 누년, 윌리엄 새파이어)은 일찍이 공화당 출신 대통령의 유능한 연설문 작성자로서 잘 알려진 보수주의자들인 반면, 가장 긍정적인 평을 한 두 사람(캐런 버스타인, 엘렌 체슬러)은 유명한 자유주의자다. 열렬한 정치적 보수주의자가 힐러리를 호의적으로 보고, 자유주의자가 그녀를 비판적으로 본다면 인지적 혼란을 야기할 것이다. 대부분의 사람은 이와 같은 상태를 피하고 싶어 한다. 우리의 빈약한 인지 체계를 고려할 때 다행인 것은, 인간 행동은 대개 의미가 확실하지 않기 때문에 마음대로 사건을 해석하기가 비교적 쉽다는 점이다. "힐러리 클린턴이 1000달러를 투자해서 몇 달 만에 10만 달러를 번 일은 어떻게 설명하겠는가?"라고 누군가가 묻는다면 그녀에 대해 부정적 인상을 유지하고자 하는 사람은 이렇게 대답할 것이다. "정부 정책의 혜택을 받고자 한 투자 전문가들이 불법으로 정보를 제공한 것이다." 반면 그녀에 대해 긍정적 인상을 유지하려는 사람은 이렇게 말할 것이다. "마침 좋은 시기에 요령 있게 투자했기 때문이다." 경제적으로 성공을 거두었다는 사실은 분명하다. 하지만 그 의미는 분명치 않다. 이처럼 사람들은 자신이 보고 싶은 것을 볼 때가 아주 많다.

자기 본위의 해석은 자신이 중요하게 여기는 가치와 이념을 지키는 데 그치지 않는다. 힐러리를 몇 번이나 호되게 비판한 딕 모리스는 당시 민주당에 반대하는 입장이 전혀 아니었다. 사실 그는 공화당과 민주당의 후보자들에게 높은 보수를 받으며 일하던 정치 자문이었고, 해고를 당한 것으로 보이지만 그

전까지는 한동안 빌 클린턴을 위해 일하기도 했다. 사람들은 딕 모리스가 전 영부인과 상당히 가깝게 지냈으므로 그녀의 행동의 동기를 파악할 가능성이 있었다고 충분히 생각할 수 있다. 그렇다면 상원 의원 자리를 위해 뉴욕 시민을 이용했다는 그의 비난이 사실일지도 모른다. 하지만 이와 마찬가지로 클린턴 부부에게 해고 같은 부당한 대우를 받은 경험이 딕 모리스의 입장에 일부 영향을 미쳤다고 생각할 수도 있다. 딕 모리스가 자신의 해고에 부분적으로 책임이 있는 여성의 평판을 떨어뜨리면 실추된 평판이 회복되리라고 믿을 여지도 있을까? 당연한 이야기지만 어느 쪽 가능성을 선택하느냐에 따라 자신이 어떤 사람인지 드러날 가능성이 크다. 즉, 힐러리를 싫어하는 사람은 전자가 그럴듯하다고 생각할 테고, 그녀를 좋아하는 사람은 후자의 가능성을 선호할 것이다.

따라서 힐러리 클린턴은 사람들이 각자의 믿음, 목표, 사회적 환경에 따라 한 인물을 묘사하고 그 특성을 채색할 수 있는 캔버스와 같은 존재임이 분명하다. 우리는 날마다 이러한 초상화를 무수히 그린다. 그 대상은 우리가 마주치는 사람들과 사건, 그리고 우리 자신이다.

힐러리의 자서전 『살아 있는 역사』를 구입하는 많은 사람들은 각자의 마음속에 있는 그녀의 초상화를 뒷받침할 증거를 더 많이 찾고 싶어 하기 마련이다. 또한 어떠한 경우에도 그 생각을 유지할 수 있도록 그녀의 글을 해석할 것이다. 하지만 수많은 사람들이 책 출간에 맞춰 길게 줄을 선 끝에 28달러를 내고 책을 산 또 다른 이유는 그녀가 자신의 인생에서 일어난 사건들을 스스로 어떻게 보는지 궁금했기 때문이다. "화이트워터 사건(클린턴 부부가 제임스 맥두걸(James McDougal) 부부와 세운 화이트워터라는 부동산 회사에 사기 의혹이 제기된 사건)과 트래블게이트(백악관 여행국 직원을 부당 해고하고 내부 인물을 앉혔다는 의혹을 받은 사건)는 어떻게 설명할까?" "모니카 르윈스키(Monica Lewinsky)와 남편의 불륜을 알고는 어떻게 반응했을까?" 유감스럽게도 위대한 작가 대프니 듀 모리에는 자신의 자서전에서 이렇게 적었다. "모든 자서전은 자신에게 관대하다."(du Maurier, 1977) 그러므로 힐러리가 자신과 빌 클린턴에 대한 의혹이 정당한 관심이 아니라 남편을 대통령직에서 끌어내리기 위한 "우익의 거대한 음모" 때문이라고 하더라도 놀랄 일이 아니다. 본능적으로 사람들은 자신에 대해 좋게 생각하고 싶어 하고, (때로는 비참하더라도) 달갑지 않은 사건을 스스로에게 흡족하게 설명할 방법을 찾는다.

하지만 힐러리의 회고록을 보면 세상을 정확히 파악하려는 욕구와 연결된 사고 과정의 증거도 발견할 수 있다. 예컨대 고등학교 토론 수업에서 "반대 입장을 고려하는" 역할을 맡은 단순한 일(앞서 살펴본 연구에서 학생들이 반대 입장을 고려하라고 지시받은 것과 놀라울 정도로 비슷하다)을 계기로 그녀가 공화당 성향에서 민주당 쪽으로 점점 기울기 시작했음을 알 수 있다. 또한 그녀가 스스로 편하게 느끼는 정치 철학을 추구하면서도 그것과 상충하는 관점들을 많이 탐구했고, 정치적으로 통찰력 있는 뉴욕 시민 100명을 선정해 협의했으며, 상원 의원 출마를 결정하기 전 철저히 정보를 수집하기 위해 '청취 투어(listening tour)'를 하며 뉴욕주를 돌았다는 사실도 알 수 있다.

우리도 힐러리처럼 각자의 인지적 도구 상자에 대단히 많은 도구를 가지고 있다. 이 도구는 그 순간의 목표를 달성할 수 있도록 도와준다. 정신적 효율성을 추구할 때는 최소의 노력으로 '충분히 괜찮은' 판단을 내릴 수 있게 해주는 전략을 사용한다. 자아상에 신경을 쓸 때는 자기 평가를 높이고 보호하는 데 유용한 전략을 사용한다. 상황이 중요해질 때는 세상을 정확히 이해할 수 있으리라고 기대되는 전략을 심도 있게 사용하며 각별한 노력을 들이기도 한다.

3장을 마무리하는 이 시점에서 사회심리학과 인지과학의 풍부하고 밀접한 연결 고리가 두드러진다. 사람들은 생각을 하고, 그 생각들 중 대부분은 **사회적 인지**에 해당한다. 사회적 동물인 우리의 행복과 건강은 길에서 마주치는 사람들, 식료품점 점원, 직장 동료, 가족 등 타인과의 수많은 상호 의존적 관계를 효율적이고 효과적으로 유지하는 능력에 달려 있다. 이런 까닭에 우리는 효율성을 위해 어떤 사람에게는 주의를 기울이고 어떤 사람은 못 본 체해야 하며, 그들의 의도와 성격을 파악해야 하고, 그들과 상호작용할 전략도 세울 필요가 있다. 그러므로 사회적 행동을 제대로 해석하기 위해서는 인지의 역할과 생각의 작용 원리를 알아야 한다. 하지만 가장 최근의 연구들이 생각의 작용 원리를 밝혀내면서, 우리는 사회적 · 문화적 존재로서 인간이 마주하는 복잡하고 매혹적인 난제들 역시 이해해야 한다. 이 과정에서 사회심리학과 인지과학을 이어주는 연결 고리들은 그야말로 쌍방향 도로처럼 꾸준한 흐름을 양쪽에 전달해준다.

제4장

자신을 어떻게 내보일 것인가

◗

─ 뭇 사람들의 마음을 훔친 사기꾼의 비밀 : 프레드 데마라 ─

날이 쌀쌀하고 바람이 세차게 불던 어느 밸런타인데이 아침 메인주 경찰들이 퍼놉스코트만을 건너 자그마한 노스헤이븐섬으로 향했다. 표적은 마틴 갓가트 (Martin Godgart)였다. 갓가트는 고등학교에서 영어, 라틴어, 프랑스어를 가르치지 않을 때면 청소년 해양 스카우트 대원들을 이끌거나 침례교회 주일학교에서 아이들을 지도하거나 섬에 사는 불우한 아이들에게 산타클로스가 되어주었다. 그 섬에서 지낸 짧은 시간 동안 갓가트는 보통이라면 낯선 이를 경계하는 지역 공동체에서 존경과 찬양을 받았다.

그는 싸움을 일삼는 사람이 아니었으므로 순순히 해안 경비대 감시선에 타고 본토로 호송되었다. 재판 날이 되자 법정은 사람들로 꽉 찼다. 무슨 끔찍한 죄를 저질렀을까? 사실 그의 혐의는 "잘못된 전제에 의한 사기"였고 최고 7년 형까지 선고받을 수 있는 죄였다. 자신을 마틴 갓가트라고 불러온 그 남성은 사실 마틴 갓가트도 누구도 아니었다. 그는 지난 20여 년 동안 '희대의 사기꾼'으로 알려진 페르디난드(프레드) 월도 데마라 주니어(Ferdinand Waldo Demara Jr.)였다. 그가 쌓은 위업을 몇 가지만 살펴보자.

- 로버트 린튼 프렌치(Robert Linton French) 박사로 아칸소주에서 과학 교사 일을 했고, 개넌대학교 철학과 학과장, 강사, 심리학 센터 소장, 세인트마틴스대학교 보안관 대리 행세를 했다.

- 세실 보이스 하만(Cecil Boyce Hamann) 박사로 노스이스턴대학교 로스쿨에 들어갔고, 성직자가 되기 위한 훈련을 받았으며, 메인주에서 라므네대학 설립을 도왔다.
- 의학 박사 조제프 시르(Joseph Cyr)로 한국전쟁 동안 왕립 캐나다 해군에 들어가 영웅적으로 생명을 구한 의사 행세를 했다. 그전까지는 살아서 숨 쉬는 인간의 몸속을 본 적도 없었다.
- 벤 W. 존스(Ben W. Jones)로 위험하기로 악명 높은 텍사스주의 헌츠빌 교도소에 교도관으로 들어가 한 달도 못 되어 경비가 가장 삼엄한 동의 소장 보조로 승진했고, 그곳의 위험한 대치 상황을 평화적으로 해결하는 능력으로 존경을 받았다.

　이 밖의 행적까지 합해 고등학교 중퇴자였던 그가 차용한 경력 중 실제로 교육을 받거나 합법적으로 자격증을 딴 경우는 하나도 없었다.(Allen, 1989: Crichton, 1959, 1961: McCarthy, 1952)

　사기꾼으로서 데마라가 거둔 성공이 놀라운 이유를 몇 가지 들어보자. 첫째, 그에게는 자신을 다른 사람처럼 보이는 비범한 능력이 있었고, 오랫동안 아주 확실하게 그 일을 해냈다. 둘째, 사칭한 직업에 필요한 공식적 경력이나 배경이 없었음에도 일과 관련된 실수를 하지 않고 역할을 잘해냈다. 여러 번 발각되기는 했지만 누군가가 그의 정체를 알아보았기 때문이거나(헌츠빌 교도소 재소자가 10년 전《라이프》에서 데마라의 이야기를 읽은 경우) 새로운 역할을 감쪽같이 잘해낸 나머지 그가 사칭한 실존 인물이 언론을 통해 그 소식을 접했기 때문이었다.(진짜 조제프 시르 박사가 전쟁 중 기적적인 수술을 해낸 시르 박사의 이야기를 읽은 경우) 마지막으로 가장 놀라운 것은 많은 사람들이 데마라에게 속고도 그가 돌아오기를 바랐다는 점이다. 보통 사기꾼에게 당한 사람들은 뒤통수를 맞았다고 느끼는데, 이 경우에는 아니었다. 데마라의 약혼녀는 그의 정체가 무엇이든 사랑한다고 말했고, 헌츠빌 교도소장은 그가 일정한 자격만 갖춘다면 영광으로 알고 다시 채용하겠다고 말했다. 노스헤이븐섬의 주민들은 판사가 무죄를 선고하리라고 확신했고, 심지어 데마라에게 계속 아이들을 가르쳐달라고 간청하기도 했다.

　프레드 데마라는 왜 자신을 마틴 갓가트, 로버트 프렌치, 조제프 시르, 벤

　　　　　　　　　　　　　　　　　　　　　　　　　　　　사회심리학

존스 등으로 둔갑하는 지경에 이르렀을까? 또 어떻게 그토록 다양하게 변신하면서 자신을 효과적으로 드러낼 수 있었을까?

　　데마라의 사기 행각은 극적이고 믿기 어려우며 극단적이었다. 하지만 의학 연구자들이 괴상할 정도로 빠르고 비정상적인 암세포의 성장을 탐구함으로써 건강한 세포의 정상적 성장을 더 잘 이해할 수 있듯, 데마라 같은 희대의 사기꾼의 행동을 탐구함으로써 우리 같은 평범한 사람들이 타인의 시선에 대처하는 이유와 방식을 알아볼 수 있다. 다른 사람들이 우리를 호감 가는 사람, 존경할 만한 사람, 지적인 사람으로 보게 하려면 어떻게 해야 할까? 4장에서는 사람들이 왜 자신의 대외적 이미지를 통제하고 싶어 하고, 사람들에게 가장 보여주고 싶은 이미지는 무엇이며, 그 일을 잘해내기 위해 어떤 전략을 사용하며, 언제 그러한 전략에 노력을 기울이는지 탐색할 것이다.

——————　　좋은 인상의 첫걸음, 자기 제시　——————

인상 관리(impression management)라고도 하는 **자기 제시**(self-presentation)는 사람들이 자신에 대해 형성하는 인상을 통제하는 과정을 말한다.(Leary, Allen & Terry, 2011 : Schlenker & Pontari, 2000) 데마라처럼 자기 제시 실력이 뛰어나거나 모험심 넘치는 사람은 거의 없지만 자기 제시는 일상 속 어디에서나 볼 수 있다. 스스로 생각해보라. 당신은 옷을 왜 그렇게 입는가? 전달하고 싶은 이미지나 스타일이 있는가? 일광욕이나 운동을 하는가? 무엇을 위해서인가? 페이스북에 프로필을 올리는가? 자신에 대해 보여주고 싶은 것은 무엇이고 감추는 것은 무엇인가? 마음에 둔 상대가 근처에 있으면 표정이나 자세를 바꾸는가? 물론 모든 대외적 행동이 자기 제시와 관련해 달라지지는 않는다. 예컨대 옷 입기는 다른 사람들에게 좋은 모습을 보이기 위한 것 이상의 기능을 한다. 그렇기는 하지만 사람들은 대개 자신의 대외적 행동이 다른 사람들의 시선에 영향을 미친다는 사실을 꽤 잘 안다. 그런 까닭에 많은 사람들이 어떤 옷을 살지 결정하는 데 지나치게 많은 시간을 쓰는 것이다.

사람들은 왜 남들의 시선을 의식할까

자기 제시는 인간 본성의 필수적인 부분이다. 하지만 다른 사람들이 자신을 어떻게 보는지 왜 그토록 신경 써야 할까?

첫째, 사람들은 타인에게 가치 있는 자료를 얻기 위해 자기 제시를 한다. 우리가 원하거나 필요로 하는 것을 다른 사람들이 가지고 있을 때가 많으므로 그것을 공유하자고 '설득'해야 한다. 일자리를 구하거나 특정한 여성과 데이트를 하고 싶은 사람은 면접관이나 그 여성에게 자신이 그럴 자격이 있다는 인상을 전달해야 한다. 그렇다면 자기 제시는 다른 사람의 삶에 미치는 통제력을 전략적으로 얻는 방법이자, 비용을 최소화하면서 보상을 늘리는 방법이기도 하다.(Jones & Pittman, 1982: Schlenker, 1980) 대개 자기 제시는 적극적으로 다른 사람을 속인다기보다, 그들이 우리의 장점과 능력을 확실하고 정확하게 볼 수 있도록 최선을 다해 좋은 인상을 주는 것에 가깝다.(Human et al., 2012: Leary et al., 2011) 사실 우리는 일부러 자신의 약점을 보이거나 긍정적 특성을 축소해 보여줄 때도 있다.(Holoien & Fiske, 2012)

둘째, 자기 제시는 자아상을 '건설'하는 방법이다. 2장에서 보았듯 자신에 대한 이미지인 자아 개념은 타인의 시선에도 영향을 받는다. 다른 사람들이 적당한 때 내 말에 항상 웃어준다면 스스로 유머 감각이 있다고 생각하기 쉽다. 이것은 흥미롭게도 내가 보는 방식대로 나를 봐주는 사람들과 함께 시간을 보낼 때가 많다는 점을 의미한다. 예컨대 자기관이 긍정적인 사람들은 자신을 좋게 평가해주는 이들과 상호작용하기를 선호하고, 자기관이 부정적인 사람들은 종종 자신을 그리 좋게 평가하지 않는 이들과 상호작용하기를 선호한다.(Swann, Stein-Seroussi & Giesler, 1992) 사람들은 남들이 자신에게 받는 인상을 관리함으로써 자신이 스스로에게 받는 인상을 관리할 수 있다.

몇몇 연구자들은 다른 이야기를 한다. 이들은 자기 제시가 더 직접적으로 자아상에 영향을 미칠 수 있다고 말한다. 2장에서 살펴본 **자기 인식 과정**과 비슷하게, 우리는 스스로 관객이 되기를 자처하기도 한다. 타인뿐 아니라 자신에게도 자기 제시를 하는 것이다.(e. g., Hogan, Jones & Cheek, 1985) 요컨대 자신을 특정한 방식으로 보고 싶다면 그 역할을 연기해야 한다. 재치 있는 이야기를 할 때마다 재미있는 사람이라는 자아상이 강해지기 때문에, 실제로 사람들 앞에서 농담을 많이 하려는 동기가 생겨난다.(e. g., Rhodewalt & Agustsdottir, 1986 ; Schlenker et al., 1994 ; Tice, 1992)

이와 같이 자기 제시는 우리가 원하는 것을 얻고 자아상을 원하는 대로 형성하는 데 도움이 된다. 자기 제시는 사회적 목적에도 부합한다. 즉 자기 제시는 우리가 어떻게 대우받기를 기대하는지 다른 사람들에게 알려주고, 사회적 만남이 더욱 순조롭게 흘러가도록 도와준다. 미국의 사회학자 어빙 고프먼(Erving Goffman, 1959)은 자기 제시를 배우, 연기, 무대 장치, 대본, 소품, 역할, 무대 뒤 영역이 있는 극장에 비유하는 **연출적 관점**(dramaturgical perspective)을 소개했다. 연극이 순조롭게 상연되듯 사람들 사이의 상호작용이 편안하게 진행되려면 연기는 평범한 사회적 대본을 따라야 하고, 배우는 서로의 표현을 존중하고 그에 맞춰야 한다. 고프먼은 이렇게 추론한다. 예컨대 지위가 높은 사람들이 정중한 대접을 기대한다면 그 지위에 **앉아 있는** 데 그치지 말고 그 이상의 행동을 해야 한다. 적절한 복장을 갖추고 알맞은 사람들과 관계를 맺고, 지위가 낮은 사람들과 적당히 거리를 두는 등 그 **역할을 연기**해야 한다.

원활한 사회적 상호작용은 누구에게나 중요하다. 그래서 사람들은 대개 다른 사람의 자기 제시를 문제 삼으려 하지 않는다. 그 대신 그들이 완전히 진짜가 아닌 대외적 모습으로 '체면을 지키게' 해준다. 예컨대 우리는 친구가 자랑할 때 과장되었다고 지적하면 친구가 무안해지는 것은 물론 모두가 불편해지리라는 사실을 알기 때문에 자랑을 그냥 들어주기도 한다. 실제로 체면을 세우는 사회적 관습에 신경 쓰는 것은 대부분의 문화에서 중요하게 여겨진다.(e.g., Holtgraves & Yang, 1990)

요약하면 자기 제시는 중요하고 필요한 것들을 얻도록 도와주고, 원하는 자기 정체성(self-identity)을 형성하고 유지하도록 도와주며, 사회적 만남을 더욱 순조롭게 해준다. 이러한 내용을 프레드 데마라의 어린 시절에 적용해보면 그가 왜 사기꾼의 삶을 시작했는지에 대한 수수께끼가 풀리기 시작한다. 데마라에게는 그 무엇보다 대외적 평판이 중요했다. 평판 좋고 잘나가는 사업가의 재능 있는 아들로 태어난 프레드는 좋은 대외적 이미지의 가치를 배웠을 뿐아니라 자라면서 그것을 선망하게 되었다. 그리하여 부유했던 집안 사정이 악화되면서 자신의 좋은 대외적 평판이 점점 사라지고 긍정적 자아상의 토대가 흔들리자 큰 충격을 받았다. 가난 때문에 사람들 앞에서나 스스로 느끼는 굴욕감을 견디지 못한 데마라는 16세에 집을 뛰쳐나왔다. 처음에는 수도사, 그다음에는 사제가 되는 훈련을 받았지만 둘 다 성공하지 못했다. 좌절한 데마라는 자신이 일하던 가톨릭 소년의 집(Catholic Boys Home)에서 차를 '빌렸고', 평생 처음으로 술에 취해 충동적으로 군에 입대했다. 하지만 이내 군대 역시 자신과 맞지 않는다는 것을 깨닫고 그길로 탈영해버렸다.

데마라는 나이 스물에 도망 다니는 신세가 되었고 대외적 평판은 회복 불가능할 정도로 산산이 무너졌다. 고향 사람들에게는 망한 사업가의 아들이었고, 그가 아주 좋아했던 성당에서는 실패요, 도둑이었으며, 군대에서는 탈영병이었다. 외적인 모습이 그토록 중요했던 사람에게는 대외적 삶이 본질적으로 끝나버린 것이다. 정말 그랬을까? 데마라의 머릿속에 떠오른 논리는 상당히 간단해 보인다. (1) 그는 성공을 원했다. (2) 좋은 평판은 성공의 핵심이다. (3) 데마라라고 알려진 사람의 평판은 영원히 망가졌다. 따라서 (4) 그는 더 이상 데마라로서 살 수 없었다. 그래서 그는 손상된 정체성을 버리고 평판이 좋은 다른 사람들의 정체성을 가져다 희대의 사기꾼으로서 새로운 여정을 시작했다.

자기 제시의 3요소

사람들은 자신이 '세간의 시선' 앞에 있는 것을 인식할 때 자기 제시를 할 가능성이 높다. 사진사 앞에서 포즈를 취할 때, 거울 앞에서 식사할 때, 연인의 부모를 처음 만날 때 사람들은 자신을 공개적 인물로 인식하고 자기 제시를 더 많이 한다. 아마도 머리를 매만지고 최고의 식사 예절을 선보이며 평소보다 공손해질 것이다.

사실 우리는 다른 사람들이 보지 않을 때도 그들의 시선으로 자신을 볼 때가 많다. 이런 현상을 **조명 효과**(spotlight effect)라고 한다. 한 실험에서 학생들은 1970년대에 활동했던 가수 사진이 붙은 촌스러운 티셔츠를 입고 다른 사람들이 있는 방에 들어가게 되었다. 얼마나 많은 사람들이 그 사진을 알아보았겠느냐고 묻자 학생들은 그 수를 과대평가했다. 학생들은 거의 50%가 알아보았을 것이라고 예측했지만 실제로 알아본 사람은 25%밖에 되지 않았다.(Gilovich, Medvec & Savitsky, 2000) 생각만큼 남들은 우리에게 주의를 기울이지 않을 때가 많다.

자신이 눈에 띄는 것에 상대적으로 민감한 사람들도 있다. 예컨대 한 여

사회심리학

성이 남성들만 있는 사무실에서 일한다고 해보자. 여성 고용을 형식적으로 내세우기 위해 고용된 그녀는 실제로도 확실히 다른 사람에 비해 눈에 띄거니와 여성들과 함께 일할 때에 비해 남에게 보이는 모습에 더 신경을 쓸 것이다.(Cohen & Swim, 1995 ; Saenz, 1994) 또한 신체적 장애, 특출한 매력, 비만 등의 이유로도 눈에 띌 수 있다. 이들 역시 다른 사람들이 자신을 어떻게 보는지에 특히 신경을 쓴다.(Frable, Blackstone & Scherbaum, 1990) 일반적으로 타인이 자신에게 신경을 쓴다고 믿는 **공적 자기의식**(public self-consciousness)의 정도가 사람마다 다르다.(Carver & Scheier, 1985 ; Fenigstein, 1979) 공적 자기의식이 높은 사람은 다른 사람들이 자신을 어떻게 보는지에 특히 민감하고, 거부에 부정적으로 반응하며, 자신의 평판과 외모에 더 집중한다.(e. g., Baldwin & Main, 2001 ; Culos-Reed et al., 2002 ; Doherty & Schlenker, 1991)

하지만 관심의 초점이 되었을 때 항상 자기 제시를 한다는 말은 아니다. 예컨대 특정한 관찰자가 자신에 대해 어떻게 생각하는지 신경 쓰지 않는다면 자기 제시에 많은 노력을 쏟을 이유가 없다. 전략적 자기 제시에 대한 관심이 커지는 경우는 (1) 관찰자들이 자신의 목표 달성 여부에 영향을 미칠 때, (2) 이러한 목표가 자신에게 중요할 때, (3) 관찰자가 받은 인상이 자신이 심어주려는 인상과 다를 때다.

첫째, 사람들은 원하는 것이 관찰자들의 손에 달려 있을 때 자기 제시를 더 많이 한다. 예컨대 낯선 사람보다 상사가 지켜볼 때 더욱 호감 가는 사람으로 보이려 한다. 대개 상사 쪽이 목표 달성 여부에 큰 영향력을 지니기 때문이다.(e. g., Bohra & Pandey, 1984 ; Hendricks & Brickman, 1974)

둘째, 사람들은 목표가 중요한 것일수록 자기 제시에 더욱 노력을 들인다. 한 연구에서는 취업 준비생들을 대상으로 적은 일자리를 두고 많은 사람들이 경쟁한다고 믿게 하거나 일자리의 수가 충분하다고 믿게 했다. 경쟁률이 높다고 들은 구직자는 면접관의 의견과 태도에 맞춰 자기 의견과 태도를 조정하는 경향이 높게 나타났다. 기회가 줄어들수록 취업이 더 중요해지기 때문이다.(Pandey & Rastagi, 1979)

셋째, 사람들은 중요한 관찰자가 자신에 대해 좋지 않은 인상을 받는다고 믿을 때 자신의 관점을 바꾸려는 동기가 생긴다.(Barreto et al., 2003) 예컨대 정말 얻고 싶은 일자리가 있는데 면접관이 당신을 부적격자로 본다고 느낀다면, 면접관이 이미 당신을 적격자로 본다고 느낄 때보다 좋은 모습을 보여주려는 동기가 생긴다.(Leary & Kowalski, 1990)

이러한 사회적 환경 때문에 대부분이 대외적 이미지를 관리하려는 동기를 가지지만 동기부여의 강도는 사람마다 다르다.(e. g., Nezlek & Leary, 2002) 예를 들어 **자기 감시**(self-monitoring, 지속적으로 자신의 대외 이미지에 신경 쓰고 현재 상황의 필요에 맞게 행동을 조정하는 경향)가 높은 사람에게는 타인이 자신을 보는 방식을 관리하려는 동기가 거의 항상 있다.(〈그림 4.1〉 참고) 자기 감시 성향이 높은 사람들은 다른 사람들이 원하는 것을 가늠하고 그들의 요구에 맞게 자신의 행동을 조정하는 데 능숙하다.(Turnley & Bolino, 2001) 예를 들어 자기 감시 성향이 높은 사람은 타인의 표정에 드러나는 감정을 읽고 그들이 언제 자신을 조종하려드는지 감지하는 데 뛰어나다.(Geizer, Rarick & Soldow, 1977) 또한 이들은 다른 사람이 웃을 때 웃고 하품할 때 하품하는 등 타인의 행동을 모방한다.(e. g., Estow, Jamieson & Yates, 2007) 무엇보다 이들은 자신의 태도나 믿음과 다르게 행동할 때 더 편안하게 느끼기 때문에 상황에 맞게 자기 제시를 바꾸는 데도 능숙하다.(Cheng & Chartrand, 2003 ; Klein, Snyder &

그림 4.1 자기 제시는 얼마나 중요한가?

1. 나는 사람들에게 강한 인상을 주거나 그들을 재미있게 해주려고 행동을 꾸며낼 때가 있다.
2. 나는 상황에 따라 아주 다른 사람처럼 행동할 때가 많다.
3. 나는 항상 겉에서 보는 모습과 똑같지는 않다.
4. 나는 정말 싫어하는 사람에게도 친절하게 대해 사람들을 속일 때가 있다.
5. 나는 파티나 모임에서 다른 사람들이 좋아할 만한 말이나 행동을 하지 않는다.
6. 나는 누군가를 즐겁게 해주거나 호감을 사기 위해 내 의견이나 행동 방식을 바꾸지 않을 것이다.

대외적 이미지 관리에 특히 신경 쓰는 사람들이 있다. 위의 질문들은 마크 스나이더(Mark Snyder)의 자기 감시 척도(Self-Monitoring Scale)에서 가져왔다. 이 질문들은 **타인 지향적 자기 제시**(other-directed self-presentation)의 정도, 즉 자신을 향한 다른 사람들의 관점에 영향을 미치기 위해 행동을 어느 정도 바꾸는지 측정하는 질문이다.(Briggs, Cheek & Buss, 1980 ; Gangestad & Snyder, 1985) 1~4번에 동의하고 5~6번에 동의하지 않는다면 자기 감시 성향이 높다고 할 수 있다.

출처: Snyder, M., "Self-monitoring of expressive behavior", *Journal of Personality and Social Psychology*, 30(1974), pp. 526~537.

Livingston, 2004) 그들은 이러한 기술에 힘입어 지도자의 위치까지 오르기도 더 쉽다.(e. g., Day et al., 2002)

물론 2장에서 논했듯 우리는 아무 생각 없이 어떤 행동을 할 수 있으며 자기 제시도 예외는 아니다.(Schlenker & Pontari, 2000: Tyler, 2012) 아침마다 샤워하고 옷을 입고 머리 빗고 화장하는 동안 그러한 미용 의식이 자기 제시를 위한 것이라는 사실을 의식하지 못할 수도 있다. 마찬가지로 당당하고 관리가 잘된 사람으로 보이는 법에 능숙한 도시 사람은 인적이 드문 삼나무 숲속에서도 자기도 모르게 도시에서처럼 당찬 태도로 걸을지 모른다. 마지막으로 모든 대외적 행동이 자기 제시에 해당하지는 않다는 점에 유의해야 한다. 강의실을 오가면서 곧 다가올 시험이나 점심 먹을 장소에 대해 골똘히 생각하고 있다면 그때의 행동은 어떤 이미지의 전달과 전혀 관계가 없거나 거리가 멀 것이다.

실패한 연출의 대가

데이트, 특히 첫 데이트를 준비할 때 우리는 '가장 좋은 모습'을 보이려 애쓴다. 머리를 빗고, 이를 닦고, 외모를 돋보이게 하는 옷을 고르고, 제시간에 도착하려 한다. 또한 대화를 자신의 장점(음악에 대한 지식 등) 쪽으로 돌리고 약점(이전 연애의 실패 등)을 언급하지 않는다. 이러한 예에서 알 수 있듯 일반적으로 자기 제시에는 정보의 전략적 '편집'이 포함된다. 사람들은 남편, 아버지, 교수, 음악가, 스포츠 팬 등 여러 가지 자아를 가지기 때문에, 자기 제시는 대개 이러한 자아들을 당장의 목표에 가장 잘 맞게 드러내고 약간 과장하는 형태로 나타난다. 프레드 데마라의 모험을 예외로 치면 뻔뻔하게 위조된 정보로 자기 제시를 하는 일은 극히 드물다. 그렇지만 아주 가끔씩 로큰롤 스타나 국제적 스파이 행세를 하는 사람들도 있기는 하다.

최선을 다해도 자기 제시가 실패하는 경우가 있다. 데마라조차 **모든** 사람이 자신을 좋아하게 할 수는 없었다. 가끔 우리는 원하는 이미지를 연출하지 못할 때가 있다. 어떤 인상을 심어주려면 집중과 노력이 필요하다. 따라서 다른 관심사에 정신이 팔렸거나 최근 어려운 과제를 수행했다면 다른 사람들이 자신을 바람대로 인식하게 하는 데 필요한 정신적 자원이 부족할 수도 있다.(e. g., Vohs, Baumeister & Ciarocco, 2005: von Hippel & Gonsalkorale, 2005) 그런가 하면 원치 않는 평판을 우연히 얻게 될 때도 있다. 예컨대 데이트 상대에게 세련된 인상을 남기려고 애쓰는 젊은 남성이 고급 식당에서 와인을 엎지르는 바람에 칠칠치 못하다는 오점을 남길 수 있다. 특정한 인상을 남기는 일에 많은 것이 달린다면 자기 제시가 실패했을 때 큰 대가를 치를 수 있다. 실직이나 실연처럼 눈에 보이는 대가를 치를 수도 있고, 심리적 대가를 치를 수도 있다. 자기 제시가 실패하는 경우 자아 개념과 자존감이 위협받을 뿐 아니라 창피를 느끼게 된다.(e. g., Miller, 1995)

자기 제시의 실패에 대한 두려움은 **사회적 불안**(social anxiety)의 일종이다. 사회적 불안은 상당히 흔한 현상이다. 이를테면 사람들은 첫 데이트를 하거나 많은 사람 앞에서 말해야 할 때 사회적 불안을 겪는다.(Leary & Kowalski, 1995) 어느 정도의 사회적 불안은 도움이 되지만 심해지면 상황을 아예 피하거나 그럴 수 없는 경우 행동을 억제하기도 한다.(e. g., DePaulo, Epstein & LeMay, 1990) 미국인 가운데 30~40%가 스스로 **수줍음이 많**다고 생각하며, 주기적으로 사회적 불안을 경험한다. 또한 미국 인구의 약 2%가 **사회 공포증**(socially phobic)으로 분류될 만큼 심한 사회적 불안을 겪는다.(Cheek & Briggs, 1990 ; Pollard & Henderson, 1988)

최선을 다해 좋은 인상을 남기는 것만으로는 목표를 달성하기 어려울까 봐 걱정될 때, 우리는 가짜로 자기 제시를 하고 싶다는 유혹에 빠지기도 한다.(Feldman, Forrest & Happ, 2002) 사실 대부분의 사람들은 가끔 '허위 광고'로 여겨질 만한 방식으로 자신을 드러낸다. 이를테면 부모에게 형편없는 시험 성적을 '잊어버리고' 말하지 않거나, 상사의 휴가 사진에 관심 있는 척하는 것이다. 심지어 선의로 이러한 속임수를 쓰기도 한다. 흉물스러운 생일 선물을 받았을 때 선물을 준 사람에게 상처를 주지 않으려고 좋아하는 척하기도 한다. 이처럼 사람들은 꽤 자주 서로에게 거짓말을 하는데, 이러한 거짓말은 대부분 듣는 사람을 위한 것이다.(DePaulo et al., 1996)

꾸며낸 행동에는 예상 밖의 지독한 인상을 남길 수 있다는 위험이 따른다. 누군가가 진짜 그런 것이 아니라 그런 '척했다는' 사실이 드러나면 보통 그 사람에게는 정직하지 못하다거나 위선적이라거나 부도덕하다는 꼬리표가 붙는다. 이런 식으로 손상된 평판의 대가는 매우 크다. 믿을 수 없는 사람으로 낙인 찍히면 기피의 대상이 되고 다른 사람들로부터 고립되기 때문이다. 데마라는 이것을 알았으므로 남들에게 사기꾼으로 보이지 않을까 두려워했다. 데마라의 정체가 밝혀진 후에도 약혼녀는 그와 결혼하겠다고 나섰고 데마라도 약혼녀를 매우 사랑했지만 그는 부끄러움에 약혼녀를 떠났다. 약혼녀가 아무리 애걸해도 데마라는 자신을 보는 그녀의 시선이 영원히 더럽혀졌다고 믿었다.

데마라의 극단적 반응은 사람들이 정직하다는 평판을 얼마나 중요하게 여기는지 잘 보여준다. 따라서 사람들이 어떻게든 자신의 정직함을 보여주고 정직하지 못한 행동을 숨기는 것은 당연하다. 그래서 이와 마찬가지로 타인이 정직한 척을 하는지 어떻게든 알아보고 싶어 할 때도 있다. 하지만 불행하게도 우리는 거짓말을 잡아내는 데 그리 능숙하지 못하다.

BOX 4.1

거짓말탐지기는 얼마나 믿을 만할까

미국 중앙정보국(CIA)에서 오랫동안 일한 올드리치 에임스(Aldrich Ames)는 극히 민감한 정보인 일급비밀에 접근할 수 있는 사람이었다. 그렇지만 동료들이 본 그는 유능함과 거리가 멀고 중요한 일이라고는 전혀 하지 않는 한심한 알코올중독자였다. 하지만 그들의 판단은 틀렸다. 에임스는 9년에 걸쳐 소련에 정보를 팔아넘겼고 10명이 넘는 CIA 요원의 사망에 직접적 원인을 제공했다.(Adams, 1995: Weiner et al., 1995) 조국에는 배신자이자 여러 의미에서 대량 학살자였다. 올드리치 에임스는 그와 같은 첩자를 막기 위해 일하는 사람들의 코앞에 있었

다. 이러한 사실은 사람들의 거짓말 탐지 능력에 흥미롭고도 중요한 질문을 제기한다.

우리는 대부분 거짓말을 잘 알아채지 못하고, 낯선 사람일 경우 더욱 그렇다. 통제된 실험실 연구에서 밝혀낸 성공률 역시 막연한 예측 수준을 크게 넘지 못했다.(Bond & DePaulo, 2006: Hartwig & Bond, 2011) 우리는 왜 그렇게 쉽게 속을까? 다른 사람을 믿고 의지하는 경향과 더불어 그들의 말과 그들이 보여주는 모습을 일단 믿고 보는 경향에도 일부 원인이 있다.(Gilbert, Tafarodi & Malone, 1993: O'Sullivan et al., 1988) 대부분의 사람이 주로 진실을 말하므로 이런

경향은 이치에 맞는다. 하지만 상대의 말을 신뢰한 나머지 진실과 거짓을 분간하는 데 가장 유용할 수 있는 단서를 놓칠 때가 많다. 예를 들어 거짓말하는 사람은 사건을 묘사할 때 세부 사항을 더 적게 이야기하고, 자기 이야기를 할 때 호소력이 약하며, 턱을 더 쳐들고, 동공이 확장되고, 약간 초조해하거나 긴장한다.(DePaulo et al., 2003) 하지만 이런 행동들도 거짓말을 잡아내기에는 단서가 부족하기 때문에 실수를 피할 수 없다.

그렇다면 낯선 사람보다 친구나 연인의 거짓말을 더 잘 분간할 수 있을까? 연인의 거짓말은 상당히 잘 밝혀내는 것으로 보이지만 그것도 미리 의심할 때만 가능하다.(McCornack & Levine, 1990) 물론 이 말은 그들이 진실을 말할 때도 거짓말을 한다고 간주할 가능성이 높다는 뜻이기도 하다. 오랫동안 친한 친구의 거짓말을 잡아내는 기술을 연마하더라도 우연히 거짓말을 잡아낼 때와 크게 차이가 나지 않는다.(Anderson, DePaulo & Ansfield, 2002)

이와 같이 평범한 사람들은 거짓말을 그리 잘 분간하지 못한다. 그렇다면 연방법 집행 요원이나 경찰 소속의 취조관 등 '전문가'라고 할 만한 사람들은 어떨까? 몇몇 연구 결과에 따르면 이러한 전문가들은 직업과 관련된 환경에서 일할 때 보통 사람들에 비해 거짓말을 잘 잡아낼 수 있다고 한다.(O'Sullivan, 2008) 한편 광범위한 실험과 연구들을 살펴보면, 그러한 능력이 실제에 비해 눈에 잘 띌 뿐이다. 즉, 전문가들에게 특별한 기술이 있어서라기보다 우연에 가깝다는 말이다.(그저 그런 타자도 7차 전에서 홈런을 쳐서 팀에게 월드시리즈 우승을 안겨줄 때가 있는 것처럼.) 이들의 분석에 따르면 거짓말 탐지는 누구에게는 있고 누구에게는 없는 특별한 능력보다 거짓말하는 사람이 드러내는 단서에 달려 있다.(Bond & DePaulo, 2008) 다만 하나는 확실하다. 낯선 사람의 거짓말을 탐지하기는 정말 어렵고, 그나마 잘하는 사람이 있다 해도 아주 소수다. 이러한 발견들에 비추어보면 에임스의 CIA 동료들이 그의 불법 활동을 의심하지 못했을 법도 하다. 또한 거짓말하는 사람과 범죄자를 잡아내는 일을 하는 조직에서 거짓말탐지기 같은 기술적 수단에 의존할 때가 많다는 것 역시 놀라운 일이 아니다.

거짓말탐지기는 피부전기반응, 혈압, 심박 수, 호흡 같은 형태로 나타나는 신체적 각성을 기록한다. 거짓말탐지기 전문가들은 용의자가 질문을 받는 동안 각성 수준의 변화를 살펴본다. 다시 말해 범죄와 상관없는 통제 질문(용의자가 유죄라도 진실을 말할 가능성이 큰 질문)을 받았을 때보다 의심이 가는 행동에 대한 질문(용의자가 유죄라면 거짓말을 할 가능성이 큰 질문)을 했을 때 각성 수준이 증가하는지 보는 것이다. 거짓말탐지기 검사는 사람들이 거짓말을 할 때 신체적으로 각성된다는 사실을 전제로 한다.

유감스럽게도 심박 수, 피부전기반응 등의 특정한 패턴이 거짓말과 직접적으로 연결되지는 않는다. 분노와 공포 역시 각성 수준을 높이는데, 결백한 용의자는 불법 행위에 관여했느냐는 질문을 받고 화가 나거나 불안해질 수도 있다. 결과적으로 거짓말탐지기는 결백한 사람을 유죄로 잘못 식별할 위험이 크다. 연구들에 따르면 대개 거짓말탐지기 검사의 정확성은 고작 25%에서 높게는 90% 정도까지 오간다.(Ford, 1996; Saxe, 1994)

거짓말탐지기 검사의 유용성은 용의자가 검사의 효과를 믿지 않을 때 더 떨어진다. 그런 의심이 불안 수준을 낮추기 때문이다. 또한 훈련받은 많은 정보 요원들처럼 유죄인 용의자 역시 검사를 무력화할 수 있다. 통제 질문을 받을 때 항문 괄약근을 조이거나 혀를 깨물거나 발을 바닥에 대고 세게 누르는 식으로 불안 수준을 높이는 것이다.(Gudjonsson, 1988; Honts, Raskin & Kircher, 1994) 그리고 거짓말임을 알려주는 가장 훌륭한 축에 속하는 단서는 말하는 내용과 방식, 즉 세부 사항이라든가 진술의 논리적 구조 등과 관련 있지만 거짓말탐지기로는 이러한 요소들을 평가할 수 없다.(DePaulo et al., 2003) 마지막으로 죄책감과 불안을 거의 느끼지 않는 사람들의 경우에는 각성 수준만을 측정하는 다원 측정기(polygraph, 흔히 거짓말탐지기로 통하지만 원래는 여러 가지 생리적 반응을 측정하는 기구) 같

은 기술로 거짓말을 탐지하기가 어렵다.(e. g., Verschuere et al., 2005) 올드리치 에임스는 거짓말탐지기 검사의 이러한 약점에서 큰 이익을 얻었다. 그는 소련을 위해 은밀히 첩보 활동을 하는 동안 거짓말탐지기 검사를 두 번 통과해 그 위험한 활동을 계속할 수 있었다.

이와 같이 훈련을 미흡하게 받은 조사관들이 현장에서 흔히 수행하는 거짓말탐지기 검사는 거짓말을 탐지하는 데 턱없이 부족한 장치다.(e. g., Fiedler, Schmid & Stahl, 2002; National Research Council, 2003) 이런 까닭에 첨단 기술을 이용해 거짓말 탐지 수단을 찾는 연구자들은 여러 가지 대안적 접근법을 탐색해왔다. 그중 하나는 사람들이 전에 경험한 것을 인식할 때 발생하는 뇌파를 측정하는 방법이다. 이렇게 하면 범죄와 관련된 구체적 사항이 언급될 때 유죄인 용의자만 반응을 보일 것이다.(e. g., Rosenfeld, 2002) 한편 얼굴의 발열 패턴을 기록해 거짓말을 탐지하기 위해 열화상 처리 기술(thermal-imaging technique)을 사용하는 사람들도 있고(Pavlidis, Eberhardt & Levine, 2002), 거짓말과 관련 있다고 여겨지는 뇌의 특정한 활성화 패턴을 추적하려 기능성 핵자기공명장치(fMRI)를 사용하는 사람들도 있다.(Langleben et al., 2002; Lee et al., 2002) 하지만 이 새로운 기술들 가운데 실제로 유용하다고 입증된 것은 아직 없다.(e. g., Sip et al., 2008; Spence, 2008)

종합하면 일상이나 범죄 수사 과정에서 직관이나 기계장치를 사용해 거짓말을 탐지하는 우리의 능력은 좋게 봐야 그저 그런 수준이다. 다행스럽게도 거짓말을 유지하기란 굉장히 어려운 일이다.(e. g., Bond, Thomas & Paulson, 2004) 사람들에게 말할 때마다 이야기가 달라지기도 하고, 거짓말을 거짓말로 뒷받침해야 하고, 자기 꾀에 스스로 넘어가기도 쉽다. 올드리치 에임스도 이런 식으로 몰락했으니 안심해도 될 것이다. 그렇지 않고 우리의 거짓말 탐지 능력만으로 대처해야 했다면 그는 말 그대로 범죄를 저지르고도 계속 빠져나갔을 것이다.

지금까지의 논의에 비추어 자기 제시가 항상 누군가를 속이는 것이라고 결론 내리지 않기를 바란다. 앞서 언급했듯 자기 제시는 보통 자신의 여러 측면을 만들어낸다기보다는 전략적으로 드러내는 쪽에 가깝다.(Leary, 1995) 이 말에 놀라면 안 된다. 우리는 결국 그 모습에 맞게 살아야 하기 때문에 터무니없이 과장하면 장기적으로는 피해를 보게 된다. 누군가에 대한 애정이 거짓으로 밝혀지면 위선자라는 평판을 얻어 앞으로 친구를 사귀기 어려워지기 마련이다. 실제보다 강한 척하고 허세를 부린다면 굴욕적으로 물러나야 하는 순간이 오거나 싸움이 붙으면 십중팔구 질 것이다. 이런 이유로 실제 모습에서 너무 벗어난 자기 제시는 대개 합리적이지 않다.(Schlenker & Weigold, 1992: Toma, Hancock & Ellison, 2008)

지금부터는 사람들이 많이 나타내고 싶어 하는 이미지에 대해 논의할 것이다. 방금 살펴보았듯 사람들은 대개 정직하고 믿을 만한 사람으로 보이고 싶어 한다. 그리고 일관성 있고 예측 가능하며 안정적인 사람으로도 보이고 싶어 한다. 심지어 부정적 자기 제시가 도움이 되는 경우도 있다.(Kowalski & Leary, 1990) 예를 들어 클럽이나 술집에서 남성이 '작업'을 걸지 않기를 바라는 여성들은 웃지 않고 시선을 피하며 대화를 짧게 끊는 등 일부러 남성들이 싫어할 만한 모습을 보인다.(Snow, Robinson & McCall, 1991) 귀찮은 일이나 무거운 책임을 피하기 위해, 혹은 상대가 방심하도록 서투른 모습을 보이기도 한다.(e. g., Gibson & Sachau, 2000: Shepperd & Socherman, 1997) 다른 사람들에게 정보를 더 얻기 위해 헷갈리는 척하기도 한다.(Rozin & Cohen, 2003) 하지만 대부분의 경우 우리는 호감 가는 사람으로 보이고 싶어 한다. 대외적 이미지 가운데 3가지가 특히 유용하다. **호감 가는** 사람, **유능한** 사람, **지위와 권력**이 있는 사람으로 보이는 것이다. 이제 이러한 목표를 달성하기 위해 우리가 사용하는 전략과 함께 이 목표들을 중요하게 생각하게 하는 사람 및 상황과 관련된 요소를 알아보자.

나를 좋아하게 만드는 법

대부분의 문화에서는 다른 사람을 사칭하는 사기꾼을 엄하게 처벌한다. 여기에는 그럴 만한 이유가 있다. 자신을 거짓으로 드러내고 획득하지 않은 자격과 능력이 있다고 주장하는 행동은 확립된 사회질서를 흔들고 주변 사람들을 위험에 몰아넣을 수 있기 때문이다. 따라서 여러 번 사기로 붙잡히고도 수감 생활을 거의 하지 않은 데에는 데마라 자신의 공이 컸다. 놀랍게도 가장 화가 났어야 할 사기 행각의 피해자들이 데마라를 곤란한 상황과 감옥에서 빈번히 꺼내준 것이다.

프레드 데마라는 호감의 중요성을 이해했기 때문에 정체가 폭로되고도 살아남을 수 있었다. 호감을 산다는 것은 사회의 관계망에 소속되어 그 풍부한 혜택을 공유한다는 의미다. 사람들에게 호감을 사면 그들이 나를 위해 특별히 더 애를 써주고 실수를 눈감아주며 전반적으로 살기 편하게 해준다. 그 결과 우리는 다른 사람들이 자신을 좋아해주기를 바라며, 호감을 얻기 위해 상당히 인상적인 행동까지 불사한다.

환심 사기 전략

환심 사기(ingratiation)는 다른 사람들이 자신을 좋아하게 만들려는 시도다. 남들에게 잘 보이는 방법에는 여러 가지가 있다. 예컨대 새 이웃의 환심을 사려면 호의를 베풀거나 그 사람의 친구와 친해지거나 재미있는 농담을 건넬 수 있다. 여러 방법 중 특히 효과적인는 4가지 전략을 지금부터 알아보자.

호감 표현하기 "아부해봐야 소용없다"라는 격언이 있다. 하지만 현실은 이와 다르다. 잘만 하면 칭찬은 다른 사람들에게 호감을 얻는 효과적인 기법이 될 수 있다. 예를 들어 한 실험에서는 여성 종업원이 음식 주문을 받은 뒤 "현명한 선택이네요!"라고 간단한 칭찬을 던지자 통제 조건에 비해 팁의 액수가 늘었다.(Seiter, 2007) 당신이 상사를 얼마나 존경하는지 동료를 통해 상사에게 슬쩍 흘리는 것도 성공적인 형태의 아첨이다. 제3자를 통해 듣는다면 상사가 그 칭찬을 술수라고 느낄 가능성이 낮기 때문이다.(Liden & Mitchell, 1988 ; Wortman & Linsenmeier, 1977) 조언을 청하는 것도 종종 효과를 발휘하는데, 그 사람의 전문성과 지식을 존중한다는 것을 암시하기 때문이다.

환심 사기 기법으로서 아첨은 취학 전 연령에 시작되며(Fu & Lee, 2007) 꽤 성공적일 때가 많다. 우리는 사람들이 서로 아첨하는 말은 금방 빈말이라고 해석하면서도 자신이 듣는 칭찬은 흔쾌히 받아들이는 경향이 있다.(e. g., Gordon, 1996 ; Vonk, 2002) 그러지 않을 이유가 있겠는가? 어쨌든 각자 자신의 일일 때는 칭찬을 받을 만했다고 확신한다.

호감은 비언어적 수단을 통해서도 표현된다.(DePaulo, 1992 ; Edinger & Patterson, 1983) 예컨대 다른 사람들이 자신을 좋아해주기를 바랄 때 우리는 무의식적으로 그 사람의 행동을 따라 한다. 그 사람이 다리를 꼬면 따라서 다리를 꼬고, 턱을 문지르면 같이 턱을 문지르는 식이다.(Chartrand & Lakin, 2013) 게다가 그것은 효과적이다. 사람들은 상대가 자신의 비언어적 행동을 은근히 따라 하면 그 사람을 더 좋아한다.(Chartrand & Bargh, 1999 ; Likowski et al., 2008) 심지어 거래나 협상에서 더 좋은 조건을 가능하게 해준다.(Maddux, Mullen & Galinsky, 2008) 가상의 상황에 몰입한 연구 참가자들은 자신의 머리 움직임을 미묘하게 따라 하도록 설정된 인공적 **컴퓨터 캐릭터**에게 더 호의적인 인상을 형성하기도 했다.(Bailenson & Yee, 2005) 또 다른 예를 들면 교수를 진심으로 좋게 생각하는 학생은 강의 시간에 더 많이 미소 짓고 고개를 끄덕이며 주의를 집중하고 시선을 더 자주 마주친다.(e. g., Lefebvre, 1975 ; Purvis, Dabbs & Hopper, 1984) 교수 또한 그런 행동에 기분이 좋아져 그런 학생들을 좋게 보게 된다. 미소는 다른 이들이 우리를 좋아하게 만드는 강력한 도구다. 자연스러운 미소는 대개 미소 짓는 사람이 붙임성 있고 친사회적으로 행동할 의향이 있음을 암시하기 때문이다.(Mehu, Grammer &

사회심리학

Dunbar, 2007) 전 세계적으로 1500만 부 이상 팔린 『인간관계론』에서 데일 카네기(Dale Carnegie)는 이렇게 적었다. "미소는 '당신을 좋아합니다. 당신이 나를 행복하게 합니다. 당신을 만나서 기쁩니다'라고 말한다." 카네기는 절묘하게 사용된 미소에 깊은 인상을 받은 나머지 웃고 싶지 않을 때 미소 짓는 법에 대한 조언까지 곁들였다. 이것이 좋은 조언일까? 어쨌든 그는 사람들이 정직하지 못하거나 가식적으로 보이지 않고 표정을 조작할 수 있다고 가정한다. 이것을 잘하는 사람도 있을까? 그렇다면 우리가 어떻게 알 수 있을까?

폴 에크먼(Paul Ekman)과 윌리스 프리즌(Wallace Friesen, 1978)은 감정을 담아 표정을 지을 때 다양한 얼굴 근육의 움직임을 세심하게 분석한 후 진심으로 즐거워서 짓는 미소와 가짜 미소가 다르다는 점을 발견했다. 즐거워서 미소를 지을 때는 2가지 중요한 얼굴 근육이 움직인다. 〈그림 4.2〉(a)에서 볼 수 있듯 큰광대근이 양쪽 입꼬리를 광대뼈 쪽으로 올려 당기는 동시에 눈둘레근이 볼을 끌어 올리고 눈이 작아지게 하면서 눈꼬리에 잔주름이 지게 한다. 따라 하기 쉬워 보이지만 그렇지 않다. 큰광대근을 잘 움직이고 입꼬리를 끌어

그림 4.2 진짜 미소와 가짜 미소

(a)   (b)

미소라고 다 같지 않다. 행복할 때 짓는 자연스러운 미소(a)는 양쪽 입가의 큰광대근이 입꼬리를 올리고 눈 주변의 눈둘레근이 오그라들어 주름을 잡는 것이 특징이다. 대부분의 사람들이 큰광대근을 의식적으로 움직일 수 있다 해도 80%가량의 사람들은 자기 의지대로 눈둘레근을 수축할 수 없다. 그 결과 눈 주변 부위에서 가짜 미소(b)임이 드러날 때가 많다.

올릴 수 있다 해도 대부분의 사람들은 눈둘레근을 마음대로 수축하지 못한다. 이 근육은 의지에 따라 쉽게 반응하지 않는다. 따라서 눈 주변을 자세히 보면 〈그림 4.2〉 (b)처럼 가짜 미소임이 드러날 때가 많다.

가짜 미소는 여러 면에서 진짜 미소와 다르다. 가짜 미소는 덜 대칭적이다. 다시 말해 얼굴 양쪽의 근육이 정확히 똑같이 움직이지 않는다. 또한 근육이 진짜 미소를 지을 때만큼 부드럽고 자연스럽게 움직이지 않고 비교적 급격히 경련하듯 움직이며, 진짜 미소보다 오래 지속될 때가 많다.(Frank & Ekman, 1993) 얼굴 역학(facial dynamics)의 이러한 차이, 즉 얼굴 근육의 **움직임**의 차이 덕에 연구자들이 녹화된 표정을 분석해 가짜 미소와 진짜 미소를 구별하기가 비교적 쉽다.(Krumhuber & Kappas, 2005)

하지만 연구자가 아닌 사람들은 어떨까? 사회적 상호작용의 자연스러운 흐름 속에서 사람들이 미소 짓는 모습을 보고 정말 즐거워서 웃는 얼굴과 가짜 미소를 가려낼 수 있을까? 연구자들에 따르면 아주 잘하지는 못해도 구별할 수 있을 때가 많다고 한다.(Frank & Ekman, 1993) 따라서 다른 사람에게 아부하기 위해 가짜 미소를 지어 보이는 것은 위험한 전략이다. 모르는 사람과 함께 있을 때 조금 즐거운데도 많이 즐거운 것처럼 과장해 미소를 짓는 경우라면 가끔 성공할지도 모른다. 하지만 '타고난 거짓말쟁이'가 아닌 이상 실패를 더 자주 경험할 것이다. 그리고 그 대가는 혹독하다. 아마 자기 제시의 최악의 결과, 즉 정직하지 못한 사기꾼이라는 인상을 줄 것이기 때문이다.

유사성 만들기 파티에서 사귀고 싶은 사람과 깊은 대화를 나누게 되었다고 해 보자. 그때까지 대화는 즐겁고 무난했다. 함께 아는 친구들, 최근 엉망이었던 날씨, 둘 다 싫어하는 글쓰기 교수 등에 대해 이야기했다. 그리고 상대방이 당신을 마음에 들어 하는 듯하다. 그때 주제가 정치적인 문제로 흘러간다. "전통적 성별 규범에 대해 어떻게 생각해요? 남성들이 일하는 동안 여성들은 집에서 아이를 돌봐야 하나요?" 속이 울렁거리기 시작하고 이런 생각이 든다. "어떻게 대답해야 하지? 저 사람 생각에 맞게 얘기해야 하나? 동의하지 않으면 나를 덜 좋아하지 않을까?"

이것은 사람들이 서로에게 받는 인상에 대한 연구에서 프린스턴대학교 여학생들이 맞닥뜨린 딜레마였다.(Zanna & Pack, 1975) 연구의 첫 단계에서 여학생들은 다시 만날 가능성이 있는 남학생에게 정보를 듣게 된다. 그 정보에 따르면 남학생은 이성으로서 상당히 매력적이거나(키가 큰 21세의 프린스턴대학교 선배, 차가 있고 운동을 좋아하며 여자 친구가 없음) 매력적이지 않았다(키가 작은 18세의 타 대학교 신입생, 차가 없고 운동을 좋아하지 않으며 여자 친구가 있음). 여학생들은 이와 더불어 남학생의 여성관이 전통적인 편인지(이상적인 여성은 정서적이고 외모에 신경을 쓰고 수동적이다) 전통적이지 않은 편인지(이상적인 여성은 독립적이고 야심이 있다)에 대한 정보를 들었다.

이후 여학생은 남학생이 읽을 수 있도록 성 역할에 대한 자신의 태도를 쓰고 몇 가지 설문에 응답했다. 그 결과 상대가 매력적일수록 여학생들은 남학생들에 맞게 자기 의견을 조정했다. 다른 연구에 따르면 남성들도 매력적인 여성에게 자기 의견을 제시할 때 똑같은 행동을 한다.(Morier & Seroy, 1994) 무엇이 핵심일까? 우리는 다른 사람들이 자신을 좋아해주기를 바랄 때 의견을 조정해서 표현할 때가 많다. 그 이유는 무엇일까?

다른 조건이 모두 동일하다면 사람들은 자신과 비슷한 사람을 좋아하고 자신과 다른 사람을 싫어한다. 스스로도 그것을 안다! 자신과 비슷하게 옷을 입고, 영화와 음식 취향이 비슷하며, 의견이 비슷하고, 하다못해 성에 같은 철자가 몇 개 있다는 사소한 유사성이라도 있는 사람을 좋아한다.(Byrne, 1971; Jones et al., 2004; 7장 참고) 따라서 옷 입는 법, 활동, 대외적 의견, 심지어 주량까지 조절하면서 다른 사람의 환심을 사기 위해 유사성을 **만들어내는** 일이 잦은 것은 당연하다.(O'Grady, 2013) 환심을 사고 싶은 사람들과 다른 모습을 보이지 않는 것 또한 마찬가지다. 아주 다른 스타일, 다른 행동, 상충하는 의견 등의 차이점이 있으면 그들이 자신을 좋아할 가능성이 낮아지기 때문이다.(e.g., Dodd et al., 2001; Swim & Hyers, 1999) 이처럼 상대와 비슷해질수록 그는 우리를 더 좋아하는 경향이 있다.

매력적인 외모 가꾸기 "전 예쁜 옷도 없고 얼굴이 예쁘지도 않았기 때문에 그냥 앉아서 모든 걸 가진 여자애들이 세상을 살기가 얼마나 쉬운지 깨닫곤 했죠. 인생은 그런 식으로 보상해요. 뛰어난 외모를 가지면 인생이 상을 준다고요."("Becoming Barbie", 1995) 이런 생각으로 신디 잭슨(Cindy Jackson)은 아무도 "두 번 돌아보지 않는" 여성에서 자신의 이상형인 바비 인형이 되기 위

신디 잭슨은 자신의 외모가 전혀 마음에 들지 않았다. 그래서 약 60회 정도의 미용 수술과 시술을 통해 자신의 이상형인 바비 인형으로 변신하기 시작했고, 그 후에는 1960년대와 1970년대 문화의 아이콘이었던 브리지트 바르도를 목표로 삼았다. 이렇게 자신의 신체를 매력적으로 만들려던 잭슨의 여정이 극단적이라고 할 수 있을까? 일상적 기준으로 보면 그렇다. 실용적 관점에서 보아도 완전히 잘못된 것일까? 아마 그렇지 않을 것이다. 연구에 따르면 자신이 좋아하든 좋아하지 않든 신체적 매력은 이득이 된다.

해 외모를 바꾸기로 결심했다. 33세 무렵 성형수술로 자신을 새로 만들기 시작한 그녀는 코 성형 두 번, 입술 확대, 턱 축소, 가슴 확대(나중에 보형물을 제거함), 여러 번의 지방 흡입, 볼 보형물 삽입, 화학적 박피, 모발 이식, 얼굴 리프팅, 반영구 화장 등 9회의 수술을 포함해 총 47회의 시술을 감행했다. 최근에는 다시 9회에 걸쳐 시술과 수술을 받고 신체적 자아를 재구성했다. 이번에는 1960년대와 1970년대의 우상이었던 프랑스 여배우 브리지트 바르도가 목표였다.

신디 잭슨이 이러한 시술을 통해 신체적·재정적으로 들인 비용(10만 달러가 훨씬 넘는다)에 비해 큰 이익을 얻었는지는 알 수 없다. 하지만 외모가 매력적인 사람들이 그렇지 않은 사람들에 비해 실제로 호감을 더 많이 얻고 호의적 시선을 받는 것은 사실이다.(Eagly et al., 1991 : Feingold, 1992 : Langlois et al., 2000) 매력적인 사람들은 더 정직한 것으로 간주된다.(Zebrowitz, Voinesco & Collins, 1996) 면접관과 유권자들은 외모의 영향력을 부인하지만 매력적인 사람들이 관리직에 더 많이 채용되고 공직에 더 많이 당선된다.(e. g., Budesheim & DePaola, 1994 : Mack & Rainey, 1990) 경범죄를 저질렀을 때는 더 가벼운 벌금과 보석금이 부과되며 중범죄를 저질렀을 때는 더 짧은 형을 선고받는다.(Downs & Lyons, 1991 : Stewart, 1980, 1985) 직장을 쉽게 구하고 임금을 더 많이 받기도 한다.(Benzeval, Green & Macintyre, 2013) 외모가 평범한 사람들과 비교하면 매력적이지 않다는 이유로 7%가량의 불이익을 받고 아주 매력적이라는 이유로 5%의 대가를 받는 셈이다.(Hamermesh & Biddle, 1994) 다른 조건이 모두 같다면 이러한 12%의 수입 차이는 신입 직원과 1.5년 더 일한 경력 직원의 차이에 해당한다. 8장에서 설명하듯 외모가 매력적인 사람들은 연애를 할 때도 호감을 얻기 쉽다. 심지어 신생아의 경우에도 외모가 귀여운 아이들은 엄마에게 더 많은 애정을 받는다.(Langlois et al., 1995) 신체적 매력은 확실히 이득이 된다.

이 사실을 알기 때문에 사람들은 외모를 더 매력적으로 가꾸려고 노력한다. 다음 내용을 살펴보자.

- 2013년 한 해 동안 미국인들은 1100만 건 이상의 미용 수술 및 시술을 받았다. 이는 2006년에 비해 8% 증가한 수치다.(American Society for Aesthetic Plastic Surgery, 2009)
- 2013년에 370만 건 이상 시행되어 가장 인기가 높았던 미용 시술은 보톡스 주입이었다. 이것은 눈가, 입가, 이마에 주름을 만드는 얼굴 근육에 마비 효과가 있는 독소를 주입하는 것이다.
- 전 세계적으로 미용 산업 규모는 연간 2000억 달러에 달하며 향수 제조사들은 방향 제품 판매로 1000억 달러의 매출을 올린다.
- 현재 500만 명의 미국인이 교정기를 포함한 치과 교정용 장비를 착용하고 있으며, 그중 100만 명이 성인이다. 대부분 미소를 더 아름답게 보이게 하기 위해서다.
- 미국인들은 다이어트 식품, 보조제, 다이어트 책, 체중 감량 프로그램에 연간 60억 달러 이상을 지출한다.

또한 머리카락에 쓰는 시간과 돈, 장신구와 문신, 의류 구입 역시 외모의 단점을 감추고 더 매력적으로 보이기 위한 것이다. 하지만 햇볕에 몸을 태우고, 혹독한 다이어트를 감행하며, 스테로이드를 사용해 근육을 키우는 등 외모 가꾸기가 아주 위험해질 수 있고 심지어 생명까지 위협한다는 점 또한 잊지 말아야 한다.(Leary, Tchividjian & Kraxberger, 1994 ; Martin & Leary, 2001)

우리는 다른 이들이 자신을 좋아해주기를 바란다. 그 과정에서 매력적인 외모가 도움이 된다는 점을 알기 때문에, 신디 잭슨의 말처럼 "뛰어난 외모"를 위해 그 많은 비용을 기꺼이 쏟아붓는 것이다.

겸손한 모습 보이기 시험에서 가장 좋은 성적을 받아 수업에서 1등을 했다면 그 사실을 다른 친구들에게 바로 알리겠는가? 다른 사람들이 좋아해주기를 바란다면 그럴 리 없다. 일반적으로 자신의 성공을 내세우지 않는 사람은 자랑하는 사람에 비해 더 호감을 얻는다.(e. g., Rosen, Cochran & Musser, 1990; Wosinska et al., 1996) 그래서 우리는 성공을 도와준 동료들에게 공을 돌리는 한편, 덜 중요한 다른 영역에서 자신의 약점을 슬쩍 드러낸다.(e. g., Baumeister & Ilko, 1995; Miller & Schlenker, 1985)

하지만 겸손에도 위험이 따른다. 사람들이 당신의 성공에 대해 모른다면 능력이 부족하다며 짐짓 겸손한 태도를 취할 때 그대로 믿어버릴 수도 있다. 너무 겸손하면 자존감이 심하게 낮거나 자기 통찰이 없는 사람으로 보이는 것이다.(Robinson, Johnson & Shields, 1995) 자신이 한 일의 중요성을 낮추는 태도에 진정성이 없어 보이면("별것 아닌 상인데, 뭐") 우쭐해하고 거만한 사람으로 보일 수도 있다.(Pin & Turndorf, 1990) 이런 위험을 제외하면 겸손한 사람은 대체로 호감을 얻는 경향이 있다.

세계적으로 겸손이 높이 평가받기는 하지만 문화에 따라 흥미로운 차이가 존재한다. 역대 최고의 권투 선수 무함마드 알리(Muhammad Ali)의 사례를 살펴보자. "나는 최고다!"라는 자랑 섞인 그의 외침이 권투 팬들에게 항상 사랑받지는 않았다. 특히 많은 백인들이 그를 싫어했다. 개중에는 심한 인종차별주의자도 있었지만 조 프레이저(Joe Frazier)처럼 1970년대와 1980년대에 활동한 다른 아프리카계 미국인 선수들은 미움을 받지 않았다. 백인들 사이에서 알리에 대한 부정적 이미지는 뽐내기 좋아하는 그의 겸손하지 않은 자기 제시에도 어느 정도 원인이 있었다.

알리의 사례는 자랑을 사회적으로 용인하는 정도에서 백인과 흑인 사이에 문화적 차이가 있음을 보여준다. 한 연구에서는 이러한 차이를 탐색하기 위해 아프리카계 미국인과 유럽계 미국인 대학생에게 세 남학생의 약력을 보여준 후 세 사람이 여행 경험, 학업 성취, 운동 실력 등에 대해 나눈 대화의 녹취록을 읽게 했다. 한 사람은 **자랑하지 않는 사람**으로, 자신의 장점을 축소해서 말하는 것으로 묘사되었다. 두 번째 학생은 **정직하지 못한 자랑쟁이**로, 사실이 아닌 이야기로 허풍을 떠는 것으로 묘사되었다. 세 번째 학생은 **정직한 자랑쟁이**로, 실제 성취에 대해 자랑하는 것으로 묘사되었다. 백인과 흑인 학생들 모두 자랑하지 않는 사람을 좋아하고 그중에서도 정직하지 못한 자랑쟁이를 좋아하지 않았다. 하지만 정직한 자랑쟁이에 대해서는 다른 인상을 받았다. 흑인 학생들이 백인 학생들에 비해 정직한 자랑쟁이를 더 좋게 보았다.(Holtgraves & Dulin, 1994) 자랑의 내용이 사실이라면 아프리카계 미국인은 유럽계 미국인에 비해 겸손하지 않은 태도를 받아들이는 경향이 높다고 할 수 있다.

그렇다고 유럽계 미국인이 특히 겸손하다는 건 아니다. 사실 아시아계 미국인에 비하면 유럽계 미국인은 상당히 자랑을 많이 한다는 인상을 준다.(e. g., Fry & Ghosh, 1980: Yamagishi et al., 2012) 세계적으로 아시아인은 자기 제시를 특히 겸손하게 하는 편이다. 지금도 공자의 이러한 격언이 회자된다. "군자는 말을 아끼나 행동에는 민첩하다.(君子欲訥於言而敏於行)"(e. g., Fu et al., 2001: Furnham, Hosoe & Tang, 2002)

하지만 이러한 자료를 일반화하지 않도록 조심해야 한다. 인종 자체만으로 언어적 겸손이라는 측면에서 아시아계 미국인, 아프리카계 미국인, 유럽계 미국인의 차이를 설명하기 어렵다. 폴란드의 심리학자 파에우 보스키(Paweł Boski, 1983)는 나이지리아인에 대한 연구를 통해 여러 부족에서 겸손에 관한 광범위한 규범을 발견했다. 하우사족은 겸손을 중시하는 반면 이보족에서는 자기 홍보를 더 많이 허용한다. 또한 겸손에 관한 연구는 대개 언어적 자기 제시를 대상으로 하기 때문에, 물질적 겸손(값비싼 자동차, 장신구 등) 측면에서는 문화적 차이에 대해 밝혀진 것이 거의 없다.

요약하면 겸손에 대한 규범은 여타 규범과 비슷하다. 즉 문화에 따라 흥미로운 공통점과 차이점이 있다. 모든 문화에서 정직하지 않은 자기 홍보를 불쾌하게 받아들이는 반면 겸손을 유독 권장하는 문화도 있다.

지금까지 환심을 사기 위해 사용하는 4가지 주요 전략에 대해 알아보았다. 사람들은 다른 이들에게 확실히 호감을 얻기 위해 아첨과 비언어적 표현을 사용하고, 그들과의 유사성을 드러내고, 외모를 더욱 매력적으로 가꾸며, 겸손하게 행동하려 애쓴다. 이제 다른 이들에게 환심을 사고 싶게 만드는 사람과 상황의 특성에 대해 알아보자.

왜 여성이 남성보다 외모를 더 가꿀까

어느 오후 잠깐 도서관에 들렀다가 18~19세기에 쓰인 '조언'에 관한 책 한 무더기를 발견했다. 대체로 남성에게는 근면, 성취, 출세 등에 관해 권고하는 내용이었다. '숙녀들'을 위한 조언은 이와 상당히 달라서 호감 가는 태도와 예의의 중요성을 강조했다. 예를 들어 1794년에 출간된 『여성의 교육에 대한 강의(Lectures on Female Education)』의 저자 존 바턴(John Barton)은 여학생들에게 "상대를 기쁘게 하고 마음을 사로잡아라"라고 말했다. 그리고 쾌활함, 온화함, 겸손, 아름다움의 이점을 극찬한 뒤 "이렇게 알맞은 소양으로 바르게 한 품행은 보기에도 좋고 유용한 결과를 가져올 것이다"라고 조언했다. 당시 여성 작가들 역시 적절한 복장과 예의범절의 이점에 초점을 맞춰 비슷한 제안을 했다.(e. g., Farrar, 1838) 이러한 글들이 암시한 것은 명확했다. 여성은 다른 사람들에게 사랑받을 만한 방식으로 자신을 드러내야 한다는 것이었다.

물론 이러한 조언은 지금과는 여러모로 많이 달랐던 과거의 사회에서 쓰였다. 그런데 오늘날에도 사랑받고자 하는 욕구가 일반적으로 남성에 비해 여성에게 더 중요하게 받아들여진다는 사실을 알게 되면 놀랄 것이다.(DePaulo, 1992: Forsyth et al., 1985) 여성은 앞서 살펴본 환심 사기 전략을 사용할 가능성이 남성에 비해 조금 높고(e. g., Hall & Friedman, 1999: LaFrance, Hecht & Paluck, 2003) 타인의 의견에 맞춰 의견을 조정할 가능성도 높다.(Becker, 1988: Eagly & Carli, 1981) 신체적 매력에 대해서도 남성에 비해 더 신경 쓰며(e. g., Dion et al., 1990: Hart et al., 1989) 실제로도 미용 수술과 시술을 하는 사람 가운데 91% 정도를 차지한다.(American Society for Aesthetic Plastic Surgery, 2009) 그리고 자신을 더 겸손하게 드러내며 공적인 자리일수록 더욱 그렇다.(e. g., Berg et al., 1981: Daubman et al., 1992)

그렇다고 남성이 다른 사람의 환심을 사는 데 관심이 없다는 말은 아니다. 관심이 없는 것과는 거리가 멀다. 호감을 사는 일은 거의 모든 사람에게 중요하며, 남성 역시 여성만큼 환심을 사려는 태도를 보인다.(Vrugt & VanEechoud, 2002) 일례로 젊은 흑인 남성들은 인종적 고정관념과 마주할 때 위험해 보일 소지를 없애는 한편 애써 미소를 짓는다고 한다.(Neel, Neufeld & Neuberg, 2013) 하지만 일반적으로 영향력 있고 지배적으로 보이려는 자기 제시 목표들은 여성보다 남성에게 더 두드러진다. 이 차이에 대해서는 다시 살펴볼 것이다.

왜 환심 사기가 여성에게 더 중요할까? 그 이유 중 하나는 특히 여성의 경우 상대에게 잘 맞춰주고 호감 가는 사람으로 자신을 드러낼 때 보상을 받는다는 것이다.(e. g., Deaux & Major, 1987) 이것을 뒷받침하듯 청소년기를 지나면서 여성에게 비언어적으로 동의하는 태도가 더 많이 나타난다. 주로 여성들이 사회에서 자신에게 기대하는 행동 양식을 배우는 게 이유가 될 수 있다.(Blanck et al., 1981) 생물학적 요소 역시 중요하다. 대개 여성은 남성에 비해 **테스토스테론**(testosterone) 수치가 훨씬 낮다. 테스토스테론은 성적 발달에서 중요한 측면들을 담당하는 호르몬이다. 테스토스테론 수치가 높은 사람들은 다른 사람들에게 원하는 것을 얻어낼 때 더 완고하고 대립적인 방법을 사용하며, 덜 친절하고, 다른 사람들의 행복에 덜 신경 쓰며, 미소를 덜 짓는다.(e. g., Cashdan, 1995; Dabbs et al., 1996) 반면 테스토스테론 수치가 낮은 사람들은 더 친절하고, 목표를 달성하기 위해 더 공손하고, 사회적으로 품위 있는 방식을 사용할 가능성이 높다. 따라서 사회화와 생물학적 요소 둘 다 여성이 환심 사기에 상대적으로 신경을 쓰는 원인이 된다.

상황

친구 사귀기와 기회의 사다리 타기

환심을 사려는 욕구는 개인적 특성에서만 나오지 않는다. 사람들은 친구 관계를 시작하거나 유지하고 싶을 때, 혹은 지위가 더 높은 사람들과 상호작용할 때 환심 사기를 할 가능성이 특히 높다.

친구 관계 긍정적 인간관계를 시작하거나 유지하고 싶은 사람이 있을 때 환심 사기에 특히 더 신경 쓴다는 것은 말할 필요도 없다. 한 연구에서 참가자들은 친한 친구 혹은 난생 처음 보는 사람과 면담하면서 자신의 성공적인 진로에 대한 전망, 만족스러운 인간관계 등을 평가하고 논의하라는 요구를 받았다. 참가자들은 낯선 사람보다 친구에게 더 겸손하게 자기 제시를 했다.(Tice et al., 1995) 또한 친구와 친해지는 단계에서 너무 자기 자랑을 늘어놓지 않으려고 조심할 뿐 아니라, 더 많이 미소 짓고, 상대에게 좋은 말을 해주며, 자신을 매력적으로 가꾸는 행동을 하기 쉽다.(e. g., Bohra & Pandey, 1984: Daly et al., 1983)

영향력 있는 사람들과 상호작용하기 권력을 가진 사람들은 타인의 호감을 사는데 덜 신경 쓸 때가 많다. 어쨌든 그런 사람들은 원하는 것을 얻기 위해 영향력을 발휘할 수 있다. "스미스, 생산성이 높아지지 않으면 길거리에서 일자리 구하러 다니는 신세가 될 거야!" 물론 이런 협박은 실질적 영향력이 없는 사람들에게는 그리 끌리는 선택지가 아니다. 대신 영향력이 없는 사람들은 다른 이들이 자신을 좋아하게 만드는 데 더 신경을 쓴다. 예컨대 하위 계층에 속하는 사람들은 면접관의 질문에 맞게 자신의 대외적 의견을 조정하고 사회적으로 적절한 대답을 할 가능성이 높으며(Ross & Mirowsky, 1983), 상사와 좋은 관계를 맺으려고 아첨하는 경향이 있다.(Kacmar, Carlson & Bratton, 2004) 다른 연구에 따르면 여성들은 면접관이 좋아할 만한 모습에 맞게 외모를 바꾸었다. 이를테면 남성 면접관이 전통적 사고방식을 가졌다고 예상한 여성들은 그렇지 않은 여성들에 비해 화장을 진하게 하고 장신구를 많이 착용하고 나타났다.(von Baeyer, Sherk & Zanna, 1981)

사실 권력자의 환심을 사는 행동은 상당히 효과적이며 직장인들의 세계에서는 더욱 그렇다.(Vilela et al., 2007) 대졸자들을 대상으로 한 연구에서 의견에 동의하는 체하거나 칭찬함으로써 관리자의 환심을 사려는 시도는 직업적 성공에 기여한 요소 가운데 주당 근무시간, 근무 기간, 결혼 여부(기혼자가 더 성공적이다)에 이어 네 번째로 중요한 요소였다.(Judge & Bretz, 1994) 마찬가지로 관리자에게 호감을 얻은 직원들이 더 높은 임금을 받았다. 한 연구에 따르면 호감을 얻는 것은 업무 수행의 영향을 제외하고 4~5%의 임금 인상 효과가 있었다.(Deluga & Perry, 1994)

권력이 있는 사람들은 영향력을 발휘할 수단이 더 많으므로 환심 사기에 덜 의존할 뿐, 호감을 얻고 싶어 하는 것은 마찬가지다. 흥미롭게도 이들은 영향력이 약한 사람들과는 다른 환심 사기 전략을 사용한다. 영향력을 지닌 사람들은 부하 직원이나 하급자에게 '아부를 떠는' 것으로 받아들여질 가능성이 낮기 때문에 호의를 베풀어 호감을 얻으려는 행동에 위험이 많이 따르지 않는다.(Jones & Wortman, 1973) 반면 아랫사람의 의견에 맞게 의견을 조정하는

사회심리학

순응 행동은 지위를 위협할 수 있으므로 그런 방법으로 호감을 얻는 일은 거의 없다.

상호작용

다중 관객의 딜레마

상반되는 가치를 중시하는 두 유형의 **관객**(audience, 자기 제시 이론에서 '상대방'을 가리키는 개념으로 종종 쓰인다)이 있을 때 둘 모두에게 환심을 사기란 특히 어렵다. 예를 들어 다른 학생들이 주변에 있는 상황에서 교수에게 '아부를 떨어야' 하는 학생이나, 낙태 합법화를 두고 찬성·반대로 나뉜 유권자의 지지가 모두 필요한 상황에서 연설해야 하는 정치인의 딜레마에 대해 생각해보자. 대놓고 교수에게 아첨하면 그런 행동에 눈살을 찌푸리는 친구들에게 미움을 살 테고, 낙태 합법화에 반대하면 찬성하는 유권자들의 지지를 잃을 것이다. 사람들은 이러한 **다중 관객의 딜레마**(multiple audience dilemmas, 동시에 다른 관객들에게 다른 이미지를 심어주어야 하는 상황)에 어떻게 대처할까?

일단 최대한 관객들을 분리한다. 아첨하려는 학생은 다른 학생들이 사라지기를 기다렸다가 교수의 사무실로 찾아갈 수 있다. 정치인은 낙태 합법화 반대론자들과의 만남에서 의견을 개진하고, 찬성론자들과의 만남에서 다른 관점을 피력할 수 있다. 아니면 한 관객이 다른 관객보다 중요하다고 판단하는 것도 방법이다. 이를테면 학생은 교수와의 관계보다 친구들과의 우정을 유지하기로 결정할 수 있다.

하지만 이렇게 선택할 수 없을 때도 가끔 있다. 항상 관객을 분리할 수 있는 것도 아니고, 두 관객 모두의 긍정적 평가가 필요할 때도 있다. 그래도 사람들은 이러한 다중 관객 상황에 놀라울 정도로 잘 대처한다.(Fleming & Darley, 1991) 이런 경우 사람들은 '완화된' 자기 제시를 통해 다중 관객의 상충하는 바람에 절묘하게 대응한다. 즉 대조적인 양쪽 의견의 중간쯤 되는 의견을 드러내는 것이다.(Braver et al., 1977: Snyder & Swann, 1976) 물론 환심을 사는 데 이러한 전략을 쓰는 사람은 양쪽 모두에게 미움을 살 위험이 있다. 대선 후보가 낙태 문제에 대한 의견을 얼버무릴 때처럼 말이다. 그래서 사람들은 다른 의사소통 채널을 통해 다른 메시지를 전달하려고 노력하기도 한다. 교수에게 과제 제출 기한을 늘려달라고 부탁하려는 학생은 교수에게 아부하는 동시에

룸메이트에게는 수업에 대해 불만을 늘어놓는 것이다.(Fleming & Rudman, 1993)

마지막으로 자신에 대해 관객들이 가진 서로 다른 정보를 이용해 다중 관객의 딜레마에 대처할 수 있다. 한 연구에 참가한 학생들은 어떤 상대에게는 '공붓벌레'로, 다른 상대에게는 '파티광'으로 보이도록 대화하라고 지시받았다. 먼저 각각의 상대와 대화하고, 그다음에는 두 사람과 동시에 대화하면서 상반된 이미지를 유지해야 했다. 이들은 꽤 잘해낼 수 있었다. 양쪽에서 각자 다른 의미로 받아들이도록 말했기 때문이다. 예컨대 학생들은 "아까도 말했지만 토요일은 역시 뭐든 하나만 하면서 보내기 좋지"라고 말하면서 첫 번째 상대에게는 공부벌레 이미지를, 두 번째 상대에게는 파티광 이미지를 각각 강화했다.(Van Boven et al., 2000)

다중 관객이 중시하는 여러 가치는 함께 작용해 호감을 얻는 방식에 영향을 미친다. 관객들이 모두 같은 가치를 중시한다면 기꺼이 그것에 순응해 자기 제시를 하면 된다. 하지만 관객들이 중시하는 가치가 상충한다면 효과적으로 호감을 얻기가 어려워지므로 자기 제시를 하려는 사람은 그 상황에 대처하기 위해 더욱 창의력을 발휘해야 한다.

어떻게 해야 유능해 보일까

데마라가 우체국 직원이나 환경미화원, 식당 종업원 등을 사칭했다면 살기가 훨씬 쉬웠을지 모른다. 그는 꽤 똑똑하고 사회적 기술도 뛰어났으므로 요령을 빨리 익혔을 것이다. 하지만 그는 대신 대학교수, 회계사, 외과 의사 등 지식이 많이 필요한 직업을 선택했다. 이렇게 기술이 필요한 분야에서 정체를 간파당하지 않기 위해 데마라는 다른 사람들이 자신을 유능하다고 믿게 만들어야 했다. 즉, 훈련을 받고 정규 자격증을 받은 사람이 갖추어야 할 지식과 능력이 있는 사람으로 보여야 했다.

사기꾼이 아닌 사람들 역시 자신의 유능함을 다른 이들이 납득하게 만들어야 한다. 이를테면 환자를 끌어오고 관리하는 의사, 관리직으로 승진하려는 영업 사원, 쉬는 시간 공놀이에 끼고 싶은 아이들은 저마다 유능한 모습을 어필한다. 물론 사람들은 유능하게 보이는 데 너무 정신을 빼앗긴 나머지 하고 있는 일을 제대로 수행하지 못할 때도 있다.(e. g., Lord, Saenz & Godfrey, 1987; Osborne & Gilbert, 1992; Steele & Aronson, 1995) 여기에서는 사람들이 자신의 유능함을 드러내기 위해 사용하는 전략과 더불어 그러한 경향을 높이는 사람과 상황의 특징에 대해 살펴보려 한다.

자기 홍보 전략

데마라가 선택한 직업들은 몇 년에 걸친 전문적 훈련이 필요한 것들이었다. 이런 까닭에 데마라의 동료들이 왜 현장에서 그의 정체를 밝혀내거나 그가 사기꾼임을 깨닫지 못했는지 의아할 수밖에 없다. 일단 호감 가는 사람이었던 덕분에 유능하지 않다고 의심받을 가능성이 낮았다는 점이 그에게 도움이 되었다.(e. g., Wayne & Ferris, 1990) 또한 그가 열심히 일하고 빨리 배우는 사람이었다는 점도 유리하게 작용했다. 하지만 데마라에게는 숨겨둔 비결도 몇 가지 있었다. 유능한 이미지를 만들기 위한 행동, 즉 **자기 홍보**(self-promotion)를 위한 데마라의 책략은 가끔 터무니없을 정도로 대담했다. 이것은 사람들이 사용하는 일상적 전략에 내재한 원리를 아주 잘 보여준다.

수행 선보이기 유능하다는 평판을 정당하게 얻으려면 **정말로** 유능하면 된다. 하지만 안타깝게도 무언가를 성취한 순간 지켜봐주는 사람이 아무도 없는 경우가 가끔 생긴다. 동네 수영장에서 그림처럼 멋진 다이빙을 했는데 하필 아빠가 다른 곳을 보고 있었다든지, 마침내 어려운 피아노곡을 잘 칠 수 있게 되었는데 공교롭게도 엄마가 마당에서 일하고 있을 수 있다. 이처럼 아무도 보지 않는 가운데 성공의 순간이 지나가는 경우가 있기 때문에 우리는 수행을 **선보일** 기회, 즉 공개적으로 유능함을 보여줄 기회를 찾고 스스로 만들기도 한다. 예컨대 높은 다이빙대에서 막 뛰어내리려 할 때 영리하게 "아빠, 보세요!"라고 소리치는 것과 같다.(Goffman, 1959; Jones, 1990) 춤을 잘 추는 사람이 사귀고 싶은 상대에게 춤 솜씨로 강한 인상을 남기고 싶어 음악과 춤이 있는 장소 근처로 저녁 데이트 코스를 잡는 것도 마찬가지다.

물론 선보이기 책략도 동전의 양면처럼 단점이 있다. 어떤 분야에서 유능하지 않다면(몸의 움직임이 코뿔소처럼 둔하다면) 공개적으로 그 능력을 선보이려

하지 않을 것이다. 데마라는 이 2가지 지혜를 잘 알았다. 한편으로는 교육이나 의학처럼 전문 지식이 부족한 관객(학생이나 환자)이 쉽게 감명받을 수 있는 분야를 선택했다. 한편으로는 다른 전문가들이 주변에 있을 때는 의심스러운 자신의 능력을 가능한 보여주지 않고, 필요한 경우에는 아예 한동안 모습을 보이지 않았다.

수행 능력을 선보이기는 아주 간단하다. 시선과 주목을 받을 만한 곳으로 움직여 가기만 하면 된다. 한 연구에 따르면 자신이 모의 게임에서 뛰어난 수행 능력을 보일 것으로 예상한 참가자들은 앞쪽 가운데 자리를 골랐다. 그리고 당연한 일이지만 스스로 수행 능력이 형편없으리라고 예상한 참가자들은 구석 자리를 골랐다.(Akimoto, Sanbonmatso & Ho, 2000)

가끔은 훌륭한 수행을 선보일 수 없을 뿐 아니라 무능함의 노출을 피하기 어려울 때도 있다. 중요한 생각을 해내는 동안 상사가 주변에 없을 때도 있고, 억지로 무대에 끌려 나가기도 한다. 따라서 우리는 다른 사람들에게 자신의 유능함을 확실히 보여주기 위해 다른 전략에도 의지하게 된다.

유능함 주장하기 다른 사람들이 자신을 유능한 사람으로 봐주기를 바랄 때 사람들은 자신의 성취에 대해 그냥 **말하기도** 한다. 사실 말로 유능함을 선언하는 행동은 그것이 '요청'될 때 효과적이다. 예컨대 면접을 보러 갔다면 자신을 홍보하는 말은 유능함을 전달하는 데 적절하고도 효과적인 방법이다.(Holtgraves & Srull, 1989: Kacmar et al., 1992) 자신의 유능함을 남들이 대신 말해주는 경우에는 특히 이득을 본다.(Giacalone, 1985) 이것은 데마라가 좋아하던 수법 중 하나였다. 그는 아주 믿을 만한 사람들이 자신의 유능함에 대한 찬사를 아끼지 않은 것처럼 추천서를 위조하곤 했다.

하지만 말로 유능함을 주장하는 데에는 위험이 따를 수 있다. 뻔뻔하게 비칠 수 있기 때문이다. 그리고 앞서 살펴보았듯 겸손하지 않은 사람들은 미움을 사는 일이 많다.(Godfrey, Jones & Lord, 1986) 또한 정말 유능한 사람은 굳이 자신이 유능하다고 주장하지 않고 "가만히 있어도 티가 난다"라는 일반적인 믿음이 있다. 그 결과 자신의 능력이나 성취를 노골적으로 강조하는 사람은 본의 아니게 그 반대라고, 즉 사실은 그렇게 유능하지 않다고 암시하는 셈이 된다.(Jones & Pittman, 1982) 이처럼 자기 홍보 발언은 겸손하지 않은 태도로 비치고 신뢰성이 있더라도 미미하기 때문에 조심스럽게 전달하지 않으면 오히려 해가 될 수 있다.(Judge & Bretz, 1994; Wayne & Ferris, 1990)

유능함의 상징물 이용하기 자기 홍보 산업에 종사하는 많은 조언자들에 따르면 대개 적절한 소품과 습관을 갖춘 사람들이 유능함을 연상시킨다고 한다.(e. g., Bly et al., 1986) 예컨대 자기 홍보를 하려는 사람들은 일정표를 빼곡하게 채우고 전화를 바로 받지 말고 약간 뜸을 들이는 등 바쁜 모습을 보이라는 조언을 듣는다. 아주 성공한 사람들은 자기 시간이 거의 없기 때문이다. 데마라는 전문가처럼 보이는 문구류와 복장을 이용해 유능한 이미지를 전달하는 데 능숙했다. 어떤 사람이 의사처럼 보이면 의사로 받아들여질 가능성이 크다고 정확히 판단한 셈이다. 자기 제시를 위해 소품을 사용하는 경우는 흔하며, 이에 대해서는 지위와 권력의 이미지를 전달하는 방식을 논의할 때 좀 더 살펴볼 것이다.

핑계 대기, 방해물이 있다고 주장하기 외야수가 쉽게 잡을 수 있는 뜬공을 놓친 후에 "햇빛에 눈이 부셔서"라고 말한다. 또 숙제를 늦게 제출하는 학생이 이렇게 항변한다. "개가 먹어버려서요." 거의 고전에 가까운 전형적인 변명을 보면 사람들이 수행을 시원찮게 한 뒤에 얼마나 쉽게 핑계를 대는지 알 수 있다. 사실 사람들은 수행 **전**에도 핑계를 댄다. 성공을 방해할 수 있는 장애물을 예견하고 관객에게 둘러댈 변명거리를 만드는 것이다. 설득력 있는 핑계도 가끔 있지만 핑계나 변명은 형편없는 수행을 설명해준다기보다 변명하는 사람이 기분 좋아지기 위해 행동에 가까우며 다른 사람들이 받는 인상에 영향을 미친다.(e. g., Schlenker, Pontari & Christopher, 2001)

핑계 대기와 장애물 언급이 자기 홍보에서 차지하는 중요성은 3장에서 살펴본 **절감 원리와 증가 원리**에 따라 달라진다. 눈이 부셔 공을 놓쳤다는 이야기를 믿는다면 사람들은 실제 상황과 달리 외야수의 실패가 야구 실력과 연관성이 적다고 볼 것이다. 해가 눈부시게 내리쬐는데도 공을 잡았다면 유능하다는 평판이 늘 것이다. 따라서 핑계 대기와 장애물 언급은 실패했을 때 무능한 이미지를 얻지 않도록 보호해주고 성공했을 때 유능한 이미지를 만들어줄 수 있다.(e. g., Erber & Prager, 2000; Giacalone & Riordan, 1990; Snyder & Higgins, 1988)

물론 핑계 역시 자기 제시에 크게 해를 끼칠 위험이 있다.(Schlenker et al., 2001) 예컨대 유능한 이미지를 유지하기 위해 핑계를 대면 믿을 수 없거나 불성실한 사람으로 비칠 수 있다.("언니가 주말에 라스베이거스에서 놀자고 해서 과제를 제시간에 마칠 수 없었어요.") 핑계가 다른 사람들을 탓하는 내용이라면 자기중심적인 사람으로 보이기 쉽다. 또한 거짓으로 핑계를 댄 사실이 밝혀지면 믿을 수 없는 사람으로 보일 것이다. 이와 같이 핑계를 대는 행동에는 위험이 따르기도 한다.(Tyler & Feldman, 2007)

성공을 방해하는 장애물이 있다고 주장하는 것과 장애물을 스스로 만들어내는 것은 사뭇 다르다.(Arkin & Baumgardner, 1985 ; Hirt, Deppe & Gordon, 1991 ; Leary & Shepperd, 1986) 하지만 사람들은 가끔 그렇게 한다. 유능함을 보여주는 데 실제로 방해가 되는 환경을 스스로 만들어내는 행동을 **자기 불구화**(self-handicapping)라고 한다. 사람들은 자기 불구화를 통해 자신의 실패가 무능력 탓으로 간주될 가능성을 줄이는 한편 성공이 자신의 탁월한 능력에 힘입은 것으로 간주될 가능성을 높인다.

BOX 4.2

'의도된 실패' 자기 불구화의 모순

자신이 꿈꾸던 것보다 훨씬 성공한 유명 뉴스 진행자가 약물을 남용하기 시작하고 한창 쌓여가는 경력을 내던진다. '가장 성공할 것 같은' 학생으로 뽑힌 고등학생이 명문 대학교에 진학하더니 그답지 않게 공부를 게을리한 끝에 성적이 나빠 퇴학당한다.

이렇게 일찍 성공을 맛본 후 앞으로 성공

할 가능성을 부정하는 방향으로 행동하는 사람을 본 적이 있는가? 자기 불구화는 과거의 성과가 고스란히 자신의 개인적 능력과 노력 때문인지 의심하는 사람들에게 특히 자주 나타난다.(Berglas & Jones, 1978) 예컨대 뉴스 진행자는 빠른 성공의 원인이 자신의 미모와 행운에 있었다고 생각했을 수

사회심리학

있다. 퇴학당한 학생은 훌륭한 학업 성과의 원인이 유복한 집안 배경에 있었다고 생각했을 수 있다.

이러한 믿음은 결과적으로 높은 수준의 수행을 유지하기 어려울 것이며, 과거의 성공을 바탕으로 쌓아 올린 내적·외적 자긍심이 무너질지 모른다는 두려움을 낳는다. 따라서 이들은 유능하다는 이미지를 유지하고 유능함에 대한 얄팍한 믿음을 지키기 위해 앞으로의 수행에 방해가 되는 장애물을 만들어내거나 성공을 위한 노력을 중단한다. 이러한 장애에도 불구하고 성공한다면 사람들은 증가 원리에 따라 그들의 실력이 특출나다고 판단할 것이다. 실패한다면 절감 원리에 따라 장애물이 실패의 원인이라고 판단할 것이다. 어느 쪽이든 자기 불구화 행동을 하는 사람들은 위협적인 장애물을 넘도록 스스로 몰아붙이거나 노력을 중단함으로써 유능함에 대한 내적·외적 이미지를 유지할 수 있다.(McCrea & Hirt, 2001)

이러한 자기 불구화 행동을 유난히 더 많이 하는 사람도 있다. 자신의 유능함에 대한 감각이 약한 사람들은 유능함을 드러내려는 욕구가 강한 사람들과 마찬가지로 자기 불구화 행동을 하는 경향이 특히 높다.(Coudevylle et al., 2008: Harris & Snyder, 1986) 남녀 모두 실패 후 장애물이 있었다고 주장하는 데 능숙하지만 흥미롭게도 성취를 방해하는 장애물을 더 많이 만들어내는 쪽은 남성이다.(e. g., Ferrari, 1991:

McCrea, Hirt & Milner, 2008: Rhodewalt & Hill, 1995) 또한 자존감이 높은 사람과 낮은 사람 모두 어느 정도 자기 불구화 행동을 하지만 그 이유는 다르다. 자존감이 높은 사람은 기존의 호감 가는 이미지를 강화하고자 하는 반면, 자존감이 낮은 사람은 호감이 덜 가는 이미지를 자신이 저지른 실패로부터 보호하고 싶어 한다.(Tice, 1991)

한편 대학생들은 난관에 부딪혔을 때 다음과 같이 자기 불구화 행동을 보인다.

- 과제 수행 전이나 수행 중에 인지력을 손상시키는 술이나 약물을 복용한다.(e. g., Kolditz & Arkin, 1982)
- 기회가 생겨도 실행하지 않는다.(e. g., Alter & Forgas, 2007)
- 과제 수행 중에 시끄럽고 정신 산란한 음악을 듣는다.(e. g., Shepperd & Arkin, 1989)
- 달성할 수 없는 목표를 선택한다.(Greenberg, 1985)

적어도 몇 가지 행동은 한 번쯤 본 적이 있을 것이다. 이외에도 선택할 수 있는 자기 불구화 행동은 아주 다양하다.

자기 불구화 전략에는 장기적이고 막대한 손해의 위험이 뒤따른다. 사람들은 눈앞에 커다란 장애물을 둠으로써 장래에 성공할 가능성을 낮춘다.(e. g., Elliot & Church, 2003: Zuckerman, Kieffer & Knee, 1998) 게다가 상습적으로 자기 불구화 행동을 하는 사람은 시간이 지나면 건강이 악화되고 알코올, 마리화나 등의 사용이 늘어난다.(Zuckerman & Tsai, 2005) 이들은 스스로 중요하다고 생각하는 유능한 이미지까지 도달할 수 없도록 장래의 성취와 이미지의 제고를 의도적으로 방해한다. 여기에 자기 불구화의 중대한 모순이 있다. 유능해 보이고 싶은 강렬한 욕망이 탁월한 수행을 덜 하게 되는 환경으로 이끄는 것이다.

요약하면 사람들은 수행을 선보이고, 말로 유능함을 주장하고, 성공의 함정을 이용하고, 실패를 변명하는 한편 성공하지 못하게 하는 장애물에 대해 이야기하거나 그것을 만들어냄으로써 유능하다는 인상을 남길 수 있다. 이제 유능한 이미지를 특히 중요하게 생각하는 사람의 유형과 대부분의 사람들이 유능해 보이고 싶도록 만드는 환경의 특징에 대해 알아보자.

사람

최고임을 증명하거나, 최악은 아님을 해명하거나

데마라는 실패를 싫어했다. 일단 어떤 일에서 자신의 우수한 능력을 발휘하면 그 일에서 성공하기로 마음먹는 사람이었다. 그는 어떤 기준을 그저 '통과'하는 정도가 아니라 최고가 되고 싶어 했다. 데마라는 무언가를 훌륭하게 수행하고자 하는 욕구, 즉 **유능성 동기**(competence motivation)가 높은 사람이었다.(e. g., Deci & Ryan, 1985) 사람들은 내적인 이유로, 다시 말해 어떤 일에 숙달하는 것이 재미있고 매혹적이기 때문에 유능성 동기를 크게 느낄 수 있다. 이것을 흔히 **성취동기**라고 한다.(e. g., McClelland et al., 1953) 강한 유능성 동기가 생기는 또 다른 이유는 성공이 자아상이나 대외적 이미지를 끌어올릴 수 있다는 사실을 알기 때문이기도 하다. 이런 경우에는 대외적으로나 스스로 보기에 유능해 보이려는 외적인 이유에서 성취를 추구한다.(Koestner & McClelland, 1990) 유능성 동기가 자기 제시에 미치는 영향을 살펴본 연구는 얼마 되지 않지만 그 결과는 유능성 동기와 자기 제시가 관련 있다는 가설을 뒷받침해준다. 예컨대 두 번째 외적 유형의 유능성 동기가 높은 사람들은 성공을 곧바로 자기 공으로 돌린다.(Kukla, 1972) 또한 이들은 자신의 직업 환경에서 전문가다운 복장을 갖춤으로써 유능함의 상징물을 내보이는 경향이 더 높다.(Ericksen & Sirgy, 1989) 대외적 성취에 초점을 맞추는 사람들에게는 유능한 이미지를 보이는 것이 특히 중요할 수 있다.

대개는 적어도 일부 상황에서 유능해 보이고 싶어 하지만 앞서 논한 전략들을 사용해 유능한 모습을 보이려 하지 않는 사람도 있다. 어떤 사람들은 자주 혹은 지속적으로 수줍음(shyness)을 경험한다. 이들은 익숙지 않은 사회적 상호작용을 할 때 긴장하고 걱정하고 어색해한다. 심지어 사회적 상호작용을 예상하거나 상상하기만 해도 그렇다.(Cheek et al., 1986; Leary, 1986b) 이들은 사회적 상황에서 걱정하며 자신에게 몰두한다. 자신의 감정, 행동, 다른 사람들에게 어떻게 보일지 등을 생각하느라 많은 시간을 보내는 것이다.("왜 이렇게 불안하지? 저 애가 날 어떻게 보는지가 정말 중요할까? 다음에 뭐라고 말해야 할지 모르겠어.")(Cheek & Melchior, 1990)

수줍어하는 사람들은 그렇지 않은 사람들처럼 대담하게 자신의 유능함을 홍보하지 않는다. 이들의 자기 제시는 자신을 보호하는 쪽에 가깝다. 좋은 인상을 심어주기보다 대외적 이미지가 나빠지지 않게 하는 데 집중한다. 수줍어하는 사람들은 낯선 사회적 만남을 피하려 하고, 데이트 빈도가 비교적 낮으며, 다른 사람들과 함께 일하기보다 혼자 일하는 쪽을 선호하고, 대학 강의실에서 뒤쪽이나 옆쪽에 앉는 편이다.(Curran, 1977; Dykman & Reis, 1979) 이들은 주목에서 벗어나 있음으로써 무능하게 보일 위험을 줄인다. 다른 사람들과 함께 있는 상황에서는 유능해 보여야 하는 사회적 압박을 줄이려고 애쓴다. 다른 사람들의 기대를 낮추기 위해 일부러 실패할 때도 있으나(Baumgardner & Brownlee, 1987) 이는 자기 불구화 행동과는 거리가 멀다고 봐야 한다.(Shepperd & Arkin, 1990)

수줍어하는 사람들에게 유능해 보이고 싶은 마음이 없는 것은 아니다. 그보다는 나중에 유능함을 증명해야 한다는 생각 때문에 자기 홍보에 조심스러워질 뿐이다. 그래서 그들은 스스로 자기 불구화 상황을 적극적으로 만들어내지는 않지만, 수행을 잘 못할 때에 대비하는 명백한 핑계가 있다면 그것을 이용해 좀 더 대담하게 자기 홍보를 한다.(Arkin & Baumgardner, 1988; Leary, 1986a)

이와 같이 능동적으로 자기 홍보를 하지 않고 주저하는 경향은 중대한 손해를 끼칠 수 있다. 예컨대 몇몇 연구에 따르면 수줍어하는 사람들은 능력 이하의 일을 하거나 직장 생활이 다소 성공적이지 않은 경향이 있다.(e. g., Caspi, Elder & Bem, 1988; Gilmartin, 1987) 능숙한 자기 홍보를 통해 얻을 수 있는 이득을 누릴 가능성도 비교적 적다.

상황

유능함이 중요해지는 상황

자신이 유능해 보이는지 특히 더 신경 쓰이는 상황이 있다. 예컨대 수업 시간보다는 클럽에 있을 때 춤을 잘 춘다고 인정받고 싶은 욕구가 생기기 쉽다. 마찬가지로 유능함을 더 신경 쓰게 만드는 사람들도 있다. 예를 들어 화학 과목 교수보다는 연애 상대에게 춤을 잘 추는 사람으로 보이고 싶을 것이다. 물론 아예 자기 홍보를 할 생각조차 잘 들지 않는 상황도 있다. 아빠가 아기에게 푹 빠져 놀아주느라 바보 같은 몸짓과 표정을 짓는 경우가 이에 해당한다. 회사 중역 회의실 같은 곳이라면 평판에 금이 갈 것은 말할 필요도 없고 십중팔구 창피한 행동이 분명하지만 위와 같은 상황에서는 설명이 된다.

실패 혹은 코앞의 실패에 대한 두려움은 유능해 보이는지 더욱 신경 쓰게 한다. 다른 사람들이 자신을 똑똑한 사람으로 생각해주기를 바란다면 시험을 망치는 일은 굉장히 위협적인 경험일 것이다. 어쩌면 그러한 사건이 자기 홍보 전략에 손을 뻗게 할 수도 있다. 한 실험에서 사회적 민감성 조사에서 형편없는 점수를 받았다고 들은 학생들은 이후에 적응을 잘하는 모습으로 자기 제시를 하는 경향이 특히 높았다. 이에 비해 조사에서 높은 점수를 받았다고 들은 학생들은 좀 더 겸손하게 자기 제시를 했다. 조사에서 사회적 유능함을 확인받았기 때문에 호감 가는 사람으로 보이는 데 집중할 수 있었던 것이다.(Schneider, 1969) 또 다른 연구에서는 일부 참가자들에게 학업 성취도 조사에서 각자 배정받은 상대방보다 점수가 낮았다고 믿게 했다. 그리고 그 상대방이 나중에 점수를 보고 해당 참가자를 평가할 것이라고도 알려주었다. 이 참가자들은 상대적으로 형편없는 수행에서 상대방이 받았을 나쁜 인상에 반박하기 위해 고등학교 시절 성적을 과장하고 쓰기 실력을 자랑하는 등 자신의 과거 학업 수행에 대해 거짓말을 할 가능성이 특히 높았다.(Tyler & Feldman,

사회심리학

2005) 유능해 보이고자 하는 욕구는 자신의 처지를 확신할 수 없는 모호한 상황에서 특히 강하게 나타나며(Yun et al., 2007) 압박이 있거나 경쟁적인 상황에서도 마찬가지다. 얄궂게도 그러한 상황에서는 행위자가 긴장해서 일을 망치거나 잠재력을 제대로 발휘하지 못할 확률이 높아지기도 한다.(Baumeister & Showers, 1986; Beilock & Carr, 2001)

상호작용
능력 평가에 대한 상반된 반응
수줍어하는 사람들과 달리 자신감이 넘치는 사람들은 자신의 유능함을 홍보할 기회를 이용하는 경우가 많다. 특히 사람들 앞에서 실패한 후라면 더욱 그렇다. 하지만 이들이 현재 상황을 고려하지 않고 무모하게 자기 홍보 행동을 하는 것은 아니다. 1995년 제임스 셰퍼드(James Shepperd), 로버트 아킨(Robert Arkin), 진 슬로터(Jean Slaughter)가 밝혔듯 사회적으로 자신감 있는 사람들도 자기 홍보의 위험성을 안다. 세 연구자들은 실험을 통해 참가자들에게 지능(IQ) 검사에서 자신이 꽤 잘했거나 못했다고 믿게 했다. 일부 참가자들에게는 다시 한번 짧게 검사할 것이라고 알려주었다. 그런 후 모든 참가자가 짧은 설문에 응답했다. 실험 조건과 상관없이 수줍어하는 성향의 참가자들은 검사에서 자신이 앞으로 얼마나 잘해낼지 평가할 때 상당히 겸손한 모습을 보이고 장래의 성공을 장담하지 않았다. 반면 사회적으로 자신감 있는 참가자들은 실패를 겪은 후 앞으로의 성공을 단언할 기회를 재빨리 낚아챘다. 하지만 이러한 경향은 검사가 곧바로 이어지지 않을 경우에만 나타났다. 두 번째 수행 역시 평가받는다는 사실을 알게 되면 앞으로의 수행을 좀 더 겸손하게 예측했다. 이러한 연구 결과는 사람과 상황의 상호작용의 한 유형을 보여준다. 즉 어떤 사람들(사회적으로 자신감 있는 사람들)은 특정 상황(다시 보지 않을 중요한 검사에서 겪은 실패)에 맞닥뜨릴 때, 자신의 평판에 난 상처를 회복할 수 있는(앞으로의 성공을 장담하는) 방식으로 행동할 가능성이 특히 높다.

자기 홍보도 전염된다

앞서 살펴보았듯 사람은 상황을 바꿀 수 있다. 로이 바우마이스터(Roy Bau-meister), 데브라 허턴(Debra Hutton), 다이앤 타이스(Dianne Tice, 1989)가 수행한 실험은 한 사람이 자기 홍보를 할 경우 왜 다른 사람들도 자기 홍보의 필요성을 느끼는 사회적 상황이 조성되는지를 보여준다. 학생들은 집단 면담의 특성에 대한 연구를 위해 두 사람씩 짝을 지어 모집되었다. 그중 한 사람('주인공' 역할)은 면담 전에 (1) 자신을 최대한 홍보하거나 (2) 겸손한 모습을 보이라는 지시를 받고, 짝이 된 학생은 이 사실을 듣지 못했다. 면담자는 학생들에게 진로 전망이나 이성과의 관계 등 여러 가지를 묻되 항상 주인공에게 먼저 질문했다. 예상대로 자기 홍보를 하라고 지시받은 주인공은 겸손한 모습을 보이라고 지시받은 주인공에 비해 호감 갈 만한 대답을 했다. 그런데 흥미롭게도 자기 홍보를 한 학생들과 짝이 된 학생 역시 겸손하게 대답한 학생의 짝에 비해 더 호감을 주는 방식으로 자기 제시를 했다. 이처럼 자기 홍보를 한 학생들은 짝이 된 학생들 역시 자기 홍보를 해야겠다고 느끼는 상황을 만들었다. 이것은 상황을 바꾸는 사람의 힘을 보여주는 예다.

────────── # 지위와 권력 드러내기 ──────────

프레드 데마라에게 오랫동안 유독 뚜렷하게 남은 어린 시절의 사건이 있었다. 극장을 여러 개 소유한 성공적 사업가였던 그의 아버지와 유복한 가족들은 고급스러운 동네의 널찍한 집에서 살았다. 데마라의 네 번째 생일을 맞아 그의 아버지는 집에서 일하는 직원들을 커다란 나선계단 앞, 반짝이는 유리 샹들리에 아래 모이게 했다. "오늘 우리 아들이 4살이 되었어요. 어리지만 남자가 되었죠. 오늘부터 모두들 이 어린 주인에게 존경을 담아 대해줘요. 호칭도 '데마라 씨'라고 부르고요. 나뿐 아니라 이 아이도 그러길 바랄 겁니다." 그러자 약속이라도 한 듯 고용인들이 한 사람씩 앞으로 나와 인사했다. "생일 축하드립니다, 데마라 씨."(Crichton, 1959)

7년 후 사업에 차질이 생겨 그 화려한 집을 비워주어야 했을 때 데마라는 변두리의 낡아빠진 집으로 짐을 나르던 이사업체 사람들의 태도가 무례하다고 느꼈다. 어린 데마라는 이제 가난했고, 지위를 상실했다. 그의 마음은 심히 고통스러웠다. 그가 사기꾼으로서 의사 조제프 시르, 유명한 교수 로버트 린튼 프렌치 등 거의 매번 지위가 높고 존경받는 사람의 입장이 되고자 했다는 사실이 과연 놀랄 만한 일일까?

데마라가 저지른 사기는 보기 드물게 놀라운 일이었지만 깊이 존경받는 사람이 되려는 욕구는 꽤 평범한 것이었다. 높은 지위와 권력에 대한 평판에서 얻을 수 있는 이점을 생각한다면 그것을 추구하지 않을 이유가 있겠는가? 높은 지위와 권력이 있는 사람들은 교육받을 기회와 물질적 자원을 더 많이 누릴 수 있다. 또한 사회적 영향력이 있는 집단에 받아들여져 돈을 벌 기회를 제공받고, 훌륭한 짝을 만나고, 정치권력을 행사할 가능성이 높다. 한편 남들에게 번거롭고 성가신 일을 당할 가능성은 낮다. 높은 지위와 권력에 대한 평판이 있으면 마치 당근과 채찍을 사용하듯 다른 사람들을 자신의 요구에 따르도록 꾀거나 위협할 수도 있다.

영향력을 내보이는 4가지 방법

우리는 지위와 권력이 높은 사람으로 보이기 위해 어떻게 하는가? 지위는 개인의 성취에 크게 기초하므로 유능하다는 평판이 있으면 지위가 높은 사람으로 보이는 데 도움이 된다. 여기에서는 사람들이 자신에게 지위와 권력이 있음을 알리기 위해 자주 사용하는 전략들을 알아보자.

지위와 권력의 부산물 보여주기 병원에 가면 그곳이 어디인지 바로 알 수 있다. 명백히 대기실로 보이는 공간이 있고, 접수대와 접수원이 있고, 벽에 학위와 졸업장, 의사 면허, 공기관의 영업 허가증 등이 걸려 있다. 이것들은 의사라는 직업의 부산물이며 그 가운데 있으면 그곳에 의사가 있다는 사실을 저절로 '알게' 된다. 마찬가지로 기업의 최고경영자는 커다란 창문, 중후한 책상, 고급스러운 전화기가 있고 잡동사니 하나 없이 깔끔하며 건물 맨 꼭대기 층 깊숙한 곳에 있는 사무실을 쓸 가능성이 크다. 이는 어떤 메시지를 전달하는가? 중요한 결정이 그곳에서 내려진다는 뜻이다. 사람들은 높은 지위나 권력의 부산물을 전시하듯 보여줌으로써 자신이 획득했다고 믿는 평판과 존경을 부여받는다.

유감스럽게도 합당한 자격이 없는 사람들이 존경을 받기 위해 이러한 부산물을 악용하는 경우도 가끔 있다. 사실 오로지 인위적인 부산물을 제조하기 위해 존재하는 기업들도 있다. 이 책의 저자들도 최근 약력과 사진, 글을 제공하도록 권유받은 적이 있다. 가죽으로 만들어지고 아주 묵직한 『1000명의 위대한 지성(One Thousand Great Intellectuals)』이라는 책의 초판을 출간하기 위해서라고 했다. 게다가 그렇게 세계적으로 호평받는 책에 실리는 것을 기념하기 위해 금으로 된 메달과 증명서를 넣은 액자를 받게 될 것이라고 했다. 이런 영광을 누리기 위해 치러야 할 대가는…… 1125달러였다! 어찌나 기쁜지.

우리는 이 '권유'가 무엇을 위한 것인지 알고 있다. 자신의 지위를 보여주려는 사람들에게 (전혀 안) 저렴한 비용으로 도움을 주려는 시도였다. 하지만 데마라 같은 사람들에게는 자신의 이득을 위해 지위의 부산물을 이용할 수 있는 놓치기 아까운 기회였다. 이를테면 데마라는 여행할 때 자신의 인생 경험과 사회적 지위를 보여주기 위해 중고 가게에서 산 트렁크를 가지고 다녔다. 트렁크에는 세계 여러 나라의 비싼 호텔과 휴양지 스티커가 이미 덕지덕지 붙어 있었다. 그런 트렁크를 가진 데마라를 보고 사람들은 틀림없이 세계 여행을 다니는 부유한 사람이라고 생각했을 것이다.

씀씀이의 과시 쓸 수 있는 돈이나 자원의 양으로도 지위가 높은 사람이라는 이미지를 심어줄 수 있다. 사실 물질적 소비의 목적은 대부분 지위를 나타내는 것이다.(Fussell, 1983: Veblen, 1899) 부유한 사람들은 '제대로 된' 동네에 있는 집, 자동차, 보석 등에 아낌없이 돈을 쓸 수 있는 능력을 통해 높은 지위를 알리기도 한다. 이보다 덜 부유한 사람들은 보다 작은 규모로 똑같은 행동을 할 때가 많다. 보세 의류나 '이름 없는' 상품 대신 맞춤옷이나 브랜드 상품을 사는 것이다.(e. g., Bushman, 1993)

기부나 낭비도 이러한 소비의 한 형태다. 9장에서도 논하겠지만 어떤 사회에서는 지위가 높은 사람들이 **포틀래치**(potlatch)라는 행사를 연다. 포틀래치는 부족의 지도자들이 높은 지위로 올라갈 때 귀중한 재산을 나눠주거나 파괴하는 의식이다. 이때 잔치의 주인공이 재산을 더 많이 나눠주거나 파괴할수록 지위가 더 올라간다.(Murdock, 1923/1970)

데마라는 물질적 소유가 자기 제시에서 어떤 가치가 있는지 분명히 이해

사회심리학

했다. 옷 가게 직원에게 신용 사기를 쳐서 옷을 잘 차려입을 수 있었고, 새 사무실을 회사 돈으로 으리으리하게 꾸몄다가 해고당한 적이 있으며, 술집에서 낯선 사람들에게 술을 돌리는 등, 돈이 많이 드는 습관이 있었다. 이처럼 높은 지위의 상징과 부산물을 도용하는 것과 마찬가지로 씀씀이를 과시하는 행위도 사회적 지위를 돋보이게 하는 효과적 방법이 될 수 있다.

인맥 인맥 관리 역시 자기 제시의 수단이다. 1973년 가을 각각 명문 미식축구 팀을 보유한 대학교에서 일하던 연구자들은 미식축구 팬들이 응원하는 팀의 승리 이후 팀 로고가 그려진 옷을 더 많이 입는다는 사실을 발견했다.(Cialdini et al., 1976) 후속 연구에 따르면 팬들은 응원하는 팀이 졌을 때("쟤네 졌어")보다 이겼을 때("우리가 이겼다!") '**우리**'라는 말을 사용했다. 이긴 팀의 **반사된 영광 누리기**(basking in the reflected glory), 즉 승자로 알려진 팀과 자신을 관련짓는 행동을 통해, 팬들은 자신의 대외적 이미지를 강화할 수 있었다. 반대로 사람들은 **반사된 실패 차단하기**(cutting off reflected failure)를 보일 때도 있다.(Snyder, Lassegard & Ford, 1986) 이것은 불리한 사회적 연관성이 평판에 오점을 남길까 두려워 세상에 알려진 '패자'와 거리를 두는 행동이다. 필리프 보엔(Filip Boen)과 동료들(2002)은 정치에 적극적 태도를 보이는 벨기에 플랑드르 주민들에게서 이와 아주 비슷한 양상을 발견했다. 플랑드르 주민들은 집 앞쪽 유리창에 포스터를 붙여 자신들의 정치적 선호를 나타냈다. 선거가 끝난 후 승리한 당을 지지했던 주민들 중 거의 60%가 포스터를 그대로 둔 반면 패배한 당을 지지했던 주민들은 19%만 그대로 두었다. 이렇듯 사람들은 승자와 자신을 관련짓고 패자와는 거리를 둔다.(End et al., 2002)

데마라는 이러한 관련짓기의 위력을 잘 알았다. 예컨대 그는 항상 '빵빵한 서류'를 들고 면접장에 갔다. 즉 지위와 권력이 있다고 알려진 사람들이 썼다는 몇 장의 위조 추천장이 데마라의 지위와 인성을 증명해주었던 것이다. 이 추천장은 2가지 목적에 기여한다. 첫째, 앞서 배웠듯 이 서류들은 데마라의 유능함을 증명하는 데 도움이 된다. 둘째, 서류들은 데마라에게 지위도 부여했다. 어쨌든 그렇게 명성 높은 사람들이 아무한테나 그렇게 극찬하는 추천장을 써줄 리 없으니 말이다. 데마라는 지위와 권력 있는 사람들을 자신과 연결함으로써 상당히 높은 평가를 받을 수 있었다.

지위와 권력을 암시하는 비언어적 표현들 우리는 호감 가는 사람이라는 인상을 주기 위해 미소를 짓기도 하지만 다른 형태의 몸짓언어(body language)도 사용한다.(Fast, 1970) 지위와 권력의 이미지를 전달하는 표정, 자세, 몸의 방향, 손짓 등 비언어적 신호를 일반적으로 몸짓언어라고 한다.(e. g., Hall, Coats & LeBeau, 2005; Tiedens & Fragale, 2003) 예컨대 지위가 높아 안정감을 느끼는 사람들은 여유 있고 '열린' 자세를 취하는 경향이 있다. 다시 말해 공간을 더 많이 차지하고 더 넓은 영역을 자기 영역으로 삼는 것이다. 어떤 연구에 따르면 이렇게 넓은 공간을 차지하는 지배적 자세는 다른 사람들이 받는 인상을 바꿀 뿐 아니라 행위자의 테스토스테론 수치와 권력감을 높이기도 한다.(Carney et al., 2010)

지위가 높은 사람들도 타인의 주목을 받고 싶어 하지만 그들의 행동에는 상대적으로 신경을 덜 쓴다. 이러한 경향은 **시각 지배 행동**(visual dominance behavior)에서 나타나는데, 말하는 동안에는 상대방(청중, 관객)과 계속 눈을 맞추지만 들을 때는 시각적 주의를 덜 기울이는 것이다. 반면 지위가 낮은 사람들은 자세와 시선 모두 지위가 높은 사람 쪽으로 향한다.(e. g., Exline, 1972) 또한 지위가 높은 사람들은 다른 사람들의 말에 끼어들고 회의실에서 상석에 앉는 등, 눈에 띄고 중요한 위치를 차지한다.(e. g., Goldberg, 1990; Heckel, 1973; Reiss & Rosenfeld, 1980; Russo, 1966)

지위가 높은 사람들의 경우 지위가 공고할 때는 여유로워 보이지만 지위를 위협받으면 자세가 극적으로 변한다. 힘이 있음을 알리기 위해 화난 체하기도 한다. 화가 난 사람은 위험한 사람일 가능성이 있기 때문이다.(Olson, Hafer & Taylor, 2001) 사실 지위에 대한 위협은 **지배의 과시**(dominance display)라는 결과를 낳을 때가 많다. 이런 행동은 다른 동물들에게 나타나는 행동과 놀라울 정도로 비슷하다. 고릴라와 마찬가지로 사람도 지위를 위협받으면 몸을 최대한 부풀리고, 등을 곧게 세우고, 눈썹을 찌푸리고, 턱을 앞으로 내밀며, 도전자 쪽으로 몸을 기울인다. 이러한 행동은 권력을 다른 사람들에게 확실히 알려주기에 여러모로 충분하다.(e. g., Keating et al., 1977; Schwartz et al., 1982)

지위와 권력의 이미지를 매우 중요하게 여기고 약해 보일지 모른다는 두려움을 강하게 느끼는 사람들은 자신의 권력을 보여주기 위해 실제로 공격성을 드러내기도 한다.(e. g., Felson & Tedeschi, 1993) 난폭하다는 평판을 원하는 아이는 약한 아이를 때리기도 하며, 주변에서 다른 사람들이 보고 있을 때 그러한 경향은 두드러진다.(Besag, 1989 ; Toch, 1969) 불행하게도 괴롭히는 행동으로 이익을 얻을 수 있는 경우가 많다. 초등학교 남학생 가운데 공격성이 높은 아이들은 가장 인기 있고 사회적 관계를 잘 형성한 축에 속한다.(Rodkin et al., 2000) 공격성을 드러냄으로써 자기 제시를 하는 행동은 행위자의 지위나 권력과 관련된 평판이 공개적으로 모욕당할 때 나타날 가능성이 더 높아진다.(Bushman & Baumeister, 1998 ; Felson, 1982) 10장에서는 자기 제시에 대한 관심이 공격적 행동에 어떤 영향을 미치는지 살펴볼 것이다.

사람

남성이 여성보다 자리에 목매는 이유

지위와 권력을 알려주기 위해 전략을 사용할 가능성이 특히 높은 사람들이 있을까? 앞선 논의에 따르면 여성이 남성에 비해 호감 가는 사람으로 보이려 할 가능성이 크다. 사회적 상황에서 더 많이 미소 짓고, 외모에 더 신경 쓰며, 더 겸손하게 행동한다. 그렇다고 남성들이 다른 사람들의 호감을 얻는 데 신경 쓰지 않는 것은 아니다. 사실 남성도 신경을 많이 쓰고, 이와 비슷한 행동을 보일 때도 많다. 다만 여성들이 신경을 더 쓰는 경향이 있을 뿐이다. 지위와 권력을 내보이는 행동에 대해 살펴보면 남녀가 바뀐 채 비슷한 양상이 나타난다. 즉, 남성은 여성에 비해 지위와 권력을 드러내 보이곤 한다.

성별 차이 남성들은 사적 공간을 더 넓게 차지하고 지위가 낮은 사람들의 공간을 침범하는 경향이 높다.(Henley, 1973 ; Leibman, 1970) 대화와 논쟁에서는 상대의 말을 자르거나 상대의 말이 들리지 않도록 목소리를 높이는 일이 많아 통제권을 더욱 잘 획득한다.(Frieze & Ramsey, 1976) 또한 지위가 높은 사람 특유의 시각 지배 행동을 많이 나타낸다. 다시 말해 자신이 말할 때는 상대와 계속 눈을 맞추지만 들을 때는 신경을 덜 쓰는 것이다. 여성의 경우 말할 때는 눈을 덜 마주치고 들을 때는 몰입해 듣는 등 남성과 반대 양상을 보인다.(e. g., Dovidio et al., 1988) 남성은 개인 광고를 낼 때 직업적 지위와 재정 사정을 밝히는 경향이 여성에 비해 높다.(Cicerello & Sheehan, 1995 ; Deaux & Hanna, 1984 ; Koestner & Wheeler, 1988) 또한 눈에 띄게 사치스러운 재화를 구매해

씀씀이를 과시함으로써 지위를 알리곤 하는데, 특히 로맨틱한 기분일 때 더욱 그렇다.(Griskevicius et al., 2007; Sundie et al., 2011) 모욕에 신체적 공격으로 대응할 가능성 역시 남성이 여성에 비해 높다.(Felson, 1982)

이러한 성별의 차이는 어떻게 설명할 수 있을까? 여기에는 사회화가 확실히 중요한 역할을 한다. 남성은 지배적이고 우월한 모습을 보이도록 '훈련'받는다. 남자아이들은 보답을 할지 고통을 안길지 결정할 권한이 있는 아이들에게 상이 주어진다는 점을 일찍이 배우고, 여자아이들(여성들)이 사회적으로 우세하고 재정적으로 탄탄한 사람을 연애와 결혼 상대로 선호한다는 점도 알게 된다.(Kenrick, Maner & Li, 2014) 8장에서는 여러 문화에서 여성이 이렇게 사회적으로 우세한 남성을 선호하는 경향을 살펴볼 것이다.

이러한 내용을 보완하는 또 다른 설명은 남녀의 생물학적 측면에 초점을 맞춘다. 많은 동물 종에서 암컷은 자신에게 영역과 음식, 안전을 가장 잘 보장할 수 있는 수컷과 짝을 짓기로 결정한다.(Alcock, 1989) 그 결과 이러한 종의 수컷들은 강인하고 영향력 있는 모습을 보이려 경쟁한다. 이 과정에서 여성에 비해 남성은 상체 근육을 키우는 데 지대한 노력을 기울일 뿐 아니라 다른 사람들의 신체적 힘과 싸움 능력을 아주 효과적으로 평가할 수 있다.(Jonason, 2007; Sell et al., 2008) 수컷 황소개구리, 바다코끼리, 개코원숭이와 마찬가지로 야심에 찬 남성은 다른 이들에게 약하게 보이는 걸 견디지 못한다. 약해 보이면 마음에 둔 여성을 차지할 기회와 재산을 잃을 가능성이 높아지기 때문이다.(Sadalla, Kenrick & Vershure, 1987)

테스토스테론 수치가 높은 남성들은 서로를 더욱 공격적으로 대한다는 사실이 생물학적 관점을 뒷받침한다. 이것은 테스토스테론 수치가 높은 다른 영장류 수컷이 테스토스테론 수치가 낮은 개체에 비해 대개 더 지배적인 것과 비슷한 맥락이다.(Dabbs, 1996) 흥미롭게도 테스토스테론 수치가 상대적으로 높은 여성에게도 지배성을 추구하는 행동과 공격적 행동이 다소 나타나는 등 생물학적 요소의 작용이 드러난다.(Baker, Pearcey & Dabbs, 2002; Dabbs et al., 2001)

이와 같이 높은 지위와 권력을 가진 사람으로 보이려는 남성의 행동에는 생물학적 요소와 사회화가 각각 영향을 미친다. 물론 그렇다고 여성이 이러한 경향과 관계없는 것은 아니다. 예컨대 지위를 나타내는 부산물이나 인맥을 사

사회심리학

용하는 경향은 성별에 따라 뚜렷한 차이가 없다. 여성도 남성 못지않게 이러한 전략을 사용한다. 한 연구에 따르면 바느질처럼 여성의 전문성이 훨씬 두드러지는 영역에 대해 이성 간 대화를 할 때는 여성들이 남성들보다 비언어적 지배 행동을 더 많이 나타냈다.(Dovidio et al., 1988) 하지만 일반적으로 지위와 권력의 표현은 남성에게 더 중요하게 여겨진다.

야심적인 여성의 자기 제시 딜레마 높은 지위와 권력을 추구하는 여성은 자기 제시를 할 때 특수한 난관에 부딪힌다.(Phelan & Rudman, 2010) 전 영부인이자 미국 상원 의원, 대선 후보, 국무부 장관인 힐러리 클린턴의 예를 살펴보자. 힐러리 클린턴은 대학교에서 동기생 대표를 맡았고, 아이비리그 로스쿨에 다녔으며, 일류 로펌에서 일했고, 미국에서 가장 영향력 있는 변호사 100인 중 한 사람으로서 찬사를 받았다. 또한 자선사업에서 재능을 발휘하고, 종교적이며, 다정하고 든든한 어머니로 알려져 있다. 그런데 그녀가 왜 그렇게 오랫동안 미움받는 것일까?

힐러리 클린턴의 문제는 그녀의 성공에 일부 원인이 있다. 법조계처럼 전통적으로 남성의 전유물이던 영역에서 여성이 일을 잘하면 불리해지는 경우가 많다. 바로 일을 잘한다는 이유 때문이다.(Coulomb-Cabagno, Rascle & SouChen, 2005 ; Heilman et al., 2004) 게다가 힐러리는 단도직입적으로 자신의 의사를 전달한다. 그녀는 직설적이고 간결하며 자잘한 데 시간을 낭비하지 않는 사람으로 보일 때가 많다. 이러한 특징이 성공적인 남성에게 드러날 때는 일반적으로 용인되고 심지어 바람직하다고 간주되지만, 똑같이 성공적인 여성의 경우에는 그리 쉽게 받아들여지지 않는다. 예컨대 남성들은 직설적이고 자기주장이 강하며 업무 지향적인 남성에게는 영향을 받지만, 같은 유형의 여성에게는 그만큼 영향을 받지 않는다.(Carli, 2001) 마찬가지로 자신감 넘치는 몸짓언어를 남성이 사용하면 지위를 상당히 효과적으로 드러낼 수 있지만, 여성이 사용하면 효과가 떨어진다.(Henley & Harmon, 1985) 또한 직업적 측면에서 분노를 표현하는 행동도 남성이 하면 지위를 강화하는 반면, 여성이 하면 오히려 지위를 떨어뜨린다.(Brescoll & Uhlmann, 2008)

지위와 권력을 드러내는 책략을 남성이 쓰면 아주 효과적이지만 야망에 찬 여성이 쓰면 실패한다는 사실은 불공평해 보인다. 사실 전략도 전략이지만 이러한 전략을 쓰는 여성에 대해 사람들이 받는 2차적 인상을 감안하면 문제가 더 심각해진다. 일반적으로 업무 지향적이거나 지배적 방식을 드러내는 여성은 미움을 사는데, 양육을 제대로 못한다거나 사회적으로 민감해 보인다는 게 주된 이유로 꼽힌다. 이에 비해 남성들은 지위와 권력을 드러내는 전략들을 사용할 때 손해가 덜하다.(Bowles et al., 2007; Heilman & Okimoto, 2007; Rudman & Glick, 2001) 게다가 여성은 높은 지위를 나타내는 몸짓언어를 사용할 때 성적으로 과감한 사람으로 보일 위험도 있다.(Henley & Harmon, 1985)

이와 같은 연구 결과들은 힐러리 클린턴의 자신만만한 방식이 대단한 업적들과 더불어 전형적인 '철의 처녀(Iron Maiden, 날카로운 철침이 수없이 달린 관 속에 사람을 넣고 뚜껑을 닫는 중세 시대의 고문 기구)', 즉 냉혹하고 거칠며 확신에 찬 성공적인 여성의 이미지에 영향을 미친다는 점을 보여준다.(Deaux & Lewis, 1984; Heilman, Block & Martell, 1995)

남성들이 야심 많은 여성을 싫어한다는 점은 놀라운 사실이 아니다. 어쩌면 여성들끼리는 다르다고 생각하는 사람도 있을 수 있다. 이를테면 여성들은 자기주장이 강한 여성을 더 쉽게 받아들이리라고 생각할 수 있다. 하지만 실상은 다르다.(Parks-Stamm et al., 2008) 사실 남성들보다 여성들이 야심 많고 성공한 여성을 더 무시할 때도 있다. 왜 그럴까? 연구에 따르면 여성들이 **다른 이들**의 대의를 홍보하는 여성을 지지할 가능성은 더 높지만, **자신**을 홍보하는 여성을 지지할 가능성은 남성들에 비해 낮다고 한다.(e. g., Janoff-Bulman & Wade, 1996; Rudman, 1998)

여기에서 2가지 핵심이 두드러진다. 첫째, 호감을 얻는 일이 중요함을 다시 한번 확인할 수 있다. 남들이 좋아해주는 사람은 지위와 권력을 얻기가 더 쉽다. 둘째, 야심적인 여성은 똑같이 야심적인 남성에 비해 자기 제시를 하는 데 장애물이 훨씬 많다. 아직도 여성들이 야심과 성공을 감추어야 한다는 사실은 오랫동안 지속된 성 역할 고정관념의 위력을 입증한다.

상황

황소개구리의 우화 : 이미지의 위협과 새로운 자원

강하고 지위가 높은 사람이라는 자신의 이미지에 실질적 위협이 가해지는 것을 감지하면 지위와 권력을 내보이려는 경향은 더욱 강해진다. 예컨대 남성들은 강인한 이미지에 대해 모욕당할 때 언어적 · 신체적 측면에서 공격적으로 응수할 가능성이 특히 높다.(Felson, 1982) 마찬가지로 사람들은 용감하고 대담하다는 평판에 위협이 가해질 때 건강을 위험에 빠뜨릴 수 있는 일을 무릅쓴다.(Martin & Leary, 1999) 예컨대 인라인스케이트를 타는 사람들은 '지나치게 걱정하거나' '나약한' 사람으로 보이지 않으려고 보호구를 착용하지 않는 경우가 많다.(Williams-Avery & Mackinnon, 1996) 이렇게 자극받을 때 사람들은 과속하거나 안전벨트를 착용하지 않거나 한꺼번에 과음을 하기도 한다.

또한 사람들은 중요한 자원을 새로 이용할 수 있게 되었을 때 지위와 권력을 드러낼 가능성이 더 높다. 황소개구리는 습지에서 임자 없는 비옥한 장소를 발견했을 때 더 크게 운다. 할머니에게 인기 높은 최신 비디오게임을 받았을 때 형제자매끼리 위협적인 시선을 교환하기도 한다. 젊은 남성은 매력적이고 남자 친구가 없을 가능성이 있는 여성이 주변에 있을 때 지위가 높은 사람처럼 보이려 한다.(e. g., Renninger, Wade & Grammer, 2004; Roney, 2003) 사실 이런 전략들은 효과적일 때가 많다. 대개 더 큰 소리를 내는 황소개구리나 아이들이 습지나 장난감에 접근할 특권을 얻고, 교묘하게 지위가 높은 척하는 남성이 매력적인 여성의 관심을 끄는 것처럼 말이다.

상호작용

관객의 선호

지위와 권력을 드러내는 자기 제시는 복잡하다. 그러한 이미지를 만들려고 시도하는 방식이나 시도할지의 여부는 자기 제시를 하는 사람의 성별과 관객의 성별의 상호작용에 따라서도 달라진다. 예를 들어 남성들은 관객이 남성일 때와 여성일 때 자기 제시를 다르게 한다. 남성들이 관객 앞에서 모욕을 당할 때 공격적으로 대응하는 경향이 특히 높지만 그러한 공격성의 표현은 관찰자도 남성일 때 가장 강하게 나타난다.(Borden, 1975) 사실 여성 관객들은 남성들이 폭력성을 드러내지 않도록 억제하는 역할을 할 때가 많다. 여성들이 지위와 권력을 드러내는 남성을 나쁘게 봐서가 아니다. 사실 여성들이 상대 남성의 지위와 권력에 매우 큰 가치를 두기 때문에, 남성들은 개인 광고에 직업적 지위와 키를 뽐내고(e. g., Cicerello & Sheehan, 1995; Deaux & Hanna, 1984; Gonzales & Meyers, 1993) 혼자 있을 때보다 여성과 있을 때 자선 복권을 더 많이 사는(Rind & Benjamin, 1994) 등의 경향을 보인다. 대개 여성들이 지위와 권력을 드러내는 것을 싫어한다기보다 물리적 공격성을 드러내는 남성을 덜 호의적으로 평가할 뿐이다. 이와 같이 남성들은 관객이 남성이든 여성이든 그 앞에서 지위와 권력을 드러내 보이지만 관객의 선호에 맞게 전략을 조절한다.

요약

어떤 측면에서 보아도 프레드 데마라가 이룬 일들은 놀라웠다. 그는 20년이 넘도록 자신이 주인공인 연극을 하며 살았다. 데마라는 생명을 구하는 유명한 외과 의사였고, 매우 존경받는 대학교수였으며, 용감한 교도관이었고, 그 밖의 많은 전문가였다. 그는 수많은 사람들에게 자신이 아닌 사람이 자신이라고 믿게 했다. 왜 그랬을까? 무엇 때문에 그는 사기꾼이 되었을까? 그리고 어떻게 그토록 성공적이었을까?

4장에서 살펴본 연구 결과들은 데마라의 삶을 이해하는 데 유용한 도구다. 그가 자란 작은 공업 도시에서 어린 데마라는 관심의 중심에 있었다. 그는 덩치가 컸고 도시 내 유력 인사의 아들이었으며 지적 능력도 우수했다. 데마라는 자신이 특별하다는 것을 금방 알게 되었고 존경받을 만하다고 믿었다. 그는 잘 차려입은 멋쟁이에 독창적인 수완가였던 아버지에게 중요한 두 번째 교훈을 배웠다. 겉모습이 중요하다는 것이었다. 이러한 깨달음과 가르침이 얼마나 일찍 뿌리내렸는지는 모르지만 아버지의 사업이 파산할 때까지는 굳게 자리 잡고 있었다. 데마라에게 그토록 중요했던 이미지는 가족과 살던 대저택에서 변두리의 낡아빠진 집으로 이사하는 사이 며칠 만에 너덜너덜해지고 말았다.

하지만 자신이 미래의 주인이고 특별한 운명을 타고났다고 배워온 데마라는 실제 환경에 대항해 자신을 포함한 모든 사람에게 '품위'를 보여주곤 했다. 그는 아침에 등교할 때마다 어머니가 사준 실용적이고 값싼 작업용 부츠를 벗고 용돈을 모아 남모르게 사둔 반짝이는 검은색 신발로 몰래 갈아 신었다. 밸런타인데이에는 어떻게든 상자에 든 고급 초콜릿을 사서 반 친구들에게 돌렸다. 대외적 평판에 금이 가고 자아 개념이 불확실한 11살 소년이 처지에 맞지 않게 자기 제시를 하는 것이 그리 이상하게만 보이지는 않는다. 연인과 헤어진 후에 자신의 매력을 인정받고 싶고, 일에서 실패를 겪은 뒤 유능함을 보여주고 싶고, 놀림받을 때 강인함을 보여주고 싶은 것은 당연하다. 누군들 그런 경험이 없겠는가?

하지만 이렇게 소소한 자기 제시들은 데마라의 평판을 회복하는 데 거의 도움이 되지 않았다. 그러던 어느 날 마침내 아버지의 입에서 가족들이 다시 부유해질 수 없고 큰 집으로 돌아갈 수 없다는 말이 나왔을 때 데마라는 그 도시에서 자신의 평판이 영원히 망가졌음을 깨달았다. 이제 사람들은 두 번 다시 그가 갈망한 존경을 바치지 않을 터였다. 그래서 그는 집을 떠났다. 아마도 새로운 관객을 찾기 위해서였을 것이다. 이런 행동 역시 아직은 평범한 사회적 행위의 범주를 벗어났다고 보기 어려울 것이다. 망가지지 않은 이미지를 새로 만들 기회를 찾아 많은 학생들이 집에서 먼 대학에 진학하고, 한때 가난했던 전문직 종사자들이 출신 배경에서 벗어나기를 바라며 교외에 틀어박히는 것과 마찬가지이다.

하지만 데마라는 그 기회를 형편없이 망치고 말았다. 사제가 되기 위한 훈련에서 실패한 후 차를 훔쳤고, 군대의 규율이 싫어 탈영했다. 그렇게 그는 쫓기는 신세가 되었다. 범죄 기록이 있다는 것은 더 이상 '프레드 데마라 쇼'를 공연할 수 없다는 뜻이었다. 그래서 데마라는 자기 제시의 단계를 크게 건너뛰었다. 대부분의 사람들은 상상하거나 실행할 수 없을 일이었다. 그는 자신을 버리고 과거를 버렸다.

이 대담한 선택에서 다시 한번 사람과 상황의 상호작용의 힘을 볼 수 있다. 데마라처럼 사람들의 인정에 대한 욕구가 있지만 아버지의 사업 실패를 겪고 범죄를 저지른 후 마주친 딜레마에 위협을 느끼지 않은 사람이라면 조금은 부풀려진 자아와 능력을 인정받고 주변 사람들 사이에서 평범하게 살았을 것이다. 혹은 가족의 몰락을 경험하고 범죄로 인해 곤경에 빠졌지만 인정받으려는 욕구가 그리 크지 않은 사람이라면 다른 사람들을 피해 도망 다니며 조용히 살 것이다. 하지만 데마라의 경우 이런 요소가 모두 합쳐졌고, 거기서 희대의 사기꾼이라는 독특한 인물이 탄생했다.

데마라가 도달한 이 갈림길에서 우리는 그의 행동을 자기 제시에 집착하는 사람의 일탈, 혹은 궤도를 벗어난 행동으로만 치부하기 쉬워진다. 하지만 데마라라는 사람을 자세히 들여다보면 우리 자신에 대해 아주 많은 것을 알 수 있다. 우리는 모두 데마라와 마찬가지로 호감 가는 사람으로 보이고 싶고, 유능해 보이고 싶고, 지위와 권력을 드러내고 싶다는 자기 제시 목표가 있을 뿐 아니라 그와 비슷한 방식으로 이런 바람직한 이미지를 만들어내려 한다. 사실 사기꾼 데마라의 대단한 성공은 **흔히 쓰이는** 자기 제시 전략을 능숙하게 사용할 수 있었던 덕에 가능했다. 그는 호감을 얻고 싶으면 아첨을 하고, 자기 의견을 조정하고, 외모를 매력적으로 가꾸고, 겸손한 태도를 보였다. 재능으로 존경을 받고 싶으면 열심히 일하고, 수행을 선보이고, 제3자가 자신을 자랑하게 만들었다. 지위로 존경받고 싶으면 지위에 맞게 옷을 입고, 속물적인 물건들에 둘러싸이고, 지위가 높은 사람들과 자신을 관련짓고, 근엄하고 차분하게 행동했다. 이것은 모두 우리가 다른 사람에게 심어줄 인상을 관리할 때 쓰는 자기 제시 전략과 정확히 일치한다.

데마라는 일상적 자기 제시 전략의 대가였다. 따라서 우리는 그의 삶을 통해 평판을 성공적으로 관리하는 법에 대한 지혜를 많이 얻을 수 있다. 하지만 그에 따르는 대가 역시 알 수 있다. 사기꾼으로 사는 동안 데마라는 차곡차곡 쌓아 올린 거짓말을 통째로 무너뜨릴 수 있는 말이나 실수를 할까 봐 끊임없이 두려워했다. 또한 자신이 사기꾼이라는 사실을 의식하며 고통스러워하기도 했다. 어쩌면 그보다 지독한 것은 자신을 잃어가기 시작했다는 점이다. "새로운 인물이 될 때마다 진짜 나의 일부가 죽습니다. 진짜 내가 무엇이든지요."(Crichton, 1959, p. 10)

데마라의 여정에서 과학이 우리에게 알려준 자기 제시의 이유와 방식을 여럿 발견할 수 있다. 데마라처럼 우리도 대부분 다른 사람들이 자신을 어떻게 보는지 크게 신경 쓴다. 바람직하게 여기는 평판을 위협받는 환경에 처할 때도 많고, 사람들이 자신의 바람대로 봐주지 않을 때면 자주 사용하는 자기 제시 요령에 의지하기도 한다. 원하지 않는 평판을 얻었을 때 입을 손해를 두려워하기도 한다. 이처럼 사람들에게도 저마다 데마라와 같은 구석이 조금씩 있다고 해야 타당할 것이다.

우리는 데마라의 여정을 연구하면서 다른 학문 분야와 연결된 사회심리학의 여러 측면을 발견할 수 있다. 예컨대 사람들이 일터에서 다른 사람들에게 인식되는 이미지는 성공과 성취의 수준에 큰 영향을 미친다. 그렇다면 놀랄 것도 없이 경영과 조직 행동을 연구하는 사람들은 사회심리학자들이 자기 제시

사회심리학

에 대해 알게 된 사실들을 많이 차용하는 셈이다. 마찬가지로 마케팅과 의사소통을 연구하거나 그 분야에서 일하는 사람들은 우리가 여기에서 탐색한 연구 결과 중 상당수를 상품이나 아이디어 판매에 이용해왔다. 또한 생물학과 더불어 동물행동학과도 연결되는 부분이 있고(사람들이 지배와 복종을 드러내 보이는 다른 동물들과 놀라울 정도로 비슷하다는 사실), 의료업과도 연결되는 부분이 있으며(인기 있는 성형 수술의 대부분이 본질적으로 환자의 자기 제시 욕망에서 야기되었다는 사실), 건강 및 질병 관련 분야(일광욕이나 스테로이드 주입처럼 더 매력적으로 보이기 위한 행동이 건강을 크게 해치는 결과를 낳을 수 있다는 사실)와도 관련 있다. 우리는 사회적 존재로서 다른 이들에게 어떤 인상을 남기고 싶어 하므로 자기 제시에 대한 사회심리학이 다양한 학문 분야와 연결되는 것은 당연하다.

페르디난드 윌도 데마라 주니어는 60세에 심장기능상실로 사망했다. 전국적으로 게재된 부고 기사에는 데마라가 과거를 보상하려는 듯 거의 23년 동안 자신의 이름으로 살았다는 내용이 적혔다. 그가 종교적 뿌리로 돌아가 빈곤한 사람들을 구제하는 전도단과 청소년 캠프에서 일했으며 진실한 침례교 목사와 병원 부속 교회의 목사로 일했다는 내용도 쓰였다. 자신에 대한 마지막 평이 호의적이었다는 사실을 알았다면 그 어떤 사람보다 데마라 자신이 위안을 받았을 것이다.

제5장
설득 메커니즘
◖

— 저지르지도 않은 살인을 자백한 사나이 : 피터 라일리 —

1973년 저녁 교회 모임을 마치고 집에 돌아온 18살의 피터 라일리(Peter Reilly)는 어머니가 살해되어 바닥에 쓰러져 있는 것을 발견했다. 그는 눈앞의 광경에 아찔했지만 즉시 침착하게 전화를 걸어 도움을 청했다.

키 170센티미터에 몸무게 55킬로그램, 옷과 신발에 피 한 방울 묻지 않은 피터 라일리는 범인과 거리가 멀어 보였다. 하지만 경찰은 어머니의 시신이 있는 방 바깥을 멍하니 바라보는 피터 라일리를 발견했을 때부터 그가 어머니를 살해했다고 의심했다. 의심의 이유는 경찰이 라일리에 대해 아는 점이 있어서가 아니라 피해자에 대해 아는 점이 있었기 때문이다. 피해자인 라일리의 어머니는 만나는 사람마다 업신여기고, 적대시하고, 시비를 걸어 화나게 하는 걸 즐겼다. 여러모로 함께 지내기 어려운 여성이었다. 경찰이 보기에는 어머니의 끊임없는 적대적 태도에 질린 라일리가 순간 이성을 잃고 격노해 그녀를 무참히 살해했다 해도 이상할 것이 없었다.

현장에서는 물론 취조를 받으러 연행되어 갔을 때도 라일리는 진실을 말하면 사람들이 믿고 바로 풀어주리라 생각하고 변호사를 선임할 권리마저 포기했다. 하지만 그것은 심각한 오산이었다. 라일리는 16시간이 넘도록 4명의 경찰관에게 돌아가며 추궁을 당했다. 그 가운데 수석 취조관은 거짓말탐지기에 따르면 라일리가 어머니를 죽인 것이 확실하다고 그에게 알려주었다. 취조관은 라일리에게 유죄를 입증할 증거가 추가로 발견되었다고 거짓말하면서 그가 어떻게 범죄를 저지르게 되었고, 어떻게 그 과정에 대한 기억이 없는지 이야기했다. 즉, 라일리가 어머니에게 몹시 화가 난 나머지 살의로 가득 차 어머니를 잔인하게 살해한 다음 그 끔찍한 기억을 억눌렀다는 것이다. 라일리와 취조관이 할 일은 라일리의 기억이 돌아올 때까지 무의식을 '캐고, 캐고, 또 캐는' 것이었다.

캐고, 캐고, 또 캐고, 취조관들은 온갖 방법을 동원해 라일리의 기억을 상기시켰다. 처음에는 희미하게 떠오르다가 나중에는 기억이 조금 더 생생해졌다. 어머니의 목을 긋고 몸을 짓밟던 기억이었다. 이렇게 떠오른 장면을 분석하고, 재분석하고, 재검토한 끝에 라일리는 그런 기억들이 자신의 유죄를 드러낸다고 확신하게 되었다. '정신적 장벽(mental block, 스스로 어떤 행동을 할 수 없다거나 해서는 안 된다고 굳게 생각하는 것)'을 깨부수도록 끈질기게 몰아붙인 조사관과 함께 라일리는 머릿속에 떠오른 장면을 살피며 살인 사건의 세부 사항에 들어맞는 행동의 과정을 짜 맞추었다. 여전히 구체적인 점들이 확실치 않았지만 끔찍한 범죄가 일어난 지 약 24시간 만에 마침내 피터 라일리는 자필 진술서에 서명하고 죄를 공식적으로 자백했다. 진술 내용은 조사관이 라일리에게 제시하고 라일리가 정확한 사실로 받아들이게 된 설명을 그대로 따랐다. 라일리가 취조받기 시작했을 때는 조금도 믿지 않던 사실들이고, 나중에 밝혀진 사건들에 비추어보아도 진실과 너무나 동떨어진 내용이었지만 진술서는 그렇게 작성되었다.

다음 날 감방에서 지독한 피곤을 느끼며 눈을 뜬 라일리는 조사관들이 질문을 퍼붓고 설득하던 취조실에서 벗어나자 다시 자백한 내용을 믿을 수 없는 상태가 되었다. 마치 영업 사원의 끈질긴 압박에 못 이겨 물건을 사고 영업 사원이 떠난 후 괜히 샀다고 후회하듯 조사관들이 떠난 후 라일리는 그들이 '팔아넘긴' 내용을 자백할 수는 없다는 생각이 들었다. 하지만 그는 자백을 취소할 수 없었다. 그의 자백은 형사 사법 체계의 거의 모든 관계자에게 유죄를 입증하는 강력한 증거로 남았다. 재판에서 판사는 그 자백을 자발적 의지의 결과물로 판단해 증거 배제 신청을 기각했고, 경찰은 라일리에게 죄를 덮어씌우고 더 이상 다른 용의자를 고려하지 않아도 되어 만족했다. 검사들은 이 사건에 사활을 걸었고, 배심원들은 자백을 중요한 근거로 삼아 논의한 끝에 어머니 살해 혐의를 인정해 결국 라일리에게 유죄를 선고했다.

비슷한 많은 사례에서처럼(Kassin, 2008) 이들은 정상적인 사람이 협박이나 폭력, 고문 없이 범죄 사실을 거짓 자백할 수 있다는 점을 믿지 않았다. 하지만 그것은 잘못이었다. 2년 후 사건이 일어난 날 밤 라일리가 다른 장소에 있었다는 증거가 수석 검사의 서류에서 발견되었다. 그 증거는 라일리의 결백을 입증하는 한편 기소를 철회하고 모든 혐의를 벗기는 것으로 이어졌다.

경찰이 얼마나 특수한 상황에서 어떤 불가사의한 방법을 썼기에 결백한 남성이 자신의 죄를 확신하게 되었을까? 그 방법은 그리 불가사의하지 않았고 상황 역시 그리 특수하지 않았다. 사실 그 상황과 방법은 아주 일상적인 설득, 즉 사람들이 매일 수백 번씩 접하는 설득의 특징을 지녔다.(Davis & Leo, 2006) 설득은 친구나 지인들과의 대화에서도 나타나고, 광고판이나 라디오, 잡지, 텔레비전 광고에서도 나타나고, 인터넷에 매복했다가 사람들을 덮치기도 한다.(Mandel & Johnson, 2002) 지금부터는 이러한 호소가 어떻게 사람들의 태도와 믿음을 바꾸는지, 그 변화를 어떻게 측정할 수 있는지, 그러한 변화는 어떤 목표를 위한 것인지 알아보려 한다. 설득 연구 가운데는 태도 변화에 초점을 맞춘 것이 압도적으로 많다. 태도가 어떻게 변화하는지 탐색을 시작하기 전에 먼저 태도의 속성에 대해 알아보자.

태도의 속성

2장에서 살펴보았듯 태도는 특정한 대상에 대한 긍정적이거나 부정적인 평가를 가리킨다. 하지만 그것이 애초에 어떻게 형성될까? 태도를 강하거나 약하게 만드는 것은 무엇일까? 그리고 그것으로 어느 정도까지 행동을 예측할 수 있을까? 이제 태도 형성이라는 주제로 이야기를 시작해보자.

태도는 어떻게 형성되는가
태도는 어디에서 나오는가? 태도의 원천에는 몇 가지가 있다.

고전적 조건 형성 고전적 조건형성(classical conditioning) 과정을 통해 사람들은 자신이 이미 좋아하거나 싫어하는 대상(사물, 사건)과 연관성 있는 새로운 대상을 좋아하거나 싫어한다. 예컨대 어떤 사람이 좋은 소식을 전해줌으로써 긍정적 측면과 연결되면 우리는 그 사람이 좋은 소식의 원인이 아님에도 그를 더 좋게 생각한다.(Manis, Cornell & Moore, 1974) 반대로 덥고 습한 방 같은 부정적 대상과 어떤 사람이 연결되면 그 사람을 덜 좋아하게 된다.(Griffitt, 1970) 심지어 이러한 연관성을 의식하지 못하더라도 그에 따라 태도가 형성될 수 있다.(Gibson, 2008; Olson & Fazio 2002) 한 연구에서는 학생들에게 어떤 여성의 일상이 담긴 일련의 슬라이드를 보여주고 그 여성에 대한 인상을 물었다. 하지만 학생들은 각각의 슬라이드를 보기 직전에 의식하지 못한 채 긍정적이거나 부정적인 사진을 보게 되었다.(신랑 신부 사진, 무시무시한 상어 사진 등) 예상대로 긍정적인 사진에 노출된 학생들은 슬라이드에 등장한 여성에게 더 호의적인 태도를 형성했다.(Krosnick et al., 1992)

조작적 조건형성 조작적 조건형성(operant conditioning) 과정을 통해 사람들은 보상받거나 처벌받음으로써 무언가를 배운다. 조작적 조건형성은 태도의 중요한 원천이다. 한 실험에서 하와이대학교 학생들을 상대로 '봄맞이 알로하 주간'이라는 것을 만드는 데 대한 태도를 묻는 전화 조사를 진행했다. 참가자의 절반은 그 제안에 호의적 태도를 표현할 때마다 보상을 받았다. 즉, 이들은 그 제안을 지지하는 발언을 할 때마다 조사원에게 "좋아요"라는 말을 들었다. 나머지 절반은 그 제안에 호의적이지 않은 태도를 표현할 때마다 "좋아요"라는 말로 보상을 받았다. 일주일 후 모든 학생이 지역 안건에 대한 설문 조사에 응했다. 조사에는 봄맞이 알로하 주간에 대한 느낌을 평가하는 문항도 있었다. 예상대로 그 행사에 호의적 태도를 보였을 때 보상을 받은 학생들이 반대할 때 보상을 받은 학생들에 비해 그 행사에 더 긍정적인 태도를 보였다.(Insko, 1965) 최근 뇌 영상 기법을 이용한 연구에서는 고전적 조건형성을 통한 태도의 형성과 마찬가지로 조작적 조건형성을 통한 태도의 형성 역시 스스로 알지 못하는 사이에 일어날 수 있다고 밝혔다.(Pessiglione et al., 2008)

관찰 학습 무언가를 배우기 위해 반드시 보상과 처벌을 직접 경험할 필요는 없다. 그 대신 사람들은 다른 이들을 보고 배울 때가 많다. 어떤 사람이 처벌받는 것을 보면 그 행동과 태도를 피해야 한다는 점을 배운다. 반면 보상받는 것을 보면 그 행동과 태도를 취해야 한다는 점을 배운다. 한 예로 개를 두려워하던 아이들이 온갖 개와 함께 즐겁게 어울리는 다른 아이들의 모습이 담긴 영화를 관람한 후 개에 대한 태도가 현저히 긍정적으로 변했다.(Bandura & Menlove, 1968)

유전 한때 심리학자들은 태도가 학습 과정을 통해서만 형성된다고 생각했다. 경험이 태도 형성에 중요한 역할을 하는 것은 명백한 사실이지만 최근 발견된 증거들에 따르면 학습되지 않은 유전적 요소 또한 정치나 종교를 비롯해 여러 문제와 관련된 태도를 구성한다고 한다.(Brandt & Wetherell, 2012; Olson et al., 2001) 예컨대 사형이나 검열에 대한 태도는 10대 운전자나 라틴어 학습의 타당성에 대한 태도에 비해 유전적 요소에 영향받을 가능성이 훨씬 높다.(Alford et al., 2005) 에이브러햄 테서(Abraham Tesser, 1993)는 이렇게 유전의 영향을 받는 태도가 사회생활에 특히 강력한 영향을 미친다고 말했다. 사람들은 이러한 문제에서 자신의 선호를 더 빨리 드러낼 뿐 아니라 그러한 태도를 바꾸려는 시도에 저항할 가능성 역시 높으며, 자신과 반대 입장을 취하는 사람을 더 싫어한다.

강한 태도, 약한 태도
모든 태도가 똑같이 강하게 나타나지는 않는다. 그런데 어떤 태도가 강한지 약한지 신경 써야 하는 이유는 무엇일까? 첫째, 강한 태도는 누가 대통령 선거에서 투표자로 등록할지 같은 행동을 정확히 예측하게 해준다.(Farc & Sagarin, 2009) 둘째, 강한 태도는 변화에 저항하기 때문이다.(Bassili, 1996; Visser & Mirabile, 2004) 이것은 2가지 의미에서 사실이다. 첫째, 강한 태도는 약한 태도에 비해 안정적이다. 즉 시간이 지나도 변하지 않고 그대로 남아 있을 가능성이 크다. 둘째, 강한 태도는 설득적 공격에 더욱 잘 버틸 수 있다. 이를테면 당신이 총기 규제에 대해 강한 태도를 취한다고 해보자. 이 태도는 다음 달에도 그대로일 가능성이 크고, 그때 누군가가 총기 규제에 대한 당신의 태도를 바꾸려 해도 아마 영향을 받지 않을 것이다.

그렇다면 강한 태도가 좀처럼 변하지 않게 하는 요소는 무엇일까? 에바 포머랜즈(Eva Pomeranz), 셸리 체이컨(Shelly Chaiken), 로절린드 토르데시야스

사회심리학

(Rosalind Tordesillas, 1995)는 강한 태도가 변화에 저항하는 2가지 주요 이유로 **몰입**(commitment)과 **배태성**(embeddedness)을 들었다.

사람들은 강한 태도를 취할 때 더 **몰입**한다. 다시 말해 그것이 옳다고 더 확신한다.(Petrocelli et al., 2007; Tormala & Petty, 2002) 또한 강한 태도는 그 사람의 자아 개념, 가치관, 사회적 정체성 등 다른 측면에 더 깊이 **배태되고** 연결되며, 이것을 배태성이라 한다.(Boninger, Krosnick & Berent, 1995) 예컨대 미국총기협회 관계자는 총기 규제를 반대하는 입장에 몰입하는 한편 그것을 사회적 정체성의 주요 부분으로 삼을 것이다. 그 결과 총기 문제와 관련된 태도는 좀처럼 바뀌지 않을 것이다.

따라서 몰입과 배태성 모두 강한 태도가 변화에 저항하게 하는 요소이다.(Visser & Krosnick, 1998) 하지만 두 요소는 작용하는 방식이 다르다. 강한 태도의 첫 번째 특성인 몰입은 태도와 어긋나는 정보가 있더라도 태도를 고수하게 하는 한편, 강한 태도의 두 번째 특성인 배태성은 잘 변화하지 않는 자아의 다른 특성들에 그 태도가 뿌리내리게 한다. 특정한 태도에 몰입할 때 사람들은 한쪽에 치우쳐 관련 정보를 검토하고 의견을 강화한다. 이것은 초기의 태도에 어긋나는 증거들을 무시하게 만든다. 예컨대 한 실험에서는 사형에 대해 이미 확고한 태도를 취하는 참가자들에게 반대 입장에서 연구한 자료와 글을 보여주었다. 이들은 글의 주장이 약하고 연구 방법에 결점이 있다고 판단하고는 그 정보를 거부하는 반응을 보였다.(Pomeranz, Chaiken & Tordesillas, 1995)

배태성은 이와 다른 방식으로 태도가 변하지 않고 유지되게 만든다. 즉 그 태도를 개인의 수많은 다른 특성들(믿음, 가치관, 다른 태도들)과 한데 묶어 태도가 다른 방향으로 움직이기 어렵게 한다. 다시 말해 이렇게 배태된 태도를 바꾸는 것은 자아의 다른 측면을 전부 바꾼다는 뜻이기 때문에 사람들은 그 과정에 착수하기를 꺼린다.(O'Brian & Jacks, 2000)

언뜻 보면 사람들이 강한 태도와 믿음을 잘 바꾸려 하지 않는다는 증거가 있기 때문에 피터 라일리처럼 설득되어 거짓 자백을 하는 현상은 더욱 혼란스러워 보인다. 물론 죄가 없는 사람은 자신의 결백에 대한 강한 믿음과 태도를 고수할 것이다. 사실 그렇기 때문에 노련한 범죄 취조관들은 대개 태도를 먼저 약화시키고 나서야 그런 믿음을 직접 공격한다.

결백하다는 믿음을 약화시키는 데 가장 많이 쓰이는 전략은 범죄를 저지르는 동안 술이나 약물(피터 라일리의 경우에는 극심한 분노)에 강하게 영향을 받아 범죄 사실을 기억하지 못하는 것이라고 용의자를 설득하는 것이다.(Leo, 2008) 취조받는 동안 라일리는 취조를 받기 전 주입된 견해에 몹시 놀랐고 불안해했다. 어머니를 살해한 기억을 억압할 수 있다는 생각 때문에 처음으로 자신을 의심하기 시작했기 때문이다.

이 전략이 범죄 취조에 효과적인 이유는 변화에 저항하는 강한 태도와 믿음을 둘 다 약화시키기 때문이다. 첫째, 이 전략은 결백하다는 믿음의 확실성을 허물어 결백에 대한 몰입도를 낮춘다. 즉 자신이 범죄 행동을 기억하지 못할 가능성이 있다면 용의자는 범죄를 저지르지 않았다고 확신할 수 없게 된다. 둘째, 이 전략은 범죄를 저지른 사람의 자아 개념과 범죄를 분리함으로써 믿음의 배태성을 약화시킨다. 범죄를 저지른 것이 술이나 약물, 격노 때문이라면 자신이 그런 일을 저지를 리 없는 사람이라는 견해는 더 이상 소용이 없는 것이다.

태도와 행동의 일관성을 높이는 4가지 요인

총기 규제에 대한 당신의 태도는 총기 규제 입법과 관련된 행동에 얼마나 영향을 미치는가? 간단해 보이지만 생각보다 복잡한 문제다. 여기에서는 사람들의 태도가 행동과 일치할 가능성에 영향을 미치는 몇 가지 요소를 살펴보자.

지식 무언가에 대해 더 많이 알수록 그것과 관련된 태도와 행동이 일치할 가능성이 커진다.(Kallgren & Wood, 1986; Wyer, 2008) 그러므로 총기 규제법에 대해 많이 알수록 그 법에 대한 태도가 총기에 찬성하거나 반대하는 행동과 일치할 가능성이 커진다. 또한 그 법의 효과와 직접 관련됨으로써 더 많은 지식을 얻게 된다면, 예컨대 총을 가진 사람에게 구조되거나 해를 입었다면 그 법에 대한 태도가 관련된 행동을 더욱 확실히 예측하는 지표가 된다. 직접적인 경험이 간접 노출에 비해 태도 · 행동 일관성을 더욱 확고하게 만들기 때문이다.(Glasman & Albarracin, 2006; Millar & Millar, 1996) 따라서 지식의 2가지 측면, 즉 대상에게 얻은 지식의 **양**과 (간접성과 대조되는) **직접성**의 여부가 태도와 관련 행동 사이의 연결을 강화한다.(Davidson et al., 1985)

사회심리학

개인적 관련성 정부 당국 관계자가 합법적으로 술을 마실 수 있는 나이를 18세에서 21세로 올리자고 제안하자 미시간주의 거의 모든 학생이 그 계획에 반대했다. 뒤이어 시위처럼 부정적 태도와 일치하는 행동이 요구되자, 그 법에 개인적으로 영향을 받을 20세 이하 학생들의 참여율이 훨씬 높아졌다.(Sivacek & Crano, 1982) 이는 주제가 자신과 개인적으로 관계있을 때 그에 대한 태도가 행동을 더 잘 예측하는 지표가 된다는 다른 연구 결과들과 일치했다.(Leary et al., 2011; Lehman & Crano, 2002) 따라서 가까운 지인이 총을 사려고 생각한다면 총기 규제 입법에 대한 당신의 태도가 그의 행동을 좌우할 가능성이 커진다.

태도 접근성 머릿속에 빨리 떠오른 태도일수록 그 태도를 취하기 쉬우므로 접근성이 높다고 할 수 있다. 그리고 접근성이 높은 태도는 그것과 일치하는 행동을 유발할 가능성이 높다.(Glasman & Albarracin, 2006) 러셀 파치오(Russell Fazio)와 캐럴 윌리엄스(Carol Williams, 1986)는 선거운동에서 이 점을 보여주기 위해 잠재적 투표자들을 대상으로 연구를 수행했다. 이들은 참가자에게 휴대용 녹음기의 버튼을 눌러 당시 대선 후보였던 로널드 레이건(Ronald Reagan)과 월터 몬데일(Walter Mondale)에 대한 태도를 표현하게 했다. 버튼을 누르기 시작한 속도가 태도의 접근성을 가늠하는 척도였다. 연구자들은 1984년 여름 선거전이 벌어졌을 때 이 측정 작업을 수행했지만 11월 4일 선거 당일까지 일치하는 행동을 평가하지 않다가 선거가 끝난 후 전화로 투표 결과를 조사했다. 놀랍게도 6월과 7월에 버튼을 더 빨리 눌러 선호를 표현한 참가자일수록 4~5개월 후 투표장에서 그와 일치하는 행동을 보인 경향이 높았다. 마찬가지로 친구에게 총기 규제법에 대한 태도를 묻는다면 얼마나 빨리 반응하는지 판단함으로써 어떤 친구가 그 태도와 일치하는 행동할지 알 수 있다.

행동의 의도 태도가 행동의 의도와 일치할 때 나아가 행동과도 일치하기 쉽다. 이체크 아이젠(Icek Ajzen)과 마틴 피시바인(Martin Fishbein)은 태도가 **행동의 의도**(특정한 방식으로 행동하려는 구체적 목표)에 먼저 영향을 미침으로써 행동을 좌우하고, 이러한 의도가 태도 자체보다 행동을 더욱 잘 예측하는 경향이 있다고 주장한다. 물론 태도가 행동에 영향을 미치는 유일한 요소는 아니다. 피시바인과 아이젠은 **추론된 행위 이론**(theory of reasoned action)(Fishbein & Ajzen, 1975)을 조금 수정한 **계획된 행동 이론**(theory of planned behavior)에 대해 말한다.(Ajzen, 2011 ; MaLachlan & Hagger, 2011) 이 이론에 따르면 행동을 가장 잘 예측하는 지표는 태도가 아니라 행동의 의도다. 하지만 행동의 의도는 태도와 주관적 규범, 지각된 행동 통제의 영향을 받는다. 피시바인과 아이젠은 행동의 의도에 영향을 미침으로써 행동을 좌우하는 요소로 태도 외에 2가지를 더 발견했다. 첫째, **주관적 규범**(subjective norm)이라는 요소다. 이것은 중요한 타인들이 문제의 행동을 승인할지 승인하지 않을지에 대한 인식을 가리킨다. 예컨대 총기 규제법 개정 운동을 벌이려는 의도는 그 행동을 했을 때 당신의 삶에서 중요한 사람들이 당신을 존중할지 여부에 대한 관점에 따라 달라진다. 둘째 요소인 **지각된 행동 통제**(perceived behavioral control)는 문제의 행동이 얼마나 어려울지에 대한 인식을 가리킨다. 총기 규제법 개정 운동을 정말 하고 싶고(태도) 자신의 삶에서 중요한 사람들이 그런 행동을 하는 자신을 존중한다 해도(주관적 규범) 시간이 없다든지 현실적 환경이 여의치 않으면 그런 행동을 하지 않을 것이다. 상당히 많은 연구가 이 이론을 뒷받침하며 심사숙고와 계획이 필요한 행동의 경우 특히 더 그렇다.(Albarracin et al., 2001 ; Armitage & Connor, 2001)

설득이란 무엇인가

피터 라일리가 거짓 자백한 원인을 설득 과정으로 본다면 설득이라는 개념은 이미 잘 정립되어 있다. 사회과학자들은 **설득**을 다양하게 규정해왔지만 우리는 설득이 어떠한 메시지를 받은 결과로 나타난 **개인적** 태도나 믿음의 변화라고 간주한다. 2장에서 논했듯 **태도**는 어떤 대상에 대한 호의적이거나 비판적인 평가를 말한다. 반면 **믿음**은 그 대상에 대한 생각(인식)이다. 5장에서는 설득 과정을 통해 이 2가지가 어떻게 변할 수 있는지 알아볼 것이다.

설득에 대해 알아보는 과정에서 효과가 뛰어난 설득적 메시지의 구성 요소에 대한 많은 연구가 크게 도움이 될 것이다. 설득 과정에 대한 연구는 2차 세계대전 중에 정부의 홍보와 선전 프로그램을 제작하며 본격적으로 시작되어 반세기 이상 지속되었다. 실제로도 현재 광고와 마케팅 회사에서 일하는 심리학자들이 많다.

태도의 변화 측정

설득에 능숙한 사람들은 처음에 강했더라도 태도와 믿음을 바꿀 수 있는 많은 기법을 개발한다. 이렇게 다양한 기법이 어떤 경우에 어떻게 효과를 발휘하는지 이해하는 과정에서 연구자들은 설득의 효과를 정확히 측정하는 까다로운 문제와 마주했다. 설득 전략이 얼마나 변화를 일으키는지 알 수 없다면 효과가 있다고 할 수 없기 때문이다. 그 변화를 정확히 측정하기는 쉽지 않을 때가 많다. 누군가가 자신의 행동을 기록하고 있다는 것을 알면 행동은 변하기 마련이다. 당연한 말이지만 설득을 연구하는 과학자들은 그 과정을 조금이라도 변형하지 않고 그대로 기록하고 싶어 한다. 따라서 연구자들은 측정 행위 자체가 자료에 미치는 영향을 줄일 수 있다고 입증된 몇몇 방식에 의존할 때가 많다.

2장에서 이러한 방식 중 하나를 간단히 살펴보았다. 연구자들이 참가자들에게 자신의 태도에 대한 자기 보고를 요구하지 않고 은밀히 태도를 측정하는 방법이다. 이런 경우 연구자들은 태도와 관련된 행동을 관찰해 태도를 판단한다. 예컨대 로버트 치알디니(Robert Cialdini)와 도널드 바우만(Donald Baumann, 1981)은 대통령 선거운동에 쓰인 팸플릿들이 어지럽게 널려 있는 모습을 관찰해 선거 결과를 예측할 수 있었다. 자동차 앞 유리창에 끼워진 팸플릿이 자신이 좋아하는 후보를 지지하는 내용이면 투표장에 온 투표자들이 아무렇게나 버리지 않을 가능성이 높다. 실제로 연구자들은 공식적으로 득표수가 발표되기 전 이러한 방식으로 조사한 9개 지역에서 승자를 정확히 예측했다.

연구자들은 사람들이 진짜 생각을 정직하게 말하지 않을 이유가 있을 때에 한해 이렇게 비밀스러운 기법이 자기 보고 방식보다 정확하다는 점을 발견했다. 예컨대 실제보다 공정하거나 편견 없는 사람으로 보이고 싶어 할 때가 이에 해당한다.(Fazio et al., 1995; Nowicki & Manheim, 1991) 이런 경우 비밀스러운 기법이 선호되는 이유는 자기 보고 기법에 비해 비반응적 측정법(nonreactive measurement, 연구 대상의 반응을 기록하는 동안 그 반응을 변화시키지 않는 측정 방식)에 가깝기 때문이다. 즉 이런 기법을 사용해 반응을 기록하면 반응이 왜곡될 가능성이 낮다. 하지만 사람들이 진짜 생각과 느낌을 숨길 이유가 없을 때는 대개 자기 보고 기법을 선호한다. 자기 보고 기법이 태도에 대해 더 직접적으로 묻게 해주기 때문이다.(Dunton & Fazio, 1997)

자기 대화의 놀라운 힘

태도 변화에 대한 초창기 연구에서 연구자들은 메시지 자체의 명확성, 논리, 기억 용이성 등을 강조했다. 설득 대상자가 메시지의 내용을 이해하고 학습하는 것이 아주 중요하다고 생각했기 때문이다.(Hovland et al., 1953: McGuire, 1966) 실제로 그런 경우도 많지만 앤서니 그린월드(Anthony Greenwald, 1968)가 제시한 **인지 반응 모형**(cognitive response model, 설득의 가장 직접적 원인을 설득 대상자의 자기 대화로 보는 것)이 태도 변화에 대한 이러한 생각에 미세하지만 결정적인 전환을 일으켰다. 그린월드의 견해에 따르면, 의사 전달자가 얼마나 큰 변화를 일으킬지 가장 잘 나타내는 지표는 전달자가 대상자에게 말한 내용이 아니라 그 말을 들은 설득 대상자가 스스로에게 하는 말이다. 인지 반응 모형에 따르면 메시지는 변화의 직접적 원인이 아니다. 직접적 원인은 **자기 대화**(self-talk), 즉 메시지에 노출된 후 대상자의 내면에서 일어나는 인지적 반응이나 생각이다. 수많은 연구들이 메시지에 대한 반응으로 일어난 자기 대화의 양(Eagly & Chaiken, 1993), 자기 대화가 설득의 메시지를 뒷받침하는 정도(Killeya & Johnson, 1998), 대상자가 자기 대화의 타당성에 대해 표현하는 확신(Petty, Briñol & Tormala, 2002)이 설득에 미치는 강력한 영향을 보여줌으로써 인지 반응 모형을 뒷받침한다.

긍정적 자기 대화 당신이 고속도로의 제한속도를 낮추어 생명을 구하고자 하는 시민 단체에 소속되어 있다고 가정해보자. 당신은 이 문제에 대해 설득하는 편지를 써 지역의 모든 주민에게 보내는 일을 맡았다. 이때 인지 반응 모형이 당신의 설득 방식에 어떤 점을 암시할까? 여기에서 핵심은 설득 대상자인 주민들이 당신의 주장에 반응해 어떤 자기 대화를 할지 고려하는 것이다. 그리고 이에 걸맞은 메시지를 통해 긍정적 인지 반응을 일으킬 방법을 찾으면 된다.

　이 말인즉 전하고자 하는 주장의 강도나 논리 등 메시지 자체의 특징 외에도 완전히 다른 요소들을 계산에 넣어야 한다는 의미다. 다시 말해 당신의 메시지를 받은 사람들이 더 강한 긍정적 인지 반응을 일으키게 만들 요소를 생각해내야 한다. 예컨대 고속도로에서 과속으로 사망자가 발생한 사건이 지역 신문에 한꺼번에 실린 다음에 메시지를 전달할 수 있다. 이렇게 하면 메시지가 눈에 띄는 다른 정보(사고 소식)에 잘 들어맞기 때문에 대상자의 마음속에서 메시지가 타당성을 얻게 된다.(Anderson, 1991 ; van der Plight & Eiser, 1984) 아니면 전문적인 느낌이 들도록 고급스러운 종이에 메시지를 인쇄해 호의적 인지 반응을 늘릴 수도 있다. 사람들은 설득에 투입된 주의와 비용이 클수록 의사 전달자가 메시지의 타당성을 더 확고하게 믿는다고 가정하기 때문이다.(Kirmani, 1990 ; Kirmani & Wright, 1989)

반론 메시지를 통해 대상자에게 긍정적 인지 반응을 일으키는 것 외에도 생각해야 하는 점이 또 있다. 누군가를 설득할 때는 부정적 인지 반응을 일으키지 않을 방법에 대해서도 고려해야 한다. 부정적 인지 반응 중에서도 설득적 메시지에 반대 주장을 펼쳐 메시지의 효력을 약화시키는 반론(counterargument)을 피해야 한다.(Bernard, Maio & Olson, 2003) 줄리아 잭스(Julia Jacks)와 킴벌리 캐머런(Kimberly Cameron, 2003)은 한 연구에서 사형에 대한 태도를 바꾸려 할 때 참가자들이 설득에 저항하기 위해 가장 많이 사용하고 가장 효과적인 전략이 반론이라는 점을 발견했다. 따라서 설득하는 편지에는 높은 제한속도가 교통사고 사망률을 높인다는 교통안전 전문가의 주장을 인용할 수도 있다. 대체로 사람들은 전문가의 의견이라는 사실을 알면 반론을 덜 제기하기 때문이다.(Sternthal, Dholakia & Leavitt, 1978) 한편 반론을 줄이는 효과가 입증된 다른 전략들도 있다. 이를테면 대상자에게 반론을 형성할 시간을 거의 주지 않을 수도 있고, 주의를 분산시키거나 인지적으로 부담되는 과제를 부과해 반론할 능력을 소모하게 함으로써 대상자가 쉽게 설득당하게 할 수도 있다.(Burkley, 2008 ; Romero et al., 1996) 한 연구에서 인지적으로 부담되는 과제를 수행하느라 반론을 형성할 수 없었던 참가자는 정보가 거짓임을 알면서도 그 정보에 설득되었다.(Gilbert, Tafarodi & Malone, 1993)

피터 라일리를 취조한 조사관들은 이러한 전략들을 사용해 결백한 한 젊은이가 스스로 살인범이라고 믿도록 설득했다. 첫째, 라일리는 조사관이 그 분야의 대가이며 거짓말탐지기가 자신의 죄를 밝히는 과정에서 틀릴 리 없다는 정보를 들었다.

라일리: 이게 정말 제 머릿속을 읽나요?

조사관: 그럼, 아주 확실하지.

라일리: 확실히 저예요? 다른 사람이었을 수는 없나요?

조사관: 이런 반응이 나온 걸 보면 절대 그럴 수 없어.

하지만 4장에서 살펴보았듯 사실 노련한 전문가가 조사를 해도 거짓말탐지기 검사 결과는 확실함과 거리가 멀다. 거짓말탐지기 검사 결과는 신뢰성이 부족하기 때문에 여러 나라와 지역의 법정에서 증거로 사용하지 못하게 되어 있다.(Gudjonsson, 2003)

둘째, 라일리는 8시간 내내 끊임없이 제기된 범죄 혐의와 추측에 반론을 형성할 시간이 전혀 없었다. 4명의 형사가 번갈아 가며 연속으로 빠르게 질문하고, 혐의를 제기하고, 비난을 퍼부었던 것이다. 셋째, 반론을 형성할 시간이 있었더라도 취조 이전의 사건들 때문에 반론할 수 있는 상태가 아니었을 것이다. 공식 취조가 시작될 때 라일리는 24시간 동안 먹지도 자지도 못했고 정신적·감정적으로 고갈되어 있었다. 취조하는 동안에도 경찰은 지쳐서 제대로 생각할 수 없다는 라일리의 반복된 주장을 무시했다.

요약하면 다음과 같다. 과학적 연구에서 설득력을 높인 요소는 전달자의 전문성과 반론을 형성하기에 부족한 역량과 시간이었다. 이러한 반론 억제 요소는 피터 라일리가 취조받는 과정에서 그대로 사용되었다. 피터 라일리는 당시 그것이 거짓이라는 사실을 알고도 결국 그들의 메시지를 믿게 되었다. 이러한 오심은 피터 라일리 사건에서만 일어나지 않았다. 이와 같은 취조를 통해 오심에 이르는 일은 자주 일어난다.(Bennett, 2005 ; Leo, 2008)

면역과 반론으로 메시지 무력화하기 설득 대상자에게 반론을 불러일으키는 요소들은 설득력을 낮춘다.(Bernard, Maio & Olson, 2003 ; Bizer, Larsen & Petty, 2011) 우리는 이 사실을 이용해 경쟁자의 메시지를 무력화할 수 있다. 즉, 설득 대상자가 경쟁자에게 반론을 형성하도록 교묘한 방법으로 자극할 수 있다. 우리와 반대되는 경쟁자의 메시지를 설득 대상자에게 보내되 설득력이 약한 메시지를 보내는 것이다. 그러면 설득 대상자는 그 주장에 온갖 반론을 형성한다. 그런 다음 우리의 경쟁자가 그보다 강한 메시지를 보내면 대상자에게는 이미 그에 대한 반론이 준비되어 있을 것이다. 윌리엄 맥과이어(William Mc-Guire, 1964)는 이 전략을 **면역 절차**(inoculation procedure)라고 불렀다. 이는 처음에 쉽게 반박할 수 있는 약한 메시지를 보내 그보다 강한 주장에 대한 저항성을 높이는 기법으로, 건강한 사람에게 약한 바이러스를 주입해 면역력이 생기게 하는 것과 유사한 양상을 보인다.

고속도로 제한속도를 낮추는 캠페인에도 이 기법을 이용할 수도 있다. 설득하는 편지에 반대편의 약한 주장을 포함해("아예 속도제한이 없는 나라도 있습니다") 대상자에게 이러한 주장의 타당성을 고려하게 하는 것이다. 메시지를 받은 대상자는 이 주장에 반론을 형성해 결국 우리의 경쟁자에게 더 강한 메시지를 받더라도 설득되지 않을 것이다.

이러한 면역 절차가 기발하고 효과적인 접근법이기는 하나(Eagly & Chaiken, 1993) 이보다 훨씬 흔히 쓰이는 전략은 경쟁자의 아주 강한 메시지에 대한 반론을 대상자에게 직접 제공하는 것이다. 다음 내용에서 볼 수 있듯 광고계에서는 이러한 전략이 매우 효과적일 수 있다.

BOX 5.1

담배 회사들이 담배 규제에 앞장선 사연 —**반론의 무력화**

1969년 7월 22일 담배 규제에 관한 미국 의회 입법 청문회에서 놀라운 일이 벌어졌다. 담배업계의 대표들이 라디오와 텔레비전에서 자사 상품 광고를 전면 금지하는 제안에 열렬히 찬성한 것이다. 담배 회사가 예상과 다르게 나선 덕에 1971년부터 방송에서 담배 광고를 금지하는 법률이 제정되었다.

거대 담배 회사의 이러한 전례 없는 행보는 무엇 때문이었을까? 회사 중역들이 국민의 건강을 염려해서였을까? 그럴 리 만무하다. 금지 조치 이후에도 흡연자들을 겨냥한 집중적 광고 활동은 줄어들지 않았다. 방송 광고에 투자하던 비용을 잡지, 스포츠 후원, 홍보 목적의 기부, 영화 간접광고 등으로 돌렸을 뿐이다. 실제로 한 담배 회사의 기밀문서에는 몇몇 영화에 자사 담배를 피우는 장면을 넣는 대가로 50만 달러를 받기로 한 영화배우이자 감독 실베스터 스탤론의 동의서도 들어 있었다.(Massing, 1996)

이처럼 담배 회사에서 자사 상품 광고를 금지하려던 것은 방송에 한해서였다. 하지만 이러한 사실은 담배 회사의 동기에 대한 의혹을 더 키울 뿐이다. 규제에 찬성한 그해 담배 회사의 중역들은 광고비 가운데 5분의 4를 텔레비전 광고에 쏟아붓고 있었다. 광고주가 텔레비전 광고를 "사람들, 특히 젊은 사람들에게 단연코 최고의 영향력을 발휘하는 수단"(L. C. White, 1988, p. 145)으로 인식했기 때문이다. 그런데 새로운 고객을 끌어들이는 데 가장 설득 효과가 높은 방식을 포기하게 한 이유는 무엇이었을까?

이 질문에 대한 답은 담배 규제 조치가 있기 2년 전 일어난 한 사건에서 찾을 수 있다. 존 반자프(John Banzhaf)라는 젊은 변호사가 온갖 역경에도 미국 연방통신위원회를 상대로 담배 광고 문제에도 '공정성 원칙(fairness doctrine)'을 적용해야 한다고 주장해 성공을 거둔 것이다. 공정성 원칙은 자유주의 사회에서 대중에게 논란이 되는 중요한 주제와 관련된 입장이 전파를 타고 있다면, 그 반대의 관점에서 진술하고자 하는 시민도 그 시간만큼 방송에서 이야기할 수 있어야 한다는 원칙이다. 이는 대외적으로 반론의 중요성과 영향력을 인정하는 것이었다. 미국 연방통신위원회의 결정은 중대한 변화를 몰고 왔다. 미국암학회와 같이 흡연에 반대하는 세력이 담배 회사 광고를 풍자하는 한편, 흡연이 건강을 해치고 외모와 독립성을 망가뜨린다는 사실을 보여줌으로써 담배 광고에 등장하는 건강하고 매력적이고 거칠고 독립적인 이미지를 망가뜨리고 희화화하는 게 가능해졌기 때문이다. 이러한 반론 광고 중 하나에서는 말버러 담배 광고에 등장할 법한 강인한 외모의 남성이 발작적으로 마른기침을 하고 힘겹게 숨을 쉬면서 쿨럭거리는 약하고 무력한 모습으로 등장했다.

예상대로 담배 회사들은 텔레비전 광고 예산을 늘리는 것으로 대응했지만 소용이 없었다. 공정성 원칙에 따라 담배 회사의 광고가 늘어날수록 반론 메시지가 방송되는 시간 역시 늘어나야 했기 때문이다.

결국 이러한 상황의 논리에 타격을 입은 담배 회사는 능수능란하게 대처했다. 이들은 자사 상품의 방송 광고를 금지하는 법안을 지지했다. 공정성 원칙이 적용되는 '방송'에 한해서였다. 이렇게 광고가 금지되자 흡연 반대 세력들은 더 이상 반대 광고를 할 방송 시간을 확보할 수 없었다. 담배 광고 금지 조항이 시행된 첫해에는 담배 회사들이 광고 비용을 30% 절약할 수 있었음에도 미국 내 담배 소비량은 3% 이상 늘었다.(Fritschler, 1975: McAlister et al., 1989)

흡연에 반대하는 세력은 담배 광고의 효과를 떨어뜨리기 위해 반론을 이용할 수 있다는 사실을 발견했다. 하지만 담배 회사 중역들 역시 그와 관련된 지혜와 수익을 얻었다. 즉 메시지에 대한 저항을 줄이는 최고의 방법 가운데 하나는 반론의 가능성 자체를 줄이는 것이다. 물론 마음대로 반론할 기회가 다른 사람들에게만 달린 것은 아니다. 사람들은 메시지에 대해 생각하고 스스로 반론을 만들어내기도 한다.(Albarracin & Mitchell, 2004) 지금부터는 사람들에게 언제 반론을 제기할 의욕이 생기는지, 어떤 경우에 반론할 수 있는지 알아보자.

설득의 이중 처리 모형

연구자들은 설득 과정에서 나타나는 인지 반응을 연구하면서 사람들이 메시지를 받고 그 정보를 항상 주의 깊게 처리하지 않는다는 사실을 발견했다. 가끔은 깊이 생각하지 않고 정보를 받아들이거나 거부하는 것이다.(Chaiken & Trope, 1999 ; Evans, 2008) 이러한 발견은 설득의 **이중 처리 모형**(dual process models)의 개발로 이어졌다.(Chaiken & Ledgerwood, 2012 ; Petty & Cacioppo, 1986) 이 모형은 태도 변화 과정의 2가지 기본 유형을 포함한다. 즉 태도 변화 과정에서는 메시지에 담긴 주장을 중시하거나 전달자의 매력 같은 다른 요소에 초점을 맞추는 2가지 유형이 나타난다.(Smith & DeCoster, 2000) 가장 널리 알려진 첫 번째 이중 처리 모형은 리처드 페티(Richard Petty)와 존 카치오포(John Cacioppo, 1986)가 제시한 **정교화 가능성 모형**(elaboration likelihood model)이다. 정교화 가능성 모형에 따르면, 사람들은 설득의 메시지를 받았을 때 주장의 속성에 주목하는 **중심 경로**(central route) 혹은, 주장의 수 나 전달자의 지위같이 속성 외의 것에 주목하는 **주변 경로**(peripheral route)를 통한다. 메시지에 대해 깊이 생각할 동기와 능력이 있느냐에 따라 정보를 중심적으로 처리하거나 주변적으로 처리하는 것이다. 2가지 처리 방식 모두 설득으로 이어지지만 중심적 처리를 통한 설득이 더욱 지속적인 변화를 이끌어낸다.

동기부여 설득의 메시지를 중심 경로를 통해 처리하려는 동기에 영향을 미치는 요소는 2가지다. 첫째 요소는 주제와의 개인적 연관성이다. 쟁점이 자신에게 직접 영향을 미치면 그것에 대해 열심히 생각하려는 의지가 커진다. 둘째 요소는 거의 모든 주제에 관해 열심히 생각하는 경향, 즉 인지 욕구다. 두 요소를 차례대로 살펴보자.

대학 신문에서 기사를 하나 읽는다고 해보자. 행정처에서 제안한 방침에 대한 것인데, 모든 학생이 이제까지 배운 내용을 종합한 시험에 통과해야 졸업할 수 있다는 방침이다. 행정처에서는 그 방침을 바로 실행해야 한다고 주장하고 그것이 승인되면 모두에게 적용된다. 이러한 **개인적 연관성**(personal relevance) 때문에 당신은 그 방침에 찬성할지 반대할지 결정하기 전에 행정처에서 내놓은 제안을 깊이 생각하거나 주장의 특징을 분석하면서 면밀하게 살펴봐야겠다는 동기가 생긴다. 이번에는 똑같은 상황에서 조건 하나만 바뀌었다고 해보자. 행정처에서 같은 방침을 제안하되 올해가 아니라 10년 뒤에 시행하자는 의견을 내놓은 것이다. 이런 경우에는 새로운 방침이 당신에게 적용되지 않을 것이다. 이중 처리 모형에 따르면 이런 조건에서 당신은 그 기사에 상당히 다르게 반응하게 된다. 이 경우 더 이상 그 주장의 요지를 자세히 읽고 주

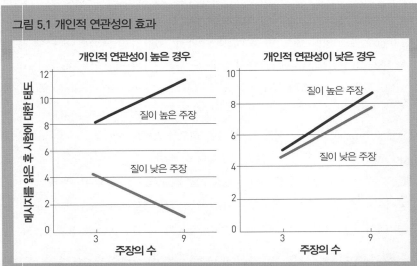

그림 5.1 개인적 연관성의 효과

메시지를 읽은 학생들과 주제가 개인적 연관성이 있는 경우 학생들은 주장의 질(설득력)을 고려해 반응했다. 주제가 학생들과 개인적 연관성이 없는 경우 학생들은 주장의 질이 아닌 수에 반응해 주변 경로를 통해 정보를 처리했다. 따라서 중심 경로와 주변 경로를 통한 메시지 처리 방식이 둘 다 설득으로 이어지지만 그 방식에는 차이가 있다.

출처: Petty, R. E., & Cacioppo, J. T., "The effects of involvement on responses to argument quantity and quality: Central and peripheral routes to persuasion", Journal of Personality and Social Psychology, 46(1984), pp. 69~81.

사회심리학

장에 흥미를 보이거나 반론으로 반응하려는 동기가 생기지 않을 것이다. 그 대신 행정처의 주장을 가볍게 읽고 그들이 제시한 주장의 수 같은 표면적 요소를 바탕으로 제안에 찬성하거나 반대하기로 결정할 것이다.

리처드 페티와 존 카치오포가 수행한 연구가 이러한 예측을 뒷받침한다.(Petty & Cacioppo, 1984) 이 연구에 참가한 대학생들은 종합시험을 지지하는 내용의 3가지 및 9가지 주장이 담긴 글을 읽게 되었다. 이 주장들은 질적 측면(설득력)에서 수준이 높은 것도 있고("종합시험을 실시하는 학교 졸업생의 평균 초봉이 높다") 낮은 것도 있다("종합시험을 통해 학생들이 다른 학교 학생들의 수행과 자신의 수행을 비교할 수 있다"). 연구의 결과는 〈그림 5.1〉과 같았다. 그 방침이 자신에게 적용된다고 생각한 학생들은 중심 경로를 통해 메시지를 처리했다. 즉 주장의 질적 측면에 초점을 맞추었기 때문에 설득력이 강한 주장을 읽을 때는 강하게, 약한 주장을 읽을 때는 약하게 호의적 반응을 보였다. 하지만 10년 동안 방침이 시행되지 않는다는 내용을 읽은 학생들은 그 내용이 자신에게 적용되지 않기 때문에 주장의 질적 측면보다 주장의 수에 기초해 의견을 결정하는 경향이 높았다.

다른 동기부여 요소는 주제보다 개인 자체에 있다. 바로 **인지 욕구**(need for cognition)다. 3장에서 알아보았듯 어떤 문제든 깊고 충분히 생각하기를 좋아하는 사람이 있다. 이런 사람들은 인지 욕구가 높고 중심 경로를 통해 정보를 처리하기를, 즉 깊이 생각하기를 선호한다. 이 욕구는 일반적으로 사물에 대해 깊이 생각하기를 얼마나 즐기는지 질문함으로써 측정할 수 있다.(Cacioppo et al., 1996) 인지 욕구가 높은 사람들은 자신과 개인적으로 연관성이 없는 문제라도 깊이 생각하려는 동기가 있다. 예컨대 한 연구에서는 아이오와대학교 학생들에게 10년 후 시행되는 등록금 인상안을 설득하는 글을 읽게 했다. 글에는 등록금 인상안에 찬성하는 강한 주장이나 약한 주장이 포함되었다. 10년 후 시행되는 방침이었으므로 학생들과 개인적 연관성이 없는 주제였다. 하지만 인지 욕구가 높은 학생들은 인지 욕구가 낮은 학생들에 비해 많은 노력을 들여 그 주장의 몇 가지 핵심에 대해 생각했고, 주장의 질적 측면에 의견이 더 많이 좌우되었다.(Cacioppo et al., 1986)

요컨대 주제와의 개인적 연관성과 깊은 생각에 대한 타고난 선호(인지 욕구)라는 요소에 따라 사람들에게 깊이 생각하려는 동기가 부여될 수 있다. 이런 동기부여의 수준이 높은 경우, 사람들은 논제에 찬성하거나 반대하는 주장의 질적 측면을 주의 깊게 분석하고 그에 따라 의견을 결정한다. 동기부여 수준이 낮은 경우에는 주장의 강함과 약함, 즉 설득력에 집중하는 대신 주장의 수 등을 고려해 주변적으로 정보를 처리하고 그에 따라 의견을 결정할 때가 많다. 주변적 요소들 역시 강한 주장만큼 처음의 태도를 바꿀 수 있지만, 이런 경우에는 태도의 변화가 더 빨리 사라지고 태도를 다시 바꾸려는 설득적 시도에 더 쉽게 굴복한다.(Haugtvedt & Petty, 1992)

따라서 고속도로 제한속도를 낮추자고 설득하는 편지를 보내려면 그 입장을 옹호하는 강한 주장을 넣을 뿐 아니라 대상자가 그 주장을 세세하게 살펴보도록 동기를 부여해야 한다. 이를테면 처음부터 그 주제가 대상자의 안전과 얼마나 관련 있는지 설명할 수 있다.("연구에 따르면 제한속도를 낮추면 다음 해에는 수백 명의 사망을 예방할 수 있다고 합니다. 당신도 그중 한 사람이 될 수 있습니다.") 이런 전략을 따르면 당신의 설득으로 이끌어낸 변화가 조금 더 오래 지속될 가능성이 높다.

능력 어떤 메시지를 중심 경로를 통해 처리하겠다는 강한 욕구만으로는 충분치 않을 때도 있다. 그 과정을 따라 정보를 처리하는 능력도 있어야 한다. 이를테면 사고 싶은 카메라의 광고를 볼 때처럼 어떤 설득적 의사 전달에 대해 깊이 생각하고자 하는 동기가 있다면, 그 광고를 주의 깊게 살펴보지 못하게 만드는 요소는 무엇일까? 연구자들은 충분히 생각하는 능력을 제한하는 몇 가지 방식을 밝혀냈다. 즉, 주의를 빼앗는 방해 요소를 광고에 넣기(Albarracin & Wyer, 2001), 어떤 점에 대해 깊이 생각해야 할지 알 수 없도록 불충분한 정보를 제공하기(Wood, Kallgren & Preisler, 1985), 특징적 사항들을 확실하게 살펴볼 수 없도록 시간을 부족하게 주기(Ratneswar & Chaiken, 1991) 등의 방식으로 제시되는 광고는 주의 깊게 생각하는 능력을 제한한다.

조지프 알바(Joseph Alba)와 하워드 마머스타인(Howard Marmorstein, 1987)이 수행한 연구에서는 마지막 방식, 즉 부족한 시간이 카메라 광고에 대한 소비자의 반응에 어떤 영향을 미칠 수 있는지 알아보았다. 참가자들은 비슷한 가격대의 카메라 브랜드 A, B에 대한 정보를 받았다. 이 정보에는 두 카메라의 공통된 12가지 특징에 대한 설명이 들어 있었다. A는 B에 비해 3가지 면에서 우월했고, 이것은 사진의 질과 직결되는 특징으로 카메라 구매를 결정짓는 가장 중요한 요인이었다. 반면에 B는 A에 비해 어깨끈이 있는 등 8가지 면에서 우월했지만 모두 카메라 구매를 결정할 때 상대적으로 중요하지 않은 것들이었다. 실험의 첫 번째 조건에서는 참가자들이 각 특징들을 2초씩만 살펴볼 수 있었다. 두 번째 조건에서는 5초씩 살펴볼 수 있었다. 세 번째 조건에서는 12가지 특징에 대한 정보를 원하는 시간만큼 충분히 살펴보게 했다. 그러고 나서 참가자들이 카메라에 대한 호감도를 평가했다.

결과는 놀라웠다. 카메라의 특징을 평가하는 데 2초씩만 주어진 경우 품질이 높은 카메라를 선호한 학생은 얼마 되지 않았고(17%) 대다수가 별로 중요하지 않은 장점이 있는 카메라를 선택했다. 5초씩 주어진 경우에는 이러한 양상이 약간 바뀌었지만 품질에 기초해 선택한 학생은 절반이 안 되었다.(38%) 특징을 충분히 살펴볼 수 있도록 시간 제한이 없어지고 나서야 참가자들의 선택 양상이 반전되었다. 이 경우 적지만 중요한 장점이 있는 카메라를 선호하는 학생이 절반을 넘겼다.(67%)

설득 메시지의 특징을 분석할 시간을 충분히 주지 않는 것은 눈 깜짝할 사이에 속사포처럼 쏟아지는 광고에 반응해야 하는 상황을 떠올리게 한다. 잠시 생각해보라.(물론 시간제한이 없다면 더 좋겠지만.) 라디오와 텔레비전 광고가 이런 식으로 작용하지 않는가? 지면 광고와 달리, 방송 광고의 메시지에 담긴 정보들은 중심 경로에서 처리할 기회를 줄 정도로 느리지도 않고 다시 돌려 볼 수도 없이 빠르게 지나간다. 그 결과 광고주가 내놓는 주장의 질적 측면보다는 광고에 나오는 사람의 매력이나 호감도 같은 주변적 측면에 초점을 맞추게 된다.(Chaiken & Eagly, 1983) 방송 매체를 통해 받는 다른 정보(정치적 견해, 공인과의 인터뷰 등)도 이와 마찬가지다.

요약하면 이중 처리 모형은 사람들이 설득적 메시지를 처리하는 2가지 방법을 제시한다. 중심적 처리는 메시지에 담긴 주장의 질적 측면에 주의를 기울이는 방식이고, 그 결과 메시지를 받은 사람은 주장에 대해 깊이 생각하게 되며 주장의 설득력에 따라 태도가 변한다. 주변적 처리는 주장의 수나 메시지 전달자의 호감도 같은 외적인 측면에 주의를 기울이는 방식이다. 이 경우 메시지를 받은 사람은 이러한 2차적 요소를 바탕으로 태도와 믿음을 바꾸게 된다. 사람들은 깊이 생각하는 동기와 능력이 둘 다 있을 때 중심적 처리 과정을 통해 메시지를 처리할 가능성이 높다. 동기와 능력 중 하나라도 없으면 주변적 처리 과정을 통해 메시지를 처리할 가능성이 높다.

어떤 처리 방식을 사용하든 사람들은 개인적 목표를 달성하기 위해 태도와 믿음을 바꾼다. 이제 그 목표에 대해 알아보자.

태도와 믿음을 바꾸는 3가지 이유

깊이 생각해보지 않아도 사람들이 설득을 하고 싶어 하는 몇 가지 이유를 우리는 알고 있다. 타인의 태도와 믿음을 바꿈으로써 온갖 종류의 목표를 실현할 수 있기 때문이다. 하지만 설득을 당하고 싶어 한다면 그 이유는 무엇일까? 그런 변화는 어떤 목표에 도움이 될까? 이것은 매우 흥미롭고도 유익한 질문이다.(Snyder & DeBono, 1989)

태도 변화의 기능을 이해하려면 먼저 태도의 기능부터 알아보아야 한다. 심리학자들에 따르면 태도에는 몇 가지 기능이 있다. 사람들은 태도를 통해 보상을 얻고 처벌을 피하며, 정보를 효율적으로 정리하고, 자신을 다른 사람들에게 표현하며, 자아상을 유지하고 집단과 조화를 이룰 수 있다.(Herek, 1986; Maio & Olson, 1995; Shavitt, 1990)

이렇게 다양한 기능을 결합해 태도 변화라는 문제에 적용해보면 설득의 주요 목표를 3가지로 나눌 수 있다. 사람들이 설득적 메시지를 받아들이는 것은 다음과 같은 목표를 달성하기 위해서다.

1. 세상을 더 정확한 시각으로 보기 위해
2. 내면적으로 일관성을 유지하기 위해
3. 사회의 승인과 수용을 얻기 위해

어떤 태도의 변화가 하나 이상의 목표에 도움이 되는 경우도 있다. 예컨대 어떤 쟁점에 대해 친구가 탁월한 발언을 한 후 그 친구의 의견과 비슷한 의사를 표명한다면 정확성과 사회적 승인을 동시에 얻을 수 있다. 우리가 이 3가지 목표를 항상 의식하지는 않지만 지금부터는 이러한 목표가 사람들에게 변하고자 하는 동기를 어떻게 부여하는지 알아볼 것이다.

세상을 보는 정확한 시각

언변 좋은 정치인, 말을 번드르르하게 하는 영업 사원, 선정적 광고는 관객을 현혹시켜 잘못된 길로 이끌 때가 많다. 따라서 사람들이 뼈아픈 실수를 피하기 위해 있는 그대로의 진실을 추구하는 것도 놀라운 일이 아니다. 정확한 태도와 믿음을 갖추는 것도 하나의 방법이 될 수 있다. 여기에서는 사람들이 정확함을 추구하고 달성하기 위해 사용하는 손쉬운 방법을 몇 가지 살펴본 후, 정확함을 추구하는 목표에 영향을 미치는 사람과 상황의 특징을 알아보려 한다.

정확한 판단을 돕는 3요소
이미 살펴보았듯 우리는 어떤 문제를 정확히 판단하고 싶을 때(이를테면 그 문제가 개인적으로 중요한 일일 때) 상당한 시간과 노력을 들여 관련 증거를 분석한다.(Lundgren & Prislin, 1998; Petty & Cacioppo, 1979) 하지만 어떤 주제에 대해 깊이 생각하는 사람만 정확한 시각을 유지하고 싶어 하는 건 아니다. 정확함을 추구하고 싶어도 증거를 자세히 분석할 시간이나 능력이 부족한 경우가 많기 때문이다. 그러면 어떻게 할까? 이들은 정확한 선택을 도와줄 다른 유형의 증거, 즉 손쉬운 증거에 의존할 때가 많다. 이런 손쉬운 증거를 발견할 수 있는 3가지 원천은 믿을 만한 의사 전달자, 다른 사람들의 반응, 준비된 생각이다.

믿을 만한 의사 전달자 설득적 메시지를 면밀하게 살펴볼 여건이 안 될 때는 의사 전달자의 신뢰성에 기초해 의사를 결정함으로써 정확성을 높일 수 있다.(Chaiken & Maheswaran, 1994; Smith, De Houwer & Nosek, 2013) 그렇다면 믿을 만한 의사 전달자의 특징은 무엇일까? 오랫동안 수행된 연구들에 따르면 2가지가 있다. 믿을 만한 의사 전달자는 전문적이고 신뢰할 수 있는 사람이다.(Perloff, 1993)

매체에서 어떤 주제에 대한 전문가의 의견을 보여주면 그것이 대중의 의견에 중대한 영향을 미친다. 《뉴욕타임스》에 게재된 전문가의 보도 기사 한 편만으로도 미국 내 여론의 2%가 달라진다. 전문가의 발언이 전국적으로 방송을 타면 영향력은 거의 2배로 뛰어오른다.(Jorden, 1993; Page et al., 1987)

이러한 점은 고속도로 속도제한을 제안하는 편지의 효과를 높이는 데 어떻게 도움이 될까? 교통안전 전문가가 속도제한을 지지하는 대외적 발언을 했다면 이 발언을 편지에 반드시 넣는 것이 좋다. 처음에 설득 대상자가 당신의 의견에 별로 호의적이지 않은 반응을 보인다면 더욱 그래야 한다.(Aronson et al., 1963) 하지만 당신이 전문적 정보를 제공하는 사람임을 대상자에게 확신시키는 것만으로 최선의 설득이라고 하기는 어렵다. 연구에 따르면 전문적 정보를 제공할 뿐 아니라 믿을 만한 사람임을 보여주어야 한다.(Van Overwalle & Heylighen, 2006)

　　전문 지식이 의사 전달자의 지식과 경험을 가리키는 한편 **신뢰성**(trustwor-thiness)은 전달자의 정직과 치우침 없는 태도를 가리킨다. 전달자는 설득적 메시지를 전달할 때 어떻게 해야 정직하고 한쪽으로 치우치지 않은 사람으로 보일 수 있을까? 먼저 전달자가 자신의 이익을 위해 대상자의 태도를 바꾸려는 의도가 아니라, 쟁점에 대해 정확한 정보를 알려주어 대상자의 이익에 기여하려는 의도로 보내는 메시지라는 인상을 주면 된다.(M. C. Campbell, 1995; Davis & O'Donohue, 2004) 어떤 문제나 상품에 대해 '바른말'을 한다고 장담하는 광고를 보면 신뢰성을 높이기 위해 자주 쓰이는 이러한 접근법을 발견할 수 있다. 두 번째로 전달자는 자신이 찬성하는 입장뿐 아니라 반대쪽 주장까지 모두 보여주어 정직하고 공평하다는 인상을 줄 수 있다. 연구자들은 전달자가 양쪽의 주장을 모두 보여주고 자신의 이익에 반해 주장을 펼치는 것처럼 보이는 경우, 대상자에게 신뢰를 얻을 수 있고 영향력도 더 커진다고 말한다.(Eagly et al., 1978) 특히 대상자가 처음에 전달자에게 동의하지 않을 경우 그 효과는 더 커진다.(Hovland et al., 1949) 초등학교 2학년 정도의 어린아이들도 전달자의 이익에 반하는 메시지를 더 굳게 믿는다. 예를 들어 어린아이들은 도보 경주에서 1등을 했다고 말하는 아이보다 2등을 했다고 말하는 아이의 이야기를 믿을 가능성이 더 높다.(Mills & Keil, 2005)

　　광고주들은 자신의 이익에 반해 주장하는 것처럼 보이는 아주 효과적인 방법을 하나 떠올렸다. 광고에서 자사 제품의 사소한 단점이나 결함을 언급하는 것이다. 이런 방법을 통해 이들은 제품의 장점에 대해 더 설득력 있는 주장을 펼칠 수 있지만 겉으로는 그렇지 않다는 걸 암시해 정직하다는 인상을 심어준다.(〈그림 5.2〉 참고) 이런 전략은 광고에서만 쓰이지 않는다. 변호사들은 재판을 할 때 '선수를 쳐야 한다'라고 배운다. 반대편 변호사보다 먼저 자기편의 약점을 언급해 배심원에게 정직한 인상을 심어주라는 말이다. 연구에서도 이러한 전략의 효과가 입증되었다. 변호사가 자기편의 약점을 먼저 꺼낸 것을 들은 배심원들은 변호사가 정직하다고 간주하고 그 정직한 이미지 때문에 재판과 최종 평결에서 더 호의적 태도를 보였다.(Williams, Bourgeois & Croyle, 1993)

그림 5.2 나쁜 점이 좋은 점으로 작용하는 경우

"못난 것은 껍데기뿐"

소박한 외관은 시선을 사로잡지 못할 수도 있지만 그 속에서는 공기냉각 엔진이 돌아간다. 끓어 넘쳐 피스톤링을 망가뜨릴 일도 없고, 얼어붙어 당신의 인생을 망가뜨릴 일도 없다. 뒷바퀴에 무게가 실려 눈길과 모래밭에서 강력한 힘을 발휘한다. 또한 휘발유 1리터로 12킬로미터가량을 달리게 해줄 것이다. 시간이 지나면 외양마저 마음에 쏙 들 것이다.

모든 사람이 다리를 펼 공간이 충분치는 않지만, 모든 사람이 머리를 둘 공간은 충분하다. 모자를 써도 충분하다. 맞춘 듯한 1인용 시트, 닫아볼 기회가 없을 정도로 잘 닫히는 문.(너무 꼭 닫히니 처음에는 창문을 조금 열어두는 편이 좋다.)

밋밋하고 평범한 바퀴는 각각 따로 달려 있어 도로의 턱에 부딪혀 한쪽이 튀어 올라도 다른 바퀴까지 튀어 오르지 않는다.

이것이 바로 1663달러를 지불할 때, 폴크스바겐을 구입할 때 경험할 수 있는 일이다. 못생긴 외관은 차의 가격에 조금도 영향을 주지 않는다.

그것이야말로 이 차의 멋진 점이다.

45년 전 광고 회사 DDB는 미국 시장에 자그마한 독일 자동차를 소개하라는 임무를 맡게 되었다. 미국에서는 소형차가 팔리지 않았고 수입차가 잘 팔린 적도 없었다. DDB는 사소한 단점들을 드러냄으로써 제조사와 자동차에 대해 전반적인 신뢰감을 주는 광고들로 연이어 전설적인 성공을 기록했다. 금방 알아보기는 어렵겠지만 광고 문구를 보면 부정적인 면이 긍정적인 면에 앞서 언급되며 짝을 이루고 있다.

다른 사람들의 반응 설득적 메시지에 정확히 반응하고 싶지만 그것을 깊이 생각해볼 동기나 능력이 없을 때 사용할 수 있는 다른 지름길이 있다. 메시지에 대한 다른 사람들의 반응을 관찰하는 것이다.(Saporito, 2005 ; Westerwick, 2013) 예컨대 정치적 연설을 듣고 주변의 청중이 모두 열광한다면, 우리는 그것이 좋은 연설이었다고 쉽게 결론 내리고 연설의 내용에 설득되곤 한다.(Axsom, Yates & Chaiken, 1987) 또한 처음에는 청중의 반응에 동의하지 않았더라도 반응의 일치도가 높아질수록 그 반응에 따를 가능성도 높아진다.(Betz, Skowron-ski & Ostrom, 1996 ; Surowiecki, 2004) 범죄 수사관들이 용의자에게 "나는 당신이 유죄라고 믿어"라는 말 대신 "우리는 당신이 유죄라고 믿어"라고 말하도록 교육받는 이유도 이와 같다.(Inbau et al., 2001)

　같은 생각을 지닌 사람이 여럿일 때 의견 일치의 효과도 커지지만, 메시지에 대한 한 사람의 반응이 관찰자의 반응에 큰 영향을 미칠 때도 있다. 범죄 수사관들은 이 점을 잘 이해하고 용의자에게 자신들과 같은 의견을 가진 목격자가 있다고 말함으로써 용의자가 유죄라는 주장을 뒷받침할 때가 많다. 이 전략이 우려스러운 점은 취조관들이 목격자가 없는데도 있다고 말할 때가 많다는 사실이다. 182명의 범죄 수사관을 관찰한 사회학자 리처드 리오(Richard Leo, 1996)에 따르면 경찰 신문 과정에서 거짓 증거의 사용이 합법일 뿐 아니라 거짓 증거를 보여준 후 용의자들이 절반 이상 유죄를 인정했다고 한다. 완전히 결백한데도 위조된 증거를 보고 자신의 유죄를 확신하고 인정한 용의자도 있을까? 그렇다면 어떤 상황이 그렇게 놀라운 형태의 설득으로 이어지는 것일까?

　사울 카신(Saul Kassin)과 캐서린 키첼(Katherine Kiechel, 1996)은 바로 이 질문에 대한 답을 찾기 위해 실험을 하나 고안해냈다. 이 연구에 참가한 대학생들은 컴퓨터로 과제를 수행하다가 자신이 저지르지 않은 잘못으로 비난받는 상황에 놓였다. 모든 자료가 다 지워질 수 있어 누르지 말라고 경고한 버튼을 눌렀다는 이유였다. 연구자는 화가 나서 학생에게 죄를 자백하고 진술서에 서명하라고 요구했다. 죄가 없는데도 서명한 학생은 얼마나 될까? 결과는 연구의 2가지 특징에 따라 크게 달라졌다. 첫째, 컴퓨터로 과제를 수행하면서 인지적 부담을 가지게 된 참가자들(미친 듯이 빠른 속도로 정보를 처리해야 해서)이 부담이 없던 참가자들에 비해 죄를 인정할 가능성이 높았다.(83% 대 62%) 앞서 살펴보았듯 사람은 혼란과 불확실함을 느끼면 외부의 영향에 더 취약해진다.

둘째, 참가자의 절반은 다른 참가자로 위장한 연구자가 지켜보는 상황에 놓였다. 참가자가 금지된 키를 누르는 모습을 보았다고 주장하는 식이다. 가짜 목격자의 증언에 말려든 참가자들은 그러지 않은 사람에 비해 죄를 인정할 가능성이 훨씬 높았다.(94% 대 50%) 이 2가지 요소를 결합한 결과는 엄청났다. 인지적 부담을 느끼는 동시에 가짜 목격자에게 지목당한 학생들은 모두(100%) 잘못을 인정했다.

훨씬 무서운 점은 이들 대부분이 자백한 대로 믿는 경향을 보였다는 사실이다. 실험이 끝난 후 이 학생들이 실험실 밖에서 혼자 기다리는 동안 다른 학생으로 위장한 다른 연구자가 접근해 무슨 일이 있었느냐고 물었다. 이들 중 65%가 이 낯선 사람에게 다음과 같이 대답하면서 자기 죄를 인정했다. "제가 버튼을 잘못 눌러서 프로그램을 망가뜨렸거든요." 한 사람뿐이라도 설득에 취약한 상태일 때 다른 사람의 관점은 중대한 영향을 미칠 수 있다. 자신에 대해 확신하지 못하는 상태가 되면 더욱 그러하다. 이런 요소들은 피터 라일리의 자백에 충격적일 정도로 잘 들어맞는다. 라일리는 취조받는 동안 인지적 부담이 커지다 못해 혼란스러운 지경에 이르렀고 다른 사람들, 즉 취조관들과 거짓말탐지기 조사관에게 자신의 유죄를 확신하는 말을 들었다.

준비된 생각들 3장에서 살펴본 **가용성 어림법**은 사람들이 결정을 내리기 위해 사용하는 지름길 중 하나로, 어떤 생각이 얼마나 쉽게 떠오르고 사례를 떠올리기 쉬운지에 따라 그 생각의 타당성이나 발생 가능성을 판단하는 방법이다.(Bacon, 1979: Tversky & Kahneman, 1973) 이것은 의사 전달자가 어떤 생각을 더 **인지적으로 준비되게** 함으로써, 즉 상상하거나 떠올리기 쉽게 만들어 관객이 그 생각을 받아들이게 되는 교묘한 방법이 될 수 있다.

의사 전달자는 2가지 방법을 통해 특정한 생각을 인지적으로 준비되게 만들 수 있다. 첫 번째 방법은 그 생각을 여러 번 제시하는 것이다. 많은 연구에 따르면 반복된 주장이 더 타당해 보이기 때문이다.(Hertwig, Gigerenzer & Hoffrage, 1997) 또한 어떤 생각을 여러 번 접한 후에는 그 생각이 익숙해지고 쉽게 떠오르므로 진실에 가까워 보이기 마련이다.(Arkes et al., 1989: Boehm, 1994)

두 번째 방법은 상대가 어떤 생각이나 사건을 상상하게 만드는 것이다.(Frye, Lord & Brady, 2012 ; Garry & Polaschek, 2000) 무언가를 한번 상상하면 다음에 생각할 때 더 쉽게 떠오르므로 그 생각이 더 그럴듯해 보이게 된다.

한 연구에서 뉴멕시코주립대학교 학생들은 교통사고를 상상한 뒤 교통안전 법안의 발의를 지지하는 태도가 훨씬 강하게 나타났다.(Gregory, Burroughs & Ainslie, 1985) 이러한 연구 결과는 고속도로 제한속도를 낮추자는 편지와 분명히 연관성이 있다. 이를테면 편지를 읽을 사람들에게 빠른 속도로 달릴 때 사고에 휘말리기 얼마나 쉬울지 **잠깐 상상해**보라고 부탁할 수도 있다.

따라서 어떤 생각을 인지적으로 더 준비되게 만들어 더 타당해 보이게 할 수 있다. 어떤 생각을 두 번 이상 접하게 만들어 그 생각을 상상하거나 떠올리게 해도 같은 결과를 얻을 수 있다. 피터 라일리를 신문한 취조관들은 두 방법을 모두 사용했다. 라일리는 그가 어머니를 죽였다는 반복되는 주장에 공격당했고 어떻게 그럴 수 있었는지 상상하도록 끊임없이 몰아붙여졌다. 취조가 끝날 때쯤 이 상상은 라일리와 취조관들 모두에게 현실이 되어 있었다.

> 취조관: 하지만 어머니의 목을 면도칼로 그은 기억이 나잖아.
> 라일리: 잘 모르겠어요. 그런 기억이 나는 것 같아요. 그러니까 제가 그러는 장면을 상상하고 있어요. 그런 장면이 머릿속에서 흘러나와요…….
> 취조관: 다리는? 어떤 장면이 떠오르지? …… 어머니의 다리를 마구 밟은 기억이 나?
> 라일리: 그렇게 말하니까 상상이 돼요.
> 취조관: 넌 지금 상상하는 게 아니야. 내가 보기에는 이제 진실이 드러나는 것 같다. 너도 털어놓길 원하고.
> 라일리: 알아요…….

언제 정확성 욕구가 높아지는가

어떤 주제를 정확한 관점으로 보려는 욕구가 항상 똑같지는 않다. 사람과 상황에 따라 특히 강해질 수도 있고 급격히 약해질 수도 있다. 정확성을 갖추려는 목표가 설득에 언제, 어떻게 영향을 미칠지를 좌우하는 요소들을 알아보자.

사회심리학

사람

주제 관련성 저마다 여러 주제에 대해 어떤 식으로든 의견을 가질 것이다. 모든 주제에 정확한 관점으로 접근하면 좋겠지만 자신과 직접 관련 있는 문제일 때 특히 정확성을 추구하려는 동기가 부여된다. 세계의 어딘가에서는 전쟁이나 혁명, 사회 변화 같은 중요한 사건이 터지고 있을지도 모른다. 하지만 지금 살고 있는 동네에서 세금이 인상된다는 소식을 들으면 몰라도, 먼 나라의 정치 문제에 정확한 견해를 형성하려는 동기가 생길 가능성은 비교적 낮을 것이다. 이미 살펴보았듯 우리는 **개인적으로** 중요한 문제에 대해 더욱 정확한 태도와 믿음을 추구한다. 따라서 그런 문제와 관련된 메시지에 대해 깊이 생각할 가능성이 더 높고, 설득력이 높을 때만 설득되는 것이다.(Petty et al., 2005)

한 연구에서는 광고 제작자들이 우리를 어떤 주제와 연관시켜 그들의 메시지에 주의를 기울이게 하기가 얼마나 쉬운지 보여주었다. 연구자들은 일회용 면도기를 광고하는 문구를 썼다. 광고 문구는 2인칭 지시대명사인 '당신'을 사용한 안과 사용하지 않은 안으로 나뉘었다. '당신'을 사용한 문구는 이런 것이었다. "당신은 면도기 제작 기술이 여기서 더 나아질 수 없다고 생각했을지 모릅니다." 자기 지시적 언어가 사용된 광고를 본 사람들은 그 정보에 대해 더 깊이 생각했고 그것이 강한 주장을 담은 경우에만 영향을 받았다.(Burnkrant & Unnava, 1989) **당신**은 고속도로 제한속도에 관한 **당신**의 편지에 이러한 장치를 **당신**이 어떻게 넣을 수 있을지, 그리고 **당신**의 제안을 뒷받침하는 주장이 설득력 있을 때만 **당신**이 그렇게 하는 것이 현명하다는 사실을 알고 있는가? 물론 이 책의 저자들은 이런 전략을 쓸 정도로 비굴하지는 않다.

사람

기분 행복하거나 슬픈 기분은 단지 긍정적이거나 부정적인 감정을 일으키는 데서 그치지 않고 현재 상황의 속성에 대한 정보를 제공하기도 한다.(Schwarz & Clore, 1996) 어느 시점에 행복한 기분이 든다면 최근의 상황이 보람 있고 받아들일 만했을 가능성이 높다. 반면 슬픈 기분이 든다면 최근에 무언가 불행한 일이 일어났다는 의미다. 그럴 경우 그 상황이 더 위험해 보이고 자신이 더 취약해진 느낌이 들 것이다.(Salovey & Birnbaum, 1989) 이렇게 불안정한 환경에서는 자신을 설득하려는 시도에 정확히 반응하고 싶어진다. 따라서 행복한 기분에 비해 슬픈 기분일 때는 현재 상황에 대해 정확한 태도와 믿음을 얻으려는 동기가 특히 강해진다. 그 슬픈 기분이 현재 상황에서 오류를 저지를 잠재적 위험이 있다고 알려주기 때문이다.(Forgas & East, 2008; Isbell, 2004; Schwarz, Bless & Bohner, 1991) 최근의 연구는 메시지가 사람들의 원래 태도와 반대되는 내용일 때 긍정적인 기분이 메시지를 꼼꼼히 살펴보게 하는 요인이 되기도 한다는 점을 보여주었다.(Ziegler, 2013)

상황

완료된 상황 성경에서는 만물에 때가 있다고 말한다. "하늘 아래 모든 일에는 정한 때가 있고, 시기가 있는 법이다." 정확성을 갖추려는 목표도 이 법칙에서 예외가 아니다. 예컨대 페터 골위처(Peter Gollwitzer)와 그의 동료들은 정확성을 추구하고자 하는 동기가 높아지는 시점이 있음을 밝혀냈다. 사람들은 무엇을 느끼고 믿고 행동으로 옮길지 결정할 때 정확성 동기가 가장 높다. 하지만 결정한 후에는 세상을 정확히 파악하려는 욕구가 이미 내린 결정에 따르려는 욕구로 대체될 수 있다.(Armor & Taylor, 2003; Gollwitzer et al., 1990) 이러한 현상은 나폴레옹이 장군들에게 한 조언과도 일맥상통한다. "시간을 내서 깊이 생각하라. 하지만 행동할 때가 오면 생각을 멈추고 뛰어들어라."

상황

달갑지 않은 정보 종종 우리는 믿고 싶은 것만 믿을 때가 있다. 보통 그 대상은 자신의 이익과 선호에 들어맞는 것들이다.(Johnson & Eagly, 1989; Kunda, 1999) 이러한 경향은 설득에 영향을 미칠 수 있다. 예를 들어 사람들은 믿고 싶은 것과 모순되는 정보가 자신의 믿음을 뒷받침하는 정보에 비해 타당성이 낮다고 생각한다. 따라서 사람들이 믿고 싶어 하는 것과 모순되는 증거는 설득력이 낮다.(Lord et al., 1979) 사람들은 대개 자신의 관심사, 선호, 입장에 들어맞는 설득적 정보를 얻으면 만족을 느끼고 결함을 찾는 데 인지적 노력을 들이지 않는다. 하지만 그렇지 않은 정보를 얻으면 불쾌해하며 반론을 형성하는 데 쓸 만한 단점을 찾는다.(Giner-Sorolla & Chaiken, 1994; Munro & Ditto, 1997) 자신이 선호하는 특질과 믿음에 들어맞지 않는 정보를 꼼꼼히 살펴보고 경계하는 것이 해롭지는 않지만 정도가 과하면 자기 파괴적 행동이 될 수도 있다.

사회심리학

BOX 5.2

퇴로 없는 충격요법은 힘이 없다 —방어기제와 부인

우리는 건강처럼 중요한 정보라도 부정적 정보라면 그것을 깎아내리고 이의를 제기할 때가 많다.(Kunda, 1987; Lench & Ditto, 2008) 예를 들어 교통사고로 병원에 입원한 적이 있는 운전자들은 사고 후에도 여전히 자신이 다른 사람들보다 능숙하고 안전하게 운전한다고 믿는다.(Guerin, 1994; Svenson, 1981)

당신이 새로운 타액 검사 방법을 이용한 실험에 참가한다고 해보자. 이 타액 검사의 목적은 나중에 췌장 질환의 원인이 될 수 있는 효소의 부족 여부를 확인하는 것이다. 이 새로운 검사의 정확성을 얼마나 믿을 수 있겠는가? 피터 디토(Peter Ditto)와 데이비드 로페즈(David Lopez, 1992)가 수행한 연구에 따르면, 그것은 검사 결과 효소의 부족이 우려된다고 나왔는지 여부에 따라 달라진다. 효소가 부족해 나중에 췌장 질환이 우려된다는 말을 들었다면, 아마 당신은 절반 이상의 참가자와 마찬가지로 검사의 정확성을 낮게 평가할 것이다. 두 번째 연구는 사람들이 검사 결과에 어떻게 대응했는지 보여주었다. 디토와 로페즈는 참가자들에게 지난 48시간 동안 식사, 수면, 활동 양상 등에 이상이 없었는지 묻고, 그것이 검사의 정확성에 영향을 미쳤을지 모른다고 설명했다. 건강이 위험하다는 결과를 받은 참가자들은

그런 결과를 받지 않은 참가자들에 비해 이러한 '이상'을 3배나 많이 언급했다. 이와 같이 이들은 선호하는 건강의 이미지와 맞지 않는 증거를 약화시킬 방법을 찾은 셈이다.

이러한 경향은 잠재적으로 위험해 보인다. 신체적 위험을 경고하는 정보에서 흠을 찾는다는 점에서 실제로 위험할 수도 있다. 하지만 존 제모트(John Jemmott)와 그의 동료들(1986)은 한 연구에서 대부분의 사람들이 그 경고를 완전히 무시할 만큼 바보는 아니라고 주장했다. 이 연구에 참가한 사람들은 효소가 부족한 상태라도 나중에 췌장 질환이 생길 수도 있고 생기지 않을 수도 있다는 말을 들었다. 그 결과 효소가 부족하다고 나온 사람들은 그렇지 않은 사람들에 비해 검사의 타당성을 현저히 낮게 평가했다. 하지만 그들 중 83%가 효소가 부족한 사람들이 이용할 만한 서비스에 대한 정보를 물었다. 따라서 이들은 검사 결과의 위협에서 자신을 방어하기는 했지만 대부분 그 문제를 그냥 무시해버리지 않았다. 그러는 대신 더 많은 정보를 얻으려 했고 필요하면 도움을 받으려는 태도를 취했다.

따라서 대부분의 경우 달갑지 않은 정보를 거부하려는 경향은 정확성 동기로 인해 완화되며, 특히 자신의 중요한 측면과 관련된 문제에서는 더욱 그렇다.

자신의 믿음과 선호에 따라 세상을 보려는 욕구에 적당한 한계를 두지 않으면 심각한 문제가 일어난다.(Armor & Taylor, 1998) 이런 반응은 이상한 정보에 대한 정상적 의심을 넘어선 것이다. 이것은 부인(denial)이라고 할 만하며, 자기 파괴적 효과를 발휘할 수도 있다.(Gladis et al., 1992: Lazarus, 1983)

걱정스러운 정보를 접했을 때 부인하는 사람들의 특징은 무엇일까? 이들은 단순히 자신에게 좋은 일이 일어날 가능성이 높다고 믿는 낙관주의자가 아니다.(Carver, Scheier & Segerstrom, 2010) 그보다는 자신이 일반적으로 나쁜 일에 영향받을 수 있다고 믿기를 거부해 그 나쁜 일에 대비하지 못한다는 점에서 **만성 비현실적 낙관주의자**라고 부르는 편이 나을 것이다.(Davidson & Prkachin, 1997: Thompson & Schlehofer, 2008) 이런 사람들은 자신이 해를 입을 가능성을 불편하게 생각하기 때문에 관련된 정보를 외면하고 자신이 해로운 영향을 받을 수 있다는 점을 부인하는 경향이 있다.(Taylor et al., 1989) 여기에서 모순적인 점은 위험의 존재를 외면하고 부인함으로써 오히려 그 위험이 현실로 나타나게 만든다는 것이다.(Radcliffe & Klein, 2002: Robins & Beer, 2001)

문제를 무시하거나 부인함으로써 위협 요소를 다루는 경향은 정상적인 사람에게도 나타날 수 있으나 그러려면 특별한 조건이 충족되어야 한다. 보통 공포를 불러일으키는 정보는 수용자를 자극해 위험을 줄이는 조치를 취하게 한다.(Boster & Mongeau, 1984: Robberson & Rogers, 1988) 예를 들어 프랑스의 10대 청소년에게 알코올의 위험성을 알려주는 강의에서 공포를 불러일으키는 사진을 함께 보여주자, 음주에 대한 태도와 행동을 바꾸는 데 더욱 효과적이었다.(Levy-Leboyer, 1988) 이 일반적 법칙에도 예외가 있다. 공포를 불러일으키는 메시지로 심각한 위험을 설명할 때 메시지를 받는 사람에게 자제력, 약, 운동, 식이요법 등 위험을 줄이는 효과적 방법을 제공하지 않으면, 그는 메시지를 '차단'하거나 그 위험이 자신에게 적용되지 않는다고 부인하는 식으로 공포에 대처할 수 있다. 그 결과 위험을 예방하는 조치를 취하지 않게 된다.(Rogers & Mewborn, 1976)

이러한 내용은 심한 공포를 일으키는 메시지를 제시할 때 그 위험을 줄일 행동에 대해 구체적으로 조언하는 것이 왜 중요한지 알려준다. 사람들은 위험을 피할 방법을 더 명확히 알수록 부인 같은 심리적 수단에 덜 의지한다.(Leventhal & Cameron, 1994)(〈그림 5.3〉 참고) 따라서 위험에 대처할 구체적 단계를 제시하지도 않으면서 공포를 이용해 설득하면 안 된다.(Das, deWit & Stroebe, 2003) 이것은 높은 제한속도의 위험성을 시민들에게 확신시키기 위한 편지에도 적용된다. 제한속도가 높을 때 발생할 수 있는 대

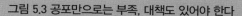

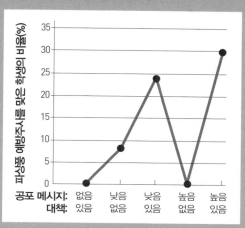

그림 5.3 공포만으로는 부족, 대책도 있어야 한다

연구에 참가한 학생들은 파상풍 감염 위험에 대한 공중 보건 책자를 읽게 되었는데, 책자는 파상풍에 걸린 사람들의 끔찍한 사진을 넣은 것과 넣지 않은 것으로 나뉘었다. 또한 일부 학생들은 파상풍 예방접종을 받는 구체적 방법을 제공받았고 나머지 학생들은 방법을 제공받지 않았다. 마지막으로 파상풍에 대한 정보가 없는 메시지를 받고 대책도 제공받지 않은 통제 집단의 학생들이 있었다. 공포 강도가 높은 메시지를 받은 학생들이 자극받아 예방주사를 맞기로 한 것은 구체적 행동 방침이 제공되어 예방접종을 받고 파상풍에 대한 두려움을 줄일 수 있게 한 경우에 한해서였다.

출처: Leventhal, H., & Cameron, L., "Persuasion and health attitudes", S. Shavitt & T. C. Brock(Eds.), *Persuasion*(BostonL Allyn & Bacon, 1994), pp. 219~249.

혼란을 생생하게 묘사하는 방법이 효과를 발휘하려면, 그 위험을 줄이기 위해 취할 수 있는 구체적 조치를 함께 제시해야 한다. 이를테면 관련 정치 활동 단체에 기부하거나 국회의원에게 전화하는 방법과 전화번호를 함께 제시할 수 있다.

상호작용

전문 지식과 복잡성 업무 중 화학약품에 노출되어 암에 걸렸다고 주장하는 남성에게 보상금을 얼마나 지급할지 결정하는 배심원이 되었다고 해보자. 제조 회사 측에서는 그 남성이 화학약품에 노출된 것은 인정하지만 그로 인해 암에 걸렸다는 주장에는 이의를 제기한다. 당신은 '토머스 팰런'이라는 박사의 증언을 듣게 된다. 팰런 박사는 그 약품이 실제로 사람을 비롯한 여러 동물 종에서 암을 유발한다는 과학적 자료를 바탕으로 진술한다. 당신이 이 전문가의 증언에 영향받을 가능성은 얼마나 될까? 조엘 쿠퍼(Joel Cooper), 엘리자베스 베넷(Elizabeth Bennett), 홀리 수컬(Holly Sukel, 1996)이 수행한 연구에 따르면, 당신이 팰런 박사의 증언에 영향받을 가능성은 그 사람의 전문성에 대한 당신의 평가와 증언의 복잡성에 따라 달라진다.

이 연구에서 배심원 역할을 맡은 참가자들은 팰런 박사가 쟁점에 대해 아주 전문적이라거나 그저 그런 수준이라는 정보를 듣는다. 또 일부 참가자는 팰런 박사가 일상적 언어로 증언하는 것을 듣는다. 이를테면 화학물질이 간암을 비롯한 간 질환과 면역 체계의 교란을 일으켰다는 내용이었다. 다른 참가자들은 이해하기 어려울 정도로 복잡한 말로 증언하는 것을 듣는다. "화학물질이 종양을 유도했고 간 종, 간 거대세포종, 흉선과 비장에서 림프구 위축증을 유발했습니다." 이 연구에서 가장 흥미로운 점은 전문적인 증인이 복잡하고 알아듣기 어려운 용어로 증언했을 때만 배심원에게 더 큰 영향을 미쳤다는 것이다. 왜 그랬을까? 팰런 박사가 쉬운 용어를 사용했을 때 배심원들은 증거 자체를 바탕으로 판단할 수 있었다. 정확성을 추구하기 위해 그의 전문 지식을 지름길로 삼을 필요가 없었기 때문이다. 하지만 증언을 이해하기 어려울 때는 어떻게 판단할지 결정하기 위해 전문가 팰런 박사의 평판에 의지할 수 밖에 없다. 우리는 이러한 결과에서 흥미롭지만 불편한 모순을 발견하게 된다. 권위를 인정받는 전문가가 사람들이 알아듣지 못할 말로 이야기할 때 가장 설득력이 있다는 점이다. 최근의 연구에서는 전문가가 남성일 경우 복잡한 언어를 쓸 때 신뢰도가 높아지며, 여성일 경우 간단한 언어를 쓸 때 설득력이 높아진다는 결과가 나왔다.(McKimmie et al., 2012)

태도와 행동의 일관성

19세기의 위대한 영국 과학자 마이클 패러데이(Michael Faraday)는 오랫동안 사이가 좋지 않았던 학계의 라이벌에 대해 이런 질문을 받았다. "그럼 그 교수님은 항상 틀렸던 말입니까?" 패러데이가 도끼눈을 뜨고 대답했다. "그 정도로 일관성 있는 사람이 못 됩니다."

　라이벌의 지적 능력을 무시하는 듯한 패러데이의 발언에서 우리는 일관성이라는 목표와 관련해 2가지 의미를 발견할 수 있다. 첫 번째는 아주 명백하다. 대부분의 사람과 마찬가지로 패러데이 역시 일관성을 사람의 행동에 나타나야 할 훌륭한 특성으로 여겼다. 그렇지 않으면 경멸당할 수도 있다.(Allgeier et al., 1979) 두 번째 의미는 좀 더 생각해보아야 한다. 패러데이는 왜 라이벌에게 좋은 점이 있을 리 없다는 식으로 그를 깎아내리려 했을까? 사회심리학자라면 그가 일관성 원칙(consistency principle)의 피해자였다고 대답할 것이다. 일관성 원칙은 사람들이 인지적 일관성을 추구하려는 동기가 생기고 그 목표를 달성하기 위해 태도, 믿음, 인식, 행동을 바꾸는 것을 말한다. 패러데이는 경쟁자에 대한 못마땅한 시선의 일관성을 지키기 위해 경쟁자의 성공을 부정할 방법을 찾아야 했다. 이런 까닭에 경쟁자의 성취를 일관성 없다는 말로 규정한 것이다.

　패러데이의 대답에서 일관성에 대한 욕구가 동기의 역할을 했는지는 확실치 않지만(1867년에 사망해 우리가 질문할 수 없으므로) 이러한 흔적을 검토해 현대인들이 보이는 비슷한 반응의 원인이 무엇인지 알아볼 수 있다. 그 과정에서 먼저 일관성에 대한 2가지 주요 이론인 균형 이론과 인지 부조화 이론을 살펴보려 한다. 이 2가지 모두 설득 연구자들의 연구 방향을 잡아준 중요한 이론이다. 그리고 이론을 살펴본 후에는 일관성이라는 목표에 영향을 미치는 사람과 상황의 특징에 대해 알아볼 것이다.

왜 좋아하는 사람에게 힘을 실어주고 싶을까 : 균형 이론

균형 이론(balance theory)을 제안한 프리츠 하이더(Fritz Heider)에 따르면 누구나 세상을 볼 때 일관성 있고 조화로운 상태를 선호한다. 사람들은 좋아하는 사람의 말에는 동의하고 싶어 하고, 싫어하는 사람의 말에는 반대하고 싶어 한다. 좋은 것은 좋은 사람들과 관련짓고 나쁜 것은 나쁜 사람들과 관련짓고 싶어 한다. 사물이 한 측면에서 비슷하면 다른 측면에서도 비슷하다고 생각하고 싶어 한다. 하이더는 이러한 조화가 우리의 내면에서 인지적 균형 상태를 만든다고 말한다. 정치적 쟁점에 대해 자신이 좋아하는 사람과 의견이 같을 때처럼 균형 상태에 있으면 만족해하며 변화할 필요를 느끼지 않는다. 하지만 정말 좋아하는 사람과 어떤 주제에 대해 의견이 다를 때처럼 인지 체계가 균형에서 벗어나면 불편한 긴장을 경험한다. 이 긴장을 없애기 위해서는 인지 체계에서 무언가를 바꾸어야 한다. 이러한 변화에 대한 압박이 설득에 어떤 영향을 미칠 수 있는지 알아보기 위해 지금부터 균형 이론을 자세히 살펴보자.

가장 좋아하는 유명인을 1명 생각해보라. 그 사람은 정치적으로 당신과는 정반대의 입장을 취한다고 해보자. 균형 이론에 따르면 좋아하는 사람과 의견이 다르기 때문에 당신의 인지 체계의 균형이 깨지게 된다. 긴장을 풀고 인지 체계를 균형 상태로 돌려놓으려면 어떻게 해야 할까? 방법 중 하나는 그 유명인에 대한 느낌을 바꾸는 것이다. 그러면 좋아하지 않는 사람과 의견이 다른 셈이 된다. 두 번째 방법은 주제에 대한 태도를 바꾸는 것이다. 그러면 좋아하는 사람과 의견이 같아진다. 둘 다 다시 조화로워지게 하는 방법이다.

어떤 방법을 택할지는 태도의 강도에 따라 달라진다. 그 정치적 주제, 예컨대 총기 규제에 아주 깊은 감정을 느낀다고 해보자. 이 경우 당신은 자신과 의견이 다른 그 유명인에 대한 느낌을 바꿔 균형 상태에 이를 것이다. 하지만 그 주제에 대한 태도가 그리 강하지 않다면, 주제에 대한 태도를 바꿔 좋아하는 사람과 의견을 일치시킴으로써 균형을 되찾을 것이다. 수많은 연구들이 균형 이론의 예측을 뒷받침했고, 이 이론은 태도 변화에 응용된다.(Gawronski, Walther & Blank, 2005; Greenwald et al., 2002; Priester & Petty, 2001) 일반적으로 사람들은 의사 전달자(설득의 주체), 자신, 주제 사이의 연결을 조화롭게 유지하기 위해 자신의 관점을 바꾼다.

광고에서는 상품을 대변하는 유명인을 섭외해 이러한 경향을 이용할 때가 많다. 제조업자들이 유명인(이때 유명인의 재능은 상품과 관련 없을 수도 있다)에게 어마어마한 비용을 지불할 의사가 있다는 것은 곧, 업계에서 인지적 균형으로 돌아가려는 힘이 그만큼 강하므로 투자 가치가 있다고 판단한다는 뜻이다. 긍정적인 사람이나 사물을 소비자와 관련짓는 사업인 광고에 투자해 얻을 잠재적 수익의 근거는, 소비자의 76%가 올림픽같이 호의적인 이미지를 지닌 행사와 관련된 상품이나 브랜드로 바꾼다는 여론조사 결과에서 찾을 수 있다.(Kadlec, 1997) 올림픽 후원 업체인 카드 회사 비자(Visa)에 따르면, 상점에서 올림픽의 상징이 들어간 비자 카드 간판을 내걸면 비자 카드로 구매하는 빈도가 15~25% 오른다고 한다.(Emert, 2000) 중국 최대 맥주 회사인 칭다오 맥

　　　　　　　　　　　　　　　　　　　　　　　　　　　　　사회심리학

주 역시 베이징 올림픽을 후원한 직후부터 올림픽 기간 동안 수익이 32% 뛰어올랐다고 전했다.(China, 2008)

태도와 행동의 괴리, 인지 부조화 이론

일관성을 추구하려는 동기의 증거를 가장 많이 생성한 이론적 접근법은 단연 리언 페스팅어(Leon Festinger, 1957)의 **인지 부조화**(cognitive dissonance) 이론이다. 균형 이론과 마찬가지로 인지 부조화 이론의 기본 가정은 사람들이 태도, 믿음, 행동의 불일치를 인지할 때, 심리적으로 불편한 각성 상태가 되어 불일치를 제거해 불편함을 줄이려는 동기가 생긴다는 것이다. 또한 페스팅어는 그러한 불일치가 중요한 문제와 관련 있는 경우에만 불일치를 제거하려는 동기가 발생한다고도 설명했다. 예컨대 당신은 오토바이가 경제적인 한편 위험하다고 믿는다. 당신은 오토바이를 사려는 경우처럼 오토바이 타기가 현실적이고 중요한 문제일 때만 강한 불일치를 느끼게 된다. 이 말인즉 자신이 관련되지 않으면 강한 불일치 효과가 거의 일어나지 않는다는 것이다.(Aronson, 1969; Stone, 2003) 불일치 상태에 자신과 관련된 측면이 포함될 때 불일치가 더욱 중요해지고, 그것을 해결하려는 욕구가 강해진다.

인지 부조화 이론이 유명해지기 전 설득 이론가들은 태도와 믿음을 바꾸는 데 주력했다. 태도와 믿음이 바뀌면 행동도 바뀐다고 가정했기 때문이다. 인지 부조화 이론이 설득 분야에 중요하게 기여한 점 하나는 이 가정의 역이 성립함을 밝힌 것이다. 즉 행동이 먼저 바뀌면 사람들은 행동과의 일치성을 유지하기 위해 그와 관련된 태도와 믿음까지 바꾸려 한다.(Cooper, Mirabile & Scher, 2005)

오랫동안 부조화에 대한 많은 실험이 수행되었지만 리언 페스팅어와 J. 메릴 칼스미스(J. Merrill Carlsmith)가 1959년에 발표한 실험이 가장 유명하다. 이 연구에서 참가자들은 나무판자에 꽂은 못을 돌리는 지루한 과제를 수행했다. 이들은 다음 참가자에게 이 과제가 아주 재미있었다고 말하는 대가로 1달러나 20달러를 받았다. 그리고 나서 지루한 과제에 대한 참가자들의 태도를 측정하자, 20달러를 받은 참가자들은 태도가 전혀 변하지 않았고, 1달러를 받은 참가자들은 20달러를 받은 참가자들에 비해 그 과제가 더 재미있었다고 평가했다.

이 이상한 결과를 어떻게 설명할 수 있을까? 인지 부조화 이론이 하나의 답을 제공한다. 1달러밖에 받지 못한 참가자들은 일치하지 않는 2가지 생각에 맞닥뜨려야 한다. "난 대체로 정직한 사람이야."(거의 모든 사람의 믿음) "딱히 이유도 없는데 방금 거짓말을 했어." 이 불일치를 제거하는 가장 쉬운 방법은 과제의 재미에 대한 태도를 바꾸는 것이다. 그렇게 하면 더 이상 스스로를 과제의 재미에 대해 거짓말을 한 사람으로 보지 않아도 된다. 반면 20달러를 받은 사람들은 제거할 만한 불일치 상태가 생기지 않았다. 자신이 한 일에 20달러라는 좋은 이유(충분한 정당화)가 있었기 때문이다. 어쨌든 대체로 정직한 사람이라도 20달러를 받으면 선의의 거짓말을 할 것이다.(1959년 당시 20달러는 현재 기준으로 100달러 이상의 가치가 있었다.) 이들은 상당한 액수를 지급받았기 때문에 대체로 정직한 사람이라는 스스로에 대한 관점과 자신이 한 일에 일관성이 있었다. 따라서 과제에 대한 태도를 바꿔야겠다는 충동을 전혀 느끼지 못했다.

반태도적 행동 페스팅어와 칼스미스의 이러한 설명은 인지 부조화 이론의 본질적 주장을 강조한다. 다시 말해 기존의 태도와 일치하지 않는 행동인 **반태도적 행동**(counterattitudinal action)은 **불충분한 정당화**가 일어날 때만 태도를 바꾸게 된다는 것이다. 불충분한 정당화는 행동을 취할 만큼 강한 동기가 추가로 주어지지 않은 상황을 말한다. 행위자가 **자유의지**에 따라 행동했다고 느낄 때 반태도적 행동이 태도 변화로 이어지는 것은 이런 이유 때문이다.(Eisenstadt et al., 2005) 예컨대 상사가 강요하는 바람에 싫어하는 정치인을 지지하는 탄원서에 서명했다고 해보자. 이런 경우에는 그 정치인에 대해 더 긍정적인 태도를 취해야 한다는 부담이나 긴장을 느낄 가능성이 낮다. 상사가 강한 압박을 가했기에 그 문제에서 자신에게 선택권이 없었음을 알기 때문이다. 강력한 외부의 힘(협박, 뇌물, 필요조건) 때문에 반태도적 행동을 할 선택권이 없을 때는 인지 부조화가 특정한 결과로 이어지는 일이 드물다.(Eagly & Chaiken, 1993)

결정 후 부조화 반태도적 행동만 인지 부조화 상태를 유발하는 것은 아니다. 인지 부조화를 유발하는 또 다른 요소는 캐나다의 경마장에서 수행한 실험에서 알 수 있다. 연구자들은 2달러를 건 사람들에게 접근해 가장 좋아하는 경주마가 우승할 확률이 얼마라고 생각하는지 물었다.(Knox & Inkster, 1968) 절반에게는 돈을 걸기 직전에 질문했고, 나머지 절반에게는 돈을 건 직후에 질문했다. 두 차례에 걸쳐 독립적으로 조사한 결과, 돈을 건 후 질문받은 사람들은 자신이 선택한 말의 우승 확률을 훨씬 높게 평가했다. 돈을 걸기 전후 몇 초 동안 경주, 경기장, 경주로, 날씨 등 아무것도 변하지 않았는데 말이다. 물론 이런 것들은 변하지 않았지만 인지 부조화 이론에 따르면 돈을 건 사람들의 내면에서 무언가가 틀림없이 변했다. 이들은 이미 결정을 내렸다는 사실과 그 결정이 틀릴 수 있다는 사실 모두 알았기 때문에, 2가지 지식이 충돌하는 **결정 후 부조화**(postdecisional dissonance)를 경험했다. 이 불편한 갈등을 줄이기 위해 자신이 선택한 말이 정말 우승할 것이라고 스스로를 설득했던 것이다.

일반적으로 사람들은 결정을 내린 직후 선택하지 않은 대안들을 덜 매력적으로 보고 자신의 선택을 더 매력적으로 보는 경향이 있다. 이런 경향은 그 결정에 깊이 몰입했다고 느낄 때(개인적 연관성을 느낄 때) 특히 더 강하게 나타난다.(Brehm & Cohen, 1962: Eagly & Chaiken, 1993) 경마장 실험에서 돈을 건 사람들은 일단 돈을 건 후 결정을 바꿀 수 없게 되자 몰입하는 상태가 되었다. 이들은 이미 내린 결정에 몰입하는 한편, 옳은 선택을 했다고 자신을 설득함으로써 결정 후 부조화를 줄였다. 정치적 선거에서도 똑같은 과정이 적용된다. 유권자들은 투표 직후 자신이 선택한 후보가 이기리라고 더욱 확신한다.(Regan & Kilduff, 1988) 돌이킬 수 없는 결정을 내린 후에는 세상을 정확히 보려는 욕구의 중요성이 떨어진다는 5장 앞부분의 내용을 떠올려보자.(Taylor & Gollwitzer, 1995) 인지 부조화 이론은 정확성에 대한 욕구가 세상을 일관성 있게 보려는 욕구로 대체된다고 설명한다.(Harmon-Jones & Harmon-Jones, 2002) 앞으로도 살펴보겠지만 돌이킬 수 없는 결정이 부정적 결과를 낳을 가능성이 클 경우 부조화는 더 심해진다.(Harmon-Jones et al., 1996)

일관성 욕구에 영향을 미치는 요소

인지적 일관성을 달성하거나 유지하는 것은 사회심리학에서 중요한 목표였다.(Albarracin & Wyer, 2000) 일련의 연구들은 일관성에 대한 욕구가 설득에 어떤 영향을 미칠지 결정하는 사람과 상황의 몇 가지 특징을 밝혀냈다. 이러한 특징들의 영향을 입증하는 증거의 대부분은 인지 부조화 이론을 탐색함으로써 알 수 있다.

각성 페스팅어는 일관성의 결핍이 불편한 각성 상태를 유발한다고 말했다. 또한 사람들이 그 불편함을 없애기 위해 태도를 바꾸는 일이 잦다고도 주장했다. 전반적으로 연구들이 페스팅어가 주장한 2가지 요소를 모두 뒷받침한다.

첫째, 일관성의 결핍이 각성 수준을 높이는 것을 보여주는 좋은 증거가 있다.(Elkin & Leippe, 1986 ; Harmon-Jones et al., 1996) 한 연구에서 연구자들은 불일치를 유발하는 전형적 절차를 세웠다. 연구에 참가한 프린스턴대학교 학생들은 대학교 내에서 음주를 완전히 금지한다는 주제에 대해 글을 써줄 것을 요구받았다. 연구자들은 금지에 찬성하는 글이 필요하니 찬성하는 글을 써달라고 부탁하며 이렇게 말했다. "도와주시면 고맙겠지만 전적으로 각자의 의사에 달렸다는 점을 알려드리고 싶어요." 선택의 자유가 있는 상황에서 자신의 태도와 반대되는 글을 쓰기로 동의한 학생들의 각성 수준은 (심리학적 기록에 따라 측정한 결과) 선택의 자유가 없었던 학생들에 비해 훨씬 높아졌다. 따라서 인지 부조화 이론이 예측하듯 자유의지에 따라 기존의 태도에 반하는 행동을 한 사람들은 일관성 결핍으로 긴장 수준이 높아졌다.(Croyle & Cooper, 1983)

둘째, 사람들이 불편한 각성 수준을 낮추는 방법으로 일관성에 어긋나는 태도를 수정할 것이라는 페스팅어의 주장을 뒷받침하는 좋은 증거가 있다.(Fazio et al., 1977) 여러 연구들에서 태도 변화 과정에 중요한 요소는 일반적 각성이 아니라 페스팅어가 처음에 제시한 특정한 종류의 각성, 즉 **불편한** 각성 상태라는 점이 밝혀졌다.(Elliot & Devine, 1994 ; Losch & Cacioppo, 1990) 변화의 동기를 부여하는 것은 일관성을 회복하는 조치를 취할 때까지 불편한 불일치 상태를 경험하게 하는 짜증스러울 정도의 각성 상태다. 연구에서도 일관성의 결핍, 즉 불일치 상태에 기초한 태도와 믿음을 변화시키는 결정적인 요소가 불편할 정도의 각성 상태임이 드러났다.(Jonas, Graupmann & Frey, 2006)

일관성의 선호 앞서 일관성이라는 목표를 소개하면서 일관성을 중시하는 성향을 나타내는 마이클 패러데이의 발언을 인용했다. 거의 모든 사람이 동의하겠지만 전부 동의하지는 않을 것이다. 여러 유명 인사들의 발언들만 봐도 알 수 있다. 랠프 월도 에머슨(Ralph Waldo Emerson)은 이렇게 말했다. "어리석은 일관성은 옹졸한 사람들의 헛된 망상이다." 오스카 와일드(Oscar Wilde)는 이렇게 말했다. "일관성은 상상력 없는 사람들의 마지막 피난처다." 그런가 하면 올더스 헉슬리(Aldous Huxley)는 이렇게 말했다. "진정으로 일관된 사람들은 오직 죽은 사람들뿐이다." 이와 같이 일관성이라는 개념이 보편적으로 높이 평가받는 가치가 아님은 명백하다.(Staw & Ross, 1980)

로버트 치알디니는 이러한 통찰에 힘입어 동료와 함께 일관성 선호 척도(Preference for Consistency scale)를 개발했다. 이것은 다음과 같은 진술에 동의하는지를 묻는 형식으로 고안되었다. "행동이 믿음과 일치하는 것은 나에게 중요한 일이다." "나는 다른 사람들에게 일관성 있는 모습을 보이려 노력한다."(Cialdini, Trost & Newsom, 1995) 일관성 선호도가 낮은 사람들의 경우 인지 부조화와 같은 전형적 일관성 효과를 나타내지 않았다. 따라서 일관성을 별로 중요하게 생각하지 않는 사람들에게는 자기모순 없이 일관성 있는 태도를 보이려는 동기가 좀처럼 발생하지 않으리라고 예측할 수 있다.(Bator & Cialdini, 2006 ; Nail et al., 2001 ; Newby-Clark, McGregor & Zanna, 2002)

상황

결과 얄궂게도 행동의 결과가 부정적일 때 태도가 긍정적으로 변화할 가능성이 높다. 사람들은 자신의 태도, 믿음과 어긋나는 **결과를 낳을** 만한 행동을 꺼린다. 따라서 행동이 세상에 많은 영향을 미칠수록, 특히 그 결과에 책임이 있다고 느낄 때 그 행동에 맞춰 태도와 믿음을 바꾸려는 동기가 강해지는 것은 당연하다.(Harmon-Jones et al., 1996) 워크숍에 참가한 100명의 버거킹 매니저에게 일어난 일을 예로 들어보자. 이들은 '집단 유대감 강화'의 일환으로 뜨거운 석탄(섭씨 650도) 위를 맨발로 걸어야 했다. 그 결과 열댓 명의 매니저가 1도와 2도 화상을 입었지만 버거킹 부사장은 그 사건에 대해 일말의 유감도 표명하지 않았다. 심지어 스스로도 화상을 입고도 그 일을 크게 칭찬하기까지 했다. (1) 그 사건의 결과는 확실히 부정적이었다. 한 사람은 화상으로 입원했고, 의사가 왕진을 와서 다른 사람들을 치료해주어야 했으며, 부상자 가운데는 다음 날 휠체어를 탄 사람도 있었다. (2) 부사장에게는 그 행사를 주관한 책임이 있었다. 이 두 사실을 인식한다면 이렇게 당혹스러울 정도로 긍정적인 반응을 설명하는 데 인지 부조화 이론이 도움이 될 수 있다.("Burger King fire-walkers", 2001)

상황

두드러지는 불일치성 앞서 살펴보았듯 사람들이 불일치를 제거하기 위해 태도와 믿음을 바꾼다면, 불일치가 두드러지는 상황이 더 많은 변화를 유발할 것이다.(Blanton et al., 1997; Stone & Cooper, 2001) 불일치가 두드러지게 하는 하나의 방법은 **소크라테스 문답법**을 사용하는 것이다. 이것은 어떤 주제와 그에 대한 태도 사이에 숨겨진 모순을 드러내는 질문을 던져 주제에 대한 태도를 바꾸는 접근법이다. 이 방법을 고안한 소크라테스는 일단 불일치가 눈에 띄면 사람들이 그것을 제거하려 한다고 생각했다. 설득에 관한 연구가 이런 소크라테스의 예측을 뒷받침한다. 즉, 대부분의 사람들이 불일치성을 부각하는 메시지에 반응해 일관성에 가까운 상태로 옮겨갔다.(McGuire & McGuire, 1996)

사실 사람들이 사회적으로 이로운 행동을 하도록 만드는 효과적인 방법은 그들이 중요하게 여기는 가치와 실제 행동의 괴리를 눈앞에 보이는 것이다.(Harmon-Jones, Peterson & Vaughn, 2003) 재활용에 대한 태도를 물어보는 설문 전화를 받았을 때 재활용에 매우 긍정적인 의견을 표현했다고 가정해보자. 조사원이 이번에는 지난달에 재활용을 제대로 못한 일을 떠올려보라고 한다. 이렇게 믿음과 행동의 불일치에 직면하면 십중팔구 앞으로 재활용을 더 열심히 해야겠다고 결심할 것이다. 이렇게 사람들에게 좋은 일에 전념하겠다는 의사를 표현하게 한 뒤 항상 그 결심에 맞게 살지 못했다는 점을 지적하는 전략은 실제로 호주 가정에서 에너지 소비를 줄이는 데 효과적이었다.(Kantola, Syme & Campbell, 1984) 미국에서는 물 절약, 재활용, 콘돔 사용률을 높이기 위해 이런 전략이 쓰이기도 했다.(Stone & Fernandez, 2008 참고)

두드러지는 불일치성 때문에 피터 라일리가 저지르지도 않은 살인을 인정하게 된 과정을 생각해보자. 처음에 라일리에게는 범죄와 관련된 기억이 없었다. 하지만 몇 시간 동안 진이 빠지도록 취조받은 후에는 거짓말탐지기 검사에서 나온 '전문적' 증거를 받아들이기 시작했고, 자신이 유죄라고 주장하는 권위자들의 확언을 따르기 시작했으며, 자신이 연루되었다고 상상한 장면들이 실제라고 생각하기 시작했다. 라일리가 세부 사항을 기억하지 못하는 상태만

사회심리학

이 이 사례에서 가장 눈에 띄는 불일치였다. 그 상태가 그리 오래갈 수 없었다는 사실은 전혀 놀랍지 않다. 라일리는 그 후 살인을 인정했을 뿐 아니라 세부 사항까지 덧붙이기 시작했다. 구체적 사항이 취조관들이 알던 사실과 일치하지 않으면 그들은 라일리가 얼버무린다고 주장했고, 그러면 라일리는 또 다른 세부 사항을 내놓았다. 세부 사항을 정확히 기억하지 못한다고 책망당하면 전부 딱 들어맞게 이야기할 수 있도록 취조관에게 '힌트'를 좀 달라고 애처롭게 부탁하기도 했다.

라일리에게 일어난 일은 앞서 살펴본 카신과 키첼(Kassin & Kiechel, 1996)의 연구와 놀라울 정도로 비슷하다. 이 연구에서는 잘못이 없는 학생들이 버튼을 잘못 눌러 자료를 망가뜨렸다고 비난받았다. 거짓 증거를 바탕으로 자신이 잘못했다고 믿게 된 많은 사람들은 사건이 언제, 어떻게 일어났는지 세부 사항을 기억하고 다음과 같이 말하기도 했다. "선생님이 A를 불러준 직후에 손바닥 모서리로 그 버튼을 눌렀어요." 이러한 증거는 다른 유형의 반응(법정 내 목격자 증언, 심리 치료 중에 '회복된' 기억 등)을 연구하는 심리학자들이 내린 결론과 잘 들어맞는다. 일관성을 추구하는 욕구는 아주 광범위해서 기억에 영향을 미치거나 회상한 사건의 특징들을 새로 자리 잡은 믿음에 맞게 바꾸게 한다.(Davis & Follette, 2001 ; Loftus & Ketcham, 1994)

상호작용

'나'와 '우리' 중 어디에 호소할 것인가

대개 우리는 지배적 자아 개념에 맞게 일관성을 유지하려 애쓰지만 모든 사람의 자아관이 똑같지는 않다. 문화에 따라 일관성을 유지하고자 하는 부분이 다르기 때문에 일관성 욕구는 문화마다 다른 유형의 행동으로 나타날 때가 많다.

'한 사람의 힘(Power of One)'을 발휘하라고 촉구하며 입대를 권유하는 미군의 모집 광고와 더불어, 여성들에게 "당신은 소중하니까" 높은 가격은 무시하라고 부추기는 로레알 화장품 광고는 개인적 자기 향상에 호소한다. 비서양 문화권의 사람에게는 이런 유형의 자기 향상이 생소해 보일 것이다.(Morling & Lamoreaux, 2008) 2장에서 살펴보았듯 미국과 서유럽에서 지배적인 자아 감각은 다른 문화에서 통용되는 자아 감각과 많이 다르다. 이런 유형의 자아 감각은 다른 사람과 분리된 개인과 관련 있다. 태도와 믿음의 변화를 통해 향상되고 보호되는 것도 이런 개인주의적 자아 감각이다.

하지만 여타 문화에서 널리 공유하는 자아 개념은 그렇게 좁지 않다. 그보다는 집단적 자아로서 자신이 소속된 집단까지 포함하는 개념으로 봐야 한다.(Cohen & Gunz, 2002; Markus & Kitayama, 1991) 이런 문화에 속하는 사람들의 경우 개인적 믿음과 일치하지 않는 행동이 그들에게 가장 중요한 집단적 자아 개념에 반드시 위협적이라고 할 수 없다. 그 결과 개인적으로 불일치를 느끼더라도 특별히 동기가 부여되지 않을 수 있다. 이러한 사실은 서양인들에 비해 동양 공동체 문화에 속하는 사람들에게 불일치 효과가 훨씬 적게 나타나는 현상을 설명해준다. 불일치를 유발하는 전통적 방식은 대체로 개인주의적 자아 개념에만 관여한다.(Heine & Lehman, 1997)

그렇다고 공동체 사회에 속하는 사람들이 태도와 믿음을 변화시켜 자신의 중요한 측면들을 향상하고 보호할 수 없다는 뜻은 아니지만 집단적 자아 개념에 역점을 두는 편이다.(English & Chen, 2011; Hoshino-Browne et al., 2005; Sedikides, Gaertner & Vevea, 2005) 예컨대 자기 향상보다 집단의 향상을 약속하는 메시지는 공동체적 사회에서 효과적이고, 그 반대의 경우는 개인주의적 사회에서 효과적일 것이다.(Morling & Lamoreaux, 2008) 한상필(Sang-Pil Han)과 샤론 샤비트(Sharon Shavitt, 1994)는 이러한 추론을 검증하기 위해 각각 개인주의적 자아 개념과 집단주의적 자아 개념이 특징적으로 나타나는 미국과 한국의 광고를 살펴보았다. 우선 이들은 미국과 한국에서 인기 있는 잡지의 2년 치 분량에 게재된 광고를 평가했다.

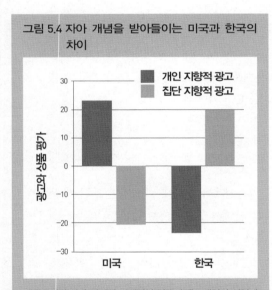

그림 5.4 자아 개념을 받아들이는 미국과 한국의 차이

개인주의적 자아 감각이 지배적인 미국에서는 개인의 이익에 호소하는 광고에 더 호의적인 반응을 보였다. 하지만 집단주의적 자아 감각이 지배적인 한국에서는 집단 지향적 광고가 더 잘 받아들여졌다.

출처: Han, S-P., & Shavitt, S., "Persuasion and culture: Advertising appeals in individualistic and collectivistic societies", *Journal of Experimental Social Psychology*, 30(1994), pp. 326~350.

그 결과 한국 잡지의 광고는 집단과 가족의 이익과 조화에 호소하는 경우가 많은 반면, 미국 잡지의 광고는 개인적 이익, 성공, 선호 등에 호소하는 경우가 많았다.

두 문화의 광고에서 사용하는 호소 유형이 다르다고 해서 광고가 그 의도대로 작용한다고 할 수 있을까? 이 질문에 답하기 위해 한상필과 샤론 샤비트는 두 번째 연구를 수행했다. 이들은 각각 개인적 이익과 집단적 이익을 강조하는 상품 광고(껌 광고)를 제작했다.("당신의 입속이 시원해지는 경험을 누려보세요." "입속이 시원해지는 경험을 나눠보세요.") 그런 다음 광고를 한국과 미국의 잠재적 소비자에게 보여주고 반응을 지켜봤다. 한국에서는 광고에서 집단적 이익을 강조할 때 광고, 상품, 구매에 더 긍정적 태도를 보였다. 미국에서는 그 반대의 현상이 일어났다.(〈그림 5.4〉 참고) 따라서 집단의 이익이나 개인의 이익을 강조하는 광고는 초점이 각 문화에서 지배적인 자아 개념과 잘 맞고 그것을 향상할 때 더 효과적이었다.

사회적 승인 얻기

총기 규제에 대한 개인적인 의견 때문에 친한 친구의 기분이 상했다는 사실을 알게 되었다면 조금이라도 입장을 바꿀 생각이 있는가? 사람들은 주변 사람들의 인정과 승인을 얻기 위해 입장을 바꾸기도 한다. 옳은 입장을 취할 경우 바람직한 사회적 교환의 물꼬를 트는 대외적 이미지를 심어줄 수 있는 반면, 잘못된 입장을 취할 경우 사회적으로 거부당할 가능성이 있다. 사회적으로 인정을 받으려는 동기의 목표는 다른 사람들에게 좋은 인상을 남기는 것이기 때문에 **인상 형성 동기**(impression motivation)라고도 한다.(Chaiken, Giner-Sorolla & Chen, 1996) 이러한 경향은 설득과 관련된 다른 2가지 목표, 즉 정확성과 일관성 사이에 충돌을 일으킬 수 있다.(Chen, Shechter & Chaiken, 1996) 이제 세 번째 목표인 사회적 승인이 앞선 2가지 목표보다 중요해지게 만드는 사람과 상황의 특징에 대해 알아보자.

카멜레온 '색깔' 바꾸기

사회적 이득이 태도를 변화시킬 동기를 유발한다면 연인 관계와 대인 관계에 원만한 사람이 그러한 보상에 반응해 태도를 가장 잘 바꿀 것이다.

상황이 바뀔 때마다 의견을 조정해 특히 잘 적응하는 사람들이 있다. 이들은 카멜레온처럼 새로운 상황에서 선호되는 성향에 맞춰 '색깔'을 조정할 수 있다. 4장에서 살펴보았듯 이러한 사람들은 사회적으로 적절한 모습에 맞게 끊임없이 자신의 대외적 자아(타인이 보는 모습)를 감시하고 수정하기 때문에 자기 감시 성향이 높다고 할 수 있다.(Snyder, 1987) 반면 자기 감시 성향이 낮은 사람들은 새로운 상황에 어떻게 반응할지 결정할 때 자신만의 기준에 의존하는 경향이 훨씬 높다. 따라서 일관성 목표에 동기를 부여받는 자기 감시 성향이 낮은 사람들에 비해, 자기 감시 성향이 높은 사람들은 사회적 승인의 목표에 동기를 더 잘 부여받는다.(DeBono, 1987)

자기 감시 성향이 높은 사람들이 타인의 시선에 특히 민감하다면, 다른 사람들의 눈에 더 바람직한 이미지로 보일 수 있다고 장담하는 광고에 넘어갈 가능성도 높을까? 연구에 따르면 대답은 '그렇다'이다. 자기 감시 성향이 높은 사람들은 커피, 위스키, 담배 브랜드를 사회적으로 호소력 있는 이미지(명성이 높고 세련된 이미지)와 연관 짓는 광고에 더욱 잘 설득되었다. 이에 비해 같은 브랜드의 품질을 내세운 광고는 이들에게 상대적으로 설득력이 약했다.(Snyder & DeBono, 1985) 또 다른 연구에 따르면 자기 감시 성향이 높은 사람들은 '패스트 트랙(Fast Track)'처럼 이미지에 중점을 둔 상품명에 더 영향을 받으며(Smidt & DeBono, 2011) 매력적인 전달자에게 더 잘 설득된다.(Evans & Clark, 2011)

성 역할과 자기 감시

자기 감시 성향이 높은 사람들처럼 여성들도 연인 관계와 대인 관계 문제에 민감하게 적응하는 경향이 있다. 이러한 민감성은 설득에 반응하는 방식에 영향을 미친다. 남녀의 설득 가능성 차이를 연구한 웬디 우드(Wendy Wood)와 브라이언 스태그너(Brian Stagner, 1994)는 놀라운 결론에 이르렀다. 여성이 남성보다 설득에 쉽게 영향을 받는다는 점이었다. 이러한 경향은 집단의 압박이 있을 때, 즉 집단의 나머지 사람들과 일치하지 않는 입장일 때 더 강하게 나타난다. 또한 이런 조건에서 여성들은 영향력을 행사하려는 시도에 가장 잘 따르는 경향이 있다.(Eagly & Carli, 1981) 또 다른 연구는 다른 사람들이 변화를 알아볼 수 없는 상황이면 여성도 남성과 비슷한 수준으로 변화한다는 점을 보여준다.(Eagly & Chrvala, 1986; Eagly, Wood & Fishbaugh, 1981) 주변의 시선이 없을 때도 여성이 남성보다 잘 설득된다는 증거는 없는 셈이다. 따라서 고속도로 속도제한에 대한 편지를 보낼 때 여성들이 더 많이 변화하리라고 기대해서는 안 된다.

다른 사람들의 존재와 시선이 여성들의 쉽게 동조하는 경향에 영향을 미치는 이유는 무엇일까? 우드와 스태그너는 그 이유가 사회에서 승인된 여성의 성 역할에 있다고 본다. 사회적 상황에서 긍정적인 관계를 다지고, 사람들 간의 연결 고리를 만들고, 조화를 보장하는 것은 여성의 몫일 때가 많다. 그리고 이 모든 일은 동의하는 쪽으로 마음을 돌림으로써 이룰 수 있다. 이런 행동을 적게 한다면 사회적 기대에 미치지 못해 인정받지 못할 위험을 떠안는 셈이다. 결국 여성들이 사회의 응집성과 합의를 돌보는 중요한 과제를 수행하리라는 기대를 받을 경우, 특히 사회적 상황에 있을 때 반대하기보다 동의할 방법을 찾음으로써 보상받을 가능성이 크다.(Carli, 1989; Stiles et al., 1997)

상황

토론, 그 이후의 변화

앞서 살펴본 연구에 따르면, 사람들은 어떤 주제가 자신과 개인적으로 연관성 있을 때 그 주제에 대해 깊이 생각하고, 메시지가 강한 주장을 담을 때만 설득되는 경향이 있다.(Petty & Cacioppo, 1986) 이러한 경향은 정확한 견해를 형성하려는 욕구를 반영한다. 즉, 어떤 주제가 개인적 영향을 미친다면 타당한 이유가 있을 때만 입장을 바꾸고 싶어지는 것이다. 설득 연구가 마이클 리프(Michael Leippe)와 로저 엘킨(Roger Elkin, 1987)은 정확성이라는 목표와 사회적 승인 획득이라는 목표를 경쟁하게 하면 어떻게 될지 알아보고자 했다.

이들은 답을 찾기 위해 아델피대학교 학생들에게 녹음된 메시지를 들려주었다. 메시지의 내용은 아델피대학교에서 다음 해부터 종합시험을 시행하자는 주장이었다. 참가자의 절반은 강한 주장이 담긴 메시지를 듣고, 나머지 절반은 약한 주장이 담긴 메시지를 들었다. 앞서 수행된 연구들에서처럼 개인적으로 연관성 있는 주제를 접한 학생들은 메시지에 담긴 주장을 주의 깊게 받아들였고, 약한 주장에 비해 강한 주장에 설득되는 경우가 훨씬 많았다. 이 연구에 참가한 다른 학생들은 앞서 언급한 학생들과 다른 조건에 놓였다. 메시지를 들은 후 어느 쪽 입장인지 모르는 상대방과 그 주제에 대해 **토론**하게 된 것이다. 연구자들은 이 차이점을 추가함으로써 참가자들에게 다른 고려 사항을 제공한 셈이었다. 참가자들은 의견을 정확하게 형성하기 위해 신경 쓸 뿐 아니라 상대방에게 그 의견이 어떤 인상을 줄지도 생각해야 했다. 그 결과 메시지에 담긴 주장의 강도가 태도를 결정하는 데 별 차이를 유발하지 않았다. 참가자들은 강한 주장을 듣고 태도를 많이 바꾸거나 약한 주장을 듣고 태도를 조금 바꾸는 대신, 어떤 주장을 들었든 중간 정도의 의견을 계속 유지했다.

이렇게 설득을 인정하는 것이 실제 태도의 변화로 이어지는 경우는 언제일까? 다른 사람에게 특정한 인상을 주기 위해 의견을 바꾸었는데 그 과정에서 주제에 대해 전과 다른 방식으로 생각하게 되었다면 그 의견이 오래 지속될 수 있다. 예컨대 누군가에게 좋은 인상을 남기려고 애쓴다면 어떤 주제에 대해 그 사람의 관점에서 똑같이 생각해볼 수 있고, 그것이 전과 다른 시각이라면 그 관점이 오래 지속될 수 있다. 하지만 의견을 바꾸었어도 그 주제에 대해 전과 다르게 받아들이거나 깊이 생각하지 않았다면 의견의 변화는 오래가지 않는다. 누군가에게 더 이상 특정한 인상을 남길 필요가 없다는 생각이 들자마자 원래의 의견으로 바로 돌아가는 것이다.(Cialdini et al., 1976; McFarland, Ross & Conway, 1984; Wood & Quinn, 2003)

상호작용
피터 라일리의 이유 있는 변절

방금 보았듯 사회적 승인의 목표는 다른 사람과 의견을 나누어야 할 때 더욱 중요해진다. 하지만 이런 기대가 모든 사람과 모든 상황에서 똑같은 효과를 발휘하지는 않는다. 예컨대 자기 감시 성향이 높은 사람들은 이러한 기대에 특히 영향을 많이 받는다. 앞서 우리는 자기 감시 성향이 높은 사람과 낮은 사람을 구분했다. 자기 감시 성향이 높은 사람은 언제 설득될지 결정할 때 사회적 승

사회심리학

인이라는 목표에 초점을 맞추고, 자기 감시 성향이 낮은 사람은 일관성이라는 목표에 초점을 맞춘다. 한 연구 팀은(Chen, Schechter & Chaiken, 1996) 토론 상황이 되면 사회적 승인을 중시하는 자기 감시 성향이 높은 사람이 태도 변화에 가장 큰 영향을 받으리라고 추론했다. 이 추론을 검증하는 실험에서 참가자들은 매체에서 항공기 납치 테러를 다루는 비중을 줄여야 한다는 메시지를 받았다. 이들 중 절반은 메시지를 읽고 나서 입장을 알 수 없는 다른 참가자와 그 주제에 대해 토론하게 되었다. 나머지 절반은 똑같이 주장을 읽되 토론에 관한 정보는 듣지 못했다. 예측한 대로 자기 감시 성향이 높은 참가자들만이 토론에 대한 예상에 영향을 받았고, 자기 입장을 방어해야 할 때 훨씬 중립적인 태도로 바뀌었다. 따라서 설득 상황과 사회적 승인의 요소를 관련지었을 때 사회적 승인의 목표를 우선적으로 달성하기 위해 행동하는 사람들만이 태도에 영향을 받는다.

사회적 승인에 대한 욕구가 태도 변화에 어떤 영향을 미치는지 고려하면 피터 라일리의 근거 없는 자백을 다른 방식으로 이해할 수 있다. 자백할 당시 라일리는 경찰에게 깊은 존경을 품고 있었고(나중에 경찰이 되기를 희망했다) 유일한 가족을 잃었으며 거짓 정보였지만 친구들이 그의 안전에 전혀 신경 쓰지 않는다는 소식을 들었다. 이 모든 상황이 라일리가 그 방에서 사회적 승인을 갈구하게 만들었을 가능성이 크다. 안타깝게도 방 안의 사람들은 라일리를 설득하려는 사람들이었으므로, 라일리가 그들에게 인정받는 확실한 방법은 그들의 의견에 동의하는 것이었다.

요약

살인 사건이 일어나고 20년 후 피터 라일리는 자신의 삶에 대해 인터뷰를 했다. 그때 입은 피해의 흔적이 여전히 역력했다. 38세가 된 라일리는 삶에 환멸을 느끼고, 이혼했으며, 여러 주에서 낮은 임금을 받으며 이곳저곳을 전전하다가 코네티컷주로 돌아온 지 얼마 안 되었다.(O'Brien, 1993) 인터뷰가 끝나갈 즈음 라일리는 그 사건을 통틀어 자신을 지독한 혼란과 고통 속으로 몰아넣은 것이 무엇이었는지 밝혔다.

흥미롭게도 그것은 살인을 거짓 자백하라는 설득에 넘어간 과정에 대한 혼란이 아니었다. 2년 후 그가 한 발언에는 어떻게 그런 일이 가능했고 어떤 식으로 일어났는지 그가 상당히 잘 이해했다는 사실이 드러났다.

> 오랫동안 잠도 자지 못하고 혼란스럽고 피곤하고, 유일한 가족이 세상을 떠난 일에 충격을 받은 상태로, 낯설고 주눅 들게 하는 공간에서 내가 그 끔찍한 짓을 저지른 게 확실하고 나에게 신경 써주거나 궁금해하는 사람이 아무도 없다고 끊임없이 말하는 경찰들에게 둘러싸여서……권위 있는 사람들이 내가 기억하지 못한다며 다그치고, 내 기억을 의심하게 하고, 그 이야기가 바로바로 튀어나와야 하고, 그것도 내 입으로……그런 상황에서는 그들이 원하는 것이라면 뭐든지 말하고 서명하게 됩니다.(Reilly, 1995, p. 93)

자신이 어떻게 자백에 이르렀는지 정확히 알았다면 사건 이후 20년 동안이나 그를 혼란스럽게 한 건 무엇이었을까? 바로 경찰들이 왜 자신에 대한 생각을 결코 바꾸지 않았는가 하는 의문이었다. 결백을 입증하는 강력한 증거에도 불구하고, 라일리에게 유죄를 인정하는 자백을 짜내 그가 유죄를 선고받고 형을 살게 만든 사람들은 여전히 그것을 믿었다. 그들은 "차후 재조사도 우리가 관여하는 한 사실(라일리의 유죄)을 바꾸는 데 아무 기여도 하지 못했다"라고 주장했다.(Connery, 1995, p. 92)

라일리의 결백을 가리키는 명백한 증거가 밝혀졌는데도 왜 경찰과 검사들의 생각이 바뀌지 않았을까? 이 질문에 대한 답은 현실 속 사건과 그것을 이해하는 데 도움이 되는 심리학적 이론(이 경우 인지 부조화 이론)을 연결해준다. 경찰과 검사들이 결백한 소년을 덫에 빠뜨리고, 유죄를 선고하고, 감옥에 가두었으며, 진범이 유유히 나다닐 동안, 어린 소년은 당시의 고통에서 결코 완전히 회복할 수 없었다는 사실을 그들이 깨닫고 느낄 심각한 인지적 부조화를 생각해보자. 자신들의 잘못을 믿을 경우 그 믿음은 공평과 정의의 대변자라는 스스로에 대한 중심 개념과 심하게 어긋나기 때문에, 라일리가 결백하다는 생각의 타당성과 그것을 뒷받침하는 모든 증거를 무시하는 것이라고 하면 앞뒤가 맞는다. 그렇게 하지 않으면 엄청난 심리적 대가를 치러야 하는 것이다.

사회심리학

이 사람들의 완고한 태도를 심리학적 자기방어로 설명할 수 있을까? 전반적인 증거를 본다면 어떤 경찰관이나 검사라도 라일리가 유죄라고 판단했을 것이다. 하지만 이러한 가능성은 라일리 사건에서 마지막으로 짚어볼 수수께끼의 답과 맞지 않는다. 수석 검사의 서류에 몇 년 동안이나 숨겨져 있던 정보가 판결이 내려진 후 어떻게 모습을 드러내 라일리의 무죄를 밝혔을까? 누군가의 죽음이 라일리의 부활로 이어진 것이다. 전임 검사가 심장마비로 사망하자 라일리의 판결과 관계없는 후임 검사가 사건 서류에서 놀라운 증거를 발견했다. 비번이었던 경찰관 한 사람을 포함한 2명의 목격자가 범죄 당시 라일리의 알리바이를 증명했다는 서류였다. 후임 검사는 그 증거를 공개해 라일리를 석방함으로써 정의를 실현해야 한다고 인식했다.

실제로 검사 팀이 아닌 법원 경찰들도 그 증거를 보고 모두 똑같이 판단했다. 라일리에게 피해를 입히는 데 어떤 식으로든 책임이 있던 경찰들은 그 증거마저 라일리가 유죄임을 가리킨다며 완고하게 버티는 것이 분명하다. 하지만 개인적으로 라일리에게 해를 입힌 책임이 없는 사람들은 똑같은 증거를 보고 사건을 완전히 다르게 받아들였다.

전임 검사의 동기에 대해서는 어떻게 생각할 수 있을까? 누구의 말을 들어보아도 그는 라일리의 유죄를 죽는 날까지 굳게 믿었으며 자신이 공정하고 바르게 행동한다고 확신했다.(Connery, 1977) 그는 결정적 증거를 진실한 심판을 방해하고 신뢰할 수 없는 방해물로 간주해 기각한 것이 분명하다. 자신들의 입장과 반대되는 정보를 본 다음에도 계속 처음의 태도를 고수한 다른 경찰들의 특성에 대해서는 뭐라고 말해야 할까? **비도덕적**이라거나 **악의적**이라는 말이 부적절해 보인다면 어떤 꼬리표가 가장 적절할까? 굳이 하나 제안하자면 '**인간**' 이다.

제6장

사회적 영향력

●

────── 왜 사람들은 사이비 종교에 빠질까 : 스티브 하산 ──────

빠른 속도로 달리던 트럭과 부딪혀 만신창이가 되어 거의 죽을 뻔했던 스티브 하산(Steve Hassan)은 그 일로 자신이 구원받았다고 말한다.

당시 하산은 통일교 신자였다. '무니스(Moonies, 교주 문선명의 추종자를 조롱해 부르는 별명)'로 더 잘 알려진 통일교의 지도자는 문선명 목사였다. 사람들은 문 목사(2012년 사망)가 자신과 가족의 배를 불리고 권력을 키우는 데 눈이 멀어 사이비 종교를 창시한 한국의 갑부 사업가라고 비난했지만, 추종자들은 그가 지상에 신의 왕국을 건설하는 사명을 띠고 온 새로운 메시아라고 여겼다. 트럭과의 충돌로 만신창이가 되고 '구원'받았을 때 하산은 문 목사의 가장 열렬한 추종자 가운데 한 사람이었다.

처음부터 그랬던 것은 아니다. 그로부터 2년 전 하산은 화목하고 든든한 중산층 가정에서 교육받으며 자란 19세의 평범한 대학생이었다. 독실하지는 않아도 가족들이 믿는 유대교 행사에 종종 참여하기도 했다. 우수한 학생이던 그는 졸업 후 교사나 작가가 될 생각이었다. 세상을 더 나은 곳으로 만들고 싶다는 소망을 가졌지만 그것에 집착하지도 않았고 중대한 변화를 일으키지 못한다는 무력감에 우울해하지도 않았다. 요컨대 하산이 곧 놀라운 변화를 겪으리라고 예측할 만한 요소는 거의 없었다.

하지만 하산이 여자 친구와 헤어지고 외롭게 남겨진 후 모든 것이 빠르게 변했다. 학교에서 매력적인 세 여성이 접근하더니 하산과 비슷한 또래의 젊은 이들이 모여 집단 토론을 하는 저녁 모임에 그를 초대했다. 초대에 응한 하산은 며칠 동안 이어진 행사의 일원이 되었고, 세뇌 교육을 받아 통일교에 입교하기에 이르렀다.

이후 2년간 하산은 통일교와 그 안에서 자신이 맡은 역할에 철저히 헌신했다. 거처를 옮기고, 은행 계좌를 넘기고, 문 목사가 정해준 때에 정해준 여성과 결혼할 때까지 성관계를 일절 거부했다. 가족과 연락을 끊고 학교도 그만둔 후 교단의 재정을 마련하느라 하루 종일 거리에서 양초, 박하사탕, 꽃을 팔았다. 그리고 아주 먼 도시로 이주해 하루 서너 시간씩 자면서 임금도 지급받지 못한 채 장시간 노동을 했다. 부모와 친구에게도 자신의 행방을 알리지 않았다. 대부분의 이단자들처럼 그 역시 부모와 친구들이 악마의 메시지를 전한다고 생각했기 때문이다. 일은 지루하고 고되고 위험했다. 그날 번 수익을 포기하느니 도시의 밤길에서 무장 강도와 싸우고 도망치기를 택했다. 하산에 따르면 "누구도 신의 돈을 훔쳐가게 내버려둘 수 없었기" 때문이다.(Hassan, 1990, p. 24)

얄궂게도 하산은 통일교에 헌신하려던 노력 때문에 그곳에서 벗어나게 되었다. 48시간 동안 쉬지 않고 일한 후 녹초가 된 하산은 다음 일을 하러 통일교 소유의 소형 트럭을 몰고 가다가 깜빡 잠이 들었다. 바퀴가 18개 달린 대형 트럭과 충돌한 뒤 구조대가 구해줄 때까지 1시간 가까이 사고 현장에서 빠져나올 수 없었던 그는 타는 듯한 통증 속에서도 사명을 다하지 못했다는 수치심에 사로잡혀 있었다. "아버지, 용서하십시오"라는 기도를 계속 읊조리며 자신을 탓하고 그 사고가 교단의 재정에 끼칠 피해만 걱정했다. 하지만 그 사고에 대한 뒤늦은 반응, 대전환이 곧 시작될 참이었다.

대대적인 수술과 입원 생활 후 하산은 퇴원해 여동생의 집으로 갔다. 그는 그곳에서 통일교와 그의 관계에 대해 논의하고 싶다는 몇몇 낯선 사람을 만났다. 하산은 처음부터 그들이 '재교육자'라는 사실을 알았다. 가족들에게 고용되어 하산이 메시아를 버리도록 설득하러 온 사람들이었다. 그는 격렬하게 저항했다. 차에 태워져 재교육을 받을 장소로 가던 중에는 끔찍하게도 아버지의 목을 꺾어버릴까 생각했다. 자신에게 영감을 준 존재를 배신하느니 키워준 아버지를 죽이는 편이 낫다고 본 것이다. 그러지 않은 것은 어떤 유혹에도 문 목사에게 바치는 헌신을 거두지 않겠다는 확신 때문이었다.

하산은 완전히 잘못된 길에 들어서 있었다. 하지만 며칠 지나지 않아 그는 통일교 교리를 거부하고 자신이 통일교에 그토록 깊이 빠져 있었다는 사실에 부끄러움을 느꼈다. 자칭 새로운 메시아라는 부유한 사업가에게 믿음, 가족, 미래를 비롯한 모든 것을 바치려 했다는 사실이 당혹스러웠다. 하산은 완전히 돌아섰다. 통일교 활동에 적극적으로 반대하게 되었고 이제는 통일교나 그 비슷한 세력에서 사랑하는 이들을 벗어나게 해주려는 가족들을 상담하고 있다. 하산은 어떻게 그토록 빨리 이상한 종교에 심취하게 되었을까? 몇 년에 걸쳐 자신이 들인 헌신적인 노력들을 어떻게 그토록 빨리 저버릴 수 있었을까?

이 2가지 수수께끼의 답은 같은 범주에 속하는 심리학적 원리들에 있다. 바로 6장에서 다룰 **사회적 영향력**(social influence)이다. 사회적 영향력은 실제 상황이나 상상 속에서 다른 사람들에게 받는 압력에 의해 일어나는 행동의 변화라고 할 수 있다. 이는 5장에서 논한 **설득**이 반드시 행동의 변화로 이어지지 않을 수 있는 태도나 믿음의 변화인 점과 구별된다.

통일교와 관련된 스티브 하산의 경험처럼 가장 효과적인 사회적 영향력은 한 사람의 태도와 믿음, 행동을 성공적으로 바꾼다. 하지만 사회적 영향력이 반드시 태도나 믿음의 변화까지 일으킬 필요는 없다. 행동만 변화해도 사회적 영향력의 결과라고 할 수 있다. 예컨대 친구들이 재미있는 영화라고 설득하려들지도 않고 어떤 영화를 같이 보러 가자며 영향력을 행사할 때가 있다. 이들은 설득하는 대신 지난주에 당신이 영화를 골랐으니 이번엔 자신의 결정에 따라야 한다며 의무감이 들게 만든다. 의무감이 사회적 영향력의 강력한 도구이지만(Garner, 2005) 유일한 것은 아니다. 우선 사회적 영향력의 주요 범주(동조, 순종, 복종)를 살펴보고, 다음으로 사회적 영향력의 목표(옳은 선택, 사회적 승인 얻기, 자아상 관리)를 살펴보면서 의무감을 비롯해 강력한 사회적 영향력의 도구들을 만나볼 것이다.

─────── **사회적 영향력 : 동조와 순종 그리고 복종** ───────

사회심리학자들은 **사회적 영향력**의 3가지 주요 범주인 동조, 순종, 복종에 대해 논해왔다. 명시적인 사회적 압력의 정도가 높아지면서 동조에서 순종으로, 순종에서 복종으로 이동한다. **동조**(conformity)는 주변 사람들의 행동이나 반응에 맞게 자신의 행동을 바꾸는 과정이다. 파티나 콘서트에 가기 전에 '사람들이 어떤 옷을 입을까?'라고 생각하는 것이 동조의 한 예이다. 다들 턱시도와 드레스를 입고 가는 곳에 찢어진 청바지와 알록달록한 티셔츠를 입고 나타나는 사람을 상상해보라. 거의 모든 사람이 불편해지는 이런 상황에서는 그 상황에 어울리게 행동하려는 강한 욕구를 느끼게 된다. 동조는 명백한 사회적 압박이 없을 때도 일어날 수 있다. 장소에 어울리지 않는 옷을 입었다면 누군가가 "적절한 옷차림이 아니네요"라고 슬쩍 말하지 않더라도 옷을 갈아입고 싶어질 것이다.

순종(compliance)은 직접적인 요구에 반응해 행동을 바꾸는 것을 말한다. 이 요구는 친구("공부는 잊어버리고 맥주 한잔해!"), 판매원("내일도 이 모델이 남아 있을지 모르니 지금 사셔야 해요"), 자선단체("세인트 메리 급식소에서는 이번 추수감사절에 불우한 이웃을 돕기 위해 선생님의 기부금이 필요합니다. 도와주세요"), 거리의 걸인("잔돈이라도 좀 줍쇼") 등 명확한 주체에게서 오기도 한다. 그런가 하면 화장실 사용 후 손을 씻으라는 안내문처럼 물리적 실체가 없지만 압박을 주는 경우도 있다.

복종(obedience)은 권위 있는 인물의 명령에 반응해 행동을 바꾸는 특수한 유형의 순종이다. 상사가 부하 직원에게 야근을 요구하거나 경찰관이 운전자에게 우회로를 이용하라고 지시하는 경우가 이에 해당한다. 다른 사람들에게 복종을 명령하는 권위자는 대개 가장 명시적으로 영향력을 행사한다.

사회적 영향력의 압박을 따르게 하는 동기 유발 요소를 알아보기 전에 먼저 동조, 순종, 복종에 관한 대표적인 연구들을 살펴보며 각각의 과정을 더 깊이 탐구해보자. 이 연구들은 사회적 영향력의 효과가 우리의 예상보다 크다는 걸 밝혀내고 오늘날까지 계속되는 연구의 흐름을 처음 시작했다는 점에서 주목할 만하다.(Cialdini, 2008: Packer, 2008: Pratkanis, 2007)

모두가 '아니'라는데 '예'라고 답할 수 있을까 : 선분 대조 실험

통일교 조직에 들어간 스티브 하산은 친구와 가족들의 반대 의견에서 떨어져 신자들에게 항상 둘러싸여 있으라는 압박을 받았다. 이것은 극단적 종파에서 흔히 있는 일이다.

사이비 종교를 믿는 사람들은 함께 먹고, 함께 일하고, 여럿이 모여 회의를 하고, 가끔 한 방에서 함께 잘 때도 있다. 개인주의는 지양된다. '짝'으로 배정받은 사람과 함께 다니거나 5~6명으로 된 조에 들어가기도 한다.(Hassan, 1990, p. 60)

집단의 의견 일치가 종교적 믿음처럼 주관적인 영역에 영향을 미친다는 생각에는 일리가 있다. 어쨌든 문선명 목사가 메시아였는지 여부는 명확하게 검증할 수 없지 않은가. 더욱 놀라운 것은 사람들이 집단의 압력을 받으면 틀린 증거가 눈앞에 뻔히 보여도 집단의 의견에 동조하게 된다는 점이다. 솔로몬 아시(Solomon Asch, 1956)는 일련의 실험을 통해 이 현상을 연구했다. 아시는 집단의 압력에 굴복하는 성향뿐 아니라 동조 압력에 굴하지 않고 행동하는 능력에도 관심이 있었다.

아시는 동조와 독자적 행동을 연구하기 위해 대학생 8명을 한 집단으로 묶어 선분의 길이를 대조하게 했다. 〈그림 6.1〉이 이러한 연구에 쓰이는 대표적인 선분 대조 실험이다. 과제는 어렵지 않았다. 잘못된 답을 고르게 하는 집단의 압력이 없는 통제 조건에서는 참가자의 95%가 12개 문항으로 된 선분 대조 실험에서 만점을 받았다. 하지만 실험 조건에서는 상황이 바뀌었다. 이들은 자신의 의견과 반대되는 사회적 합의에 부딪혔다. 자신의 의견을 말하기 전에 5명의 학생들(참가자로 위장한 연구자)이 한결같이 틀리게 답하는 것을 들었기 때문이다. 이들은 꿋꿋하게 옳은 답을 말했을까, 아니면 다수의 의견에 따랐을까? 〈그림 6.2〉에서 볼 수 있듯 자신의 의견을 굽히고 조금이라도 다른 사람의 의견에 동조한 사람은 75%에 달했다. 모든 문항에서 다른 사람에게 동조한 사람은 없었지만 12개 문항 중 11개 문항에서

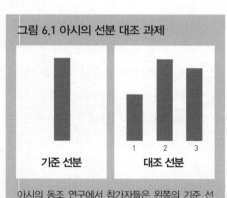

그림 6.1 아시의 선분 대조 과제

기준 선분   대조 선분

아시의 동조 연구에서 참가자들은 왼쪽의 기준 선분을 본 후 오른쪽에 있는 3개의 대조 선분을 보았다. 이들은 대조 선분 가운데 기준 선분과 길이가 같은 것을 골라야 했다. 쉬운 과제였다. 집단의 다른 참가자들이 틀린 답을 이야기하기 시작할 때까지는.

사회심리학

다른 사람의 의견에 동조한 사람도 있었다.

집단의 다른 사람들이 명백히 틀린 답을 이야기할 때 참가자들은 어떤 생각을 했을까? 그들 중에서도 12회 중 11회나 다른 사람에게 동조한 참가자는 나중에 다른 사람들의 확신에 찬 태도에 마음이 흔들렸다고 말했다. 자신만 일종의 '착각'에 빠졌다는 생각이 들면서 다른 사람들이 옳다고 믿게 되었다고도 말했다. 아시의 연구는 사람들이 강한 집단적 합의에 직면했을 때 틀린 의견이라고 생각하면서도 거기에 동조하는 경우가 있다는 사실을 보여주었다. 또한 다른 사람들이 충분히 확신하는 태도를 보이면 자신의 감각을 의심하고 그들의 의견이 옳다고 믿기도 한다.

최근 연구자들은 자신의 의견이 집단의 의견과 다르다는 것을 알 때 뇌에서 어떤 일이 일어나는지 조사했다.(e. g., Mori & Arai, 2010: Trautmann-Lengsfeld & Hermann, 2013) 한 연구에서는 여기에 흥미로운 점 하나를 추가했다. 사람들이 자신과 다른 의견을 접하되, 4명의 다른 참가자와 4대의 컴퓨터가 내린 판단을 들을 때 반응이 어떻게 다른지 알아본 것이다.(Berns et al., 2005) 참가자들은 32회에 걸쳐 선택하는 동안 사람과 컴퓨터가 내린 판단의 정확성이 같다고 평가하면서도 컴퓨터에서 받은 정보보다 사람에게 받은 정보에 동조하는 경향이 훨씬 높았다. 정보의 두 출처가 똑같이 믿을 만하다고 생각하면서 왜 사람이 내린 판단에 더 동조했을까? 이 질문의 답은 다른 참가자들의 합의에 저항할 때마다 일어나는 일로 미루어 짐작할 수 있다. 다른 사람들의 의

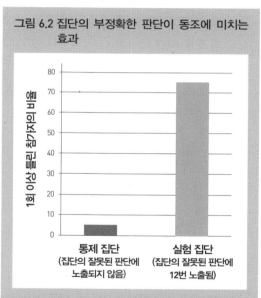

그림 6.2 집단의 부정확한 판단이 동조에 미치는 효과

(세로축: 1회 이상 틀린 참가자의 비율)

통제 집단
(집단의 잘못된 판단에 노출되지 않음)

실험 집단
(집단의 잘못된 판단에 12번 노출됨)

아시의 선분 대조 실험에서 참가자들은 집단의 다른 사람들이 전부 옳게 판단하거나(통제 집단) 전부 틀리게 판단하는(실험 집단) 것을 들은 후 선분의 길이를 판단했다. 통제 집단에서 1회라도 틀린 판단을 내린 사람은 5%에 불과했다. 하지만 실험 집단에서 1회 이상 틀리게 판단한 사람은 75%에 달했다. 출처: Asch, S. E., "Studies of independence and conformity: A minority of one against a unanimous majority", *Psychological Monographs*, Vol. 70, No. 9(Whole number 416, 1956)

견에 반대할 때는 부정적 감정과 관련된 뇌의 영역인 편도체가 활성화되었다. 연구자들은 이를 '독립의 고통(pain of independence)'이라고 부른다. 다른 사람들에게 반대하는 행위가 고통스러운 감정을 만들어내 이후에 이어질 의견의 불일치를 피하고자 하는 것이다. 하지만 컴퓨터의 의견에 반대할 때는 사회적 영향을 받지 않을 가능성이 크기 때문에 그와 같은 감정이나 행동이 일어나지 않았다.(Hodges & Geyer, 2006)

짧은 실험을 위해 모인 낯선 사람들의 의견에도 사람들은 이렇게 동조한다. 그렇다면 호의가 소중하게 여겨지는 집단에 함께 속한 사람들의 의견에는 얼마나 압박을 받을지 생각해보라. 개인주의를 억제하도록 교육받고 집단의 믿음에 대한 무조건적 신뢰의 중요성을 강조하는 사이비 종교에서 그러한 압박이 더 심할 것이다. 1997년 천국의 문(Heaven's Gate, 외계인을 신봉한 사이비 종교) 공동체에서 집단 자살 사건을 일으키기 두 달 전 신도들은 수천 달러를 들여 고성능 망원경을 구입했다. 헤일밥(Hale-Bopp) 혜성을 뒤따르는 작은 물체에 대한 근거 없는 이야기를 듣고 그것이 우주선이 아닐까 생각했기 때문이다. 신도들이 그 신비에 싸인 물체가 보이지 않는다고 불평하자, 망원경 판매원은 그런 물체는 존재하지 않으며 오래전에 혜성을 찍은 저화질 사진에 일시적으로 나타난 점 때문에 비롯된 소문이라고 설명했다. 이 집단은 외계 존재가 탄 우주선에 대한 확고한 믿음을 부정하는 명백한 증거에 어떻게 대응했을까? 그들은 여전히 우주선의 존재를 믿는 한편, 그 믿음에 어긋나는 증거를 보지 않기로 결정하고 망원경을 환불했다.(Ferris, 1997)

사소한 것부터 공략하라 : 문간에 발 들여놓기 기법

통일교 전도자들이 대학교 교정에서 스티브 하산에게 접근해 "학교를 그만두고 가족과도 일절 연락을 끊고, 한국 갑부가 이끄는 사이비 종교 집단에 헌신하면서 모금 활동을 할 생각 있어요?"라고 물었다면 분명 실패했을 것이다. 하산에게 접근한 전도자들은 이보다 교묘한 방식을 사용했다. 먼저 하산은 '사회문제 관련 투쟁'에 관심을 가지는 청년 모임에 초대받았다. 그다음에는 주말 강습회라는 모임에 초대받았다. 하산은 나중에야 그것이 3일 동안 진행되는 행사임을 알게 되었다. 강습회에 나오라는 더 열성적인 전도를 받은 후에는 다른 강습회에도 참석하라는 요구를 받게 되었다. 모임의 정회원이 되고, 교단의 숙소에서 살고, 계좌에 있는 돈을 교단에 기부하라는 식으로 요구의 단계는 점점 높아졌다. 사소한 요구에서 시작해 요구의 강도가 점점 높아지는 이러한 접근법은 순종을 유도하기 위해 흔히 쓰이는 **문간에 발 들여놓기**(foot-in-the-door)라는 기법에 기초한다.

'문간에 발 들여놓기'라는 용어는 판매원들이 소비자의 집에 들어가기 위해 문간에 한 발을 들여놓는 행동과 관련 있다. 이 기법의 심리학적 기초는 조너선 프리드먼(Jonathan Freedman)과 스콧 프레이저(Scott Fraser, 1966)가 수행한 일련의 기발한 실험을 통해 밝혀졌다. 이들은 "사람들이 평소 하지 않을 만한 일을 하도록 유도하려면 어떻게 해야 할까?"라는 의문에 답하기 위해 실험실을 떠나 현장 실험을 수행했다.

이 가운데 한 실험에서는 캘리포니아주 팰로앨토의 주부 156명에게 전화를 걸어 부탁을 했다. 연구자들은 대부분이 이 부탁을 들어주지 않으리라 추측했다. 소비자 단체 소속의 남성 6명이 한 팀이 되어 2시간 동안 "집에 있는 모든 가정용품을 샅샅이 살펴보고 분류하도록" 허락해달라는 부탁이었다. 실험 대상자들에게는 낯선 남성들이 집 안을 마음대로 돌아다니면서 찬장과 수납장을 살펴보는 셈이었다. 이런 이야기를 들은 사람들 중 22%만이 요구에 따랐다. 한편 일부 주부들은 연구진에게 연락을 두 번 받았다. 한 번은 '문간에 발을 들여놓기' 위한 사소한 요구로, 집에서 쓰는 세제와 관련된 8가지의 짧은 질문에 답해달라는 부탁을 받았다. 이를테면 "싱크대에서 어떤 상표의 세제를 쓰시나요?"같은 질문에 대답해달라는 것이었다. 이 부탁은 거의 모든 사람이 들어줄 만한 사소한 요구였다. 3일 후에는 집을 방문해도 되겠느냐는 조금 더 큰 요구를 받게 되었다. 이 조건에 해당하는 대상자 중 2시간 동안 한 무리의 남성들이 찬장과 벽장을 샅샅이 뒤져봐도 된다고 허락해준 사람은 52%에 달했다.(Freedman & Fraser, 1966)

BOX 6.1

영업의 달인에게서 발견한 6가지 순종 원리

몇 년 전 로버트 치알디니(Robert Cialdini)는 딜레마에 부딪혔다. 그는 사람들이 온갖 종류의 요구에 순종하는 이유를 궁금해했고, 성공한 '순종 전문가'들의 전략에 대한 연구가 유익하리라고 생각했다. 이 전문가들은 사람들이 요구에 응하게 만드는 요소를 배웠기 때문이다. 그러지 않았다면 애초에 성공할 수 없었을 터였다. 하지만 치알디니는 이러한 전문가들을 따라다니면서 그 비결을 기록하게 해줄 사람이 거의 없다는 사실도 알았다. 그는 이 딜레마를 해결하기 위해 독특한 유형의 체계적 자연 관찰법인 **참여 관찰**(participant observation)을 선택했다. 참여 관찰자는 단순히 지켜보기만 하는 것이 아니라 일종의 내부 첩자 노릇을 하게 된다. 이때 연구자는 환경 내부에서 관심사를 조사하기 위해 정체와 의도를 숨기고 그 환경에 침투하는 경우가 많다.

2008년 치알디니는 내부 관계자의 입장이 되어보기 위해 판매, 광고, 기금 조달 등 다양한 유형의 순종을 유도하는 직업인을 대상으로 한 교육 프로그램에 참가 신청을 했다. 그리하여 성공한 영향력 전문가들이 교육생에게 가르치는 내용을 배우게 되었다. 그는 각각의 직종에 공통으로 적용되고 눈에 잘 띄는 영향력의 원리를 찾아보았다. 그중 성공적이고 널리 쓰이는 영향력의 원리는 6가지였다. 참여 관찰을 통해 도출된 이 6가지 원리는 6장에서 계속 언급될 것이다.

• 호혜

사람들은 자신에게 먼저 호의를 베푼 사람들의 (부탁, 정보, 양보에 대한) 요구에 더욱 기꺼이 순종한다. 보답해야 한다는 의무감을 느끼기 때문이다. 치알디니는 슈퍼마켓의 시식, 방역업체의 무료 검사, 홍보 담당자나 기금 모금자들이 우편으로 보내는 무료 선물 등이 이후의 요구에 소비자가 순순히 응하게 만드는 데 아주 효과적인 방법임을 발견했다. 예컨대 미국 상이군인협회에 따르면 단순히 기부를 호소하는 우편물의 성공률은 18%에 불과하지만, 자신의 주소가 인쇄된 라벨 같은 작은 선물을 동봉하면 성공률이 35%까지 올라간다. (Smolowe, 1990)

• 개입 · 일관성

사람들은 일관성 있다고 생각하는 방향으로 움직이기 쉽다. 예컨대 방문판매 전문 회사들은 판매원이 떠난 후 강매 압박이 사라지면 구매를 취소하는 소비자들로 골머리를 앓는다. 치알디니가 교육과정에서 만난 몇몇 방문판매 회사는 소비자가 구매 행동에 스스로 개입하는 느낌을 높이는 방법을 통해 반품 물량을 현저히 줄였다고 주장했다. 그것은 바로 판매원 대신 소비자가 직접 구매 계약서를 작성하게 하는 방법이었다.

- 권위

사람들은 자신이 권위자라고 여기는 사람의 추천을 따르는 경향이 높다. 치알디니에 따르면, 이렇게 권위에 따르는 경향은 아주 쉽게 발현되므로 광고업자들이 전문가(과학자, 의사, 경찰관 등)처럼 복장을 갖춘 배우를 이용해 목적을 달성하려 하고 실제로 성공하는 경우도 많다고 한다.(Sagarin et al., 2002)

- 사회적 증거

사람들은 다른 사람들, 특히 자신과 비슷한 사람들이 하는 행동을 권유받을 때 더 흔쾌히 요구에 응한다. 제조업체들이 자사 상품이 시장에서 급격히 인기가 높아졌다거나 가장 많이 팔린다고 주장하는 게 대표적이다. 치알디니는 6가지 원리 중 다른 사람들도 이미 요구에 응했음을 입증하는 전략이 가장 널리 쓰인다는 점을 발견했다.

- 희소성

사람들은 부족하거나 희귀하거나 점점 줄어드는 기회와 사물에 더 끌린다. 이런 까닭에 신문광고는 "기간 한정", "딱 일주일만 할인" 같이 구매를 뒤로 미루는 행동의 어리석음을 암시하는 경고로 가득하다. 어느 극장 소유주는 짧은 홍보 문구를 통해 희소성의 원리를 활용했다. "독점 한정 공연, 매진 임박."

- 호감·우정

사람들은 자신이 알고 좋아하는 사람들의 요구를 승낙하기 쉽다. 이 점에 의구심이 든다면 주방 용품 업체에 터퍼웨어(Tupperware)의 놀라운 성공에 대해 생각해보라. 이 회사는 소비자가 계산대 앞에 서서 모르는 사람에게 물건을 사는 대신, 터퍼웨어 파티를 주최하는 대가로 수익의 일부를 받는 이웃이나 친구, 친척에게 물건을 사게 해 수십억 달러를 벌어들였다. 치알디니의 인터뷰에 따르면 많은 사람들이 그 파티에 참석하고 상품을 구매하는 이유는 그릇이 필요해서가 아니라 파티 주최자와의 우정이나 호감 때문이다.

참여 관찰에서 얻은 결론에 바로 안심하기보다는 우선 그 결론을 뒷받침하는 또 다른 증거를 찾아야 할 때가 많다. 예컨대 참여 관찰에서 얻은 결론을 확신하려면 다른 과학자들이 수행한 자연 관찰이나 실험 연구가 필요하다. 앞으로 6장에서 알아보겠지만 다행히 순종과 관련된 각각의 원리들의 역할을 입증하는 실험적 증거와 관찰이 있었다. 예를 들어 한 연구에서는 백화점 의류 매장 직원이 제품 소개에 이 원리들을 적용해 매출이 상당히 증가했음이 드러났다.(Cody, Seiter & Montagne-Miller, 1995)

"시키는 대로 했을 뿐인데" : 밀그램의 복종 실험

1983년 7월 뉴욕의 매디슨 스퀘어 가든에서 똑같은 복장을 한 2075쌍의 남녀가 문선명 목사의 주례로 결혼식을 올렸다. 이들 대부분이 결혼 상대자와 초면이었다. 왜 생전 처음 본 사람과 결혼을 할까? 문 목사가 배우자를 직접 지정해주었기 때문이다. 문 목사의 추종자들이 그를 지상의 신성한 구원자로 여긴다는 점을 안다면 이런 희한한 명령에 복종하는 행동을 이해하는 데 도움이 될수도 있다. 하지만 대부분의 경우에는 이보다 약한 권위로도 충분히 효과적인 명령을 내릴 수 있다. 일상에서 복종이 요구되는 명령을 내리는 주체는 정치지도자, 군 지휘관, 경찰관, 고등학교 교장, 상점 점장, 부모 등이다. 사회심리학자 스탠리 밀그램(Stanley Milgram)은 복종을 유도하는 권위의 힘이 어디까지 미칠 수 있는지 알아보고자 했다. 당신은 한 번도 만난 적 없는 연구자가 무고한 사람에게 고통스럽고 어쩌면 위험할 수도 있는 전기 충격을 주라고 한다면 그 명령에 따르겠는가? 만약 따른다면 전기 충격을 받는 피해자가 뭐라고 말해야 연구자의 명령에 따르지 않을까?

수십 년 전 밀그램은 지역신문에 예일대학교에서 '기억 실험'에 참가할 사람을 모집한다는 광고를 냈다. 이 실험의 참가자들은 다음과 같은 과정을 겪는다. 실험실에 도착한 참가자는 다른 참가자(참가자로 위장한 연구자)를 소개받는다. 이 연구에서 처벌이 기억에 미치는 효과를 조사한다는 설명을 들은 후, 참가자는 선생님 역할을 맡고 다른 참가자는 학습자 역할을 맡는다. 참가자는 자신의 역할이 학습자에게 연속적으로 전기 충격을 주는 것이라는 이야기를 듣는다. 이때 학습자는 전에 심장 질환으로 치료를 받은 적이 있는데 전기 충격을 받으면 위험하지 않을까 걱정한다. 연구자는 전기 충격이 고통스럽기는 해도 "영구적 조직 손상은 없을 것"이라고 대답한다.

그러고 나서 연구자는 두 참가자를 데리고 옆방으로 가서 불안해하는 학습자를 전기의자처럼 생긴 소름 끼치는 장치에 묶는다. 이 과정이 끝나면 참가자는 실험실로 안내받아 15~450볼트를 조절할 수 있는 위협적인 전기 충격 장치와 마주한다. 장치에는 단계별로 조절 레버가 4개씩 있다. 단계가 높아질수록 전기 충격의 강도가 '약한 충격', '보통', '강함', '매우 강함', '극심함', '매우 극심함', '위험(심각한 충격)'까지 올라간다. 마지막 단계는 435~450볼트로, 충격의 강도가 너무 심해 언어로 정확히 표현할 길이 없는지 섬뜩하게 'XXX'

라고만 쓰여 있다.

시작하기 전 참가자는 학습자가 어느 정도의 전기 충격을 받는지 가늠하기 위해 45볼트 정도의 불쾌한 전기 충격을 체험한다. 그다음에는 학습자가 기억 과제를 틀릴 때마다 전기 충격을 주되 점점 강도를 높이라는 지시를 받는다. 참가자로 위장한 연구자는 실수할 때마다 전기 충격의 강도가 높아짐에 따라 점점 고통스러운 소리를 내뱉는다. 처음에는 그냥 "억" 하는 소리를 낸다. 120볼트에서는 "이봐요, 진짜 아프다고!"라고 소리치고, 150볼트에서는 나가게 해달라고 애원한다.

> 이제 됐어요! 여기에서 나가게 해줘요. 심장이 안 좋다고 했잖아요. 지금 심장이 안 좋아지기 시작했단 말이에요. 제발 나가게 해주세요. 심장에 불편한 느낌이 들기 시작했어요. 더 진행하기 싫습니다. 내보내주세요.

당신은 계속하겠는가, 그만두겠는가? 그만두려 하면 연구자가 "계속하세요"라며 재촉하고, 그 말에 따르지 않으면 "실험 진행을 위해 계속해야 합니다"라고 주장한다. 계속해서 지시에 따르지 않으면 연구자가 "반드시 계속해야 합니다"라고 말하고, 마지막으로 "당신에게는 선택권이 없어요. 반드시 계속해야 합니다"라고 요구한다.

지시에 따라 계속 전기 충격을 주면 학습자가 점점 더 괴로워하며 필사적으로 호소한다. 결국 그가 새된 목소리로 장황하게 애원의 말을 내뱉는다.

> 여기에서 나가게 해줘요. 여기에서 나가게 해달라고요. 심장 상태가 좋지 않아요. 제발 나가게 해줘요. 여기에서 나가게 해줘요. 여기에서 나가게 해줘요. 당신들에게는 날 여기 붙잡아둘 권리가 없어. 나가게 해달라고! 나가게 해줘! 여기에서 나가게 해줘! 나가게 해달라고! 나가게 해줘!

이렇게 해도 참가자가 연구자의 지시에 저항하지 않으면 상황이 돌변한다. 한 번 더 전기 충격을 주었을 때 학습자가 있는 방에서 아무 소리도 나지 않는 것이다. 학습자의 상태가 괜찮은지 확인해달라고 부탁하면 연구자가 거절하면서 이렇게 말한다. "무반응도 오답으로 치고 더 높은 단계의 충격을 주세요." 그토록 고통스럽게 소리를 내지르던 학습자는 '위험'과 'XXX'라고 쓰인 마지막 여덟 번째 단계에 해당하는 전기 충격을 주자 죽은 듯 조용하다.

참가자가 지시에 따라 충격의 강도를 450볼트까지 높일 가능성은 얼마나 될까? 밀그램은 연구 결과를 발표하기 전에 일류 의과대학의 정신과 의사 40명에게 실험 절차를 설명하고 결과를 예측해달라고 했다. 이들은 학습자가 반응을 멈춘 후에도 계속할 사람은 4% 이하이고 마지막 단계까지 충격을 가하는 사람이 0.01%밖에 안 될 것이라고 예상했다. 안타깝게도 정신과 의사들은 권위에 복종하는 경향을 과소평가했다. 학습자가 반응을 멈춘 후에도 전기 충격을 계속 가한 참가자는 75% 안팎이었다. 더 놀라운 점은 그 연구의 '책임자'가 명령했다는 이유만으로 무고한 희생자의 계속되는 비명을 무시하고 그 뒤 이어진 불길한 침묵을 견뎌내면서 마지막 단계까지 강도를 올린 참가자가 65%에 달했다는 것이다.(〈그림 6.3〉 참고) 또한 이러한 복종의 비율은 이후 연구자들이 밀그램의 실험을 재현했을 때도 그대로 높게 유지되었다.(Blass, 1999: Burger, 2009)

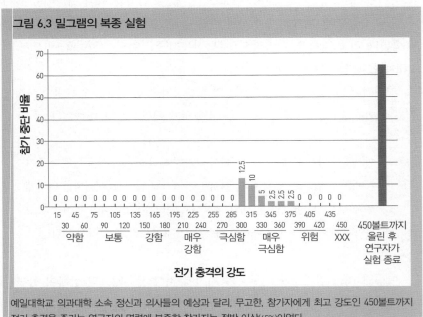

그림 6.3 밀그램의 복종 실험

예일대학교 의과대학 소속 정신과 의사들의 예상과 달리, 무고한, 참가자에게 최고 강도인 450볼트까지 전기 충격을 주라는 연구자의 명령에 복종한 참가자는 절반 이상(65%)이었다.

출처: Milgram, S., "Behavioral study of obedience", *Journal of Abnormal and Social Psychology*, 67(1963), pp. 371~378.

사회심리학

참가자들의 그토록 가혹한 행동이 권위의 영향이었음을 어떻게 알 수 있을까? 억눌린 공격성을 분출하려는 욕망 같은 다른 요소 때문은 아니었을까? 우선 계속하라는 연구자의 지시가 없었다면 참가자들은 실험을 금방 그만두었을 것이다. 참가자들은 자신이 하는 행동을 싫어했으며 희생자가 고통스러워하자 괴로워했다. 그만두게 해달라고 연구자에게 부탁하기도 했다. 부탁을 거절당하자 실험을 계속했으나 그 과정에서 부들부들 떨고, 땀을 흘리고, 말을 더듬으며 희생자를 내보내달라고 부탁하고 항의했다. 이런 사실 말고도 밀그램은 연구 결과를 권위에 복종하는 행동으로 해석할 수 있는 더욱 강력한 증거를 제시했다. 나중에 수행한 실험에서 그는 연구자와 희생자의 대사를 바꾸었다. 즉, 이번에는 연구자가 참가자에게 전기 충격을 중단하라고 말하고, 희생자가 배짱 좋게 계속하라고 주장했던 것이다. 결과는 말할 필요도 없이 명백했다. 동료 참가자가 실험을 계속하라고 요구한 경우에는 참가자 100%가 더 이상의 전기 충격을 주기를 거부했다. 참가자의 주된 동기가 권위에 복종하려는 성향이 아니라 공격적 에너지의 분출이었다면 이러한 결과는 나오기 어려웠을 것이다.

밀그램의 복종 실험에서 드러나듯, 대다수의 사람들은 자신에게 실질적 권위를 발휘하지 않는 연구자의 명령에 따라 심장병 환자에게조차 고통스러운 전기 충격을 가한다. 이로 미루어보면 군인들이 무고한 시민을 학살하고, 사이비 종교 신자들이 개인적으로 중요하게 여기는 권위자의 지시에 따라 스스로 목숨을 끊는 현상이 그리 놀랍지 않다. 그런데 애초에 복종을 하는 이유는 무엇일까? 복종을 비롯해 다른 형태의 사회적 영향은 어떤 목표를 달성하기 위한 것일까?

사회적 영향력을 따랐을 때 얻는 것들

동조, 순종, 복종은 모두 영향력을 행사하는 행동이 아니라 영향력에 따르는 행동이다. 인간의 동기를 살펴볼 때 그 어떤 영향력의 행사보다 영향을 받으려는 행동에 대한 의문이 더 흥미롭고 유익하다. 통일교 간부들이 스티브 하산을 동조하고, 순종하고, 복종하게 만들려던 명백하고 이기적인 이유를 생각해보자. 그것은 그들이 하산의 돈, 시간, 에너지, 자원에서 이익을 얻을 수 있었기 때문이다. 이처럼 다른 사람들에게 영향을 미쳐 자기 뜻대로 움직이게 하려는 이유는 상상하기 어렵지 않다. 하지만 그 영향을 받아들이는 이유는 훨씬 호기심을 자아낸다. 따라서 여기에서는 이 의문점을 다루려 한다. 5장에서 사람들이 태도와 믿음을 바꿈으로써 달성하려는 목표를 강조했듯, 6장에서는 사람들이 동조, 순종, 복종을 통해 달성하려는 목표를 중요하게 살펴볼 것이다. 앞으로 보게 되겠지만, 사람들이 사회적 영향력에 따르는 이유는 3가지 기본적 목표 중 하나 이상을 달성하기 위해서다. 그 목표는 옳은 선택, 사회적 승인 얻기, 자아상 관리다.

옳은 선택을 위한 단서

로버트 W. 화이트(Robert W. White, 1959)에 따르면 누구에게나 유능해지고 싶은 동기가 있다. 주변 환경을 마음대로 움직이려는 동기 때문에 우리는 지속적으로 바람직한 보상과 자원을 얻게 된다. 물론 무언가를 잘하려면 선택을 잘해야 한다. 즉, 수많은 가능성 가운데 자신이 추구하는 보상과 자원을 얻을 가능성이 가장 큰 선택을 해야 한다. 이런 이유로 영향력을 이용하는 직종의 종사자들은 자신들이 내놓은 상품이나 서비스를 선택한다면 그것이 '현명하고 훌륭한 거래'라고 항상 사람들을 설득하려든다. 하지만 어떤 치약이나 정치인을 선택할 때 그것이 현명하고 바람직한 선택이 될지 어떻게 미리 알 수 있겠는가? 사람들은 영향력 속에서 옳은 판단을 하기 위해 권위와 사회적 증거라는 강력한 2가지 원리에 의존할 때가 많다.

권위와 캡티니티스
정당한 권위의 영향력을 가장 충격적으로 보여준 증거가 밀그램의 복종 실험이다. 하지만 권위에 따르는 경향은 밀그램이 실험실에서 설정한 상황보다 훨씬 많은 상황에서 나타난다.(Blass, 1991 ; Miller, Collins & Brief, 1995) 게다가 이러한 상황에서 권위의 영향력은 일상에서 아주 놀라운 행동까지 이끌어낼 수 있다. 일례로 대화할 때의 어조 같은 평범한 영역에서도 권위에 따르는 경향을 발견할 수 있다. 의사소통을 연구하는 학자들은 사람들이 권위와 권력이 있는 사람들에게 맞춰 목소리와 화법을 바꾼다는 사실을 발견했다.(Pittam,

1994) 한 연구에서는 미국의 유명 토크 쇼 〈래리 킹 라이브(Larry King Live)〉에서 방송된 인터뷰를 분석해 이러한 현상을 탐구했다. 이 연구에 따르면 전 대통령처럼 사회적 인지도가 높은 게스트를 인터뷰할 때는 진행자인 래리 킹의 어조도 그들에 맞춰 바뀌었다. 하지만 독립 영화 감독처럼 그보다 사회적 인지도가 낮은 사람을 인터뷰할 때는 래리 킹의 어조가 변하지 않고 게스트의 어조가 래리 킹에게 맞춰 변했다.(Gregory & Webster, 1996)

밀그램의 연구 결과에서도 나타났듯 권위에 따르는 행동은 이보다 극적인 결과를 낳기도 한다. 예를 들어 항공 산업 관계자들이 '캡티니티스(captaini-tis)'라고 이름 붙인 치명적 현상에 대해 살펴보자.(Foushee, 1984) 미국연방항공국 소속 재해 조사관들은 뻔히 보이는 기장의 실수를 다른 승무원들이 바로 잡지 않고 그대로 두어 사고가 일어날 때가 많다는 점을 발견했다. 이 현상은

캡티니티스가 낳은 비극적 결과. 에어플로리다의 여객기가 워싱턴 D. C.의 공항 근처 포토맥강에 추락하기 몇 분 전 기장과 부기장은 비행기 날개에 맺힌 얼음을 제거할 방법을 논의하며 걱정스러운 대화를 나누었다. 이 대화가 기내 블랙박스에 기록되었다.

부기장: 잠깐 앉아 있었으니 날개 상판을 다시 살펴보죠.
기장: 아냐, 이제 곧 이륙해야 해.
부기장: (계기판을 언급하며) 이거 이상한 것 같지 않아요? 어, 이거 이상한데요.
기장: 아니, 괜찮은데…….
부기장: 아, 그런가요. (제대로 이륙하지 못하고 무언가 잡아끄는 듯한 소음이 들린다.) 기장님, 우리 추락하고 있어요!
기장: 나도 알아! (요란한 소리가 난 후 기장과 부기장, 67명의 승객이 사망했다.)

기장이라는 권위와 높은 지위 때문에 승무원들이 기장의 오류를 알아차리거나 지적하지 못하기 때문에 일어난다. 승무원들은 기장의 말이라면 당연히 맞겠거니 생각하는 것이다.

권위가 인간의 행동에 미치는 놀라운 힘을 고려하면 통일교 신자였던 스티브 하산의 행동을 더 잘 이해할 수 있다. 열렬한 신자가 보기에 문 목사는 지상에서 가장 현명한 존재고, 교단의 고위 간부들은 소망을 신에게 전달하는 중개자였다. 이들의 지시를 하나라도 어기면 절대적 권위에 불복종하는 셈이었다. 주말에 진행되는 통일교 입문 과정에 잠입한 인류학자 게리앤 갤런티(Geri-Ann Galanti, 1993)는 처음에 전도할 때부터 그 집단의 권위주의적 구조가 주입된다는 사실을 발견했다.

> 그들은 우리가 성인이 아니라 아이가 된 기분을 끊임없이 느끼게 했다. 강연자는 지식을 갖추었다는 이유로 권위자로 군림한다. 우리는 그 지식을 모두 배울 때까지 의심하지 않는 아이이자 학습자로 남아 있어야 한다.

권위자가 다른 사람들의 행동과 선택에 강력한 영향을 미칠 수 있다는 점은 분명하다. 그렇다면 권위자의 어떤 요소가 그토록 강한 영향력을 행사하게 만드는 걸까? 통일교 지도자들이 주말 입문 과정에서 맡는 교사 역할을 살펴보면 몇 가지 단서를 얻을 수 있다.

학창 시절을 돌이켜보자. 선생님에게 글쓰기 교정을 받았다면 아마 다음에는 그 점을 반영해 과제를 작성했을 것이다. 그렇게 되는 데는 여러 가지 이유가 있다. 첫째, 다른 권위자들과 마찬가지로 교사는 학생에게 힘을 행사할 수 있다. 교사는 학생의 점수, 평판, 졸업 후 좋은 지위를 얻을 기회 등 많은 부분에 영향을 미칠 수 있다. 이것만으로도 교사의 지시에 따를 이유는 충분하지만 두 번째 이유도 있다. 교사를 비롯한 많은 권위자들은 각자 자기 분야의 전문가다. 교사에게 어떤 문장이 어색하다고 지적받은 학생은 그것을 **믿고** 글쓰기 실력을 높이기 위해 그 문장을 고칠 가능성이 크다. 5장에서도 살펴봤듯 권위자의 조언은 빠르고 정확한 결정을 내리는 데 도움이 된다. 한편 복종할 수밖에 없는 지위를 가진 권위자도 있지만, 보상이나 처벌할 권력이 없는 권위자가 얼마나 영향력을 행사할 수 있는지 알아보는 것은 더 흥미롭다. 이런 유형

사회심리학

의 권위자가 보상이나 처벌할 권력 대신 가진 전문가로서의 권력(expert pow-er)은 각자의 분야에서 인정받은 유능함에서 나온다.(French & Raven, 1959)

전문가인 권위자 어느 분야의 전문 지식을 갖춘 권위자는 강한 영향력을 행사해 순종을 이끌어낼 수 있다. 전문성이 옳은 선택을 하려는 사람들의 강한 동기를 충족해주기 때문이다. 밀그램은 참가자들이 연구자에게 복종한 것이 명시적 압력뿐 아니라 "그 상황에 대한 연구자의 정의를 비판하지 않고 받아들인 태도" 때문이기도 하다고 주장했다.(Milgram, 1965, p. 74) 권위자가 그 상황에 대해 가장 잘 아는 사람으로 여겨진다면 그들을 따르는 것이 합리적 행동이다. 이러한 사실은 교육 수준이 낮은 사람들이 권위적 인물에 복종하는 경향이 높은 이유를 설명하는 데 도움이 된다.(Hamilton, Sanders & McKearney, 1995; Milgram, 1974) 이들은 권위자가 자신보다 많이 안다고 가정하는 경향이 있기 때문에 권위자에게 더 쉽게 복종한다.

일반적으로 전문가의 지시를 따르는 행동은 현명하다고 간주되고, 권위자가 곧 전문가인 경우가 많다. 따라서 사람들은 의사 결정을 위한 어림법(지름길)으로 권위를 이용한다. 어떤 문제에 대해 권위자가 가장 많이 안다는 가정은 효율적 판단으로 이어질 수 있다. 직접 열심히 생각할 필요 없이 권위자의 조언을 받아들이기만 하면 되기 때문이다. 하지만 생각 없이 권위에 의존하는 행동에는 위험이 따른다. 이렇게 지름길을 이용하다 보면 권위자의 본질이 아니라 권위의 상징물에 반응해 행동할 가능성이 있다.

의사와 간호사로 구성된 한 연구 팀의 연구 결과에 따르면, 단순한 상징물, 이를테면 '박사님(Dr.)'이라는 직함만으로도 의료계에서 일정한 힘을 발휘한다. 이 연구에서 간호사들은 그 병동 환자의 담당 의사라고 말하는 낯선 남성의 전화를 받았다. 그 남성은 환자에게 허용된 최대 수치의 2배에 달하는 약물을 주입하라고 지시했다. 전화를 받은 간호사 중 95%가 남성의 지시에 복종했기 때문에 연구 팀은 약물을 가지고 병실로 가는 간호사를 제지해야 했다.(Hofling et al., 1966) 이어진 연구에서 간호사들은 환자에게 해로울 수 있고 부적절하다고 생각하면서도 의사의 지시를 따른 일을 떠올리게 되었다. 이들 가운데 46%는 의사가 그 문제에서 정당하고 전문성 있는 권위자라고 믿었기 때문에 그런 행동을 했다고 인정했다. 정당성과 전문성이라는 2가지 특징은 밀그램의 실험에서 복종 행동이 나타난 2가지 이유와 일치했다.(Krackow & Blass, 1995) 권위의 상징물에 따르는 사건은 이것 말고도 계속 일어난다. 17세 소년이 버지니아주의 어느 병원에 근무하는 직업의식이 투철한 간호사들에게 전화를 걸어 자신이 의사라고 밝힌 후 6명의 환자에게 12회에 걸쳐 처치를 시킨 사건도 있었다.(Teenager, 2000)

영향력의 주체인 권위자 영향력을 이용하는 직종의 종사자들이 경험, 전문성, 과학적 인정 등을 내세워 권위의 힘을 이용하려는 경우가 많은 것은 놀라운 일이 아니다. 이들이 사용하는 문구는 "1841년부터 유행을 선도하는 XX 의류", "오직 아기만 생각하는 기업", "의사 5명 중 4명이 추천하는 성분이 들어간 XX" 등이다. 이러한 주장이 사실이라면 전혀 문제될 것이 없다. 대개 사람들은 옳은 결정을 내리는 데 도움을 받기 위해 누가 그 분야의 권위자이고 누가 권위자가 아닌지 알고 싶어 하기 때문이다. 문제는 이런 주장이 거짓일 때 발생한다.(Rampton & Stauber, 2001) 권위의 상징물을 접할 때 흔히 그런 것처럼 깊이 생각하지 않으면 권위의 분위기만 풍기는 거짓 권위자에게 이끌려 잘못된 방향으로 빠지기 쉽다.(Sagarin et al., 2002) 예컨대 사람들은 보안 요원이나 소방관 제복을 입은 사람에게 지시를 받으면 온갖 이상한 행동(길에서 종이봉투 줍기, 버스 정류장 반대편에 서 있기, 다른 사람의 주차 요금 징수기에 돈 넣기 등)을 아무렇지 않게 하는 경향이 있다. 또한 의심 없이 지시에 그대로 따를 가능성이 높다.(Bickman, 1974; Bushman, 1984)

요약하면 권위는 사회적 영향력의 강력한 원천이다. 첫 번째 이유는 권위자가 전문가일 때가 많기 때문이다. 따라서 그들의 지시를 따르는 행동은 옳은 선택으로 이어지는 지름길 역할을 한다. 하지만 너무 쉽게 권위자의 지시나 조언에 따른다면 비윤리적이거나 현명하지 않은 행동을 저지를 위험도 있다. 최근 한 연구에서는 네덜란드 대학생 대부분이 권위자에게 비윤리적 요구(다른 학생들에게 큰 충격을 주기 쉬운 실험을 거짓으로 추천하는 글을 써달라는 요구)를 받았을 때 복종하지 않겠다고 밝혔다. 하지만 같은 학교 학생들이 실제로 연구자에게 아주 비슷한 비윤리적 행동을 요구받았을 때 보인 반응으로 미루어보면 그렇게 긍정적인 전망을 유지하기는 어렵다. 무려 80%에 달하는 학생들이 아무 이의 없이 요구에 따랐기 때문이다.(Bocchiaro, Zimbardo & Van Lange, 2012)

이제 사람들이 옳은 선택이라는 목표를 달성하기 위해 이용하는 두 번째 원리인 사회적 증거를 살펴보자.

왜 사람들은 베스트셀러에 열광할까 : 사회적 증거

일반적으로 권위자의 조언에 따르는 행동은 옳은 결정을 내리는 지름길로 쓰인다. 마찬가지로 우리는 자신과 비슷한 부류의 사람들을 따름으로써 옳은 결정을 내리려 한다.(Surowiecki, 2004) 주변 친구들이 모두 새로 생긴 식당에 열광한다면 나 역시 그럴 가능성이 크다. 인터넷에서 대부분의 사람이 어떤 상품을 추천한다면 더 자신 있게 '구매' 버튼을 누를 가능성이 크다.(Guadagno et al., 2013) 우리는 다른 사람들의 이런 행동을 **사회적 증거**(social validation)의 수단으로 사용한다. 즉 다른 사람들을 통해 옳은 선택을 파악하고 검증받는 것이다.(Baron et al., 1996 ; Festinger, 1954)

옳은 선택을 하고자 하는 욕구는 매우 강하므로 집단의 의견에 따르려는 경향도 강하고 광범위하게 나타난다. 사람들이 자신과 비슷한 타인의 행동을 판단 근거로 삼는 경우는, 구경꾼들이 위급한 환자를 도울지 말지 결정할 때 (Latané & Darley, 1970), 청소년들이 온갖 범죄를 저지를지 말지 결정할 때 (Kahan, 1997), 기혼자들이 혼외정사를 맺을지 말지 결정할 때(Buunk & Baker, 1995), 자택 소유자가 에너지를 절약할지 말지 결정할 때 등이다.(Allcott, 2011) 한 연구에서는 로스앤젤레스 교외의 거주자들에게 대부분의 이웃이 주기적으로 쓰레기를 재활용한다는 정보를 제공했더니 이후 재활용 비율이 바로 높아졌다. 한 달이 지난 후에도 이들은 전보다 많은 쓰레기를 재활용하고 있었다. 하지만 다른 사람들이 주기적으로 쓰레기를 재활용한다는 증거 없이 단순히 재활용을 요청받은 사람들은 이러한 변화를 보이지 않았다.(Schultz, 1999)

영향력을 이용하는 직종의 종사자들은 사람들이 목표에 도달하기 위해 이용하는 심리적 원리가 밝혀질 때마다 자신들의 목표를 위해 그것을 이용한다. 앞서 살펴보았듯 권위와 관련된 원리나 사회적 증거의 원리도 예외가 아니다. 판매와 홍보 담당자들은 팔려는 상품이 시장에서 "가장 많이" 팔린다거나 "판매량이 가장 빨리 증가"하고 있다는 정보를 중점적으로 어필한다. 텔레비전 광고에서는 사람들이 상점으로 몰려가거나 진열된 상품을 너도나도 가져가는 장면을 내보낸다. 350년 전 스페인의 철학자 발타자르 그라시안(Balthazar Gracian, 1649/1945)이 상품과 서비스를 팔려는 사람에게 남긴 조언을 들어보자. "모든 사람이 상품을 자세히 살펴보지 않기 때문에 본질적 가치만으로는 충분하지 않다. 대부분은 다른 사람이 뛰어가는 곳으로 따라간다." 다른 사람을 따라 뛰어가는 이러한 경향은 상품 판매에만 국한되지 않는다. 사실 이것은 인간이 보이는 가장 기괴한 행태의 원인이 되기도 한다.

옳은 선택을 하려는 과정에서 어떤 요소가 다른 사람들의 행동을 이용하게 할까? 여기에서는 사회심리학자들이 밝혀낸 몇 가지 요소 중 상황과 관련된 두 요소인 합의와 유사성부터 살펴볼 것이다.

BOX 6.2

집단 망상과 전염성

유사 이래 인간들은 온갖 종류의 무분별한 탐닉, 열광, 공포 등 기이한 집단적 망상을 겪어왔다. 찰스 매카이(Charles MacKay)는 1841년에 쓴 글에서 '대중의 광기'에 해당하는 수백 가지의 예를 열거했다. 이 가운데 많은 항목에서 전염성이라는 특성이 공통적으로 나타난다는 점에 주목하자. 한 사람이나 집단에서 광기가 싹트기 시작해 순식간에 모든 사람을 휩쓸어버릴 때가 많았다. 기이한 행동을 지켜보던 사람들에게 그 행동이 퍼졌고, 그들의 행동은 아직 지켜보던 사람들에게 그 행동이 정당함을 검증하는 역할을 함으로써 남아 있던 사람들도 차례로 휩쓸리게 되었다.

한 예로 1761년 런던에서 중간 규모의 지진이 정확히 한 달 간격으로 두 번 발생했다. 이 우연한 사건에 비추어 다음 달에 훨씬 큰 지진이 일어나리라고 확신한 벨이라는 군인은 4월 5일에 도시가 무너질 것이라는 예측을 퍼뜨리기 시작했다. 처음에는 그의 말에 관심을 보이는 사람이 거의 없었다. 하지만 정말로 지진이 일어날지 모른다며 가족과 재산을 인근 지역으로 피신시키는 사람들이 생겨났다. 몇몇 사람들의 '탈출'을 본 다른 사람들도 동요하기 시작했다. 그 다음 주에는 마치 도미노처럼 그들을 따라 이주하는 사람이 늘어나면서 공황에 가까운 대규모 피난 사태가 일어났다. 엄청난 수의 런던 시민이 근처 마을로 몰려들었고 어떻게든 숙소를 마련하기 위해 상당한 비용을 지불했다. 매카이는 겁에 질린 군중에 더해 "일주일 전만 해도 그 예측을 비웃던 수많은 사람들 역시 다른 이들의 행동을 보고는 짐을 꾸려 서둘러 몸을 피했다"라고 적었다.(MacKay, 1841/1932, p. 260)

벨이 예측한 날이 아무 일 없이 지나가자 몸을 피했던 사람들은 자신들을 잘못된 행동으로 이끈 벨에게 격분한 채 시내로 돌아왔다. 하지만 매카이의 묘사에서 분명히 알 수 있듯 군중의 분노가 향해야 할 곳은 벨이 아니었다. 가장 설득력 있었던 것은 미치광이 벨의 예측이 아니라 바로 런던 시민들이 본 서로의 모습이었다. 요컨대 우리는 많은 사람들이 어떤 행동을 하고 있으면 그 행동이 더 정당하다고 느낀다. 집단 망상에 사로잡힌 사람들은 이러한 사회적 증거에 의존

해 아주 비합리적인 행동까지 하게 된다. 어떤 확고한 증거가 있어서가 아니라 다수가 그 행동을 선택했기 때문에 비합리적 행동마저 옳은 선택으로 보이는 것이다.

이렇듯 비슷한 부류의 행동을 따르는 경향이 잘못된 행동으로 이어질 가능성이 있지만, 대부분은 그렇지 않다. 대개 다른 사람들의 행동은 옳은 방향을 제시해 건전한 선택으로 이끈다. 예컨대 흡연은 전염성이 있는 행동으로 친구나 가족, 동료에게 퍼지기도 하지만, 최근 발견된 증거에 따르면 금연에도 전염성이 있다고 한다. 연구자들은 같은 집단에 속하는 사람들이 서로 호응해 다 같이 금연한다는 사실을 발견했다. 형제자매 중 한 사람이 금연을 하면 나머지 사람의 흡연율이 25% 떨어지고, 동료의 경우에는 34%, 친구의 경우에는 36% 떨어졌다.(Christakis & Fowler, 2008)

합의와 유사성

통일교 교단에 소속돼 있는 동안 스티브 하산은 다른 신자들과 함께 하나의 전략을 사용해 주말 입문 과정을 진행했다. 바로 처음 온 사람들이 다시 와서 교육받을 확률을 높이는 전략이었다. 교단에 등록할 가능성이 높은 사람들을 한 무리로 묶어 '양'으로 분류했다. 질문을 많이 하거나 개인주의적 태도가 확고한 사람들에게는 '염소'라는 꼬리표를 붙이고, '염소'의 의심이 '양'을 물들이지 않도록 두 집단을 떼어놓았다. 전 세계의 사이비 종교 집단이 입문 과정에서 이와 똑같은 전략을 사용한다. 이 전략이 효과적인 이유는 사람들이 옳은 선택을 하려 할 때 의존하는 두 요소, 즉 합의와 유사성이 포함되기 때문이다.

합의 아시(1956)의 동조 실험을 떠올려보라. 이 실험의 참가자들은 선분 대조 실험에서 집단 구성원들이 모두 오답을 골랐다는 이유만으로 알면서도 오답을 선택했다. 이럴 때 얼마나 압박을 받을까? 자신이 보기에는 틀린 답인데, 자신 만 빼고 **모든 사람**이 그 답을 선택한 상황이다. 이렇게 모든 사람의 의견이 완 벽히 일치하는 상황이 되면 자신보다 집단의 선택을 더 신뢰할 것이다. 우리에 게는 옳은 선택을 하려는 욕구가 있으므로 집단의 선택이 옳다고 생각하면 집 단에 동조하는 것이 당연하다. 또한 의견이 일치하는 사람이 많을수록 동조하 는 경향은 더욱 강해진다.(Bond & Smith, 1996 ; Insko et al., 1985)(〈그림 6.4〉 참고)

이번에는 약간 다른 상황을 가정해보자. 답을 고르기 전 예상했던 정답을 골라 만장일치를 깨뜨리는 사람이 나타난다. 차례가 돌아왔을 때 당신은 어떻 게 대답하겠는가? 다수의 의견에 따르겠는가, 반란에 가담하겠는 가? 이때는 다수에게 동의할 가 능성이 훨씬 낮아진다. 이처럼 집 단의 입장에 반대하는 사람이 하 나라도 있으면 다른 사람들이 그 에 힘입어 동조에 저항할 수 있 다.(Morris & Miller, 1975) 왜 그 럴까? 한 가지 이유는 반대자의 존재가 집단의 의견이 정답이라 는 확신을 낮추기 때문이다.(Allen & Levine, 1969 ; Gordijn, DeVries & DeDreu, 2002) 그 결과 정확한 선택을 추구하는 사람들은 집단 의 선택을 넘어 다른 가능성들을 보기 시작한다.

다양한 관점에는 동조를 막는 힘이 있으므로 거의 모든 사이비

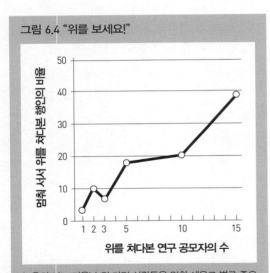

그림 6.4 "위를 보세요!"

뉴욕의 어느 겨울날 길 가던 사람들을 멈춰 세우고 별로 중요 하지도 않고 흥미도 없는 곳을 쳐다보게 하려면 어떻게 해야 할까? 연구자들은 행인으로 위장한 사람들에게 60초 동안 위 를 쳐다보게 했다. 특별할 것이 없는 허공을 쳐다보는 행인의 수가 늘어날수록 길을 가다 이 무리에 합류하는 사람의 수도 늘어났다.

출처: Milgram, S., Bickman, L., & Berkowitz, L., "Note on the drawing power of crowds of different size", *Journal of Personality and Social Psychology*, Vol. 13, No. 2(1969, Oct.), pp. 79~82.

사회심리학

종교 집단은 가족과 친구를 비롯한 외부 정보의 원천과 소통할 수 없도록 억압하려 한다.(Brandis, 2004) 스티브 하산에 따르면 제 발로 집단을 떠나는 사람(이탈자)과 남아 있는 사람을 나누는 결정적 요인은 외부와의 연락 빈도라고 한다.(Hassan, 1990) 사이비 종교 신자들은 대부분 집단의 가르침에 대해 하나같이 의견이 일치하는 환경에 둘러싸여 비뚤어진 믿음도 옳다고 생각하게 된다. 사이비 종교 연구에 평생을 바친 마거릿 싱어(Margaret Singer)가 사이비 집단에 있다가 나온 사람들에게 자주 던진 질문이 있다. 집단 내에서 학대도 많이 받았을 텐데 끝까지 버틴 이유가 무엇이냐는 질문이었다. 가장 흔한 대답은 다음과 같다. "주변을 둘러보고 이렇게 생각해요. '음, 조도 아직 있네. 메리도 아직 버티고 있고. 내가 잘못된 거야. 내가 잘못됐어. 내가 이해를 못할 뿐이야'라고요."(Singer & Lalich, 1995, p. 273)

상황

유사성 사람들이 자신에게 유리한 선택을 하기 위해 다른 사람들의 의견을 따른다면, 거의 항상 자신과 비슷한 사람들의 행동을 따라 하려는 것도 당연하다.(Platow et al., 2005) 다음 학기에 들을 수업을 둘 중 하나 선택해야 하는 상황이라고 해보자. 환경, 관심사, 목표가 자신과 비슷한 사람의 조언을 구하고 받아들이지 않겠는가? 그런 친구들이 둘 중 한 수업이 더 낫다고 여긴다면 당신 역시 그렇게 생각할 가능성이 크다.(Suls, Martin & Wheeler, 2000)

자신과 비슷한 사람에게 민감하게 반응하는 경향이 높아지면 놀라울 정도로 극단적인 상황이 발생하기도 한다. 모방 자살 현상을 생각해보자. 널리 알려진 자살 사건을 언론에서 다루고 나면 그 사건과 관련된 장소에서 자살률이 치솟는다.(Phillips, 1989; Sisask & Värnik, 2012) 힘들어하는 사람들은 힘들어하는 다른 사람의 행동을 모방하는 맥락에서 자살이라는 행동을 따라 하기도 한다. 자살률의 증가가 자신과 비슷한 사람들을 따르려는 경향 때문이라는 증거는 무엇일까? 모방 자살이 먼저 알려진 자살 사건의 희생자와 연령과 성별이 비슷한 사람들에게 더 많이 나타난다는 점만 봐도 알 수 있다.(Schmidtke & Hafner, 1988)

자신과 비슷한 사람들을 따라 하다가 암울하고 위험한 길로 빠질 수도 있지만 긍정적인 방향으로 나아갈 수도 있다. 노아 골드스타인(Noah Goldstein)

과 동료들은 호텔 객실 안내문의 틀에 박힌 문구를 바꿔 숙박객들에게 '환경을 위해' 수건을 재사용하도록 촉구하는 방법으로 수건 재사용률을 높일 수 있을지 알아보았다. 그 호텔 숙박객의 대다수가 수건을 재사용한다는 내용, 즉 합의를 암시하는 정보를 안내문에 추가했을 때는 재사용률이 19% 높아졌다. 하지만 "이 방에" 묵었던 손님의 대다수가 수건을 재사용했다는 식으로 유사성을 암시하는 정보를 추가했을 때는 재사용률이 32% 높아졌다.(Goldstein, Cialdini & Griskevicius, 2008)

요약하면 사람들은 다른 사람들의 의견이 수렴할 때, 그리고 자신과 비슷한 사람이 있을 때 그들에게 맞춰 행동할 가능성이 높다. 합의와 유사성이라는 두 요소 모두 다른 사람의 선택이 자신에게도 좋은 선택이라는 확신을 주기 때문에 이런 요소들이 있을 때 동조 행동이 발생한다.

사람

쇼핑카트로 억만장자가 된 비결

자신의 판단을 믿지 못할 때 사람들은 옳은 판단을 내릴 근거를 찾기 위해 다른 사람들을 살펴본다.(Wooten & Reed, 1998) 이러한 자기 의심은 터키의 사회심리학자 무자퍼 셰리프(Muzafer Sherif, 1936)가 수행한 유명한 일련의 실험처럼 모호한 상황에서도 나타난다.

셰리프는 어두운 방 벽의 한 점에 빛을 쏘면서 참가자에게 그 빛이 얼마나 움직였는지 대답하게 했다. 사실 빛은 전혀 움직이지 않았다. 하지만 **자동운동 효과**(autokinetic effect)라는 착시 현상 때문에 참가자마다 정도의 차이는 있지만 빛이 계속 움직이는 것처럼 보였다. 집단의 일원으로서 대답해야 했던 참가자들이 평가한 수치는 집단 구성원들의 평가 수치에 크게 영향받았다. 이 경우 거의 모든 사람이 집단 평균에 맞춰 의견을 바꾸었다. 셰리프는 객관적으로 맞는 답이 존재하지 않을 때 사람들이 자신을 의심하기 쉬워지고, 따라서 "집단의 의견이 옳을 것"이라고 가정하는 경향이 특히 높아진다고 결론 내렸다. 이후 진행된 수많은 연구가 셰리프의 결론을 뒷받침했다.(Bond & Smith, 1996; Zitek & Hebl, 2007)

불확실성은 익숙하지 않은 상황에도 존재한다. 낯선 상황에 처한 사람들은 다른 사람들을 따라 하는 경향이 특히 높아진다. 이 단순한 통찰 덕에 한 남성은 억만장자가 되기도 했다. 실번 골드먼(Sylvan Goldman)이라는 이 남성은 1934년 작은 식료품점을 몇 개 인수한 뒤 소비자들이 손에 든 장바구니가 너무 무거워지면 구매를 중단한다는 사실을 알게 되었다. 그는 이 점에 착안해 쇼핑 카트를 발명했다. 초기의 쇼핑 카트는 한 쌍의 무거운 철제 바구니와 바퀴가 달린 접이 의자의 형태였다. 당시 이 기묘한 장치가 너무 낯설게 보였기 때문에 처음에는 아무도 그것을 이용하려 하지 않았다. 눈에 잘 띄는 곳에 여기저기 놔두고 사용법과 장점을 설명하는 안내판을 세워놓아도 마찬가지였다. 포기하려던 그는 소비자의 의구심을 없애기 위해 사회적 증거에 기초한 방법 하나를 시도해보았다. 골드먼은 가짜 소비자를 고용해 가게 안에서 쇼핑 카트를 밀고 다니게 했다. 그 결과 얼마 지나지 않아 진짜 소비자들도 그들을 따라 카트를 이용하기 시작했다. 골드먼의 발명품은 미국 전역을 휩쓸었고, 그는 사망할 때쯤 400만 달러가 넘는 재산을 가진 부자가 되어 있었다.(Dauten, 2004)

사람들은 해결하기 어려운 과제에 부딪힐 때도 자신을 믿지 못한다. 웨인 주립대학교의 연구자들은 학생들에게 수학 문제를 풀게 하고 다수의 의견에 동조할 기회를 주었다. 동조 행동은 가장 어려운 문제를 풀게 했을 때 가장 많이 일어났다.(Lucas, Alexander, Firestone & Baltes, 2006) 사이비 종교에서 그때그때 무엇을 믿어야 할지 분간하는 것은 특히 풀기 어려운 문제다. 확실하지 않고 끊임없이 바뀌는 지도자의 의견에 따라 답이 달라지기 때문이다. 이에 더해 사이비 종교 집단에서는 신자들을 지치고 잠이 모자라게 함으로써 정신을 멍하게 만든다.(Baron, 2000) 이와 관련해 스티브 하산은 이렇게 적는다. "그런 환경에서는 대부분의 사람이 자신을 의심하고 집단의 의견에 따르게 된다."

자신의 현실감각을 확신할 수 없는 상황에서는 권위 있는 인물의 의견을 따르는 경향 역시 높아진다. 일례로 포병대 전투의 현장 실험에 따르면, 충분히 휴식을 취하는 팀은 병원이나 민간인을 향해 발포하기를 거부하는 경우가 많으나 36시간 동안 잠을 자지 못한 후에는 아무 표적에나 발포하라는 명령에 이의 없이 복종했다.(Schulte, 1998)

상호작용

불확실성과 정확성 사람들이 다수 의견에 동조하는 이유 중 하나가 정확한 선택을 위해서라는 점은 확실해 보인다. 그렇다면 정확성을 추구할수록 다른 사람들의 결정에 동조하는 경향도 높아질까? 대개는 맞지만 가끔 틀릴 때도 있다. 불확실성이 정확성에 대한 욕구와 상호작용함에 따라 모든 양상이 달라질 수 있기 때문이다.

불확실성과 정확성에 대한 욕구가 어떻게 상호작용할 수 있는지 알아보기 위해 로버트 배런(Robert Baron)과 조지프 반델로(Joseph Vandello), 베서니 브런즈먼(Bethany Brunsman, 1996)은 아시의 선분 대조 실험을 변형한 실험을 고안했다. 아이오와대학교 학생들은 맞는 길이의 선분을 골라내는 대신 한 줄로 선 범죄자들 가운데서 용의자를 정확히 가려내야 했다. 이들은 우선 한 범죄 용의자의 사진을 보았다. 그런 후 앞서 본 사람을 포함해 4명의 사진을 보았다. 과제는 처음에 본 용의자를 골라내는 것이었다. 학생들은 매번 사진이 바뀌는 과제를 13회 수행했다. 학생들에게는 가장 정확히 맞히는 사람에게 20달러의 상금을 주기로 했다. 하지만 일부 학생들에게는 여기에 한 단계가 추가되었다. 이들은 화면에 0.5초 동안 나타났다 사라지는 사진을 보고 판단해야 했기 때문에 자신의 판단을 확신할 수 없었다. 나머지 학생들은 사진을 5초 동안 볼 수 있었기 때문에 이런 불확실성을 느끼지 않았다.

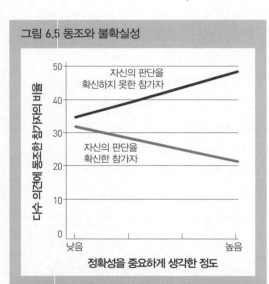

그림 6.5 동조와 불확실성

얼굴 식별 과제에서 정확성을 중요시하면서 자신의 판단을 확신하지 못한 참가자들은 다수의 의견에 동조하는 경우가 많았다. 하지만 정확성을 특히 중요하게 생각하면서 자신의 판단을 확신한 참가자들은 다수의 의견에 동조하는 경우가 적었다. 따라서 자신의 판단에 확신이 없는 사람들만이 정확성을 추구하는 최선의 경로로 동조를 선택했다고 볼 수 있다.
출처: Baron, R. S., Vandello, J., & Brunsman, B., "The forgotten variable in conformity research: Impact of task importance on social influence", *Journal of Personality and Social Psychology*, 71(1996), pp. 915~927.

이 과제를 7회 수행할 때까지 참가자로 위장한 연구자들이 하나같이 틀린 용의자를 지목하는 모습을 본 학생들은 어떤 선택을 했을까? 다수의 의견에 동조했을까, 아니면 자기 판단을 고수했을까? 결과는 이들이 자신의 판단을 얼마나 확신했는지, 그리고 이 과제에서 정확성을 얼마나 중요하게 생각했는지에 따라 달랐다. 정확성을 중요하게 생각한 동시에 자신의 판단을 확신할 수 없었던 학생들은 다수의 의견에 동조하는 경향이 높았다. 하지만 정확성을 중요하게 생각한 동시에 자신의 판단을 확신한 학생들은 다수의 의견에 동조하는 경향이 그보다 낮았다.(《그림 6.5》 참고) 자신을 믿은 사람과 믿지 못한 사람의 행동이 반대로 나타났지만 그렇게 행동한 동기는 정확하게 선택하기라는 동일한 목표에서 나왔다. 이들의 결정적 차이는 자신을 믿는 것과 다른 사람을 믿는 것 가운데 어느 쪽이 정확한 선택을 위한 최선의 경로라고 생각하는지에 달려 있었다. 이처럼 정확함을 추구하고자 하는 동기는 사람들이 자신의 판단을 확신할 수 없을 때만 동조를 조장하는 요소로 작용한다.

사람들의 호감 얻기

사람들은 대부분 옳은 판단을 내리고 싶어 한다. 하지만 그것은 쉬운 일이 아니다. 그 이유 중 하나는 '옳은(correct)'이라는 말이 2가지 의미로 쓰이고, 때로는 정반대의 의미로 쓰일 수 있기 때문이다. 지금까지 6장에서는 2가지 의미 중 정확한(accurate)의 의미를 강조했다. 즉 **맞는**(right) 판단을 내리기 위해 기꺼이 다른 사람에게 영향을 받으려는 의지에 초점을 맞추었다. 하지만 이 말을 '사회적으로 적절한' 혹은 '사회적으로 인정받는'이라는 두 번째 의미로 써도, 옳은 판단을 하려는 사람은 다른 이들의 영향력을 받아들이려는 태도를 취할 수 있다.(Insko et al., 1983) 14개국에서 모인 실험 참가자들은 인터넷 게임에서 무시당하고 소외된 후 이어진 과제에서 집단의 의견에 동조하는 경향이 더 높아졌다.(Williams, Cheung & Choi, 2000) 이처럼 사람들은 집단이나 문화에 받아들여지기 위해, 다시 말해 다른 사람들과 잘 어울리기 위해 자주 행동을 바꾼다.(Baumeister & Leary, 1995 ; Williams, 2007)

금연을 위해 치료소에 온 담배를 많이 피우는 흡연자 집단에서 일어난 일에 대해 어빙 재니스(Irving Janis, 1997)가 어떻게 설명했는지 살펴보자. 두 번째 모임을 시작할 때까지는 거의 모든 사람의 생각이 비슷했다. 담배는 중독성이 강하기 때문에 한순간에 끊기를 기대하기 어렵다는 것이었다. 그때 한 사람이 집단의 의견에 반대하고 나섰다. 그는 집단 치료를 시작한 지난주부터 담배를 완전히 끊었다면서 다른 사람들도 똑같이 할 수 있다고 주장했다. 그러자 집단의 다른 사람들이 똘똘 뭉쳐 그 사람에게 성난 공격을 퍼부었다. 그다음 모임에서 집단에 반기를 들었던 사람이 깊이 생각한 끝에 중요한 결정을 내렸다고 말했다. "전처럼 다시 하루에 두 갑씩 피우게 됐어요. 이제 마지막 모임이 끝날 때까지는 끊으려고 애쓰지 않을래요." 사람들은 즉시 그 사람을 환영하며 집단에 받아들여주고 그의 결정에 박수로 환호했다.

이 이야기는 "비위만 맞추면 어울리기 쉬워진다"라는 오래된 격언을 실제로 보여준다. 스탠리 샤히터(Stanley Schachter, 1951)는 유명한 일련의 연구를 통해 집단의 합의에 어긋나는 사람에게 집단 구성원들이 어떻게 압박을 가하는지 알아보았다. 샤히터는 토론 팀을 구성한 다음 참가자로 위장한 남성 연구자를 한 사람씩 투입해 집단 구성원들과 다른 의견을 주장하게 했다. 이때 집단의 반응은 대개 세 단계에 걸쳐 나타났다. 첫 번째 단계에서는 집단 구성원들이 흥분해 의견이 다른 참가자에게 엄청난 비판을 퍼부었다. 그다음 단계에서는 그를 무시하고 업신여기기 시작했다. 마지막에는 집단의 반응이 격렬한 공격에서 냉대로 바뀔 때까지 그가 반대 입장을 고수하면 집단 구성원들은 의견을 모아 그를 집단에서 아예 몰아냈다.

하지만 샤히터는 이 반대자가 실수를 인정하고 집단의 관점에 동의할 경우 집단 구성원들이 그를 호의적으로 받아들여주기도 한다는 사실을 발견했다. 토론 팀에 투입된 공모자 중 일부는 '변화구' 역할을 하라고 지시받았다. 처음에는 집단의 의견에 반대하다가 점점 집단의 압박에 굴복하는 것이었다. 변화구 역할을 맡은 사람들에게는 어떤 일이 일어났을까? 처음에는 이들 역시 집단의 의견에 동의하게 하기 위해 집단 구성원들이 일제히 퍼붓는 공격을 받았다. 하지만 이들은 자기 의견을 굽혔기 때문에 끝까지 의견을 고수한 사람처럼 업신여김이나 거부를 당하지 않았다. 사실 변화구 역할을 맡은 사람들은 다른 구성원과 마찬가지로 완벽하게 집단의 일원으로 인정받았다. 다시 말해 집단의 의견에 반대하는 사람이 용서받지 못하는 이유는 단지 달라서가 아니라 다른 상태를 유지하기 때문이었다. 실제로 집단에 반대하던 사람들은 거부당하지 않고 집단에 받아들여지기 위해 집단의 의견에 맞춰 의견을 바꾸는 경우가 많다.

사회적으로 거부당하지 않고 인정받고자 하는 이 한 쌍의 욕구는 사이비 종교에서 신자를 쉽게 끌어들이고 보유할 수 있는 이유를 설명하는 데 도움이 된다. 처음에 예비 신자를 향한 애정 공세(love bombing) 전략은 사이비 종교에서 흔히 쓰이는 전도 수법이다. 이 수법은 사이비 종교 집단이 새 신자, 특히 외롭거나 세상과 단절된 사람들을 끌어들이는 데 기여한다. 나중에 그 애정이 곧 사라질 것 같은 상황이 되면 그 가운데 일부는 집단에 계속 남아 있으려 한다. 모든 사이비 종교 집단에서 외부인과의 인연을 끊으라고 요구하는데, 그러고 나면 신자들이 사회적 인정을 받기 위해 의지할 곳이 교단밖에 남지 않기 때문이다.

행동의 코드, 사회규범

어떤 행동이 사회적으로 인정받을지 어떻게 알 수 있을까? 그것은 각 집단이나 문화의 사회규범에 담긴 메시지에서 알 수 있다. 2장에서 논했듯 기술적 규범(descriptive norm)은 어떤 행동이 일반적인지 규정하고, 명령적 규범(injunctive norm)은 일반적으로 어떤 행동이 허용되고 허용되지 않는지 규정한다.(Cialdini, Kallgren & Reno, 1991) 사회적으로 흔히 나타나는 행동과 허용되는 행동이 일치하는 경우가 많지만 그렇진 않다. 예를 들어 크리스마스와 연말에 쇼핑하러 간 사람들은 대부분 구세군 자선냄비를 그냥 지나치지만 그들 모두 구세군에 성금을 내는 행위는 허용할 것이다.

기술적 규범은 어떤 행동이 효과적일지 알려준다. 따라서 기술적 규범은 6장에서 논한 첫 번째 목표인 옳은 선택과도 관련 있다. 어떤 상황에서 대부분의 사람들이 하는 행동을 따라 하면 일반적으로 옳은 선택을 할 수 있다. 반면 명령적 규범은 어떤 행동이 다른 사람들에게 받아들여질 만한지 알려준다. 명령적 규범은 사회적 영향력의 두 번째 목표인 사회적 승인과 관련 있다.(Crandall, Eshleman & O'Brien, 2002) 집단에서 더욱 인정받고 필요한 사람이 되고 싶다면 명령적 규범에 특히 신경을 쓰는 것이 좋다.

사회적 관계에 긍정적 영향을 미치는 것으로 잘 알려진 명령적 규범은 **호혜의 규범**(norms of reciprocity)이다. 이 규범의 사회적 영향력은 아주 강력하다. 사회학자 앨빈 굴드너(Alvin Gouldner)에 따르면 모든 인간 사회에서는 호혜의 규범을 지킨다. 즉, 자신이 받은 행동을 그대로 갚을 의무를 지는 것이다.

호혜의 규범은 사회생활에서 얻을 수 있는 가장 큰 이득의 원천 중 하나다.

오늘 내 부탁을 들어준 사람에게는 내일 나에게 부탁할 권리가 있다.(Pilluta, Malhotra & Murnighan, 2003) 이렇게 도움을 주고받음으로써 사람들은 혼자 할 수 없는 일(무거운 가구 옮기기 등)을 해낼 수 있고, 불평등한 상황에 놓여도 살아남을 수 있다.(내가 빈털터리일 때 누군가가 나에게 점심을 사주면 나에게 돈이 생길 때 그 사람에게 점심을 사준다.) 또한 사람들은 선물, 호의, 서비스 등을 서로 되갚으면서 연결된 상태로 인간관계를 이어간다. 이러한 보답 행위가 어디까지 이어질지는 고마움과 미안함을 나타내는 일본어 '스미마센(すみません)'이라는 말에 잘 함축되어 있다. 이 말을 문자 그대로 해석하면 '끝나지 않는다'라는 뜻이다. 이 규범을 어기고 보답하지 않는 사람은 사회적으로 비난받고 인간관계에서 위기에 처하게 된다.(Cotterell, Eisenberger & Speicher, 1992; Meleshko & Alden, 1993) 일례로 거의 모든 사람은 '먹튀'나 '빈대'라는 꼬리표를 달고 싶어 하지 않으므로 받기만 하고 되돌려주지 못할 때 불편함을 느낀다.

호의 주고받기 영향력을 이용하는 직종의 종사자들은 호혜의 규범을 자주 활용한다. 이들은 자신들의 요구 사항에 따르기를 요청하기 전에 먼저 무언가를 제공한다. 구입 권유를 들어준 대가로 '무료 선물'을 주고, 건강관리 시설에서는 '운동 시설 무료 이용권'을, 휴양지에서는 '주말 무료 이용권'을, 방역업체에서는 '무료 검사권'을 주는 등, 사업체에서는 항상 이런 방법을 이용한다. 이 기법은 선물을 받음으로써 강력한 사회적 압력이 형성되지 않았더라면 구입하지 않았을 상품과 서비스를 구입하게 만드는 데 효과적일 때가 많다.(Gruner, 1996) 식당이나 카페의 종업원들이 손님에게 사탕 같은 작은 선물을 주면 팁의 액수가 현저히 높아지는 것도 마찬가지다.(Lynn & McCall, 1998; Strohmetz et al., 2002)

양보 주고받기 호혜의 규범에 따라 주고받는 것은 선물, 호의, 서비스만이 아니다. 협상할 때 한발씩 물러나며 양보를 주고받기도 한다. 대개 사람들은 상대에게 양보받으면 다음에 자신도 양보해야 한다는 의무감을 느낀다. 이러한 의무감을 이용해 순종을 이끌어내는 전략을 상호 양보(reciprocal concessions) 또는 **면전에서 문 닫기 기법**(door-in-the-face technique)이라고 한다.(Cialdini et al., 1975) 이 기법은 쉽게 승낙을 얻을 수 있는 사소한 요구로 시작한 다음 실제로 의도한 바를 요구하는 기법(문간에 발 들여놓기 기법)과 반대되는 전략이다. 먼저 상대가 거부할 만한 거창한 요구부터 들이밀고 거부당한 후 살짝 후퇴해 실제로 의도하는 요구 사항을 꺼내는 방법이다. 처음에 거창한 요구를 한후 조건을 낮추면 상대에게 양보를 한 것처럼 보인다. 그러면 상대는 호혜의 규범에 따라 양보를 갚아야 한다는 의무감을 느끼고 한발 물러난 요구 사항을 들어주게 된다. 몇 년 전 거리에서 만났던 서커스 입장권을 팔러 다니던 한 재치 있는 보이스카우트 대원이 이러한 기법을 사용한 적이 있다.

> 그 아이는 한 장에 5달러 하는 입장권을 사줄 수 있느냐고 물었다. ……
> 나는 거절했다. 그러자 아이가 말했다. "입장권을 안 사시면 초콜릿 바
> 는 어떠세요? 하나에 1달러밖에 안 해요." 나는 초콜릿 바를 2개 산 순간
> 무언가 이상한 일이 일어났음을 깨달았다. 그렇게 생각한 근거는 다음과
> 같았다. 우선 나는 초콜릿 바를 좋아하지 않고 돈을 좋아한다. 하지만 나
> 는 초콜릿 바 2개를 쥔 채 서 있고 그 아이는 내가 준 돈을 들고 저만치
> 걸어가고 있었다.(Cialdini, 2008, p. 36)

면전에서 문 닫기 기법과 관련된 또 다른 기법은 **덤 끼워주기 기법**(that's-not-all technique)이다. 2가지 기법의 중요한 절차상의 차이는 추가로 제안하는 것에 있다. 덤 끼워주기 기법을 사용할 때는 상대에게 첫 번째 제안을 한후 거절당하는 대신 상대가 반응하기 전에 사은품이나 가격 할인 등으로 회유한다.

제리 버거(Jerry Burger)는 바자회에서 빵을 판매할 때 이러한 기법이 유용하다는 사실을 발견했다. 판매원은 먼저 컵케이크 하나에 1달러라고 말한 다음 손님이 반응하기 전에 쿠키 2개를 덤으로 주겠다고 말했다. 이렇게 판매할 경우 처음부터 컵케이크 하나와 쿠키 2개를 묶어 1달러에 팔았을 때보다 구매율이 높았다.(76% 대 40%) 이 기법이 효과적인 이유는 상대가 더 나은 거래 조건을 제시받은 후 갚아야 한다는 느낌을 받기 때문이기도 하다.

여러 문화에서 나타나는 의무와 관련된 규범 받은 만큼 돌려주어야 한다는 규범이 모든 사회에 존재하지만(Gouldner, 1960) 문화에 따라 정도의 차이가 있

다.(Shen, Wan & Wyer, 2011) 이와 관련해 마이클 모리스(Michael Morris), 조엘 포돌니(Joel Podolny), 셰이라 애리얼(Sheira Ariel, 2001)은 195개국에 지점을 둔 다국적기업(씨티 은행)의 정보 열람을 허가받아 미국, 중국, 스페인, 독일의 문화를 조사했다. 이들은 각국 지점의 직원들을 대상으로 설문 조사를 해 동료가 업무 보조를 요청할 때 자발적으로 순종하는 정도를 평가했다. 직원들이 요청에 따라야 한다는 의무감을 느낀 주된 이유는 나라마다 달랐다. 이것은 의무에 대한 규범적 접근법이 나라마다 다르다는 점을 보여주었다.

- 미국: 미국 직원들은 **시장 중심**(market-based) 접근법에 따라 요청을 들어주어야 한다는 의무감을 느꼈다. 이들은 두 사람이 호의를 맞교환한다는 상호적 규범에 근거해 동료를 도와주었다. 동료의 요청에 따를지 결정할 때 이들이 던진 질문은 다음과 같았다. "이 사람이 최근 나에게 해준 일은 무엇인가?" 상대에게 신세를 진 적이 있는 경우 그 사람의 요청에 따라야 한다는 의무감을 가장 강하게 느꼈다.
- 중국: 중국 직원들은 **가족 중심**(family-based) 접근법에 따랐다. 이들은 자신이 속한 소집단에만 충성을 바치게 하는 내집단·외집단 규범을 바탕으로 판단해 동료를 도와주었다. 또한 소집단 내에서도 지위가 높은 사람들에게 특히 충성심을 느꼈다. 동료의 요청에 따를지 결정할 때 이들은 다음과 같은 질문을 던졌다. "내가 속한 집단의 구성원, 특히 고위직에 있는 인물과 관련 있는 사람인가?"
- 스페인: 스페인 직원들은 **친목 중심**(friendship-based) 접근법에 따랐다. 이들은 친구의 신분이나 지위에 관계없이 의리를 지키는 친목의 규범을 바탕으로 판단해 동료를 도와주었다. 직장 동료의 요청에 따를지 결정할 때 이들은 다음과 같은 질문을 던졌다. "이 사람이 내 친구와 관련 있는 사람인가?" 답이 '그렇다'이면 그 사람의 요청에 따라야 한다고 느꼈다.
- 독일: 독일 직원들은 **체계 중심**(system-based) 접근법에 따랐다. 이들은 조직의 규범과 규칙을 바탕으로 판단해 동료를 도와주었다. 이들이 느낀 의무감의 대상은 특정한 사람이나 집단이 아니라 그 사람이나 집단이 운영하는 체계였다. 동료의 요청에 따를지 결정할 때 이

들은 다음과 같은 질문을 던졌다. "이 사람의 요청에 따라 도와주어야 한다는 직무상 규칙과 규정이 있는가?" 답이 '그렇다'이면 이들은 요청에 따라야 한다는 의무감을 강하게 느꼈다.

문화마다 요청에 따라야 한다는 의무감에 대한 규범은 분명 다르다. 그렇다고 의무감과 관련해 각각의 문화가 완전히 동떨어져 있다고 할 수는 없다. 먼저 호의를 베푼 사람, 내집단 구성원, 친구, 정당한 체계에 대한 의무감은 세 연구자의 연구 대상이었던 네 나라의 문화에 모두 분명히 존재한다. 하지만 연구 결과에서 명확히 알 수 있듯 의무감과 관련된 규범의 효력은 문화마다 다양하게 나타난다.

사람

개인적 요소 : 인정 욕구 · 집단주의 · 저항

친구들과 저녁을 먹으러 간다고 상상해보자. 멕시코 요리를 먹을지 이탈리아 요리를 먹을지 의견이 갈린다. 식당에서는 한창 화제가 되는 정치적 주제에 대해 논의하면서 의견이 여러 갈래로 나뉜다. 식사 후에도 다양한 의견이 나온다. 이번에는 한잔하러 북적대는 술집에 갈지, 지적인 대화를 나누러 커피숍에 갈지 옥신각신한다. 친구들 중에 일을 원만하게 진행하기 위해 집단의 의견에 맞추려는 경향이 특히 강한 사람이 있는가? 아니면 끝장을 볼 때까지 자기 의견을 고집하는 사람이 있는가? 두 사람의 심리적 차이는 무엇일까? 사회적으로 인정받기 위해 흔쾌히 다른 사람들에게 영향을 받는, 즉 '어울리기 위해 맞춰주는' 경향을 좌우하는 개인의 내면적 요소는 무엇일까? 지금부터는 집단의 입장을 수용하는 경향에 영향을 미치는 3가지 개인적 요소인 사회적 승인, 집단주의 대 개인주의, 저항에 대해 살펴보자.

승인에 대한 욕구 사회의 인정에 특히 신경을 많이 쓰고 주변 사람들에게 존중받으려는 동기가 유난히 강한 사람이 있다. 성격과 동조에 대한 초기의 연구에서는 사회적 승인에 대한 참가자의 욕구를 측정한 후 이들이 집단의 틀린 선택에서 받는 압박에 어떻게 대응하는지 지켜보았다.(앞서 살펴본 아시의 선분 대조 실험과 유사하다.) 사회적 승인에 대한 욕구가 다른 사람들에게 맞추려는 동기를 부여한다는 예상대로 성격검사에서 인정에 대한 욕구가 높게 나온 사람들은 집단의 의견에 맞추려는 경향이 높았다.(Strickland & Crowne, 1962) 마찬가지로 사회적 지지를 얻고자 하는 대학생들은 친구들에게 음주 패턴을 맞추려는 경향이 높다.(Cullum et al., 2011)

사회적 승인에 대한 욕구를 갈망이나 결핍으로 다루는 접근법은 그런 욕구를 부정적 틀에 가두는 셈이다. 다시 말해 성격에 무언가 결함이 있기 때문에 다른 사람들에게 맞춰 행동한다고 암시하는 것과 같다. 하지만 이 욕구를 다른 시각으로도 볼 수 있다. 승인에 대한 욕구는 주요 성격 요인 중 가장 좋은 축에 속하는 친화력의 핵심이다. 친화력에는 온화함, 신뢰, 유익함 등 다수의 긍정적 특질이 포함된다. 또한 친화력 있는 사람은 유순하고 협조적인 사람으로 여겨진다. 이들은 갈등을 피하기 위해 집단 내의 다른 사람들에게 맞추려는 경향이 있다.(Suls, Martin & David, 1998) 성격과 사회적 행동에 관한 연구들은 선조들이 집단 내에서 살아남는 데 친화력이 아주 중요했을 것으로 본다.(Graziano & Eisenberg, 1997 : Hogan, 1993) 이 관점에 따르면 다른 사람들에게 상냥하게 대하기 위해 양보하는 행동은 긍정적이고 귀중한 인격적 특성으로 간주된다. 어쨌든 구성원의 충분한 동조 없이는 집단이 효율적으로 운영될 수 없기 때문이다.(Tyler & Degoey, 1995)

집단적 자아 감각 앞서 우리는 집단이나 문화의 명령적 규범을 통해 어떤 행동이 사회적으로 승인되는 기준에 맞는지 알 수 있다고 배웠다. 그런데 이러한 규범을 유난히 잘 따르는 사람이 있다. 개인적 선호보다 사회규범에 더 민감하게 반응하는 이러한 경향은 어디에서 올까? 자신에 대한 정의도 하나의 원인이 될 수 있다. 어떤 사람들은 다른 이들과 구별되는 자신만의 특성에 초점을 맞춰 개인적 측면에서 스스로를 규정한다. "나는 성격이 강하고 야외 활동에 열광하는 사람이다." 또 어떤 사람들은 집단의 일원이라는 측면에 초점을 맞춰 자신을 규정한다. "나는 시에라 클럽의 회원이고 교내 종교간협의회에서 활발히 활동하는 사람이다." 데이비드 트래피모(David Trafimow)와 크리스티나 핀레이(Krystina Finlay, 1996)의 발견에 따르면 자신을 개인주의적 방식으로 규정한 사람들은 집단의 규범보다 자신의 태도에 따라 의사를 결정했다. 하지만 자신을 집단의 일원으로 규정한 사람들은 자신의 느낌보다 타인의 느낌에 대한 인식에 더 큰 영향을 받았다. 문화마다 다른 개인주의적·집단주의적 성향에 따라서도 이러한 효과가 나타날 수 있다. 아시의 선분 대조 실험에서 집단주의적 성향이 강한 동양 사회의 구성원은 개인주의적 성향이 강한 서양 사회의 구성원에 비해 집단에 동조하는 경향이 훨씬 높았던 것처럼 말이다.(Bond & Smith, 1996)

저항 이제 사람들이 사회적 영향력을 받아들이게 하는 과정과 전략 가운데 6장에서 다룬 항목들을 거의 다 알게 되었다. 권위, 사회적 증거, 문간에 발 들여놓기 기법 등이 에에 해당한다. 한편 에릭 놀스(Eric Knowles)와 동료들(Davis & Knowles, 1999: Knowles & Linn, 2003)은 영향력을 높이는 요소만큼 사회적 영향력에 저항하게 하는 요소도 중요하다고 주장하고, 이 요소들을 각각 **알파력**(Alpha force)과 **오메가력**(Omega force)이라고 불렀다. 이 주장에 따르면 사람들의 허락을 이끌어내는 전략 가운데 상대적으로 간과되어온 방법은 영향력에 저항하게 하는 힘(오메가력)을 줄이는 것이다. 여기에서 나온 전략이 **교란 후 재구성 기법**(disrupt-then-reframe technique, 상대가 요청에 저항하지 못하도록 호감을 주는 언어로 즉시 요청을 재구성하여 순종의 가능성을 높이는 전략)이다. 방문판매원 찰리의 사례를 살펴보자. 적절한 가격에 인사말 카드를 파는 찰리는 대부분의 소비자가 누군가가 불쑥 찾아와 물건을 사라고 권할 때 사기라고 생각하고 거부감을 느끼는 난관에 부딪혔다. 찰리가 자신의 제안을 사기로 여기는 소비자의 인식을 어떻게든 방해한 다음 그 제안을 더 호의적으로 보이게 한다면 소비자의 저항이 낮아져 구매율을 높일 수 있을 것이다. 연구자들은 정말 그런지 알아보기 위해 방문판매원으로 위장하고 다니면서 8장짜리 고급 카드 한 묶음을 괜찮은 가격에 제안했다. "3달러입니다"라는 말만 했을 때는 잠재 고객 중 35%만이 카드를 구매했다. 관심을 끄는 문구를 구매 조건에 추가해 "3달러입니다. 할인한 가격이에요"라고 말했을 때도 상황은 별로 달라지지 않았다. 이 경우에도 35%만이 카드를 구매했다. 하지만 방문판매원이 찾아왔을 때 소비자의 머릿속에 처음 떠오른 인식을 방해하는 표현을 쓴 다음 곧바로 호의적 언어로 상황을 재구성하자 구매율이 65%까지 올라갔다. "300페니에 파는 카드…… 그러니까 3달러네요. 할인한 가격이에요."(Davis & Knowles, 1999) "300페니에 파는 카드"라고 예상치 못한 말을 들은 소비자가 방문판매에 대한 평소의 거부감을 순간적으로 누그러뜨렸기 때문에, 판매원들이 그 상황을 재빨리 파고들어 할인받는 상황으로 재구성할 수 있었다. 여기에서 가장 유익한 점은 사회적 압박에 따르는 경향뿐 아니라 사회적 압박을 거부하는 중요한 경향도 존재한다는 사실이다. 사회적 영향력을 주고받는 과정을 완전히 이해하려면 사회적 압박을 따르거나 거부하는 2가지 경향을 좌우하는 과정들을 고려해야 한다.

대부분의 사람에게는 사회적 압박에 저항하는 경향이 어느 정도씩 있다. 유도저항 이론(reactance theory, 사람들이 자유를 위협받을 때 강요받는 행동과 반대되는 행동을 함으로써 자유를 되찾으려 한다는 이론)에 따르면, 모든 사람이 마음대로 행동할 자유를 중요하게 여긴다.(Brehm & Brehm, 1981) 사회적 압박 같은 위협 요소에 그럴 자유가 침해당하면 강요받는 행동과 정반대의 행동을 하는 식으로 대응하는 경우가 많다. 예를 들어 한 연구에서는 주차장에서 기다리는 차가 있으면 운전자들이 자리를 비켜주는 속도가 더 느려진다는 사실이 밝혀졌다. 또한 기다리던 차가 빨리 나가라는 뜻으로 경적을 울려 압박을 주면 운전자들은 훨씬 느린 속도로 움직였다.(Ruback & Juieng, 1997)

자유를 위협하는 요소에 유난히 강력하게 대응하는 사람도 물론 있다.(Nail & Van Leeuvan, 1993; Nail, McDonald & Levy, 2000) 이렇게 반항적인 성격은 "누가 어떤 행동을 하라고 시키면 반대로 행동할 때가 많다"라는 문항이 들어간 성격검사를 통해 확인할 수 있다.(Bushman & Stack, 1996; Dowd, Milne & Wise, 1991) 연구에 따르면 반항적 성향이 강한 사람들은 치료사나 의사의 조언에도 저항할 가능성이 높다.(Dowd et al., 1988; Graybar et al., 1989)

어떤 사람이 당신의 요청을 잘 따르게 하기 위해 저항의 부정적 효과를 줄이려 한다고 가정해보자. 이때 "물론 할지 말지는 네게 달렸어"라는 말 한마디로 간단히 해결할 수도 있다.(Gueguen et al., 2010) 한 연구에서는 이런 말 한마디로 걸인의 요청에 따라 돈을 준 사람이 400% 늘어났음을 밝혔다.(Gueguen & Pascual, 2000)

상황적 요소 : 매력 · 타인의 시선

사람들과 잘 지내기 위해 맞춰주려는 동기에 영향을 미치기 쉬운 상황의 특성은 무엇일까? 첫 번째 요소는 변화의 필요성을 느끼게 하는 집단이나 사람의 매력이다. 예컨대 사람들은 별로 중요하게 생각하지 않는 사람들과 함께 있을 때 그들과 비슷하게 옷을 입거나, 요청을 들어주거나, 지시에 복종할 가능성이 낮다. 하지만 중요하게 생각하거나 좋아하는 사람들과 함께 있다면 그들이 행사하는 영향력을 더 흔쾌히 받아들이려고 할 것이다.(Platow et al., 2005) 두 번째 요소는 타인의 시선이다. 사람들은 다른 사람들이 자신의 행동을 볼 수 있을 때 사회적으로 승인되는 행동을 하는 경우가 많다. 지금부터 이 요소들을 하나씩 살펴보자.

다른 사람들의 매력 외모가 잘생겼다는 이유만으로 정치인을 선택하겠는가? 그렇지 않다고 생각할지 모르지만 선거에 나선 후보의 외모는 선거 결과에 믿을 수 없을 정도로 강력한 영향을 미친다.(Budesheim & DePaola, 1994; White, Kenrick & Neuberg, 2013; Zebrowitz, 1994) 예컨대 캐나다 연방 정부 선거에서 유권자들은 자신의 선택이 외모 같은 피상적 요소에 전혀 영향받지 않았다고 주장했지만, 외모가 매력적인 후보들이 그렇지 않은 후보에 비해 몇 배나 많은 표를 얻었다.(Efran & Patterson, 1974, 1976) 외모는 다른 영역에도 영향을 미친다. 미국심장협회를 위한 모금 활동에서 잘생긴 사람은 그렇지 않은 사람에 비해 기부액을 2배 가까이(42% 대 26%) 얻을 수 있었다.(Reingen & Kernan, 1993) 따라서 스티브 하산이 처음에 학교에서 만난 3명의 매력적인 젊은 여성의 요청을 받아들여 통일교 입문 행사에 참석하게 되었다는 것도 놀라운 일이 아니다.

또한 사람들은 집단의 구성원으로서 공통된 자격이 있거나 유대가 있는 사람에게 더 끌리고 영향받을 가능성이 크며, 유사성이 두드러지는 경우 특히 더욱 그렇다.(Burn, 1991; Turner, 1991) 그래서 판매원들이 소비자와의 공감대를 찾거나 만들어내는 경우가 많다. "어, 정말 미니애폴리스에서 오셨다고요? 제 아내가 미네소타주 출신인데!" 모금 활동을 하는 사람들도 이런 행동을 통해 좋은 결과를 얻는다. 한 연구에서는 대학교 내에서 자선 기부 행사를 벌이고 잠재적 기부자에게 "저도 학생이에요"라고 말하면서 공통적인 집단 정체성을 부각하자 기부가 2배 이상 늘었다.(Aune & Basil, 1994)

다른 사람들의 시선 사회적 영향력이 때로 수용과 승인에 대한 욕구에 기초하기 때문에 다른 사람이 없는 곳에서는 동조 행동이 덜 일어난다. 자신의 결정을 숨길 수 있다면, 독자적 의견 때문에 사람들과의 유대가 끊어지거나 존중받지 못할까 봐 걱정하지 않아도 되는 것이다.

체스터 인스코(Chester Insko)와 그의 동료들(1985)은 노스캐롤라이나대학교 학생들에게 모호한 문제를 제시함으로써 이 점을 입증했다. 학생들은 청록색이 청색에 가까운지 녹색에 가까운지 판단해야 했다. 다른 사람이 볼 수 없도록 의견을 적을 때에 비해 사람들 앞에서 의견을 말해야 할 때는 집단 구성원들의 말에 동조하는 경향이 높았다. 커피의 맛을 판단하는 사소한 문제부터 대학교 내의 인종차별 선전에 대처하는 심각한 문제까지, 경중이 다른 사안을 다룬 연구들 역시 이와 유사한 결과를 얻었다.(Blanchard, Lilly & Vaughn, 1991 ; Cohen & Golden, 1972) 똑같이 다른 사람들의 의견을 들은 후라도 자신의 반응을 집단 구성원들이 볼 수 있을 때는 특히 집단의 의견에 동조하는 경향이 높다.(Campbell & Fairey, 1989) 사이비 종교에서는 다른 사람들이 볼 수 있을 때 동조 행동이 강하게 나타난다는 사실을 잘 아는 듯하다. 그래서 이들은 항상 서로 지켜보게 하는 경우가 많다. 예컨대 1997년 집단 동반자살 사건을 일으킨 천국의 문 신자들은 일상적 활동을 '동반자'와 함께 수행해야 했다.

요약하면 사람들은 자신이 좋아하거나 중요하게 생각하는 사람들에게 인정받으려는 동기가 더 강하게 생기므로 그런 사람들의 의견과 영향력을 받아들일 가능성이 크다. 개인적으로 매력을 느끼게 하는 중요한 상황적 요소 2가지는 매력적인 외모와 공통의 집단 정체성이다. 이런 사람들과 어울리고 싶은 욕구 때문에 요청에 쉽게 응하게 되므로, 이들이 지켜볼 수 있을 때 그 영향력의 효과가 가장 확연히 드러난다.

집단의 결정에 반기를 드는 사람들

규범이 항상 우리를 유리한 방향으로 인도해주지는 않는다. 집단 구성원들이 일반적으로 실행하거나 승인하는 행동이라도 알고 보면 해로울 수 있다. 예를 들어 일부 청소년 무리에서는 동료 규범이 음주나 흡연 같은 위험한 행동을 지향하기도 한다. 이렇게 위험할 수 있는 규범이 강력한 효력을 발휘할 때 그 규범에 저항하는 데 도움이 되는 심리적 요소는 없을까? 앨런 스테이시(Alan Stacy)와 동료들(1992)은 고등학생들이 흡연과 관련된 동료 규범에 영향을 덜 받게 할 요소가 무엇인지 알아보았다. 그중 하나만 효과가 입증되었다. 그것은 친구들의 영향력에 저항할 수 있다는 학생 스스로의 믿음이다. 이런 믿음이 있는 학생은 강력한 집단 규범에도 저항하는 경향이 현저히 높았다. 예를 들어 이들은 소규모 집단에서 대부분의 친구들이 흡연을 허용하고 실제로 흡연을 하는 상황에서도 규범에 꿋꿋이 저항하는 경향이 높았다. 백인, 흑인, 라틴아메리카계, 아시아인 학생을 대상으로 한 다른 연구에서도 비슷한 결과가 나왔다.(Sussman et al., 1986) 이와 같이 강력한 집단 규범도 모든 사람에게 영향을 미치지는 않는다.

이런 연구 결과는 학교에서 해로운 사회적 영향력을 줄이는 방법 하나를 제시한다. 또래 집단의 압박에 저항할 수 있다는 믿음으로 그런 압박에서 스스로를 보호할 수 있다면 학생들에게 그런 믿음을 주입해 위험한 또래 규범에서 그들을 지킬 수 있지 않을까? 옳은 말이다. 하지만 다음 내용에서 알 수 있듯 전략의 성패를 좌우하는 이런 믿음이 주입되는 방식이다.

BOX 6.3

왜 하지 말라는 건 더 하고 싶을까 — 저항력 훈련의 역설

학생들에게 저항력 훈련을 시행해 불건전한 습관으로 이끌려는 친구들의 유혹을 뿌리치는 기술을 갖추게 하려는 학교가 많아졌다. 학생들은 '싫다고 말하기' 훈련의 형태로 진행되는 저항 기술 교육을 통해 친구들의 부정적 영향력을 피하는 법을 반복적으로 연습한다. 하지만 이 프로그램들은 전혀 예상치 못한 결과를 낳았다. 교육을 받은 학생들이 스스로 친구의 영향력에 대한 저항력이 높아졌다고 생각하게 되었음에도 불건전한 습관에 더 쉽게 빠진 것이다.

어떻게 이런 일이 일어났을까? 로스앤젤레스와 샌디에이고 카운티의 공립학교 체계에 대한 연구에서 답을 찾을 수 있다. 이 연구에서는 청소년 음주 제한을 위해 중학교에서 실시하는 프로그램의 영향을 살펴보았다. 연구에 따르면 학생들은 '싫다고 말하기' 행사에 여러 번 참가하고 술을 마시자는 친구들의 압박에 저항하는 연습을 하며 또래 아이들의 음주 행동이 생각보다 흔하다고 생각하게 되었다.(Donaldson, Graham, Piccinin & Hansen, 1995) 해당 프로그램에서는 '싫다고 말하기' 연습을 통해 저항 기술을 알려줌으로써 학생들에게 의도치 않은 메시지를 전달했다. "네 친구들 가운데 이런 행동을 하는 아이가 많고 너도 같이 하기를 바라고 있어." 따라서 이 학생들은 또래의 유혹에 저항할 수 있는 능력은 커졌지만, 음주가 또래 아이들의 규범이라는 사실을 알게 되어 오히려 저항하려는 동기가 약해졌다.

이런 식으로 역효과를 낳는 것은 비단 음주 행동 감소 프로그램만이 아니다. 스탠포드대학교 여학생들은 식이 장애 프로그램에 참가한 후 전보다 식이 장애 증상을 더 많이 보였다. 왜 그랬을까? 이 프로그램의 핵심은 친구들끼리 자신의 나쁜 식생활에 대해 털어놓는 것이었다. 그리하여 프로그램 참가자들은 그런 행동이 널리 퍼져 있다고 생각하게 되었다.(Mann et al., 1997) 마찬가지로 뉴저지주의 10대 청소년을 대상으로 한 자살 예방 프로그램은 참가자들에게 10대 자살률이 매우 높다는 사실을 알려주었다. 그 결과 참가자들은 각자 당면한 문제의 해결책으로 자살을 떠올리는 경향이 높아졌다.(Shaffer et al., 1991)

실제로 건강 관련 교육자들은 어떤 문제가 애석할 정도로 자주 일어난다는 정보를 알려주며 주의를 환기하는 경향이 있다. 이해할 수는 있지만 현명하지 않은 방식이다. 사람들은 "너와 비슷한 사람들이 모두 이렇게 **해로운** 행동을 하고 있어"라는 말이 "너와 비슷한 사람들이 모두 그 행동을 **하고 있어**"라고 변형된 메시지를 강력하게 전달한다는 사실을 간과하기 쉽다.

이러한 부메랑 효과를 피하려면 프로그램 제작자들은 어떻게 해야 할까? 건강 관련 교육자들은 프로그램을 구성할 때 참가자들이 바람직하지 않은 행동을 일반적이지 않고 예외적인 일로 보게 해야 한다. 그래야 규범의 힘이 반대로 작용하지 않고 프로그램의 효과를 발휘하는 데 쓰일 수 있다. 실제로 저항 기술 훈련에 건전한 행동이 규범임을 보여주는 내용을 넣으면 프로그램의 효과는 약해지는 대신 저항 동기는 강해진다.(Donaldson et al., 1995) 이렇게 되면 청소년들은 또래 아이들의 불건전한 행동과 그것을 향한 욕구에 저항할 능력을 기를 수 있다. 또래 친구들 대다수가 더 건전한 행동을 선호한다는 사실을 알게 되기 때문이다. 그 결과 프로그램이 성공할 가능성이 더 높아진다.

규범과 상호작용해 그 규범이 집단 구성원에게 미치는 영향을 좌우하는 두 번째 요소는 집단과의 동일시다.(Reed et al., 2007) 대학교에서 수업을 듣는 모든 사람이 자신의 정체성을 대학생으로만 생각하지는 않는다. "당신은 누구인가?"라는 질문을 받는다면 많은 대학생이 종교, 가족, 인종 집단의 구성원이라는 측면에서 자신을 설명할 것이다. 이런 사람들은 대학생들의 규범에 그리 큰 영향을 받지 않을 수 있다. 그 집단의 일원이지만 자신을 집단과 그만큼 강하게 동일시하지 않기 때문이다.

데버러 테리(Deborah Terry)와 마이클 호그(Michael Hogg, 1996)는 호주 대학생을 대상으로 한 연구에서 이러한 의견을 잘 뒷받침하는 증거를 발견했다. 연구자들은 참가자가 교정에서 규칙적으로 운동하기라는 학생들 사이에 자리 잡은 규범이 얼마나 강력하다고 생각하는지 알아보기 위해, 참가자의 대학 친구들이 규칙적 운동에 얼마나 찬성하는지 물었다. 또한 이 학생들이 자신을 대학 친구 집단과 얼마나 동일시하는지도 조사했다. 앞으로 몇 주 동안 규칙적으로 운동할 의향에 대해 묻자 자신을 다른 대학생들과 강하게 동일시한 학생들만이 집단 규범에 따르기로 했다. 집단과의 동일시 정도가 약한 학생들은 집단 구성원들의 인정에 영향받지 않고 자신의 운동 계획을 세웠다. 요컨대 집단의 규범이 강력하더라도 자신을 집단 구성원과 심리적으로 동일시하지 않는 사람은 그 규범에 따라 행동하지 않는다.

자아상의 일관성 유지

식당 주인들은 대개 전화로 예약하고 나타나지 않는 사람들 때문에 골치를 썩는다. 돈을 지불할 손님들로 채워질 수 있었던 자리가 비어버리므로 상당한 손해를 보게 된다. 이에 시카고의 고든 레스토랑 주인 고든 싱클레어(Gordon Sinclair)는 아주 효과적인 전략을 생각해냈다. 그는 접수원에게 "계획이 바뀌면 전화 주세요"라고 말하는 대신 "계획이 바뀌면 전화 주시겠어요?"라고 묻고 대답을 기다리게 했다. 그 결과 예약하고 나타나지 않는 손님의 비율이 30%에서 10%로 떨어졌다.(Grimes, 1997)

이런 미묘한 변화가 어떻게 극적인 차이로 이어질까? 접수원은 손님의 확실한 반응을 구체적으로 요구하고 기다린다. 이러한 접근법은 소비자가 어떤 행동에 개인적으로 개입하도록 유도함으로써 그 행동을 실제로 할 확률을 높인다.

개인적 개입(personal commitment)은 개인의 정체성을 어떤 지위나 행동 방침과 연결 지어 계속 그 방향으로 행동할 가능성을 높인다. 대부분의 사람이 일관성을 선호하며 약속과 헌신하는 바에 따라 산다고 생각하려는 강력한 욕구가 있기 때문이다.(Kerr, Garst, Lewandowski & Harris, 1997) 따라서 별로 중요해 보이지 않는 개입도 큰 행동 변화로 이어질 수 있다. 예를 들어 사람들에게 장기 기증에 대한 5개 문항으로 된 설문지를 작성하게 하면 장기 기증자가 되려는 응답자들의 의사가 강해진다.(Carducci, Deuser, Bauer, Large & Ramaekers, 1989)

개인적 개입과 4가지 순종 전략

사람들에게는 기존의 행동, 약속, 자아상을 일관성 있게 유지하려는 욕구가 있기 때문에 간단한 요구 전략에 취약한 경우가 많다. 가장 기본적인 전략은 먼저 개입을 유발한 다음 이와 일치하는 요구를 하는 것이다. 이 전략은 영향력을 이용하는 직종에서 상대의 순종을 이끌어내기 위해 쓰는 수많은 전략 가운데 핵심적 위치를 차지한다. 지금부터는 초기 단계에서 각기 다른 방식으로 개입 행동을 끌어내는 몇 가지 전략을 살펴보자.

사회심리학

문간에 발 들여놓기 기법의 재검토 6장의 앞부분에서 문간에 발 들여놓기 기법을 설명했다. 처음에 사소한 요구로 순종을 끌어낸 다음 원래 의도한 요구를 함으로써 순종의 단계를 높이는 기법이다.(Dolinski, 2012) 이 기법의 힘은 다음 연구에 잘 나타난다. 이스라엘 연구자들은 아파트 주민의 절반을 일일이 방문해 지적장애인을 위한 오락 시설 건립에 찬성하는 청원서에 서명해달라고 부탁했다. 좋은 뜻으로 하는 일이고 어려운 부탁도 아니었으므로 거의 모든 사람이 서명해주었다. 나머지 절반의 아파트 주민들은 방문을 받지 않았으므로 지적장애인들에게 개인적 개입을 하지 않은 셈이다. 2주 후 지적장애인을 위한 국가적 모금 행사를 계기로 모든 거주자가 모금을 부탁받았다. 2주 전 청원서에 서명해달라는 부탁을 받지 않은 사람 가운데 기부한 사람은 절반 정도(53%)에 불과했으나 서명한 사람들은 거의 모두(92%) 기부했다.(Schwartzwald, Bizman & Raz, 1983)

사소한 자선 행위 요구를 승낙한 행위가 더 큰 요구의 승낙으로 이어지는 이유는 무엇일까? 문간에 발 들여놓기 기법을 처음으로 조사한 조너선 프리드먼과 스콧 프레이저에 따르면 처음의 요구에 순종하는 행위는 자아상을 바꾼다. 이 경우 사람들은 자신이 공익을 추구하고 남을 잘 도와주는 사람이라고 생각하게 된다. 그런 후 이렇게 변한 자기 정체성을 일관성 있게 유지하기 위해 다른 기부 요청에도 기꺼이 따른다. 제리 버거와 로산나 과다뇨(Rosanna Guadagno)가 수행한 연구는 문간에 발 들여놓기 기법이 자아 개념을 바꿈으로써 효과를 발휘한다는 주장에 근거를 제공한다.(Burger & Guadagno, 2003) 이들은 새로운 정보를 바탕으로 자아 개념을 바꾸는 정도를 나타내는 **자아 개념 명확성**(self-concept clarity)이라는 영역에서 높은 점수를 기록한 사람들에게만 문간에 발 들여놓기 기법이 효과를 발휘하는 것을 발견했다. 따라서 사소한 자선 행위 요구에 자아 개념을 쉽게 바꾸는 사람일수록 나중에 더 큰 자선 행위 요구에 따를 가능성도 커진 것이다.

낮은 공 기법 낮은 공 기법(low-ball technique)은 상대에게 좋은 거래 조건을 제시해 먼저 개입을 이끌어낸 후 개입이 일어나면 거래를 완료하는 데 드는 비용을 높이는 전략이다.(Cialdini et al., 1978; Gueguen & Pascual, 2013) 이 전략은 놀라울 정도로 강력한 효과를 발휘할 수 있다. 예를 들어 프랑스에서 수행된 한 연구에서는 흡연자에게 짧은 설문지를 작성하는 연구에 참여해달라고 부탁했다. 이들은 날짜와 시간을 잡고 나서야 실험 전 18시간 동안 금연해야 한다는 사실을 알게 되었다. 금연해야 한다는 조건을 들은 후 실험에 참여하지 않을 기회가 있었음에도 날짜를 잡은 사람 가운데 85%가 참여에 동의했다. 이 것은 날짜와 시간을 약속하기 전에 금연 조건을 알게 된 참가자들 가운데 참여에 동의한 12%에 비하면 훨씬 높은 비율이다.(Joule, 1987)

자동차 판매원들은 '낮은 공을 던지는' 경우가 많다. 우선 이들은 어떤 모델을 낮은 가격으로 제시해 구매자가 특정한 차를 고르게 유도한다. 구매자가 결정을 내리게 한 후 또는 판매원이 구매자의 집으로 차를 가져가 하룻밤을 보내게 하거나 구매 비용을 준비하게 해 개입 수준을 높이고 난 후, 최종 계약서를 작성하기 전에 무슨 일이 생겨 그 가격에 계약할 수 없게 만든다. 십중팔구 계산 오류가 '발견'되거나 '밑지고 파는 가격'이어서 거래를 성사할 수 없거나 하는 상황이 생긴다. 하지만 이쯤 되면 대부분의 구매자는 심리적으로 그 차에 대해 강한 개입을 경험한 상태이므로 그대로 구매를 진행하는 경우가 많다.

그 차를 선택한 이유(저렴한 가격)가 사라졌는데도 구매자가 거래를 밀고 나가는 이유는 무엇일까? 사람들은 무언가를 능동적으로 선택하고 나면 그 대상을 더 긍정적으로 보고 포기하지 않으려 한다.(Cioffi & Garner, 1996: Kahneman, Knetsch & Thaler, 1991) 특히 그 대상을 소유하게 되었다고 생각할 때 그런 경향이 더욱 강하다. 일단 중요한 대상을 '정신적으로 소유'하고 나면 그 대상이 자아 개념의 일부가 되기 때문이다.(Ball & Tasaki, 1992; Beggan & Allison, 1997) 따라서 낮은 공 기법에 걸려든 자동차 구매자의 행동은 경제적으로 앞뒤가 맞지 않아도 심리적으로는 상당히 이치에 맞는다. 자동차 구매자들은 가격이 높아졌음에도 어쨌든 그 차를 사기로 하면서 이렇게 말한다. "몇백 달러 더 주고 살 가치가 있어. 나라는 사람에게 잘 맞는 차라서 정말 마음에 들거든." 차에 대한 긍정적 감정이 개입을 이끌어낸 것이 아니라, 반대로 낮은 공 기법이 유발한 개입이 차에 대한 긍정적 감정을 이끌어냈다는 사실을 깨닫는 사람은 거의 없다.

유인 상술 기법 낮은 공 기법과 비슷하면서 자동차 판매원들이 가끔 이용하는 전략으로 **유인 상술 기법**(bait-and-switch technique)이 있다. 이는 준비 과정에서 개입을 이끌어낸 다음 거래를 실행할 수 없거나 구미가 당기지 않게 만들어 비용이 더 많이 드는 거래를 제안하는 기법이다. 어떤 자동차가 특히 저렴한 가격으로 나왔다는 광고가 나면, 구매자들은 새 차를 살 여유가 된다고 판단하게 된다. 이들은 거래를 확정하기 위해 자동차 대리점에 방문함으로써 구매 과정에 개입한다. 하지만 막상 가보면 광고에 나온 모델이 다 팔려 살 수 없거나 사람들이 일반적으로 원하는 특성이 하나도 없을 정도로 형편없는 차라는 사실을 알게 된다. 하지만 이미 판매자에게 새 차를 사기로 하고 능동적으로 개입했기 때문에, 이들은 대리점에 있는 더 비싼 모델을 살펴보는 데 흔쾌히 동의하거나 구매할 가능성이 높다. 유인 상술 전략으로 팔리는 상품은 이동수단 말고도 더 있다. 가전제품과 가구 판매 역시 유인 상술에 의존하는 것으로 악명이 높다.

프랑스 연구자 로베르 줄(Robert Joule), 파비엔 구이유(Fabienne Gouilloux), 플로랑 베베르(Florent Weber)는 원래 미끼 바꿔치기(bait-and-switch)라는 의미인 이 전략을 '유인(lure)' 절차라고 불렀다. 이들은 자신들이 연구하는 대학교에서 이 기법이 어떻게 효과를 발휘했는지 보여주었다. 이 연구에서는 영화 발췌 영상과 관련된 흥미로운 연구에 참여할 학생들을 모집했다. 참가자들은 30프랑(약 6달러)을 지급받을 수 있었다. 하지만 실험실에 도착한 참가자들은 연구가 취소되었다는 소식을 들었다. 그곳에 계속 있다 보면 다른 실험에 참가할 수 있는데, 그 대신 보수가 없고 취소된 실험보다 흥미가 덜한 숫자 암기 실험이라는 이야기도 듣게 되었다. 두 번째 실험이 지원자를 많이 끌어들일 만큼 재미있는 실험이 아님을 안 연구자들이 다른 집단의 학생들에게 이 실험을 설명했을 때 무보수로 참여하겠다고 한 학생은 15%에 불과했다. 하지만 미끼 바꿔치기 기법이 지원자의 수를 3배로 끌어 올렸다. 취소된 흥미로운 실험에 참여하러 오는 것으로 시간과 노력을 들이며 개입한 학생들 중에서는 47%가 훨씬 덜 흥미로운 실험에 참여하겠다고 나섰다.

낮은 공 기법처럼 유인 상술 기법도 일단 사람들이 끌리는 제안에 개입하게 만들어 효과를 발휘한다. 개입이 일어난 후에는 개입을 유도하는 전략에 넘어가기 전에는 선택하지 않았을 덜 매력적인 제안도 기꺼이 받아들인다.

꼬리표 붙이기 기법 일련의 행동에 개입하도록 유도하는 또 다른 방법은 행동과 일치하는 꼬리표를 붙이는 것이다. 이 기법을 **꼬리표 붙이기 기법**(labeling technique)이라고 한다. 예컨대 어른에게 "내가 보기에 너는 글씨를 정확하게 쓰는 게 얼마나 중요한지 이해하는 아이구나"라는 말을 들은 초등학생은 그후 3~9일 사이에 혼자 글씨 연습을 하기로 할 가능성이 높아졌다.(Cialdini, Eisenberg, Green, Rhoads & Bator, 1998) 앨리스 타이바우트(Alice Tybout)와 리처드 앨치(Richard Yalch, 1980)는 성인에게 자극을 주어 투표율을 높이는 데 꼬리표 붙이기 전략을 어떻게 이용할 수 있을지 보여주었다. 연구진은 162명의 유권자와 면담하고 무작위로 반을 나눈 뒤, 면담 내용으로 보아 그들이 정치적 행사에 참여하고 투표할 가능성이 높은 평균 이상의 시민이라고 말했다. 나머지 절반은 이런 활동에서 평균적 경향을 보이는 것 같다는 이야기를 들었다. 그 결과 평균 이상이라는 꼬리표가 붙은 사람들은 평균이라는 꼬리표

표 6.1 개입 유발을 통한 순종 전략

	첫 번째 단계		두 번째 단계	
	개입 유발	예	첫 번째 단계에서 유발한 개입 이용	예
문간에 발 들여놓기 기법	사소한 요청으로 순종 얻어내기	자선을 명분으로 하는 청원서에 서명 받기	처음의 사소한 요청과 관련된 큰 요구 사항에 대해 승낙을 요구하기	같은 명분을 위해 기부 요청하기
낮은 공 기법	구체적 협의에 대한 동의 얻기	새 차 거래에 대해 협상하기	협의 조건 바꾸기	원래의 거래에 계산 오류가 있었다고 말하기
유인 상술 기법	대상자를 자극해 일련의 행동 유도하기	새 차를 저렴한 가격으로 광고해 대상자가 구매를 마음먹게 만들기	대상자가 선택한 행동을 불가능하게 하거나 현명하지 못한 행동으로 만드는 대신, 그와 관련된 다른 행동 제안하기	광고에 나온 차가 다 팔렸다거나 품질이 나쁘다고 말하고 더 비싼 모델 제안하기
꼬리표 붙이기 기법	특징을 나타내는 꼬리표 붙이기	대상자를 평균 이상의 시민의식을 갖춘 사람으로 묘사하기	꼬리표와 상통하는 요구에 순종하기를 청하기	대상자에게 다음 선거 때 투표 요청하기

사회심리학

가 붙은 사람보다 자신을 더 나은 시민으로 보았다. 또한 일주일 후에 치른 지방선거에서 투표한 사람의 비율도 더 높았다.

요약하면 대부분의 사람에게는 자신이 개입한 행동과 일치하는 삶을 살고 싶다는 욕구가 있기 때문에, 개입을 유도하는 몇 가지 기법을 사용해 특정 행동을 증진할 수 있다.(〈표 6.1〉 참고) 이 기법들은 개입을 이끌어내는 방식이 조금씩 다르지만, 먼저 전략의 대상자에게 개입을 이끌어내 그 사람의 정체성을 그가 바람직하게 여기는 행동과 연결한다는 공통점이 있다. 전략의 대상자는 그 바람직한 행동을 하는 과정에서 (자아상을 개선하거나 확인하거나 보호하는 등) 자아상 관리라는 목표를 달성한다. 사람들이 자아상을 관리하기 위해 개입한 바에 맞게 행동하는 경우와 그 양상을 좌우하는 요인이 사람과 상황에 각각 존재한다. 이제 그 요인들을 자세히 살펴보자.

사람

신념과 일치하는 삶을 산다는 것

지금까지는 사소한 요구, 선택이나 결정 유도, 꼬리표 같은 외부의 압력이 끌어낸 개입에 초점을 맞추었다. 하지만 개입이 개인의 내면에 가치의 형태로 이미 존재하는 경우도 있다. 가끔 사람들은 사회적 영향력에 따른 행동이 이미 자신에게 있거나 획득하고 싶은 가치(공정성 등)와 일치한다고 인식하기 때문에 기꺼이 영향을 받아 그런 행동을 할 때도 있다. 따라서 공정성을 중요하게 여기는 사람이 어떤 행동에 따르는 것은 제안받은 행동을 하고 싶어서가 아니라 공정해지고 싶어서일 수도 있다.

사람들은 건강, 세계 평화, 종교적 신념 등의 가치에 맞게 행동을 조절할 때가 많다. 이렇게 헌신에 가까운 깊은 개입은 사람들이 중요한 개인적 계획에 매진하고 오랫동안 역경을 헤치고 나아가게 한다.(Lydon & Zanna, 1990: Sheldon & Elliot, 1999) 따라서 자신이 홍보하려는 상품 및 서비스와 사람들의 개인적 가치 사이에 연관성을 만들어낼 수 있는 홍보 담당자는 단골 유치에 더 유리하다. 이런 형태의 영향력은 상당히 윤리적이고 유익하지만, 한편으로는 대상자들을 그들에게 최선의 이익이 되지 않는 단체나 활동에 옭아매는 데 쓰이기도 한다. 이를테면 사이비 종교에서는 영적 구원, 개인적 깨달음, 사회정의와 같은 보편적 가치와 집단의 목적을 연관 지어 신자를 모은다.(Zimbardo,

1997) 스티브 하산의 경우에도 통일교에 입교하기 전 사회문제를 줄이는 데 깊이 개입해야 한다고 느꼈지만 방법을 알지 못했다. 그러다 통일교 모임에 처음 나간 날 예전에 자신이 우려하던 바로 그 사회문제들과의 투쟁에 그 집단이 헌신하고 있다고 확신했다.(Hassan, 1990, p. 13)

상황

제 발로 뛰고, 제 입으로 말하게 만들어라

개입이 앞으로도 일관성 있는 행동을 하도록 자극하는지 따져보면, 모든 개입이 똑같이 일어나지는 않는다는 걸 알게 된다. 가장 오래 지속되는 개입은 자아 개념과 바람직한 행동을 가장 확실하게 연결하는 것들이다. 이 점에서 성공적으로 작용하는 개입의 상황적 특성이 2가지 있다. 오래 지속되는 개입은 능동적이고 공개적이다.

능동적 개입 가끔 콘서트 광고를 보면 아주 중요한 정보가 빠져 있다. 바로 입장권의 가격이다. 콘서트 홍보 담당자는 왜 팬들에게 입장권의 가격을 숨기려 할까? 입장권이 비싸서 그렇더라도 전화를 하거나 입장권 판매처에 가자마자 가격을 알 수 있을 텐데 말이다. 맞는 말이다. 하지만 홍보 담당자들은 잠재적 관객들이 전화나 방문을 하고 나면 입장권을 살 가능성이 더 커진다는 사실을 알고 있다. 입장권 가격을 묻는 전화 한 통도 콘서트에 능동적으로 개입하는 행동이므로 전화를 한 사람들은 콘서트 참석에 더 호의적인 태도를 취하게 된다.

개입이 이후의 행동에 미치는 영향은 능동적 개입과 수동적 개입의 효과를 조사한 연구를 통해 살펴볼 수 있다.(Allison & Messick, 1988) 델리아 치오피(Delia Cioffi)와 랜디 가너(Randy Garner, 1996)는 그 지역 학교에서 시행하는 에이즈 교육 프로젝트에서 자원봉사를 할 대학생들을 모집했다. 연구자들은 이들 중 절반에게 참여를 원한다는 내용의 서류를 작성시켜 능동적으로 참여하는 입장이 되게 했다. 나머지 절반은 참여를 원하지 않는다는 내용의 서류를 작성시키지 않음으로써 수동적으로 참여하는 입장이 되게 했다. 3~4일 후 프로젝트에 본격적으로 참여하겠느냐고 묻자 예정대로 그러겠다고 대답한 사람 중 능동적으로 참여에 동의한 사람이 다수(74%)를 차지했다.

능동적 개입의 어떤 요소가 이들의 행동을 지속되게 했을까? 사람들이 자신을 인식하고 규정하는 하나의 방법은 자신의 행동을 관찰하는 것이다.(Bem, 1967; Vallacher & Wegner, 1985) 우리가 행동하지 않을 때에 비해 행동할 때 자신에 대해 더 많은 것을 알게 된다고 생각한다는 충분한 증거가 있다.(Fazio, 1987; Nisbett & Ross, 1980) 실제로 치오피와 가너의 연구에서 에이즈 교육 프로젝트에 수동적으로 지원한 학생들에 비해 능동적으로 지원한 학생들이 자신의 결정을 개인적 가치, 선호, 특질과 결부해 설명하는 경향이 높았다. 따라서 사람들은 능동적으로 개입함으로써 자아상을 형성하는 데 사용할 정보를 제공받고, 그 자아상이 앞으로의 행동을 결정한다.(Burger & Caldwell, 2003; Dolinski, 2000)

공개적 개입 능동적 개입과 더불어 일련의 행동에 공개적으로 개입하는 경우에도 앞으로 그 행동을 유지할 가능성이 높아진다. 모튼 도이치(Morton Deutsch)와 해럴드 제라드(Harold Gerard, 1955)는 이 2가지 유형의 개입이 어떻게 작용하는지 알아보는 유명한 실험을 수행했다. 이 연구에서 참가자들은 아시의 선분 대조 실험과 비슷한 절차로 선분의 길이를 평가했다. 한 집단은 판단한 내용을 생각만 하고 표현하지 않았다. 능동적 개입과 공개적 개입을 둘 다 하지 않은 셈이다. 두 번째 집단은 판단한 내용을 자신만 볼 수 있게 잠깐 쓰면서 능동적 개입을 한 다음 바로 지웠다. 세 번째 집단은 판단한 내용을 적어서 실험자에게 보여주었다. 능동적 개입과 공개적 개입을 둘 다 한 셈이다. 그다음 모든 참가자가 그 판단이 틀렸다는 정보를 받았다. 이들은 다른 참가자(위장한 연구 공모자)들이 선분의 길이를 자신과 다르게 평가했다는 사실을 알게 되었다. 도이치와 제라드는 세 집단 중 어느 집단의 참가자들이 자신의 선택이 틀렸다는 피드백을 받은 후에도 처음의 선택을 고수하는 경향이 가장 높을지 알고 싶어 했다. 결과는 명확했다. 판단을 머릿속으로만 생각하고 쓰지도 공개하지도 않은 사람들은 자신의 의견에 충성도가 가장 낮았다. 처음 판단할 때 능동적 개입을 한 사람들은 자신의 의견과 반대되는 증거에 직면했을 때 마음을 바꾸는 경향이 그보다 낮았다. 하지만 나중에도 처음의 선택을 바꾸지 않으려는 경향이 단연코 높은 집단은 처음 판단한 내용과 자신을 공개적으로 연결한 사람들이었다.

공개적 개입을 했을 때 행동이 가장 바뀌지 않는 이유를 2가지 생각해볼 수 있다. 첫째, 판단을 공개한 참가자들은 쉽게 영향받거나 일관성 없는 사람으로 보이고 싶지 않았을 것이다. 이것은 현실적으로 가능성이 있는 설명이다. 거의 모든 사람이 의지가 굳고 지조 있는 사람으로 보이고 싶어 하기 때문이다.(Baumeister, 1982) 둘째, 사람들은 일단 공개적으로 선언하고 나면 그것을 더 굳게 믿게 된다.(Schlenker, Dlugolecki & Doherty, 1994: Schlenker & Trudeau, 1990) 다이앤 타이스(Diane Tice, 1992)의 연구를 예로 들어 살펴보자. 이 연구에서 참가자들은 외향적인 역할을 맡는 데 동의하고 공개적 상황과 다른 사람이 없는 상황에서 각각 외향적인 사람으로 행동했다. 혼자 있는 상황의 참가자에 비해, 공개적 상황에서 외향적인 역할을 맡은 참가자들이 외향성을 자신의 실제 자아 개념에 포함하고 나중에 자신을 더 활발하고 사교적인 사람으로 묘사하는 경향이 훨씬 높았다. 새로 갖게 된 외향적 정체성은 실험이 끝난 후 대기실에서 연구 공모자와 함께 있을 때도 나타났다. 전에 공개적으로 외향적인 모습을 보인 사람들은 공모자에게 더 가까이 앉고 말도 더 많이 했다. 타이스는 참가자가 결정을 내릴 때 자신에게 선택권이 있다고 생각한 경우, 이러한 공개적 자기 제시의 효과가 가장 강하게 나타났다는 점도 발견했다. 요컨대 능동적 개입과 공개적 개입은 자아상을 바꾸고, 특히 자기 의지로 개입했다고 생각할 때 그 효과가 더욱 커진다.(Kelley, 1998: Kelley & McKillop, 1996: Schlenker, 1980) 이렇게 자아상이 변한 후에는 앞으로의 행동도 그에 따라 변한다.

상호작용

남성 대다수가 정치적 무당파를 자처하는 이유

공개적 개입이 사회적 이미지뿐 아니라 자신의 이미지(자아상)도 바꿀 수 있기 때문에 사람들은 자신이 영향받았다는 사실을 공개적으로 인정하기 전에 신중해지며 자아상을 지키려 한다. 하지만 이럴 때 자아상의 어떤 측면을 보호하기로 선택할지는 성별에 따라 다를 수 있다.(Smith et al., 2013)

도이치와 제라드(Deutsch & Gerard, 1955)의 실험에 따르면 사람들은 동조 압박이 있는 상황에서 비공개로 판단한 내용보다 공개적으로 판단한 내용을 밀고 나가는 경향이 높다. 하지만 한 연구에서는 공개적 상황에서 특히 남성이 동조 행동을 더 꺼린다는 점을 보여주었다.(Eagly, Wood & Fishbaugh,

1981) 판단을 공개하지 않는 상황에서는 집단의 의견에 동조하는 정도가 남녀 참가자가 거의 같았지만, 공개적으로 판단하는 상황에서는 남성이 여성에 비해 집단 의견에 동조하는 비율이 낮았던 것이다.

왜 남성은 여성에 비해 공개적으로 동조하기를 꺼릴까? 연구자들은 남성들의 동조하지 않는 행동이 어쩌면 더 높은 단계의 동조를 나타냈을지도 모른다고 말한다. 즉, 집단의 의견에 동조하는 대신 거의 모든 남성의 정체성에 사회화된 독립적 이미지에 동조했다는 것이다.(Eagly, 1987) 남성들은 자신을 독립적이고 독특하고 자립적인 사람으로 보고 싶어 한다. 지난 40년 동안의 선거 조사에 따르면 남성들은 자신이 어디에도 속하지 않는 무당파적 정치 성향을 지녔다고 밝히는 경향이 여성에 비해 훨씬 높다.(Norrander, 1997) 동조하지 않는 성향을 드러내는 남성은 자신이 자립적인 사람, 따르기보다 이끄는 사람이라는 메시지를 보낸다. 누구에게 보낼까? 이 메시지는 타인뿐 아니라 스스로에게 보내는 것이기도 하다. 일련의 연구에서 여성들이 집단 구성원과 연결해주는 요소를 바탕으로 자존감을 형성하는 경향이 높은 반면, 남성들은 독특하고 독립적인 사람이 되게 해주는 요소를 바탕으로 자존감을 형성한다는 점이 밝혀졌다.(Josephs, Markus & Tarafodi, 1992) 이렇듯 공개적 선언이 자아 이미지에 영향을 미칠 수 있기 때문에, 남성들은 계속 독립적인 사람처럼 보이려는 노력의 일환으로 사람들 앞에서 동조하는 행동을 자제한다.

로이 바우마이스터(Roy Baumeister)와 크리스틴 소머(Kristin Sommer, 1997)는 이 현상에 대해 조금 다른 시각을 제안했다. 즉, 남성들이 공개적 상황에서 동조하지 않으려는 동기는 집단에서 벗어나 독립적 상태를 유지하려는 욕구가 아니라 집단에 소속되려는 욕구에서 발생한다는 견해다. 이들의 주장은 다음과 같다. 집단에 받아들여지고 싶은 마음은 남녀 모두에게 있지만, 여성들이 긴밀하게 협조하는 관계에 받아들여지고 싶어 하는 반면, 남성들은 지도자가 될 잠재력을 드러내거나 독특한 능력을 내보임으로써 집단에 받아들여지고 싶어 한다. 결국 지도자도 중요한 사람으로서 집단 구성원들과 연결되니 말이다. 요컨대 남녀 모두 집단에 받아들여지고 자아상을 확인하고자 한다는 점에서 사회의 영향력과 관련된 기본적 목표는 그리 다르지 않지만, 목표에 도달하기 위해 선택하는 경로가 성별에 따라 다르다.

도입부에서 6장을 모두 읽고 나면 스티브 하산이 평범한 대학생에서 문 목사의 열렬한 추종자로 한순간에 탈바꿈할 수 있었던 이유를 이해할 수 있으리라고 장담했다. 또한 그 과정에서 하산이 통일교에 입문할 때와 마찬가지로 신속히 벗어날 수 있었던 이유도 알 수 있으리라고 장담했다. 두 이유가 같기 때문이다. 그것은 바로 모든 사람을 동조, 순종, 복종으로 몰아넣는 사회적 영향력의 원리다. 사람들은 이것 때문에 특정 후보에게 투표를 하고, 물건을 사고, 기부금을 내기도 한다. 스티브 하산의 사례에서 이 원리들은 그가 두 번이나 인생에서 극적인 변화를 겪게 만들었다.

지금부터는 앞서 설명한 사회적 영향력의 3가지 목표에 비추어 이 원리들이 어떻게 작용했는지 살펴보자. 대부분의 사람들과 마찬가지로 하산 역시 중요한 변화를 겪으면서 **옳은 선택을 하기**라는 목표를 달성하고자 했다. 통일교 조직은 일반적으로 사람들이 옳은 판단을 내릴 때 사용하는 두 원천인 권위와 동료를 통해 정보를 제공해 하산을 끌어들였다. 권위자는 새로운 메시아라는 문 목사와 집단에서 교사 역할을 맡은 간부들이었고, 동료는 하산과 비슷하게 세상을 염려하는 마음에서 교단의 목적에 헌신하기로 결심한 젊은이들이었다. 이 동료들 사이에서는 행동의 옳고 그름에 대한 합의가 절대적이었다. 또한 하산은 이러한 합의를 해칠 수 있는 집단 외부 사람들과 연락을 끊도록 종용받았다. 이런 상황에서 집단의 의견과 규범은 저항하기 어려운 현실감을 형성하게 했다.

하산이 통일교 조직에서 벗어나기 위해 도움을 받을 때 재교육자들 역시 이와 똑같은 사회적 영향력의 원리를 이용했다. 자신들을 당면한 문제의 전문가이자 교육자라고 설명하고, 통일교의 교리, 원동력, 기만적 수법과 관련된 난해한 지식을 보여주었다. 또한 하산과 똑같이 전도와 설득의 대상이 되었던 이야기도 해주고, 통일교 단체를 벗어나겠다는 결심이 옳은 결정이었다는 데 다 같이 적극 공감하기도 하면서 자신들도 하산과 비슷한 사람이라는 점을 보여주었다. 그리고 닷새 동안 하산을 외딴 아파트에 머물게 하며 통일교 조직에서 몸을 피하게 함으로써 기존에 속했던 준거집단(reference group)에서 떼어 놓기도 했다.

통일교에서는 하산을 전도해 끌어들이고 신자로 보유하는 과정에서 하산이 집단의 바람에 순응해 **사회적 승인 얻기**라는 목표를 달성하게 만들었다. 처음에 하산은 함께 어울리고 싶을 만큼 매력적인 젊은이들의 러브 콜을 받았다. 얼마 지나지 않아 참석한 새 신자 모집 강습회에서는 엄청난 관심과 애정을 한몸에 받았다. 이후 완전히 자격을 갖춘 신자가 되자 사회적 승인을 얻을 곳은 같은 집단에 속한 구성원들뿐이었다. 물론 그나마도 집단의 목적에 기여하는 행동을 했을 때만 승인을 얻을 수 있었다. 재교육 과정도 이와 마찬가지로 진행되었다. 하산은 재교육자들의 넘치는 인간적 매력에 금세 감명받았고 그들을 따뜻하고 다정하고 영적인 분야에 관심이 많은 사람들로 묘사했다. 또한 그들이 보여준 공감과 존중 어린 관심에 만족했다. 아파트에 격리되어 있는 동안에도 사회적 승인을 얻을 방법은 재교육자들의 목적에 맞게 반응을 보이는 것뿐이었다.

하산에게 영향력을 행사해 집단으로 끌어들이려 할 때 통일교 신자들은 교단에 들어오면 사회문제를 해결하는 데 내적 개입과 헌신을 할 수 있다고 설득하면서, 하산이 교단의 영향력에 순종함으로써 **자아상 관리**라는 목표를 달성할 수 있게 했다. 재교육자들도 같은 방식을 이용했다. 유일한 차이는 통일교 조직을 벗어나는 것이 자아상 관리라는 목표를 달성하는 길임을 깨닫게 해주었다는 점이다. 재교육자들은 하산이 정직함, 가족, 자유라는 깊은 내면의 가치와 접촉하도록 압박을 가했다. 이것은 모두 통일교 조직에서의 경험과 공존할 수 없는 가치였다.

하지만 무엇보다도 하산은 통일교에서 자신을 속이고 유해한 환경에 가두었다는 사실을 스스로 깨달은 후 사회 복지에 헌신하는 삶으로 다시 나아갈 방법을 알게 되었다. 그는 다른 이들이 그런 감옥 같은 조직에서 벗어나도록 도와줄 수 있었다. 그리고 사이비 종교 탈출 상담가로서 사이비 종교가 만들어내는 사회문제를 줄일 수 있었다. 결국 하산의 재교육 과정이 이처럼 성공할 수 있었던 이유는 몇 년 전 통일교 입문과 세뇌 과정에서 그랬듯 과거의 준거집단을 대체하는 새로운 준거집단, 가치, 목적의식을 제공했기 때문이다.

그 후로 스티브 하산은 계속 자신의 이상에 헌신해왔다. 전국적으로 유명한 사이비 종교 탈출 상담가로 급부상해 자신이 사용하는 효과적 기법을 설파하고 있다.(Hassan, 2000) 이 기법은 사회의 영향력에 대한 과학적 연구에서 얻은 통찰에 기초한다. 하지만 사실 이러한 통찰만으로는 충분하지 않다. 늘 그렇듯 정보를 실제로 적용하려 할 때는 새로운 지식을 우리 삶에서 어떻게 활용할지 과학적으로 계획을 세워야 한다. 어떻게 해야 그 지식이 우리를 위해 성공적으로 쓰일 수 있을지 구체적으로 생각하지 않으면 그저 성공적으로 사용될 가능성만 남을 뿐이다.

제7장

관계 맺기와 우정

◖◗

───── 달라이라마와 친구가 된 도망자 : 하인리히 하러 ─────

하인리히 하러(Heinrich Harrer)는 돈 한 푼 없이 굶주린 도망자가 되어 티베트의 금지된 도시 라사에 다다랐다. 인도의 영국인 포로수용소에서 도망쳐 나온 하러와 그의 동료 페터 아우프슈나이터(Peter Aufschnaiter)는 거의 2년 동안 티베트의 산길을 터덜터덜 걸었다. 이들은 티베트 당국의 거듭된 추방 명령을 따르지 않고 강도가 들끓는 산악 고지대를 숨어서 통과했다. 유럽인을 거의 본 적 없는 티베트 사람들 사이에서 누더기를 걸친 두 이탈자는 가난한 소작농에게조차 대놓고 경멸을 받을 정도였다.

하지만 하러와 아우프슈나이터는 계속 걸었다. 티베트 산악 지대에 사는 사람들도 고개를 젓는 눈 덮인 산길을 지나 1600킬로미터 이상을 걷고 또 걸었다. 마침내 금지된 도시 라사에 도착한 두 방랑자는 그곳에서도 냉대를 받았다. 하지만 이들은 큰 집 앞에 짐을 내려놓고 그들을 괴롭히며 쫓아내려 하는 하인들도 아랑곳하지 않았다.

금지된 도시 라사는 티베트 사람들이 살아 있는 부처로 여기는 달라이라마(Dalai Lama)의 본거지였다. 모든 티베트인에게 존경받는 이 13세의 영적 지도자는 항상 승려 부대에 둘러싸여 있어 라사에서 가장 부유하고 권력이 강한 사람도 감히 접근하지 못했다. 그가 가마를 타고 길에 나서면 귀족조차 이 살아 있는 부처에게 시선을 맞추지 못하고 아래를 내려다보았다. 하인리히 하러와는 그야말로 하늘과 땅 차이인 인물이었다.

하러가 명예롭지 못한 처지로 라사에 들어갔다는 사실을 고려하면, 모든 티베트인이 숭배하는 이 사람과 하러가 친구가 되는 것은 거의 불가능해 보였다. 하지만 서로가 접근하기 어려운 환경은 물론 배경과 사회적 지위의 어마어마한 차이에도 불구하고 두 남성은 일생 동안 돈독한 유대 관계를 유지했다.

하인리히 하러와 달라이라마의 우정은 하러의 책 『티벳에서의 7년』으로 유명해졌다. 물론 일상에서 볼 수 있는 대부분의 친구 관계는 책이나 영화로 만들어질 정도는 아닐 수 있다. 하지만 하러와 달라이라마의 믿기 어려운 우정에 얽힌 수수께끼를 풀어나가다 보면 우리가 일상에서 친구 관계를 맺는 수많은 동기가 하나씩 드러날 것이다. 7장에서는 아주 보편적인 의문을 탐구하려 한다. 어떤 사람과는 친구가 되고, 어떤 사람과는 친구가 되지 못하게 하는 요소는 과연 무엇인가?

친구란 무엇인가

『웹스터 사전』에서는 친구를 "서로 애정과 관심이 있는 관계로, 친족도 연인도 아닌 사람"으로 정의한다. 학생들에게 각자 친구의 정의를 내려보라고 하면 몇 가지 특성이 추려진다.(Bukowski et al., 1994: Davis & Todd, 1985) 여기에는 다음과 같은 항목이 포함된다.

- 친구는 동등한 관계다.
- 함께 있을 때 즐겁다.
- 서로에게 가장 이익이 되도록 행동한다고 믿는다.
- 필요할 때 서로 돕는다.
- 같이 어울려 다니고 함께 있을 때 '가면'을 쓰지 않는다.
- 비슷한 관심사와 가치관을 공유한다.

물론 이것들은 이상적인 특징이다. 친구 관계가 여기에 해당되지는 않는다.(Davis & Todd, 1985)

친척 관계와 달리 친구 관계는 자발적이다.(Adams & Bleiszner, 1994) 친

사회심리학

구는 선택하고 바꿀 수 있지만 친척은 그렇게 할 수 없다. 『웹스터 사전』에서는 친구의 범주에서 친척을 제외하지만 현실 세계에서는 사전처럼 분명하게 선을 긋지 않는다. 많은 사회에서 가장 가까운 친구는 유전적으로 관련 있는 사람인 경우가 많다.(Daly, Salmon & Wilson, 1997) 티베트의 고위 승려들은 어린 달라이라마를 일반인들과 격리했지만 형인 로브상 삼텐(Lobsang Samten)과는 가까운 관계를 유지할 수 있게 해주었다. 현대 산업 사회는 1940년대의 티베트와 다르고, 과거의 어느 시대, 어느 장소와도 다르다. 현대인들은 역사를 통틀어 과거의 어느 때보다도 친척들과 보내는 시간이 적다.(Adams & Bleiszner, 1994)

『웹스터 사전』에서는 친구의 범주에서 연인도 제외한다. 연인 관계는 낭만적이거나 성적인 감정을 수반하고, 결혼은 법에 근거한 규칙과 배타적인 '권리'를 수반한다. 하지만 친구 관계는 그렇지 않다.(Ackerman, Kenrick & Schaller, 2007: Rawlins, 1992) 다시 말하지만 이러한 구분은 희미해질 수 있다. 기혼자의 대다수가 배우자를 '가장 친한 친구'로 꼽는다.(Myers, 2000) 사랑과 연애에 대해서는 8장으로 미루고 7장에서는 우정과 관계 맺기의 '플라토닉'한 측면에 주로 초점을 맞춰 살펴볼 것이다.

친밀한 우정에서 얻을 수 있는 것들

우리가 다른 사람들과 우호적 관계를 맺고 싶어 하는 이유는 무엇일까? 사회심리학자들은 이 질문에 답하기 위해 몇 가지 일반적 이론을 제시했다.

기분 좋게 해주는 사람 강화·감정 모형(reinforcement-affect model)은 사람들이 아주 단순한 하나의 목표, 즉 좋은 기분을 느끼려는 욕구로 인해 동기를 부여받는다고 가정한다.(Byrne & Clore, 1970) 가장 중요한 전제는 다음과 같다. 우리는 긍정적 감정과 연관되는 사람을 좋아하고 그 사람과 친분을 맺고 싶어 한다. 반대로 부정적 감정과 연관되는 사람은 싫어하고 피하려 한다.

강화·감정 모형은 광범위한 발견들을 설명하는 데 쓰인다. 우리는 왜 자신의 태도에 찬성하는 사람을 좋아하고 반대하는 사람을 불쾌하게 여길까? 우리는 왜 매력적인 외모처럼 호감 가는 특성이 있는 사람에게 끌릴까? 하다못해 좋은 소식을 들을 때 우연히 주변에 있던 사람을 좋아하게 되는 이유는 무엇일까?(Byrne, London & Reeves, 1968; Veitch & Griffitt, 1976) 고전적 조건형성의 간단한 원리에 따르면, 특정 상황에서 좋은 감정이나 나쁜 감정이 들면 그때 그곳에 있는 사람에게 그 감정이 저절로 물든다. 파블로프의 개가 먹이를 먹을 때마다 들은 종소리만 들어도 침을 흘리듯, 좋은 일이 일어날 때 주변에 있던 사람만 봐도 기분이 좋아질 수 있다.

강화·감정 모형은 **영역·일반적 모형**(domain-general model)에 해당한다. 영역 일반적 모형은 간단한 규칙으로 모든 행동을 설명하는 모형이다. 영역 일반적 모형에 따르면, 지금 탐구하는 의문점에 대한 답은 "기분이 좋으면 그런 행동을 한다"라고 정리할 수 있다. 영역 일반적 접근법의 장점은 아주 다양한 현상을 설명하기 위해 최소한의 가정을 사용한다는 점이다. 반면 왜 어떤 일에는 기분이 좋아지고 어떤 일에는 기분이 나빠지는지 알려주지 않는 것이 이 접근법의 한계다. 가끔 우리는 불편한 환경에서 만나는 사람을 더 좋아하기도 한다. 그들이 우리와 같은 처지고 불쾌한 감정을 일으키지 않는다면 그럴 수 있다.(Kenrick & Johnson, 1979) 그리고 똑같이 아름답거나 잘생긴 사람을 보고도 어떤 사람은 기분이 좋아지고 어떤 사람은 기분이 나빠질 수 있다.(Kenrick et al., 1993)

유리한 거래를 제안하는 사람 사회적 교환(social exchange) 이론 역시 관계 맺기와 친구 관계를 향한 동기가 단순하고 보편적인 목표에서 발생한다고 가정한다. 이 이론에 따르면 관계 맺기와 친구 관계의 목표는 비용 대비 이득을 극대화하는 것이다.(Thibaut & Kelly, 1959) 이 이론은 사람들이 보상을 추구한다고 가정한다는 점에서 강화 이론과 공통점이 있다. 하지만 사회적 교환 이론은 사람들이 파블로프의 개와 달리 더 계산적이고 합리적으로 인간관계를 다룬다고 가정한다. 경제학적 전제에서 유래한 이 모형은 사람들이 인간관계에 접근하는 방식을 증권 중개인이 금융거래를 하는 태도와 유사하게 바라본다. 이득을 볼 것 같으면 사고, 손해를 볼 것 같으면 파는 것이다.

교환에 기초한 모형은 사람들이 **공정성**(equity)을 경험할 때 인간관계에 끌린다고 가정한다. 공정성은 인간관계에서 얻는 이득과 비용이 상대가 초래하는 이득과 비용에 비례하는 상태를 말한다.(e. g., Hatfield et al., 1985) 공정성이 어떻게 작용하는지 이해하려면 친구를 한 사람 골라 그 친구와의 관계에

사회심리학

서 얻은 이득과 보상을 나열해보라. 예컨대 그 친구는 같이 공부하기에 좋고, 칭찬을 많이 해주고, 정말 신나는 파티를 열 수 있다. 그 친구 역시 오래된 고물 자동차를 수리점에 맡겼을 때 당신에게 차를 빌릴 수 있다.

이번에는 그 친구와의 관계에서 발생한 비용을 나열해보라. 어쩌면 그 친구는 공부하는 시간에 시답잖은 농담으로 간간이 주의를 흐트러뜨리고, 테니스 경기에서 당신을 무자비하게 눌러버리고, 당신이 좋아하는 사람을 깎아내렸을 수도 있다. 이제 그 친구에게 발생한 비용을 따져보자. 같이 시험을 봤는데 당신이 더 좋은 점수를 받아 그 친구가 스스로를 바보라고 생각했을 수도 있고, 테니스에 졌을 때 당신이 투덜거렸을 수도 있다. 당신이 얻은 모든 이득과 비용을 합산하고 그 친구의 것과 비교했을 때 비슷한 결과가 나왔다면 그 관계는 공정한 셈이다. 하지만 그 친구가 조금이라도 많이 얻었다면 당신은 손해를 보았다고 느낄 것이다. 반대로 그 친구와의 관계에서 당신이 더 많이 얻었다면 이득을 보았다고 느낄 것이다. 우리가 저마다 자신에게 유리한 거래를 추구하는 합리적 경제학자라는 시각을 뒷받침하듯, 일반적으로 사람들은 이득을 볼 때보다 손해를 볼 때 덜 행복하다고 느낀다.(Buunk et al., 1993 : Hatfield et al., 1982)

사회적 교환 이론들 역시 영역 일반적 접근법에 해당한다. 이 경우 단순하면서도 강력한 가정은 사람들이 친구, 친척, 동료, 연인 등 모든 인간관계에서 이득과 손해의 비율을 최대한 유리하게 조절한다는 것이다. 강화 감정 이론과 마찬가지로, 사회적 교환 이론에서도 똑같은 결과가 나왔을 때 인간관계의 유형에 따라 손해와 이득의 정도가 다르게 해석되는 이유를 다루지 않는다. 가장 친한 친구가 큰돈을 빌려달라고 하고, 10년 정도 매일 학교에 데려다주고, 요리와 빨래를 해준다면 십중팔구는 새로운 친구를 찾기 시작할 것이다. 하지만 수많은 부모들은 그렇게 해주면서도 아이와의 관계가 인생에서 가장 큰 보상이라고 말한다. 앞으로 더 살펴보겠지만 관계의 유형에 따라 이득과 비용의 계산이 어떻게 달라지는지도 고려해야 한다.(e. g., Ackerman & Kenrick, 2008 : Clark & Monin, 2006 : Haslam & Fiske, 1999)

영역 특수적 시각으로 본 사회적 동기 사람들은 연인, 동업자, 친척, 친구, 낯선 사람들과의 관계에서 각각 아주 다른 목표를 갈망한다.(Cann, 2004 : Reis, Collins & Berscheid, 2000) '기분이 좋아지는가', '유리한 거래라고 느껴지는가' 하는 문제는 관련된 사람이 누구인지, 우리가 그들에게 무엇을 원하는지에 따라 완전히 달라진다. 내가 외로울 때 친한 친구가 안아주면 기분이 좋아지기도 한다. 자동차 변속기에 대해 정비사와 이야기하고 있다면 애정보다 조언이 더 좋을 수 있다. 모르는 사람이 전화로 물건을 팔려 한다면 혼자 내버려두는 것이 제일 기분 좋아지는 일일 수 있다. **영역 특수적 모형**(domain-specific model)은 사람들이 특정한 인간관계에서 발생하는 **적응적 문제**(adaptive problem, 정답이 있는 것이 아니라 변화하고 적응하면서 해결해야 하는 문제)에 따라 생각과 감정이 크게 달라진다고 가정한다.(Kenrick, Sundie & Kurzban, 2008; Overall, Fletcher & Friesen, 2003; Sedikides & Skowronski, 2000) 이제 사회적 행동의 다양한 목표에 초점을 맞추면서 인간관계의 유형에 따라 달라지는 동기부여의 양상을 7장과 8장에 걸쳐 살펴보려 한다.

지금부터는 가끔 서로 경쟁하기도 하는 4가지 구체적인 사회적 목표의 측면에서 관계 맺기와 친구 관계를 눈여겨볼 것이다. 그 4가지 사회적 목표는 바로 사회적 지지 얻기, 정보 얻기, 지위 얻기, 물질적 이득 교환이다.

───── **기댈 어깨를 곁에 둔다는 것, 사회적 지지** ─────

나의 모습만 보여도 모든 사람이 고개 숙여 인사하고, 가마를 타고 시내를 지나가면 다들 시선을 낮추고 땅을 내려다본다. 이런 삶을 산다면 꿈처럼 황홀할 것 같지만 실제로는 그렇지 않았다. 달라이라마는 하인리히 하러를 만나기 전까지 외롭게 살았다. 형인 로브상 삼텐이 아주 가끔 찾아올 때를 빼면 대부분의 어린 시절과 청소년기를 가족도, 함께 놀 친구도 없이 보냈다. 모습을 드러내면 숭배자들이 시선을 낮추며 찬사를 보내는 통에 일상적인 대화조차 할 수 없었다.

하러가 달라이라마를 만났을 때는 이미 그의 형 로브상 삼텐과 친해진 후였다. 아주 어릴 때 환생한 부처로 선포된 달라이라마는 자신을 평범하게 대해주는 사람을 만난 적이 거의 없었다. 이에 대해 하러는 저서에 이렇게 적었다. "나를 제외한 모든 사람에게 그는 외로운 소년이 아니라 신이었다." 외로운

10대 소년에게 인간 대 인간으로 대화를 나눌 상대가 생긴 사건은 더없이 신선한 일이었음이 분명했다. 하러와 달라이라마의 첫 대화는 5시간 동안 이어졌다. 그 후 달라이라마는 하러에게 영어와 수학을 가르쳐달라고 부탁했고, 사원 뜰로 그를 자주 불러들였다. 이 어린 군주는 하러의 방문으로 지극히 즐거운 시간을 보냈다. 하러가 몇 분만 늦으면 심하게 안절부절못했고 그를 만나러 달려 나갈 때도 많았다. 달라이라마는 하러에게 장난을 치면서 즐거워했고, 가끔 함께 권투를 했다. 그를 걱정하는 승려들과는 할 수 없었던 일들이었다.

부와 지위에도 불구하고 어린 영적 지도자에게는 누구나 갈망하는 것이 결핍돼 있었다. 바로 정서적 지지였다. 사회적 지지의 한 측면인 정서적 지지는 다른 사람들에게 받는 감정적·지식적·물질적 도움이라고 할 수 있다. 여기에서는 애정, 배려, 돌봄 등 사람들이 서로에게 제공하는 정서적 지지에 초점을 맞추려 한다.(Gottlieb, 1994) 물질과 정보 자원의 교환에 영향을 미치는 요소는 따로 있으므로 이러한 형태의 사회적 지지는 7장의 뒷부분에서 다룰 것이다.

감정적으로 괴로울 때 다른 사람들에게 기대는 경향은 인간은 여럿이 함께 사는 편이 낫다는 인간 본성의 기본적 특징과 연관 있는지도 모른다.(Cacioppo et al., 2005; Taylor, 2006) 집단에 속한 사람들은 어려울 때 서로 지켜줄 수 있다. 또한 힘들 때 기댈 어깨가 있다는 사실은 의학적으로도 이득이 될 수 있다.

이와 같이 타인과의 교제는 일반적으로 정신적·신체적 건강에 도움이 된다. 하지만 그런 점이 모든 사람에게 항상 들어맞지는 않는다. 사회적 지지의 결과는 사람과 상황에 따라 달라진다. 사회적 지지를 얻기 위해 다른 사람들에게 의지하는 사람은 어떤 사람일까? 그리고 사회적 지지의 필요성이 높아지는 상황은 어떤 상황일까?

BOX 7.1

잘 사귄 친구 하나, 열 의사 부럽지 않다 —정서적 지지와 건강

친구는 건강에 도움이 될까? 이것은 건강심리학자들이 흔히 하는 질문이다. 건강심리학(health psychology)은 질병에 영향을 미치는 행동적 · 심리적 요소를 연구하는 학문이다.(Salovey, Rothman & Rodin, 1998; Taylor, 2002) 건강심리학자들은 몸의 상태가 생각하고 행동하는 방식과 밀접하게 연관된다고 가정한다. 건강심리학 연구에서 도출된 더욱 흥미로운 결론은 다른 사람과의 교제와 접촉이 길고 행복한 삶과 연관된다는 사실이다.(Loucks et al., 2005; Ryff & Singer, 2000)

먼저 사회적 고립의 해로운 특성부터 알아보자. 외로움은 약물과 알코올 남용, 수면 장애, 두통, 면역 약화, 자살 충동, 심지어 요양원에서의 죽음으로도 이어진다.(Bearman & Moody, 2004; Jaremka et al., 2013; Jones & Carver, 1991) 이러한 상태가 오래 지속되면 심각한 대가가 따르기도 한다. 한 연구 팀은 의대생 시절 자칭 '외톨이'였던 의사들을 찾아냈다. 수십 년 후 이 '외로운 늑대'들은 사교적이었던 친구들에 비해 암 발병률이 현저히 높았다.(Shaffer et al., 1987) 또 다른 연구에 따르면 심장마비를 겪은 후 재발한 사람의 비율은 혼자 산 사람의 경우 16%였고 다른 사람과 함께 산 사람의 경우 9%였다.(Case et al., 1992) 이와 반대로 강한 사회적 유대를 형성한 사람들은 스트레스가 심한 사건에 덜 속상해하고, 질병 저항력이 더 강하며, 치명적인 병을 진단받은 후에도 더 오래 산다.(e. g., Buunk & Verhoeven, 1991; Sarason et al., 1997) 사실 스트레스 받는 일에 대해 다른 사람들과 이야기를 나누기만 해도 정서적 · 신체적 건강을 개선할 수 있다.(Lepore, Ragan & Jones, 2000; Pennebaker et al., 1987, 1989; Reis et al., 2000) 최근에 수행된 신경심리학 연구에 따르면, 사회적 지지는 스트레스 받는 과제를 수행할 때 분비되는 코르티솔의 감소뿐 아니라, 스트레스에 대한 신체적 반응을 조절하는 능력이 강해졌음을 나타내는 뇌의 활동 양상과도 관련 있다.(Taylor et al., 2008)

여러 연구 결과 스트레스 저항력과 사회적 지지 사이에는 상관관계가 있다는 게 밝혀졌다. 이런 연구들은 친구 관계의 유무와 건강 사이에 통계적 연관성이 있음을 보여주지만 인과관계를 입증하지는 않는다. 특정한 유형의 성격을 가진 사람들은 그 성격 덕분에 친구를 사귀고 신체적으로 건강할 경향이 높기 때문이다. 예를 들어 외향적인 사람들은 불쾌한 사건이 일어날 때마다 가만히 앉아 그 일을 곰곰이 곱씹는 대신 운동을 해 건강할 가능성이 높다. 불안 수준이 높은 사람들은 그 반대일 가능성이 높다. 니얼 볼저(Niall Bolger)와 존 에켄로드(John Eckenrode, 1991)는 이렇게 혼란을 주는 요소를 제거하고 사회적 지지와 건강의 관계를 알아보기 위해 의사 면허 시험을 한 달 앞둔 학생들을 대상으로 연구 계획을 세웠다. 연구자들은 학생들의 외향성 수준과 정서적 안정성을 측정하고, 일상에서 받는 스트레스 양과 다른 사람들과의 접촉 빈도를 측정했다. 학생들 고유의 특성을 감안해도 다른 사람들과의 접촉은 불안함에서 지켜주는 완충 장치의 역할을 했다. 사회적 만남이 많은 학생들은 시험에서 정신적 타격을 비교적 덜 받은 것이다.

또 다른 연구에서는 정서적 지지를 얻을 수 있는 최고의 원천이 타인이 아니라 "인간의 최고의 친구"인 개일 수도 있다고 주장한다. 캐런 앨런(Karen Allen), 짐 블라스코비치(Jim Blascovich), 조 토마카(Joe Tomaka), 로버트 켈시(Robert Kelsey, 1991)는 여성들을 세 집단으로 나누어 스트레스가 심한 과제를 수행하게 했다. 참가자들은 스트레스를 유발하는 과제로 13과 17씩 거꾸로 빠르게 뺄셈을 해야 했다. 첫 번째 집단은 혼자서, 두 번째 집단은 친구와 함께, 세 번째 집단은 자신의 반려견과 함께 있는 상태에서 과제를 수행했다. 연구자들은 참가자들의 심박 수, 혈압, 피부전기반응을 측정했다. 생리적 수치를 측정한 결과에 따르면 친구들과 함께 있을 때는 불안 수준이 높아졌다.(이 실험에서 친구의 존재가 불안 수준을 높인 이유는 창피함 때문이었다. 창피함이 하나의 스트레스 요소로 작용하기 때문에 다른 사람과 함께 있을 때 오히려 스트레스를 더 많이 받게 된다.) 하지만 개와 함께 있었을 때는 생리적 긴장 수준이 현저히 낮아졌다. 개의 이러한 유익한 효과는 단기적 실험에 국한되지 않는다. 몇 년간 관찰한 결과에 따르면, 개를 키우는 노인들은 병원에 갈 일이 비교적 적고 심장마비를 겪고도 살아날 확률이 높다.(Friedmann et al., 1980; Siegel, 1990)

사람

친구를 대하는 남녀의 차이

어빈 드보어(Irven DeVore)의 유명한 다큐멘터리 〈개코원숭이 부대(The Baboon Troop)〉에는 표범 한 마리가 개코원숭이 무리로 다가가는 박진감 넘치는 장면이 나온다. 동요한 무리의 성체 개코원숭이들은 이 위협에 대응해 표범을 향해 둥그렇게 모여 선 채 저마다 날카로운 이빨을 드러내며 이 고양잇과 포식자에게 경고를 보낸다. 이 개코원숭이들은 유명한 '싸움 또는 도주(fight or flight)' 반응을 생생하게 보여준다.(Cannon, 1932) 이 반응은 부신수질을 활성화하고 아드레날린과 노르아드레날린 같은 호르몬을 대량으로 분비하게 한다. 흥미롭게도 표범과 싸우려고 줄지어 선 개코원숭이는 모두 수컷이었다. 사회심리학자 셸리 테일러(Shelley Taylor)와 그녀의 동료들(2000b; Taylor & Gonzaga, 2006)에 따르면 여기에는 그만한 이유가 있을지 모른다. 암컷들은 다른 암컷 친척들과 조용히 무리 지어 웅크리고 앉아 새끼들을 보호하며 '싸움 또는 도주' 반응 대신 테일러가 '보살핌과 친교(tend and befriend)'라고 부르는 반응을 보일 가능성이 크다.

테일러와 동료들은 암컷이 스트레스에 싸움 또는 도주 반응을 보일 가능성이 낮다는 그들의 결론을 뒷받침하기 위해 상당한 분량의 문헌을 검토했다. 암컷은 싸움 또는 도주 반응 대신 '보살핌(새끼들이 피해를 입지 않도록 보호하기)'과 '친교(다른 암컷들과 더 가까이 붙어 앉기)' 반응을 보인다. 테일러와 동료들의 조사에 따르면 사람과 몇몇 동물의 싸움 또는 도주 반응에 대한 유명한 연구는 거의 수컷을 대상으로 했다. 암컷은 주기적인 호르몬의 변화 때문에 스트레스 반응을 측정하기 어려워 연구의 대상에서 제외되는 경우가 많았다. 드물게 발견되는 스트레스에 대한 반응을 연구한 결과 암컷의 반응은 수컷의 반응과 매우 달랐다. 수컷이 스트레스를 받으면 안드로겐(공격적 행동과 관련 있는 호르몬)이 분비되기 쉬운 반면, 암컷의 경우에는 옥시토신(돌보는 행동이나 애착과 관련 있는 호르몬)이 분비되기 쉽다. 최근 한 연구에서는 옥시토신을 주입받은 남성이 타인을 신뢰하는 경향이 상당히 높아지고 그에 따라 협조할 가능성도 높아졌다는 사실이 밝혀졌다.(Kosfeld et al., 2005) 테일러와 동료들은 이 발견을 진화론적 측면에서 해석했다. 우리의 선조인 암컷과 수컷 포유류는 스트레스에 다르게 반응함으로써 이익을 얻었을 것이다. 스트레스를 받는 상황에서 암컷들이 싸우거나 도망갔다면 전적으로 어미에게 의존하는 새끼들은 위험에 빠지기 십상이다. 위협적인 문제가 일어나면 암컷은 의존적인 새끼들을 조용히 한데 모으고 다른 집단 구성원들과 접촉해 지지를 구함으로써 새끼들의 생존에 더 기여했을 것이다.

다른 연구들에 따르면 남성에 비해 여성은 일반적으로 서로 더 힘이 되어주고 친한 친구들과의 관계에 더 신경을 쓴다.(Oswald, Clark & Kelly, 2004) 사춘기 여자아이들끼리의 관계는 남자아이들보다 친밀하고 참여도가 높으며

사회심리학

10대 소녀의 자존감은 친한 친구의 유무와 밀접하게 관련 있다.(Townsend, McCracken & Wilton, 1988) 이 또래 아이들에게 사회적 관계에 포함되는 것은 지극히 중요한 일이기 때문에, 사회집단에서 배제하는 행동은 10대 여자아이들이 서로에게 상처를 줄 때 주로 쓰는 방법이다.(Owens, Shute & Slee, 2000) 성별에 따른 사회적 지지의 차이는 대학교에서도 계속 나타난다. 여학생은 남학생에 비해 동성 친구를 더 많이 사귀고 가깝게 지낸다.(Nezlek, 1993; Wheeler, Reis & Nezlek, 1983)

여성에게는 다른 사람들과 서로 힘이 되어주는 관계를 맺을 수 있는 특성이 많다. 여성은 남성에 비해 맞장구를 잘 쳐주고, 공감을 잘하며, 비언어적 소통에 능숙하고, 사회집단에서 원활하게 상호작용하는 경향이 있다.(Bank & Hansford, 2000; Klein & Hodges, 2001) 또한 친구들에게 더 신경 쓰고 직접적으로 서로에게 고마움을 표현한다.(Carli, 1989; Helgeson et al., 1987) 여성들은 스트레스를 받을 때 지지를 구할 가능성이 남성에 비해 높다.(Benenson & Koulnazarian, 2008; Tamres et al., 2002) 그리고 남성에 비해 미소를 훨씬 많이 지음으로써 비언어적으로 지지와 친밀함을 구한다.(Hall & Halberstadt, 1986; LaFrance, Hecht & Paluck, 2003)

여기에서 중요한 점은 남성들이 다른 사람에게 사회적 지지를 받는 데 신경 쓰지 않는다고 단정 짓지 말아야 한다는 것이다. 사실 남성들도 집단 구성원들에게 의존하며, 스트레스 반응으로 돌보기와 친교 행동이 부분적으로 나타날 수 있다.(Geary & Flinn, 2002; Li et al., 2008) 예를 들어 하인리히 하러와 그의 친구 페터 아우프슈나이터는 악천후에서 살아남기 위해, 그다음에는 금지된 도시에서 티베트인들에게 받아들여지기 위해 온갖 방식으로 서로에게 의존했다. 수컷 개코원숭이를 떠올려보면 표범에 맞선 것은 개체 하나가 아니라 똘똘 뭉친 집단이었다. 따라서 사회적 지지와 관련해 나타나는 성별 차이는 절대적이지 않고 상대적이다. 사실 아동과 사춘기 청소년에 대한 연구에 따르면 절교하는 경향도 여자아이들이 남자아이들보다 높다.(Benensen & Alavi, 2004) 나중에 자세히 논하겠지만 남성들이 친구와 관계 맺는 방법이 여성들과 다를 뿐이다.

물리적 위협과 사회적 고립

정서적 지지라는 말은 특정 상황과 함축적으로 관련 있다. 사람들은 위협받거나 고립되었다고 느낄 때 다른 사람들의 지지를 구한다. 1938년 10월 30일 화성인이 뉴저지주를 침공한다는 소식이 생생하게 방송되었을 때 사람들은 어떻게 해서든 가족이나 친구들과 가까이 있으려고 애썼다. 사회심리학자 해들리 캔트릴(Hadley Cantril, 1940)은 이에 얽힌 감동적인 실화들을 기록했다. 그리고 2001년 9월 11일 실제로 테러리스트가 미국을 공격했을 때 수많은 학생들이 멀리 사는 친척들에게 가장 먼저 전화했다고 말했다. 물리적 위험과 사회적 고립은 다른 사람들에게 위안을 얻으려는 동기를 강화한다.

무차별적으로 닥쳐오는 위험과 죽음에 대한 공포 한 연구에서 학생들은 다소 유쾌하지 않은 생각을 하도록 요구받았다. "당신이 죽으면 어떤 일이 일어날 것 같나요?" 자신의 죽음에 대해 몇 분간 생각한 후 학생들은 집단 토론을 위해 어떤 방에 들어가 자리를 선택해야 했다. 한쪽에 있는 1인용 의자에 혼자 앉거나 반대쪽에 여러 자리가 붙어 있는 의자에 사람들과 함께 앉을 수 있었다. 자신의 죽음에 대해 생각한 학생들은 80%라는 압도적 비율로 사람들과 가까이 앉았다. 반면 몇 분 동안 텔레비전 시청에 대한 느낌을 떠올린 통제 조건의 학생들은 대부분 1인용 의자를 선호했다. 3회에 걸쳐 같은 실험을 반복하고 같은 결과를 얻은 연구자들은 위협적 상황에서 관계를 맺고자 하는 경향이 앞서 논한 인간의 기본적 동기부여 체계와 관련 있다고 보았다. 즉, 사람들은 집단에서 더 안전하고, 특히 죽음에 대해 생각한 뒤에는 여러 사람 속에서 안전을 찾게 된다.(Wisman & Koole, 2003) 관계를 맺으려는 경향을 유발하기 위해 굳이 죽음의 위협까지 필요하지는 않다. 그보다 약한 위협도 같은 효과를 발휘한다. 다른 사람과 짝지어 실험에 참가하게 된 여대생들은 실험 도중에 국소 빈혈, 즉 정상적 혈류가 제한되는 현상이 일어날 수 있다는 이야기를 들었다. 그리고 그들 중 일부는 팔에 둘러진 혈압계 밴드가 부풀어 오를 뿐 실험 과정에서 고통을 느낄 일이 없다고 믿게 되었다. 반면 나머지 참가자들은 팔에 상당히 고통스러운 장비를 착용하고 그 장치가 팔 주변과 흉곽 아래쪽을 압박하면 협심증에 버금가는 날카로운 통증이 느껴지리라고 예상하게 되었다. 연구자들은 참가자인 여학생들이 방에서 다른 여학생을 바라보는 시간을 기록해 서로와 관계 맺고자 하는 경향을 측정했다. 두 사람 다 통증을 예상한 경우에는 그렇지 않은 사람들에 비해 서로를 바라본 시간이 2배나 길었다.(Gump & Kulik, 1997)

사회적 고립 윌리엄 제임스(William James)는 이제 고전이 된 『심리학의 원리』에서 사회적 고립이 가장 잔인한 고문이라고 적었다. "무인도에 오랫동안 갇혀 있던 사람에게 사람의 발자국이나 멀리서 보이는 사람의 형상은 가장 강렬하게 흥분되는 경험일 것이다." 워런 존스(Warren Jones)와 그의 동료들(1985)은 사회적으로 고립된 느낌을 증폭하는 몇 가지 요인을 정리했다. 여기에는 최근의 이사, 대학 입학, 실직, 독거, 차량에 잘못 탑승한 상황 등이 포함된다. 심지어 사람들은 나중에 혼자 죽을지 모른다고 잠깐 생각하는 것만으로도 자포자기하거나 비합리적으로 행동했다.(Baumeister et al., 2005; Twenge et al., 2002) 다른 사람들의 존재만으로는 사회적 고립감을 누그러뜨리는 데 충분하지 않다. 군중 속에 있더라도 사람들이 못 본 체한다면 군중 속에 있는 것이 가장 외로운 경험이 될 수 있다.(e. g., van Beest & Williams, 2006) 한 연구에서 사람들은 돌아가면서 자기소개를 한 뒤 다른 집단 구성원들 사이에 혼자 남겨졌다. 이들은 행진하는 악단이나 가짜 록 그룹에 대해 이야기하면서 참가자를 모르는 체했다. 이렇게 거부당하는 경험은 낯선 사람에 대한 사회적 정보에 특히 민감해지게 만들고 소속되고 싶은 욕구를 부채질한다.(Gardner, Pickett & Brewer, 2000) 또 다른 연구에서는 세 사람이 짝을 지어 공을 주고받았다. 그 중 두 사람이 당신을 모르는 체하고 자기들끼리만 공을 주고받는다면 어떻게 반응할지 상상해보라. 1장에서 언급했듯 사회적 상호작용에서 제외된 학생들은 신체적으로 고통을 느낄 때와 유사한 뇌 활동 양상을 보였다.(Eisenberger, Lieberman & Williams, 2003) 일반적으로 사람들은 사회적으로 배제되었을 때 사회적 유대를 강화하고, 새 친구를 사귀는 데 더 흥미를 보이고, 자진해서 다른 사람들과 함께 일하고, 다른 사람들에게 좋은 말을 하는 식으로 반응한다.(Maner et al., 2007)

호의는 되갚을 수 있을 만큼만 받는다

그렇게 건강에 도움이 된다면 누구나 최대한 사회적 지지를 얻으려 하지 않을까? 하지만 가끔 사람들은 다른 사람의 지지를 일부러 거부하기도 한다.(Buunk et al., 1993) 사회적 지지가 항상 좋은 것으로 간주되지는 않기 때문이다. 특히 그것을 되갚지 못할 때 더욱 그렇다.(e. g., Greenberg & Westcott, 1983) 9장에서 더 자세히 논하겠지만 누군가가 호의를 베풀었을 때 그것을 갚지 못하면 '기부의 대상'이 되는 셈이므로 창피함의 원인이 될 수 있다.

　이러한 창피함의 가능성은 다른 사람들에게 지지를 구하려는 동기를 약화시킨다. 예를 들어 그리 능숙하지 않은 과제를 수행해야 할 때 타인의 존재는 스트레스를 높이는 역할을 할 뿐이다.(Blascovich et al., 1999)

　어빙 사르노프(Irving Sarnoff)와 필립 짐바르도(Philip Zimbardo, 1961)의 유명한 연구를 살펴보자. 연구진은 참가자들에게 이 실험이 프로이트가 말한 '구강기' 발달과 관련 있으며 고무젖꼭지와 아기 젖병 등 다양한 물체를 빨게 될 것이라고 설명했다. 이때 참가자들은 다른 사람과 함께 기다리고 싶어 할까, 아니면 혼자 있고 싶어 할까? 실험에 참가한 대부분의 사람들은 이렇게 창피해질 가능성이 있을 때는 십중팔구 혼자 기다리는 쪽을 선택했다. 친구와 함께 있을 때 평가당한다고 느낄 가능성이 있으면 친구는 더 이상 힘이 되는 존재가 아닐 수 있다. 여학생들에게 스트레스가 심한 수학 문제를 풀게 한 실험에서 참가자들은 친한 친구가 평가하는 역할을 하지 않으면서 함께 있으면 혈압이 낮아졌다. 반면 친구가 결과를 평가할 때는 혼자 있거나 낯선 사람들과 함께 있을 때와 같은 결과가 나타났다.(Kors, Linden & Gerin, 1997) 앞서 언급했듯 이런 상황에서는 지적 능력을 신랄하게 헐뜯을 가능성이 거의 없다는 측면에서 개와 함께 있는 편이 나을 때도 있다.

　그런가 하면 자기도 모르게 사회적 지지를 밀어내는 사람들도 있다. 누구보다 정서적 지지가 필요한 사람들이 자신이 갈망하는 사회의 보살핌을 본의 아니게 차단하는 것이다.

BOX 7.2

우울감과 외로움의 끝없는 순환

연구자들은 우울과 외로움이 함께 작용해 사회적 지지를 밀어낼 수도 있다는 사실을 발견했다. 우선 우울한 사람들은 일상에서 발생하는 스트레스에 대처하는 능력이 떨어진다.(Marx, Williams & Claridge, 1992) 타인과의 상호작용에서 불만스러운 부분에 대해 더 많이 불평하고, 스트레스를 해소하는 수단으로 유머를 사용하는 능력이 약하다.(Nezlek & Derks, 2001; Nezlek, Hampton & Shean, 2000) 그래서 이들은 스트레스를 높이는 쪽으로 행동해 상황을 악화시킨다. 친구나 룸메이트에게 도움을 구하려고 기댈 때 부정적 측면에 신경을 쓰는 우울한 성향의 사람은 지지해줄 만한 사람들을 멀어지게 하는 경향이 있다. 정말 공감을 잘해주는 친구들도 "인생은 비참해. 잘 풀리는 일이 하나도 없어. 다 절망적이야" 같은 반복적 주제에 결국 질려버리고 만다. 그 결과 우울한 사람들은 다른 사람에게 지지를 덜 받게 된다.(Gracia & Herrero, 2004)

더 복합적인 문제로 들어가보면 우울한 사람들은 자신을 호의적이지 않은 시선으로 보는 사람들과의 관계를 추구할 수 있다.(Swann et al., 1992) 우울한 사람들을 도와주려 하는 친구들은 스스로도 같이 우울해질 수 있다.(Joiner, 1994) 결국 주변 사람들은 우울한 사람과 어울리는 것이 불편하다는 사실을 깨닫고 그들을 멀리하기 시작한다.(Joiner et al., 1992; Strack & Coyne, 1983)

외로움도 이와 비슷하게 저절로 지속되는 특징이 있고, 가끔은 우울증과 직접 연관되기도 한다. 외로움을 타는 학생들은 비슷한 조건의 사교적인 사람들에 비해 긴장을 많이 하고, 우울해하고, 다른 사람들을 비판하는 경우가 많다.(Russell et al., 1980) 이들은 대인 관계에서 발생하는 문제를 꾸준히 자기 탓으로 돌리는 등 스스로에 대해 자기 파괴적으로 생각하는 경향이 있다.("나는 제대로 할 줄 아는 게 없어.") 명백히 외부 원인이 있을 때도 마찬가지다.(Peplau et al., 1979) 예를 들어 대학에 입학하면서 멀리 이사한 지 얼마 안 되었는데 차츰차츰 없는 학생은 이런 상황적 문제를 간과하고 다른 사람들이 자신을 매력 없고 지루하다고 생각해 외로워졌다고 판단하기도 한다.

외로운 학생들은 고립된 상황에 대처하기 위해 다른 사람들을 불러들이거나 공적 행사에 가는 대신, 폭식, 약물 복용, 텔레비전 시청 등 역효과를 낳는 행동으로 이어지는 경향이 있다.(Paloutzian & Ellison, 1982) 외로운 학생들은 다른 사람들 주변에서 덜 매력적으로 보이게 행동하기도 한다. 이를테면 혼잣말을 하거나 대화 주제를 자주 바꾸거나 상대에게 질문을 적게 하거나 부적절한 자기 노출을 많이 하는 식이다.(Jones et al., 1982: Solano et al., 1982)

설상가상으로 이런 사람들은 자신과 다른 사람들에 대해 비현실적으로 높은 기대치를 설정한다.(Rawlins, 1992) 이들은 다른 사람들과 이야기를 나눈 후 자신과 상대방을 더 부정적으로 평가하고 상대를 다시 만나는 데 관심을 덜 보인다.(Gable & Reis, 1999: Jones, Freemon & Goswick, 1981: Jones, Sansone & Helm, 1983) 상대가 자신을 긍정적으로 인식해도 자신이 무언가를 잘못한 것 같다고 느끼면서 그 대화에서 벗어난다.(Christensen & Kashy, 1998)

이렇게 지속되는 악순환에 빠졌을 때 할 수 있는 일은 무엇일까? 상황이 나아질 것이라고 자신에게 말하는 것도 도움이 된다. 낙관적인 눈으로 스트레스와 마주하는 사람이 스트레스에 더 잘 대처하기 때문이다.(Abend & Williamson, 2002: Brissette et al., 2002) 하지만 유감스럽게도 우울하다고 느낄 때 상황의 밝은 측면을 볼 가능성은 매우 낮다.(Forgas, 1995) 방금 논한 연구에

서는 하지 말아야 할 몇 가지 행동을 제안한다. 다른 사람들을 피하고 싶어 하지 말고, 다른 사람들이 도움을 주려 하면 삶이 얼마나 비참하고 힘든지 불평해서 그들을 실망시키지 않는 것이 좋다. 그 대신 관심사를 공유하는 사람들과 더 능동적이고 긍정적인 상호작용을 할 수 있다.(Lyubomirsky, Sheldon & Schkade, 2005) 음주나 텔레비전 시청보다는 요가나 에어로빅처럼 여럿이 몸을 움직이는 활동이 도움이 될 수 있다. 에어로빅은 기분 전환용 약물과 같은 역할을 할 수 있다.(Kircaldy et al., 2002: Pennix et al., 2002: Salmon, 2001) 그리고 친구와 동료에게 공통 관심사를 발견하고 그들의 장점에 반응하며 유용한 자원이나 정보를 제공해주면 그들도 그만큼 긍정적으로 반응할 것이다. 새 친구를 사귀는 것도 좋지만 오랜 친구들도 스트레스를 줄이는 데 도움이 될 수 있다. 일례로 고등학교 시절 친구들과 연락을 이어가려고 노력하는 대학생들은 외로움에 영향을 덜 받는 경향이 있다.(Oswald & Clark, 2003)

부모와의 애착이 인간관계에 미치는 영향

우울증이 부정적 순환으로 이어지는 반면, 타인과의 강한 애착 관계는 상호작용에서 긍정적 순환으로 이어질 수 있다. 영국 심리학자 존 볼비(John

Bowlby, 1969)는 『애착』에서 부모와 안정적 애착 관계를 형성한 사람은 살아가면서 경험하는 스트레스에 더 잘 대처한다고 주장했다. 그 이유는 그들이 지지를 얻을 수 있는 환경에 놓였기 때문일 수 있다. 한 연구에서는 참가자들을 유아기부터 사춘기 이전 여름 캠프에서 경험한 사건들까지 지속적으로 지켜보았다.(Shulman, Elicker & Sroufe, 1994) 엄마와 불안정한 애착 관계를 형성한 아이들에 비해 안정적인 애착 관계를 형성한 아이들은 또래 아이들을 더 능숙하게 대했다. 또한 이런 아이들은 나중에 행동 장애가 나타나는 경향도 낮다.(Rohner, Khaleque & Cournoyer, 2005) 성인의 경우에도 안정적 애착 관계를 형성하는 사람들은 다른 사람들과 더 친밀한 관계를 맺고 만족을 느끼며, 그들이 자신의 욕구에 더 민감하게 반응한다고 느낀다.(Dykas & Cassidy, 2011 ; Kafetsios & Nezlek, 2002) 얄궂은 일이지만 우울증의 악순환에서 나타나는 현상과 정반대로, 지지가 가장 덜 필요한 사람들이 지지를 얻기 가장 쉬운 셈이다.

어린아이에서 10대로 들어선 아이들은 부모의 감정적 지지를 거부하기도 한다. 사춘기에는 부모보다 또래에게 의지하는 경향이 높아지며(Aseltine, Gore & Colten, 1994), 이러한 경향은 대학생이 돼도 계속 나타난다.(Fraley & Davis, 1997) 사실 대학생의 경우 외로움을 완화하는 데 부모와의 접촉은 도움이 되지 않고, 친구들과의 접촉만 도움이 되는 걸로 보인다.(Cutrona, 1982 ; Davis, Morris & Kraus, 1998)

하지만 대학생들에게도 부모의 지지가 무의미하지는 않다. 부모와 든든한 관계를 유지하는 사람들은 부정적인 기분에 덜 빠지고 더 좋은 성적을 받는다. 이런 영역에서는 친구들이 별로 도움이 되지 않는다.(Cutrona et al., 1994 ; Davis et al., 1998) 요컨대 10대 자녀가 호의적 지지를 거부할 때 부모들이 강요하지 않고 필요할 때 찾도록 놔두는 것이 도움이 된다. 그 반대 입장이라면 기댈 수 있는 어깨를 빌려주는 부모의 제안을 받아들이는 편이 (성적은 물론) 정신적 건강과 행복에 가장 좋다.

최근에는 성인의 연애 관계에서 애착의 역할을 조사한 연구가 많이 수행되었다.(e. g., Campbell et al., 2001 ; McGowan, 2002) 낭만적 사랑에 대해 다루는 8장에서 애착에 대해 더 자세히 살펴볼 것이다.

더 많은 정보를 찾아서

하인리히 하러와 페터 아우프슈나이터는 꾀죄죄한 도망자에서 금지된 도시 라사의 내부인이 되기까지 어떤 과정을 겪었을까? 가장 그럴듯한 대답은 이들이 티베트 사람들에게 필요한 것, 즉 바깥세상의 귀중한 정보를 가지고 있었기 때문이라는 것이다. 아우프슈나이터는 기술자였고, 하러는 숙련된 교육자였다. 이들은 다양한 언어로 쓰인 외국 신문을 번역해주는 등 티베트인들에게 도움을 줄 수 있었다. 영화 촬영 기법에 관한 하러의 짤막한 지식도 어린 달라이라마를 매혹시키기에 충분했다. 사실 이 두 사람의 첫 만남이 5시간이나 계속된 까닭은 달라이라마의 지식에 대한 굶주림 때문이었다. 하러는 이렇게 설명했다. "이 어린 군주는 퍼붓듯 질문했다. 그는 다양한 문제에 대해 몇 년이나 혼자서 골똘히 생각한 것 같았고 마침내 이야기를 나눌 사람이 생기자 모든 답을 한꺼번에 알고 싶어 하는 듯 보였다." 첫 만남을 끝내면서 달라이라마는 하러에게 개인 교사가 되어 영어, 지리학, 산수를 가르쳐달라고 했다.

우리 주변의 친구와 지인들이 모두 먼 나라의 신기한 지식으로 넘쳐나는 것은 아니지만 이들은 분명 유용할 수도 있는 사실과 아이디어, 대안적 의견을 제공하는 훌륭한 정보의 원천이 될 수 있다. 줄줄 새는 수도꼭지를 고치는 법, 바짓단 줄이는 법, 맛있는 스파게티 소스 만드는 법을 빨리 알고 싶다면 공립 도서관의 어떤 책보다도 친구나 이웃이 더 큰 도움이 될 수 있다. 또한 다른 사람들과 머리를 맞대면 집단의 지능이 높아지는 경우가 많다.(Thompson & Fine, 1999; Wegner, 1987) 단어 암기를 비롯해 복잡한 문제 해결까지 어떤 과제든 친구들과 협동하면 더 나은 결과를 얻는 경향이 있다.(Andersson & Roennberg, 1997; Zajac & Hartup, 1997) 친구들과 함께할 때 더 잘할 수 있는 이유는 비슷한 지식적 배경을 공유하고 서로의 감정과 의도를 더 잘 '읽을' 수 있기 때문이다.(Colvin, Vogt & Ickes, 1997)

다른 사람들은 물리적 세계에 관한 사실의 원천이지만 **사회적** 현실("나는 얼마나 호감 가는 사람인가?")과 관련된 질문에 답을 얻을 때도 정도의 차이만 있을 뿐 매우 중요한 비중을 차지한다. 사람들은 개인적 결정에 대한 반응이 필요할 때 어떻게든 자신이 원하는 바를 뒷받침하는 정보를 찾는 경향이 있다. 이때 다른 사람들은 좀 더 균형 있는 의견으로 조언해줄 수 있다.(Jonas,

Schulz-Hardt & Frey, 2005)

비슷한 사람에게 더 끌린다

3장에서 리언 페스팅어(Leon Festinger, 1954)의 사회 비교 이론에 대해 언급했다. 페스팅어에 따르면 사람들에게는 자신의 의견과 능력을 평가하려는 욕구가 있다. 그리고 이 욕구를 충족하는 최선의 방법은 타인과 자신을 비교하는 것일 때가 많다. "5분 동안 얼마나 멀리 뛰어갈 수 있는가?"와 같은 질문에 대한 답은 물리적 세계에서 확인할 수 있다. 하지만 자신의 능력이나 의견에 대한 질문에 답하려면 다른 사람들에게 의지해야 한다. 내가 연애에 빠져 이성을 잃은 것은 아닐까? 남들은 나를 친절하다고 생각할까, 그렇지 않다고 생각할까? 사형과 낙태에 대한 나의 의견이 타당해 보일까? 이상한 의견을 가진 사람으로 보이지 않을까?

사회 비교 이론은 다른 가정을 포함한다. 사람들이 자신과 다른 사람보다는 비슷한 사람들과 의견이나 능력을 비교하려 한다는 점이다. 학교 내에서 자신의 농구 실력이 괜찮은 편인지 알아볼 때 NBA 선수를 비교 대상으로 삼지는 않는다. 이때 적절한 비교 대상이 되는 집단은 학교 농구 선수들이다. 마찬가지로 진보적 민주당원이 낙태와 사형에 대한 자신의 의견이 타당한지 알아보려 한다면 미국 나치당원이 아니라 다른 진보적 민주당원의 조언을 구할 것이다. 페스팅어가 주장한 이론의 이러한 측면은 사회심리학에서 가장 많이 연구하는 주제 중 하나인 '비슷한 사람들에게 끌리는 경향'에 아주 중요한 영향을 미쳤다.(Byrne, 1971; Hilmert, Kulik & Christenfeld, 2006; Rushton & Bons, 2005)

다른 사람들에게 정보를 얻으려는 동기는 정확한 정보에 대한 욕구에서도 나온다고 할 수 있다. 하지만 대부분의 사람들은 정확한 정보에 약간의 달콤함을 가미해 받고 싶어 한다. 즉 일반적으로 사람들은 기분이 좋아지게 하거나 세상을 보는 자신의 시각을 뒷받침해주는 정보에 끌린다.(Bogart & Helgeson, 2000; Buckingham & Alicke, 2002; Suls, Lemos & Stewart, 2002) 비슷한 사람에게 끌리는 이유는 그들이 자신에게 동의해주는 경우가 많고 그럴 때 기분이 좋아지기 때문이기도 하다.(Clore & Byrne, 1974; Orive, 1988) 이와 반대로 사람들은 의견이 다른 사람들에게는 부정적으로 반응하는 경향이 있다.(Chen

& Kenrick, 2002; Norton, Frost & Ariely, 2007; Rosenbaum, 1986) 비슷한 사람들에게 끌리는 다른 이유는 비슷하지 않은 사람들에 비해 자신을 더 좋아해 주리라는 단순한 기대 때문이기도 하다.(Condon & Crano, 1988) 또한 자신과 세상을 보는 관점을 확인하게 해주기 때문이기도 하다.(Boer et al., 2011; Pittman, 1998) 자신을 다른 사람과 비교할 때 우리는 더 성공적인 사람들과의 유사성을 발견하고 실패한 사람들과의 차이점을 찾는 경향이 있다.(Locke, 2005) 자기보다 못한 사람과의 비교를 통해 자신에 대해 더 좋게 생각하게 되기 때문이다. 자기도취에 빠진 사람들은 이러한 하향적 사회 비교를 할 때 특히 더 기분이 좋아진다고 느낀다.(Bogart, Benotsch & Pavlovic, 2004)

사람

비밀 얘기의 힘 : 자기 노출

각자 가장 잘 아는 사람들에 대해 잠시 생각해보라. 그중 자기 이야기나 감정 표현을 거의 하지 않고 자기 생활에 대해 다른 사람들에게 의견을 구하는 일도 드문 사람이 있는가? 반대로 감정을 있는 그대로 표현하고 항상 감정이나 경험을 쉽게 털어놓으며, 이야기를 들어주는 사람의 조언을 기쁘게 받아들이는 사람이 있는가?

　　연구자들은 사람마다 개인적 정보와 사회적 정보를 다른 사람들과 교환하는 경향에서 확고한 차이가 나타난다는 점을 발견했다. 투입의 측면에서 보면 어떤 행동이 적절할지 결정하는 데 타인의 반응이 필요한 사람이 있는 반면, 자기 생각에 따라 결정할 때 더 행복해 보이는 사람이 있다. 산출의 측면에서 보면, 자신에 대한 정보를 쉽게 개방하는 사람이 있는가 하면, 그런 이야기를 별로 하지 않고 입이 무거운 사람이 있다. 이렇게 자신과 관련된 사적 정보를 공유하는 자기 노출(self-disclosure)은 실제로 친구 관계를 맺을 때 핵심적인 측면이다.(Derlega et al., 1993; Harvey & Omarzu, 1997) 서로 자기 노출을 하는 과정은 아주 중요하다. 생전 처음 보는 사람이라도 30분만 사적 정보를 자세히 주고받고 나면 친구가 된 것처럼 느껴질 수 있다.(Aron et al., 1997) 이런 맥락에서 자기 노출을 통해 타인이 자신을 좋아하게 만드는 경우가 많다.(Collins & Miller, 1994; Ensari & Miller, 2002) 또한 사적인 생각과 비밀을 개방하는 행동은 새로운 깨달음으로 이어지거나 자신을 더 좋게 생각하게 되

는 계기가 되기도 한다.(Kelly et al., 2001)

하지만 사람에 따라 자기 노출을 하는 방식은 다르다. 주로 남성들이 개인적 일과 관계없는 스포츠나 정치 이야기를 하는 반면, 여성들은 자신과 사적인 인간관계에 대한 정보를 개방하는 경향이 높다.(Martin, 1997; Salas & Ketzenberger, 2004; Sheets & Lugar, 2005) 동아시아인은 미국인에 비해 자기 노출을 하는 경향이 낮다. 이러한 차이는 미국인이 친구가 더 자주 바뀜에 따라 자기 개방의 동기가 더 많이 발생한다는 사실과 관련된 것으로 보인다.(Schug, Yuki & Maddux, 2010)

한편 자기 노출에는 바람직하지 않은 면도 있다. 다른 사람에게 개인적인 비밀을 말하는 행위는 배신감, 험담, 사생활 침해가 발생할 가능성을 만드는 셈이다.(Petronio, 2002) 돌이켜보면 모니카 르윈스키(Monica Lewinsky)가 비밀을 털어놓을 친구로 린다 트립(Linda Tripp)을 선택한 것은 아주 잘못된 결정이었다. 트립은 르윈스키와의 대화를 폭로해 돈을 벌 수 있으리라는 기대로 르윈스키에게 빌 클린턴 대통령과의 관계를 전부 말해보라고 부추기면서 모든 대화를 녹음했다. 그 결과 르윈스키와 클린턴이 굴욕을 당했을 뿐 아니라, 클린턴의 정적들이 폭로된 사실을 바탕으로 탄핵 소송과 대통령의 사생활에 대해 관음증 수준으로 취조하면서 미국 의회가 마비됐다.

상황

사건의 중요성과 불확실성

사회적 정보를 얻기 위해 타인에게 의존하게 되는 특정 상황이 있을까? 사회 비교 이론에 따르면 자신의 의견, 능력, 반응을 다른 사람들과 비교하려는 동기는 중요한 사항에 확신이 없을 때 강해진다.(Marsh & Webb, 1996; Roney & Sorrentino, 1995) 답을 이미 아는 문제(올해에도 크리스마스가 12월 25일일까?)나 별로 관심 없는 문제(1992년에 누에콩 수확량이 더 많았던 지역은 이란인가, 터키인가?)에 관해서는 다른 사람들의 의견을 궁금해할 필요가 없다. 한편 불확실성이 발생하기 쉬운 상황이 있다. 예를 들어 유언비어(1692년 미국 세일럼을 휩쓴 마녀에 대한 풍문)나 소문은 그 사건이 중요할수록, 진상을 알기 어려울수록 빠르게 퍼지는 경향이 있다.(Allport & Postman, 1947) 불확실성과 관계 맺기에 대해 알아본 실험에서 참가자들은 고통스러운 충격을 받을 수 있는 위협적 상황에 처했다. 일부 참가자들은 같은 위협에 다른 학생들이 어떻게 반응하는지 알려주는 생리적 수치를 보았고, 나머지 참가자들은 자신의 생리적 반응만 볼 수 있거나 아무런 정보도 받지 못했다.(Gerard & Rabbie, 1961) 다른 사람들이 어떻게 반응하는지 안다고 생각한 참가자들은 자신의 반응에 대한 정보만 받거나 아무 정보를 받지 못한 참가자들에 비해 다른 사람과 관계를 맺으려는 경향이 낮았다. 이 결과는 두려움을 느낄 때 관계 맺기에 대한 동기가 자신과 다른 사람들의 반응을 비교하는 행동으로 나타난다는 생각을 뒷받침한다. 이후의 연구에서는 건강을 위협하는 다양한 요소에 직면한 사람들에게서 똑같은 효과가 나타났다.(Buunk, Gibbons & Visser, 2002)

상황

'같은 처지'가 주는 유사성

사회 비교 이론의 다른 가정은 사람들이 불확실한 상태일 때 특정한 유형의 비교를 하려는 동기가 나타난다는 것이다. 다시 말해 사람들은 자신과 비슷하다고 생각하는 사람과 자신을 비교하고 싶을 때 '한 배에 탄' 사람들이나 자신과 성격이나 관심사가 비슷한 사람들을 선택한다.(Kulik & Mahler, 2000; Marsh & Webb, 1996) 하지만 비슷한 사람들과 자신을 비교하려는 욕구에는 한계가 있다. 행복에 아주 중요한 영향을 미치는 문제에 관해서는 자신과 비슷하든 비슷하지 않든 정확한 정보를 알려줄 수 있는 사람과 관계를 맺으려 한다. 예를 들어 관상동맥 우회술을 앞둔 환자는 마찬가지로 수술을 기다리는 사람보다 이미 수술을 받은 사람과 친해지고 싶어 한다.(Kulik & Mahler, 1990) 강한 전기 충격을 받게 되리라고 상상하면서 기다리는 학생들은 대화가 허용된다면 이미 전기 충격을 경험한 사람과 함께 기다리는 쪽을 선택한다.(Kirkpatrick & Shaver, 1988)

정말로 위협적인 상황에서 관계 맺기의 주요 목표는 인지적 명확성일 때가 많다. 신체적 안전이 위태로운 상황에 놓인 사람들은 단순히 자신의 반응이 '사회적으로 적합한지' 알기 위해 관계를 맺으려 하는 대신 최대한 유용한 정보를 얻고 싶어 한다.(Kulik, Mahler & Earnest, 1994)

하지만 그렇게 위협적이지 않은 상황에서는 원활한 상호작용을 위해 비슷한 사람과 관계를 맺는 경우가 많다. 유사성에 끌리는 경향이 비언어적 수준,

사회심리학

심지어 무의식적 수준에서도 효과를 발휘한다고 제안하는 흥미로운 연구를 하나 살펴보자. 타냐 차트랜드(Tanya Chartrand)와 존 바그(John Bargh, 1999)는 뉴욕대학교 학생들이 위장한 연구 공모자와 대화하는 장면을 녹화했다. 이야기하는 동안 연구 공모자는 다리를 떨거나 얼굴을 문질렀다. 참가자들은 연구 공모자의 비언어적 움직임을 카멜레온처럼 그대로 따라 하는 놀라운 모습을 보였다. 나중에 면담한 결과 이들은 자신의 행동을 의식하지 못한 것으로 나타났다. 연구자들은 이렇게 저절로 나타나는 비언어적 모방이 상호작용을 원만하게 이끌고 호감도를 높이는 역할을 한다는 가설을 세웠다. 이 가설을 검증하기 위해 이번에는 공모자가 참가자를 따라 하게 했다. 학생들은 자신의 행동을 따라 하지 않은 사람보다 따라 한 사람을 더 좋아하고 그 사람과의 상호작용이 더 순조로웠다고 느꼈다. 비언어적 상호작용을 통해 상황이 순조롭게 흘러가면 기분이 좋아진다. 공모자가 비언어적 행동을 따라 한 학생들은 실제로 더 협조적이고 관대해졌다.(McIntosh, 2006; van Baaren et al., 2004)

상호작용

"나와 비슷하지만 뛰어나지는 않기를"

비슷한 사람에게 정보를 얻으려 하는 성향은 각자의 자아 개념에 따라 달라진다. 에이브러햄 테서(Abraham Tesser, 2000)는 자신에 대한 긍정적 평가를 유지하는 것이 사회적 상호작용의 중요한 목표 중 하나라고 주장한다. 이러한 **자기 평가 유지 이론**(self-evaluation maintenance theory)의 관점에 따르면, 자신과 비슷한 사람과의 비교는 양날의 검이 될 수 있다. 나와 비슷하면서 크게 성공한 사람이 있다면 '그 사람의 후광'을 누릴 수도 있다.(Cialdini et al., 1976; Hirt et al., 1992) "이번에 내 친구가 글쓰기 상을 탔어!"라고 말한다면 재능 있는 사람과 관련 있다고 암시하는 셈이다. 하지만 스스로 특별한 재주가 있다고 생각하는 영역에서 자신과 비슷한 사람이 그런 성공을 이뤄내면 자신이 부족하다고 생각하게 된다.(Beach et al., 1998) 예컨대 글쓰기에 특히 자신 있던 사람은 친구가 글쓰기 상을 받으면 자신은 글쓰기로 상을 받은 적이 없다는 사실을 상기하기 마련이다. 이러한 이유로 사람들이 자신과 비슷한 사람을 선호하되, 자신과 실력이 비슷하지만 뛰어나지는 않은 사람들을 좋아하게 된다.(Campbell & Tesser, 1985)

하지만 자기 정체성과 크게 관련이 없는 영역에서 자신을 능가하거나 '가족'으로 여기는 사람에게는 그리 신경 쓰지 않는다.(Gardner, Gabriel & Hochschild, 2002) 또한 사람들은 장기적 관계에서 질투를 유발할 수 있는 비교를 피하기 위한 구분 짓기에도 아주 능숙하다. 예를 들어 테서의 연구 참가자 가운데 정치학 교수 부부가 있었는데, 같은 분야에서 일하면서 사회 비교로 문제가 생긴 적이 없는지 물었더니 둘 다 놀라며 분야가 같지 않다고 말했다. 무슨 말인가 하니 한 사람은 국제관계학을 연구하고 한 사람은 비교정치학을 연구하기 때문에 엄연히 다르다는 뜻이었다!

한 연구에서는 선택적 사회 비교에서 발생하는 무지가 실제로는 축복일 수 있음을 보여주었다. 소냐 류보머스키(Sonja Lyubomirsky)와 리 로스(Lee Ross, 1997)는 평소 행복하지 않은 학생들이 사회 비교 정보에 민감하게 반응했음을 발견했다. 행복하지 않은 학생들은 상대보다 수행을 잘했을 때 자기 실력을 높게 평가하고 상대보다 못했을 때 낮게 평가했다. 평소 행복한 학생들 역시 상대보다 잘했을 때 자기 실력을 높게 평가했으나 상대가 더 잘하자 반응을 의식하지 못한 채 마찬가지로 자신을 높게 평가했다.

높은 곳을 향한 열망, 지위

하인리히 하러와 달라이라마가 친구가 된 이유를 파헤치는 과정에서 흥미로운 점은 한 나라의 군주가 일개 도망자와 어울리고 싶어 했다는 것이다. 자신이 사는 지역의 지도자가 만나기를 청할 때 거절할 사람은 거의 없다. 사실 하러는 달라이라마와 접견하기 전 무슨 일이든 일자리를 얻은 것에 감사해했다. 그러다 달라이라마와 친구가 된 지 얼마 되지 않아 그의 급여와 지위는 순식간에 높아졌다. 지위가 높은 친구가 있으면 이렇게 덕을 본다.

비단 인간만 높은 지위를 차지하기 위해 유대를 형성하는 것은 아니다. 다른 영장류에서도 비슷한 정치권력의 연합이 발견된다.(de Waal, 1989) 예를 들어 인간 사회와 마찬가지로 침팬지 무리에서 사회적 지위는 '누구와 아는 사이인지'에 좌우되고, 최고의 지위는 친구들끼리 연합해 차지하는 경우가 많다. 이런 연합체는 가장 크고 지배적인 개체보다 높은 지위를 차지할 수 있다.

왜 남성들은 서로 나이부터 물을까

대학교 2학년, 4학년 학생들과의 인터뷰를 살펴보면 친구 관계에 대한 접근법에서 남녀의 흥미로운 차이를 짐작할 수 있다. 남성들의 자기 정체성은 직업적 경력의 발전에 기초하는 반면, 여성들의 정체성은 직업적 경력과 친밀한 인간관계를 조화롭게 유지하는 데 기초하는 경향이 있다.(Maines & Hardesty, 1987) 특히 사춘기 소년들은 친구끼리 친밀함과 관련된 논의를 피하는 대신 경쟁적 스포츠 같은 활동에 초점을 맞추는 경향이 높다.(Martin, 1997; Shulman et al., 1997) 부모와의 관계에서 남자아이들은 진로와 대학에 대한 이야기를 상대적으로 많이 하는 반면, 여자아이들은 친구와 가족 이야기를 상대적으로 많이 하는 경향이 있다. 성인기가 되면 여성은 직장 외부의 사람들과 관계를 맺는 경우가 많은 반면, 남성은 직장 동료와 관계를 맺는 경우가 더 많다.(Rawlins, 1992)

한편 여성에 비해 남성끼리는 사회적 서열을 더 많이 강조한다.(McWilliams & Howard, 1993) 여성보다 남성에게 더 많이 분비되는 호르몬인 테스토스테론은 인간을 비롯한 다수의 동물 종에서 경쟁적 행동과 관련 있다.(Frigerio et al., 2005; Schultheiss et al., 2005) 이러한 발견과 같은 맥락에서 남성들과 달리 여성들은 친구보다 나은 성과를 얻었을 때 불편한 기분을 느낀다.(Benensen & Schinazi, 2004) 아니타 바비(Anita Barbee)와 동료들 (1993)은 친구 관계의 유형에서 성별의 차이가 이끌어 낸 결과를 언급했다. 남성의 역할에서는 돌봄과 풍부한 감정 표현이 경시되기 때문에 남성들은 정서적 지지를 주고받는 데 어려움을 겪을 수 있다. 그 대신 성취와 독립을 중요하게 여기므로 남성들은 서로 도와주는 형태의 도구적 지지(친구가

권력을 얻기 위해 연합하는 행동은 인간의 전유물이 아니다. 수컷 개코원숭이들은 더 크고 지배적인 수컷과 경쟁해 암컷을 차지하기 위해 연합을 형성한다. 덜 지배적인 수컷들은 이렇게 연합을 만들어 혼자서는 차지할 수 없을 짝짓기 기회를 얻을 수 있다.

차를 고칠 때 도와주기)를 교환하는 데 더 능숙하다.

요컨대 남성들의 인간관계에서 두드러지는 특징은 서열과 조력이고 이것은 지위 추구 행동의 구성 요소다. 앞서 논했듯 여성들의 인간관계는 친밀함과 정서적 지지에 초점을 맞추는 경향이 있다. 그 결과 남성들은 인간관계에서 존경을, 여성들은 애정을 더 얻게 된다.

상황

아부와 관계 끊기

어떤 상황이 지위를 목적으로 타인과 관계를 맺으려는 욕구를 유발할까? 직장처럼 지위가 중요하게 여겨지는 경우에는 높은 사람, 상사와 유대를 형성하려고 노력해야 한다. 반면 사회적으로 바람직하지 않은 특성이 많아 그 사람과 유대를 형성했을 때 오명을 쓸 위험이 있다면 거리를 두려는 동기가 유발될 수 있다.

상사에게 아부하기 사회적 서열이 부각되는 상황에서는 인간관계에서의 지위에 대한 관심이 높아진다. 사실 직장 내 인간관계는 지위에 따라 형성되기 쉽다.(Kanter, 1977) 학회에 참석한 대학원생은 대화 상대가 자꾸 한눈을 팔면서 지나가는 사람들의 이름표를 읽는 상황과 흔하게 마주한다. 상대가 유명한 사람을 포착하면 하찮은 대학원생은 대화 중간에 버림받는 일이 다반사다. "미안해요. 서둘러야 해서……. 아, 질스타인 박사님, 이름표가 보여서요. 박사님이 쓰신 논문 정말 많이 읽었습니다. 정말 감명 깊었어요." 조직에 속한 사람들을 대상으로 직장 내 정치적 관계에 대해 설문 조사를 했을 때 출세의 수단으로 권력자에게 동조한다는 이야기가 자주 언급된다.(Allen et al., 1979) 또한 상사의 마음에 들기를 바라며 그들에게 맞장구를 쳐주는 일도 자주 일어난다.(Greenberg & Baron, 1993 ; Liden & Mitchell, 1988) 실제로 대화 중 한 사람이 비언어적 지배 행동을 하면 상대방은 자동적으로 순종하는 행동을 하는 경향이 있다.(Cheng & Chartrand, 2003 ; Markey, Funder & Ozer, 2003)

상사와 유대를 형성하려는 욕구는 일본 같은 지위 지향적 문화에서 특히 강하게 나타난다. 한 연구에서 각각 미국과 일본의 기업 조직에 속한 사무직 근로자들이 호감도순으로 직장 내 다른 구성원들의 순위를 매겼다. 미국인들

은 자신과 지위가 비슷한 사람들을 가장 좋아했고, 일본인들은 상사를 가장 좋아했다.(Nakao, 1987)

불명예스러운 유대 관계 끊기 동전의 뒷면처럼 우리는 자신에게 좋지 않은 영향을 미칠 수 있는 사회적 유대 관계를 끊기도 한다. 한 실험에서는 학생들을 상대로 '존슨의 분노 및 적대감 척도'라는 검사지를 작성하게 했다. 그중 일부는 자신의 점수가 "적대감과 억압된 분노의 경향이 있으나 평소에는 의식하지 못하는 사람"에 해당한다고 들었다. 나머지 학생들은 '존슨의 부정직성 척도'라는 검사지를 작성한 후 자신이 "높은 수준의 억압된 부정직성"에 해당한다고 믿게 되었다. 그 후 이들은 다른 학생들이 작성한 성격검사지와 그 학생이 쓴 메모를 보게 되었다. 쪽지에는 그 학생이 어린 조카에게 폭력을 휘둘렀거나 체육관 사물함에서 돈을 훔쳤다는 고백이 적혀 있었다. 자신에게 '억압된 적대감'이 있다는 결과에 방어적 태도를 취한 학생들은 폭력적으로 인식된 사람과 거리를 두고 자신의 성격이 그 사람과 아주 다르다고 평가했다. '억압된 부정직성'이라는 특성에 방어적 태도를 취한 학생들은 도둑질을 했다는 사람과 더 거리를 두었다.(Schimel et al., 2000)

어떤 의미에서 보면 거리 두기 현상은 4장에서 언급한 '후광 누리기(성공적인 사람과의 유대에 대해 떠벌리기)'의 정반대 현상이다. C. R. 스나이더(C. R. Snyder), 메리앤 래시가드(Maryanne Lassegard), 캐럴 포드(Carol Ford, 1986)는 이 거리 두기 현상을 주제로 연구를 수행했다. 이 연구에서 학생들은 '청 팀'에 배정되어 함께 머리 쓰는 문제를 풀었다. 학생 가운데 일부는 그 팀의 성적이 또래 학생들의 상위 30% 이하여서 실패했다는 이야기를 듣고, 나머지 학생들은 성적이 상위 10% 이상이어서 훌륭하게 성공했다는 이야기를 들었다. 이후 학생들은 문 앞 상자에 팀 배지가 있으니 하나씩 가져가고, 마음에 들면 달아도 좋다는 말을 들었다. 실패했다는 말을 들은 학생들은 아무 정보도 받지 못한 학생들에 비해 배지를 가져가는 비율이 훨씬 낮았다. 연구자들은 이 결과를 5장에서 논한 프리츠 하이더(Fritz Heider)의 균형 이론(사람들이 자신의 이미지를 일관되게 유지하거나 더 좋게 만들기 위해 유대 관계를 관리한다고 가정하는 이론)으로 설명했다.

지위 추구와 사회적 지지의 상관관계

지배적 지위로 올라가는 데 너무 열중하다 보면 호감 얻기라는 목표 달성에는 실패할 수도 있다. 오스카 와일드(Oscar Wilde)는 이렇게 말했다. "누구나 친구의 고통에 함께 마음 아파할 수 있다. 하지만 천성이 정말 착한 사람만이 친구의 성공에 함께 기뻐할 수 있다." 사실 정서적 지지를 얻으려는 동기와 친구 관계를 통해 지위를 얻으려는 동기 사이에는 필연적으로 갈등이 생겨나기도 한다.(Schneider et al., 2005) 일과 놀이의 결합이 장기적으로는 사회적 지지를 제공하는 관계망을 망가뜨릴 수 있다는 증거가 있다. 예컨대 의욕이 충만한 학생들은 친구들과 학업에 관해 이야기하는 경우가 많다. 친구들은 그 학생이 앞서 나가기 위해 무얼 하는지 관심이 그리 많지 않기 때문에 결국 친구들을 잃을 수 있다. 이보다 덜 의욕적인 학생들은 친구들이 재미있다고 여길 만한 일들에 대해 이야기함으로써 사회적 지지를 제공하는 관계망을 더 튼튼하게 유지한다.(Harlow & Cantor, 1994)

남성들의 지위 지향적 성향은 일생에 걸쳐 친구들에게 덜 매력적으로 보이는 요인이 될 수 있다. 이 점은 이성 간 친구 관계에 흥미로운 영향을 미친다. 밝혀진 바와 같이 남성들은 여성과 함께 있는 것에 큰 가치를 두는 반면, 여성들은 항상 그에 상응하는 성향을 나타내지 않고 같은 여성들과 어울리는 것을 더 좋아할 때가 많다.(McWilliams & Howard, 1993) 여성들은 남성들과의 관계보다 동성 친구들과의 관계가 더 의미 있고 즐겁다고 생각한다.(Reis, Senchak & Solomon, 1985) 앞서 언급했듯 여성들끼리는 아주 직접적으로 공감과 감사를 표현한다. 반면 남성들은 그렇게 직접적으로 감사를 표현하지 않는다.(Helgeson, Shaver & Dyer, 1987) 여성들은 쪽지에 이렇게 써서 보낸다. "오늘 정말 즐거웠어! 내 인생에서 네가 얼마나 소중한지 몰라! 금요일에 또 점심 먹자!" 남성들은 쪽지를 이렇게 쓴다. "이 몸이 네 한심한 골프 스윙 연습을 좀 도와주마. 금요일에 보자. 몸소 대가의 스윙을 보여주지!" 남녀 모두 힘들고 스트레스가 쌓일 때 여성을 찾는다는 사실은 전혀 놀랍지 않다. 이것은 사람이 상황을 바꾸는 하나의 예다. 지위와 경쟁을 강조하는 남성들 특유의 성향은 여성들이 마주하는 상황과 사뭇 다르고 사회적 지지도 적게 받는 사회적 환경을 만들어내는 경우가 많다.

다시 한번 말하지만 여기서 중요한 점은 사회적 행동에서 나타나는 성별 차이를 과장하지 않는 것이다. 남성들이 동성과의 친구 관계에서 더 지배하려 들고 덜 순종적이지만 연애 관계에서는 그와 반대로 여성이 먼저 유쾌하지 않은 얘기를 꺼내거나 싸움을 시작하는 경향이 높다.(Suh, Moskowitz, Fournier & Zuroff, 2004) 또한 사람들이 항상 밀어붙이고 지배하려 드는 방식으로 사회적 우위를 차지하지는 않는다. 남녀 청소년을 대상으로 한 연구에서는 남녀 모두 사회적 지배권을 획득하기 위해 긍정적 전략과 강압적 전략을 조합해 사용하는 것으로 드러났다.(Hawley, Little & Card, 2008)

물질적 이득의 교환

그날은 하인리히 하러의 인생을 통틀어 가장 힘든 시기에 맞은 황량한 크리스마스이브였다. 하러와 아우프슈나이터는 꽁꽁 언 산악 지대를 지나 20킬로미터 넘게 걸어온 참이었다. 너덜너덜한 차림의 두 사람은 너무나 딱한 모습으로 외딴곳에 있는 여러 개의 천막에 도착했다. 처음에 그곳에 사는 유목민들은 근방의 강도가 아닌가 경계하며 이 낯선 남성들을 꾸짖으며 쫓아냈지만 몇 분이 지나고 나서 두 방랑자를 천막으로 들어가게 해주었다.

> 우리는 불가에서 몸을 녹이고 버터 차와 귀한 별미인 흰 빵을 한 조각씩 받았다. 눅눅하고 돌처럼 딱딱한 빵이었지만 크리스마스이브에 티베트의 황야에서 받은 이 작은 선물은 잘 차린 어떤 크리스마스 만찬보다 우리에게 의미가 컸다.

하러는 이 낯선 이들에게 받은 친절을 결코 잊지 않았다. 그가 티베트에서 겪은 이야기에는 이런 일화가 가득하다. 사실 이들은 처음에 라사에의 진입을 거부당했지만 나중에는 아주 따뜻하게 환대받았다. 마침내 금지된 도시에 머물러도 좋다는 허가를 받자마자 하러와 아우프슈나이터는 받은 친절을 돌려주고 싶어 티베트인들을 위해 할 수 있는 일을 찾아보기 시작했다. 하러는 자신을 받아준 집의 주인을 위해 분수와 정원을 새로 만들어주었고, 기술자인 아우프슈나이터는 도시에 발전기를 새로 만들어주고 운하를 건설했다. 눅눅한 빵 조각으로 초라한 만찬을 즐긴 지 1년 후 하러는 라사에서 사귄 모든 친구들을 위해 파티를 열었다.

> 나는 크리스마스트리와 선물이 있는 진짜 크리스마스 파티를 친구들과
> 함께 즐기고 싶었다. 그토록 많은 친절과 환대를 받았으니 이번에는 내
> 가 친구들에게 즐거움을 주고 싶었다.

티베트에서 자신을 보살펴준 사람들을 대접하려는 하러의 욕구는 호의를 주고받으려는 인간의 강한 충동을 잘 보여준다. 호의 주고받기는 단순히 예의 바른 관습이 아니다. 우리 선조들이 어려운 시기에 살아남을 수 있었던 비결이었는지 모른다. 1000년 전 남미의 깊은 정글에서 몇 안 되는 사람들과 함께 무리 지어 산다고 해보자. 어떤 때는 음식이 풍족하지만 어떤 때는 턱없이 부족하다. 하루는 낚시를 하러 갔다가 운 좋게 5킬로그램이나 되는 물고기를 잡아서 돌아왔다. 가족끼리만 먹고 몰래 저장해둘 것인가, 다른 사람들과 나눠 먹을 것인가? 인류는 역사의 대부분을 그렇게 작은 집단 속에서 살았다.(Caporael, 1997; Sedikides & Skowronski, 1997) 초기 인류의 수렵·채집에 관한 연구에서도 이때 음식과 서비스를 나누지 않았다면 쉽게 죽어버렸을 것이라고 주장한다.(Hill & Hurtado, 1993)

예를 들어 파라과이 정글에 사는 아체족 사냥꾼들은 사냥 성공률이 들쭉날쭉하다. 어떤 날에는 다 먹을 수 없을 만큼 많은 음식을 가져오고, 어떤 날에는 빈손으로 돌아온다. 한 사람이 멧돼지를 잡아서 식구들끼리만 먹는다면 대부분 쓰레기가 되고 만다.(급속 냉동이 되는 냉장고가 없기 때문이다.) 운이 좋지 않은 시기에는 사냥꾼과 가족들이 함께 굶주릴 것이다. 하지만 사냥꾼들은 이런 철저한 개인주의에 따라 사는 대신, 운이 좋은 날 잡은 고기를 다른 가족들과 나눈다. 조금도 아니고 거의 90%가량을 나눠준다. 이렇게 후한 교환이 일어난 후에는 이웃들도 운 좋은 날 그들에게 음식을 나눠준다.(Hill & Hurtado, 1993) 자원, 특히 예상하기 어렵고 확실치 않은 자원(수확하는 채소가 아니라 사냥으로 얻는 고기)을 교환함으로써 서로가 굶주림에 대비하는 보험이 되는 셈이다.(Kameda, Takezawa & Hastie, 2003; Kameda et al., 2002)

사회심리학

자원의 공유가 이렇게 중요하기 때문에 모든 사회에는 누가 무엇을 누구와 나누는지에 대한 강력한 규칙이 있다.(Haslam, 1997) 지금부터는 이 규칙에 대해 논해보자.

사회적 교환의 4가지 패턴

최근에는 멧돼지를 친구나 이웃들과 나누지 않지만 거의 모든 사람이 물질적 혜택을 자주 교환하며 산다. 가게에 갈 때 차로 데려다주거나 추수감사절 만찬을 같이 준비하거나 취업할 때 유리한 기회를 양보하기도 한다. 재화와 서비스의 교환은 사회생활에서 아주 중요하기 때문에 일부 사회심리학자들은 이것이 다른 사람들과의 관계에서 핵심적 측면이라고 생각하기도 한다.(e. g., Brewer & Caporael, 2006; McCullough, Kimeldorf & Cohen, 2008)

7장의 도입부에서 다른 사람들과의 관계에서 자신이 받는 이득을 최대화하려는 동기가 있다고 가정하는 사회적 교환 이론에 대해 논했다. 또한 공정성에 대해서도 이야기했다. 공정성은 독점적 이득을 위해서가 아니라 상호작용에서 공평함을 얻기 위한 노력의 일환으로 일어나는 교환의 한 형태다. 우리는 공평함을 얻고자 할까, 자신의 이익을 위해 다른 사람들보다 많이 가지려 할까? 그것은 조건에 따라 달라진다. 앨런 피스크(Alan Fiske)는 사회심리학자이면서 인류학자이기도 하다. 피스크는 다양한 인간 사회에 대한 연구를 바탕으로 세계 각국의 사람들이 사회적 교환 규칙에 따라 인간관계를 크게 4가지 범주로 나눈다고 주장했다.(Fiske, 1992; Haslam & Fiske, 1999)(〈표 7.1〉 참고)

표 7.1 사회적 교환의 4가지 형태

사회적 관계 모형	교환 규칙	적용 가능한 인간관계
공동 분배형	모든 구성원이 자원을 공유하고 서로 돌봐주기 위해 의지한다.	긴밀한 유대를 형성한 가족
권위 서열형	서열이 높은 사람들은 충성과 존경을 받을 자격이 있고, 서열이 낮은 사람들은 보호, 조언, 통솔을 받을 자격이 있다.	군부대
평등 조화형	누구도 다른 사람들보다 더 가져가지 않는다. 이득을 차례대로 똑같이 주고받는다.	여름 캠프에서 게임하는 아이들
시장가격형	자신의 이익을 위한 합리적 규칙에 따라 거래하고, 투입한 양만큼 재화와 서비스를 가져가고, 가능한 최고의 '거래'를 추구한다.	손님과 상점 주인

공동 분배형(communal sharing) 인간관계에서는 모든 집단 구성원이 공동 자원을 공유하면서 자신에게 필요할 때 가져가고 남들이 필요로 할 때 준다. 가족들은 이렇게 공동체적 규칙에 따라 자원을 공유하는 경우가 많다. **권위 서열형**(authority ranking) 인간관계에서는 집단 내의 지위에 따라 재화가 분배된다. 예를 들어 기업에서 상사는 더 많은 봉급, 개인 비서, 전용 주차 공간, 가고 싶을 때 가고 오고 싶을 때 올 자유를 받는다. **평등 조화형**(equality matching) 인간관계에서는 누구도 다른 사람보다 더 가져가지 않는다. 이를테면 친구들끼리 중국 음식점에 가면 이 규칙에 따라 음식을 나누는 경우가 많다. 저마다 춘권 하나와 소스 한 그릇, 쿵파오 새우 하나씩 가져가고, 모두가 하나씩 먹기 전까지는 2개째를 먹지 않는다. 마지막으로 **시장가격형**(market pricing)은 모든 사람이 각자 투입한 비율만큼 가져가는 교환 형태다. 웨이터가 좋은 서비스를 제공한다면 팁도 많이 받으리라고 예상하고, 식사 비용을 많이 지불한다면 보통 이상의 요리를 기대할 것이다. 시장가격형은 큰 틀에서 공정성의 교환과 같다.

이렇게 사회적 교환을 바라보는 더 복잡한 관점에서 알 수 있듯 다양한 인간관계에서 항상 똑같은 교환 규칙에 따라 동기가 발생하지 않는다. 교환의 형태는 상호작용과 관련된 사람과 상호작용의 유형에 따라 달라진다. 이제 교환과 관련된 결정에 영향을 미치는 사람과 상황의 요소에 대해 생각해보자.

사람

아낌없이 베푸는 사람 vs 받는 만큼 주는 사람

주변에 항상 '계산'하는 사람이 있는지 생각해보라. 자신이 무엇을 내놓고 다른 사람들에게 무엇을 얻는지 항상 철저히 감시하고 계산하는 사람이 있는가? 손해나 과한 이득을 불편하게 생각하는 경향은 사회적 교환에 대한 각자의 지향성에 따라 달라지기도 한다.(Clark et al., 1987) 공동체 지향성(communal orientation)이 강한 사람은 인간관계를 맺는 사람들이 각자 상대의 욕구를 만족시키기 위해 필요한 것을 주어야 한다고 생각하는 경향이 있다.(Clark & Jordan, 2002) 하지만 공동체 지향성이 낮은 사람은 시장지향적 시각에 가깝다. 즉, 서로 가치가 동등한 재화와 서비스를 주고받아야 한다고 생각한다. 브람 뷩크(Bram Buunk)와 동료들은 공동체 지향성이 낮은 경우 공정한 대우를 받을 때 가장 만족하고 너무 많이 받거나 너무 조금 받을 때 불만스러워한다는 사실을 발견했다. 이와 반대로 공동체 지향성이 높은 사람은 자신이 준 것과 받은 것이 일치하지 않아도 크게 신경 쓰지 않는다.

따라서 공동체 지향성이 높은 사람은 타인과의 관계에서 투입과 산출을 주의 깊게 지켜보는 경향이 덜하다. 반면 대체적 교환(alternative exchange) 지향성이 있는 사람은 다음과 같은 사항에 동의한다. "다른 사람에게 무언가를 주면 대체로 나도 무언가를 돌려받으리라고 기대한다." "두 사람의 관계에서 항상 '공평한' 상태를 유지할 수 있게 하는 것이 가장 좋다." 세리나 첸(Serena Chen)과 동료들은 참가자로 하여금 권력에 대해 생각하도록 점화했을 때 교환 지향성(exchange orientation)이 있는 참가자가 사적 이익에 훨씬 더 초점을 맞추게 되었다는 점을 발견했다. 하지만 공동체 지향성이 있는 사람들은 권력에 대한 생각에 반응해 사회적 책임감이 강해졌고, 다른 사람들이 자신을 위해 해줄 수 있는 일보다 자신이 다른 사람들을 위해 해줄 수 있는 일이 무엇인지 자문하게 되었다.(Chen, Lee-Chai & Bargh, 2001) 공동체 지향성은 사람뿐 아니라 특정한 인간관계와 사회적 상황의 특징이 될 수도 있다. 지금부터는 이 내용에 대해 논하고자 한다.

상황

교환관계와 공존 관계

한 사람이 다른 사람들과의 관계에서 취할 수 있는 다양한 지향성에 대해 논한 것처럼, 마거릿 클라크(Margaret Clark), 저드슨 밀스(Judson Mills)와 그들의 동료들은 다양한 유형의 인간관계에서도 이러한 차이가 있다는 걸 발견했다.(e. g., Clark & Chrisman, 1994; Clark & Mills, 2011) 교환관계(exchange relationship)는 과거에 주고받은 보상과 이득, 또는 앞으로 주고받을 것으로 예상되는 보상과 이득에 기초한다. 반면 공존 관계(communal relationship)는 서로의 안전과 행복에 대한 상호 관심에 기초한다. 엄마가 아이와 맺는 관계가 공존 관계의 좋은 예다. 엄마는 아이의 필요와 욕구를 바탕으로 이득을 제공할 가능성이 크며, '거래' 비용이 너무 비싸지면 아이를 길거리에 내다 버릴지 말지 결정하기 위해 마음속에서 이득과 비용을 계산하지 않는다.

이와 관련해 수행된 수많은 연구는 교환관계와 공존 관계를 구분하는 것이 유용하다는 의견을 뒷받침한다. 예를 들어 어린아이가 지인과 보상을 공유할 때는 공정성 원칙을 사용한다. 이득을 받을 자격이 있는지에 따라 이득을 준다. 하지만 친구와 보상을 공유할 때는 누가 얼마나 받을 자격이 있는지 덜 따지고 보상을 똑같이 나누는 경향이 강해진다.(Pataki, Shapiro & Clark, 1994 : Xue & Silk, 2012) 장기적 관계를 맺는 사람들이나 장기적 관계를 맺고 싶은 사람들은 자신이 상대에게 보상을 얼마나 제공하는지 따지는 대신, 상대에게 무엇이 필요한지 더 면밀하게 살핀다.(Clark & Mills, 2011 : Clark, Mills & Corcoran, 1989)

상황

눈에서 가까워지면 마음도 가까워진다

공유의 비용을 낮추는 요인 중 하나는 물리적 근접성이다. 예컨대 설탕 한 컵과 달걀 하나가 필요하다면 저 멀리 사는 친한 친구를 찾아가기보다 옆집에서 빌리는 게 비용이 훨씬 적게 든다. 누군가를 초대해 체스를 두거나 함께 피자를 먹고 싶을 때도 같은 원리가 적용된다.

수십 년 동안 수행된 연구들은 강력한 **근접성 유인 원리**(proximity-attraction principle)를 보여준다. 즉, 사람들은 가까운 곳에서 살거나 일하는 사람 중에서 친구를 고르는 경향이 있다. 학생 복지 주택 내의 친구 관계에 대한 유명한 연구에 따르면, 거주자들에게 주택단지에서 가장 좋아하는 사람이 누구냐고 물었더니 옆집 사람의 이름이 1위를 차지했다.(Festinger, Schachter & Back, 1950) 거주자들은 각 가구에 무작위로 배정되었으므로 이사 오기 전부터 이웃과 친밀해서 이런 결과가 나온 것은 아니다.

이웃에게 끌리는 이유는 상호작용 비용이 낮아서지만 그저 더 **익숙해서**이기도 하다. 사람들은 타인의 얼굴을 비롯해 생소한 자극에는 약간의 경계심을 내비치다가 접촉이 거듭되면 대개 호감으로 이어진다.(Bornstein, 1989 ; Zajonc, 1968) 처음에는 티베트인들이 하인리히 하러를 이상하게 생긴 이방인으로 여겼지만 티베트에서 7년을 지낸 후에는 달라이라마를 비롯한 많은 사람이 그를 가까운 친구로 생각했다. 이와 같이 자주 보는 사람, 장소, 사물 등을 긍정적으로 생각하는 경향을 **단순 노출 효과**(mere exposure effect)라고 한다.(e. g., Harmon-Jones & Allen, 2001 ; Lee, 2001) 어떤 집단에 속하는 사람들의 명단을 읽기만 해도 은연중에 그 집단의 일원이 된 것 같은 느낌이 들고 그들을 더 좋아하게 된다.(Greenwald, Pickrell & Farnham, 2002) 익숙함과 선호를 잇는 연결 고리는 아주 강력해서 반대로도 작용할 수 있다. 어떤 사람을 좋아하게 되면 그 사람이 더 친숙하게 느껴진다.(Monin, 2003) 일련의 흥미로운 연구에 따르면 사람들은 자기 이름과 이니셜이 같은 사람들을 좋아할 뿐 아니라(더글러스 켄릭은 데이브 케니를 좋아한다), 자기 이름과 비슷하게 발

버락 오바마(Barack Obama)는 대선에 출마하기 전에 이미 대중에게 확실히 눈도장을 찍었다. 2004년 민주당 전당대회에서 명확한 태도로 기조연설을 한 후 수많은 방송에 출연했고, 그의 자서전이 베스트셀러 목록에 오르기도 했다. 자주 보기만 해도 그 사람이 더 매력적으로 보인다는 이러한 직관은 연구에 의해 뒷받침된다.

음되는 이름의 도시도 좋아하고(이름이 루이스인 사람은 세인트루이스에 살 가능성이 높다), 심지어 자기 이름과 비슷하게 발음되는 직업도 좋아한다(이름이 데니스인 사람은 치과의사(dentist)가 될 가능성이 높다).(Pelham, Carvallo & Jones, 2002)

　　가까이 사는 사람은 익숙함 말고도 훨씬 유리한 점이 있다. 물리적으로 가까운 거리에 있으면 일상적인 사회적 교환을 하기가 쉽다. 린 매그돌(Lynn Magdol)과 다이앤 베셀(Diane Bessell)은 친척이나 친구와 가까이 사는 사람들이 사회적 자본(social capital)을 더 많이 가진다는 점을 발견했다. 사회적 자본은 개인적 인간관계망에서 이끌어낼 수 있는 자산을 말한다. 이 연구자들은 최근에 이사한 사람들을 조사한 결과 지리적 거리가 멀수록 다른 사람들에게 받는 동료애와 호의가 줄어든다는 것을 알게 되었다. 사람들은 자유롭게 여기저기 옮겨 다니는 생활방식을 떠올리는 것만으로도 외로워지고, 앞으로 친구가 적어지리라고 예상하게 된다.(Oishi et al., 2013) 친척이나 친구들과 먼 곳으로 이사했을 때 여성은 남성에 비해 그 상황을 받아들이기를 더 어려워한다.(Magdol, 2002) 이런 경향은 여성들이 사회적 지지 연결망에 더 친밀하게 연결되어 있다는 연구 결과에도 잘 들어맞는다.

상호작용

온라인 소통의 빛과 그림자

최근 몇 년 사이에 친구나 동료와 점점 멀어진 사람들이 많을 것이다. 1970년

대에 비해 2000년의 미국인은 클럽 모임에 나가는 빈도가 58% 줄었고, 가족과 함께 저녁을 먹는 일이 33% 줄었으며, 친구와 함께 저녁을 먹는 일이 45% 줄었다. 로버트 퍼트넘(Robert Putnam, 2000)은 사회적 거리가 점점 멀어지는 원인을 찾기 위해 상당한 양의 자료를 검토했다. 한 가지 요인은 미국인들이 직접 사람들과 상호작용하는 대신 텔레비전 앞에 말없이 앉아 배우가 그들의 친구와 상호작용하는 모습을 보는 시간이 점점 늘어난다는 점이다. 또 하나의 중요한 요인은 기동성이다. 이제 사람들은 직장과 더 먼 곳에 산다. 그래서 사람들과 어울릴 시간에 고속도로에서 혼자 앉아 오랜 시간을 보내야 한다.

기술의 진보 때문에 사람들이 서로 멀어진 반면, 기술 덕분에 사회적 관계망에 있는 사람들과 연락을 유지할 수 있다.(Bargh & McKenna, 2004) 페이스북 같은 소셜 네트워크 사이트, 휴대전화의 문자 메시지, 동네 커피숍의 인터넷 회선 공유 등으로 인해 멀리 있는 친구들과도 연락을 유지하기가 쉬워졌다.(Buffardi & Campbell, 2008; Ellison, Steinfield & Lampe, 2007; Igarashi, Takai & Yoshida, 2005) 원래 사회심리학자들은 기술 혁신으로 사람들이 직접 대면할 때와 같은 이익을 얻을 수 있으리라고 예상했지만 연구 결과로 이를 뒷받침하기 어려워 보인다.(Kraut & Kiesler, 2003; McKenna, Green & Gleason, 2002) 한 연구는 인터넷 사용 증가가 친구나 가족과의 관계를 희생하고 결과적으로 우울증과 외로움을 증폭한다는 점을 시사했다.(Kraut et al., 1998) 그런가 하면 또 다른 연구에서는 페이스북 이용이 자신의 삶에 대한 불만족으로 이어진다는 점이 발견되었다.(Kross et al., 2013) 그 이유 중 하나는 많은 페이스북 게시물에 사람들이 멋진 식당에서 환상적인 식사를 하고, 대단한 경험을 하고, 즐거운 시간을 보내는 모습이 담겨 있기 때문이다. 사람들은 그것을 보고 자신에게 불리한 사회 비교를 할 수 있다. 페이스북을 지속적으로 이용하는 사람들은 다른 사람들이 행복한 삶을 영위하는 반면 자신은 그러지 못한다고 생각하게 된다.(Chou & Edge, 2012)

멜러니 그린(Melanie Green)에 따르면, 사람들이 인터넷으로 소통하는 이유는 쉽고, 낯선 사람과 이야기하는 것보다 덜 위험하고, 바로바로 만족할 수 있기 때문이다. 하지만 연구자들은 이런 양상이 장기화되면 실제 대화보다 이러한 '사회적 관계의 대체물'이 점점 늘어남으로써 삶의 전반적 만족도를 낮추는 경향이 있다고 말한다.(Green et al., 2005) 반면 또 다른 연구에서는 페이스북 사용의 이점을 밝혀내기도 했다.(e. g., Deters & Mehl, 2012) 한 연구에서는 페이스북 사용자가 사회적 자본의 증가를 경험했다는 것을 발견했다. 특히 이런 현상은 자존감이 낮은 사람들에게 두드러졌는데, 이런 사람들의 경우 직접 대면을 통해 새로운 관계를 맺을 가능성이 비교적 낮기 때문이었다.(Steinfield, Ellison & Lampe, 2008) 이와 같이 다른 기술 발달과 마찬가지로 현대의 온라인 의사소통에는 이득과 비용이 함께 발생한다. 그렇기는 해도 통신 기술을 이용한 대면과 의사소통이 실제로 친구와 한 방에 앉아 얼굴을 마주 보며 대화하는 시간을 대체하지는 못한다.(Kraut & Kiesler, 2003) 인터넷으로 멧돼지 고기를 나누기란 어려운 일이니 말이다.

상호작용

문화에 따른 사회적 교환의 차이

아이리스는 파푸아뉴기니의 작은 마을에 있는 초가집에서 엄마, 아빠, 5명의 형제자매와 함께 사는 8살짜리 소녀다. 할머니와 할아버지는 3미터 정도 떨어진 집에 살고, 삼촌들의 가족도 전부 근처에 산다. 아이리스는 사촌들을 형제자매라고 부르고 매일 그들과 함께 논다. 아이리스의 가족은 매일 음식을 친척들과 교환하면서 그들과의 유대 관계를 강화한다. 아이리스는 놀이하듯 친척 아기들을 돌보는 법을 배운다. 아이리스는 자신이 조금 더 자라면 인근 마을에 사는 먼 친척과 결혼하게 되리라는 사실을 안다.

스웨덴 소녀 에리카는 인구 100만 명이 넘는 도시 근교의 아파트에서 엄마, 아빠, 남동생과 함께 산다. 에리카의 가족은 그곳에 산 지 2년밖에 되지 않았다. 지금은 같은 단지에 사는 아이들 몇 명과 친구가 되었지만 에리카가 자주 이사를 다니기 때문에 친구들과도 연락이 끊긴다. 외할머니와 외할아버지는 1년에 여섯 번 정도 만나고 다른 친척들과는 1년에 두 번 만난다. 학교에는 에리카와 같은 2학년생이 90명 있다. 학교 수업이 끝나면 에리카는 음악 수업을 받으러 시내로 가서 멀리 떨어진 곳에 사는 친구들을 만난다. 에리카는 나중에 대학에서 의학을 공부할 계획이고 아마 다른 나라에 살게 될 것이다.(Tietjen, 1994)

아이리스와 에리카의 사회생활은 비교 문화 심리학자인 파탈리 모가담(Fathali Moghaddam), 도널드 테일러(Donald Taylor), 스티븐 라이트(Stephen Wright, 1993)가 언급한 3가지 중요한 차이를 잘 보여준다.

1. 서양 사회의 인간관계는 **자유로운 선택**에 따라 형성되지만, 더 전통적인 사회의 인간관계는 **비자발적**으로 형성될 가능성이 높다. "친구는 선택할 수 있지만 가족은 선택할 수 없다"라는 말에 이러한 경향이 나타난다. 농업 공동체나 정글 마을에서는 사실상 선택권이 거의 없다. 지인들은 가족과 동족, 종교 집단의 구성원으로 한정된다. 대가족은 서로의 자유를 제한하는 반면 극도의 스트레스를 완화해주는 역할도 한다.

2. 전통적 문화의 인간관계는 서양 문화의 인간관계보다 **연속적**이고 **오래가는** 경향이 있다. 현대의 도심에서는 한 번 마주친 사람을 다시 만나는 일이 거의 없고, 많은 친구들이 이사를 가고 그 자리를 새로운 친구들이 채운다. 심지어 결혼 관계도 일시적일 수 있다. 반면 작은 농업 공동체나 정글 마을에서는 작은 공동체 구성원들과의 관계가 평생 지속된다.

3. 서양의 도시 생활에서 발생하는 인간관계는 **개인주의적**인 경향이 있고, 전통적 사회의 인간관계는 **집단주의적**인 경향이 있다. (계산대에 줄을 선 사람들처럼) 한순간 스쳐 가는 사람들, 좋은 친구들, 연인과의 관계는 일대일 관계이며, 관계의 형태는 두 사람의 성격, 태도, 믿음, 욕구에 따라 달라진다. 반면 작은 공동체에서 이웃이나 친척과의 관계는 개인이 속한 집단에 따라 달라진다.

전통 사회의 여러 특징은 자발적·일시적·개인주의적 인간관계를 맺기 어렵게 한다. 이러한 차이는 기술의 차이에서 비롯되기도 한다. 티베트의 산속에 사는 사람은 친구가 될 수 있는 옆 마을 사람과 '고작' 30킬로미터 떨어져 있을 수도 있다. 하지만 서로 만나면 산길을 걸어가야 하고, 가는 데만도 꼬박 하루가 걸릴 것이다. 티베트 사람이 30킬로미터의 산길을 걸어가는 것과 같은 시간에, 뉴욕에 사는 사람은 힘들이지 않고 로스앤젤레스, 시애틀, 심지어 런던에 사는 친구를 보러 갈 수도 있다. 전화, 팩스, 이메일 덕분에 전 세계 사람들과 손쉽게 직접 연락을 이어가는 것이다.

사회심리학

인간관계에서 차이가 생겨나는 다른 원인은 개인주의나 집단주의와 관련된 사회규범에서도 찾을 수 있다. 2장에서 논했듯 집단주의를 지향하는 사회는 개인의 욕구보다 사회집단을 더 중시하고 독립성이 아닌 상호 의존성을 높게 평가한다.(Hsu, 1983 ; Kitayama, Mesquita & Karasawa, 2006) 하지만 미국과 캐나다를 비롯한 개인주의 사회에서는 개인의 권리, 자유, 평등, 개인의 독립성을 더 중시한다.(Hofstede, 1980 ; Iyengar & Lepper, 1999 ; Triandis, 1994)

미국과 캐나다를 비롯한 현대 도시 사회에서 개인주의적 성향이 비교적 강하게 나타나고 집단주의적 성향이 약하게 나타나는 이유는, 이 유동적이고 극도로 민주적인 사회에서 발생하는 인간관계의 유형과 필연적으로 연결된다. 개인의 관계망이 주로 단기적이고 대체 가능한 지인들로 구성된다면 가까운 가족들로 구성된 경우에 비해 시장 중심으로 자원을 분배하는 것이 더 타당하다.

인간관계에서 나타나는 비교 문화적 차이를 이해하면 평범하게 발전해온 심리학과 문화의 상호작용으로 온 인류를 아우를 가능성을 발견하게 된다.(Norenzayan & Heine, 2005) 이러한 차이는 유럽의 도시인과 파푸아뉴기니의 농민의 본성이 다르다거나 이 문화들이 갑자기 뚝 떨어져 아무렇게나 형성된 것이라서가 아니다. 그보다는 사람이라면 누구나 낯선 사람, 지인, 친구, 친척과 관계를 맺는 방식이 다르기 때문이다.(Haslam, 1997) 현대 문화가 전통 문화와 그토록 큰 차이를 보이는 이유 가운데 하나는 현대의 도시 생활로 인해 여러 유형의 기본적 상호작용의 빈도가 격변했기 때문이다. 8장에서는 장기적 연애와 가족 관계에 초점을 맞출 것이다. 앞으로 알게 되겠지만 이러한 관계들은 사업 경영에 적용되는 것과는 완전히 다른 규칙을 따른다.

요약

관계 맺기와 친구 관계에 대한 연구를 검토해본 지금은 하인리히 하러와 달라이라마의 우정이 더 이상 수수께끼로 보이지 않는다. 앞서 언급했듯 하러가 달라이라마와 관계를 맺고 싶어 한 이유는 이해하기 쉽다. 지위가 높은 사람을 친구로 두었을 때, 직접적으로는 유대를 통한 지위의 상승, 간접적으로는 물질적 보상이라는 효과를 얻을 수 있다. 세계 어디에서나 친구 관계를 형성하려는 동기는 물질의 교환 또는 지위를 얻고 유지하려는 욕구에서 발생하는 경우가 많다.

신성시되는 지위와 무한한 물질적 자원을 이미 가진 달라이라마에게 하러가 지위를 높여주거나 물질적 보상을 줄 수는 없었지만, 이 독일인과의 관계는 어린 군주에게 다른 사회적 동기를 불어넣었다. 우선 달라이라마의 사회적 지위는 그를 모든 백성들 위에 올려놓았다. 그들은 달라이라마를 같은 인간으로 보고 관계를 맺으려는 꿈조차 꿀 수 없었다. 세상의 꼭대기는 외로운 곳이었다. 하지만 불교 신자가 아닌 데다 외부인이었던 하러는 달라이라마와 평범하고 긴밀한 관계를 맺을 수 있었다. 백성들은 물질적으로 필요한 모든 것을 가져다줄 수 있었지만, 하러는 총명하고 호기심 많은 어린 소년에게 다른 티베트인들이 제공할 수 없는 것을 줄 수 있었다. 바로 금지된 도시 밖의 세상에 대한 풍부한 정보였다.

7장에서는 다시 한번 사회심리학과 다른 학문들 간의 연계를 확인할 수 있었다. 예를 들어 거부와 육체적 고통과 관련된 뇌 활동에 대한 발견은 인지신경과학과의 연계를 보여주고, 외로움과 우울증에 대한 발견은 임상심리학과의 연결 고리를 보여준다. 다양한 유형의 사회적 교환과 사회적 자본에 대한 연구에서는 점차 증가하는 사회심리학과 경제학의 연관성이 드러난다. 또한 소셜 네트워크 서비스 같은 현대적 형태의 소통에 대한 연구는 사회심리학과 공학기술의 흥미로운 연관성과 함께, 인간이 만든 물건들이 다시 인간의 사회생활을 만들어가는 양상을 보여준다.

친구 관계에 대한 연구는 경제학적 원리를 따르는 이기적이고 합리적인 행동의 주체가 친밀한 인간관계를 맺기 위해서는 그만한 자격을 갖추어야 함을 보여준다. 우선 호감을 얻고 싶다면 받기보다 주는 편이 낫다. 처음 보는 사람과 사업 협상을 하려 한다면 주고받은 것의 가치를 계산하면서 이기적 교환의 법칙에 따라 다른 사람들을 대하는 행동이 적절하겠지만 친구 관계에서는 그렇지 않다. 클라크와 밀스(Clark & Mills, 2001)의 연구에 따르면 이런 시장 지향성은 사람들을 밀어내며, 친구가 되고자 하는 지인들은 더 공동체 지향적 성향이 가까워진다. 흥미롭게도 티베트인들에게 받아들여진 후 하러와 아우프슈나이터는 집단주의적 사회의 일반적 경향에 따라 가족 구성원에 가까운 대우를 받았다. 하러는 이런 대우에 감명받아 그들에게 받은 친절을 돌려주려 했다.

사람들이 일상적 친구 관계에서 얻고 싶어 하는 것은 물질적 교환의 수준을 넘어선다. 스트레스를 받으면 친구들의 정서적 지지가 매우 소중하다. 따라서 친구에게 당신이 필요할 때 어깨를 빌려주면 당신 역시 더욱 귀중한 친구가 되는 셈이다. 잘난 체를 해서 친구를 비참하게 만들지 않는다는 전제하에 지식을 기꺼이 공유할 준비가 되어 있다면 그것 역시 더 좋은 친구가 될 수 있는 방법이다. 특히 남성들은 여성들의 친구 관계를 모범으로 삼아 친구에게 조금 더 존경과 친절을 보이고 조금 덜 경쟁적으로 대한다면 관계 유지에 도움이 된다. 마지막으로 다른 사람들과 가까이 있는 것만으로도 호감을 살 수 있으니, 내향적인 사람들은 다른 사람들과 어울리고 군중 속에서 익숙한 얼굴이 되려 노력한다면 사회적 자본을 더 많이 얻을 수 있다. 이와 같이 관계 맺기와 친구 관계에 대한 사회심리학 연구는 금지된 도시의 어린 왕과 외국인의 우정뿐 아니라, 미시간주의 그랜드래피즈나 아칸소주의 리틀록처럼 멀지 않은 곳에서 친구 관계를 맺고 유지하는 데 유용한 단서를 제공한다.

제8장

사랑과 낭만적 관계

●

코끼리와 비둘기의 전쟁 같은 사랑
: 프리다 칼로 · 디에고 리베라

프리다 칼로(Frida Kahlo)는 22세에 42세의 디에고 리베라(Diego Rivera)와 결혼했다. 두 사람은 나이뿐 아니라 체격 차이가 컸기 때문에 프리다의 아버지는 그들을 '코끼리와 비둘기'라고 불렀다.(Kettenman, 2008) 프리다는 디에고에 비해 외양이 훨씬 매력적이었다. 반면 얼굴이 썩 잘생기지지 않았음에도 디에고는 수많은 여성과 관계를 맺었다. 프리다는 디에고의 악명 높은 여성 편력을 견뎌냈지만 자신의 여동생과 엮이는 것만은 참을 수 없었다. 남편에게 살해당해 피투성이가 된 여성을 그린 당시의 작품은 그녀의 깊은 고통을 보여준다. 언젠가 목숨을 잃을 뻔한 전차 사고를 당한 뒤 후유증으로 계속 고통에 시달리던 프리다는 디에고와의 관계를 그 사고와 비교하기도 했다. "저는 살아오면서 큰 사고를 두 번 당했어요. 하나는 전차 사고였고, 다른 하나는 디에고였죠. 디에고가 전차 사고보다 훨씬 끔찍했어요." 디에고가 프리다의 여동생과 관계를 맺은 후 프리다가 디에고와 이혼한 것은 그리 놀랍지 않았다. 하지만 결별한지 1년 후 그와 재혼했다는 사실이야말로 정말 놀라운 일이었다.

프리다 칼로와 디에고 리베라의 관계를 살펴보면 몇 가지 의문이 떠오른다. 사랑의 본질은 무엇일까? 자기보다 나이가 훨씬 많거나 적은 사람과의 관계에 빠져드는 이유는 무엇일까? 사랑에 빠지는 과정, 가정생활, 정조 관념에 대한 남녀의 태도는 어떻게 다를까? 이 문제에 대해서는 다소 논란이 있다. 낭만적 관계와 관련된 남녀의 차이가 매우 크고 광범위하게 나타난다고 주장하는 연구자가 있는가 하면, 임의의 특정한 규범에 따라 사소한 차이가 나타난다고 주장하는 연구자도 있다.(e. g., Conley et al., 2011 : Schmitt et al., 2012 : Kenrick, 2013 : Stewart-Williams & Thomas, 2013) 8장의 후반부에서는 현실적으로 매우 중요한 질문을 다룰 것이다. 연인이나 부부가 지극히 행복한 관계를 지속하거나 그와 반대로 고통스러운 결별을 맞게 만드는 요소는 무엇일까?

사랑과 낭만적 끌림의 정의

사랑이란 무엇인가? 이 질문에 대한 답은 생각만큼 간단하지 않다. 사랑에는 다양한 측면이 있으므로 사랑을 하나의 특성만으로 정의할 수 없기 때문이다.(Fletcher et al., 2000 : Hendrick & Hendrick, 2006 : Kenrick, 2006) 그리고 사랑의 종류가 다양하기 때문이다.(Campbell et al., 2002 : Fehr, 2013)

사랑의 3요소

사랑의 중요한 특징으로 무엇을 꼽겠는가? 브리티시컬럼비아대학교 학생들을 대상으로 한 조사에서는 '배려'나 '챙겨주기'라고 대답한 사람이 44%로 가장 많았다.(Fehr, 1988) 이후의 연구를 통해 많은 사람들이 사랑을 정의할 때 가장 중요하게 생각하는 점은 배려, 신뢰, 친밀감이라는 게 밝혀졌다.(Fehr, 2013) 하지만 이렇게 막연한 표준에 해당하지 않는 '심박 수 증가', '희열', '욕정' 등 다른 특징도 많이 거론되었다.

이런 사랑의 다양한 특징들을 더 좁은 범위로 압축할 수는 없을까? 로버트 스턴버그(Robert Sternberg, 1986, 2006)는 사랑의 3가지 필수 요소로 열정과 친밀감, 헌신을 제시했다.

- **열정**(passion): 생리적 각성을 향한 갈망. 낭만적 끌림이나 성욕과 관련('심박 수 증가', '욕정' 등).
- **친밀감**(intimacy): 상호 공유와 정서적 지지 등 긴밀한 유대 형성을 촉진하는 감정.

- 결심·헌신(decision/commitment): 단기적으로는 다른 사람을 사랑하려는 결심. 장기적으로는 그 사랑을 유지하는 데 전념하고 헌신하려는 태도. (Arriaga & Agnew, 2001)

스턴버그가 제시한 세 요소가 맞는지, 실제로는 사랑의 요소가 7~10개쯤 되는지 어떻게 알 수 있을까? 스턴버그를 비롯한 연구자들은 이 질문에 답하기 위해 **요인 분석**(factor analysis)을 이용했다. 요인 분석이란 검사 항목이나 행동을 비슷한 개념끼리 묶어 분류하는 통계적 기법이다.(Fletcher et al., 1999; Sternberg, 2006) 예를 들어 직장 상사가 친절한 사람이라면 그 사람을 따뜻하고 친근하다고도 표현할 수 있다. 이처럼 '따뜻함', '친근함', '친절함'이라는 말은 서로 관련된 표현이므로, 요인 분석에 따르면 이 말들은 같은 범주나 요인으로 분류된다. 마찬가지로 사촌이 성실한 사람이라면 꼼꼼하고 열심히 일한다고도 표현할 수 있다. 요인 분석에 따르면 이러한 표현들은 다른 개념 덩어리로 분류된다.(Donahue, 1994; McCrae, Terraciano et al., 2005)

아서 애런(Arthur Aron)과 로리 웨스트베이(Lori Westbay, 1996)는 사랑의 특징 68가지를 요인 분석해 세 갈래로 나누었다. 첫 번째 범주에는 신뢰, 배려, 정직, 용서 등이 포함되고, 두 번째 범주에는 충실, 헌신, 희생 등이 포함되며, 세 번째 범주에는 긴장과 설렘, 성욕, 흥분 등이 포함되었다.

따라서 애런과 웨스트베이의 요인 분석은 사랑의 3가지 핵심 요소가 열정, 친밀감, 결심·헌신이라는 스턴버그의 이론을 뒷받침한다. 한편 친밀감 요소에 해당하는 감정이 다른 2가지 요소에 해당하는 감정들과 여러 측면에서 겹친다고 보는 연구도 있다.(Acker & Davis, 1992; Fletcher, Simpson & Thomas, 2000) 즉, 다른 사람에게 느끼는 깊은 친밀감이 열정과 헌신이라는 감정과 긴밀하게 연결될 때가 많다는 것이다.

사랑에도 종류가 있을까

사랑의 구성 요소(열정, 친밀감, 헌신)에 대한 연구에서는 다음과 같은 질문을 던진다. 한 번의 연애에서 어떻게 다양한 감정을 느낄까? 예를 들어 알프레도와 결혼한 알리시아는 여동생 브렌다가 남편 밥에게 느끼는 감정보다 더 헌신적이고 덜 열정적인 감정을 느끼는가? 이와 달리 사랑의 유형에 대한 연구에서는 이렇게 다양한 요소가 다양한 관계 안에서 어떻게 결합되는지에 주목한다.(e. g., Berscheid, 2010; Fehr, 2013; Hendrick & Hendrick, 1986, 2006; Sprecher & Regan, 1998) 알리시아가 남편 알프레도에게 느끼는 감정은 여동생 브렌다에게 느끼는 감정과 어떻게 다를까?

이러한 차이를 이해하려면 **사랑**이라는 단어가 사용되는 다양한 인간관계에 대해 생각해보아야 한다. **사랑**으로 표현되는 모든 인간관계가 열정, 친밀감, 헌신의 측면에서 똑같지는 않다. 같은 수업을 듣는 매력적인 친구에게 반했을 때는 친밀감이나 헌신적 감정 대신 열정을 느낀다. 이와 반대로 여동생에게는 헌신의 감정을 느끼지만 함께 있다고 심박 수가 올라가지는 않는다.

다양한 사랑의 유형을 조사한 어떤 연구에서는 학생들에게 흔들의자, 접이식 의자, 등받이 없는 의자 등 다양한 종류의 의자를 보여준 다음 머릿속에 떠오르는 사랑의 유형을 최대한 많이 나열하게 했다.(Fehr & Russell, 1991) 학생들은 반려동물이나 인생에 대한 사랑 등 아주 다양한 유형의 사랑을 언급했으나 상위 10위까지는 모두 사람을 대상으로 하는 사랑이었다. 그 10가지는 바로 부모의 사랑, 낭만적 사랑, 우정, 성애, 동포애, 형제자매 간의 우애, 모성애, 열애, 가족애, 풋사랑이다.

이러한 사랑의 유형은 크게 두 갈래로 나눌 수 있다. 부모의 사랑, 모성애, 가족애, 동포애는 **동반자적 사랑**(companionate love)이라는 범주에 포함되고, 풋사랑과 낭만적 사랑 등 나머지는 **열정적 사랑**(passionate love)에 포함된다.(Fehr, 2006; Sprecher & Regan, 1998) 일레인 햇필드(Elaine Hatfield)와 리처드 랩슨(Richard Rapson, 1996)은 열정적 사랑을 "누군가와 하나가 되려는 열망을 강하게 느끼는 상태"라고 정의하고, 동반자적 사랑을 "자신의 삶과 깊이 관련된 사람에게 느끼는 애정"이라고 정의한다. 열정적 사랑과 동반자적 사랑이 완전히 다른 생물학적 체계의 통제를 받는다는 증거도 있다.(Diamond, 2004) 8장에서 성적 만족이나 희열이 목표인 경우에는 열정적 사랑이라는 넓은 범주를 중심으로 살펴보고, 가족 간의 유대 형성이 목표인 경우에는 동반자적 사랑을 주로 다룰 것이다.

사랑을 열정적 사랑과 동반자적 사랑으로 나누는 것이 가장 지배적인 방식이지만 다르게 분류할 수도 있다.(e. g., Fisher, 2006; Hendrick & Hendrick, 2006; Weis, 2006) 예를 들어 친구나 가족에게 느끼는 동반자적 사랑을 자녀를 돌보고 싶어 하는 감정인 **양육적 사랑**(nurturant love)과 구분하는 것도 중요하다.(Fitness & Williams, 2013; Shiota et al., 2011) 또 한편에는 다른 사람에게 돌봄이나 보호를 받고 싶어 하는 욕구와 관련된 **애착적 사랑**(attachment love)이 있다.

사랑에는 있지만 우정에는 없는 것

사랑에 빠지고 낭만적 관계를 유지함으로써 달성할 수 있는 목표는 무엇이며, 낭만적 관계는 우정과 어떻게 다를까?

낭만적 관계와 우정의 중요한 차이점은 성적 만족에 대한 욕구다. 사랑의 요소 중 열정은 육체적 끌림, 연애 감정, 성적 결합에 대한 욕망이 뒤섞인 감정으로 구성된다. 연구에서도 열정적 사랑과 성적 끌림은 아주 많은 측면에서 겹치는 것으로 나타난다.(Fehr, 2013; Fisher, Aron & Brown, 2006; Lieberman & Hatfield, 2006) 따라서 8장에서는 가장 먼저 성적 만족에 대한 욕구라는 동기를 살펴볼 것이다.

우리 선조들이 후손의 생존을 확보하기 위해서는 성적 동기부여만으로는 부족했다. 어린아이의 생존은 유대를 맺고 자원을 공유하는 부모에게 달려 있다.(Hazan & Diamond, 2000; Salmon & Shackelford, 2008) 여성들은 아이를 배 속에 품고 아홉 달을 지낸 후에도 몇 년에 걸쳐 그 아이를 돌본다. 그리고 대부분의 포유류 수컷과 달리 남성들은 일반적으로 아이 곁에 머물며 아이를 돌보는 여성을 도와준다.(Geary, 2008; Miller & Fishkin, 1997) 또한 아이들은 조부모의 지원으로도 덕을 본다.(Coall & Hertwig, 2011; Euler & Michalski, 2008; Laham, Gonsalkorale & von Hippel, 2005) 이와 같이 낭만적 관계의 또 다른 중요한 목표는 가족 간의 유대 형성이다.

7장에서 친구들끼리의 사회적 교환에 대해 논한 연구들은 대개 낭만적 관계에도 적용된다. 이를테면 연인도 친구와 마찬가지로 정보와 사회적 지지를 제공할 수 있다. 8장에서는 낭만적 관계가 자원과 사회적 지위 획득이라는 목표에 기여하는 몇 가지 방식을 살펴볼 것이다. 앞으로 알게 되겠지만 연인 관계에서 자원과 사회적 지위의 기능에는 성별에 따라 흥미로운 차이가 있다.(Griskevicius, Tybur et al., 2008; Park et al., 2008)

사랑을 나누는 제1의 목적, 성적 만족

프리다 칼로와 디에고 리베라는 성적 취향과 관련해 악평이 자자했다. 프리다는 남성뿐 아니라 여성들과도 애정 행각을 벌였으며, 한 친구에게 자신의 인생관이 "사랑을 나누고, 목욕을 하고, 다시 사랑을 나눠라"라고 말한 적도 있다.(Herrera, 1983) 또한 프리다와 디에고는 둘 다 섹스 파트너에게 열정적으로 빠져드는 경향이 있었다. 이것은 우연이 아니었다. 성욕은 보통 열정적 사랑의 가장 중요한 요소로 꼽히기 때문이다.(Jacobs, 1992; Sprecher & Regan, 1998)

성욕은 일상에서 자주 일어난다. 평범한 남녀 대학생은 하루에도 몇 번씩 성적 상상을 한다.(Baumeister et al., 2001; Ellis & Symons, 1990) 하지만 성적 동기에 모든 사람이 같은 영향을 받지는 않는다. 성적 행동에 대해 앨프리드 킨제이(Alfred Kinsey)와 동료들(1948)이 실시한 설문 조사에 따르면, 30년 동안 사정을 한 번 경험한 사람도 있고 일주일에 30회 이상 30년 동안 경험했다는 사람도 있었다.

여기에서는 먼저 성적 대상으로서 매력적으로 여겨지는 사람들의 특성을 알아볼 것이다. 그다음에는 사회적 의미의 성인 젠더(gender), 성 호르몬, 성격 차이, 성적 지향 등이 성적 동기의 다양화에 어떤 영향을 미치는지 알아볼 것이다. 그리고 롤러코스터처럼 순간적 황홀을 비롯해 더 넓은 범주인 문화에서 공유되는 규범까지, 다양한 상황적 측면에 따라 성적 행동이 어떻게 달라지는지도 알아볼 것이다.

사람

섹스어필 포인트

사춘기를 거친 사람이라면 섹시한 사람과 그렇지 않은 사람을 가르는 데 외모가 얼마나 강력한 역할을 하는지 알 수밖에 없다. 실제로 외모가 훌륭한 사람들은 이성에게 더 친절하게 대우받고 데이트를 더 자주 하며 성 경험이 더 많다.(Feingold, 1992; Reis et al., 1982; Speed & Gangestad, 1997)

사람들은 어떤 점이 매력적이라고 생각할까? 이 질문에 대한 답은 시대와 장소에 따라 조금씩 달라진다. 예를 들어 여성이 마른 몸을 지향하는 추세는 미국 문화에서도 시대마다 달랐고 여러 문화에 따라서도 다르다.(Anderson et al., 1992) 다른 민족 집단에 비해 남성 아프리카계 미국인은 비교적 엉덩이가 크고 체중이 많이 나가는 여성을 선호한다.(Freedman et al., 2004)

　　그런가 하면 보편적으로 아름답고 매력적이라고 여겨지는 특징도 몇 가지 있다.(Cunningham et al., 2002; Zebrowitz & Montepare, 2006) 20세기에 여성의 몸매에 대한 남성의 선호도는 마름과 풍만함 사이를 오갔지만, 일반적으로 허리 대비 엉덩이 둘레 비율이 낮아 허리가 가늘고 엉덩이가 큰 평균 체중의 여성에 대한 선호도가 높았다.(Singh et al., 2010; Perriloux et al., 2010) 허리 대 엉덩이 둘레 비율이 0.7 정도로 비교적 낮은 여성은 더 건강하고, 임신에 유리하며, 건강한 아이를 낳을 가능성이 높다.(Lassek & Gaulin, 2008; Singh, 2002; Weeden & Sabini, 2005) 샴푸 광고를 보면 윤기 흐르는 머릿결을 가진 여성이 매력적이라는 점과 더불어, 머리카락 길이와 머릿결이 젊음, 건강과 관련 있다는 점을 알 수 있다.(Hinz et al., 2001) 여성의 경우 큰 눈과 작은 코가 매력적이라고 여겨지는 반면, 남성은 중간 크기의 코와 큰 하관이 더 매력적이라고 여겨진다.(Cunningham et al., 1997) 매력과 관련해 성적으로 정형화된 (sex-typed) 또 다른 특징은 목소리의 높낮이다. 남성들은 목소리가 높은 여성이 매력적이라고 생각하는 반면, 여성들은 소프라노보다 바리톤에 가까운 목소리를 선호한다.(Feinberg et al., 2005; Puts, 2005) 또한 성관계 상대를 선택할 때 여성은 근육질에 기력이 왕성한 남성을 선호한다.(Frederick & Haselton, 2007; Hönekopp et al., 2007; Li & Kenrick, 2006)

　　몇 번의 연구에서 연구자들은 컴퓨터로 여러 얼굴을 합성해 하나의 '평균' 얼굴을 만들어냈다. 사람들은 대개 합성 전 각각의 얼굴보다 합성한 얼굴이 더 잘생기고 예쁘다고 판단했다.(Jones, DeBruine & Little, 2007; Langlois & Roggman, 1990) 합성된 얼굴이 대칭에 가깝다는 것이 주된 이유였다.(Jones et al., 2007) 신체의 대칭, 즉 몸의 좌우가 일치하는 정도는 남녀 모두에게 매력적인 요소다.(e. g., Rhodes, 2006) 심리학자 스티븐 갠저스테드(Steven Gangestad)와 생물학자 랜디 손힐(Randy Thornhill, 1997)은 학생들의 오른쪽 발, 발목, 손, 손목, 팔꿈치, 귀의 크기를 측정해 몸의 왼쪽과 비교했다. 신체의 대칭이 성적 행동에 미치는 영향은 성별에 따라 달랐다. 대칭적인 남성은 성관계를 더 일찍 시작하고 더 많은 상대와 관계를 맺은 반면, 여성의 경우 이러한 영

　　　　　　　　　　　　　　　　　　　　　　　사회심리학

향이 그리 눈에 띄게 나타나지 않았다. 갠저스태드와 손힐에 따르면 여성이 성관계 대상으로 대칭적인 남성을 선택하는 이유는 대칭성이 특정한 유전자, 즉 질병에 저항력이 있고 후손에게 전해질 수 있는 유전자와 관련 있을 가능성이 높다. 이러한 가설을 뒷받침하듯 얼굴이 대칭에 가까운 사람이 더 건강하다고 인식된다.(Jones et al., 2001 ; Rhodes et al., 2001)

또한 사람들은 긍정적 표정과 행동에 끌리기도 하고, 낯익은 사람을 더 매력적으로 느낀다. 그래서 누군가와 한동안 함께 어울리고 나면 그 사람이 더 괜찮게 보인다. 특히 그 사람이 미소를 지으며 친절하게 행동할 때 더욱 그렇다. 매력에 대한 논문을 검토한 레슬리 제브로비츠(Leslie Zebrowitz)와 질리언 로즈(Gillian Rhodes, 2002)는 대칭성이나 성적으로 정형화된 특징이 매력적으로 보이는 데 반드시 필요하지도 않고 그것만으로 충분하지도 않다고 말한다.

사람
섹스에 관한 남녀의 동상이몽

배우자가 될 사람에게 허용할 수 있는 지적 수준의 하한선은 어느 정도인가? 한 번 데이트할 사람이라면 어떤가? 하룻밤을 보내고 다시는 보지 않을 사람이라면 어떤가?

애리조나주립대학교 학생들에게 이런 질문을 하자 남녀 모두 비슷한 기준을 내놓았다.(Kenrick et al., 1990) 예를 들어 데이트할 사람이라면 남녀 모두 지적 수준이 최소한 평균 정도인 사람을 원했다. 결혼 상대로는 남녀 모두 평균을 한참 웃도는 수준을 원했다. 하지만 성적 대상에 대해서는 남녀가 전혀 다른 기준을 내놓았다. 남성들은 데이트 상대에게 적용하는 최소한의 기준에 못 미치는 여성과도 기꺼이 관계를 맺겠다고 대답했다.

여러 나라에서 수행된 수많은 연구에서도 남성들이 일회성의 가벼운 성관계에 더 관심을 보이는 경향이 있다는 게 반복적으로 확인되었다.(e. g., Greitmeyer, 2005 ; Hald & Høgh-Olesen, 2010 ; Regan, 1998 ; Shackelford et al., 2004 ; Wiederman & Hurd, 1999) 살면서 후회되는 점을 물으면, 남성들은 더 많은 상대와 관계를 맺지 못해 아쉬워하는 반면, 여성들은 못난 남성과 엮이지 않도록 더 조심할걸 그랬다고 답했다.(Roese et al., 2006) 세계 각국의 1만

6288명을 대상으로 한 조사는 성적 다양성(sexual variety)에 대한 욕구의 남녀 차이가 보편적 현상임을 보여준다.(Schmitt et al., 2003)

물론 태도가 항상 그대로 행동으로 이어지지는 않는다. 그리고 여성들이 설문에서 자신의 성적 측면을 축소해 표현하는 경향이 더 높기도 하다.(Alexander & Fisher, 2003) 실제로 이성과 하룻밤을 보낼 기회가 있을 때 정말로 성별에 따라 다른 태도를 보일까? 한 현장 실험에서는 대학교 교정에서 여대생으로 하여금 남성에게 다가가 질문하게 했다. 여대생은 "지켜보고 있었는데, 꽤 매력적이신 것 같아요"라고 말한 다음, "오늘 저와 데이트하실래요?" "우리 집에 갈래요?" "나랑 잘래요?"라는 세 질문 중 하나를 던졌다.(Clark & Hatfield, 1989)

같은 실험에서 남성도 여성에게 다가가 같은 질문을 했다. 어떤 반응이 나왔을까? 데이트를 하자는 말에는 남녀 모두 절반 정도가 승낙했지만, 다른 요구를 받았을 때는 반응이 크게 갈렸다. 사실 같이 자자는 제안에 응한 여성은 1명도 없었다. 반면 남성들은 데이트를 하자는 제안보다도 성관계를 하자는 제안에 더 기꺼이 응했다. 덴마크에서 이 실험을 재현한 결과 낯선 사람이 성관계를 제안했을 때 독신 여성은 1명도 승낙하지 않은 반면, 독신 남성 중에서는 59%가 승낙했다. 배우자나 연인이 있다고 대답한 남성들은 제안에 응한 비율이 좀 더 낮았던 것에 비해(18%에 불과), 배우자나 연인이 있다고 한 여성들은 23명 중 1명 꼴로 제안에 승낙했다.(Hald & Høgh-Olesen, 2010)

낯선 사람에게 성적 제안을 받을 때 남성들이 훨씬 쉽게 승낙한다는 사실을 어떻게 해석할지에 대해서는 논란이 있다.(Conley, 2011; Schmitt et al., 2012) 여성들은 길거리에서 대놓고 성적 제안을 하면서 다가오는 남성을 무서워하거나 그런 남성과의 성행위가 즐거우리라고 생각하지 않는 경향이 있었다. 여기에서 자연스럽게 의문 하나가 떠오른다. 남성들은 왜 낯선 여성과의 데이트보다 성관계 제안에 더 흔쾌히 응하는가 하는 점이다.

여성들이 아주 적극적인 성생활을 선호하지 않는 이유가 단지 임신에 대한 공포 때문일까? 여성 동성애자에 대한 연구에 따르면 대답은 "아니요"다. 여성끼리 성관계를 할 때는 임신의 위험이 따르지 않고 공격적일지도 모르는 남성을 상대할 위험도 없지만, 동성애자 여성 역시 이성애자 여성과 마찬가지로 덜 적극적인 성생활을 선호하고 실제로도 그렇게 행동한다.(Bailey et al.,

1994 : Schmitt et al., 2003)

이처럼 진지한 관계가 아닌 상대와의 성행위에 대해서는 남녀의 태도 차이가 뚜렷이 나타난다. 하지만 장기적 관계에 대해서는 남녀의 기준이 비슷하다.(Kenrick et al., 2001 : Kenrick, 2013 : Li & Kenrick, 2006) 여성들이 낯선 사람과의 성관계에는 관심을 보이지 않은 반면, 데이트에 대해서는 남성들만큼 흥미를 보였다는 사실을 떠올려보라. 또한 장기적 관계를 맺을 사람의 지적 수준을 따질 때도 남녀가 사실상 같은 기준을 내놓았다. 이런 유사점은 차이점보다 눈에 덜 띄지만 못지않게 중요하다. 이 내용에 대해서는 가족 유대를 형성하려는 동기에 대해 논하면서 다시 다룰 것이다.

성적 만족이라는 말은 성별에 따라 의미가 조금 다르다. 남녀가 성적인 '정점'에 이르는 나이는 각각 언제일까? 이 질문을 받은 다양한 연령대의 성인들은 여성이 남성에 비해 성적으로 최고점에 도달하는 연령이 훨씬 높다는 데 동의했다.(Barr, Bryan & Kenrick, 2002) 하지만 이와 함께 사람들이 남성의 성적 최고점을 정의할 때 오르가슴을 느끼려는 **욕구**와 절정의 **빈도**를 기준으로 삼는 반면, 여성의 성적 최고점은 성관계 시의 **만족**을 기준으로 한다는 점도 밝혀졌다. 한편 남녀 모두 성적 만족의 최고점을 욕구의 최고점보다 늦은 시기에 경험했다고 대답했다.

사람

배란기의 여성이 매력적으로 다가오는 이유

테스토스테론과 에스트로겐 같은 호르몬은 성욕과 관련된 경험, 스스로 매력적이라고 생각하는 행동, 매력적인 대상의 판별에서 중요한 역할을 한다.(e. g., Gangestad et al., 2007 : Gildersleeve, Haselton & Fales, 2014 : Miller et al., 2007)

남녀 모두 성욕은 테스토스테론이라는 호르몬과 관련 있다.(Leitenberg & Henning, 1995 : Regan, 1999 : Sherwin et al., 1985) 앞서 논한 성생활의 남녀 차이를 뒷받침하듯 남성은 여성에 비해 몇 배나 많은 테스토스테론을 생성한다.(Dabbs, 2000) 단기적 관계를 맺고 있는 남성은 테스토스테론 수치가 상대적으로 높은 반면 기혼 남성은 테스토스테론 수치가 낮은 편이다.(Gray et al., 2004a, 2004b) 일반적으로 남성들은 안정적 관계를 맺을 때 테스토스테론 수치가 떨어지지만 여전히 다른 여성들과의 관계에 흥미가 있는 경우에는 떨어지지 않는다.(McIntyre et al., 2006)

성관계를 할 의향이나 오르가슴의 여부는 옥시토신이라는 호르몬과 관련있다. 옥시토신은 여성의 애액 분비를 촉진하기도 한다.(Salonia et al., 2005) 여성은 남성에 비해 옥시토신 수치가 높은데, 이는 여성들이 성과 사랑을 더 긴밀히 연결해 생각하는 이유를 설명하는 데 도움이 된다.(Diamond, 2004) 인간의 성 경험은 대부분 친밀한 연인 관계에서 발생한다.(Sprecher & Regan, 2000) 옥시토신은 연인 간 애착의 감정을 두텁게 만들어 인간이 짝짓기를 통해 특유의 강력한 가족적 유대를 형성하도록 돕는다.

배란기의(즉 임신 가능성이 높은) 여성은 더 섹시하고 멋진 옷을 입고 몸을 단장하며, 남성을 만날 가능성이 있는 사회적 모임에 참석하는 경향이 있다.(Durante et al., 2008 ; Haselton & Gangestad, 2006 ; Haselton et al., 2007) 또한 이 시기에는 성적 흥분을 더 많이 느끼고 남성들에게 더 매력적으로 보인다.(Haselton et al., 2007 ; Pillsworth et al., 2004 ; Schwarz & Hassebrauck, 2008) 기능성 핵자기공명장치(fMRI)를 이용한 신경심리학적 연구에 따르면, 배란 전후의 여성은 뇌의 보상 중추(reward center)가 활성화되어 더 즉각적인 만족을 원하게 된다.(Dreher et al., 2007)

제프리 밀러(Geoffrey Miller), 조시 타이버(Josh Tybur), 브렌트 조던(Brent Jordan, 2007)은 현장 연구를 수행하기 위해 남성 전용 클럽에서 일하는 18명의 전문 랩댄서에게 도움을 청했다. 각자의 생리 주기 정보와 팁 액수를 살펴보니 댄서들이 다른 시기에 비해 배란기에 훨씬 많은 돈을 받았음이 밝혀졌다. 왜 그랬을까? 배란기의 여성들이 평소보다 추파를 던지듯 행동한다는 연구 결과가 그 이유가 될 수 있다. 또는 남성들이 배란기 여성에게 다르게 반응한다고 생각해볼 수도 있다. 실제로 여성의 얼굴, 목소리, 체취는 생리 주기 중에서 배란기에 더 매력적으로 변한다.(Pipitone & Gallup, 2008 ; Roberts et al., 2004 ; Singh & Bronstad, 2001)

임신 가능성이 높을 때 평소와 다른 신호를 보낸다는 점 말고도 여성들은 생리 주기에 따라 다른 유형의 남성에게 수용적 반응을 보인다.(Gildersleeve et al., 2013, 2014) 가임 기간에는 남성성과 대칭성이 높은 남성에게 더 끌린다.(Feinberg et al., 2008 ; Gangestad et al., 2007 ; Gangestad et al., 2010 ;

Little, Jones & DeBruine, 2008) 임신 가능성이 비교적 낮을 때는 다정하고 충실한 남성에게 더 민감하게 반응한다.(Gangestad, Garver-Apgar et al., 2007) 경구피임약을 복용하는 여성에게는 일반적으로 이런 효과가 나타나지 않는데, 이로 미루어 선호도가 변화하는 건 호르몬의 산물로 보인다. 실제로 높은 수치의 에스트로겐(배란기에 가장 높음)은 '좋은 유전자'의 신호에 끌리는 경향과 상관관계가 있다. 반면 생리 기간 전후에 최고 수치에 도달하는 프로게스테론은 여성 자신과 비슷하고 자식에게 시간과 노력을 투자할 가능성이 높은 남성의 특징을 선호하는 것과 관련 있다.(DeBruine et al., 2005 ; Garver-Apgar et al., 2008 ; Jones, Little et al., 2005 ; Jones, Perrett et al., 2005)

요컨대 호르몬, 뇌 활동, 생리 주기 변화와 여성의 행동 연구 등에 따르면, 인간의 성적 행동은 자신과 타인의 몸에서 일어나는 생물학적 현상에 영향받으며, 그 가운데 다수는 스스로 의식하지 못하는 상태에서 일어난다.

사람

"섹스에 꼭 사랑이 필요한가요?" : 성 사회적 지향

유럽과 북아메리카의 전통적 결혼 의식에는 죽음이 두 사람을 갈라놓을 때까지 다른 사람들을 포기하겠다는 서약이 포함된다. 반면 프리다 칼로와 디에고 리베라는 서로 열정적으로 사랑했지만 그 관계에 서로만을 바라보겠다는 일부일처의 약속은 없었다. 디에고를 만나기 전 프리다와 고등학교 시절 남자 친구의 관계는 프리다가 자신의 미술 교사와 다른 여성을 몰래 만나 성관계를 맺으면서 비뚤어졌다. 프리다와 결혼한 뒤 디에고는 프리다가 자신의 애인을 비롯한 다른 여성들과 만나도록 부추기기도 했다. 그러다 프리다가 다른 남성들을 만나면 질투했는데 그 역시 그녀에게 정절을 요구할 입장은 아니었다.

프리다와 디에고는 여러 면에서 관습에 얽매이지 않는 사람들이었다. 그들의 애정 생활은 분명 북아메리카의 사회적 '이상'에 어긋나는 것이었다. 연구에 따르면 모든 인간 사회에서 일부일처 관계가 발견되지만 그것이 인간의 유일한 짝짓기 전략은 아니다. 문화에 따라 다양하게 나타나는 성적 행동 외에도 사람마다 짝짓기에 대한 접근법이 다르다는 증거가 있다.(Jackson & Kirkpatrick, 2007 ; Webster & Bryan, 2007)

제프리 심슨(Jeffry Simpson)과 스티븐 갠저스태드는 **성 사회적 지향**(sociosexual orientation)을 측정하는 척도를 만들어냈다. (Simpson & Gangestad, 1991/1992) 성 사회적 지향이란 **자유분방한**(사랑이 꼭 필요하지 않은) 성관계를 선호하거나 **제한된**(반드시 장기적 연애 관계에서만 일어나는) 성관계를 선호하는 경향의 개인적 차이를 말한다. 이 척도에는 "현재 만나는 사람이 아닌 다른 사람과 성관계를 맺는 상상을 얼마나 자주 하는가?" "나는 상대방에게 (감정적·심리적으로) 깊은 애착을 느껴야만 편안한 기분으로 온전히 성관계를 즐길 수 있을 것 같다"라는 항목이 포함된다.

성 사회적으로 자유분방한 사람은 비교적 어린 나이에 성에 눈뜨고, 하룻밤 상대와 즐기는 일이 더 많으며, 이성 친구를 잠재적 성행위 상대로 보는 경향이 높다.(Bleske-Rechek & Buss, 2001 ; Ostovich & Sabini, 2005) 어떤 관계를 통해서든 첫 경험을 일찍 하고 현재의 상대에게 사랑과 헌신의 감정을 덜 느끼기도 한다.(Simpson & Gangestad, 1991) 또한 성 사회적으로 자유분방한 사람과 성 사회적으로 제한된 사람이 찾는 성행위 상대의 유형도 다르다.(e. g., Provost, Troje & Quinsey, 2008) 성 사회적으로 제한된 사람들은 책임감, 애정, 충실함 등 좋은 부모 같은 특징을 지닌 상대를 선호한다.(Gangestad & Simpson, 2000) 한편 자유분방한 사람들은 눈에 띄고 매력적인 상대를 선택하고 신체적으로 매력 있는 이성에게 주의를 쏟는다.(Duncan et al., 2007 ; Maner et al., 2007) 성관계가 가능한 단기적 관계를 맺을 수 있다고 생각을 점화했을 때, 성 사회적으로 자유분방한 남성들은 화려한 공작새처럼 재력을 드러내는 과시적 소비를 하는 경향이 높아진다.(Sundie et al., 2011) 대부분의 사람들이 성관계 후 "사랑해"라는 말을 듣고 싶어 하는 반면, 분방한 남성들은 그보다 덜 긍정적인 반응을 보인다. 이에 대해 연구자들은 분방한 남성들이 헌신이라는 대가를 치르지 않고 성적으로 이득을 보기를 바라기 때문이라고 말한다.(Ackerman, Griskevicius & Li, 2011)

사람

동성에게 끌리는 마음

유명한 조사 연구를 수행한 킨제이와 동료들(Kinsey et al., 1948)은 응답자 중 남성의 3분의 1 이상, 여성의 13%가 동성과의 관계에서 한 번 이상 오르가슴을 느낀 경험이 있다는 사실을 발견했다. 킨제이의 표본 추출 기법은 비판을 받았지만 호주에서 5000쌍 정도의 쌍둥이를 대상으로 한 연구에 따르면, 동성에게만 애착을 느낀 사람은 남성 응답자 중 2.2%, 여성 응답자 중 0.6%에 불과한 반면, 그보다 훨씬 많은 사람들(남성 13%, 여성 11%)이 한 번 이상 동성과의 성 경험이 있거나 동성에게 끌린 적이 있다.(Zietsch et al., 2008)

이러한 동성 선호 경향은 흥미로운 의문을 불러일으킨다. 자연선택이 성공적인 번식을 촉진한다는 점을 감안하면 왜 동성에게 끌리는 사람들의 비율이 상당한 것일까? 우선 통상적으로 동성애자들이 친족의 자녀 양육을 도왔다는 사실을 이유로 들 수 있다. 사모아 같은 전통 사회의 동성애자에 대한 조사 결과가 이러한 가설을 뒷받침한다.(Vasey & VanderLaan, 2008, 2010) 이 설명은 또한 동성애자들이 대가족에서 동생으로 태어나는 경우가 많다는 점과도 상통한다.(Camperio-Ciani et al., 2004; King et al., 2005) 하지만 현대의 도시에서 수행된 연구는 이러한 가설을 뒷받침하지 않는다. 아마도 현대 사회에서 동성만 선호하는 사람들이 가족과 멀리 떨어져 사는 경향 때문인 듯하다.(Bobrow & Bailey, 2001; Rahman & Hull, 2005; Vasey & VanderLaan, 2012)

다른 가능성은 동성 선호를 가능케 하는 유전자가 이성애자 친족들에게 이득을 주지 않을까 하는 점이다.(Zietsch et al., 2008; Barthes et al., 2013) 실제로 비슷한 조건을 갖춘 동성애자의 친척이 이성애자에 비해 더 많은 상대와 관계를 맺고 더 많은 자손을 얻는다는 연구 결과가 있다.(Camperio-Ciani et al., 2004; VanderLaan et al., 2012) 하지만 이 수수께끼는 아직 풀리지 않았고, 동성애자와 더불어 프리다 칼로 같은 양성애자에게는 다른 설명이 적용된다는 증거도 있다.(Diamond, 2007, 2008)

8장에서 다루는 연구는 대부분 인구의 대다수를 차지하는 이성애자를 중심으로 수행되었지만, 이성애자와 동성애자의 유사점과 차이점에 대해서도 다시 살펴볼 것이다. 또한 다른 사회에서 흔히 발견되는, 일부일처제가 아닌 다자 간 짝짓기에 대해서도 살펴보려 한다. 우리가 중요하게 봐야 할 점은 인간의 성적 행동이 서양 사회의 규범에서 규정하는 것보다 다양하게 나타난다는 것이다.

공포 영화가 연인 관계에 미치는 영향

새로운 데이트 상대에게 열정적 감정을 불러일으키고 싶을 때 함께 공포 영화를 보면 어떨까? 그럴듯한 작전이다. 몇몇 연구에 따르면 각성을 촉진하는 상황이 열정적 연애 감정을 자극하기도 한다.(Foster et al., 1998; Lewandowski & Aron, 2004) 일례로 전기 충격의 공포를 느끼거나 롤러코스터를 타거나 협곡에 걸쳐진 흔들다리에 서 있을 때 외모가 준수한 낯선 사람에게 더 강하게 끌린다는 점이 밝혀졌다.(Dutton & Aron, 1974; Meston & Frohlich, 2003) 남성은 몇 분 동안 격렬하게 운동만 해도 예쁜 여성에게 더 강하게 끌리는 감정을 느낄 수 있다.(White et al., 1981; White & Kight, 1984)

공포 영화나 팔 벌려 뛰기가 어떻게 타인에 대한 열정적 감정을 더 강화시킬 수 있을까? 두 요인 이론(two-factor theory)에 따르면 다른 감정과 마찬가지로 사랑 역시 일반적인 생리적 각성(두근거림, 울렁거림)과 꼬리표(각성을 경험하는 상황에 따라 사랑, 두려움, 흥분 등)로 구성된다.(Berscheid & Walster 1974) 두요인 이론에서는 각성이 일어나기 쉬운 상황에서 연인이 될 가능성이 있는 사람을 각성의 원인으로 잘못 인식할 만큼 감정이 고조될 수 있다고 간주한다.

두 요인 이론에 따르면 사람들은 각성되었을 때 그 원인을 자신이 매력적이라고 생각하는 사람에게 찾기도 한다. 다만 상대가 각성의 원인이 아닐까 하고 스스로 생각할 때에 한해서다. 하지만 한 연구에 따르면 참가자들이 **각성의 원인이 특정한 사람에게 있지 않다는 사실을 분명히 알면서도** 매력적이라고 느낀 사람에게 더욱 끌린다고 한다.(Allen et al., 1989) 이 연구에서는 격렬한 운동 후 각성된 남성들이 매력적인 여성을 더욱 매력적으로 인식했다. 심지어 커다란 혈압 측정기를 찼을 때도, 그 여성에 대한 감정을 헤아리기 전에 운동한 사실을 몇 번이나 상기했을 때도 마찬가지였다. 이 결과는 반드시 인지적 오류를 저지르지 않더라도 각성으로 인해 감정이 고조될 수 있다는 점을 보여준다. 커피로 카페인을 섭취한 후 더 빨리 달리거나 말하게 되듯이, 생리학적 각성은 이미 매력적이라고 여기는 사람에게 더욱 끌리게 만든다고 할 수 있다.

문화에 따른 성 규범의 차이

프리다 칼로와 디에고 리베라의 관습에 얽매이지 않은 성생활에는 문화의 영향도 있을까? 이들의 관계는 유럽과 북아메리카에서 실험적 성생활이 만연했던 '광란의 20년대(roaring twenties, 1차 세계대전 이후부터 대공황 이전까지의 시기를 일컬음. 경제 호황을 바탕으로 사회 문화적으로 독특한 양식이 발달했다)'에 시작되었다.(Martin, 1973) 또한 디에고와 프리다는 사회적 관습을 개혁하려던 국제적 급진주의자와 자유사상가 모임의 일원이었다.(Herrera, 1983 : Wolfe, 1991)

반세기가 지난 1960년대와 1970년대에 유럽과 북아메리카 사회는 성적 혁명(sexual revolution)에 휩쓸렸다. 그 여파로 혼전 성관계에 대한 규범은 1950년대에 비해 훨씬 자유로워졌다.(Regan, 2003)

혼전 성관계 및 혼외정사의 적절성에 대한 인식은 시대의 변화뿐 아니라 사회에 따라서도 다르다.(Hatfield & Rapson, 1996 : Lieberman & Hatfield, 2006) 일례로 이집트의 실와 지역에서는 혼전 성관계가 철저한 금기지만(Ammar, 1954), 태평양에 있는 망가이아섬에서는 어린아이들이 공공연히 성행위를 하고 모든 사람이 다수와 혼전 성관계를 맺는다.(Marshall & Suggs, 1971) 미국은 이 사이 어디쯤에 있다. 미국인은 평균적으로 13세 전후에 첫 키스를 하고 16세쯤이면 대부분 어느 정도의 성 경험(진한 애무, 구강성교, 성행위 등)을 하게 된다.(Regan & Joshi, 2003 : Reynolds et al., 2003)

"앞으로 30년 동안 몇 명의 상대와 성관계를 하고 싶은가?"라는 질문을 받았을 때 호주 여성들은 평균 4명이라고 대답한 반면, 아시아 국가 여성들은 2명 이하라고 대답했다. 호주 남성 역시 아시아 남성에 비해 더 많은 상대를 원한다고 대답했지만, 남성 전체로 보면 원하는 상대의 수가 여성의 2배였다.(Schmitt et al., 2003)

사랑과 결혼의 관련성에 대한 규범 역시 사회에 따라 다르다. 낭만적 사랑은 없지만 나머지 조건은 괜찮은 사람과 결혼하겠느냐고 묻자 파키스탄과 인도에서는 50% 정도가 "그렇다"라고 대답했지만 미국과 일본에서는 "그렇다"라고 대답한 사람이 5% 미만이었다.(Sprecher et al., 1994)

적절한 성적 행동에 대한 규범은 한 나라 안에서도 문화에 따라 다르게 나타난다. 미국에서 종교 행사에 정기적으로 참석하는 사람들은 혼외정사, 음란물, 동성애, 낙태에 대해 부정적 태도를 보인다.(Hood et al., 1996; Weeden, Cohen & Kenrick, 2008; Weeden & Kurzban, 2013) 종교 집단은 구성원들에게 일부일처제를 충실히 따르고 높은 출산율을 유지하도록 장려하는 경우가 많다.(가족은 번성시키되, 많은 상대와 관계해서는 안 된다.) 자유분방한 성적 행동은 결혼의 안정성을 해칠 수 있으므로 일찍 결혼해 가정을 꾸린 사람들에게 위협이 된다.(Li et al., 2010; Weeden et al., 2008) 일련의 연구에 따르면 마리화나 같은 향정신성 약물에 반대하는 입장 역시 난잡한 성생활에 대한 반감에서 나온다.(Kurzban et al., 2010) 성에 대한 태도와 향정신성 약물 간 상관관계는 벨기에, 네덜란드, 일본에서도 발견되었다.(Quintelier et al., 2013)

상호작용

같은 상황, 다른 해석

한 실험에서는 참가자들에게 남녀 한 쌍이 5분 동안 대화하는 장면을 보여주었다. 대화가 끝나면 대화한 사람들과 이들을 지켜본 사람들에게 그 대화를 평가하게 했다. 이때 남성들은 여성 연기자의 행동을 더 유혹적으로 인식했다.(Abbey, 1982) 이후의 연구에 따르면 스피드 미팅에서도 이와 같은 편향이 나타난다. 스피드 미팅에서 여성들은 남성의 성적 관심을 과소평가하고 남성들은 여성의 성적 관심을 과대평가하는 것이다.(Perilloux, Easton & Buss, 2012) 이러한 인식의 차이는 남녀 간에 불편한 오해를 낳을 수 있다.(Abbey et al., 1996; Sheets & Braver, 1999; Perilloux et al., 2012)

　　남성은 여성의 칭찬, 선물, 접촉을 성적 욕망의 신호로 해석하는 경향이 높다. 반면 여성은 남성의 칭찬, 선물, 접촉을 헌신의 징후로 해석하는 데 인색했다. 이러한 편향은 적응적이라고 해석할 수 있다. 여성은 임신할 가능성이 있으므로 덮어놓고 남성이 좋은 의도로 접근했다고 믿으려 하지 않는다. 하지만 남성은 여성이 쉽게 잠자리를 하려 들지 않으므로 성적 관심일 수 있는 작은 신호도 놓치지 않는 것이다.(Haselton & Buss, 2000; Haselton & Funder, 2006)

　　다른 연구에서는 참가자들에게 얼굴 사진을 보여주면서 진짜 감정을 '억누르는' 미묘한 신호가 있는지 판단하게 했다. 사실 모든 사진들은 감정이 배제된 얼굴만 엄선한 것이었다. 낭만적 기분이 들게 하는 영상을 본 뒤 남성들

　　　　　　　　　　　　　　　　　　　　　　　　　　　　사회심리학

은 사진을 보고 예쁜 여성의 사진에 한해 성적인 감정을 투사했다. 반면 여성의 경우에는 낭만적 기분에 판단이 흐려지지 않았다.(Maner et al., 2005)

이러한 결과들을 보고 여성들이 성에 관심을 가지지 않는다고 해석해서는 안 된다. 그보다는 생식이라는 영역에서 남녀가 약간 다른 게임을 한다고 볼 수 있다. 앞서 언급했듯 여성이 생리 주기에서 가임기가 되면 게임의 규칙이 바뀐다.(e. g., Gangestad et al., 2002) 이 시기에 여성은 낮은 목소리나 큰 키 같은 남성적 특징에 마음이 더 끌리게 된다.(e. g., Pawlowski & Jasienska, 2005 ; Puts, 2005) 마찬가지로 단기적으로 성관계를 맺을 의향이 있는 자유분방한 여성 역시 남성적인 남성을 선호하는 경향이 있다.(Wayneforth et al., 2005) '나쁜 남자(잘생기고 자신감 넘치며 경박한 남성)'에게 끌리는 여성은 눈빛이 섹시해 보이는 여성의 사진을 선호하는 남성과 아주 비슷하다.(Tombs & Silverman, 2004) 마지막으로 단기적 관계를 맺을 상대를 고를 때는 여성도 남성과 마찬가지로 장기적 짝을 고를 때 기준으로 삼는 다른 특징들에 비해 신체적 매력을 더 중요하게 여긴다.(Fletcher et al., 2004 ; Li & Kenrick, 2006) 따라서 특정한 시기의 일부 여성들은 대안적 짝짓기 전략을 구사한다. 좋은 유전자를 보유했다는 신호를 보내는 남성을 찾는 것이다. 그로 인해 자식 곁에 머무르며 든든한 지원과 투자를 해줄 남성을 포기할지라도 말이다.(Gangestad & Simpson, 2000 ; Penton-Voak et al., 2003)

상호작용

왜 남매는 서로를 이성으로 보지 않을까 : 키부츠 연구

성적 끌림에 대해 말하면 사람과 상황적 요소는 문화라는 더 넓은 범주에서 상호작용을 한다. 이스라엘의 집단 농장 키부츠에 거주하는 아이들을 대상으로 한 자연 실험을 살펴보자. 이곳에서는 다른 가정에서 태어난 여러 명의 아이들을 집단으로 양육했다. 성인이 된 후 이들은 같은 집단에서 자란 아이들과 친한 친구로 남았지만 서로 결혼을 하지는 않았다.(Shepher, 1971) 이러한 관계는 사람들이 접근성이 높은 이웃과 결혼하는 경향이 있다는 대표적 연구 결과와 상반된다.(e. g., Bossard, 1932) 집단 내에서 성적 끌림을 금기시하는 사회 규범이 있었던 것도 아니기 때문에 특히 흥미로운 지점이다.

어찌된 일이었을까? 조지프 셰퍼(Joseph Shepher, 1971)는 그 문화적 환경의 특성(남남인 아이들이 함께 사는 환경)과 형제자매끼리 성적으로 끌리지 않게 하는 내면적 체계의 상호작용이 그 원인이라고 주장했다. 형제자매가 짝짓기를 할 때 해로운 열성 유전자가 더 자주 발현되므로 이것은 진화 과정 내내 해결되어야 할 과제였다.(Lieberman et al., 2003; Tal & Lieberman, 2008; Walter, 1997) 형제자매 사이에서 성적 끌림을 막는 대표적인 방법은 한 지붕 밑에서 자라는 사람들이 자연히 서로의 성관계를 혐오하는 쪽으로 발달하는 것이다. 그리고 지금껏 한 지붕 밑에서 자란 사람은 보통 형제자매였다.(Van den Berghe, 1983) 이 경우에는 키부츠라는 환경이 다른 사회에서 일반적으로 보이지 않는 선천적 체계를 작동시킨 것이다.

대만에서는 예비 신부가 예비 신랑의 가족과 어린 시절을 함께 보내는 풍습이 있다. 이 경우 손아래 아이들이 모유를 먹는 장면을 본 손위 아이들은 손아래 아이들을 성적 대상으로 보지 않는 일종의 혐오감을 품게 된다. 한편 손위 형제자매가 모유를 먹는 장면을 볼 수 없는 손아래 아이들의 경우 그들과 한집에서 산 기간을 바탕으로 혐오감을 느낀다.(Lieberman & Smith, 2012) 이러한 발견은 성적 행동이 과연 진화된 유전적 체계인지, 사회 문화적 규범인지, 학습된 경험인지 묻는 것이 잘못되었음을 시사한다.(Kenrick & Gomez-Jacinto, 2013) 그보다는 생물학적 영향이 문화와 어떻게 상호작용해 학습에 영향을 미치고 이러한 과정이 생각과 동기에 어떤 영향을 미치는지 묻는 편이 더 생산적이다.

가족이 되는 길, 유대감

칼라하리 사막의 수렵 채집 부족인 쿵족의 한 여인은 이렇게 말했다. "두 사람이 처음 함께할 때는 가슴이 불타오르고 열정이 솟는다. 시간이 지나면 열기가 식고 그 상태가 유지된다."(Jankowiak & Fischer, 1992) 다른 여러 사회에서 수행된 실험에서도 처음에는 성적으로 강렬하게 끌리다가 시간이 지나면 열정이 약해지는 경우가 많았다.(Acker & Davis, 1992; Sprecher & Regan, 1998) 이러한 열정적 감정과 함께 성관계도 점점 줄어든다.(Hatfield & Rapson, 1996) 결혼 후 1년만 지나도 부부간 성관계의 평균 횟수는 반으로 뚝 떨어진다.

열정이 식으면 장기적 관계는 어떻게 유지될까? 아이들 때문에 같이 산다는 부부도 간혹 있다. 하지만 대부분은 더 긍정적인 시각으로 이 질문에 답한다. 장기적 동반자를 일상과 떼어 생각할 수 없게 되고 열정이 식으면서 친밀감과 헌신의 감정이 커진다고 말이다.(Cimbalo et al., 1976) 성적 감정은 열정이라는 사랑의 요소에 기여하고 관계가 시작될 때 가장 두드러지는 측면이다. 하지만 일반적으로 사람들은 사랑을 정의할 때 헌신적 감정과 친밀감이 핵심에 가깝다고 여긴다.(Fehr, 2013) 한 연구에서는 참가자들을 두 부류로 나눠 각각 현재 만나는 사람에 대한 사랑의 감정과 성적 끌림에 대해 생각해보라고 했다. 사랑에 대해 생각한 사람들은 다른 매력적 상대에 대한 생각을 억누르는 과제를 잘해냈고, 성적 끌림에 대해 생각한 사람들은 그런 생각을 참을 수 없었다.(Gonzaga et al., 2008)

이혼이나 사망으로 배우자를 잃는 것은 인생의 어떤 사건보다 심리적·신체적으로 큰 타격을 입힌다.(Diener, 2000) 배우자가 세상을 떠나면 남은 사람이 사망할 확률은 급격히 치솟는다.(Kaprio et al., 1987) 이와 반대로 배우자가 곁에 있으면 암을 비롯한 주요 질병을 피하는 데 유리하다.(Kiecolt-Glaser & Newton, 2001) 심지어 오래 만난 연인과 잠깐 떨어져 있기만 해도 정서적 고통을 느낄 수 있다.(Diamond et al., 2008)

사랑으로 맺어진 관계가 다른 인간관계에 비해 삶에서 훨씬 중요한 위치를 차지하고 끝날 때도 고통스러운 **이유**는 무엇일까? 로이 바우마이스터(Roy Baumeister)와 마크 리리(Mark Leary)는 모든 유형의 인간관계에 대한 다수의 연구를 검토한 후 누구에게나 막연한 **소속 욕구**(need to belong)가 있다고 주장했다.(Baumeister, 2012; Baumeister & Leary, 1995) 이들의 주장에 따르면 탄탄하고 안정적인 관계를 향한 욕구에는 몇 가지 기능이 있다. 이를테면 한 쌍의 연인이 결합해 함께 아이를 키우게 하는 감정이 아이와 애착 관계를 형성하는 데도 작용한다는 것이다. 실제로 서로에게 헌신하는 연인들이 엄마와 아기를 이어주는 심리적 체계를 바탕으로 유대를 형성한다는 연구 결과가 있다.(Zeifman & Hazan, 1997)

애착의 중요성

어머니와 자녀 사이의 강한 유대는 갓난아기의 생존을 돕는 데 전념하는 모든 포유류의 특징이다.(Bowlby, 1969) 이렇게 유대가 형성되면 어린아이들은 항상 엄마 곁에 머물고 엄마와 떨어지면 소리치며 울음을 터뜨린다. 엄마의 존재는 아이의 스트레스를 줄여주고 아이가 안전하게 환경을 탐색할 수 있는 안전 기지(secure base)를 제공한다. 성인의 연애 관계 역시 세상을 탐색하고 생산적으로 일할 수 있는 안전 기지를 제공한다.(Elliot & Reis, 2003; Green & Campbell, 2000)

다 자란 수컷 포유류는 기껏해야 새끼를 위한 정자를 제공할 뿐 애착의 범위에는 들어가지 않는다.(Geary, 2000) 하지만 인간 남성은 일반적으로 자식을 돌보는 데 깊이 관여한다. 심지어 어떤 남성들은 출산을 앞둔 아내와 호르몬 변화를 함께 겪기도 한다.(Storey et al., 2000) 출산 직전 아빠들의 몸에서는 양육과 관련된 호르몬인 프로락틴이 증가한다. 출산 직후에는 테스토스테론(지배성 및 성 행동과 관련된 호르몬)의 분비가 감소한다. 아이를 둔 부부가 유대감을 형성하도록 진화한 이유는 다른 동물에 비해 인간의 아기가 특히 무력하기 때문이기도 하다. 새끼가 무력한 상태로 태어나는 종에서는 가족 간의 유대감이 도움을 필요로 하는 자녀에게 부모가 함께 관심을 쏟도록 동기를 부여한다.(Bowlby, 1969; Brown & Brown, 2006)

사람

애착의 3가지 유형

목이 마르면 물을 마시고 싶고 추우면 꽁꽁 싸매고 싶어지는 것과 마찬가지로 깊은 애착을 형성하려는 욕구는 인간의 본성이다.(MacDonald & Leary, 2005) 하지만 깊은 애착을 형성하기란 물 한 잔이나 따뜻한 겉옷을 집어 드는 것만큼 쉬운 일이 아니다. 사랑을 피하는 사람도 있고, 연인이 될 수도 있는 사람에게 성급하게 과한 애정을 요구해 오히려 상대를 밀쳐내는 사람도 있으며, 장기적 헌신과 약속을 피하기 위해 가벼운 관계에 섣불리 뛰어드는 사람도 있다.(Brennan & Shaver, 1995; Del Giudice, 2011) 다음의 서술을 읽고 생각해보자.

1. 나는 다른 사람들과 쉽게 친해지고 서로 의지하는 것이 편하다. 누군 가와 가까워지거나 버려지는 일에 대해 걱정할 때가 많지 않다.

2. 나는 다른 사람들과 친해지기가 그리 쉽지 않다. 그들을 완전히 믿고 의지하기가 어렵다. 누군가가 너무 가까이 다가오면 불안하다. 이를테 면 연애할 때 내가 편안하게 느끼는 상태보다 친밀해지고 싶어 하는 사람들 때문에 불안해질 때가 많다.

3. 내가 원하는 만큼 가까이 다가가려 하면 상대방이 주춤한다. 상대방이 나를 정말 사랑하지 않거나 나와 계속 만나고 싶어 하지 않을까 봐 자 주 걱정한다. 나는 상대방과 완전히 하나가 되고 싶은데, 이런 욕구가 오히려 사람들을 쫓아버릴 때도 있다.

신디 하잔(Cindy Hazan)과 필립 세이버(Phillip Shaver, 1987)는 이러한 자기 기술(self-description) 기법을 사용해 낭만적 사랑과 애착 유형에 대한 연구를 수행했다. 이 연구가 근거로 삼은 3가지 범주는 엄마와 아기의 관계 에 관한 이전 연구들에서 나온 것이다.(Ainsworth et al., 1978; Bowlby, 1969, 1973) 일찍이 발달 연구자들은 **안정 애착 유형**(secure attachment style)의 아 이들이 엄마에게 쉽게 애정을 표현하고 버려지는 것에 신경 쓰지 않는다는 점 을 발견했다. 한편 **불안·양가 애착 유형**(anxious/ambivalent attachment style) 의 아이들은 엄마와 잠시라도 떨어지면 눈에 띄게 동요하고 버림받을 수 있다 는 생각에 사로잡혔다. 마지막으로 **회피 애착 유형**(avoidant attachment style) 의 아이들은 방어적으로 엄마와 거리를 두며, 엄마가 잠깐 사라졌다 돌아왔을 때 애정을 거부하는 특징이 있었다.

엄마와 관련된 생애 초기의 경험이 성인이 되었을 때 다양한 사랑의 방 식으로 나타난다는 증거가 몇 가지 있다.(Fraley, 2002; Simpson et al., 2007, 2011) 예를 들어 성인의 경우 앞의 서술 중 1번을 선택한 사람들은 **안정** 애착 유형, 2번을 선택한 사람들은 **회피** 애착 유형, 3번을 선택한 사람은 불안·양가 애착 유형에 해당했다.

안정 애착 유형으로 분류된 사람들은 회피나 불안·양가 애착 유형으 로 분류된 사람들에 비해 연애나 결혼 생활을 오래 유지하는 것으로 알려졌 다.(Hazan & Shaver, 1994a) 안정적으로 애착을 형성한 사람들에게는 호감 가는 성격 특징이 많이 나타난다. 이를테면 통찰력이 있고 자기 고양적이지 않으며 인간관계에서 발생한 갈등을 해결하는 데 능숙하다.(Creasey & Ladd, 2005; Gjerde, Onishi & Carlson, 2004)

회피 애착 성향의 사람들은 특이한 방식으로 연인 관계에 접근한다. 이들은 친밀감을 싫어하고 장기적 관계에 도움이 될 정도의 공유 수준을 불편하게 느낀다.(Bartz & Lydon, 2006) 또한 스트레스를 받는 상황에서 상대에게 사회적 지지를 비교적 적게 제공하는 편이다.(Campbell et al., 2001; Collins & Feeney, 2000) 이들은 가까운 친구들과의 공통점에 주로 초점을 맞추는 안정 애착 유형과 달리, 가까운 사람들과의 차이점에 주로 초점을 맞춘다.(Gabriel et al., 2005) 성행위가 관계를 공고히 하는 데 도움이 되는 경우도 많지만 안정 애착 유형의 사람들에 비하면 회피 애착 유형의 사람들에게 성관계는 부정적 경험일 가능성이 비교적 높다.(Birnbaum et al., 2006)

불안·양가 애착 성향이 있는 사람들 역시 특이한 방식으로 친밀감이라는 감정을 다룬다. 이들에게 연인과의 관계는 기복이 한층 심한 감정의 롤러코스터와 같으며 성적으로 높은 동기가 부여되는 편이다.(Davis et al., 2004) 불안한 사람들은 상대방에게 사랑과 헌신을 보여달라며 과도하게 요구함으로써 가까이 두고 싶은 사람을 오히려 더 밀어내는 경우가 많다.(Mikulincer & Shaver, 2013) 이들은 상대방이 충분히 다정하지 않다고 인식하고, 여성의 경우 상대방이 충분한 지지를 제공하지 않는다고 느낄 때 산후 우울증에 걸리기 쉽다.(Campbell et al., 2005; Collins & Feeney, 2004; Kohn et al., 2012; Simpson et al., 2003)

프리다 칼로의 남성 관계는 불안·양가적 유형에 가깝다. 고등학교 시절 그녀가 남자 친구에게 보낸 편지들은 연락을 더 자주 해달라든가 사랑을 확인하게 해달라는 호소로 가득했다. 몇 년 후 프리다는 디에고 리베라에게도 비슷한 편지를 여러 통 썼다. "지금껏 겪은 모든 격정은 결국 내가 나 자신보다 당신을 더 사랑하고, 나만큼은 아닐지 모르지만 당신도 나를 조금은 사랑한다는 사실을 이해하게 해주었어요. 그렇지 않은가요?"

'받는 연애'와 '주는 연애' 중 무엇이 더 나을까

7장에서는 모르는 사람끼리의 관계에서 발견되는 **교환** 지향성(철저히 비용과 이득을 고려하는 경우)과 가까운 사람들과의 관계에서 나타나는 특징인 **공동체** 지향성(상대방의 필요에 따라 이득을 아낌없이 제공하는 경우)의 차이에 대해 논했다.(Clark & Aragón, 2013; LeMay & Clark, 2008; Mills et al., 2004)

교환 지향성이 높은 사람들은 다음과 같은 진술에 동의한다. "나는 친구나 사랑하는 사람이 우리 관계에서 의무를 다하지 않았다고 느껴질 때 마음에 담아두는 경우가 많다." 일반적으로 사람들이 (자신을 가장 긍정적인 시각으로 보는) 자기 본위적 편향에 빠지는 경향이 있음을 감안하면, 교환 지향성이 높은 사람이 대개 더 불행한 인간관계를 경험할 수밖에 없다.(Buunk & Van Yperen, 1991) 반대로 공동체 지향성이 높은 사람은 상대적으로 더 만족스러운 인간관계를 경험한다.(Mills et al., 2004; Peck et al., 2004) 공동체 지향적 사람들은 상대방이 자신과 마찬가지로 다정하고 지원을 아끼지 않는다고 여기며 이것은 자기 충족적 예언으로 이어지는 경향이 있다.(LeMay & Clark, 2008) 그러므로 연애를 할 때는 받은 것을 따지기보다 주는 편이 낫다고 여긴다.

인간관계의 지속성이 반드시 성격에 달려 있지는 않다. 프리다 칼로와 디에고 리베라가 그랬듯 애착은 시간이 지남에 따라 늘었다 줄어들기를 반복한다. 깊은 유대가 형성된 관계를 지속하려는 동기의 강도는 어떤 상황적 요소와 관련 있을까?

이별 후 후폭풍이 찾아오는 이유

상황이 시시각각 변함에 따라 두려움, 걱정, 불안을 느끼는 경우 애착이 강해진다.(Mikulincer et al., 2002) 일례로 자신의 죽음에 대해 생각하면 사랑하는 사람과 가까이 있고 싶은 욕구와 친밀감이 커질 뿐 아니라 아이를 가지려는 동기도 강해진다.(Cox & Arndt, 2012; Mikulincer, Florian & Hirschberger, 2003; Wisman & Goldenberg, 2005)

관계가 잘 유지되면 스트레스가 심한 상황에 처했을 때 서로에게 능숙하게 빠르고 효과적으로 반응할 수 있다.(Collins & Feeney, 2000) 최근의 신경 생리학적 연구에서 밝혀진 바에 따르면, 상대에게 포옹을 많이 받는 여성들은 옥시토신이 증가하고 혈압은 저하되는 경향이 있었다.(Light, Grewen & Amico, 2005)

일체감에 대한 욕구를 치솟게 만드는 위협은 관계 자체에도 위험 요소로 작용한다. 실제로 이별의 슬픔은 약물 금단 증상과 아주 흡사한 느낌이며, 체내의 아편 유사 물질에 영향받는다.(Panksepp, Siviy & Normansell, 1985)

헤어진 상대와 재결합하려는 열정적 동기는 건전한 관계를 유지하는 데 도움이 되므로 적응적이라 할 수 있다. 하지만 다음에 살펴볼 내용과 같이 잘못 작용하는 경우도 있다.

BOX 8.1

"왜 날 사랑하지 않아?"—집착과 짝사랑

뉴욕 맨해튼에서 한 작가가 수감되었다. 여덟 번이나 체포당하고도 유명 외과 의사를 계속 쫓아다녔기 때문이다. 재판이 진행되는 동안 그 작가는 의사와 열정적이고 낭만적인 관계였던 것처럼 말했지만 외과 의사는 그것이 악몽이었다고 표현했다. 갑자기 나타나 비행기 옆자리에 앉고, 반나체로 집에 불쑥 찾아오고, 그의 친구들에게 편지를 여러 통 보냈다는 것이다. 심지어 "당신이 이 세상에 살아 있는 한 난 살 수가 없어"라고 협박까지 일삼았다고 했다.(Anderson, 1993)

이런 집착이 심해지면 연애 망상증(eroto-mania)이라는 꼬리표가 붙는다. 연애 망상증이란 누군가에게 열렬히 사랑받고 있다는 망상을 확고하게 믿는 병이다. 연애 망상증의 목표는 대부분 성욕 충족보다는 이상화된 연애나 영적 합일에 있다.(Anderson, 1993) 1900~2000년 보고된 246건의 연애 망상증 임상 사례 중 176건(약 70%)이 여성 환자였다.(Brüne, 2001) 이 병을 앓는 여성의 전형적 특징은 30대 중반의 독신이라는 점이고, 자신보다 사회적 지위가 높은 연상의 남성이 그 대상이었다. 남성 환자는 대개 20대 후반이고 외모가 매력적인 연하의 여성을 대상으로 삼았다. 남성 가운데는 절

반 정도가, 여성 가운데는 4%가 법적으로 문제가 될 때까지 대상을 괴롭혔다.(Brüne, 2001)

임상 사례보다 흔한 경우는 헤어진 배우자나 연인에게 폭력을 쓰지는 않지만 끊임없이 재결합을 시도하며 상대를 괴롭히는 것이다. 실제로 스토킹 사건의 대다수가 연애나 결혼 생활의 종결과 관련 있다.(Anderson, 1993)

대부분의 사람들은 스토커가 되지 않지만 별 문제 없이 사는 사람도 한 번쯤 짝사랑의 고통을 겪는다. 한 연구에서는 참가자의 93%가 자신을 좋아하지 않는 사람에게 강하게 끌린 경험이 한 번 이상 있는 것으로 나타났다.(Baumeister et al., 1993) 짝사랑을 하는 사람들은 상대방이 자신을 유혹했다고 생각하거나 서로에게 강하게 끌리는 감정을 인정하지 않고 감추었다고 느끼는 경우가 많다.

사람들은 왜 혼자만의 연애 감정에 휘말릴까? 아마도 그 경험이 완전히 부정적이지만은 않아서일 것이다. 거절하는 사람과 거절당하는 사람 모두에게 나중에는 좋은 감정이 남을 때도 많다. 다만 처음에는 서로 호감을 가지다가도, 한 사람은 그 마음이 점점 커지는 반면 다른 사람은 그 마음이 점점 식어가는 상황이 불편할 뿐이다. 그렇다고 짝사랑의 상대가 항상 칼같이 거절하는 것은 아니므로 사람들은 그릇된 희망을 품기도 한다. 결국 거절당한 사람은 자존감을 지

키기 위해 현실을 약간 왜곡하는 경우가 종종 있다.(Baumeister et al., 1993 ; Sinclair & Frieze, 2005) 자신이 상대의 연애 상대로 적절치 않다고 생각한다는 건 누구에게나 인정하기 어려운 일이다.

여느 사회적 기능장애와 마찬가지로 집착하는 관계는 여타 적응적인 심리학적 기제에서 발생하는 부산물일지 모른다. 헤어진 연인에 대한 집착은 상대에게 정상적으로 애착을 유지하게 하는 체계의 오작동을 보여주는 예라고 할 수 있다.(Baumeister et al., 1993) 영화나 문학에서는 갈망하던 연인을 얻기 위해 거절당하면서도 끈질기게 밀어붙이는 사람들이 자주 등장한다. 짝사랑의 감정이 자주 발생한다는 것은 곧, 우리가 애착 기제를 정확히 언제 중단할지 파악할 줄 알아야 한다는 점을 시사한다.

불륜과 질투

일대일 관계라는 통념에 얽매이지 않았음에도 디에고 리베라와 프리다 칼로는 서로의 무분별한 성적 편력을 심하게 질투했다. 디에고는 프리다가 (디에고와도 관계가 있던 여성들을 포함해) 다른 여성들과 맺는 관계는 참았지만 프리다가 만나던 남성에게 죽이겠다고 협박하기도 했다.(Herrera, 1983)

당신과 진지하게 사귀는 사람이 다른 사람에게 관심을 갖게 되었다고 상상해보라. 다음 중 어느 쪽이 더 괴롭고 속상하겠는가?

1. 상대방이 다른 사람과 사랑에 빠지고 깊은 정서적 애착 관계를 형성한다고 상상할 때.
2. 상대방이 다른 사람과 성관계를 맺는다고 상상할 때.

이 질문을 받은 남성들은 대부분 성적 배신이 더 고통스러울 것 같다고 대답한다. 하지만 여성의 경우 약 80%가 정서적 애착 쪽이 더 속상할 것 같다고 대답했다.(Buss et al., 1992) 이와 같은 남녀의 차이는 한국, 일본, 독일, 네덜란드, 스웨덴에서도 발견되었다.(Buss, Shackelford, Kirkpatrick et al., 1999; Buunk et al., 1996; Wiederman & Kendall, 1999)

성별에 따른 이러한 차이는 왜 나타날까? 데이비드 버스(David Buss)와 동료들은 남성이 성적 충실성에 더 관심을 두는 원인이 단순한 생물학적 사실, 즉 남성들은 아내가 낳은 아기가 자기 자식인지 100% 확신할 수 없다는 점에 있다고 말한다. 아내가 다른 남성과 성관계를 맺었다면 남편은 그 사실을 알지 못한 채 다른 남성의 아이를 기르는 데 상당한 자원을 제공하는 셈이다.(Mathes, 2005) 따라서 남성이 바람을 피우는 경향이 더 높음에도 여성의 성적 배신이 이혼으로 이어질 가능성이 더 높다.(Drigotas & Barta, 2001; Shackelford, 1998) 또한 전 세계적으로 남성이 질투 때문에 살인을 저지를 가능성은 여성의 4배나 된다.(Harris, 2003) 여성은 왜 정서적 애착에 더 신경 쓸까? 버스의 주장에 따르면, 남편이 다른 여성과 사랑에 빠지면 자식에게 자원을 제공해주지 않을 것이기 때문이다.

이렇게 질투를 할 때 사람들은 매력적인 동성에게 부쩍 신경 쓰게 된다.(Maner, Galliot, Rouby & Miller, 2007) 사람들은 연인이나 배우자가 매력적이라고 느끼는 특징에 민감하다. 질투할 때 여성은 경쟁자의 허리, 엉덩이, 머리카락에 더 신경 쓰는 반면, 남성은 경쟁자의 어깨를 살펴본다.(Buunk & Dijkstra, 2005) 일반적으로 잠재적 경쟁 상대의 매력을 과대평가하는 경향이 있지만(Hill, 2007), 덜 남성적인 남성은 경쟁 상대의 남성적 특징을 유독 더 질투하고 덜 여성적인 여성은 아주 여성적인 여성에게 더 질투심을 느낀다.(Park et al., 2008)

남녀 간 질투의 차이에 대해서는 의견이 상반된다. 일부 사회심리학자들은 이러한 차이가 질투를 측정하는 데 쓰이는 특정한 기법의 부산물일지 모른다고 주장한다.(e. g., DeSteno et al., 2002) 하지만 다양한 기법을 사용해도 성별 간 차이가 똑같이 나타난다는 점을 밝힌 연구도 있다.(Pietrzak et al., 2002; Sagarin et al., 2012; Schutzwohl, 2008; Shackelford et al., 2000; Tagler, 2010) 한편 크리스틴 해리스(Christine Harris, 2003)는 질투와 관련된 살인 사건에서 드러나는 남녀의 차이는 단지 남성이 더 폭력적인 편이라는 일반적 경향이 드러난 것뿐이라고 주장한다. 해리스는 질투로 상대방을 죽이는 남성의 절대적 수가 훨씬 많지만, 여성이 살인을 저지르는 경우 질투가 살인 동기의 16%를 차지한다고 말한다.(남성은 약 12%)

최근의 신경심리학적 연구에 따르면 상대의 불륜에 대해 생각할 때 남녀의 뇌에서 각각 다른 영역이 활성화되는데, 남성의 뇌에서는 공격적 행동과 관련된 편도체가 활성화된다.(Takahashi et al., 2006) 또한 비합리적이고 병적인 질투로 진단받은 경우 이러한 남녀 차이는 더 두드러진다. 병적인 질투로 진단받은 남성들은 상대의 성적 배신뿐 아니라 상상 속 경쟁자의 지위와 자원에 대해 걱정한다. 여성들은 상대의 정서적 배신과 함께 경쟁자의 젊음과 신체적 매력에 집중한다.(Easton, Schipper & Shackelford, 2007)

여러 심리학자들은 질투가 일종의 적응적 기능이 있는 강렬한 감정이라는 점에 동의한다. 하지만 질투를 유발하는 계기가 특별히 성별에 따라 다른지에 대해서는 의견이 분분하다. 다만 인류 역사에서 아기가 생존하려면 부모의 유대가 공고해야 했던 까닭에 남녀 모두 성적 부정이나 정서적 부정을 꺼리게 되었다고 볼 수는 있다.(DeSteno et al., 2002; Harris, 2003) 실제로 질투의 감정이 일어나기 시작하면 남녀 모두 아이를 가지는 데 관심을 덜 보이게 된다.(Hill

& DelPriore, 2012)

　이 문제에 대한 자료를 살펴본 사회심리학자 브래드 사가린(Brad Sagarin)
은 남녀가 질투하는 경우와 방식에 어느 정도 차이가 있음을 강력하게 뒷받침
하는 근거가 있다고 말한다.(Sagarin et al., 2012) 문화 및 진화적 요소의 상호
작용이 사회적 행동을 결정한다는 의견에 발맞춰, 사가린은 진화된 체계와 사
회규범이 몇 가지 방식으로 상호작용함으로써 남녀 간 질투의 차이를 만들어
낸다고 주장한다.

상호작용

오래 만난 연인이 서로를 닮아가는 이유

장기적 관계는 궁극적으로 성격을 바꿀 수도 있는 일종의 상황에 해당한
다.(Cook, 2000: Scollon & Diener, 2006) 리 커크패트릭(Lee Kirkpatrick)과
신디 하잔(Cindy Hazan, 1994)은 불안·양가 애착 유형이었다가 4년에 걸쳐
회피 애착 유형으로 변한 사람들에 주목했다. 이들은 연인이 자신을 사랑하는
지 여부에 집착할 때 불쾌할 정도의 각성 상태가 지속되자 이를 통제하기 위해
냉담해지는 방법을 택한 것으로 보인다.

　신혼부부의 경우 스스로 성격을 평가할 때보다 배우자가 평가할 때 더 긍
정적 결과가 나온다. 그로부터 2년 후 이들은 각자 자신이 전보다 성실하고 호
감 가는 사람이 되었다고 생각한다. 하지만 안타깝게도 한때 그토록 후했던 배
우자의 평가는 2년이 지난 뒤 오히려 부정적으로 변했다.(Watson & Humri-
chouse, 2006)

　사람들은 대개 상대와의 유사성을 실제보다 높게 평가해 원만한 관계를
유지한다.(Murray et al., 2002) 하지만 길게 보면 동반자 사이에서는 태도와 성
격을 서로에게 맞춰간다.(Gonzaga, Campos & Bradbury, 2007) 태도를 조정
하는 과정은 정서적으로 안정된 관계에서 가장 두드러지며, 주로 상대방이 많
이 신경 쓰는 문제에 대한 태도가 바뀐다.(Davis & Rusbult, 2001) 사람들은 자
신과 다른 점이 많은 상대와 결혼할 때 성격이 바뀌기 쉽다.(Caspi & Herben-
er, 1990) 하지만 성격이 비슷한 상대와 결혼한 사람들이 더 행복한 결혼 생활
을 유지했다. 따라서 배우자 선택은 자신의 성격에 맞게 상황을 선택하는 중요
한 수단이라고 볼 수 있다. 이는 사람들이 자신다운 모습을 유지하게 해준다.

자원과 사회적 지위 얻기

중앙아메리카에 여름이 오면 수컷 유리멧새의 깃털이 갈색에서 선명한 푸른색으로 변한다. 수컷 유리멧새는 북아메리카까지 3000킬로미터를 이동한 후에는 번식하기에 가장 유리한 영역을 차지하기 위해 즉시 다른 수컷들과 경쟁을 시작한다. 암컷은 몇 주 후 도착해 여러 수컷 가운데서 짝을 선택한다. 자원이 부족한 영역을 차지한 수컷들은 짝을 얻지 못하는 반면, 풍요로운 영역을 차지한 수컷에게는 여러 암컷이 몰려든다. 왜 암컷들은 임자 없는 수컷이 남아 있는데도 한 마리의 수컷을 공유할까? 자원이 풍요로운 영역이 곧 새끼의 생존을 의미하기 때문이다.(e. g., Pleszczynska & Hansell, 1980) 일부 종의 경우 자원이 너무 부족해 우세한 수컷마저 후손을 먹여 살릴 자원을 충분히 제공할 수 없으면, 게임의 규칙이 바뀌어 한 암컷이 여러 수컷을 차지하기도 한다.(Gould & Gould, 1989) 조류에게 나타나는 지위, 자원, 짝짓기의 가혹한 경제 원리는 인간에게도 적용된다.

사람

남녀의 배우자 선호와 짝짓기 전략

인간 남녀에게도 암수 유리멧새와 비슷한 차이가 있다는 증거가 몇 가지 있다. 유리멧새처럼 상대적으로 많은 자원을 가진 남성은 여성에게 매력적으로 보인다.

여성의 지위 선호 디에고 리베라는 외모가 매력적이지 않음에도 놀라울 정도로 아름답고 재능 있는 여성들의 마음을 얻을 수 있었다. 이유가 무엇일까? 디에고가 명성과 부를 겸비했기 때문이다.

수많은 연구에서 밝혀진 바에 따르면 여성은 사회적 지위나 지배성이 높은 짝을 찾으려는 동기가 남성에 비해 높다.(e. g., Badahdah & Tiemann, 2005; Li & Kenrick, 2006; Li, Yong et al., 2013) 예를 들어 한 연구에서는 참가자들에게 지위가 높아 보이는 복장(푸른 재킷, 금색 롤렉스 손목시계 등 상류층 느낌이 나는 차림새)을 한 사람과 지위가 낮아 보이는 복장(파란색 야구 모자, 버거킹 로고가 있는 폴로셔츠)을 한 사람을 각각 보여주고 연인으로서 어떨지 평가하게 했다. 평가의 대상 가운데 외모가 매력적인 사람도 있고 매력적이지 않은 사람도 있었다. 이 연구에서 남성들은 여성의 사회적 지위와 상관없이 예쁜 여성을 선호했으나, 여성들은 잘생긴 햄버거 가게 아르바이트생보다 못생겼지만 잘 차려입은 남성을 선호했다.(Townsend & Levy, 1990) 다른 연구에서도 여성들은 그저 운이 좋았던 남성보다 사업으로 돈을 번 남성이 더 매력적이라고 생각했다. 이 결과는 여성들이 연애 상대를 고를 때 앞으로 자원을 확보할 수 있는 능력을 중요하게 여긴다는 점을 보여준다.(Hanko, Master & Sabini, 2004)

독신 남녀가 연애 상대를 찾기 위해 게재하는 광고를 살펴보면 남성들은 자신의 지위나 부를 드러내는 경향이 높고 여성들은 남성에게 지위나 부를 요구하는 경향이 높다.(Rajecki et al., 1991; Wiederman, 1993) 또한 여성들은 수입과 교육 수준을 공개하는 남성에게 더 많이 연락하는 반면, 남성들은 여성의 광고를 볼 때 사회적 지위를 고려하지 않는다.(Baize & Schroeder, 1995) 37개 문화를 대상으로 한 연구에 따르면 전 세계에 걸쳐 이러한 경향이 발견되었다.(Buss, 1989) 미국인과 마찬가지로 일본, 잠비아, 유고슬라비아 여성들은 해당 국가의 남성들에 비해 짝을 선택할 때 재정적 전망을 더 중요하게 평가한다.(Buss & Schmitt, 1993) 아마존 밀림에서 원예를 하며 살아가는 소규모 사회의 여성들은 뛰어난 사냥꾼이나 전사 등 사회적 지위가 높은 남성을 더 매력적으로 여겼다.(Escasa, Gray & Patton, 2010)

명성과 부 외에도 디에고 리베라를 더 매력적으로 보이게 한 요소는 창의력이었다. 제프리 밀러는 인간과 동물들의 창의적 과시 행위가 '좋은 유전자'의 표시라는 일련의 증거를 확인했다. 일반적으로 여성이 짝을 고를 때 남성보다 까다롭다는 점을 감안하면 과시적 행동(공작의 깃털 등)은 자신이 다른 남성보다 우월함을 나타내는 방식 중 하나다. 같은 맥락에서 남성들은 짝짓기에 대해 생각하도록 자극을 받으면 자원과 창조성을 모두 드러내 보이는 경향이 높아진다.(Griskevicius, Cialdini & Kenrick, 2006; Griskevicius et al., 2007)

번식에 필요한 자원을 선호하는 남성 프리다와 결혼했을 때 42세였던 디에고는 이미 국제적으로 유명하고 부유했던 반면, 프리다는 22세의 나이에 세상에 알려진 인물도 아니었다. 하지만 프리다는 디에고가 벽화를 그리고 있을 때 소리를 질러 부르는 등 꽤나 직접적으로 접근했다. "이봐요, 디에고, 이리 내려와봐요!" 나이 어린 여성이 유명하고 유력한 중년 남성에게 동등한 입장인 것처럼 자신 있게 접근할 수 있었던 이유는 무엇일까? 잠재적 짝으로서의 가치만 따지면, 프리다가 젊음과 아름다움 덕에 디에고와 실제로 동등한 위치에 있었다는 점을 하나의 이유로 꼽을 수 있다.

세계적으로 여성들은 조금이라도 연상인 남성과 결혼하려는 경향이 있다. 나이가 많은 남성이 일반적으로 더 높은 사회적 지위와 많은 자원을 보유하기 때문이다.(Buss, 1989; Dunn, Brinton & Clark, 2010; Kenrick & Keefe, 1992) 하지만 남성들은 이보다 복잡한 양상을 보인다. 일반적으로는 연하의 여성을 선호하지만 20대 남성들은 또래의 여성에게 끌리고, 10대 소년들은 자신보다 나이가 조금 더 많은 여성에게 매력을 느낀다.(Buunk et al., 2001; Kenrick et al., 1996; Otta et al., 1999) 남성들은 왜 더 많은 자원을 제공할 수 있는 연상의 여성 대신 20대 여성을 선택할까? 그것은 어쩌면 남녀가 후손에게 제공하는 자원의 차이 때문일 수도 있다.

인류 역사를 통틀어 여성은 항상 후손에게 직접 신체적 자원을 제공해왔다. 여성들은 아기를 배 속에 품고, 젖을 먹이고, 그 후에도 몇 년 동안 생존에 중요한 도움을 준다. 따라서 아주 오래전부터 남성들은 짝을 선택할 때 건강과 번식력을 따지는 편이 이로웠다.(Cunningham et al., 1997) 이때 나이와 신체적 매력은 여성의 건강과 번식력을 짐작하게 하는 단서인 셈이다.(Furnham et al., 2004; Pawlowski & Dunbar, 1999) 남성들은 잠재적 데이트 상대를 평가할 때 외모를 중요하게 보고(Li et al., 2002, 2013; Shaw & Steers, 1996), 매력적인 여성들은 자신의 시장가치를 잘 알고 남성을 까다롭게 고른다.(Buss & Shackelford, 2008)

여성들은 짝짓기 시장에서 자신의 매력과 교섭력의 상관관계를 안다. 경제가 어려워지면 씀씀이를 줄이는 게 일반적이지만, 여성들이 화장품에 지출하는 비용은 늘어난다. 흔히 '립스틱 효과(lipstick effect)'라고 하는 이러한 현상은 자원을 보유한 짝을 유혹하려는 욕구에서 발생한다.(Hill et al., 2012)

남성이 후손에게 몸으로 도움을 줄 일은 없으므로 생물학자들은 선조 때부터 여성들이 자원이나 보호, '좋은 유전자'를 제공할 수 있는 높은 지위의 남성을 선택했다고 가정한다. 즉, 큰 덩치와 지배적 행동 등 다른 남성들에 비해 신체적으로 우월하다는 표시가 드러나는 남성을 선호한 것이다.(Gangestad

& Thornhill, 1997) 사실 남성의 신체적 매력은 강인한 턱과 성숙한 생김새 등 사회적 지배성의 표시를 의미하고, 여성의 신체적 매력은 지배성보다는 젊음과 생식력의 표시를 의미한다.(Cunningham et al., 1997; Li & Kenrick, 2006; Singh, 1993; Wade, 2000) 이와 같이 남녀의 나이는 후손에게 제공하는 자원과 관련되는 방식이 서로 다르다.

동성애자의 짝 선호 남녀 동성애자는 각각 동성에게 끌리므로 짝 선택에 대한 이론을 검증하는 데 이상적인 통제 집단을 제공한다.(Bailey et al., 1994; VanderLaan & Vasey, 2008) 동성애자의 짝 선호는 같은 성별의 이성애자와 여러 면에서 비슷하다.(Chivers et al., 2004; Groom & Pennebaker, 2005) 남성 이성애자와 마찬가지로 남성 동성애자는 상대의 부와 사회적 지위에 비교적 관심이 적은 대신 신체적 매력에 관심이 많다.(Bailey et al., 1994) 또한 연상의 남성을 찾는 대신 남성 이성애자의 연령 선호와 비슷한 양상을 보인다.(Kenrick, Keefe, Bryan, Barr & Brown, 1995) 나이가 많은 남성 동성애자는 20대 남성이 연상의 상대를 선호할 가능성이 낮음에도 20대 남성에게 끌린다. 젊은 남성 동성애자는 나이가 많은 남성 동성애자와 마찬가지로 젊은 상대에게 끌린다.

이러한 발견은 인간의 짝짓기 행동이 사고방식과 마찬가지로 하나의 기준으로 움직이지 않음을 보여준다.(cf. Tooby & Cosmides, 1992) 어떤 이유에서든 남성 이성애자와 동성애자의 성적 지향이 다르게 드러나지만, 남성 동성애자의 짝에 관한 선호는 남성 이성애자와 거의 비슷하다. 하지만 여성 동성애자들에게는 남녀 이성애자에게 나타나는 선호 양상(남성 이성애자가 젊은 상대에게 끌리는 성향, 여성 이성애자가 신체적 매력 대신 성적 충실성에 끌리는 성향 등)이 복잡하게 결합되어 나타난다. 따라서 동성에게 끌리는 성향은 단순히 이성애의 반대라기보다 짝짓기 행동의 몇 가지 측면이 뒤바뀐 복합적 양상을 띤다. 앞서 언급했듯 동성에게 끌리는 성향에 내재된 체계는 성별에 따라 다르다고 할 수 있다.(Diamond, 2007; VanderLaan & Vasey, 2008)

여성이 지위와 자원을 얻었을 때 생기는 일 역사상 거의 대부분의 시기 동안 여성들은 남성에 비해 지위와 자원에 접근할 권한이 적었다. 여전히 성별의 장벽이 존재하지만 오늘날 의사, 변호사, 대학교수 등 일부 여성들은 대부분의 남성에 비해 지위가 높고 부유하다. 그렇다면 지위가 높은 여성들 역시 짝을 고를 때 남성들의 주된 선호 기준인 젊음이나 신체적 매력에 주목하는 쪽으로 성향이 바뀔까?

여성이 비교적 부유한 사회에 비해 여성이 부와 권력을 거의 소유하지 못하는 사회에서는 여성들이 부를 더욱 많이 소유한 남성을 원한다.(Eagly et al., 2004) 그렇기는 해도 8장에서 설명한 남녀 간의 큰 차이는 제3세계 국가에서 더욱 크게 나타날 뿐, 네덜란드, 미국, 캐나다처럼 세계적으로 평등한 축에 속하는 사회에서도 똑같이 발견된다. 요컨대 미국 사회에서 부유하고 지위가 높은 여성들 역시 그렇지 않은 여성들과 마찬가지로 지위가 높은 연상의 남성에게 매력을 느낀다.(Kenrick & Keefe, 1992; Townsend & Roberts, 1993; Wiederman & Allgeier, 1992)

짝 선호에서 보이는 남녀 간 차이의 정도는 여러 요소에 따라 달라진다.(Kruger, Fitzgerald & Peterson, 2010) 놈 리(Norm Li)와 동료들(2002)은 공항에서 기다리는 한 무리의 성인들을 둘로 나눠 각각 다른 실험 조건에 배정하고 짝이 될 사람을 구상하게 했다. 일부 참가자들은 충분한 '짝짓기 달러(mate dollar)'로 여러 가지 매력적 특징(멋진 외모, 부유함, 친절함 등) 가운데 높은 수준의 특징을 고를 수 있었다. 나머지 참가자들은 예산이 비교적 적었기 때문에 하나의 특징(부유함 등)을 많이 가졌지만 다른 특징이 부족한(매력적이지 않은 외모 등) 짝을 선택했다. 선택의 제약 없이 이상적인 짝을 구상한 경우에는 남녀의 차이가 그리 크지 않았다. 남녀 모두 뛰어나게 아름답고 놀랄 만큼 매력적이며 부유한 사람을 원했다. 브래드 피트나 앤절리나 졸리 같은 할리우드 스타들은 짝을 고를 때 현실적일 필요가 없다. 모두 가질 수 있기 때문이다. 하지만 우리처럼 평범한 사람들은 대개 타협해야 한다. 이때 남성과 여성은 아주 다른 선택을 했다. 여성들은 사회적 지위를 우선시하고 잘생긴 외모를 포기한 반면, 남성들은 매력을 우선시하고 부를 포기했다. 하지만 가벼운 성관계 상대를 고를 때는 여성들도 남성들과 가까운 성향을 보이며 신체적 매력을 우선시했다.(Fletcher 외 2004; Li & Kenrick, 2006; Regan, Medina & Joshi, 2001)

일처다부제와 일부다처제

티베트와 카슈미르의 경계를 이루는 높다란 히말라야 산맥, 추운 겨울과 가뭄 때문에 살아가기에 척박한 그곳에서는 한 여성이 여러 남성과 결혼할 수 있다. 이 남성들은 한 지붕 밑에 사는 가족으로서 함께 자원을 모아 아이를 키운다. 여기에서 남쪽으로 기껏해야 몇백 킬로미터 떨어진 인도 북부의 파티알라에서는 강력한 마하라자 라진데르 싱(Rajinder Singh)이 350명이 넘는 부인을 맞아 들였다.

이러한 차이를 마주한 20세기 초의 수많은 사회과학자들은 인간의 짝짓기 방식이 무작위적이고 근거 없는 역사적 요인에 따라 달라진다고 결론지었다. 하지만 이후의 비교 문화 연구는 그것이 성급한 결론이었음을 보여준다. 결혼 제도는 사회 내 지위 및 자원의 분배와 긴밀하고, 지위와 자원의 분배는 그 사회가 존재하는 더 큰 물리적 환경과 관련 있다. 결혼의 경제적 의미를 자세히 살펴보면 더 큰 교훈을 얻을 수 있다. '그들'이 '우리'와 이상하리만큼 다른 점만 바라보는 태도를 넘어서면, 비교 문화 연구를 통해 전 인류를 하나의 종으로 묶어주는 줄기를 발견할 수 있다는 점이다.

여러 문화를 살펴보면서 가장 먼저 알게 되는 점은 결혼이 전혀 무작위적이지 않다는 사실이다. **일부일처제(monogamy)**는 한 여성과 한 남성의 결혼이다. **복혼(polygamy)**은 **일처다부제(polyandry)**와 **일부다처제(polygyny)**를 모두 포함한다. 대다수의 사회에서 남성들이 여러 여성과 결혼하는 것을 허용하는 반면, 한 여성이 여러 남성과 결혼하는 일처다부제를 허용하는 경우는 0.5%밖에 되지 않는다. 사회가 복혼을 허용하든 허용하지 않든 모든 사회에서 대부분의 결혼은 일부일처의 형태를 따른다. 인간이라는 종이 일반적으로 일부일처제 쪽으로 치우치는 경향이 있다면, 왜 일부 사회에서는 일부일처 형태가 아닌 결혼이 존재할까?

일처다부의 형태로 살아가는 티베트의 경우를 살펴보자. 전통적으로 티베트 여성은 아무 남성들과 무작위로 결혼하지 않고 형제 관계인 사람들과 결혼한다. 왜 이런 일이 일어날까? 답은 환경적 조건과 관련 있다. 높은 히말라야 산맥의 가혹한 환경에서 한 쌍의 남녀가 둘만의 힘으로 살아남기란 매우 어려운 일이었다. 심지어 오늘날에도 한 쌍의 남녀로만 이루어진 티베트 가정에서는 형제들이 자원을 합쳐 이룬 가정에 비해 살아남는 자녀의 수가 적다.(Crook & Crook, 1988) 형제들은 한 아내를 공유함으로써, 나누어 가진다면 한 가정조차 유지할 수 없을 정도로 적은 가족의 자산을 보존한다. 아이가 모두 딸이라면 일처다부의 형태는 일부다처로 바뀌고, 여러 자매가 한 남성과 결혼함으로써 그 가정에서 태어난 아들들에게 재산을 물려준다. 이와 같이 티베트의 일처다부제는 한정된 자원을 분산시키지 않고 매우 집중적으로 물려주기 위한 경제 기반 전략에 근거한다.

경제적 자원은 사회적 지위와 일부다처제의 연결 고리이기도 하다. 몇 가지 조건이 동시에 충족되면 한 남성이 여러 여성과 결혼할 가능성이 특히 높아진다. 즉 (1) 사회계층 간의 격차가 매우 커 일부 집안이 훨씬 높은 지위와 부를 소유할 수 있고, (2) 환경이 전반적으로 풍요로워 입지가 좋은 집안이 엄청난 부를 축적할 수 있으며, (3) 간헐적 기근으로 빈곤층이 굶어 죽을 위험에 노출된 경우 일부다처제가 나타나기 쉽다.(Crook & Crook, 1988) 이러한 환경에서 엄청나게 부유한 가문으로 들어가는 여성은 다른 여성들과 남편을 공유해야 하더라도 큰 이익을 얻게 된다. 가난한 남성이 여성에게 사랑은 듬뿍 줄 수 있을지 몰라도, 부유한 남성은 기근을 쉽게 피하고 아이가 풍요로운 환경에서 자라게 해준다. 흥미롭게도 이런 양상은 유리멧새 같은 조류에게서도 똑같이 발견된다. 두 마리 이상의 암컷을 유혹하는 것은 자원이 특히 풍부한 영역을 차지한 수컷이다.(Orians, 1969)

이와 같이 비교 문화 연구는 결혼, 부, 지위의 연관성이 인간의 생존을 위해 구축되었다는 점을 보여준다. 어떤 사회에서든 이러한 연관성의 강도는 사회적·경제적 환경에 따라 달라진다.

[상황]

관계의 깊이에 따른 연인의 사회적 교환

지위, 자원, 사회적 시장가치는 상대를 선택할 때 처음부터 중요한 영향을 미칠 수 있다. 처음에 사람들은 짝으로서의 가치(mate value)가 자신과 비슷한 상대를 찾는다.(Buss & Shackelford, 2008; Kenrick et al., 1993) 하지만 친밀한 관계가 되고 나면 계산 과정이 달라지기도 한다. 한 연구에서 참가자들에게 연인과 주고받는 이득과 비용을 계산해보게 했더니, 그런 계산이 행복을 예측하는 중요한 지표가 아니라는 결과가 나왔다.(Clark & Monin, 2006; Clark & Reis, 1988) 일단 사랑에 빠지면 사람들은 상대의 이득을 자신의 이득처럼 생각해 관심을 쏟기도 한다.(Aron et al., 1992; Van Lange & Rusbult, 1995)

마거릿 클라크(Margaret Clark)와 캐슬린 크리스먼(Kathleen Chrisman, 1994)은 공동체적 관계의 사람들은 교환의 공평성이 심하게 침해받는 상황에서만 비용과 대가를 계산하기 시작한다고 주장했다. 이러한 추론과 같은 맥락에서 게롤트 미쿨라(Gerold Mikula)와 토마스 슈윙거(Thomas Schwinger, 1978)는 두 사람 사이의 호감이 어느 정도인지에 따라 계산 과정이 달라진다는 점을 발견했다. 서로에게 그저 그런 감정을 느끼는 관계는 공정성 규칙(equity rule)을 따른다. 즉 투입에 기초해 이득을 보는 것이다. 이를테면 냉장고에 든 음식을 각자 관리하고 금전적 보상을 받기로 했을 때만 안마를 해주는 커플이 여기에 해당한다. 서로에게 상당히 긍정적인 감정을 느끼는 관계는 공정성 규칙과 약간 다른 규칙에 따라 이득과 비용을 균등하게 나눈다. 마지막으로 결혼 생활이 원만한 부부에게서 발견되는 아주 긍정적인 감정을 특징으로 하는 관계는 필요 중심 규칙(need-based rule)을 따른다. 이것은 계산하지 않고 상대방에게 필요한 것을 준다는 규칙이다. 이런 관계에서는 여성이 퇴근해 몸이 뻐근한 채 집에 돌아오면 상대방이 대가를 요구하지 않고 안마를 해준다. 이와 같이 사랑의 감정이 커짐에 따라 누가 누구에게 무엇을 주었느냐 하는 인색한 계산이 줄어든다.

사실 계산 과정에 지나치게 신경 쓰다 보면 친밀한 감정을 해칠 수 있다. 한 실험에서는 연인들을 대상으로 서로에게 받은 외적 이득을 생각해보게 했더니 사랑의 감정이 줄어들었다.(Seligman, Fazio & Zanna, 1980) 따라서 진지한 관계를 맺고 있다면 상대에게 얻는 외적 자원에 지나치게 신경 쓰지 않는 편이 현명하다.

상호작용

지배성이 중요한 경우

사회적 행동에 영향을 미치는 대부분의 요소와 마찬가지로 사회적 지배성의 중요성은 사람과 상황의 다양한 상호작용에 따라 달라진다. 여기에서는 2가지 흥미로운 상호작용을 살펴볼 것이다. 첫째, 짝을 선택하는 사람의 성격에 따라 지배성이라는 특성이 매력적일 수도 있고 그렇지 않을 수도 있다. 둘째, 짝짓기 서열에서 자신의 위치에 대한 느낌은 성별과 경쟁자들의 특성이 상호작용하는 양상에 따라 달라진다.

지배성만으로 부족한 경우 지금까지의 논의에 따르면 여성들은 사회적으로 지배성과 경쟁심이 강한 남성들을 만나길 원한다. 지배성과 경쟁심이라는 특성은 남들보다 우월한 사회적 계급 획득을 강조하는 전통적 남성 역할의 요소다. 이는 남들과의 공동체적 연관성을 강조하는 전통적 여성 역할과 반대되는 특징이기도 하다.(Sidanius, Cling & Pratto, 1991) 그렇다면 전통적인 남녀 상에 가까운 경쟁심 강한 남성과 공동체적 성향이 강한 여성이 만나는 과정에서는 어떤 일이 일어날까?

윌리엄 이케스(William Ickes, 1993)는 전통적이거나 전통적이지 않은 남녀의 사회적 상호작용을 관찰한 뒤, 전통적 남녀 상에 가까운 사람들이 모순에 직면한다고 주장했다. 처음에는 여성들이 사회적으로 지배성과 경쟁심이 강한 남성에게 끌리지만 그런 남성들은 같이 살기에 썩 좋지 않은 상대다. 여성들이 장기적 관계에서 만족스러워하는 상대는 좀 더 여성적이거나 중성적인(androgynous) 남성, 즉 전통적 남성의 특징과 여성적 특징을 모두 갖춘 남성이다.(Antill, 1983) 지배적인 남성은 여성들에게 매력적이지만 다정함, 친절함, 배려 등이 부족할 가능성이 높다. 사실 지배성과 남성성이 강한 남성들은 장기적 관계의 상대로 덜 매력적이다.(Kruger & Fitzgerald, 2011) 이와 반대로 범죄 상황처럼 안전이 걱정되는 상황에서는 여성들이 기준을 바꿀 가능성이 커진다. 공격성에서 우위를 차지하는 힘센 남성, 자신을 보호해줄 가능성이 큰 남성을 더욱 매력적으로 느낄 가능성이 높아지는 것이다.(Snyder et al., 2011)

여성들은 남성답기만 한 남성에게 끌리는 대신, 남성적 단호함과 여성적 배려를 **함께** 갖춘 상대를 선호한다.(Green & Kenrick, 1994) 사실 배려심이 없거나 무뚝뚝한 상대를 받아들여야 한다면 남녀 모두 경쟁심 강한 상대를 피할 것이다. 또한 관계가 오래 지속될 여부는 남성의 지배성이 아니라 상냥함에 달려 있다.(Bryan, Webster & Mahaffey, 2011)

남성적 지배성과 상냥한 성격의 상호작용을 밝힌 연구가 있다.(Jensen-Campbell et al., 1995) 연구자들은 지배성과 상냥함을 4가지 방식으로 조합한 후 참가자가 그중 하나의 성격을 갖춘 이성에 대한 설명을 읽도록 했다. 예를 들어 참가자는 지배적이고(자기주장이 강함, 대담함, 말이 많음) 상냥한(배려, 협조적, 공감을 잘함) 사람에 대한 글이나 지배적이고 상냥함이 부족한(무례함, 이기적, 비협조적) 사람에 대한 글 등, 4가지 가운데 하나의 글을 읽게 되었다. 그러고 나서 글에 묘사된 사람이 데이트 상대로서 얼마나 매력적인지 평가했다.

남성 참가자의 경우 글에 묘사된 여성의 지배성에는 영향받지 않았지만 상냥하지 않은 여성에 비해 상냥한 여성을 훨씬 선호했다. 여성 참가자의 경우 남성이 상냥함도 함께 갖추었을 때만 지배적인 남성을 선호했다. 상냥하지 않은 남성은 아무리 지배적이라도 데이트 상대로서 매력적이지 않다는 평가를 받았다. 이 연구를 통해 여성들이 디에고 리베라를 매력적으로 생각한 이유를 유추해볼 수 있다. 프리다 칼로의 전기 작가에 따르면 디에고는 부유하고 유명하며 영향력이 있었을 뿐 아니라 다정하고 예민하며 매혹적이고 여성들의 진가를 잘 알아봤다고 한다. "디에고는 여성들과 이야기하기를 즐겼다. 그는 여성들의 마음을 소중히 여겼고, 그런 태도는 멕시코를 비롯해 어디에서든 많은 여성들에게 보기 드문 기쁨을 안겨주었다."(Herrera, 1983)

누가 최고인가 마음에 드는 짝의 마음을 사로잡는 문제는 경쟁 상대에게 달려 있다. 이 주제와 관련된 일련의 연구에서는 남녀 참가자들에게 이상형과의 꿈 같은 데이트를 상상하게 해 짝짓기를 염두에 두게 했다. 그 결과 여성들과 달리 남성들은 몇 가지 방식으로 자신을 과시했다. 짝짓기를 생각하게 된 남성들은 우선 창의력을 알아보는 다양한 검사에서 더 흥미롭고 창의적인 대답을 한다.(Griskevicius, Cialdini & Kenrick, 2006) 또한 재정적 위험을 무시하고 유별나게 비싼 상품을 구입하고 공격적으로 행동하는 경향이 높아진다.(Griskevicius, Tybur et al., 2007, 2009; Li et al., 2012) 반면 여성들은 협조적이고 이타적인 면을 드러내는 경향이 높아진다. "내가 얼마나 친절하고 상냥한지 보세요!"라고 말하는 것처럼.(Griskevicius, Goldstein, Mortensen, Cialdini & Kenrick, 2006; Griskevicius, Tybur et al., 2007)

또 다른 연구에서는 참가자들이 짝을 얻기 위해 경쟁하게 했다. 참가자 중 성적으로 자유분방하고 외모가 대칭적인 남성은 그렇지 않은 남성에 비해 직접적 경쟁 전략을 사용하는 경향이 높았다. 소위 섹시한 남성들은 다음과 같은 말로 경쟁자보다 우위에 서려고 했다. "나랑 있으면 다른 남자와 있을 때보다 훨씬 재미있는 시간을 보낼 수 있을걸요." 성적으로 한계가 있는 남성들은 자신의 장점에 초점을 맞추고 착한 남성으로 보이려 하는 등 이보다 약한 전략을 사용했다.(Simpson et al., 1999)

여성들은 경쟁자를 누르고 우위에 서려는 경향이 비교적 낮았다.(Simpson et al., 1999) 하지만 짝짓기의 장에서 지위를 겨루는 분위기에는 영향을 받는다. 그 양상은 다양하게 나타난다. 이 문제와 관련된 연구에서 밝혀진 사실들을 살펴보자. 연구 참가자들은 교내 소개팅 서비스에 등록된 동성 8명의 프로필을 읽었다. 참가자 가운데 일부는 사회적으로 지배성이 매우 높은 사람들의 정보만 읽었다. 대학 신문사에서 편집장을 맡은 경험이 있고《러너스월드》라는 잡지에 글을 기고하는 등 우수한 업적을 쌓은 학생도 있고, 잘나가는 사업체의 젊은 경영자도 있었다. 다른 참가자들은 지배성이 낮아 보이는(예를 들어 내세울 만한 업적이라고는 대학 신문사에 편지를 쓴 경험이 전부인) 학생들의 프로필을 읽었다. 프로필에는 사진이 붙어 있었다. 참가자의 절반은 아주 매력적인(실제 모델 에이전시 소속인) 동성의 프로필을 읽었고, 나머지 절반은 외모가 평균적인 사람들의 프로필을 읽었다. 그런 후 참가자들은 자신이 결혼 상대로 얼마나 매력적인지 평가했다. 그 결과 대담하고 사회적으로 지배성이 높은 경쟁자들의 명단을 본 남성들은 자신을 낮게 평가했다. 반면 여성들은 다른 여성들의 신체적 매력에 영향을 받았다. 즉, 예쁜 여성으로만 구성된 명단을 본 여성들은 신붓감으로서 자신의 가치를 낮게 평가했다.(Gutierres et al., 1999)

존 매너(Jon Maner)와 동료들(2003)은 안구 운동 추적기(eyetracker, 사용자가 컴퓨터 화면의 어디를 보는지 정확히 기록하는 장치)를 사용해 다음과 같은 사실을 발견했다. 여성들은 아름다운 여성에게 신경을 많이 쓰는 반면, 남성들은 잘생긴 남성을 의식하지 못한다. 또한 여성들은 전에 본 적이 있는 예쁜 여성을 기억하는 데 아주 뛰어나고 군중 속에 아름다운 여성이 섞여 있는 비율을 과대평가하는 경향이 높다.(Becker et al., 2005; Maner et al., 2003) 이러한 발견은 여성들이 신체적 매력이 뛰어난 경쟁자들에게 더 신경 쓴다는 걸 의미한다.

관계의 유지와 헤어짐

지금까지 사람들이 서로 어떤 점에 끌려 연인 관계를 시작하는지에 대해 주로 이야기했다. 하지만 함께 지낸다고 반드시 오래도록 행복하게 사는 것은 아니다. 한 번의 데이트로 끝나는 관계도 있고, 몇 달 동안 지속되다가 끝나는 관계도 있다. 연애의 모든 단계를 거쳤지만 결혼하자마자 깨지는 관계도 있다. 사람들이 헤어지는 이유는 무엇일까? 이혼으로 파국을 맞지 않고 관계를 유지하는 방법에 대해 심리학자들은 어떤 사실들을 알게 되었을까?

사람

누구와도 잘 지내는 사람들

결혼의 안정성과 이별은 부분적으로 다른 사람들과 사이좋게 지내는 능력 및 동기에 좌우된다. 3147쌍의 결혼한 쌍둥이를 대상으로 한 성격 특성 연구에서는 장기적 관계 유지와 관련된 문제의 원인이 유전적 기질 차이에 있다는 사실이 발견되었다.(Jockin et al., 1996) 첫째, 불안정한 결혼 생활을 하는 쌍둥이들은 관습에 얽매이지 않고 외향적인 경향이 있었다. 디에고 리베라처럼 틀에 얽매이지 않고 외향적인 사람들은 성적으로 자유분방하고 관계를 안정적으로 유지하지 못할 가능성이 높다. 둘째, 불안정한 결혼 생활을 하는 쌍둥이들은 부정적 감정에 자주 사로잡히는 경향이 있었다. 우울증에 빠진 사람들은 장기적 관계를 맺고 싶어 하지만 특유의 투덜거리는 성향 때문에 상대방이 불만을 느끼기 쉽다.(Caughlin et al., 2000 ; Shackelford & Buss, 2000 ; McNulty, 2013)

이러한 견해를 뒷받침하는 다른 연구에 따르면 성격 특성과 관계를 유지하는 기술은 복잡한 관계가 있다.(e. g., Assad et al., 2007) 1930년대에 약혼한 300쌍의 남녀를 추적한 종단 연구가 수행되었다. 연구 대상자 중 1935~80년에 파혼한 커플은 22쌍, 이혼한 커플은 50쌍이었다. 남녀 모두 약혼 당시 안정적인 정서 상태가 이후 반세기에 걸친 결혼 생활의 안정성을 예측하는 지표가 된 반면, 충동에 관한 통제력 부족은 이혼을 예측하는 지표 역할을 했다.(Kelly & Conley, 1987) 또 다른 연구에 따르면 자제력이 강한 사람들은 더 능숙하게 동반자와 의견을 조정하고 타협할 수 있으며, 이런 능력은 특히 장기간에 걸쳐 발휘된다.(Finkel & Campbell, 2001 ; Kammrath & Peetz, 2011) 그리고 안정적 애착 유형의 사람들은 관계의 질을 높이는 선택을 할 가능성이 더욱 높다.(Turan & Vicary, 2010)

상황

성비와 경제력

직접적인 스트레스 요인부터 광범위한 사회규범까지 상황적 요인도 결별을 앞당길 수 있다.(Fincham, 2003) 예를 들어 경제적 문제가 결별의 원인인 경우가 많다.(e. g., Notarius & Markman, 1993) 언제든 다른 사람을 만날 수 있는 상황 역시 관계의 안정성을 흔들 수 있다.(Greiling & Buss, 2000; Lydon et al., 2008; Lydon & Quinn, 2013; Mishra et al., 2007; Rusbult et al., 1982) 남녀 성비가 지나치게 불균형하면 그에 따라 상황이 달라지기도 한다. 마샤 거튼태그(Marcia Guttentag)와 폴 세코드(Paul Secord, 1983)의 발견에 따르면, 결혼 적령기 여성의 수가 너무 많은 경우 남성들이 한 사람에게 전념하는 경향이 낮아지고 사회규범이 성적으로 관대해지며 결혼을 늦추는 쪽으로 변한다. 이와 반대로 남성이 더 많아지면, 사회규범이 가정의 가치를 중시하는 쪽으로 변해 결혼 시기가 앞당겨지고 성적으로 엄격해진다. 거튼태그와 세코드는 이러한 현상을 경제적 측면에서 보았다. 결혼 적령기 남성 인구가 너무 많아지면, 여성들은 구혼자들에게 더욱 충실하고 가정적인 면을 보이도록 요구할 수 있다. 이러한 환경에서는 여성들이 결혼 생활에 충실할 남성을 찾기 쉽다고 생각한다.(Kruger, Fitzgerald & Peterson, 2010) 하지만 결혼 적령기 여성 인구가 너무 많아지면, 여성들은 남성의 애정을 얻기 위해 서로 경쟁할 마음을 먹게 된다.

토머스 폴렛(Thomas Pollet)과 대니얼 네틀(Daniel Nettle, 2007/2009)은 세계 각국에서 결혼 당시 남녀 성비에 따라 경제적 중요성이 어떻게 달라지는지 조사했다. 이들에 따르면 다수의 남성들이 소수의 여성을 얻기 위해 경쟁하는 상황에서 남성이 돈(재산)이 없는 경우에는 여성들이 한 사람에게 정착하려 하는 경향이 낮다. 현대의 아시아에서는 성비에 따라 남녀의 경제 관계가 바뀌기도 했다.(Belanger & Tran, 2011) 예를 들어 중국 시골에서는 젊은 여성들이 도시로 이주함에 따라 독신 남성 인구의 과잉이 심해지고 있다. 이러한 현상은 가난한 시골 남성의 심리적 행복에 부정적 영향을 미칠 뿐 아니라 신붓감을 찾

을 수 없으리라는 절망을 가중시킨다.(Zhou et al., 2011)

지역 성비에 대한 남녀 인식의 변화 효과를 조사한 최근의 실험에서는 그 결과가 인구 수준의 자료에 들어맞는 것으로 밝혀졌다. 예를 들어 주변에 독신 남성이 많고 독신 여성이 적다고 믿게 되면 남녀 모두 남성이 데이트와 약혼반지에 돈을 더 많이 써야 한다고 답한다.(Griskevicius et al., 2012) 이와 반대로 여성들은 주변에 다른 매력적인 여성들이 많아서 좋은 남성을 만나기 어렵다고 믿게 되면 돈을 많이 버는 직업을 원하는 경향이 높아진다. 유모차 대신 서류 가방을 택하는 것이다.(Durante et al., 2012)

상호작용

"손바닥도 마주쳐야 소리가 난다"

관계의 안정성과 종결에 영향을 미치는 요소 대부분은 사람과 환경의 상호작용과 관련 있다.(Finkel et al., 2007 ; McNulty et al., 2008 ; Overall et al., 2006) 예를 들어 둘 중 한 사람이 자존감이 낮거나 확신이 없으면 시간이 지남에 따라 둘 사이의 역학 관계가 달라질 수 있다.(Graham & Clark, 2006 ; Hellmuth & McNulty, 2008 ; Vasquez et al., 2002) 자존감이 낮은 사람들은 상대의 마음이 식어간다고 성급하게 단정 짓는 경향이 있다. 그래서 이들이 상대에게 거리를 두며 차가운 태도를 취하면 상대는 그 관계를 버거워하게 된다. 결국 길게 보면 자존감이 낮은 사람들은 자신을 긍정하기 위해 필요한 관계를 불안감 때문에 해치는 셈이다.(Murray et al., 2002b)

관계의 안정성에 영향을 미치는 사람과 상황의 상호작용은 동반자가 아닌 매력적인 제3자에 대한 인식의 변화와도 관련 있다.(Johnson & Rusbult, 1989 ; Lydon, Fitzsimmons & Naidoo, 2003) 한 연구에서는 학생들에게 《코스모폴리탄》, 《지큐》, 《타임》 등의 잡지 광고를 평가하게 했다. 잡지에는 매력적인 이성의 사진이 여러 장 실려 있었다. 데이트하는 상대가 있는 참가자들은 데이트 상대가 없는 참가자에 비해 모델들의 신체적 · 성적 매력을 훨씬 낮게 평가했다.(Simpson, Gangestad & Lerma, 1990) 또 다른 연구에서는 참가자들에게 아주 매력적이고 애인이 없는 이성에 대한 정보를 제공했다.(Lydon et al., 1999) 참가자의 절반에게는 그 사람이 참가자에게 호감을 표현했다는 이야기를 덧붙였다. 현재 자신의 낭만적 관계에 덜 충실한 참가자들은 그 이성에 대한 호감이 커졌지만, 관계에 더 충실한 참가자들은 다른 이성이 관심을 표현했을 때 호감이 줄어들었다. 이렇게 애정 관계를 맺고 있을 때는 인식이 방어적 양상을 띨 수 있다. 즉, 관계를 위협할 수 있는 대안을 덜 매력적으로 보게 되는 것이다. 또한 대안적 존재에 덜 신경 쓰는 사람들은 이미 맺고 있는 관계에 더욱 만족한다.(Miller, 1997)

상대를 위해 희생하는 경우 결과가 좋을 수도 있고 나쁠 수도 있다. 좋은 결과와 나쁜 결과를 가르는 관건은 희생의 이유에 있다. 서로 행복하게 해준다거나 유대를 강화한다는 긍정적 목표를 위해 희생한다면 두 사람 모두 기분이 좋아지고 관계의 질이 향상될 수 있다. 하지만 갈등을 피하기 위해서라거나 의무감에서 희생한다면 결국 두 사람 모두 불행해지고 관계를 해치는 결과를 낳기 쉽다.(Impett, Gable & Peplau, 2005)

장기적 관계를 맺고 있는 사람에게 가장 중요한 '환경 요인'은 아마 상대방의 행동일 것이다. 한 사람의 농담, 독설, 애교, 불평 등은 상대방에게 일종의 상황 역할을 하고, 결국 자신도 같은 상황에 처하게 된다. 예를 들어 상대방에게 고마운 마음을 표현하면 상대방 역시 나에게 더욱 고마워할 가능성이 높다.(Gordon et al., 2012)

신경심리학적 연구에 따르면 관계에서 발생하는 갈등은 스트레스에 반응해 일시적으로 호르몬이 분비되게 하고 면역 체계를 방해할 수 있다.(Kiecolt-Glaser et al., 1993; Malarkey et al., 1994; Powers et al., 2006) 장기적으로 보면 결혼 생활에서 발생하는 갈등은 신체적·정신적 건강에 놀라울 정도로 부정적인 효과를 미치고 폭력으로 이어질 수도 있다.(Fincham, 2003)

상황이 좋지 않을 때뿐 아니라 상황이 좋을 때 반응하는 방식도 중요하다. 더 행복한 관계가 되려면 상대방이 좋은 소식을 알려줄 때 무관심으로 일관하기보다 열렬한 반응을 보이는 편이 낫다.(Gable et al., 2006)

심리학자들은 다양한 커플이 갈등을 정확히 어떻게 확대하고 잠재우는지 연구함으로써, 어떤 우여곡절에도 헤어지지 않을 몇 가지 통찰을 얻었다.(Gottman, 1994; Gottman & Levenson, 1992; Markman & Rhoades, 2012)

BOX 8.2

사랑싸움에도 최소한의 예절이 필요하다
—지속 가능한 결혼 생활을 위한 의사소통

결혼을 했는데 배우자가 언짢은 기분으로 퇴근했다고 해보자. 배우자를 위로하려고 가장 좋아하는 식당에서 저녁을 먹자고 제안했더니 이내 퉁명스러운 반응이 돌아온다. "한 달에 다섯 번이나 중국 음식을 먹고 싶은 마음은 요만큼도 없다고. 참 고맙기도 해라!" 당신은 거기서 대화를 중단하고 혼자 저녁을 먹으러 나가겠는가? 아니면 최근 이혼한 배우자의 부모님과 배우자의 행동이 똑같다고 지적하며 평소 마음에 담아둔 문제를 끄집어내겠는가? 둘 다 그리 좋은 반응으로 보이지 않지만 상대가 자신을 향해 불쾌한 감정을 쏟아낼 때 반격하지 않기란 어려운 게 현실이다. 하지만 시간이 지나면 그렇게 똑같이 주고받는 부정적 의사소통이 관계의 토대를 무너뜨릴 수도 있다. 사회심리학과 임상심리학의 접점에 있는 분야를 다루는 한 연구 팀은 행복한 부부와 행복하지 않은 부부의 상호작용 방식을 세심하게 분석해보았다.(Markman et al., 1988: Notarius & Pellegrini, 1984)

연구 팀은 부부들이 관계에서 발생한 문제들에 대해 논쟁하는 장면을 기록하는 것부터 시작했다. 잘 지내는 부부들이 의견 차이를 어떻게 해결하는지 알아내기 위해 행복한 부부가 문제에 대해 논의하는 장면도 찍었다. 그런 다음 헤어지지 않는 부부와 결국 헤어지는 부부의 차이가 무엇인지 발견하고자 10년에 걸쳐 이들의 결혼 생활을 추적했다. 수백 쌍의 부부를 대상으로 연구를 거듭한 끝에 연구자들은 건전한 의사소통 양상과 건전하지 않은 의사소통 양상의 중요한 차이를 몇 가지 발견했다. 그다음에는 이 발견을 이용해 문제 있는 결혼 생활에 개입했다.(Notarius & Markman, 1993: Markman & Rhoades, 2012)

프로그램에 참여한 부부들은 먼저 음주, 직장, 돈, 친척, 성관계를 비롯해 문제가 될 만한 영역을 나열했다. 그런 후 부부마다 자신들의 구체적 문제에 대해 의논했다. 행복하지 않은 부부들은 '정곡을 찌르는 말', 다시 말해 상대방에 대해 부정적으로 진술한 나머지 반격을 불러오기 쉬운 말로 갈등에 대처하는 경향이 있었다. 잘 모르는 사람과 지인들에게는 공손한 사람들이 정작 따스한 배려를 기대하는 사람들에게는 함부로 대할 때가 많다는 것이 친밀한 관계의 얄궂은 점이다. 그래서 연구자들은 다음과 같은 부부를 위한 예절 원칙을 개발했다.

1. 상대방이 무언가를 하자고 제안하면, 할 수 없거나 하기 싫은 일보다는 할 수 있거나 하

고 싶은 일을 말하라. 상대방이 영화를 보자고 하는데 피곤하다면 "너무 피곤해"라고 말하는 대신 "영화는 내일 보러 가고 싶어"라고 말하라.

2. 상대방이 집안일을 할 때 마음에 들지 않는 면에 초점을 맞추면 안 된다. "저기 빠뜨렸잖아"라고 말하는 대신 "조리대 청소해줘서 고마워"라고 말하라. 상대방의 방식이 늘 마음에 들지 않는다면 따로 시간을 내서 그 점에 대해 의논하라.

3. 항상 서로에게 따뜻하게 인사하며 맞아주고 상냥하게 배웅하라.

4. 도와준다는 구실로 상대방의 행동을 일일이 분석하는 '분석쟁이'가 되지 말라. 다음과 같은 말을 피하라. "당신은 주방이 항상 깨끗해야 한다는 강박증이 있는 것 같아."

5. 상대를 위하는 척하는 대신 자기 입장을 말하라. "회사 야유회에 가면 당신도 재미있을 텐데" 대신 "나 정말 야유회에 가고 싶어"라고 말하라.

6. 어떤 의견이 있으면 상대가 알아주기를 바라거나 애쓰는 대신 직접 말하라. "오늘 외식하고 싶지 않아?" 대신 "오늘은 정말 멕시코 음식이 먹고 싶어"라고 말하라.

7. 좋은 말을 해줄 수 없으면 차라리 침묵을 지켜라. (Notarius & Markman, 1993, pp. 77~78)

이러한 기법들은 부부가 헤어지지 않는 데 도움이 될 수 있다.(Markman & Rhoa des, 2012: Stanley et al., 2010) 한 종단 연구에서는 이 유익한 의사소통 기법을 배운 미혼 커플이 프로그램에 참가하지 않은 비교 집단에 비해 헤어질 확률이 50% 낮다는 결과가 나왔다.(Notarius & Markman, 1993)

대개의 경우 관계를 행복하고 건강하게 유지하는 기술을 익히려면 노력이 필요하다. 하지만 튼튼한 관계가 신체적·정신적 건강에 얼마나 중요한지 감안하면 그 정도는 투자할 가치가 충분하다.

요약

앞서 프리다 칼로와 디에고 리베라의 유명한 연애 관계에 대한 몇 가지 의문으로 8장을 시작했다. 왜 그토록 매력적이고 훌륭한 재능을 갖춘 젊은 여성이 나이가 훨씬 많고 덜 매력적인 남성과 관계를 맺었을까? 이 의문에 대한 답의 반은 짝 선택에 대한 연구를 살펴보면 쉽게 나온다. 디에고는 남성이 여성에게 더 매력적으로 보이게 하는 특징인 부와 명성, 권력을 갖춘 남성이었다. 세계적으로 남성들은 나이가 들면서 사회적으로 더 우세하고 부유해지는 경향이 있으므로 연상의 남성과 연하의 여성 커플은 모든 인간 사회에서 발견된다. 디에고는 부와 사회적 지위뿐 아니라 지배성과 결합해 남성을 더욱 매력적으로 보이게 하는 특징인 섬세함과 배려까지 갖추었다.

디에고는 왜 그렇게 많은 여성을 만났을까? 이 질문에 대한 답은 그의 성격과도 관련 있다. 틀에 얽매이지 않고 외향적이었던 디에고의 성격은 관계의 불안정성과 관련된 2가지 특징을 보여준다. 또 하나의 답은 그의 사회적 상황과 관련 있다. 프리다는 그에게 접근한 여러 명의 젊고 매력적인 여성들 가운데 한 사람이었다. 유혹에 유독 잘 버티는 사람이 있지만 앞서 살펴보았듯 짝을 대체할 수 있는 매력적인 후보가 많은 상황은 지조를 지키기에 좋은 환경이 아니다. 프리다와 디에고의 자유분방한 관계는 두 사람이 외부의 제안에 쉽게 응한 요인이었다. 그리하여 남녀 모두에게 매력적인 여성이었던 프리다 역시 다른 사람들과 숱하게 관계를 맺었다.

지금까지 살펴본 바에 따르면 인간의 짝짓기 행동에는 상당한 보편성이 있지만 문화에 따른 차이 역시 존재한다. 프리다 칼로와 디에고 리베라의 독특한 관계도 문화적 요소에 영향받았다는 건 의심의 여지가 없다. 프리다와 디에고는 인습에 얽매이지 않는 사상가 집단의 일원이었는데, 그들 사이에서는 성적으로 자유분방한 행동이 규범적으로 허용되었다. 한편 세계의 다양한 결혼 방식에 대해 논하면서 문화적 요소와 진화적 요소가 상호작용하는 경우가 많다는 점을 언급했다. 멕시코는 두 번의 혁명 이후 인구 구조가 급격히 변하면서 결혼 적령기의 여성이 남성에 비해 훨씬 많은 상황이 되었는데, 이런 경우에는 성과 관련된 규범이 더 자유분방해지는 경향이 있다.

온갖 고난으로 관계가 삐걱거렸음에도 프리다와 디에고가 재결합해 죽을

사회심리학

때까지 함께 지낸 이유는 무엇일까? 앞서 보았듯 연애 관계에는 어려움과 갈등이 따르곤 한다. 하지만 우리는 그 어려움을 극복하는 법을 배울 수 있다. 두 사람의 관계는 서양 사회의 관습적 틀에 맞지 않았지만 어떤 면에서 보면 인간의 유연성과 다양성, 애착의 힘을 입증했다. 다른 사람들에게 성적으로 끌렸지만 디에고와 프리다는 서로 깊고 긍정적인 유대를 맺었다. 예술가로서 서로를 격려하고 지지했으며, 창조적 작품에 대한 서로의 의견을 존중했고, 좋을 때든 나쁠 때든 꾸준히 사회적 지지를 제공했다. 사실 그렇게 자유분방한 환경에서 그들이 평생토록 관계를 유지할 수 있었다는 점이 인간의 긍정적 성향을 입증한 셈이다.

8장에서는 사회심리학과 다른 학문들의 많은 연결점을 다시 한번 확인할 수 있었다. 신경심리학적 연구는 우리가 언제, 어떤 사람에게 끌리는지에 대한 호르몬의 영향을 비롯해 생물학적 요인이 인간의 사랑에서 어떤 역할을 하는지 밝혀왔다. 한편 역사와 문화 역시 애정 관계에 영향을 미치기 때문에 사랑의 심리는 역사학, 정치학, 인류학이라는 분야와도 연결된다. 또한 연인이나 자녀와의 관계에서 남녀가 결정을 내리는 다양한 방식은 경제심리학과 관련된 흥미로운 의문을 불러일으킨다.

제9장

친사회적 행동

○

유대인들을 살린 어느 일본인의 위대한 희생
: 스기하라 지우네

나치의 유럽 지배 시기는 인간 본성의 밑바닥을 무시무시하게 보여준다. 유대인, 집시, 동성애자, 반체제 인사들을 포함해 1100만 명이 넘는 시민이 쫓겨나고, 폄하되고, 짐승처럼 취급받고, 끝내 대학살을 당했다. 역설적으로 이 시기는 인간 본성의 최고 경지를 보여주는 증거를 만들어내기도 했다. 희생자들을 잘 알지도 못하는 사람들이 그들을 위해 친절과 영웅적 행위, 자기희생 등의 놀라운 행동에 나섰던 것이다. 하지만 홀로코스트가 벌어지는 동안 일어난 가장 감동적인 도움 행위는 사실상 거의 묻히고 말았다.

그것은 1940년의 어느 여름날 동틀 무렵 시작되었다. 200명의 폴란드 유대인이 리투아니아 일본 영사관을 둘러싸고 나치의 진격에서 벗어나도록 도와달라고 애원할 때였다. 그들이 왜 일본의 관리에게 도움을 요청하기로 했는지는 수수께끼다. 당시 나치 독일 정부와 일본 제국은 공고한 유대 관계를 맺고 있었다. 제3제국이 혐오하는 대상이었던 유대인들은 왜 히틀러의 동맹국에 자비를 구하려 했을까?

이 의문에 답하려면 그로부터 몇 년 전인 1930년대 중반으로 거슬러 올라가야 한다. 일본은 히틀러 치하의 독일과 전략적 연합을 구축하기 전 추방당한 유대인들이 상하이의 일본군 주둔지에 자유롭게 드나들도록 허락했다. 전 세계의 유대인 공동체로부터 정치적 호의와 재정 자원을 얻기 위해서였다. 히틀러가 선언한 최종 해결책(Final Solution, 유대인 말살을 위한 학살 계획)의 절망적인 먹이가 된 유대인들은 전쟁 내내 미국을 비롯한 대부분의 국가에게 외면받았다. 그런 유대인에게 피난처를 제공한 나라가 히틀러의 동맹국인 일본이었으니 참으로 모순적인 결과였다.(Kranzler, 1976)

1940년 7월 200명의 '먹잇감'이 리투아니아 일본 영사관의 문 밖에 모여 있던 그때 그들은 문 안쪽에 있는 사람이 자신들에게 최선의 도움과 안전해질 마지막 기회를 줄 것이라고 생각했다. 그의 이름은 스기하라 지우네(Chiune Sugihara)였다. 스기하라는 어느 모로 보나 그들을 구해줄 사람 같지 않았다. 중견 외교관인 스기하라는 충성, 실력, 맹렬한 전투로 유명한 일본의 무인 계급 사무라이 집안 출신이었다. 정부 관리의 아들인 그는 언젠가 러시아 주재 일본 대사가 되기를 꿈꾸었고, 오락과 파티, 음악을 매우 사랑했다. 얼핏 보기에는 이 놀기 좋아하는 외교관이 자신의 경력과 평판, 미래를 위험에 빠뜨리면서까지 꼭두새벽부터 깊은 잠을 깨우는 유대인들을 구해주려 할 것 같지 않았다. 하지만 그는 자신과 가족들에게 어떤 일이 닥칠지 알면서도 도움의 손길을 내밀었다.

문 밖에 선 군중들과 이야기를 나눈 뒤 스기하라는 유대인들이 처한 상황의 심각성을 깨닫고 도쿄에 연락해 그들에게 여행 비자를 발급할 수 있도록 허가해달라고 요청했다. 요청이 바로 거절당하자 그는 더 긴박하게 두 번, 세 번 거듭 요청하며 도움을 얻기 위해 끈질기게 압박을 가했다. 머지않아 이 야심만만하고 부족함 없이 살아온 관리는 아무도 예상치 못한 일을 해냈다. 두 차례나 전달받은 명령을 완전히 어기고 유대인들에게 필요한 여행 서류를 써주기로 마음먹은 것이다.

그것은 자신의 경력을 건 선택이었다. 그로부터 채 한 달도 되지 않아 스기하라는 영사에서 강등돼 베를린으로 이동해야 했다. 그곳에서는 더 이상 자유재량을 발휘할 수 없었다. 결국 그는 명령 불복종으로 외무성에서 쫓겨났다. 전쟁이 끝난 후에는 오명을 안고 생계를 위해 전구를 파는 신세가 되었다. 하지만 리투아니아의 영사관을 폐쇄하기 전 몇 주 동안 그는 결심한 대로 끝까지 버티면서 밤낮으로 비자 신청자들을 면담하고 탈출에 필요한 서류를 써 주었다. 영사관이 폐쇄된 후 호텔에 머무는 동안에도 계속 비자를 발급했다. 극심한 스트레스 속에서 야위고 지쳤을 뿐 아니라, 아내가 어린 아기조차 돌보지 못하는 상황이 되었음에도 그는 쉬지 않고 서류를 만들었다. 심지어 떠나는 기차 안에서도 손수 비자를 써내어 생명을 부여잡으려는 사람들의 손에 쥐여줌으로써 수천 명의 무고한 생명을 구했다. 마침내 기차가 그를 싣고 움직이기 시작하자 스기하라는 꼼짝없이 갇힌 신세로 남겨두고 떠나야 하는 사람들에게 깊이 고개 숙여 절하고 사과하며 자신의 도움이 부족했다며 용서를 구했다.(Watanabe, 1994)

수천 명의 유대인이 상하이로 탈출할 수 있도록 도와준 스기하라의 결정을 이해하기 위해서는 친사회적 행동의 근본 원리, 즉 친사회적 행동이 어느 한 요소에서만 나오는 경우가 드물다는 사실을 아는 것이 중요하다. 도움 행동은 다양한 힘이 상호작용해 일어난다. 이러한 힘과 마주하기 전 스기하라의 행동에 얽힌 수수께끼를 풀어봄으로써 친사회적 행동이 무엇인지부터 확실히 알아야 한다. 또한 도움 행동이 돕는 사람의 목표를 달성하는 데 기여한다는 사실도 알아야 한다. 도움을 주는 행위에는 유무형의 이점이 있기 때문이다. 따라서 9장에서는 친사회적 행위의 의미를 정의하고 설명한 다음 친사회적 행위의 주요 목표를 확인하고 그것이 스기하라의 행동을 비롯한 여러 유형의 도움 행위를 어떻게 설명할 수 있는지 알아볼 것이다.

—— 왜 사람들은 타인을 도울까 : 친사회적 행동의 목표 ——

친사회적 행동은 범위가 넓고 형태가 다양하다. 가장 기본적 차원에서 **친사회적 행동**(prosocial behavior)이란 다른 사람에게 이득을 줄 의도로 하는 행동을 가리킨다. 도움을 주는 사람이 그로부터 혜택을 받아도 친사회적 행동에 포함된다. 예를 들어 친구에게 감명을 주기 위해 구세군 냄비에 20달러짜리 지폐를 넣는다면 그 행동 역시 친사회적 행동이다. 친구에게 감명을 주기 위해서라는 동기가 특별히 칭찬할 만한 것으로 보이지는 않지만 그래도 그것은 친사회적 행동으로 여겨진다. 이번에는 외부의 보상이나 인정을 바라고 구세군 냄비에 20달러를 넣는 대신 기부를 하면 기분이 좋아진다는 것을 알기 때문에 익명으로 구세군에 기부한다고 가정해보자. 2가지 도움 행동의 중요한 차이는 기대한 것이 외부에서 오는 보상인가, 내부의 보상인가 하는 점이다. 오랫동안 심리학자들은 도움 행동에 대한 보상이 내부에서 오는지 외부에서 오는지 구별하는 것을 중요하게 생각했다. 그리고 오직 내부의 보상에 의해 동기가 유발된 친사회적 행동에 더 큰 도덕적 가치를 부여했다. 일부 이론가들은 내부적 동기에서 나온 도움 행동을 이타적 행동으로 정의하기도 했다.(Bar-Tal & Raviv, 1982: Eisenberg & Fabes, 1998)

하지만 C. 대니얼 뱃슨(C. Daniel Batson)과 로라 쇼(Laura Shaw, 1991)는 이타주의의 개념을 순수한 이타주의(pure altruism)로 분류되는 더욱 제한적 의미의 친사회적 행동으로 한정하고 싶어 한다. 순수한 이타주의란 타인의 행복 증진 말고 다른 이유 없이 다른 사람에게 이득을 주려는 의도에서 나오는 행동을 의미한다. 이 범주에서 도움 행동은 도움의 주체가 받는 외부 **또는** 내부의 보상과 상관없이 발생한다. 도움 행동에는 당연히 보상이 따른다. 하지만 그 보상이 누군가를 도와주려는 결심을 이끌어냈다면 순수하게 이타적인 행동으로 볼 수 없다. 따라서 구세군에 20달러를 보내고 나중에 자신에 대해 좋게 생각하게 되었다고 가정할 때, '자신을 좋게 보기 **위해**'라는 자기 지향적 이유를 **위해** 기부하지 않았다면 순수한 이타주의에서 그런 행동을 한 셈이다. 현재 도움 행동을 연구하는 사람들 사이에서 가장 논란이 되는 질문은 자신의 이익이 전혀 영향을 미치지 않는 순수한 이타주의적 행위가 존재하는가 하는 것이다. 9장을 마무리할 무렵에는 이 근본적 의문에 대한 답을 찾으려 한 연구들을 살펴볼 것이다.

친사회적 행동은 인간 사회에서 종종 일어난다.(Dovidio, Piliavin, Schroeder & Penner, 2006) 그리고 도움을 주려는 성향은 유전적으로 전해져 후손에게 물려줄 수 있는 특성이다.(Rushton, Fulker, Neale, Nias & Eysenck, 1986) 그렇다면 도움 행동은 사회뿐 아니라 개인에게도 얼마간 중요하게 기능하는 것으로 보인다. 실제로 사회심리학 연구에서는 친사회적 행동으로 달성할 수 있는 몇 가지 목표에 초점을 맞춘다. 우리는 (1) 타고난 기본적 행복을 증진하기 위해, (2) 사회적으로 인정받고 사회적 지위를 높이기 위해, (3) 자아상을 관리하기 위해, (4) 기분과 정서를 관리하기 위해 도움 행동을 할 수 있다. 우선 이렇게 다른 사람을 도와주는 많은 이유 가운데 '자신을 돕기 위해'라는 가장 기본적인 이유부터 살펴보자.

기본적 행복 증진: 유전적·물질적 이익 얻기

사람들이 왜 도움 행동을 하느냐 하는 의문은 진화론의 관점에서 항상 골치 아픈 문제다. 언뜻 보면 다른 사람을 돕기 위해 자원을 주는 행위는 인간이 항상 **자신**의 생존 가능성을 높이는 방향으로 행동한다는 다윈의 주장과는 어긋나는 것 같다. 우리는 사람들이 문을 잡아주고 불타는 건물에서 아이를 구해주는 등 다양한 방식으로 종종 서로를 돕는다는 사실을 알고, 이것은 겉보기에 다윈의 견해와 반대되는 것처럼 보인다.(McGuire, 1994; Pearce & Amato, 1980) 현대 사회에서 도움 행동은 놀랍도록 다양한 방식으로 자주 일어난다. 미국만 해도 성인의 80%가 자선 단체에 돈을 기부하거나 자원봉사를 하러 간다.(Bello, 2008) 행동에 대한 통상적인 진화론적 설명에 2가지 견해를 더해 생각하면 이러한 타인 지향적 경향을 진화론적 관점에서 더욱 쉽게 이해할 수 있다.

도움 행동의 진화에 대한 통찰

첫 번째 견해는 생물학자 W. D. 해밀턴(W. D. Hamilton, 1964)이 제공했다. 해밀턴의 견해에 따르면 진화론적 관점에서 개인의 행동은 개인의 생존을 보장하도록 설계되었다기보다 개인을 구성하는 **유전자**의 생존을 보장하도록 설계되었다.(Krebs, 2011; Tooby & Cosmides, 2005)

친척 보호 해밀턴은 **포괄 적합도**(inclusive fitness)라는 개념을 제시함으로써 개인의 생존과 유전자의 생존을 구분해 설명한다. 포괄 적합도는 유전자를 자기 자손뿐 아니라 최종적으로 친척의 자손에게도 전달하는 데 성공할 확률로 정의된다. 개인의 생존과 유전자의 생존의 구분은 도움 행동이 어떤 경우에 일어나는지 이해하고 예측하는 데 큰 의미가 있다. 개인과 유전자의 생존을 구분할 경우 유전자가 살아남을 확률인 포괄 적합도를 높일 수 있다면 사람들이 개인적 위험과 손실을 무릅쓰는 것이 당연해진다. 따라서 사람들은 자신이 도와주는 친척의 몸속에서 자신의 복제된 유전자가 살아남을 확률이 높아진다면 기꺼이 위험을 무릅쓸 것이다.

사람들이 자신과 유전적으로 관계있는 사람을 먼저 도와주려 한다는 아주 강력한 증거들이 있다. 먹이를 주고, 위험을 막아주고, 지낼 곳을 제공해주는 등 자신과 가까운 정도에 비례해 친척들을 도와주는 동물 종은 매우 많다. 또한 동물은 계통상 유전자를 공유할 가능성이 큰 동물을 가장 많이 도와주는 경향이 있다.(Sherman, 1981) 인간 역시 아주 많은 문화에서 유사한 양상을 꽤 자주 나타낸다.(Cunningham et al., 1995; Curry et al., 2013; Neyer & Lang, 2003; Webster, 2003) 유전적으로 가까운 친척을 도와주는 이러한 경향은 미국에서 신장을 기증하거나 베네수엘라 정글에서 일어난 도끼 싸움을 중재하는 등 다양한 형태의 도움에서도 나타난다.(Borgida, Conner & Manteufal, 1992; Chagnon & Bugos, 1979)

상호 부조 해밀턴의 포괄 적합도 개념은 친척 사이에서 일어나는 자기희생을 이해할 수 있게 해준다. 하지만 동물이든 사람이든 친척이 아닌 개체끼리 서로 자주 돕는 행동을 진화의 논리로 어떻게 설명할 수 있을까? 현대 진화론의 중요한 두 번째 통찰은 **상호 부조**(reciprocal aid)의 개념이다. 로버트 트리버스(Robert Trivers, 1971)는 도움을 서로 주고받고 협동하는 과정에서 도움이 일어날 때가 많으므로 도와주는 개체는 도움을 돌려받음으로써 이익을 얻는다고 설명했다. 6장에서도 모든 인간 사회에는 이득을 받은 만큼 돌려주어야 한다는 호혜의 규범이 있다는 사실을 배웠다. 트리버스는 동물들도 서로 도움을 자주 주고받는다는 것을 보여주었다. 이와 같은 상호작용을 촉진하는 유전자를 가지면 개체가 생존하는 데 유리할 것이다.

관련 없는 사람들끼리 상호 부조를 하는 경우 도와주는 사람의 생존에 유리한 이유는 협력적인 사람만이 얻을 수 있는 물질적 이득에 있다. 실제로 협력자는 이러한 이득을 자주 누리게 되는데, 서로 돕는 행위를 통해 보상을 얻고 이득이 되는 관계를 계속 유지할 수 있기 때문이다. 이러한 이득은 협력하지 않았으면 얻지 못했을 것들이다.(Flynn, 2003) 유럽의 경제학자들은 회사에 도움이 되는 일을 한 직원들에게 이득을 제공함으로써 보답한 기업의 경우, 직원들이 더욱 노력을 기울이는 동시에 게으름 피우는 시간을 줄인다는 사실을 발견했다. 이 모든 과정은 이익을 크게 늘리고 회사와 직원들의 일자리가 살아남도록 보장하는 결과를 낳았다.(Fehr, Gachter & Kirchsteiger, 1997) 요컨대 상호 부조에서 발생하는 이득은 그 과정에 참여한 사람들이 물질적 이득을 누리게 해줄 수 있고, 그들이 더욱 번성해 유전자를 후손에게 전해줄 가능성을 높인다.

BOX 9.1

도움 행동은 타고난 것인가, 학습된 것인가
— 친사회적 행동과 쌍둥이 연구

인간의 행위 가운데 어디까지가 유전적 산물이고 어디까지가 환경의 산물이라고 설명할 수 있을까? 이것은 과학의 역사에서 오랫동안 다뤄진 질문이다.(Bouchard, 2004; Galton, 1875) 행동의 2가지 근본 원인을 구분하기 위해 행동유전학자들은 일란성쌍둥이와 이란성쌍둥이를 비교하는 경우가 많다. 일란성쌍둥이는 모든 유전자를 공유하는 반면 이란성쌍둥이는 같은 가정환경에서 태어나지만 유전자의 반만 공유하기 때문이다. 일란성쌍둥이와 이란성쌍둥이를 대조한 연구들은 남을 돕는 경향이 어떤 동기에서 출발하는지에 대한 두 갈래의 근거를 제공했다.

첫째, 성인이든 14개월 된 아이든 일란성쌍둥이는 이란성쌍둥이에 비해 도움 행동의 양상이 서로 더 비슷하다.(Rushton et al., 1986; Zahn-Waxler, Robinson & Emde, 1992) 유전학자들은 불일치의 정도로 미루어 남을 돕는 경향이 유전적 요소와 비유전적 요소에서 거의 비슷하게 유래한다고 판단하게 되었다.

둘째, 다른 연구들은 일란성쌍둥이가 서로에게 특히 더 친사회적으로 행동할 가능성이 높은지 알아보았다. 낸시 시걸(Nancy Segal)에 따르면 일란성쌍둥이는 점수를 따야 하는 과제에서 서로에게 점수를 벌어다 주기 위해 더 열심히 노력했다. 또한 퍼즐 풀기 과제에서 서로 도와주는 행동의 비율은 이란성쌍둥이의 경우 46%에 불과한 반면 일란성쌍둥이의 경우 94%에 달했다. 마지막 협상 게임에서도 일란성쌍둥이는 서로에게 이득이 되도록 협력하는 경우가 이란성쌍둥이에 비해 훨씬 많았다.(Segal, 2000) 이러한 결과는 포괄 적합성의 개념과 더불어 사람들이 같은 몸을 공유하지 않더라도 자신의 유전자에 이득이 되는 방향으로 행동한다는 견해와 일치한다.

쌍둥이 연구는 남을 돕는 경향에 유전자가 미치는 강력한 영향을 보여준다. 그와 동시에 완벽하게 똑같은 일란성쌍둥이가 없다는 사실에서 학습과 환경 역시 강한 영향력을 발휘한다는 점을 알 수 있다. 이러한 발견은 아이들에게 친사회적 지향성을 심어주는 데에도 낙관적 의미가 있다.

돕는 법 배우기

유전적·물질적 이익을 얻기 위해 다른 사람들을 도와주고 싶어지도록 자극하는 내적 요소는 무엇일까? 가장 두드러지는 두 요소는 주입된 믿음과 확장된 '우리' 개념이다.

주입된 믿음 전혀 관계없는 사람이라도 누군가를 도움으로써 유전적·물질적 이익을 얻게 된다면, 이 사실을 굳게 믿는 사람들이 도움 행동을 할 가능성이 가장 클 것이다. 이것은 미국 기업들이 실시한 설문 조사에서 발견된 사실과 정확히 일치한다. 자선이 자신에게 이익이 되므로 자선 행위를 한다고 생각하는 임원들이 있는 회사에서는 거액을 기부할 가능성이 특히 높았다.(Galaskiewicz, 1985)

도움 행동이 자신의 이익을 증진하는 수단이라는 관점은 어디에서 올까? 한 가지 근원은 학습 과정이다. 어느 정도 나이가 든 후라도 사람들은 친사회적 행동이 현명하거나 현명하지 않은 행동이라고 믿도록 학습될 수 있다. 이는 고전 경제학 이론을 보면 알 수 있다. 고전 경제학 이론의 기본 가정은 사람들이 자신의 이익을 극대화하기 위해 다른 사람들을 무시하거나 이용한다는 것이다. 연구자들은 심리학 등 다른 분야를 공부하는 학생들에 비해 경제학과 학생들이 고전 경제학 이론의 예상을 따르는 경향이 높다는 점을 발견했다. 이들은 예산을 할당하거나 협상할 때 자신이 더 많은 양을 가져야 한다고 주장하는 경향이 높다.(Kahneman, Knetsch & Thaler, 1986; Marwell & Ames, 1981) 특히 도움 행동에 대해 말하면 경제학과 학생들은 자선 단체에 기부하는 경향이 비교적 낮으며 경제학을 더 많이 공부할수록 기부를 망설이는 경향이 높아진다.(Frank, Gilovich & Regan, 1993) 반면 서로 나누는 데서 더 많은 이익을 얻는 비교적 가난한 사람들은 평등주의적 가치관과 온정적 가치관을 형성하고 다른 사람들을 관대하게 대하는 경향이 높다.(Piff et al., 2010)

'우리'라는 감각의 확장 학습된 지향성은 여러 방식으로 친사회적 행동에 영향을 미칠 수 있다. 직접적 이득을 위해 얼마나 친사회적으로 행동하는가 하는 문제는 학습된 지향성에 영향받기도 한다. 이 학습된 지향성, 즉 확장된 '우리'

개념은 대학 교육과정을 시작하기 훨씬 전에 가정에서 발달하며 물질적 이득보다 유전적 이득과 관련 있다. 이미 살펴보았듯 사람들은 (아마 자기 유전자의 생존 가능성을 높이기 위해서겠지만) 유전적으로 가까운 사람들을 먼저 도우려는 경향이 있다. 하지만 서로 몸속을 들여다보며 유전자를 얼마나 공유하는지 판단하기란 사실상 불가능하다. 그 대신 사람들은 일반적으로 친척과 관련 있는 특징을 유전적 관련성의 단서로 삼는다.(DeBruine, 2005; Krebs, 2012; Kurland & Gaulin, 2005) 특정한 사람이나 그와 비슷한 유형의 사람들이 어릴 때부터 집에서 함께 지냈다는 점도 이런 단서 중 하나가 될 수 있다. 동물과 마찬가지로 인간도 자라는 동안 함께 지낸 사람에게는 친척을 대하는 것과 같은 반응을 보인다.(Lieberman & Lobel, 2012) 유전적 관련성을 알려주는 이러한 단서는 가끔 우리를 잘못된 방향으로 이끌기도 한다. 하지만 대개 집에 있는 사람들은 **실제로** 가족이고, 가족은 거의 모든 사람들이 '우리'라고 생각하는 집단이므로 앞에서 언급한 단서는 보통 정확히 들어맞는다.

이 논리의 흥미로운 결론은 부모가 배경, 관습, 외모 등이 다양한 사람들에게 집을 자주 개방한 경우 자녀가 성인이 되어 낯선 사람을 도와주는 경향이 높다는 점이다. 이들의 '우리' 개념이 직계 가족이나 친척의 범위를 넘어서는 사람들까지 포함했을 것이기 때문이다. 이들에게는 도움 행동을 촉진하는 '우리(we-ness)'라는 개념이 **인류**라는 광범위한 의미의 가족까지 확장되었을 것이다.(Burnstein, 2005; Piliavin, Dovidio, Gaertner & Clark, 1981)

이 견해를 뒷받침하는 하나의 근거는 타인, 특히 얼굴만 아는 지인을 집으로 초대하는 것에 관한 규범이 문화마다 다른 점에서 찾을 수 있다. 대부분의 아시아 사회에서는 잘 모르는 사람을 초대하는 일이 드물기 때문에 외부인이 집에 초대받으면 대단히 영광스러운 일이다. 하지만 서양 사회에서는 간단한 저녁 식사, 운동경기 시청 등 집에 다양한 지인들을 초대해 여는 모임이 훨씬 흔하다. 다양한 사람이 모이는 가정환경에서 자란 경험이 낯선 타인을 쉽게 도와주게 하는 요인이라는 견해를 뒷받침하듯, 미국인들은 일본인과 중국인에 비해 자기 집단 외부의 사람들을 더욱 돕는 경향이 있다. 하지만 일본인이나 중국인은 미국인에 비해 자기 집단 내의 사람들을 더욱 돕는다.(Leung, 1988)

이 점은 스기하라 지우네의 수수께끼를 더욱 알쏭달쏭하게 만든다. 외부인을 좀처럼 받아들이지 않는 일본 사회의 구성원이 명백한 외국인이었던 유대인 난민들을 그토록 헌신적으로 도운 이유는 무엇일까? 첫 번째 단서는 스기하라의 어린 시절 경험에서 발견된다. 세무 공무원으로서 잠시 한국에 부임했던 그의 아버지는 가족을 한국으로 불러들여 숙박업소를 열었다. 스기하라의 부모는 돈을 지불하지 못할 정도로 가난한 사람들조차 흔쾌히 맞아들여 기본적으로 필요한 음식과 거처를 마련해주고, 심지어 이가 득실거리는 머리를 감겨 주고 옷을 세탁해주었다. 스기하라는 그런 부모에게 깊은 인상을 받았다고 회상했다.(Watanabe, 1994) 이런 관점에서 보면 스기하라가 나중에 수천 명의 유럽 유대인을 도우려고 노력한 이유를 알 수 있다. 그것은 바로 집에서 다양한 사람들과 마주친 경험을 통해 '우리'의 개념이 확장된 것이다. 45년 후 스기하라가 인터뷰에서 언급했듯 그에게 희생자의 국적과 종교는 중요하지 않았다. 중요한 것은 "그들이 **사람**이고, 도움이 필요했다"라는 사실이었다.(Craig, 1985)

물론 하나의 사례를 일반화해 결론 내리려는 태도에는 항상 위험이 따른다. 하지만 스기하라 말고도 그 시대의 구조자 중에는 어린 시절 가정에서 다양한 사람들을 접한 경우가 많다. 새뮤얼 올리너(Samuel Oliner)와 펄 올리너(Pearl Oliner, 1988)는 유대인을 나치에게 숨겨준 유럽의 비유대인들은 어린 시절부터 다양한 종교 및 사회계층에 속한 사람들과 밀접한 관계를 맺으며 자랐다고 응답하는 경향이 특히 높다는 점을 발견했다. 또한 이런 구조자들은 다른 사람들에 비해 더 다양한 집단에 속하는 사람들에게 동질감을 느꼈다. 이렇게 확장된 '우리'의 개념은 전쟁 기간뿐 아니라 종전 후 구조자들의 도움 행동과도 관련 있었다. 이들은 반세기 후 더 많은 사람들과 단체를 돕고 있었다.(Midlarsky & Memeroff, 1995; Oliner & Oliner, 1988) 지금까지의 내용은 아이들에게 사람들을 널리 돕는 성격을 길러주려는 예비 부모들에게 하나의 지침이 될 수 있다. 요컨대 아이들이 가지각색의 배경을 가진 사람들과 집에서 긍정적 관계를 맺게 만드는 것이다.

상황

유사성과 익숙함

과거의 학습 경험이 '우리'라는 개념에 영향을 줄 수 있듯 직접적 상황의 특징도 그런 역할을 할 수 있다. 예를 들어 도움 행동의 동기에 대한 진화론적 설명에 따르면 '우리'의 특히 중요한 범주인 친척들과 관련 있는 상황적 요소는 도움 행동을 더 많이 하게 한다. 유사성과 익숙함이라는 두 상황적 요소가 도움 행동을 촉진한다는 증거는 진화론적 관점에 잘 들어맞는다.(Berger et al., 2001)

유사성 두 사람이 서로의 유전적 관련성을 가늠하기 위해서는 유사성을 살펴보면 된다.(DeBruine, 2005 ; Rushton et al., 1984) 신체적 특징의 유사성뿐 아니라 성격 특성과 태도의 유사성도 따져볼 수 있다.(Park & Schaller, 2005 ; Uslaner, 2008) 친사회적 행동의 동기가 자신의 유전자의 생존 가능성을 높이려는 (무의식적) 욕구에서 발생한다면 사람들은 자신과 외모, 성격, 태도가 비슷한 사람들을 도와주어야 한다. 실제로 사람들은 자신과 정치적 성향이 같은 사람들을 먼저 살려주고 치료해줄 것이라고 말하며(Furnham, 1996), 심지어 자신과 비슷한 자세를 취한 사람들을 도와줄 가능성이 더 높았다.(van Baaren et al., 2004)

정말로 유사성이 도움 행동을 유도한다면 상대에게 나와의 유사성을 납득시킴으로써 나를 도와주게 만들 수도 있다. 실제로 그런 접근법이 2차 세계대전 중 발생한 또 하나의 신비한 사건에서 사용돼 많은 생명을 구했는지 모른다. 독일과 동맹을 맺었음에도 일본 군부는 나치 동맹국들의 항의에 맞서며 전쟁 기간 동안 일본 세력권 안에 있는 유대인들에게 피난처를 제공하고 그곳에 머물게 했다. 많은 학자들이 묘사했듯(Kranzler, 1976 ; Ross, 1994 ; Tokayer & Swartz, 1979) 이 결정에 얽힌 사건은 유사성과 도움의 관계를 뒷받침하는 흥미로운 근거이며, 희생자들이 어떻게 조력자의 '우리'라는 개념에 자신들을 포함시켜 이익을 얻었는지 보여준다.

BOX 9.2

왜 일제는 유대인에게 도움의 손길을 내밀었을까
—'우리' 개념의 재정의

스기하라에게 출국 비자를 발급받은 수천 명의 유대인(Levine, 1997)은 일제 치하의 상하이에 몰려 있던 훨씬 많은 유대인 난민 대열에 합류했다. 그러나 진주만 공습이 일어남에 따라 상하이를 드나들던 난민의 흐름이 뚝 끊기고 그곳에 머물던 유대인 공동체의 처지가 위태로워졌다. 마침내 아돌프 히틀러의 어엿한 전쟁 공모자가 된 일본은 이 맹렬한 반유대주의 집단과의 공고한 동맹에 위협이 될지 모르는 행보를 피해야 했다. 그럼에도 일본 정부는 1942년 초 상하이에 있던 유대인을 몰살하라는 나치의 압박에 저항하고 전쟁이 끝날 때까지 단호한 태도로 일관했다. 왜 그랬을까?

도쿄의 수석 랍비였던 마빈 토케이어(Marvin Tokayer)에 따르면 이 질문에 대한 답은 일본이 입장을 표명하기 몇 달 전 일어났으나 거의 알려지지 않은 일련의 사건과 관련 있다.(Tokayer & Swartz, 1979, pp. 178~181) 당시 나치는 비밀경찰 요제프 마이징거(Josef Meisinger) 대령을 도쿄에 파견했고, 그는 일제 치하의 유대인을 잔혹하게 취급하는 방침을 요구하기 시작했다. 일본군 수뇌부는 양쪽의 입장을 파악하고자 유대인 난민 공동체와 접촉해 향후 그들에게 지대한 영향을 미칠 회담에 지도자 2명

을 보내라고 요청했다. 선발된 대표는 저명한 종교 지도자들이었으나 각자 다른 방식으로 존경을 받았다. 매우 학구적이었던 랍비 모세스 샤츠케스(Moses Shatzkes)는 전쟁 전 유럽에서 손꼽힐 정도로 뛰어난 종교 학자였다. 그보다 훨씬 나이가 많은 랍비 시몬 칼리슈(Shimon Kalisch)는 근본적으로 인간이 어떻게 움직이는지 이해하는 것으로 명성이 높았다. 즉, 그의 능력은 사회심리학자의 소양에 가까웠다.

두 사람과 각자의 통역관이 회의장에 들어서자 일본 사령부 최고의 권력자들은 지체 없이 불길한 질문들을 던졌다. 우리와 동맹 관계인 나치가 당신들을 왜 그토록 혐오하고, 우리는 왜 당신들을 해치려는 그들의 시도에 저항해야 할까? 학자인 랍비 샤츠케스는 말문이 막혔다. 하지만 랍비 칼리슈는 인간 본성에 대한 지식에 힘입어 하나의 대답으로 두 질문에 답할 수 있었다. 그가 차분히 말했다. "그것은 우리가 아시아인이기 때문입니다. ……당신들과 마찬가지로."

이 주장은 짧지만 심금을 울렸다. 일본 장교들의 머릿속에 있던 '우리'라는 개념을 새롭게 정의함으로써 유대인에게 도움이 될 2가지 관념에 주목하게 했기 때문이다. 그중 하나는 일본에서 오랫동안 논란이 된 이

론이었다. 이 이론은 고대 유대교와 일본의 종교 신도(神道) 사이에서 발견되는 놀라운 유사성을 설명하고자 했다. 즉 이 이론은 이스라엘의 '사라진 10개 지파(10 lost tribes)' 중 일부가 아시아 대륙을 거쳐 일본으로 건너가 일본인과 혼인하고 혈통과 신앙을 퍼뜨렸다는 견해였다. 랍비 칼리슈가 이 발언으로 강조하고자 한 두 번째 핵심은 지배 민족인 독일인이 '열등한' 아시아인과 유전적으로 다르다는 나치의 주장이었다. 랍비 칼리슈는 단한 번의 예리한 관찰 후 '우리'에 대한 장교들의 개념을 재정립하려 했다. 그리하여 이제 '우리'라는 개념에는 스스로 그렇게 주장하는 나치 대신 유대인이 포함되었다.

회의를 지켜본 사람들은 그 나이 든 랍비의 주장이 일본 장교들에게 강력한 영향을 미쳤다고 전한다. 오랜 침묵 끝에 자리에서 일어난 일본의 최고위급 장교는 랍비들이 공동체에 전할 확신을 주었다. "당신들 민족에게 돌아가시오. 가서 전하시오. ……우리가 그들에게 안전과 평화를 제공하겠다고. 일본의 세력권 안에 있는 한 두려워하지 않아도 된다고 말이오." 그리고 실제로 그렇게 되었다.

도움에 대한 진화론적 관점은 도움이 제공되는 방식이 복잡할 수 있음을 예견하기도 한다. 요컨대 진화론적 관점에서는 동족을 돕는 경향이 모든 환경에서 같으리라고 예상하지 않는다. 밀접한 관계의 타인들에게 보다 많은 유전자의 생존을 보장하는 방향으로 도움을 주는 상황을 가정해보자. 생존이 위협받는 상황이라면 자신과 관계가 더 밀접한 사람부터 돕고자 하는 경향이 가장 강해져야 한다. 이 가설을 검증하기 위해 유진 번스타인(Eugene Burnstein), 크리스 크랜들(Chris Crandall), 기타야마 시노부(Shinobu Kitayama, 1994)는 미국과 일본 대학생들에게 물었다. 다른 사람을 불이 난 건물에서 구해주거나 상점에서 물건을 집어 줘야 할 때 얼마나 적극적으로 도움에 나서겠느냐는 질문이었다. 일반적으로 학생들은 가까운 관계일수록 더 적극적으로 도와주겠다고 답했다. 하지만 생명이 위협받는 상황에서는 가까운 관계인 사람부터 도우려는 경향이 훨씬 강하게 나타났다.

익숙함 사람들은 대개 친척과 함께 살거나 자주 접촉하므로 익숙함 역시 유전적 관련성을 알아보는 단서가 될 수 있다. 예를 들어 '익숙한(familiar)'이라는 말은 '가족의(familial)'라는 말과 사실상 같다. 형제자매 두 사람이 함께 오래 살수록 서로를 더 이타적으로 대하는 경향이 높아진다.(Lieberman & Lobel, 2012) 물론 전에 자주 만났다고 해서 반드시 유전적 관련성이 높다고 장담할 수는 없다. 그럴 필요도 없다. 익숙한 느낌이 곧 그 사람과 조금이라도 유전자를 공유한다는 의미라면 진화심리학의 논리에 따라 자신의 유전자에 이득이 되기 위해 그를 더 도와주게 된다.(Dovidio, Piliavin, Schroeder & Penner, 2006; Rushton, 1989) 이 견해를 뒷받침하는 근거는 2가지 측면에서 찾을 수 있다.

첫째, 동물과 인간 사회에서는 개체 사이의 관련성이 높을수록 더 자주 접촉하게 된다.(Hames, 1979; Rushton, 1989) 둘째, 사람들은 익숙한 사람이나 그와 비슷한 **유형**의 사람을 더 흔쾌히 도와주는 경향이 있다.(Burger et al., 2001) 앞서 언급했듯 2차 세계대전 중 유대인을 구해준 구조자들에 대해서는 새뮤얼 올리너와 펄 올리너(Oliner & Oliner, 1988)의 풍부한 자료에서 증거를 찾을 수 있다. 도움을 주지 않은 사람들과 비교할 때 구조자들은 전쟁 전에 이웃, 직장, 친구 관계를 통해 유대인과 접촉했을 가능성이 높았다. 자선기금 모금자들도 비슷한 현상을 언급한다. 지인이 어떤 문제로 고통받는 사람들은 그와 비슷한 문제를 겪는 사람들을 훨씬 기꺼이 도와준다. 게임이론의 대가 토머스 셸링(Thomas Schelling, 1968, p. 130)은 "우리는 아는 사람을 돌봐준다"라고 말했다. 이것은 맞는 말이다. 사회심리학자들이 보여주었듯 우리는 서로 잘 알수록 비슷하다고 생각한다.(Cunningham, 1986; Kenny & Kashy, 1994)

익숙함과 도움 간 상관관계는 스기하라가 도움 행동을 한 이유와 관련해 또 다른 단서를 제공한다. 자기 경력을 희생하면서까지 유대인 난민을 도와주기로 결심하기 몇 달 전 스기하라는 일본 영사관 근처에서 가게를 운영하던 여성의 조카인 솔리 가너(Solly Ganor)라는 11살짜리 유대인 소년을 만났다. 스기하라는 몇 달 동안 가너와 만날 때마다 동전을 주거나 우표 수집을 도와주면서 친해졌다. 한번은 가너가 감사를 표현하자 사양하며 "날 삼촌으로 생각하렴"이라고 말하기도 했다. 그때 가너가 이렇게 대답했다. "우리 삼촌이면 토요일 날 하누카(Hanukkah, 유대교 명절) 파티에 오셔야겠네요. 친척들이 다 오거든요." 스기하라는 그 파티에서 가녀의 가족뿐 아니라 먼 친척까지 만났다. 폴란드에서 온 가녀의 한 친척은 스기하라에게 나치 점령하의 참상을 묘사하며 유럽에서 빠져나갈 수 있도록 도와달라고 부탁하기도 했다. 스기하라가 새로 사귄 친구들을 구해줄 기회는 8개월 후에 왔다. 그가 가장 먼저 탈출 비자를 만들어준 사람들은 바로 가녀의 가족이었다.(Ganor, 1995, p. 35)

사회적 지위 얻기와 인정받기

도움 행동을 하는 사람은 유전적 · 물질적 유리함 외에도 덜 직접적인 이익을 얻을 수 있다. 남을 도와주는 성향은 많은 문화에서 긍정적으로 여겨지므로 (Dovidio, Piliavin, Schroeder & Penner, 2006), 잘 도와주는 사람은 다른 사람들 눈에 좋은 이미지로 비칠 수 있다. 도널드 캠벨(Donald Campbell, 1975)은 모든 인간 사회에서는 도움의 대가로 유전적 · 물질적 보상을 얻을 수 없는 상황에서 도움 행동을 촉진하기 위해, 잘 도와주는 사람에게 **사회적** 보상을 제공한다고 주장한다. 이러한 사회적 보상은 대개 더 큰 호감과 인정의 형태로 나타난다. 또한 친사회적 행동을 하는 사람은 공동체에서 더 영향력 있고 지위 높은 사람으로 보일 수도 있다.(Hardy & Van Vugt, 2006) 사회적 지위를 염두에 둔 사람들은 친환경 상품이나 하이브리드 자동차를 선택하는 등 공익을 위해 희생적 행동을 할 가능성이 더욱 높고, 특히 타인이 자신의 선행을 알게 되리라고 생각할 때 그렇게 행동한다.(Griskevicius, Tybur & Van den Bergh, 2010)

　　사회적 지위를 높이기 위한 기부는 기업 문화에서 그리 특별한 전략이 아닙니다. 프랑스 인류학자 마르셀 모스(Marcel Mauss, 1967)는 기념비적 저서 『증여론』을 통해 인간의 사회조직에서 선물 주기라는 행위에 내포된 중요성과 보편성을 자세히 다루었다. 무언가를 주는 행위는 어디에서든 볼 수 있는 과정임에도 놀라울 정도로 다양한 형태로 나타날 수 있다. 그중 가장 극적인 형태는 포틀래치(potlatch)라는 풍습이다. 북아메리카 원주민의 의식 중 하나인 포틀래치는 주최자가 어마어마한 양의 재화를 손님들에게 나누어주는 잔치로, 도중에 파산하거나 빚을 지는 경우도 많다.

이런 극단적 형태의 선물 주기를 어떻게 설명할 수 있을까? 대부분의 인류학자들은 그러한 풍습이 사회 내에서 지위를 공고히 하고 확인하는 기능을 했다는 데 의견을 함께한다. 요컨대 막대한 부를 축적하고 **소비**할 수 있는 사람이라면 마땅히 높은 사회적 지위를 요구할 수 있었던 것이다.(Cole & Chaikin, 1990; McAndrew, 2002) 그렇다면 실제로 중요하게 여겨진 것은 부 자체가 아니라 부를 나눠줌으로써 요구하고 정당화할 수 있었던 사회적 지위다. 이런 관점에서 보면 부족 장로들의 행동은 오늘날 기업 대표들이 스스로와 회사를 경쟁자에게 더욱 영향력 있고 성공적으로 인식시키기 위해 후하게 기부하는 것과 크게 다르지 않았다고 볼 수 있다.(Galaskiewicz, 1985)

사회적 책임: 도움 행동에 대한 규범

사회규범은 행동에 강력한 영향을 미칠 때가 많다. 6장에서 논했듯 사회규범에는 2가지 유형이 있다. **기술적 규범**은 대개 사람들의 행동에 따라 정의되는 반면, **명령적 규범**은 어떤 상황에서 일반적으로 허용되거나 허용되지 않는 행동에 따라 정의된다. 2가지 규범 모두 도움 행동에 영향을 미친다. 사람들은 다른 사람들이 누군가를 도와주고 있다거나 도움 행동을 인정한다는 증거가 있을 때 도움을 줄 가능성이 높다.(Warburton & Terry, 2000) 하지만 사회적 지위와 인정을 얻는다는 목표와 가장 관련이 깊어 보이는 규범은 친사회적 행동이 인정을 받는다는 것이다. 폴란드 사회심리학자 야누시 레이코프스키(Janusz Reykowski, 1980)는 불가리아 대학생을 대상으로 한 실험에서 예상된 사회적 인정의 위력을 보여주었다. 이 실험에서 학생들은 자신이 다니는 학교가 이타주의자에 대한 존경심이 낮은 편이라는 거짓 정보를 듣게 되었다. 나중에 도움을 요청받았을 때 이 학생들은 학교의 규범에 대한 정보를 듣지 않은 학생들에 비해 요청에 응할 가능성이 훨씬 낮았다.

도움과 관련해 가장 일반적인 규범은 **사회적 책임 규범**(social responsibility norm)이다.(Berkowitz, 1972) 사회적 책임 규범은 우리의 도움에 의지하는 사람들을 도와줘야 한다는 다소 광범위한 규범이다. 앞으로 살펴보겠지만 한 사람이 사회적 책임 규범에 따라 도움을 주기로 결정하는 데 영향을 미치는 요소가 몇 가지 있다. 그중 가장 많이 연구되는 요소는 도움을 줄 기회가 생겼을 때, 특히 도움이 긴급히 필요할 때 주변에 다른 사람들(방관자)이 있는지 여부다. 방관자들은 사회적 책임 규범에 따라 도와주기로 결정하는 과정에 3가지 방식으로 영향을 미칠 수 있다. 방관자는 도움의 원천이 될 수 있고, 도움이 필요한지 여부에 대한 정보의 원천이 될 수 있으며, 도움이 인정받을지 반감을 살지에 대한 정보의 원천이 될 수 있다.

도움의 원천으로서의 방관자 사회심리학 초창기에 반사회적 행동(편견, 갈등, 공격성)에 대한 연구는 친사회적 행동에 대한 연구에 비해 중요하게 여겨졌다. 2차 세계대전의 공포가 생생하게 남아 있던 때문인지, 사회심리학자들은 인간 행동의 좋은 면을 이해하고 증진하기보다 악한 면을 이해하고 줄이는 데 더욱 관심이 집중됐다. 하지만 1960년대 중반에 일어난 한 사건을 계기로 이러한 흐름이 완전히 바뀌었다. 1964년 3월 13일 새벽 3시 캐서린 제노비스(Catherine Genovese)라는 젊은 여성이 자신의 집 앞에서 모르는 남성의 칼에 찔려 숨진 사건이 있었다. 이 살인 사건 소식으로 전 미국이 들썩였다.(Rosenthal, 1964)

왜 그랬을까? 《뉴욕타임스》 1면에 실린 이야기에 따르면 이 사건이 벌어지는 동안 큰 소리가 났고 오랜 시간이 걸렸고 공개적 장소에서 일어났음에도 불구하고, 소동에 잠을 깬 38명의 이웃이 안전한 아파트 안에서 그 사건을 내려다보았기 때문이다. 아무도 제노비스를 도와주지 않았을 뿐 아니라 범인이 그녀를 죽일 때까지 경찰에 신고하지 않았다.

어두운 뉴욕 밤거리에서 캐서린 제노비스가 살해당하기 전까지 사회심리학자들은 도움 행위에 대해 조사하는 데 아주 적은 시간을 할애했다. 하지만 그녀가 죽을 당시의 특수한 상황, 즉 35분이 넘는 시간 동안 38명이 손가락 하나 까딱하지 않고 그 광경을 지켜보던 상황에 영향을 받아 새로운 연구 과제가 대두되었다. '도움을 제공하는 경향을 높이거나 방해하는 요소는 무엇인가' 하는 것이었다.

나중에 사건을 조사한 사람들은 캐서린 제노비스 사건에 의구심을 품었다.(Manning, Levine & Collins, 2007) 과장 여부와 상관없이 이 이야기는 사회심리학계에 충격을 주었고 이는 방관자의 무관심에 대한 다양한 연구로 이어졌다. 《뉴욕타임스》 1면에 기사가 난 뒤 대중의 술렁이는 분위기 속에서 사회심리학자들은 압박을 받았다. 강의실에서는 학생들이, 인터뷰하는 기자들이, 심지어 칵테일파티에서는 친구들이 던지는 같은 질문에 대한 답을 찾아야 했

사회심리학

다. 왜 사람들이 서로 돕지 않을까? 여느 때처럼 그런 질문을 받은 파티가 끝난 후 뉴욕에서 주로 활동하던 사회심리학자 비브 라타네(Bibb Latané)와 존 달리(John Darley, 1970)는 앉아서 그 수수께끼를 분석했다. 그 과정에서 이들은 다른 사람들이 놓친 생각과 마주했다. 그전까지는 여러 사람이 지켜보고 있었음에도 아무 조치를 취하지 않았다는 점에 치중했지만, 라타네와 달리는 바로 목격자가 그렇게 많았기 때문에 아무도 도와주지 않았다고 주장했다. 이른바 **방관자 효과**(bystander effect) 때문에 그토록 많은 사람이 그 광경을 지켜보면서도 저마다 누군가 더 적당한 사람이 도와주겠거니 생각한 것이다.(Fischer et al., 2011) 라타네와 달리의 주장에 따르면, 지켜보는 사람이 많을 때는 도와주어야 하는 책임이 사람들 사이에 엷게 널리 퍼지는 **책임의 분산**(diffusion of responsibility) 현상이 발생해, 결과적으로 조치를 취해야 한다는 의무감을 아무도 느끼지 않는다.

이 견해를 검증하기 위해 달리와 라타네는 연구에 돌입했고, 긴급 상황에서 방관자의 수가 누군가가 도움을 제공할 가능성에 어떤 영향을 미치는지 알아보았다. 실험에 참가한 뉴욕의 대학생들은 구내방송을 통해 다른 학생이 간질로 보이는 발작을 일으키는 소리를 들었다. 혼자 있던 방에서 나와 도움을 주러 간 학생의 비율은 도움을 줄 수 있는 참가자의 수가 늘어날수록 급격히 떨어졌다. 참가자가 다른 학생의 간질 발작 소리를 혼자 들었다고 생각한 경우에는 85%가 도움을 주려 했다. 하지만 그 소리를 들은 참가자가 1명만 늘어나도 도움이 제공될 확률은 62%로 떨어졌고, 4명의 참가자를 더하자 확률은 31%까지 더 떨어졌다.

책임의 분산이 사회적 책임의 규범과 무슨 관계가 있을까? 사회적 책임의 규범이 우리의 도움에 의지해야 하는 사람을 도와주어야 한다는 내용이었음을 상기하자. 다른 사람들과 함께 있다고 상상할 때 도움을 주는 경향이 약해질 뿐 아니라 잠재적 조력자들 사이에서 개인의 의무감 또한 약해진다. 이와 관련된 연구가 그러한 사실을 뒷받침한다.(Garcia, Weaver, Moskowitz & Darley, 2002)

도움과 관련된 정보의 원천으로서의 방관자 라타네와 달리는 책임의 분산 외에도 방관자들이 긴급 상황에서 좀처럼 도와주지 않는 다른 이유를 제시했다. 사람들이 아무 행동도 하지 않으면 아무리 긴급한 상황도 긴급하다고 인식될 확률이 떨어질 수 있다. 관찰자들이 보기에 긴급 상황이 벌어지고 있는지 확실하지 않을 때가 많은데, 상황이 불확실한 경우 사람들은 행동하기를 꺼린다.(Bastardi & Shafir, 1998; Fischer et al., 2011; Tversky & Shafir, 1992a, 1992b) 사람들은 행동하는 대신 상황 판단에 도움이 될 정보를 찾아 주위를 둘러본다. 긴급 상황이 발생했을 때 주변 사람들은 서로에게 정보의 원천이 된다. 저마다 어떻게 반응할지 판단하기 위한 단서를 찾아 서로를 보되, 호들갑을 떨거나 당황한 것처럼 보이지 않도록 태연한 표정으로 티 나지 않게 재빨리 훑어본다. 그 결과 각자 자신을 제외한 모든 사람이 차분하게 아무 행동도 하지 않는 것을 감지하고 진짜 긴급 상황일 리가 없다고 결론 내리게 된다. 라타네와 달리의 주장에 따르면 이것은 집단의 모든 구성원이 저마다 아무도 걱정하지 않는 것을 감지하고 상황이 잘못되었을 리 없다고 판단하는 **다원적 무지**(pluralistic ignorance) 현상이다.(Latané & Darley, 1968) 이러한 현상은 현대 사회에서 방관자들이 부끄러울 정도로 '무감각' 혹은 '무관심'으로 일관하는 상황의 원인이 되기도 한다.

한 연구에서 연구자들은 참가자들에게 설문지를 준 후 연구실 환기구를 통해 연기가 새어 들어가게 했다.(Latané & Darley, 1968) 혼자 있던 참가자 중에서는 연기가 난다고 알리러 간 사람이 75%였던 반면, 3명의 참가자가 함께 있던 경우에는 38%밖에 되지 않았다. 하지만 3명이 함께 있되 아무 일도 없는 것처럼 행동하라는 지시를 받은 실험 공모자 2명과 진짜 참가자가 함께 있던 경우, 위험을 알리러 간 참가자의 비율은 압도적으로 낮은 10%에 불과했다. 이때 진짜 참가자의 행동은 놀라웠다. 연기가 방에 꽉 차서 기침을 하고 눈을 비비고 손으로 연기를 휘휘 저으면서도 문제를 알리지 않고 설문 조사에 충실히 임했다. 왜 위험을 알리지 않았느냐고 묻자 이들은 연기가 화재나 긴급 상황의 조짐이 아니라고 확신했다고 대답했다. 그 대신 이들은 연기를 수증기, 스모그, 에어컨에서 나오는 증기 등 긴급 상황과 상관없는 언어로 규정했고, 심지어 설문 조사에 솔직히 답하게 하려고 뿌려진 '진실 가스'라고 생각했다는 사람마저 있었다.

이와 같이 목격자가 여러 명일 때, 특히 그들이 수동적 태도를 보일 때는 모든 사람이 아무 이상 없다고 착각하게 되므로 긴급 상황에서 도움을 주는 행동이 줄어들 수 있다. 목격자들이 가만히 있는 대신 불안한 듯 행동하자 도움이 제공될 확률이 높아졌음을 보인 연구가 이를 반증한다.(Wilson, 1976) 같은 맥락에서 수행된 또 다른 연구에 따르면 희생자가 위험하다는 것을 확실히 알 수 있는 경우에는 도와주는 사람이 더 위험해질 수 있음에도 주위 사람들이 도움을 줄 가능성이 더 높았다.(Fischer et al., 2011)

인정이나 반대의 원천으로서의 방관자 사회적 책임 규범의 작용에 다른 사람들이 영향을 미치는 세 번째 방식은 도움을 주려는 결정을 인정하거나 반대하는 것이다. 규범에 따라 도움이 필요한 타인을 도와주는 사람은 대개 관찰자들에게 인정을 받는다. 그렇기 때문에 사람들은 대부분의 경우 자신의 도움 행동이 사회적 보상을 받으리라고 가정한다.(Bickman, 1971; Schwartz & Gottlieb, 1976) 다른 사람들이 자신을 알아보고 도와주는 데 들인 노력을 알아줄 수 있다는 생각이 들 때 도움을 제공할 가능성이 더 높아지는 것도 같은 이유에서다.(Schwartz & Gottlieb, 1976, 1980; van Bommel et al., 2012) 하지만 앞서 살펴보았듯 눈에 띄게 수동적인 방관자가 있는 상황에서는 도움 행동이 적절치 않아 보일 수 있다. 이런 상황에서는 도움 행동이 줄어든다. 특히 지나가는 사람들이 조력자를 알아보는 상황이라면 더욱 그렇다.(Schwartz & Gottlieb, 1980) 따라서 도와주려는 의도를 주위 사람들이 좋게 생각하는지 여부에 따라 조력자의 식별 가능성이 도움 행동을 촉진하기도 하고 억제하기도 한다.

긴급 상황으로 번질 수 있는 특히 골치 아픈 상황, 즉 남녀가 몸싸움을 벌이는 상황에서는 사회적 반대에 부딪힐 수 있다는 두려움이 도움 행동을 억제하는 일이 잦다. 랜스 숏랜드(Lance Shotland)와 마거릿 스트로(Margaret Straw)에 따르면 이런 상황에서 목격자는 '사랑싸움'에 참견했다가 쓸데없이 간섭한다는 소리를 들을지 모른다고 생각하고 도움을 주지 않을 수 있다. 실제로 캐서린 제노비스 사건의 방관자 중 몇몇 사람도 이런 이유로 아무 조치를 취하지 않았다고 설명했다.(Rosenthal, 1964) 이 가설을 검증하기 위해 숏랜드와 스트로는 남녀가 몸싸움을 벌이는 상황을 연출하고 연구 참가자에게 그 장면을 목격하게 했다. 남녀의 관계에 대한 단서가 없을 때는 남녀 참가자의 대부분(약 70%)이 두 사람을 연인 관계로 보았고, 전혀 모르는 사이라고 생각한 참가자는 4%에 불과했다. 숏랜드와 스트로는 다른 실험에서 여성이 "내가 왜 당신과 결혼했는지 모르겠어"라거나 "난 당신을 모르는데요"라고 말하게 해 남녀의 관계에 대한 단서를 제공했다. 이 실험으로 연구자들은 참가자들의 불길한 반응을 보여주었다.(Shotland & Straw, 1976) 싸움의 강도가 같아도 두 사람이 부부 사이로 보이는 경우 관찰자가 여성을 도와줄 가능성이 더 낮았다. 참가자들이 그런 사적인 문제에 끼어들면 모두가 원치 않는 민망한 상황이 될 것이라고 생각했기 때문이다.

따라서 남성과 몸싸움을 벌이게 된 여성은 놓아달라고 소리치기만 해서는 지나가는 사람의 도움을 기대할 수 없다. 관찰자들은 그 상황을 부부 싸움으로 규정하기 쉽고, 자신의 도움이 사회적으로 부적절하다고 생각하게 된다. 다행히도 숏랜드와 스트로의 자료는 이 문제의 해결책을 제시해준다. 이런 경우 "난 당신을 몰라요!"라고 크게 소리치며 폭행범이 낯선 사람임을 알리면 도움을 받을 확률이 훨씬 높아진다.

긴급 상황에서 도움을 받을 수 있는 더 일반적인 방법은 무엇일까? 목격자의 개입에 대한 연구에서 얻은 근본적 교훈을 떠올려보자. 목격자들이 도와주지 않는 이유는 친절하지 않아서가 아니라 확신이 없기 때문이다. 사람들은 도와주어도 될지 확신하지 못할 때가 많다. 도움이 적절하다고 판단해도 자신에게 도와줄 책임이 있다고 확신하지 못하는 경우가 많다. 위험에 처했을 때 사람들에게 둘러싸여 있다면 도움을 얻기에 가장 좋은 전략은 이런 불확실성을 없애는 것이다. 도움이 필요하다고 확실히 말하고, 한 사람을 콕 짚어 도와줄 책임을 맡기고, 어떤 도움이 필요한지 설명하는 것이 좋다. "도와주세요! 거기 파란 재킷 입으신 분, 구급차 좀 불러주세요."

사람

인정 욕구

인간 사회에서 이타주의자들에게 칭찬과 명예라는 보상을 주어 친사회적 행동을 증진한다는 캠벨(Campbell, 1975)의 주장이 옳다면, 사회적으로 인정받으려는 사람들은 도움을 제공할 가능성이 높다. 한 연구에서는 참가자들에게 성격검사를 실시해 인정받고자 하는 욕구를 평가한 후 좋은 목적으로 돈을 기부할 기회를 주었다.(Satow, 1975) 다른 사람들에게 인정받으려는 욕구가 큰 학생들은 대체로 더 많은 돈을 기부했다. 하지만 중요한 예외가 있었다. 혼자 있는 상황에서 기부하게 했을 때는 인정 욕구가 높은 학생들도 별반 다르지 않았다. 다시 말해 인정 욕구가 높다고 해서 특별히 친절한 것은 아니다. 그보다는 친절하게 보임으로써 자긍심을 얻으려는 마음이 더 클 뿐이다.

상황
주변 사람들의 영향

문화에는 항상 규범이 있지만 사람들이 그 규범을 항상 염두에 두지는 않는다. 즉, 사람들은 어떤 규범이 특히 두드러지게 드러난 직후에 규범을 따를 가능성이 더 높다.(Cialdini, 2012; Kallgren, Reno & Cialdini, 2000) 몇몇 연구를 통해 이 점이 도움 행동에도 적용된다는 사실이 밝혀졌다. 사회적 책임 규범을 더 많이 상기할수록 사람들이 도움을 제공할 가능성도 커진다는 것이다.(Harvey & Enzle, 1981; Nelson & Horton, 2005) 이와 같은 맥락에서 이름을 부르거나 카메라를 이용해 사람들이 자신을 의식하게 하면 다른 사람들의 존재가 실제로 도움 행동을 촉진할 수 있다.(van Bommel et al., 2012)

모범 보이기 구세군 냄비에 돈을 넣는 것처럼, 사회적 책임에 따라 행동하는 사람의 모습은 관찰자의 도움 행동에 2가지 방식으로 영향을 미칠 수 있다. 첫째, 어린아이들처럼 다른 사람의 행동을 관찰함으로써 적절한 행동을 배우는 때가 많다.(Bandura, 1977) 예를 들어 아이들에게 친사회적 텔레비전 프로그램을 보여주어 더 협조적이고 관대하게 행동하는 법을 가르칠 수 있다.(Forge & Phemister, 1987; Hearold, 1986) 이런 교육적 기능 외에도 친사회적 행동의 모범적 사례는 구체적 사례를 겪기 전까지 도움 주기에 대한 생각을 하지 않던 어른들에게 규범을 일깨워주는 역할도 한다. 로스앤젤레스에서 수행된 제임스 브라이언(James Bryan)과 메리 앤 테스트(Mary Ann Test, 1967)의 유명한 연구에서도 약 400미터 전에 다른 운전자가 멈춰 서서 고장 난 차의 운전자를 돕는 모습을 보고 지나친 운전자는 다른 사람을 똑같이 도와줄 가능성이 높았다.

인구밀도 세계 어디에서든 도시는 시골에 비해 도움을 받기가 더 어려운 편이다.(Amato, 1983; Smith & Bond, 1998) 로버트 러빈(Robert Levine, 2003)은 미국의 36개 도시의 도움 경향을 평가해 〈표 9.1〉과 같은 결과를 얻었다. 그는 도움에 결정적 영향을 미치는 요소가 도시의 규모가 아니라 인구밀도라는 사실을 발견했다. 사람들이 빽빽이 들어찰수록 낯선 사람을 도와줄 가능성이 낮아졌다. 이런 현상이 나타나는 이유는 도시인들이 밀집된 인구에서 받는 지나친 자극과 스트레스에 대처하기 위해 한발 물러선 채 타인이 당한 곤란을 보지 않기 때문이다.(Evans & Lepore, 1993; Milgram, 1970) 그리하여 도움이 필요한 사람을 도와주어야 한다는 규범이 도움 행동을 촉진하지 못하는 결과가 발생한다.

표 9.1 미국 내 도시별 도움 행동 경향

순위	도움을 가장 많이 받을 수 있는 도시	순위	가장 도움받기 어려운 도시
1	뉴욕주 로체스터	32	펜실베이니아주 필라델피아
2	텍사스주 휴스턴	33	캘리포니아주 프레즈노
3	테네시주 내슈빌	34	캘리포니아주 로스앤젤레스
4	테네시주 멤피스	35	뉴욕주 뉴욕
5	테네시주 녹스빌	36	뉴저지주 패터슨

로버트 러빈은 미국 36개 도시를 대상으로 도움 행동이 나타나는 경향을 평가한 후, 도움을 측정하는 6가지의 개별 척도를 기준으로 순위를 매겼다. 그 척도는 시각장애인이 길 건너는 것 도와주기, 잔돈 바꿔주기, 떨어진 펜 주워주기, 분실된 편지 부쳐주기, 장애인이 떨어뜨린 잡지를 주워주기, 자선단체에 기부하기였다. 도움 행동과 결정적으로 관련 있는 것은 도시의 규모가 아니라 인구밀도였다. 인구가 밀집될수록 도움 행동이 줄어든다. 다음의 표를 보면 도움 행동이 가장 많이 발생하는 도시와 가장 적게 발생하는 도시를 알 수 있다.

출처: Levine, R. V., "The kindness of strangers", *American Scientist*, 91(2003), pp. 226~233.

〔상호작용〕

성별과 도움 주기

도움 행동은 사회적 지위와 인정받으려는 목표와 관련된 상황 및 사람이 상호작용한 결과일 때가 많다. 이 사실은 성별과 도움 주기에 대한 연구를 통해 알 수 있다.

사람들은 대개 남성보다 여성이 더 잘 도와준다고 생각한다. 여성은 남성에 비해 더 친절하고 공감하며 다른 사람의 행복을 위해 헌신한다는 인식이 있

사회심리학

다.(Ruble, 1983) 또한 세계적으로도 이러한 견해에 들어맞는 양상이 발견된다. 연구 대상 가운데 90% 이상의 문화에서 친절하고 자비롭고 잘 도와주는 특징이 남성보다 여성에게 더 잘 드러났다.(Williams & Best, 1990) 그래서인지 이와 반대 양상을 보여주는 두 갈래의 증거들은 이상하게 보이기도 한다.

그 첫 번째 증거는 우리 사회에서 다른 사람들을 위해 영웅적 노력을 기울인 사람들에서 찾을 수 있다. 예를 들어 카네기영웅위원회에서는 "타인의 생명을 구하거나 구하려 하여" 이름을 알린 시민들에게 한 세기가 넘도록 정기적으로 메달을 수여하고 있다. 원칙적으로는 여성도 이 상을 받을 자격이 있지만 수상자 중 90%가 넘는 7000명 이상이 남성이었다. 두 번째 증거는 도움에 대한 사회심리학적 연구에서 찾을 수 있다. 연구들을 광범위하게 검토한 결과 남성들이 더 자주 도움을 제공하는 분명한 경향이 발견되었다.(Eagly & Crowley, 1986; Piliavin & Unger, 1985) 남녀의 도움 주기 경향에 대한 많은 사람들의 생각과 두 유형의 정보에서 드러나는 사실은 서로 어긋나는 것처럼 보인다. 이것을 어떻게 해석해야 할까?

이 수수께끼를 풀기 위해서는 우선 도움 주기 행동의 발생 과정에 영향을 미칠 수 있는 남녀의 생물학적 차이(Dabbs, 2000) 말고도 남녀가 다르게 사회화된다는 점을 알아야 한다.(Burn, 1996; Gilligan, 1982) 남성과 여성은 어린 시절부터 사회에서 성별에 따라 다른 행동을 기대하고 권장한다는 사실을 알게 된다. 예를 들어 남성은 용감하고 강인해야 하는 반면, 여성은 다정하고 온화해야 한다. 남성적 성향과 여성적 성향에 대한 이러한 기대는 사회에서의 성 역할을 구성하고 남녀가 다른 조건에서 도움 행동을 하도록 유도할 수 있다. 예를 들어 사회에서는 남성들이 일반적으로 남성적 행동으로 여겨지는 행동을 하리라고 기대한다. 이것은 남성들이 고장 난 차의 운전자를 도와주는 경향이 높은 이유이기도 하다.(Penner, Dertke & Achenbach, 1973) 이러한 경향은 직접 수리를 도와주지 않고 도움을 청하는 전화만 걸면 되는 상황에서도 나타난다.(Gaertner & Bickman, 1971) 반면 여성들은 통념상 여성적이라고 여겨지는 행동을 기대받는다. 존 도비디오(John Dovidio, 1993)의 연구는 이러한 일반적 경향을 단순하지만 확실하게 보여주었다. 연구진이 참가자들에게 빨래방에서 세탁물을 옮기거나 개는 것을 도와달라고 부탁하자, 여성들은 빨래를 개는 일을, 남성들은 옮기는 일을 더 기꺼이 도와주었다.

성 역할은 어떤 **특성**이 남성적 혹은 여성적으로 간주되는지 구체화하며, 그 특성은 도움 행동이 발생하는 경우와 방식에 영향을 미칠 수 있다. 앨리스 이글리(Alice Eagly)와 모린 크롤리(Maureen Crowley, 1986)의 주장에 따르면, 남성적 도움 행동의 특성은 여성적 도움 행동의 특성과 상당히 다르다. 성역할에 맞는 남성적 도움 행동은 대담하고 확실하고, 낯선 사람을 비롯해 도움을 받을 사람에게 직접 작용해야 한다. 이와 반대로 여성적 도움 행동은 보살펴주기, 힘이 되어 주기를 포함하며, 가족과 친구 등 자신이 관계 맺은 상대방에게 필요한 부분을 채워주는 데 주로 초점이 맞춰진다. 이런 관점에서 보면 카네기 영웅 메달을 여성보다 남성이 훨씬 많이 받는 이유를 알 수 있다. 영웅은 용감하고 대담하며 이름 모를 희생자를 기꺼이 구해주므로, 이러한 영웅적 행동은 남성적 성 역할과는 맞지만 여성적 성 역할과는 맞지 않는다. 실제로 위원회가 정한 규칙에 따르면 가족을 구한 사람은 제외된다. 가족을 구한 사람은 영웅으로 보기에 충분치 않기 때문이다.

하지만 사회심리학 실험에서 남성이 여성보다 도움을 더 많이 제공하는 이유를 성 역할로 설명할 수 있을까? 이글리와 크롤리는 그럴 수 있다고 말한다. 도움에 대한 연구, 특히 초창기의 연구에서는 이전까지 참가자들과 관계 없었던 희생자와 긴급 상황을 이용해 실험했다. 이글리와 크롤리의 말대로 이러한 연구에서는 남성이 여성보다 도움 행동을 더 많이 보이는 것이 당연하다. 이런 조건에서 남을 도와주려면 용감해야 하고 잘 모르는 사람을 위해 직접적 조치를 취해야 하는데, 이것은 주로 남성적 성 역할과 일치하기 때문이다.

이런 분석을 훌륭하게 뒷받침하는 근거는 개인적 문제를 편하게 상담해주고 정서적으로 지지해주는 등 여성적 성 역할에 가까운 도움 유형 연구에서 찾을 수 있다.(Aries & Johnson, 1983; Johnson & Aries, 1983; Otten, Penner & Waugh, 1988) 이런 연구들에서는 여성이 남성보다 잘 도와준다는 결과가 나왔다. 대체로 남성이 (낯선 사람을) 더 잘 도와주는 경향이 발견되는 긴급 상황 중 도움 행동 연구에서도 도움이 필요한 사람이 친구거나(McGuire, 1994) 공감과 관련된 도움이 필요한 경우에는(Becker & Eagly, 2004) 정반대의 결과가 나왔다. 하지만 긴급 상황에서 자신이 직접 도와주는 경향이 있는 남성과 달리, 여성들은 주로 덜 직접적인 방식(도움 요청하기 등)으로 도움을 제공하는 경향이 있다.(Senneker & Hendrick, 1983) 따라서 "남성과 여성 중에 어느 쪽이 더 잘 도와주는가?"라는 질문의 답은 필요한 도움이 사회에서 규정하는 여성적 성 역할에 가까운지 남성적 성 역할에 가까운지에 따라 달라진다.

자아상의 일관성 유지

사람들이 하는 모든 의미 있는 행동은 자아상에 영향을 미칠 수 있다.(Schlenker & Trydeau, 1990: Vallacher & Wegner, 1985) 친사회적 행동 역시 예외가 아니다. 예를 들어 엘리자베스 미들라스키(Elizabeth Midlarsky)와 로빈 네머로프(Robin Nemeroff, 1995)는 유대인 대학살 기간에 유대인을 구해준 구조자들이 당시의 도움 행동에 힘입어 50년이 지난 후에도 높은 자존감을 유지한다는 사실을 발견했다. 실제로 사람들은 횟수에 상관없이 누군가를 도움으로써 자존감이 높아질 뿐 아니라 자신을 더욱 이타적인 사람으로 생각하게 된다.(Cialdini, Eisenberg, Shell & McCreath, 1987) 이러한 사실은 2005년 말 미국의 여러 자선단체에서 발견된 기이하고도 반가운 사건을 설명하는 데 도움이 될 것이다. 2005년 세계 곳곳에 엄청난 재난이 잇달아 터졌다. 카트리나와 리타를 비롯한 허리케인이 미국 남부의 걸프 연안을 강타했고, 파키스탄에서 끔찍한 지진이 발생했으며, 동남아시아에서 발생한 쓰나미로 23만 명이 사망했고, 수단에서 일어난 전쟁으로 수천 명이 갈 곳을 잃었다. 유례없는 재난 상황에 미국인들의 유례없는 원조가 대거 밀려들었다. 놀랍게도 이렇게 지원이 제공되는 동안 '기부 피로증(donor fatigue)' 현상이 발견되지 않았다.(Strom, 2006) 기부 피로증은 모금 운동이 성공한 직후 기부자들이 다시 도와주기를 꺼리는 현상이다. 2005년에는 기부 피로증이 발생하기는커녕 연말 기부액이 전과 비슷하거나 그 이상을 기록했다.(Crary, 2005) 이 사례에서 기부 피로증이 발생하지 않은 까닭을 어떻게 설명할 수 있을까? 얄궂게도 이 사례의 핵심은 미국인의 지갑을 턴 비극이 연속적으로 늘어났다는 데 있었다. 그토록 길게 이어진 재난에 도움의 손길을 내민 사람들은 연말 기부 시기가 다가왔을 때 '이미 줄 만큼 줬는데' 하는 대신 '난 원래 기부를 많이 하는 사람이야'라고 생각했을 것이다.

친사회적 행동은 자신에 대한 생각에 영향을 미치므로 우리는 2가지 방식으로 자아상(자아 개념)을 관리할 수 있다. 친사회적 행동을 통해 자기 정의(self-definition)를 한층 **높이거나 확인**하는 것이다.(Madon et al., 2008; Swann, 1990) 자긍심을 높여야겠다는 생각이 든다면, 홀로코스트 시기에 유대인을 도와준 사람들처럼 누군가에게 좋은 일을 하기로 마음먹음으로써 자아상을 개선할 수 있다. 만약 스스로 자선 행위를 많이 한다고 생각하는 식으로 자아상에 이미 이타적 측면이 포함되어 있다면, 궁핍한 사람을 도와줌으로써 그 관점을 다시 확인할 수 있다. 그 결과 자아 개념을 개선하는 것뿐 아니라 확인하는 목표도 달성하게 된다.(Grube & Piliavin, 2000; Penner & Finkelstein, 1998) 베스 스타크(Beth Stark)와 케이 도(Kay Deaux, 1994)는 재소자 재활 프로그램에 지원한 자원봉사자 연구를 통해 이런 자기 확인 과정을 뒷받침하는 근거를 발견했다. 봉사자가 앞으로 봉사를 계속하고 싶어 할지 가장 잘 예측할 수 있는 지표는 그 사람이 자원봉사를 '나라는 사람을 반영하는 중요한 일'이라고 느끼는 정도였다. 다음에 살펴볼 내용은 자신이 어떤 사람인지 규정하도록 도와주고 그에 맞춰 친사회적 행동을 하도록 영향을 미치는 2가지 내적 요소에 대한 것이다.

사람

개인적 규범과 종교적 규칙

잘 도와주는 사람들은 누군가를 도와주기로 결정할 때 자신의 개인적 믿음과 가치관을 기준으로 삼을 때가 많다. 미국 내 자선 기부와 자원봉사에 대한 연구에 따르면, 개인적 가치관과 일치했기 때문에 기부와 자선 활동을 했다고 대답한 사람이 87%로, 다른 요인보다 개인적 가치관이 가장 많이 언급되었다.(Hodgkinson & Weitzman, 1990) 마크 스나이더(Mark Snyder)와 앨런 오모토(Allen Omoto, 1992)가 한 에이즈 센터에서 116명의 자원봉사자들에게 봉사를 결심한 이유를 물었을 때도 개인적 가치관이라고 대답한 사람이 87%로 응답자의 대다수를 차지했다.

　개인의 자아상을 형성하는 믿음과 가치관이 친사회적 행동의 동기를 부여할 수 있다면, 친사회적 믿음과 가치관이 자아상에 가장 깊게 내면화된 경우 도와주려는 동기가 가장 강할 것이다.(Reed & Aquino, 2003) 이 관점을 뒷받침하는 근거를 찾기 위해 개인적 규범과 종교적 규칙이라는 2가지 내면화된 믿음과 가치관이 도움 행동에 미치는 영향을 살펴보자.

개인적 규범 샬롬 슈워츠(Shalom Schwartz, 1977)의 주장에 따르면 내면화된 믿음과 가치가 함께 사람의 **개인적 규범**(personal norm)을 형성한다. 개인적 규범은 특정한 행동에 대한 그 사람의 내면적 기준을 나타낸다. 개인적 규범과 사회적 규범의 2가지 결정적 차이점은 다음과 같다. 첫째, 개인적 규범의 경우 적절한 행동에 대한 기준이 그 사람이 속한 문화의 도덕적 규칙(외부)이 아니라 개인의 내면에 있다. 둘째, 어떤 행동의 허용 여부 역시 외부가 아니라 내면에 달려 있다. 요컨대 칭찬(기준에 맞는 행동을 했을 때)과 꾸짖음(기준에 맞지 않는 행동을 했을 때)을 스스로 하는 것이다. 따라서 도움 행동에 대한 개인적 규범이 노숙자에게 1달러를 주기로 결정하는 데 영향을 미친다면, 그 이유는 행동하기 전에 외부가 아니라 내면을 먼저 들여다보기 때문이다. 또한 나중에 받는 보상 역시 사회가 아니라 자신의 규칙에 따라 행동했다는 데서 온다. 연구 결과 역시 대체로 슈워츠의 주장을 뒷받침한다. 헌혈, 카풀, 재활용 등에 개인 규범이 강력한 사람은 그런 행동을 실행할 가능성이 더 높다.(Harland, Staats & Wilike, 2007 : Hopper & Nielsen, 1991 : Schwartz & Howard, 1982)

종교 및 윤리적 규칙 자아상은 자신이 속한 집단의 특성에 영향받기도 한다.(Turner, Hogg, Oakes & Reicher, 1987) 이런 집단 가운데는 친사회적 행동을 권장하는 행동 규칙을 가진 경우도 있다. 예를 들어 세계의 주요 종교는 중요한 도덕적 원칙에 다른 사람들에 대한 염려와 희생을 포함한다.(Dovidio, Piliavin, Schroeder & Penner, 2006) 그래서 사람들은 자신을 종교적이라고 규정하는 사람에게 도움 행동을 조금 더 기대하게 된다. 미국 전역에서 실시한 설문 조사에서도 이러한 효과가 일반적으로 발견된다. 또한 규칙적으로 종교 행사에 참여하는 등 독실하다고 볼 수 있는 사람들은 그렇지 않은 사람들에 비해 자선 행위를 더 많이 한다.(Penner, 2002 : Volunteering in the U. S., 2005)

　도움 행동의 결정에서 종교적으로 규정된 자아상의 역할을 더욱 극적으로 보여주는 증거는 레지널드 데니(Reginald Denny)의 놀랍고도 희망적인 이야기에서 찾을 수 있다. 1992년 4월 29일 로스앤젤레스 법원의 배심원단은 로드니 킹(Rodney King)이라는 흑인 남성을 (알려진 것보다 훨씬) 가혹하게 폭행하는 모습이 찍힌 4명의 백인 경찰에게 무죄를 선고했다. 이 판결은 로스앤젤레스 사우스센트럴 지역에 큰 충격을 주었고, 대부분 소수집단에 속했던 그 지역 거주자들이 재판이 잘못되었다고 느낀 나머지 72시간에 걸쳐 폭동을 일으켰다. 폭도들은 몰려다니며 상점을 약탈하고, 불을 지르고, 사람들을 공포에 떨게 했다. 폭력이 난무하고 인종 간 반감이 심화된 상황에서 그 지역에 잘 모르고 들어선 백인 거주자나 운전자들이 표적이 되었다. 트럭 운전사 레지널드 데니도 그중 하나였다. 그는 18륜 트럭에서 끌어내려진 후 한 무리의 흑인 청년들에게 무자비하게 두들겨 맞고 의식 없이 교차로에 쓰러져 있었다. 이 모든 장면은 방송사 헬리콥터를 통해 실시간으로 수많은 가구에 전송되었다.

교차로에서 차로 10분 거리에 살던 아프리카계 미국인 여성 레이 율(Lei Yuille)은 방송을 보고 데니를 돕기 위해 달려갔다. 그곳에서 그녀는 데니를 도우러 나온 두 남성과 합류했다. 두 사람도 아프리카계 미국인이었고, 같은 방송을 보고 데니를 도와주기로 결심한 터였다. 한 사람은 티투스 머피(Titus Murphy)라는 건장한 기술자로, 데니가 더 구타당하지 않도록 막아줄 만큼 덩치가 컸다. 다른 사람은 데니의 동료 운전사인 바비 그린(Bobby Green)으로, 데니의 18륜 트럭을 병원으로 몰고 가기 위해 자신이 필요할 것이라고 생각했다. 머피가 트럭 발판에 매달려 데니를 꼭 붙잡고 있는 동안 그린은 율을 운전석에 앉히고 시속 90킬로미터 정도의 속도로 달렸다. 머피와 그린이 이 사건에 개입하기로 결정한 것을 신체적 능력의 측면에서 어느 정도 해석할 수 있다면(Cramer, McMaster, Bartell & Dragra, 1988), 38세의 가냘픈 영양사였던 레이 율의 행동은 어떻게 해석해야 할까? 그날의 '우리 대 그들'이라는 적대 관계를 초월해 '그들' 가운데 한 사람을 도우러 뛰쳐나갈 수 있었던 이유는 무엇일까? 이런 질문을 받은 그녀는 자신과 가족들에 관련된 무언가를 설명하면서 그것에서 필요한 단 하나의 답을 얻었다고 말했다. "우리는 기독교인이에요."(Deutsch, 1993)

사람을 움직이는 자기 정의의 힘은 나치에게 박해받은 희생자들을 향한 스기하라의 자비심을 더욱 깊이 이해하는 데도 도움이 된다. 레이 율처럼 스기하라도 그의 숭고한 행동에 대해 질문받은 적이 있었다. 율과 마찬가지로 스기하라도 자아상의 일부인 집단 구성원으로서의 정체성을 밝힘으로써 이 질문에 답했다. "기억하시겠지만 저는 사무라이 집안 출신입니다." 일본의 사무라

사회심리학

이 전통은 늘 무사의 전통을 의미했으므로 기자는 그 대답에 당혹스러워하며 더욱 캐물었다. 스기하라는 사무라이가 전장에서 맹렬하게 돌격해 싸우는 것으로 유명하다는 사실을 인정했다. 1940년 7월에 문 앞에 나타나 밖을 둘러싼 유대인들은 대결 상대가 아니었다. 오히려 무방비 상태의 희생자였다. 사무라이의 행동 원칙에는 이런 경우에 적용되는 무사도(武士道)가 있었다. "상처 입은 새가 옷 속으로 날아들면 사무라이는 목숨을 걸고 그 새를 지켜야 한다. 고양이에게 던져주어선 안 된다."(M. Tokayer, personal communication, 1994. 5. 19) 요컨대 우리의 행동은 자신이 어떤 사람이고 어떤 사람이 되고 싶은지에 대한 관념에서 발생할 때가 많다. 이러한 기존의 자아 개념이나 자신이 원하는 자아 개념을 유지하는 데 도움 행동이 필요한 경우, 어려움에 처한 사람들이 그 덕을 보는 경우가 많다.(Shariff & Norenzayan, 2007)

상황

꼬리표 붙이기와 자기 초점화

친사회적 자아상이 정말 도움 행동을 촉진한다면, 사람들에게 친사회적 본성을 일깨워주거나 납득하게 하는 상황적 요소도 도움 행동의 동기를 유발할 것이다. 실제로 그런 작용을 하는 것으로 밝혀진 2가지 요소, 꼬리표 붙이기와 자기 초점화에 대해 살펴보자.

꼬리표 붙이기 효과 사회 이론가들은 자신이 다른 사람들에게 어떻게 반응하는지 관찰함으로써 내면에서 자신이 어떤 사람인지 결정할 수 있다는 사실을 오래전부터 알았다. '거울 자아(looking glass self)' 개념을 제안한 찰스 호튼 쿨리(Charles Horton Cooley, 1922)에 따르면, 자아상은 타인이 자신을 보는 방식에 크게 영향받는다. 사회학자들은 이 관점을 이용해 부정적인 사회적 꼬리표(누군가를 도착자나 범죄자로 부르는 것)가 어떻게 미래의 반사회적 행동을 유발할 수 있는지 설명했다.(Becker, 1963: Schur, 1971) 하지만 심리학자들은 긍정적인 사회적 꼬리표가 친사회적 행동에 미치는 영향을 살펴보는 데 더 관심이 많았다. 예를 들어 존 그루섹(Joan Grusec, 1978)은 아이들에게 친절하고 잘 도와준다는 꼬리표를 붙였더니 실험에서 받은 상금을 익명으로 다른 아이에게 주었다는 사실을 발견했다. 그뿐 아니라 이렇게 꼬리표가 붙은 아이들은 3주

후에도 다른 사람들을 더 기꺼이 도와주었다.(Grusec & Redler, 1980) 친사회적 꼬리표는 어른에게도 같은 효과를 발휘한다. 자선을 잘 베풀고 후하다는 말로 자신을 묘사하는 이야기를 들은 코네티컷주 뉴헤이븐 주민들은 1~2주 후 다발성경화증 환자들에게 더욱 흔쾌히 기부했다.(Kraut, 1973)

자기 초점화 사람들은 대개 도움 행동에 높은 가치를 부여하므로(Dovidio, Piliavin, Schroeder & Penner, 2006), 내면의 개인적 가치에 초점을 맞추게 만드는 상황적 요소가 도움 행동을 증진한다는 의견은 타당해 보인다. 연구자들은 몇 가지 창의적 기법을 고안해 참가자가 자신에게 초점을 맞추게 했다. 자신에 대한 질문지를 채우고, 카메라 앞에서 포즈를 취하고, CCTV 화면으로 자신의 모습을 보고, 거울을 보는 식으로 자신에게 초점을 맞춘 참가자들은 모두 도움 행동을 전보다 더 많이 했다.(Abbate et al., 2006; Gibbons & Wicklund, 1982; Verplanken & Holland, 2002) 한 예로 클로디아 후버(Claudia Hoover), 엘리자베스 우드(Elizabeth Wood), 에릭 놀스(Eric Knowles, 1983)는 다음과 같은 점들을 발견했다. 첫째, 연구자들은 보행자를 멈춰 서게 하고 사진을 찍을 수 있도록 포즈를 취해달라고 했다. 이후 인터뷰에서 그들이 1인칭 대명사(나)를 사용한 횟수를 측정해본 결과, 보행자는 포즈를 취한 후 자신에게 더 초점을 맞춘 상태가 되었다. 둘째, 사진을 찍을 수 있도록 포즈를 취한 보행자들은 그렇지 않은 보행자들에 비해 지나가는 사람이 떨어뜨린 여러 장의 봉투를 주울 때 더 많이 도와주었다.

하지만 기이하게도 어떤 연구에서는 자신에게 초점을 맞추는 절차가 도움 행동을 줄일 수도 있다는 결과가 나왔다.(Gibbons & Wicklund, 1982; Rogers et al., 1982; Verplanken & Holland, 2002) 여기에서 핵심은 자신에게 초점을 맞춘다고 반드시 도움과 관련된 가치관이 두드러지게 나타나지는 않는다는 점이다. 가령 방금 시험에 떨어지고 나서 거울을 보고 자신의 내면에 초점을 맞추게 되었다고 가정해보자. 그러면 설사 도움을 줄 기회가 와도 내면의 초점은 도움과 관련된 개인적 가치관에 집중되지 않을 것이다. 그보다는 시험에 떨어져 걱정하고 실망하는 데 집중될 가능성이 크다. 따라서 개인적 문제에 관심이 집중된 경우 자기 초점화 절차는 문제에 더 신경 쓰게 하고 도움과 관련된 가치관에서 관심이 멀어지게 함으로써 도움 행동의 가능성을 더욱 낮출 것이다.

하지만 해결해야 하는 개인적 문제가 딱히 없을 때 자신에게 초점이 맞춰지면 도움을 줄 적당한 기회가 왔을 때 도움과 관련된 가치관에 초점이 쏠려 도움을 줄 가능성이 높아진다.(Froming, Nasby & McManus, 1998) 사실 이것은 텍사스대학교에서 프레더릭 기번스(Frederick Gibbons)와 로버트 위크런드(Robert Wicklund, 1982)가 수행한 연구 결과와 정확히 일치한다. 거울의 존재는 시험을 망쳤다고 생각하는 학생에게는 도움 행동을 줄이는 역할을 했고, 시험을 잘 보았다고 생각한 덕분에 도움에 대한 생각이 방해받지 않은 학생에게는 도움 행동을 증진하는 역할을 했다.

요컨대 기번스와 위크런드는 실험을 통해 다음과 같은 점을 보여주었다. 자신에게 초점을 맞추었을 때 누군가가 분명히 도움을 받아야 하고 자신이 도와주는 것이 적절한 상황이면 내면의 초점이 도움과 관련된 가치관에 집중되므로 도움 행동이 더 자주 일어난다. 하지만 도움의 필요성이 뚜렷하지 않거나 자신이 도와주는 것이 적절치 않다고 느낄 때, 또는 신경 쓸 개인적 문제가 있을 때는 내면의 초점이 도움과 관련된 가치관에 집중되지 않아 자기 초점화 과정이 도움 행동을 유도하지 못한다.

상호작용

친구를 도와주지 않거나 도움받기로 결정하는 경우

도움 행동을 통해 자아상을 최적의 상태로 관리하기 위해서는 도움을 줄 사람의 특징이나 자신이 처한 상황을 고려해야 할 때가 많다. 에이브러햄 테서(Abraham Tesser)와 조너선 스미스(Jonathan Smith, 1980)의 연구에 이런 점이 잘 나타난다. 먼저 이들은 친구의 성공이 자신에 대한 관점을 훼손하지 않는 한 사람들이 친구의 성공을 도와주려 할 것이라는 가설을 세웠다. 또한 대개 사람들이 자신과 비슷하다고 느끼는 타인, 다시 말해 낯선 사람보다는 친구와 자신을 비교함으로써 자존감을 규정할 것이라고 보았다. 따라서 사람들이 중요하지 않은 영역에서 친구가 자신을 능가할 때는 개의치 않아도, 자존감에 중요한 영역에서 자신을 능가하기를 바라지는 않으리라는 것이다.

테서와 스미스는 이 추론을 검증하기 위해 먼저 참가자들로 하여금 구술 능력 과제에서 형편없는 점수를 받게 했다. 그리고 그 과제에 대해 "학업을 얼마나 잘할 수 있는지" 알아보는 좋은 지표라거나 "과제를 수행한 사람의 능력과 별로 관련 없는" 게임이었다고 말해주었다. 그다음에는 친구나 낯선 사람이 구술 능력 과제를 수행할 때 단서를 주어 도와줄 수 있게 했다. 예상대로 구술 과제가 그저 게임이었다고 듣고 과제 결과를 자아 개념과 거의 관련짓지 않은 참가자들은 낯선 사람보다 친구에게 더 좋은 단서를 주었다. 하지만 과제가 지적 능력을 측정하는 것이고 자존감과 관련 있다고 생각한 참가자들은 완전히 반대로 행동해 친구에게 더 형편없는 단서를 주었다. 따라서 우리가 긍정적 자아상을 뒷받침하기 위해 항상 더 많이 도와주려 하는 것은 아니다. 도움을 받는 사람이 누구이고 자신에 대해 어떻게 생각하고 싶은지에 따라 도움을 적게 줌으로써 자존감을 유지할 수도 있다.(Pemberton & Sedikides, 2001)

다음 내용은 도움 행동을 조절해 자아상을 유지하려는 욕구가 극단으로 치달을 때 오히려 자아상을 훼손하는 결정을 내릴 수도 있음을 보여준다.

BOX 9.3

"자선은 받는 사람에게 상처를 준다"─도움의 거절

다음과 같은 기이한 현상에 대해 생각해보자. 한 연구에서 남성 참가자들은 해결할 수 없는 기계 조작 과제를 수행하면서 도움을 요청할 기회가 있었지만, 실제로 도움을 요청한 사람은 10%도 되지 않았다.(DePaulo, 1982) 일본, 스웨덴, 미국에서 수행된 연구에서 다른 사람에게 돈을 받은 참가자들은 상대가 돈을 돌려달라고 하지 않았을 때보다 돈을 돌려달라고 했을 때 그 사람을 더 마음에 들어 했다.(Gergen, Ellsworth, Maslach & Seipel, 1975) 외국의 원조를 받은 나라의 정부와 국민들은 원조를 제공한 나라에 고마워하기보다 원망과 적대감으로 대응하는 경우가 많다.(Gergen & Gergen, 1983)

필요한 도움을 요청하지 않고, 줬다 뺏는 사람을 더 좋아하고, 조력자의 조치와 의도를 비난함으로써 앞으로 도움받지 못할 위험을 무릅쓰는 경향을 어떻게 해석해야 할까? 이 질문에 대한 답은 복잡하지만, 프랑스 인류학자 마르셀 모스의 한 마디 말로 많은 부분을 설명할 수 있다. "자선은 받는 사람에게 상처를 준다." 사회심리학자 제프리 피셔(Jeffrey Fisher), 에리 내들러(Arie

Nadler), 벨라 드폴로(Bella DePaulo)의 연구는 '상처'의 본질과 메커니즘을 구체적으로 밝혔다. 상처 입는 곳은 자아 개념 중에서도 자존감이다. 이 연구자들은 절실히 필요한 도움을 받았더라도 도움을 받은 사람이 항상 아주 기쁘지만은 않다는 점을 강조했다.(DePaulo & Fisher, 1980: Nadler & Fisher, 1986) 당면한 문제를 해결하는 과정에서 어떤 경우에는 도움 자체가 자존감을 위협할 수도 있다. 도움받는다는 것은 그 사람이 무능하거나 부족하거나 의존적이라는 의미일 수도 있기 때문이다. 그런 상황에서는 긍정적 자아 개념을 유지하기 위해 필요한 도움을 거절하거나 도움의 가치를 폄하하기도 한다.(Bolger & Amarel, 2007) 어떤 상황에서 그럴까? 내들러(Nadler, 1991)는 사람들이 도움을 거부하거나 폄하하는 몇 가지 상황을 열거한다.

성별 남성들은 대부분 아주 어린 나이부터 여성에 비해 도움을 쉽게 요청하지 않으려 한다.(Addis & Mahalik, 2003: Barbee et al., 1993: Barnett et al., 1990) 대개는 이 차이를 생물학보다 사회화의 측면에서 설명한다.(Dovidio, Piliavin, Schroeder & Penner, 2006: Nadler, 1991) 다시 말해 독립적이고 통제력 있는 상태가 남성의 전통적 성 역할에 가깝다는 말이다. 차별적인 자립 훈련은 꽤 일찍 시작된다. 일반적으로 엄마는 남자 아기가 울 때 덜 민감하게 반응하려는 경

향이 있다.(Ruddy & Adams, 1995) 따라서 아이들은 아기 때부터 전통적 성 역할에 맞게 사회화되고 어린 남자아이들은 '남자'가 되는 법을 배우기 시작한다. 남성들은 이렇게 학습된 남자다움의 개념에 어긋나지 않기 위해 도움 요청을 자제할 수도 있다. 이런 관점을 뒷받침하는 근거는 도움을 구하는 행동에서 나타나는 남녀의 차이가 전통적 성 역할에 동의하는 남녀에게 특히 강하게 나타난다는 연구 결과에서 찾을 수 있다.(Nadler, Maler & Friedman, 1984)

통제력에 대한 욕구 때문에 남성들이 실제로 도움이 필요하지 않다고 인식하는 경우가 더 많다는 증거도 있다.(Bruder-Mattson & Hovanitz, 1990) 그래서 도움을 요청할 이유가 있다고 생각하는 경우도 더 적다. 이런 관점은 여행할 때 남성들이 길을 모르는데도 묻지 않으려 해서 주변을 난처하게 하는 상황을 설명하는 데도 도움이 된다. 여성은 도움이 필요한 문제라고 판단해도("길을 잃은 것 같아. 차를 세우고 물어보자") 남성은 그렇게 생각하지 않는다.("길을 잃어? 그런 거 아니야. 길을 잃기는 무슨.")

나이 도움을 구하는 경향이 급격히 약해지는 시점은 일생에 두 번 온다. 첫 번째 시점은 7~8세쯤, 비교적 어렸을 때다. 리타 셸(Rita Shell)과 낸시 아이젠버그(Nancy Eisenberg, 1992)의 주장에 따르면 이런 현상이 나타나는 이유는 그 시기에 인지 능력

이 발달해 향후 자아 감각의 형성과 위협에 영향을 주기 때문이다. 7~8세 전에는 도움을 받는 것이 자기 가치가 낮아진다는 의미임을 인식할 수 있는 정신적 능력이 발달하지 않는다.(Rholes & Ruble, 1986) 따라서 그 시기 전에는 도움받을 기회를 거부함으로써 자기 가치를 보호하려들지 않는다.

두 번째 시기는 60세가 넘어서 온다. 도움이 더 필요해지는 나이에 특히 도움을 요청하지 않으려 하다니 이상한 일이다.(Brown, 1978: Veroff, 1981) 하지만 이번에도 도움이 자존감에 미칠 수 있는 위협적 영향을 이해한다면 이 수수께끼를 풀 수 있다. 노인들은 통제감과 자립심을 유지하는 문제에 특히 신경 쓰는 경향이 있다.(Ryff, 1995) 그런데 도움을 받으면 아직 통제력이 있고 자립할 수 있다는 자신감을 위협받을 수 있으므로 도움받을 기회를 거부할 만도 하다. 이 주제에 대한 연구와 견해에 따르면, 노인을 도와줄 때에는 그들의 독립성과 선택을 해치지 않는 방식을 따르는 것이 좋다. 전부 도와주려 하지 말고, 특히 아직 할 수 있는 일이 많은 사람들에게는 책임을 맡기고 도움을 선택할 수 있게 하는 편이 좋다.(Reich & Zautra, 1995) 그렇게 하면 통제력이 거의 없는 사람에 비해 도움을 받아들일 가능성이 높을 뿐 아니라 더 행복하고 건강할 가능성 역시 높아진다.(Heckhausen & Schulz, 1995: Langer, 1989a)

자존감 자존감이 높은 사람과 낮은 사람 가운데 어느 쪽이 도움을 받지 않으려 할까? 대부분은 얼마 안 되는 자존감을 지키기 위해 후자가 더 도움받기를 꺼리리라고 생각했을 것이다. 하지만 연구 결과는 그 반대다. 집단 상담을 받을 때나 알코올중독 치료를 받을 때, 그 외에 도움이 필요한 다양한 상황에서 도움을 받지 않으려 하는 쪽은 자존감이 높은 사람이다.(Nadler, 1991: Wills & DePaulo, 1991) 왜 그럴까? 에리 내들러의 설명에 따르면, 자신이 아주 유능하다고 생각하는 사람들은 그런 자아상을 유지하려는 욕구 때문에 도움을 받지 않으려 한다. 이 설명을 뒷받침하는 다른 연구들에서도, 자존감이 높은 사람들은 다른 사람의 도움 때문에 자신이 유능한 사람이라는 자아상이 위협받을 때만 도움받기를 꺼린다는 게 밝혀졌다. 지적 능력이 부족해 도움을 받는 것처럼 보이는 상황이 이에 해당한다.(Tessler & Schwartz, 1972)

감정과 기분 관리

도움 행동에서는 보상이 발생할 수 있다. 이것은 단지 도움을 받는 사람에게만 해당하지 않는다. 앞서 살펴보았듯 조력자는 도움 행동으로 유전적·물질적 이익을 얻고, 사회적으로 인정을 받고, 자아상을 유지할 수 있다. 이 밖에도 도움 행동은 조력자가 피해자의 고통을 지켜보면서 느낀 불편한 각성 상태를 해소함으로써 훨씬 직접적인 이익이 될 수 있다. 불타는 건물의 창문에 매달려 구해달라고 울부짖는 가족과 우연히 마주쳤다면 얼마나 불안하고 공포스러울지 생각해보라. 겁에 질린 얼굴, 고통에 찬 애원은 우리의 내면에서 심하게 부정적인 감정을 불러일으킬 것이다. 한 연구에 따르면 다른 사람의 고통을 관찰할 때는 실제로 그 고통을 겪을 때와 똑같이 감정적 고통을 담당하는 뇌의 영역이 활성화된다.(Singer et al., 2004) 도움은 감정적 고통을 없애는 가장 간단하고 직접적인 방식일지 모른다. 그 불편함의 원인인 피해자가 겪는 곤란을 없애는 것이기 때문이다.

긴급 상황의 정서적 각성: 각성·대가 보상 모형

사람들은 누군가가 상당한 고통을 당하거나 곤란에 처한 모습을 보면서 불쾌한 각성 상태(고통)를 경험하는데, 그 상태에서 벗어나기 위해 피해자를 도와준다. 제인 필리어빈(Jane Piliavin)은 이런 동기부여 과정을 토대로 긴급 상황에서 발견되는 도움 행동을 설명하기 위해 **각성·대가 보상 모형**(arousal/cost-reward model)을 개발했다.(Dovidio, Piliavin, Gaertner, Schroeder & Clark, 1991; Piliavin et al., 1981) 이 각성·대가 보상 모형은 긴급 상황에서 고통을 겪는 피해자를 지켜보는 관찰자들이 부정적인 정서적 각성을 경험하고, 그 불편을 해소하기 위해 도움을 제공하고 싶어질 것이라는 주장이다. 이 모형에 따르면 도움 행동이 발생할 가능성이 가장 커지는 조건이 몇 가지 있는데, 이 조건들은 모두 연구 결과를 통해 입증되었다.

1. 심한 정서적 각성 불편한 각성 상태가 도움 행동을 촉진한다면 긴급 상황에서 관찰자가 심하게 각성될수록 도움 행동이 더 많이 발생할 것이다. 생리학적 방법과 언어적 방법으로 각성을 측정한 몇 차례의 연구를 통해 이러한 예측이 입

증되었다.(Cramer et al., 1988; Gaertner & Dovidio, 1977; Krebs, 1975) 도비디오(Dovidio, 1984)는 각성을 측정해 긴급 상황의 도움 행동에 대해 조사한 6건의 연구를 검토한 후 각각의 사례에서 목격자의 각성 상태가 높아짐에 따라 바로 피해자를 도와주려는 경향도 높아졌음을 발견했다.

2. 피해자와 조력자가 '우리'로 연결될 때 사람들은 자신과 정체성이 비슷하거나 유사한 점이 많은 사람들을 더 기꺼이 도와주려 한다. 특히 불타는 건물에서 누구를 구할지 결정하는 것처럼 긴급 상황이나 생사가 걸린 상황에서 그러한 경향이 뚜렷하게 나타난다.(Burnstein, Crandall & Kitayama, 1994) 이것이 사실이라고 볼 수 있는 근거 중 하나는 관찰자들이 자신과 관련 있다고 느끼는 사람의 고통을 볼 때 더 심하게 각성한다는 것이다.(Krebs, 1975)

3. 피해자를 도와주고 각성 상태를 벗어나는 데 따르는 대가가 적고 보상이 클 때 부정적인 정서적 각성 상태는 불쾌하기 때문에 도움을 제공해 그 상태에서 벗어날 수 있는 경우 상대를 도우려는 동기가 생길 것이다. 하지만 각성·대가 보상 모형에 따르면 정서적 고통보다 도움 행동 자체가 훨씬 불쾌할 경우(대가가 클 경우) 상대를 도우려는 동기가 발생하지 않는다. 도움 과정에서 피해자의 피를 만져야 하는 경우가 대표적이다.(Piliavin & Piliavin, 1972) 요컨대 사람들은 도움 행동에 따르는 대가가 적고 보상이 후한 경우에 한해, 불쾌한 정서적 각성을 친사회적으로 해소하려 한다. 하지만 따르는 대가가 커질수록 정서적 고통을 줄이기 위해 다른 방법(그냥 가버리기 등)을 택할 가능성이 높아진다.(Dovidio et al., 1991; Fischer et al., 2011)

긴급하지 않은 상황에서 기분 관리하기: 부정적 상태 완화 모형
각성·대가 보상 모형을 통해 우리는 긴급 상황에서 도움 행동이 일어나는 이유와 양상을 매우 훌륭하게 설명할 수 있다. 강한 정서적 각성은 보통 긴급 상황의 특징이므로 그 각성 상태를 잠재우는 데 도움 행동이 이용된다. 한편 긴급하지 않은 상황에서는 그런 각성 상태가 그리 흔하게 발생하지 않지만 사람들은 그보다 덜 강렬한 정서 상태, 다시 말해 기분을 관리하기 위해 도움 행동을 사용하기도 한다. 이렇듯 사람들이 기분을 바꾸는 전략으로 도움 행동을 사용한다는 관점을 **기분 관리 가설**(mood management hypothesis)이라고 한다. 이것은 사람들이 기분 중에서도 특히 일시적 슬픔을 가라앉히기 위해 도움 행동을 이용한다는 **부정적 상태 완화 모형**(negative state relief model)의 일부다.(Cialdini, Kenrick & Baumann, 1982: Schaller & Cialdini, 1990)

부정적 상태 완화 모형에 따르면 도움 행동이 기분을 고양하고 강화나 촉진 효과를 발휘할 수 있기 때문에 사람들은 슬픔을 완화하기 위해 도움 행동을 할 때가 많다. 친사회적 행동이 강화 효과를 낼 수 있는 이유는 그것이 과거에 보상과 자주 연결되었기 때문이다. 생각해보라. 아주 어릴 때부터 주변 사람과 무언가를 나누면 부모님과 선생님이 웃어주고 칭찬해주고 인정해주지 않았는가? 또 과거에 도와준 사람이 보답으로 무언가 선의를 베풀 가능성이 더 높지 않았는가? 이렇게 친사회적 행동과 보상이 반복적으로 연결되면서 조건화되어 우리가 도움 행동을 그 자체로 즐겁고 보람찬 경험으로 생각하게 되었을 가능성이 크다.(Grusec, 1991) 뇌 영상을 이용한 실험에서 밝혀졌듯 성인이 자선 기부에 참여할 때는 뇌의 보상 중추(먹기, 성행위와 같이 즐거운 행동과 관련된 부위)가 활성화된다.(Moll et al., 2007)

도움 행동이 기운을 내게 해준다는 견해를 뒷받침하는 근거는 여러 건의 실험실 연구에서 찾을 수 있다. 도움 행동이 조력자의 기분을 향상시킬 수 있음을 보여준 연구도 있고(Harris, 1977: Williamson & Clark, 1989: Williamson, Clark, Pegalis & Behan, 1996), 미국 전역을 대상으로 한 조사에서 기부한 후 기분이 좋아진다는 사실이 밝혀지기도 했으며(Hodgkinson & Weitzman, 1994) 자신보다 타인에게 돈을 더 많이 쓴 사람들이 더 행복하다는 연구 결과도 있었다.(Dunn, Aknin & Norton, 2008) 사실 도움과 관련된 긍정적 감정은 조력자들이 더 건강하게 오래 살 가능성이 높은 이유일지도 모른다.(Brown, Nesse, Vinokur & Smith, 2003) 이제 사람들이 슬픔을 몰아내기 위해 도움 행동을 이용하게 하는 사람과 상황의 요소들을 살펴보자.

사람

슬픔의 존재 부정적 상태 완화 모형의 기본 원리는 친사회적 행동이 기분을 향상시킬 수 있으므로 일시적으로 슬퍼진 사람들이 도움 행동을 통해 기분 전환을 꾀한다는 것이다. 실제로 다른 사람의 곤경을 보고 슬픔을 느끼는 사람들은 도움 행동을 더 많이 하는 경향이 있다. 한 연구에서는 공영방송국에서 모금 운동을 네 차례 이어가면서 기금 모금 운동의 효과에 대해 조사했다. 그 결과 4868번의 호소 가운데 가장 성공적인 것은 시청자에게 부정적 감정을 일으킨 다음 다른 사람들을 도움으로써 그 부정적 감정을 떨쳐버릴 수단을 마련해준 경우였다.(Fisher, Vandenbosch & Anita 2008) 또 다른 연구에서는 불행한 사건을 떠올리거나 우울한 진술을 연달아 읽거나 과제에 실패하거나 다른 사람을 해치거나 그런 장면을 목격하게 하는 등 일시적 슬픔을 증폭하는 기법에 노출되었을 때 사람들의 도움 행동이 두드러지게 증가했음을 보여주었다.(Cialdini, Kenrick & Baumann, 1982)

상황

도움의 대가·이득 도움 행동을 통해 부정적 기분을 완화하고 싶은 사람이라면 당연히 가장 덜 고통스러운 방법을 찾을 것이다. 많은 시간, 에너지, 자원이 드는 도움 행동은 결과적으로 오히려 전보다 기분이 나빠지게 만들 수 있다. 따라서 슬플 때 도움 행동을 시작하는 사람들은 도움을 제공할 기회의 대가·이득의 측면을 특히 더 신중히 고려해야 한다.

제임스 웨이언트(James Weyant, 1978)는 기발한 실험 절차를 이용해 이 견해를 조사했다. 먼저, 그는 플로리다주립대학교 학생들을 상대로 특정 상황을 가정해 행복한 기분, 그저 그런 기분, 슬픈 기분이 되게 만들었다. 그런 다음 비영리단체에서 자원봉사를 할 기회를 주었다. 이때 일할 비영리단체 중 하나는 중요한 명분을 지지했다고 느끼게 함으로써 비교적 큰 개인적 이익을 선사할 단체(미국 암학회)였고, 다른 하나는 비교적 작은 이익을 얻을 수 있는 단체(어린이 야구 리그)였다. 마지막으로 학생들 가운데 절반은 봉사하기로 결정하면 개인적으로 큰 대가를 치르는 방법으로, 다시 말해 집집마다 돌아다니면서 기부금을 모아야 한다는 정보를 듣게 된다. 나머지 절반은 봉사를 결정하면 개인적으로 그리 큰 대가를 치르지 않고, 다시 말해 한곳에 앉아서 모금할 것이라는 정보를 듣는다. 그 결과 행복한 기분인 학생들이 그저 그런 기분인 학생들에 비해 자원봉사 활동에 더 많이 지원했지만 두 유형의 참가자는 도움의 기회에 내포된 대가와 이득에 크게 영향받지 않았다. 하지만 슬픈 기분인 참가자들은 이득이 대가보다 클 경우 가장 많이 도와주고 대가가 이득보다 크면 가장 적게 도와주는 등 이득과 대가에 크게 영향받았다. 이와 같이 슬픈 기분에 빠진 사람들은 자신의 부정적 기분을 떨쳐버릴 가능성이 큰 활동에 지원하고 슬픔을 더 증폭할 가능성이 큰 활동을 피하는 식으로 친사회적 행동을 선택하는 데 특히 까다로운 것으로 보인다.

상황

도움 행동이 기분에 미치는 영향의 정도 친사회적 행동이 기분을 바꿔줄 수 있다면 슬픔에서 벗어나고 싶은 사람은 누구나 그렇게 행동할 것이다. 하지만 기분이 너무 나빠 무슨 일을 해도 기분이 좋아질 것 같지 않다고 느낀다면 도움 행동을 통해 기분이 좋아질 수 없기 때문에 누군가를 도와주고 싶은 생각이 별로 들지 않는다. 실제로 웬만한 즐거운 활동으로는 기분이 좋아지지 않는다고 생각하는 중증 우울증 환자들은 도움 행동을 많이 하지 않는다.(Morris & Kanfer, 1983)

슬픔에 빠진 사람은 기분이 나아질 수 있다고 생각할 때만 도움 행동을 더 많이 할 것이라는 견해를 입증하기 위해, 한 연구에서는 참가자들을 슬픈 기분, 그저 그런 기분, 행복한 기분이 되게 한 후 플라시보 효과(placebo effect)를 유도하기 위해 가짜 약물(탄산수)을 주었다. 참가자 중 절반에게는 그 약이 현재 기분을 '동결시켜' 이후 30분 동안 일반적 행동으로 기분이 변하지 않게 해준다고 말했다. 나머지 절반에게는 현재 기분이 바뀔 수 있다고 말했다. 마지막으로 모든 참가자에게 혈액 기증자에게 전화로 연락하는 일에 자원할 기회가 주어졌다. 기분이 그저 그렇거나 행복한 학생들의 경우 도움을 주기로 결정하는 데 가짜 약에 대한 정보가 영향을 미치지 않았다. 하지만 슬픈 기분이 되었던 학생들은 약이 기분을 바꿔줄 수 있다고 믿은 경우에만 도움 행동이 증가하고 그렇지 않은 경우에는 도움 행동이 감소했다.(Manucia, Baumann & Cialdini, 1984)

상호작용

미식가와 대식가 대개 프랑스에서 유래한 영단어들은 중의적 표현으로 쓰이는 경우가 많다. 자제와 탐닉, 내키지 않음과 희열, 까다로움과 열정, 무관심과 강렬함을 동시에 의미하는 '미식가(gourmet)'라는 단어는 대표적인 사례 중 하나다. 미식가는 질(quality)에 따라 어떤 항목(주로 음식)에 유별나게 열광적이거나 경멸하는 반응을 보이는 사람을 일컫는다. 평가의 대상이 어떤 식으로든 썩 끌리지 않는 것이거나 수준 이하(너무 익힌 음식 등)라면 미식가는 배가 고파도 콧방귀를 뀌며 가버릴 것이다. 하지만 아주 훌륭한 것을 제공받는다면 기꺼이 달려들어 즐길 것이다. 슬픔에 빠진 사람이 도움을 제공할 기회에 직면할 때 미식가와 같은 접근법을 취한다는 증거가 많다. 이 경우 목표는 기분을 관리하는 것이므로 슬픔에 빠진 사람들은 특히 보람 있을 것 같은 제안을 받아들이고 그렇지 않을 것 같은 제안을 피하면서 까다롭게 도움의 기회를 선택한다.(Cunningham, Shaffer, Barbee, Wolff & Kelley, 1990 ; Manucia et al., 1984 ; Weyant, 1978)

하지만 개인적으로 이득이 가장 큰 친사회적 행동만 골라 하면서 기분을 관리하는 경향이 모든 사람에게 똑같은 수준으로 나타나지는 않는다. 사실 이러한 경향은 그 사람의 기분 상태(행복함 또는 슬픔)와 상호작용해 나타난다. 일시적으로 기분이 좋아진 사람들은 대개 잘 도와주지만(Salovey, Mayer & Rosenhan, 1991) 일시적으로 슬픔에 빠진 사람이 미식가처럼 도움 행동을 까다롭게 선별해 기분을 관리하는 것 같지는 않다. 이들이 도움의 기회를 보는 태도는 '대식가(gourmand)'에 가깝다. 대식가는 식욕이 왕성하지만 맛을 따지지 않고 무엇이든 주는 대로 열심히 먹고 싶어 한다. 이와 같이 기분이 좋아진 사람들은 도움 행동으로 이득을 보장받지 못하더라도 특히 더 기꺼이 도움을 제공한다. 이런 경향은 기분이 좋아진 소비자에게서도 나타난다. 이들은 가장 만족스러운 구매 기회보다 먼저 제공된 구매 기회를 선택하는 경향이 있다.(Qiu & Yeung, 2008)

긍정적 기분이 다양한 환경에서 일관성 있게 선행을 증진하는 이유는 무엇일까? 이 질문에 대한 답은 기분이 좋을 때 사람들이 자신과 주변 환경을 유난히 낙관적으로 보는 경향에서 찾을 수 있다. 이런 사람들은 기분이 그저 그런 사람들에 비해 다른 사람들을 더 좋아하고 신뢰한다.(Forgas & Bower, 1987 ; Forgas & East, 2008) 또한 자신이 더 유능하다고 느끼고(Alloy, Abramson & Viscusi, 1981) 미래를 더 낙관적으로 본다.(Forgas & Moylan, 1987 ; Kiviat, 2003) 한 연구에서 26개국의 주식시장을 연구한 결과 좋은 날씨가 지속되는 동안 주가가 올라가는 현상이 관찰된 이유도 이와 마찬가지

사회심리학

다.(Hershleifer & Shumway, 2003) 마지막으로 기분이 좋은 사람들은 무엇을 보든 부정적인 면보다 긍정적인 면을 생각하고 기억하는 경향이 있다. 그리고 이 경향은 누군가를 도와줄 기회에도 적용된다.(Isen, Shalker, Clark & Karp, 1978) 즉, 도울 기회가 주어졌을 때 행복한 사람들은 전에 도움을 제공한 경험에서 긍정적인 면을 떠올릴 가능성이 특히 높고 현재의 기회를 볼 때도 긍정적인 면에 초점을 맞추기 쉽다.(Clark & Waddell, 1983) 이와 같이 행복한 사람들은 도움 행동에 따르는 대가와 보상을 낙관적 시선으로 보기 때문에, 이런 사람들이 더 잘 도와준다는 사실은 놀랍지 않다. 지금까지의 내용으로 미루어 우리는 행복한 사람들이 불우한 이웃에게 기꺼이 자신의 자원을 나누어주려는 이유를 알 수 있다.

순수한 이타주의는 존재하는가

심리학자가 만든 단어가 흔히 쓰이는 경우는 드물지만, **감정 이입**(empathy)이라는 단어가 그 드문 예에 해당한다. 미국 실험심리학 역사에서 위대한 인물인 에드워드 브래드퍼드 티치너(Edward Bradford Titchener, 1909)는 관찰자가 관찰 대상에 감정을 투사하는 경향을 나타내는 독일의 미학 용어를 번역해 감정 이입이라는 용어를 만들었다. 감정 이입은 머릿속으로 다른 사람의 상황이나 입장에 자신을 놓고 생각하는 방식이다. 자신을 다른 사람의 입장에 놓고 생각하는 이 과정을 **조망 수용**(perspective taking)이라고 한다. 거의 모든 연구자들이 감정 이입과 친사회적 행동 사이에서 밀접한 관계를 발견하는 이유는 도움이 필요한 사람들의 입장에 서보는 사람들이 도움을 줄 확률이 더 높기 때문이다.(Batson et al., 2007: Levy, Freitas & Salovey, 2002: Penner, Harper & Albrecht, 2012)

이러한 경향은 남을 돕는 것이 생계 수단인 사람들에게도 나타난다. 한 연구에 따르면 조망 수용을 타고난 전문 심리 치료사들은 젊은 여성 환자가 치료 시간에 자신이 쓰던 글과 관련해 도움을 구했을 때 기꺼이 도와주는 경향이 특히 높았다.(Otten, Penner & Altabe, 1991) 인지적 활동인 조망 수용은 티치너가 활동하던 시절부터 감정 이입의 특징으로 간주되었지만 현대 심리학자들은 여기에 두 번째 요소를 더했다. 두 번째 요소는 다른 사람과 감정을 공유하는 것과 관련된다.(Eisenberg & Miller, 1987) 따라서 감정 이입은 인지적으로 타인의 입장을 이해하는 과정과 그 사람의 감정을 경험한 결과가 합쳐진 개념으로 보아야 할 것이다.(Davis, 1994)

감정 이입과 관련해 주목할 만한 것은 C. 대니얼 뱃슨이 가장 힘주어 피력한 주장으로, 한 사람이 곤경에 빠진 다른 사람에게 감정을 이입할 때 특별한 형태의 도움이 발생할 수 있으며 그것은 순수하게 이타적이라는 것이다. 9장을 시작하면서 언급했듯 순수한(진정한) 이타주의란 오직 다른 사람의 행복을 염려함으로써 동기가 부여된 친사회적 행동을 가리킨다. 뱃슨은 도움 행동이 개인적 이득을 위해(좋은 인상 남기기, 자아 개념 향상, 고통이나 슬픔 완화 등) 발생할 때가 많다고 인정하면서도, 감정 이입이 일어나면 도움의 기본적 동기가 **이기적인** 쪽에서 **이타적인** 쪽으로 옮겨 갈 수 있다고 말한다. 다시 말해, 다른 사람의 행복을 증진한다는 목표는 자신의 행복을 증진한다는 목표를 약화하거나 심지어 대체하기도 하면서 지배적 목표로 떠오를 수 있다. 이러한 가능성을 제시한 가설은 **공감·이타주의 가설**(empathy-altruism hypothesis, 한 사람이 다른 사람의 어려움에 감정 이입할 때 순수하게 이타적인 이유로 그 사람을 도와주려 하게 된다는 가정)로 알려져 있다.

공감·이타주의의 과정

사람들이 이기적(자기중심적) 상태에서 이타적(사심 없는) 상태로 바뀌려면 어떤 사건들이 일어나야 할까? C. 대니얼 뱃슨과 로라 쇼는 다음과 같은 과정이 일어난다고 말한다.(Batson & Shaw, 1991) 첫째, 자신을 다른 사람의 입장에 놓고 생각하려 하는 조망 수용 과정은 도움의 대상자와 자신의 유사성 인식 또는 그 사람에 대한 애착(친척끼리의 우애, 우정, 사전 접촉), 다른 사람의 입장을 생각해보라는 가르침에서 처음 시작될 수 있다.(Batson, Turk, Shaw & Klein, 1995) 둘째, 다른 사람이 어떤 식으로든 도움이 필요하거나 어려움에 빠졌다고 가정할 때 사람들은 조망 수용을 통해 **공감적 관심**(empathic concern)을 경험한다. 공감적 관심은 다른 사람에게 느끼는 따뜻함, 다정함, 연민의 감정이다. 공감적 관심이 뱃슨의 모형에서 핵심 요소인 이유는 그것이 개인적 고통이나 슬픔 같은 감정 반응과 달리 조력자의 초점을 자신의 행복에서 타인의 행복으로 옮기는 것이기 때문이다. 뱃슨의 견해에 따르면 공감적 관심은 곧장 이타적 동기, 즉 다른 사람의 행복 자체를 증진해주려는 욕구로 이어지고 결과적으로 순수한 이타주의에 이르게 된다.

순수한 이타주의라는 개념을 뒷받침하기 위해 뱃슨과 동료들은 일련의 연구를 수행해 다른 사람에 대한 공감적 관심을 경험할 때 발생하는 도움 행동의 양상을 다양한 이기적 동기로 설명할 수 없음을 보여주려 했다. 예를 들어 한 연구에서는 참가자들이 전기 충격을 받는 '일레인'이라는 다른 참가자, 즉 피해자에게 공감적 관심을 경험하고 도와주는 것을 단순히 그녀를 보면서 발생한 불쾌한 각성 상태를 완화하려는 이기적 시도로 설명할 수 없다는 점을 보여주었다.(Batson, Duncan, Ackerman, Buckley & Birch, 1981)

이 실험에서 일부 참가자에게는 일레인의 가치관과 관심사가 그들과 아주 비슷하다고 알려줌으로써 공감적 관심을 느끼게 했다. 연구자들은 일레인을 지켜보는 사람들이 그녀의 고통을 없애주거나 현장을 떠남으로써 관찰 결과 나타난 각성 상태를 낮출 수 있다고 추론했다. 그리하여 연구자들은 처음 몇 번의 전기 충격에 고통스러워하는 일레인의 모습을 참가자들에게 보여준 후, 남은 여덟 번의 전기 충격을 대신 받겠다고 자원할 기회를 주었다. 참가자 중 절반(벗어나기 어려움)은 일레인을 돕지 않기로 결정하더라도 그녀가 전기 충격을 받는 모습을 계속 봐야 한다고 듣고, 나머지 절반(벗어나기 쉬움)은 돕지 않기로 결정하면 바로 나가도 된다고 들었다. 그 결과 불쾌한 각성 상태를 최대한 고통 없이 완화하려는 동기가 강한 사람들이 전기 충격을 받지 않고도 각성의 원천을 벗어나기 쉬운 조건에서 일레인을 상대적으로 덜 도와주었다. 단, 일레인에게 공감적 관심을 느낀 경우는 예외였다. 얼마나 상황에서 벗어나기 쉬운가의 여부는 상관없었다. 그들은 계속 남아서 그녀를 도와주었다.

뱃슨(Batson, 1991)은 이 결과에 대해 사람들이 불쾌한 각성을 줄이려는 욕구처럼 이기적 동기에서 도움 행동을 결정할 때가 많지만, 일단 피해자에게 공감적 관심을 느낀 후에는 그런 동기가 더 이상 결정적 역할을 하지 않음을 보여준다고 해석했다. 도와주기로 마음먹은 결정적 동기가 이기심이 아닌 진정한 이타주의에서 나오기 때문이다. 같은 논리로 뱃슨과 동료들은 공감적 관심이 도움 행동을 이끌어내는 수많은 이기적 동기의 영향력보다 우세하다는 점을 밝히려 했다. 즉, 이들은 사회적으로 인정받으려는 동기(Archer, 1984:

Fultz, Batson, Fortenbach, McCarthy & Varney, 1986), 자아 개념을 끌어 올리려는 동기(Batson et al., 1988), 슬픔을 완화하려는 동기(Batson et al., 1989; Cialdini et al., 1987b; Schroeder, Dovidio, Sibicky, Matthews & Allen, 1988), 스스로 행복해지려는 동기(Batson et al., 1991; Smith, Keating & Stotland, 1989)보다 공감적 관심이 도움 행동을 결정하는 데 큰 영향을 미친다고 주장했다. 뱃슨의 연구는 공감이 생겨난 상황에서 이런 이기적 동기들의 영향력을 조사하고 그 가치를 깎아내림으로써, 순수한 이타주의가 존재할 수 있다는 증거를 매우 도발적으로 제시했다.

자기중심적 해석

하지만 보다시피 뱃슨의 연구에서는 친사회적 행동을 하는 이기적 이유 중 가장 중요한 하나가 검증되지 않았다. 그것은 바로 9장을 시작할 때 살펴본 유전자의 생존을 확보하려는 동기다. 또한 앞서 배운 내용을 돌이켜보면 공감적 관심을 느끼게 하는 요소로 뱃슨이 열거한 항목들이 공통적 유전자가 있음을 알려주는 요소와 같음을 알 수 있다. 그것은 바로 유사성, 친족 사이의 우애, 우정, 사전 접촉(익숙함)이다. 그렇다면 공감적 관심이 도움 행동을 촉진하는 것은 공감적 관심을 받는 사람이 우리와 보통 이상으로 많은 유전자를 공유할 가능성이 높다고 신호를 보내 알려주기 때문인지 모른다.(Kenrick, 1991; Tancredy & Fraley, 2006) 이러한 점은 사람들이 서로 공감을 느낄 때 도와주고 싶은 마음이 생기는 이유가 가장 고상한 동기인 순수한 이타주의 때문이 아니라 가장 원초적인 유전적 이득 때문일지 모른다는 모순적 가능성으로 이어진다.(Maner & Gailliot, 2007; Sturmer et al., 2006)

공감이 어떻게 공통적인 유전적 특징과 연결될까? 인간의 행동 양상이 처음 발달하기 시작했을 때 사람들은 수천 년 동안 이리저리 떠도는 부족이라는 작은 무리에서 살았다. 그 안에서는 유전적으로 비슷한 사람들끼리 조망 수용의 결과 발생하는 감정의 소통을 포함한 아주 기초적 방식으로 의사소통하는 법을 배웠다.(Buck & Ginzberg, 1991; Hoffman, 1984) 이런 식으로 공감하고 소통하는 일은 가족과 부족 구성원 사이에서 가장 빈번하게 일어났으므로 다른 사람에게 감정을 이입하고 공감하는 경험은 유전적 유사성과 관련 있었다. 그렇다면 공감의 대상이 되는 사람들(친척, 친구, 자신과 비슷하거나 익숙한 사람들)

을 도와주는 경향은 쉽게 진화되었을 것이다. 내가 어떤 사람에게 공감한다면 그 사람이 친척일 가능성이 크고, 따라서 그들을 도와주는 행동은 자기 유전자의 생존 가능성을 높이는 행동일 가능성이 크기 때문이다.

　물론 누군가에게 감정을 이입하고 그를 도와주기로 결정할 때 이런 과정을 의식하는 사람은 거의 없을 것이다. 그 대신 도와주기로 한 사람과의 일체감이나 확장된 자아 감각을 느낄 가능성이 높다.(Galinsky & Moskowitz, 2000) 한 연구에서 다른 학생의 입장이 되어보라는 지시를 받은 학생들이 그들에게서 자신의 모습을 더 많이 발견한 이유 역시 마찬가지다.(Davis, Conklin, Smith & Luce, 1996) 또한 신경과학적 연구들에 따르면 다른 사람의 고통을 느낄 때도 자신이 아플 때와 똑같은 신경 회로가 사용된다.(Decety, 2012) 이렇게 타인에게 내 일처럼 깊이 공감하는 경향은 순수한 이타주의의 존재에 대해 결정적 의문을 불러일으킨다. 공감함으로써 다른 사람들에게서 자신의 모습을 본다면 그들을 도와주기로 하는 것이 진정으로 이타적이고 사심 없는 결정일 수 있을까?

　이 질문에 대해서는 논란이 있을 수 있지만(Batson et al., 1997b, 2012; Cialdini et al., 1997; Maner et al., 2002) 우리가 진실로 타인의 입장이 되어볼 때 그것이 도움 행동에 놀라운 영향을 미칠 수 있다는 것은 분명하다.

———————　　　　요약　　　　———————

9장을 시작하면서 리투아니아에서 유대인 난민을 돕기로 한 스기하라 지우네의 사례를 살펴보았다. 스기하라는 그들을 도와주면 오랫동안 중요하게 여겨온 외교관으로서의 경력이 무너질 것을 예상했으면서도 그들을 도와주기로 결심했다. 표면적으로는 이런 결정을 예측할 만한 단서가 전혀 없었기 때문에 그의 결정은 다소 의문스러웠다. 하지만 앞서 살펴보았듯 표면 아래 있던 스기하라 자신과 그를 둘러싼 상황의 특징은 이 수수께끼를 풀 만한 단서를 제공했다. 이제 이 사례를 다시 한번 살펴보고 요약하면서 도움 결정에 대한 기존 연구와 그의 행동의 관련성을 하나하나 짚어보자.

　첫째, 스기하라는 어린 시절 부모의 놀랍도록 친절한 행동을 보면서 자랐다. 부모의 친절이 스기하라의 친사회적 성격을 형성하는 데 전반적으로 영향을 미쳤겠지만 그가 유대인을 돕기로 결정하는 데 구체적 영향을 미쳤을 만한 특별한 점이 있었다. 그의 부모님이 쉴 곳을 마련해주고 돌봐준 사람들은 대개 외국인으로, 낯선 여행자였다. 이런 어린 시절의 경험 덕에 스기하라는 일반적으로 도움 행동을 증진한다고 밝혀진 '우리'라는 개념에 보통 이상으로 넓은 범위의 사람들을 포함했을 것이다. 나중에 그가 언급한 내용으로 미루어 보면 실제로 스기하라는 '우리'의 범위를 가족과 친척을 넘어 인류라는 광범위한 의미의 가족까지 확장한 것으로 보인다.

둘째, 스기하라는 11살짜리 유대인 소년과 사적으로 애착을 형성했고, 소년의 가족과 사회적 만남을 가질 기회도 있었다. 만약 연구 결과가 암시하듯 (Batson et al., 1995: Mashek, Aron & Boncimino, 2003) 이런 유형의 애착과 접촉을 통해 스기하라가 그들의 고통에 더욱 공감하게 되었다면 그 소년의 가족이 그에게 가장 먼저 출국 비자를 받았다는 사실은 전혀 놀랍지 않다. 그뿐 아니라 한번 헌신적으로 구조 노력을 한 후에도 계속해서 비슷한 사람들을 비슷한 방법으로 도와주었다는 사실 역시 놀랍지 않다.(초기의 헌신이 이후 지속적으로 비슷한 행동을 하는 데 어떤 역할을 하는지 논한 6장을 참고하라.)

마지막으로 무방비 상태인 피난민의 이득을 위해 자신을 희생하려 한 스기하라의 의지는 사무라이 집안 출신이라는 배경 및 자아상과 일치했다. "상처 입은 새를 고양이에게 던져주는" 행동은 그가 자신을 정의하는 중요한 요소인 행동 규칙에 어긋났다. 많은 연구에서 입증되었듯 사람들은 원래의 자아 개념이나 자신이 선호하는 자아 개념에 맞게 행동하기 위해 상당한 노력을 기울이는 경우가 많다.

이렇게 표면 아래에서 살펴본 스기하라의 행동은 그리 영문 모를 행동으로 보이지 않는다. 오히려 서로 관련된 3가지 요소에 잘 들어맞는 듯하다. 확장된 '우리' 개념, 피해자와의 애착 관계, 도움과 관련된 자아상은 친사회적인 행동을 촉진한다고 알려진 세 요소로, 아주 다양한 사람들의 행동에서 발견된다. 누군가는 이렇게 물을지 모른다. "그렇다면 3가지 요소 가운데 어떤 것이 작용했나? 스기하라가 비자를 써주기 시작한 건 어떤 요소 때문인가?" 중요한 건 스기하라의 경우처럼 복잡한 결정이나 도움을 주기로 하는 결정이 대부분 하나의 원인에 기인하지 않는다는 사실이다. 그보다 스기하라의 행동은 세 요소가 상호작용한 결과였을 가능성이 크다. 여기에서 설명한 3가지는 물론이고 아직 밝혀지지 않은 요소들도 함께 작용했을지 모른다.

끝으로 생각해볼 만한 질문이 하나 더 있다. 이제 우리는 스기하라가 왜 자기희생적 선택을 했는지 알고 친사회적 행동에 영향을 미치는 통상적 요소를 이용해 그의 행동을 설명할 수 있다. 그렇다면 그 행동은 더 이상 숭고하거나 대단한 일이 아닌 걸까? 전혀 그렇지 않다. 흔히 우리는 인간 사회의 수수께끼가 풀리면 속임수가 들통난 마술처럼 취급하곤 한다. 미지의 요소가 사라지면 경탄할 점이 남지 않았다는 듯 놀라움은 수그러들고 관심은 서서히 다른 곳으로 옮겨간다. 하지만 그것은 너무 피상적인 시각이다. 미지의 요소가 사라진 후에 남는 것은 이미 **알려진** 부분, 놀랍도록 체계적으로 **알려진** 부분이다. 아마 스기하라의 믿기 힘든 결정에서 가장 경외심을 불러일으키는 측면은 그 행동에서 거슬러 올라가면 이미 잘 알려지고 흔히 볼 수 있는 도움 행동의 동기들, 다시 말해 도움을 주려는 사람을 피해자에 대한 도움 행동으로 끊임없이 분주하게 연결해주는 다리들로 이어진다는 점에 있을 것이다.

제10장

공격성

◖

─무엇이 그들을 희대의 살인마로 만들었는가 : 맨슨 패밀리─

안락한 중산층 가정에서 자란 퍼트리샤 크런빙컬(Patricia Krenwinkel)에 대해 이웃 사람들은 '아주 순종적'이고 '평범한 아이'라고 묘사했다. 크런빙컬은 청소년 단체 캠프파이어 걸스(Campfire Girls)의 일원이자 교회 성가대 소속이었다. 고등학교를 졸업한 후에는 앨라배마주에 있는 가톨릭대학교에 진학했다. 하지만 언니와 함께 지내기 위해 캘리포니아주로 돌아갔을 때 그녀의 삶은 새로운 전기를 맞았다. 크런빙컬은 집을 떠나 공동체로 들어갔다. 그곳에서 마약 복용은 일상의 오락이었고 관습적 사회는 경멸의 대상이었다. 건전한 캠프파이어 걸스의 일원이었던 그녀는 새로 사귄 친구들과 함께 매우 충격적인 사건에 가담한다. 그 사건의 폭력성과 악함이 40년이 지나서도 텔레비전 시리즈로 다루어질 정도였다.

그 사건은 1969년 8월의 무더운 여름밤에 일어났다. 크런빙컬과 세 친구들은 로스앤젤레스의 부유한 지역에 있는 어느 집에 들어갔다. 집에 있던 다섯 사람은 크런빙컬이 한 번도 만난 적 없는 사람들이었다. 크런빙컬과 친구들은 미리 짜둔 끔찍한 계획에 따라 전혀 모르는 사람들을 의식이라도 치르듯 잔인하게 살해했다.(Bugliosi & Gentry, 1974)

크런빙컬과 동행한 사람 중 1명은 찰스 왓슨(Charles Watson)이었다. 고등학교 시절 왓슨은 우등생이자 만능 스포츠 스타였다. 왓슨이 체포된 뒤 고향 사람들은 그의 범죄 사실을 좀처럼 믿지 못했고, 그에 대해 '난폭하지 않고 평범한 아이', '좋은 녀석'이었다고 묘사했다. 하지만 8월의 그날 밤 이 착한 소년은 네 사람을 칼로 찌르고 총으로 쏘고 사정없이 두들겨 팼다. 희생자 가운데 한 사람이었던 임산부는 배 속의 아기를 살려달라고 빌었음에도 가차 없이 살해당했다.

단정하고 말쑥했던 크런빙컬이나 왓슨과 달리 수전 앳킨스(Susan Atkins)는 문제가 많아 보였다. 앳킨스는 고등학교를 중퇴하고 유흥업소에서 반나체로 춤추는 댄서이자 매춘부가 되었다. 앳킨스가 체포되었을 때 그녀의 아버지는 딸을 세상에 다시 내보내지 말아달라고 경찰에게 부탁할 정도였다. 살인이 끝나자 앳킨스는 희생자의 피로 벽에 '돼지'라고 썼다. 나중에 그녀는 살인을 즐겼다고 주장하면서 그 일에 대해 떠벌렸다.

네 번째 가해자는 살해 현장까지 차를 운전한 린다 카사비안(Linda Kasabian)이었다. 수전 앳킨스처럼 카사비안 역시 배경에 문제가 많았지만 앳킨스와 달리 살인에 가담하기를 거부하고 집 밖에 있었다. 비명을 듣고 달려간 카사비안은 친구들에게 그만두라고 부탁했지만 이미 때는 늦은 뒤였다. 상처 입은 채 비틀거리며 집 밖으로 나온 희생자와 마주친 카사비안은 "아, 어떡해. 정말 죄송해요"라고 말했다. 그녀는 다른 친구들을 말리러 갔지만 실패하고 차로 돌아왔다.

다음 날 밤 그 무리는 다시 부유한 이웃집에 쳐들어가 전혀 모르는 두 사람을 살해했다. 이번에는 우두머리인 찰스 맨슨(Charles Manson)과 지금까지도 악명 높은 '맨슨 패밀리'의 나머지 두 구성원이 합류했다. 린다 카사비안은 이번에도 가담하지 않겠다고 버텼다. 이후 그녀는 무리에서 빠져나와 검찰의 주요 증인이 되었다. 재판이 진행되는 동안 그 무리에서 후회하는 기색을 보인 사람은 카사비안뿐이었다.

카사비안은 맨슨 패밀리의 구성원들이 살인 사건에 대한 뉴스를 보면서 웃는 소리를 듣고 더욱 충격을 받았다. 그녀는 이렇게 말했다. "전 머릿속으로 계속 생각했어요. '왜 이런 짓들을 하는 거지?'" 수십 년이 지난 지금도 사람들은 이렇게 묻는다. 그들의 살인 행위는 완전히 무작위적이고 무분별한 것이었을까, 아니면 매년 수천 명의 사상자를 내는 '일상적' 폭력과 관련된 특정 동기가 있었을까?

사람들 대부분은 맨슨 패밀리의 다중 살인 같은 폭력적 행위과 간접적으로라도 얽힐 일이 없을 것이다. 하지만 평범한 삶을 살아가면서도 가정 폭력, 농구 코트에서 일부러 밀치는 행동, 격한 언쟁, 심리적으로 해를 입히려는 은근한 모욕 등과 마주칠 때가 있다. 한 연구에 따르면 청소년들은 친구끼리 던지는 모욕적인 말을 비롯해 부모와의 말싸움, 형제자매와의 주먹다짐에 이르기까지 하루 평균 1.5회의 갈등을 겪는다.(Jensen-Campbell & Graziano, 2000) 이렇게 적대감이 분출되는 원인은 무엇일까? 어떤 사람은 기가 막히게 폭력을 피하는 반면, 어떤 사람은 폭력을 추구하는 것처럼 보인다. 갈등에 대한 이러한 성향이 왜 사람마다 다를까?

10장에서 배울 공격성은 다른 사회적 행동과 마찬가지로 사람과 상황 사이의 해석 가능한 상호작용이 낳은 결과다. 또한 공격적 행동 아래 깔려 있는 사회심리학적 동기를 알면 짓궂은 놀림을 비롯해 다중 살인까지 포함하는 공격적 행동을 더 잘 이해할 수 있다.

공격성이란 무엇인가

일상에서 남을 헐뜯는 말부터 폭력적 살인에 이르는 갖가지 행동을 가리킬 때, 심지어 '공격적 구입 권유'라는 말처럼 적극적 행동을 묘사할 때도 우리는 **공격성**이라는 말을 쓴다. 하지만 대부분의 사회심리학자들은 공격성(aggression)을 다른 사람을 해치려는 의도로 하는 행동이라고 정의한다.(e. g., Anderson & Bushman, 2002: Baron & Richardson, 1994) 이러한 정의에는 3가지 중요한 요소가 있다.

1. 공격성은 **행동**이다. 항상은 아니지만 공격성과 자주 관련지어지는 감정인 분노와는 다르다. 분노를 느끼면서도 그러한 감정을 행동에 옮기지 않을 수 있고, 화가 나지 않아도 공격적으로 행동할 수 있다. 찰스 맨슨의 추종자들이 나중에 무분별한 살해 행위에 대해 이야기할 때 그들 중 누구도 피해자에게 분노의 감정을 느꼈다고 언급하지 않았다.
2. **의도적**이거나 목적이 있는 행동이어야 한다. 어쩌다가 누군가를 해치거나 심지어 죽음에 이르게 할 수도 있지만 그것만으로는 공격적 행동

사회심리학

으로 볼 수 없다. 실제로 사람들은 일부러 한 짓에 당했다고 생각하는 지 어쩌다 실수로 그랬다고 생각하는지에 따라 자신이 입은 피해에 전혀 다르게 반응한다.(Barlett & Anderson, 2011) 예를 들어 그냥 친한 사람끼리 장난으로 놀리더라도 듣는 사람의 입장에서는 상처를 받을 수 있다.(Kowalski, 2000 : Kruger et al., 2006) 하지만 상처 줄 의도가 없었다면 이것은 공격성으로 간주되지 않는다.

3. 다른 사람을 **해치려는** 목적이 있는 행동이어야 한다. 사회심리학자들은 공격성을 **강한 자기주장**(assertiveness)과 구분한다. 강한 자기주장은 지배성이나 확신을 표현하려는 의도로 하는 행동이다. 또한 학자들은 악의적 의도로 행하는 진짜 공격성과 장난스러운 공격성과 구분한다.(Boulton, 1994 : Gergen, 1990) 장난스러운 싸움에는 아이들끼리 엎치락뒤치락하는 레슬링부터 연인끼리 꼬집는 행동까지 포함할 수 있다. 이런 행동은 노려보기, 인상 쓰기, 이 드러내기 등 악의적 공격성에 종종 따르는 행동들과 달리 자주 미소 짓고 웃음을 터뜨린다는 점에서 다르다.(Fry, 1990)

공격성의 여러 유형

사회심리학자들은 직접적 공격성과 간접적 공격성을 구분할 때가 많다.(e. g., Bjorkqvist et al., 1994 : Griskevicius et al., 2009 : Richardson & Green, 2006) **간접적 공격성**(indirect aggression)은 명백히 직접 대면하는 갈등 없이 다른 사람을 해치려는 시도(악의적 소문 등)를 말한다. **직접적 공격성**(direct aggression)은 직접 대면해 누군가를 해치려는 의도로 하는 행동이다. 이런 행동은 때리기, 차기, 떠밀기처럼 물리적이거나 모욕, 협박처럼 언어의 형태로 드러난다.

공격성은 감정적인지 도구적인지에 따라서도 나뉜다. **감정적 공격성**(emotional aggression)은 화가 나서 다른 사람에게 해를 끼치려는 행동이다. 누군가가 미친 듯이 화가 나서 동료에게 의자를 던진다면 감정적 공격성의 예로 볼 수 있다. **도구적 공격성**(instrumental aggression)은 축구를 할 때 상대 팀의 인기 선수를 일부러 넘어뜨리는 행동처럼 다른 목적을 달성하기 위해 누군가를 해치는 행동이다.(Coulomb-Cabagno & Rascle, 2006) 이 구분이 항상 아주 분명하지는 않다. 화가 나서 하는 행동은 자신을 지위에서 끌어내린 데 대한 복수일 수도 있고, 감정적인 동시에 도구적일 때도 있다.(Bushman & Anderson, 2001) 〈표 10.1〉은 여러 유형의 공격적 행동을 보여준다.

표 10.1 공격적 행동의 유형

	직접적	간접적
감정적	화난 운전자가 바짝 따라붙던 차의 운전자와 주먹다짐을 한다.	짜증 난 세입자가 밤을 틈타 집주인의 자동차 타이어 바람을 뺀다.
도구적	은행 강도가 저지하려는 보안 요원을 총으로 쏜다.	어떤 남성과 사귀고 싶은 나머지 여동생을 시켜 그의 여자 친구가 바람을 피운다는 악의적 소문을 퍼뜨린다.

남성의 공격성과 여성의 공격성은 어떻게 다른가

1974년 엘리너 매코비(Eleanor Maccoby)와 캐럴 재클린(Carol Jacklin)은 남성이 여성보다 공격적이라는 일반적 가정을 강력하게 뒷받침하는 연구들을 검토했다. 20년 후 카이 비에르크비스트(Kaj Björkqvist)는 일반적 가정 대신 이렇게 주장했다. "인간 남성이 여성에 비해 더 공격적이라는 주장은…… 거짓으로 보이며, 이전 연구들에서 공격성을 좁은 의미로 정의하고 조작화한 결과다."(Bjorkqvist et al., 1994, p. 28) 다른 연구자들은 실제로 어떤 환경에서는 여성이 남성에 비해 더 공격적이라는 사실을 발견했다.(Jenkins & Aube, 2002; Ramirez, 1993) 그렇다면 어느 쪽이 더 공격적일까? 남성일까, 여성일까, 아니면 어느 쪽도 아닐까?

몇몇 연구자들은 1960년대 이후 성 역할 고정관념이 많이 변했다고 언급하며, 그 결과 오래전부터 나타나던 공격성의 남녀 차이가 사라지기 시작했다고 본다.(Goldstein, 1986; Hyde, 1990) 1960년대로 거슬러 올라가보면 살인 사건 중 여성이 저지른 사건은 15%에 불과했다. 그렇다면 여성 셋, 남성 하나로 구성된 맨슨 패밀리가 1969년에 저지른 사건이 폭력적 역할의 '평등 시대'를 여는 시초였을까? 그렇지 않다. 미국 법무부 산하 사법통계국 자료에 따르면, 살인 사건 중 여성이 가해자인 사건의 비율은 1960년대 이후 오히려 줄어들었다.

공격성의 남녀 차이에 대한 대조적 증거를 역사적 변화로 볼 수 없다면 어떻게 이해할 수 있을까? 공격성의 성별 차이(혹은 성별 차이 없음)가 공격성을 정의하고 측정하는 방식에 따라 달라진다는 설명이 답이 될 듯하다.(Hamby, 2009) 신체적 공격이나 살인을 중심으로 보면 남성이 훨씬 공격적이다.(Archer, 2000; Cross, Copping & Campbell, 2011) 유치원부터 양로원에 갈 때까지 남성들은 여성에 비해 서로 때리고 차고 칼부림하고 총을 쏘는 일이 더 많다.(e. g., Archer & Coyne, 2005; Crick & Nelson, 2002; Walker, Richardson & Green, 2000) 하지만 여성들은 험담, 악의적 소문, 사회적 거부 등으로 상처를 주는 간접적 공격성을 드러낼 가능성이 남성에 비해 높다.(Linder & Crick, 2002; Owens et al., 2000)

하지만 남성이 직접적으로 신체적 공격성을 사용하는 경향이 높다는 일반적 가능성에는 예외가 있다. 적어도 낭만적 관계의 상대방을 때리고 차는 등의 신체적 공격을 가하는 행동은 여성에게서도 남성만큼 발견된다.(Archer, 2000; Jenkins & Aube, 2002; Strauss, 2012) 하지만 이것이 사실이라면 배우자의 학대를 피해 보호 시설에 가는 사람 가운데 여성이 압도적 비율을 차지하는 이유는 무엇일까? 이는 몸무게가 50킬로그램대의 여성이 80킬로그램대의 남성을 쳤을 때의 신체적 손상이 그 반대의 경우에 비해 크지 않기 때문이다. 따라서 남성을 때리는 여성은 법적으로 폭력으로 규정될 가능성이 상대적으로 낮다.(Archer, 1994; Strauss, 2012)

따라서 공격성에서 나타나는 남녀의 격차는 공격성을 정의하는 방식에 따라 달라진다. 그렇다면 이러한 성별 차이가 때마다 다르거나 무의미하다고 볼 수 있을까? 그렇지는 않다. 야구방망이로 때리는 행동과 뒤에서 머저리라고 욕하는 행동이 엄연히 다르듯 신체적 폭력과 간접적 공격성의 차이는 분명히 있다.(Harris, 1992) 앞으로 살펴볼 공격성의 남녀 차이는 동기의 차이와 관련해 발생하는 경우가 많다.(Cross et al., 2011)

공격적 행동의 목표

사람들은 왜 공격적 행동을 할까? 사회심리학적 연구에 따르면 공격적 행동은 광범위한 동기에서 발생한다. 사람들은 타인에게 영향을 미치기 위해, 권력과 지배성을 얻기 위해, 강인한 인상을 주기 위해, 돈이나 사회적 인정을 얻기 위해, 단순히 부정적 감정을 분출하기 위해 공격적으로 행동한다.(Berkowitz, 1993a ; Campbell, 2005 ; Duntley, 2005 ; Kirkpatrick et al., 2002) 지그문트 프로이트(Sigmund Freud)의 주장에 따르면 공격적 행동 자체가 목적일 때도 있다.

본능: 죽음과 파괴를 향한 충동인가 원래 인간의 동기에 대한 프로이트의 관점에는 생존과 번식에 기여하는 이기적 충동인 '삶 본능(life instinct)'만 있었다. 하지만 2차 세계대전의 황폐함을 목도한 프로이트는 여기에 삶의 끝으로 향하는 선천적 충동인 '죽음 본능(death instinct)'을 추가했다. 그는 죽음 본능이 삶 본능과 충돌한다는 것을 깨닫고, 사람들이 자신을 죽이는 대신 자기 파괴적 본능의 방향을 다른 사람들을 파괴하는 쪽으로 돌린다고 가정했다.

죽음 본능에 대한 프로이트의 견해는 생명과학에서 가장 강력한 이론인 다윈의 진화론과 정면으로 배치된다. 진화론에 따르면 모든 동물에게 자기 파괴적으로 행동하지 않으려는 경향이 아주 조금이라도 있어야 스스로 소멸하는 데 열중하는 개체보다 살아남을 가능성이 높기 때문에, 애초에 '죽음 본능'이 진화할 가능성은 염두에 두기 어렵다. 하지만 일부 학자들은 공격성이 생존이나 번식에 기여할 수 있는 경우에 한해 '공격적 본능'이 자연선택을 통해 진화할 수 있다고 본다.(e. g., Buss & Duntley, 2006) 자기 영역, 짝, 자원을 지키기 위해 기꺼이 싸우려 나서는 동물들은 그냥 돌아서서 도망치는 동물에 비해 살아남을 가능성이 컸을 것이다.(e. g., Lorenz, 1966 ; Tinbergen, 1968)

콘라트 로렌츠(Konrad Lorenz, 1966)는 다른 동물과 마찬가지로 인간도 공격하려는 충동을 타고난다고 주장했다. 배고픔이나 성욕과 마찬가지로 공격적 충동 역시 분출될 때까지 일정 시간에 걸쳐 쌓인다. 로렌츠는 동물들이 공격적 에너지를 어떤 방식으로든 내보내야 한다고 가정했다. 새들이 직접 대면해 갈등을 겪는 동안 부리로 깃털을 다듬듯이, 에너지가 간접적으로 표출되는 것을 **전위**(displacement)라고 한다.(Bushman et al., 2005 ; Vasquez et al., 2005) 내부에 쌓인 공격적 충동이 분출되어야 한다는 견해는 **정화·공격성 이론**(catharsis-aggression theory)이라는 사회심리학 이론의 핵심 요소이기도 하다.(Feshbach, 1984) **정화**란 억눌린 감정의 분출을 의미하며 '카타르시스(catharsis)'라고도 한다. 이 경우 억눌린 감정은 공격적 에너지라고 할 수 있다. 정화라는 개념이 널리 받아들여지자 샌드백을 치거나 소리를 지르는 등 어

사회심리학

떤 행동으로든 분노의 감정을 표출하도록 권장되는 경우가 많아졌다. 다른 사람에게 미치는 영향을 고려하지 않는다면 도발에 두려움보다 분노로 반응하는 것이 생리적 수준에서 더 기분 좋은 행동이다.(Lerner et al., 2005) 연예 · 오락산업 관계자들은 이 정화의 개념을 들어 텔레비전과 영화에서 끊임없이 보여주는 폭력성을 정당화하는 경우가 많다.(Bushman & Anderson, 2001) 영화감독 앨프리드 히치콕(Alfred Hitchcock)은 이런 말을 한 적이 있다. "텔레비전의 가장 큰 공헌 가운데 하나는 살인을 원래의 자리인 가정으로 끌어들였다는 점이다. 텔레비전에서 살인을 보는 것은 좋은 치료법이다. 그것은 적개심 해소에 도움이 될 수 있다."(Myers, 1999) 하지만 가설과 반대로 공격적 행동은 이후 폭력적 행동을 줄이기보다 오히려 늘리는 경향이 있다.(Anderson, Carnagy & Eubanks, 2002; Verona & Sullivan, 2008) 앞으로 자세히 살펴보겠지만 수십 년 동안의 연구 결과에 따르면 텔레비전과 영화에서 폭력을 보는 것은 시청자의 폭력적 경향을 낮추기보다 높이는 효과가 있다.(Bushman & Anderson, 2001)

공격적 충동에 대한 로렌츠의 진화적 모형은 공격적으로 행동하려는 선천적 경향을 가정한다는 점에서 프로이트의 '죽음 본능' 이론과 비슷하지만 환경에서 일어나는 사건과 공격적 충동의 상호작용을 고려한다는 점에서는 다르다.(Tinbergen, 1968) 이처럼 인간을 비롯한 동물들은 외부의 조건(위협, 공격, 좌절 등)에 의해 충동이 촉발되지 않으면 공격적으로 행동하려 하지 않는다.

공격성과 적응적 목표 현대 진화론적 분석에 따르면 인간은 맹목적으로 공격성을 드러내도록 '프로그램'되지 않았다.(Campbell, 2005; Duntley, 2005) 생존과 번식을 위한 하나의 전략인 공격적 행동은 어떤 상황에서는 유용하지만 대부분의 상황에서는 유용하지 않다. 다양한 동물 종에 걸쳐 공격성은 영역을 통제하고, 한정된 자원을 나누고, 새끼를 지키는 등 여러 목표에 기여하는 것으로 밝혀졌다.(Scott, 1992) 하지만 공격성에는 항상 보복당할 위험이 따르고 부상이나 사망이라는 결과를 낳을 수 있으므로, 직접적이거나 유익한 목표 없이 순수한 적개심에서 나오는 공격성은 생존과 번식 가능성에 해가 된다.(Gilbert, 1994)

이 분석은 공격적 행동 자체가 목적이 될 수 없음을 보여준다. 그 대신 심리학자들은 공격적 행동이 몇 가지 기능을 수행한다고 추정한다. 공격적 행동은 행동의 주체를 오히려 부상이나 사망의 위험에 이르게 할 수 있으므로, 사람들이 다른 방법으로 목적을 달성하는 데 실패할 경우에만 공격성을 사용한다고 보기도 한다.(Dabbs & Morris, 1990 ; Wilson & Daly, 1985)

그렇다면 공격성은 어떤 기능을 수행할까? 10장에서는 공격성의 4가지 기능으로서 짜증에 대응하기, 물질적·사회적 보상 얻기, 사회적 지위를 얻거나 유지하기, 자신이나 집단 구성원 보호하기라는 목표에 대해 알아볼 것이다.

짜증에 대응하기

악명 높은 다중 살인 행각을 시작하기 전 맨슨 패밀리는 슈퍼마켓 뒤에서 쓰레기통을 뒤져 먹을 것을 구하는 등 빈곤한 생활을 했다. 중산층 가정에서 자란 크런빙컬과 왓슨 같은 이들에게는 이런 곤궁함이 더 크게 와닿았을 것이다. 맨슨과 몇 명의 무리는 유명한 밴드 비치 보이스(Beach Boys)의 리더 브라이언 윌슨(Brian Wilson)의 멋진 저택에서 한동안 머문 적이 있었는데, 롤스로이스를 몰고 호화로운 생활을 하는 사람들을 보며 빈부격차를 더욱 크게 느끼게 되었다.

일생의 대부분을 교도소와 보호 시설에서 보낸 맨슨은 누구보다 풍요로운 생활을 꿈꿨다. 그는 윌슨의 친구이자 부유한 음반 제작자인 테리 멜처(Terry Melcher)가 자신과 음반 계약을 하리라고 믿었다. 하지만 결국 윌슨이 그들을 내보내고 멜처가 맨슨을 퇴짜 놓자 맨슨 패밀리는 다시 쓰레기를 뒤지는 신세가 되었다. 이런 구체적 사건들은 끔찍한 첫 번째 다중 살인의 단서가 된다. 처음 살인을 저질렀을 때 맨슨 패밀리가 아무 집에나 들어간 것으로 보였지만 실제로는 그렇지 않았다. 사실 그곳은 테리 멜처의 집이었다.

좌절·공격성 가설

1939년 존 돌러드(John Dollard)는 **좌절·공격성 가설**(frustration-aggression hypothesis)을 제안했다. 좌절·공격성 가설은 목표 지향적 행동을 방해받을 때 나오는 자동적 반응이 공격성이라는 이론이다. 이들의 주장은 다음과 같다.

1. 공격적으로 행동하는 사람을 보면 그 사람에게 좌절할 만한 일이 있었다고 짐작할 수 있다.(예를 들어 출근하자마자 상사가 당신에게 소리를 버럭 질렀다면 출근할 때 길이 막혔을 거라고 추측할 수 있다.)
2. 어떤 일에 좌절한 사람은 연이어 공격적으로 행동할 확률이 아주 높다.(타이어가 터져 1시간 지각했다면 누군가에게 그 감정을 퍼부어야 하는 상태가 된다. 이를테면 우선권을 양보하지 않는 운전자에게 공격적인 '손가락 욕'을 해보일 수 있다.)

사회심리학자들은 기존의 좌절·공격성 가설에 많은 이의를 제기했다.(e. g., Baron & Richardson, 1994: Zillmann, 1994) 그 가운데 하나는 일부 공격적 행동, 특히 도구적 공격성으로 분류되는 행동이 반드시 특정한 좌절을 겪기 때문에 발생하지는 않는다는 것이다. 1930~40년대에 브루클린의 조직폭력배 무리가 운영하던 '살인주식회사(Murder Inc.)'라는 청부 살인업체의 직원들은 피해자 때문에 좌절할 만한 일을 조금도 겪지 않았지만 전혀 모르는 사람들을 살해하고 후한 보수를 받았다. 두 번째 이의는 첫 번째 이의를 뒤집어 생각하면 된다. 즉, 좌절이 반드시 공격성으로 이어지지 않는다는 것이다. 여행사 직원이 하와이행 비행기에 이코노미석이 남지 않았다고 알려주었다고 해보자. 직원이 도와주려고 최선을 다한 것으로 보인다면 좌절을 느끼기는 하겠지만 그 직원에게 화를 낼 가능성은 낮다.

레너드 버코위츠(Leonard Berkowitz)는 이러한 이의에 대응해 **수정된 좌절·공격성 가설**(reformulated frustration-aggression hypothesis)을 내놓았다. 이 이론에 따르면 좌절은 감정적(또는 분노에서 유발된) 공격성과 관련 있고 도구적 공격성과는 관련 없다.(살인주식회사의 예) 또한 버코위츠는 좌절이 부정적 감정을 일으킬 경우에만 공격성으로 이어진다고도 주장했다. 저렴한 가격에 하와이에 갈 수 있겠다고 철석같이 믿었는데 여행사 직원이 일부러 그 예상을 무너뜨렸다면 당신은 부정적 감정에 사로잡혀 그 직원에게 공격적으로 따질 가능성이 높다. 버코위츠의 수정된 이론이 내포하는 핵심이 하나 더 있다. 고통, 더위, 심리적 불편 등 불쾌한 느낌으로 이어지는 **모든** 사건이 공격성으로 이어질 수 있다는 점이다. 이 불쾌한 감정의 원인은 좌절이 아닐 때도 있다. 수정된 이론에 따르면 불쾌한 감정은 사람 및 상황 요소의 수에 따라 공격적 행동으로 표출되지 않을 수도 있다.(Berkowitz, 1989, 1993a, 2012) 지금부터는 이 요소들에 대해 알아보자.

사람

각성과 과민성

사람들이 짜증 날 때 공격적으로 행동하도록 자극하는 내부적 요소는 무엇일까? 연구로 밝혀진 두 갈래의 요소 중 하나는 일시적 각성 상태와 관련 있고 다른 하나는 만성적 과민성과 관련 있다.

일반적 각성 버코위츠의 수정된 좌절·공격성 가설에서는 각성이 좌절에서 유발된 것이든 아니든 모든 형태의 불쾌한 각성 상태에서 공격성이 유발된다고 가정했다. 돌프 질만(Dolf Zillmann, 1983, 1994)은 한발 더 나아가 모든 내적 각성 상태에서 공격적 행동이 증가할 수 있다고 주장했다. 여기에는 운동 후, 심지어 야한 영화를 본 후의 각성 상태도 포함된다. 이를 **흥분 전이 이론**(excitation-transfer theory, 분노할 때의 생리적 상태는 다른 감정을 느낄 때와 같으므로 모든 유형의 감정적 각성이 공격적 반응을 촉진할 수 있다는 이론)이라고 한다. 질만의 이론에 따르면, 분노의 감정에 대한 반응으로 심박 수가 증가하고 손바닥에 땀이 나며 혈압이 높아지는 등의 징후가 나타나는데 이런 반응은 각성되는 다른 감정을 느낄 때도 똑같이 나타난다. 어떤 이유로든 감정을 느끼고 각성된 후 짜증이 나면, 또는 거꾸로 짜증이 난 후 각성되면 남아 있는 각성이 분노로 잘못 해석될 수 있다.

흥분 전이 이론을 검증하는 한 연구에서는 여성 참가자들이 다른 여성 때문에 짜증 나는 상황을 조성했다. 그다음 일부 참가자에게는 폭력적이지 않은 야한 영상을 보여주고, 나머지 참가자에게는 특정 감정이 유발되지 않는 통제 영상을 보여주었다.(Cantor, Zillmann & Einseidel, 1978) 그런 후 처음에 자신을 짜증 나게 한 여성에게 복수할 기회를 주자 야한 영상을 본 참가자들이 통제 영상을 본 참가자에 비해 더 공격적으로 행동했다. 연구자들은 야한 영상을 보면서 유발된 생리적 각성이 분노의 감정으로 전이되었다고 설명했다.

만성적 과민성과 A 유형 성격 자신이 정한 빠듯한 기한 내에 일이 해결되지 않거나 식당에서 줄을 서고 차가 막힐 때 유난히 더 짜증을 내는 사람이 있다. A 유형 행동 양식(type A behavior pattern)은 조급함과 경쟁적인 면을 포함한 몇 가지 성격 특성이다. 이 유형에 해당하는 사람들은 관상동맥 질환에 걸릴 위험이 더 크다.(McCann, 2001 ; Rhodewalt & Smith, 1991) A 유형 성격인 사람들은 기한과 경쟁에 느긋한 태도를 보이는 B 유형 성격의 사람들과 구별된다.

　　A 유형 성격인 사람들은 경쟁적인 기질 덕분에 더 열심히 일하고 직업군에서 높이 올라가는 경향이 있다.(Matthews et al., 1980) 하지만 특유의 호전적인 기질이 경력에 방해가 되기도 한다. 로버트 배런(Robert Baron, 1989)은 대규모의 식품 가공업체 매니저와 기술직 직원들을 대상으로 A 유형과 B 유형을 비교 연구했다. 이 연구에 따르면 A 유형은 부하 직원과 갈등을 더 많이 빚고 동료 직원과의 갈등에서 덜 협조적이었다. 또 다른 연구에 따르면 인도의 혼잡한 거리에서 일하는 버스 기사 중 A 유형인 사람들은 공격적으로 운전하는 경향이 더 높았다. 이들은 다른 차를 추월하고 급정거를 하고 경적을 울리는 일이 많았다.(Evans, Palsane & Carrere, 1987) 1만 1965명의 프랑스 운전자를 대상으로 한 연구에서는 A 유형 운전자가 다른 운전자에 비해 더 빠른 속도로 운전하고 휴대전화를 사용하며 심각한 교통사고를 당할 가능성이 더 높았다.(Nabi et al., 2005) 이와 관련된 한 연구에서는 운전자들에게 분노의 감정과 함께 공격적 행동(다른 운전자에게 무례하게 손짓하기, 소리 지르기, 바짝 붙어 가기 등)을 기록해달라고 했다. 그 결과 통제 지향성이 높은 응답자는 운전하는 동안 분노, 압박감, 방어적 감정을 더 많이 느꼈다고 응답했다.(Neighbors, Veitor & Knee, 2002) 반면 사회적으로 매우 유능해서 더 효과적인 행동을 선택할 수 있는 사람들은 좌절을 느낄 만한 상황에 자극받아 적대감을 느낄 가능성이 낮다.(Robinson et al., 2013)

상황

불쾌한 상황들

스웨덴에서 수행된 한 연구에서는 1만 명에 가까운 10대 청소년들을 상대로 화가 난 상황에 대해 묘사하게 했다.(Torestad, 1990) 분노를 유발하는 상황은 대부분 좌절과 짜증을 느끼게 하는 사람과 직접적인 관련이 있었다.("부모님이 저녁에 외출을 못 하게 해요.") 연구자들은 수정된 좌절·공격성 가설과 일치하는 결과로 신체적 고통과 불쾌한 열기(더위), 오래 지속되는 경제적 어려움에 이르는 여러 가지 불쾌한 상황적 요소가 적대감을 부채질할 수 있다는 사실을 발견했다.(Berkowitz & Harmon-Jones, 2004; Dewall et al., 2007; Lindsay & Anderson, 2000)

고통 일련의 실험에서 학생들은 '관리자' 역할에 배정받아 자기 밑에서 일하는 다른 학생들에게 처벌과 보상을 주었다.(Berkowitz, 1993b) 참가자들은 고통스러울 정도로 차가운 얼음물이나 상온에 가까운 미지근한 물에 한 손을 담그고 있어야 했다.(불쾌한 조건이 관리자 역할에 미치는 영향력을 알아보기 위해서였다.) 관리자 역할을 맡은 학생들은 고통을 느낄 때 다른 학생들에게 처벌을 더 많이 지시하고 보상을 더 적게 주는 등 공격적인 경향을 보였다.(e. g., Berkowitz, Cochran & Embree, 1981; Berkowitz & Thome, 1987) 이 연구 결과는 상사의 기분이 나쁘면 피하는 것이 상책이라는 일상의 지혜와 통하는 면이 있다.

더위 맨슨 패밀리가 살인을 저지른 날은 찌는 듯이 더운 여름날이었다. 전날 밤 기온은 섭씨 32도 아래로 떨어지지 않았고 낮에는 38도를 웃돌았다. 이 불쾌한 날씨가 맨슨 패밀리의 폭력적 성향을 부추겼을 가능성이 있을까? 그렇다는 것을 보여주는 상당한 양의 증거가 있다. 모든 종류의 폭력적 행동은 더운 날씨에 더 일어나기 쉽다.(Bushman, Wang & Anderson, 2005; Kenrick & Mac-Farlane, 1986) 앨런 라이프먼(Alan Reifman), 리처드 래릭(Richard Larrick), 스티븐 파인(Steven Fein, 1991)은 메이저리그 야구 경기 중 투수들이 타자를 몇 번이나 맞히는지 조사했다. 투수가 겁을 주기 위해 일부러 타자를 맞히는 경우가 있는데, 프로 투수는 시속 160킬로미터 이상으로 공을 던지므로 가히 위협적이라고 할 수 있다. 연구자들은 날씨가 더워질수록 공에 맞는 타자가 늘어난다는 사실을 발견했다. 기온이 섭씨 32도 이상으로 올라가면 21도일 때에 비해 투수들이 타자를 맞히는 횟수가 2배 가까이 늘어난다. 경기를 분석한 결과에 따르면 투수의 이런 행위는 더위로 인한 실수나 다른 교란 요인 때문에 발생하는 것이 아니라 다분히 의도적인 행동이다.

투수가 정말 의도적으로 공격적 행동을 했을까, 아니면 기온이 높아져 정확도가 떨어진 것이었을까? 라이프먼과 동료들은 폭투, 볼넷, (정확성과 관련된) 실수 같은 요소를 통계적으로 통제했다. 이 가운데 어떤 요소도 기온과 공에 맞은 타자 수의 관련성을 설명할 수 없었다. 격앙된 투수는 다른 곳이 아니라 오직 타자를 겨냥해 던졌고, 이는 날이 더워질수록 더 심해졌다. 5만 회 이상의 메이저리그 경기를 분석한 결과 흥미로운 점이 더 발견되었다. 투수는 다른 팀 투수가 자기 팀 선수를 먼저 맞혔을 때 특히 더위에 영향을 받았다.(Larrick et al., 2011)

　더위가 공격성에 미치는 영향력은 투구에만 국한되지 않는다. 폭행, 가정 폭력, 강간, 살인, 심지어 도심에서 일어나는 폭동마저 기온이 높아지면 더 많이 일어난다.(Anderson & DeNeve, 1992; Anderson et al., 1997) 날이 더워지면 밖으로 나오는 사람이 많아진다는 단순한 사실이 영향을 미칠 가능성도 있다. 추운 날씨 역시 그 자체로 불쾌하지만 대부분의 사람이 집에 틀어박혀 벽난로 앞에서 웅크리고 있을 테니, 날씨가 매우 추워질 때 범죄율이 상당히 떨어지는 현상도 이와 비슷한 원리로 설명할 수 있다. 다만 극단적으로 더워질 때 공격성이 계속 높아지는지, 그대로인지, 오히려 낮아지는지에 대해서는 논란이 있다.(Bell, 2005; Cohn & Rotton, 2005) 적어도 어떤 환경에서는 기온이 극도로 높아지면 공격적인 사람들과 잠재적 피해자가 실내 에어컨 앞에 머물 확률이 커지므로 공격적 범죄율이 낮아질지도 모른다.(Rotton & Cohn, 2000) 하지만 거리에 나와 있는 사람 수와 관계없이, 불쾌할 정도로 더운 날씨가 공격적 감정을 부추긴다는 증거 역시 존재한다. 같은 도시에서도 수은주가 올라가면 공격적이지 않은 범죄보다 공격적 범죄가 더욱 늘어나는 게 대표적이다.(Anderson, 1987)

가난 칼 호블랜드(Carl Hovland)와 로버트 시어스(Robert Sears, 1940)는 연구를 통해 1882~1930년 미국 남부 14개 주에서 면화의 가격과 폭력적 린치 사건의 횟수를 분석했다. 이들은 분석을 통해 공격성과 부의 상관관계를 발견했다. 요컨대 면화의 가격이 낮아질수록(농업 경제가 악화될수록) 린치의 횟수가 늘어났다. 그로부터 40년 후 조지프 헵워스(Joseph Hepworth)와 스티븐 웨스트(Stephen West, 1988)는 새로 개발된 더욱 복잡한 통계 기법을 사용해 이 연구를 다시 분석했고, 경제 호황기에 이어 불황이 시작될 때 린치가 가장 많이 일어났다는 사실을 발견했다. 헵워스와 웨스트는 이것을 **상대적 박탈감**(relative deprivation)의 개념과 관련지었다. 다른 사람들과 비교해 내가 더 적게 가졌다는 느낌인 상대적 박탈감은, 가난한 사람들이 풍요로운 시절을 거치면서 자신도 곧 풍요로운 삶을 살게 되리라고 기대했다가 희망이 깨진 결과로 발생할 수 있다.(Davies, 1962)

2007~09년의 경제 '대침체(Great Recession)' 때 많은 사람들이 그랬듯 경기 침체는 개인의 재정 악화와 맞물릴 때 가장 괴로운 일이다. 실제로 815명의 실직자와 배우자를 대상으로 한 연구에서는, 실직으로 인한 재정 부담이 부정적 상호작용으로 이어지면서 부부 모두 더 우울해지고 화를 내고 서로를 비난하고 모욕하게 되었다는 사실을 보여주었다.(Vinokur, Price & Caplan, 1996) 또 다른 연구에서는 1만 4500명의 참가자들을 1년 간격으로 두 차례 면담했다. 먼저 연구자들은 참가자들에게 지난 2주 동안 싸운 적이 있는지, 흉기를 사용했는지, 배우자를 때렸는지, 아이를 때렸는지 등을 물었다. 그 결과 두 번째 면담 전 1년 동안 실직한 경우 폭력적 행동을 하지 않았던 사람들조차 폭력을 사용할 확률이 6배로 높아졌다.(Catalano et al., 1993)

상호작용

짜증과 상황 인식의 변화

사람들은 짜증이 나면 생각하는 방식을 바꾼다. **인지적 신연상주의 이론**(cognitive neoassociation theory)에 따르면, 불쾌한 상황은 복잡하게 연결된 내적 과정을 일으킨다. 이 과정의 첫 단계는 불쾌한 사건으로 부정적 감정이 유발되는 것이다. 예를 들어 후텁지근한 주차장에서 차를 어디에 세웠는지 찾다가 정강이를 콘크리트 블록에 세게 찧는다면 부정적 감정이 홍수처럼 밀려들 것이다. 일단 부정적 기분에 휩싸이면 사고의 방향이 과거에 겪은 다른 부정적 경험 쪽으로 향한다. 인지적 신연상주의 모형은 우리의 기억이 연관된 개념, 상(image), 감정 등이 서로 복잡하게 얽혀 저장되어 있다고 가정한다. 따라서 부정적 감정이나 생각이 발생하면 그와 관련된 일련의 부정적 기억, 감정, 행동이 활성화된다.(Berkowitz, 1990, 2012; Berkowitz & Harmon-Jones, 2004)

부정적 사슬이 공격적 행동과 도피 중 어느 쪽으로 이어질지 역시 사람과 상황적 요소의 상호작용에 따라 달라진다. 예를 들어 부정적 기분으로 대도시의 어두운 밤거리를 걷는다면 안전에 대해 걱정할 것이다. 하지만 앞마당에서 무언가를 하고 있는데 괴팍한 이웃이 개 짖는 소리에 대해 불평하러 다가오고 있다면, 앞의 사례와 똑같이 부정적 기분이었더라도 분노와 관련된 생각으로 이어질 수 있다. 다음의 연구에 대해 생각해보자. 이 연구에서는 아주 불쾌한 실험자가 나타나 참가자들이 수행한 단어 맞히기 과제를 보고 진저리가 난다는 듯 행동했다. 첫 번째 과제를 마친 참가자들은 실험 조수가 되기 위해 면접을 보는 한 여성을 평가했다. 방금 모욕을 당한 참가자들은 친절하게 평가 과정을 진행하다가 그녀가 약간 거슬리는 실수를 몇 가지 하자 태세를 바꿨다. 참가자들이 불쾌한 실험자에게 느낀 분노를 그녀에게 푼 것이다.(Pedersen et al., 2000) 또 다른 연구에서도 우리가 어떤 사람 때문에 부정적 감정을 느낀 경우, 그 적개심을 표출할 구실을 두 번째 사람에게서 찾거나 첫 번째 사람과 무엇이든 비슷한 점을 발견해 적개심의 방향을 두 번째 사람에게 옮기기 쉽다는 사실을 보여준다.(Marcus-Newhall et al., 2000 ; Pedersen et al., 2008)

무기 효과(weapons effect)는 총기류와 같은 무기가 공격적 생각과 감정을 촉진하는 경향을 가리킨다.(e. g., Bartholow et al., 2005 ; Crabb, 2000, 2005 ; Klinesmith, Kasser & McAndrew, 2006) 이 효과를 잘 보여주는 유명한 연구가 있다. 이 연구에서 남학생들은 자신이 스트레스에 대한 생리적 반응을 알아보는 실험에 참여한다고 들었다.(Berkowitz & LePage, 1967) 실험자는 참가자에게 다른 학생과 번갈아 가면서 몇 가지 문제를 풀 것이라고 말했다. 참가자가 풀 과제는 광고업자가 인기 가수의 대중적 이미지를 개선하는 데 사용할 아이디어를 생각해내는 것이었다. 함께 과제를 수행할 학생은 중고차 판매자가 매출을 올리기 위해 할 만한 일들을 생각하라는 지시를 받았다.

참가자가 홍보 아이디어를 적으면 다른 학생이 그 제안에 대해 평가했다. 이 시점부터 짜증이 개입되기 시작한다. 다른 학생은 '평가'를 전기 충격의 형태로 참가자에게 전달했고, 전기 충격은 1~10회 줄 수 있었다. 운이 좋다면, 즉 분노 조건에 배정되지 않은 참가자라면 '아이디어가 매우 좋음'이라는 뜻으로 전기 충격을 1회 받았다. 그렇지 않다면 1회, 2회, 3회에서 그치지 않고 7회(고통도 고통이지만 참가자의 창의성에 대한 가혹한 평가이기도 했다)도 받을 수 있었다. 이 조건에서는 실험자의 계획대로 참가자가 화가 날 가능성이 높았다.

하지만 그다음에 복수를 할 기회가 생긴다. 한 통제 조건에서는 실험자가 참가자를 전기 충격 스위치가 놓인 탁자 앞에 앉게 한다. 다른 조건에서는 탁자에 배드민턴 라켓 2개를 비롯해 12구경 산탄총과 38구경 권총이 놓인다. 탁자에 운동 장비나 무기가 놓인 경우 실험자는 그것이 다른 실험의 일부라고 설명하면서 신경 쓰지 말라고 말한다. 그런 후 실험자가 파트너였던 학생이 쓴 것으로 보이는 중고차 판매 아이디어를 보여준다.(사실 모든 참가자가 똑같은 제안서를 보게 된다.) 마지막으로 실험자가 참가자에게 제안서를 읽고 똑같이 전기 충격으로 '평가'를 전달하라고 지시한다. 당신이라면 어떻게 하겠는가?

결과적으로 참가자가 짜증 나지 않을 경우 총의 존재만으로 공격성이 높아지지 않았다. 분노 조건에 배정되지 않은 참가자들은 무기가 있는 조건에서도 전기 충격을 아주 조금, 매우 짧게 주었다. 하지만 참가자가 짜증이 났을 때는 결과가 완전히 달라졌다. 이 경우 총의 존재가 전기 충격의 횟수와 시간을 전부 늘렸다. 인지적 신연상주의 이론이 가정하듯 버코위츠는 총의 존재만으로도 공격적 연상을 '점화'함으로써 공격성이 높아진다고 믿는다. 어떤 사람이 이미 화가 났다면 이러한 연상이 보복의 가능성을 높인다.

상호작용

짜증나는 상황을 만드는 사람들

당신이라면 수십만 달러를 벌거나 잃지 않을 기회를 끊임없이 지켜보아야 하는 주식거래소에서 일하는 것이 즐겁겠는가? 아니면 정해진 기한 없이 느긋한 손님들을 맞이하면서 스노보드 가게를 운영하겠는가? A 유형인 사람이라면 시간에 덜 쫓기는 일을 하는 편이 건강에 좋을 것이다. 하지만 연구에 따르면 A 유형 학생은 굳이 경쟁심과 조급함이 필요한 상황을 선택하는 경향이 있었다.(Westra & Kuiper, 1992)

마찬가지로 공격적으로 행동하기 쉬운 사람들은 좌절하기 쉬운 경험을 스스로 만들어내기도 한다.(Anderson, Buckley & Carnagey, 2008) 이런 경향이 결과적으로 공격성을 더 이끌어낸다. 예를 들어 성격이 급한 소년들은 교사와 멀어지는 경향이 있다. 교장실에 자주 들락거리느라 기초 수학과 글쓰기 기술을 배울 기회를 놓치는 것이다. 그 결과 이들은 나중에 취업하는 데 필요한 능력이 부족해져 실업 상태에 더 자주 놓이게 된다. 청소년기에 경험한 폭력은 신체가 손상되는 부상이나 교도소 생활 등 돌이킬 수 없는 결과로 이어질 수 있다. 좀처럼 변하지 않는 성격과 스스로 만드는 특수한 환경 때문에, 공격적인 아이는 좌절의 악순환에 갇혀 결국 더 많은 공격성을 경험하게 되는 것이다.(Caspi, 2000; Moffitt, 1993)

---------------------- 물질적 · 사회적 보상 추구 ----------------------

시골 지역을 누비며 약탈하던 바이킹과 수익성 좋은 마약 거래 구역을 지배하는 도시의 조직폭력배, 학교 뒷마당에서 아이들 점심값을 빼앗는 불량배 사이에는 공통점이 하나 있다. 바로 공격적 행동에서 보상을 얻는다는 것이다. 다음 글을 통해 미국에서 가장 유명한 조직폭력배의 사례를 살펴보자.

BOX 10.1

마피아의 대부, 알 카포네의 두 얼굴 —공격적 행동의 보상

악명 높은 조직폭력배 두목인 알 카포네(Al Capone)는 3명의 동료를 초대해 만찬을 베풀었다. 와인을 마시며 만찬을 즐긴 후 알 카포네는 부하를 시켜 그들을 의자에 묶게 했다. 그런 다음 자신이 직접 나서 세 사람을 야구방망이로 구타해 살해했다.

이렇게 극단적 폭력을 행사했음에도 알 카포네를 아는 많은 사람이 그를 따뜻하고 자비로운 친구로 여겼다. 그렇다면 평소 친절하고 따뜻한 사람이 무엇 때문에 그토록 끔찍한 폭력을 저지른 것일까? 유력한 답은

폭행이 그의 일이었기 때문이라는 것이다. 알 카포네의 일은 그가 속한 문화에서 사회적 · 물질적 성공으로 향하는 흔한 통로였고, 그는 그것을 직업으로 삼는 무리의 야심찬 일원이었다.

알 카포네는 미국 뉴욕시 브루클린의 가난한 이민자 가정에서 태어나 자랐다. 거칠고 야심만만한 아이였던 알 카포네는 그 지역 폭력배 프랭키 예일(Frankie Yale)의 눈에 띄었다. 예일은 겨우 16살인 카포네에게 지역 사업가들에게서 '보호' 비용을 받아 오

알 카포네. 폭력과 반사회적 행동으로 어마어마한 물질적 이익을 얻은 그는 오랜 세월 그것이 출세의 통로인 문화에서 자랐다.

는 일을 시켰다. 카포네는 경쟁 관계였던 폭력단의 일원을 살해한 뒤 시카고로 거처를 옮겨야 했고, 그곳에서 폭력배 생활을 시작해 지역 우두머리 자리까지 올랐다. 그는 수익성이 큰 주류 유통 및 판매 영역의 지배권을 두고 다투는 과정에서 몇 명을 더 살해했다. 일단 최고의 자리에 오르자 그는 사람 죽이는 일을 대부분 부하들에게 시켰다. 그러다 가끔 직접 나서서 사람을 죽이기도 했다. 야구방망이로 때려 죽인 사람들에 대해 말하면, 카포네는 그들이 출세할 생각으로 자기 몰래 일을 꾸미고 있다는 사실을 알았다. 강력한 마피아로서 자리를 지키기 위해 배신자들을 죽음으로 응징해야 했던 것이다.

카포네의 공격성은 크나큰 보상을 얻게 해주었다. 그는 29살에 수억 달러씩 수익을 챙기는 연합체를 지배했고, 플로리다주에 멋진 부동산을 소유했으며, 보통 사람들이 평생 벌어도 살 수 없을 만큼 비싼 다이아몬드 반지를 끼고 다녔다.

마피아 두목이 알 카포네만 있던 것은 아니었다. 사실 몇 세기 동안 남부 이탈리아와 시칠리아에서는 지역에 기반을 둔 폭력배들이 엄청난 정치적·경제적 힘을 행사했다.(Servadio, 1976) 그 지역은 거의 항상 외국 군대에 점령당하고 착취당했으므로 그곳 사람들은 태어나면서부터 정부를 싫어하고 믿지 않았다. 대신 자신들을 보호하고 일자리를 주는 대가로 돈을 요구하는 지역의 강력한 인물에게 충성했던 것이다.

이처럼 외부에서 보면 사회적 구조가 붕괴된 것처럼 보일지 모르지만, 그 아래에는 군대와 정치적 역사에서 파생된 명확하고 체계화된 사회 구조와 규칙이 있었다. 또한 국제분쟁과 마찬가지로 마피아끼리의 폭력 사태는 부와 수익성 높은 지역을 차지하려는 세력 싸움이었다. 여기에서 다시 한번 사회적 기능 장애는 다른 환경이라면 옳은 기능을 했을 법한 구조에서 출발하는 경우가 많다는 사실을 알 수 있다.

사회심리학

사회적 학습 이론: 폭력의 보상

사회적 학습 이론(social learning theory)에 따르면 공격적 행동은 공격성에 대한 보상 때문에 발생한다.(Bandura, 1973, 1983) 마피아 두목이 돈벌이가 잘되는 마약, 주류, 도박 사업을 유지하기 위해 폭력적으로 행동하는 것과 마찬가지로 동네 불량배들 역시 일정한 보상을 얻기 위해 폭력적으로 행동한다. 그보상이 고작 아이들 손때 묻은 사탕이나 다른 불량배들의 찬사에 불과하더라도 말이다.

공격성에 대한 보상은 직접적으로 주어지기도 한다. 이를테면 어떤 소년이 싸움을 하고 나서 아버지가 사준 아이스크림을 먹는다든가 크리스마스 선물로 총을 받는 경우를 생각해볼 수 있다. 1998년 3월 미국 아칸소주에서 일어난 총기 난사 사건의 가해자 앤드루 골든(Andrew Golden)의 사례가 대표적이다. 11살이 된 앤드루는 13살의 미첼 존슨(Mitchell Johnson)과 함께 의도적으로 총을 난사해 4명의 학생과 1명의 교사를 살해했다. 미첼 역시 앤드루처럼 아주 어린 시절부터 부모와 조부모가 총 쏘는 행동을 장려하는 분위기에서 자랐다.

공격성에 대한 보상은 간접적으로 주어지기도 한다. 이 경우 다른 사람이 공격성을 표출한 대가로 보상받는 모습을 보면서 공격성을 좋은 행동으로 여기게 된다. 앨버트 밴듀라(Albert Bandura)의 설명에 따르면, 아이들은 매력적인 인물들이 자신을 좌절시킨 사람들을 주먹으로 때리고 차고 총으로 쏘는 영화와 텔레비전 프로그램을 보면서 폭력이 다른 사람과의 갈등을 해결하는 적합한 방법이라고 배운다. 골든과 존슨이 살인을 저지르기 몇 달 전에도 켄터키주 퍼듀카에서 14살의 마이클 카닐(Michael Carneal)이 이들과 비슷하게 총을 난사해 8명의 학생을 살해한 일이 있었다. 당시 카닐은 얼마 전 유명 배우가 영화 속에서 그와 비슷하게 난동을 부리는 장면을 접한 상황이었다.

밴듀라와 그의 동료들은 유명한 일련의 연구를 통해 아이들이 폭력적 행동 묘사를 보고 따라 하는 과정을 조사했다. 그중 한 연구에서 아이들은 다른 사람이 보보 인형(Bobo doll, 공기를 넣어 부풀리는 실물 크기의 광대 인형으로, 얼굴을 치면 소리가 나는 빨간 코가 달려 있다)에게 잇달아 아주 폭력적인 행동을 하는 모습을 보았다. 그 공격적인 사람이 보상받는 모습을 본 아이들은 나중에 스스로 공격적 행동을 따라 하는 경향이 있었다. 반면 그 사람이 처벌받는 모습을

본 아이들은 그런 행동을 하지 않았다.(Bandura, Ross & Ross, 1963a, 1963b)

또한 밴듀라는 보상 때문에 공격적 행동을 하는 이유가 굳이 화가 나거나 속상한 데에 있지 않다고 말한다. 이를테면 암살자나 훈련된 군인들은 전혀 분노를 느끼지 않고도 공격적으로 행동하는 경우가 많다. 이렇듯 사회적 학습 이론은 도구적 공격성을 설명하기에 적당한 이론이다.

사람

폭력에서 보상을 얻는 사람들

개인적 이득을 위해 공격적으로 행동하는 경향이 특히 높은 사람들이 있을까? 살기 위해 발버둥 치는 모든 이민자가 알 카포네처럼 자신의 사업에 방해가 되는 사람들을 기꺼이 없애버릴 정도로 냉혹하진 않다. 반대로 다른 사람에게 거의 공감하지 못하고 자신의 가치를 과장해 생각하는 사람에게는 개인적 이득을 위해 남을 해치는 행동이 더 쉽게 느껴질 것이다. 이와 마찬가지로 처벌에 덜 민감한 사람은 사회나 피해자에게 보복을 당해 치를 대가를 자신의 행동을 제지할 정도로 크게 느끼지 않을 것이다.

사이코패스 사이코패스(psychopath)는 타인과의 공감 능력 결여, 과장된 자기 가치, 처벌에 대한 둔감함 등의 특징이 있는 사람을 가리킨다.(Hare et al., 1990: Lalumiere et al., 2001) 사이코패스는 반사회적 인격 장애(antisocial personality disorder)나 소시오패스(sociopath)라고도 불린다. 이들은 다른 사람의 고통에 무관심할 뿐 아니라 자신의 악행에 대한 책임을 부정하는 경향이 있고 충동적이다. 사이코패스와 사이코패스가 아닌 사람의 폭력 범죄를 비교한 연구에서, 사이코패스는 그렇지 않은 사람에 비해 개인적 이득을 동기로 폭력적 행동을 할 가능성이 3배 높고 감정을 동기로 폭력적 행동을 할 가능성은 10배 이상 낮다는 게 밝혀졌다.(Williamson, Hare & Wong, 1987) 따라서 사이코패스가 저지르는 폭력은 개인적 이득을 위해 계산된 것이고 냉혹하다. 최근 발견된 증거에 따르면, 사이코패스가 처벌을 통해 배우지 못하는 성향은 편도체와 안와 전두 피질의 신경학적 결함과 관련 있다고 한다.(Blair, 2004) 카포네는 사업 경쟁자들을 냉혹하게 암살하고 거리낌 없이 사람을 때려죽이는 등 사이코패스의 전형적 특징을 많이 보였다. 또한 카포네와 마찬가지로 사이코패스들은 (그들을 방해하는 사람들에게는 그렇지 않겠지만) 사회적으로 상당히 매력적인 경우가 많다.

공감 능력 대부분의 사람들처럼 다른 사람이 고통스러워하는 모습을 볼 때 불편한 감정이 들면 폭력배로서 즐겁게 살긴 어려울 것이다. 실제로 다른 사람과 감정을 공유하는 공감 능력은 공격적 행동에서 보상을 얻기 어렵게 한다.(Baumeister & Campbell, 1999 ; Zechmeister & Romero, 2002) 공감 능력이 높은 사람은 '다른 사람의 입장에서' 생각하고, 누군가를 해치려 할 때 죄책감에 사로잡히는 경향이 있다.(Leith & Baumeister, 1998) 하지만 사이코패스는 일반적으로 감정적 각성을 덜 경험하는 경향이 있고 공감 능력이 특히 부족해(Harpur, 1993 ; Williamson et al., 1987) 강도 행위 등의 범죄를 저지르는 과정에서 다른 사람을 해치고도 양심의 가책을 덜 느낀다.

만취 상태 사이코패스가 아닌 대부분의 사람들은 타인의 고통을 공감하기 때문에 폭력을 사용하지 않지만 알코올은 정상적 공감 능력을 일시적으로 차단한다. 한 연구에서 참가자들은 알코올음료와 무알코올음료 중 하나를 마신 후 연인이나 배우자와의 관계에서 있었던 갈등을 떠올려보라는 지시를 받았다. 술에 취한 사람들은 상대방의 입장에서 생각하기 더 어려워하고 상대방에게 분노를 더 많이 느꼈다.(MacDonald, Zanna & Holmes, 2000) 이 결과는 배우자 학대와 알코올 소비 간 강력한 상관관계를 설명하는 데 도움이 된다.(Coker et al., 2000 ; Thompson & Kingree, 2006)

알코올의 효과 중 하나는 공격적 행동을 자제하는 정상적 능력이 없어지는 점이다. 즉, 누군가를 해쳤을 때 따르는 부정적 결과들에 대한 처벌을 걱정하지 않게 된다. 폭력 범죄 사례에서 가해자의 50%가 취한 상태에서 범행을 저지른다.(Bushman, 1993) 사실 알코올 중독자가 아니라도 알코올은 공격성으로 이어지며, 심지어 아무 자극을 받지 않아도 공격성이 유발되는 경우도 있다.(Gantner & Taylor, 1992 ; Gustafson, 1992) 한 연구에서는 참가자가 주류 광고를 보기만 해도 낯선 사람을 더 적대적인 사람으로 판단하기도 했다.(Bartholow & Heinz, 2006)

따라서 알코올이 흔히 데이트 강간으로 연결되는 이유를 공감 능력의 부족과 결과에 대해 걱정하지 않는 심리 상태로 설명할 수도 있다.(Abbey, Ross, McDuffie & McAuslan, 1996) 안토니아 애비(Antonia Abbey, 1996)은 당장 자신에게 가장 중요해 보이는 것에만 초점을 맞추는 '알코올 근시(alcohol myopia)'가 데이트 강간 발생률을 높일 가능성이 있음을 보여주는 연구를 검토했다.(Giancola & Corman, 2007 ; Steele & Josephs, 1988) 알코올의 영향 때문에 성적으로 각성된 남성은 자신의 성적 만족에만 집중하는 한편 자신의 접근에 대한 상대의 저항 행동을 오해하거나 무시하게 된다.

상황

매체는 어떻게 폭력을 미화하는가

맨슨 패밀리의 한 일원은 그들의 폭력적 행각에 대해 이렇게 설명했다. "당신들의 텔레비전이 우리를 이렇게 키웠어."(Bugliosi & Gentry, 1974) 사실 밴듀라가 제시한 사회적 학습 이론의 핵심 가정은 우리가 매체를 통해 공격적 행동이 보상으로 이어진다고 배울 수 있다는 점이다. 황금 시간대에 텔레비전을 켜고 아이들이 보는 만화영화 채널을 보거나 영화관에 가보면 누구든 금세 무법천지와 마주하게 될 것이다. 황금 시간대에 방영하는 프로그램 가운데 절반 이상이 폭력적 내용을 담고 있는 데다, 대개 폭력을 화려하고 건전하며 대수롭지 않은 것으로 그린다.(Bushman & Phillips, 2001) 그뿐이 아니다. 아이들은 게임과 노래 가사를 통해서도 폭력에 노출된다.(Anderson, Carnegy & Eubanks, 2003 ; Bushman & Anderson, 2002) 폭력을 담은 멀티미디어의 맹공격이 어떤 영향을 미치는지 알아내기 위해 연구자들은 몇 가지 접근법을 사용했다.

상관 연구 상관 연구에서는 폭력을 많이 접할수록 더 폭력적으로 행동하게 되는지에 주목한다. 몇 차례의 상관 연구 결과에 따르면 공격적 텔레비전 프로그램을 많이 보는 아이들, 특히 남자아이들은 다른 아이들을 더 공격적으로 대한다.(Belson, 1978 ; Friedrich-Cofer & Huston, 1986) 한 종단 연구에서도 폭력적 프로그램을 많이 본 아이들과 공격적 인물에게 동질감을 느낀 아이들의 경우 성인기 초기에 공격적으로 행동할 가능성이 더 높게 나왔다.(Huesmann et al., 2003)

물론 이런 상관관계가 인과관계를 입증하지는 않는다. 어쩌면 폭력 성향

사회심리학

이 있는 아이들이 그저 공격적 프로그램을 더 선택했을 수도 있다. 아니면 빈곤 같은 제3의 요인이 독립적으로 작용해 폭력적 행동을 이끌어내는 동시에 총격전이 벌어지는 텔레비전 프로그램을 선호하게 만들었는지도 모른다. 그렇다면 가난한 사람들은 폭력적 텔레비전의 영향이 없어도 계속 폭력적으로 행동할 것이다. 그래서 한 연구자는 폭력적 행동과 텔레비전 시청의 연관성을 우연히 만들어냈을지 모르는 22가지 '제3의 요인'을 조사했다. 하지만 가능한 모든 원인이 측정돼 통계적으로 제거된 후에도 폭력적 행동과 텔레비전 시청의 연관성은 여전히 존재했다.(Belson, 1978)

실험 연구 실험 연구에서는 참가자를 하나 이상의 폭력적 매체에 무작위로 배정해 반응을 측정한 후 폭력적이지 않은 매체에 비슷한 정도로 노출된 사람들의 반응과 비교한다. 예를 들어 한 연구에서는 대학생들에게 4일 연속으로 밤마다 폭력적 영화를 보게 했다. 이들은 나중에 다른 연구에 참가해 실험 조수에게 해를 입힐 기회를 얻는다. 통제 조건에 배정돼 폭력적이지 않은 프로그램을 본 참가자들과 비교하면, 폭력적 프로그램을 꾸준히 본 사람들은 실험 조수의 도발 여부와 상관없이 더 공격적으로 대했다.(Zillmann & Weaver, 1999) 다른 실험 연구들 역시 폭력적인 텔레비전 프로그램이 아동의 더 공격적인 행동으로 이어진다는 점을 암시했다.(Bushman & Anderson, 2001 ; Leyens et al., 1975 ; Parke et al., 1977)

BOX 10.2

메타 분석으로 본 폭력적 매체와 공격성의 상관관계

매체의 공격성에 대한 연구에서 모두 같은 결론이 나오지는 않는다.(Friedrich-Cofer & Huston, 1986; Wiegman et al., 1992) 연구에서 서로 반대되는 결과가 나오면 연구자는 어떻게 할까? 1장에서 언급한 수사관 비유로 돌아가 여러 명의 목격자 가운데 완전히 믿을 만한 사람은 없고 각자 목격한 대로 범죄의 서로 다른 측면을 증언한다면 수사관은 어떻게 해야 할까? 훌륭한 수사관이라면 증언을 모두 무시하기보다 한데 모은 다음 여러 목격자가 공통적으로 이야기하는 요소나 여러 번 되풀이되는 부분을 찾아볼 것이다.

메타 분석(meta-analysis)은 많은 연구에서 공통점을 발견하기 위한 통계적 기법이다. 하나의 연구에서 결과가 통계적으로 의미 있는지 검증할 때 참가자 간의 차이에서 오류가 발생할 수 있다고 보는 것과 마찬가지로, 연구 결과들이 통계적으로 의미 있는지 '메타 검증(meta-test)'을 할 때 같은 질문에 대한 여러 연구 간 차이를 고려하는 것이다. 참가자가 많은 여러 연구를 모아 검증하면 어쩌다가 효과로 오해될 만한 요소들이 저절로 빠지고 각 실험에서 변인을 통해 알아보고자 한 진짜 효과들이 두드러지게 나타날 확률이 급격히 높아진다.

〈표 10.2〉에 나타난 가상의 연구 결과를 살펴보자. 두 사례 모두 참가자들은 비폭력 통제 조건에서 평균 7회의 전기 충격을 가하고 폭력 매체 조건에서 평균 10회의 전기 충격을 가했다. 표 왼쪽에서는 결과에 영향을 미치는 무작위적 요소가 전혀 없는 것으로 나타난다. 오류의 원천이 다양한 오른쪽 표에서는 결과가 현실 세계에서와 좀 더 비슷하게 나타난다. 두 사례 모두 결과의 평균값은 같다. 하지만 어떤 사람이 오른쪽 사례에서 첫째 줄과 둘째 줄의 값만 비교하면 폭력적 매체에 노출된 결과 공격성이 줄어든다는 잘못된 결론을 내릴 수 있다. 넷째 줄만 보면 차이가 없다는 결론에 이르고, 마지막 줄을 비교하면 매체의 영향을 과장하게 될 것이다. 하지만 많은 연구를 비교하면 이렇게 잘못된 판단을 내릴 수 있는 오류의 원천이 상쇄되므로, 폭력적 매체가 전기 충격을 가한 횟수에 미치는 '진짜' 영향을 더 잘 알 수 있다. 결국 같은 질문에 관한 많은 연구를 통계적으로 평균 내는 이 과정이 메타 분석의 본질이다.

폭력적 매체와 공격성의 관계를 조사한 연구는 많이 수행되었기 때문에 연구자들은 이 문제에 관해 메타 분석을 여러 번 실시할 수 있었다.(e. g., Andison, 1977; Bushman & Anderson, 2001; Hearold, 1986) 예를 들어 한 연구 팀은 공격적인(또는 공격적이지 않은) 영화를 본 직후의 아동이나 청소년을 관찰하고 아이들이 스스로 공격적 행동(운동장에서 다른 아이를 때린다든가)을 했는지 기록해 보고한 28건의 연구를 살펴보았다.(Wood, Wong & Chachere, 1991) 예상처럼 각각의 실험에서 나온 (다양한 무작위적 요소로 얼룩진) 자료로만 판단했을 때는 결과가 일치하지 않고 들쭉날쭉했다. 사실 전체의 3분의 1에 해당하는 연구에서 통제 집단의 참가자가 조작이 가해진 실험 집단의 참가자보다 공격적이었지만, 이렇게 실험 의도와 반대로 나온 결과들에서는 효과가 비교적 적은 것으로 나타나는 경향이 있었다. 이보다 훨씬 많은 연구들에서는 공격적 매체에 노출된 참가자가 더 공격적이라는 결과가 나왔고 효과도 큰 것으로 나타났다. 모든 연구에서 나온 자료의 평균을 내자 "폭력적 매체는 낯선 사람, 학급 친구, 친구들과의 상호작용에서 아동과 청소년의 공격성을 높이는 효과가 있다"라고 연구자들이 자신 있게 결론 내릴 수 있을 만큼 강력한 통계적 자료가 나왔다.

연구자들이 메타 분석을 통해 폭력적 매체가 해로운 영향을 미친다는 결론에 더 자신 있게 도달할 수 있었음에도, 폭력적 텔레비전과 영화에서 수익을 얻는 사람들이 소유한 뉴스 매체에서는 메타 분석 이전의 들쭉날쭉한 결과들을 이용해 대중에게 다른 이야기를 전하곤 한다.(Bushman & Anderson, 2001) 하지만 메타 분석은 폭력적 텔레비전 프로그램 시청과 공격성 사이에 약 30% 정도의 상관관계가 있음을 보여준다.

표 10.2 폭력적 매체에 노출된 참가자들이 전기 충격을 가한 횟수(가상 연구)

참가자	무작위적 요소가 작용할 확률이 없을 때의 결과 양상		더 흔한 결과 양상	
	폭력적 매체	비폭력적 매체	폭력적 매체	비폭력적 매체
A	10	7	5	10
B	10	7	7	9
C	10	7	10	7
D	10	7	8	8
E	10	7	12	13
F	10	7	9	6
G	10	7	15	7
H	10	7	11	1
I	10	7	10	5
J	10	7	13	4
평균	10	7	10	7

이것은 흡연과 암만큼이나 상관관계가 크다는 의미다.(Bushman & Philips, 2001) 모든 흡연자가 폐암에 걸리지는 않고 모든 폐암 환자가 흡연자는 아니다. 마찬가지로 폭력적 프로그램을 보는 모든 사람이 폭력적으로 행동하지는 않는다. 하지만 흡연이 이후 건강에 주된 위험 요소이듯 폭력적 매체를 자주 접하는 이웃집 아이는 그 지역에 사는 다른 아이들에게 위험 요소인 셈이다.

이와 같이 메타 분석을 통해 매체와 공격성의 상관관계에 대해 내린 결론은 밴듀라가 주장한 공격성의 사회적 학습 이론을 뒷받침한다. 공격적으로 행동하고 보상받는 사람을 본보기로 자주 보다 보면 그런 사람들의 공격적 행동을 따라 하는 법을 배우게 된다. 하지만 공격적 매체의 효과는 황금 시간대 텔레비전 프로그램에서만 나타나지 않는다. 공격성의 본보기는 아이들의 비디오게임을 비롯해 '성인' 영화에 이르는 다양한 원천에서 발견된다.

폭력적 게임 10대 소년 에릭 해리스(Eric Harris)와 딜런 클리볼드(Dylan Klebold)는 평소 둠(Doom)이라는 게임을 즐겨 했다. 이 게임은 미군에서 병사들에게 효과적 살인 기술을 훈련하는 데 활용될 정도로 폭력적 장면이 생생하게 담겨 있다. 해리스는 탄약이 무제한으로 지급되는 별도의 무기로 무장한 두 사람이 무방비 상태의 적을 쏘아 죽이도록 게임을 변형해 보유하기도 했다. 두 소년이 학교 과제로 제작한 영상은 둘이 트렌치코트를 입고 등장해 학교 운동부 선수들에게 총을 쏘는 내용이었다. 1999년 4월 20일 해리스와 클리볼드는 그 잔혹한 환상을 실현했다. 그들이 다니던 콜럼바인고등학교에서 13명의 학생을 학살하고 23명에게 부상을 입힌 것이다. 이들이 컴퓨터 화면에서 적을 죽이고 점수를 따는 경험을 통해 살인에 보상이 따른다는 사실을 배웠다고 할 수 있을까? 사회심리학자 크레이그 앤더슨(Craig Anderson)과 캐런 딜(Karen Dill, 2000)은 그렇다는 답을 뒷받침할 자료를 모았다. 앤더슨과 딜은 상관 연구를 통해 실제와 같은 비디오게임을 하는 것이 기물을 파손하거나 다른 학생을 때리는 등의 공격적 행동 및 비행 기록과 관련 있음을 발견했다. 한 신경심리학적 연구에서는 참가자들이 폭력적 이미지(한 남성이 다른 남성의 입에 총을 쑤셔 넣은 사진 등)를 보는 동안 뇌파의 움직임을 조사했다. 폭력적 게임을 하지 않은 학생들과 비교할 때 폭력적 게임을 자주 접한 학생들의 뇌에서는 이들이 폭력적 이미지에 둔감해졌음을 보여주는 특정한 양상의 뇌파가 측정되었다.(Bartholow, Bushman & Sestir, 2006)

모든 상관관계가 그러하듯 이 결과들로 인과관계를 밝히지는 못한다. 폭력적 게임을 했기 때문에 비행 청소년이 된 것이 아니라 비행 성향이 있었기에 폭력적 게임을 선택했는지도 모르는 일이다. 하지만 한 연구에서도 임의로 폭력적 화면이 나오는 게임을 하도록 배정받은 대학생들이 폭력적이지 않은 게임을 한 비교 집단의 학생들에 비해 공격적 생각과 감정을 더 많이 경험했다는 게 드러났다. 연구자들은 폭력적 게임이 청소년들에게 갈등을 공격적으로 해결하는 법을 배우고 연습하는 장을 제공할 수 있다고 결론 내렸다.(Anderson et al., 2004; Carnagey & Anderson, 2005) 또 다른 실험에서는 피가 보이지 않는 조건부터 최고로 잔혹한 조건 사이의 여러 단계에 학생들을 배정해 모탈 컴뱃(Mortal Kombat)이라는 게임을 하게 했다. 피가 많이 튈수록 학생들은 더 각성되고 공격적인 경향을 보였다.(Bartlett, Harris & Bruey, 2008) 연구자들은 실험실 밖 현실에서도 폭력적 게임과 반사회적 비행의 관련성을 발견했다.(DeLisi et al., 2013) 폭력적 비디오게임에 대한 연구를 메타 분석한 결과는 비디오게임이 공격적 생각, 감정, 행동에 확실한 영향을 미친다는 점을 보여주었다. 그 효과는 콘돔 사용이 에이즈 발병률 저하에 미치는 영향만큼이나 강력했다.(Anderson & Bushman, 2001; Anderson, Shibuya et al., 2010) 실험에서 폭력적 게임에 노출되는 경험은 공격적 행동의 증가 외에도 실제 폭력을 대할 때 정상적인 생리적 각성 수준을 낮추는 결과를 낳는다. 이러한 결과는 폭력적 게임을 하는 청소년이 다른 사람의 고통에 무감각해진다는 점을 암시한다.(Carnegy, Anderson & Bushman, 2007; Engelhardt et al., 2011)

폭력적 음란물 포르노 잡지와 영상의 주된 문제는 폭력 형태인 강간을 미화한다는 것이다. 이런 영상을 살펴보면 처음에는 피해자가 강간범에게 저항하다가 나중에는 그 상황을 즐기고 섹스를 더 원함으로써 남성의 강압적 태도에 보상을 주는 모습으로 묘사되는 경우가 많다. 한 실험에 따르면 이런 영상을 본 후에는 분노가 유발되지 않은 조건의 남성조차 여성에게 전기 충격을 더 많이 주었다.(Donnerstein & Berkowitz, 1981) 또 다른 연구에서 슬래셔 영화(slasher movie, 살인마가 등장해 잔혹하게 살인을 저지르는 공포 영화)를 며칠 밤 동안 관람한 참가자들은 여성에게 폭력이 가해지는 상황에 무뎌졌고, 이후 법정에서 강간 피해자에게 공감을 더 적게 표현했다.(Mullin & Linz, 1995) 그 밖에도 비디오게임에 대한 연구와 같은 맥락에서 최근 수행된 연구에 따르면, 실험에서 성적 고정관념이 반영된 게임을 접한 사람들은 성추행에 더 관대해졌다.(Dill, Brown & Collins, 2008)

음란물이 공격성에 미치는 영향에 대해서도 논란이 있다. 어떤 명확한 관련성도 발견되지 않는다고 생각하는 연구자들도 있고(e. g., Brannigan, 1997; Fisher & Grenier, 1994), 여성에 대한 공격성이 조금이라도 증가한 원인은 성적 요소가 아니라 폭력적 요소 때문이라고 주장하는 연구자들도 있다.(Malamuth & Donnerstein, 1984) 실제로 예전에 덜 노골적이고 폭력적이지 않은 성애물, 이를테면 《플레이보이》에 실린 섹시한 사진 등을 사용한 연구에서는 잡지를 본 이후 공격성이 감소되기도 했다.(Baron, 1974) 닐 맬러무스(Neil Malamuth)와 그의 동료 태머라 애디슨(Tamara Addison), 메리 코스(Mary Koss, 2001)는 연구자 자신들을 포함한 대부분의 사람이 이 주제에 대해 확고한 가치관을 형성한 경우가 많으므로 민감하게 다룰 문제라고 언급했다. 보수주의자들은 음란물이 가족의 가치를 훼손한다고 믿는다. 반면에 자유주의자들은 그 영향이 대수롭지 않거나 가끔 긍정적일 때도 있다고 생각하며, 음란물 검열이 미국의 수정 헌법 1조(언론 및 표현의 자유를 규정한 조항)에 위배된다고 생각한다. 다수의 페미니스트들은 음란물이 남성으로 하여금 여성에 대해 비하적이고 적대적인 태도를 형성하게 하고 강간을 여성 입장에서 긍정적인 경험으로 묘사할 때가 많다는 제3의 관점을 취한다.

맬러무스와 동료들은 새로운 자료와 메타 분석을 바탕으로 몇 가지 결론을 내놓았다. 우선 실험과 상관 연구에 따르면 여성에 대한 남성의 적대감과 음란물 이용 사이에 어떤 상관관계가 있는 것으로 보인다. 이 관련성은 음란물이 폭력적인 경우 특히 두드러지며, 극히 높은 수위의 음란물에 노출되거나 여성에게 폭력을 쓸 만한 몇 가지 위험 요소(심하게 난잡한 성향 등)가 있는 사람들에게 발견될 가능성이 더 높다. 현재까지 밝혀진 증거로는 거꾸로 남성의 공격성이 음란물을 보게 만드는 원인일 가능성을 확실히 배제하지 못한다. 하지만 연구자들이 상관 연구와 실험 결과들을 종합해 내린 결론은 폭력적 음란물을 본 남성 가운데 일부가 나중에 여성에게 폭력적으로 행동할 수 있다고 우려할 만한 이유가 있다는 것이다.

상호작용

폭력적 매체와 폭력 성향

사람들은 미화된 폭력을 보면서 공격성에서 더 많은 보상을 얻을 수 있는 것처럼 생각하기 쉽지만 모든 사람이 그렇지는 않다. 누구나 폭력의 묘사에 노출될 때 보상을 얻는다고 느끼지는 않는다. 폭력적 영화나 피가 튀는 권투 경기를 애써 피하는 사람이 있는가 하면, 그런 경험을 즐기는 것처럼 보이는 사람도 있다.

몬트리올의 연구자들은 영화를 자주 보러 다니는 사람들을 대상으로 공격성에 대한 짧은 설문을 실시했다. 참가자들은 폭력적 영화(기관총, 총검, 칼, 폭발로 죽음을 묘사하는 장면이 61회 등장하는 영화)나 폭력적이지 않은 영화(폭력적 죽음이 등장하지 않는 영화)를 관람하기 전후에 설문지를 작성했다. 연구자들은 폭력적 영화를 본 관람자들의 공격적 성향이 높아진 반면 폭력적이지 않은 영화를 본 관람자들에게는 아무 변화가 없음을 발견했다. 하지만 더욱 흥미로운 점은 따로 있었다. 공격적 영화를 선택한 사람들은 처음부터 훨씬 공격적인 성향이었던 것이다.(Black & Bevan, 1992) 이후에 수행된 일련의 실험실 연구에서도 이와 같은 관련성이 밝혀졌다. 공격적 영화를 본 사람들이 더 폭력적 성향을 띠게 되는 것은 사실이지만, 애초에 폭력적 성향이 있는 사람들이 공격성에 자신을 노출하기로 선택하기도 했다.(Bushman, 1995) 여기에서 우리는 다시 한 번 사람과 상황의 역동적 상호작용의 형태를 발견할 수 있다. 어떤 사람들은 폭력을 즐거운 것으로 여기기 쉽고 폭력이 미화되는 상황을 선택한다. 반면에 어떤 사람들은 폭력을 불쾌한 것으로 여기고 그런 상황을 피하기로 선택한다. 이런 선택이 여러 번 거듭되면 처음에는 작은 차이가 더욱 커질 가능성이 있다.

사회적 지위의 획득과 유지

우간다 북쪽에 거주하는 도도스족에서 남성은 자신이 전사임을 입증할 때까지 결혼하거나 아이를 가질 수 없다. 브라질의 야노마미족을 비롯해 동아프리카의 마사이족까지 세계의 다양한 사회에서는 '전사의 지위'를 보유한 남성, 즉 공격성을 즐기고 명예를 위해 싸울 준비가 된 이들에게 상당한 경의를 표한다.(McCarthy, 1994)

어떤 차원에서 보면 지위를 얻기 위한 공격적 행동은 물질적·사회적 보상을 얻기 위한 행동의 일부다. 알 카포네는 폭력배 두목이라는 지위를 유지하고 밀주 제작과 유통으로 불법적 이익을 계속 얻기 위해 폭력을 사용했다. 하지만 지위를 얻고 유지하는 목표와 공격성 사이에는 독특한 관련성이 하나 더 있다. 바로 눈에 보이는 물질적 보상이 없어도 사람들이 지위를 위해 싸우는 경우가 있다는 점이다. 실제로 사람들은 처벌을 예상하면서도 지위를 위해 싸울 때가 있다. 심리학자들 중에는 사회적 지위 획득이라는 목표가 공격성을 결정하는 데 있어 특별한 역할, 즉 진화의 과정과 관련된 역할을 한다고 보는 사람들도 있다.

공격성과 성선택

공격성과 지위의 연관성이 브라질의 정글부터 뉴욕과 시카고의 거리까지 널리 퍼져 있는 이유는 무엇일까? 캐나다의 심리학자 마틴 데일리(Martin Daly)와 마고 윌슨(Margo Wilson, 1988, 1994)은 **차별적 양육 투자**(differential parental investment, 자손에게 더 많이 투자하는 동물(이를테면 포유류에서는 암컷)이 더욱 신중하게 짝을 선택한다는 원리)와 성선택이라는 강력한 진화의 원리로 이어지는 연결 고리를 추적했다. 8장에서 논한 차별적 양육 투자의 원리에 따르면 암컷은 (임신 가능성이 있으므로) 짝을 성급히 선택하면 잃을 것이 더 많다. 따라서 이들은 짝이 될 수컷을 고르는 데 신중해지고 더 훌륭한 유전자의 존재를 암시하는 특징을 선호하게 된다.

암컷의 짝 선택이 공격성과 무슨 관계가 있을까? 답은 **성선택**(sexual selection)에 있다. 성선택은 번식에 도움이 되는 경향이 후대로 전해지는 과정이다.(Miller, 2000) 까다로운 암컷의 주의를 끌기 위해 수컷은 여러 행동 가운데 하나를 실행해야 한다. 공작처럼 아름다운 꼬리나 튼튼한 둥지를 짓는 능력, 풍요로운 영역을 지키는 능력 등 긍정적 특징을 드러내 보일 수 있다. 아니면 직접 경쟁자를 이길 수도 있다. 싸워서 서열의 꼭대기에 도달함으로써 지배성을 획득하는 것이다. 영역을 지키든 서열의 최고 자리를 차지하든 더 큰 몸집과 공격적 성향이 도움이 된다.(Alcock, 1993)

이런 이유로 진화론을 연구하는 이론가들은 성공적 번식과 지위를 위한 경쟁 사이에 필연적 관계가 있다고 가정한다. 이 등식에서 공격성은 부산물일 뿐이다. 성선택 이론의 몇 가지 가정은 인간에게도 적용된다. 인간은 포유동물이고 포유류 암컷은 항상 자손에게 많은 자원을 투자하기 때문에 인간 남성은 일반적으로 지위와 영역을 위해 경쟁하는 경향이 더 높다.(Buss & Duntley, 2006; Campbell, 2005) 앞서 언급했듯 최근 수십 년간 미국 내에서 일어난 살인 사건의 가해자는 거의 대부분이 남성이었다. 진화론적 관점과 일치하는 이러한 남녀 차이는 세계적으로 나타난다.

남성끼리의 공격적 경쟁이 짝 선택 때문이라면 특정 조건에서는 그 성향이 높아지거나 낮아지기 마련이다. 이를테면 여성을 유혹할 다른 자원을 이용하기 어려워지면 남성끼리의 경쟁이 더 치열해진다. 마찬가지로 번식 경쟁을 하는 나이가 되면 공격성이 높아질 것이다. 하지만 일단 장기적 관계를 맺을 짝을 유혹한 남성은 다른 남성과 충돌할 필요성이 낮아진다. 앞으로 우리는 이 예상을 뒷받침하는 증거에 대해 알아볼 것이다. 한편 여러 문화에서 공통적으로 나타나리라고 예상되는 번식 중심의 남녀 차이에 더하여 지위와 관련된 공격성이 문화에 따라 다르게 나타나기도 한다. 10장에서는 이러한 현상에 대해서도 알아볼 것이다.

사람

성과 테스토스테론

동물학자들에 따르면 수컷의 폭력적 경쟁 성향은 포유류에서 두루 발견된다.(Boulton, 1994) 그 증거를 얻기 위해 우간다의 가지뿔영양이나 탄자니아의 침팬지를 연구하러 갈 필요는 없다. 가까운 농장에 가서 수소와 암소, 수말과 암말의 차이를 관찰하거나 동네에서 수캐와 암캐의 차이를 찾아보라.

지위를 놓고 경쟁하려는 생물학적 동기의 근원은 아주 오래전으로 거슬러 올라가지만 그런 성향을 움직이는 체계는 우리 몸에도 여전히 남아 있다. 남성적 행동 및 신체의 발달과 관련 있는 테스토스테론은 여성에 비해 남성의 혈액에 훨씬 많이 포함돼 있으며 공격성 및 사회적 지배성과 직접적으로 관련된다.

사회심리학자 제임스 댑스(James Dabbs)와 동료들은 테스토스테론과 사회적 행동의 관련성을 조사하는 여러 연구를 잇달아 수행했다. 그 결과는 다음과 같다.

- 9~11세 소년의 경우 높은 테스토스테론 수치가 더 공격적인 행동과 관련 있다.(Chance, Brown, Dabbs & Casey, 2000)
- 테스토스테론 수치가 높은 교도소 수감자들은 교도관과 더 많이 대립한다. 또한 테스토스테론 수치가 높은 수감자들이 저지른 범죄는 평균적으로 더 폭력적이다.(Dabbs et al., 1987, 1991, 1995)
- 4462명의 재향군인 중 테스토스테론 수치가 높은 사람들은 폭력적이고 법적 문제를 겪을 가능성이 높았으며 일반적으로 성관계 상대의 수가 많은 경향이 있다.(Dabbs & Morris, 1990)

이 발견들은 모두 상관관계를 나타낸 것으로, 높은 테스토스테론 수치가 공격성과 반사회적 행동의 원인이나 결과라고 판단하기는 어렵다. 테스토스테론 수치는 경쟁이나 성적 행동으로 높아질 수 있기 때문에 인과관계는 확실하지 않다.(Mazur & Booth, 1998) 예를 들어 한 연구에서 남성 대학생들이 다른 학생에게 모욕을 당하고 밀침을 당했다.(Cohen, Nisbett, Bowdle & Schwarz, 1996) 일련의 대치 후에 참가자의 테스토스테론 수치를 측정하자 현저히 높아진 것이 발견되었다.

하지만 이에 관한 실험 연구는 테스토스테론의 증가가 단순히 연관성 있는 정도가 아니라 경쟁적 행동이 증가하는 원인임을 보여준다.(Carré, McCormick & Hariri, 2011) 한 연구에서는 소규모 집단의 남성들에게 테스토스테론을 주입했다. 이 과정은 테스토스테론의 양을 2주마다 2배로 늘리면서 6주에 걸쳐 진행되었다.(Kouri et al., 1995) 이 기간 동안 남성 참가자들은 실험실에서 다른 참가자와 함께 있어야 했고 이내 상대가 버튼을 눌러 자신에게 지급될 현금의 액수를 줄이고 있다고 생각하게 되었다. 테스토스테론을 주입받은 남

사회심리학

성들은 아무 효과도 없는 가짜 약을 주입받은 남성들에 비해 보복하는 경향이 더 높았다.

네덜란드의 심리학자들은 50명으로 된 한 집단이 성전환 과정을 거치는 동안 일련의 흥미로운 연구를 진행했다. 스테파니 판호전(Stephanie Van Goozen, 1995)은 두 방향으로 일어나는 변화를 추적할 수 있었다. 50명 중 35명은 여성이었고, 남성이 되기 위해 테스토스테론을 맞았다. 15명은 남성이었고, 여성이 되기 위해 테스토스테론 억제 약물을 주입받았다. 테스토스테론을 주입받은 여성들은 더 공격적이고 성적 각성에 더 민감해진 반면, 테스토스테론을 억제받은 남성들은 이와 반대로 공격성과 성적 각성 수준이 급격하게 저하되었다.

남성과 여성 모두 테스토스테론을 생성하며, 테스토스테론은 남녀에게 같은 영향을 미친다.(Dabbs et al., 1996; Glickman et al., 1993) 성인 남성은 여성의 7배에 달하는 테스토스테론을 생성하지만(Mazur & Booth, 1998), 남성의 경우에도 폭력적 매체의 영향과 마찬가지로 테스토스테론이 공격성에 미치는 영향은 그리 크지 않기 때문에 확실한 효과를 발견하기 위해서는 많은 사람을 대상으로 연구해야 할 때가 종종 있다.(Dabbs & Morris, 1990)

이와 같이 개인의 테스토스테론 증가가 폭력적이거나 반사회적인 행동과 직결된다고 보기는 어렵다. 그보다는 럭비, 테니스, 체스, 도미노 같은 경쟁적 행동과 더 밀접한 관계가 있다고 볼 수 있다.(Bateup et al., 2002; Mazur, Booth & Dabbs, 1992; Wagner, Flinn & England, 2002) 앨런 머주어(Allan Mazur)와 앨런 부스(Alan Booth, 1998)는 상당수의 연구를 검토한 끝에, 높은 테스토스테론 수치가 "다른 사람들을 지배하고자 하는 행동, 즉 지위를 높이려는 행동"을 촉진한다는 결론을 내렸다. 이것이 공격적 행동으로 나타날 때도 있지만 그러지 않을 때도 있다. 따라서 테스토스테론은 공격성에 직접적 영향을 미치지는 않으나 다른 사람들을 지배하려는 동기를 강화함으로써 간접적 영향을 미친다고 할 수 있다.

명예의 문화와 모욕

지위와 관련된 공격성이 여성보다 남성에게 더 중요하다는 가정을 뒷받침하듯 남성 살인자들은 이전에 받은 모욕이나 '짓밟힌' 일을 복수하려는 동기로 살인을 저지르는 비율이 더 높다.(Daly & Wilson, 1988) 10장을 시작하면서 소개한 맨슨 패밀리의 잔혹한 살인을 생각해보자. 처음에는 무작위로 저지른 짓으로 보였지만 그렇지 않다는 사실이 밝혀졌다. 맨슨은 그 집과 관련 있는 사람들에게 여러 번 모욕을 당했다. 패밀리가 몰려가기 바로 전에 맨슨은 전에 자신을 퇴짜 놓은 음반 제작자 테리 멜처를 찾으러 그 집에 갔다. 그 집이 다른 할리우드 제작자에게 팔렸다는 사실을 알게 된 맨슨은 그 사람에게 접근하려 했다가 다시, 상당히 모욕적으로 퇴짜를 맞았다.

개인적으로 자존심이 뭉개지는 경험에는 공격성을 유발하는 강력한 힘이 있다. 그리하여 공격성에 대한 수많은 연구에서도 이 힘을 이용해왔다. 실험 참가자들은 자신을 존중한 사람에 비해 자신을 모욕한 사람에게 전기 충격을 가할 가능성이 더 높다.(e. g., Buss, 1963; Carver & Glass, 1978) 현실에서도 우리가 사람을 죽이는 상상을 하는 경우는 다른 사람에게 어떤 식으로든 모욕을 당했기 때문일 때가 많다.(Duntley, 2005; Kenrick & Sheets, 1994)

체면 차리기를 중시하는 성향은 극단으로 치닫는 경우가 많다. 필라델피아에서 일어난 살인 사건들을 분석한 연구에서 마빈 볼프강(Marvin Wolfgang, 1958)은 살인이 일어난 원인의 37%가 '사소한 말다툼'이었다고 분류했다. 말다툼은 모욕을 당하거나 누군가와 부딪쳤다는 비교적 사소한 일에서 시작된다. '사소한'이라고는 하지만 이런 말다툼은 살인의 가장 흔한 동기다. 다만 남성들만 유독 사소한 말다툼으로 시작해 살인까지 저지르는 것으로 보인다. 왜 그럴까? 살인 사건에 대한 경찰 보고서를 상세히 조사한 마고 윌슨과 마틴 데일리는 이런 싸움의 원인이 실제로는 전혀 사소하지 않다고 말했다.(Wilson & Daly, 1985) 남성들 사이의 폭력적 갈등은 누군가가 상대방을 공개적으로 모욕함으로써 시작돼 점차 고조되는, 지위를 건 싸움이다.

모든 남성이 모욕에 총을 집어 드는 식으로 대응하지는 않는다. 이런 지위 대결이 폭력적 싸움으로 번질지의 여부는 더 넓은 상황, 즉 그 사람이 자라온 문화의 특징에 따라 다르다. 리처드 니스벳(Richard Nisbett, 1993)의 주장에 따르면 미국 남부와 서부에 사는 사람들은 북부 지역 사람들에 비해 **명예의 문화**(culture of honor)의 영향을 받으며 사회화될 가능성이 높다. 명예의 문화란 사람들(특히 남성)은 폭력을 써서라도 명예를 지킬 준비가 되어 있어야 한다는 미국 남부의 사회규범이다.(Cohen & Nisbett, 1997)

남북전쟁 당시 노예제를 허용했던 미국 조지아주 올드 사우스에서는 살인 사건이 발생했을 때 피해자가 가해자를 모욕했고 이에 대한 사과를 거부했다면 가해자에게 유죄를 선고하기 어려웠다. 남부 지역의 법률에는 여전히 그 문화가 반영되어 있다.(Cohen, 1996) 남부 지역에서 살인 사건 발생률도 더 높은 편이지만 어디까지나 명예와 관련된 논쟁에서 시작한 사건에 한해서다.(Nisbett, Polly & Lang, 1995) 남부 사람들이 일반적으로 더 폭력적이거나 범죄 성향이 높은 것은 아니다. 단지 논쟁 끝에 살인을 저지를 가능성이 더 높을 뿐이다. 한 연구 팀은 텍사스주의 휴스턴 같은 도시의 높은 살인 사건 발생률을 설명할 수 있는 원인은 더위가 아니라 남부 특유의 문화 때문일지 모른다는 내용의 자료를 제시했다.(Cohn, Rotton, Peterson & Tarr, 2004)

도브 코언(Dov Cohen), 브라이언 보들(Brian Bowdle), 노르베르트 슈바르츠(Norbert Schwarz)는 니스벳과 합류해 흥미롭고 약간은 위험한 일련의 연구를 수행했다. 연구 목적은 공격성에서 나타나는 이러한 지역적 차이를 밝히는 것이었다.(Cohen et al., 1996) 이 연구에서 참가자는 서류 보관장을 사용하고 있는 다른 학생(실험 공모자)에게 비켜달라고 한 후 그 학생을 지나쳐 가야 했다. 그런 다음 돌아와서 같은 장소를 한 번 더 지나가야 했다. 이때 공모자는 서랍을 쾅 닫고 참가자를 어깨로 밀치며 "싸가지 없는 놈"이라고 말하고는 황급히 다른 방으로 도망쳐 문을 잠갔다. 이것은 좋은 생각임이 밝혀졌다. 참가자가 실제로 그를 쫓아가서 공격적으로 문을 열려고 했기 때문이다. 두 공모자는 근처에서 참가자가 모욕에 어떻게 대응하는지 기록했다. 이 도발에 대한 반응으로 북부 사람들 중에서는 65%가 화를 내기보다 재미있다는 듯이 반응했다. 하지만 남부 사람들 중에서는 그렇게 반응한 사람이 15%에 불과했다. 남부 사람들은 유머보다 격노를 훨씬 많이 표현했다.

최근의 연구에서 발견된 점에 따르면 '명예의 문화'를 고수하는 사람들은 치명적인 위험을 무릅쓰는 한편, 테러 행위에 더욱 전투적으로 반응하기를 좋아하는 경향이 높다.(Barnes et al., 2012a, 2012b)

지위가 중요해지는 경우

테스토스테론은 남성의 지배성에 대한 동기를 자극하는 것으로 보인다.(Mazur & Booth, 1998) 물론 폭력에 기대지 않고 그 동기가 충족될 수 있다면 그렇게 할 것이다. 성선택 이론의 관점에서 보면 지위를 위해 투쟁하는 남성의 경향은 성공적 번식이라는 더 큰 목표를 위한 통로일 뿐이다. 이 말은 사회적 지위로 향하는 덜 위험한 통로가 막혔을 때만 지위와 관련된 공격성이 나타난다는 의미다. 지위를 위한 공격성은 여성을 얻기 어려울 때도 높아지지만 반대로 짝구하기라는 목표에 성공했을 때는 낮아진다. 이렇게 사람과 상황이 상호작용함에 따라 달라지는 예측들은 연구 결과로 뒷받침된다.

성공으로 통하는 길이 막혔을 때 제임스 댑스와 로빈 모리스(Robin Morris)는 4462명의 재향군인을 대상으로 수행한 연구를 통해 높은 테스토스테론 수치와 지위의 높고 낮음 사이에서 각각 다른 상관관계를 발견했다.(Dabbs & Morris, 1990) 높은 테스토스테론 수치는 지위가 높은 남성의 경우 반사회적 행동을 증가시키지 않는 반면, 지위가 더 낮은 남성의 경우 범죄에 관여할 위험을 유의미하게 높였다.

왜 그럴까? 댑스와 모리스는 두 경우에 지위로 향하는 통로가 각각 다르기 때문이라고 설명한다. 테스토스테론은 상위 집단과 하위 집단 모두에게 경쟁과 지배성 충동을 자극한다. 하지만 상위 집단의 남성은 그 충동을 실행하기 위해 누군가를 때릴 필요가 없다. 테니스, 체스, 주식거래 등 격렬하고 위험이 따르는 활동을 하면서 충동을 발산할 수 있기 때문이다. 하지만 하위 집단의 남성은 허드렛일을 하거나 실업 상태일 수도 있으므로 존경받는 지위로 통하는 길을 이용할 수 없다. 따라서 이들은 누군가를 때리거나 법을 어김으로써 지위와 존경에 대한 충동에 대응할 가능성이 더 높다.

일반적으로 낮은 자존감이 공격성으로 이어진다고 생각하기 쉽다. 거부당하는 느낌이 공격성을 유발할 수 있음을 보여주는 연구도 많았지만(Gaertner, Iuzzini & O'Mara, 2008; Leary, Twenge & Quinlivan, 2006), 일반적으로 자존감이 **높은** 사람(특히 남성)은 만성적으로 자존감이 낮은 사람에 비해 공격적으로 행동할 가능성이 높다.(Baumeister, Bushman & Campbell, 2000) 하지만 우리가 가장 조심해야 하는 사람은 자신에게 만족하거나 남들에게 존경 받는 사람이 아니다.(Johnson, Burk & Kirkpatrick, 2007) 그보다 자신을 지나치게 과장된 시선으로 보고 다른 사람들이 자신을 충분히 존경해주지 않는다고 느끼는 사람들이 가장 위험하다.(e. g., Johnson et al., 2007; Kernis, Grannemann & Barclay, 1989; Twenge & Campbell, 2003)

짝을 얻기 위한 경쟁 지위와 관련된 공격성이 짝을 얻기 위한 경쟁에 따라 오르내린다는 몇몇 증거가 있다. 다른 동물 종에서는 짝짓기 철, 즉 영역과 암컷을 차지하기 위해 다투기 직전에 수컷의 공격성이 높아진다.(Gould & Gould, 1989) 인간의 경우 남자아이들은 사춘기 때 지배성을 과시하는 경향이 높아진다. 이 시기에 훌륭한 경쟁력을 갖추면(예를 들어 운동부 스타 되기) 이성 사이에서 인기를 얻게 된다.(Weisfeld, 1994) 남성들은 10대 후반에서 20대 때가 가장 위험한 시기이다. 이때 테스토스테론 수치가 가장 높고 짝을 차지하기 위해 가장 치열하게 경쟁하기 때문이다.(Daly & Wilson, 1988; Palmer, 1993) 이와 같은 맥락에서 결혼한 남성들, 그중에서도 특히 배우자에게 헌신적이거나 아이가 있는 남성들은 테스토스테론 수치가 미혼 남성에 비해 낮다.(Gray et al., 2002; McIntyre et al., 2006)

　　블라다스 그리스케비시우스(Vladas Griskevicius)와 그의 동료들은 "강한 인상을 남기기 위해 공격하는" 남성들의 경향과 더불어 그런 경향과 짝짓기 및 지위의 연관성을 알아보는 연구를 몇 차례 수행했다. 연구자들은 참가자에게 영향력이 큰 직업(지위 경쟁 동기)을 시작하는 첫날 혹은 아주 매력적이라고 여기는 사람과 낭만적인 데이트(짝짓기 동기)를 가정해 각각 다른 사회적 동기를 활성화했다. 그다음 참가자들에게 파티에서 아는 사람이 무례하게 음료수를 끼얹고 사과하지 않는다면 어떻게 하겠느냐는 질문을 건넸다. 통제 조건에 비해 지위에 대해 생각하도록 점화된 남성들은 직접 공격적 행동을 하겠다고 대답할 가능성이 컸고, 여성들은 짜증 나게 한 사람에게 대놓고 행동하기보다 간접적인 복수를 선호할 가능성이 컸다. 하지만 짝짓기 동기가 활성화된 남성들은 관객(주변 사람들)에 따라 아주 다르게 행동했다. 주변에 다른 남성들이 있다고 상상했을 때는 역시 직접 공격적으로 행동하는 쪽을 선호했다. 하지만 여성들로 둘러싸였다고 상상했을 때는 공격적 성향을 더 억제하는 쪽으로 반응했다. 이 실험을 통해 남성들은 폭력적 행동 자체가 여성들에게는 매력적이지 않지만 폭력이 다른 남성들 사이에서 인식되는 지위(여성들이 매력적이라고 간주하는)와 관련 있다는 사실을 알 수 있다.(Griskevicius, Tybur, Gangestad, Perea, Shapiro & Kenrick, 2009)

자신과 타인을 지키는 법

더운 날씨에 짜증이 났다든가 동료 폭력배에게 존경을 받고 싶었다는 이유로 살인을 저지른 사람은 배심원단에게 동정을 얻을 가능성이 낮다. 하지만 살인을 저질렀더라도 앞으로 살펴볼 공격성의 궁극적 동기는 정당한 이유로 인정받을 수 있다. J. 마틴 라미레스(J. Martin Ramirez, 1993)는 스페인, 핀란드, 폴란드에서 공격성이 정당화될 수 있는 상황에 대해 조사했다. 세 나라 사람들 모두 공격성이 정당화될 수 있는 이유로 '자기방어'와 '타인 보호'를 가장 많이 꼽았다. 진화론적 관점에서 보면 다른 동물들과 마찬가지로 인간도 자신이나 가까운 친척을 지켜야 할 때 공격적으로 행동하려 한다는 설명은 타당해 보인다.(Duntley, 2005)

물론 모든 사람이 폭력으로부터 자신을 지키기 위해 공격적으로 행동하지는 않는다. 곧 논하겠지만 자기방어적 공격성을 비교적 쉽게 드러내는 사람도 있고, 방어적 감정을 폭력성으로 변하게 하는 상황도 있다.

사람
자기방어자
한스 토흐(Hans Toch, 1984)는 폭력 범죄자를 분류하면서 특정한 살인자 유형을 '자기방어자(self-defender)'라고 불렀다. 이런 사람들은 "다른 사람을 신체적 위험의 원천으로 보고 반응한다. 이들은 먼저 공격하지 않으면 자신이 당할 것이라고 생각하고 불안해한다."(Bertilson, 1990, p. 459)

자기방어적 공격성을 드러내기 쉬운 사람의 특징은 2가지로 볼 수 있다. 하나는 귀인 유형과 관련 있고, 다른 하나는 상대적 체격 및 힘과 관련 있다.

사회심리학

방어적 귀인 유형 공격적인 아이들은 냉혈한 꼬마 사이코패스가 아니라 사실 공격당할까 봐 두려워하는 것이다.(Dodge et al., 1990) 이 어린 공격자들에게는 대체로 2가지 특징이 있다. 하나는 지나치게 감정적이라는 것이고, 다른 하나는 타인이 자신을 위협하고 있다고 믿는 경향이다. 케네스 도지(Kenneth Dodge)와 동료들은 학교 운동장에서 나타나는 공격성에 대한 연구를 바탕으로 〈표 10.3〉과 같은 아동의 공격성에 관한 사회적 정보처리 모형을 개발했다.(Dodge et al., 1990: Hubbard et al., 2001)

표 10.3 방어적 성향에 따른 아동의 사회적 정보처리 방식

사회적 상황		반응	
정보처리 순서	예	방어적인 아이	방어적이지 않은 아이
1단계 위협을 탐색한다.	누군가가 나를 어떤 식으로든 위협하고 있는가?	다른 아이가 자신에게 부딪치면 더 잘 알아차린다.	다른 아이가 게임하다가 자신과 부딪쳐도 알아차릴 가능성이 비교적 낮다.
2단계 단서를 해석한다.	저 아이는 왜 나에게 부딪쳤을까?	부딪친 이유가 확실치 않을 때 자신을 밀치려는 시도였다고 해석하기 쉽다.	부딪친 이유가 확실하지 않으면 그저 우연한 일로 해석하기 쉽다.
3단계 반응 방식을 고려한다.	저 아이가 자꾸 나에게 부딪치면 어떻게 해야 할까?	때리거나 어떤 방법으로든 복수하는 등 공격적 해결책을 생각하기 쉽다.	농담을 던지는 것처럼 평화적으로 해결하기 쉽다.
4단계 반응을 선택한다.	어느 쪽이 문제를 해결하는 최선의 방법일까?	평화적 반응을 제외할 가능성이 높다.	공격적 반응이 떠올라도 선택지에서 제외할 가능성이 높다.
5단계 반응을 실행한다.	결정을 어떤 식으로 실행할까?	공격적 방법을 실행하는 데 더 능숙하다.	평화적 방법을 실행하는 데 더 능숙하다.

감정적인 아이들은 **방어적 귀인 유형**(defensive attributional style)으로, 다른 사람들의 행동을 보고 자신에게 해를 끼치려는 행동으로 해석해 위협을 느끼는 경향이 있다.(Dodge & Coie, 1987) 방어적인 아이들은 상처받는 것을 두려워하기 때문에 다른 아이들은 무심코 지나칠 만한 상황에 공격적인 반응을 고려하거나 실행하는 경우가 많다. 폭력으로 구금된 청소년 역시 이와 같은 방어적 행동 양상을 많이 나타낸다. 그저 재미로 폭력을 휘두른다기보다 다른 사람들에게 위협받는다고 인식할 때 공격적으로 반응하는 것에 가깝다.(Hubbard et al., 2001) 전 연령대를 아울러 모호한 상황을 적대적으로 해석

하고 이렇게 인식된 위협을 심각하게 받아들이는 경향은 분노의 감정을 일으키고 공격적인 반응을 촉발하는 방아쇠 역할을 한다.(Wilkowski & Robinson, 2008)

효과 · 위험 비율과 학대 여성들은 상대적으로 체격이 작기 때문에 남성과의 관계에서 괴롭힘 당하는 쪽이 되기 쉽다.(Ahmad & Smith, 1994) 병원 대기실에서 기다리는 여성들을 대상으로 실시한 설문 조사에서 놀라운 사실이 밝혀졌다. 남편이나 남자 친구에게 신체적으로 학대당한 경험이 있는 여성의 비율이 40% 이상이었고, 그중 절반 정도는 여전히 학대를 당하고 있었다.(Coker et al., 2000) 실제로 미국에서 살해당하는 여성 가운데 배우자나 남자 친구가 가해자인 경우가 절반 이상이다.

여성들도 배우자나 남자 친구를 살해하지만 동기가 남성들과 매우 다르다.(Belknap et al., 2012; Browne, 1993; Daly & Wilson, 1988) 남성들은 상대를 괴롭히거나 통제하려다가 살해하는 경우가 많은 반면, 여성들은 자기방어 차원에서 살인을 저지르는 경우가 많다. 따라서 여성들은 대체로 반복적 위협이나 학대처럼 극단적인 상황에 처했을 때만 폭력에 의지한다고 할 수 있다.

여성도 남성만큼 분노의 감정을 느낀다는 사실을 감안했을 때 여성들이 더 극단적인 상황이 되어야 심각한 물리적 폭력을 행사하는 이유는 무엇일까? 이 질문에 대한 답은 **효과 · 위험 비율**(effect/danger ratio)과 관련 있을지 모른다. 효과 · 위험 비율은 공격성으로 얻을 법한 이익을 예상되는 위험과 견주어 평가한 것을 가리킨다.(Bjorkqvist et al., 1994) 어떤 사람에게 머리끝까지 화가 났다면 모욕적인 말을 하느니 얼굴을 한 방 치면 원하는 효과를 얻을 수 있을지 모른다. 하지만 여기에는 위험이 따른다. 이렇게 주먹질을 할 경우 보복으로 물리적 폭력이 돌아오기 십상이다. 따라서 상대가 자신보다 거의 30킬로그램이나 더 나가고 상체 힘이 2배에 달하는 사람이라면 설득 전략으로 물리적 폭력을 선택하기 전에 한 번 더 생각할 가능성이 높다. 얄궂게도 자신보다 덩치가 큰 남성에게 지속적인 학대와 협박을 당하는 여성들 입장에서는 어설프게 반격해 더 심한 폭력을 유발하느니 상대를 죽이는 편이 나아 보일 수도 있다.

위협에 대한 인식

한 연구자는 10대 청소년들에게 일상에서 어떨 때 화가 나는지 물었다. 가장 많이 나온 답변은 누군가가 자신에게 일부러 적절치 않은 행동을 할 때, 놀릴 때, 신체적으로 괴롭힐 때 등이었다.(Torestad, 1990) 그런가 하면 대학생들에게 사람을 죽이는 상상을 하느냐고 묻자, 대부분 적어도 한 번은 해본 적이 있으며 보통 자신이 중요하게 여기는 사람이나 자신이 위협을 받았을 때 그랬다고 응답했다.(Kenrick & Sheets, 1994)

10대 미국인에게는 등교 자체가 위협적인 경험일 수 있다. 10대면서 아프리카계 미국인인 경우 특히 위험해진다. 10대들이 폭력 범죄의 피해자가 될 확률은 20세 이상의 2.5배고, 흑인은 백인에 비해 살해될 확률이 훨씬 높다.(Hammock & Yung, 1993: Miniño, 2010) 사실 아프리카계 미국인인 10대 소년의 경우 가장 흔한 사망 원인이 살인이다.

효과·위험 비율과 관련해 이야기했듯 여성들은 공격적 반격을 두려워하기 때문에 공격적 행동을 꺼린다.(Eagly & Steffen, 1986) 그렇다면 보복의 위험이 없을 때는 어떨까? 제니퍼 라이트데일(Jenifer Lightdale)과 데버러 프렌티스(Deborah Prentice, 1994)는 두 연구에서 남녀가 익명 또는 서로 인식 가능한 상황에서 공격적인 컴퓨터게임을 하게 했다. 식별 가능한 상황에서는 여성들이 남성보다 덜 공격적으로 행동했다. 하지만 익명 상황에서는 성별 차이가 사라져 여성들도 공격적으로 행동할 수 있었다. 컴퓨터게임에서 적을 공격하게 한 이 실험들에서는 공격성이 비교적 적대적이지 않은 형태로 나타났다. 하지만 맨슨 패밀리의 여성 구성원들은 여성들이 자제력을 잃고 낯선 사람에게 극단적 폭력까지 행사할 수 있는 상황이 어떤 것인지 보여주었다.

자기방어적 공격성과 위험 증가

앞서 살펴보았듯 세상을 적대적으로 보는 아이들은 먼저 공격하기 쉽다.(Dodge & Frame, 1982) 하지만 위협을 상상하고 먼저 공격한다면 선제공격이 보복을 불러오기 쉬우므로 세상이 실제로 더 위험해진다. 이 경우에 아이의 믿음은 자기 충족적 예언이 된다. 세상을 위험하게 보는 아이들은 더 공격적인 세상을 만드는 방향으로 행동하는 셈이다.

안전을 위협하는 실질적 위험 때문에 도심 지역 학교에 다니는 청소년들은 폭행을 당할까 봐 매우 두려워하며 호신용 무기를 소지할 정도다. 실제로 한 설문 조사에서는 미국 고등학생 10명 중 1명이 지난 30일 사이에 무기를 휴대한 채 등교했다고 응답했다.(Cunningham et al., 2000) 공교롭게도 위험한 무기를 지니고 다니는 청소년이 많을수록 심각한 폭력의 가능성이 높아지고 이에 따라 무기가 더 필요하다고 느끼는 악순환이 계속된다.

겁에 질린 10대 청소년처럼 어른들 역시 자기방어를 위해 총을 사는 경우가 많다.(Kellermann et al., 1993) 안타깝게도 이런 총은 범죄자가 아니라 지인이나 친구들에게 쓰이는 경우가 훨씬 많다. 사실 총을 사는 사람들은 자신이 살해당할 확률을 총이 없는 사람들에 비해 낮추는 것이 아니라 높이는 셈이다. 집에 총을 두는 행위는 살해당할 확률을 급격하게 높인다.(Cummings et al., 1997; Hepburn & Hemenway, 2004; Kellermann et al., 1993) 역설적으로 이런 경우 위험은 다른 사람이 그 총을 소유자에게 겨눌 가능성이 높다는 데 있다.(Sugarmann & Rand, 1994)

자기 보호용으로 집에 총을 두는 경우 의도치 않게 치러야 할 대가가 또 있다. 바로 자살이다. 총은 살인보다 자살로 이어질 때가 많다.(하루 동안 총기로 자살하는 사람은 46명인 반면 총기로 살해당하는 사람은 27명이다.) 결별이나 실직 같은 일시적 좌절을 겪은 후 자살을 시도하는 사람의 대다수가 자살 시도 1시간 전쯤 권총 자살을 생각한다. 총 이외의 수단을 사용할 경우 대부분 살아남아 목적을 이루기가 어렵기 때문이다. 더욱 곤혹스러운 통계는 총이 있는 집의 사춘기 자녀들의 자살률이 총이 없는 집에 비해 4배나 된다는 점이다. 특히 장전된 총을 열쇠 없이 꺼낼 수 있는 곳에 둔 집에서 이런 일이 많이 일어난다.(Miller & Hemenway, 2008) 따라서 총을 가지고 있음으로써 안전하다고 느끼고 자기방어적 목적으로 쓸 수도 있겠지만 총 자체가 가족들에게 미칠 해악에 비해 잠재적 이득이 큰지 따져보아야 한다.

폭력을 어떻게 감소시킬 것인가

지금까지 공격적 동기를 유발하는 환경과 그 환경이 사람의 내면 요소와 어떤 관련이 있는지 알아보았다. 이것을 모두 감안할 때 폭력을 줄이기 위해 우리가 할 수 있는 일이 있을까? 많은 심리학자들이 그렇다고 생각하고, 폭력을 줄이고 예방하는 프로그램을 고안함으로써 그 생각을 실행에 옮긴 사람들도 있다.(Meier & Wilkowski, 2013) 한 심리 프로그램은 초등학생들 사이의 괴롭힘을 줄이는 데 성공했다.(Olweus, 1991) 다른 프로그램은 폭력적인 10대 청소년들이 싸우거나 체포되는 사건을 줄였다.(Hammock & Yung, 1993) 이렇게 공격성을 줄이는 프로그램은 어떻게 작용할까? 공격성을 줄이는 방법에 대한 접근법이 몇 가지 있는데, 각각 다른 공격성 동기에 중점을 둔다. 이를테면 폭력 이외의 방법으로 보상을 얻도록 가르치거나, 짜증과 불쾌한 각성 상태에 대처하는 방법을 일러주거나, 공격적 행동을 처벌하기도 하고, 총의 위협을 줄임으로써 공격성을 예방하자고 제안하는 식이다.

공격성을 대신하는 보상 주기

제럴드 패터슨(Gerald Patterson)과 동료들은 공격적 행동의 목표가 보상 얻기일 때가 많다는 가정을 바탕으로 공격적인 아동을 위한 프로그램을 개발했다.(Patterson, 1997 : Patterson, Chamberlain & Reid, 1982) 이들이 취한 사회적 학습 관점에 따르면 적대감에 따르는 보상이 없어지거나 아이들이 보상을 얻는 다른 수단을 익힐 경우 공격성이 감소할 수 있다. 이 프로그램은 부모들이 자녀의 공격적 행동에 어떻게 보상을 주고 있는지 스스로 깨닫고 더 적절한 행동에 보상을 주도록 권장하는 훈련이다.

프로그램에 참여하는 가정에서는 자녀가 적절한 행동을 할 때 점수를 얻고 공격적 행동을 할 때 점수를 잃는 규칙을 따른다. 아이는 정해진 시간 동안 충분한 점수를 따면 보상을 받는다. 아이가 어떤 활동을 가장 좋아하는지에 따라 보상은 늦게까지 텔레비전을 보는 것이나 특별한 간식, 자기 전에 엄마가 책 읽어주기가 될 수도 있다. 이 프로그램에 대해 면밀한 연구를 수행한 패터슨의 연구 팀은 공격적이지 않은 행동에 보상을 준다는 간단한 접근법이 거의 모든 아이들에게 효과적이라는 결론을 내렸다.

공격성을 줄이는 다른 접근법은 인지에 초점을 맞춘다. 즉, 분노를 유발하는 생각을 스스로 통제하도록 가르치는 방법이다.(Meier, Wilkowski & Robinson, 2008) 이제 이 접근법에 대해 알아보자.

생각만으로 화를 잠재울 수 있을까 —인지 작업을 통한 분노 조절법

앞서 우리는 돌프 질만의 인지적 과정과 공격적 감정에 대한 이론에 대해 논했다.(Zillmann, 1993) 이후 질만은 적대감이 증가하는 동안 분노의 감정과 사고 과정이 주고받는 영향을 고려해 이론을 확장했다. 이 모형에 따르면 사람은 3단계에 걸쳐 점차 화가 난다(〈표 10.4〉 참고). 한 여성이 시끄러운 하드록을 좋아하는 윗집 사람과 음량에 대해 말다툼하는 상황을 가정해보자. 1단계는 여성이 감정적으로 많이 각성되지 않은 상태로, 신중하고 차분하게 생각하며 조심스럽지만 당당하게 행동한다. "죄송하지만 지금 한밤중이니까 음악 소리를 조금만 낮춰주실 수 있을까요?" 이때 이웃 사람이 장난스럽게 응수한다. "신나는 수요일이라 파티 좀 하고 있어요. 그렇게 딱딱하게 굴지 마세요." 2단계로 접어든 여성은 각성 수준이 높아지고 자기 위주로 선택적 사고를 하며 강경하고 적대적으로 행동한다. "빌어먹을 음악 소리를 당장 줄이지 않으면 경찰 불러서

약에 절은 당신 좀비 친구들을 다 쫓아버릴 거야!" 이런 적대적 행동은 종종 보복을 불러오므로 위층 사람은 문을 쾅 닫고 들어가 음악을 더 크게 튼다. 이쯤 되면 여성은 3단계에 진입한다. 3단계에는 각성 수준이 상당히 높아지고 인지적 과정이 좁아져 악에 받친 반격에만 집중하며 자신의 공격에 대한 이웃의 반응에 공감하는 능력이 사라지고 난폭하고 폭발적인 쪽으로(야구방망이를 들고 다시 쫓아 올라간다든가) 행동하게 된다. 이 악순환에 빠지면 감정적 각성 수준이 높아짐에 따라 명확하게 생각하는 능력이 제대로 발휘되지 않는다. 이성이 날아간 이때야말로 냉정하고 이성적인 태도가 필요하다.

공격성을 줄이는 데 성공한 한 프로그램에서는 인지를 이용해 걷잡을 수 없는 부정적 각성을 막음으로써 악순환을 짧게 끝내도록 훈련시켰다. 레이먼드 노바코(Raymond Novaco, 1975, 1995)의 인지적 접근법은 사람들이 '자기 진술(self-statement)'

사회심리학

표 10.4 공격적 행동의 단계별 인지 상태와 감정적 흥분

	1단계	2단계	3단계
인지 상태	• 균형 잡힌 판단을 내린다. • 상황을 신중하고 꼼꼼하게 평가한다.	• 판단이 자기중심적이고 다른 사람의 입장에 덜 공감하는 방향으로 치우치기 시작한다. • 상황을 좀 더 선택적으로 평가한다.	• 판단이 자기중심적 관점에 심하게 치우치고 말이 통하지 않는다는 오해에 빠진다. • 상대에게 공감할 수 없고 머릿속이 주로 심술궂고 악의적인 생각으로 가득찬다.
각성 정도	완화하기 쉬운 생리적 각성	누그러질 수 있는 각성	높은 각성
공격성 표출 형태	신중하면서도 강한 주장	물러서지 않고 적대적	충동적, 폭발적, 무책임, 난폭, 폭력적

출처: Zillmann, D., "Cognition—excitation interdependencies in the escalation of anger and angry aggression", M. Potegal & J. F. Knutson(Eds.), *Dynamics of aggression: Biological and social processes in dyads and groups*(Hillsdale, NJ: Eribaum, 1994), pp. 45~71.

을 연습해 생각과 감정을 조절하도록 훈련하는 데 중점을 둔다. 프로그램 참가자들은 특히 짜증 나는 상황을 상상하면서 속으로 말하도록 교육받는다. 4단계의 자극에 각각 알맞은 자기 진술은 다음과 같다.

1. 자극에 대비하기 : 스스로 화가 나기 쉽다고 생각하는 상황에 처할 때 "나는 이 상황을 헤쳐 나갈 수 있어. 난 분노를 다스리는 법을 알아"라는 말을 속으로 반복한다.
2. 자극 마주하기 : 속상한 상황에 직접 맞닥뜨릴 때 "내가 능력 있는 사람이라는 걸 보여줄 필요 없어. 저 사람이 저렇게 행동하는 게 창피한 거지"라는 말을 속으로 반복한다.
3. 각성과 동요에 대처하기 : 화가 난다는 생각이 들면 "진정하고 느긋해져야지"라고 속으로 말하도록 훈련받는다.

4. 자극 돌아보기 : 화나는 상황이 끝난 후 계속 화가 치밀 때 "힘든 상황이야. 해결되려면 시간이 좀 걸릴 거야"라든가 "훨씬 나빠질 수도 있었어"라고 속으로 말하도록 훈련받는다.

이러한 치료법은 분노 조절에 문제가 있는 사람들에게 쓰인다. 인지적 접근법은 두 조건에서 비교되었다. 한 집단은 심부 근육 이완법을 훈련받았고, 다른 집단은 분노 경험에만 신경을 쓰도록 교육받았다. 각 집단의 분노 수준과 혈압 같은 생리적 수치를 비교한 노바코는 근육 이완법과 인지적 치료 모두 긍정적 영향이 있다는 사실을 발견했다. 가장 효과적인 방법은 2가지를 결합해 심부 근육을 이완하는 동시에 생각을 조절하도록 하는 치료법이었다.

지금까지 논한 인지와 행동 치료법은 개인적 차원에서 공격성을 줄이는 데 어느 정도 성공적이었다.(Del Vecchio & O'Leary, 2004) 하지만 진정한 의미에서 공격성을 줄이려면 사회적 수준의 개입이 필요하다고 생각한 일부 심리학자들은 공격적 행동에 대한 다양한 법적 처벌의 효과를 연구했다.

법적인 처벌

사람들이 공격적으로 행동하지 않도록 훈련하는 데 처벌이 항상 효과적이지는 않다.(Gershoff, 2002) 아이들을 처벌하면 분노와 좌절의 감정이 증가하기 쉽고, 체벌하면 힘 있는 사람은 공격성을 표출해도 된다고 가르치는 셈이다. 또한 앞서 언급했듯 폭력 범죄자 중에서 많이 발견되는 사이코패스는 처벌의 위협을 학습하지 않는 것으로 보인다. 하지만 즉각적이고 강력하며 일관성 있는 처벌은 공격적 행동을 어느 정도는 억제할 수도 있다.(Berkowitz, 1993a)

안타깝게도 경찰과 법정에서 공격적 행동을 일일이 잡아내 즉시 처벌하기란 불가능하다. 연구자들은 사형제가 살인 범죄율에 영향을 미친다는 명확한 증거를 찾지 못했다. 예를 들어 사형제가 있는 주와 없는 주의 살인 사건 비율에는 별 차이가 없고, 여러 나라를 비교하면 사형을 시행하는 나라에서 오히려 살인 사건 발생률이 약간 높게 나타나기까지 했다.(Ellsworth, Haney & Costanzo, 2001; Nathanson, 1987; Shin, 1978) 데이비드 필립스(David Phillips, 1985)는 1858~1921년 영국 언론에 보도돼 유명해진 사형 집행 사례들을 조사했다. 필립스는 사형 집행을 언론에서 떠들썩하게 다룬 직후 런던에서 살인 사건 발생률이 잠깐 떨어졌다는 점을 발견했다. 하지만 불행하게도 살인 사건 발생률은 2주 정도만 지나면 다시 높아졌다. 요컨대 사형제는 전체 살인 사건 발생률에 큰 영향을 미치지 않는 것으로 보인다.(Levitt, 2004)

위협을 제거해 폭력 예방하기 억제책이 폭력을 줄이는 데 그다지 효과가 없다면 예방책은 어떨까? 미국 연방수사국(FBI)에서는 1980~2007년 미국에서 45만 369건의 살인 사건이 일어났다고 발표했다. 이 비극적 사건들로 미국 사회는 값비싼 대가를 치렀고, 피해자의 친척과 친구들뿐 아니라 대다수에게 살기 무서운 곳이 되었다. 하지만 이미 일이 벌어진 후에 폭력 범죄자를 체포하고 처벌하는 데 드는 돈과 자원에 비하면 폭력 예방에 투자하는 비용은 극히

적다.(Johnson, 1993)

폭력 범죄 예방법 가운데 하나는 어린 말썽쟁이들에게 통행금지 시간을 적용해 폭력적 다툼이 일어나기 쉬운 밤에 거리로 나오지 못하도록 하는 것이다.(Jones & Sigler, 2002) 또 다른 방법은 누군가를 괴롭히거나 위협하는 조짐이 보이기 시작하면 개인, 가정, 학교, 이웃 등 여러 차원에서 즉시 개입하는 것이다.(Curtis, Ronan & Borduin, 2004) 이런 다중 체계적 방법을 쓰는 경우 심리학자들은 가정과 학교에 침투해 어린 말썽쟁이들뿐 아니라 그들의 부모, 친구, 교사와도 협력하게 된다. 폭력적인 아이들은 비슷한 아이들과 어울리기 때문에, 비행 성향을 보이는 관계망을 친사회적 활동을 하는 다른 친구들로 대체하는 것이 관건이다. 따라서 공격적인 아이가 음악이나 운동에 흥미를 보이면, 학교 밴드나 방과 후 운동부 프로그램에 참여하도록 권장한다. 부모 역시 그런 친사회적 활동을 장려하는 한편 아이들과 더 많은 시간을 함께 보내고, 그 외의 시간에는 아이들의 행방을 파악하라는 지침에 따른다. 이 프로그램을 장기간 추적한 결과 이 다중 체계 조치에 참여한 말썽꾸러기 10대들은 (기존의 프로그램에 참여한 비슷한 아이들에 비해) 체포되는 일이 확연히 적었고, 향후 15년 이내에 수감될 가능성이 훨씬 낮았다.(Schaeffer & Borduin, 2005)

다른 형태의 예방책은 총기 규제다. 총기 규제에 반대하는 사람들은 "총이 아니라 사람이 사람을 죽인다"라고 주장한다. 이 주장에는 일리가 있지만 FBI의 통합 범죄 보고서를 자세히 살펴보면 미국인들이 다른 사람들을 어떻게 살해하는지 정확히 알 수 있다. 살인 사건 10건 중 6건은 총이 사용된 경우다. 1980~2007년 미국에서 살해당한 45만 369명 가운데 28만 8821명(64%)이 총에(대부분 권총) 목숨을 잃었다.

총기 규제에 반대하는 사람들의 또 다른 우려는 무기를 사용한 범죄가 무기를 가지지 않은 시민들을 공포에 떨게 한다는 것이다. "총이 불법화된다면 무법자들만 총을 사용할 것이다." 하지만 범법자가 아닌 사람들이 총을 사면 나쁜 사람들에게 자신을 지킬 가능성이 높아지는 것이 아니라 자신이나 가족이 죽음을 당할 가능성이 급격히 높아진다.(Cummings et al., 1997; Kellermann et al., 1993; Miller & Hemenway, 2008)

미국인들은 어떤 선진국 시민보다 많은 권총과 자동화기로 무장한다. 그래서 미국인이 더 안전할까? 불행하게도 그렇지 않다. 미국의 살인 사건 발생률은 주요 선진국들의 몇 배나 된다. 시애틀과 워싱턴의 범죄율을 가까운 밴쿠버나 브리티시컬럼비아주(권총을 보기 어렵다)와 비교하면 두 도시의 범죄 통계가 대부분 비슷하지만 살인 사건은 예외라는 사실을 발견하게 된다. 밴쿠버의 살인 사건 발생률은 미국의 도시에 비해 몇 배나 낮다.(Kellermann et al., 1993) 총을 보유한 가정과 보유하지 않은 가정, 총기를 규제하는 나라와 규제하지 않는 나라를 비교하는 연구들에서는 본격적 총기 규제 조치가 가장 끔찍한 형태의 폭력을 크게 줄일 수 있음을 보여준다.(Duke, Resnick & Borowski, 2005) 일례로 워싱턴 D. C.에서 총기 규제법이 통과되었을 때 총과 관계없는 살인과 자살에는 변화가 없었으나 총기와 관련된 사망률은 25% 낮아졌다.(Loftin et al., 1991)

───────────   요약   ───────────

사건 이후 40년이 넘게 흐른 뒤에도 맨슨 패밀리 살인범들은 여전히 미국 대중의 마음을 사로잡는다. 인터넷에서는 찰스 맨슨의 사진, 그가 부른 노래, 직접 그린 그림, 맨슨을 포함한 패밀리 구성원들의 가석방 공판에 대한 최신 소식까지 전하는 웹사이트도 몇 군데 있다. 9차 공판 기록에 따르면 맨슨은 여전히 반성하는 기색이 전혀 없고 자신이 무고한 피해자라고 주장한다. 법률상으로는 직접 누군가를 죽인 혐의를 받은 적이 없기 때문이다. 2012년에 77세가 된 맨슨은 그동안 교도소에서 35회나 폭력 범죄를 저질렀다.(Martinez, 2012) 평생 자기중심적으로 남들을 이용하는 행태는 사이코패스에 대한 설명에 잘 들어맞는다. 사이코패스는 후회나 공감을 거의 느끼지 않고 목적을 위해 폭력적이거나 반사회적인 행동을 자주 사용하는 사람을 가리킨다.(Lalumiere et al., 2001)

공격성, 사회적 지배성, 성에 대한 맨슨의 강한 애호는 이 책에서 지위와 관련된 공격성을 논하면서 묘사한 테스토스테론 수치가 높은 남성의 모습에 들어맞는다. 또한 맨슨은 기회가 많지 않은 환경에서 가난에 찌들어 살아왔다. 생모에게 버림받고 아버지를 모르는 채 자란 그는 다른 아이들이 정규교육을 받는 동안 소년원을 들락거렸다. 이러한 양상은 사회적 기회를 적게 제공받는 환경과 높은 테스토스테론 수치가 결합할 때 가장 심각한 상황이 발생한다는

연구 결과와도 일치한다.(Dabbs & Morris, 1990)

하지만 캠프파이어 걸스의 일원이었던 순종적인 퍼트리샤 크런빙컬은 종신형을 사는 동안 예전 삶의 방식을 되찾은 듯하다. 이제 65세가 넘은 크런빙컬은 수십 년 동안 조용하고 고독하게 자신의 잘못을 뉘우치고 있으며, 지금까지 '모범수'라는 평을 들어왔다고 한다. 고등학교 시절 운동선수이자 다재다능한 '좋은 녀석'으로 통한 텍사스주 출신의 찰스 왓슨은 뉘우치는 데서 한발 더 나아갔다. 그는 교도소에서 신학을 공부해 목사로 임명된 후 현재 동료 재소자들의 영혼을 구원하는 일을 맡고 있다. 수전 앳킨스는 2009년에 61세의 나이로 교도소에서 사망했다. 그녀 역시 과거에 저지른 살인을 뉘우치고 몇 년 동안 어느 기독교 웹사이트에 예수에 대해 글을 썼다.

맨슨이 그런 끔찍한 범죄를 저지른 이유는 기회가 부족한 과거의 환경과 반사회성에서 쉽게 찾아볼 수 있다. 하지만 크런빙컬이나 왓슨처럼 그 시기 전후에 폭력적이지 않던 사람들에 대해서는 린다 카사비안처럼 이렇게 묻게 된다. "왜 그런 짓들을 했을까?" 공격성에 대한 연구에서는 그 살인 사건이 어쩌다 우연히 일어났다고 보기 어렵게 만드는 단서들이 수두룩하다. 앞서 언급했듯 공격성은 더위나 빈곤 같은 불쾌한 환경에서 높아진다. 이 무시무시한 살인 사건들은 찌는 듯한 더위 속에서, 대부분 중산층 출신인 맨슨의 추종자들이 쓰레기통을 뒤져 음식을 찾는 처지로 전락한 지 몇 달 후에 일어났다.

자기 보호라는 동기에 대해 말하면 앞서 살펴보았듯 어떤 사건의 진짜 원인보다는 그 원인을 판단하는 방식(귀인 유형)에 따라 공격적 행동이 촉발될 수 있다. 다른 사람을 잠재적 위협이나 불쾌한 경험의 원천이라고 인식할 경우 공격성이 유발될 수 있다. 맨슨은 시대정신을 이용해 '우리 대 그들'이라는 대립 구도를 만든 것으로 보인다. 이것은 6장에서 살펴보았듯 사이비 종교에서 많이 발견되는 사고방식이다. 1960년대의 미국 사회는 대립하는 두 진영으로 명확히 나뉘었다. 한쪽 끝은 장발, 약물 실험, 자유로운 성생활 등이 특징인 히피(맨슨과 그의 추종자들)였고, 다른 한쪽은 전통적 성향이 강하고 경제적으로 안락한 '기득권 계층'이었다. 맨슨 패밀리가 살인을 저지르기 전에는 많은 사람들이 부당하다고 여긴 전쟁에서 점점 많은 젊은이들이 죽어나갔고, 전쟁에 반대하는 대학생과 경찰이 거세게 충돌했으며, 전쟁 반대를 부르짖던 2명의 반체제 영웅(마틴 루서 킹 목사와 존 F. 케네디 대통령)이 암살당했다. 많은 젊은이들이 물질주의적·자본주의적·제국주의적 절대악으로 여겨지는 사회에 대항해 혁명을 일으키자는 이야기를 거리낌 없이 나누었다. 카리스마 있는 많은 지도자들이 그랬듯 맨슨 역시 자신을 추종하는 젊은 히피들에게 이러한 집단적 위협의 느낌과 독선적 태도를 능숙하게 불어넣었다.

10장의 핵심적 교훈은 다음과 같다. 공격성은 다른 사람들을 짓밟고 그 대가로 공격성이 돌아오게 만드는 '무분별한' 것이다. 하지만 다중 살인처럼 무분별해 보이는 행동도 그 근본적인 사회적 동기를 촉발하는 사람과 상황 요소의 상호작용을 분석함으로써 이해할 수 있다.

우리는 사회심리학적 시각으로 공격성을 이해하려는 과정에서 다시 한번 사회심리학과 다른 학문들의 연관성을 많이 발견했다. 10장에서는 사회심리학이 발달심리학(비디오게임에 노출된 방어적 아동에 대한 연구 등), 임상심리학(사이코패스와 공격성 통제 프로그램 등), 인지신경과학(폭력적 게임을 할 때의 뇌파 반응이나 테스토스테론에 대한 연구 등)과 더불어 인류학, 생물학, 공중보건학, 형사행정학과도 관련 있음이 발견되었다. 이렇게 다양한 분야의 연구자들이 협력해 공격성을 연구해온 이유는 공격적 행동이 가정, 학교, 지역 사회, 심지어 국제 관계에도 실로 중대한 영향을 미치기 때문이다.

제11장

편견, 고정관념, 차별

●

KKK 단원과 시민권 운동가의 놀라운 반전
: C. P. 엘리스 · 앤 애트워터

1971년 노스캐롤라이나주 더럼 카운티에서는 긴장이 점점 커져갔다. 아프리카계 미국인들은 수 세기에 걸친 인종차별의 관습에 맞서 거리로 나왔다. 그들을 고용하지 않는 업체에 대한 불매운동을 벌이고, 그들을 들어가지 못하게 하는 식당에서 연좌시위를 벌였으며, 불공정한 주택 공급 관행에 항의하며 행진했다. 이러한 문제 제기는 더럼 카운티가 인종 간 바람직한 관계와 공정한 대우의 모범을 보여주는 도시라고 생각하던 백인 거주자들에게 큰 반감을 샀다. 양쪽 시위대는 몇 차례에 걸쳐 물리적 충돌을 겪었다.

이렇게 충돌하는 상황에서 당국 관계자들은 당시 가장 첨예한 논쟁거리였던 학내 인종차별 폐지 문제를 다루기 위해 공청회를 열었다. 공립학교에서 흑인과 백인을 구분해 입학시키는 것이 미국 헌법에 위반된다는 대법원 판결이 나온 지 17년이나 지났는데도 더럼 카운티의 교육제도는 완전히 분리되어 있다 해도 과언이 아니었다.

회의는 조용히 시작되었지만 평화는 그리 오래가지 않았다. C. P. 엘리스(C. P. Ellis)와 앤 애트워터(Ann Atwater)가 이내 다시 한번 서로 잡아먹을 듯 다퉜다. 백인 남성이 외쳤다. "깜둥이들을 학교에 들여놓지 않았다면 아무 문제도 없었을 겁니다. 지금 여기에서 문제는 깜둥이라고요!" 그러자 흑인 여성이 벌떡 일어났다. "문제는 더럼 카운티에 C. P. 엘리스 같은 멍청한 남부 백인

놈이 있다는 거예요!"

두 사람의 공개적 대결은 하루 이틀 일이 아니었다.(Davidson, 1996; Hochberg, 1996; Terkel, 1992) C. P. 엘리스는 KKK(Ku Klux Klan, 백인 우월주의를 중심으로 하는 극우 비밀결사 단체) 더럼 지부에서 지도자 격인 '고귀한 사이클롭스(Exalted Cyclops)'에 해당하는 사람이었다. 그는 시의회 회의를 비롯한 여러 공개 회의에 정기적으로 출석하고 시민권 운동가들에 대항해 KKK 단원을 모았다. 또한 인종차별적 인쇄물을 배포하고 거리의 흑인들을 비웃고 모욕했다. 마틴 루서 킹 목사가 암살된 날 암살자를 위해 축배를 들며 즉석 기념 파티를 열기도 했다. 한번은 흑인 청년을 총으로 쏜 적도 있다.

앤 애트워터는 C. P. 엘리스가 반대하는 모든 사안을 사수하기 위해 투쟁하는 지역 운동가였다. 행정 규정에 대한 전문 지식이 있던 애트워터는 정부의 차별에 대항하는 훌륭한 전사 역할을 할 수 있었다. 또한 설득 능력과 강인한 성격 덕에 힘이 넘치는 민중의 지도자가 되었다. 필요하다면 두려움 없이 커다란 몸을 던져 싸우던 그녀는 존재만으로도 무시할 수 없는 '싸움꾼 애니'였다.

목표는 정반대인데 둘 다 성격이 강한 바람에 엘리스와 애트워터는 자주 충돌했다. 언젠가 시의회 회의에서 엘리스의 인종차별적 욕설 때문에 격분한 애트워터는 그를 거의 죽일 뻔했다. 가방에서 칼을 꺼내고는 줄줄이 놓인 의자를 타 넘으며 아무것도 모르는 표적을 향해 달려들었던 것이다. 하지만 그녀가 일을 저지르기 전에 몇몇 친구들이 저지해 무기를 빼앗았다. 엘리스는 물론 애트워터 자신에게도 다행스러운 일이었다. 엘리스에 대한 애트워터의 적개심이 강했던 만큼 그 반대도 만만치 않았다. 엘리스는 그녀를 "뼛속까지 증오"했다.

엘리스와 애트워터는 영원한 앙숙처럼 보였다. 그래서 학내 인종차별 문제에 대한 첫 회의가 끝난 후 일어난 일은 믿기 어려울 정도였다. 몇 주 동안 악을 쓰며 싸우던 그들이 서로 존중하기 시작했고, 몇 달이 지나자 진짜 친구가 되었다. 흑인과 백인 공동체 모두 충격을 금치 못했다. 전 KKK 간부와 전투적인 시민권 운동가는 수십 년이 지난 후에도 특별한 유대를 이어갔다. 앤 애트워터가 이렇게 말했다. "무엇도 우리의 우정을 변하게 하지 못할 거예요. ……우린 악수를 하지 않아요. 서로 안아주죠." C. P. 엘리스 역시 똑같이 느꼈다. 더욱 놀라운 것은 마틴 루서 킹의 암살을 통쾌해했던 전 KKK 단원이 마틴 루서 킹의 생일을 유급 휴일로 지정한 일을 더럼 카운티의 첫 노조 협약 체결 과정에서 자신이 해낸 가장 위대한 업적으로 꼽았다는 사실이다.

서로 적으로 지냈던 두 사람의 흥미로운 여정을 어떻게 설명할 수 있을까? 한때 이들의 삶이 강력한 인종적 편견과 고정관념에 그토록 철저하게 소모된 이유는 무엇일까? 그들의 오래 묵은 증오가 진실한 존경과 우정으로 변한 이유는 무엇일까? 11장에서는 부정적 편견, 고정관념, 차별이 그토록 강력하게 존재하는 이유는 무엇이고, 어떤 경우에 작용하고 개입하며, 그것에 대해 우리가 어떤 일을 할 수 있을지 탐색할 것이다.

─────────── **편견 가득한 세상** ───────────

신문을 펼치거나 저녁 뉴스를 틀면 한때 C. P. 엘리스와 앤 애트워터를 얽어맨 적대감에 못지않은 감정들을 발견하게 된다. 인종이 다른 부부의 집에는 화염병이 던져지고, 명문대에 있는 이슬람 기도실이 파괴된다. 한 남성이 동성애자 전용 술집에 들어가 손도끼와 총으로 손님들을 공격한다. 이런 일은 끝없이 계속된다.

물론 미국에서만 이런 일이 일어나는 것은 아니다. 편견과 그 영향은 세계 전반에 걸쳐 나타난다. 유럽에서는 유럽 '토박이'와 아프리카, 중동, 아시아 이주민 사이에 엄청난 적대감이 존재한다. 차이에 대체로 관대한 편인 시드니에서조차 영국계 호주인과 레바논계 호주인이 폭동을 일으키고 서로를 공격한다. 일본에서는 가이진(外人), 즉 외부인에 대한 차별을 흔히 볼 수 있다. 인도에서는 남자아이보다 여자아이를 낙태하는 경우가 많다. 더 큰 차원에서 보면 다른 민족과 종교 간의 갈등이 세계 곳곳에서 발생하고 있다. 중동에서는 유대인과 아랍인이 충돌하고, 터키에서는 터키인과 쿠르드족이 충돌하며, 인도네시아에서는 기독교인과 이슬람교인이 충돌하고, 인도에서는 이슬람교인과 힌두교인이 충돌하는 등 갈등이 끝없이 계속되고 있다.

흔히 우리는 증오 범죄가 집단 간의 존중과 관용을 규정하는 사회규범에서 벗어난 예외라고 믿고 싶어 한다. '붉은 목(redneck, 미국 남부의 노동자나 농민을 멸시해 부르는 속어)'이나 '극단주의자'와 같이 편견임을 금세 알아볼 수 있는 말에만 부정적 편견이 존재하며, 민족 간의 갈등 역시 덜 '문명화된' 곳에서만 일어난다고 믿고 싶은 것이다. 불행하게도 11장에서 살펴볼 연구들에 따르면 거의 모든 사람에게 적어도 몇 가지 편견과 고정관념이 있고, 이러한 느낌과 믿음은 종종 타인에 대한 차별로 이어진다.

누군가는 이렇게 물을지도 모른다. "하지만 전보다는 나아지고 있지 않나요?" 이런 질문이 나올 만도 하다. 특히 백인 미국인 어머니와 흑인 이주민 아버지를 둔 버락 오바마가 2008년 미국 대통령에 당선되고 2012년 재선에 성공했다는 점에 비추어보면 더욱 그렇다. 사실 지금까지의 미국 역사와 비교해보면 현재의 사회 분위기가 훨씬 너그럽기는 하다. 적어도 몇몇 집단에 대해서는 그렇다. 이제는 집단적 차별이 대부분 불법일 뿐 아니라, 흑인이 백인에 비해 선천적으로 게으르다거나 여성이 남성에 비해 유전적으로 지능이 낮다는 둥 이전 시대에 팽배했던 단순하고 구시대적인 관점을 표현하는 사람들도 적어졌다.(e. g., Schuman et al., 1997) 그럼에도 불구하고 최근에는 지난 수십 년 동안의 분위기에 비해 다른 집단에 대한 반응이 더 복잡해지는 경향이 있다. 흑인이 불공평하게 대우받아왔다는 믿음 때문에 백인들이 인종적 편견을 대할 때 죄책감을 느끼는 경우가 대표적이다.(Devine et al., 1991; Gaertner & Dovidio, 1986; Katz et al., 1986; Swim & Miller, 1999)

구시대적 관점에서 멀어지려는 움직임은 어떤 면에서 관용으로 나아가는 진실된 흐름을 반영한다고 볼 수 있다. 하지만 동시에 이는 편협함의 표현을 못마땅하게 여기는 현대 사회규범을 반영하는 것이기도 하다. 그 결과 사람들은 특히 낯선 사람에게 편견 있는 사람으로 **보이기 싫어하는** 경향이 높아졌다.(e. g., Dovidio & Gaertner, 2000; Plant & Devine, 1998) 그리고 이제 편협한 관점은 대개 편견 없는 근거로 방어할 수 있는 주장에 감추어져 미묘하게 표출된다.(e. g., Crandall & Eshleman, 2003; Saucier, Miller & Doucet, 2005) 이를테면 이렇게 말하는 식이다. "그렇다고 내가 성차별주의는 아니야. 그저 차별 철폐 조치가 역차별을 불러온다고 생각할 뿐이지." 차별 철폐 조치 같은 정책에 반대해 이념적이고 편견 없는 주장을 하는 건 가능하기 때문에, 편협한 관점을 취하는 사람들은 종종 이러한 주제를 이용해 자신의 부정적 고정관념과 편견을 감추기도 한다.(Federico & Sidanius, 2002; Reyna et al., 2006)(〈표 11.1〉 참고)

표 11.1 인종차별과 성차별 표현의 변화

	인종차별	성차별
구시대적 표현	• 흑인은 백인만큼 똑똑하지 않다. • 흑인과 백인이 결혼하는 것은 좋지 않다.	• 여성은 남성만큼 논리적이지 않다. • 여자아이보다 남자아이를 운동경기에 참여하도록 장려하는 것이 더 중요하다.
현대적 표현	• 미국에서 흑인 차별은 더 이상 문젯거리가 아니다. • 지난 몇 년 동안 흑인들은 마땅히 가져야 하는 것보다 많은 부를 가졌다.	• 우리 사회는 남녀가 성취 기회를 동등하게 제공받는 수준에 도달했다. • 우리 사회의 구성원들은 평균적으로 남편과 아내를 동등하게 대한다.

아프리카계 미국인과 여성에게 불리한 관점을 노골적으로 드러내는 행동은 점차 사회적으로 부적절한 것으로 받아들여졌다. 편견 있는 사람들이 그것을 표현하는 구시대적 방식과 현대적 방식이 어떻게 다른지 살펴보자.

게다가 특정 집단을 부정적 시각으로 보는 사람들이 겉으로는 긍정적인 방식으로 그 관점을 표현할 때도 있다. 예를 들어 성차별은 우호적으로 표현되거나(e. g., "여성은 남성에게 귀여움받고 보호받아야 해"), 더 적대적으로 표현되기도 한다.(e. g., "여성은 남성을 통제할 권리를 얻어 권력을 추구하려 한다.")(Glick & Fiske, 1996) 하지만 우호적으로 보이는 성차별이라도 부정적 암시를 담을 수 있고, 적대적 성차별보다 오히려 나쁜 경우도 있다.(Blair & Steele, 2010) 한 실험에서는 우호적 성차별을 접한 여성들이 적대적 성차별을 접한 여성들에 비해 주어진 과제를 잘 수행하지 못했다는 결과가 나왔다. 이렇게 수행 능력이 감소하는 까닭은 그런 상황에서 자기 회의적 생각이 특히 쉽게 떠오르고 그것이 문제 해결의 효율성에 지장을 주기 때문이다.(Dardenne, Dumont & Bollier, 2007) 요컨대 편협한 느낌, 믿음, 행동은 여전히 우리 사회와 세계에 확실히 존재하지만 과거에 비해 더 복잡하고 미묘하게 표현되곤 한다.

편견과 고정관념

편견(prejudice)은 특정한 집단 구성원들에 대한 일반적 태도, 즉 그들에 대한 느낌이라고 알려져 있다. 상대가 이슬람교인, 동성애자, 아메리카 원주민임을 알고나서 그 사람을 대할 때 어떤 느낌이 드는지 생각해보라. 처음에 반감이 든다면 그 집단에 대해 부정적 편견이 있는 것이다. 부정적 편견의 정도는 매우 다양해서 어떤 집단은 정말 싫은 한편 다른 집단에 대해서는 약간 불편한 느낌만 들 수도 있다. '질적'으로도 다양한 편견이 존재한다. 어떤 집단을 생각하는지에 따라 분노, 공포, 혐오, 연민, 슬픔 등의 감정이 들 수 있다. 다양한 편견에는 각각 다양한 감정이 곁들여진다.(Brewer & Alexander, 2002; Cottrell & Neuberg, 2005; Devos et al., 2002)

월터 리프먼(Walter Lippmann, 1922)은 집단에 대한 일반화된 **믿음**, 즉 사람들이 특정한 사회집단 구성원들이 어떤 사람들이라고 생각하는지 반영하는 믿음을 **고정관념**(stereotype)이라는 용어로 나타냈다. 미국인들에게 흔히 발견되는 고정관념을 예로 들어보자. 유럽계 미국인이 성취 지향적이고 자기중심적이며 인종차별적이라는 믿음, 아프리카계 미국인이 시끄럽고 게으르며 적대적이라는 믿음, 아시아계 미국인이 수줍고 예의 바르며 지능이 높다는 믿음, 멕시코계 미국인이 가족 지향적이고 하급 계층이며 열심히 일한다는 믿음이 여기에 해당된다.(e. g., Niemann et al., 1994) 고정관념은 긍정적이거나 부정적일 수 있고, 부정적 편견으로 바라보는 집단에 대해 긍정적 고정관념을 가지는 경우도 있다.(Maddux et al., 2008) 이를테면 아시아인을 싫어하면서도(부정적 편견) 그들이 예의 바르고 지능이 높다고 믿을 수 있다.(긍정적 고정관념)

사회심리학자들은 고정관념과 편견을 **명시적**(explicit) 유형과 **암묵적**(implicit) 유형으로 구분하는 경우가 많다.(e. g., Banaji & Greenwald, 1994; Devine, 1989; Fazio & Olson, 2003; Hutchings & Haddock, 2008; von Hippel, Sekaquaptewa & Vargas, 1997) 예를 들어 X라는 집단의 구성원에 대한 느낌이 어떤지 자신에게 물었을 때 스스로 인식할 수 있는 태도가 그 집단에 대한 명시적 편견이다. 이 편견에 대해서는 직접 말할 수 있고 연구자들은 그것을 설문지를 이용해 측정한다. 한편 X라는 집단에 대해 스스로 인식하거나 말할 수 없는 암묵적 편견이 있을 수도 있다. 암묵적 편견과 고정관념은 간접적으로만 측정될 수 있다. 이 경우에는 주로 어떤 판단을 내리는 데 걸리는 시간을 측정하는데, 이를 암묵적 연상 검사(Implicit Association Test)라고 한다.(e. g., Greenwald, McGhee & Schwartz, 1998; Rudman et al., 1999) 암묵적 연상 검사는 연구자들이 편견을 간접적으로 평가하는 데 사용하는 기법 중 하나다. 어떤 점수가 구체적으로 어느 정도의 암묵적 편견을 의미하는지에 대해서는 논란이 계속되고 있지만(Blanton & Jaccard, 2006; Greenwald, Nosek &

Siriam, 2006), 인종에 대한 암묵적 연상 검사에서 높은 점수를 얻은 사람일수록 백인에 대한 암묵적 선호가 강하다는 것은 확실해 보인다.

차별

차별(discrimination)은 어떤 사람이 소속된 집단을 근거로 그 사람을 대하는 행동을 일컫는다. 이를테면 연애 상대로 선호하는 성별만 다르고 모든 면에서 동일한 두 사람을 다르게 대했을 때, 성적 취향을 근거로 차별한다는 비난을 받게 된다. 이와 관련해 텍사스주의 한 쇼핑몰에서 수행된 실험을 살펴보자. 교육을 받은 학생 연구자들은 주머니에 녹음기를 숨기고 일자리를 구하는 척하면서 상점으로 들어갔다. 이때 연구자는 "동성애자라 자랑스러워요" 또는 "텍사스인이라 자랑스러워요"라고 쓰인 모자를 썼다. 학생들은 어떤 모자를 쓰고 있는지 알지 못한 채 일단 가게에 들어가 정해진 대사를 말했다. 그 결과 차별의 증거가 분명하게 드러났다. 잠재적 고용주들은 동성애자로 보이는 구직자와 상호작용할 때 더 적게 말하고 도와주려는 의지를 더 적게 나타냈다.(Hebl et al., 2002) 가게 주인들은 모자에 쓰인 문구를 제외하고 모든 면에서 동일한 학생을 대했으므로 모자에 쓰인 문구에 따라 다른 가게 주인들의 행동은 차별로 볼 수 있다.

성차별로서의 성적 괴롭힘 미국 전역의 표본을 대상으로 한 조사에서는 남녀 고등학생 중 약 80%가 또래에게 성적 괴롭힘을 당했다고 응답했다.(*Hostile Hallways*, 2001) 다른 조사에 따르면 미국 여성 가운데 학교나 직장에서 성적으로 괴롭힘을 당한 경험이 있는 사람이 50%나 되고(Fitzgerald, 1993), 군에서 복무한 여성 중에서는 70%가 성적 괴롭힘을 경험했다.(Street et al., 2007) 성적 괴롭힘은 차별의 흔한 형태다.

법적 관점에서 보면 성적 괴롭힘은 2가지 형태로 나타난다. **보상적 성희롱**(quid pro quo sexual harassment)은 일자리나 좋은 점수 등 가치가 있는 무언가를 성적 향응과 교환하려는 행위를 말한다. 한편 **적대적 환경 성희롱**(hostile environment sexual harassment)은 성적으로 모욕적·위협적·적대적인 직업 환경을 만드는 행위를 말한다. 불법적 차별로 인정받으려면 성적 괴롭힘이 한쪽 성에 속하는 사람에게만 향해야 한다.

하지만 불법에 해당하지 않는 괴롭힘도 있을 수 있다. 다른 형태의 차별과 마찬가지로 이렇게 모호한 사례에서는 어떤 행동에 '성희롱' 딱지를 붙이는 것이 그 행위의 주체, 즉 누가 딱지를 붙이는가에 따라 달라진다.(Frazier et al., 1995) 예를 들어 같은 행동이라도 직장 상사처럼 권력 있는 사람이 할 때는 성희롱으로 간주되기 쉬운 반면 독신에 매력적인 사람이 할 때는 괴롭힘으로 간주될 가능성이 비교적 낮다.(Pryor & Day, 1988: Sheets & Braver, 1993) 치근대거나 빤히 쳐다보는 행동은 남성에게 할 때보다 여성에게 할 때 괴롭힘으로 간주될 가능성이 높다.(e. g., U. S. Merit Systems Protections Board, 1988) 또한 남녀 모두 성적 제안이나 강요가 괴롭힘이라는 데 동의하는 경향이 있지만, 여성, 특히 나이가 더 많은 여성들은 원하지 않는 데이트 신청, 신체 접촉, 경멸하는 태도가 드러나는 행동 등을 괴롭힘으로 간주하는 경향이 남성에 비해 더 높다.(Ohse & Stockdale, 2008: Rotundo et al., 2001)

어떤 행동을 성적 괴롭힘으로 해석하는 데는 상황적 요인도 영향을 미친다. 한 실험에서 남학생들은 폭력적 비디오게임에 나오는 성적으로 정형화된 혹은 정형화되지 않은 남녀 직장인의 이미지를 보게 되었다. 정형화된 이미지를 본 학생들은 교수와 대학원생의 모호한 상호작용을 괴롭힘으로 해석하는 경향이 낮았다.(Dill, Brown & Collins, 2008)

한편 괴롭히는 행동을 유난히 많이 일삼는 남성들이 있다. 스스로 '남성성 과잉'일 정도로 남성적이라고 생각하고 성과 권력이 밀접하게 관련 있다고 생각하는 남성들은 성희롱이나 추행을 하려는 경향이 더 높다.(e. g., Bargh et al., 1995: Pryor & Stoller, 1994) 하지만 **실제로** 이를 행동으로 옮길지의 여부는 상황에 따라 다르다. 〈그림 11.1〉과 같이 성적 괴롭힘은 그런 행동을 할 기회가 암묵적으로 용인되는 상황에서 성과 권력이 밀접하게 관련 있다고 보는 남성 가해자가 저지를 가능성이 더 크다.(Pryor et al., 1993)

제도화된 차별 지금까지는 개인적 차원의 차별에 대해 알아보았다. 하지만 개인이 아니라 사회제도에 의해서도 차별이 행해진다. **제도화된 차별**(institution-alized discrimination)은 한 문화의 법 · 정치 · 경제 · 사회제도에 내재하는 차별이다.(e. g., Feagin & Feagin, 1999) 제도화된 차별은 어떤 집단의 구성원들을 특정 지역에 살지 못하거나 특정한 직종에 종사하지 못하도록 법으로 금지함으로써 사람들에게 직접적이고 적대적인 영향을 미칠 수 있다. 분명히 미국에는 직접적이고 제도화된 차별(노예제를 지지하는 법률과 관습, 여성을 차별하는 법률 등)을 행한 긴 역사가 있다. 지금은 이러한 차별이 대부분 불법이지만 일부는 여전히 남아 있다. 미국 대부분의 주에서 동성끼리 합법적으로 결혼할 수 없는 게 하나의 예다.(2015년 6월 26일 연방 대법원에서 동성 결혼이 합헌이라는 판결을 내린 후 미국 전역에서 동성 결혼이 합법화되었다.)

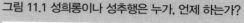

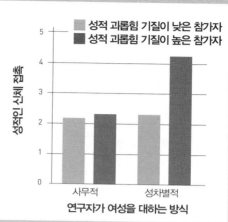

그림 11.1 성희롱이나 성추행은 누가, 언제 하는가?

대개 성적 괴롭힘은 개인의 성격적 기질과 사회규범이 상호작용한 결과로 나타난다. 한 실험에서 성적 괴롭힘 행동을 하도록 유도된 남성 참가자들은 여성인 실험 공모자에게 성적으로 접촉하는 경향이 더 높았다. 단, 이런 경향은 그에 앞서 남성 연구자가 그 여성을 성차별적 태도로 대하는 모습을 보았을 때만 나타났다.
출처: Pryor, J. B., LaVite, C., & Stoller, L., "A social psychological analysis of sexual harassment: The person/situation interaction", *Journal of Vocational Behavior* 42(1993), pp. 68~83, Figure 1.

하지만 제도화된 차별이 항상 노골적으로 드러나지는 않고, 심지어 차별하려는 의도가 없을 때도 있다. 예를 들어 가난하고 소수 집단에 속한 사람들은 교육적 배경이 부실하므로 취업 경쟁에 불리한 경우가 많다. 교외에 사는 부유한 백인 학생들에게 수준 높은 교육 기회를 제공하는 제도가 가난한 흑인이나 라틴아메리카계 구직자들을 배제하려는 명백한 의도로 만들어지지는 않았지만 결과적으로는 그러한 비난을 피하기 어렵다. 개인적 차원에서 사람들은 다른 집단의 구성원들을 차별하고, 사회제도 역시 마찬가지다.

요컨대 **편견, 고정관념, 차별**은 어떤 집단의 구성원들과 관련해 사람들이 느끼고 생각하고 행동하는 양상을 가리킨다. 부정적 편견, 고정관념, 차별적 성향이 결합해 인종차별, 성차별, 반유대주의, 동성애 차별, 노인 차별 등으로 알려진 태도를 양산하는 경우가 많다.

편견, 고정관념, 차별의 대가

부정적 편견의 표적이 되는 사람들은 심한 물질적 · 심리적 부담을 견뎌야 할 때가 많다. 다음 내용을 통해 그중 몇 가지를 살펴보자.

물질적 대가 오래전부터 여성 음악가들은 교향악단에서 여러모로 과소평가되어 왔다. 이런 현상을 설명할 때는 여성들에게 '적절치 않은 기질', '기교 부족' 등의 단점이 있다는 믿음이 언급된다. 이런 단순한 편향이 어느 정도까지 영향을 미칠까? 이 질문과 관련해 수행된 한 연구에서는 11개 주요 교향악단의 고용 기록을 조사해 그들이 지원자를 어떻게 심사해 뽑았는지 살펴보았다. 지원자가 오디션을 받을 때 모습을 보여 성별을 명확히 알 수 있게 하였는가, 아니면 칸막이로 가려 성별을 드러내지 않았는가? 결과는 성차별 가설과 일치했다. 여성 음악가들은 심사원들이 지원자의 성별을 볼 수 없을 때 더 좋은 성과를 거두었다. 성별을 공개하지 않고 오디션을 본 경우 여성 음악가들이 예선 이후 단계까지 올라갈 가능성이 50% 정도 증가했고, 취업할 가능성은 거의 2배가 되었다.(Goldin & Rouse, 2000) 성별이 공개된 경우에는 여성 음악가들이 좋은 일자리를 얻을 가능성이 더 낮았다.

이 조사는 차별로 발생하는 명백한 손실을 보여주는 수많은 사례 중 하나일 뿐이다. 이 외에도 몇 가지 사례를 더 살펴보자.

- FBI 보고서에 따르면 2012년 한 해 동안 미국에서 6700건 이상의 증오 범죄가 일어났다. 그중 절반은 인종에 대한 편견, 20%는 성적 취향에 대한 편견, 19%는 종교적 편견, 12%는 민족 · 국적에 대한 편견, 1.5%는 장애에 대한 편견과 관련 있었다.("Hate Crime Statistics", 2012) 미국 법무부에서는 실제 증오 범죄 건수가 공식 통계의 19~31배 정도일 것으로 추산한다.(Harlow, 2005)
- 여성과 소수집단 구성원들은 같은 일을 하고 임금을 더 적게 받는 경향이 있다. 직무 유형, 교육적 배경 등을 통제해도 동일한 결과가 도출된다.(e. g., Blau & Kahn, 2000; Stroh, Brett & Reilly, 1992)
- 과체중인 여성은 그렇지 않은 여성에 비해 부모에게 대학 생활과 관련된 경제적 지원을 더 적게 받는다. 과체중인 남성은 이런 차별을 받지

않는다.(Crandall, 1995) 또한 여러 관련 요소(교육, 지능, 직장 근속 연수 등)를 통제한 후에도 고도비만인 백인 여성은 같은 조건의 더 날씬한 여성에 비해 급여를 7% 적게 받는다. 과체중인 라틴아메리카계나 흑인 여성, 과체중인 남성의 급여에서는 이런 편향이 나타나지 않았다.(Cawley, 2000)

- 자동차 산업 결산 보고서에 따르면 자동차 구입 계약을 할 때 모두 똑같은 협상 전략을 사용했음에도, 백인 남성이 제안받은 거래 조건은 백인 여성(109달러를 더 요구받음)과 흑인 여성(318달러를 더 요구받음), 흑인 남성(935달러를 더 요구받음)에 비해 유리했다.(Ayres & Siegelman, 1995)

이와 같이 차별의 피해자들은 상당히 많은 대가를 치러야 할 수 있다.

심리적 대가 부정적 편견, 고정관념, 차별의 대상에게는 상당한 심리적 대가도 따른다. 자신이 속한 집단에 부정적 편견과 고정관념을 투사하는 사람들이 있다는 사실을 알기만 해도 어떤 효과가 발생하는지 살펴보자.(Pinel, 1999) 남성만 많은 집단에서 혼자 여성인 사람은 고정관념의 대상이 될까 봐 걱정하는 경우가 많다.(Cohen & Swim, 1995) 이런 이유로 자기의식이 높아진 사람들은 맡은 업무에 집중하기 어려워지고 잘해내지 못할 때가 많다.(e. g., Lord & Saenz, 1985 : Saenz, 1994)

클로드 스틸(Claude Steele)과 조슈아 애런슨(Joshua Aronson, 1995)은 자신이 속한 집단에 대한 부정적 고정관념을 강화할까 봐 두려워하는 **고정관념 위협**(stereotype threat)이 특히 어려운 과업에서 역량을 충분히 발휘하기 어렵게 한다는 가설을 세웠다. 이 주장을 탐색하는 일련의 연구에서는 대학원생들에게 대학원 입학시험(GRE) 언어 영역에서 발췌한 어려운 문제들을 풀게 했다. 흑인 학생과 백인 학생 모두 어려운 시험에서 좋은 점수를 거두었으나(대학 입학 자격시험(SAT) 점수 기준으로 평가했을 때 자기 능력보다 높은 수행 능력을 나타냄), 인종을 말해달라는 요구 뒤에는 흑인 학생들이 백인 학생들보다 수행이 부진했다. 흑인 학생들은 자신의 인종이 부각될 때, 다시 말해 우수한 성적을 거두지 못하면 흑인이 백인에 비해 지적 능력이 낮다는 문화적 고정관념을 강화시킨다고 믿을 때 능력을 제대로 발휘하지 못했다. 실제로 다양한 집단의 구성원들이 자신이 속한 집단에 대한 부정적 고정관념을 강화하게 될까 봐 두려워할 때 잠재력을 온전히 발휘하지 못함을 보여주는 연구 결과가 많다.(Inzlicht & Schmader, 2012: Shapiro & Neuberg, 2007) 다음의 사례가 이에 해당한다.

- 여성들은 자신의 성별이 부각될 때 수학 시험에서 더 낮은 성적을 받았다.(e. g., McIntyre, Paulson & Lord, 2003: Spencer, Steele & Quinn, 1999)
- 지능검사를 받은 라틴아메리카계 사람들은 그것이 지적 능력과 관계 없다고 생각했을 때보다 지적 능력을 진단하는 검사라고 믿을 때 더 낮은 점수를 받았다.(Gonzales, Blanton & Williams, 2002)
- 백인 남성들은 운동 과제가 '타고난 능력'과 관련 있다고 생각할 때 상대적으로 수행이 부진한 반면, 흑인 남성들은 '운동 지능'과 관련 있다고 생각할 때 부진했다.(Stone et al., 1999)
- 아시아계 미국인 여성들은 성별이 부각된 후 수학 시험에서 더 낮은 성적을 받았지만, 아시아계라는 정체성이 부각된 후에는 같은 시험에서 더 좋은 점수를 받았다.(Shih, Pittinsky & Ambady, 1999)
- 백인 남성들은 특히 아시아계 남성과 비교된다고 생각할 때 수학 시험에서 더 낮은 점수를 받았다.(Aronson et al., 1999)

자기 집단에 대한 부정적 고정관념이 부각되는 '분위기'에서는 잠재력을 충분히 발휘하지 못할 때가 많다. 이러한 결과가 나타난 것은 고정관념 위협으로 인해 각성 수준, 심리적 부담, 부정적 생각, 의기소침한 상태가 늘어나고 노력과 작업 기억(working memory) 능력이 감소하기 때문이다.(e. g., Beilock, Rydell & McConnell, 2007: Ben-Zeev, Fein & Inzlicht, 2005: Jamieson & Harkins, 2007: Keller & Dauenheimer, 2003: Mazerolle et al., 2012: Schmader, Johns & Forbes, 2008)

그렇다면 사람들은 부정적 편견, 고정관념, 차별로 인한 위협에 어떻게 대처할까? 몇 가지 전략은 단기적으로는 유용하지만 장기적으로는 대가가 따른다. 예를 들어 고정관념 위협에 맞닥뜨린 사람들은 가끔 자기 불구화 전략을

사회심리학

사용하기도 한다. 수행에 성공하지 못하도록 장애물을 만드는 것이다.(4장 참고)(Keller, 2002; Stone, 2002) 당장은 이런 행동으로 부진한 수행에 대한 구실을 마련할 수 있고 부정적 고정관념을 **정말로** 강화할 걱정은 덜겠지만("어쨌든 난 노력도 안 했다고") 결과적으로 자신에게 중요한 일을 잘해내지 못할 확률을 높이는 셈이다.

고정관념 위협은 두 번째 전략인 **탈동일시**(disidentification)를 이끌어내기도 한다. 탈동일시는 사회에서 자신의 실패를 예상하는 영역이 있을 때 그것이 더 이상 자아 개념이나 자존감과 관련 없다고 판단하는 것이다.(Crocker & Major, 1989; Steele, 1992) 예를 들어 아프리카계 미국인은 멍청하다는 고정관념을 강화할까 두려워 시간이 지날수록 학업 성적을 자아상과 점점 관련짓지 않을 수 있고, 여성은 수학을 잘 못한다는 고정관념을 강화할까 두려워 수학을 자기 정체성과 더 이상 관련 없는 영역으로 간주할 수 있다.(e. g., Major et al., 1998) 한 연구 결과도 이런 견해와 일치한다. 흑인 학생들의 경우 8학년 때보다 10학년 때 자존감과 학업 성적의 관련성이 더 낮아졌고, 백인 아이들에게서는 이러한 양상이 발견되지 않았다.(Osborne, 1995) 단기적으로 보면 학업과의 탈동일시는 좋지 않은 사회적 고정관념에 맞닥뜨린 아이들이 자신에 대해 긍정적 느낌을 유지하는 데 도움이 되므로 적응적 전략이라고 볼 수도 있다. 하지만 장기적으로 보면 학업 성취와 자신을 분리하는 아이는 지식과 학습 능력이 중요하게 여겨지는 세상에 뛰어들 준비를 제대로 할 수 없다.

하지만 장·단기적으로 모두 유익할 가능성이 있는 대안적 전략도 존재한다. 예를 들어 유머를 대응 전략으로 사용하는 여성들은 수학과 관련된 부정적 고정관념이 부각된 후에도 어려운 수학 시험에서 부진한 성적을 얻을 가능성이 낮다. 유머를 구사함으로써 시험 보는 동안 느끼는 불안이 줄어들기 때문으로 보인다.(Ford et al., 2004) 다른 실험에서는 여성 참가자들에게 건축, 의학 등의 분야에서 성공한 여성들에 대해 알려줌으로써 수학과 관련된 고정관념 위협의 부정적 효과를 제거했다.(McIntyre et al., 2003) 이 경우 여성 참가자들은 부정적 고정관념이 모든 사람에게 적용되지 않는다는 걸 상기하고 개인적 잠재력을 더 잘 발휘할 수 있었다. 또 다른 연구에서는 대학생들을 상대로 지능이 높아질 수 있다는 믿음을 강화하는 프로그램을 진행했다. 지능도 근육처럼 열심히 '훈련'하면 향상될 수 있다는 주장을 받아들이려는 것이었다. 학기가 끝날 무렵 흑인 참가자들은 통제 조건에 무작위로 배정된 학생들에 비해, 자신이 참여한 프로그램을 좋아하게 되었고 자신을 학교와 동일시하는 경향이 높아졌으며 더 좋은 성적을 받았다.(Aronson, Fried & Good, 2002) 이렇듯 노력하면 능력을 향상할 수 있다는 믿음으로 고정관념 위협을 어느 정도 줄일 수 있다. 일례로 어려운 시험을 앞둔 사람들에게 고정관념 위협에 대해 가르쳐주기만 해도 결과가 달라진다.(Johns, Schmader & Martens, 2005)

이런 노력에도 불구하고 부정적 편견, 고정관념, 차별은 심각한 물질적·심리적 대가를 초래할 수 있다.(Swim & Stangor, 1998) 또한 이러한 대가의 영향은 직접 피해를 받는 사람에게만 국한되지 않는다. 예를 들어 인종 간의 상호작용은 편견의 대상이 되는 사람들의 인지적 자원에 부담이 되고, 그 결과 다양한 과제 수행에 부정적 영향을 줄 수 있다.(e. g., Bair & Steele, 2010; Richeson & Shelton, 2007) 편견 없는 사람들은 편견의 대상이 되는 사람들과 친구라는 이유만으로 반감을 사기도 한다.(e. g., Neuberg et al., 1994; Sigelman et al., 1991) 그리고 이러한 편견이 공격성으로 바뀌면, 세계 곳곳에서 일어나는 민족과 종교 간 갈등이나 테러 공격에서 드러나듯 인류의 비극은 더욱 참혹해질 수 있다.

편견, 고정관념, 차별의 목표

부정적 편견, 고정관념, 차별로 인한 심각한 손실을 생각하다 보면 사람들이 왜 그렇게 생각하고 느끼고 행동하는지에 대해 자연히 의문을 품게 된다. 1991년에 로스앤젤레스의 흑인 운전자 로드니 킹(Rodney King)이 추격전 끝에 백인 경찰관들에게 두들겨 맞은 사건만 해도 그렇다. 그저 서로 잘 지낼 수 있다면 훨씬 낫지 않을까?

이 질문에 대한 답이 긍정적이라도 단순히 잘만 지내면 된다는 의미가 아님은 분명하다. 편견 섞인 감정, 고정관념이 담긴 생각, 차별적 행동에는 몇 가지 중요한 목표가 있다. 편견, 고정관념, 차별은 자신의 집단을 보호하고 지지하는 데 도움이 될 수 있고, 사회적 인정을 제공할 수도 있으며, 개인과 사회의 정체성을 개선할 수도 있다. 또한 정보가 너무 많은 사회적 환경을 탐색할 때 정신적 노력을 아낄 수 있도록 도와주기도 한다. 이제 이러한 가능성들을 하나하나 탐색해보자.

집단을 향한 지지와 보호

앤 애트워터는 자기 몫의 '파이 조각'을 갈망했다. 그녀를 비롯한 흑인 공동체의 다른 구성원들도 아메리칸드림을 공유하고 싶어 했다. 보수가 괜찮은 일을 얻고, 깨끗하고 안전한 지역에 살고, 아이들을 좋은 학교에 보내고 싶었다. 하지만 '백인들의 미국'에서 법과 관습은 그녀에게 이런 기회를 주지 않았다.

C. P. 엘리스도 가족을 위해 애트워터와 같은 것을 원했다. 엘리스는 백인이었지만 애트워터와 마찬가지로 가난했다. 기회를 더 달라는 흑인들의 요구는 엘리스에게 경제적 선전포고와 같았다. 그는 파이가 딱 그만큼밖에 없다고 생각했다. 자신과 처지가 비슷한 다른 백인들의 몫이 안 그래도 적은데 흑인들이 한 조각을 가져가면 파이는 얇아지다 못해 보잘것없는 양만 남을 터였다.

다른 사람들처럼 엘리스 역시 흑인과 백인이 한정된 경제적 자원을 서로 차지하기 위해 경쟁한다고 믿었다. 물론 논리적으로 생각하면 엘리스가 괜찮은 일자리를 얻을 가능성은 백인 경쟁자만큼 흑인 경쟁자들에게도 방해받았다고 할 수 있다. 그렇다면 백인이 아니라 흑인을 경쟁자로 보기가 그토록 쉬운 이유는 무엇이었을까? 엘리스의 분노와 적대감은 왜 백인에게도 똑같이 향하지 않았을까? 그리고 왜 다른 백인들과 힘을 합쳐 흑인들이 이룬 성과를 방해했을까?

내집단 혜택의 창출과 유지

다음과 같은 실험을 상상해보자. 참가자는 다른 학생들과 함께 앉아 있고 연구자가 강의실 앞에 있는 화면에 여러 개의 점을 연속적으로 보여준다. 여러 개의 점이 짧은 순간 나타났다 사라질 때마다 점의 개수를 맞히는 것이 참가자에게 주어진 과제다. 점이 몇 개라고 했는지는 자신만 안다. 과제 수행이 끝나면 연구자는 참가자를 좁은 방으로 데려가 점의 개수를 어떻게 대답했느냐에 따라 '과대평가자'나 '과소평가자'에 해당한다고 알려준다.(사실 참가자들은 동전 던지기를 통해 무작위로 각 조건에 배정된다.) 물론 참가자는 과대평가자나 과소평가자가 되는 것이 무슨 의미인지 모르고, 연구자는 둘 다 다른 집단에 비해 더 낫거나 못하지 않다고 알려준다.

다음 과제는 더 흥미롭다. 혼자 방에 앉은 채 함께 실험에 참가한 사람들에게 금전적 보상과 벌칙을 배분하는 일이다. 다른 사람들을 식별하는 방식은 2가지뿐이다. 하나는 개인의 정체성을 숨기고 번호로만 식별하는 방식이고, 다른 하나는 참가자가 속한 집단에 따라 붙은 과대평가자나 과소평가자라는 꼬리표로 식별하는 방식이다. 참가자들은 자신만 알 수 있도록 과제를 수행하며, 다른 참가자와 접촉할 일이 전혀 없다. 이때 돈을 어떻게 배분해야 할까?

헨리 타이펠(Henri Tajfel, 1971)은 영국의 10대를 대상으로 이와 같은 실험을 진행하고 여기에 **최소 집단 패러다임**(minimal intergroup paradigm)이라는 이름을 붙였다. 최소 집단 패러다임은 편견, 고정관념, 차별이 발생하는 근거를 탐색하기 위해 단기적·임의적·인위적으로 집단을 만들어내는 절차를 말한다. 집단(과대평가자와 과소평가자)이 일시적·무작위적·인위적으로 규정되고 구성원들 사이에 접촉이 없었기 때문이다. 참가자들은 다른 집단(외집단(out-group))에 비해 자신이 속한 집단(내집단(ingroup))의 구성원들에게 더 많은 돈을 분배했을까? 실제로 그랬다. 이렇듯 집단의 정의를 최소화해 가장 간단한 기준에 따라 나누어도 사람들은 **내집단 편향**(ingroup bias)을 나타낼 때가 많다. 다른 집단의 구성원보다 자신이 속한 집단의 구성원에게 이득을 주려는 것이다.(e. g., Brewer, 1979; Halevy et al., 2008; Mullen et al., 1992; Tajfel, 1982)

집단생활의 특성과 집단 간 갈등 내집단 편향의 뿌리는 인류가 진화되어온 역사에 있는 듯하다.(e. g., Campbell, 1965; Kurzban & Neuberg, 2005; Schaller, Park & Faulkner, 2003) 선조들은 생존하기 위해서 집단생활을 필요로 했다. 인간은 작은 공동체 안에서 협력하고 호혜의 규범을 형성하며 집단의 유대를 강화했다.(Axelrod & Hamilton, 1981; Trivers, 1971) 또한 공동체는 주로 생물학적 친척으로 구성되었고, 집단에 이득이 되는 행동은 대개 구성원 각자의 유전자에도 이득이 되는 일이어서 자신과 친척들이 생존하고 번식할 확률을 높여주었다.(Hamilton, 1964) 따라서 집단의 관점에서 생각하고 자신이 속한 집단을 중요하게 여기는 것은 유리한 행동이라고 할 수 있다. 이와 같은 맥락에서 사람들은 자신이 속한 집단에 충성을 느끼고 집단과 강하게 동일시할 때 내집단 편향을 더 강하게 드러낸다.(e. g., Hertel & Kerr, 2001; Jetten et al., 1997) 실제로 내집단 편향은 여러 문화에 걸쳐 인간의 사회생활에서 나타나는 특징으로, 자신이 속한 집단을 좋아하는 경향은 자동적으로 발생하는 것처럼 보인다.(Ashburn-Nardo, Voils & Monteith, 2001; Otten & Moskowitz, 2000)

하지만 이 사실만으로는 사람들이 다른 집단의 구성원을 싫어하는 일이 왜 그렇게 자주 일어나는지 설명할 수 없다. 예를 들어 미국인들이 가끔 이민에 그토록 강하게 반대한 이유는 무엇일까? **현실 집단 갈등 이론**(realistic group conflict theory)은 물질적 자원을 차지하기 위해 집단끼리 경쟁하는 과정에서 집단 간 갈등이 발생한다는 견해다.(e. g., Bonacich, 1972; D. T. Campbell, 1965; Sherif et al., 1961/1988) 이러한 갈등은 자기 집단에 대한 긍정적 연대감을 강화할 뿐 아니라 다른 집단을 아주 싫어하게 만든다. '그들'은 '우리'가 생존하고 번영하는 데 필요한 자원을 가져가지 못하게 하는 집단인 셈이다. 그 결과 집단의 구성원들은 다른 집단에 해가 되고 자신의 집단에 도움이 되는 방향으로 행동할 가능성이 있다.

편견을 이해하는 최근의 접근법은 인류가 특별한 종으로서 오랫동안 다루어온 더 넓은 범위의 위협에 초점을 맞춘다. 이를테면 집단 내에서 함께 살거나 가까이 사는 사람들이 물리적 폭력을 쓸 가능성, 타인에게 전염병이 옮을 가능성, 다른 사람들이 집단에 기여한 것보다 많이 가져갈 가능성 등이 그 위협에 해당한다.(Schaller & Neuberg, 2012) 2장에서 배웠듯이 다양한 유형의 위협은 그만큼 다양한 감정을 유발한다. 예를 들어 나를 물리적으로 해칠 수 있는 위협은 공포를 불러일으키는 반면, 무언가를 도난당할지 모른다는 위협은 분노를 불러일으킨다. 집단 내의 위협에 대처하기 위해 진화했다고 볼 수 있는 이러한 심리는 집단 외부의 위협을 다루는 데도 이용된다. 이 주장에 따르면 다양한 집단이 저마다 다른 위협을 가한다고 인식되는 한 그 집단들을 향한 편견에 담긴 감정도 다양하다.(e. g., Cottrell & Neuberg, 2005; Tapias et al., 2007)

흥미롭게도 위협과 관련된 고정관념과 편견의 대상이 되는 사람들은 주변에 자신이 어떻게 보이는지 어렴풋이 알고 그에 맞춰 반응하는 듯하다. 리베카 닐(Rebecca Neel, 2013)이 발견한 바에 따르면 젊은 흑인 남성들은 사람들이 자신을 두려워한다는 사실을 알고, 비만인 사람들은 다른 사람들이 자신을 역겨워한다는 사실을 안다. 그 결과 젊은 흑인 남성들은 좋은 첫인상을 남기고 싶을 때 미소 지을(위험하다는 인식을 낮추는 행동) 가능성이 높은 반면, 비만인 사람들은 깨끗한 옷을 입을(더럽다는 인식을 낮추는 행동) 가능성이 높다고 한다.

한편 위협을 근거로 하는 관점에 따르면, 어떤 집단과 일반적으로 관련된 위협에 자신이 특히 취약하다고 느낄 때 그 집단에 대한 편견이 더 두드러진다고 추측할 수 있다.(e. g., Faulkner et al., 2004; Navarrete & Fessler, 2006) 한 연구에서 백인 미국인 학생들은 무서운 영화의 몇 장면을 본 직후 젊은 흑인 남성의 표정을 분노로(즉 위협적으로) 인식할 가능성이 특히 높았고, 이것은 현재 미국인들이 갖는 고정관념과 일치했다.(Maner et al., 2005) 후속 연구에서는 백인 참가자들이 두려움을 느낄 때 흑인 남성의 이미지에 반응해 피하는 몸짓이 더 빨랐다는 점이 발견되었다.(Miller, Zielaskowski, Maner & Plant, 2012) 또 다른 연구에 따르면 세상이 위험한 곳이라고 믿는 백인 캐나다인들은 어두운 공간에서 두려움을 느끼는 상황에서 백인보다 흑인을 특히 적대적이라고 평가했다.(Schaller, Park & Mueller, 2003) 이처럼 사람들이 경험하는 고정관념과 편견은 당시의 걱정과 두려움뿐 아니라, 다른 집단의 구성원들이 자신에게 가한다고 생각하는 특정한 위협에도 영향받는다.

집단 혜택의 정당화 현실 집단 갈등 이론을 지지하는 사람들은 부정적 편견과 고정관념이 집단 간의 경제적 갈등에서 자연스럽게 **발생**한다고 주장하는 반면, 지지하지 않는 사람들은 힘 있는 사람들과 단체가 자신들에게 유리하도록 고정관념과 편견을 전략적으로 **조작**한다고 주장했다.(Cox, 1959; Reich, 1971) 이를테면 백인 유럽인들이 아프리카를 착취하려고 침략한 사실을 정당화하기 위해 흑인이 열등한 인종이라는 개념을 만들어냈다고 주장한다. C. P. 엘리스 역시 더럼 카운티의 사업가들이 지역의 지도자들이 긁어모으던 어마어마한 부에 대해 가난한 백인과 흑인 집단이 알지 못하게 하려고 KKK를 격려하고 재정적으로 지원해 두 집단이 계속 충돌하게 했다고 믿게 되었다.

이렇게 경제적 동기에서 나온 계획적 시도로 부정적 고정관념과 편견을 만들어내거나 증폭시켜 널리 퍼지고 강력해지게 할 수 있을까? 그런 계획이 있었다 해도 비밀스러운 음모였을 테니 사실을 알기는 어렵다. 하지만 기존의 연구들을 살펴보면 거의 모든 사람이 이 세상을 정의로운 곳으로 생각하고 싶어 한다는 점은 확실히 알 수 있다. 즉, 대부분의 사람이 좋은 사람에게 좋은 일이 일어나고 나쁜 사람에게 나쁜 일이 일어난다고 믿고 싶어 한다.(Lerner, 1980) 그렇다면 성공한 사람들이 스스로 경제적 성공을 누릴 자격이 있고 그 자리를 '정정당당하게' 얻어냈다고 믿고 싶어 하는 것도 일리가 있다. 그 결과 사람들은 이미 존재하는 사회적·경제적 불평등을 정당화하기 위해 고정관념과 편견을 이용하기도 한다.(Jost & Burgess, 2000; Sidanius & Pratto, 1993) 가령 백인 미국인들은 아프리카계 미국인에게 게으르고 지능이 낮다는 고정관념을 씌움으로써, 자신이 속한 집단이 상대적으로 높은 경제적 지위를 차지하는 현상을 정당화할 수 있다.

　요컨대 내집단을 지지하고 보호하려는 욕구는 집단 간의 긴장을 만들어내고 유지하는 데 기여한다. 이제 이러한 욕구를 증진해 부정적 편견과 고정관념으로 이어지게 하는 사람과 상황의 특징에 대해 알아보자.

사람

사회적 지배 지향성

"어떤 집단의 사람들은 다른 집단의 사람들과 완전히 평등하지 않다." "인생에서 앞으로 나아가려면 가끔 다른 사람들을 밟고 올라서야 할 때도 있다." "다른 사람들보다 특히 가치 있는 사람들이 있다." 이런 말들은 사회적 지배 지향성이 높은 사람들의 말이다. **사회적 지배 지향성**(social dominance orientation)은 자신이 속한 집단이 다른 집단을 지배하고 그들보다 우월하고자 하는 정도를 가리킨다.(Kteily, Sidanius & Levin, 2011; Sidanius & Pratto, 1999) 모든 사람이 평등하게 대우받아야 한다고 믿는 사람들과 달리, 사회적 지배 지향성이 강한 사람들은 가치에 따라 집단의 순위가 매겨지는 사회 체계를 선호한다. 이들은 우월한 집단(주로 자신이 속한 집단)이 더 부유하고 영향력이 커야 한다고 믿는다.

　사회적 지배 지향성이 높은 사람들은 지위가 낮은 집단에 대한 부정적 편견과 고정관념이 있을 가능성이 특히 높다. 예를 들어 사회적 지배 지향성이 높은 백인 미국인은 흑인에게 더 심한 편견을 갖고, 흑인 단체보다 백인 단체에 더 많은 집단 자원을 배분하며, 인종 간 결혼과 동성애자의 권리를 인정하지 않는 경향이 강하고, 더 성차별적이며, 미국이 다른 나라를 지배할 수 있게 하는 정부 정책을 더 지지한다.(Pratto et al., 1994; Sidanius et al., 2007) 물론 편견을 만들어내는 사회적 지배 지향성의 영향력이 미국에만 국한되지는 않는다. 펠리시아 프래토(Felicia Pratto)와 동료들(1998; Sidanius & Pratto, 1999)

은 캐나다, 타이완, 중국, 이스라엘에서 사회적 지배 지향성을 측정하고 해당 국가의 시민에게 그 나라에서 지위가 낮은 집단과 여성에 대해 어떻게 생각하는지 물었다. 각국에서 나타난 공통점은 충격적이었다. 모든 나라에서 사회적 지배 지향성이 높은 사람들은 성차별적 경향이 훨씬 강하게 나타났고, 사회적 지배 지향성은 대개 편견의 증가와 관련 있었다.

높은 사회적 지배 지향성의 원인은 무엇일까? 사회적 지배 지향성은 자신이 속한 집단이 위협받는다고 믿을 때, 특히 자신을 집단과 강하게 동일시하는 경우에 높아진다.(Morrison & Ybarra, 2008) 지배적 집단의 일원이 되거나 **일시적으로** 다른 사람에게 권력을 행사할 수 있는 자리에 올랐을 때도 더 나은 사람이 그렇지 않은 사람보다 많이 받아야 한다는 믿음을 받아들이는 경향이 생기거나 높아진다.(e. g., Guimond et al., 2003) 앞에서 논했듯 이런 사상은 자신의 특권적 지위를 정당화하는 데 도움이 될 수 있다. 또한 정당화로 인해 자신만큼 부유하지 않은 사람들에 대한 부정적 편견과 고정관념을 경험하고 그들을 차별하기가 더 쉬워진다.

상황

집단 간 경쟁

경제가 어려운 시기에는 집단을 위한 자원을 얻는 일이 특히 절박해진다. 따라서 사람들이 다른 집단 사람들과 땅, 주택, 일자리 등을 두고 경쟁한다고 믿을 때 내집단 편향과 외집단 적대감이 높아지리라고 예상할 수 있다.

칼 호블랜드(Carl Hovland)와 로버트 시어스(Robert Sears, 1940)는 1882~1930년 미국 남부의 자료를 모으고 연구를 수행하면서 경제적 여건과 흑인에게 가하는 린치(불법 교수형)의 횟수에 상관관계가 있음을 밝혔다. 10장에서 언급했듯 경제적 압박은 외집단 적대감과 확실히 관련 있었다. 경제 상황이 나빠지면 남부 백인들은 더 많은 흑인에게 린치를 가했다.(Hepworth & West, 1988) 이러한 경향은 남부에만 국한되지 않았다. 북부 도시에서도 경제 상황이 어려워지자 흑인에 대한 폭력은 물론이고 중국 이민자에 대한 폭력도 증가했다.(Olzak, 1992) 집단 간 경쟁의 역할을 더욱 자세히 탐색하기 위해 무자퍼 셰리프(Muzafer Sherif, 1961/1988)은 아주 흥미로운 현장 실험을 고안했다. 이들이 실험 대상으로 선정한 22명의 5학년(12세) 소년들은 지능이 평균 이상이고, 정서가 안정적이며, 학업 성적이 평균과 우수함 사이였고, 양친이 있는 중산층 가정에서 개신교인으로 자란 아이들이었다. 모든 소년은 오클라호마시티에 사는 초등학생이었고 연구에 참여하기 전까지 서로 모르는 사이였다. 연구자들은 소년들을 두 집단으로 나눈 뒤 오클라호마주 교외의 로버스 케이브 주립 공원에 있는 야영지로 보냈다.

처음 며칠은 각 집단이 다른 집단의 존재를 모르는 채 운동경기, 산행, 수영 등의 야외 활동에 따로 참여했다. 서로 모르던 아이들은 곧 지도자, 규범, 가장 좋아하는 활동, 심지어 이름까지 있는 진짜 집단이 되어갔다. 집단의 이름은 방울뱀과 독수리였다. 이제 실험을 진행할 준비가 된 셈이었다.

연구자들은 나흘에 걸쳐 야구, 줄다리기, 터치 풋볼, 텐트 설치, 보물찾기, 숙소 검사 등의 활동에서 아이들을 경쟁시키기 시작했다. 이긴 팀에게는 우승컵, 개인 메달, 멋진 야영용 칼을 주기로 했다. 진 팀에게는 아무것도 주어지지 않았다. 현실 집단 갈등 이론에서 주장하듯 첫 야구 시합을 하는 동안 집단 사이의 적개심이 급속도로 일다가 경쟁하면서 맹렬하게 치솟았다. 독수리 팀이 방울뱀 팀의 깃발을 불태웠고, 방울뱀 팀이 독수리 팀의 숙소에 침입해 잠자리를 뒤집고 소지품을 헤집어놓았다. 각 팀은 서로를 점점 자주 더 경멸적인 이름으로 불렀다. 몸싸움도 몇 번 벌어졌다. 독수리 팀이 경쟁에서 이기고 승리를 축하하러 가자 방울뱀 팀이 그들의 숙소에 숨어들어 힘들게 얻은 야영용 칼을 훔쳐 왔다. 정면으로 맞닥뜨린 독수리 팀과 방울뱀 팀은 곧 싸움을 벌일 기세였고, 전면적 싸움으로 번지는 사태를 피하기 위해 연구자들이 소년들을 갈라놓아야 했다.

방울뱀 팀과 독수리 팀이 이틀 동안 분리돼 열기를 식힌 후 소년들은 각 집단의 특징을 평가하게 되었다. 그 결과는 연구자들이 관찰한 사실을 확실히 입증해주었다. 소년들은 자신이 속한 집단의 구성원들이 용감하고 강인하고 친근하다고 생각한 반면, 상대 집단의 구성원들은 교활하고 잘난 체하며 냄새 나는 녀석들이라고 생각했다. 연구를 시작할 때 이 소년들을 선정한 이유가 서로 비슷비슷했기 때문이라는 사실을 생각해보면 결과는 더욱 충격적으로 느껴진다.

사실 영국 사람이 서인도제도 사람들을 싫어하든, 네덜란드 사람이 터키와 수리남 사람을 싫어하든, 프랑스 사람이 북아프리카 사람을 싫어하든 부정적 편견과 고정관념은 "경쟁자를 표적으로" 삼을 때가 많다는 걸 알 수 있다. 사람들은 그때그때 자신과 경쟁한다고 생각하는 집단을 향해 적대감을 표출한다.(Pettigrew & Meertens, 1995) 또한 최근에 수행된 일련의 연구에서 드러나듯 경쟁은 집단 간의 차이를 더욱 부각한다. 한 연구에서 경제적 어려움과 빚에 대해 생각하도록 점화된 백인 참가자들은 혼혈인 사람의 얼굴을 보고 흑인으로 분류하는 경향이 통제 조건의 참가자에 비해 높았다.(Rodeheffer, Hill & Lord, 2012)

상호작용
집단 간 경쟁의 자기 충족적 순환

앤 애트워터 같은 흑인들이 열악한 주택, 급여가 낮은 직장, 형편없는 교육 환경밖에 접하지 못하는 차별적 환경에 항의하기 위해 거리로 나오자, C. P. 엘리스 같은 가난한 백인들은 혹여나 흑인들이 무언가를 얻으면 자신들에게 피해가 올까 봐 두려워했다. 평등한 기회를 부르짖는 요구를 백인들이 묵살하자 흑인들은 더 자주, 열성적으로 항의했다. 그 결과 더럼 카운티의 수많은 백인 시민들의 관점은 더욱 냉정하고 고집스러워졌다. 그렇게 갈등이 돌고 돌며 끊임없이 계속되었다. 앤 애트워터는 공손한 가정부에서 전투적 시민권 운동가인 '싸움꾼 애니'가 되었고, C. P. 엘리스는 가족이 빚에 시달리지 않도록 분투하던 조용한 가장에서 KKK의 극우적 지도자로 변했다.

　경쟁과 적대감은 더욱 심한 경쟁과 적대감을 낳는다. 다른 사람들을 경쟁자로 볼수록 더 경쟁하고, 처음에 두려워한 경쟁 상황을 자신도 모르게 불러일으키고 부추기게 된다.(Kelley & Stahelski, 1970) A와 B라는 두 집단이 어떤 자원을 서로 차지하려고 한다고 해보자. B집단이 경쟁적이고 적대적인 방식으로 행동하면, A집단은 이를 위협으로 간주해 경쟁적이고 적대적인 방식으로 대항한다. 이렇게 되면 B집단도 A집단을 위협으로 간주하게 된다. 서로 공동의 자원을 놓고 다투는 경쟁자로 보게 되면서 집단들은 스스로 두려워하던 경쟁을 초래하거나 강화하는 방식으로 행동하기 시작한다. 이러한 자기 충족적 순환은 빠르게 형성돼 집단 사이에 끈질기고 극심한 적대감을 만들어낼 수 있다. 경쟁에 관여한 사람들이 상대편의 계획을 적대적이라고 확신할수록 이러한 **자기 충족적 예언**(3장 참고)이 순식간에 경쟁을 심화해 악순환을 일으킨다.

이러한 과정은 집단 차원에서 특히 두드러지게 나타난다. 자원을 차지하기 위한 집단 간 경쟁이 개인 간의 경쟁보다 치열하기 때문이다.(e. g., Takemura & Yuki, 2007 ; Wildschut et al., 2003)

집단 간 경쟁의 자기 충족적 순환에서 우리는 기본적 형태의 사람과 상황 간 상호작용을 발견할 수 있다. 첫째, 경쟁적 상황은 서로 거의 믿지 않는 경쟁적 사람과 집단을 만들어내는데, 이 현상은 **상황이 사람(의 상당히 중요한 측면)을 바꿀 수 있다**는 점을 다시 한번 보여준다. 둘째, 경쟁적이고 서로 신뢰가 없는 사람이나 집단은 훨씬 경쟁적이고 적대적인 상황을 만들어내며, 이것은 **사람이 상황을 바꿀 수 있는** 사례에 해당한다. 이와 같이 경쟁적 악순환이 중동의 이스라엘과 팔레스타인 사람들처럼 집단 간의 집요한 증오를 어떻게 만들어내는지 이해하기는 그리 어렵지 않다.

사회적 인정 얻기

누군가가 편견 섞인 말이나 농담을 할 때 혼자서 불쾌하다고 생각해본 적이 있을 것이다. 그때 어떻게 반응했는가? 반감을 표현했는가? 혹시 억지로 웃으려 하면서 그냥 넘어가지는 않았는가? 그런 경험은 드문 것이 아니다. 한 실험에서는 성차별적이지 않은 여성 참가자들이 다른 참가자 3명의 성차별적 의견에 순응하는 모습을 보였다. 이 결과는 편견 없는 사람들도 편견 섞인 태도를 나타낼 수 있다는 점을 보여준다.(Swim, Ferguson & Hyers, 1999) 왜 그럴까?

아마도 사회적 거부를 두려워했기 때문일 것이다. 4장과 6장에서 살펴보았듯 사람들은 남들에게 인정받고 싶어 하며, 자신의 의견과 행동을 그들에게 맞춰 조정함으로써 인정받을 수 있다. 자신이 중요하게 여기는 사람들이 어떤 집단을 부정적으로 본다면, 그들에게 인정받고 그 사이에 '낄' 수 있기를 바라면서 그들의 의견에 순응할 가능성이 있다.(Blanchard et al., 1994 ; Zitek & Hebl, 2007) 사회적으로 인정받음으로써 얻는 이익(과 사회적으로 거부당했을 때의 대가 혹은 비용)은 아주 강력하기 때문에 평소 차별적으로 행동하려는 동기가 **없는** 사람들조차 차별을 행할 수 있다. 일례로 한 실험 조건에서는 흑인 남성이 입사 과정에서 아메리카 원주민 지원자를 차별하기도 했다. 단, 이러한 경향은 자신의 행동을 보고 평가할 사람들이 아메리카 원주민에게 편견을 갖는 사람들이라고 믿을 때만 나타났다.(Shapiro & Neuberg, 2008)

단순히 어떤 고정관념과 편견이 있는 척만 해서는 사회적 규범과 기대에 미치지 못할 수도 있다. 또한 편견이 자리한 사회적 환경은 개인에게 가지고 있는 편견을 표출해도 된다는 일종의 청신호 역할을 할 수도 있다.(Ford, Wentzel & Lorion, 2001; Goodman et al., 2008; Wittenbrink & Henley, 1996) 한 실험에서 참가자들은 몇 가지 성차별적 농담을 연속해서 들은 후 성차별적 사건을 덜 불쾌한 것으로 평가했다. 단, 이 결과는 애초에 성차별적 믿음을 가진 사람에게서만 나타났다.(Ford, 2000) 또한 사회적 규범이 일상에 깊이 들어와 있고 대부분의 사람들이 오랜 시간을 함께 보내는 사람들에게 인정받고 싶어 하므로 그런 외부의 메시지를 받아들여 내면화하기도 한다.(e. g., Guimond, 2000) C. P. 엘리스 역시 시민권 운동 이전 남부의 인종차별적 메시지를 상당히 쉽게 받아들였을 것이다. 이와 마찬가지로 오늘날 우리는 가정과 이웃, 직장, 매체에서 접하는 고정관념과 편견 섞인 메시지를 내면화하기 쉽다.

사람

독실한 신앙과 편견

세계의 주요 종교들은 인종이나 민족에 관계없이 다른 사람들을 무조건적으로 받아들여야 한다는 원칙을 따르고 있다. 그러므로 스스로 종교적이라고 하는 사람들이 그렇지 않은 사람들에 비해 편견이 심하다는 사실은 다소 이해하기 어렵다.(Allport & Kramer, 1946; Hunsberger & Jackson, 2005) 이것은 어찌된 일일까?

여러 신앙이 각자 어떻게 다른지 이해한다면 종교와 편견의 연관성을 더 잘 이해할 수 있지 않을까 싶어 아주 긴 시간에 걸쳐 일련의 연구가 수행되었다.(Allport & Ross, 1967; Batson & Burris, 1994; Hunsberger & Jackson, 2005) 어떤 사람들의 종교성은 **외적 종교성**(extrinsic religiosity)으로 분류된다. 외적 종교성은 종교를 일종의 친구를 사귀고, 지위를 얻고, 어려운 시기에 지지받기 위한 수단으로 여기는 성향이다. 이런 관점을 취하는 사람들은 무언가를 얻기 위해 종교를 이용하며, 이들에게 종교는 다른 목적을 위한 수단에 불과하다. 이 경우 종교적 메시지는 삶의 기준으로 받아들여지지 않는다. 외적 종교성 성향의 사람들에 대한 연구에 따르면, 이들은 종교적이지 않은 사람들에 비해 다른 인종 집단과 동성애자들을 향한 부정적 편견이 더 심한 것으로 나타났다.(e. g., Batson & Ventis, 1982)

그런가 하면 **내적 종교성**(intrinsic religiosity) 성향의 사람들도 있다. 이들은 종교에 따라 살고 종교의 가르침을 내면화하고자 한다.(Allport & Ross, 1967) 이런 관점에서 종교는 다른 목적을 위한 수단이 아니라 그 자체가 목적이다. 체계화된 기성종교에서는 대부분 관용을 가르치고, 내적 종교성 성향의 사람들은 교리를 자신의 행동과 정체성에 통합하려 하므로 내적 종교성 성향의 사람들은 편견을 덜 가지리라고 기대할 수 있다. 실제로 자기 보고 자료에 따르면 내적 종교성 성향의 사람들은

테러리스트에게 살해된 사람들은 세계적으로 수천 명에 달한다. 2001년 9월 11일 뉴욕과 워싱턴을 공격한 오사마 빈라덴(Osama bin Laden)처럼 테러 공격을 계획하고 실행하는 많은 사람들이 스스로 정당한 종교적 원칙에 따라 순종하고 있다고 믿는다. 그렇다면 알카에다(Al Qaeda) 같은 집단은 비난받아 마땅할 잔인한 정치적 이념을 정당화하기 위해 종교성이라는 허울을 내세우는 것일까? 아니면 진정으로 신의 일을 하고 있다고 믿을까?

편견이 비교적 덜한 것으로 보인다. 하지만 더 미묘한 행동 척도를 사용한 다른 연구에서는 내적 종교성 성향의 사람들이 **실제로** 관용적이라기보다 관용적으로 **보임**으로써 사회적으로 인정받는 데 더 신경 쓸 가능성이 있음을 보여준다.(Batson et al., 1986)

세 번째 성향은 **근본주의**(fundamentalism)다. 근본주의의 특징은 자신의 종교적 믿음이 절대 진리라고 확신한다는 점이다.(Altemeyer & Hunsberger, 1992) 근본주의 척도에서 높은 점수를 기록하는 사람들은 종교적이지 않은 사람들에 비해 인종 및 종교적 외집단, 동성애자, 여성에게 더 부정적 관점을 취하는 경향이 있다.(Hunsberger & Jackson, 2005)

마지막 성향은 **탐구적 종교성**(quest religiosity)이다.(Batson & Ventis, 1982) 이 관점에서 보면 종교는 진리를 향한 끝없는 개인적 여정이다. 주로 탐구 지향적인 사람들은 영적인 문제에 마음이 열려 있고, 복잡한 영적 문제나 도덕적 문제에 대한 답을 손쉽게 찾을 수 있다고 기대하지 않는다. 탐구 지향

적인 사람들은 다른 문제에도 열린 마음과 태도로 임하므로, 이런 성향을 근거로 삼아 이들의 자기 보고나 행동에서 편견이 거의 드러나지 않는 이유를 설명할 수 있다.(Batson & Burris, 1994)

이와 같이 종교를 일종의 탐구로 여기는 사람들을 제외하면 종교성은 부정적 편견을 강화하는 경향이 있다. 인도의 힌두교인과 이슬람교인, 중동의 유대교인과 이슬람교인, 북아일랜드의 개신교인과 가톨릭교인처럼 종교에 뿌리를 둔 전 세계의 갈등을 잠깐 살펴보기만 해도 확실하게 알 수 있다.

하지만 제러미 진지스(Jeremy Ginges, 2009)는 최근 수행한 연구를 통해 다른 해석을 내놓는다. 진지스는 다른 집단에 대한 자살 테러에 종교성이 영향을 주는지 궁금해하는 한편, 종교성의 두 측면을 중요하게 구분해야 한다고 보았다. **종교적 헌신**(기도의 빈도나 횟수를 평가함으로써 측정)과 **종교 집단에 대한 헌신**(공식 예배 출석 빈도를 평가함으로써 측정)을 구분하는 것이 중요하다는 것이다. 이러한 구분에는 앞서 논한 외적·내적 종교성의 구분과 비슷한 점이 있다. 종교적 헌신은 내적 종교성의 일면으로, 종교 집단에 대한 헌신은 외적 종교성의 일면으로 볼 수 있다.

진지스는 다음과 같이 추론했다. 종교적 믿음 자체가 편견을 강화하는 요인이라면, 종교적으로 헌신하는 사람들이 (종교 집단에 대한 헌신이라는 요소를 통제한 후에도) 다른 집단에 가하는 자살 테러에 찬성할 가능성이 높을 것이다. 하지만 종교 집단에 대한 헌신과 집단의 훌륭한 일원으로 보이려는 욕구가 편견을 강화하는 요인이라면, 종교 집단에 헌신하는 경향이 강한 경우 (종교적 헌신의 수준이라는 요소를 통제한 후에도) 자살 테러에 찬성할 가능성이 높을 것이다.

진지스는 이 대안적 가설을 검증하기 위해, 팔레스타인의 이슬람교인, 이스라엘의 유대교인, 인도의 힌두교인, 러시아의 그리스정교인, 인도네시아의 이슬람교인, 영국의 개신교인, 멕시코의 가톨릭교인 등 광범위한 집단을 대상으로 설문 조사를 실시했다. 결과는 명확했다. 종교 행사 참석률로 측정한 종교 집단에 대한 헌신이 다른 집단 사람들을 죽이는 데 찬성하는 태도를 예측하는 유일한 지표였다. 기도의 빈도로 측정한 종교적 헌신에서는 그런 영향력이 발견되지 않았다.(Ginges, Hansen & Norenzayan, 2009) 같은 맥락에서 세계를 대상으로 한 갈등 연구에서는 종교적 영향을 받는 집단, 즉 종교가 일상의 중요한 부분을 차지하는 집단은 다른 집단에 대한 편견과 폭력적 공격성을 경험할 가능성이 더 높다는 사실이 발견되었다. 이는 자신이 속한 집단보다 다른 집단의 세력이 훨씬 강력할 때도 마찬가지였다.(Neuberg et al., 2014) 앞서 내적 종교성에 대해 설명하면서, 내적 종교성 성향의 사람들이 편견이 덜해 보이지만, 실제로 관용적이라기보다 관용적으로 보임으로써 사회적으로 인정받는 데 더 신경 쓸 가능성이 있음을 알아보았다. 같은 맥락에서 앞의 연구 결과들에 따르면, 종교성과 사회적 과정의 연관성으로 종교와 부정적 편견, 차별의 관계를 어느 정도 설명할 수 있다. 다시 말해, 집단을 이롭게 하겠다는 약속과 헌신, 내집단 구성원들에게 인정받고 싶은 욕구 등의 사회적 과정이 종교성과 얼마나 밀접하게 연관되느냐에 따라 종교와 부정적 편견, 차별의 관계가 달라지는 것이다.

상황

편견 규범의 변화

사람들은 사회적으로 인정받으려는 욕구 때문에 집단의 편견 섞인 규범을 기꺼이 받아들인다. 하지만 시간이 흐르면 규범도 변한다. 이러한 변화에 따라 고정관념과 편견의 표현도 분명 변할 것이다.

지난 50년 동안 인종차별 폐지, 인종 간 결혼, 흑인 대선 후보 등의 쟁점에 대한 백인 미국인들의 반응은 점차 호의적으로 변해왔다.(e. g., Ludwig, 2004) 이러한 결과는 사람들의 편견과 고정관념이 실제로 변했다는 증거일까, 아니면 사회적으로 적절한 답변을 하려는 욕구가 드러났을 뿐일까? 우리는 주변 사람들이 편견을 가졌다고 생각할 때 사회적으로 인정받으려는 욕구 때문에 덩달아 부정적 편견을 갖기도 한다. 하지만 똑같이 사회적으로 인정받고자 하는 욕구가 있더라도 관용이 사회규범이라고 믿을 때는 관용적 관점을 취할 수 있다. 일례로 노스캐롤라이나주의 고등학생들을 대상으로 한 연구에서는 친구들과 부모가 다른 인종 간의 우정을 인정한다고 생각하는 학생들은 흑인을 더 호의적으로 보았다.(Cox, Smith & Insko, 1996)

이러한 발견이 실제 태도의 변화를 나타내지 않는다면, 이들은 명령적 규범과 기술적 규범의 변화를 따르고 있는 것임이 분명하다. 앞서 논했듯 **명령적 규범**은 사람들이 어떻게 행동하고 느껴야 할지 알려주는 규범이다. 명령적 규범에 해당하는 미국의 법률과 정책은 이제는 인종, 성, 민족, 종교, 나이를 근거로 차별하는 행동이 부적절할 뿐 아니라 미국인의 믿음에 어긋난다는 메시지를 전한다. 한편 **기술적 규범**은 사람들이 실제로 어떻게 행동하고 느끼는지 알려주는 규범이다. 새로운 법률의 강제력 덕에 눈에 보이는 차별이 줄어들었기 때문에 사람들은 주변 사람들의 편견이 전보다 덜하다는 인상을 받기 쉽고, 이에 따라 기술적 규범의 변화를 느끼게 된다. 실제로 시간이 흐름에 따라 미국 전역에서 나타난 명령적 규범의 변화는 기술적 규범에서도 같은 변화를 이끌어냈다. 그 결과 사람들은 공개적으로 편협한 관점을 드러내려 하지 않았고 편협하게 생각할 가능성도 낮아졌다. 이는 버락 오바마가 2008년에 미국 대통령에 당선된 이후 2012년에 재선된 것에 비추어보아도 알 수 있다.

상호작용

사회적 지위의 인식과 편견의 표출

새로운 동네에 이사를 가거나 회사에 처음 출근하기 시작했을 때처럼 어딘가에서 새로운 사람이 되었던 순간을 떠올려보라. 집단의 주류가 아닌 주변적 인물로서 다른 사람들에게 자신의 가치를 보여주고 그들과 어울리고 싶었을 것이다. 그리고 결과적으로 집단의 규범에 순응할 가능성 역시 커졌을 것이다.

제프리 노엘(Jeffrey Noel), 다니엘 반(Daniel Wann), 닐라 브랜스컴(Nyla Branscombe, 1995)는 집단에서 주변적 위치를 차지하는 인물이 사회적 인정에 대한 욕구로 인해 외집단에 특히 적대적 태도를 취하게 되는 과정을 잘 보여주었다. 연구는 남녀 학생 사교 클럽의 정회원과 예비 회원을 대상으로 진행되었다. 자격을 갖춘 정식 회원들은 자신의 의견 공개 여부와 상관없이 외집단 구성원에게 비슷한 정도의 편견을 나타냈다. 반면 예비 회원은 다른 회원들에게 자신의 의견을 공개하기로 한 경우에 **한해** 다른 클럽 회원들을 더 깎아내렸다. 즉, 예비 회원들은 사회적 인정을 받기 위해 다른 클럽 회원들을 폄하하는 규범에 강하게 순응했던 셈이다. 이 결과는 사회적으로 인정받는 과정의 중요한 특징을 잘 보여준다. 요컨대, 인정받고자 하는 사람들은 자신을 인정해줄 가능성이 있는 사람들 앞에서 집단 규범에 특히 더 순응적으로 행동한다는 점이다. 또한 이 연구 결과는 앞서 살펴본 사람과 상황의 상호작용의 한 형태를 보여준다. 그것은 바로 어떤 사람(이 사례에서는 예비 회원)이 특정 상황(의사 표현이 공개되는 상황)에서만 특정한 방식(편견을 표출하는 방식)으로 행동한다는 것이다.

　대개 사람들은 사회적으로 인정받고 싶어 하기 때문에 편견이 규범일 때는 부정적 편견을 받아들이고 표현하며, 관용이 규범일 때는 관용을 표현하는 경향이 있다. 1971년의 더럼 카운티에서는 관용이 대중의 지지를 받지 못했으므로 C. P. 엘리스는 KKK의 일원이라는 자격 덕에 사회적으로 크게 인정받고 백인 공동체에서 존경받았다. 따라서 앤 애트워터와의 우정 때문에 큰 대가를 치러야 했다. 엘리스가 더 이상 흑인을 증오하지 않자 엘리스의 친구들이 그를 미워하기 시작했던 것이다. 사회적 연결망의 인정을 더 이상 받지 못하는 데서 오는 외로움은 견딜 수 없을 정도였다. 엘리스는 자살을 시도했다. 그는 30년이 지난 후에도 이렇게 말했다. "저를 싫어하는 사람이 많지요. ……지금 당장 저 길모퉁이까지 걸어가면 저에게 말을 거는 사람이 2명도 안 될 겁니다. 꽤나 오랜 시간이 흘렀는데도 말이죠. ……친구가 더 있으면 좋겠어요."("An Unlikely Friendship", 2003) 이처럼 사회적으로 인정받고자 하는 욕구는 실로 강력하다.

자아상의 일관성 유지

8살 때 C. P. 엘리스는 이웃의 백인 아이들과 한편이 되어 철길 건너편에 사는 흑인 아이들과 축구를 하고 있었다. 흑인 팀이 이긴 후 그 아이들이 자리에서 서성거리자, 경기에 져서 좌절한 엘리스와 같은 편이었던 아이가 집으로 돌아가는 흑인 아이들에게 소리쳤다. "너희 깜둥이들은 철길 건너편으로 다시 가버려!" 어린 엘리스에게 이것은 깨달음의 순간이었다. 그는 자신이 가난하고 가족이 사람들에게 숱하게 무시당한다는 사실을 인식하면서도 자신이 결코 '깜둥이'가 될 수 없음을, 사회계층이 자신보다 낮은 사람이 반드시 있으리라는 사실을 알았다. 그러고는 자신이 누군가보다 낫다는 믿음에 안도했다.(Davidson, 1996, pp. 64~65)

　그로부터 25년 후 엘리스는 KKK에서 그를 반갑게 맞아들일 때 전과 비슷한 안도감을 다시 경험했다. 그는 더 이상 외부인이 아니었고, 중요한 집단에 소속되었다는 일종의 형제애를 느꼈다.(Davidson, 1996, p. 123) 입단하기 전까지는 '깜둥이'가 아니라는 생각에서 위안을 얻었지만, 그 후에는 KKK 단원이라는 생각에 자랑스러움과 즐거움마저 느낄 수 있었다.

개인적 정체성과 사회적 정체성

사회적 행동의 동기는 자신을 좋게 생각하고자 하는 욕구에서 발생할 때가 많다. 또한 사람들은 그 목표를 달성하기 위해 꽤 창의적인 방법을 동원한다.(3장 참고) 예를 들어 개인적 실패를 겪을 때 사람들은 자신의 부족을 다른 집단 탓으로 돌림으로써 긍정적 자아상을 유지하려 한다. 즉, 그들에게 책임을 전가하는 셈이다. 이러한 책임 전가는 대개 사회에서 받아들여지는 편견이 이미 존재하고 겉으로 쉽게 이를 드러내는 집단으로 향했다. C. P. 엘리스가 자신의 재정적 실패를 흑인 탓으로 돌린 것은 간단한 일이었다. 몇 년 후 그는 이렇게 말했다. "전 누군가를 미워해야 했습니다. 미국이라는 나라를 미워하기는 어려웠죠. 뭐가 보여야 미워할 것 아닙니까? 무언가를 미워하려면 눈에 보이는 대상이 있어야 해요. 저는 자연스럽게 흑인들을 미워하게 됐어요. 제 아버지가 저보다 먼저 KKK에 들어갔으니까요."(Terkel, 1992) 사람들은 자신의 불행과 좌절의 이유를 다른 집단 탓으로 돌림으로써 자기 회의에 더 잘 대처하고 자신에 대해 좋게 생각할 수 있다.

한편 성공한 사람들과 자신을 관련짓고 실패한 사람들에게서 멀어짐으로써, 즉 **반사된 영광 누리기**와 **반사된 실패 차단하기**라는 방법을 통해 자아상을 북돋울 수도 있다.(e. g., Cialdini et al., 1976; Snyder et al., 1986) 이러한 전략은 자아상이 단순히 자신에 대한 감각에만 영향받지 않는다는 점을 보여준다. 자아상은 자신이 동일시하는 사회집단의 의견이나 그 집단에 대한 느낌인 사회적 정체성(social identity)에도 영향받는다. KKK과 백인 기독교인이라는 그 집단 특유의 전통을 받아들이고 자아상이 한층 높아진 C. P. 엘리스처럼, 많은 사람이 자신의 민족적 배경과 집단에 대한 자부심에 힘입어 자아상 향상을 경험한다.

사회적 정체성이 자존감에 기여한다는 견해가 사회적 정체성 이론의 근간을 형성한다.(Tajfel & Turner, 1986) 자신과 다른 사람들을 비교해 개인적 정체성을 관리하듯, 사람들은 자신이 속한 집단과 다른 집단을 비교해 사회적 정체성을 관리한다. 특히 **하향적 사회 비교**를 통해 '우리' 집단이 '그들' 집단보다 낮다고 생각함으로써, 바람직한 사회적 정체성을 형성하고 그에 따라 자기 가치감 역시 높일 수 있다.(e. g., Hunter et al., 1996; Rubin & Hewstone, 1998) 이렇게 긍정적 고정관념을 이용해 자신이 속한 집단의 가치를 직접 높일 수 있다. 예를 들어 C. P. 엘리스는 KKK가 기독교의 나라 미국을 지키려는 소망, 기사도, 명예와 관련된 도덕규범 등의 측면에서 독보적인 단체라고 생각함으로써 자신의 사회적 정체성을 높일 수 있었다. 또는 다른 집단을 적극적으로 깎아내리려 자기 집단이 상대적으로 더 좋아 보이게 하는 방법도 있다.(Cialdini & Richardson, 1980) 엘리스 역시 자신이 속한 문화의 흑인에 대한 부정적 고정관념(게으르고 지능이 낮다)을 열렬히 지지했기 때문에 자기 내집단 사람들을 더 똑똑하고 근면한 사람들로 볼 수 있었다. 마지막으로 다른 집단의 기회를 박탈해 차별함으로써 자기 집단에 **실질적으로** 유리한 발판을 마련해주는 방법도 있다. 물론 모든 방법을 다 사용할 수도 있다. 엘리스는 KKK의 바람직한 특성을 과장하고, 흑인에게 심하게 부정적인 고정관념에 꼬리표를 붙이고, 흑인이 경제적·교육적 혜택을 받지 못하도록 실질적인 투쟁을 함으로써, 자신의 사회적 정체성과 넓은 의미의 자아상을 끌어올릴 수 있었다.

사람

내집단 동일시

KKK 활동에 열정적으로 참여하던 C. P. 엘리스는 오래지 않아 열정적이고 실력 있는 일꾼이라는 평판을 확립했다. 처음부터 단체에 헌신한 그는 점점 단체와 자신을 동일시하게 되었고, 빠르게 성장해 의식을 돕는 사제에서 더럼 지부의 최고위직인 '고귀한 사이클롭스'에까지 올랐다. KKK 단원으로서의 정체성이 그의 자아상에서 점차 중요해짐에 따라 인종차별적 편견을 행동에 옮기려는 소망도 함께 강해졌다. 이 점은 예상 가능한 지점이다. 자신을 집단과 강하게 동일시하는 경우 집단의 평판이 좋으면 얻을 것이 많아지지만 집단의 입지가 약해지면 그만큼 잃을 것도 많아진다.

여러 연구에서도 소속 집단과 강하게 동일시된 사람들이 특히 그 집단에 유리하게 행동할 가능성이 높은 것으로 나타난다.(Branscombe, Schmitt & Schiffhauer, 2007; Hodson, Dovidio & Esses, 2003) 한 실험에서는 캐나다 내 프랑스어권 지역의 대학생들을 대상으로 다른 학생들에게 강좌와 관련된 추가 점수를 익명으로 나누어주게 했다. 점수를 받을 학생 중에는 참가자와 같은 집단인 학생도 있고 그렇지 않은 학생도 있었다. 심리적으로 내집단과 강하게 동일시되지 않은 참가자는 두 집단에게 점수를 공평하게 나눠주었다. 하지만 자신을 내집단에 강하게 동일시한 참가자는 예상대로 자신이 속한 집단의 학생들에게 더 많은 점수를 주었다.(Gagnon & Bourhis, 1996) 이렇듯 내집단 동일시는 차별의 심화로 이어진다.

사람

권위주의와 편견

대개 사람들은 부정적 편견이 이상 심리에서 비롯된다고 생각한다. 어쨌든 결국 정신적으로 이상이 없다면 그저 다르게 생겼다거나 다른 집단에 속한다는 이유만으로 타인에 대해 부정적으로 느끼고 모질게 대할 수는 없으니 말이다. 정말 그럴까?

집단 간 적개심이 심리적으로 결함 있는 성격에서 발생한다는 이 견해는 한때 편견에 대한 보편적인 관점이었다. 이에 권위가 더 높은 사람에게 굴복하고 권위가 낮은 사람을 폄하하는 **권위주의**(authoritarianism)라는 성격적 특징에 초점을 맞춰 이 가설을 더 자세히 살펴보려 한다.

BOX 11.1

권위주의적 성격

나치의 집단 수용소에서 유대인 수백만 명이 몰살당했다는 사실을 알게 된 전 세계 사람들은 골치 아픈 질문에 맞닥뜨렸다. 유대인에 관한 나치의 강력한 편견은 도대체 어디에서 비롯되었을까? 그런 끔찍한 학살에 참여하는 사람들은 어떤 사람들일까? 그리고 아무것도 하지 않은 채 그저 지켜보는 사람들은 어떤 사람들일까?

이런 질문에서 **권위주의적 성격**(authoritarian personality)이라는 개념이 나왔다.(Adorno et al., 1950) 권위주의적 성격의 사람들은 권위자에게 금방 굴복하지만 사회 계층이 자기보다 낮다고 인식된 사람들에게는 공격적이다. 즉, 강자에게 약하고 약자에게 강하며, 윗사람에게는 굽실거리고 아랫사람에게는 딱딱거리는 셈이다. 이들은 사회의 관습과 규칙을 쉽게 받아들이고 순응하지만 사회적 관습에 도전하는 사람에게는 완고하며, 세상을 흑백논리로 보고 회색의 영역을 혐오한다. 우리의 목적을 이루기 위해 가장 중요한 것은, 이들이 소수집단 구성원에게 강한 편견을 품고 있으리라는 가정이다.

테오도어 아도르노(Theodor Adorno)에 따르면, 부모들은 사소한 규칙 위반에도 아이에게 가혹한 벌을 주고 수치심을 느끼게 함으로써 권위주의적 성격을 만든다. 그 결과 아이들은 부모와 다른 권위적 인물에게 적대감을 느낀다. 하지만 이들은 자신의 적대감을 인정하거나 표현하지 않는다. (1) 더 심하게 벌을 받고, (2) 가혹한 부모를 미워하는 마음과 그래도 그들을 사랑하고 존경해야 한다는 믿음이 심한 내적 갈등을 일으키기 때문이다. 연구자들에 따르면 이런 아이들은 부모와 권위적 인물에 대한 적대감을 억누르는 법을 배우고, 공격적 충동을 약자에게 대신 쏟아붓는 법을 배운다. 이런 내면의 심리적 갈등에서 편견이 발생한다.

편견을 보는 이러한 관점은 순식간에 널리 알려졌다. 질서와 규율, 권위를 존중한다고 알려진 독일인들이 독재자 아돌프 히틀러가 권력을 잡게 두고 유대인을 비롯한 여러 사람들을 몰살하려는 계획에 동조한 이유를 설명할 수 있는 것처럼 보였기 때문이다. 하지만 다른 연구자들이 아도르노가 제안한 설명에서 약점을 발견했다.(e. g., Christie & Jahoda, 1954) 다른 수단에 의해서도 권위주의적 성격이 될 수 있다는 점이다. 한 대안적 관점에 따르면, 청소년들은 단순히 권위주의적인 부모를 관찰만 해도 권위주의적 사람이 되는 법을 배운다고 한다.(Altemeyer, 1998; Duriez et al., 2008) 권위주의적 경향이 유전적으로도 전해진다는 설명도 있다.(Scarr, 1981) 이 세 관점은 모두 실증적 근거로 검증되었다.

하지만 권위주의와 부정적 편견의 관계에 대해서는 아도르노가 상당히 정확했던 것으로 밝혀졌다. 권위주의적 렌즈를 통해 세상을 보는 사람들은 그렇지 않은 사람들에 비해 외집단에 더 부정적인 편견을 가진다.(e. g., Haddock, Zanna & Esses, 1993 ; Whitley & Lee, 2000) 그리고 이런 경향은 미국, 캐나다, 영국, 남아프리카, 러시아를 비롯한 세계 여러 나라에서 발견된다.(e. g., Duckitt & Farre, 1994 ; Heaven & St. Quintin, 2003 ; Napier & Jost, 2008 ; Stephan et al., 1994)

확실히 권위주의적이고 정신적으로 이상 있는 사람들이 주로 편견을 가진다고 믿으면 안심이 되기는 한다. 어쨌든 우리는 그런 사람이 아니니 자신의 편견을 인정해야 하는 상황을 피할 수 있기 때문이다. 하지만 자신을 속이지는 말자. 대부분의 사람이 스스로 인정하려 하는 것보다 권위주의적인 경향이 있다. 이를테면 6장에서는 평범한 사람들이 다른 사람의 극단적 요구에 얼마나 쉽게 순종하는지 살펴보았다. 그리고 권위주의와 편견의 연관성을 보여주는 여러 연구가 수행되었다.

한편 부정적이거나 위협적인 사건으로 좌절을 겪을 때 권위주의적 성격이 더 강하게 나타나기도 한다.(e. g., Sales & Friend, 1973) 예를 들어 2001년 9월 11일에 미국에서 발생한 테러 공격 이후 미국인들은 국가권력을 위해 어느 정도의 자유를 기꺼이 내놓겠다는 태도로 바뀌고, 대통령과 공적인 정부 정책에 공공연히 반대하는 사람들을 비판하는 분위기가 팽배했다. 이와 같이 상황이 누구에게나 권위주의적 태도와 목표를 불러일으킬 수 있기 때문에 거의 모든 사람이 하층 집단의 구성원들에게 실질적으로 해를 입힐 수 있다.

심하게 부정적인 편견이 성격에 이상이 있는 사람들에게만 나타난다는 자기 본위적 믿음을 피해야 하는 이유가 하나 더 있다. 그것이 사실이 아니기 때문이다. 사실 11장에서 지금까지 배웠고 앞으로도 배우겠지만 우리 모두에게 어떤 종류든 부정적 편견이 있고, 우리 모두에게 특정 집단에 대한 부정적 고정관념이 있으며, 우리 모두 가끔 사람들을 차별한다. 물론 권위주의적인 사람을 비롯해 일부 유형의 사람들이 상대적으로 편견이 더 심하기는 하다. 그렇다고 해서 나머지 '우리'가 자신에게 있는 부정적 편견, 고정관념, 차별적 행동의 과정과 결과에서 자유로울 수 있다는 뜻은 아니다.

사회심리학

실패와 자아상 위협

배달원으로 일하던 빵집이 문을 닫자 C. P. 엘리스는 일자리가 필요해졌다. 마침 동네 주유소가 매물로 나온 것은 뜻밖의 행운이었다. 대출 보증인이 되어주겠다는 이웃 상점 주인의 제안은 더 큰 행운이었다. 이 기회를 발판 삼아 더 나은 삶을 꾸리려던 엘리스는 그 사업에 온 힘을 기울였다. 그의 자동차 정비 기술은 좋은 편이었지만 제대로 교육받지 못한 탓에 사업체를 경영하기에는 여러모로 부족했다. 그렇게 큰 실망과 좌절에 빠져 지내다 월말이 되어 이것저 것 비용을 지불하고 나면 전보다 나을 게 없었다. 이 무렵 엘리스는 처음으로 KKK의 집회에 참석했고, 몇 주 만에 단체의 일원이 되었다. 우연의 일치였을까? 아마 아닐 것이다.

　자아상이 좌절, 실패 등의 위협에 흔들릴 때 사람들은 부정적 낙인이 찍힌 집단의 사람들을 무시하는 경향이 더 높아진다.(e. g., Allen & Sherman, 2011: Rudman, Dohn & Fairchild, 2007: Shapiro, Mistler & Neuberg, 2010: Sinclair & Kunda, 2000) 미시간대학교 학생들을 대상으로 한 실험을 살펴보자. 우선 학생들은 지능검사를 받고 상당히 잘했거나 못했다는 가짜 피드백을 받았다.(Fein & Spencer, 1997) 그다음에는 연구의 일환으로 구직자의 인성과 직무 능력을 평가했다. 일부 참가자들은 여성 구직자가 유대인이라는 정보를 듣고 '유대계 미국인 공주님'(응석받이로 철없이 자라 할 줄 아는 것이 없고 고집 센 젊은 여성을 가리키는 말)의 고정관념을 떠올렸다. 반면 다른 참가자들은 구직자가 이탈리아인이라는 정보를 들어 특별히 부정적인 고정관념을 떠올리지 않았다. 지능검사에서 자신이 잘했다고 생각한 학생들은 두 유형의 구직자를 똑같이 좋게 평가했다. 이와 대조적으로 지능검사에서 형편없는 결과를 얻었다고 생각한 학생들은 이탈리아인 지원자보다 유대인 지원자를 훨씬 덜 호의적으로 평가했다. 흥미롭게도 유대인 지원자를 폄하한 참가자들의 경우 평가 후 자존감이 높아졌다. 이 결과는 부정적 고정관념의 대상인 집단을 무시함으로써 위협받은 자존감을 회복하기도 한다는 것을 보여준다.

자존감과 위협

내집단을 높이거나 외집단을 깎아내리는 행동이 위협받은 자존감을 회복하는 데 도움이 될 수 있다면, 자존감이 상대적으로 낮아 자아 감각이 만성적으로 위협받는 사람은 그런 회복 전략을 적극적으로 취할 것이다.(Wills, 1981; Wylie, 1979) 실제로 자존감이 낮은 사람은 외집단 구성원에게 부정적 편견을 씌우는 경향이 있고 내집단에 편파적인 태도를 일관되게 보인다.(Crocker & Schwartz, 1985; Crocker et al., 1987) 놀라운 점은 자존감이 높은 사람도 자기 집단을 편들 뿐 아니라, 자존감이 낮은 사람에 비해 이런 경향이 훨씬 높을 때도 많다는 사실이다.(Aberson et al., 2000; Guimond, Dif & Aupy, 2002) 자존감이 높은 사람들에게 나타나는 내집단 편향은 이들이 개인적 실패를 겪음으로써 위협받을 때 특히 두드러질 가능성이 있다.

예를 들어 자존감이 높은 여성이 위신이 낮은 사교 클럽에 들어간다면 어떻게 될까? 제니퍼 크로커(Jennifer Crocker, 1987)는 이 여성이 사교 클럽의 낮은 위신 때문에 자기 평가에 위협을 느끼리라고 추측했다. 결과적으로 그 여성은 자신이 더 나은 대접을 받아야 한다고 생각한 나머지 다른 사교 클럽 구성원들을 더 깎아내릴 가능성이 있었다. 이 가설을 입증하기 위해 크로커는 노스웨스턴대학교의 여학생 사교 클럽 회원들을 모집해 교내 사교 클럽에 대한 그들의 관점을 평가했다.

그 결과 사교 클럽 회원들은 대부분 자신이 속한 클럽 회원보다 다른 클럽 회원을 더 부정적으로 평가했다. 자기 평가가 낮은 학생들의 경우 자신이 속한 클럽의 위신은 아무런 영향력이 없었다. 이들은 자신이 속한 클럽의 위신에 상관없이 다른 클럽 회원들을 깎아내렸다. '자신보다 낮은' 클럽 소속이라는 사실에 자아상을 크게 위협받는다고 느낀 나머지, 손상된 자아상을 회복하기 위해 다른 클럽 학생들을 심하게 폄하한 것이다. 이와 대조적으로 자존감이 높은 학생들에게는 자신이 속한 클럽의 위신이 큰 영향력을 발휘했다. 명망 있는 클럽에 속한 학생들은 다른 클럽 여학생들을 크게 폄하하지 않은 반면, 위신이 낮은 클럽 회원들은 다른 클럽 여학생들을 심하게 폄하했다. 자존감이 높은 여학생들의 경우 위신이 낮은 클럽 소속이라는 사실이 긍정적 자아상을 위협한 셈이다. 이와 같이 자존감의 수준과 사회적 위협의 존재가 상호작용해 내집단 편향의 정도를 결정한다. 자아상에 맞서는 요인은 자기 평가가 높은 사람들에게 특히 위협이 된다. 그 결과 이런 사람들에게 내집단 편향이 특히 두드러질 가능성이 높다.

정신적 효율 추구

자정에 가까운 시각에 잠복근무 중인 경찰관들이 경찰차 표시가 없는 차를 타고 뉴욕의 밤거리를 순찰하고 있었다. 2년 동안 그 일대를 공포에 떨게 한 연쇄 강간범을 잡을 수 있으리라는 기대에서였다. 이들은 한 흑인 남성이 집 앞에서 왔다 갔다 하며 안절부절못하는 모습을 보았다. 수상하다고 생각한 경찰들은 그에게 몇 가지 질문을 하려고 차를 멈췄다. 경찰이 다가가자 그 남성은 멈추라는 지시를 무시한 것인지, 듣지 못했는지 불빛이 희미한 현관 쪽으로 몸을 돌렸다. 그 남성이 주머니에서 검은 물체를 꺼내면서 갑자기 경찰 쪽으로 돌아섰다. 경찰관 중 하나가 외쳤다. "총이다! 총이 있어!" 그렇게 경찰이 쏜 41발 중 19발의 총알이 아마두 디알로(Amadou Diallo)의 몸을 꿰뚫었다. 그의 몸을 수색하러 가까이 다가간 경찰은 끔찍한 사실을 발견했다. 죽은 남성의 몸 옆에 놓인 것은 총이 아니라 **지갑**이었다. 비무장 상태인 남성을 죽였던 것이다.

여론과 검찰은 경찰이 디알로에게 접근해 총을 쏜 것이 그가 흑인이었기 때문이므로 그의 죽음은 사고가 아니라 살인이라고 주장했다. 경찰관들은 자신들이 치명적 위험에 처했다고 인식했고 끔찍하지만 어쩔 수 없는 실수였다고 주장했다. 배심원단에게 어떤 해석이 옳은지 결정하는 난제가 남겨졌다. 배심원들은 아마 스스로에게 이렇게 물었을 것이다. "내가 경찰관 입장이라면 어떻게 반응했을까? 나라면 지갑을 총으로 착각했을까? 총을 쏘았을까?"

앤서니 그린월드(Anthony Greenwald), 마크 오크스(Mark Oakes), 헌터 호프먼(Hunter Hoffman, 2003)은 대학생들을 대상으로 경찰관들이 그날 밤 맞닥뜨린 상황(물론 훨씬 약한)에 처했을 때 어떻게 행동하는지 살펴보았다. 참가자는 비디오게임과 비슷한 과제를 수행했다. 이들은 사복 경찰의 역할을 맡아 화면 속 대형 쓰레기통 뒤에서 튀어나오는 사람들에게 아주 빠르게 반응해야 했다. 화면에 일상복 차림의 잠복 경찰이 나오면 참가자는 안전하다는 신호로 자판의 스페이스 바를 눌러야 했다. 일상복을 입고 무해한 물체를 손에 든 시민이 튀어나오면 아무것도 누르지 말아야 했다. 일상복 차림에 총을 든 범죄자가 나오면 마우스로 그 사람을 클릭해야 했다. 이것은 무기를 사용해 발포한다는 의미였다. 튀어나오는 표적은 흑인이나 백인이었다. 연구자들은 참가자들이 정확한 판단을 내리는 능력에 인종이 얼마나 영향을 미치는지 알아보고자 했다.

결과는 곤혹스러웠다. 흑인은 백인에 비해 잘못 총에 맞을 가능성이 더 높았다. 심지어 사복을 입은 경찰일 때도 마찬가지였다. 왜 그랬을까? 첫째, 흑인이 나타날 때는 손에 든 것이 총인지 무해한 물체인지 구분하는 데 시간이 더 걸렸다. 둘째, 참가자들은 흑인이 손에 든 물체를 총으로 간주하고 총을 쏘려는 경향이 더 높았다. 다른 연구들에서는 이러한 결과를 확증한 뒤 한 걸음 더 나아갔다. 시간의 압박이 있는 상황에서는 주의를 기울일 틈 없이 이런 고정관념적 편향이 자동으로 나타나는 것이다. 이러한 경향은 개인적으로 편견이 있거나 없는 사람 모두에게 존재한다. 흑인과 백인 모두에게 이런 경향이 있고, 심지어 인종에 영향받지 않으려고 적극적으로 노력하는 사람들에게도 이런 경향이 있다.(Correll et al., 2002: Payne, 2001: Payne, Shimizu & Jacoby, 2005) 이처럼 문화적 고정관념, 즉 미국 문화에서 흑인 남성을 위험한 존재로 본다는 사실을 **아는 것만으로도** 이러한 인지적 편향이 발생할 뿐 아니라, 비무장 상태의 백인보다 비무장 상태의 흑인을 '총으로 쏘는' 경향을 높이기에 충분하다.

조슈아 코렐(Joshua Correll), 제프리 얼랜드(Geoffrey Urland), 티파니 이토(Tiffany Ito, 2006)는 이러한 '사격자 편향(shooter bias)'과 뇌 활동의 연관성을 조사했다. **사건 관련 전위**(event-related brain potential)는 특정한 사건에 반응해 달라지는 뇌의 전기적 활동 변화를 말한다. 사격자 편향을 더 잘 이해하고 싶을 경우 사건 관련 전위의 각각 다른 요소들을 이용해 인지적 통제 과정과 위협 탐지 과정을 구분할 수 있다. 예를 들어 화난 얼굴 같은 위협적 이미지를 볼 때는 P200이라는 요소가 활성화되는 반면, 처음에 자동적으로 나타난 경향을 통제하려 할 때는 N200이 활성화되는 식이다.

코렐과 그의 동료들은 다음과 같은 가설을 세웠다. 정말로 흑인이 특히 위협적이라고 간주된다면 P200은 상대적으로 높게 측정되고(즉 위험을 감지함으로써 총을 쏘기로 결정하기 쉬워지고) N200은 상대적으로 낮게 측정될 것이다.(총을 쏘려는 의향을 통제하는 데 큰 에너지가 들지 않을 것이다.) 연구자들은 참가자에게 뇌 활동을 측정하는 전극이 붙은 모자를 쓰고 총 쏘는 게임을 하게 했다. 어떤 결과가 나왔을까? 첫째, 이전 연구들에서와 같이 참가자들은 무장한 백인 표적에 비해 무장한 흑인 표적을 더 빨리 쏘고, 비무장 상태인 흑인에 비해 비무장 상태인 백인을 쏘지 않기로 결정하는 속도가 더 빨랐다. 또한 두 과정에서 모두 사격자 편향이 나타났다. 즉, 측정된 P200 전위의 양상으로 미루어보면 참가자들이 흑인 남성을 위협적이라고 판단하는 데 특히 더 짧은 시간(0.25초 이하)이 소요되었다. 그리고 N200 전위의 양상으로 미루어보면 참가자들은 총을 쏘기로 한 결정이 잘못되었음을 보여주는 증거가 있을 때도, 즉 흑인 표적이 비무장 상태일 때도 총을 쏘려는 의향을 억제하는 데 시간이 더 걸렸다.

이러한 발견들은 **정형화**(stereotyping)의 결과 중 하나에 불과하다. 정형화는 개인을 특정 집단의 일원으로 범주화하고 그 집단 구성원들의 일반적 특성이 그 사람에게도 있으리라고 추측하는 과정이다. 정형화가 항상 존재하는 첫 번째 이유는 다른 사람을 이해하는 데 인지적 노력이 덜 드는 방식이기 때문이다. 사람들은 누군가가 그 집단의 다른 구성원들과 비슷하리라고 추정함으로써 그를 개인적으로 이해하는 데 드는 시간과 노력을 줄일 수 있다.(Allport, 1954; Hamilton, 1981; Lippmann, 1922; Tajfel, 1969) 둘째, 고정관념을 통해 특정 집단의 사람들이 어떤 사람들일지 선명하고 자세하게 예상할 수 있다. 그래서 사람들은 누군가가 속한 집단을 확인하자마자 그 사람에 대해 많이 안다고 느낀다. 셋째, 고정관념은 모호한 행동에 대한 손쉬운 **해석**을 제공한다. 그래서 경찰관들이 디알로가 지갑이 아니라 총을 꺼낸다고 짐작한 것이다.(e. g., D'Agostino, 2000; Dunning & Sherman, 1997; Eberhardt et al., 2004) 넷째, 고정관념은 어떤 사건이 일어난 이유에 대한 손쉬운 **설명**을 제공한다. 예를 들어 사람들은 남자아이가 수학 시험을 망치면 운이 나빴다거나 노력이 부족했다고 생각하고, 여자아이가 수학 시험을 망치면 능력 부족이라고 생각하기 쉽다.(Deaux & LaFrance, 1998; Frieze et al., 1978; Swim & Sanna, 1996) 다섯째, 고정관념은 다양한 집단 구성원들을 평가하는 다양한 기준을 제공한다. 아시아계 미국인 학생들이 우수한 성적을 받으면 사람들이 별다른 생각을 하지 않지만, 아메리카 원주민이 비슷한 성과를 내면 굉장한 수재라고 생각하기 쉽다.(e. g., Biernat, Kobrynowicz & Weber, 2003) 이처럼 고정관념에 따른 정형화는 적은 노력에 비해 많은 정보를 제공한다.

그렇다면 디알로는 흑인에 대한 경찰관들의 편견 때문에 죽었을까? 그럴 가능성이 분명히 있다. 하지만 디알로의 죽음이 정말로 비극적인 실수였을 가능성도 있다. 다시 말해 '흑인 남성은 위험하다'라는, 미국 문화에서 쉽게 떠올릴 수 있는 생각과 다른 사람들을 금방 정형화하는 만인 공통적 경향이 결합해 발생한 실수였을지도 모른다. 불행하게도 우리는 이 비통한 사건의 진실을 결코 알기 어려울 것이다. 하지만 정형화가 인간의 기본적 인지 과정이며 매우 심각한 결과를 초래할 수 있다는 점만은 분명히 알 수 있다.

효율적 정형화의 특징

궁극적으로 고정관념은 어느 정도 정확하기만 하면 쓸모가 있다. 즉, 어떤 집단 구성원들의 특징을 상당히 잘 묘사하기만 하면 가장 유용한 단순화 수단이 될 수 있다. 예를 들어 여성이 남성보다 말이 많다고 볼 수 없다는 연구 결과가 있는데(Mehl et al., 2007) 이와 같이 매우 부정확한 고정관념도 많지만 상당히 핵심적인 진리를 담은 것도 있다.(e. g., Jussim, 2012; Oakes et al., 1994; Ottati & Lee, 1995; Ryan, 1996) 예를 들어 재닛 스윔(Janet Swim, 1994)은 성별 차이에 대한 대학생들의 평가와 실제 성별 차이를 비교했다. 학생들은 고정관념을 통해 실제 성별 차이를 과소평가하거나 과대평가하는 면이 있었지만 대체로 꽤 정확했다. 더 인상적인 점은 학생들이 성별 차이의 **방향**을 잘못 평가하는 일이 거의 없었다는 사실이다. 이를테면 여성이 남성에 비해 대체로 더 공격적이라는 식으로 틀리게 생각하는 경우는 드물었다.

역설적으로 실제 사회집단의 복잡성을 완전히 반영하는 정확한 고정관념은 너무 복잡해서 시간과 노력을 아끼는 전략으로 적합하지 않다. 그 결과 고정관념은 〈그림 11.2〉와 같이 '첨예화(sharpening)'를 통해 집단 간의 차이를 과장하고, '둔화(softening)'를 통해 집단 내의 차이를 줄임으로써 현실을 조금이라도 왜곡하는 경향이 있다.(e. g., Dijksterhuis & van Knippenberg, 1999; Krueger & Rothbart, 1990) 사람들은 둔화 과정을 거쳐 다른 집단 사람들을 지나치게 동질적으로 파악한다.(Boldry, Gaertner & Quinn, 2007; Mullen & Hu, 1989; Park, Judd & Ryan, 1991) 예를 들어 여성들이 평균적으로 남성보다 물리적 공격성이 약하지만 극히 공격적인 여성도 있고 극히 온순한 여성도

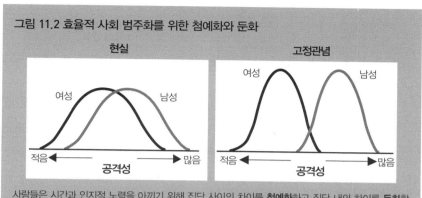

그림 11.2 효율적 사회 범주화를 위한 첨예화와 둔화

현실

고정관념

여성 남성

여성 남성

적음 ← → 많음
공격성

적음 ← → 많음
공격성

사람들은 시간과 인지적 노력을 아끼기 위해 집단 사이의 차이를 **첨예화**하고 집단 내의 차이를 **둔화**할 때가 많다. 예를 들어 남녀의 공격성이 차이가 있지만 우리는 이 차이를 과장해 생각하는 경향이 있다.

있다. 하지만 특히 남성들은 이런 다양성을 모두 의식하는 대신 거의 모든 여성이 비슷하게 공격성이 부족하다고 생각하는 경향이 있다.

"내 눈에는 다 똑같아 보여"라고 반응하는 이러한 현상은 **인식된 외집단 동질성**(perceived outgroup homogeneity) 효과의 한 형태다. 인식된 외집단 동질성 효과란 다른 집단 사람들의 공통적 특징을 과대평가하는 경향을 말한다. 일반적으로 사람들은 자신과 다른 인종의 다양한 얼굴 특징을 잘 알아보지 못하고, 그들을 개인으로 생각하는 대신 외집단 구성원으로 범주화하는 경향이 있기 때문에 다른 인종의 얼굴을 정확히 알아보는 데 그리 능숙하지 못하다.(e. g., Anthony, Copper & Mullen, 1992; Brigham & Malpass, 1985; Hugenberg & Sacco, 2008) 그 예로 르넬 지터(Lenell Geter)라는 흑인 남성의 사례를 살펴보자. 댈러스의 한 연구 센터에서 기술자로 일하던 젊은 흑인 남성인 지터는 패스트푸드점에 침입한 무장 강도의 사진과 닮아 보인다는 이유로 체포되었다. 강도 사건이 일어났을 때 그가 80킬로미터 떨어진 곳에서 일하고 있었다고 동료들이 증언하고 전과도 없었으므로 지터를 그 범죄와 관련지을 물리적 증거는 하나도 없었다. 그럼에도 백인과 라틴아메리카계 목격자들의 확신에 찬 증언에 설득된 배심원단(전원 백인)은 615달러의 금품을 갈취한 혐의로 지터에게 무기징역을 선고했다. 이 사건은 지터의 동료들과 미국유색인지위향상협회에서 지역 매체와 전국적 매체에 끈질기게 관심을 호소한 후에야 재조명되었다. 하지만 경찰이 그 범죄와 관련된 다른 남성을 체포하고 나서야 댈러스 검찰은 지터에게 무죄를 선언했다. 그 남성은 문제의 사건과 유사한 일련의 강도 사건에 연루되었고 지터를 범인으로 지목했던 목격자들도 그 남성을 범인으로 지목했다. 감금되어 있던 지터는 16개월 만에 다시 자유의 몸이 되었다.(Applebome, 1983, 1984)

다른 집단 사람들의 동질성을 과대평가하는 경향은 유용한 목적을 달성하는 데 도움이 된다. 즉, 이러한 경향은 다른 사람들을 쉽게 정형화하게 해준다.(Lambert et al., 2005; Spencer-Rogers et al., 2007) 예를 들어 거의 모든 남성이 운동경기를 좋아한다고 믿는 여성은 다음에 만날 남성도 운동경기를 좋아하리라고 쉽게 추정할 수 있다. 하지만 이와 관련해 남성들에게 아주 광범위하고 다양한 경향이 존재한다고 믿는다면 다음에 만날 남성이 운동경기를 좋아한다고 자신 있게 말하기 어려워질 테고, 남성의 개인적 특성을 근거로 이런 저런 노력을 기울여야 그 사람의 인상을 파악할 수 있을 것이다.(Linville et al., 1989; Ryan et al., 1996)

이와 같이 고정관념이 어느 정도 정확하다면 단순하고 동질적인 고정관념의 형성과 이용은 인지적으로 효율적인 행동이다. 제한된 인지적 자원을 다른 곳에 쓰는 게 가능해지기 때문이다. 고정관념은 쉽게 떠오르기 때문에 훨씬 효율적이다.(e. g., Banaji & Greenwald, 1994; Devine, 1989; Macrae, Boden-hausen, Milne & Jetten, 1994) 일단 누군가를 외집단 사람으로 분류하면 그 집단의 구성원이라고 생각하면서 만나게 된다.

사람
구조 욕구

단순하고 잘 정돈된 생활을 유난히 좋아하고 예상치 못한 사건이나 방해받는 것을 싫어하는 사람들이 있다. 3장에서 살펴봤듯 구조 욕구(need for structure)가 높은 이런 사람들은 세상을 더 단순한 방식으로 보려고 애쓴다.(Thompson, Naccarato & Parker, 1989) 고정관념은 세상을 단순화하는 방식 중 하나이므로 구조 욕구가 높은 사람들은 자신에게 있는 고정관념을 이용해 다른 사람들을 이해하려는 경향이 더 높고(Naccarato, 1988; Neuberg & Newsom, 1993), 새로운 집단에 대한 고정관념을 형성하는 경향 역시 높은 편이다.(Schaller, Boyd, Yohannes & O'Brien, 1995)

기분과 감정

감정은 꼼꼼하고 철저하게 생각하려는 동기와 능력에 영향을 미친다. 또한 머릿속에 떠오르는 생각을 좌우하기도 한다. 그 결과 기분과 감정은 타인을 고정관념에 따라 생각할지 여부와 그 방식에 강력한 영향을 미칠 수 있다.

첫째, 사람들은 기분이 좋을 때 꼼꼼하고 철저하게 생각하려는 동기가 약해진다. 슬픔 같은 부정적 기분이 주변 사람들에게 신경을 많이 써야 한다는 신호인 반면, 긍정적 기분은 가까운 장래에 곤란한 일을 겪을 걱정 없이 하던 일에 매진해도 된다는 신호다.(Schwarz, 1990b) 따라서 긍정적 기분인 사람들은 아주 정확하게 생각하는 데 신경을 덜 쓰고 고정관념과 같은 인지적 지름길을 사용해 세상을 단순화하려는 태도를 더 많이 보일 것이다. 실제로 긍정적 기분은 고정관념을 더 많이 형성하게 한다.(e. g., Bodenhausen, Kramer & Süsser, 1994: Park & Banaji, 2000: Stroessner & Mackie, 1992) 한 연구에서는 호주 학생들을 대상으로 실험을 진행했다. 참가자 중 미리 과제를 수행한 뒤 좋은 피드백을 받아 긍정적 기분이 된 학생들은 이슬람 모자를 쓴 표적을 맞히는 과제에서 기분이 중립적인 학생들에 비해 사격자 편향을 나타내는 경향이 더 높았다.(Unkelbach, Forgas & Denson, 2008)

둘째, 사람들은 분노, 공포, 희열 등 각성을 야기하는 감정을 느낄 때 이용할 수 있는 인지적 자원이 줄어들고 타인에 대해 세세하게 생각하는 능력이 제한되어 고정관념에 의지할 가능성이 높아진다. 특히 분노와 불안은 다른 사람들을 고정관념에 따라 정형화할 가능성을 높인다.(Bodenhausen, Sheppard & Kramer, 1994: Wilder, 1993) 그리고 운동한 후처럼 감정과 관계없이 생리적 각성이 일어났을 때도 정형화를 할 가능성이 높아진다.(Kim & Baron, 1988: Paulhus, Martin & Murphy, 1992)

기분과 감정은 사람들을 어떤 사회적 범주로 분류할지에 대해서도 영향을 미친다. 거의 모든 사람이 동시에 여러 범주에 속한다. 누가 어떤 범주에 들지는 분류하는 사람의 당시 감정에 따라 달라질 수 있다. 이 책의 저자 한 사람은 대학교수이자 유대인이다. 가령 어떤 사람이 대학교수는 좋아하지만 유대인은 싫어한다고 해보자. 그가 기분이 좋을 때 저자를 만나면 저자를 대학 교수로 분류할 것이다. 하지만 기분이 나쁠 때 만나면 저자를 유대인으로 분류할 가능성이 더 높다. 기분과 감정은 타인을 보는 시각을 좌우하기도 한다. 즉, 기분과 감정이 (1) 고정관념과 편견을 극복하려는 동기의 강도, (2) 고정관념과 편견을 극복하는 능력, (3) 이용 가능한 정보를 분류하고 해석하는 방식에 영향을 미친다고 할 수 있다.

따라서 다른 사람들을 정형화하거나 부정적으로 평가하고 싶지 않다면 긍정적 기분과 부정적 기분 모두 문제가 될 수 있다. 부정적 기분일 때 고정관념을 지양하려는 동기가 좀 더 강해지기는 해도 다른 사람들을 덜 호의적으로 생각하게 된다. 반면, 기분이 좋은 사람은 다른 사람들을 더 호의적으로 보는 대신 인지적으로 게을러지기 쉬우므로 고정관념을 사용하게 된다. 마지막으로 긍정적으로든 부정적으로든 심하게 각성될 때는 고정관념을 사용하지 않고 꼼꼼히 생각할 인지적 자원이 부족해질 수 있다.

상황

인지적으로 부담스러운 환경

어떤 환경에서는 다른 사람에 대한 인상을 형성하는 데 사용할 주의의 양이 제한된다. 따라서 고정관념처럼 단순하고 효율적인 사고 과정에 더 의존하게 된다. 사람들은 여러 가지 일이 동시에 일어나는 복잡한 상황에서 고정관념을 사용할 가능성이 높다.(Bodenhausen & Lichtenstein, 1987 ; Miarmi & DeBono, 2007 ; Stangor & Duan, 1991) 또한 여러 과제를 한꺼번에 수행해야 하는 상황에서도 고정관념을 사용할 가능성이 높다. 한 연구에서는 참가자들에게 어느 나이 든 여성 '힐다'에 대한 인상을 형성하게 했다. 머릿속으로 여덟 자리 숫자를 되뇌어야 했던 참가자들은 이 여성에 대해 정확한 인상을 형성해야 하는 동기가 부여되었음에도 노인과 관련된 고정관념을 피할 수 없었다.(Pendry & Macrae, 1994) 마지막으로 시간의 압박을 받으며 누군가에 대한 인상을 형성해야 할 때도 있다. 가령 면접관이 30명의 구직자를 면접해야 하는데 시간이 15분밖에 없다면 시간의 압박 때문에 사람들을 이해하는 데 사용할 수 있는 정신적 자원이 줄어들기 때문에 고정관념에 더 의존하게 된다.(DeDreu, 2003 ; Dijker & Koomen, 1996 ; Kruglanski & Freund, 1983 ; Pratto & Bargh, 1991)

요컨대 환경 자체가 특히 복잡하거나 여러 과제를 동시에 수행해야 하거나 시간의 압박에 시달리는 등 주의 능력에 부담이 되는 환경에서는 고정관념에 더욱 의존하게 된다. 이러한 경향이 뉴욕 경찰관들이 디알로의 지갑을 총으로 오인한 이유를 설명하는 데 도움이 될지 모른다. 경찰은 복잡한 상황에서 인지적으로 부담을 느낄 뿐 아니라 멈추라는 지시에 따르지 않는 것으로 보이는 낯선 남성에게 다가가야 하는 상황에서 각성 수준이 높아졌을 것이다. 그러다 결국 상대적으로 쉽게 떠오르고 문화적으로 잘 알려진, 흑인이 위험하다는 고정관념을 극복할 수 없었던 것이다.(Devine, 1989)

상호작용
인종과 민족에 대한 비속어

우리는 특정 인종과 민족에 대한 비속어를 불안할 정도로 자주 듣는다. 지나가는 차에 탄 사람이 소리를 지르기도 하고, 건물 벽에 휘갈겨져 있기도 하고, 평범한 대화 도중에 튀어나오기도 한다. 그 이후에는 어떤 일이 일어날까? 예를 들어 누군가가 아프리카계 미국인을 '깜둥이'라고 부른다면 그것을 들은 백인은 흑인에 대해 어떻게 생각하게 될까?

린다 사이먼(Linda Simon)과 제프 그린버그(Jeff Greenberg, 1996)의 실험에서 각자 다른 편견을 가진 참가자 집단은 '집단과정' 연구에 참여하게 되었다. 실험실에 도착한 백인 참가자들과 한 흑인 실험 공모자는 먼저 각자 문제를 풀고, 다른 방에서 문제를 푸는 참가자들에게 그 답을 전달했다. 하지만 연구자들은 참가자들이 알 수 없도록 답지를 바꿔치기했다. 그 종이에는 (1) "이런 흑인과 같이 있어야 하다니 기가 막혀서 원!" 혹은 (2) "이런 깜둥이와 같이 있어야 하다니 기가 막혀서 원!"이라고 쓰여 있거나 (3) 아무것도 쓰여 있지 않았다. 이후 참가자들이 서로의 성격을 평가했다.

그 결과 인종과 민족에 대한 비속어는 참가자가 애초에 심한 부정적 편견을 가진 경우에만 흑인 팀원에 대한 평가에 부정적 영향을 미쳤다. 평소 흑인을 좋게 생각한 참가자들은 비속어에 영향받지 않았다. 아마도 흑인에 대해 양가감정을 가진 마지막 참가자들이 가장 흥미로울 것이다. 흑인을 아주 긍정적인 관점으로도 보고 아주 부정적인 관점으로도 본 참가자들은 비속어를 들은 후 흑인 팀원을 **더 긍정적으로** 평가했다. 이 양가적 참가자들은 아무 잘못 없는 팀원을 향한 비속어를 듣고 자신에게도 평등주의적 자아상과 일치하지 않는 적대적 관점이 있음을 상기했을 것이다. 그리고 바람직하지 않은 자아상에서 자신을 지키기 위해 '정반대의 태도를 취함으로써' 팀원을 오히려 긍정적으로 평가한 것으로 보인다.(Katz, Wackenhut & Hass, 1986)

이런 연구 결과들로 미루어보면 우연히 들은 비속어에 모든 사람이 똑같이 영향받지 않는다는 점을 알게 된다. 특히 인종과 민족에 대한 비속어는 이미 부정적 편견을 가진 사람들이 부정적 고정관념을 사용할 가능성을 더욱 높인다.(Lepore & Brown, 1997; Wittenbrink et al., 1997) 여기에서 다시 한번 사람과 상황의 쌍방향적 특성을 발견할 수 있다.

지금까지 고정관념, 편견, 차별의 다양한 기능에 대해 살펴보았다. 이렇게 기능이 다양하다는 걸 감안하면 고정관념, 편견, 차별이 쉽게 변하지 않는다는 사실도 그리 놀랍지 않다. 이번에 논의할 내용은 바로 변화 저항성과 관련 있다.

─────── 편견, 고정관념, 차별을 감소하는 방법 ───────

앤 애트워터와 C. P. 엘리스에게는 인종적 적대감이 일상의 일부였다. 그런 까닭에 이들이 학내 인종차별 폐지 문제로 적대적으로 충돌한 지 몇 주 만에 서로를 존중하기 시작하고 몇 달 만에 진정한 친구로 발전했다는 사실은 놀라울 따름이다. 이렇게 극적인 반전을 어떻게 설명할 수 있을까? 마지막으로 지금까지 살펴본 내용을 토대로 부정적 편견, 고정관념, 차별을 효율적으로 줄일 수 있는 방안을 탐색해보려 한다.

무지 가설에 근거한 개입

지나가는 사람에게 부정적 편견과 고정관념이 존재하는 이유를 물으면 아마 "사람들이 잘 몰라서"라는 대답이 꽤 많이 나올 것이다. 이것을 **무지 가설**(ignorance hypothesis)이라고 부를 수 있다. 다른 집단 사람들이 실제로 어떤지 안다면 편견과 고정관념의 영향을 받거나 차별하지 않을 것이다. 이 관점에 따르면 다른 집단 사람들을 그냥 가까이 있게 하거나 다른 집단 사람들이 어떤 사람들인지 가르쳐주면 편견과 고정관념을 버리게 될 것이다.(Stephan & Stephan, 1984)

단순한 접촉과 교육만으로도 집단 간 적대감을 줄일 수 있다고 믿을 만한 이유가 몇 가지 있다. 사람들은 접촉과 교육을 통해 자신이 다른 집단 구성원들과 비슷하다는 사실을 배울 수 있다. 그러면 외집단 사람들에게 더 호감을 느낄 수 있고, 내집단, 외집단의 구별이 덜 유용해질 것이며, 외부인과 상호작용할 때 가끔 느끼는 불안도 줄어들 것이다.(Stephan & Stephan, 1985) 또한 다른 집단 사람들이 다 똑같지 **않**다는 사실도 배울 수 있고, 그로 인해 광범위하고 단순한 고정관념의 유용성 역시 줄어들 것이다.

그러나 연구에 따르면 서로 적대적인 집단 사람들을 그저 붙여놓기만 해서는 적대감 감소에 도움이 되지 않는다.(Miller & Brewer, 1984; Stephan & Stephan, 1996) 마찬가지로 다른 집단 사람들이 어떤지 가르쳐주기만 하는 방법도 집단 간 적대감을 해소하는 데 그리 효율적이지 않다.(Bigler, 1999; Stephan, Renfro & Stephan, 2004) 단순한 접촉과 사실에 기초한 교육이 적대감 해소에 충분하지 않은 이유는 2가지다. 첫째, 이런 접근법은 외집단의 특성을 고스란히 논리적으로 평가하는 데서 편견과 갈등이 발생한다고 가정하기 때문이다. 그럴 가능성도 있지만 집단 간 적대감은 대개 사람들이 외집단에 대해 아는 '사실'이 아니라 감정적 반응과 크게 관련 있다.(e. g., Haddock et al., 1994; Jussim et al., 1995; Stangor et al., 1991) 둘째, 이 접근법은 사람들이 고정관념의 부당함을 입증하는 정보를 쉽게 받아들일 것이라고 가정한다. 이는 많은 사람들이 고정관념을 바꾸지 않으려고 온갖 노력을 기울인다는 점을 간과한 것이다.(e. g., Kunda & Oleson, 1995; Pettigrew, 1979; Seta & Seta, 1993; Weber & Crocker, 1983)

따라서 무지 가설은 편견과 갈등이 외집단의 특성을 논리적으로 평가하는 데서 발생하는 한편 사람들이 잘못된 고정관념을 없애고 싶어 한다고 가정함으로써, 편견, 고정관념, 차별이 중요한 요구 사항을 채워준다는 사실을 간과한 셈이다. 이런 이유로 집단 간 갈등을 줄이는 문제에서 단순한 접촉과 사실에 근거한 접근법은 한계가 있다.

목표 중심적 접근법

편견, 고정관념, 차별을 줄이는 목표 중심적 전략은 무지 가설과 달리 더 효과적일 수 있다. 이 접근법에는 기존에 확립된 2가지 요점이 포함된다. 첫째, 편견, 고정관념, 차별은 사람들이 중요한 목표를 달성하도록 해준다. 예를 들어 다른 집단 사람들을 차별함으로써 자기 집단이 경제적 자원을 얻도록 도울 수 있다. 둘째, 어떤 사람과 상황의 구체적 특징은 편견, 고정관념, 차별을 통해 달성할 수 있는 목표들을 더욱 두드러지게 한다. 예를 들어 내집단에 이득을 주려는 욕구가 유난히 강한 사람(사회적 지배 지향성이 높은 사람 등)이 있고 그런 욕구를 유난히 두드러지게 하는 상황(제한된 경제적 자원을 놓고 집단끼리 경쟁하는 상황 등)이 있다.

편견, 고정관념, 차별을 이해하는 이러한 접근법은 그것들을 줄이기 위해 실행할 수 있는 몇 가지 논리적 단계를 보여준다. 첫 번째 방법은 **사람의 특징을 바꾸는 것**이다. 예를 들어 불안을 느끼는 사람들은 특히 고정관념을 통해 다른 사람을 이해하려들기 쉬우므로, 고정관념이 발생하기 쉬운 집단의 구성원을 만나기 전에는 불안 수준을 낮추는 게 도움이 될 수 있다.

두 번째 방법은 **상황의 특징을 바꾸는 것**이다. 가령 편견의 형성과 표현이 사회적으로 용인되는 상황에서 사람들이 그럴 가능성이 높아진다면, 집단 간 갈등이 우려되는 공동체에서는 편견을 인정하지 않는 동시에 집단 간 관용과 이해를 인정하는 사회규범을 창출하고 홍보하는 데 에너지를 집중할 수 있다.

세 번째 방법은 사람들에게 **목표를 충족할 수 있는 대안을 제공**하는 것이다. 앞서 살펴보았듯 사람들은 자기 평가를 높이기 위해 다른 집단 사람들을 깎아내릴 때가 있다. 스티븐 파인(Steven Fein)과 스티븐 스펜서(Steven Spencer, 1997)는 사람들이 자신에 대해 좋게 느낄 다른 방법이 있으면 남들을 깎아내리는 경향이 낮아질 것이라는 가설을 세웠다. 이들의 연구에 참가한 학생들은 유대계 미국인과 이탈리아계 미국인인 여성 구직자를 평가했다. 이 경우 유대계 여성들만 부정적 고정관념의 대상이 되었다. 하지만 일부 학생들은 여성 구직자를 평가하기 전에 자신에게 중요한 점을 써보는 절차를 통해 자기 가치를 긍정적으로 확인할 기회를 얻었다. 다른 참가자들에게는 이런 기회가 없었다. 결과는 연구자들의 예측을 뒷받침했다. 자기 가치를 확인할 기회가 없었던 참가자에 한해, 유대계 여성 구직자가 이탈리아계 구직자에 비해 덜 호의적인 평가를 받았다. 이러한 결과는 사람들의 필요 사항을 충족하는 대안을 제공하는 경우 부정적 편견 및 고정관념에 맞서는 효과를 발휘할 가능성이 있음을 보여준다.

마지막 방법은 **편견, 고정관념, 차별과 모순되는 목표를 활성화**하는 것이다. 3장에서 살펴보았듯 사람들은 정확하게 판단하려는 동기가 있을 때 고정관념과 편견을 극복하고 타인에 대해 좀 더 개별적 인상을 형성할 수 있다.(e. g., Neuberg & Fiske, 1987) 여기에서는 고정관념과 편견의 영향을 없앨 가능성이 있는 2가지 목표, 즉 공정하고자 하는 목표와 다른 집단 사람들에게 공감하려는 목표에 대해 더 알아볼 것이다.

평등주의적 가치와 부정적 편견의 억제 앞서 부정적 고정관념과 편견이 자동적으로 떠올라 다른 사람을 차별하게 할 수 있다는 사실을 살펴보았다. 한편 모든 집단의 사람들을 평등하게 대해야 한다는 평등주의적 가치와 공정함이 중요하다고 생각하는 사람도 많다. 이런 사람들은 공정함에 대한 이상과 자신의 편견 섞인 감정, 생각, 행동 사이에서 괴리를 느낄 때 죄책감을 느끼기 쉽다. 그리고 이러한 죄책감은 편견 편향을 극복하거나 억제하려는 동기를 유발한다.(e. g., Monteith, Sherman & Devine, 1998)

밀턴 로키치(Milton Rokeach, 1971)는 미시간주립대학교의 백인 신입생들을 대상으로 자신의 편견과 평등주의적 가치의 불일치를 대면하게 했다. 이러한 개입은 놀라울 정도로 성공적이었다. 자신의 가치와 대면하는 조건에 배정된 학생들은 흑인의 평등권을 더욱 지지하게 되었고, 몇 달 후 전미유색인지위향상협회(NAACP)의 가입 요청에 응할 가능성이 더 높았으며, 심지어 민족 관계 분야를 전공으로 선택할 가능성도 더 높았다. 이처럼 사람들은 공정성이라는 가치가 부각될 때 다른 사람들에게 더 관대해지고 편견을 덜 형성하게 된다.

하지만 불행하게도 부정적 편견을 극복하기가 쉽지만은 않다. 편견은 표정이나 몸짓처럼 미묘한 방식으로 '새어 나올' 때가 많다. 그리고 표정을 스스로 알아차리지 못하면 의식적으로 통제할 수도 없다.(e. g., Vanman et al., 1997) 또한 생각과 감정을 통제하기 위해서는 주의를 집중해야 할 때가 많은데, 복잡한 상황에 처하거나 시간에 쫓기거나 인지적으로 부담이 큰 상황에 놓일 경우 원치 않는 고정관념과 편견을 억제하기가 더 어려워진다.(e. g., Gilbert & Hixon, 1991 ; Macrae, Hewstone & Griffiths, 1993) 2장에서 살펴보았듯 어떤 생각을 억누르려는 노력이 오히려 '반동'을 초래하기도 한다. 고정관념을 억제하려 노력할수록 그 생각이 더 심하게 떠오르는 것이다.(e. g., Ko et al., 2008; Macrae et al., 1994a) 마지막으로 평등주의적 규범이 내면화되지 않아 특정 집단에 대한 부정적 편견을 통제해야 한다는 압박을 느낀 경우 나중에 그 집단에 대한 반감을 다시 표출하기도 한다. 이러한 사람들은 전보다 심한 편견을 표출하고 차별적 행동을 더 많이 할 가능성이 있다.(Plant & Devine, 2001)

사실 공정성의 가치를 활성화하는 방법은 모든 상황에서 부정적 편견과 고정관념의 영향력을 극복하는 데 충분하지 않을 때가 많다. 하지만 최근의 연구에 따르면, 평등주의적 가치를 아주 중요하게 여기는 사람들은 부정적 편견과 고정관념을 더 효과적으로 극복하는 것으로 나타났다.(Moskowitz, Salomon & Taylor, 2000) 이렇듯 평등주의적 목표를 중요하게 여길수록 편견에 치우칠 가능성이 낮아진다.

다른 사람의 입장 되어보기 사람들은 상대의 입장에서 세상을 보려 애쓸 때 다른 집단들에 더 관대해진다.(Galinsky & Moskowitz, 2000; Stephan & Finlay, 1999) 일례로 C. 대니얼 뱃슨(C. Daniel Batson, 1997a)은 에이즈에 걸린 사람의 입장이 되어 보도록 교육받은 사람들이 이후에 에이즈 환자 집단을 더 호의적으로 보았다는 점을 발견했다.

사람들은 부정적으로 낙인찍힌 사람들의 입장이 되어봄으로써 그들의 행동에 내재하는 상황적 이유를 이해하고 그들이 대우받은 방식이 부조리함을 느끼고 공감할 수 있다.(Dovidio et al., 2004; Vescio, Sechrist & Paolucci, 2003) 특히 역할 연기(role-playing) 중심의 프로그램이 성공하는 데는 이런 새로운 믿음과 감정이 토대가 되었다고 볼 수 있다.(McGregor, 1993) 일례로 인종적 편견을 줄이기 위한 제인 엘리엇(Jane Elliot)의 유명한 '푸른 눈 갈색 눈' 기법에서는 일부 참가자들이 눈동자의 색 때문에 모욕과 차별의 표적이 된다. 몇 시간 동안 차별의 피해자가 되어 스트레스를 받은 참가자들은 편견을 덜 형성할 뿐 아니라(Byrnes & Kiger, 1990) 인종 간 갈등 문제에도 더 민감해지는 경향이 있었다. 불공정하고 불리한 대우를 받는 집단의 관점에서 세상을 보게 된 사람들은 자신의 편견과 고정관념에 맞설 가능성이 더 높다.

요컨대 목표 중심적 접근법은 4가지의 폭넓은 개입 전략을 제시한다. 사람을 바꾸고, 상황을 바꾸고, 목표를 달성할 수 있는 대안을 제시하고, 목표를 바꾸는 것이다. 특정한 환경이 집단 간 접촉의 효율성을 높이는 이유는 4가지 전략 중 적어도 하나 이상을 포함하기 때문이라고 볼 수 있다.

접촉의 힘

시민권 운동에서 획기적 사건으로 꼽히는 브라운 대 교육위원회(Brown vs Board of Education) 사례를 살펴보자. 당시 대법원 재판에서는 캔자스주 토피카의 공립학교 내 인종차별 폐지를 둘러싸고 찬성과 반대 주장이 오갔다. 전국에서 가장 존경받던 수많은 사회과학자들이 일정한 조건이 충족되면 백인과 흑인 아이들을 함께 교육하는 방안이 인종적 편견과 적대감을 줄일 것이라고 주장했다.(e. g., Allport, 1954) 여기에서 중심적인 생각은 흑인과 백인이 매일 접촉함으로써 두 집단이 더 사이좋게 지내고 서로에게 호감을 느끼게 되리라는 것이었다. 하지만 불행하게도 이 '조건'에는 관심이 모이지 않았고, 시민권 운동 초기의 숱한 인종차별 폐지 시도는 오히려 인종 간 갈등에 불만 붙인 꼴이 되었다.(Stephan, 1978)

우리는 앞서 다른 집단 사람들이 어떤 방식으로든 위협적이라고 받아들여 편견이 발생하기도 한다는 점을 배웠다. 예를 들어 흑인이 물리적으로 위험하다든가 받아야 할 몫보다 많이 가져간다는 고정관념을 믿는 백인들은 흑인과 접촉하는 동안 불안을 느낄 수 있다. 하지만 이러한 고정관념을 믿지 않는 백인들도 편견 없는 방식으로 행동하려 하고 그렇게 **인식되고** 싶은 욕구 때문에 여전히 타 인종과의 만남에서 스트레스를 받을 수 있다.(e. g., Plant, 2004; Plant & Devine, 2003; Stephan & Stephan, 2000; Vorauer & Turpie, 2004) 게다가 인종에 대한 백인들의 뿌리 깊은 편견을 감안하면, 흑인들 입장에서는 백인의 친절한 행동이 진짜 감정과 믿음에서 나오는지 단지 인종차별주의자로 낙인찍히고 싶지 않은 욕구에서 나오는지 판단하기가 어렵다.(e. g., Crocker, Voelkl, Testa & Major, 1991; Pinel, 1999; Shelton, Richeson & Salvatore, 2005) 이외에도 흑인 역시 백인에 대한 부정적 고정관념을 가진 경우가 많고 백인이 자신들에게 편견이 가진다는 사실도 안다. 이처럼 백인과 흑인 모두에게 타 인종과의 상호작용은 복잡하고 다중적 의미가 있으며 방향을 잡기 어려운 일이다. 특히 그런 경험이 없는 사람에게는 더욱 그렇다.

다행히도 우리는 이와 관련된 연구들을 통해, 인종 간의 접촉을 비롯한 집단 간 접촉이 어떤 경우에 집단 간 갈등을 줄일 가능성이 높은지에 대해 많은 정보를 알 수 있다.(Dovidio, Gaertner & Kawakami, 2003; Hodson, 2011; Pettigrew & Tropp, 2006)

- 외집단 구성원에게 그 집단에 대한 부정적 고정관념에 의문을 제기하는 특성과 능력이 있어야 한다.(Blanchard, Weigel & Cook, 1975) 예를 들어 학교의 인종차별 철폐나 평등 고용 프로그램처럼 편견을 줄이는 방안에서는, 남성이나 백인을 수행이 뛰어난 여성이나 소수집단 구성원과 접촉시킬 때 가장 강력한 효과를 얻을 수 있다.
- 사람들은 관용이 사회적으로 적절하다고 믿을 때 다른 집단을 받아들이는 경향이 높아지므로, 집단 간 접촉은 지역 당국과 규범의 지원을 받아야 한다.(Cook, 1978) 예를 들어 학군에서 자발적으로 소수집단 교사를 더 많이 고용하고 교사들이 타 인종 간에 우정을 형성하면 학생들이 다른 집단 학생들과의 접촉을 정당하게 여길 가능성이 높아진다.
- 집단들은 최소한 접촉하는 상황에서만이라도 지위가 동등해야 한다.(Aronson et al., 1978; Weigel et al., 1975) 교사가 백인 학생들을 흑인 학생보다 더 잘 대해주거나 회사에서 지위가 낮은 사무직으로만 여성을 고용한다면, 집단 간 접촉이 고정관념과 편견의 변화로 이어질 가능성이 거의 없다.
- 접촉은 개인적 차원(사람 대 사람)에서 일어나야 한다. 그래서 자신들이 다른 집단 사람들과 중요한 공통점이 있으며 다른 집단 사람들이 전부 똑같지 않다는 사실을 알 수 있어야 한다.(Herek & Capitanio, 1996; Pettigrew, 1997) 예를 들어 이슬람교인과 개인적 친분이 아예 없는 사람에 비해, 적어도 1명 이상의 이슬람교인과 친분이 있는 미국인 10대 청소년들은 대부분의 이슬람교인이 평화를 원하며 다른 종교인을 수용한다는 사실을 믿을 가능성이 더 높았다.(Gallup, 2003) 또한 직접 접촉은 친구와의 우정을 가능하게 하며 다른 집단에 친구가 있는 사람은 그 집단에 더 호감을 느끼고 그들을 신뢰하는 경향이 높았다.(van Laar et al., 2005; Paolini et al., 2004; Pettigrew et al., 2007;

사회심리학

Tam et al., 2009) 개인적 차원의 접촉이 없으면, 가령 인종차별이 철폐된 학교라도 점심시간과 자유 시간에 학생들이 같은 인종끼리만 집단을 형성해 서로 분리되어 있다면, 부정적 고정관념과 편견을 줄이기가 더 어려워진다.

- **접촉에는 보상이 따라야 한다.**(Blanchard et al., 1975) 예를 들어 남녀가 함께 진행하던 프로젝트가 실패하면 두 집단 모두 서로에 대한 부정적 고정관념을 바꾸려 하지 않는다.
- 마지막으로 다른 집단의 구성원들이 **공통의 목표를 위해 협력**하는 식으로 접촉이 일어나면 집단 간 관용이 특히 더 촉진되기 쉽다.(Cook, 1985)

마지막 요소의 적절한 예는 앞서 살펴본 로버스 케이브의 소년들을 대상으로 한 무자퍼 셰리프의 연구에서 발견할 수 있다. 이 책에서는 방울뱀 팀과 독수리 팀이 전면전을 벌이기 직전까지의 내용을 다루었다. 두 집단이 접촉함에 따라 경멸적 별명 부르기, 음식 쟁탈전, 사소한 물리적 충돌 등의 사건이 잦아지면서 상황이 점점 나빠졌다. 적대적 집단을 만드는 데 성공한 셰리프는 아이들의 주의를 돌려 적대감을 없애는 방법을 찾는 데 집중하게 했다. 이들의 전략은 우아할 정도로 간단했다. 연구자들은 집단 간의 경쟁이 적대감을 유발하면 경쟁적 성향을 없애고 그 자리를 협력적 성향으로 대체함으로써 적대감을 줄일 수 있으리라고 추론했다. 그리하여 원하는 것을 얻으려면 협력해야 하는 환경에 두 집단을 배치했다. 한번은 소년들이 이동할 때 이용하던 트럭의 엔진이 고장 났다. 소년들은 반드시 협력해야만 트럭을 움직일 수 있겠다는 사실을 깨달았다. 두 집단은 이와 비슷한 협력 활동을 통해 점차 적대감을 없애기 시작했고, 야영이 끝날 즈음에는 돈을 모아 집에 돌아가는 버스를 함께 빌리기로 투표하기도 했다. 그렇게 셰리프는 경쟁적 성향을 협력적 성향으로 대체해 두 집단 사이의 적대감을 줄이는 데 성공했다.

다른 집단 구성원들 간의 협력이 적대감 감소에 효과적인 이유는 다양하다. 협력은 경쟁을 대신해 경제적·사회적 자원을 얻는 수단이 될 뿐 아니라, 경쟁하는 집단들이 서로를 단순화된 방식으로 보는 경향을 낮추고 외집단 구성원들을 더 정확히 이해하려는 동기를 부여하기도 한다.(Ruscher et al.,

1991) 다른 집단 사람들과 협력하는 동안 그 집단에는 비슷비슷한 사람만 있다고 생각하는 경향이 낮아질 수 있고, 그에 따라 고정관념과 편견을 그들에게 덮어씌워 생각할 가능성도 낮아진다.(Brauer & Er-Rafiy, 2011) 또한 다른 사람들과 협력할 때 그들을 '우리'의 범주에 넣어 그 일부로 보는 경향이 높아진다.(Dovidio et al., 1997a: Nier et al., 2001) 9장에서 논했듯 사람들은 감각을 확장해 그 안에 많은 타인을 포함하기도 하고 소수만 남도록 범위를 줄이기도 한다.(Allport, 1954: Brewer, 1991) 하지만 그 경계선이 어디인지에 상관없이 사람들은 경계 밖의 사람보다 안의 사람을 선호하는 경향이 있다. 따라서 다른 집단 사람들과 협력할 때 "이 안에서는 전부 함께야"라는 마음이 되고 자신을 보듯 다른 집단 사람을 보기 시작하면서 집단 간 편견과 고정관념이 깨진다.

하지만 셰리프의 개입은 협력의 순기능을 활용하는 데 그치지 않았다. 그 안에는 효과적 접촉을 위한 나머지 5가지 원리가 모두 들어 있었다. 실험에 선별된 소년들은 서로 아주 비슷했기 때문에 두 집단이 만들어낸 고정관념의 부당성을 입증하기가 비교적 쉬웠고, 집단 간 협력은 권한을 지닌 관계자들의 인정과 지원을 받았으며, 두 집단 모두 조교에게 동등한 대우를 받았고, 협력 과제는 두 집단 구성원들이 개인적 차원에서 서로 상호작용해야 하는 것이었다. 마지막으로 협력 과제가 성공했기 때문에 두 집단의 접촉에는 보상이 따랐다. 신중하게 다듬어진 옳은 조건들에 힘입어 셰리프는 집단 간 적대감을 수용과 우정으로 바꿀 수 있었다.

BOX 11.2

협동 수업을 통한 고정관념 줄이기

학내에서 인종차별을 철폐하려는 초기의 시도는 부정적 편견과 고정관념을 줄이는 데 거의 영향을 주지 못했다. 실패에 맞닥뜨린 연구자와 교사들은 무자퍼 셰리프 같은 연구자들의 실험에서 얻은 지식을 도입해 학급 환경을 재구성하기 시작했다.(DeVries, Edwards & Slavin, 1978: Johnson & Johnson, 1975: Weigel et al., 1975)

엘리엇 애런슨(Elliot Aronson, 1978)이 고안하고 텍사스주 오스틴의 학군에서 처음 시행된 조각 퍼즐 협동 수업을 예로 들어보자. 이 학급에서 각 학생들은 인종과 성별이 제각기 다른 6명으로 구성된 팀에 배정된다. 수업 역시 팀원 수에 맞춰 여섯 부분(에이브러햄 링컨의 어린 시절, 변호사 경력, 대통령에 당선된 과정 등)으로 나뉜다. 저마다 수업의 한 부분을 맡은 학생들은 다른 팀에서 자신과 같은 부분(예를 들어 링컨의 어린 시절)을 맡은 학생들과 모여 '전문가' 집단을 형성한다. 그런 다음 다시 자기 팀으로 돌아가 다른 팀 학생들에게 배운 새로운 지식을 팀원들에게 설명한다. 각각의 학생이 가진 정보는 퍼즐의 한 조각에 불과하므로 학생들은 나머지 5명의 팀원에게 의존해 수업 전체를 이해한다.

이런 학급 구조는 효과적인 접촉의 6가지 원리를 이용한 것이다. 첫째, 각자 흩어져 전문가 집단에 모여 공부하면서 학생들은 자기 팀을 더 효과적으로 가르칠 준비가 되고, 그 과정에서 소수집단에 속하는 학생들이 무능하다는 고정관념의 오류를 입증할 수 있다. 둘째, 교사가 학생들을 각 팀에 배정하므로 인종 간, 남녀 간의 접촉은 중요한 권위자로부터 분명한 지지와 승인을 받게 된다. 셋째, 학생들은 수업 시간에 동등한 대우를 받는다. 인종이나 성별에 따라 차별받지 않고 똑같이 책임진다. 넷째, 접촉이 개인적 차원에서 일어나기 때문에 각자의 바람직한 특성을 알게 되는 동시에 외집단 동질성의 환상을 없앨 수 있다. 다섯째, 그날의 수업 내용을 배운다는 공통의 목표를 위해 서로 협력한다. 여섯째, 이런 구조에서는 학생들의 수행이 향상되는 경향이 있고, 특히 전에 수행이 부진했던 학생이 크게 효과를 볼 수 있다. 팀원이 향상되면 함께 이익을 얻도록 점수 체계가 구성된다면 접촉 과정에서 모든 학생에게 보상이 따르게 된다.

실제로 협동 수업에서 공부하는 학생들은 민족이 다른 학생들뿐 아니라 다른 학급 학생들과도 친구 관계를 형성할 가능성이 더 높다.(Johnson et al., 1984: Slavin & Cooper, 1999) 또한 이런 환경에서 공부하는 학생들은 학업 성취도도 향상된다.(Johnson & Johnson, 1994: Stevens & Slavin, 1995) 집단 간 적개심이 줄어들고 전반적으로 학업 성취도가 높아졌다는 기록을 고려하면 협동 수업은 부정적 편견, 고정관념, 차별에 맞서는 중요한 무기가 될 수 있다.

요약

앤 애트워터와 C. P. 엘리스의 갈등은 치열하고 확고했다. 이들은 서로를 경멸했다. 아마 상대가 죽는 모습을 보았다면 행복해했을 것이다. 우리가 지금까지 살펴본 연구들은 서로에 대한 이들의 맹렬한 증오와 그 증오의 원천이었던 편견의 힘을 설명하는 데 어떤 도움을 줄 수 있을까?

우선 두 사람 다 가난했다는 사실을 상기해보자. 가족들이 아메리칸 드림을 실현하려면 둘 다 더 많은 것이 필요했다. 시민권 운동의 기세가 높아짐에 따라 엘리스처럼 가난한 백인들의 걱정과 편견은 더 심해졌다. 그들은 흑인들이 얻는 만큼이 십중팔구 가난한 백인의 주머니에서 빠져나간다고 생각했고, 이런 믿음은 진짜로 부와 권력을 쥔 사람들을 통해 강화되었다. 핵심적 차원에서 보면 애트워터와 엘리스의 갈등은 자기 집단에 필요한 경제적·사회적 자원을 얻고 싶다는 공통의 욕구에서 나온 것이었다.

하지만 그것은 두 사람이 서로 적대시한 이유의 일부에 불과하다. 편견과 고정관념은 더 중요한 기능을 수행하기 때문이다. 그 시대의 사회규범에 비추어보면 애트워터와 엘리스는 각자의 편견을 드러냄으로써 사회적으로 인정받았다. 특히 올드 사우스 일대의 인종차별적 규범은 아버지가 KKK였던 엘리스의 어린 시절에 영향을 주었다. 또한 애트워터와 엘리스는 부정적 편견과 고정관념을 이용해 바람직한 자아상을 유지할 수 있었다. 애트워터는 백인을 비도덕적인 사람들로 여기면서 스스로 선하다고 주장할 수 있었다. 엘리스는 흑인들의 개인적 좌절과 실패에 대응해 그들을 깎아내리고 멸시하면서 자신이 더 가치 있는 사람이라고 느낄 수 있었고, KKK에 가담함으로써 백인 기독교 문화를 수호하는 용감하고 진지한 시도에 지지를 표할 수 있었다. 마지막으로 끝없

사회심리학

이 일해야 하고 걱정으로 가득해 감당하기 어려웠을 두 사람의 삶을 고려하면 고정관념의 단순화 과정은 이들에게 상당히 유용했을 것이다.

그래서 이들의 편견은 점차 심해졌다. 활동하면서 서로 더 부딪치게 되자 애트워터에게 엘리스는 백인에게 있을 수 있는 온갖 사악한 면을 갖춘 사람으로 보였고, 엘리스에게 애트워터는 흑인에게 있을 수 있는 온갖 비열하고 위협적인 면을 갖춘 사람으로 보였다. 그런데 학내 인종차별 철폐를 위한 회의가 진행된 지 몇 주 만에 두 사람이 서로를 존중하기 시작했고 오래지 않아 진정한 친구가 되었다니 놀라운 일이 아닐 수 없다. 이 극적인 반전을 어떻게 설명할 수 있을까?

당시 회의 주최자가 낸 천재적인 아이디어는 그 시작이 되었다. 어쩌면 그저 행운이었는지도 모른다. 주최자는 애트워터와 엘리스를 설득해 공동 의장을 맡기고 문제를 해결할 방책을 찾아보라고 제안했다. 두 사람의 반응은 서로 내켜 하지 않았다는 표현으로는 터무니없이 부족할 것이다. 그들이 맡은 새로운 책임에는 **협력**이 필요했다. 따라서 함께 일하기로 한 결정은 정확히 말해 여전히 서로에 대한 경계를 늦추지 않은 상태로 내린 것이었지만 화해로 가는 결정적 첫걸음이 되었다. 첫걸음은 자발적으로 내딛었지만 두 번째 걸음은 그러지 못했다. "어떻게 KKK 단원과 함께 일하겠다고 할 수 있지?" 흑인 공동체에서는 애트워터를 비난했다. "우리 지도자가 어떻게 저 여자를 상대하겠다는 생각을 할 수 있지?" 엘리스의 추종자들도 경멸하듯 내뱉었다. 엘리스에게 이런 거절의 반응은 충격적인 것이었다. 그는 단지 가난한 백인 공동체의 이익을 보호하고 싶었을 뿐인데 공동체는 그에 대한 응답으로 더 이상 그를 일원으로 인정하지 않았다. 그는 혼자였다. 엘리스와 애트워터는 계속 그들을 떼어놓고 싶어 하는 극단주의자들에게 떠밀려 서로에게 점점 가까이 다가갔다.

서로를 더 가까이에서 평가하기 시작한 그들은 한편으로 정확한 정보를 탐색하면서 서로에게 비슷한 점이 많다는 사실을 발견하기 시작했다. 둘 다 열심히 일했지만 가난했고, 아이들에게 더 좋은 기회를 만들어주고 싶다는 열렬한 소망이 있었으며, 둘 다 잔인할 정도로 직설적이고 원칙적인 성격이었다. 애트워터는 자신이 백인 동네에 들어가기 무서워하는 것처럼 엘리스도 흑인 동네에 들어가기 무서워한다는 사실을 알고 깜짝 놀랐다. 엘리스는 흑인 학교가 열악한 환경에 놓인 이유가 한때 자신이 생각했듯 흑인들이 그런 쪽에 관심이 없어서가 아니라 자신의 아이가 다니는 학교처럼 재정 지원을 거의 받지 못해서라는 사실을 알게 되었다. 두 사람은 자연스럽게 상대에게 공감했다. 그리고 서로 적이 아닌 것 같다고 생각하기 시작했다. 어쩌면 흑인과 백인 모두 속한 가난한 사람들에게 정당하게 '설 자리'를 주지 않으려는 부자들이 바로 공동의 적일지도 몰랐다. 엘리스와 애트워터가 생각하는 '우리'의 범주는 서로를 포함할 만큼 넓어지기 시작했다.

이들은 결코 전으로 돌아가지 않았다. 회의가 진행될수록 이들의 유대는 강해졌고 2005년에 엘리스가 세상을 떠날 때까지 두 사람은 서로를 '친구'라고 불렀다. 그의 장례식에서 애트워터는 학내 인종차별 철폐 회의에서 겪은 인종적·개인적 갈등과 평생 지속된 그들의 우정을 떠올렸다. "그 일이 있고 나서 10일이 지날 즈음 그와 나는 사랑에 빠졌고 그가 목요일에 눈을 감을 때까지도 우리는 사랑에 빠져 있었다."("Activist mourns ex-KKK leader", 2005) 어떤 면에서 보면 애트워터와 엘리스의 이야기는 기이하고 놀랍지만 다른 면에서는 그다지 특별할 것이 없다. 그들이 서로를 증오하게 만든 사회적 힘이 우리의 편견과 고정관념에 내재한 힘과 같고, 그들이 적대감을 극복하도록 고무한 힘이 우리도 그렇게 하도록 도와줄 수 있기 때문이다.

서로 뒤얽힌 애트워터와 엘리스의 삶을 살펴보다 보면, 편견과 고정관념, 차별에 관한 사회심리학적 분석이 삶의 다른 영역과 어떤 관련이 있는지 알 수 있다. 일례로 헌법과 공공 정책, 군대 내의 성적 괴롭힘, 교육 현장의 인종차별, 쇼핑몰의 소비자 대우 등을 다루었다. 그리고 부정적 고정관념과 편견의 효력이 취업을 막을 수 있고, 잠재력을 충분히 발휘하기 어렵게 하며, 범죄자라는 누명을 쓰게 할 수 있음을 확인했다. 조각 퍼즐 협동 수업에서는 사회심리학에 관한 기본적 이해가 어떻게 편견을 줄이고 관용을 늘릴 수 있는지 살펴보았다.

또한 편견에 대한 사회심리학적 분석이 신경과학에서 교육학까지, 인지과학에서 문화인류학까지 아우르는 광범위한 영역들을 어떻게 연결하는지도 살펴보았다. 사회적 동물로서 우리는 다른 사람들을 집단 구성원이라는 측면에서 생각하게 된다. 그럴 경우 고정관념, 편견, 차별이 우리의 뇌와 문화의 상호작용 체계에 의해 형성된다는 것이 그리 놀랍지만은 않다.

제12장

집단과 리더십

◐

조직의 치부를 폭로한 내부 고발자들의 최후
: FBI · 엔론 · 월드컴

2001년 9월 11일에 일어난 테러 공격에 대해 미리 경고받은 적 없다는 FBI 국장의 공식 발표를 몇 번이나 되풀이해 들은 콜린 롤리(Coleen Rowley) 요원이 얼마나 놀라고 충격을 받았을지 상상해보라. 그녀가 일하던 미니애폴리스 지부에서는 자카리아스 무사우이(Zacarias Moussaoui)의 컴퓨터를 수색하도록 허가해달라고 본부에 계속 요청했다. 모로코 출신인 자카리아스 무사우이는 이민법 위반으로 구금돼 있었다. FBI 국장이 이 요청에 대해 몰랐을 수 있을까? 프랑스 정보기관을 통해 테러리스트 집단의 일원으로 확인되고 대형 제트기 조종법을 배우려고 항공 학교에 등록한 사람에 대해 보고받지 못했다는 것이 말이 되는가? FBI 본부에서 무사우이에 대한 철저한 조사 요청을 거부할 뿐 아니라 그러한 시도를 적극적으로 방해하기까지 했다는 사실을 그가 몰랐을까? 의사 전달 과정에 치명적인 문제가 있다고 생각한 롤리 요원과 동료들은 층층이 번거로운 절차를 거쳐 국장에게까지 경고 메시지가 전달되도록 온갖 통로와 수단을 통해 거듭 시도하고 또 시도했다.

하지만 몇 주가 지나고 무사우이가 바로 "사라진" 스무 번째 납치범임을 보여주는 증거가 쌓이고 또 쌓여도 FBI 본부에서는 똑같이 이야기했다. "저희는 아무것도 몰랐습니다." 망설임을 거듭하던 롤리는 세계 최고 수준의 법 집행기관 지도부에서 "FBI가 곤란한 상황을 모면하고 관련 당국자들을 조사받게 하지 않으려 방어 태세를 취하기로" 결정했다는 슬픈 깨달음에 이르렀다. 소속 기관에 그토록 헌신한 한 요원에게 이 깨달음은 어이없고 소름 끼치는 것이었다. 그녀의 머릿속에서 이런 의문이 떠나지 않았다. 그들이 더 철저한 조사를 허락했다면 비극을 막을 수 있었을까?

롤리는 이 질문에 대한 답을 알지 못했다. 하지만 자신이 몸담은 조직에서 철저히 조사하기 위한 요청이 묵살되었으며, 거짓인 이야기를 FBI 지도자들이 대외적으로 공표하고 있다는 점은 분명히 알았다. 결국 그녀는 FBI 국장에게 쪽지를 보내 내부 고발을 하기에 이르렀다. 롤리 입장에서는 충성스러운 요원으로서, FBI가 조직 내 문제를 바로잡는 데 일조하기 위한 행동이었다. 그러나 그것이 새어 나와 공개되고 자신이 의회 청문회에서 중요한 증인이 되리라고는 전혀 예상하지 못했다. FBI를 개선하기 위한 시도가 조직 내 많은 사람이 자신을 배신자로 보게 만드는 계기가 되리라고는 더욱 예상치 못했다.

셰런 왓킨스(Sherron Watkins)와 신시아 쿠퍼(Cynthia Cooper)는 FBI 직원은 아니었지만 1990년대 미국 굴지의 기업에서 일하고 있었다. 2000년 정점을 달리던 엔론은 미국에서 일곱 번째로 큰 기업이었고, 월드컴은 1999년 당시 가치가 11억 5000만 달러에 달하고 세계적으로 8만 명 이상의 직원을 거느린 대기업이었다. 둘 다 창의적 혁신과 각 분야를 선도하는 곳이었다. 천연가스 수송관 회사였던 엔론은 천연가스, 전기, 인터넷 대역폭에 이르기까지 거래할 수 있는 모든 것을 취급하는 거대 기업으로 탈바꿈했다. 장거리 전화 회사였던 월드컴은 미국의 전화, 인터넷, 무선통신 사업에서 큰 비중을 차지하는 회사로 거듭났다. 두 기업의 지도자들은 지도력과 선견지명을 갖추었고, 월가의 전문가들에 따르면 미국 사업계를 21세기로 이끌 새로운 길을 찾아낸 사람들이었다. 직원들은 보수의 일부로 받는 스톡옵션의 가치가 치솟는 데 혹하고 높은 기대에 자극받아 기꺼이 온 힘을 다해 일했다. 이들은 여러 면에서 대단하고 성공적인 기업이었다.

그러다가 셰런 왓킨스가 엔론의 최고경영자에게 변칙적 회계 처리에 대한 우려를 표시했고 그 즈음 신시아 쿠퍼 역시 월드컴에서 비슷한 걱정을 하며 이것저것 알아보기 시작했다. 동료와 상사의 반응은 그들의 예상과 달랐다. 사실 지금에야 인정하지만 왓킨스는 순진하게도 자신이 최고경영자에게 지도력을 발휘할 기회를 주고 있다고 생각했다. 그때야말로 최고경영자가 기개와 정직

사회심리학

을 보여줄 기회라고 본 것이다. 하지만 두 회사에서 돌아온 반응은 이들의 의견을 묵살하는 것이었고 어찌 보면 위협적이기까지 했다. "별 대단한 일도 아니야." "보기와는 달라." "자넨 그거 말고 할 일이 없나?" 일이 심각하게 잘못되었다고 여긴 두 여성은 손을 떼라는 압박을 무시하고 문제를 더 깊이 파고들었다. 이들의 의혹은 충분히 근거가 있었음이 밝혀졌다. 두 회사의 고위 경영자들은 회사가 막대한 수익을 올리는 것처럼 포장하기 위해 분식 회계를 통해 주식시장에서 기업의 표면상 가치를 계속 높이고 있었고, 그들이 보유한 스톡옵션의 가치와 연말 상여금 역시 한껏 부풀었다. 왓킨스와 쿠퍼의 발견이 외부에 알려졌을 때 두 기업의 주가는 실제 가치로 곤두박질쳤고 한때 열정적이었던 투자자들은 **수백억** 달러를 잃었다. 그렇게 두 기업은 파산 위기에 처했다. 수천 명의 사람들이 직장과 은퇴 자금을 잃었다.

FBI의 콜린 롤리, 엔론의 셰런 왓킨스, 월드컴의 신시아 쿠퍼. 밀접하게 관련된 이들의 이야기에서 우리는 집단이 움직이는 방법에 대해 많은 것을 알 수 있다. 이렇게 높이 평가받고 경험과 재능을 갖춘 조직이 왜 그렇게 형편없는 결정을 내렸을까? 롤리, 왓킨스, 쿠퍼를 비롯한 사람들이 정당한 발언 기회를 얻기 어려운 집단의 특성은 무엇일까? 이 조직들을 이끈 리더십의 어떤 측면이 실패 요인이었을까? 이렇게 인상적인 실패를 거울삼아 의사 결정과 리더십에 관해 어떤 일반적 교훈을 배울 수 있을까?

이 책을 통해 우리는 인간이 '집단적 존재'라는 사실을 확인했다. 사람들은 가정에서 태어나고, 친구들과 어울리고, 동료 학생들과 함께 공부하고, 운동경기에서 모르는 사람들과 함께 환호하고, 생계를 위해 직장 동료들과 함께 일하고, 동지와 함께 단체에 가담해 공동의 적에 대항한다. 거실에서 학교 운동장, 경기장, 직장, 군사 기지에 이르기까지 우리는 집단 안에서 살아간다.

12장에서는 집단이 개인에게 어떤 영향을 미치고 거꾸로 개인이 집단에 어떤 영향을 미치는지 알아볼 것이다. 군중은 인간의 가장 좋은 성향을 보여주기도 하고 가장 나쁜 성향을 보여주기도 한다. 군중에게서 공격성과 공감, 무관심과 도움, 나태함과 협동 정신이 모두 나타날 수 있기 때문이다. 우리는 여기에서 무작위로 모인 개인이 어떻게 통일된 집단으로 뭉칠 수 있는지 알아보고, 그 집단이 가끔 놀라울 정도로 효율적으로 움직이는 동시에 놀라울 정도로 부적절하게 움직이기도 한다는 사실 역시 알아볼 것이다. 또한 지도자와 그를 따르는 구성원 사이의 역동적 관계를 탐색하면서 지도자가 어떻게 선택받고, 그들이 지도력을 효과적으로 발휘할 수 있게 하는 요인은 무엇이며, 실패하게 하는 요인은 무엇인지 알아보려 한다. 이와 같이 우리의 삶에 날마다 영향을 미치는 집단과정에 대해 지금부터 자세히 살펴보자.

집단의 속성

가장 넓은 의미에서 **집단**(group)은 서로에게 영향을 미치는 2명 이상의 개인으로 구성된다. 물론 이것은 그저 우연히 같은 시간, 같은 장소에 모인 사람의 무리(버스 정류장에서 버스를 기다리는 사람들)와 구성원들이 목표와 정체성을 공유하는 구조화된 조직(대학생 사교 클럽)을 모두 포함하는 최소한의 정의이다. 사교 클럽과 비교할 때 도시를 가로지르는 버스를 기다리며 모인 낯선 사람들의 무리는 '진짜' 집단과 거리가 멀어 보이지만 둘 다 우리의 행동에 영향을 미칠 수 있다. 여기에서는 우선 단순히 여러 사람이 모여 있는 '무리'부터 시작해 나중에 '진짜' 집단의 특성과 작용에 대해 알아볼 것이다.

타인의 존재와 사회적 촉진

노먼 트리플렛(Norman Triplett)은 자전거 경주 팬이었다. 또한 그는 심리학자이기도 했다. 그는 자전거 경주 선수들이 혼자 시간을 재며 연습할 때보다 다른 선수들과 경쟁할 때 더 좋은 기록을 내는 현상을 발견하고 연구실로 향해 사회심리학 사상 최초의 연구를 수행했다. 트리플렛은 아이들에게 낚싯대 릴을 최대한 빨리 감아보라고 했다. 자전거 경주 선수들처럼 아이들 역시 혼자 할 때보다 다른 사람들이 옆에 있을 때 더 빨라졌다.

트리플렛은 이 현상이 다른 사람들에게 경쟁 본능을 자극받기 때문에 일어난다고 보았다. 하지만 그는 다른 사람들이 함께 경쟁하지 않고 근처에 있기만 해도 수행 능력이 향상될 수 있다는 점은 몰랐다. 왜 다른 사람들의 **존재만으로도** 수행 능력이 향상될까? 다른 사람이 주변에 있으면 심장이 빨리 뛰고 호흡이 빨라지는 등 생리학적 각성 수준이 높아진다. 또한 각성된 사람은 **주 반응**(dominant responses), 즉 익숙하고 숙달된 행동을 할 가능성이 높다.(Spence, 1956) 요컨대 사람들은 다른 사람들의 존재 때문에 생리적 각성 수준이 높아지면 주 반응을 나타낸다.(Zajonc, 1965)

이 논리가 옳다면 주변 사람들의 존재는 수행을 향상시키기도 하고 부진하게 할 수도 있다. 주 반응이 과제에 도움이 될 때는 다른 사람들의 존재가 수행을 향상시킬 것이다. 자동차 조립라인에서 일하는 노련한 근로자를 상상해보자. 그 사람은 왼쪽 앞 펜더를 장착하는 공정을 맡았다. 이 작업을 할 때는 펜더를 틀에 잘 맞추고 그 자리에 세게 눌러 끼워야 한다. 그에게 펜더를 장착하는 작업은 간단하고 능숙하게 할 수 있는 일이므로 주 반응(맞추고 끼우기)은 그가 작업을 성공적으로 수행하게 해준다. 따라서 다른 사람들이 작업장 근처에서 어슬렁거리면 그는 각성 수준이 높아져 평소보다 생산적으로 일하게 될 것이다.

하지만 차의 외관이 바뀌어 그 작업에 다른 공정이 적용된다면, 가령 펜더를 맞추고 고리를 걸어야 한다면 어떨까? 그래도 다른 사람들의 존재가 그의 수행을 도와주는 역할을 할까? 로베르트 자이온츠(Robert Zajonc)는 그렇지 않다고 주장했다. 그의 주 반응이 더 이상 과제에 적합하지 않기 때문이다. 작업장 근처에 더 많은 사람이 지나다닐수록 펜더를 맞추고 눌러 끼우는 동작인 주 반응은 펜더를 고리로 걸어 고정하는 능력에 방해가 될 것이다. 능숙한 주 반응이 과제에 도움이 되지 않을 때, 즉 새롭고 익숙지 않은 과제를 할 때는 다른 사람들의 존재가 수행을 방해할 것이다.

수많은 연구가 이 **사회적 촉진**(social facilitation) 이론을 뒷받침했다.(Zajonc, 1965) 다른 사람들이 있는 경우 간단하고 익숙한 과제를 할 때는 수행이 향상되고, 복잡하고 익숙하지 않은 과제를 할 때는 수행이 부진해진다.(Bond & Titus, 1983; Guerin, 1993) 한 예로 제임스 마이클스(James Michaels, 1982)가 수행한 실험을 살펴보자. 4명의 연구 공모자들은 버지니아공과대학교의 포켓볼 선수들을 몰래 지켜보고 그들의 실력을 평가한 뒤 주변에서 어슬렁거리며 관찰했다. 사회적 촉진 이론에 따라, 실력이 좋은(경기에 상대적으로 능숙한) 선수들은 보는 사람이 있을 때 더 잘했고 성공률이 71%에서 80%로 향상되었다. 이와 반대로 상대적으로 실력이 떨어지는(경기에 익숙하지 않은) 선수들은 성공률이 36%에서 25%로 떨어졌다. 최근의 한 연구에서는 이 결과를 컴퓨터게임의 영역에서 입증했다. 이 연구에서 참가자들은 쉬운 게임인 경우에 한해 관객

이 있을 때 수행이 향상되었다.(Bowman et al., 2013)

다른 사람들의 존재는 주 반응을 촉진하기에 충분해 보인다.(e. g., Schmitt et al., 1986) 심지어 근처의 컴퓨터 화면을 통해 '가상의' 타인이 존재할 때도 주 반응이 촉진된다.(Park & Catrambone, 2007) 사람의 경우 이 효과는 특정한 조건에서 강화된다.(Aiello & Douthitt, 2001) 한 예로 **평가 우려**(evaluation apprehension)를 살펴보자. 사람들은 관찰자가 자신의 수행을 평가하고 있다고 믿을 때 각성 수준이 높아지고, 각성에 의해 주 반응이 촉진된다.(Cottrell, 1968; Seta & Seta, 1992; Seta, Crisson, Seta & Wang, 1989) 자동차 제조 노동자들은 누군가가 지켜보고 있을 때 주 반응이 촉진될 가능성이 높았다. 다만 관찰자가 눈을 가려 수행에 대해 판단하지 못하는 경우에는 이런 효과가 나타나지 않았다.(Cottrell et al., 1968)

또한 집중을 방해하는 요소 역시 사회적 촉진 효과를 강화한다. 북적거리는 기숙사 휴게실에서 시험공부를 해본 사람은 알겠지만, 주변 사람의 존재가 집중력을 방해하는 요소로 작용할 때 사람들은 당면한 과제에 집중하려고 애쓴다. 자동차 조립 노동자가 더 이상 필요 없는 주 반응을 억제하려고 노력하면서 작업장 근처에서 시끄럽게 오가는 사람들을 무시하려 할 때의 각성 수준을 생각해보자.(Baron, 1986; Sanders, 1981) 다른 사람이 자신을 평가하리라고 믿는 경향과 방해되는 주변 사람들이 함께 각성 수준을 높임으로써 주 반응을 촉진한다.

요컨대 주변에 사람들이 있으면 자신에게 가장 익숙한 행동을 할 가능성이 높다. 이제 개인이 무작위로 모여 만든 집단 역시 다른 방식으로 우리에게 영향을 미친다는 점을 알아볼 것이다.

군중과 탈개인화

"다른 사람이 되어보세요." 심스(Sims)는 여러 사람들이 온라인의 가상 공동체에서 자신이 선택한 캐릭터가 되어 생활하고 일하며 노는 게임이다. '알파빌' 같은 이름이 붙은 공동체의 분위기는 일반적으로 친절하고 협조적이다. 하지만 항상 그렇지는 않다. '그리퍼'라는 집단은 이 사이버 동네를 돌아다니다가 아무것도 모르는 사용자에게 달려들어 며칠이나 몇 달에 걸쳐 쌓아 올린 것들을 망쳐놓기도 한다. 다른 사람에게 이렇게 할 수 있겠는가? 할 수 없다고

사회심리학

생각한다면 다시 생각해보기 바란다. 혼자서는 하지 않을 행동도 집단에 속해 있을 때는 하기가 쉬워진다.(Mann, 1981; Mullen, 1986)

집단에 속해 있을 때 사람들은 개인적 정체성을 잃고, 그 결과 평소의 가치관과 일치하지 않는 행동을 억제하던 기능이 약해진다. 이 과정을 **탈개인화**(deindividuation)라고 한다.(Festinger et al., 1952; Le Bon, 1895/1960; Reimann & Zimbardo, 2011) 예를 들어 축구 경기에서 다 함께 구호를 외치는 관중들은 점차 공격적으로 변한다.(Bensimon & Bodner, 2011)

집단이 구성원을 탈개인화하는 방식은 2가지다. 첫째, 군중은 개인적 정체성을 감추어 개인에게 익명성을 부여하고 자신의 행동에 책임감을 덜 느끼게 한다.(Prentice-Dunn & Rogers, 1980) 1장에서 간단히 살펴본 기발한 현장실험을 떠올려보자.(Diener et al., 1976) 핼러윈 파티가 열리는 날 밤, 시애틀에서 수많은 아이들이 분장을 한 채 사탕을 얻으러 돌아다니는 동안 연구자들은 27가구에 흩어져 아이들을 기다렸다. 연구자들이 기다리던 집 현관의 탁자에는 2개의 그릇이 놓여 있었다. 하나는 사탕이 든 그릇이고 다른 하나는 동전이 든 그릇이었다. 연구자들은 아이들과 인사를 나눈 후 사탕을 1개 가져가라고 말하고 자리를 떴다. 연구진은 숨어서 남겨진 아이들을 지켜보았다. 여럿이 사탕을 얻으러 다니던 아이들 중에서는 57%가 사탕이나 돈을 더 가져갔지만, 혼자 다니던 아이들 중에서는 더 가져간 아이가 21%에 불과했다. 이는 가설과 일치하는 결과로, 집단에 섞임으로써 발생한 익명성이 사탕이나 동전을 슬쩍하는 행동에 분명한 영향을 미쳤음을 의미한다. 한편 무리 지어 다니던 아이들도 연구자가 이름과 주소를 물어 익명성을 제거한 경우에는 더 가져간 아이의 비율이 21%에 그쳤다.

군중은 또한 구성원들의 주의를 자신과 개인적 가치관에서 다른 곳으로 옮김으로써 탈개인화한다.(Prentice-Dunn & Rogers, 1982) 두 번째 핼러윈 연구에서 아서 비먼(Arthur Beaman, 1979)은 사탕 그릇 옆에 거울을 놓아두었다. 연구자가 이름과 주소를 물은 9세 이상의 아이들 중 거울 조건에 해당한 아이들은 사탕을 훔칠 가능성이 더 낮았다. 이로 미루어보면 거울로 자기 모습을 본 아이들은 **객관적 자기의식**(objective self-aware)이 높아져 도둑질을 금하는 개인적 가치관을 외면하기가 어려워진 것으로 보인다.

이 연구들은 다른 사람들 사이에 섞일 때 나타날 수 있는 문제 하나를 보여준다. 여러 사람들과 함께 있으면 탈개인화될 가능성이 있다는 점이다. 이 연구들에서 단순한 개인들의 무리에서 '진짜' 집단이 나타나기 시작하는 과정도 알 수 있다. 각각의 연구에서 집단 구성원의 첫 행동은 집단을 따르는 나머지 사람들의 행동에 큰 영향을 미쳤다. 첫 번째 아이가 훔치면 나머지도 훔칠 가능성이 더 높았고, 첫 번째 아이가 지시대로 하나만 가져가면 나머지도 긍정적 사례를 따랐다.(Beaman et al., 1979: Diener et al., 1976) 이러한 발견들은 탈개인화에 대한 60건의 연구에서 도출된 결과를 뒷받침한다. 톰 포스틈스(Tom Postmes)와 러셀 스피어스(Russell Spears, 1998)에 따르면 군중 속에 있는 사람들은 바로 옆에 있는 다른 사람들의 행동에 점점 무감각해진다. 이런 식으로 규범이 발생함으로써 군중은 진짜 집단이 된다.

사실 한 사람의 행동이 아무렇게나 모인 낯선 사람들 무리에 체계를 만드는 첫걸음이 될 수 있다. 평화로운 온라인 공동체에서 반사회적인 한 사람이 말썽을 부리며 몰려다니는 무리의 시초가 될 수 있듯, 친사회적인 한 사람이 공동체에 도움이 되는 행동을 꽃피우는 씨앗이 될 수 있다. 하지만 한 사람의 영향력이 집단을 통해 발휘되는 방식은 복잡하다. 지금부터 이 주제에 대해 알아볼 것이다.

동적 체계로서의 집단: 규범의 출현

방이 100개쯤 되는 신입생 기숙사에 사는 대학생이 있다고 해보자. 어느 날 그에게 기숙사의 특별 예산을 어디에 쓸지 결정하는 회의가 2주 뒤에 열린다는 이메일이 온다. 아마 처음에는 매우 광범위한 의견들이 나올 것이다. 한두 번 대규모 파티를 열자는 학생도 있고, 1년 내내 소소하게 자주 모이는 데 쓰자는 학생도 있고, 아무래도 상관없다는 학생도 있을 것이다. 하지만 열린 마음으로 사람들의 이야기를 듣다 보면 처음에 각자 떠올린 의견과 상관없이 거의 모든 학생이 그럴듯한 주장에 조금씩 흔들리게 된다. 다른 학생들과 이야기를 나누다가 마음이 바뀌기도 한다. 물론 다들 같은 처지이기 때문에 그들 역시 서로 영향을 주고받을 것이다. 100명의 학생이 각자 친구들과 이야기하고 기숙사 내의 지인끼리 이야기하다 보면, 기숙사에서 나오는 의견은 혼란스러울 정도로 계속 바뀔 것이다.

이런 상황에서 기숙사의 최종 결정이나 선호의 양상이 어떻게 나타날지 예측할 수 있겠는가? 사회심리학자들은 대규모 집단에서 영향력을 좌우하는 몇 가지 일반적 요인을 알고 집단과정의 복잡성을 이해하는 이론도 개발했다.(e. g., Arrow, McGrath & Berdahl, 2000; Harton & Bourgeois, 2004; Latané et al., 1995) 하지만 이런 환경은 너무 복잡하고 모든 요소를 추적하기도 매우 어렵다. 너무 많은 사람들이 너무 많은 사람들에게 영향을 미치는 너무 많은 의견을 너무 오랫동안 주고받기 때문이다. 그렇다고 손을 놓아버리기는 이르다. 이렇게 복잡한 집단 상호작용 연구를 위한 간편한 도구가 있기 때문이다.

집단 영향력을 이해하려는 사회심리학자만 이렇게 복잡한 문제에 맞닥뜨리는 것은 아니다. 세계의 기후 양상을 예측하려 애쓰는 기상학자도 있고, 세계 경제에서 돈의 흐름을 이해하려는 경제학자도 있으며, 사바나에서 포식자와 먹이의 관계를 이해하려는 생물학자도 있다. 하지만 슈퍼컴퓨터가 발명되면서, 한때 엄두도 내지 못한 이런 문제들에 좀 더 매달려볼 만해졌다. 과학자들은 상호 연관된 요소도 많고 시간에 따라 점점 변하고 진화하는 **동적 체계**(dynamic systems)와 같이 복잡한 모형을 개발했을 뿐 아니라 그 과정에서 의외의 사실도 발견했다. 바로 혼란 속에서 질서가 생겨날 때도 많다는 것이다.(Nowak et al., 2013; Waldrop, 1992)

이 사실을 확인하기 위해 개인용컴퓨터가 출현하기 한참 전으로 돌아가보자. 2차 세계대전이 끝나자 수많은 청년들이 조국으로 돌아가 대학에 입학하거나 복학했다. 밀려드는 학생들을 수용하기 위해 매사추세츠공과대학교에서는 재빨리 웨스트게이트 기숙사를 지었다. 대학교에서 결혼한 제대군인과 가족들을 위해 시행한 첫 주거 단지 프로젝트였다. 사회학자들에게 이것은 진짜 집단이 어떻게 형성되고 발전하는지 탐색할 둘도 없는 기회였다. 그래서 1946년 여름 매사추세츠공과대학교 집단역학연구소의 리언 페스팅어(Leon Festinger), 스탠리 샤히터(Stanley Schachter), 커트 백(Kurt Back)은 집단에 관한 심리학 연구의 고전이 될 유명한 연구를 시작했다.

이 과정에서 우리의 목적에 맞는 현상 하나가 두드러지게 나타났다. 시간이 지나자 가까이 사는 사람들끼리 기숙사 자치회에 대한 태도가 비슷해지기 시작했던 것이다. 총 100호로 이뤄진 기숙사는 9개 구역으로 나뉘었고, 대부분의 집이 마주 보는 형태로 되어 있었다. 학생들은 기숙사에 무작위로 배치되었으므로 자치회에 대한 태도는 제각각이었다고 가정해도 무방하다. 하지만 제각각이던 사람들의 태도가 시간이 지남에 따라 무리를 이루기 시작했다. 태도와 믿음이 비슷한 사람끼리 가까워지기 위해 위치를 바꾼 것이 아니라 가까이 사는 사람끼리 영향을 주고받았기 때문이다. 거주자들이 자기 구역의 사람들과 가장 자주 접촉하고 소통하면서, 각 구역은 고유한 집단이 되어갔다. 구역마다 기숙사 자치회에 대한 일정한 태도가 확립되었고, 자치회를 지지하거나 반대하는 규범이 생겨났다. 혼란 속에서 체계성이 나타난 것이다.

당시 페스팅어와 동료들에게는 마땅한 분석 수단이 없었으므로 집단 속에서 개인들의 태도가 어떻게 무리 지어 나타나는지 깊이 연구할 수 없었다. 하지만 지금은 슈퍼컴퓨터와 간단한 회계 프로그램을 이용해 무질서에서 체계성이 나타나는 과정을 볼 수 있다.(Harton & Bourgeois, 2004; Latané & Bourgeois, 1996) 〈그림 12.1〉에서 A 영역을 보면 대강의 배치를 이해하고 자치회에 대한 태도가 서로 다른 주민들이 무작위로 퍼져 있음을 알 수 있다. 페스팅

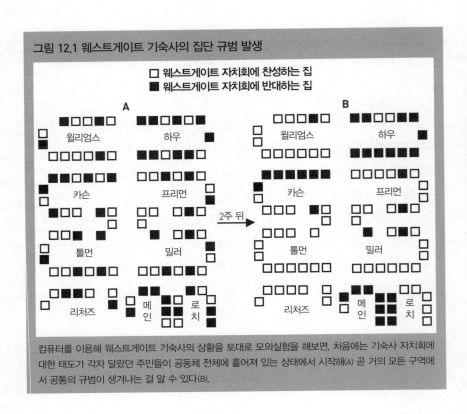

그림 12.1 웨스트게이트 기숙사의 집단 규범 발생

□ 웨스트게이트 자치회에 찬성하는 집
■ 웨스트게이트 자치회에 반대하는 집

컴퓨터를 이용해 웨스트게이트 기숙사의 상황을 토대로 모의실험을 해보면, 처음에는 기숙사 자치회에 대한 태도가 각자 달랐던 주민들이 공동체 전체에 흩어져 있는 상태에서 시작해(A) 곧 거의 모든 구역에서 공통의 규범이 생겨나는 걸 알 수 있다(B).

어와 동료들이 발견했듯, 100가구가 각각 자기 구역 사람들과 주로 접촉한다고 가정할 수 있다. 그리고 여기에 거주자들이 접촉하는 이웃들 중 다수 의견에 영향받을 거라는 두 번째 가정을 더한다. 마지막으로 거주자들이 가장 가까운 이웃과 일주일에 두 번씩 2주 동안 접촉한다고 가정한다. 아무리 뛰어난 체스 고수라도 이 가상의 공동체에서 주민들이 매일 어떻게 영향을 주고받았을지 예측하려면 꽤 오랜 시간이 걸리겠지만 컴퓨터는 이 계산을 간단히 해낸다.

〈그림 12.1〉에서 B 영역을 보면 거주자들의 상호작용을 바탕으로 컴퓨터를 통해 몇 차례 모의실험을 했을 뿐인데도 가까이 사는 사람들끼리 의견이 비슷해져 무리를 이루는 것을 알 수 있다. 톨먼과 리처즈 구역은 만장일치로 자치회를 지지하고, 밀러, 프리먼, 윌리엄스, 로치 구역은 대체로 지지하며, 카슨, 하우, 메인 구역은 대체로 반대한다. 몇몇 가구가 대세를 거스르지만 구역 내의 거주자들은 대체로 서로 의견이 같아졌다. 한데 모여 있지만 제각각 의견이 다른 채 뒤섞였던 무리에서 일관성 있는 규범을 가진 집단이 생겨나는 것이다.(e. g., Bourgeois & Bowen, 2001)

이러한 컴퓨터 모의실험이 중요한 것은 기존의 발견을 설명해주기 때문이기도 하지만 무엇보다 새로운 예측을 하는 데 도움을 줄 수 있다. 예를 들어 자치회에 반대하는 몇몇 주민들이 다른 구역에 있었다면 어떻게 됐을까? 컴퓨터에 입력하는 초깃값을 몇 개 바꿔 입력하면 이를 알아볼 수 있다. 그렇게 하면 몇몇 구역의 규범이 극적으로 변하는 결과가 나올 가능성이 있다. 이로 미루어 보아 작은 차이라도 큰 효과를 발휘할 수 있음을 알 수 있다.

이처럼 컴퓨터 모의실험은 집단역학과 더불어 사회심리학의 여러 영역을 이해하는 데 상당히 유용하다는 게 점차 입증되고 있다.(e. g., Hastie & Stasser, 2000: Ilgen & Hulin, 2000: Rousseau & Van der Veen, 2005: Tesser & Achee, 1994: Vallacher, Read & Nowak, 2002) 모의실험은 연구자들이 모의실험으로 예측한 결과가 사람들의 실제 행동에 들어맞을지 가늠해볼 때 특히 유용하다.(e. g., Latané & Bourgeois, 2001) 기상학자가 유럽의 기후 패턴을 예측하고 경제학자가 월가의 주식시장 붕괴를 이해하는 데 컴퓨터 모의실험이 유용하듯, 사회심리학자 역시 흥미롭지만 복잡한 집단 내 상호작용을 명확히 이해하는 데 컴퓨터의 도움을 받을 수 있다.

'진짜' 집단

콘서트장에서 춤추는 한 무리의 낯선 사람들과 붐비는 거리에서 서로 지나치는 군중은 다르다. 콘서트에 자주 가는 사람들은 서로 영향을 주고받으므로 집단이 되어가는 초기의 조짐이 보인다. 하지만 상호 영향력은 '집단성(group-ness)'의 많은 특징 가운데 하나일 뿐이다. 사실 기업, 사교 모임, 지역 자치회, 가정 등을 생각해보면 집단을 이루는 데 상호 영향력 외에도 중요한 특징이 많다는 게 분명해진다. 특히 진짜 집단은 구성원들이 상호 의존적이고 공통의 정체성이 있으며 안정된 체계를 갖출 가능성이 높다.

상호 의존성 '진짜' 집단의 구성원들은 서로 의존하는 경향이 있다. 공통의 목표를 달성하기 위해 서로가 필요하기 때문이다. 집단 구성원들이 상호 의존적이라는 말은 단지 목표가 같다는 의미는 아니다. 예를 들어 민주당과 공화당에 당원으로 등록된 수많은 미국 시민들은 자신이 선호하는 정책을 실현하기 위해 대표를 선출한다는 목표는 같지만, 서로 상호작용을 많이 하지 않고 투표권을 행사함으로써 각자 독립적으로 행동할 수 있다. 반면, 같은 당 소속의 국회의원들은 상호 의존적이다. 이들은 당 정책의 입법 가능성을 높이기 위해 날마다 서로 협력해야 한다. 공화당과 민주당의 간부들은 등록된 당원들보다 진짜에 가까운 집단을 구성한다.

집단 정체성 지금 당신이 몸담고 있는 조직의 구성원들은 진짜 집단을 이루는가? 답은 자신을 집단의 일원으로 **인식하는지**에 따라 달라진다.(Campbell, 1958; Hogg et al., 2004; Lickel, Hamilton & Sherman, 2001) 학기 중의 어느 평범한 날 교정을 오가고 수업을 들으러 다닐 때 새삼스럽게 다른 학생들과 정체성을 공유한다고 생각하는 학생은 얼마 없을 것이다. 하지만 1년에 한 번 열리는 주 대항 미식축구 대회 날에는 같은 학교 학생이라는 정체성이 부각되고 학생들 사이의 상호작용이 더 집단다워진다. 이렇게 때에 따라 강도가 달라지는 집단 정체성도 있지만, 매 순간 일상에서 의식할 수 있는 집단 정체성도 있다. 이를테면 같이 먹고 살고 파티를 하는 사교 클럽 회원들은 자신의 소속을 항상 의식할 가능성이 크며, 사교 클럽 이름이 쓰인 옷을 자랑스럽게 입고 다니는 경우도 많다.

소속 집단과 자신을 강하게 동일시하는 사람들은 집단의 이익을 위해 열심히 노력하는 경우가 많다. 일례로 집단 정체성이 강한 사람들은 집단에 매우 충성하는 경향이 있다. 집단의 문제를 공공연히 말하지 않으려는 경향이 있고, 엿들을지 모르는 외집단 구성원이 있는 경우에는 특히 그렇다.(Packer, 2012) 또한 개인적으로 집단을 떠나는 편이 유리한 상황에도 다른 가치를 위해 집단을 버리는 일이 상대적으로 적다.(Blair & Jost, 2003; Van Vugt & Hart, 2004)

집단 체계 집단은 안정적 체계를 세우는 경우가 많다. 집단에서는 구성원들이 **명령적 규범**, 즉 사회적으로 인정받고 거부당하고 싶지 않다면 **어떻게 행동해야 하는지**에 대한 기대를 공유한다.(Levine & Moreland, 1998)(2장, 6장 참고) 여학생 사교 클럽 중에는 옷을 보수적으로 입어야 하고, 코에 피어싱을 한 남성과 가까이 지내서는 안 되고, 좋은 성적을 받아야 한다는 등의 규범을 지키는 곳도 있다. 또한 집단은 구성원의 **역할**을 만들어낸다. 명령적 규범은 **모든** 구성원이 어떻게 행동해야 하는지 묘사하는 반면, 역할은 **특정한** 구성원이 어떻게 행동해야 하는지에 대한 집단의 기대를 말한다. 여학생 사교 클럽의 회장은 지부 회의의 안건을 준비하고 다른 단체와 정기적으로 협의해야 한다는 기대를 받는 반면, 회계 담당은 회비를 걷고 클럽의 계좌를 관리해야 한다는 기대를 받는다. 집단의 모든 구성원이 똑같은 방식으로 기여하는 것은 그리 바람직하지 않으므로 역할은 집단이 더 효율적으로 운영되도록 기능할 때가 많다.(Barley & Bechky, 1994; Strijbos et al., 2004) 가령 여학생 사교 클럽의 모든 회원이 지부 회의에 나가거나 회비를 걷으려고 나선다면 매우 혼란스러울 것이다.

집단에는 **지위 서열**(status hierarchy)도 있다. 이것은 집단 내에서의 사회적 권력과 영향력에 따라 구성원들에게 매긴 순위를 말한다.(Kipnis, 1984) 예를 들어 여학생 사교 클럽에서는 회장의 지위가 다른 임원들에 비해 더 공식적이고, 임원들의 지위가 나머지 구성원들보다 공식적이다. 체계가 있는 집단에는 대개 탄탄한 **의사소통 네트워크**(communication network)도 있다. 집단 내에서는 이 의사소통망을 통해 정보가 구성원들에게 전해진다. 예를 들어 집단의 의사소통 방식이 **집중형 네트워크**(centralized network)에 가깝다면, 정보가 한 사람(주로 대표나 지도자)에게서 나머지 구성원들에게 동시에 흘러가는 경향이 있다. 여학생 사교 클럽의 회장이 지부 회의 때 발표하는 것이 여기에 해당한다. 반면 **분산형 네트워크**(decentralization network)는 정보가 한 사람에게 집중되지 않고 구성원들 사이에 전해지는 형태이다. 이를테면 많은 사업체에서 윗사람이 내린 지시는 연쇄적으로 운영 체계를 따라 마지막에 현장 근로자에게 도달하는 형태로 전달된다. 이에 따르면 FBI의 서열과 의사소통 네트워크가 매우 엄격하고 융통성이 없었기 때문에, 자카리아스 무사우이의 컴퓨터를 조사하게 해달라는 미니애폴리스 지부의 요청을 받아들일 정도로 민감하게 반응하지 못했던 것으로 보인다.

집단 체계의 마지막 특징은 **응집력**(cohesiveness), 즉 집단 구성원들을 뭉치게 하는 힘이다. 집단에 응집력이나 결속력이 있으려면 구성원들이 함께 있기를 즐기거나(대인 간 응집력(interpersonal cohesiveness)) 집단의 과제에 열성적이어야(과제 응집력(task cohesiveness)) 한다. 소통과 협력이 필요한 일은 응집력이 강한 집단이 특히 잘한다.(Gully et al., 1995 ; Mullen & Copper, 1994 ; Zaccaro, 1991) 최근의 메타 분석에서는 응집력 있는 집단의 수행이 응집력 없는 집단의 평균보다 18%나 높다는 점이 발견되었다.(Evans & Dion, 2012) 하지만 응집력이 항상 좋은 것은 아니다. 대인 간 응집력이 강한 집단은 과제에 계속 집중하기 어려워하거나(e. g., Zaccaro & Lowe, 1988) 의사 결정 오류에 더 쉽게 영향받는다.(e. g., Mullen et al., 1994) 이에 대해서는 나중에 다시 살펴볼 것이다.

요약하면 안정적인 집단은 명령적 규범, 역할, 지위 서열, 안정적 의사소통 네트워크, 응집력이 있는 집단이다. 더 넓게 보면 서로 영향을 주고받는 개인의 무리와 진짜 집단을 구분하는 요소는 체계, 상호 의존성, 공통의 집단 정체성이다. 하지만 이것은 그리 명확한 구분법이 아니다. 예를 들어 미식축구 경기에서 함께 구호를 외치는 팬들처럼 진짜 집단이라도 잘 규정된 체계가 없을 수 있다. 따라서 '집단성'을 연속체로 보는 것이 가장 좋을 듯하다. 이런 관점에 따르면 체계가 있고 구성원들이 정체성을 공유하며 공통의 목표에 도달하기 위해 서로에게 의지하는 집단은, 이러한 특징을 다 갖추지 않은 집단보다 집단성이 높거나 더 집단답다고 할 수 있다.(Levine & Moreland, 1998) 앞으로는 이렇게 더 '집단다운' 집단에 초점을 맞출 것이다.

사회심리학

소속의 이유

누구에게나 기본적인 '소속 욕구'가 있다.(Baumeister & Leary, 1995 : McDou-gall, 1908) 또한 집단생활은 인간 삶의 보편적 특징이다.(Coon, 1946 : Mann, 1980) 7장에서 알아보았듯 어떤 집단에서 배제되는 것은 끔찍할 정도로 불편한 일이고 심지어 고통스러운 경험이기도 하다. 그래서 사람들은 다른 이들에게 받아들여지기 위해 정말 많은 노력을 한다.(e. g., Pickett & Gardner, 2005 : Williams, Forgas & von Hippel, 2005) 우리가 인생의 상당 부분을 집단에서 보내려 할 정도로 집단이 중요한 이유는 무엇일까? 집단은 우리에게 어떤 도움을 줄까?

사람들이 집단을 추구하는 이유는 다양하다.(Hogg, Hohman & Rivera, 2008 : Mackie & Goethals, 1987 : Moreland, 1987) 사람들이 집단에 합류하는 이유는 사형제에 반대하는 사람들이 사형 집행 날 모여 촛불을 켜고 함께 밤샘 기도를 하듯 가치관을 공개적으로 표현할 수 있기 때문이다. 다른 이유는 자신을 규정하는 데 도움이 되기 때문이다. 즉, 집단은 "스스로가 어떤 사람인지 아는" 데 도움을 준다. 혹은 암 환자가 지지 모임에 참석하듯 정서적 지지가 필요하기 때문일 수도 있다. 12장에서는 방금 언급한 이유들 외에 사람들이 집단에 소속되는 주된 이유 2가지에 초점을 맞출 것이다. 즉 사람들은 집단과 함께하지 않으면 효율적으로 할 수 없는 과제를 수행하기 위해, 그리고 효과적으로 정보를 얻고 공유하기 위해 집단에 소속된다. 부차적인 이유를 하나 더 들면, 지도자가 됨으로써 얻는 물질적·사회적 이익 때문에 집단에 소속된다. 실제로 지도자가 되기 위해 집단에 들어가는 사람은 적지만, 그로 인한 보상에 대해 알게 되면 많은 사람들이 지도자 자리를 추구하기 시작한다.

———————   # 일 해치우기   ———————

가족과 FBI, 여학생 사교 클럽과 웨스트게이트 기숙사 자치회, 고등학교 체스 동아리와 미국, 시에라 클럽과 엔론……. 이 집단들은 여러 면에서 많이 다르지만 중요한 공통점이 있다. 불가능하지는 않더라도 혼자서 해내기 벅찬 과제를 수행하는 데 도움을 줄 수 있다는 것이다.

짐은 덜고, 일은 나누고

선조들은 다른 사람들과 집단을 이루어 함께 다녀야 살아남을 확률이 극적으로 높아진다는 사실을 오래전에 발견했다. 여럿이 다니면 사냥, 채집, 농사를 더 잘해낼 수 있고, 살 곳을 만들고 스스로를 보호하기에도 유리했으며, 아플 때 보살핌을 받을 수도 있었다.(Brewer, 1997; Caporael & Baron, 1997) 그런 점에서 철학자 바뤼흐 스피노자(Baruch Spinoza)의 말이 옳았다. "혼자서는 자신을 방어하고 삶에 꼭 필요한 것들을 얻을 수 없으므로 인간은 천성적으로 사회조직을 추구하는 경향이 있다."(Durant & Durant, 1963, p. 651)

물론 덜 필수적인 과제를 해결할 때도 집단의 혜택을 얻을 수 있다. 체스 동아리는 연습 상대와 경쟁심을 제공하고, 정당과 사회운동 단체는 공공 정책에 영향을 미칠 수 있도록 도와준다. 집단들도 다른 집단과 함께일 때 혜택을 누리는 경우가 많다. 그리하여 가족들은 다른 가족들과 함께 작은 공동체를 만들고, 작은 공동체가 모여 주를 형성하고, 주가 모여 국가를 형성하고, 국가는 국제연합(UN)처럼 더 큰 조직과 동맹을 맺고 협력한다.

집단의 수행이 개인의 수행보다 효율적일 가능성이 큰 이유는 2가지다. 첫째, "백지장도 맞들면 낫기" 때문이다. 개인은 집단 안에서 짐을 나누어 질 수 있다. 예를 들어 많은 농업 사회에서는 여러 집이 함께 곡식을 수확하고, 가축을 시장까지 몰고 가고, 창고를 새로 짓는다. 한 가족의 힘으로는 창고를 세울 수 없지만 이웃이 도와주면 일이 훨씬 수월해진다. 둘째, 집단 안에서는 분업을 할 수 있다. 일에 여러 사람이 참여하면 각자 다른 일을 맡게 되고 주어진 일을 전문적으로 수행할 수 있다. 어떤 사람은 설계를 하고, 어떤 사람은 목공 일을 하고, 어떤 사람은 측량을 하고, 어떤 사람은 조경을 맡을 수 있다. 대개 여러 일을 하는 사람보다 전문가가 더 능숙하므로, 집단은 어떤 개인보다도 과제를 더 빠르게 잘해낼 때가 많다.

그렇다고 집단이 항상 개인보다 낫다고 할 수는 없다. 또한 집단은 가진 능력을 전부 발휘하는 경우가 드물다.(Davis, 1969; Laughlin, 1980; Steiner, 1972) 얄궂게도 효율적인 집단 수행을 가장 위협하는 것은 애초에 사람들이 집단에 속하고 싶어 하는 이유와 매우 밀접한 관계가 있다. 그것은 바로 부담을 덜고 싶다는 욕구다.

사회심리학

BOX 12.1

사회적 태만

뉴잉글랜드의 한 피클 공장이 곤경에 처했
다. 아마도 피클 병에 피클을 담는 일꾼들
이 부주의했던 탓이었다. 병에 길이가 딱 맞
는 피클만 넣어야 하는데 누군가가 너무 짧
은 피클을 퐁당퐁당 빠뜨린 모양이었다. 짧
은 피클은 소금물에 둥둥 떠다녀서 보기 싫
었기 때문에 품질 검사관은 병에 담긴 피클
을 줄줄이 불량품으로 처리해야 했다. 피
클 포장 부문의 생산성은 아주 형편없었
다.(Turner, 1978)

갑자기 피클 포장 이야기가 왜 나왔는
지 궁금할 것이다. 이 질문에 답하기 위해
1800년대 후반으로 거슬러 올라가 프랑스
농공학자 막시밀리앵 링겔만(Maximilien
Ringelmann)의 실험실에서 있었던 일을 살
펴보자. 농장의 생산성에 대해 연구하던 링
겔만은 추가로 일꾼을 고용해도 기대만큼
생산성이 늘지 않는다는 사실을 발견했다.
그는 한 실험에서 남성들에게 수레를 있는
힘껏 끌되 혼자서 끌거나 여럿이 끌게 했다.
여기에서 이상한 점이 발견되었다. 일꾼의
수가 늘어날수록 1인당 들이는 힘은 자꾸 줄
어들었다. 수레를 2명이 끌게 했을 때 1인당
생산성은 혼자 끌 때의 93% 정도밖에 되지
않았다. 4명이 한 팀이 되면 1인당 생산성은
혼자 끌 때의 77%밖에 되지 않았고, 8명이
한 팀이 되면 49%까지 내려갔다.(Kravitz &

Martin, 1986: Ringelmann, 1913)

링겔만은 여럿이 동시에 수레를 끌다 보
니 손발이 제대로 맞지 않아 비효율적 결과
가 나왔다고 생각했다. 하지만 다른 연구에
서 밝혀진 바에 따르면, 그런 조정의 문제는
집단에서 비효율이 초래될 수 있는 이유 중
하나에 불과하다.(Steiner, 1972) 여기에서
가장 주목할 것은 집단 구성원들이 **사회적
태만**(social loafing) 경향을 보일 때가 많다
는 점이다. 이런 경우 집단의 규모가 커질수
록 개인의 노력은 점점 줄어든다.(Ingham et
al., 1974: Latané, Williams & Harkins, 1979)

사회적 태만이 별로 문제가 되지 않는 일
들도 있다. 배수로에 차가 빠졌을 때 5명만
제대로 밀 수 있다면 나머지 10명이 있는 힘
을 다할 필요는 없을 것이다. 어쨌든 땀을
빼자는 것이 아니라 차가 다시 굴러가게만
하면 되기 때문이다. 하지만 사회적 태만이
크게 문제될 수 있는 일들도 있다. 일례로
피클 회사의 목표는 하루에 어느 정도만 생
산하고 끝내자는 것이 아니었다. 피클 회사
에서는 되도록 많이 만드는 것이 목표였다.
관리자는 피클을 포장하는 일꾼을 많이 고
용하면 전반적인 생산성뿐 아니라 동료 직
원들의 노동에 무임승차하려는 경향도 같이
높아진다는 사실은 생각하지 못했을 것이
다.(Kerr & Bruun, 1983) 이에 더해 일꾼들

이 몸이 멀쩡한 동료가 무임승차하는 모습을 봤을 때 불공평하게 자기만 노동력을 제공하지 않으려고 노력을 덜 기울이게 된다는 사실 역시 몰랐을 것이다.(Kerr, 1983) 피클 회사는 제공받지도 않은 노동력에 돈을 지불하고 있었고, 소비자는 회사의 비효율성에 돈을 지불하는 셈이었다. 비브 라타네(Bibb Latané, 1979)의 말대로 사회적 태만은 사회적 질병이라고 할 수 있다.

사회적 태만은 개인의 기여도가 측정되지 못할 때 일어나기 쉽다.(Harkins, 1987) 집단 구성원 중 누가 얼마나 일했는지 구별되지 않을 때 사회적 태만이 발생하기 쉬운 것이다.(e. g., Williams, Harkins & Latané, 1981) 포장된 피클을 한곳으로 모아 검수하는 건 아무 소용이 없다. 검수자가 잘못 포장한 병을 발견해도 누구 책임인지 알 수 없기 때문이다. 게다가 병을 잘못 포장한 사람은 직접적인 대가를 치를 필요가 없었다.

그렇다면 피클 공장의 생산성을 높이려면 어떻게 해야 할까? 집단 프로젝트에서 사회적 태만이 일어나지 않게 하려면 어떻게 해야 할까? 80건에 달하는 연구를 메타 분석한 결과를 토대로 스티븐 카로(Steven Karau)와 키플링 윌리엄스(Kipling Williams, 1993, 2001)는 몇 가지 방안을 제시한다.

- 집단 구성원의 기여도를 개인별로 알아볼 수 있게 한다.(Kerr & Bruun, 1981; Williams et al., 1981) 미식축구 팀 코치는 선수들의 수행을 개인별로 녹화하고 채점한다. 실제로 다른 구성원들이 자신의 기여도를 평가할 수 있을 때 빈둥거릴 가능성이 낮아진다. 일반적으로 자신이나 다른 사람에게 게으름뱅이로 보이고 싶지 않기 때문이다.(Harkins & Jackson, 1985; Szymanski & Harkins, 1987)

- 작업 과제는 개인적으로 의미 있거나 중요하거나 자극이 되는 것이어야 한다.(Brickner, Harkins & Ostrom, 1986; Smith et al., 2001; Zaccaro, 1984) 한 실험에서는 참가자들이 해외 주둔 미군에게 보낼 위문품에 들어갈 풍선껌을 포장하고 있다고 믿게 했을 때 태만이 발생할 확률이 낮았다.(Shepperd, 2001)

- 집단 구성원의 노력이 집단의 수행에 도움이 된다는 점을 확실히 알려준다.(Shepperd & Taylor, 1999) 올림픽 대표 수영 선수들은 자신의 수행이 팀 성적에 중요한 역할을 하는 경우, 혼자 경기할 때보다 팀과 함께 릴레이 경기를 할 때 더 좋은 성적을 거둔다.(Hüffmeier et al., 2012) 또한 사람들은 자신이 집단의 목표에 특별하게 기여할 수 있다고 믿을 때 태만하지 않을 가능성이 높다. 사람마다 조금씩 다른 일을 하면 다른 사람이 자신의 태만을 가려줄 것이라고 쉽게 생각할 수 없기 때문이다.(Gockel et al., 2008)

- 집단의 대인 관계 응집력을 높이도록 애써야 한다. 사람들은 낯선 사람과 함께 일할 때보다 친구와 함께 일할 때 덜 빈둥거린다. 물론 항상 집단 내에서 친구와 함께 있을 수는 없다. 하지만 집단 구성원들이 서로에 대해 좋

은 감정을 느끼게 할 수는 있다. 예를 들어 집단 내의 다른 구성원들에게 정중하게 대하면 그들의 집단 정체성이 높아지고 집단의 이익을 위해 일하려는 의지가 강해진다.(Simon & Stürmer, 2003)

• 대인 관계에서 집단주의적 성향이 있는 구성원을 영입해야 한다. 일본을 비롯한 동양 사회의 구성원이나 여성들처럼 집단주의적 성향이 상대적으로 높은 사람들은, 미국 같은 서양 사회의 구성원이나 남성들처럼 개인주의적 성향이 높은 사람들에 비해 태만할 가능성이 낮다.(e. g., Earley, 1989; Gabrenya et al., 1985; Klehe & Anderson, 2007)

사람들이 집단에 속해 일할 때 빈둥거리고 싶은 강한 충동이 들지만 집단 활동에서 얻을 수 있는 이익은 충분히 크고, 여전히 혼자 일할 때보다 집단적으로 하는 편이 더 효율적인 경우가 많다. 그런가 하면 혼자 할 때보다 여럿이 할 때 더 열심히 하게 되는 일들도 있다. 구성원들이 과제를 정말 중요하게 생각한 나머지 더 열심히 해서 다른 사람들의 부족한 노력을 채우는 것이 여기에 해당한다.(e. g., Liden et al., 2004; Williams & Karau, 1991) 또한 자신이 건성으로 일한 탓에 집단에 피해를 준다고 생각하는 경우에도 더 열심히 노력할 수 있다.(e. g., Hertel, Kerr & Messé et al., 2002) 어쨌든 자신 때문에 집단이 피해를 입을 정도로 태만하게 행동해 자신이나 남들에게 '조직에서 제일 약한 고리'로 보이고 싶은 사람은 거의 없다.

사람

개인의 실패와 집단의 성공

스터디 그룹에 참여해본 적이 있는가? 그 이유는 무엇이었는가? 대부분은 (1) 혼자 공부하면 시험을 얼마나 잘 볼 수 있을지, (2) 다른 사람들과 같이 공부하면 시험을 얼마나 잘 볼 수 있을지 따져본 후 결정을 내렸을 것이다. 어떤 과제를 혼자 할 때보다 같이 할 때 더 잘할 것 같다고 믿는 사람이라면 집단을 형성하거나 집단에 들어갈 가능성이 높다.(Zander, 1985)

사람들은 혼자 하면 실패할지도 모른다는 걱정이 들 때 집단에 들어갈 가능성이 더 높아진다.(Loher et al., 1994) 예를 들어 제프리 밴쿠버(Jeffrey Vancouver)와 대니얼 일겐(Daniel Ilgen, 1989)은 미시간주립대학교 학생들에게

6가지 과제를 주고 혼자 할지 다른 사람과 같이 할지 결정하게 했다. 일부 과제는 자동차 오일을 갈거나 공구 창고를 설계하는 등 정형화된 '남성'의 과제였고, 일부는 상점 유리창을 디자인하거나 꽃에 관한 문제를 푸는 등 정형화된 '여성'의 과제였다. 밴쿠버와 일겐은 남성들이 여성의 과제를 할 때 잘할 수 있다는 자신감이 떨어지고 여성들이 남성의 과제를 할 때 자신감이 떨어질 것이라고 가정했다. 따라서 학생들이 자신의 성별과 일치하는 과제는 혼자 하고 싶어 하고 성별과 반대되는 과제는 같이 하고 싶어 하리라고 예측했다. 실제 결과도 그렇게 나왔다. 개인적 성공에 대한 학생들의 기대가 낮아질수록 다른 사람들과 함께하고 싶다는 욕구가 높아졌다.

확신 없던 학생들은 아마 상대방이 그 과제를 더 능숙하게 잘할 것 같다고 믿거나 하다못해 "백지장도 맞들면 낫다"라고 믿었기 때문에 다른 사람들과 함께하기를 선호했을 것이다. 여기에서 두 번째 공식을 얻을 수 있다. 즉, 사람들은 자신의 목표를 효과적으로 달성할 수 있으리라고 믿을 때 집단에 들어갈 가능성이 더 높다. 델라웨어대학교에서 수행한 에드거 타운젠드(Edgar Townsend)의 연구에서 사회단체가 자신의 개인적 목표와 공동체의 목표를 달성할 수 있는 훌륭한 통로라고 여긴 학생들은 교외 봉사 활동 집단에 적극적으로 참여할 가능성이 특히 높았다. 또한 과거에 집단 내에서 과제 수행에 성공한 사람들은 미래에도 집단과 함께하는 쪽을 선호할 가능성이 더 높다.(Eby & Dobbins, 1997; Loher et al., 1994)

> 상황

현재의 필요성, 개인주의적 사회

어떤 일을 해내기 위해 집단에 합류하는 것이 다른 전략보다 매력적일 때가 있다. 물론 공장에서 일자리를 얻으려면 노동조합에 반드시 가입해야 하는 것처럼 선택의 여지가 없는 경우도 있다. 하지만 대개 사람들은 혼자 성공하기 어려운 상황에 놓였을 때 성과 집단(performance group)에 합류하곤 한다. 예를 들어 근로자들이 근로 조건이나 임금과 관련해 더 큰 통제력을 발휘하기 위해 조합을 만드는 것처럼, 미국 시민들은 전미유색인지위향상협회(NAACP)나 미국총기협회(NRA) 같은 집단을 형성해 자신들이 선호하는 사회적 목표를 성공적으로 이루려 한다. 특히 대인 간 관계나 사회적 환경이 변해 목표를 성취하기 어려워지면 사람들은 집단을 이루어 협력하려 하는 마음이 커진다.(Tropp & Brown, 2004; Zander, 1985)

다른 사회에 비해 성과 집단을 더 '키워주는' 사회가 있다. 개인주의적 사회의 구성원과 집단주의적 사회의 구성원 가운데 어느 쪽이 성과 집단에 더 많이 참여할까? 아마 집단주의적 사회의 구성원이라고 추측했을 것이다. 어쨌든 집단주의는 본질적으로 '집단'과 관련 있고, 집단주의적 사회의 구성원들은 다른 사람들과 상호 의존하고 자신보다 집단의 필요성을 더 중요하게 여기며 충실하고 헌신적인 경향이 있으니 말이다. 하지만 집단주의적 사회의 구성원들이 오히려 성과 집단에 적게 참여한다는 점이 흥미로운 역설이다. 일반적으로 집단주의적 사회의 구성원들은 이미 여러 집단에 깊이 관여하고 있기 때문에, 어떤 일을 해내는 데 도움이 필요해지면 다른 곳으로 눈을 돌리지 않는다. 이번에는 개인주의자들에 대해 생각해보자. 그들은 현재 몸담은 집단에 덜 관여하므로 그때그때 중요한 요구에 맞는 다른 집단을 거리낌 없이 둘러본다. 따라서 개인주의적 사회의 구성원들은 집단에 깊이 관여하는 대신 일시적으로 머물면서 여러 집단에 빠르게 들어가는 경향이 있다.(Triandis, 1995)

개인주의적 사회의 구성원이 성과 집단에 참여하는 다른 이유들은 다음과 같다. 개인주의적 사회는 더 부유하고 교양 수준이 높은 경향이 있으며, 집단주의적 사회에 비해 도시에 기반한 경우가 많다. 개인주의적 사회의 구성원은 이런 요인들 때문에 많은 집단에 합류하기가 더욱 쉬워진다.(Meister, 1979; Stinchcombe, 1965) 여기에 더해 도시 생활에서는 한 공간에 낯선 사람들이 모이는 일이 많으므로 공통의 목적을 위해 협력할 사람을 구할 원천이 풍부한 편이다. 또한 교양 수준이 높은 거주자들은 신문, 잡지, 게시판, 인터넷 등을 통해 다른 사람들과의 연결 고리에 많이 노출된다. 반면 그렇지 않은 사회에서는 유익할 수 있는 집단에 대해 친분, 텔레비전, 라디오, 구전으로만 정보를 얻을 수 있다.

상호작용

집단의 생산성

효율적 집단의 특성은 무엇일까? 특정한 성격 유형의 구성원들이 있으면 효율성을 높이기에 더 유리할까? 비슷한 사람들로 구성된 집단보다 각자 배경, 경험, 능력이 다른 사람들이 모인 집단이 더 효율적일까?

이와 비슷한 질문에 대한 답은 늘 비슷하다. 바로 여러 요소에 따라 달라진다는 것이다. 지금 알아보고자 하는 집단의 생산성과 효율성은 특히 집단이 성취하고자 하는 과제의 유형에 따라 달라진다.(Davis, 1973; Hackman & Morris, 1975; Holland, 1985; McGrath, 1984; Steiner, 1972) 버스를 도랑에서 끄집어내는 데 필요한 능력과 국가 보안을 유지하는 데 필요한 능력이 다르듯 과제에 따라 다른 능력이 필요하다. 여기에서는 집단의 특성과 과제에 필요한 요소들의 상호작용이 집단의 생산성에 어떤 영향을 미치는지 탐색하려 한다.

집단에 필요한 인물 정부 기관이든 《포천》 선정 500대 기업이든 패스트푸드점이든 적당한 자리에 적당한 사람을 찾는 것은 모든 관리자가 마주치는 문제다. 어떤 사람이 어떤 종류의 과제를 하는 데 가장 잘 협력할까? 로버트 호건(Robert Hogan)은 이 질문에 대한 답을 탐색하는 데 도움이 될 만한 틀을 제시했다.(Driskell, Hogan & Salas, 1987; Hogan et al., 1989) 이들은 각 과제를 성공적으로 마치는 데 필요한 능력에 따라 과제를 분류하고, 기본적인 성격 특성에 따라 사람을 분류함으로써, 어떤 작업에 어떤 사람이 가장 적합한지에 관한 가설을 세웠다. 예를 들어 신중하고 순응적인 구성원은 회계 업무처럼 무난하고 틀에 박힌 업무를 잘 수행하는 대신, 독창성, 과감함, 순종하지 않는 경향이 중요한 예술적 영역에서는 수행이 부진하다. 반대로 사교 기술이 뛰어난 구성원들은 교육 같은 영역에서 두각을 드러내는 대신, 정해진 과정을 따르고 세부 사항을 면밀히 살펴야 하는 평범하고 관습적인 과제는 잘해내지 못한다.

비슷한 맥락에서 일반적으로 문제 해결을 위한 팀에는 성취동기가 강하고 활동적인 사람(팀원들이 일을 하도록 끌고 가는 역할), 상상력이 풍부하고 호기심이 강한 사람(좋은 아이디어를 내놓는 역할), 포용력 있고 잘 수용하는 사람(팀원끼리 삐걱거리지 않게 조정하는 역할)이 1명씩은 있어야 한다.(Morrison, 1993) 또한 사교성이 좋은 팀원이 너무 많으면 문제를 해결하지 못한 채 계속 붙잡고 있는 경우가 많고, 너무 없으면 자유롭게 아이디어를 내놓는 데 필요한 협조적 분위기를 만들지 못한다.(Barry & Stewart, 1997) 따라서 전반적인 결론은 다음과 같다. 구성원들이 서로 부족한 점을 보완하고 과제에 필요한 요소에 잘 맞는 성격 특성을 갖춘 집단이 가장 생산성이 높은 경향이 있다.(Bell, 2007)

다양성의 가치 평균 신장이 203센티미터인 2개의 남성 농구 팀이 있다고 해보자. A팀의 주전 선수는 전부 키가 203센티미터로 신장 측면에서 동질적이라고 할 수 있고, B팀의 주전 선수는 216센티미터, 208센티미터, 206센티미터, 198센티미터, 188센티미터로 이질적 또는 복합적이라고 할 수 있다. 다른 요소가 같다면 둘 중 어떤 팀의 코치를 맡겠는가?

대부분은 B팀을 골랐을 것이다. 선수들의 신장이 다양하면 자리에 따라 적합한 사람을 배치하기 쉬워지기 때문이다. 더 이질적인 B팀은 농구 경기에서 발생하는 다양한 필요성을 충족하기에 더 유리할 것이다. 사실 이질적인 집단이 운동경기에서만 유리한 것은 아니다.(Widmeyer, 1990) 다양한 사람들로 구성된 집단은 동질적 집단에 비해 다른 영역에서도 중요한 이점이 있다.(e. g., Horwitz & Horwitz, 2007; Levine & Moreland, 1998; Schulz-Hardt et al., 2002; van Knippenberg & Schippers, 2007)

다양한 성격의 중요성과 마찬가지로 집단 내 다양성의 가치는 과제의 특성에 따라 크게 좌우된다.(Laughlin, 1980; Steiner, 1972) **한 사람**의 구성원만 있으면 옳은 답을 구할 수 있는 경우에는 집단 구성원들의 이질성이 도움이 된다. 더 일반적으로 말하면 이질적 집단은 새로운 방식, 융통성, 변화하는 조건에 빠르게 적응하는 능력이 필요한 과제를 가장 잘해내는 경향이 있다.(e. g., Nemeth, 1992) 창의력과 혁신이 필요한 직종에 종사하는 과학자들이 광범위한 영역의 협력자들과 함께 일할 때 생산성이 높아지는 게 대표적이다.(Pelz, 1956) 마찬가지로 전문성과 교육적 배경이 다양한 사람들로 구성된 경영 팀은 더 혁신적인 성과를 낸다.(Bantel & Jackson, 1989; Wiersema & Bantel, 1992)

그렇다고 다양성에 대가가 따르지 않는다는 이야기는 아니다. 구성원이 **각자**의 역할을 잘해내야 집단이 성공할 수 있는 경우, 구성원들의 경험 차이는 과제 수행에 방해가 될 때가 많다. 또한 직장에서 구성원들의 성격, 가치관, 배경이 다양한 팀은 이직률이 높고(Cohen & Bailey, 1997; McCain et al., 1983), 다양성이 큰 집단에서는 의사소통이 더 형식적이고 빈도가 낮은 경향이 있다.(Zenger & Lawrence, 1989) 따라서 이질적 집단이 더 유리한지 알아보려면 그 이득과 대가를 비교해 따져보아야 한다.

문화적 다양성과 집단 수행 인구통계학적 측면에서 해마다 다양성이 커지는 오늘날, 집단의 이질성 문제는 미국의 직무 환경에서 아주 중요한 의미가 있다. 2013년 기준으로 미국 근로자 가운데 47%가 여성이고 32%가 소수민족이었고(U. S. Department of Labor, 2014), 소수민족은 노동시장의 성장에서 큰 비중을 차지한다. 이와 같이 기업 내부의 문화적 다양성이 점차 커지고 기업 경영이 세계화됨에 따라 문화적 다양성이 생산성에 미치는 영향을 이해하는 것이 매우 중요해졌다.

다른 영역의 다양성과 마찬가지로 문화적 다양성은 집단의 생산성에 유리한 영향을 미치기도 하고 불리한 영향을 미치기도 한다.(e. g., van Knippenberg, De Dreu & Homan, 2004) 문화적 다양성이 유리하게 작용하는 경우를 먼저 살펴보자. 한 연구에서는 백인 학생들이 집단 내에서 다양한 인종과 상호작용하게 되리라고 예상할 때 인종 관련 문제와 사회 정책 문제를 더 신중하고 복합적으로 생각하는 것으로 나타났다.(Antonio et al., 2004; Sommers, Warp & Mahoney, 2008) 또한 문화적으로 다양한 집단은 문화적 다양성이 과제와 관련 있는 경우 특히 문제에 대해 더 광범위한 해결책을 내놓을 가능성이 높다.(McLeod & Lobel, 1992)

그러나 앞서 살펴보았듯 다양성에는 대가가 따를 수 있다. 특히 인종이나 민족이 다양할 경우 치러야 할 대가가 더 커지기도 한다. 사람들은 다른 인종과 민족 집단에 편견을 갖기 쉽고 그들을 잘 이해하지 못할 때가 많다. 그 결과 민족과 인종이 다양한 근로 환경에서는 의사소통 문제나 응집력 부족의 문제가 생기기 쉽다.

물론 꼭 그런 것은 아니다. 워런 왓슨(Warren Watson), 카마리시 쿠마(Kamalesh Kumar), 래리 마이클슨(Larry Michaelsen, 1993)은 상위 경영자 과정을 진행하면서 학생 4~5명으로 된 팀을 만들었다. 팀들 중 절반 정도는 백인 미국인만으로 구성된 동질적 집단이고, 나머지 절반은 백인, 흑인, 라틴아메리카계 미국인과 아시아, 라틴아메리카, 아프리카, 중동 국가 출신 1명으로 구성된 집단이었다.(5명으로 된 팀은 여기에 라틴아메리카계 미국인이나 미국인이 아닌 사람 1명을 더했다.) 이들은 한 학기 동안 사업과 관련된 4가지 안건에 대한 해결책을 생각해내야 했다. 초반에는 문화적으로 다양한 집단에 문제가 생겼다. 이들은 동질적 집단에 비해 팀원끼리 잘 어울리지 못했고 수행도 부진했다. 하지만 학기가 진행되면서 다양성이 있는 집단 구성원들은 협력하는 법을 배웠고, 마지막 과제를 할 즈음에는 동질적 집단만큼 잘 지냈다. 더 중요한 것은 마지막 과제에서 이들의 전반적 수행 능력 역시 동질적 집단만큼 우수했다는 점이다.

이러한 발견은 동기와 기회가 충분하다면 문화적으로 다양한 집단도 초기의 어려움을 극복하고 생산성을 높일 수 있음을 보여준다. 관리자들이 집단 내 의사소통, 협력, 헌신, 응집을 향상시킬 방안을 찾을 수 있다면 문화적 다양성은 큰 이점이 될 수 있다.

정확한 결정 내리기

집단은 유용한 정보를 아주 많이 보유할 때가 많다. 심지어 소규모의 가벼운 친구 모임에서도 상당한 정보가 오갈 수 있다. 이들은 맛있는 피자 가게, 재미있는 심리학 수업, 짭짤한 투자 기회 등을 추천하기도 하고, 우리가 잘못된 정보에 기초한 정치적 관점을 취하는지, 스스로 생각하는 만큼 매력적인지, 똑똑한지, 창의적인지도 알려줄 수 있다.

사람들은 다른 사람들과의 협력을 통해 물리적 과제뿐 아니라 인지적 과제인 의사 결정 과제를 수행할 때도 도움을 받을 수 있다.(Laughlin, Carey & Kerr, 2008) 특히 의사 결정의 주체인 개인이 주어진 과제를 해결하기 어려워지거나(Frings et al., 2008; Wilson, Timmel & Miller, 2004), 집단 구성원들이 자유롭게 정보를 공유할 경우(e. g., Resnick et al., 1991; Stasser, 1992; Thompson, Levine & Messick, 1999; Tindale & Sheffen, 2002), 인지적 협력을 통해 얻을 수 있는 이익이 커진다. 기업에서 고위직에 있는 사람들은 각자 생산, 홍보, 재정, 영업, 법무 등의 영역에서 전문성을 보유하고 있을 것이다. 따라서 총체적 책임을 맡은 최고경영자가 직접 모든 분야에서 전문가가 될 필요는 없다. 대신 최고경영자는 관련된 지식을 가지고 그것을 기꺼이 공유하려는 사람들과 접촉해야 한다. 탄탄하고 원활하게 운영되는 기업은 사회심리학적 용어로 **분산 기억**(transactive memory)을 가지고 있다. 분산 기억은 각 개인의 머릿속에 있는 지식을 의사소통 네트워크를 통해 공유할 수 있는 체계와 그 지식 자체를 가리킨다.(Wegner, 1987, 1995) 분산 기억을 가진 많은 집단들은 어떤 개인보다도 많은 지식을 보유할 수 있다.(e. g., Austin, 2003; Littlepage et al., 2008; Wegner, Erber & Raymond, 1991; Zhang et al., 2007)

분산 기억은 아주 풍부한 정보를 제공하므로 집단의 의사 결정은 개인의 결정보다 정확할 수 있다. 래리 마이클슨, 워런 왓슨, 로버트 블랙(Robert Black)의 실험이 이 점을 잘 보여준다.(Michaelsen, Watson & Black, 1989) 25개 조직 행동론 강의의 수강생이었던 참가자들은 소규모 집단에 배정돼 한 학기 동안 다양한 문제 해결 과제를 수행했다. 또한 이들은 6회에 걸쳐 시험을 보되 첫 번째 시험은 개인적으로 답안을 작성해 제출하고 그다음에는 집단 구성원들과 함께 답안을 작성했다. 개인별 시험과 집단 시험의 점수는 성적에 반영되었다. 그 결과 집단의 점수는 개인별 점수의 평균보다 높았을 뿐 아니라 가장 성적이 좋은 개인의 점수보다 높았다. 사실 222개 집단 가운데 3개 집단에서만 가장 성적이 좋은 개인이 집단보다 높은 점수를 받았다. 따라서 이런 환경에서는 사실상 모든 구성원이 집단의 지식에서 이익을 얻는다고 할 수 있다.(Watson et al., 1991)

물론 집단 구성원들이 항상 더 나은 결정을 하지는 않는다. 집단에 정확한 정보가 없을 수도 있다. 또한 구성원에게 유익한 정보가 있더라도 그 정보가 항상 효율적으로 공유되지는 않는다.(Sargis & Larson, 2002; Wittenbaum & Stasser, 1996) 정보가 집단 내에 있고 효율적으로 공유되더라도 편향의 영향을 받거나 미흡한 방식으로 처리될 수도 있다. 이를테면 개인이 혼자 생각할 때처럼 집단 역시 초기의 관점에 들어맞는 정보를 선호하는 식이다.(Brownstein, 2003; Frey & Schulz-Hardt, 2001; Kray & Galinsky, 2003) 집단에 소속되었다는 사실이 사람들의 의사 결정 방식에 미치는 영향에 대해서는 나중에 살펴볼 것이다. 우선 상황과 사람의 어떤 요소가 사람들로 하여금 집단을 정보의 원천으로 삼고 집단의 도움을 받아 의사 결정을 내리게 하는지 알아보자.

사람

앎에 대한 욕구

지식에 목마른 사람들은 집단에서 그 갈증을 해소하는 경우가 많다. 세상에는 정보 제공에 주력하는 집단과 단체가 아주 많다. 사람들은 스터디 모임에 나가 시험을 준비하고, 투자 클럽 회원이 되어 경제 분석을 들으며, 천문학 동호회에서 우주에 대한 지식을 나눈다. 컴퓨터 혁명 이후 채팅 방, 블로그, 페이스북 같은 웹사이트가 폭발적으로 생겨났다. 사람들이 모여 예술, 철학, 문학, 그날 있었던 일들을 논하던 '카페 소사이어티(café society)'를 연상케 하는 사이버 집단은 인터넷 공간에 모여 공통의 관심사에 대해 이야기를 나눈다. 이렇듯 '앎에 대한 욕구'가 있는 사람들은 집단에서 답을 구할 때가 많다.

앎에 대한 욕구는 지적 호기심을 넘어서기도 한다. 예를 들어 평생 지속되는 병이 있는 사람들은 자조 모임(self-help group)에 의지해 정보를 얻는다. 이런 집단에는 우정이나 정서적 지지를 제공하는 등의 기능도 있지만, 주로 사람들은 정보를 얻기 위해 찾아오는 경우가 많다. 한 예로 인간 면역 결핍 바이러스(HIV) 보유자나 에이즈 환자인 남성 동성애자에 관한 연구에 따르면, 지지 모임에서 더 이상 새로운 정보를 제공하지 않자 상당수의 회원들이 더 이상 모임에 나오지 않았다고 한다.(Sandstrom, 1996)

상황

불확실한 환경

불확실한 환경은 거의 모든 사람에게 앎에 대한 욕구를 불러일으킨다. 다음과 같은 장면을 상상하기는 어렵지 않다. 진료가 끝나가는데 의사가 다시 진찰실로 들어오더니 걱정스러운 표정으로 이렇게 말한다. "안 좋은 소식이 하나 있는데요. 뇌종양이 발견되었습니다. 수술하셔야겠어요." 충격에 빠진 환자는 이것저것 물어보지만 이후 며칠 동안 생각할 수 없을 정도로 끊임없이 궁금증이 생긴다. 어떤 수술을 해야 할지, 수술 후에는 어떤 느낌이 들지, 지금 느끼는 두려움이 정상적인지 과잉 반응인지 궁금해한다. 불확실한 상황에 직면한 사람은 더 많은 정보를 원하게 된다.

스탠리 샤히터는 일련의 연구를 통해 불확실한 상황이 다른 사람들과 관계를 맺으려는 욕구를 강화하는지 조사했다.(Schachter, 1959) 실험실에 도착한 참가자들은 '꽤 고통스러운'(심한 공포 조건) 전기 충격이나 '별로 고통스럽지 않은'(약한 공포 조건) 전기 충격을 받게 될 것으로 예상했다. 연구자들이 장비를 준비하는 시늉을 하는 동안 참가자들은 혼자서 기다릴지 누군가와 함께 기다릴지 선택할 수 있었다. 심한 공포 조건에 해당한 대부분의 참가자는 자신과 같은 처지일 때에 한해, 즉 역시 심한 전기 충격을 기다리는 경우에 한해 다른 사람들과 함께 기다리기를 선호했다. 이에 대해 샤히터는 다음과 같이 적었다. "고통은 아무 친구나 좋아하지 않는다. 오직 같이 고통스러워하는 친구만 좋아한다." 샤히터는 이러한 선호가 정보를 얻고자 하는 참가자의 목표에 기여한다고 주장했다. 다시 말해 참가자들은 '고통스러울' 가능성이 있는 타인과 함께 있으며 그들의 행동을 관찰함으로써 자신의 공포가 합리적인지 판단할 수 있었다. 불확실한 상황은 다른 사람들에게 정보를 얻으려는, 즉 **사회 비교**를 하려는 동기를 유발한다.(Festinger, 1954)

7장에서 논했듯 불확실한 상황에 놓인 사람들은 또한 앞으로 어떤 일이 일어날지 정확히 알고 싶어 한다. 그 결과 이들은 그저 처지가 같은 사람들과 함께 있는 대신 이미 여정을 마친 사람들과 함께 있기를 선호할 때도 많다. 그 사건을 이미 겪었으므로 자신에게 어떤 일이 일어날지 알려줄 수 있기 때문이다.(e. g., Kirkpatrick & Shaver, 1988; Kulik & Mahler, 1989)

상호작용

논의와 의사 결정

앞서 알아보았듯 집단은 개인이 중요한 결정을 내리는 데 유용한 정보를 제공해준다. 하지만 정보만으로는 결정을 내리기에 충분하지 않을 때도 많다. 다행히 집단은 다른 방법으로 도움을 줄 수 있다. 이용 가능한 정보와 정보의 사용법에 대해 논의할 기회를 제공하는 것이다. 집단 논의는 상호작용하는 여러 요소에 따라 개인의 결정에 다양한 방식으로 영향을 미칠 수 있다.

다수의 영향력과 집단 양극화 '동성애자의 결혼을 법적으로 허용해야 하는가' 하는 주제에 대해서는 의견이 분분하다. 이에 대해 입장을 결정하지 않은 상태에서 10명의 친구나 같은 기숙사 사람들과 이 문제에 대해 토의한다고 해보자. 그중 7명은 동성 결혼 합법화에 찬성하는 반면 3명은 반대한다.(18~39세 사람들에게 동성혼에 관해 물었을 때 실제로 나타나는 의견 비율이다.)(Washington Post-ABC News National Poll, 2014) 5장에서 알아보았듯 정확성에 대한 욕구와 사회적으로 인정받고자 하는 욕구는 개인의 믿음과 태도 대신 다수의 관점을 따르게 할 때가 많다.(Wolf & Latané, 1985) 또한 이런 현상이 나타날 가능성은 상당히 높으므로 당신의 의견은 아주 조금이라도 동성 결혼 합법화에 찬성하는 쪽으로 기울었을 것이다.

당신뿐 아니라 친구들의 의견도 십중팔구 찬성 쪽으로 더 기울었을 것이므로, 사회심리학자들이 **집단 양극화**(group polarization)라고 부르는 결과가 나타나기 마련이다. 즉, 어떤 주제에 대해 논의한 후에는 구성원들의 판단이 논의 전보다 극단적 양상을 띠는 경향이 있다.(Brauer, Judd & Jacquelin, 2001; Isenberg, 1986; Lamm & Myers, 1978) 이 가상의 집단은 논의 전에 대체로 동성 결혼 합법화에 찬성하는 쪽으로 기울어져 있었으므로, 논의 후에는 더 극단적으로 찬성에 가까워질 가능성이 높다.

이 분야의 초창기 연구자들은 이런 논의로 인해 집단 구성원들이 개인일 때보다 위험한 결정을 내리게 된다면서, 이 현상을 **모험적 이행**(risky shift)이라고 불렀다.(e. g., Stoner, 1961; Wallach et al., 1962) 하지만 이후의 연구에 따르면 집단은 의견이 위험한 결정 쪽으로 치우치는 현상은 초기에 집단이 위험을 감수하는 쪽으로 치우쳤을 때만 일어난다. 다시 말해 집단의 결정이 초기에 조심스러운 경향을 띠면 논의 후 집단은 특히 더 조심스러운 결정을 내리게 된다.(e. g., Knox & Safford, 1976; Wallach et al., 1962) 이처럼 집단의 논의는 위험에 관한 결정을 **양극화**한다. 한편 집단 논의는 다른 유형의 결정도 양극화한다. 특정 인종에 편견이 있는 사람들의 집단은 인종 문제에 대해 논의한 후 편견이 훨씬 심해지고(Myers & Bishop , 1970), 페미니즘에 온건하게 찬성하던 여성들의 집단은 논의 후 페미니즘에 훨씬 적극적으로 찬성하게 된다.(Myers, 1975) 논의는 집단이 논의 전에 취한 관점을 과장하고 강화한다.

왜 그럴까? 첫째, 집단 구성원들은 논의 중 집단의 지배적 의견에 반대하는 주장보다 찬성하는 주장을 더 많이 듣는다. 구성원들이 대부분 동성 결혼을 지지한다면 그 주장을 뒷받침하는 이야기를 많이 듣게 된다. 그중에는 처음 듣는 이야기도 있고 설득적인 주장도 있으므로 당신의 의견은 동성 결혼을 찬성하는 쪽으로 더욱 치우친다. 다른 구성원들도 당연히 비슷한 과정을 겪는다. 이러한 **설득적 주장**의 결과로 집단 전체의 관점은 논의 전에 비해 더 극단적인 방향으로 움직인다.(e. g., Burnstein & Vinokur, 1977)

둘째, 논의는 집단의 규범을 더욱 분명히 한다. 예를 들어 앞서 이야기한 가상의 집단에서 당신은 동성 결혼을 지지하는 집단의 규범을 꽤 빨리 발견하게 된다. 그 집단 구성원들에게 호감이 있고 그들에게 긍정적 평가를 받고 싶은 동기가 있다면 아마 그들의 의견에 맞춰 판단을 내리려고 할 것이다. 또한 사람들은 자신이 다른 사람들보다 낫다고 생각할 때 스스로를 더 좋게 보는 경향이 있으므로, 집단 논의는 동성 결혼에 대해 한층 확고한 관점을 취함으로써 자아상과 사회적 평가를 끌어올릴 절호의 기회이기도 하다. 결국 집단이 동성 결혼을 지지한다면 당신은 그 의견에 더욱 적극적으로 찬성함으로써 집단에서 더 중요한 구성원이 될 수 있다. 대부분의 구성원에게 이와 비슷한 동기가 있다면 저마다 동성 결혼에 더욱 적극적으로 찬성하는 입장을 취하려고 할 것이다. 그 결과 집단의 전반적 의견은 순식간에 동성 결혼 찬성 쪽으로 더욱 치우치게 된다. 이와 같이 집단의 의견은 논의 중 **사회 비교** 과정을 통해서도 양극화되는 경향이 있다.(Baron & Roper , 1976; Blascovich et al., 1975; Goethals & Zanna, 1979; Myers, 1978)

이처럼 집단의 의견을 좌우하는 다수의 힘이 결국 엔론을 몰락으로 이끈 지극히 공격적인 거래와 회계 처리를 묵인하게 한 요인이었을 가능성이 크다. 엔론은 돈을 버는 그들의 '새로운 방식'을 믿는 사람들을 고용했고, 그들이 만든 규범은 직원들이 서로의 관점을 접하게 되면서 양극화되었을 것이다. 최고의 자리를 차지하는 사람이 어마어마한 경제적 보상을 받는 엔론의 문화에서는 남들보다 낫고자 하는 욕구가 매우 강했고, 이것이 더 위험한 거래와 더 '창의적인' 회계 처리로 이어진 셈이다.

소수의 영향력 지금까지 반복적으로 살펴보았듯 다수의 믿음과 태도는 다른 사람들의 판단에 강력한 영향을 미칠 수 있다. 하지만 그와 다른 관점, 즉 소수의 의견은 어떨까? 소수 의견도 가끔 다른 사람들에게 영향을 미치지 않을까? 엔론과 월드컴 관계자 가운데 그들의 운영 방식이 회사에 엄청난 해를 끼칠 수 있다고 생각한 사람들의 의견은 다른 사람들에게 어떤 영향을 미쳤을까? 혹은 자카리아스 무사우이에 대한 정보가 철저한 조사를 받아야 마땅하다고 믿은 FBI 관계자들의 의견은 어떤 영향을 미쳤을까? 이들이 다른 사람들에게 영향력을 발휘했을까?

소수의 영향력(minority influence)이 발휘되기 어려운 이유가 몇 가지 있다. 첫째, 소수 의견은 일반적으로 다른 사람들에게 사회적 압력을 행사하는 능력이 약하다. 일단 사람 수가 적기 때문에 다수의 사람들만큼 사회적 고립으로 인한 위협이나 사회적 승인의 원천이 되지 못한다. 실제로 엔론에서 지배적 의견에 맞서는 주장을 편 사람들은 대체로 무시당하거나 문제를 덜 일으킬 만 한 부서로 옮겨졌다. 둘째, 6장에서 논했듯 많은 사람이 표현하는 의견은 신뢰 성과 타당성을 얻는다. 엔론의 직원은 이렇게 생각했을지 모른다. "대부분의 동료들이 21세기의 기업 운영 방식이라고 믿고 있으니 이게 맞는 길이겠지."

군중에게 휘둘리지 않고 소수 의견으로 다른 사람들을 설득하려면 수준 높은 주장을 정립하고 특별히 설득력 있다는 인상을 주어야 한다. 같은 맥락에 서 소수 의견을 가진 사람들은 다음과 같은 경우에 설득력을 얻을 수 있다.

- **자신의 관점을 꾸준히 고수한다.**(Maass & Clark, 1984: Moscovici et al., 1969) 소수에 해당하는 사람들은 내세우고자 하는 의견을 끈질기 게 지지함으로써, 자신이 그 의견을 확신하며 다른 사람들도 그래야 한다는 점을 보여준다. 소수 의견을 고집한다는 이유로 괴롭힘을 당 하면서도 그 의견을 꿋꿋이 고수하는 모습을 보일 때 특히 설득력이 발생한다.(Baron & Bellman, 2007)
- **한때 다수 의견을 지지했다.**(e. g., Clark, 1990: Levine & Ranelli, 1978) 이런 경우 사람들은 다음과 같이 생각할 수 있다. '다수 의견이 었다가 그게 틀렸다고 확신하게 되었다면 무언가가 있기는 한가 보 다.'
- **타협하려는 의향이 조금은 있다.** 주장을 끈질기게 고수하면서도 기 꺼이 협상하려 하는 태도는 융통성 있고 합리적이라고 간주될 수 있 다.(Mugny, 1982) 어떤 관점도 완벽할 수는 없으므로 사람들은 자기 의견만 완고하게 밀고 나가는 사람을 덜 신뢰하고 그들의 의견에 좀 처럼 설득되지 않는다.
- **적어도 어느 정도는 다른 사람들에게 지지받는다.**(e. g., Asch, 1955: Clark, 2001: Gordijn et al., 2002: Mullen, 1983) 혼자 반대의 목소리 를 높이는 것보다는 몇 사람이 함께 소수 입장을 취하는 편이 영향력 이 더 크다. 부분적으로는 반대자가 몇 사람만 되어도 '열외'로 취급 하며 쉽게 묵살할 수 없기 때문이다.
- **다수 의견과 양립할 수 있되 약간 '앞서가는' 의견으로 보이도록 제시**

한다.(e. g., Maass et al., 1982; Paicheler, 1977) 소수 의견을 대부분의 집단 구성원들의 의견과 같은 범주로 볼 수 있다는 점을 부각해 다른 사람들이 방향을 바꾸기 쉽게 한다.

• **관객이 정확한 결정을 내리고 싶어 한다.** 관객이 양쪽 주장의 **질**을 따지고 싶어 하는 경우다.(Laughlin & Ellis, 1986)

하지만 소수집단의 의견이 설득력 있어도 이들의 영향력은 간접적이거나 가려질 수 있다.(e. g., Crano & Seyranian, 2007; Gardikiotis, 2011) 소수의 주장에 마음이 흔들리더라도 대외적으로는 여전히 다수 의견을 따르는 것이다.(Maass & Clark, 1984) 왜 그럴까? 소수의 관점 쪽으로 마음이 기울어진 사실을 감춤으로써, 사회적으로 거부당할 위험을 피할 수 있기 때문이다. 또한 소수 의견으로 기우는 과정이 반드시 "모 아니면 도"처럼 극적인 반전의 형태를 띠지는 않는다. 적절하게 제시된 소수의 주장은 즉각 설득력을 발휘하지 않더라도, 사람들이 자신의 관점을 돌아보고 당면한 문제를 더 열심히, 창의적으로 생각하게 만든다.(e. g., DeDreu & West, 2001; Martin et al., 2002; Nemeth et al., 1990) 시간이 지남에 따라 사람들은 이러한 재평가를 통해 의견을 바꿀 가능성이 있다. 게다가 소수의 영향력에 따라 의견이 바뀐 경우에는 나중에 의견이 특히 잘 변하지 않는 경향이 있다.(Martin, Hewstone & Martin, 2008)

지금까지 집단의 논의를 통해 상호작용하는 여러 요소가 구성원의 의사결정에 영향을 미치는 양상을 살펴보았다. 다수의 의견은 매우 강력하다. 특히 사람들이 사회적 인정에 신경 쓸 때, 다수가 압도적 비율을 차지할 때, 사실을 판단할 때보다 의견을 결정할 때 더욱 그렇다. 반면 소수에 해당하는 사람들은 사회적 보상과 처벌의 힘을 이용해 설득하기가 어렵기 때문에 힘겨운 싸움을 이어갈 수밖에 없다. 이들은 주장을 강력하게 내세우는 **동시에** 그 주장을 신뢰할 수 있도록 제시해야 하며, **또한** 사람들에게 가장 적절한 답을 찾으려는 동기가 부여되었을 때를 포착해야 한다.

BOX 12.2

다수와 소수의 영향력

12명의 배심원단에게 최종 의견을 진술해야 하는 검사가 되었다고 상상해보자. 유죄판결을 받으려면 만장일치를 이끌어내야 한다. 그렇다면 배심원을 몇 명이나 설득해야 할까?

12명이라고 답한다면 형식상으로는 맞는 말이다. 만장일치는 "모두 합의한다"라는 뜻이고 배심원은 총 12명이니 말이다. 하지만 실제로 검사가 마주치는 상황은 그보다 좀 더 수월하다. 추정은 조금씩 다르지만 12명의 배심원 가운데 8명만 설득할 수 있어도 90% 유죄판결을 이끌어낼 수 있다.(Davis et al., 1975; Kalven & Zeisel, 1966; MacCoun & Kerr, 1988) 어떻게 이런 일이 가능할까?

여기에서 우리는 배심원단이 집단이라는 사실을 상기해야 한다. 이들 역시 결정을 내놓기 전에 심사숙고하는 일종의 집단이다. 재판의 30% 정도는 배심원들이 곧바로 합의에 도달하지만, 나머지 70%의 경우 결정을 내리려면 대화와 토론이 필요하다.(Kalven & Zeisel, 1966) 또한 의사 결정을 하는 여느 집단의 구성원들과 마찬가지로 배심원들 역시 서로를 설득하려 노력한다. 따라서 검사는 8명만 설득할 수 있어도 자신의 관점이 배심원단의 의견으로 받아들여질 것이라고 확신할 수 있다. 어쨌든 다수의 의견이 강력하기 때문이다. 수적 우세로 볼 때 그들은 설득적 주장이라는 무기뿐 아니라 사회적 압력의 힘도 사용할 수 있다.

물론 항상 다수의 의견이 이기는 것은 아니다. 소수파의 상대적 규모가 커질수록 다수의 영향에 대한 저항력과 다수의 배심원들에 대한 영향력도 함께 커진다.(e. g., Tindale et al., 1990) 게다가 배심원들은 피고에게 유죄보다 무죄를 선고하려는 **관대함 편향**(leniency bias)을 나타내므로, 소수의 배심원이 '무죄' 쪽에 서면 유죄를 주장할 때보다 일이 조금 쉬워진다.(MacCoun & Kerr, 1988; Tindale & Davis, 1983) 그렇기는 해도 소수 배심원의 힘은 그리 크지 않고, 2가지 법적 추세가 그 힘을 더욱 약하게 한다. 첫째, 많은 사법 관할권에서 배심원의 수가 적어지고 있다. 배심원단이 6명으로 꾸려지는 경우도 있다. 이 추세로 인해 소수 입장의 배심원이 같은 편을 얻지 못할 가능성이 높아지고, 고립된 배심원은 자신의 입장을 확고하게 관철하기 어렵다.(Kerr & MacCoun, 1985; Saks, 1977) 둘째, 만장일치가 아닌 4분의 3이나 3분의 2만 의견이 일치해도 그에 근거해 판결을 내리려는 법정이 있다. 이런 환경에서는 소수의 배심원들이 소수 의견을 심각하게 생각할 이유가 적어진다.(Hastie, Penrod & Pennington, 1983;

Kerr et al., 1976) 이렇듯 소수 의견을 내놓는 배심원의 미래는 그리 밝지 않다.

이처럼 배심원 평결이 집단 토의를 통해 나온다는 이상화된 관념과 달리, 심의를 시작하기도 전에 이미 결론이 나와 있는 경우가 많음을 알 수 있다. 규모가 작더라도 다수의 배심원이 처음에 의견을 내놓으면 집단의 궁극적 평결이 그쪽으로 치우칠 가능성이 매우 크다. 그리고 한 사람의 반대자가 나머지 사람들을 설득할 가능성은 상당히 낮다. 영화 〈12명의 성난 사람들〉의 주연배우 헨리 폰다(Henry Fonda)는 혼자서 11명을 전부 설득해 평결을 뒤집는 헌신적 배심원을 연기한다. 미국 문화에서는 이처럼 분별 있는 배심원이 잘못된 의견을 주장하는 동료들에게 홀로 꿋꿋이 맞선 끝에 그들을 진실 쪽으로 이끌 거라고 생각한다. 어쨌든 배심원들은 정의의 수호자이니 말이다. 슬프지만 그런 사람은 지방법원보다는 영화관에서 더 찾기 쉬울 듯하다.

집단 사고와 결함 있는 논의 배심원 제도는 집단 구성원들이 논의를 통해 증거를 더욱 면밀히 조사함으로써 진리와 정의를 구현할 수 있다는 믿음 때문에 존재한다. 기업과 정부 기관이 경영 팀을 구성하는 이유 역시 집단이 논의를 통해 더욱 효율적인 사업 전략을 생각해내리라는 믿음 때문이다. 사람들이 중요한 문제를 여러 친구들과 의논하는 이유도 논의가 더 나은 결정으로 이어진다는 믿음 때문이다.

하지만 불행하게도 항상 집단이 개인보다 나은 결정을 내리는 것은 아니다. 보통 논의라고 하면 열린 마음으로 정보와 관점을 사려 깊게 공유하는 과정을 떠올리지만, 모든 논의가 반드시 그렇게 진행되지는 않기 때문이다. 어빙 재니스(Irving Janis, 1972/1983)는 역대 미국 대통령들의 실패한 결정을 검토했다. 그중에는 참담한 실패로 끝난 존 F. 케네디(John F. Kennedy)의 쿠바 피그스만 침공 결정과 자신의 측근이 워터게이트 호텔에 어설프게 침입한 사건을 덮으려던 리처드 닉슨(Richard Nixon)의 결정도 포함되었다. 재니스는 형편없는 결정들에 본질적인 공통점이 있다고 주장했다. 모두 재니스가 **집단 사고**(groupthink)라고 이름 붙인 과정이라는 점이다. 집단 사고는 실현 가능한 해결책을 평가하려는 욕구보다 집단 구성원끼리 원만하게 지내려는 욕구가 더

사회심리학

크게 작용하는 집단 의사 결정 유형이다. 집단 구성원들이 서로의 의견에 동의해 합의에 도달해야 한다는 압박을 심하게 느끼면 효율적으로 논의할 수 없을 때가 많다.(e. g., Postmes, Spears & Cihangir, 2001 ; Quinn & Schlenker, 2002) 그리고 많은 경우 이것은 돌이킬 수 없는 실수로 이어진다.

집단과 환경에 어떤 특징이 있을 때 구성원들이 서로의 의견에 동의하고 집단의 협력 관계를 유지하는 데 더 집중하게 됨으로써 형편없는 결정을 내릴 가능성이 생긴다. 일례로 논의를 시작할 때 강력한 지도자가 자신의 의견을 밝힐 경우 집단 구성원들이 좋지 않은 아이디어를 찾아내는 데 필요한 비판적 논의를 할 가능성이 낮아진다.(e. g., McCauley, 1989 ; Mullen et al., 1994 ; Shafer & Crichlow, 1996 ; Tetlock et al., 1992) 엔론, 월드컴, FBI 역시 이런 문제에 시달렸을 것이다. 지도자의 선호가 잘 알려졌기 때문에 하급 관리자와 직원들이 제대로 논의할 수 없었고, 그 결과 불행한 파국을 맞게 되었다.

집단 구성원들이 협력해 결정을 내릴 때는 혼자 결정할 때보다 외부에서 오는 정보를 무시하는 경향이 더 높다.(Minson & Mueller, 2012) 또한 집단 구성원이 과한 자신감으로 모든 사람이 적절한 조치에 동의한다고 (잘못) 믿기 시작하면 논의가 여러 가지 결함으로 가득한 과정에 빠지게 된다.(Tetlock et al., 1992) 즉 목표를 철저히 살펴보지 못하고, 대안적 해결책을 조사하지 못하고, 선호되는 대책과 관련된 위험을 알아보지 못하고, 대책이 실패할 경우에 대비해 계획을 세우지 못한다. 그 결과 집단 구성원들이 형편없는 결정을 내릴 가능성이 높아진다.(Galinsky & Kray, 2004 ; Herek, Janis & Huth, 1987)

이로 미루어보면 집단 논의를 통해 개인이 반드시 더 훌륭한 결정을 내리게 되는 것은 아니다. 그보다는 많은 요소들이 **상호작용**함으로써 집단 논의에서 훌륭한 결정이 나올지, 형편없는 결정이 나올지를 좌우한다고 할 수 있다.(Aldag & Fuller, 1993 ; De Dreu et al., 2008 ; Whyte, 1989) 집단 구성원들이 사람들 사이의 화합보다 과제에 집중할 때, 지도자가 사람들에게 대안적 관점을 발표하도록 장려할 때, 구성원들이 모든 제안을 비판적으로 평가하고 외부의 피드백을 모을 수 있게 하는 절차가 존재할 때는 더 나은 결정을 내릴 수 있다. 집단 논의가 이러한 특징을 띠면 집단 구성원들이 수준 높은 지식을 공유하고 우세한 의견에 반대하는 소수의 관점이 공유될 가능성이 높아진다. 이런 환경에서는 집단 논의를 통해 가치 있는 정보가 나올 수 있다.

컴퓨터 매개 의사 결정 사람들이 이메일, 실시간 채팅 방, 인스턴트 메시지 등 컴퓨터를 통해 의사소통하는 일이 그 어느 때보다 많아졌다. 하지만 컴퓨터를 통한 의사소통의 쓰임새는 최근 있었던 일에 대해 친구들과 수다를 떨고, 멀리 있는 가족과 연락하고, 토요일 밤에 놀 계획을 짜는 데 국한되지 않는다. 조직 내에서 집단 사람들 간 중요한 결정을 내리는 데도 컴퓨터를 통한 의사소통이 쓰인다. 다른 사무실, 도시, 심지어 다른 나라에서 일하는 의사 결정자들을 컴

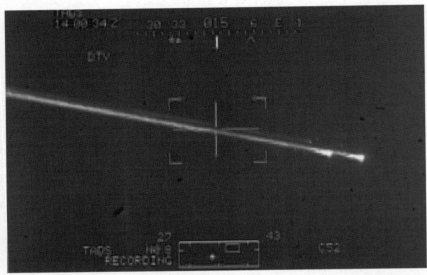

날개가 심하게 망가진 컬럼비아 우주왕복선이 대기권으로 다시 진입하다가 공중분해되었고, 승무원 7명이 모두 사망했다. 이 사고에 대한 조사는 우주왕복선의 기술적 결함뿐 아니라 미국항공우주국(NASA)의 의사 결정 문화에서 드러난 결함에도 초점이 맞춰졌다. 의사 결정이 효율적으로 이루어지려면 대안적 관점을 진지하게 고려해야 하지만, 컬럼비아호의 임무 관리 팀 책임자는 왕복선 이륙 중에 손상되었을 것으로 짐작되는 부분의 위성사진을 찍어보자는 기술자들의 요청을 묵살했다. 이런 점들을 감안하고 임무 관리 팀 책임자와 한 조사관의 인터뷰를 살펴보자.

조사관: 관리자로서 반대 의견은 어떻게 구합니까?
책임자: 음, 저는 반대 의견을 들으면…….
조사관: 반대 의견의 특성상 당신이 반대 의견을 그냥 들을 수는 없을 텐데요, 반대 의견을 구하기 위해 어떤 기법을 사용합니까?"
그녀는 대답하지 않았다.(Langewiesche, 2003, p. 82)

손상된 부분을 찾아보았더라면 우주 비행사들을 구할 수 있었을까? 이 문제는 아직도 논쟁 중이다. 하지만 날개의 손상된 부분을 보여줄 사진을 찍지 않았기 때문에 승무원들에게는 선택의 여지조차 없었다는 점은 분명해 보인다.

사회심리학

퓨터로 연결함으로써, 기업들은 모든 사람들을 한데 모으는 데 드는 시간과 비용을 절약할 수 있다. 실제로 기업들은 이런 이유로 컴퓨터 시스템을 구축하고 개선하는 데 수천만 달러를 쓰고 있다.

이렇게 돈을 들일 가치가 있을까? 항공권이나 호텔 비용, 식비, 자동차 대여비를 절약하는 데 신경 쓴다면 그렇다고 답할 것이다. 하지만 집단 구성원들이 내리는 결정의 수준과 질에 신경 쓴다면 그렇다고 대답할 수 없을 것이다. 메타 분석을 통한 검토 결과에 따르면, 일반적으로 집단 구성원들은 직접 대면하고 말할 때보다, 컴퓨터를 통해 의사소통할 때 더 수준 낮은 결정을 내리는 경향이 있다.(Baltes et al., 2002) 사실 컴퓨터를 통한 논의가 얼굴을 맞대고 하는 논의만큼 효과적인 경우는 논의 시간에 제한이 없을 때와 익명으로 논의할 수 있었을 때뿐이었다. 하지만 집단들은 대개 제한된 시간 안에 결정을 내려야 하고 중요한 문제를 익명으로 논의할 수 있는 경우가 드물기 때문에, 이러한 예외는 비용을 지불해야 하는 사람들에게 별 위안이 되지 못한다.

그렇다면 기업들은 컴퓨터 선을 뽑아버리고 의사 결정자들을 다시 이동시켜야 할까? 아직 그럴 것까지는 없다. 의사소통 기술은 빠르게 발전하고 있고 컴퓨터 매개 의사소통에 관한 실험 연구는 초기 단계이니 말이다. 하지만 그런 기술들 덕에 직접 대면할 때보다 나은 결정을 내릴 수 있을지는 아직 확실하지 않다.

집단을 이끈다는 것

집단이 지도자를 원하고 심지어 필요로 하는 이유는 분명해 보인다. 집단은 규모가 커질수록 통제하기 어렵고 무질서해지는 경향이 있기 때문이다. 이를 방지하기 위해 집단은 구성원을 이끌 사람을 선택한다. 선택된 사람은 집단의 많은 과제를 관장하고, 관련된 정보를 적절히 전달하며, 구성원들이 집단의 목표를 이루도록 고무하는 등의 역할을 한다. 사실 지도자는 세상에 알려진 모든 사회에서 사회조직의 일부로 취급될 정도로 중요한 존재다.(Van Vugt, 2006)

비교적 덜 확실한 것은 사람들이 지도자가 되고 **싶어** 하는 이유다. 지도자는 상당한 시간을 할애하고, 집단의 성과에 책임지고, 가끔 자신의 삶과 개인적 안전을 위험에 내맡겨야 할 때도 있다. 역사상 총리나 대통령, 교황이 암살자의 주된 표적이 되어온 것만 봐도 알 수 있다. 총을 맞지는 않더라도 지도자들은 비난과 불평, 사생활 침해 등의 집중 대상이 될 때가 많다.

치러야 할 대가가 그렇게 큰데도 지도자가 되려는 이유는 무엇일까? 단순히 답하면 대가가 큰 만큼 보상도 크기 때문이다. 집단이 성공적으로 운영되면 지도자는 개인적으로 일을 잘해냈다는 큰 만족을 얻는다. 또한 집단은 지도자에게 많은 자원을 분배하는 경향이 있고, 인정과 높은 사회적 지위뿐 아니라 높은 보수, 특별한 사업 기회 등의 물질적 보상을 제공한다. 한 예로 미국의 소프트웨어 회사 오라클(Oracle)의 최고경영자 로렌스 엘리슨(Lawrence Ellison)은 2012년에 무려 9600만 달러를 받았다.("Executive Pay by the Numbers", 2013) 이외에 액티비전 블리자드, CBS 등의 최고경영자 역시 6000만 달러 이상의 엄청난 보수를 받는다. 2004년 최고경영자의 평균 급여는 일반 근로자의 평균 급여의 430배였다. 패스트푸드점 부점장이나 사교 클럽 회장같이 비교적 작은 집단의 지도자들조차 집단에서 지위 서열이 낮은 사람들보다 경제적 이익이나 사회적 이익을 더 많이 얻는다. 왜 은행을 털었느냐는 질문에 악명 높은 은행 강도인 윌리 서튼(Willie Sutton)은 이렇게 대답했다. "돈이 거기 있으니까." 사람들은 왜 지도자가 되고 싶어 할까? 이 질문에 대한 답도 대체로 비슷하다. 돈과 사회적 지위가 거기 있기 때문이다.

지도자가 되어 보상을 받는 것이 집단에 속하려는 주된 이유인 사람들도 있다. 이들은 자원을 얻기 위해 추종자를 이끌고 집단에 들어가거나 집단을 만든다. 하지만 대부분의 사람에게 지도자로서 얻는 이익은 부수적 목표에 지나지 않는다. 처음에 사람들은 여러 가지 일을 해내고, 유용한 정보를 얻고, 정서적 지지를 얻는 등의 목표로 집단에 들어가지만 일단 집단 내에서 지도자에게 어떤 이득이 따르는지 보고 나면 스스로 그 자리를 추구하게 된다.

여기에서는 주로 2가지를 탐색할 것이다. (1) 누가, 왜 지도자가 되는가? 즉, 지도자 자리를 얻으려는 욕구를 촉발하는 것은 사람과 상황의 어떤 요소이며, 집단이 그 사람을 지도자로 받아들이게 하는 요소는 무엇인가? (2) 지도자는 어떤 경우에 유능한가? 언제 지시를 따르고 수행을 잘하도록 집단에 동기를 부여할 수 있는가?

지도자가 되려는 사람

지도자가 되는 것에는 상당한 이득만큼 대가도 따르므로, 모든 사람이 지도자가 되기를 열망하지는 않는다.(Anderson et al., 2012) 그렇다면 지도자가 되려는 동기는 어떤 사람들에게 생기는가?

지도자 자리는 권력과 지위를 제공하고, 목표를 이룰 수 있게 하며, 그 자체로 성취의 표시다. 그러므로 논리적으로 보면 야망 있는 사람들이 지도자가 되려 할 것이다. 즉, 다른 사람들에게 권력을 행사하려는 욕구가 강하거나 위대한 일을 하고자 하는 열망이 강한 사람들이 지도자가 되고 싶어 한다.(McClelland, 1984: Winter, 1973) **권력 욕구**는 위신, 지위, 다른 사람들에게 미치는 영향력을 얻고 싶어 하는 욕구다. 공식 발표와 전기 작가들의 판단에 의해 평가된 바와 같이, 미국의 전직 대통령 해리 S. 트루먼(Harry S. Truman)과 존 F. 케네디는 권력 욕구가 특히 높다고 간주되었고(Simonton, 1994), 이런 대통령들은 나라를 군사적 갈등으로 이끌 가능성이 더 높았다.(Winter, 1987) 반면 4장에서 소개한 **성취동기**는 어떤 일 자체를 목적으로 삼아 특별히 잘해내고 싶은 욕구다.(McClelland, 1984) 지미 카터(Jimmy Carter)와 허버트 후버(Herbert Hoover)는 역대 미국 대통령 가운데 성취동기가 가장 높다고 평가받았다. 성취 지향적 대통령은 새로운 법률을 발의하거나 리더십에 대한 혁신적 접근법을 시도하는 경향이 더 높다. 하지만 동기가 권력이든 성취든 상관없이 지도자들은 매우 야심적인 경향이 있다.(Hogan & Hogan, 1991: Sorrentino & Field, 1986)

하지만 야심이 전부는 아니다. 야심만만하면서도 결코 지도자의 자리에 오르지 않는 사람들이 있기 때문이다. 지도자들은 야심적이면서도 아주 활동적인 경향이 있고 그런 덕에 야심을 현실로 만들 수 있다.(Hogan & Hogan, 1991: Simonton, 1994) 철강 회사를 운영해 자수성가한 백만장자이자 미국의 위대한 자선가 대열에 합류한 앤드루 카네기(Andrew Carnegie)는 "보통 사람은 자기 에너지와 능력의 25%만 일에 할애하고······ 극히 드물게 100%를 쏟는 사람에게 세상은 완전히 다른 모습을 드러낸다"라는 사실을 깨닫고 노력의 중요성을 입증했다. 수많은 다양한 영역의 지도자에 관한 체계적 연구에서는 야심만큼이나 능력과 열심히 일하려는 의지가 중요하다는 게 증명되었

다.(Simonton, 1994)

마지막으로 일반적 시각에서 볼 때 남성들은 여성들에 비해 지도자가 되는 데 아주 조금이라도 더 흥미가 있는 것으로 보인다.(Konrad et al., 2000) 한 예로 헤이르트 호프스테더(Geert Hofstede, 1980)가 40개국의 IBM 직원을 대상으로 수행한 비교 문화 연구에서 남성 근로자들은 권력, 리더십, 자아실현에 흥미가 있는 반면, 여성 근로자들은 삶의 질과 사람들 사이의 관계를 강조하는 경향이 있다는 사실이 밝혀졌다. 리더십에 대한 남성의 이러한 선호는 남녀가 사회화되는 방식에 영향받았을 것으로 보인다.(Geis, 1993) 예를 들어 지배적 성격의 남성들이 비슷한 성격의 여성들에 비해 지도자가 되기를 추구하는 경향이 더 높지만, 이런 여성들은 여성 지도자를 보고 나면 리더십을 추구하는 경향이 더 높아진다.(Carbonell & Castro, 2008) 하지만 남성의 일반적인 리더십 선호는 남녀의 더 근본적인 차이와도 관련 있을 수 있다. 10장에서 살펴보았듯 남성에게 더 많이 분비되는 호르몬인 테스토스테론은 지위와 관련된 경쟁의 동기를 부여한다.(Mazur & Booth, 1998) 물론 지도자가 되고자 하는 평균적 욕구가 남성에게 더 크다는 사실은 앞으로 살펴볼 내용처럼 남녀가 지도자로서 얼마나 유능한지와는 아무 상관이 없다.

상황

기회가 찾아오는 순간

지도자가 되고자 하는 욕망을 촉발하는 상황적 요소는 무엇일까? 2가지가 특히 중요해 보인다. 첫째, 지도자 자리가 비는 경우다. 현재의 지도자가 죽거나 집단을 떠나면 지도자가 될 기회가 열린다. 그리고 집단의 규모가 커질 때도 이러한 기회가 생긴다.(Hemphill, 1950: Mullen, Salas & Driskell, 1989) 함께 일하는 사람이 늘어날수록 조정, 관리, 의사소통의 문제가 늘어나고 구성원들은 그들을 하나로 묶고 정리해줄 지도자를 찾게 된다. 또한 집단은 평화로울 때보다 위기가 닥쳤을 때 지도자의 존재를 더욱 갈구한다.(e. g., Helmreich & Collins, 1967) 윌리엄 핼시 주니어(William Halsey Jr.) 제독은 2차 세계대전 중 군대의 리더십에 대해 이렇게 언급했다. "위대한 영웅은 없다. 평범한 사람들이 상황에 떠밀려 맞닥뜨린 위대한 시련이 있을 뿐이다."(Simonton, 1994, p. 404) 집단은 중요한 문제가 생길 때 지도자를 갈구하게 되고, 야심만만하고 책임감 있는 사람들은 이러한 요구에 자극받을 가능성이 더욱 크다.

둘째, 사람들은 적절한 시기에 적절한 장소에 있음으로써 지도자가 될 수밖에 없는 상황에 우연히 맞닥뜨리기도 한다. 예를 들어 의사소통 네트워크의 중심에 있거나 모임에서 상석에 앉는 바람에 다른 사람들과의 연결점이 늘어나 지도자가 되어달라는 요청을 더 많이 받는 사람들도 있다.(Forsyth, 1990; Nemeth & Wachtler, 1974) 이처럼 넓은 인맥 역시 중요하다. 실제로 "무엇을 아느냐가 아니라 누구를 아느냐"에 따라 이 세상에서 앞서갈 수 있을지가 결정된다고 주장하는 사람도 많다. 엔론의 최고경영자 케네스 레이(Kenneth Lay)의 아들이 아버지 회사에서 편하게 일한 것이나, 미국의 전직 대통령 조지 H. W. 부시(George H. W. Bush)의 아들과 상원 의원 앨버트 고어 시니어(Albert Gore Sr.)의 아들이 2000년 대선에서 맞붙을 기회를 얻은 것 모두 인맥의 덕을 본 경우에 해당한다.

상호작용

지도자가 되는 사람

미국 대통령이 되기 전 버락 오바마(Barack Obama)는 미국이 어떻게 통치되어야 할지를 구상했다. 오바마뿐 아니라 많은 사람들 역시 그랬겠지만 그들의 정치적 야심은 배우자와 저녁을 먹으면서 최근의 사건에 대해 논쟁하는 정도로 그쳤을 것이다. 성취 욕구가 강하고 활동적인 사람이 모두 대통령, 기업 경영자, 필드하키 팀의 주장이 되는 것은 아니다. 집단은 지도자가 되고 싶어 하는 모든 사람에게 똑같은 기회를 주는 대신, 집단의 요구에 가장 잘 맞는 특성이 있는 사람을 선택한다.(Fiedler, 1993; Hollander, 1993)

사람들에게는 좋은 지도자에 대한 나름의 이미지와 믿음이 있고, 그에 맞는 지도자를 구하려 애쓴다.(Chemers, 1997; Lord et al., 1984) 첫째, 좋은 지도자는 대개 그 자리와 관련된 능력이 있어 보이는 사람이다. 지적으로 보이거나 전문성이 높은 사람이 지도자로 선택될 가능성이 더 높다는 것은 놀라운 일이 아니다.(e. g., Rice et al., 1984; Rubin, Bartels & Bommer, 2002) 둘째, 좋은 지도자는 집단을 위해 많은 것을 투자하리라는 기대를 받는다. 회의에서 말을 많이 하고 참여하는 사람이 지도자로 선택되기 쉬운 이유도 여기에 있을지 모른다. 이런 경향은 참여의 수준이 특히 높지 않더라도 나타난다.(e. g., Jones

이라크 전쟁 중 조지 W. 부시(George W. Bush) 전 대통령이 미 해군 비행복을 입고 항해 중인 항공모함을 방문하는 모습이 널리 방송되었다. 그는 겉으로 보이는 모습이 얼마나 중요한지 이해했을 뿐 아니라, 아마 자신에게 군 복무 경험이 없다는 사실을 의식하고 역할에 적합한 모습을 보임으로써 전쟁 중인 국가의 원수로서의 능력이 향상되리라는 점을 알았을 것이다.

& Kelly, 2007; Mullen et al., 1989) 셋째, 집단 구성원들은 개인의 '유형'이 현재 상황에 들어맞는 사람을 지도자로 뽑는다. 한 실험에서 참가자들은 죽음을 떠올리게 하는 상황에 놓였을 때 카리스마 강하고 선견지명 있는 후보자를 선호했다. 이런 유형의 지도자는 자신을 따르는 사람들을 위해 더 큰 의미를 만들어내기 때문이다.(Cohen et al., 2004)

마지막으로 사람들은 지도자에게 어울리는 '외모'가 있다고 생각한다. 이를테면 가는 눈, 넓은 턱, 각진 얼굴 등 신체적으로 성숙함을 나타내는 얼굴 특징이 지도자에게 적합하다고 여겨진다. 큰 눈, 작은 턱, 둥근 얼굴 등 소위 '동안'의 특징은 순종적이고 순진하다는 인상을 주므로 특정 유형의 지도자로는 덜 적절할 수 있다.(Zebrowitz, 1994; Zebrowitz et al., 1991) 또한 미국 사회에서 지도자로서 적절한 외모에는 큰 키도 포함된다. 사학자들에 따르면 미국인들이 생각하는 5명의 위대한 대통령은 에이브러햄 링컨(Abraham Lincoln, 193센티미터), 조지 워싱턴(George Washington, 188센티미터), 토머스 제퍼슨(Thomas Jefferson, 188센티미터), 프랭클린 D. 루스벨트(Franklin D. Roosevelt, 188센티미터), 앤드루 잭슨(Andrew Jackson, 185센티미터)으로, 모두 키가 큰 사람들이었다.(Simonton, 1994) 1900년 이후 미국 대통령 선거에서 키가 작은 후보가 승리한 경우는 39건 중 13건에 불과했다.

좋은 지도자에 대한 정형화된 이미지에 따라 잠재적 지도자를 평가하는 경향은 불행한 결과를 낳을 수 있다. 사람들의 이미지란 피상적일 수 있고 실제 유능한 지도자에게 필요한 특징에 부분적으로만 들어맞을 가능성이 있기 때문이다. 예를 들어 매우 높은 자격을 갖춘 사람이라도 집단 구성원들이 품은 이미지에 맞지 않는다면 중요한 지도자 후보에서 제외될 가능성이 높다. 이런 경향은 여성이 지도자로서 두각을 나타내지 못하는 이유를 부분적으로 설명할

사회심리학

수 있다.(Bartol & Martin, 1986; Hoyt, 2010) 전에도 논했듯 단지 남성이 여성에 비해 지도자가 되려는 동기가 강하기 때문만은 아니다. 그보다 여성은 단지 전형적 의미의 지도자처럼 '보이지' 않는다는 이유로 지도자로서 선택받을 가능성이 낮아지기도 한다.(Eagly & Karau, 2002; Koenig et al., 2011) 실제로 지도자가 될 훌륭한 자격을 갖춘 여성들이 후보로 나서도 남성이 이길 확률이 평균적으로 더 높다.(Eagly & Karau, 1991) 하지만 다음에 살펴볼 내용처럼 남녀 지도자에 대한 이러한 고정관념은 사람들을 잘못된 길로 이끌 수 있다.

상호작용

유능함이 발휘되는 조건

지도자라고 해서 전부 **유능**한 것은 아니다. 국가, 기업, 스포츠 팀을 비롯해 사실상 모든 집단의 역사는 형편없는 리더십으로 얼룩진 경우가 많다. 그렇다면 지도자가 집단을 성공적으로 이끄는 데 영향을 미치는 요인은 무엇일까? 이 질문에 대한 답은 지도자의 개인적 특성이 집단 구성원들의 동기와 어떻게 맞물리는지에 따라 달라진다. 어떤 과제에 잘 맞고 유리한 성격이 있듯이, 어떤 집단에서 특히 더 효율적인 리더십 유형이 있다. 따라서 리더십의 성공 여부는 집단의 요구에 따라 달라진다.(Fiedler, 1993) 예를 들어 회계사처럼 정형화된 업무를 하는 근로자들은 목표 지향적이고 권위 있는 리더십에 잘 따르는 반면, 대학교수처럼 연구 업무를 하는 근로자들은 스스로 통제하고 관리하는 쪽을 선호한다.(Hogan, Curphy & Hogan, 1994)

유능한 지도자로 남고 싶다면 집단의 환경에 따라 리더십의 방식도 바꿔야 한다.(Fiedler, 1993; Hersey & Blanchard, 1982) 신입 근로자는 명확하고 체계적인 일에 배정해주는 지도자를 높이 평가하는 경향이 있는 반면, 경력이 쌓인 근로자는 그런 지시적 리더십에 잘 따르려 하지 않는다. 마지막으로 특정 유형의 리더십이 효율적일지 여부는 지도자가 이용할 수 있는 자원에 따라서도 달라질 수 있다. 커트 르윈(Kurt Lewin), 로널드 리피트(Ronald Lippitt), 랠프 화이트(Ralph White, 1939; White & Lippitt, 1960)가 수행한 심리학 초창기의 유명한 실험에서는 아동이 여러 집단으로 나뉘어 취미 활동을 하는 동안 성인 관리자의 지도를 받았다. 이들의 리더십 유형은 독재적이거나 민주적이었다. 독재적 지도자는 집단에게 과제의 종류와 수행 방식을 일방적으로 정해준 반면, 민주적 지도자는 집단 구성원들이 스스로 결정하도록 했다. 지도자들이 아이들과 함께 있으면서 감독할 때는 독재적 지도자에게 배정된 아이들이 활동에 더 많은 시간을 할애했다. 그렇다면 독재적 지도 유형이 민주적 지도 유형보다 효율적이라고 할 수 있을까? 꼭 그렇지만은 않다. 지도자가 없어지자 독재적 지도를 받은 아이들은 활동량이 줄고 민주적 지도를 받은 아이들은 그렇지 않았다. 독재적 리더십은 지도자가 구성원에게 바짝 붙어 감독할 수 있을 때만 합리적이었다. 지도자의 효율성은 주어진 과제의 성질에 따라 달라진다.

변혁적 리더십 지도자들은 집단의 요구에 맞춰 자신의 방식을 바꿈으로써 효율성을 꾀할 수 있다. 하지만 여기에는 특별한 예외가 몇 가지 있다. 자신이 변하기보다 집단을 바꾸기 때문에 효율적이라고 평가받는 지도자들이다.(e. g., Bass, 1998; Burns, 1978) 일상의 걱정거리를 초월해 집단의 이익이나 사회 전체를 위해 노력하도록 힘을 불어넣는 교사나 코치, 상사를 만난 적이 있는가? 뉴욕주립대학교 리더십 연구 센터의 버나드 배스(Bernard Bass)와 브루스 아볼리오(Bruce Avolio)는 남아프리카 기업 임원들과 미국 육군 대령들에게 같은 질문을 던지며 광범위한 연구 프로그램을 시작했다. 이들은 참가자들의 응답을 바탕으로 다요인 리더십 측정법(Multifactor Leadership Questionnaire, MLQ)을 개발해, 뉴질랜드, 인도, 일본의 관리자, 《포천》 선정 500대 기업의 임원과 중간관리자, 캐나다와 독일군 장교 등 세계의 수많은 집단을 대상으로 검사를 실시했다. 배스와 아볼리오는 이 연구를 바탕으로 추종자들에게 높은 만족감과 높은 생산성을 이끌어내는 지도자의 특징이 있다는 결론을 내렸다.(Center for Leadership Studies, 2000) 이들은 이러한 특징을 몇 가지 갖춘 사람에게 **변혁적 지도자**(transformational leader)라는 이름을 붙였다. 이 유형에 속하는 존 F. 케네디와 마틴 루서 킹, 심지어 아돌프 히틀러 같은 지도자들이 추종자들의 동기, 세계관, 행동을 확연히 바꾸어놓았기 때문이다. 변혁적 지도자들은 카리스마 있고 추종자들의 포부와 자아 개념에 관여해, 집단의 성공이 그들의 개인적 성공으로 이어지게 하고 지도자의 사명과 추종자의 사명을 일치시킨다.(House & Shamir, 1993) 변혁적 지도자들은 추종자를 지적으로 자극해 가치관과 삶에 대한 태도를 점검하게 하며, 자신이 중요한 사람이고 집단에 중요한 기여를 한다고 느끼게 한다.(〈표 12.1〉 참고) 변혁적 지도자는 다

표 12.1 변혁적 리더십의 특징

특징	리더십이 발현되는 방식
최적화된 영향력 또는 카리스마	• 구성원들에게 '합동 임무'의 느낌을 전달한다. • 구성원들에게 헌신하고 있음을 표현한다. • 구성원들의 소망과 욕구에 호소한다. • 집단의 이익을 위해 개인적 이익을 희생하려는 의지를 보인다.
지적 자극	• 새로운 사고방식에 개방적인 분위기를 형성한다. • 문제를 다른 시각으로 볼 수 있는 '큰 그림'을 제공한다. • 사소한 의견도 기꺼이 고려하고 수용한다.
동기부여	• 한계를 깨고 그 이상을 성취할 능력이 있다고 확신하게 한다. • 노력하고 분투하는 모범을 보인다. • 미래에 대한 낙관적 관점을 제시한다.
개별적 고려	• 구성원 개인별 장점과 약점을 인지한다. • 구성원들의 행복에 관심을 보인다. • 노력하는 사람들을 지원해 과제를 더 잘 수행할 수 있도록 도와준다.

출처: M. M. Chermers & R. Ayman, "Transformational leadership: A response to critiques", *Leadership theory and research: Perspectives and directions*(Academic Press, 1983), pp. 49~80.

양한 능력을 이용해 집단 구성원들이 잠재력을 더 잘 이용할 수 있도록 도와준다.(e. g., Shin & Zhou, 2007) 또한 이들은 집단이 버거운 과제를 만나거나 미래가 불확실해졌을 때, 변화해야 한다는 압박을 느낄 때 특히 효율성을 발휘할 수 있다.(De Hoogh, Den Hartog & Koopman, 2005 ; Shamir & Howell, 1999) 이런 경우 변혁적 지도자는 심리적 안전을 느끼는 분위기를 만들어 사람들이 다수에 동조하지 않도록 격려하는 한편 혁신을 제안한다.(Nijstad et al., 2012) 2장에서 살펴보았듯 시민권을 얻으려던 아프리카계 미국인들이 고난에 직면했을 때, 그 상황은 마틴 루서 킹 같은 변혁적 지도자의 출현을 요구하는 역할을 했을 뿐 아니라 변혁적 리더십이 특히 효율적일 수 있는 맥락을 제공했다.

　이와 같이 지도자는 크게 2가지 방식으로 효율성을 꾀할 수 있다. 집단의 요구에 맞춰 자신의 방식을 바꿀 수도 있고, 집단이 자신의 목표를 향해 나아가도록 고무할 수도 있다.

성별과 리더십 역사상 오랫동안 노동의 분담 기준은 꽤 확실했다. 여성은 아이를 키우고 남성은 '일을 하러' 나갔다. 이러한 경향은 2차 세계대전을 거치며 변하기 시작했고, 이제 여성은 미국 노동 인구의 거의 50%를 차지한다. 세계적 지도자와 최고 관리자의 위치에 있는 여성은 여전히 예외에 가까울 정도로 드물지만 집단을 이끄는 여성이 점점 늘어나고 있으며 이러한 추세는 계속될 것으로 보인다. 여성들은 지도자 역할을 얼마나 잘해나가고 있을까? 이것은 실질적으로 중요한 질문이다. 남성만큼 지도자 역할을 효율적으로 해낼 수 있음에도 지도자에 대한 사람들의 정형화된 이미지와 맞지 않는다는 이유로 그 역할에 접근할 수 없다면, 여성은 불공평한 대우를 받는 것이고 여러 단체와 조직은 귀중한 재능의 원천을 잃어버리는 셈이다.

우리는 지도자의 유형이 집단의 과제와 잘 맞을 때 지도자가 더 효율적인 경향이 있다는 사실을 알게 되었다. 이 점에 착안한 스티븐 카로, 앨리스 이글리(Alice Eagly), 모나 마키자니(Mona Makhijani)는 남녀의 지도 효율성을 비교하는 74건의 조직 연구와 22건의 실험실 연구에 대한 자료를 모았다.(Karau, Eagly, Makhijani, 1995) 메타 분석 기법으로 이 연구들을 종합한 결과, 이들은 리더십 부문에서 남녀의 평균 성별 차이는 0이라는 점을 발견했다. 즉, 남녀의 지도자로서의 효율성에 전혀 차이가 없었다. 하지만 조금 더 깊이 파고들어 각각의 업무가 남녀의 성 역할과 얼마나 일치하는지 평가했다. 그 결과 초등학교 교장 같은 업무는 '여성적'으로 표현되는 반면, 훈련 교관 같은 업무는 '남성적'으로 표현되었다. 연구자들은 각각의 업무에 필요한 능력이 다른 사람들과 유대를 형성하고 유지하는 능력인지, 아니면 다른 사람들에게 행사할 수 있는 영향력과 통제력인지도 평가했다. 이런 요소들을 추가적으로 고려하자 자료에서 성별 차이가 나타나기 시작했다. 여성들은 더 여성적이라고 간주되거나 대인 간 소통이 필요한 일에서 더 효율적이고, 남성들은 더 남성적이라고 간주되거나 냉철한 목표 지향성이 필요한 일에서 더 효율적이었다.

이글리는 이 결과를 **사회적 역할 이론**(social role theory)으로 설명한다. 이 관점에 따르면 사람들은 모두 문화적으로 규정된 성 역할에 맞게 행동하도록 권장받는다. 남성의 경우 강압적이고 직접적인 행동이 문화적으로 적절하다고 받아들여지기 때문에, 남성은 집단 구성원을 몰아붙일 사람이 필요한 과제에서 효율적인 리더십을 발휘하는 경향이 있다. 이와 반대로 여성의 경우 관계 지향적인 행동이 문화적으로 적절하다고 여겨지므로, 여성은 집단 구성원의 요구와 감정을 돌볼 사람이 필요한 과제에서 효율적인 리더십을 발휘하는 경향이 있다. 영국의 한 연구 팀은 집단 구성원들이 다른 집단(다른 영국 대학교)과의 경쟁에 집중할 경우 남성을 지도자로 선택한다는 점을 발견했다. 반면 집단 구성원들이 집단 내 경쟁과 협동을 추구할 경우에는 압도적으로 여성 지도자를 선택했다.(Van Vugt & Spisak , 2008)

　　지금까지 살펴보았듯 변혁적 지도자들은 추종자들의 갈망과 욕구에 관여해 집단이 성공에 이르는 통로를 바꿔놓는다. 차이가 그리 크지는 않지만 여성 지도자는 남성 지도자에 비해 이런 변혁적 리더십을 보이는 경향이 약간 높다.(Eagly, Johannesen-Schmidt & Van Engen, 2003) 변혁적 리더십의 효율성을 감안하면 여성 지도자가 유능하지 못하다는 고정관념은 재능 있는 인력의 공급을 줄임으로써 집단의 선택권을 제한하는 문제를 유발하기도 한다.

　　정리하면 지도자에게 어떤 능력이 필요한지 고려할 때 남성이 주로 보이는 리더십 성향이 효율적인 과제가 있고 여성이 주로 보이는 리더십 성향이 효율적인 과제가 있다. 그뿐 아니라 여성은 변혁적 리더십을 나타내는 경향이 조금 더 높으므로 유능한 지도자가 되기에 약간 더 유리하다고 볼 수도 있다. 여기에서 핵심은 남녀를 떠나 가장 유능한 지도자는 환경에 맞춰 자신의 전략을 조정할 수 있는 사람이라는 것이다. 요컨대 리더십의 발생과 마찬가지로 리더십의 효율성 역시 사람(잠재적 지도자)과 상황(집단)의 상호작용에 따라 결정된다.

요약

엔론과 월드컴은 한때 업계의 정상에 오른 적이 있고, FBI는 탁월한 조사 기법으로 세계적으로 존경받았다. 이런 조직에서 그토록 지독한 실수가 발생한 원인은 무엇일까? 결국 두 기업을 파멸하게 하고 세계적 조직의 명성을 심하게 훼손한 행동들을 어떻게 설명할 수 있을까?

　　해리 S. 트루먼 전 미국 대통령은 책상에는 이런 문구가 놓여 있었다. "모든 책임은 내가 진다.(The buck stops here.)" 이 말은 "내 시야에서 일어난 모든 일은 지도자인 나에게 궁극적 책임이 있다"라는 아주 단순한 생각을 나타낸다. 우리는 여기에서 분석을 시작할 수 있을 것이다. 무엇보다 지도자는 그를 따르는 사람들에게 자신의 목표와 계획을 심어주고 집단 규범을 만들며 집단의 결정에 따라 문화를 형성할 잠재력이 있다.

케네스 레이는 제프리 스킬링(Jeffrey Skilling)과 함께 엔론을 강력한 집단으로 만들었다. '노는' 역할을 맡은 레이는 정치적 연계를 형성하고, 영향력 있는 장소에서 영향력 있는 사람들과 친분을 쌓으며, 명망 있는 자선가가 되었다. 그의 임무는 엔론의 매력적 분위기를 계속 유지하는 것이었다. 스킬링은 내부에서 회사를 운영했다. 성격 급한 스킬링은 모든 문제에는 해결책이 있고, 창의력과 배짱만 두둑하다면 모든 목표를 이룰 수 있다고 보았다. 급하고 경쟁적인 그의 방식은 곧 회사 전체의 특징이 되었다. 너무 몸을 사리거나 꼭 해야 하는 일에 내키지 않는 태도로 임하는 사람은 오래가지 못했다. 이런 '느긋한 패배자'는 모든 게 고속도로처럼 재빠르게 굴러가는 같은 엔론에서 빠져줘야 했다.

스킬링의 접근법에는 몇 가지 장점이 있었다. 특히 그의 방식은 혁신을 촉진했다. 스킬링과 그의 수하들이 내놓는 창의적 아이디어는 에너지 산업에 크게 이득이 되었다. 하지만 그만큼 단점도 있었다. 아무것도 없던 곳에서 기회를 만들어내고 모험적 방식을 강조한 스킬링의 방식에는 실패가 따를 수밖에 없었다. 보통 사업을 하다 보면 수습 가능한 실수가 가끔 발생할 수 있다. 하지만 엔론은 '세계를 선도하는 기업'이 되고 싶었고 스킬링은 작은 실수도 용납할 수 없었다. 그래서 경제가 조금씩 둔화하고 다른 기업들이 더 효율적 경쟁을 시작했을 때 엔론은 어려움을 겪기 시작했다. 불행인지 다행인지 한 영리한 회계 담당자가 새로운 해결책을 고안해냈다.(훌륭한 엔론 직원이라면 누구나 알았듯이 결국 모든 문제에는 해결책이 있다!) 그는 엔론의 손실을 감추고 계속 높은 수익을 올리는 것처럼 보이기 위해 파트너십을 복잡하게 맺기 시작했다.

이 교묘한 회계 방식의 정당성에 대해 몇몇이 이의를 제기했다. 하지만 엔론이 만든 허세 넘치는 모험적 규범과 엔론 사람들이 다른 어느 회사 사람들보다 똑똑하다는 믿음은 조직의 위험을 정확히 평가하고 합리적 결정을 내리는 데 방해물이 되었다. 또한 집단의 압박으로 인해 직원들이 '다들 괜찮다고 생각하는 것 같군' '무언가 부적절한 점을 지적하면 패배자 딱지가 붙겠지'라고 생각하게 되어 소수의 영향력이 발휘될 가능성도 없었다. 위험한 사업을 너무 많이 벌인 엔론은 곧 카드로 만든 집처럼 위태로워졌고, 점점 많은 회계 부정을 저지르며 버티는 수밖에 없었다. 그러던 중 셰런 왓킨스가 케네스 레이에게 전달한 내부 쪽지가 공개되자 엔론은 순식간에 무너졌다. 마틴 루서 킹 목사와 같은 카리스마 넘치는 지도자가 가르쳐주었듯 변혁적 리더십의 힘은 엄청난 일을 이룰 수 있다. 하지만 그 힘이 집단을 위험의 구렁텅이로 몰아넣을 수도 있다.

월드컴 역시 카리스마 있는 지도자 버나드 에버스(Bernard Ebbers)의 지휘 아래 움직였다. 에버스는 원격 통신 분야에서 성장하려면 관련 업체를 사들이고 훨씬 큰 네트워크에서 연결해야 한다고 믿었다. 실제로 이 전략이 한동안 상당한 효과를 발휘해 월드컴은 금세 세력을 세계로 확장했다. 하지만 에버스는 실제로 업체를 경영하고 좋은 서비스를 제공하기보다 기업을 인수하는 데 치중했고 이런 태도는 여러 단계를 거쳐 회사 전체로 퍼져갔다. 생각이 다른 사람들도 있었지만 거의 지지를 받지 못했다. 급기야 많은 사람이 회사를 떠났다. 더 이상 큰 거래가 없어지자 비효율적 운영과 불만에 찬 고객층을 감당해야 했던 월드컴은 성장과 이득에 대한 투자자들의 높아진 기대를 충족하기가 더욱 어려워졌다. 엔론과 마찬가지로 월드컴 역시 수상쩍은 회계 방식을 이용해 손실을 감추었다. 그리고 엔론에서처럼 신시아 쿠퍼가 의혹을 품고 이사회에 접근하자 한때 강력했던 이 기업 역시 카드로 만든 집처럼 무너져 내렸다. 반대 의견을 인정하고 소수 의견을 진지하게 숙고할 줄 모르는 조직이 어떻게 실패할 수 있는지 여기에서 다시 한번 확인할 수 있다.

FBI의 리더십 문제의 원인은 상부의 잘못된 변혁적 리더십이 아니라 현장 요원에게 부여된 통제권의 부족이었다. FBI는 매우 체계적이고 계층적인 조직이다. 그곳에서는 정보와 권한의 흐름이 융통성 없이 미리 결정된 방식으로 움직인다. 요원들은 상관의 심기를 거스를까 두려워했고, 상관들 역시 윗사람을 두려워했다. 그러므로 콜린 롤리가 의회에서 증언하며 언급했듯, 경력 지향적 요원들은 나중에 질책의 대상이 될지 모를 결정을 쉽게 내리지 못했기 때문에 빠르고 직접적인 조치를 취할 수 없었다. 이런 양상은 우리 주변에서도 너무나 자주 발견된다. 집단 구성원들이 집단에 섞여 들고 그들과 어울리고 받아들여지고 자리를 보존하는 문제에 너무 신경 쓰다 보면, 구성원들이 공유할 수 있을 모든 정보와 지식 같은 집단의 장점을 활용하기가 매우 어려워진다. 그리하여 반대 의견을 낼 수 없는 엔론과 월드컴의 의사 결정 문화가 몰락의 원인이 되었듯, 결정을 망설이는 FBI 본부의 의사 결정 문화가 자카리아스 무사우이를 조사하기 위한 미니애폴리스 지부의 요청을 묵살하고 말았다.

FBI, 엔론, 월드컴의 문화의 문제 많은 특성이 밝혀졌을 때 높은 보수를 받던 지도자들은 트루먼 대통령의 원칙대로 집단의 실패에 대한 자신들의 책임을 받아들였는가? 집단에서 불거진 병폐를 고치기 위한 책임까지 떠맡았는가? 그들은 아마 이렇게 말했을 것이다. "모든 책임은 다른 사람이 진다."

그 책임은 정말로 다른 사람이 졌다. 이 모든 일의 책임은 콜린 롤리, 셰런 왓킨스, 신시아 쿠퍼를 비롯해 조직에서 발견한 문제를 고치려 시도한 다른 사람들의 책상에 놓였다. 지도자들이 그들의 노고를 인정했을까? 그럴 리 없었다. 몇몇 동료들은 오히려 그들을 영웅이 아니라 배신자로 취급했다. 어쨌든 충성은 직장 내 응집성을 유지하는 데 필요한 집단의 본질적 가치가 아닌가? 어느 정도는 그렇다. 물론 이들은 자신이 진짜 본질적인 방식으로 조직에 충성한다고 믿었다. 콜린 롤리는 FBI의 목적이 미국 사람들을 보호하는 것이고, 이것이 요원 자신의 명성을 보호하는 일보다 훨씬 중요하다고 생각했다. 셰런 왓킨스와 신시아 쿠퍼는 기업이 근본적으로 주주에게 책임이 있으며 주주를 등쳐먹는 문제의 뿌리를 찾는 일이 좋은 기업 이미지를 유지하는 것보다 중요하다고 믿었다. 세 사람은 행동함으로써 장기적으로 조직에 가장 좋은 일을 하고 있다고 믿었다. 조직의 잘못을 지적하기 위해 자신과 경력을 위험에 밀어넣음으로써 이들은 조직에 옳은 일이 무엇인지 재확인했고 진정성 있고 용감한 리더십이 가장 어려운 환경에서 생길 수 있음을 보여주었다.

12장에서 우리는 사회심리학이 조직 과학과 연결된다는 사실을 알게 되었다. 즉, 사회심리학은 대기업과 연방 정부에 대한 연구, 공동체와 친구 네트워크, 사교 클럽과 형사 배심원단과도 연관성이 있다고 할 수 있다. 우리는 사회적 동물로서 일상의 많은 부분을 집단에 속해 보내므로 사회심리학의 이론과 발견은 관리 방식의 개선, 배심원의 의사 결정 과정, 공동체의 개입과 참여, 팀 수행 등에 관심 있는 사람들에게 많은 정보를 제공한다. 13장에서는 사회심리학이 개인 및 개인 간의 상호작용뿐 아니라 더 큰 집단과 사회 차원의 상호작용을 이해하는 데도 상당히 유용함을 알게 될 것이다.

제13장

사회적 딜레마

●

──────── **이탈리아와 방글라데시의 상반된 미래** ────────

1971년 이탈리아와 방글라데시는 둘 다 인구밀도가 높은 나라였다. 당시 이탈리아의 인구는 5400만으로, 미국 뉴멕시코주(이탈리아와 면적이 비슷한)에서 1명이 차지하는 공간에 50명이 들어앉은 셈이었다. 방글라데시는 그보다 인구밀도가 높아 이탈리아의 반도 되지 않는 면적에 6600만 명이 들어차 있었다.

2014년까지 방글라데시의 인구밀도는 더욱 높아졌다. 1971년 1명이 차지하던 공간에 2.5명이 들어간 격이었다. 이 작은 나라에 이제 1억 6600만 명이 살고 있다. 비옥한 나라지만 현재의 농장으로는 그 많은 사람들을 먹이기에 부족하며 상황은 점점 나빠진다. 사실 이 나라는 기아 아동 비율로 따지면 세계 최상위에 해당하고, 아이들 중 3분의 1 이상이 저체중이다.(*CIA World Factbook*, 2014) 이러한 상황은 성인 중 43%가 읽고 쓰지 못하는 높은 문맹률로 인해 더욱 악화된다.(미국인의 문맹률은 1%에 불과하다.)

이런 암울한 상황에 대응해 방글라데시의 벵골인들이 가까운 인도로 몰려들었지만 그곳에서도 환영받지 못했다. 1983년에는 인도의 한 마을에서 주민들이 광분해 벵골인들을 습격한 지 5시간 만에 1700명의 벵골인을 학살하는 일이 벌어졌다. 이후 인도에서 방글라데시 쪽 국경을 둘러막으려고 시도하면서 두 나라의 분쟁은 오늘날까지 지속되어왔다.

반면 이탈리아는 완전히 다른 방향으로 변했다. 이탈리아는 45년 동안 인구가 13%밖에 증가하지 않았고 최근에는 인구 증가율이 0에 가까운 상태를 유지하고 있다. 한때 제3세계 국가로 구분되던 이탈리아는 세계에서 가장 부유한 나라 중 하나로 부상했다. 문맹률 역시 미국과 같은 수준이다.

한편 이웃 유럽 국가들과 이탈리아의 동맹은 20세기 초반의 갈등 상황을 완전히 뒤집어놓았다. 사실 이탈리아는 한때 적국이었던 국가들과 함께 유럽연합(EU)에 가입했다. EU 회원국들은 공통 화폐를 사용하고 비교적 국가 간 통행이 자유로워 과거와 달리 국경의 의미가 점차 흐려지고 있다. 다른 서유럽 국가들 역시 이탈리아처럼 인구 증가율이 감소하고 경제적으로 점점 풍요로워지고 있다. 그뿐 아니라 유럽 국가들은 환경보호에 앞장서며 다른 나라들을 이끌고 있다.

우리는 남부 아시아와 유럽에서 세계의 대조적인 미래를 볼 수 있다. 방글라데시와 인도를 비롯한 제3세계 국가에서 인구 폭발이 지속되면 세계의 숲과 바다, 강이 고갈되고 여러 생물이 곧 멸종할 뿐 아니라 국가 간 갈등도 계속 증가할 것이다. 하지만 지금 이탈리아와 유럽에서 일어나는 혁명적 변화가 세계적으로 확산된다면 인구 폭발이 지구 생태계에 미치는 엄청난 피해가 멈추거나 상황이 역전될 것이다. 사실 일부 경제학자들은 혁명적 미래를 구상하기도 한다. 이들의 생각대로라면 조용하고 효율 높은 탈것이 수증기만으로 움직이고, 산업폐기물은 거의 자취를 감출 것이며, 실업이 사라지고, 효율 높은 주택에서 에너지를 자급자족하고, 세계의 밀림이 재건되고, 석탄과 원자로, 석유에서 발생하는 폐기물도 대부분 사라질 것이다.

그렇다면 왜 세계 국가들이 유럽의 사례를 따르지 않을까? 인구 과잉, 환경 악화, 국가 간 갈등이 방글라데시, 인도, 파키스탄 사람들에게 그토록 분명한 피해를 끼치는데 왜 그들은 손을 쓰지 않을까?

제한 없이 늘어나는 인구와 환경 파괴, 국가 간 갈등이라는 난제는 아마도 오늘날 인류가 마주한 가장 중요한 문제일 것이다. 여기에서 이러한 난제들을 함께 살펴보는 이유는 2가지다. 첫째, 이 집단 차원의 사회현상은 개인의 심리부터 더욱 복잡한 사람과 환경의 상호작용에 이르는 우리의 행보를 완성해줄 것이다. 둘째, 이러한 전 지구적 차원의 사회적 딜레마는 개인 내면의 생각과 감정이 어떻게 결합해 예상치 못한 집단 차원의 패턴으로 나타나는지를 인구 과잉, 환경 파괴, 국가 간 갈등처럼 아주 거대한 집단 차원에서만 발생하는 문제를 통해 생생하게 보여준다.

먼저 우리는 사회적 딜레마를 정의하고 이러한 3가지 사회문제의 공통점을 살펴보려 한다. 그다음 이런 거대한 딜레마에 내재하는 목표를 알아보고, 이 문제들의 해결 방법을 알려줄 사람과 상황의 요소들을 분석할 것이다.

사회적 딜레마의 정의

인구 과잉, 환경 파괴, 국가 간 갈등이라는 현대의 문제는 원래 작은 집단에서 살기 위해 발달한 자기 본위적 심리 기제에 기초한다. 불행하게도 이러한 심리 기제는 전 지구적 차원에서 파괴적인 결과를 낳았다. 사실 세계적 문제들은 개인의 자기 본위적이고 자기 기만적인 경향이 집단의 더 큰 이득과 충돌해 나타난다. 각각의 문제는 **사회적 딜레마**(social dilemma)의 형태로 볼 수 있다. 사회적 딜레마는 모든 사람이 이기적인 선택을 해 집단 전체가 손해를 보지 않는 한 개인이 이기적 선택으로 이익을 얻는 상황을 말한다.(Allison, Beggan & Midgley, 1996; Parks, Rumble & Posey, 2002; Dovidio, Piliavin, Penner & Schroeder, 2006)

사회적 딜레마에 관한 연구는 **죄수의 딜레마**(prisoner's dilemma)라는 아주 간단한 게임에 뿌리를 둔다.(Axelrod, Riolo & Cohen, 2002; Van Vugt & Van Lange, 2006) 사기꾼 A와 B가 무단 침입 혐의로 체포되었다고 해보자. 두 사람은 최근 일어난 연쇄 강도 사건에 대한 혐의까지 받고 있다. 검사는 A를 〈그림 13.1〉과 같은 딜레마 상황에 빠뜨린다. 당신이 A라면 어떻게 하겠는가? A에게 가장 좋고 B에게 가장 나쁜 상황은 A가 배신(자백)을 선택하고 B가 협력(침묵)을 선택하는 경우다. 둘 다 배신을 선택한다면(둘 다 서로에게 불리한 증언을 한다면) 둘 다 약간 부정적인 결과를 얻게 된다. 마지막으로 둘 다 협력을 선택한다면(둘 다 침묵을 선택한다면) 둘 다 적당히 괜찮은 결과를 얻는다.(Sheldon, 1999; Tenbrunsel & Messick, 1999)

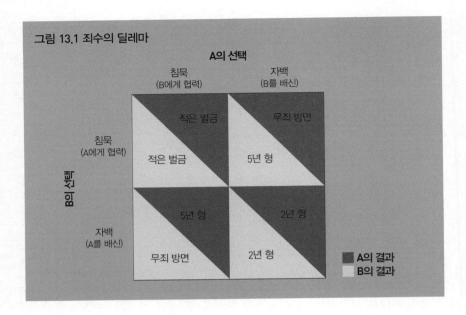

그림 13.1 죄수의 딜레마

A의 선택

침묵
(B에게 협력)

자백
(B를 배신)

B의 선택

침묵
(A에게 협력)

적은 벌금

적은 벌금

무죄 방면

5년 형

자백
(A를 배신)

5년 형

무죄 방면

2년 형

2년 형

■ A의 결과
□ B의 결과

　　정리하면 A는 2가지 가운데 하나를 선택할 수 있다. 침묵을 지키거나(공범
인 B가 기소당하지 않도록 도와주거나) 검사에게 자백하는(같이 침묵하기로 한 공범 B
와의 약속을 배신하는) 것이다. 한 사람만 자백하면 검사에게는 확실한 증거가 생
기고 자백한 사람은 풀려난다. 둘 다 침묵을 선택하는 것이 두 사람에게 가장
좋은 결과를 가져온다. 하지만 그 결정에는 딜레마가 있다. A가 침묵하고 공범
인 B가 자백한다면 A에게 정말 나쁜 결과가 생기기 때문이다.

　　국가 간 갈등도 가끔 죄수의 선택처럼 일대일의 성격을 띤다. 대립하는 양
국 지도자가 서로를 누르려 하는 것이다. 하지만 전 지구적 문제는 좀 더 집단
차원의 딜레마인 경우가 많다. 즉, 이런 문제에서는 개인의 직접적 이득과 더
큰 집단의 이득이 충돌한다.(Foddy et al., 1999 ; Koole et al., 2001) 수십억 명
이 매일 마주치는 이런 집단 차원의 딜레마는 인구 과잉과 환경 파괴 문제에
내재한다. 다음에 살펴볼 '공유지의 비극(tragedy of the commons)'은 이렇게
모르는 사이에 작용하는 사회적 딜레마의 원형이다.

BOX 13.1

공유지의 비극

환경보호 문제에서 개인이 이기적으로 행동하면 집단에 파괴적 결과가 발생할 수 있다. 이 과정을 보여주기 위해 생태학자 개릿 하딘(Garrett Hardin, 1968)은 가축을 너무 많이 방목한 뉴잉글랜드의 공동 목초지에 대해 설명했다. 이 목초지는 목동들이 자유롭게 가축을 풀어놓을 수 있는 공유지였다. 목동들은 가축을 지나치게 많이 풀어놓으면 가축들이 풀을 너무 많이 뜯어 먹어 땅이 황폐해지고 결국 모든 가축이 굶주린다는 사실을 알았다. 따라서 각자의 사유지에서는 땅이 황폐해지지 않을 만큼만 가축을 풀어 길렀다. 하지만 공유지에서는 그런 제한을 두지 않았다. 결국 공유지는 과도한 방목으로 파괴되는 일이 잦았다.

이 공유지의 비극을 초래한 원인이 무엇일까? 공유지에 동물을 1마리 더할 때마다 목동에게는 직접적 이익이 돌아갔지만 발생한 비용은 공유지를 사용하는 모든 사람이 공동으로 부담해야 했다. 따라서 개인이 이익을 가장 극대화하는 행동은 단기적으로 볼 때 공유지에 동물을 추가하는 것이었다. 많은 목동들이 이런 단기적 전략을 따랐기 때문에 장기적으로는 전체 집단이 사용하던 공유지의 파괴라는 비용을 치러야 했다.

흔히 볼 수 있는 이 딜레마는 **보충되는** 자원 관리 딜레마(replenishing resource man-agement dilemma)의 한 예다.(Schroeder, 1995a) 이런 유형의 딜레마에서 집단 구성원들은 지나치게 수확하지만 않으면 계속 이익을 얻을 수 있는 재생 가능한 자원을 공유한다. 알래스카 킹크랩을 예로 들어 생각해보자.(〈그림 13.2〉참고) 1980~84년 4년 동안 더 정교하게 킹크랩을 찾는 배를 더 많이 내보냈는데도 알래스카 킹크랩 포획량은 92% 감소했다. 〈그림 13.2〉처럼 모든 개인이 이익을 극대화하려 하면 킹크랩은 다음에 포획할 만큼 충분히 보충되지 않고 남아 있는 개체도 금방 사라질 것이다. 이와 같은 딜레마로 인해 붉돔, 대서양대구, 참다랑어 등의 많은 어류가 거의 씨가 마를 지경이 되었다.(Hayden, 2003)

사회심리학자 케빈 브레히너(Kevin Brechner, 1977)는 공공재 딜레마에 관한 모의 실험을 진행했다. 그는 3명의 학생으로 구성된 여러 집단에게 게임에서 150점을 따면 한 학기 분량의 실험 점수(보통 3시간)를 30분 만에 얻을 수 있는 기회를 제공했다. 버튼을 누르면 공유 자원에서 얻은 점수가 개별 학생들 앞으로 합산되었다. 공유 자원은 24개의 전구가 달린 판으로 대신했다. 누구라도 득점하면 공유 자원에서 전구가 하나씩 꺼졌다. 공유 자원은 공유 목초지의 풀이나 알래스카 킹크랩처럼 저절로 보충되었다. 공유 자원이 거의 꽉 차 있으면 2초마다 전구가 하나씩 재생되었다. 공유 자원이 4분의 3만큼 차 있으면 4초마다 하나씩 재생되고, 절반 차 있으면 6초마다 하나씩 재생되고, 4분의 1밖에 남지 않으면 8초마다 하나씩 재생되었다. 마지막 남은 불까지 꺼지면 게임이 끝나고 보충은 완전히 멈추었다.(〈그림 13.3〉 참고)

그림 13.2 연도별 킹크랩 포획량으로 본 공공재 딜레마

1970	1971	1972	1973	1974
킹크랩 포획량	킹크랩 포획량	킹크랩 포획량	킹크랩 포획량	킹크랩 포획량
남은 개체 수	남은 개체 수	남은 개체 수	남은 개체 수	남은 개체 수

킹크랩이 25%씩 보충되면 앞으로도 매년 25%까지는 안정적으로 포획할 수 있다.

1980	1981	1982	1983	1984
킹크랩 포획량	킹크랩 포획량	킹크랩 포획량	킹크랩 포획량	킹크랩 포획량
남은 개체 수	남은 개체 수	남은 개체 수	남은 개체 수	남은 개체 수 없음

25% 이상 포획하면 남은 개체 수가 급속히 줄어들고 결국 사라지기 시작할 것이다.

이번에 포획하면 한 마리도 남지 않게 된다.

어민이 킹크랩을 천천히 잡으면 저절로 보충되므로 앞으로도 계속 수익을 얻을 수 있다. 킹크랩 보호가 산업 전체의 이익을 위하는 길이지만 많이 잡을수록 개인에게 직접적 이익이 돌아오므로 어민은 당장 최대한 많이 잡고 싶은 유혹에 빠지게 된다. 하지만 1980년대에 일어난 일처럼 모든 사람이 그렇게 하면 번식할 수 있는 개체를 거의 다 파괴하는 셈이다. 이것이 보충되는 자원 관리 딜레마의 한 예이다.

사회심리학

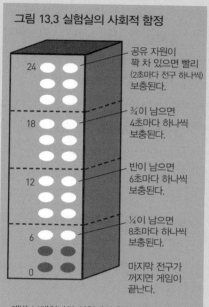

그림 13.3 실험실의 사회적 함정

24 — 공유 자원이
꽉 차 있으면 빨리
(2초마다 전구 하나씩)
보충된다.

18 — ¾이 남으면
4초마다 하나씩
보충된다.

12 — 반이 남으면
6초마다 하나씩
보충된다.

6 — ¼이 남으면
8초마다 하나씩
보충된다.

0 — 마지막 전구가
꺼지면 게임이
끝난다.

케빈 브레히너의 실험에서 참가자 집단이 제공
받은 자원은 킹크랩의 사례처럼 천천히 가져가
면 더 빨리 보충되었다. 개인의 이기심 때문에
공유 자원은 매우 빨리 고갈되었고, 특히 집단
구성원들이 의사소통할 수 없을 때 더욱 두드
러졌다.

이 게임에서 성공하려면 학생들은 자원이 최대한 빨리 재생될 수 있도록 남은 공유 자원을 높은 수준으로 유지하는 데 협력해야 했다. 서로 의사소통할 수 없을 때는 수행 결과가 매우 형편없었다. 의사소통할 수 없었던 집단은 대부분 1분도 되지 않아 공유 자원을 비워버렸다. 이들은 평균 14점밖에 얻지 못했다. 의사소통할 수 있을 때도 대개 최적의 상태를 유지하지 못했으나 그래도 꽤 잘해냈다. 이들은 평균 70점을 얻었다. 사라지는 킹크랩 문제와 마찬가지로 통제된 실험실 연구는 사람들이 공유 자원을 적절한 수준으로 유지하는 데 큰 어려움을 겪을 때가 많다는 사실을 보여준다.(e. g.. Seijts & Latham, 2000) 개인이 너무 빨리, 너무 많이 가져가지 않으면 집단 전체가 이익을 얻음에도 집단 구성원들은 이기적으로 행동하고자 하는 유혹에 빠져 집단을 파산시키는 경우가 많다.

공유지의 비극과 같은 딜레마에서 개인은 제한된 공유 자원을 조금씩 가져갈 수 있다. 이런 유형의 딜레마는 **공공재 딜레마**(public goods dilemma)와 구분된다. 공공재 딜레마에서는 일부 개인들이 공익을 위해 기여하면 집단 전체가 이득을 보지만 다른 사람들이 충분히 기여하면 '무임승차'로 이익을 얻는 사람들이 생긴다.(Abele & Ehrhardt, 2005: Allison & Kerr, 1994: Kurzban & DeScioli, 2008) 공공재 딜레마의 한 예는 공영방송에서 기부를 호소하는 경우다. 청취자 가운데 최소 인원만 기부하면 방송국은 모두가 즐기는 방송을 계속할 수 있다. 하지만 기부자가 너무 적으면 공익이 아예 없어진다. 이 딜레마는 아무도 공익을 제공할 필요가 없기 때문에 일어난다. 순전히 경제적 관점으로 볼 때 가장 자기 본위적인 행동은 호소를 무시하고 다른 사람이 사회적 책임을 더 지기를 바라는 것이다. 이렇게 하면 개인은 비용을 전혀 들이지 않고 이익을 얻을 수 있게 된다.

전 지구적으로 중요한 문제들은 모두 대규모의 사회적 딜레마라고 할 수 있다. 13장에서 계속 자세히 다루겠지만 각각의 딜레마는 개인의 이익을 위하는 단순한 기제와 전 지구적 공동체의 공익이 충돌해 나타난다. 이러한 전 지구적 문제는 서로 연결되어 있기도 하다.(Howard, 2000 ; Oskamp, 2000)

맞물리는 문제와 해결책

인도 아삼 지방의 주민들이 5시간 동안 광란에 휩싸여 1700명의 벵골 이민자들을 살육하게 만든 이유는 대체 무엇일까? 이 문제와 세계 곳곳의 비슷한 사건들을 연구하기 위해 30명으로 이뤄진 연구 팀이 구성되었다.(Homer-Dixon et al., 1933) 연구자들은 몇 가지 패턴을 발견했다. 많은 나라에서 인구 증가는 천연자원의 감소로 이어지고, 그것은 경제에 상당한 부담이 된다. 이런 경제적 문제에 대한 단기적 해결책(당장의 이익을 위한 대규모 벌목 등)은 결국 장기적으로 볼 때 문제를 더 악화할 뿐이다.

100만 년이 넘는 세월 동안 세계 인구는 그리 많지 않았다.(1000만 명 이하) 하지만 지난 200년 동안 일어난 극적인 인구 증가 추세로 보아 앞으로 수십 년 안에 세계 인구가 100억 명에 달할 것으로 예상된다. 세계 인구가 극적으로 증가했다는 사실에 비추어, 연구 팀은 환경 파괴와 국가 간 갈등도 뒤따를 것이라는 결론을 내렸다. 실제로 방글라데시, 중앙아메리카, 아프리카 같은 지역에서 인구가 증가하자 환경과 식량원이 훼손되었고, 지역 거주민들은 살 곳을 찾아 떠나야 했다. 이러한 주민 이주는 국가 간 갈등으로 이어진다. 결국 남아 있는 귀중한 땅과 자원을 차지하기 위해 모두가 싸우게 된다. 벵골 이주민 학살은 세계 역사에서 예외적 사건이 아니었다. 그런 집단 학살 사건은 아프리카, 중앙아메리카, 중동 지역에서 최근 더욱 빈번해지고 있다.

세계의 사회적 딜레마에 내재하는 목표

이렇게 단계적으로 확대되는 딜레마에 빠지는 이유는 무엇일까? 의도적으로 인구 과잉, 환경 파괴, 국가 간 갈등을 목표로 삼는 사람은 없을 것이다. 그보다는 대개의 사람들이 자신에게 유리한 방향으로 살아감으로써 의도치 않게 그런 문제들에 손을 보태는 식이다. 사실 전 지구적 문제들이 딜레마인 이유는 작은 집단에서 살던 선조들에게 유용했던 동기가 뿌리에 자리하기 때문이기도 하다.(Penn, 2003: Van Vugt, Griskevicius & Schultz, 2014) 이 책에서 여러 번 논한 많은 동기들은 개인적 결정에 영향을 미치고, 그 결정들이 모여 전 지구적 차원의 사회문제가 된다. 예를 들어 인구 문제에는 8장에서 논한 번식의 목표가 내재한다. 또한 2장과 3장에서 깊이 논했듯 복잡한 정보를 단순화하려는 일반적 목표 때문에 사람들은 어떤 해결책이 복잡한 현실에서 어떻게 작용할지 분석하는 대신 간단한 정치적·경제적 해결책에 매달릴 때가 많다.(Gardner & Stern, 1996) 하지만 세계적인 사회문제에 대한 논의는 큰 집단에서 나타나는 2가지 목표에 초점을 맞출 것이다. 바로, 즉각적으로 만족을 얻으려는 욕구와 중요한 사람들과 자신을 지키려는 욕구다.

즉각적 만족을 얻으려는 욕구는 개인의 필요를 충족하기에는 좋지만 집단 차원에서 문제가 되는 목표의 좋은 예다. 우리 선조들은 눈비를 무방비로 맞으며 우두커니 서 있지도 않았고, 물고기를 잡고 나무를 베는 가장 어려운 방법을 찾으려 하지도 않았다. 대신 그들은 항상 특별한 이익이 있는지 주시함으로써 살아남았다. 겨울에는 따뜻함을, 여름에는 시원함을 추구했고 과일, 생선, 고기를 더 많이 얻으려 했으며 시간과 노동이 절약되는 기술을 갈구했다. 얄궂은 사실은 환경을 '정복'하려던 선조들의 기술이 후손에게 물려줄 환경을 파괴하는 결과를 낳을지도 모른다는 점이다.

다행히도 인간에게는 장기적 이득을 위해 단기적 만족을 (적어도 가끔은) 미루는 능력이 있다.(Insko et al., 1998: Yamagishi & Cook, 1993) 그뿐 아니라 인간은 집단 구성원들과 협력해 살아남았고, 집단의 이익을 위해 희생하려는 동기로 움직이는 사람도 많다.(Van Vugt & Van Lange, 2006) 인간이 어떤 환경에서 집단의 장기적 이득 대신 단기적이고 이기적인 보상을 추구하는지 이해한다면 현대의 심각한 문제들을 해결하는 단서를 얻을 수 있다.(Van Vugt et al., 2014)

인간의 이기심과 협력에 영향을 미칠 수 있는 변수 하나는 친척들과의 접촉 양상이다. 우리 선조들은 대부분의 시간을 가족의 유대를 공유하고 장기적 협력 관계인 사람들과 함께 보냈다. 반면 오늘날 사람들은 친척이 아닌 수백 명의 사람과 매일 접촉하며 살아가고 그중에는 아예 모르는 사람도 있다. 유전적 이득과 도움 행동에 관해 앞서 논한 바와 같이(9장 참고) 몇몇 연구들은 사람들이 아주 모르는 사람보다 친척이나 친척처럼 보이는 사람들에게 더 협력적임을 시사한다.(Ackerman, Kenrick & Schaller, 2007; Krupp, DeBruine & Barclay, 2008)

협력에 방해가 되는 현대적 삶의 또 다른 특징도 있다. 국가 간 갈등과 가장 직접적으로 관련 있는 목표는 중요한 사람들과 자신을 지키려는 욕구다. 이런 욕구가 있을 때도 자칫하면 한쪽으로 지나치게 치우치기 쉬우므로 자신의 특별한 이익을 지키려면 미묘한 균형을 잡아야 한다. 11장에서 배웠듯 집단은 부족한 자원을 차지하기 위해 서로 경쟁하고 자원이 더 부족해짐에 따라 경쟁도 심화된다. 이와 같은 이유로 국가들과 그 안의 여러 집단은 이해관계가 충돌할 수밖에 없다.(Mitchell, 1999) 경쟁이 노골적 싸움으로 이어지면 경쟁자들은 자신이 중요하게 여기는 사람들과 함께 큰 위험에 처하게 되고 특히 위험한 무기들을 넘치게 갖춘 환경에서는 더욱 위험해진다.

이렇듯 전 지구적 차원의 사회적 딜레마에 대한 논의는 즉각적 즐거움과 자원을 향한 충동 만족시키기와 자신이 중요하게 생각하는 사람들과 자신 지키기라는 2가지 기본적 목표를 중심으로 진행될 것이다.

———————— **즉각적인 만족의 추구** ————————

1960년대에는 이런 표현이 유행했다. "느낌이 좋으면 그냥 해라!" 생리심리학자들은 실제로 포유류의 뇌에서 특히 '좋은 느낌'을 관장하는 것으로 보이는 영역을 발견했다. 제임스 올즈(James Olds)와 피터 밀너(Peter Milner, 1954)는 시상하부의 한 영역에 전극을 이식했다. 훗날 이곳은 '쾌감 중추(pleasure center)'라고 불리게 된다. 동물들은 이곳에 자극을 얻기 위해 몇 시간이고 레버를 눌러댔다. 그 후 인간의 뇌에 대한 신경심리학적 탐구에서 시작된 연구들은 인간에게도 특정한 영역이 있고 그와 연결된 신경화학적 체계와 호르몬 체계가 있으며 즐거움을 경험할 때 그 영역이 활성화된다는 사실을 밝혀냈다.(Kelley, 2005) 이런 체계는 뇌가 몸에게 이렇게 말하기 위해 설계된 것으로 보인다. "방금 뭘 했는지 모르겠지만 다시 해봐!" 하지만 다음 내용에서처럼 단기적 만족을 향한 욕구는 가끔 우리를 함정에 빠뜨리기도 한다.

사회적 함정

수십 년 전 행동심리학자 존 플랫(John Platt, 1973)은 즉각적 자기만족 충동이 어떻게 사회적 딜레마로 이어지는지에 대한 매혹적 통찰을 몇 가지 제공했다. 플랫에 따르면 신속한 만족을 원하는 욕구는 **사회적 함정**(social trap)으로 이어진다. 사회적 함정이란 개인이나 집단이 나중에 불쾌하거나 치명적인 결과를 낳는다고 밝혀지는 즉각적 보상에 끌리는 상황을 말한다. 플랫은 사회적 함정이 아주 명쾌하고 가장 기본적인 2가지 강화 원리에 따라 작용한다고 언급했다. 즉시 보상이 주어지는 행동을 반복한다는 것이다. 불행하게도 이 함정은 어떤 행동이 강화될 당시에 그에 따르는 대가가 겉으로 드러나지 않을 때 일어난다. 이 대가는 몇 가지 이유로 감춰질 수 있다.

단기적 결과와 장기적 결과의 괴리 가끔 어떤 행동의 단기적 결과는 긍정적인데 장기적 결과는 부정적인 경우가 있다. 혼자서 차를 타고 출근하거나 바깥 기온과 관계없이 보일러 온도를 섭씨 24도로 설정한다면 개인적이고 즉각적인 이익을 얻는다. 에너지 공급 감소라는 대가는 몇 년 후에야 와닿으므로 당장 오늘 편리한 지름길을 사용할 때는 그 대가에 대해 생각하지 않는다. 이와 반대로 차를 탈 때보다 30분이 더 걸리는 버스를 타고 실내에서 스웨터를 입거나 여름에 조금 땀을 흘리는 행동의 대가 역시 직접적이고 개인적이다. 이런 행동이 궁극적으로 더 풍부한 연료나 더 깨끗한 공기라는 이득을 증진할지 몰라도 이런 이득은 너무 멀리 떨어져 있다.

장기적 결과에 대한 무지 자동차는 폐암과 심혈관계 질환, 고혈압, 지적장애에 영향을 미칠 수 있는 배기가스를 배출한다.(Doyle, 1997) 처음에 내연기관을 고안한 사람은 이러한 결과에 대해서는 전혀 몰랐을 뿐 아니라 출퇴근하는 사람들로 가득한 8차선 고속도로의 교통 체증은 상상해본 적도 없을 것이다. 결국 사람들이 어떤 행동 패턴에 빠지는 이유는 그 행동으로 인해 단기적으로 큰 보상을 얻는 반면 대가는 시간이 많이 지나지 않는 이상 크게 와닿지 않기 때문이다.

변화하는 강화 요인 변화하는 강화 요인(sliding reinforcer)이란 조금만 사용될 때는 보상을 초래하는 반면 많이 사용될 때는 처벌을 초래하는 자극을 말한다. 한동안 로스앤젤레스는 미국에서 대기오염이 가장 심한 대도시 축에 들었다. 대기오염의 원인은 주로 자동차 배기가스였다. 하지만 자동차가 처음 로스앤젤레스에 도입될 무렵에는 대기오염에 그리 큰 영향을 미치지 않고 편리함만 제공했을 것이다. 거리에 차가 별로 없다면 로스앤젤레스에서 대기오염이 문제되지 않을 것이다. 하지만 불행하게도 수백만 대가 거리로 쏟아져 나오자 자동차는 맑은 하늘을 회색 스모그 가득한 하늘로 바꾸는 기계로 탈바꿈했다.

이와 같이 사회적 함정은 다른 환경이었다면 적응적이었을 규칙 때문에 발생한다. 사회적 함정에 빠지는 사람들은 병적이거나 비정상적인 행동을 하는 것이 아니다. 사실 개인으로서는 즉각적 이득 추구라는 합리적 결정을 하는 셈이다. 문제는 개인이 모여 집단이 될 때와 개인의 이기심이 집단에 영향을 미칠 때 발생한다는 점이다. 사회적 함정이라는 개념은 환경 파괴와 인구 과잉, 국가 간 갈등을 이해하는 데 도움을 준다. 이런 문제들은 개인이나 집단이 단기적·이기적 보상을 추구하는 한편 장기적으로 공유되는 대가가 드러나지 않을 때 더욱 악화된다.(Howard, 2000; Lynn & Oldenquist, 1986)

사람들이 집단에 장기적으로 이득이 되는 행동보다 즉각적이고 개인적인 만족을 추구하는 데 영향을 미치는 요인은 무엇일까? 이러한 경향은 (1) 이기적이고 자기중심적인 성향을 높이고, (2) 장기간에 걸친 이득보다 즉각적 만족에 초점을 맞추며, (3) 사회적 책임과 상호 의존성의 느낌을 감소시키고, (4) 협력보다 경쟁을 부추기는 사람이나 상황의 요인에 영향받는다.

> ### 사람

이기적 성향 vs 친사회적 성향

사람들이 집단의 장기적 이득 대신 즉각적 이득을 추구할 가능성이 높은 요소는 무엇인가? 최근 수행된 수많은 연구에서는 사람들이 자신을 이롭게 하거나 다른 사람들을 이롭게 하는 행동에 대해 부여하는 가치에 따라 사람들을 구분했다.(e. g., Chen, Mannix & Okamura, 2003; DeCremer & Van Dijk, 2002; Sagive et al., 2011)

가치 지향성에 따른 구분 다른 사람들과 함께 진짜 돈을 딸 수 있는 게임을 한다고 해보자. 다음 중 어떤 결말을 선호하겠는가?

  1. 자기 몫의 보상을 희생해 다른 사람들이 돈을 많이 벌게 해준다.
  2. 가능한 가장 큰 보상을 받은 사람은 아무도 없지만 다른 사람들과 협력해 대부분 혼자 했을 때보다 조금 더 나은 결과를 얻는다.
  3. 집단과 협력하는 것이 개인적으로 이득이 된다면 그렇게 하겠지만 경쟁으로 더 이익을 얻을 수 있다면 경쟁한다.
  4. 다른 사람들보다 잘하는 데 도움이 된다면 자기 몫을 희생해서라도 경쟁에서 이긴다.

국적이 다양한 사람들에게 질문하되 자신이 이득을 볼지 집단에 이득을 줄지 판단할 수 있는 질문들을 한 뒤, 사회심리학자들은 사람들이 이 문제에 관해 4가지 접근법 가운데 하나를 선택하는 경향이 있다는 결론을 내렸다.(e. g., Liebrand & Van Run, 1985; McClintock et al., 1973) **이타주의자**(altruist)는 집단의 이득에 큰 가치를 둔다. 그것이 자신의 개인적 희생을 의미한다 해도 마찬가지다. **협력자**(cooperator)는 협력을 통해 자신과 집단의 공동 이익을 극대화하는 데 가장 큰 가치를 둔다. **개인주의자**(individualist)는 집단의 나머지 사람들은 신경 쓰지 않고 자신의 이득을 극대화하려 한다. 마지막으로 **경쟁자**(competitor)는 절대적 의미에서 자신의 이득이 많고 적음에 상관없이 다른 사람들보다 상대적으로 나은 결과를 얻어 '이기려' 애쓴다. 대부분의 사람들은 협력자와 개인주의자의 범주에 해당하며 이타주의자와 경쟁자 유형은 그보

표 13.1 사회적 가치 지향성의 4가지 유형

이익 추구 대상	유형	특징
집단	이타주의자	자신이 대가를 치르더라도 타인을 도우려는 동기에서 행동한다.
	협력자	자신과 집단의 공동 이득을 극대화하려는 동기에서 행동한다.
개인	개인주의자	타인의 이득이나 대가와 상관없이 자신의 이득을 극대화하려는 동기에서 행동한다.
	경쟁자	자신이 치를 대가가 커지더라도 타인에 비해 나은 결과를 얻으려는 동기에서 행동한다.

다 적다.(Liebrand & Van Run, 1985 ; Van Lange et al., 1997a) 어떤 연구자들은 간편하게 이타주의자와 협력자를 묶어 '친사회적' 범주에 넣고 개인주의자와 경쟁자를 묶어 '이기적' 범주에 넣기도 한다.(Biel & Garling, 1995 ; Chen et al., 2003) (〈표 13.1〉 참고)

한 실험에서는 학생들을 상대로 '에너지 절약'과 관련된 게임을 진행했다. 7명의 학생이 한 팀이 되어 100달러 정도의 공동 자금을 가지고 시작했다. 학생들은 5회에 걸친 게임에서 각자 가져간 액수만큼 딸 수 있되 집단 구성원이 가져간 총액이 공동 자금의 총액을 넘지 않아야 했다. 공동 자금이 0 이하가 되면 게임이 끝났다. 참가자들은 1.5달러 단위로 액수를 높이며 1.5~9달러를 가져갈 수 있었다. 7명이 다섯 번에 걸쳐 게임을 진행하므로 대부분의 사람들이 매번 가장 적은 액수를 가져가야 공동 자금이 바닥나지 않고 집단이 마지막까지 살아남을 수 있다.(1.5달러나 3달러를 선택하는 것이 일반적으로 가장 안전한 전략이다.)

첫 번째 차례에서 그나마 유일하게 집단의 이익을 추구한 이타주의자들은 3달러 이상을 가져갔다. 협력자들은 4달러 안팎을, 개인주의자는 5달러 안팎을, 경쟁자는 5달러 이상을 가져갔다. 게임이 진행됨에 따라 모든 참가자가 돈이 바닥나리라는 사실을 깨닫고 가져가는 돈의 액수를 줄이는 경향이 있었다. 하지만 경쟁자와 개인주의자들은 첫 번째에 너무 많이 가져갔다는 정보를 듣고도 처음에 가져간 액수 이상만 가져갔다. 자원이 거의 바닥난 상태에서 진행된 마지막 차례에도 경쟁자들은 다른 사람들보다 조금 더 가져갔다.(Liebrand & Van Run, 1985)

이 결과와 마찬가지로 다른 연구들 역시 이기적 경향이 있는 사람들은 친사회적 경향이 있는 사람들보다 덜 협력한다는 점을 밝혔다.(Allison & Messick, 1990; Utz, Ouwerkerk & Van Lange, 2004) 이와 같은 맥락에서 최근에 진행된 한 연구에서는 사회적 딜레마 게임에서 자기도취적 학생과 그렇지 않은 학생들의 수행을 비교했다. 자기도취적인 사람들은 자신에 대해 부풀려 생각하는 경향이 있고, 자신이 다른 사람들보다 많이 가질 자격이 있다고 믿으며, "내가 세상을 지배하면 세상은 더 좋은 곳이 될 것이다" 같은 진술에 긍정적으로 반응한다. 게임 참가자들은 협력해 숲을 관리해야 했다. 숲에 있는 나무들은 게임을 시행할 때마다 10%씩 증가한다.(한 번의 시행은 숲이 조성되는 1년의 시간을 의미한다.) 처음에 자기도취적인 학생들은 게임을 시행할 때마다 더 많이 가져가므로 상대보다 나은 결과를 얻는다. 하지만 장기적으로 보면 이들의 자기중심적 행동 때문에 집단 전체의 상태가 악화된다. 자기도취적인 사람의 비율이 높은 집단은 자원이 빨리 고갈돼 게임이 빨리 끝날 가능성이 더 높기 때문이다.(Campbell, Bush, Brunell & Shelton, 2005) 자기 본위적 행동으로 자멸을 초래하는 경우가 또 있다. 집단의 다른 구성원들이 비협조적인 사람들을 지켜보다가 그들을 처벌하는 것이다.(Kurzban, DeScioli & O'Brien, 2007; Vanneste et al., 2007)

친사회적 경향과 이기적 경향의 발달 사람마다 사회적 가치에 대한 지향성이 다른 이유는 무엇일까? 파울 판랑어(Paul Van Lange, 1997b)는 이러한 차이가 다른 사람들과의 상호 의존적 경험에 뿌리를 둔다고 추측했다. 이러한 지향성은 어린 시절에 발달하기 시작해 성인기와 노년에 이르기까지 다른 사람들과의 상호작용을 통해 형성된다. 연구자들은 이 가설을 여러 방식으로 검증했다. 한 연구에서는 631명의 네덜란드 남녀에게 형제자매가 몇 명인지, 가족 내에서 그들이 어떤 위치인지에 대해 물었다. 친사회적인 사람들(이타주의자와 협력자)은 형제자매의 수가 이기적인 사람들(개인주의자와 경쟁자)에 비해 많았다. 특히 친사회적인 사람들은 **손위** 형제자매가 더 많았다. 이에 대해 판 랑어는 친사회적인 사람들이 여러 명의 형제자매와 함께 자라면서 공유하는 규범을 익혀야 했고, 손위 형제자매들이 공유의 규범을 보여주고 시행하는 데 더 능숙했으리라고 추론했다. 다른 연구자들 역시 협력 심리의 발달과 관련해 낙관적 전망을 보여주었다. 즉, 사람들은 일반적으로 나이가 들면서 더 친사회적으로 변해간다.(Benenson, Pascoe & Radmore, 2007)

또한 연구자들은 친사회적 경향과 애착 유형의 관계(8장 참고)에 대해서도 조사했다. 그 결과 친사회적 경향이 있는 사람들은 연인이나 배우자와의 관계에서 안정적인 애착을 형성할 가능성이 더 높았다. 다시 말해 친사회적인 사람들은 이기적인 사람들에 비해 관계에서 버림받는 것에 대한 공포를 상대적으로 덜 느끼고 다른 사람들과 가깝게 지내는 것을 편안하게 느낀다. 이와 관련된 연구에 따르면 신뢰의 개인차는 사회적 딜레마에서 중요하다.(Van Lange & Semin-Goosens, 1998) 요컨대 사회적 딜레마 상황에서 다른 사람들을 신뢰하는 사람들은 일반적으로 다른 구성원들에게 협력할 가능성이 높다.(Parks, Henager & Scamahorn, 1996 ; Yamagishi, 1988b)

상황

근시안적 이기심의 결과 바꾸기

집단의 장기적 이득 대신 즉각적 자기만족을 추구하는 경향을 뒤집을 수 있는 것은 사회적 상황의 어떤 요소일까? 존 플랫은 이기적 행동과 집단 지향적 행동에 대한 보상과 처벌의 시기 선택이 중요하다고 주장했다.(Platt, 1973) 다른 연구들에 따르면 사회적 규범을 활성화하는 것도 중요한 역할을 할 수 있다.

보상과 처벌의 시기 플랫은 사람들의 이기적 보상 추구 경향을 이용해 사회적 함정에서 나오게 할 수 있다고 주장했다.

1. 장기적인 부정적 결과를 바꾸는 대안적 기술 사용

2014년형 혼다 시빅 하이브리드는 고속도로에서 1리터당 20킬로미터 정도, 도요타 프리우스는 이보다 높은 1리터당 21.6킬로미터 정도 주행이 가능하다. 한편 더 고급스러운 테슬라 차량은 휘발유를 사용하지 않고 한 번 충전해 402킬로미터 정도를 주행할 수 있다.

새로운 고효율 자동차의 구매는 환경에 파괴적 영향을 덜 주면서도 현대적인 생활의 편리를 즐길 수 있는 일부 방법에 지나지 않는다. 태양에서 공짜로 에너지를 얻는 태양 전지판의 사용 역시 덜 파괴적으로 만족을 추구하는 방법이다. 가정용 단열재로 주택에 단열 처리를 하는 방법도 있다. 이것은 태양 전지판과 전기파만큼 초현대적이지는 않지만 에너지 낭비를 막을 수 있는 가

사회심리학

장 중요한 변화 중 하나다.(Gardner & Stern, 1996) 실제로 태양 전지판, 단열 시공, 창문 덮개, 보일러 온도 조절 등으로 가정 난방에 사용되는 에너지를 75% 이상 절약할 수 있다.(Yates & Aronson, 1983) 한 번의 행동으로 변화를 초래할 수 있다는 점에서 기술적 변화는 상당히 효과적일 때가 많다. 이를테면 에너지 효율이 높은 차를 구매하면 이후 몇 년간 에너지를 절약할 수 있게 된다.(Stern, 2000)

2. 미래의 부정적 결과를 현재로 가져오기

8월 첫째 주 내내 에어컨 온도를 섭씨 20도 맞춰놓고 지내면서 고양이를 위해 뒷문까지 열어놓는다면, 전기 요금 청구서가 나오는 9월 둘째 주까지 비효율적인 결정의 대가를 지불하지 않아도 되는 셈이다. 그 대신 온도 조절기에 에너지를 얼마나 사용하는지 구체적 액수로 환산해 잘 보이게 적어두면 그것에 맞춰 온도를 조절할 수 있다. 이와 마찬가지로 문을 꼭 닫고 낮에 창문을 닫아두는 행동은 눈에 잘 보이고 즉각적인 보상 효과가 있는 반면, 에어컨을 켜는 행동은 눈에 잘 보이고 즉각적인 처벌 효과가 있다. 여러 연구 결과 역시 에너지 소비에 대한 즉각적 피드백이 에너지 절약을 장려하는 효과적 방법이라는 플랫의 주장을 뒷받침한다.(Seligman, Becker & Darley, 1981 ; Van Vugt & Samuelson, 1999)

3. 바람직하지 않은 행동에 대한 즉각적 처벌

개인이 쓰레기 투기로 혹독한 벌금을 치르거나 기업이 공해 유발로 벌점을 받는다면 환경 파괴적 행동의 즉각적인 이점이 사라질 것이다. 이처럼 적절한 상황에서 집행된다면 처벌이 사람들로 하여금 집단의 이익에 기여하도록 자극할 수 있다.(Balliet, Mulder & Van Lange, 2011) 예를 들어 처벌이 충분히 광범위하고 사람들이 자신의 행위가 적발될 것이라고 믿는다면 처벌을 피하려는 경향이 발생해 환경 파괴적 행동을 줄이는 데 일조할 수 있다.(DiMento, 1989 ; Yamagishi, 1988a) 더 넓은 차원에서 보면 환경심리학자들은 기업이 폐기물을 뿜어내지 못하게끔 폐기물 처리 비용을 부과하기만 해도 극적인 효과가 있을 것으로 본다.(Howard, 2000 ; Winter, 2000) 현재 돌아가는 상황을 보면 대부분의 공해 유발 기업이 환경을 이미 훼손해놓고 청소와 정화 과정을 사회에 떠넘기고 있다. 실제로 많은 산업체들이 모든 개인을 합친 것보다 훨씬 많은 오염물질을 내보내며 미국처럼 기술이 발달한 국가는 환경에 최악의 영향을 미친다.(Stern, 2000) 하지만 덴마크 같은 나라의 산업 지도자들은 자연 생태계의 재생 순환을 모방해 비용을 현저히 줄임으로써 결과적으로 이득을 높일 수 있다는 사실을 보여주고 있다.(Hawken et al., 1999)

4. 바람직한 환경적 대안 강화하기

바람직한 행동에 보상을 주는 방법은 부정적 감정 반응을 일으키지 않고도 효과를 발휘한다. 오늘날 북미의 여러 도시에서는 유리, 플라스틱, 종이를 길가에 있는 쓰레기통에 담기만 하면 되는 간편한 재활용 프로그램을 지원하고 있다. 이와 비슷한 접근법으로 대중교통 이용이나 에너지 절감 행동에 보상(추첨권 등)을 주는 방법도 있다.(Geller, 1992) 몇몇 연구에 따르면 가끔 비용이 많이 들 때도 있지만 이런 접근법들이 성공적일 수 있다.(Balliet et al., 2011; Gardner & Stern, 1996; McKenzie-Mohr, 2000)

이와 같이 존 플랫은 개인의 이기적 동기에 작용하도록 고안된 기법뿐 아니라 사회적 압박을 사용하자고 주장했다. 사회 기반 해결책으로 적절한 행동에 대한 사회규범을 활성화하는 경우가 많기 때문이다.(Kerr, 1995; Oskamp, 2000)

사회규범 활성화 앞서 언급했듯 사회규범은 기술적이거나 명령적일 수 있다.(Kallgren, Reno & Cialdini, 2000) 6장에서 설명한 기술적 규범은 옳고 그름을 암시하지 않고 그저 어떤 상황에서 대부분의 사람이 행동하는 방식을 알려준다. 예를 들어 뉴멕시코주에 사는 멕시코계 미국인은 대개 노스다코타주에 사는 스웨덴계 미국인에 비해 자극적인 음식을 먹는다. 하지만 스웨덴 사람이 자극적인 음식을 먹거나 시카고 사람이 살사 소스로 요리한 감자보다 담백한 으깬 감자를 좋아해도 비도덕적이라고 할 수는 없다. 이와 반대로 명령적 규범은 특정 상황에서 어떻게 **행동해야 하는지**에 대한 사회적 기대라고 할 수 있다. 차창 밖으로 쓰레기를 던지는 행동보다는 쓰레기통에 쓰레기를 버리는 행동이 옳고 적절하다고 간주된다. 얼마나 많은 사람이 그렇게 행동하는지는 상관없다. 사회적 딜레마에서 사람들이 이기적으로 행동하지 않게 하는 데는 기술적 규범과 명령적 규범 모두 영향을 미친다.

기술적 규범: "다들 그렇게 하잖아" 기술적 규범의 중요성을 보여주는 예로 사람들이 집단의 다른 구성원들에게 맞춰 협력적 경향을 조정한다는 사실을 들 수 있다.(Parks, Sanna & Berd, 2001) 실제로 사회적 딜레마 연구에 참가한 학생들은 집단의 나머지 구성원 가운데 공익을 위해 행동하는 사람이 많을수록 공익에 더욱 기여하는 쪽으로 행동했다.(Komorita, Parks & Hulbert, 1992) 같은 상황에서 다른 사람들이 어떻게 행동할지에 대한 믿음 역시 협력적 경향에 영향을 미친다. 일례로 인간의 이기심을 통제할 수 없다고 가정하고 이론을 세우는 경제학자들은 다른 집단에 비해 훨씬 이기적인 경향이 있다.(Braver, 1995: Miller, 1999) 모든 사람이 이기적으로 행동하리라고 예상하는 사람은 이기적으로 행동하는 것이 이치에 맞다.(Caruso, Epley & Bazerman, 2006) 반대로 연구에 참가한 네덜란드와 미국 학생들은 사회적 딜레마 상황에서 다른 학생들이 아주 도덕적으로 행동하리라고 믿을 때 협력적으로 행동할 가능성이 더 높았다.(Van Lange & Liebrand, 1991) 마찬가지로 사회적 딜레마 상황에서 참가자들은 의사소통할 때 협력적 행동을 많이 보였고 특히 상대를 믿는 성향인 사람일 경우 더욱 그랬다.(Tazelaar, Van Lange & Ouwerkerk, 2004)

명령적 규범: "옳은 일을 해라" 사회적 딜레마 상황에서 이기심에 영향을 미치는 명령적 규범이 몇 가지 있다. 바로 약속, 호혜, 공정성, 사회적 책임의 규범 등이다.(Kerr, 1995: Lynn & Oldenquist, 1986: Stern, Dietz & Kalof, 1993) 약속의 규범에 따르면 어떤 일을 하기로 했을 때는 그것을 실행하는 것이 옳은 행동이다. 실제로 사람들은 집단을 지지하기로 맹세하면 개인적 대가를 치르더라도 그 약속을 고수한다.(e. g., Kerr & Kaufman-Gilliland, 1994: Neidert & Linder, 1990)

사회적 딜레마 상황에서 탐욕을 억제하라는 명령적 규범이 있다면 사람들은 자신의 정체성이 드러날 가능성이 있을 때 더 책임감 있게 행동할 것이다. 실제로 사람들은 집단 구성원들이 자신의 선택을 알 수 있으리라고 생각할 때 더 협력적으로 행동한다.(Messick & Brewer, 1983: Neidert & Linder, 1990)

미국 대학생을 대상으로 한 이러한 발견들로 미루어보아, 개인주의적인 자본주의 사회에서도 "자기 이익만 챙겨라"라는 규범이 사회적으로 바람직하지 않다는 사실을 다들 인식하고 있음을 알 수 있다. 하지만 적절한 행동에 대한 규범은 문화에 따라 다를 수 있다. 크레이그 파크스(Craig Parks)와 안 부(Anh Vu, 1994)는 사회적 딜레마에서 베트남인이 미국인보다 협력적이라는 사실을 발견했다. 이 책에서는 이러한 경향의 원인이 베트남 사회의 집단주의적 규범과 미국 사회의 개인주의적 규범의 차이에 있다고 보았다. 한편 최근에 수행된 한 연구에서는 사회적 딜레마 상황에서 나타나는 15개의 소규모 전통 사회(페루 숲에 사는 마치구엔가족 포함) 구성원과 미국인의 관대함을 비교했다. 여기에서 2가지 사실이 발견되었다. 첫째, 모든 사회에서 사람들은 경제학적 모형이 예측하는 표준보다 관대했다. 둘째, 일반적으로 미국인은 전통 사회에 속한 사람들보다 관대했다.(Henrich et al., 2006)

　　사회적 딜레마에 관한 한 연구는 공익에 꾸준히 기여하는 개인주의적 구성원들이 집단 내에 있을 경우 집단의 규범이 바뀔 수 있고, 그 결과 이기적이던 구성원들 역시 공익에 기여하기 시작한다는 사실을 밝혀냈다.(Weber & Murnighan, 2008) 또 다른 연구에서는 집단 구성원들이 집단의 이익에 기여하는 구성원에게 상당한 노력을 들여 보상해주기도 했다.(Kiyonari & Barclay, 2008) 이와 같이 협력적 성향은 전염될 수 있다.

　　다른 몇몇 연구들에 따르면 사회적 딜레마에서 규범에 맞는 행동에 대한 사람들의 생각을 상황적 단서를 통해 급격히 바꿀 수 있다. 예를 들어 한 실험에서는 여러 집단의 학생들이 딜레마 게임에 참여했다. 모두 동일한 규칙에 따라 게임을 했으나, 연구자들은 집단에 따라 게임 이름을 다르게 알려주었다. 이 게임을 '공동체 게임'으로 들은 학생들은 '월가 게임'으로 들은 학생들에 비해 훨씬 관대하고 협력적이었다.(Lieberman, Samuels & Ross, 2004) 사회적 규범을 이보다 훨씬 미묘하게 조작한 실험도 있었다. 이 연구에서 참가자 절반에게는 (문장에 '집단', '우정', '함께' 등의 단어를 넣음으로써) 상호 의존성을 점화한 반면, 나머지 절반에게는 (문장에 '독립적', '개인주의적', '자립적' 등의 단어를 넣음으로써) 독립성을 점화했다. 그 결과 상호 의존성이 점화된 학생들은 나중에 공공재 딜레마 상황에서 더 협력적이고 신뢰하는 경향을 보였다.(Utz, 2004a)

　　　　　　　　　　　　　　　　　　　　　　　　　　　　　사회심리학

상호작용

동기에 맞춰 개입하기

다수의 이기심으로 인한 환경 파괴를 막기 위해 사회적 개입 방안을 계획할 때 중요한 점은 개인의 동기와 정책 유형이 어떻게 상호작용하는지 고려하는 것이다. 같은 개입 방안이라도 어떤 사람에게는 협력을 이끌어내는 반면, 다른 사람에게는 협력적 행동을 줄이는 식으로 작용할 수 있다.(Bogaert, Boone & Declerck, 2008; Utz, 2004b)

환경 문제에 대한 3가지 개입 방안을 살펴보자. **명령과 통제 정책**(command-and-control policy)은 경찰 권력을 이용해 위반자를 처벌하는 지시적·법적 규제다. 예를 들어 미국 환경보호국에서 연비가 좋은 차를 생산하지 않는 자동차 제조업체에 벌금을 부과하겠다고 위협하는 것이다. 이와 반대로 **시장 중심 정책**(market-based policy)은 환경 파괴적인 행동을 줄이는 사람들에게 보상을 제공한다.(태양 전지판을 설치하면 세금을 환급해주는 등) 마지막으로 **자발주의 정책**(voluntarist policy)은 협박이나 경제적 보상을 이용하는 대신 사회적 책임에 대한 사람들의 내적 감각에 직접 호소한다. 모든 사람이 공익에 대해 의무감을 똑같이 느끼지는 않는다. 예를 들어 네덜란드에서는 대중교통 체계를 쉽게 이용할 수 있지만 여전히 자동차를 선호하는 사람들도 있다. 대중교통 선호 경향은 (1) 자동차가 환경에 해롭다고 믿거나 (2) 미래를 걱정하는 사람들에게서 높게 나타난다.(Joireman, Van Lange & Van Vugt, 2004)

이렇게 다양한 동기에 호소하는 정책의 사회적 의미는 다양하다. 예를 들어 명령과 통제 정책은 저항을 유발하기 쉽다. 자동차 제조업체와 정유 회사는 매 순간 처벌 규정과 싸워왔다. 에너지 효율성에 대한 세금 환급 등의 시장 중심 정책은 비용이 많이 들 수 있으나 저항을 유발하지 않고 감시 활동이 필요하지 않다.(행동의 대가로 이익을 얻을 수 있다면 사람들이 알아서 정책에 참여한다.) 자발주의 정책에는 강압적 행정 법률이나 비용이 드는 정책 차원의 관리가 필요하지 않다. 실제로 사리 추구를 전제로 하는 경제학 모형과 달리 사람들은 자발적으로 도와주거나 협력할 때가 많다.(Buchan et al., 2011; Henrich et al., 2006) 지구 반대편에서 굶주리는 사람들을 위해 익명으로 식량을 보내는 사람도 많고, 다른 사람들의 행동과 상관없이 '옳은 일'이라고 생각하기 때문에 쓰레기를 재활용하기도 한다.(Clinton, 2007; Weber & Murnighan, 2008)

'내 사람' 지키기

외집단 편향과 국가 간 갈등

1913년 한 인류학자는 호주 원주민 부족의 의아한 관습에 대해 묘사했다.(Radcliffe-Brown, 1913) 인류학자의 원주민 통역사는 다른 부족의 영역에 들어갈 때마다 그 부족의 장로들이 다가올 때까지 한쪽 구석에 서 있었다. 그들은 통역사에게 다가와 그의 아버지의 아버지에 대해 물은 다음 그의 계보에 대해 몇 분 동안 논했다. 공통의 친척을 찾은 다음에야 그 부족의 영역으로 들어갈 수 있었다. 한번은 방문하려는 부족과 통역사 사이의 연결점을 전혀 찾을 수 없었다. 생각지 못한 일로 겁에 질린 통역사는 그날 밤 마을에서 아주 멀리 떨어진 곳에서 밤을 보냈다. 통역사는 자신이 탈라인지족이고 카리에리아족과 친척 관계가 아니라고 말했다. 당혹스러워하는 인류학자에게 그가 이렇게 설명했다. "다른 사람들은 친척이 아니면 적입니다. 적이라면 날 죽일지 모르니 내가 먼저 죽일 기회를 잡아야죠."

안타깝게도 자신이 속한 집단 구성원들을 좋아하고 외부인을 싫어하는 경향은 세계적으로 나타난다.(LeVine & Campbell, 1972) 실험 연구에 따르면 사람들은 자신이 속한 집단 사람들에 비해 외집단 사람들이 덜 인간적이라고 여기고, '그들'에게는 더 단순한 감정적 반응만 있고 '우리'에게는 더 복잡하고 풍부한 인간적 감정이 있다고 간주한다.(Cortes et al., 2005) 모순적이지만 자신이 속한 집단이 다른 집단을 학대해왔다는 의식(영국인의 호주 원주민 학살과 백인 미국인의 미국 원주민 학살을 떠올려보라)이 높아지면 이러한 편향은 훨씬 심해진다.(Castano & Giner-Sorolla, 2006)

11장에서 우리는 외집단 편향이 어떻게 현대 사회에서 지역 문제를 일으키는지 시민권 운동가들과 KKK 단원들 간 갈등에 비추어 살펴보았다. 외집단이 경쟁 국가의 국민들로 구성될 경우에는 특히 더 낯설고 위협적일 수 있다. 예를 들어 냉전 중 로널드 레이건 대통령은 소련을 '악의 제국(Evil Empire)'이라고 불렀다. 거꾸로 당시 소련은 미국인이 자신들의 힘을 이용해 세계 곳곳에 독재자를 세우는 사악하고 탐욕스러운 제국주의자라고 생각했다.

타 인종과 민족에 대한 편견과 관련해 11장에서 논한 모든 요소들은 국가적 외집단에도 적용된다. 예를 들어 다른 나라들끼리는 영토와 천연자원 등 실질적 이득을 두고 갈등을 빚을 때가 많고, 외국인에 대한 경멸은 집단 자존감을 높이는 수단으로 쓰이기도 한다. 이 책에서는 더 넓은 정치적 영역을 살펴보되 심리학적 과정에 근거해 자신이 중요하게 여기는 사람과 자신을 지키려는 동기가 사람과 상황의 어떠한 요소에서 촉발되는지 탐색하려 한다.

사람

유난히 방어적인 사람들

국가적 외집단의 위협에 민감해지는 것은 사람 내부의 어떤 요소 때문일까? 이 질문이 중요한 이유는 2가지다. 첫째, 개인이 그러한 위협에 특히 민감하다는 사실을 알면 역시 개인인 지도자들끼리 서로를 대할 때 도움이 되고, 외집단에 대한 적대감이라는 위험한 감정이 촉발되지 않도록 교섭 전략을 조정하는 데도 유용하다. 둘째, 이러한 개인차를 살펴보는 것은 '여론'을 통해 국제 정책에 간접적으로 영향을 미치는 힘이 약한 사람들과 강한 권력을 가진 시민들의 의사 결정 과정을 이해하는 데도 도움이 된다.

사회적 지배 지향성 11장에서 논했듯 사회적 지배 지향성은 외집단을 지배하고자 하는 내집단의 욕구다.(Haley & Sidanius, 2005: Levin et al., 2002: Sidanius et al., 2000) 이 사회적 지배 지향성은 사회집단 사이의 편견으로도 나타나지만 군사력과 국가 간 갈등을 보는 태도와도 관련 있다.(Nelson & Milburn, 1999)

사회적 지배 지향성에서 높은 점수를 받는 사람들은 군비 증강에 찬성하고 국가 간 갈등에 더 공격적으로 접근하는 경향이 있다. 1990년 이라크 지도자 사담 후세인(Saddam Hussein)이 인접 국가인 쿠웨이트를 침공했다. 이에 대해 미국은 대규모의 군사 보복을 감행했고 그 과정에서 수만 명의 이라크인이 목숨을 잃었다. 이 갈등의 시기에 펠리시아 프래토(Felicia Pratto, 1994)는 스탠포드대학교 학생들의 사회적 지배 지향성을 측정하고 이라크 사태가 어떻게 처리돼야 한다고 생각하는지 물었다. 검사에서 낮은 점수를 기록한 학생들과 달리, 높은 사회적 지배 지향성을 나타낸 학생들은 전쟁을 위해 개인적 희생을 불사하려는 의지가 더 강했으며, 전쟁에 총력을 기울이기 위해 시민의 자유(언론의 자유 등)를 제한하고 군사력을 증강하는 데 찬성했다.

자민족 중심주의와 군국주의에서 나타나는 성별 차이 세계 지도자 가운데 여성이 더 많다면 국제 갈등이 더 적게 일어날까? 몇몇 연구에서는 그럴지 모른다는 결과가 나왔다. 사회적 지배 지향성 척도를 개발한 연구자들은 이것이 성별과 주로 관련 있음을 발견했다. 스웨덴, 인도, 영국, 미국을 비롯한 여러 나라에서 남성은 여성에 비해 더 군국주의적이고 정치적으로 보수적이고 자민족 중심적이고 가혹하다.(Sidanius et al., 1994)

한 연구에서 짐 사이더니어스(Jim Sidanius)와 펠리시아 프래토, 로렌스 보보(Lawrence Bobo)는 무작위로 뽑은 로스앤젤레스에 사는 남녀 1897명을 대상으로 사회적 지배 지향성에 대해 물었다.(Sidanius, Pratto & Bobo, 1994) 로스앤젤레스는 문화적으로 매우 다양한 도시이므로 응답자들의 민족, 종교, 출신지 또한 다양했다. 연구자들은 자신들이 조사한 모든 사회집단을 기준으로 보아도 남성이 여성에 비해 사회적 지배 지향성이 더 높음을 발견했다. 어리든 나이가 많든, 부자든 가난하든, 교육 수준이 높든 낮든, 공화당이든 민주당이든, 아시아계든 유럽계든 라틴계든 온갖 사회집단에서 남성은 사회적 지배 지향성 점수가 더 높은 경향이 있었다. 또한 6개국에서 더 많은 표본인 7000명을 대상으로 실시한 조사에서도 이러한 성별 차이가 입증되었다.(Sidanius et al., 2000)

사회적 지배 지향성에서 나타나는 이러한 남녀의 차이를 어떻게 설명할 수 있을까? 사이더니어스와 프래토는 생물학적 요소와 사회 문화적 요소 가운데 어느 하나만으로는 전체를 설명할 수 없다고 본다. 대신 이들은 **생물 문화적 상호작용주의**(biocultural interactionist)의 입장에 찬성한다. 프래토(Pratto, 1996)는 자연적 요소와 문화적 요소를 구분하는 것이 잘못된 이분법이라고 본다. 인간은 애초에 사회집단에서 살도록 진화했기 때문이다. 생물 문화적 관점에 따르면 모든 인간 문화에서 남성은 항상 '서열'(우두머리, 영주, 현대에는 국가 공무원 등), 외집단과의 경쟁(전사, 현대에는 군인 등)과 관련된 태도에 끌리는 경향이 있었다.

연구자들에 따르면 이러한 차이가 여러 문화에서 보편적으로 나타나는 까닭은 모든 사회에서 남성의 사회적 지위와 성공적 번식 사이에 상관관계가 있었기 때문이다. 8장에서 논했듯 여성은 짝을 더 까다롭게 선택하는 때가 많고 남성은 여성의 관심을 얻기 위해 자기들끼리 경쟁하게 된다. 역사를 통틀어 인간 집단 내에서는 적의 집단으로부터 자신의 집단을 지켜내는 유능한 전사인 남성이 직간접적인 보상을 얻었다.

사이더니어스와 프래토의 사회적 지배성에 대한 생물 문화적 상호작용주의 이론은 "전부 유전자에 있다"라고 가정하지 않는다.(Sidanius & Pratto, 2003) 대신 이들은 남성의 경쟁적 경향이 직업과 정치적 집단을 선택하는 데 어떤 영향을 미치는지 언급한다. 예를 들어 경찰관의 84%와 군인의 80%가 남성이다. 이와 비슷한 직업군의 가장 높은 지위에서는 남녀 차이가 더욱 크게 나타나 미 국방부 고위직 가운데 남성이 압도적 다수를 차지한다. 이것은 남녀의 선택 때문이기도 하고, 이미 존재하는 성차를 더욱 부각하는 문화 때문이기도 하다. 여성은 많은 나라에서 여전히 입대를 허가받지 못하고 여성 경찰관은 드물다.(Pratto et al., 1997) 이처럼 인류학, 생물학, 사회심리학의 접점에서 수행되는 연구를 통해 진화된 인간의 경향과 그 경향을 바탕으로 건설된 복잡한 문화가 끊임없이 상호작용한다는 핵심적 통찰을 얻을 수 있다.(Cohen, 2001; Kenrick, Nieuweboer & Buunk, 2010; Krebs & Janicki, 2004; Norenzayan, Schaller & Heine, 2006)

권위주의와 위협의 감지 11장에서 논했듯 권위주의는 권력에 경의를 표하고 권위에 복종하며 사회의 관습에 고집스럽게 집착하는 경향을 말한다.(Feather, 1998; Jost et al., 2003) 국가 차원에서 권위주의는 일반적으로 강한 군대에 더 호의적이고 외국인에게 더 적대적인 태도로 나타난다.(Doty, Peterson & Winter, 1991; Tibon & Blumberg, 1999) 권위주의적 측면에서 높은 점수를 기록한 학생들은 1990년 걸프전에서 이라크에 좀 더 많은 군사력을 행사하기를 바랐고, 심지어 핵무기를 사용하자는 이야기까지 나왔다. 또한 이라크 시민들의 죽음에 애도를 덜 표현하고 미군의 승리에 더 흡족해했다.(Doty et al., 1997)

1995년 오클라호마시티의 연방 정부 청사에서 폭탄 테러를 일으켜 168명을 죽인 사건으로 유죄판결을 받은 티모시 맥베이(Timothy McVeigh)는 권위주의적 성격의 특징을 많이 나타냈다. 그는 심한 인종차별주의자였고, 미국 정부가 '신세계 질서(New World Order, 미국에서 세계 단일 정부를 만들려는 계획이 진행되고 있다는 음모론)'라고 의심했다고 한다. 또한 그 폭탄 테러가 연방 정부의 공격에 대한 반격이므로 도덕적으로 정당하다고 믿었다고 한다. 그는 미국

총기협회가 "너무 약하다"라고 생각해 탈퇴했고 그가 가장 좋아한 문학작품은 극우파에게 인기 있는 인종차별적이고 반유대주의적인 책이었다.(Morganthau & Annin, 1997) 마리나 아발라키나팝(Marina Abalakina-Paap)과 그녀의 동료 월터 스테판(Walter Stephan), 트레이시 크레이그(Traci Craig), 래리 그리고리(Larry Gregory, 1999)의 연구에서 도출된 결과도 이와 흡사했다. 연구자들은 음모론을 받아들이는 사람들의 독특한 특징에 대해 연구했다. 음모론을 믿는 사람들은 전형적으로 권위주의 성향이 높고 소외감, 무력감, 적대감이 높은 경향이 있다.

　　다른 연구들에서도 권위주의자들이 특히 위협을 느끼기 쉽다는 점이 입증되었다.(Lambert, Burroughs & Nguyen, 1999; Lavine et al., 1999) 이들은 새로운 경험에 대한 개방성이 낮으며 방어적이고 편견에 빠졌다는 인상을 준다.(Butler, 2000; Lippa & Arad, 1999; Saucier, 2000) 남아프리카공화국인 1600명을 대상으로 한 흥미로운 연구는 자신이 다른 사람들보다 못하다는 느낌과 편견이 관련 있음을 입증했다. 그뿐 아니라 남보다 훨씬 나은 사람들에게도 심한 편견이 있다는 사실을 보여주었다.(Dambrun et al., 2006) 말하자면 상대적 박탈감이 권위주의적이고 방어적인 태도를 불러일으키는 한편, 특히 풍요로운 상태는 사회적 지배감의 원인이 된다는 것이다.

　　사회적 지배 지향성과 권위주의적 성향 모두 민족주의와 외국인에 대한 편견과 관련 있지만 둘 사이에는 중요한 차이점이 있다.(Altemeyer, 2004; Roccato & Ricolfi, 2005) 권위주의적 성향이 높은 사람들은 대개 사회적으로 순종적인 경향과 강한 지도자를 따르려는 욕구가 있는 반면, 사회적 지배성이 높은 사람은 대개 남을 이끌고 싶어 한다. 또한 사회적 지배 지향성에는 권위주의와 관련된 고지식한 도덕성이 부족하다.(Altemeyer, 2004; Whitley, 1999) 밥 알트마이어(Bob Altemeyer, 2004)는 캐나다인의 작은 하위 집단 중에서 권위주의와 사회적 지배 지향성이 모두 높은 사람들을 연구했다. 이런 사람들은 권위주의자처럼 교조적 종교인인 경향이 있지만 그들보다 더 권력에 목말라 하고, 사람을 조종하려들며, 전형적 권위주의자와 달리 평등에 반대한다. 알트마이어는 이런 사람들 중에서 편견 있고 공격적인 조직의 지도자가 나오기 쉬우므로 이런 사람들이 잠재적으로 사회에 위험하다고 주장했다.(Altemeyer, 2004)

　　　　　　　　　　　　　　　　　　　　　　　사회심리학

국가 간 갈등의 단순화된 이미지 정치심리학자 필립 테트록(Philip Tetlock, 1983b)은 국가 간 갈등과 관련된 정책 입안자들의 담화를 분석했다. 그는 국가 지도자들이 중요한 결정을 내릴 때 과하게 단순화된 세계의 이미지에 의존하는 경우가 많다고 언급했다. 예를 들어 냉전 중 소련과 미국 사이에는 매우 단순한 갈등의 2가지 이미지가 지배적이었다. 그중 하나는 **억지적 관점**(deterrence view)으로, 약한 모습을 보이면 적에게 이용당하므로 군사력을 동원하겠다는 의지를 보여야 한다는 관점이다. 이 관점에서 생각하면 상대가 이쪽을 공격하지 못하게 하는 예방적 방법으로 공격성을 드러내 보여야 한다. 이런 억지적 관점을 취하는 사람들, 즉 약한 모습을 보이면 이용당한다고 생각하는 사람들은 핵무기 군비 축소를 지지할 가능성이 낮았다.(Chibnall & Wiener, 1988) 다른 관점은 **갈등의 악순환 관점**(conflict spiral view)이다. 이 관점은 국가 간 위협이 악화되면 적이 더 위협을 느끼므로 지도자는 적의 방어적 적개심을 낮추기 위해 평화적 의도를 보여야 한다는 것이다.

테트록은 이러한 인지 구조가 어떤 상황에서는 옳고 어떤 상황에서는 옳지 않다고 언급했다. 히틀러 같은 적을 마주한다면 회유와 화해의 관점보다 억지적 관점이 효과적이었을 것이다. 반면 국제 갈등 정책 전문가들은 조지 W. 부시(George W. Bush) 대통령이 이른바 '테러와의 전쟁'의 일환으로 추진한 이라크 침공이 (9·11 테러 공격의 주체인) 알카에다를 자극해 세력을 더욱 확장하게 만들었다고 본다.(Karon, 2004)

상황

경쟁과 위협

20세기 중반까지 이탈리아, 독일, 프랑스, 영국 국민들은 수많은 사람의 목숨을 앗아간 대규모의 세계대전에 두 차례나 휩쓸렸다. 그러나 바로 그 나라들이 지금은 협력적 연합체에 소속되어 있다. EU는 두 번의 전쟁에서 적국이었던 나라들의 연합일 뿐 아니라 한때 소련의 일부였던 몇몇 국가(체코슬로바키아, 리투아니아, 폴란드)까지 포함할 만큼 확장되었다. 어떻게 상호 협력이 위협과 적개심의 자리를 대체했을까? 내집단을 보호하려는 동기를 촉발하는 상황적 요소를 살펴보면 이 질문에 대한 답을 어느 정도 얻을 수 있을 것이다.

여기에서 우리는 외집단에 대한 적개심의 단계적 악화 및 완화와 관련된

두 요소를 살펴볼 것이다. 바로 자원을 차지하려는 경쟁과 위협이다. 11장에서
는 이 요소들이 집단 간 편견과 어떤 관련이 있는지 논했다. 이제 이 요소들이
어떻게 지역 간 편견을 넘어 국가 간 갈등까지 확장되는지 알아볼 것이다.

자원을 향한 집단 간 경쟁 13장을 시작하면서 우리는 인도 아삼 지역의 주민과
벵골 이민자들의 유혈이 낭자한 갈등에 대해 논했다. 이 사건은 인구가 빠르게
느는 지역에서 비옥한 땅이라는 희소한 자원을 두고 벌어진 경쟁이었다. 이것
은 현실 집단 갈등 이론이 국제 관계에 어떻게 적용될 수 있는지 보여준다.

　　국가 간 갈등이 실질적 문제에서 직접 발생하기도 하지만 그 구성원들에
게 항상 경제적 동기가 분명하게 인식되지는 않는다. 그보다는 다른 집단과 경
쟁하는 순간 그 집단에 대한 인식이 부정적으로 바뀌고 그들에 대한 분노의
한계점이 낮아지는 것에 가깝다.(Butz & Plant, 2006; Wann & Grieve, 2005)
11장에서 언급했듯 로버스 케이브 여름 야영에 참가한 방울뱀 팀과 독수리 팀
의 소년들은 부족한 보상을 두고 경쟁하기 시작한 후부터 외집단 구성원들을
점차 부정적으로 인식하게 되었다. 하지만 두 집단이 함께 공통의 목표를 위해
협력한 후에는 전에 적이었던 존재를 더 긍정적으로 보게 되었다.(Sherif et al.,
1961)

　　이보다 넓은 사회에서도 경제 사정이 나빠지고 사람들이 실업과 굶주림에
직면하면 군국주의와 가혹한 권위주의를 따르는 경향이 높아진다.(McCann,
1999; Sales, 1973) 한 연구
에서는 1978~82년(실업 증
가, 이자율 상승, 경제적 불만의
시기)과 1983~87년(개인 수
입 증가, 이자율 하락, 경제적 희
망의 시기)을 비교했다. 연구
결과 경제적으로 힘든 시기
동안 인종적 편견이 더 심해
지고 권력과 강인함(맹견 등
록률 증가 등)이 더욱 강조된
다는 것이 밝혀졌다.(Doty

역사적으로 경제 위기 뒤에 권위주의가 심화된 가장 명확한 사례
는 1차 세계대전에서 겪은 손실로 독일인들이 국제적 모욕과 심
한 우울을 겪은 후 나치즘이 부상한 일이었다. 어려운 시기에 영
토를 확장하고 독일에 대한 국제적 존경을 되찾겠다는 히틀러의
계획은 독일인들의 지지를 불러왔다.

사회심리학

et al., 1991)

　단순히 사람들을 다른 집단으로 나누기만 해도 경쟁적 성향이 높아진다는 사실은 많은 연구들로 입증되었다. 그 경쟁이 모든 면에서 손실만 낳아도 마찬가지다.(e. g., Bornstein, 2003 : Insko et al., 1990, 1994 : Wildschut et al., 2003) 한 연구에서 학생들은 매일 경험하는 상호작용을 기록하고 그것이 집단 차원의 상호작용인지 개인 차원의 상호작용인지 분류했다. 그 결과 학생들은 다른 사람들과 일대일로 만날 때보다 집단 대 집단으로 만날 때 경쟁적 상호작용을 더 많이 기록했다. 이런 양상은 남녀 모두에게 나타났지만 여성들은 집단에 속할 때도 경쟁적 상호작용을 할 가능성이 비교적 낮은 반면, 남성들은 집단에 속할 때 대부분 경쟁적으로 상호작용했다.(Pemberton, Insko & Schopler, 1996) 다른 연구에서 도출된 결과 역시 이러한 일반적 양상과 같다. 집단에 속한 사람들은 짜증에 대해 가벼운 불만부터 위협과 물리적 괴롭힘까지 반응의 수위가 점점 높아질 가능성이 더 크다.(Mikolic, Parker & Pruitt, 1997)

　집단의 상호작용이 더 경쟁적인 이유는 무엇일까? 개인들이 다른 집단 구성원들이 더 경쟁적으로 행동하리라고 예상함으로써 양쪽 모두 경쟁이 치열해지는 악순환으로 이어지기 때문이다.(Winquist & Larson, 2004) 연구자들이 집단 구성원들끼리 논한 내용을 분석해보니 경쟁적 성향과 상대의 의도에 대한 불신 사이에서 정적 상관관계가 발견되었다.(Pemberton et al., 1996)

　그렇다면 집단이 어떻게 불신에서 신뢰로 나아갈 수 있을까? 우선 두 집단이 서로 협력하는 상황을 개인이 경험하면 외집단 편향이 줄어들 수 있다.(Gaertner, Iuzzini, Witt & Oriña, 2006 : Gaertner et al., 1990 : Thompson, 1999) A집단의 개인이 B집단의 개인과 일대일로 교섭할 기회를 얻은 다음 만족스러운 합의에 도달하면 두 사람은 상대편 집단 전체에 대해 더 긍정적으로 생각하게 된다.(Thompson, 1993) 이렇게 긍정적인 일대일 경험은 상대편 사람들이 '우리 편' 사람들과 비슷한 동기로 행동한다는 사실을 가르쳐준다. 단순히 두 집단이 어떤 식으로든 연결되어 있다고 상기하기만 해도 '우리 대 그들'의 사고방식을 줄일 수 있다.(Kramer & Brewer, 1984 : Levine et al., 2005 : Wit & Kerr, 2002) 올림픽에서 다른 나라와 겨루는 과정에서 미국 대표로 선발된 선수들이 한때 미시간주, 네브래스카주, 캘리포니아주 선수들에게 불태우던 경쟁의식을 잊게 되는 게 대표적인 예다.

허버트 켈먼(Herbert Kelman)과 동료들은 집단 간 경쟁과 협력에 대한 사회심리학적 연구 결과들을 국가 간 갈등 해결에 직접 적용했다.(Kelman, 1998, 1999; Rouhana & Kelman, 1994) 공식 협상을 하는 동안에는 자기 집단에 이익이 될 조건을 협상하고 신문에서 그 소식을 읽을 성난 유권자들을 만족시켜야 하는 등, 오히려 양쪽 모두 경쟁을 강화하는 압박과 맞닥뜨릴 때가 많다. 켈먼은 영향력 있는 이스라엘과 팔레스타인 사람들의 집단을 한곳에 모아 경쟁적이지 않고 상호작용하면서 문제를 해결하는 워크숍을 진행했다. 여기에는 양쪽 집단의 정치 지도자, 국회의원, 영향력 있는 언론인, 전 군 장교, 정부 공무원 등이 참여했다. 이들은 협상하는 대신 그저 상대편과 친해지고 상대편의 관점에 익숙해지는 한편, 나중에 공식 협상에서 거론될 수 있는 잠재적 해결책을 브레인스토밍했다. 이렇게 경쟁적이지 않은 집단 환경에서 참여자들은 상대편에 대해 더 복합적인 이미지를 갖게 되었다. 이 과정은 양쪽 사람들이 지나친 단순화와 편견을 극복하는 데 도움이 되었다. 또한 적대적 규범이 없는 집단 환경은 해결책을 위한 새로운 아이디어를 떠올리는 데도 유용했다. 그렇게 참여자들은 갈등을 넘어 새로운 연합을 형성하게 되었다.(Kelman, 1998)

위협 인도의 총리 아탈 비하리 바지파이(Atal Bihari Vajpayee)는 핵무기를 통해 인접 국가들과의 전쟁을 예방할 수 있다고 믿었다. 바지파이는 1998년 5월에 실시된 인도의 지하 핵실험에 대해 격분한 세계 여러 나라에 대응해 파키스탄을 공격하려는 것이 아니라 오직 평화적 공존을 위해 무기를 개발했다고 말했다. 불행하게도 파키스탄은 그것을 위협으로 받아들여 자체적으로 핵무기를 개발함으로써 인도에 똑같이 위협으로 보복했다. 위협이 갈등을 줄이기보다 악화한다는 연구 결과들로 미루어보면 그리 놀라운 일도 아니었다.

이와 관련해 모튼 도이치(Morton Deutsch, 1986)가 진행한 연구를 살펴보자. 이 연구에서 학생들은 실험자에게 이런 말을 듣게 되었다.

> 두 사람은 게임을 하게 되는데 게임 중에 돈을 딸 수도 있고 잃을 수도 있습니다. 상대편이 얼마나 따는지에 상관없이 최대한 많이 따셔야 합니다. 이건 진짜 돈이고 딴 만큼 가지게 됩니다.

게임은 여러 번으로 구성되었다. 참가자들은 매번 협력이나 공격, 방어 등 여러 선택지 중 하나를 선택했다.

사실 참가자 중 1명은 연구 공모자였다. 공모자는 상대에게 협력을 유도 하는 여러 전략을 썼다. 그중 하나는 **처벌적 억지 전략**(punitive deterrent strategy)으로, 공모자는 첫 번째에 협력적 보상 전략을 사용한 후 참가자가 협력 하지 않으면 공격으로 반응했다. 다른 전략은 **비처벌적 억지 전략**(nonpunitive deterrent strategy)이었다. 이 전략은 공격에 방어나 협력으로 반응하는 것이 다. 마지막 전략은 **다른 뺨 내밀기 전략**(turn the other cheek strategy)이었다. 이 전략은 협력으로 시작해 계속 협력만 하는 전략으로, 참가자가 공격해 오면 더 많은 협력으로 반응했다.

〈그림 13.4〉는 이 연구의 결과를 보여준다.(Deutsch, 1986) 비처벌적 억지 전략이 가장 효율적이었다는 점에 주목하자. 가장 비효율적인 전략은 전적으 로 협력만 한 다른 뺨 내밀기 전략이었다. 처벌적 억지 전략은 처음에 어느 정 도 성공하는 것처럼 보였으나 상 대편이 점점 화를 내고 반격하게 만들었기 때문에 효율이 떨어졌 다.

도이치는 이 실험실 딜레마 에서 발견된 갈등과 협력의 원리 가 국가 간 상호작용에도 적용된 다는 의견을 제시했다.(Deutsch, 1986) 미국이 이라크와의 전쟁을 시작했듯 한 국가가 상대에게 강 제적 압력을 사용하면 상대의 분 노와 반격을 불러일으킨다. 히틀 러가 처음에 인접 국가를 침공하 기 시작했을 때 연합국이 '유화'정 책을 썼듯, 한 국가가 다른 나라의 공격성에 대응해 일관성 있게 '다 른 뺨 내밀면' 이용만 당할 가능

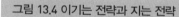

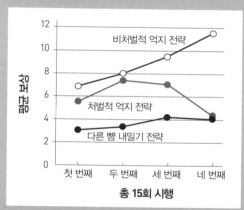

모든 도이치의 실험실 딜레마 게임에서 실험 공모자는 참가 자에게 3가지 전략 중 하나를 사용했다. 처벌적 억지 전략은 시간이 지날수록 효과가 떨어지고 분노와 복수를 유발하는 경우가 많았다. 다른 뺨 내밀기 전략을 쓸 때는 참가자에게 일관되게 이용당했다. 비처벌적 억지 전략을 쓸 때 게임에서 가장 많은 점수를 땄다.

출처: Deutsch, M., "Strategies for inducing Cooperation", R. K. White(Ed.), *Psychology and the prevention of nuclear war*(New York: New York University Press, 1986), pp. 162~170

성이 높다. 국가에 가장 좋은 접근법은 공격당하지 않는 한 일반적으로 협력을 선택하는 전략이다.

이 유명한 연구 결과는 최근에 수행된 실험 결과와도 일치한다. 이 실험은 다양한 위협이 민족주의적·군국주의적 심리를 여러 방식으로 자극한다는 사실을 보여준다. 예를 들어 자신의 죽음이나 9·11 테러에 대해 생각한 미국인 학생은 조지 W. 부시 대통령을 더 지지하게 되었다.(Landau et al., 2004) 다른 연구에 따르면 사람들은 다른 집단과 경쟁할 때 자신이 속한 집단과 더욱 협력하게 되며(Burton-Chellew, Ross-Gillespie & West, 2010), 이러한 경향은 특히 남성에게 두드러졌다.(Van Vugt, De Cremer & Janssen, 2007) 이런 현상에 관한 한 비교 연구에서는 미국인 학생들은 죽음에 대해서나 자원을 잃는 것에 대해 생각할 때 더 애국적 친미 성향을 띠는 반응을 나타낸 반면, 코스타리카인은 자신의 죽음에 대해 생각할 때 더 자기만족적 성향을 띠고 다른 사람들에게서 고립되는 생각을 했을 때 더 애국적이고 친코스타리카 성향을 띠었다.(Navarrete, Kurzban, Fessler & Kirkpatrick, 2004) 다른 연구에서는 조지 W. 부시 대통령에 대한 갤럽의 평가를 조사한 후, 미국 대중이 정부에서 발표한 테러 경고를 들을 때마다 그다음 주에 부시에게 더 강하게 찬동하게 되는 경향이 있음을 발견했다.(Willer, 2004)

원한 섞인 국가주의나 민족중심주의적 심리를 유발하는 위협의 유형으로 침략과 테러만 있는 것은 아니다. 제이 포크너(Jay Faulkner), 마크 샬러(Mark Schaller), 저스틴 파크(Justin Park), 레슬리 던컨(Leslie Duncan, 2004)은 캐나다 학생들의 경우 질병에 대한 우려(다른 사람의 변형된 얼굴을 보고 각성 수준이 높아진 상태 등)로 인해, 제3세계 국가(스리랑카 등) 출신의 외국인에게 더 심한 편견을 느끼며, 외국인을 캐나다로 들어오지 못하게 하는 이민 반대법에 더 강하게 찬성하게 된다는 점을 발견했다. 짐작건대 제3세계 국가 사람들은 위험한 질병을 옮기는 것으로 보일 가능성이 높은 듯하다.

심리학과 정치학이 조화된 일련의 흥미로운 연구에서는 국가 간 위협이 국가 지도자와 유권자의 의사 결정에 어떤 영향을 미치는지 알아보았다.(e. g., Mandel, Axelrod & Lehman, 1993; Satterfield, 1998; Tibon, 2000; Winter, 2007) 캐나다 심리학자 피터 수드필드(Peter Suedfield), 마이클 월리스(Michael Wallace), 킴벌리 새척(Kimberly Thachuk, 1993)은 1990년 걸프 사태

사회심리학

때와 그 전후에 나온 국가 지도자들의 발언을 1200개 이상 분석했다. 수드필드와 동료들은 지도자들의 공식 발언에서 '통합적 복잡성'을 조사했다. **통합적 복잡성**(integrative complexity)이란 갈등을 모든 측면에서 인지하지 않고 단순화된 흑백논리로 범주화해 사고하는 정도를 가리킨다. 단순한 발언의 예로 이라크가 사악한 방식으로 행동한다고 반복해서 주장하고, 이라크의 지도자 사담 후세인의 사악함을 묘사한 것을 들 수 있다. 복잡한 발언의 예로 이라크를 비난하면서도 갈등의 역사적 측면을 논하고, 쿠웨이트가 이라크와의 협상을 거부하고 석유수출국기구(OPEC)의 가격 협정을 파기한 일 등을 함께 언급한 것을 들 수 있다. 연구자들은 국가 지도자들 가운데 갈등과 가장 직접 관련된 사람들(미국의 조지 H. W. 부시 대통령과 이라크의 사담 후세인 대통령)의 발언이 그렇지 않은 경우에 비해 통합적 복잡성이 낮음을 발견했다. 또한 상황의 긴장이 심해질수록 발언은 점점 단순해졌다.

　단순화된 사고의 문제는 각 나라의 구성원들이 서로의 세계관을 이해하지 못할 때 더욱 커진다. 지금부터는 이에 대해 살펴보자.

[상호작용]
문화에 따른 오해와 국가 간 갈등
1991년 미국 대통령 조지 H. W. 부시(George H. W. Bush)는 처음에 이라크의 지도자 사담 후세인이 쿠웨이트를 침공하겠다고 위협할 때 허풍을 떤다고 생각했다. 하지만 후세인은 정말 쿠웨이트를 침공했다. 얼마 후 한 뉴스에서 쿠웨이트에서 철수하지 않으면 이라크를 침공하겠다는 부시의 위협을 후세인이 허풍이라고 생각한다는 소식을 전했다.(McDaniel & Thomas, 1991) 하지만 며칠 후 그 뉴스는 부시가 50만 이상의 병력과 첨단 무기를 앞세워 이라크에 대규모 공격을 감행했다는 소식을 전했다.

　사회심리학자 폴 키멀(Paul Kimmel, 1997)은 조지 H. W. 부시와 사담 후세인이 두 문화의 의사소통 차이 때문에 서로의 위협을 오해했다고 보았다. 쿠웨이트를 침공하기 전 사담 후세인은 미국 대사 에이프릴 글래스피(April Glaspie)를 만나 자신의 의사를 전달했다. 그리고 미국 대사와의 상호작용을 토대로 쿠웨이트를 침공해도 미국 정부가 개입하지 않으리라고 판단했다. 실제로 그는 미국이 반격하리라고 믿지 않고 군사적 대비도 허풍이라고 해석한 것으로 보인다.

이러한 오해에는 큰 대가가 따랐다. 결국 엄청난 수의 이라크인과 미국인이 목숨을 잃었고 2003년에 미국·이라크 전쟁이 다시 한번 일어나는 계기가 마련된 셈이었다. 이렇게 의사 전달에 혼선을 빚은 이유는 무엇일까? 서양인과 아랍인의 의사소통이 양쪽 모두에게 혼란을 줄 때가 많다는 점이 이유가 될 수 있다. 전쟁 당시 현장에 있던 외교관은 이렇게 말했다. "중동에서는 누구나 거짓말을 한다. 진실을 말하면 순진해빠진 사람 취급을 받고 심지어 위험하다. 곧이곧대로 진실을 말했으리라고는 누구도 생각지 못하기 때문이다."(Lane, 1991, p. 18)

사우디아라비아에 파병된 미군들은 아랍인에게 모욕적 행동을 하지 않도록 방지하는 책자를 받았다. 그 책에는 "이중적 의미로 말하는 것은 아랍인에게 아주 자연스러운 일이다. 이 점을 모르는 미국인은 멍청한 실수를 저지를 수 있다"라는 조언이 포함돼 있었다.(Dickey, 1991, p. 27)

사담 후세인은 1990년에 쿠웨이트 침공을 지휘했고 UN으로부터 뼈아픈 반격을 받았다. 사담 후세인과 당시 미국 대통령이던 조지 H. W. 부시를 비롯해 관련된 지도자들의 발언을 분석해보니, 갈등이 심화될수록 사고가 단순화되는 경향이 있었다. 피터 수드필드(1993)는 불안이 인지적 자원에 부담을 줌에 따라 단순화된 사고를 하고 어림법을 사용하게 된다고 주장한다.

아랍인은 아랍인대로 의사소통에서 어려움을 겪었다. 후세인 휘하의 협상 담당자는 미국 지도자들이 진지하게 협상에 임한다기보다 자신들을 모욕하는 느낌이었다고 언급했다. 나중에 이들은 부시가 후세인에게 보낸 편지를 받지도 않았는데, 그 편지가 "양국 정상에게 통하지 않는 언어"를 담고 있기 때문이라고 말했다. 이라크의 한 협상 담당자는 이렇게 말하기도 했다. "나는 당신네 미국인들이 그렇게 거만하다고 생각해본 적이 없다. 얼마나 자유롭고 열린 나라인지 여전히 우리 관점에서 보려는 생각이 없지 않은가."(Kimmel, 1997, p. 408)

키멀은 국가 간 교섭 담당자들과의 접촉을 바탕으로 협상 시 '문화 간 탐색'의 기간을 가질 것을 권한다. 문화 간 탐색에는 공동으로 해결책을 찾기 전에 서로의 문화적 가정을 확인하고 명확히 의사를 주고받는 과정이 포함된다.

사회심리학

이를테면 키멀은 미국과 이라크의 교섭 담당자가 서로 가정하는 점들에 몇 가지 차이가 있다고 언급한다. 미국인들은 목표 지향적이고, 사적 감정을 개입시키지 않으며, 요구하는 바가 확실하고, 일을 진행하는 속도가 빠르다. 반면 이라크인들은 천천히 진행되는 쪽을 선호하고, 두 집단이 서로 알아가는 협상의 과정을 중시한다. 다른 중요한 차이를 들면 미국인들은 미래에 초점을 맞추는 경향이 있는 반면, 아랍인들은 과거가 고려되어야 한다는 생각이 훨씬 강하다는 것이다. 한 이집트 외교관이 이렇게 말했다. "십자군 전쟁을 어제 일처럼 이야기하는 곳에 와 있다는 사실을 명심해야 할 겁니다."(McGrath, 1991, p. 24)

키멀은 문화적 인식을 다음과 같이 구분한다.

- **문화적 쇼비니즘** : 다른 문화에 대한 이해가 전혀 없는 상태로, 교섭 담당자들은 상대방이 무지하거나 악의적이라고 생각하게 된다.
- **자민족 중심주의** : 민족, 종교, 인종, 국가의 차이를 알지만 자기 쪽이 '옳은' 방식이라고 확신한다.
- **관용** : 서로의 차이를 알고 이해도 하지만 자신이 속한 문화가 더 현실적이고 효율적이라고 느끼므로 자신과 다른 상대방을 '교육'하거나 '발전'시키려 한다.
- **최소화** : 문화적 차이를 느끼지만 같은 인류의 문화라는 공통점에 더 초점을 맞춘다. 교섭 중 결정적인 지점에서 중요한 문화 차이를 간과할 수 있다.
- **이해** : 자신의 방식이 수많은 방식 중 하나임을 인식하고 상대방이 어떤 면에서도 비정상이 아님을 인식한다.

키멀은 대부분의 교섭 담당자가 지속적으로 '이해'의 단계에 머무르기가 어렵다고 지적한다. 이것은 교섭 담당자 자신이 내집단의 익숙한 규범을 선호하기도 하고, 상대와 너무 가까워 보일 경우 내집단 구성원들에게 신뢰를 얻지 못할 가능성이 있기 때문이다. 그렇더라도 문화적 가정의 중요한 차이를 인식할 경우 교섭이 더 수월하게 진행되기 마련이다.

키멀에 따르면 국가 간 교섭 담당자의 입장에서 문화 간 이해의 핵심 목표는 '우리'와 '그들'의 대결에 맞춰졌던 초점을 더 넓은 의미의 '우리'로 옮기는 데 있다. 두 집단이 공유하는 목표를 의식할 때 기만과 위협은 덜 필요해질 것이다.

협력과 갈등의 상호 역학

교섭상의 딜레마는 역학적 상호작용, 즉 시간에 따라 바뀌는 복잡한 연결 패턴과 관련 있다. 다시 〈그림 13.4〉로 돌아가보면 처벌적 전략의 효력이 점점 떨어지는 반면, 비처벌적 억지 전략의 효력은 높아지는 경향이 있음을 알 수 있다.(Deutsch, 1986) 실험실 딜레마에서는 양쪽 모두 협력적 패턴이나 경쟁적 패턴에 '갇혀' 있는 경우가 많다.(Rapoport, Diekmann & Franzen, 1995) 최근 더욱 악화되고 있는 이스라엘과 팔레스타인의 오랜 갈등처럼 현실 세계에서는 갈등이 끝나지 않고 계속 진행된다. 이제 이 과정에 관한 여러 영역의 연구를 살펴봄으로써 이렇게 고조되는 갈등을 잠재울 방법에 대해 생각해보자.

눈에는 눈, 이에는 이 상호 교섭에서 시간이 지나도 가장 '안정적인' 전략은 **맞대응 전략**(tit-for-tat strategy)이다.(Axelrod, 1984 ; Komorita, Hilty & Parks, 1991 ; Nowak, Sasaki, Taylor & Fundenberg, 2004) 맞대응 전략 사용자는 상대가 협력할 때 협력으로 대응하고 상대가 경쟁적으로 나올 때 경쟁적으로 대응한다. 상대가 경쟁적으로 나올 때 경쟁적으로 대응한 다음 협력적 전략으로 돌아가면, 상대를 '낚아' 협력적 전략을 이끌어냄으로써 상호 이익을 얻는 협력적 패턴을 형성하게 된다. 사회심리학자 새뮤얼 코모리타(Samuel Komorita, 1991)에 따르면 맞대응 전략은 2가지 면에서 강력한 호혜의 규범에 의지해 작용한다.(9장에서 자세히 논했다.) 이 전략은 협력에 협력으로 대응하고 경쟁에 경쟁으로 대응한다. 여기에는 "네가 내 등을 긁어주면 나도 네 등을 긁어주마"라는 호혜와 "눈에는 눈, 이에는 이"라는 보복이 결합되어 있다. 사실 맞대응 전략을 사용하는 사람과 게임을 하는 경우 원래 경쟁적인 사람이라도 맞대응 전략이 내포하는 2가지 메시지를 받고 협력을 시작할 수 있다.(Sheldon, 1999)

달러 게임 이스라엘과 팔레스타인, 인도와 파키스탄, 미국과 이라크의 갈등은 독특한 유형의 사회적 함정을 보여준다. 악화되는 경쟁에 빠지는 경향이 있

는 이런 유형은 '달러 게임(dollar game)'이라는 딜레마에 잘 나타난다.(Teger, 1980)

평소 똑똑하던 대학생들이 1달러를 상금으로 받기 위해 몇 달러씩 부르는 것을 상상할 수 있겠는가? 이 책의 저자들은 각자 수업에서 이 게임을 진행하면서 이런 상황이 일어나고 또 일어나는 것을 목격했다. 이 게임은 가장 높은 금액을 제시하는 사람에게 1달러를 준다고 하면서 시작된다. 처음에 게임은 욕심에 호소한다. 가장 높은 입찰가가 4센트라면 입찰자는 4센트에 1달러를 가져가 96센트의 이익을 얻는다. 하지만 거의 공짜로 1달러를 가져가겠다 싶은 다른 학생들도 질세라 더 높은 가격을 부르며 뛰어든다. 이 게임을 사회적 함정으로 만드는 특징은 두 번째로 높은 가격을 부른 사람도 돈을 지불해야 한다는 점이다. 그러므로 한 학생이 4센트를 부르고 다른 학생이 10센트를 불렀다면 10센트를 부른 학생은 1달러를 상금으로 얻어 90센트의 이득을 보지만 4센트를 부른 학생은 4센트를 잃는다. 이 특징 때문에 아무도 2등을 하고 싶어 하지 않는다. 당신이 90센트를 불렀는데 상대가 1달러를 부르면 고스란히 90센트를 잃게 된다. 따라서 1달러가 넘는 가격을 부르고 1등이 되어 상금으로 1달러를 챙기는 것이 90센트를 잃는 것보다는 이득이다. 게임이 진행될수록 욕심에서 시작된 동기가 손해에 대한 두려움으로 대체된다. 수업 시간에 진행된 게임에서는 학생들이 이 사회적 함정에 갇혀 낙찰액이 20달러까지 올라간 일도 있었다. 이와 같이 과도한 낙찰액은 실험실에서 더 작은 규모로 게임을 진행했을 때도 발견되었다.(Teger, 1980) 국가 간 갈등에서도 이와 같은 사회적 함정의 특징이 나타날 때가 많다. 처음에 좋아 보이는 결과(1달러 또는 적을 압도하기)에 대한 욕구였던 행동의 동기가 체면을 잃거나 자원을 점점 많이 할애하는 데 대한 두려움으로 바뀌는 것이다.

지각적 딜레마 적개심이 적개심으로 돌아온다는 모든 증거에도 역사 속에서는 공격적 강제를 협상 기법으로 삼았다가 실패하는 일이 되풀이된다. 예를 들어 나치가 런던의 민간인 지역에 가한 폭격은 영국 시민들을 굴복시키기 위한 것이었다. 하지만 그것은 오히려 영국의 전의를 강화하는 효과를 낳았다. 그럼에도 영국과 연합한 미국 역시 독일의 의지를 꺾을 수 있으리라 기대하고 독일의 민간인 지역에 폭격을 가함으로써 역사를 되풀이했다. 이번에도 폭격은 독일인의 저항 의지를 약화하는 데 실패했다.(Rothbart & Hallmark, 1988) 협박과 강압적 태도가 현실 세계에서 그토록 자주 실패하는데도 사람들이 그 전략을 왜 그토록 많이 사용할까? 사회심리학자 마이런 로스바트(Myron Rothbart)와 윌리엄 홀마크(William Hallmark, 1988)는 내집단 편애(ingroup favorability)와 외집단 편향(outgroup bias)이라는 간단한 인지적 경향이 답이 될지 모른다고 주장한다.

로스바트와 홀마크는 두 번의 실험실 연구를 통해 학생들에게 '타코니아'와 '네빌리아'라는 가상 국가의 국방부 장관이 되어 역할 놀이를 하게 했다. 두 나라는 같은 섬에 있고, 역사적으로 갈등의 골이 깊다. 양국의 국방부 장관은 적에게 대처하는 몇 가지 전략의 효율성을 판단해야 했다. 전략은 협력적인 것 (적이 대포의 수를 줄이리라는 기대로 일방적으로 잠수함 생산을 20% 줄이기 등)부터 강압적인 것(적이 장거리포를 줄이지 않으면 더 많은 잠수함을 생산해 위협하기 등)까지 있었다. 두 나라 장관이 갈등 상황에 대해 같은 자료를 읽었음에도 효율적인 전략에 대한 생각은 판이했다. 타코니아 장관들은 자국이 협력적으로 반응하겠지만 적국 네빌리아는 강압적 대우를 받아야 한다고 생각했다. 네빌리아 장관들 역시 자국은 협력적으로 대응할 생각이지만 타코니아가 자신들에게 보조를 맞추게 하려면 강압적 전략이 필요하다고 믿었다.

이 학생들이 베트남전쟁 당시 북베트남이나 1·2차 세계대전 당시 독일에 가해진 폭격 정도의 공격을 퍼부을 만큼 처벌적 분노를 느꼈을 리는 없으므로, 로스바트와 홀마크는 그들이 얻은 결과가 11장에서 편견과 함께 논의한 '최소 집단' 연구 결과의 연장이라고 말한다. 즉, 사람들을 그저 두 집단으로 나누기만 해도 자기편은 긍정적으로('협력적인' 등) 판단하고 상대편은 부정적으로('고집 센', '불응하는' 등) 판단하게 된다는 것이다.

실험실에서 타코니아와 네빌리아의 장관을 맡은 학생들의 내집단 편향은 아무런 해가 되지 않는다. 하지만 실제 국제 관계에서 나타나는 내집단 편향은 막대한 피해를 초래할 수 있다. 스콧 플루스(Scott Plous, 1985)는 냉전 중 미국과 소련 둘 다 군비 축소를 원했지만 서로 상대편이 핵 우위를 차지하려 한다고 인식했다는 증거를 발견했다. 플루스는 양쪽 모두 **지각적 딜레마**(perceptual dilemma)에 빠졌다고 주장했다. 지각적 딜레마란 사회적 딜레마와 외집단 편향이 결합된 것으로, 갈등을 빚는 두 집단은 서로 협력하는 것이 가장 좋다고

사회심리학

믿으면서도 상대편이 자기편을 이용만 하고 협력적 조치를 취하지 않으리라고 생각하게 되어 지각적 딜레마에 빠진다.

1980년대에 미국과 소련 지도자들이 이러한 지각적 딜레마에 빠졌다는 주장을 입증하기 위해 플루스는 미국 상원 의원들에게 설문지를 보냈다. 소련이 무장하거나 무장하지 않는 상황에서 미국이 계속 무장하거나 무장하지 않는 것이 얼마나 바람직한지 묻는 내용이었다. 또한 소련이 어떤 상황을 선호하리라고 생각하는지도 물었다. 그 결과 미국 상원 의원들은 미국과 소련 모두 군비를 축소하는 상황이 가장 바람직하다고 답했다. 이들은 군비 경쟁이 지속되는 상황뿐 아니라, 소련은 계속 군비를 확충하는데 미국이 군비를 축소하는 상황도 강하게 반대했다. 유감스럽게도 이들은 소련 지도자들이 상황을 아주 다르게 보리라고 생각했다. 소련도 상호 군비 축소를 원하리라고 믿으면서도, 소련 지도자들이 미국이 군비를 축소해도 계속 군비를 확충하고 싶어 할 것이라고 여겼다. 이런 상황이라면 미국은 마지못해 계속 군비를 확충할 수밖에 없다. 하지만 소련 지도자들을 대상으로 조사한 결과 그들은 완전히 반대로 생각했다.(Guroff & Grant, 1981) 자신들은 군비를 축소해야 한다고 생각했지만 미국이 계속 군비를 확충하고 싶어 할 것이라고 믿은 것이다.

이 발견은 미국과 소련 모두 공격적 의도에서만 핵무기를 비축하지 않았다는 사실을 보여준다. 그보다는 양쪽 모두 자신들이 위협적 존재가 될 수 있음을 전달하려 했다. 하지만 불행하게도 이들이 강압적 위협을 서로에게 사용하면 오히려 자신들의 생명을 위협하는 격이 된다. 99건의 심각한 국제분쟁을 분석한 결과(부대 이동, 항구 봉쇄, 대사 철수 등) 무력 경쟁을 하지 않았다면 갈등이 전쟁으로 이어질 확률은 4%에 불과했다. 하지만 무력 경쟁을 할 경우에는 갈등의 82%가 전쟁으로 귀결되었다.(Wallace, 1979)

냉전이 끝났고 소련은 붕괴되었지만 당시 소련과 미국이 제작한 핵무기는 대부분 그대로 남아 있다. 그 양이 상당하기 때문에 자칫 잘못하면 핵전쟁이 일어날 가능성도 있다. 또한 중국, 인도, 이스라엘, 이란, 파키스탄, 북한과 같이 자체적으로 핵무기와 제작 기술을 보유한 나라도 많다. 이와 같이 물리학의 발전이 군사 기술 영역에서 초래한 문제들을 사회학을 통해 해결할 수 있을까?

BOX 13.2

냉전의 종식을 이끈 GRIT 전략

지금까지 국가 간 협력에 방해물이 될 수 있는 몇 가지 요소에 대해 알아보았다. 사람들은 선천적으로 다른 사람들을 내집단과 외집단으로 나누고, 내집단은 좋아하는 반면 외집단은 경멸하는 경향이 있다.(Krebs & Denton, 1997: Tajfel & Turner, 1979) 갈등은 일단 시작되면 점점 심화되는 경향이 있으므로(Deutsch, 1986) 국가 간의 무력 경쟁은 종종 전쟁으로 이어진다.(Wallace, 1979) 하지만 다행히도 악순환의 방향을 돌리는 것이 불가능하지는 않다. 즉 악순환을 역전시킬 수 있다.

11장에서는 로버스 케이브 주립 공원에서 여름 야영을 하던 소년들의 싸움에 대해 논했다.(Sherif et al., 1961) 하지만 공통의 목표를 위해 협력해야 하는 상황에 놓이자, 방울뱀 팀과 독수리 팀은 경쟁의식을 극복하고 심지어 서로를 우호적으로 대하기 시작했다. 이러한 발견은 갈등 관계인 나라들이 서로에게 이득이 되는 공통의 목표(암이나 에이즈 치료법 발견)를 위해 협력함으로써 평화를 증진할 수 있음을 시사한다. 하지만 국가 간 경쟁을 협력으로 대체하기란 말처럼 쉽지 않다. 갈등 상황에 갇힌 두 나라는 상대의 동기를 불신하고 이용당할까 봐 두려워한다. 또한 앞서 언급한 실험실 연구 결과에 따르면 무조건적 협력은 이용당할 가능성이 크다.(Deutsch, 1986)

심리학자 찰스 오스굿(Charles Osgood, 1962)은 이와 같이 증가하는 위협과 이용당하는 유화정책 중 어느 쪽도 선택하기 어려운 딜레마에서 빠져나오는 방법으로 **긴장 완화를 위한 점진적 상호주의**(graduated and reciprocated initiatives in tension reduction, GRIT)를 제시했다. 이것은 상대방에게 갈등을 비슷한 수준으로 점차 줄여나가자고 공개적으로 제안함으로써 갈등의 악순환을 깨뜨리는 전략이다. 갈등의 악순환을 깨뜨리기 위해 오스굿이 제안한 방법은 둘 중 어느 한쪽이 먼저 평화적 신호를 보내는 것이다. 이러한 화해의 몸짓은 약해 보일 수 있고 실제로 불리한 위치에 서게 될 위험이 따른다. 이러한 위험을 피하기 위해 첫걸음은 작게 내딛어야 한다.

GRIT를 이용해 평화를 증진하려는 경우 처음에 사소한 평화 제안과 함께 공적 성명을 발표하는 게 좋다. 평화 제안에 상대방이 똑같이 평화적으로 응하면 갈등이 점점 큰 폭으로 줄어들 것이라는 신호를 전달한다. 그 결과 서로 군사력을 점진적으로 줄이되 점차 그 폭을 넓혀감으로써 어느 한쪽이 심하게 불리해지는 상황을 피할 수 있다. GRIT 전략의 장점은 더 경쟁함으로써 서로에게 도전 의식을 불태우는 대신 더 협력함으로써 서로를 자극한다는 점이다.

GRIT 전략은 실험실의 갈등 모의실험에서도 효과를 발휘했다.(Lindskold, 1983) 진화 경제학자들이 '지분 늘리기'라고 부르는 아주 비슷한 전략에 대한 연구들 역시 GRIT의 효과를 뒷받침한다.(Van den Bergh & Dewitte, 2006) 이러한 전략들이 실제 국제 관계에서도 효과를 발휘할까? 1980년대 소련의 미하일 고르바초프(Mikhail Gorbachev) 서기장은 이와 아주 유사한 전략을 이용해 미국의 로널드 레이건(Ronald Reagan) 대통령을 협상 테이블로 끌어냈다. 고르바초프는 먼저 소련에서 핵무기 실험을 금지하겠다고 제의한 후 미국에서 똑같이 따르지 않는다면 재개하겠다고 말했다. 미국이 이에 응하지 않자 고르바초프는 무기 실험을 재개함으로써 결의를 보였다. 하지만 먼저 내민 그의 손이 미국 여론을 움직였고, 고르바초프는 이듬해에 미국 조사관들에게 소련의 무기 감축을 확인하라고 제안하면서 다시 한번 손을 내밀었다. 이번에는 성공적이었다. 레이건 대통령은 양국의 핵무기 감축 조약에 합의했다. 실로 다행스러운 결말을 이끌어낸 고르바초프의 상호 양보 정책이 냉전 종식의 핵심이었는지 모른다.

GRIT 전략은 맞대응 전략이나 처벌적 억지 전략과 마찬가지로 경쟁자들을 동적 상호작용의 패턴으로 유도한다. 하지만 그 방식은 매우 다르다. 이 전략은 갈등을 자극하거나 기존의 평화 상태를 유지하는 대신 평화가 점차 고조되는 패턴으로 이끈다.

소련의 고르바초프 서기장은 변형된 GRIT 전략을 이용해 핵무기 제작으로 인한 갈등의 악순환을 깨뜨리는 데 도움을 주었고, 그 공로로 노벨평화상을 받았다.

요약

13장을 시작하면서 우리는 세계의 미래에 대해 2가지 가능성을 생각해보았다. 하나는 남부 아시아에서 일어나는 일이다. 방글라데시, 동인도, 파키스탄에서는 계속 인구가 늘어나고 있고, 세 나라는 20세기 내내 갈등을 겪으며 서로 점점 멀어졌다. 다른 하나는 서유럽에서 일어나는 일이다. 이곳에서는 인구 증가가 거의 멈추었을 만큼 인구 증가 속도가 느려졌고, 환경 의식이 꽃피고 한때 적이었던 국가들과 협력적 연합을 이루고 있다. 한쪽 길을 따라가면 인류는 지구의 자원을 계속 파괴하고, 얼마 남지 않은 자원을 두고 싸우며, 바다와 대기, 지구의 다른 동식물 종을 돌이킬 수 없을 정도로 파괴할 것이다. 다른 쪽 길을 따라가면 인류는 더 조용하고 환경 친화적이며 더 조화로운 조건에서 살아가며 말 그대로 이 행성을 구할 것이다.

13장에서 우리는 인구 과잉과 환경 파괴, 국가 간 갈등이 사회적 함정이라는 현상에 개념적으로 어떻게 연결되는지 알아보았다. 사회적 함정 상황에서 즉각적 이기심은 결국 집단의 재앙으로 이어진다. 인구 과잉의 측면에서 보면 사람들은 가장 우선시되는 이기적 동기에 따라 행동한다. 즉, 자신의 유전자를 번식시키고 싶어 하는 것이다. 인구가 늘어나면 식량이 더 많이 필요해지므로 숲과 바다에서 식량을 얻는 사람들은 매일 전형적인 사회적 딜레마에 빠지는 셈이다. 장기적으로 보면 넓은 의미의 공익에 해로운 결과가 발생함에도 사람들은 이기적 동기에서 최대한 많은 물고기를 잡고 벌목을 한다. 이와 마찬가지로 국가 간 갈등 역시 '달러 게임'에서 볼 수 있는 다른 종류의 함정일 때가 많다. 이런 유형의 함정에서 사람들은 처음에 좋은 결과(1달러를 따거나 잠재적 적에게 겁주기)를 얻고자 하는 욕구로 행동하지만 시간이 지나면 욕구 대신 체면을 구기거나 자원을 점점 많이 할애하는 데 대한 두려움이 자리 잡게 된다. 여기에서 다시 한번 사회심리학과 다른 학문의 연계가 중요함을 알게 된다. 이렇게 가장 시급한 세계의 문제들에 어떤 의미가 있는지 다른 영역의 과학자들이 깨닫기 시작함에 따라 경제학자, 생물학자, 정치학자 역시 이러한 사회적 딜레마를 자세히 연구하고 있다.

인구 과잉과 국가 간 갈등을 막을 수 없을 것처럼 보일 때가 있더라도 이탈리아를 비롯한 서유럽 국가들에 비추어 그 흐름이 바뀔 수 있음을 알 수 있

사회심리학

다. 인구 통계학자는 굉장히 간단한 해결책을 내놓는다. 바로 가족계획에 대한 지식과 기술을 널리 보급하는 방법이다. 수십억이나 되는 사람들의 성욕을 억제할 필요가 없다는 점에서 가족계획 기술은 훌륭한 해결책이 될 수 있다. 이 방법은 성욕을 억제하기보다 자연의 체계를 방해하면서 사람이 많아지면 가족의 규모를 조절하려는 인간의 또 다른 일반적 동기에 호소한다. 남은 것은 기술적 문제가 아니라 사회적 문제다. 사람들은 기존의 지식과 기술을 동원해 가족의 규모를 제한하고 세계의 자원을 더 현명하게 사용해야 한다.(e. g., Bryan, Aiken & West, 1996 ; Oskamp, 2000)

사회적 함정은 복잡한 체계에서 어떻게 질서가 생겨나는지 보여준다는 점에서 지적으로 흥미롭다. 몇 안 되는 국가 지도자들이나 수천 명의 어민, 가족계획과 쓰레기 재활용에 대한 수십억 건의 결정 등 개인적 동기가 모여 고정적이고 순환적인 패턴이 생겨난다. 이런 복잡한 체계의 특징 중 가장 흥미로운 점은 작은 투입(초기 조건 변화)만으로 완전히 다른 방향으로 움직일 수 있다는 것이다.(Cohen, 2001 ; Kenrick, Li & Butner, 2003 ; Nowak & Vallacher, 1998) 사소한 위협만으로도 돌고 돌며 점점 커지는 갈등의 패턴에 갇힐 수 있고, GRIT 전략의 일부로 약간의 신뢰가 담긴 행동만으로도 두 나라가 협력의 패턴에 고정될 수 있다.

이런 복잡한 전 지구적 문제들에 내재하는 사회적 함정의 간단한 역할을 발견함으로써 낙관적 전망을 가질 수 있다. 단순히 신기술로는 풀 수 없는 문제들의 해결법을 밝히기 위해 부디 심리학자, 생물학자, 경제학자들이 협력하기를 바란다. 이런 거대한 문제들은 행동, 감정, 인지에 뿌리를 두며 그 해결책이 새로운 세기의 가장 중요하고 흥미로운 과학적 발견들을 자극할 것이기 때문이다.

제14장

사회심리학의 종합

◖

─────── 세기의 연설 뒤에 가려진 이상한 음모 ───────

2009년 1월 20일 버락 오바마(Barack Obama)는 100만 명이 넘는 사람들 앞에서 취임 연설을 했다. 그는 어쩌면 아버지가 식당에서 동등하게 대접받지 못했을지 모르는 사람이 대통령으로 선출된 현실에 대해, 미국이 얼마나 멀리 왔는지에 대해 언급했다. 아프리카계 미국인으로서 평범한 가정에서 자란 오바마에게 대선은 힘겨운 싸움이었다. 하지만 그에게는 유리한 점이 있었다. 양친 모두 고학력자라는 사실이었다. 그의 아버지는 케냐의 지방에서 태어난 흑인으로 하버드대학교에 경제학 석사 학위를 따러 왔고, 어머니는 미국 캔자스주 출신의 백인으로 인류학 박사였다. 오바마 또한 하버드대학교 로스쿨을 우등으로 졸업한 수재였다. 졸업 후에는 보수가 높은 로펌들의 제안을 거절하고 시카고 도심에서 박봉의 인권 변호사로 활동했다. 이후 정계에 입문한 오바마는 도심 빈민가의 아프리카계 미국인 아이들부터 교외에 사는 보수적 중년 백인에 이르기까지 수많은 집단과 편안하고 효과적으로 소통하는 능력으로 대중에게 깊은 인상을 주었다. 백인과 흑인 문화 양쪽에 뿌리를 둔 그는 인종 화합의 눈부신 증거이자 화신이었다. 하지만 이토록 다양한 재능과 능력에도 50년 전 워싱턴 D. C.의 같은 장소에서 또 다른 놀라운 연설이 행해지지 않았다면 그에게는 취임 연설을 할 기회조차 없었을지 모른다.

　　1963년 8월의 무더운 어느 날 20만 명의 미국인이 인종차별에 항의하기 위해 링컨 기념관에 운집했다. 당시 남부에서는 여전히 공립학교가 인종별로 분리되어 있었고, 흑인들은 으레 투표권 행사를 거부당했으며, 시민권 운동가들은 경찰견에게 공격당했다.

어마어마한 청중이 모인 가운데 마틴 루서 킹(Martin Luther King) 목사는 탄상으로 걸어 올라가 역사상 가장 위대한 연설 중 하나로 꼽히는 연설을 시작했다. 에이브러햄 링컨의 노예해방령을 언급하며 연설을 시작한 킹 목사는 약속받은 자유를 찾으려는 흑인들에게 링컨의 노예해방 선언이 독립선언서와 함께 부도수표가 되어버렸다고 외쳤다. 킹 목사는 유명한 자신의 꿈에 대해 말하며 노예의 후손이 노예 소유주의 후손과 손을 맞잡고 걸을 수 있는 세상에서 자신의 아이들이 살기를 바란다고 말했다. 그리고 오래된 흑인 영가의 한 구절을 인용해 피부색이 다른 모든 인종이 "마침내 자유로워졌다"라고 선언할 수 있을 날을 고대하며 연설을 마쳤다.

하지만 이 위대한 대통합의 사건 뒤에서 킹 목사 개인의 세계는 갈가리 찢기고 있었다. 행진 바로 직전 존 F. 케네디 대통령의 남동생이자 당시 법무부장관이던 로버트 케네디(Robert Kennedy)는 킹 목사에게 백인 출신의 저명한 시민권 운동가였던 스탠리 리바이슨(Stanley Levison)과 잭 오델(Jack O'Dell)과의 관계를 끊으라고 설득했다. 그렇게 킹 목사와의 우호적인 만남을 가진 로버트 케네디는 놀랍게도 FBI에 킹 목사의 전화 도청을 비밀리에 허가했다. 이 전화선을 따라 혼외정사에 대해 자랑스럽게 말하는 킹 목사의 목소리가 잡혔다. 킹 목사는 자신을 몰아내려고 혈안이 된 FBI 국장 J. 에드거 후버(J. Edgar Hoover)에게 의도치 않게 빌미를 준 셈이었다. 인종 문제 해결에 열성적으로 참여하던 케네디 형제는 왜 시민권 운동의 지도자들을 갈라놓으려 했을까? 이것은 또 다른 유명 인사 후버와도 관련된 수수께끼다. 케네디 형제에게 리바이슨과 오델이 공산당과 연결돼 있다는 점을 알려준 사람이 후버였기 때문이다.

FBI 국장이 왜 킹 목사에게 그토록 강력한 개인적 공격을 가했을까? 케네디 형제는 왜 후버의 음모에 협조했을까? 킹은 왜 가까운 친구들과 자신을 갈라놓으려는 후버의 계획에 순순히 굴복했을까? 그리고 저항 정신과 다인종 간의 평화 사이에서 갈팡질팡한 사람들, 몇 안 되는 위대한 지도자부터 수천 명의 군중에 이르기까지 이 일에 관련된 모든 사람이 모두 각자 개인적 동기에서 움직인 가운데 어떻게 그토록 어마어마한 사회적 변화가 일어날 수 있었을까?

워싱턴에서 일어난 이 역사적 행진을 둘러싼 사회적 상호작용은 사회생활의 다양한 수수께끼를 보여준다. 14장에서는 이 책에서 계속 논해온 퍼즐의 조각들을 한데 모아 맞춰보려 한다. 그리하여 제각각이던 수많은 단서들이 하나로 맞춰져 성별, 문화, 기능 장애에 해당하는 사회적 행동, 사회심리학의 발견과 연구 방법들을 일상에 적용하는 법 등 '핵심' 내용들을 형성하는 과정을 보게 될 것이다. 이 퍼즐을 맞추는 과정에서 사회적 행동에 내재하는 본질적 동기와 함께 무엇보다 중요한 요소일 사람과 사회적 상황의 상호작용을 다시 살펴보려 한다.

──────── 사회심리학이 우리에게 알려준 것들 ────────

이 책은 사회심리학이 사람들의 생각, 감정, 행동이 다른 사람들에게 어떤 영향을 받는지 과학적으로 연구한 학문이라고 정의하며 시작되었다. 먼저 가장 간단한 수준인 개인의 동기, 감정, 생각이 일어나는 과정을 살펴보고, 이 과정들이 그 사람의 상황에 어떻게 적용되는지 살펴보았다. 2장에서는 마틴 루서 킹을 예로 들어 사람과 상황에 대해 논했다. 방금 살펴본 워싱턴 행진 전후 시기에는 킹 목사가 매우 힘든 상황을 맞으면서 서로 다른 동기들이 사적 우정과 시민권 운동 사이에서 다시 한번 갈등을 일으키는 것을 볼 수 있다. 3장에서는 사람들이 자신과 타인을 이해하기 위해 이용하는 정신적 과정인 사회적 인지에 대해 살펴보았다. 여기에서는 힐러리 클린턴에 대해 사람들마다 아주 다르게 생각한다는 점을 강조했다. 힐러리 클린턴처럼 킹 목사 역시 어떤 사람들에게는 영웅이고 어떤 사람들에게는 비열한 악당이었으며, 특히 후버 FBI 국장에게는 위험한 골칫거리였다.

다음에는 희대의 사기꾼 페르디난드 데마라의 사례를 통해 사람들이 자신을 다른 사람들에게 어떻게 드러내 보이는지 살펴보고, 우리 모두 중요한 개인적 목표를 위해 자기 제시를 한다는 점도 살펴보았다. 워싱턴 행진이 벌어지고 있을 때 케네디 형제는 복잡한 자기 제시의 딜레마에 빠져 있었다. 미국 국민들에게 시민권 운동을 지원하는 것처럼 보이고자 킹 목사와 가깝게 지내면서도, 공산주의에 강경하게 대처하는 것처럼 보이고자 킹 목사에 대한 후버의 공격에 협조하게 되었다.

5장과 6장에서는 사람들이 서로 어떻게 설득하고 영향을 주고받는지 알아보았다. 킹 목사가 워싱턴에 모인 대중 앞에서 한 15분짜리 연설은 역사에 길이 남을 사회적 영향력의 결작임에 분명했다. 그는 에이브러햄 링컨과 미국 헌법의 신뢰성을 차용해 대중에게 자유와 정의의 이미지를 상기시켰고, 마침내 100만 명이 넘는 사람들이 인종 관계에 대한 자신의 태도를 다시 생각해보게 되었다.

그다음에는 관계 맺기와 우정에 대해 알아보았다. 사람들은 사회적 연결망의 지지에 힘입어 에베레스트산에 오르고 달에도 갈 수 있다. 사회적 지지가 없다면 삶에서 무언가를 이루기가 불가능할 것이다. 뛰어난 수사법을 구사한 킹 목사라도 수많은 사람을 워싱턴으로 데려갈 수 없었을 것이다. 그에게는 시민권 운동가 부대와 영향력 있는 정치가들의 지지가 필요했다.

우정을 살펴본 다음에는 비슷한 감정인 사랑과 낭만적 관계로 넘어갔다. 역사의 흐름을 바꿀 만큼 강력한 사회적 상호작용인 사랑은 킹 목사가 혼외정사를 맺은 동기가 되었을 수 있다. 또한 여기에서는 연인이나 가족과의 관계에서 얻는 개인적 만족이 다른 사람의 행복을 증진하려는 목표에 어떻게 기여하는지에 대해서도 언급했다. 이 주제는 9장에서도 계속되었다. 9장에서는 나치 독일 점령하의 유대인을 위한 스기하라 지우네의 위대한 개인적 희생을 통해 친사회적 행동에 대해 알아보았다. 스기하라의 행동은 시민권이라는 대의를 위해 헌신한 킹 목사의 행동과 다르지 않았다.

10장에서는 인간의 사회생활에서 문제가 되는 측면인 공격성에 대해 논했다. 평범한 사람에게 어떻게 그토록 잔인한 면이 촉발될 수 있는지와 얄궂게도 그 계기가 워싱턴 행진을 자극한 긍정적 집단 중심적 동기와 같다는 점도 알게 되었다. 이 주제 가운데 일부는 11장에서 다시 한번 등장했다. 고정관념, 편견, 차별에 대해 배운 11장에서는 평범한 인지와 동기부여의 과정이 어떻게 씁쓸한 편견이나 달콤한 조화로 이어질 수 있는지에 대해 KKK와 시민권 운동가의 사례를 들어 알아보았다.

마지막으로 우리는 개인적 차원을 넘어 FBI나 언론, 워싱턴에서 행진한 거대 군중 같은 집단 차원의 과정을 살펴보았다. 수많은 개인적 동기가 담긴 많은 사람들의 상호작용은 예측할 수 없이 혼란스러운 상황을 만들 것 같지만, 그 대신 집단에서 동적인 자기 조직화(self-organization)의 일정한 패턴이 나타나는 것을 확인했다. 그다음에는 인도 아삼 지방의 주민들이 5시간 동안 벵골 이주민 1700명을 학살한 사건을 통해 자기 조직화 패턴의 한 예로 사회적 딜레마가 인구 과잉, 환경 파괴, 국가 간 갈등과 같은 전 지구적 사회문제에 내재하는 양상에 대해 논했다.

이와 같이 우리의 탐색은 개인의 머릿속을 둘러보는 데서 시작해 점점 복잡해지는 상호작용 쪽으로 나아갔다. 사람들이 자신을 다른 사람들에게 보여주는 과정을 살펴본 후 사회적 영향력, 사랑, 증오의 그물망을 지나가는 과정을 살펴보고, 마지막으로 조직, 집단, 국가와 관계 맺는 과정을 살펴보았다.

발견과 이론

사회심리학을 포괄적으로 둘러보면서 우리는 광범위한 주제에서 상당히 많은 흥미로운 연구들을 접했다. 다음은 최근 사회심리학 조사를 통해 나온 몇 가지 발견들이다.

- 우리는 다른 사람들에게 주는 행위를 통해 더 행복하고 건강해진 다.(Brown et al., 2003; Dunn, Aknin & Norton, 2013)
- 사회적 상호작용 활동에서 제외되면 신체적 고통을 느낄 때와 같은 신경 회로가 활성화된다.(McDonald & Leary, 2005; Williams & Nida, 2011)
- 여성이 바람을 피울지 여부와 남성의 어떤 특성에서 매력을 느끼는 지는 그 여성의 호르몬 수준과 관련 있다.(Durante, Li & Haselton, 2008; Gangestad, Garver-Apgar, Simpson & Cousins, 2007; Gildersleeve, Haselton & Fales, 2014)
- 인종적 외집단 구성원(즉 자신과 다른 인종)에 대한 두려움을 없애기는 어려운데, 외집단 사람이 남성일 때만 그렇다.(Navarrete, McDonald, Molina & Sidanius, 2012; Olsson, Ebert, Banaji & Phelps, 2005)
- 선천적 시각장애인인 운동선수는 대회에서 이기거나 졌을 때 정상 시력인 운동선수와 같은 표정을 짓는다.(Matsumoto & Willingham, 2009)
- 사람들의 정치적 태도는 각자의 짝짓기 전략과 종교적 믿음과 관련 있

지만 그 연관성은 흑인인지 백인인지에 따라 달라질 수 있다.(Cohen et al., 2009; Weeden, Cohen & Kenrick, 2008)

- 여성은 남성에게 외모 때문에 거절당했다고 생각할 때 자존감이 떨어지고, 남성은 지위 때문에 거절당했다고 생각할 때 자존감이 떨어진다.(Pass, Lindenberg & Park, 2010)
- 아시아계 미국인이 사랑의 감정을 느낄 때는 부정적 감정과 긍정적 감정을 함께 느낄 가능성이 더 높은 반면, 유럽계 미국인은 사랑을 긍정적 측면에서만 경험할 가능성이 더 높다.(Shiota et al., 2010)

사회심리학자들은 수많은 연구를 통해 이와 같은 '사실'을 밝혀냈지만 1905년에 쥘 앙리 푸앵카레(Jules Henri Poincaré)는 이렇게 말했다. "돌무더기가 집이 아닌 것처럼 한 묶음의 사실도 과학이 아니다." 흥미로운 사실 몇 가지를 아는 것으로 사회심리학 공부를 끝내는 대신, 서로 연결된 이론적 원리들을 알고 떠나야 한다. 그것이 앞으로 직장과 가족 내에서, 거리에서, 여행하면서 겪을 사회적 상호작용을 이해하는 기초가 되어줄 것이다.

--------- 주요 이론적 관점으로 살펴본 사회심리학 ---------

1장에서 우리는 역사적으로 중요한 4가지 이론적 관점에 대해 설명했다. 이 관점들을 복습하고 그것들이 사회심리학에 어떻게 짜여 들어가 있는지 알아보자. 더 중요한 과정으로 그것들 사이의 연관성도 탐색해보자.

다른 이론적 관점들은 서로 양립할 수 없는 것이 아니다. 그보다는 같은 사회적 현상을 서로 관련된 방식으로 보는 것에 가깝다. 이러한 연관성을 인식하는 방법 중 하나는 이 관점들을 **근접한 설명**(proximate explanation)에서 **궁극적 설명**(ultimate explanation)으로 이어지는 연속체로 보는 것이다. 근접한 설명은 현재의 시점에서 직접적 원인에 초점을 맞춘다.(로버트 케네디가 FBI에게 킹 목사를 도청하도록 허용한 이유는 공산주의자와의 유대 관계를 좋지 않게 보았기 때문이다.) 이와 반대로 상대적으로 궁극적인 설명은 배경이나 역사에서 그 원인을 찾는다.(공산주의자들이 수십 년 동안 미국의 주요 사회운동에 비밀리에 개입해왔다.) 근접한 설명과 궁극적 설명은 서로 대체할 수 있는 관계가 아니다. 그보다는 밀접하게 얽혀 있는 관계에 가깝다. 예를 들어 역사적 배경 요소는 당면한 상황을 인식하는 데 영향을 미친다.(공산주의자에 대한 미국인들의 두려움은 오직 역사적 맥락에서 고려할 때만 이해할 수 있다.)

이때 상대적으로 근접한 질문은 초점이 더 좁다.(대중매체는 대부분의 사람들이 만날 일도 없는 킴 카다시안과 카녜이 웨스트 같은 사람들의 연애와 결혼에 왜 그렇게 많은 주의를 할애하는가?) 그리고 이런 질문은 범위가 더 넓고 궁극적인 질문(일반적으로 사람들은 다른 사람들의 짝짓기 행동에 왜 그리 관심이 많은가?)에 포함된다. 지금부터는 이렇게 다른 단계의 여러 설명들의 관계에 대해 알아보자.

사회 문화적 관점

1장에서 에드워드 올스워스 로스(Edward Alsworth Ross, 1908)에 대해 언급했다. 로스는 사회심리학을 일시적 대유행과 폭동 등을 비롯한 집단 현상을 연구하는 학문으로 보았다. 사회심리학이라는 학문을 살펴보면서 집단에서만 발생하는 많은 사회적 과정을 발견했을 것이다. 한 예로 소수의 영향력에 대해 생각해보자. 소수의 영향력은 집단에서 소수인 사람들이 더 큰 집단의 의견을 바꾸는 과정이다.(Kerr, 2002; Phillips, 2003; Tormala & DeSensi, 2009) 시민권 운동이 그 좋은 예다. 처음에는 작은 무리로 시작했다가 나중에는 지리적·정치적으로 매사추세츠주와 미시시피주만큼 먼 곳에서 수만 명의 사람들이 몰려들었다. 이런 노력이 결국 미국 사회의 규범을 바꿔 캔자스주 출신의 백인 여성과 케냐에서 온 흑인 남성의 아들이 미국의 대통령 자리까지 오르는 것이 가능해졌다.

최근까지만 해도 수백 명의 군중이나 수십만 명의 도시 주민들끼리의 상호 영향력은 과학적으로 연구하기에 너무 복잡해 보였다. 하지만 지난 몇 년 사이에 생태학에서 경제학에 이르는 여러 분야의 과학자들이 강력한 수학적·개념적 수단을 개발해냈다. 이것은 많은 상호 영향력 요소를 포함해 주로 군중이나 사회운동 같은 복잡한 동적 체계를 연구하는 도구로 쓰인다.(Harton & Bourgeois, 2004; Kenrick et al., 2002; Nowak, Vallacher, Strawinska & Brée, 2013) 특정 헤어스타일과 태도는 왜 다양한 집단 사람들에게 더 무작위로 퍼져 있지 않고 무리 지어 모여 있는 것일까? 다시 말해 보라색 머리에 온몸에 문신한 사람을 여성 공화당원 오찬회에서 보기 어렵고, 정장을 입은 깔끔한 남성이 메탈 밴드 콘서트에서 춤추는 모습을 보기 어려운 것과 같은 원리다. 이 새로운 개념적 도구는 태도와 행동이 큰 집단들에서 **어떻게** 퍼지거나 뭉치는지 연구할 수 있게 해준다.(Latané, 1996: Latané & Bourgeois, 2001)

사회 문화적 접근법의 중요한 공로는 규범에 초점을 맞춘다는 데 있다. 즉, 사회 문화적 접근법은 다양한 사회 안팎에서 다르게 나타나는 적절한 행동에 대한 사회적 기대를 집중적으로 살펴본다.(Conway, Sexton & Tweed, 2006: Kaplan, 2003: Lalwani, Shavitt & Johnson, 2006) 1990년대 후반 미국에서는 몸에 피어싱을 하는 것에 대한 규범의 차이로 기업과 임직원이 충돌하기도 했다.(한 캐나다 여성이 혀에 작은 바벨을 착용했다는 이유로 스타벅스에서 해고당했다.) 오늘날 미국 사회의 기업 하위문화에서 사회적으로 적절하다고 여겨지는 피어싱은 귀를 뚫는 경우뿐이다. 다른 하위문화(예를 들어 예술적 성향의 젊은이들)에서는 귀, 코, 눈썹, 혀, 유두, 심지어 성기에까지 쇳덩어리를 여러 개 달고 있는 것이 사회적으로 바람직하다고 여겨지기도 한다. 이제껏 존재한 여러 사회에서는 사람들이 이보다 훨씬 극단적인 형태의 신체 훼손에 탐닉했다. 입술과 귀에 커다란 물건을 매달기도 하고, 목의 길이를 2배로 늘리기도 하고, 발의 뼈를 너무 세게 동여매 불구로 만들기도 했다. 이렇게 광범위한 다양성은 사회적 행동에 관한 사회규범의 강력한 영향력을 보여준다.

이 책의 각 장에서는 미국 사회의 개인주의적 규범과 아시아나 라틴아메리카 국가의 집단주의적 규범 같은 문화의 영향력에 대해 논했다.(e. g., Galin & Avraham, 2009: Navarrete, 2005: Oishi, Wyer & Colcombe, 2000) 비교 문화적 시각은 다른 관점에서는 이해하기 어려웠던 점들을 알려준다. 이를테면 미국인과 달리 일본인이 왜 그렇게 자동 응답기를 불편해하는지 생각해보자. 미국인은 의사소통을 할 때 주로 정보 전달과 이해에 치중하는 반면, 일본인은 대화할 때 예의와 배려에 더 신경 쓴다. 따라서 일본인들은 자동 응답기에 대고 말할 때 미국인이 필요 없다고 간주할 만한 인사치레에 시간을 더 할애해야 한다고 느낀다.(Miyamoto & Schwarz, 2006) 문화의 차이가 국경처럼 실질적 강제성을 띠지는 않지만, 한 나라 안에서도 민족, 종교, 지역 차이로 인해 나타나는 흥미로운 차이를 발견하고 이해하는 데 도움이 된다. 가령 보스턴의 가톨릭 가정에서 자란 미국인은 뉴욕주의 유대교 가정이나 앨라배마주의 남부 침례교 가정에서 자란 미국인과 적절한 행동에 대해 아주 다른 규범을 따를 것이다.(e. g., Cohen, 2009; Cohen et al., 2006; Vandello & Cohen, 2003)

진화론적 관점

진화론적 관점은 자연선택에 의한 다윈의 진화론을 통해 사회적 행동을 보는 관점이다.(Kenrick & Cohen, 2012; Ketelaar & Ellis, 2000) 진화론적 관점의 중심 가정은 우리가 직립해 두 발로 서는 능력과 함께 사회집단에서 발생하는 문제에 대처하는 데 도움이 되도록 설계된 뇌를 물려받았다는 것이다. 연구자들은 이타주의, 사랑, 가족 관계, 우정, 공격성, 편견 등 사회심리학의 많은 주제를 연구하는 데 이 관점을 채택하기 시작했다.(e. g., Campbell & Ellis, 2005; Cottrell & Neuberg, 2005; McCullough, 2008; Sagarin et al., 2003; Tybur, Lieberman & Griskevicius, 2009)

진화심리학자 역시 사회 문화적 이론가처럼 여러 문화를 살펴보지만 이들은 사람들 사이의 차이보다 인간의 공통점을 찾으려 한다.(e. g., Daly & Wilson, 1988; Kenrick & Gomez-Jacinto, 2014; Schmitt et al., 2003) 우리는 다양한 문화를 탐색함으로써 흥미로운 차이점뿐 아니라 지구상의 모든 인간에게 나타나는 본질적 공통점도 발견할 수 있다.

사회의 차이를 통해 공통점 발견하기 앞서 논했듯 문화마다 사회적 규칙이 매우 다르다. 후식을 가져오거나 주메뉴 외의 음식을 정중히 사양하는 행동은 스페인 톨레도에서는 우아하게 보이는 반면, 일본 도쿄에서는 천박하고 거칠어 보일 수 있다. 한 여성이 2명의 형제와 결혼 생활을 한다면 미국에서는 혐오스러운 일이겠지만 티베트에서는 건전한 일이다. 이런 문화의 차이를 이해하면 자신이 어릴 때 배운 방식 말고도 다양한 사회적 방식이 존재할 수 있다는 사실을 알게 됨으로써 자민족 중심주의적 성향을 줄이는 게 가능해진다. 또한 다른 문화를 더 자세히 살펴보면 새로운 교훈도 얻을 수 있다. 모든 문화 차이 아래에는 인간으로서 공유하는 핵심적 유사성이 있다는 점이다.

우리는 이 책을 공부하면서 그런 유사성을 많이 발견했다. 이를테면 사회마다 살인율과 폭력의 적절성에 대한 문화 규범이 다르지만(e. g., Vandello & Cohen, 2003) 모든 사회에서 살인 사건의 80%를 남성이 저지른다. 그뿐 아니라 이러한 살인 사건은 지위와 짝짓기 기회를 얻기 위한 경쟁이라는 비슷한 이유로 일어날 때가 많다.(Daly & Wilson, 1988; Minkov, 2009) 이와 비슷하게 한 여성이 여러 남성과 결혼하고 한 남성이 여러 여성과 결혼하는 등 세계적으로 결혼 유형이 매우 다양하게 나타나지만, 여기에도 보편성이 내재한다는 점을 우리는 알고 있다.(Kenrick, Nieuweboer & Buunk, 2010; Shackelford, Schmitt & Buss, 2005) 다시 말해 모든 문화에는 어떤 형태의 결혼이 존재하고 다수의 배우자를 허용하는 사회도 있지만, 그럼에도 불구하고 결혼은 한 남성과 한 여성이 하는 경우가 대부분이다.(Daly & Wilson, 1983)

마찬가지로 문화에 따라 선물 주기에 대한 규범이 다양하지만 그와 함께 호혜라는 보편적 규칙이 존재하고, 문화에 따라 개인주의가 다양하게 나타나지만 가족이라는 집단에서는 대부분 공동체적 성향을 나타낸다는 보편성이 존재한다. 따라서 다른 하위문화나 다른 사회에 속하는 사람들을 만날 때는 그들이 충격적일 정도로 우리와 다른 규칙을 따를지도 모른다는 점을 염두에 두어야 한다. 하지만 놀라운 차이 뒤에도 인간이라면 누구에게나 있는 기본적 목표와 관심사가 있으리라는 점 또한 생각해볼 수 있다.

문화와 진화적 상호작용 진화심리학자들과 사회 문화 이론가들이 각각 보편성과 차이를 강조하지만, 사회 문화 이론가들이 보편성을 무시하고 진화심리학자들이 차이를 무시한다고 하면 지나친 일반화일 것이다.(Kenrick & Gomez-Jacinto, 2014; Triandis, 1994) 사실 이 두 관점은 같은 동전의 앞면과 뒷면을 보는 셈이므로 문화와 진화 사이에 확실히 선을 긋는 것은 어불성설이다.(Janicki & Krebs, 1998; Norenzayan, Schaller & Heine, 2006) 오랫동안 심리학자들은 마음을 '빈 서판(blank state)'이라는 개념으로 생각해왔지만(Pinker, 2002), 우리가 보기에는 색칠 놀이 책에 더 가깝다.(Kenrick, Nieuweboer & Buunk, 2010) 다시 말해 인간의 마음은 언어와 몇 가지 문화 규범을 배울 수 있도록 되어 있다.(Fiske et al., 1998; MacNeilage & Davis, 2005) 언어와 마찬가지로 문화 역시 마음을 통해 형성된다. 다시 말해 문화는 진화에 설정된 잠재력과 한계 안에서 발달하고, 진화는 문화에 설정된 가능성과 한계 안에서 진행된다. 인간은 항상 문화적 집단에서 살아왔고, 그 집단의 규범이 진화에 영향을 주었다. 거꾸로 문화 규범은 그것이 인간의 특성에 얼마나 적합

하나에 따라 채택되거나 변한다. 이 과정에서 생물학적 힘과 문화적 힘이 끊임 없이 영향을 주고받으며 순환한다.

진화론 연구자들은 여러 문화에 나타나는 공통점과 더불어 여러 종에서 비슷하게 나타나는 사회적 행동을 연구해왔다.(e. g., Kurland & Gaulin, 2005: Salmon, 2005) 예를 들어 일반적으로 많은 조류와 후손을 돌보는 데 수컷이 도움을 주는 종에서는 개코원숭이처럼 수컷이 후손의 양육에 도움을 거의 주지 않는 종에 비해 암수가 더욱 비슷하다.(Geary, 2000) 여러 문화와 동물 종에서 공통적으로 나타나는 성욕, 공격성, 이타적 행동 등에 주목하는 것은 인간의 사회적 행동을 더 넓은 관점에서 보는 데 도움이 될 수 있다.

진화론적 관점을 취하는 사회심리학자들이 고고학자들처럼 아프리카로 떠나 원시 인류의 뼈를 파내거나 고릴라와 함께 살지는 않는다. 그것도 진화 와 관련 있지만 그런 연구는 인류학이나 동물학의 영역이다. 사회심리학자들 은 그 대신 진화적 원리를 이용해 현재 진행되는 사회적 상호작용에 대해 실 험실이나 현장 연구, 설문 조사, 기록물 등으로 검증할 수 있는 가설을 세운 다.(e. g., Faulkner, Schaller, Park & Duncan, 2004: Haselton & Nettle, 2006: Schmitt, Jonason et al., 2012) 예를 들어 8장에서는 남녀가 매력적이거나 사회 적으로 우세해 보이는 이성을 본 후 자신의 (연인) 관계를 어떻게 평가하는지를 다르게 예측하기 위해 어떤 진화론적 모형을 사용했는지 논했다.(Dijkstra & Buunk, 1998: Kenrick et al., 1994) 심리학자들이 물색하는 '화석'은 땅에 묻힌 뼛조각이 아니라 인간이 선조에게 물려받아 여전히 머릿속에 가지고 있는 심 리학적 기제다.(Buss & Kenrick, 1998: Todd, Hertwig & Hoffrage, 2005)

사회적 학습의 관점

사회적 학습의 관점에서는 광범위한 사회와 진화의 역사에서 한 단계 내려와 개인이 각자 처한 환경에서 보상과 처벌에 어떻게 반응하는지 다룬다. 예를 들 어 맛있는 음식을 먹는 등 기분이 좋을 때 어떤 사람이나 집단과 처음으로 접 촉하면 그 사람이나 집단을 좋게 느낀다. 워싱턴 행진이 있던 날 킹 목사는 연 설하면서 이 연상의 법칙을 아주 훌륭하게 이용해 그의 주장을 강력한 애국 적 상징과 행복한 어린아이의 이미지에 연결했다. 오바마는 아프리카계 미국 인에 대한 미국인의 연상을 바꾼 킹 목사의 능력뿐 아니라, 고학력자 부모와의 연결 고리를 비롯해 그의 성공을 가능케 한 중요한 학습 경험에서도 득을 보았다. 10장에서는 비디오게임이 폭력적 생각과 충동에 보상이 되고 다른 사람들의 고통에 대한 정상적인 신경심리학적 반응을 둔화할 수 있다는 발견을 통해 사회적 학습 경험의 부정적 결과를 살펴보았다.(Anderson et al., 2010: Bartholow et al., 2006)

사회적 학습의 관점과 사회 문화적 관점은 직접적 연관성이 있다.(Navarrete et al., 2010: Ohman & Mineka, 2001) 이를테면 우리는 몇 년간의 조건화와 관찰 학습을 통해 다른 규범(소, 말, 개의 고기를 먹는 데 불편함을 느끼는지 여부 등)을 학습한다. 또한 우리는 사회적 학습이 진화를 통해 형성된 자취를 따르는 경우가 있다는 증거에 대해서도 논했다. 예를 들어 이스라엘의 집단 농장 키부츠에서 함께 자란 아이들은 서로 좋아하는 법을 배우지만 그들끼리 결혼하지는 않는다. 짐작건대 한 지붕 아래에서 자란 사람들 사이에서는 가깝게 지내면서 자연스럽게 성적으로 끌리는 과정이 억제되는 듯하다. 이러한 발견은 형제자매가 서로에게 열정적인 끌림을 느끼는 과정을 학습하지 못하도록 진화해온 기제의 존재를 암시한다.(Lieberman & Smith, 2012: Shepher, 1971) 이런 경우에는 독특한 문화적 학습 환경이 그런 기제를 '속였다'고 볼 수 있다.

사회적 인지의 관점

사회적 학습의 관점은 잘못된 행동을 하는 아이에게 후식을 빼앗겠다고 위협하는 부모처럼 객관적 세계에서 일어나는 사건에 관심을 둔다. 하지만 그 야단스러운 아이가 부모의 협박을 듣지 않거나 그 말을 믿지 않는다면 어떨까? 사회적 환경에 대한 우리의 반응은 감지, 해석, 판단, 기억 등의 정신적 과정에 따라 달라진다. 이 과정들은 아마도 현대 사회심리학에서 가장 영향력 있는 관점일 사회적 인지의 관점에서 주목하는 대상이다.(e. g., Hamilton & Carlston, 2013: Malle, 2004: Sherman et al., 2009: Tesser & Bau, 2002)

사회적 인지의 관점은 워싱턴 행진이 있던 날 킹 목사의 연설에 대한 어느 FBI 요원의 반응을 이해하는 데 도움이 된다. 그는 "대단히 선동적인 연설을 듣고 킹 목사가 공산당에게 영향을 받았음을 확신했다"라고 말했고 "공산주의의 입장…… 그리고 국가 보안의 측면에서…… 가장 위험한 깜둥이인 그를 지켜보아야 한다"라고도 말했다. 미국 헌법과 〈공화국 찬가〉(미국 남북전쟁 때 노예해방을 지지하던 북군의 군가) 등으로 가득한 연설이 어떻게 그렇게 해석될 수 있었을까? 사회적 인지의 관점에서는 시민권 운동과 연관되었을지 모르는 공산주의자에 대한 FBI의 조사와 더불어 공산주의자 음모론에 대한 후버 국장의 집착에 가까운 관심 때문에 부각된 인지적 단서에 초점을 맞출 것이다.

사회적 인지의 관점은 우리의 상호작용주의 모형에서 중요한 부분을 차지하므로 이 책의 모든 장에 엮여 있다. 예를 들어 '자동적인' 인지적 과정과 '주의 깊은' 인지적 과정의 구분은 설득과 태도 변화 연구에서 중심이 되어왔다.(e. g., Chaiken & Ledgerwood, 2012: Gregg, Seibt & Banaji, 2006: Petty & Briñol, 2012) 우정, 사랑, 친사회적 행동, 공격성, 정형화에 대한 우리의 논의도 사회적 귀인 과정(진짜 칭찬인지 비위를 맞춰 사람을 휘두르려는 칭찬인지 판단하는 과정 등)에 중점을 두었다. 사실 우리는 정보의 추구라는 목적이 어마어마하게 많은 사회적 상호작용에 내재하는 목표임을 발견하기도 했다.

사회적 인지의 관점은 다른 관점들과 중요한 연관성이 있다.(e. g., Alter & Kwan, 2009: Chiu, Ng & Au, 2013: Neuberg, Becker & Kenrick, 2013) 매 순간 일어나는 인지적 과정이 없다면 학습도 없을 것이고, 과거의 학습이나 사회 세계에 대한 복잡한 정보를 조직하고 정리하도록 진화된 뇌가 없다면 인과 귀인과 사회적 도식, 어림법을 이용한 판단, 집단 고정관념 등은 없을 것이다. 문화적 환경의 요소 역시 사람들이 사회적 상황에서 무엇에 주의를 기울이고 그것을 어떻게 해석하는지에 중요한 영향을 미친다.(e. g., Miyamoto, Nisbett & Masuda, 2006) 사회적 인지와 사회적 학습의 일부 연관성을 예로 들어보자. 다른 집단을 좋아하거나 싫어하는 법을 배우려면 그 집단에 주목하고 그와 관련된 경험을 장기 기억에 남겨야 한다. 다른 사람들에게 반응하는 방식이 일단 습관이 되면 나중에 그들을 인지하고 기억할 때 그 영향을 받는다.

앞서 사회 문화적 관점과 진화론적 관점의 관련성에서 본 것과 같은 양방향 도로가 다른 관점들 사이에도 존재한다. 성별에 대한 각기 다른 접근법에 비추어보면 2가지 이상의 관점을 고려하는 것이 왜 중요한지 알 수 있다.

성별 차이의 원인: 유전자 · 문화 · 학습 · 마음

말투를 보고 보스턴 출신인지 뉴욕 출신인지 구분할 수 없다면 이에 대해 굳이 따로 언급할 만큼 신경을 쓰지 않을 것이다. 하지만 어떤 사람이 남성인지 여성인지 금방 구분할 수 없다면 그 점에는 상당히 신경이 쓰이고 흥미가 생기기 마련이다.

왜 사람들은 이렇게 성별이 모호한 경우에 그렇게 관심을 보일까? 사회심리학자 수전 크로스(Susan Cross)와 헤이즐 마커스(Hazel Markus, 1993)는 성별이 그만큼 분명한 사회적 범주이기 때문이라고 설명한다. 어떤 사람이 남성인지 여성인지는 맨눈으로 봐도 즉시 알 수 있으며, 이 점은 일상의 많은 상황과 관련된다. 크로스와 마커스는 성 고정관념이 인종 고정관념 등의 다른 범주와 같은 기능을 한다는 인지적 관점을 취했다. 요컨대 일단 어떤 사람을 단순한 범주에 넣으면 그 사람을 이해하거나 상호작용하는 데 따로 인지적 노력을 들일 필요가 없다.

같은 맥락에서 어린아이들은 누군가가 자신의 성별 고정관념에서 벗어나는 행동을 하면 그것을 왜곡해 고정관념에 맞추기도 한다. 예를 들어 5~6살쯤 된 아이들은 톱질하는 여성을 보면 톱질하던 사람이 남성이라고 잘못 기억하기도 한다.(Martin & Halverson, 1983) 어른들 역시 성 역할 도식에 맞춰 지각이 왜곡될 때가 있다. 한 연구에서는 성인들에게 인형이 튀어나오는 장난감을 열 때 아기들이 어떻게 반응할지 판단하게 했다. 아기가 울었을까, 화를 냈을까? 사람들은 여자아이일 경우 두려워한다고 보며 남자아이일 경우 화를 낸다고 볼 가능성이 컸다.(Condry & Condry, 1976) 사람들은 무표정한 얼굴 다음에 재빨리 지나가는 화난 얼굴을 보면 그 얼굴의 주인이 여성이라도 남성으로 지각할 가능성이 그 반대일 가능성보다 컸다.(Neel et al., 2012)

이러한 발견들은 우리가 성별과 관련된 선입견에 따라 판단하기도 한다는 의미를 내포한다. 하지만 그렇다고 성별이 '머릿속에만' 존재하는 것일까? 캐럴 마틴(Carol Martin, 1987, 2000)은 성 고정관념이 다른 고정관념과 마찬가지로 최소한 어느 정도는 진실에 기초한다고 주장했다. 그녀의 연구에서 캐나다인 참가자들은 '전형적인 북미 남성'과 '전형적인 북미 여성'에 큰 차이가 있다고 답했다. 남성은 지배성이 확연히 높고 공격적이며 태도가 확고한 반면, 여성은 더 온화하고 인정이 많고 따뜻하다고 인식되었다. 같은 기준으로 자신을 판단한 사람들은 똑같이 정형화된 차이를 언급했지만 정도가 훨씬 약했다. 이들은 '전형적인 남성'은 공격적이고 강압적이고 냉정하다고 생각하지만, 남성인 자신은 적당히 공격적이고 약간 덜 강압적이며 그리 냉정하지 않다고 여긴다. 따라서 인지적 편향은 실제로 그리 크지 않은 성별 차이를 확대해서 생각하게 만들기도 한다.(Martin, 1987)

앨리스 이글리(Alice Eagly, 1995)는 남녀 차이에 대한 고정관념과 행동에서 나타나는 실제 차이를 조사한 많은 연구들을 검토해 어떤 차이가 크게 나타나고(물리적 폭력성과 혼전 성관계에 대한 태도 등) 어떤 차이가 작게 나타나는지(분노 감정이나 장기적 관계에 대한 태도 등)에 대해 일반인들이 상당히 정확하게 느낀다는 결론을 내렸다. 인지적 편향이 있음에도 사람들이 성별 차이의 정도에 대해 상당히 정확한 생각을 갖는 이유는 무엇일까? 이글리는 그만큼 성이 두드러지는 인지적 범주이기 때문이라고 주장한다. 다시 말해 사람들이 남녀의 공통점과 차이점에 그만큼 많은 주의를 기울인다는 의미다.

왜 남녀는 성 고정관념에 맞게 행동할까? 이것은 연구를 통해 해결해야 할 질문이며 아직 논란이 분분하다. 분명 어린아이들은 어떤 행동이 남성에게 더 적절하고 어떤 행동이 여성에게 더 적절한지 배운다.(Eagly & Wood, 1999) 성 역할 규범 몇 가지는 여러 문화에서 비슷하게 나타나는 반면 어떤 것은 문화에 따라 다르게 나타나기도 한다.(Archer, 2009) 예를 들어 러시아에서는 남성보다 여성이 의사가 더 많이 되지만 미국에서는 그와 반대다. 하지만 두 나라에서 마찬가지로 여성이 살인 사건을 더 적게 저지르고 아기를 돌보는 시간이 상대적으로 길다. 아이들은 이런 공통점과 차이점을 관찰하면서 성 역할 도식을 형성하고 남자아이와 여자아이가 어떻게 행동하는지 알게 된다.

이와 다른 차원에서 애초에 사회적으로 남녀의 공통점과 차이점이 어디에서 발생하는지 물을 수 있다.(Gangestad, Haselton & Buss, 2006; Kenrick & Li, 2000) 진화론적 관점에서는 일부 노동의 분화는 성별의 생물학적 차이에 따라 자연스럽게 일어났고 나머지는 임의로 일어났을 것이라고 본다. 선조 중 여성들이 아이를 임신하고 길렀다는 사실에 비추어보면, 여성이 일반적으로 아이를 더 잘 양육하고 가벼운 성관계의 기회에 상대적으로 관심이 적은 이유를 설명할 수 있을지 모른다. 따라서 기초적인 생물학적 차이가 아이들이 배우는 사회적 역할의 성별 차이에 영향을 주었을 가능성도 있다. 하지만 우리가 번식해온 역사는 오늘날 의료업, 회계, 사회사업처럼 남녀 구분이 없는 역할들과 관련이 없다. 요컨대 남녀의 차이가 나타나는 원인이 유전자인지 문화적 학습 경험인지 묻는다면 잘못된 질문일 것이다. 이 모든 요소들이 함께 작용할 때

사회적 행동이 나온다.(Kenrick & Gomez-Jacinto, 2014)

성별에 대한 논의에서 알 수 있듯 이 다양한 관점들은 사회적 행동을 이해하는 데 각각 도움을 주고 이 관점들을 함께 사용하면 더 큰 그림을 자세히 설명할 수 있다. 이 책을 집필하는 데 사용한 상호작용주의의 틀은 역사적으로 중요한 관점들을 종합했다. 지금부터는 이 틀의 핵심 부분으로 돌아가보자.

다양한 관점의 결합

1장에서는 역사적 관점에서 2가지 광범위한 원리를 도출했다. (1) 사회적 행동이 목표 지향적이고 (2) 사람과 상황의 끊임없는 상호작용을 나타낸다는 것이다. 이제 이 2가지 원리와 함께 거기서 발생하는 중요한 내용들을 다시 한번 살펴보자.

사회적 행동의 목표 지향성

이 책에서는 각각의 주제를 다룰 때마다 단순한 질문으로 시작했다. 이 특정 행동에 내재한 동기나 목표는 무엇인가? 일본의 공무원 스기하라 지우네는 왜 자신의 경력을 위험에 빠뜨리면서까지 모두에게 외면받은 리투아니아의 수많은 유대인들을 나치로부터 탈출시켜주었을까? 알 카포네와 찰스 맨슨 같은 사람들은 왜 살인을 저지를 정도로 폭력적인 사람이 되었을까? 티베트 사람들에게 신으로 간주되는 달라이라마는 왜 티베트 사람들이 다들 업신여기던 사람과 친구가 되었을까? 이러한 예외적 사례에서는 일상적 동기에 대한 어떤 단서를 이끌어낼 수 있을까?

예를 들어 스기하라 같은 사람이 다른 사람들을 돕는 이유에는 4가지 일반적 목표가 있었다. 그 목표는 각각 유전적·물질적 이득 얻기, 사회적 지위와 인정 얻기, 자아상 관리, 감정과 기분 관리였다. 찰스 맨슨과 알 카포네 같은 사람들이 폭력적으로 행동하는 이유에 대해서도 짜증에 대처하기, 물질적·사회적 보상 얻기, 사회적 지위를 얻고 유지하기, 자신과 타인 보호하기라는 4가지 목표로 설명했다. 하인리히 하러와 달라이라마 같은 사람들이 왜 친구들과 관계를 맺는지에 대해서는 사회적 지지 얻기, 정보 얻기, 지위 얻기, 물질적 이득의 교환이라는 4가지로 설명했다.

이와 같이 다양한 목표를 다시 살펴보면 같은 목표가 아주 다른 사회적 행동에 내재한다는 점을 알 수 있다.(Griskevicius, Goldstein, Mortensen et al., 2006; Griskevicius, Tybur et al., 2007, 2009; Horowitz et al., 2006) 예를 들어 앞서 우리는 지위를 유지하거나 향상하려는 목표가 자기 제시, 우정, 도움 행동, 사랑, 공격성, 편견에 어떤 영향을 미치는지 논했다. 앞에서는 광범위한 사회적 행동에 대해 논했으니 이제 다양한 사회적 행동에 숨겨진 목표들의 공통점에 대해 생각해 볼 차례이다. 대부분의 사회적 상호작용에 내재하는 본질적 동기들을 더 압축할 수는 없을까?

1장에서는 사회적 행동에 내재하는 광범위한 동기의 예를 몇 가지 살펴보았다. 그 동기들은 (1) 사회적 유대 형성, (2) 자신과 타인 이해하기, (3) 지위를 얻고 유지하기, (4) 자신과 소중한 사람들 보호하기, (5) 짝을 유혹하고 관계 유지하기 등이었다. 이런 동기들을 선택한 데는 이유가 있다. 우리는 사회심리학이라는 광대한 분야를 살펴본 뒤 이 책에서 논한 거의 모든 사회적 행동과 직간접적으로 관련된 동기가 있다는 결론을 내렸다. 어떤 의미에서 이런 광범위한 동기는 우리가 다른 사람들에게 행하는 여러 행동들의 궁극적 기능에 대한 단서를 준다고도 할 수 있다.

2가지 질문을 염두에 두고 이런 본질적 동기들을 다시 한번 살펴보자. 이런 광범위한 동기들은 이타주의부터 외국인 혐오에 이르는 사회적 행동들의 기능을 이해하는 실마리를 던져주는가? 이러한 광범위한 동기들은 다른 사람들과의 상호작용에서 발생하는 일상적이고 순간적이며 더 구체적인 목표와 어떤 연관성이 있는가?

사회적 유대 형성 사회적 행동의 중심 목적은 다른 사람들과 친밀한 유대를 형성하고 유지하는 것이다.(Deci & Ryan, 2000; MacDonald & Leary, 2005; Maner et al., 2007) 내 편이 되어주는 사람들과 함께라면 혼자서는 꿈도 꿀 수 없는 일들을 해낼 수 있다. 버락 오바마가 대통령 선거운동에 돈과 시간과 노동력을 제공해준 수백만 명의 지지 덕에 당선된 것처럼 말이다. 반면 나에게 반대하는 사람들이 있으면 간단한 일도 악몽이 되어버릴 수 있다. 앞서 살펴본 내용을 돌이켜보면 사회적 유대를 형성하려는 동기가 다양한 형태로 나타나는 것을 알 수 있다. 4장에서는 호감 가는 사람으로 보이려는 목표에 대해 논했고, 5, 6, 9, 11장에서는 사회적으로 인정받으려는 목표에서 동기가 부여된 여러 가지 사회적 행동들에 대해 알아보았다. 사실 7장에서는 관계 맺기와 우정에 대해서만 다루었다. 7장에서 살펴본 목표들(사회적 지지와 정보 얻기, 사회적 지위 높이기, 물질적 이득 교환하기)에 비추어보면 사회적 행동의 중요한 목표들에 대해 알 수 있다. 이 목표들은 상호 의존적일 때가 많다. 특히 다른 사람들과 관계를 형성할 때 당신은 이 목표들을 충족하는 길로 통하는 문을 여는 셈이다. 우리 자신과 타인에 대해 이해하고, 지위를 얻고 유지하며, 짝을 유혹하고 관계를 유지하며, 소중한 사람들과 자신을 지키려면 다른 사람들과 유대를 형성하고 유지하는 것이 중요하다.

마크 리리(Mark Leary, 1995)는 사회적 유대 형성과 유지가 자존감 유지라는 또 다른 중요한 목표에 내재한다고 주장했다. 예를 들어 집단 활동에서 제외되거나 스스로 사회적으로 거부당하기 십상인 행동(사고를 일으키거나 시험에서 부정행위 하기)을 한다고 생각할 때 학생들은 자존감이 낮아진다고 말했다. 리리가 수행한 몇몇 연구는 자존감이 **사회 계기판**(sociometer), 즉 자신이 다른 사람들과의 관계에 포함되었거나 배제되었다는 느낌을 측정하는 지표라는 가설을 뒷받침했다.(e. g., Anthony, Holmes & Wood, 2007: Denissen, Penke & Schmitt, 2008)

자신과 타인 이해하기 킹 목사는 정말 후버 국장의 주장대로 공산주의자에게 영향받아 대중을 선동하는 위선자였을까? 당신은 가장 친한 친구의 말대로 매력적이고 호감 가는 사람인가, 소개팅에 나갔을 때 스스로 느끼는 대로 사교성 없는 멍청이인가? 행동의 주체가 누구인지, 무슨 행동을 왜 하는지, 사람들이 자신에게 무엇을 기대하고 생각하는지 등을 생각하지 않고서는 사회적 상호작용을 하기 어렵다.(Fiske, 2004: Stevens & Fiske, 1995) 따라서 자신과 타인을 이해하려는 동기는 이 책에서 연달아 등장한다. 이 문제는 3장의 주제였고, 다른 몇몇 장에서도 중심적으로 다루었다. 예를 들어 태도, 우정, 편견, 집단에 대해 다룰 때는 사회적 정보를 얻고 조직하는 것과 관련된 목표에 대해 논했고, 태도, 자기 제시, 사회적 영향력, 친사회적 행동, 편견에 대해 다룬 장에서는 자아 개념을 발달시키고 관리한다는 목표에 대해 논했다.

광범위한 사회적 동기에는 중요한 점이 하나 더 있다. 바로 하위 목표로 나뉠 수 있다는 것이다. 우리가 정보를 구하는 것은 세상을 단순하게 보기 위해서일 때도 있고, 자신에 대한 개념을 지키기 위해서일 때도 있고, 자신과 타인을 자세하고 정확히 파악하기 위해서일 때도 있다.(Eibach & Ehrlinger, 2006; Griskevicius, Goldstein, Mortensen et al., 2006; Pittman, 1998) 이렇게 정보와 관련된 목표 중 어떤 것이 활성화되는지는 상황에 따라 달라진다. 이를테면 지붕에 조명이 달린 노란색 버스를 타면 학교에 갈 수 있다고 생각할 때처럼 인지적 지름길을 사용해도 충분한 경우가 있다. 멍청이라고 생각한 사람과 체스를 두다가 질 때처럼 더 정확한 정보를 찾아야 하는 경우도 있다. 내 성격의 단점을 조목조목 짚으려는 헤어진 연인의 전화를 받지 않을 때처럼 자아개념을 보호해야 할 때도 있다.

지위 얻고 유지하기 앞서 언급했듯 지위를 얻고 유지하기라는 목표는 자기 제시, 관계 맺기와 우정, 사랑과 낭만적 관계, 공격성, 편견, 집단 역학을 포함한 몇 가지 주제에서 중심 역할을 한다. 자존감은 다른 사람들과 연결돼 있다는 느낌과 더불어 그들에게 존중받는다는 느낌과도 관련 있다. 다른 사람들이 좋게 봐주면 자신을 더 좋게 보게 된다. 예를 들어 3장에서 언급했듯 미국인과 유럽인은 자신이 다른 사람들에 비해 유능하고 지적이고 존경받을 만하다고 생각하려는 동기에 따라 행동한다.(e. g., Steele, 1988; Tesser, 1988) 마찬가지로 11장에서는 다른 사람이나 집단이 자기보다 지위가 낮다는 데 초점을 맞춤으로써 자신을 더 좋게 본다는 사실을 알아보았다.(Hogg, 2003)

지위에는 보상에 직접 접근할 수 있다는 이득만 있는 것이 아니다. 8장에서 논했듯 지위에는 짝을 유혹하고 후손의 생존 가능성을 높인다는 간접적 기능도 있다. 7장에서 논했듯 세계적으로 사람들은 호감과 사회적 지배성이라는 2가지 중요한 차원에 따라 자신과 타인을 생각한다.(White, 1980; Wiggins & Broughton, 1985) 즉, 사람들은 누군가가 좋은 사람인지 아닌지뿐 아니라 그가 지위 체계에서 자기보다 높은지 낮은지도 알고 싶어 한다.

심리학자 로버트 호건(Robert Hogan)과 조이스 호건(Joyce Hogan, 1991)은 2가지 기본적 동기, 즉 호감을 사려는 동기와 지위를 얻으려는 동기의 갈등에 대해 언급한다. 사회적 서열에서 앞서 나가는 데 너무 혈안이 돼 있다면 호감을 잃을 것이다. 한편 다른 사람들이 당신을 좋아하고 믿어주며 당신을 가족이나 팀으로 여긴다면 그들은 당신이 성공하도록 도와줄 뿐 아니라 당신의 영광을 함께 누릴 것이다.(Tesser, 1988) 예를 들어 오바마가 대통령에 당선된 날 밤 미국 전역의 지지자들은 승리감에 손을 번쩍 들었을 것이다.

소중한 사람들과 자신 보호하기 10, 11, 13장에서 보았듯 폭력과 편견은 자신이 속한 집단 구성원들과 자신을 지키려는 목표에서 촉발되는 경우가 많다. 우리는 앞서 죽음이나 질병에 대해 생각하거나 어두운 곳에 있기만 해도 사람들이 걱정 때문에 외부인을 싫어하고 믿지 않게 된다는 사실을 확인했다.(Faulkner et al., 2004; Navarrete et al., 2004; Pyszczynski, Solomon & Greenberg, 2002) 하지만 이와 같은 동기가 친사회적 행동을 촉진할 수도 있다. 위험을 무릅쓰고 다른 사람을 구하는 행동은 그 사람을 위해 싸운다는 의미일 때가 많기 때문이다. 분노하고 불만에 찬 흑인들과 편견에 희생된 아이들이 결합된 이미지로 미루어 보면 킹 목사 스스로 아이들을 위한 투쟁이 자신의 목표라고 믿었음이 분명해진다. 정의가 바탕이 된 공격성에 대한 연구는 사회심리학, 행동경제학, 신경생물학이 관련된 흥미로운 연결 고리를 보여준다. 로즈 맥더모트(Rose McDermott, 2009)와 동료들은 사람들이 불공정하게 행동한다고 생각하는 사람들을 처벌하는 데 자기 돈을 쓰려는 의지와 모노아민 산화효소 A 유전자(MAOA, '전사 유전자'로도 불린다.)가 관련 있음을 발견했다.

14장을 시작하면서 킹 목사에 대한 후버 국장의 앙심에 대해 언급했다. 더 자세히 살펴보면 킹 목사와 시민권 운동에 대한 후버의 적개심은 자신과 집단을 방어하려는 목표가 과장되어 나타난 것과 관련 있다. 다음 내용에서는 망상에 가까운 의심과 정상적인 사회적 의심과 자기방어를 가르는 미세한 차이에 대해 논해보자.

BOX 14.1

정상과 비정상은 종이 한 장 차이
—J. 에드거 후버의 비상식적인 행보에 관하여

존 F. 케네디 대통령의 특별 고문이었던 역사학자 아서 슐레진저(Arthur Schlesinger, 1978)는 J. 에드거 후버가 초기 망상증을 앓고 있다고 묘사했다. 마찬가지로 후버에 대한 다른 책에도 후버가 '망상증 환자'라고 책날개에 묘사돼 있다.(Gentry, 1991) FBI를 50년 가까이 이끈 사람이 정말 망상증이었을까?

분명 후버에게는 편집성 조현병(paranoid schizophrenia)으로 진단받을 만한 환각이나 횡설수설하는 증상은 없었다. 하지만 다른 사람들이 망상으로 간주할 정도의 믿음과 가벼운 편집성 인격 장애의 진단 기준에 맞는 점이 몇 가지 있었다. 편집성 인격 장애의 증상에는 다른 사람들이 자신을 속인다는 의심, 친구와 동료들의 의리에 대한 근거 없는 의심, 원한과 적의를 품는 경향, 무시당하는 것에 대한 과민성, 성적 부정에 대한 집착, 무시나 비난을 인식했을 때 반격하는 경향 등이 포함된다.(Barlow & Durand, 1995)

후버에게는 개인적 적대자 명단이 있었고 킹 목사는 그중에서도 요주의 인물이었다. 킹 목사는 FBI에 대해 안 좋은 이야기를 했다는 이유로 후버 국장의 노여움을 샀다. 킹 목사의 죄는 《뉴욕타임스》에서 시민권 사례를 다루면서 FBI를 비판한 기사에 동의한다고 기자에게 언급한 것뿐이었다. 후버 국장은 적들의 성생활에 대한 자세한 정보를 입수한 뒤 누군가가 자신에게 위협이 된다고 느끼면 언론에 그 정보를 누설했다. 후버의 정책에 반대한 전직 요원들은 '유다'라고 불렸다. 한때 후버의 보좌관이던 사람은 이렇게 말했다. "그가 당신을 좋아하지 않는다면 이미 당신을 무너뜨렸을 겁니다." 1950년에 FBI를 비판하는 책이 나오자 후버 국장은 그 책의 발행인이 반미활동조사위원회(House Un-American Activities Committee)에 불려가 공산주의자와 연루되었다는 비방을 받게 만들었다.

후버가 방어적이고 의심 많고 적대적인 사람임에는 틀림없지만 정신 이상이었는지는 의문이다. 사실 가끔 그의 행동은 정상과 비정상의 미묘한 경계를 넘나들었다. 후버의 상황에 대한 몇 가지 사실을 알아보자. 로버트 F. 케네디 법무부 장관을 비롯한 대부분의 사람들과 FBI 요원들은 공산당이 시민권 운동에 거의 영향을 주지 않는다고 믿었다. 미국 공산당원들의 활동은 수십 년 동안 점점 줄었고 스탈린의 공포정치가 드러난 이후 사실상 사라졌다고 볼 수 있었다. 하지만 공산당은 대공황 전후로 인기가 있었다. 사회주의자들과 공산당원들은 노동조합의 성장에 발맞춰 활동하며 실업보험 같은 빈곤 완화 정책을 추진하는 데 도움을 주었다. 잭 오델, 스탠리 리바이슨, 바야드 러스틴(Bayard Rustin) 같은 킹 목사의 동료들은 당시 공산당원이거나 사회주의자 집단의 일원이었다. 후버는 이런 연관성을 파헤쳐 『기만의 대가들(Masters of Deceit)』이라는 책을 내면서 공산주의자들이 어떻게 사회운동 집단에 침투했는지 논했다. 그리고 사실 세계적으로 혁명을 선동하는 진짜 '공산주의자의 음모'는 존재했고, 후버는 미국 내에서 첩자와 공산주의자 활동을 밝혀냈다.

이런 까닭에 후버가 모호한 연관성을 공산주의자의 음모로 해석하는 경향은 앞서 논한 가용성 어림법(쉽게 떠오르는 사건의 가능성을 과대평가하는 인지적 지름길)과 확증 편향(다른 가능성을 고려하지 않고 자신의 신념을 확증해주는 정보를 편파적으로 받아들임) 같은 인지적 편향을 나타낸다. 이러한 인지적 편향은 우리 모두를 괴롭힌다. 따라서 숨겨진 음모를 평생 찾아다닌 사람이 다른 사람들에게 수상해 보이는 유대가 발견되기만 해도 비상경계 태세에 돌입한 것은 이해할 수 있는 행동이다. 후버가 공산주의를 미국에 대한 심각한 위협으로 보았기 때문에 공산주의와 연관된 일에 대한 방어적 태도는 내집단을 보호하는 경향의 자연스러운 확대로 볼 수 있다.

또 다른 의혹, 즉 후버 자신이 동성애자였다는 의혹이 있었다는 점에서 보면, 적들의 성생활에 대한 치명적 증거를 모으는 후버의 특이한 성향은 조금 더 말이 된다. 당시 미국적 가치의 수호자로 범죄와 싸우던 사람이 동성애자였다는 사실이 알려지면, 그의 강력한 지위(선출된 정치가들에게 계속 재임명되어야 했던 자리)는 심각하게 위협받았을 것이다. 상·하원 의원, 대통령, 영부인 등 권력자들의 성생활에 대한 광범위한 정보를 보유하고 그 정보를 사용할 의지를 보임으로써 그는 FBI 수장의 자리를 50년이나 지켜냈다.

이와 같이 후버의 사례는 비정상적인 사회적 행동은 분명히 정상적 심리 기제에서 출발하는 경우가 많다는 걸 보여준다. 이와 반대로 정상적 심리 기제를 이해함으로써 비정상적으로 보이는 행동의 기능을 더 쉽게 이해할 수 있다.

짝을 유혹하고 관계 유지하기 진화론적 관점에서 보면 인간을 비롯한 모든 동물의 사회적 행동은 궁극적인 동기, 즉 성공적 번식을 위한 행동 기제에 영향받는다. 하지만 8장에서 사랑과 낭만적 관계에 대해 논하면서 언급했듯, 동물들이 번식하게 설계되어 있다고 모든 행동이 결국 성행위만을 위한 것이라고 볼 수는 없다.(Kenrick, Griskevicius, Neuberg & Schaller, 2010) 번식에는 단지 성행위 말고도 훨씬 많은 요소가 관련되어 있다. 모든 포유류, 특히 인간은 몇 안 되는 후손을 낳게 되어 있고 상당한 노력과 자원을 투자해 그들을 돌본다.(Zeifman & Hazan, 1997) 일부 어류는 계절마다 수백 마리의 후손을 낳는 반면, 인간은 자녀가 5명 이상이면 대가족으로 간주된다. 따라서 인간은 다른 종에 비해 '가족의 가치'를 매우 강하게 나타내고 자녀 양육에 상당한 자원을 투입한다.

인간이 대부분의 다른 포유류와 다른 중요한 점이 하나 더 있다. 훌륭한 양육이 여성뿐 아니라 남성의 목표이기도 하다는 것이다.(Geary, 2005) 인간의 부모는 후손에게 식량과 피난처를 제공할 뿐 아니라 오랫동안 정서적으로 지지해주고 사회에서 살아남는 법을 훈련시키기도 한다. 많은 경우 부모들은 아이들이 어른이 되어 취직하고 결혼할 때까지 돌봐준다. 8장에서 논했듯 거의 모든 인간 문화에서 남녀가 함께 아이를 기른다. 이러한 부모끼리의 유대는 언어 같은 생물학적 유산에 해당하지만 환경에 따라 민감하고 유연하게 변한다.

짝을 유혹하고 관계를 유지한다는 목표는 2가지 중요한 점을 보여준다. 첫째, 목표가 반드시 의식적일 필요는 없다. 둘째, 목표에는 정확하지 않은 기제도 포함된다. 생물학자들의 견해에 따르면 오늘날 인간을 포함한 세계의 모든 동물이 여기 존재하는 까닭은 그들의 조상이 경쟁자보다 효율적으로 번식했기 때문이다. 하지만 생물학자들은 개미나 거위, 인간의 선조들이 의식적으로 유전자를 번식시키기 위해 살아왔다고 가정하지는 않는다.(Haselton & Nettle, 2006) 선조들 역시 적응에 최적화된 선택을 완벽하게 해내지는 못했다. 개미는 가끔 살충제를 손에 든 인간을 특별한 이유 없이 공격함으로써 자살하기도 하고, 인간의 손에 자란 거위는 가끔 엉뚱한 종과 짝짓기를 시도할 때도 있다. 이들은 이런 행동을 통해 대부분의 경우 선조들이 생존하고 번식하도록 도와준 프로그램을 실행하는 셈이다. 인간에 대해 말하면 우리는 번식하고자 하는 의식적 충동이나 그 밖에 명백히 '합리적인' 전략에서 동기가 발생해 짝을 선택하는 경우가 많지 않음을 알아보았다. 예를 들어 이스라엘 집단농장 키부츠에서 함께 자란 이성끼리 성적으로 끌리지 않는 현상은 사람들이 의식적으로 적응적 선택을 한 결과가 아니었다. 그보다는 선조들이 근친으로 인해 유전적으로 해로운 결과를 얻지 않도록 도와준 기제를 반영하는 현상에 가깝다고 할 수 있다.(Lieberman, Tooby & Cosmides, 2007)

사회적 행동에 내재하는 다른 기본적 동기들 우리는 이 책에서 다룬 대부분의 목표가 5가지의 기본적인 사회적 동기 중 하나와 연결될 수 있다고 본다. 여기에서 5가지 기본적 동기는 유대 형성하기, 사회적 정보 모으기, 지위 얻기, 자신과 내집단 보호하기, 짝짓기다. 많은 경우 특정한 사회적 행동은 동시에 여러 가지 동기에서 발생하기도 한다. 예를 들어 집단의 일원이 되는 행동은 사회적 지지, 사회적 정보, 향상된 지위, 자기 보호 등의 결과를 낳을 수 있고, 마찬가지로 짝을 찾는 행동에는 가정을 꾸리려는 직접적 목표 외에도 많은 목적이 있을 수 있다.

하지만 순간순간 달라지는 상황에서 사회 세계를 헤쳐나가는 행동들이 이렇게 거창하고 '궁극적인' 동기를 의식함으로써 발생하는 경우는 드물다. 그보다 우리는 더 단기적이고 근접한 목표에 따라 살아간다.(Little, 1989) 킹 목사와 후버 국장이 마침내 만났을 때는 분위기가 꽤나 화기애애했다.(Gentry, 1991) 킹 목사는 자기 아이들에게 이득을 주겠다는 목표나 인종 평등을 증진하겠다는 목표보다는 이 위험할 수도 있는 사람에게 더 호의적인 인상을 주겠다는 아주 구체적이고 좁은 목표로 매력을 발산했을 것이다. 이와 같이 우리가 논한 기본적 목표들은 더 직접적이고 구체적인 몇 가지 하위 목표로 나뉠 수 있다. 짝을 유혹하고, 관계를 형성하고, 경쟁자가 자기 짝에게 치근대는 것에 반응하고, 함께 양육하는 것은 전부 성공적 번식이라는 궁극적 목표에 해당한다. 하지만 다양한 하위 목표를 달성하기 위해서는 매우 다른 일들을 해야 한다.(Kenrick, Sundie & Kurzban, 2008)

우리는 몇몇 사례를 통해 사회적 목적에 기여하는 대신 보상을 추구하고 불쾌한 감정을 피한다는 더 일반적 동기에 기여하는 사회적 목표에 대해 논했다. 한동안 심리학자들은 모든 행동을 '보상 추구' 같은 광범위한 동기로 설명하려 노력했다. 하지만 이제 많은 심리학자들이 특정한 문제를 해결하기 위한 구체적 목표들을 찾고 있다.(Neuberg, Kenrick & Schaller, 2010: Sedikides & Skowronski, 1997: Tooby & Cosmides, 2005) 지위를 높이거나 식량을 얻는 등 보상을 얻을 가능성이 더 큰 영역이 존재하기는 한다. 하지만 특정한 사회적 상황이 모든 것을 바꿔 놓을 수도 있다. 사탕 하나, 악수 한 번, 약간의 험담, 입맞춤, 칭찬, 승리 등이 행동을 강화하는 역할을 할지, 처벌이 될지, 중립적 역할을 할지는 그 행동이 발생하는 사회적 맥락과 그때그때 활성화되는 목표에 따라 완전히 달라진다. 예를 들어 짝이 되고 싶은 사람과의 악수, 적으로 간주한 사람에게 받는 입맞춤, 아이와 체스를 두어 얻은 압도적 승리 등은 보상보다 처벌에 가까울 수 있다. 따라서 사회적 행동의 뿌리에 있는 원인을 이해하고 싶다면, 다음에 살펴볼 내용처럼 더 구체적 목표를 고려하고 그 목표들이 당시 상황이나 사람과 어떻게 상호작용하는지 고려하는 편이 훨씬 유익할 때가 많다.

상호작용

사람과 상황의 상호작용

지금까지 살펴보았듯 사람마다 사회적 지지, 사회적 정보, 지위, 성, 안전 등을 향한 욕구가 서로 다르다. 또한 믿음, 귀인 전략, 자존감 등 사회적 관계에 영향을 미치는 방식도 사람마다 다르다. 후버 국장처럼 대부분의 경우 방어적 적개심을 품는 사람이 있는 반면, 킹 목사처럼 자신을 희생하며 이타적으로 행동할 때가 더 많은 사람도 있다. 사람들 간의 이러한 차이는 모든 관점에서 연구되어왔다.

우리는 또한 서로 다른 상황이 다른 동기를 유발한다는 사실도 알게 되었다. 개인적으로 모욕을 당하거나 다른 사람이 자기 연인에게 치근댈 때 같은 특정 상황에서는 누구나 방어적 복수심이 타오르고, 굶주리는 아이를 보면 이타적 성향이 발휘되기 마련이다. 이러한 상황적 요소에는 순간순간 변하는 사회적 상황을 비롯해 어린 시절의 경험이나 적절한 행동에 대한 광범위한 문화 규범까지 포함된다.

마지막으로 우리는 사람 내면의 요소와 사회적 상황의 요소가 끊임없이 상호작용한다는 사실 또한 알게 되었다. 사람과 상황 요소가 상호작용하는 다양한 방식은 다음의 6가지 원리로 요약될 수 있다.

사회심리학

같은 상황에 사람마다 다르게 반응하는 경우 미국의 사회심리학자 고든 올포트 (Gordon Allport)는 이렇게 말했다. "같은 불이라도 버터는 녹이고 달걀은 단단하게 만든다." 두 사람이 같은 상황의 같은 세부 상황에 초점을 맞추더라도 다르게 반응할 수 있는 것이다. 예를 들어 자기 가치가 위협받는 상황에서 자존감이 높은 사람들은 다른 사람들과 함께 있고 싶어 하는 반면, 자존감이 낮은 사람들은 다른 사람들을 피하고 싶어 한다.(Park & Maner, 2009) 삶이 위협받는 상황에서 대부분의 사람은 행동을 끝까지 밀고 나가기 어렵지만, 예수그리스도나 마하트마 간디 같은 헌신적 구세주의 가르침 속에서 살아온 마틴 루서 킹 목사에게는 그러한 위협이 더 열심히 싸우게 만드는 힘이었던 듯하다. 마찬가지로 사람들이 각자의 성격에 따라 설득적 주장, 권위자의 명령, 적대적 모욕, 매력적 이성 등에 반응하는 방식이 다를 수 있다.

상황이 사람을 선택하는 경우 몽고메리 버스 승차 거부 운동을 다른 사람이 이끌 수도 있었지만 동지들에게 선택된 사람은 마틴 루서 킹 목사였다. 다른 사람이 FBI를 이끌고 싶어 했을 수도 있지만 임명된 사람은 J. 에드거 후버였다. 다른 사람들도 2009년에 미국 대통령이 되기를 꿈꿨을 수 있지만 선출된 사람은 버락 오바마였다. 보다시피 모든 사람이 자신이 원하는 상황에 이르지는 못한다. 사람들은 잠재적 데이트 상대나 친구에게 또는 운동부, 대학교, 직장에서 선택받고 간과되고 거부당한다. 이런 선택은 그 자체로 우리의 지속적 특징과 자기 제시의 기능을 한다. 다른 사람들이 나의 느낌(호감, 비호감), 유능함, 사회적 지배성을 어떻게 생각하는지 알려주기 때문이다. 결국 사회적 상황과 사람은 서로 뗄 수 없는 관계가 되고, 어느 쪽이 먼저인지 묻는 것이 무의미해진다. 사람의 성격과 상황이 서로의 원인이 된다고 말할 수 있다.

사람이 상황을 선택하는 경우 우리는 대부분 상황의 힘에 대해 안다. 부모는 자녀에게 나쁜 친구와 연인을 조심하라고 경고하고, 고등학교 상담 교사는 학생들에게 자신에게 맞는 대학교를 선택하라고 조언하며, 종교 지도자는 유혹적인 곳을 피하라고 충고한다. 이런 조언을 항상 따를 수는 없지만 대부분은 그런 상황을 피하고 다른 상황을 적극적으로 추구하려 한다. 예를 들어 남성적인 남성은 에로틱한 영화를 자발적으로 찾아 보지만 여성적인 여성은 그러지 않는다. 마찬가지로 폭력적 성향이 있는 사람들은 폭력적 영화를 선택할 가능성이 높은 반면 성격이 온화한 사람들은 그러지 않는다. 사람과 상황의 관계는 이런 식으로 더욱 확대된다. 불량 청소년은 다른 불량배와 어울리기로 선택하고, 행실이 바른 청소년은 교회 모임을 선택하며, 지적인 사람들은 과학 클럽을 선택한다. 그 결과 불량 청소년과 행실이 바른 청소년, 교양 있는 사람들은 각각의 방향으로 더 발전한다.

상황에 따라 점화되는 사람의 다양한 측면 사람들은 남들이 자신에게 호감을 가지기를 바라기도 하고, 자신을 존경하기를 바라기도 하고, 두려워하기를 바라기도 한다. 어떤 상황에서는 다른 사람이 아주 솔직하게 대해주기를 바라는 한편, 다른 상황에서는 예의 바르고 재치 있게 대해주기를 바란다. 이런 동기들이 난데없이 튀어나오는 경우는 드물고 대개 우리가 처한 상황에 따라 발생한다. 예를 들어 다른 사람에게 거부당할 때는 상처받는 상황을 피하고 싶다는 동기가 발생함에 따라 사회적 만남을 피하게 된다. 하지만 다른 사람에게 무시당하는 상황에서는 자신의 매력을 보여주고 다시 접촉하려는 동기가 생긴다.(Molden et al., 2009)

사람이 상황을 바꾸는 경우 집단에 관한 논의에서는 한 사람이 집단 전체의 방향을 바꿀 수도 있다는 사실을 배웠다. J. 에드거 후버 FBI 국장 같은 지도자처럼 하향식으로 변화를 일으키는 경우도 있고, 소수의 영향력이 발휘될 때처럼 상향식으로 변화를 일으키는 경우도 있다. J. 에드거 후버는 국장 자리에 있는 동안 FBI를 전보다 훨씬 강력하고 망상적인 조직으로 만들었다. 이러한 변화는 몇몇 대통령 행정부뿐 아니라 마틴 루서 킹 목사를 비롯한 수천 명의 미국 시민의 행동에도 영향을 미쳤다.

상황이 사람을 바꾸는 경우 사람들이 개인적 성향에 맞게 상황을 바꾸려고 최선을 다하더라도 결국 자신이 예상한 상황에 완벽하게 놓이지는 못한다. 내성적인 여성이 도심의 큰 대학에서 사람들에게 치이고 싶지 않아서 리버럴 아츠 칼리지(liberal arts college, 고대그리스의 전통에서 내려오는 자유롭고 폭넓은 학문 수양을 중요한 교과과정으로 운영하는 대학교)를 선택했는데 예상 외로 저항적 분위기

사회심리학

임을 발견할 수도 있고, 대학 생활이 끝날 즈음에는 정치적 진보주의자가 되어 있을 가능성이 높다.(Newcomb, 1961) 이런 변화는 빠르게 일어날 수 있다. 예를 들어 일본인은 일반적으로 상황에 초점을 맞추고, 미국인은 주목받는 사람 외에 배경이나 맥락을 무시하는 경향이 있다. 하지만 미국인이 미국의 거리보다 복잡한 일본의 거리 풍경을 보고 나면 더 일본인처럼 생각하기 시작한다.(Miyamoto et al., 2006)

이런 상호작용은 여러 방향으로 진행될 때도 많다. 예를 들어 감정적인 사람들은 애초에 부모가 될 확률이 낮은 편이지만 막상 아이를 낳으면 더 감정적이 된다.(Jokela et al., 2009) 이러한 상호작용은 시간이 지나면서 복잡해질 수도 있다.(e. g., Rusbult, Kumashiro, Kubacka & Finkel, 2009) 가령 생일이 늦은 아이들은 운동경기 팀에 들어갈 때 불리할 수 있다. 이를테면 기준이 1월 1일이라면 생일이 12월인 아이들은 1월에 태어난 아이들에 비해 11개월 어린 셈이다.(6살 아이라면 11개월 차이 나는 아이와 성숙, 움직임의 조화, 경험 등이 크게 다를 수 있다.) 그 결과 상대적으로 성숙한 아이들은 팀에 더 많이 뽑히고, 연습을 더 많이 하고, 높은 수준의 지도를 받고, 학년이 올라가도 팀에 뽑힐 가능성이 높다. 시간이 지나면서 처음에 작았던 차이가 더욱 커지므로 몇 년 지나면 생일의 차이가 실질적 실력과 자신감의 차이로 나타나고 프로 팀에 들어갈 가능성에도 영향을 미친다.(Musch & Grondin, 2001)

사람과 상황의 복잡한 상호작용을 왜 이렇게 깊이 파헤쳐야 할까? 그냥 단순하게 설명하면 안 될까? 단순한 설명은 정확하지 않을 때가 많다. 인지 자원을 아끼려는 우리의 성향은 단순한 흑백논리에 따른 대답에 만족할 때가 많지만 진실은 훨씬 많은 생각을 불러일으키는 장기판과 다양한 색조의 회색 소용돌이무늬를 섞은 것과 같다. 이러한 복잡성을 신중하게 탐색하면 개인에게 너무 많은 책임을 돌리고 비난하거나 거꾸로 사람을 상황의 수동적인 장기말로 보는 오류를 범하지 않는 데 도움이 될 것이다. 비행을 저지르던 생모에게 방치된 찰스 맨슨과 성공한 침례교 목사 가정에서 행복하게 자란 마틴 루서 킹 목사는 중요한 면에서 아주 다른 사람이 될 정도로 성장 과정이 달랐다. 하지만 방치된 채 자란 아이들이 모두 악질적인 다중 살인마가 되지 않고, 행복하게 자란 아이들이 모두 위대한 사회운동가가 되지도 않는다.

사회적 행동을 연구하는 방법

사회 세계가 더 단순했다면 각자 자신의 눈과 귀에 의지해 사람들이 왜 그렇게 행동하는지 알 수 있었을 것이다. 하지만 자기 제시와 사회적 인지에 대한 연구에 따르면 우리의 눈과 귀로는 모든 사정을 파악할 수 없다는 사실을 알게 된다. 다른 사람들이 아주 능숙하게 동기를 감추려 할 뿐 아니라 우리의 마음 역시 보고 들은 정보를 왜곡하고 지나치게 단순화하고 부정할 때가 많다. 이 모든 인지적 편향과 동기부여 편향을 모두 없앨 수 있다 해도 인식 능력의 한계와 현실의 제약이 혼란을 가중한다.(Fiedler & Wänke, 2009; Kenrick, Delton et al., 2007) 서로 다른 유전자가 어떻게 상호작용하고 유전자와 과거 경험의 상호작용이 일상에서 마주치는 사회적 상황에 대응하는 방식에 어떤 영향을 미치는지는 현미경으로도 볼 수 없다. 앞서 논했듯 사람과 상황은 전혀 생각지 못한 인과관계를 발견할 수 있을 정도로 아주 복잡하게 상호작용한다.

따라서 사회적 행동을 과학적으로 설명하려면 아주 특수한 탐색 작업이 필요하다. 연구 방법은 이 탐색 작업을 가능케 하는 도구다. 그러므로 연구 방법을 이해하는 것은 사회과학자들뿐 아니라 우리 모두에게 중요하다. 결국 모든 사람은 사회과학적 정보의 소비자이기 때문이다. 조직 폭력이나 10대의 임신, 인종 갈등의 원인에 대한 텔레비전 다큐멘터리나 잡지 기사의 결론을 믿을 수 있을까? 매력적인 뉴스 진행자가 세련된 어투로 자신 있게 주장하는 결론이라고 반드시 옳으리라는 보장은 없다. 결론을 뒷받침하는 연구가 없다면 전문가의 의견 역시 우리 모두를 잘못된 길로 이끌 수 있는 사회적 인식이나 사회적 인지 편향의 대상일 뿐이다.

연구 방법은 사람들이 자신의 사회적 행동을 스스로 보고할 때의 편향과 한계를 비롯해 많은 문제를 해결하는 데 도움이 된다. 친구를 사귀는 법, 연인에게 영향력을 미치는 법, 적일지 모르는 사람을 진정시키는 법, 행복한 아이를 키우는 법 등에 대한 사회과학 정보를 이용하는 소비자로서 우리는 전문가의 근거 없는 의견을 받아들이기 전에 신중히 생각해보아야 한다.

사회심리학

BOX 14.2

사회과학적 정보를 다룰 때 알아야 할 4가지 원칙

이 책 전반에 걸쳐 심리학자들이 지각과 인지의 한계를 극복하기 위해 사용하는 여러 가지 탐색 수단에 대해 논했다. 여기에는 메타 분석과 비간섭적 측정 같은 일반적 목적의 수단과 함께 얼굴 움직임 부호화나 태어나자마자 헤어진 쌍둥이에 대한 행동유전학 연구 같은 특별한 수단이 포함된다. 사회심리학자들은 사회적 행동 연구를 위한 새롭고 창의적인 연구 방법들을 계속 개발하고 있다. 일례로 컴퓨터 기술을 이용해 가상현실의 사회적 상호작용을 연구하기도 한다.(Bailenson, Blascovich & Guadagno, 2008; Bailenson et al., 2005) 이외에도 고백의 거절부터 편견에 이르는 사회적 경험과 뇌 활동의 연관성을 알아내기 위해 현대 신경과학적 연구 방법들이 이용되고 있다.(e. g., Bartholow et al., 2006; Eisenberger, Lieberman & Williams, 2003; Phelps et al., 2000)

이러한 연구 방법을 살펴봄으로써 전문적·비전문적 사회심리학 탐색 작업을 위한 몇 가지 일반적 결론을 이끌어낼 수 있다.

1. 설명이 가능할 만큼 훌륭한 기술적 방법을 찾아라. 수사관이 범죄 동기를 생각하려면 범죄 현장에서 있었던 일에 대한 정확한 그림이 필요하다. 실험은 인과관계를 밝힐 수 있지만 현실 세계의 행동을 포함하는 완전한 그림을 그릴 수는 없다. 설문 조사나 기록 연구 등 기술적 연구 방법은 그림을 채워가는 데 도움이 된다. 연구 프로그램이 인과관계를 푸는 데 사용되고, 현장에서 사용되고, 현실 세계에서 정말 중요한 현상을 추적하는 데 사용되는 식으로 실험과 실험 사이의 과정을 완전히 한 번씩 거치는 것이 이상적이다.(Cialdini, 1995)

잘 관찰하려면 육안만으로는 부족하다. 천문학자에게 망원경이 필요하듯 심리학자는 달리 확인할 수 없는 사회적 현상을 여러 기법을 이용해 관찰할 수 있다. 예를 들어 연구자들은 컴퓨터를 이용하는 요인 분석을 통해 성격의 5가지 특성이나 사랑의 3요소와 같은 태도, 감정, 행동의 통계적 패턴을 알아낼 수 있다.(Lemieux & Hale, 2002; Pytlik-Zillig, Hemenover & Dienstbier, 2002) 이런 모든 연구 방법에 반드시 복잡한 기술이 필요하지는 않다. 감정 표현을 분석할 때는 간단한 슬로모션 촬영 기법을 사용하고, 생각 나열 기법은 질문함으로써 혼자만의 생각을 밖으로 표현하게 하는 방법이다.(Ekman & Friesen, 1971; Vohs & Schmeichel, 2003)

2. 사람들의 말을 전부 믿지 마라. 피의자가 진심 어린 표정으로 결백을 주장해도 배심원

들은 증거를 살펴보아야 한다. 앞서 언급했듯 사람들의 진술은 편향에 빠지거나 심하게 잘못될 수 있다. 예를 들어 화가 난 것이 불안한 마음 때문이었는지나 굶주린 아이에 대한 동정심이 아이를 보살피려는 인간의 일반적 성향에서 나왔는지는 스스로 말할 수 없거나 말하고 싶지 않을 가능성이 있다. 비간섭적 측정과 행동유전학적 연구 방법을 비롯한 몇몇 기법들은 사람들의 한정된 관점 너머를 보는 데 도움이 된다.

정보 소비자로서 우리는 방법론 전문가가 될 필요는 없다. 하지만 적어도 자신과 관련된 연구에 대해 듣는다면, 사람들이 스스로 정확히 기술할 수 없거나 하지 않을 문제에 대한 진술에서 결론이 나왔는지 따져봐야 한다. 다시 한번 말하지만 우리는 뛰어난 수사관처럼 그림 전체를 보아야 한다. 설문조사 응답자들이 살인에 대한 환상이나 자위행위 같은 행동을 인정한다면, 응답에 축소된 면이 있지는 않은지 생각해볼 수 있다. 하지만 응답자들이 스스로 인종차별적 생각을 하지 않는다고 말하는 등 자신을 바람직하게 묘사한다면, 그들의 진술을 확증할 수 있는 비밀스러운 측정법을 찾아보는 것이 좋다.

3. 혼재 변인을 조심하라. 피의자가 범죄 현장에 있었고 총을 가졌다고 해서 그가 범인이라고 할 수는 없다. 실험에서 혼재 변인은 우연히 독립변인과 함께 변하는 요소를 말한다. 이를테면 공격적 영화를 본 아이는 커다란 문신이 있고 적대적으로 보이는 남성 실험자를 만난 반면, 통제 조건에 배정된 아이는 성자처럼 보이는 친절한 실험자를 만났다고 해보자. 이 형편없는 가상 연구에서는 친절한 실험자가 아이들의 공격성 표현을 억압하거나 커다란 문신을 한 실험자가 아이들을 자극했을 가능성이 있다. 하지만 같은 실험자가 두 조건을 모두 진행하지 않았다면, 아이의 공격성에 미친 영화의 영향과 실험자의 영향을 따로 떼어 생각할 수 없다.

혼재 변인은 기술적 연구에서도 문제가 된다. 연구자가 재산 범죄와 민족성의 상관관계를 발견했으나 사회계층을 고려하지 않은 경우가 이에 해당한다. 사회계층은 인종뿐 아니라 재산 범죄와도 체계적으로 관련된 요소이므로(부유한 계층은 자동차 휠 캡을 훔쳐 갈 필요성이 적으므로) 혼재 변인일 수 있다. 사회계층을 고려하지 않고서는 변인의 효과를 밝힐 수 없다.

9장에서 논한 행동유전학적 연구 방법에는 혼재 변인을 제거할 수 있는 몇 가지 기법이 포함된다. 아이들은 이타적 행동부터 폭력에 이르는 부모, 형제자매의 사회적 행동을 따라 한다. 이러한 유사성은 이들이 유전자를 공유하기 때문일 수도 있고, 가정환경을 공유하기 때문일 수도 있다. 특별한 기법이 없으면 정확한 원인을 알 수 없다. 입양된 형제자매(환경은 공유하지만 유전자는 공유하지 않는 가족)나 태어날 때부터 헤어져 자란 일란성쌍둥이(유전자는 공유하지만 환경은 공유

사회심리학

하지 않는 가족)를 연구함으로써 혼재 변인을 떼어 생각해볼 수 있다.(e. g., Abrahamson, Baker & Caspi, 2002)

4. 수렴하는 증거를 찾아라. 수사관이 증거를 확인하지 않고는 목격자의 말을 믿지 않듯, 우리 역시 단일한 연구 결과를 너무 확신해서는 안 된다.(McGrath, Martin & Kukla, 1982; Simpson & Campbell, 2005) 우연이나 의도치 않은 오류가 잘못된 결론으로 이어졌을 수 있다. 이러한 문제에 대처하는 방법 중 하나는 메타 분석이다. 예를 들어 10장에서 언급한 수많은 연구에서 폭력적 매체가 시청자의 공격성에 어떤 영향을 미치는지 조사했다.(Wood, Wong & Chachere, 1991) 긍정적 결과도 발견되고 부정적 결과도 발견되었고 아예 결과가 나오지 않기도 했다. 이런 차이는 우연한 실수, 독립변인이나 종속변인의 변화 때문에 발생한다. 메타 분석은 이러한 우연적 요소에서 발생하는 위험을 줄이고 더 확실한 결론을 얻기 위해 많은 연구를 통계적으로 종합한다.

메타 분석으로 연구들 사이의 체계적 편향을 제거할 수는 없다. 한 예로 대학생 참가자들을 시켜 다른 학생에게 전기 충격을 가한 연구가 100건 수행되었다고 해보자. 이때 우리는 그 결과가 실험실 외부에서 발생하는 공격성에도 적용될지 확신할 수 없다. 이 문제를 해결하기 위해 연구자들은 **삼각 측정법**(triangulation)이라는 기법을 사용한다. 이것은 각각 다른 편향이 나타나는 다른 연구 방법을 사용해 같은 문제를 조사하는 기법이다. 더 폭력적인 텔레비전 프로그램을 보는 아이들이 더 공격적임을 암시하는 현장 연구는 원인과 결과를 분리할 수 없다. 폭력적 성향이 있는 아이가 애초에 폭력적 프로그램을 선택할 가능성이 있기 때문이다. 아이들이 폭력적 프로그램이나 폭력적이지 않은 프로그램을 시청하도록 무작위로 배정되는 실험실 연구는 그 문제를 해결할 수 있으나 현장 연구에서는 발생하지 않는 인위성이 문제가 된다. 부모들을 대상으로 하는 설문 조사는 아이들이 일상에서 자연스럽게 나타내는 공격성에 대해 물을 수 있으나, 부모의 기억에 따라 한쪽으로 치우칠 수 있다. 하지만 이 모든 연구가 한 방향을 가리킨다면 반대편에 있는 연구 방법의 장단점에도 불구하고 결론을 조금 더 확신할 수 있다.(Anderson & Bushman, 2001) 1장에서 논했듯 이 상황은 여러 명의 불완전한 목격자들을 마주한 수사관의 입장과 같다. 한 목격자는 피의자를 사랑하며 귀가 어둡고, 다른 목격자는 피의자를 싫어하지만 안경을 쓰지 않았고, 또 다른 목격자는 시각과 청각이 온전하지만 온전히 증언해줄 만큼 피의자를 잘 알지 못한다. 하지만 그럼에도 세 사람 모두 피의자를 범인으로 지목한다면 수사관은 피의자의 죄에 대해 조금 더 자신 있게 결론을 내릴 수 있다.

통섭의 학문, 사회심리학

1장에서 언급했듯 사회심리학은 심리학의 다른 영역들과 다양하게 관련된다. 이 책을 통해 우리는 성인에게서 공격성, 이타주의, 사랑 등이 본래의 성향과 과거의 경험에서 어떻게 발달했는지 알아봄으로써 사회심리학이 **발달심리학**과 수많은 연결점이 있다는 사실을 확인했다.(〈표 14.1〉 참고) **성격심리학**과의 관련성은 모든 단원에 포함돼 있고, 개인 내면의 성격 특성이 어떤 식으로 끊임없이 사회 환경과 상호작용하는지 생각하면서 발견할 수 있었다. **환경심리학**과의 관련성은 더위와 공격성, 인구 과잉, 환경 파괴의 관계를 논의할 때 드러났다. 또한 모든 장에서 〈BOX〉를 통해 **임상심리학**과의 관련성을 확인하기도 했다. 여기서는 가벼운 집착부터 망상에 이르는 주제들을 다루었다. 마찬가지로 **인지심리학**과의 관련성 역시 주의, 지각, 기억, 의사 결정 등의 정신 과정이 사람과 상황의 상호작용에 어떻게 얽혀 있는지 탐색하는 과정을 통해 모든 단원에서 발견된다. **신경과학**은 호르몬이 성 행동과 공격적 행동에 미치는 영향을 논의할 때와 사랑의 감정이나 외집단 사람들의 얼굴을 기억하려는 노력처럼 다양한 사회적 반응과 연관된 뇌의 활동을 구분할 때 반드시 필요한 학문 분야다.(Golby et al., 2001 ; Gray et al., 2004a, Hamann et al., 2004) 인간 뇌의 수많은 고유성이 사회집단 생활에서 발생하는 문제에 대처하기 위해 진화되었다는 일부 인지심리학자들의 견해로 미루어보면(Schaller et al., 2007 ; Tooby & Cosmides, 2005), 인간이 다른 사람들을 대하는 데 상당한 정신 능력을 할애

표 14.1 사회심리학과 여러 심리학 분과 간 연관성

심리학의 영역	관련성이 드러나는 질문의 예
발달심리학	생애 초기 엄마와 아기의 애착 유형은 이후의 낭만적 관계에 영향을 미치는가?
성격심리학	공격적 행동을 예측하는 개인차는 무엇인가?
환경심리학	사람들이 재활용을 하는 사회적 조건은 무엇인가?
임상심리학	망상은 정상적 집단 방어 심리와 어떤 관련이 있는가?
인지심리학	인간의 한정된 주의 능력이 고정관념에 어떤 영향을 미치는가?
신경과학	테스토스테론이 인간관계에 어떤 영향을 미치는가?

한다는 사실은 타당해 보인다. 이와 같이 사회심리학은 뇌과학과 행동과학의 모든 분야와 중요하게 관련된다.(Brewer, Kenny & Norem, 2000; Cacioppo, 2002; Harmon-Jones & Devine, 2003)

더 넓은 수준에서 보면 사회심리학은 심리학의 경계를 벗어나 다른 학문들과도 연결된다. 가장 기초적 수준에서 보면 이타주의, 공격성, 사랑에 대한 연구는 유전학과 생화학의 발달과 관련 있다. 더 넓은 수준에서 보면 집단, 조직, 사회에 대한 연구에서는 사회심리학과 사회학, 인류학, 경제학, 정치학이 연결된다. 이 수준에서는 동물 집단과 환경의 복잡한 관계에 대한 생물학적 연구와 사회심리학이 연결되므로 동물행동학, 생태학과도 연관성이 있다고 할 수 있다. 〈표 14.2〉에는 사회심리학과 다른 기초과학을 연결하는 질문의 예가 정리되어 있다.

표 14.2 사회심리학과 여러 기초과학 간 연관성

학문 분야	관련성이 드러나는 질문의 예
유전학	이타주의가 가족에서 공유되는 유전자와 관련 있는가?
생화학	테스토스테론이 남성과 여성의 행동에 같은 영향을 미치는가?
사회학	집단이 지도자를 어떻게 선택하는가?
인류학	인간의 보편적 결혼 형태가 존재하는가?
경제학	삼림이나 바다 같은 자원을 공유하는 사람들이 자원의 과도한 이용이나 개발로 이어질 수 있는 이기적 경향을 억제하는 상황이 존재하는가?
정치학	집단과정은 국가 간 갈등 상황에서 정책 결정에 어떤 영향을 미치는가?
동물행동학	공작의 짝짓기 의식은 인간의 구애를 이해하는 데 어떤 도움을 주는가?
생태학	숲의 포식자와 먹이 사이의 동적 균형은 실험실에서 죄수의 딜레마 상황에 빠진 학생들의 행동과 어떤 관련이 있는가?

BOX 14.3

어떻게 사회심리학을 현실에 응용할 수 있을까

때로는 단순히 호기심을 채우기 위해 연구가 수행되기도 한다. 인간의 마음은 사랑, 자기희생적 이타주의, 편견, 폭력의 원인과 목적에 대한 지식을 갈구한다. 우리는 자신과 다른 사람들을 움직이는 힘을 이해하고 싶어 한다. 하지만 기초과학이 항상 응용과 관련되지는 않는다. 별을 관측하던 고대 천문학자들의 발견으로 탐험가와 상인들이 지구를 여행하고 출발한 곳으로 돌아갈 수 있었다. 인간의 몸과 현미경 아래에서 움직이는 작디작은 동물들에 대해 궁금해한 초기 생물학자들의 발견은 마침내 현대의학으로 이어졌다. 인간은 중력과 움직임의 추상적 원리에 관심을 가진 물리학자들의 발견에 힘입어 결국 달에 착륙할 수 있었다.(Boorstin, 1983) 사실 우리는 기초과학 연구를 자극하는 철학적 질문에 매료된다. 그 질문들이 혼란스러우면서도 실질적 문제를 다루기 때문이다. 사랑이나 우정, 내집단 편애에 대해 더 잘 이해할수록 이혼, 외로움, 파괴적 편견을 막을 가능성이 높아진다.

이 책의 모든 단원에서는 사회심리학과 응용과학의 연관성을 강조한다. 예를 들어 2장에서는 '직장 내 사람과 상황의 조화'라는 주제를 다루면서 사회심리학과 경영학의 연관성을 많이 발견했다. 직업에서의 불쾌한 관계는 우리의 일상을 비참하게 하고 몸에 해를 끼치며 가정생활마저 망가뜨릴 수 있다.(Barling & Rosenbaum, 1986) J. 에드거 후버의 부하 직원들만 상사의 분노를 끊임없이 두려워한 것은 아니다.

사회적 관계가 직장에서 그저 부수적 역할만 하는 것이 아니라 직장 생활 자체인 경우도 매우 많다. 대부분의 직업에는 어느 정도의 협상, 설득, 교육, 훈육, 조언, 협력이 필요하다. 그러므로 사회심리학과 조직행동학, 마케팅, 운영·관리 등과 같은 경영학의 분야는 원래부터 밀접하게 관련될 수밖에 없다.(e. g., Griskevicius, Goldstein, Mortensen et al., 2009: Thaler & Sunstein, 2008) 이러한 분야의 교재를 잠깐 훑어보기만 해도 주제의 상당 부분이 이 책과 겹친다는 사실을 알 수 있다. 사회심리학을 공부한 학생들은 경영학과 사업 쪽에서 경력을 쌓는 경우가 많고, 거꾸로 경영학 분야의 학생들 역시 훈련 과정의 일부로 심리학을 공부하는 경우가 많다.

사회심리학자들은 의학을 비롯한 건강과학과도 관련 있다.(Salovey et al., 1998: Taylor, 2002) 건강심리학의 개입은 이 책의 여러 군데에서 다루었다. 의사, 간호사, 공중 보건 관리자들은 금연, 건강하지 않은 다이어트 방법 개선, 운동 증진, 피임 기구 사용, 심지어 처방약 복용 등을 환자에게 설득하는 데 실패하는 경우가 많다. 일부 전문가들은 공중 보건 분야에서 획기적인 의학적 발견보다 행동의 작은 변화를 통해 훨씬 큰 이득을 볼 수 있다고 내다본다.(Matarazzo, 1980) 예를 들어 결혼 전 성관계 상대에게 콘돔을 사용하도록 설득할 수 있다면 성관계로 전염되는 병에 어떤 영향을 미칠지 상상해보자. 젊은 세대에게 담배를 피우지 말라고 설득할 수 있다면 그것이 폐암에 어떤 효과를 발휘할지 상상해보자. 그렇게만 된다면 의학 기술에 아무 발전이 없어도 서양 사회에서 주로 발생하는 2가지 건강 문제가 실질적으로 사라질 것이다. 그런 이유로 예방의학을 연구하는 사회심리학자의 수가 점점 늘어나고 있다.(e. g., Bryan, Aiken & West, 1999)

사회심리학적 원리들이 광범위하게 적용되는 세 번째 영역은 법학이다.(e. g., Ellsworth & Mauro, 1998: Wells & Olsen, 2003) 우리는 거짓말탐지기, 거짓 자백, 사회적 차원에서 폭력 줄이기 등의 주제를 논하면서 법학과 관련된 응용에 대해 고려했다. 또한 사회심리학자들은 배심원단의 의사 결정과 목격자의 증언에 관한 연구도 수행하고 있다.(Leippe, 1995: Wells, Olson & Charman, 2002) 법적 논쟁과 배심원단의 의사 결정에는 분명 귀인, 설득, 집단 상호작용 등이 포함된다. 이는 사회심리학자들이 수십 년간 연구해온 과정들이다. 최근 많은 사회심리학자들이 로스쿨에서 수업을 하게 되었다. 사회심리학을 공부하는 학생들 중에서도 조직심리학, 건강심리학, 법심리학 분야에서 석사 이상의 학위를 따는 사람이 늘고 있다.

경영학, 의학, 법학과 더불어 사회심리학이 분명히 영향을 미치는 분야는 교육학(이 책에서 논한 많은 과정과 관련 있는 분야)이며, 사회심리학은 심지어 공학(사회적 소통이 점점 기술을 바탕으로 이루어지므로)과도 연결된다. 사회심리학 연구가 기초적 이론과 관련된 질문을 다루는 경우가 많지만 그 이론적 발견을 응용할 분야는 매우 많다. 사회심리학의 선구자 커트 르윈(Kurt Lewin)은 이렇게 말했다. "좋은 이론만큼 실용적인 것은 없다." 아마 그는 수많은 실용적 응용 사례에 자신의 이론이 그토록 큰 영향력을 발휘했음을 안다면 매우 기뻐할 것이다.(〈표 14.3〉 참고)

표 14.3 사회심리학과 여러 응용과학 간 연관성

학문 분야	관련성이 드러나는 질문의 예
법학	배심원단 내에서 발생하는 사회적 압박은 배심원 개인의 의사 결정에 어떤 영향을 미치는가?
의학	의사와 간호사들은 환자들이 건강과 관련한 권고를 더욱 잘 따를 수 있도록 하는 방식으로 상호작용할 수 있는가?
경영학	직원의 태만이나 불성실함을 줄일 방안이 있는가?
교육학	교사의 기대는 학급에서 학생의 수행에 어떤 영향을 미치는가?
공학	직원 간 의사소통을 촉진하려면 컴퓨터 네트워크를 어떻게 설계해야 할까?

사회심리학의 미래

최근 한 과학 저술가는 이제 곧 과학자들이 답할 질문이 고갈될 것이라고 주장했다. 이 저술가는 사회심리학에 대해 잘 모르는 것이 분명하다. 연구자들은 이타주의, 인종적 편견, 공격성, 집단행동에 대한 생각과 감정에 내재하는 사람과 상황의 복잡한 상호작용을 이제 이해하기 시작했을 뿐이다. 사실 사회심리학의 개척지는 광활한 대륙과 같아서 지금까지 연구자들은 해안선의 들쭉날쭉한 부분만 겨우 그려냈을 뿐이다. 심리학자들은 이러한 질문을 탐색하면서 인지과학, 진화심리학, 동적 체계와 같은 새로운 통합적 원리에 점점 많이 합류하고 있다.(Haselton & Funder, 2006; Kenrick, Li & Butner, 2003) 인지과학은 사회적 인지의 작용을 뇌의 작용에 대한 연구와 연결하고, 진화론은 사회적 행동의 궁극적 목표에 통찰을 제공하며, 동적 체계 연구는 시민권 행진에서 국가 간 갈등을 아우르는 집단 수준의 대단한 과정에 개인의 생각과 동기가 어떤 영향을 줄 수 있는지 이해하는 데 상당한 희망을 보여준다. 우리 선조들은 항상 집단생활을 했으므로 다양한 행동과학과 뇌과학이 궁극적으로 통합된다면 사회심리학적 질문들이 전면에 대두될 것이 거의 확실하다.(Schaller, Park & Kenrick, 2007) 이에 따라 사회심리학적 과정의 연구는 간단한 뇌 기제가 진화해온 과정과 인간 문화 발생의 연관성을 새롭게 이해하는 식으로 수행되고 있다.(e. g., Gangestad, Haselton & Buss, 2006; Kenrick, Nieuweboer &

Buunk, 2010; Norenzayan et al., 2006)

　　마음과 사회적 행동의 과학을 더욱 통합하려는 움직임은 그저 철학적 관심에서 나오는 것이 아니다. 여기에는 실질적 잠재력 또한 상당히 많다. 사회심리학은 한편으로 긍정적 사회심리학을 점점 강조함으로써, 어떻게 하면 사람들이 사회적 관계에서 더 행복해질지, 영웅적 행동, 친절, 사랑의 출현을 촉진하는 요소가 무엇인지에 대한 통찰을 건네기 시작했다.(e. g., Gable & Haidt, 2005; Lyubomirsky, King & Diener, 2005; Penner, Dovidio, Piliavin & Schroeder, 2005) 다른 한편으로는 공격성, 편견, 자기도취적 이기심과 같은 부정적인 사회적 행동에 동기를 부여하는 힘을 과학적으로 이해함으로써, 오늘날 세계에서 가장 중요한 문제들을 해결할 열쇠를 제공한다. 인간의 창의력은 지구 반대편에 있는 사람과 대화를 나누고, 뉴욕에서 런던까지 한나절 만에 날아가며, 다른 행성의 사진을 가까이에서 찍을 수 있게 해주었다. 우리는 이러한 능력에 힘입어 인구 과잉, 국가 간 갈등, 우리 행성의 환경 파괴 등 거대한 사회문제도 해결할 수 있을 것이다.(Oskamp, 2000; Penn, 2003)

　　이러한 희망이 비현실적으로 보인다면, J. 에드거 후버가 워싱턴에서 행진하던 군중과 공산주의자들의 연계를 걱정하던 시점에서 얼마 지나지 않아 소련과 미국의 핵무기 경쟁이 끝나고 인구 폭발이 진정되었다는 사실을 떠올려 보자. 마틴 루서 킹 목사가 시민권 운동을 위한 싸움을 시작했을 때 미국 법전

개인의 결정들이 상호작용하여 집단 차원에서 복잡하고 예상치 못한 현상을 일으킬 수 있다. 시민권 운동은 개인과 사회의 쌍방향 상호작용의 훌륭한 예를 보여주었다.

에서 인종차별적 법률이 지워질 수 있다는 것은 꿈에 불과해 보였다. 누구도 하와이에 살던 2살 흑인 꼬마가 언젠가 미국의 대통령이 되리라고 생각하지 못했지만 결국 수많은 사람들의 힘과 노력이 모여 그 꿈이 실현되게 만들었다. 어쩌면 21세기에는 피부색이 다른 소년 소녀가 인종 갈등뿐 아니라 인구 과잉과 공해, 전쟁의 공포에서 벗어난 세계를 함께 걸어갈 수 있을 만큼 사회행동 과학이 발달할지도 모른다. 이렇듯 미래 세대의 과학적 호기심은 언젠가 우리 모두가 마침내 자유로워졌다고 선언할 수 있게 만들 것이다.

| 참고 문헌 |

Aarts, H., & Dijksterhuis, A. (2003). The silence of the library: Environment, situational norm, and social behavior. *Journal of Personality and Social Psychology, 84,* 18−28.

Abalakina−Paap, M., Stephan, W. G., Craig, T., & Gregory, W. L. (1999). Beliefs in conspiracies. *Political Psychology, 20,* 637−647.

Abatte, S. S., Isgro, A., Wicklund, R. A., & Boca, S. (2006). A field experiment on perspective−taking, helping, and self awareness. *Basic and Applied Social Psychology, 28,* 283−287.

Abbey, A. (1982). Sex differences in attributions for friendly behavior: Do males misperceive females' friendliness? *Journal of Personality and Social Psychology, 42,* 830−838.

Abbey, A., Ross, L. T., McDuffie, D., & McAuslan, P. (1996). Alcohol, misperception, and sexual assault: How and why are they linked? In D. M. Buss & N. M. Malamuth (Eds.), *Sex, power, conflict* (pp. 138−161). New York: Oxford University Press.

Abele, S., & Ehrhart, K. M. (2005). The timing effect in public good games. *Journal of Experimental Social Psychology, 41,* 47−481.

Abelson, R. P. (1981). Psychological status of the script concept. *American Psychologist, 36,* 715−729.

Abend, T. A., & Williamson, G. M. (2002). Feeling attractive in the wake of breast cancer: Optimism matters, and so do interpersonal relationships. *Personality & Social Psychology Bulletin, 28,* 427−436.

Aberson, C. L., Healy, M., & Romero, V. (2000). Ingroup bias and self−esteem: A meta−analysis. *Personality and Social Psychology Review, 4,* 157−173.

Abrahamson, A. C., Baker, L. A., & Caspi, A. (2002). Rebellious teens? Genetic and environmental influences on the social attitudes of adolescents. *Journal of Personality and Social Psychology, 83,* 1392−1408.

Abu−Lughod, L. (1986). *Veiled sentiments: Honor and poetry in a Bedouin society.* Berkeley: University of California Press.

Acker, M., & Davis, M. H. (1992). Intimacy, passion, and commitment in adult romantic relationships: A test of the triangular theory of love. *Journal of Social and Personal Relationships, 9,* 21−50.

Ackerman, J. M., Griskevicius, V., & Li, N. P. (2011). Let's get serious: Communicating commitment in romantic relationships. *Journal of Personality and Social Psychology, 100*(6), 1079.

Ackerman, J. M., & Kenrick, D. T. (2008). The costs of benefits: Help−refusals highlight key trade−offs of social life. *Personality and Social Psychology Review, 12,* 118−140.

Ackerman, J. M., Kenrick, D. T., & Schaller, M. (2007). Is friendship akin to kinship? *Evolution and Human Behavior, 28,* 365−374.

Activist Mourns Ex−KKK leader. (2005, November 8). *The News & Observer.* Retrieved from www.newsobserver.com/102/v−print/story/362297.html

Adams, G. (2005). The cultural grounding of personal relationships: Enemyship in North American and West African worlds. *Journal of Personality and Social Psychology, 88,* 948−968.

Adams, J. (1995). *Sellout: Aldrich Ames and the corruption of the CIA.* New York: Viking.

Adams, R. G., & Bleiszner, R. (1994). An integrative conceptual framework for friendship research. *Journal of Social and Personal Relationships, 11,* 163−184.

Addis, M. E., & Mahalik, J. R. (2003). Men, masculinity, and the context of help seeking. *American Psychologist, 58,* 5−14.

Adkins, B., & Caldwell, D. (2004). Firm or subgroup culture: Where does fitting in matter most? *Journal of Organizational Behavior, 25,* 969−978.

Adorno, T. W., Frenkel−Brunswik, E., Levinson, D. J., & Sanford, R. N. (1950). *The authoritarian personality.* New York: Harper and Row.

Affleck, G., Tennen, H., Pfeiffer, C., & Fifield, C. (1987). Appraisals of control and predictability in adapting to a chronic disease. *Journal of Personality and Social Psychology, 53,* 273−279.

Ahmad, Y., & Smith, P. K. (1994). Bullying in schools and the issue of sex differences. In J. Archer (Ed.), *Male violence* (pp. 70−86). New York: Routledge.

Aiello, J. R., & Douthitt, E. A. (2001). Social facilitation from Triplett to electronic performance monitoring. *Group Dynamics, 5,* 163−180.

Ainsworth, M. D. S., Blehar, M. C., Waters, E., & Wall, S. (1978). *Patterns of attachment: Assessed in the strange situation and at home.* Hillsdale, NJ:

Erlbaum.

Ajzen, I. (2011). The theory of planned behaviour: Reactions and reflections. *Psychology & Health, 26*(9), 1113–1127.

Akimoto, S. A., Sanbonmatsu, D. M., & Ho, E. A. (2000). Manipulating personal salience: The effects of performance expectations on physical positioning. *Personality and Social Psychology Bulletin, 26*, 755–761.

Aknin, L. B., Barrington–Leigh, C. P., Dunn, E. W., Helliwell, J. F., Burns, J., Biswas–Diener, R., et al. (2013). Prosocial spending and well–being: Cross–cultural evidence for a psychological universal. *Journal of Personality & Social Psychology, 104*, 635–652.

Alba, J. W., & Marmorstein, H. (1987). The effects of frequency knowledge on consumer decision making. *Journal of Consumer Research, 14*, 14–25.

Albarracin, D., Johnston, B. T., Fishbein, M., & Muellerleile, P. A. (2001). Theories of reasoned action and planned behavior as models of condom use: A meta–analysis. *Psychological Bulletin, 127*, 142–161.

Albarracin, D., & Mitchell, A. L. (2004). The role of defensive confidence in preference for proattitudinal information: How believing that one is strong can sometimes be a defensive weakness. *Personality and Social Psychology Bulletin, 30*, 1565–1584.

Albarracin, D., & Wyer, R. S. (2000). The cognitive impact of past behavior: Influences on beliefs, attitudes, and future behavioral decisions. *Journal of Personality and Social Psychology, 79*, 5–22.

Albarracin, D., & Wyer, R. S. (2001). Elaborative and nonelaborative processing of a behavior–related communication. *Personality and Social Psychology Bulletin, 27*, 691–705.

Alcock, J. (1989). *Animal behavior: An evolutionary approach* (4th ed.). Sunderland, MA: Sinauer Associates.

Alcock, J. (1993). *Animal behavior: An evolutionary approach* (5th ed.). Sunderland, MA: Sinauer Associates.

Aldag, R. J., & Fuller, S. R. (1993). Beyond fiasco: A reappraisal of the groupthink phenomenon and a new model of group decision processes. *Psychological Bulletin, 113*, 533–552.

Alexander, M. G., & Fisher, T. D. (2003). Truth and consequences: Using the bogus pipeline to examine sex differences in self–reported sexuality. *Journal of Sex Research, 40*, 27–35.

Alicke, M. D., & Govorun, O. (2005). The better–than–average effect. In M. D. Alicke, D. Dunning, & J. I. Krueger (Eds.), *The self in social perception* (pp. 85–106). New York: Psychology Press.

Alicke, M. D., & Largo, E. (1995). The role of the self in the false consensus effect. *Journal of Experimental Social Psychology, 31*, 28–47.

Allcott, H. (2011). Social norms and energy conservation. *Journal of Public Economics, 95*(9), 1082–1095.

Allen, J., Kenrick, D. T., Linder, D. E., & McCall, M. A. (1989). Arousal and attraction: A response facilitation alternative to misattribution and negative reinforcement models. *Journal of Personality and Social Psychology, 57*, 261–270.

Allen, K. M., Blascovich, J., Tomaka, J., & Kelsey, R. M. (1991). Presence of human friends and pet dogs as moderators of autonomic responses to stress in women. *Journal of Personality and Social Psychology, 61*, 582–589.

Allen, M. (1989). The man who broke North Haven's heart. *Yankee, 53*, 52.

Allen, R. W., Madison, D. L., Porter, L. W., Renwick, P. A., & Mayes, B. T. (1979). Organizational politics: Tactics and characteristics of its actors. *California Management Review, 22*, 77–83.

Allen, T. J., & Sherman, J. W. (2011). Ego threat and intergroup bias: A test of motivated–activation versus self–regulatory accounts. *Psychological Science, 22*(3), 331–333.

Allen, V. L., & Levine, J. M. (1969). Consensus and conformity. *Journal of Experimental Social Psychology, 5*, 389–399.

Allgeier, A. R., Byrne, D., Brooks, B., & Reeves, D. (1979). The waffle phenomenon: Negative evaluations of those who shift attitudinally. *Journal of Applied Social Psychology, 9*, 170–182.

Allison, S. T., Beggan, J. K., & Midgley, E. H. (1996). The quest for "similar instances" and "simultaneous possibilities" : Metaphors in social dilemma research. *Journal of Personality and Social Psychology, 71*, 479–497.

Allison, S. T., & Kerr, N. L. (1994). Group correspondence biases and the provision of public goods. *Journal of Personality and Social Psychology, 66*, 688–698.

Allison, S. T., & Messick, D. M. (1988). The feature–positive effect, attitude strength, and degree of perceived consensus. *Personality and Social Psychology Bulletin, 14*, 231–241.

Allison, S. T., & Messick, D. M. (1990). Social decision heuristics in the use of shared resources. *Journal of Behavioral Decision Making, 3*, 195–204.

Alloy, L. B., & Abramson, L. Y. (1979). Judgment of contingency in depressed and nondepressed students: Sadder but wiser? *Journal of Experi-*

mental Psychology, 108, 441−485.

Alloy, L. B., Abramson, L. Y., & Viscusi, D. (1981). Induced mood and the illusion of control. *Journal of Personality and Social Psychology, 41,* 1129−1140.

Allport, F. H. (1924). *Social psychology.* Boston: Houghton Mifflin.

Allport, G. W. (1954). *The nature of prejudice.* Reading, MA: Addison−Wesley.

Allport, G. W., & Kramer, B. M. (1946). Some roots of prejudice. *Journal of Psychology, 22,* 9−39.

Allport, G. W., & Postman, L. (1947). *The psychology of rumor.* New York: Henry Holt.

Allport, G. W., & Ross, J. M. (1967). Personal religious orientation and prejudice. *Journal of Personality and Social Psychology, 5,* 432−443.

Altemeyer, B. (1998). The other "authoritarian personality." In M. P. Zanna (Ed.), *Advances in experimental social psychology* (Vol. 30, pp. 48−92). New York: Academic Press.

Altemeyer, B. (2004). Highly dominating, highly authoritarian personalities. *Journal of Social Psychology, 144,* 421−447.

Altemeyer, B., & Hunsberger, B. (1992). Authoritarianism, religious fundamentalism, quest, and prejudice. *The International Journal for the Psychology of Religion, 2*(2), 113−133.

Alter, A. L., & Forgas, J. P. (2007). On being happy but fearing failure: The effects of mood on self−handicapping strategies. *Journal of Experimental Social Psychology, 43,* 947−954.

Alter, A. L., & Kwan, V. S. Y. (2009). Cultural sharing in a global village: Evidence for extra-cultural cognition in European Americans. *Journal of Personality and Social Psychology, 96,* 742−760.

Amato, P. R. (1983). Helping behavior in urban and rural environments. *Journal of Personality and Social Psychology, 45,* 571−586.

Ambady, N., Bernieri, F. J., & Richeson, J. A. (2000). Toward a histology of social behavior: Judgmental accuracy from thin slices of the behavioral stream. In M. P. Zanna (Ed.), *Advances in experimental social psychology* (Vol. 32, pp. 201−271). San Diego, CA: Academic Press.

Ambady, N., & Rosenthal, R. (1993). Half a minute: Predicting teacher evaluations from thin slices of nonverbal behavior and physical attractiveness. *Journal of Personality and Social Psychology, 64,* 431−441.

Ambrose, M. L., Arnaud, A., & Schminke, M. (2008). Individual moral development and ethical climate: The influence of person−organization fit on job attitudes. *Journal of Business Ethics, 77,* 323−333.

American Association of University Women Educational Foundation. *Hostile hallways: Bullying, teasing, and sexual harassment in school.* (2001). Report of the American Association of University Women. Washington, DC: Author.

American Society for Aesthetic Plastic Surgery. (2009). *Cosmetic procedures in 2007.* Retrieved January 19, 2009, from http://www.surgery.org/public/consumer/trends/cosmetic_ procedures_in_2007

Ammar, H. (1954). *Growing up in an Egyptian village: Silwa, Province of Aswan.* London: Routledge & Kegan Paul.

Amodio, D. M., Harmon−Jones, E., & Devine, P. G. (2003). Individual differences in the activation and control of affective race bias as assessed by startle eyeblink response and self−report. *Journal of Personality & Social Psychology, 84,* 738−753.

Anderson, C. A. (1987). Temperature and aggression: Effects on quarterly, yearly, and city rates of violent and nonviolent crime. *Journal of Personality and Social Psychology, 52,* 1161−1173.

Anderson, C. A., Buckley, K. E., & Carnagey, N. L. (2008). Creating your own hostile environment: A laboratory examination of trait aggressiveness and the violence escalation cycle. *Personality and Social Psychology Bulletin, 34,* 462−473.

Anderson, C. A., & Bushman, B. J. (1997). External validity of "trivial" experiments: The case of laboratory aggression. *Review of General Psychology, 1,* 19−41.

Anderson, C. A., & Bushman, B. J. (2001). Effects of violent video games on aggressive behavior, aggressive cognition, aggressive affect, physiological arousal, and prosocial behavior. *A meta-analytic review of the literature. Psychological Science, 12,* 353−359.

Anderson, C. A., & Bushman, B. J. (2002). Human aggression. *Annual Review of Psychology, 53,* 27−51.

Anderson, C. A., Bushman, B. J., & Groom, R. W. (1997). Hot years and serious and deadly assault: Empirical tests of the heat hypothesis. *Journal of Personality and Social Psychology, 73,* 1213−1223.

Anderson, C. A., Carnagey, N. L., & Eubanks, J. (2003). Exposure to violent media: Effects of songs with violent lyrics on aggressive thoughts and feelings. *Journal of Personality & Social Psychology, 84,* 960−971.

Anderson, C. A., Carnagey, N. L., Flanagan, M., Benjamin, A. J., Eubanks, J., & Valentine, J. C. (2004). Violent video games: Specific effects of violent content on aggressive thoughts and behavior. In M. Zanna (Ed.), *Advances in experimental social psychology* (Vol. 36, pp. 199–249). New York: Elsevier.

Anderson, C. A., & DeNeve, K. M. (1992). Temperature, aggression, and the negative affect escape model. *Psychological Bulletin, 111,* 347–351.

Anderson, C. A., & Dill, K. E. (2000). Video games and aggressive thoughts, feelings, and behavior in the laboratory and in life. *Journal of Personality & Social Psychology, 78,* 772–790.

Anderson, C. A., Shibuya, A., Ihori, N., Swing, E. L., Bushman, B. J., Sakamoto, A., et al. (2010). Violent video game effects on aggression, empathy, and prosocial behavior in Eastern and Western countries: A meta–analytic review. *Psychological Bulletin, 136*(2), 151–173.

Anderson, C. A., Willer, R., Kilduff, G. J., & Brown, C. E. (2012). The origins of deference: When do people prefer lower status? *Journal of Personality and Social Psychology, 102*(5), 1077.

Anderson, D. E., DePaulo, B. M., & Ansfield, M. E. (2002). The development of deception detection skill: A longitudinal study of same sex friends. *Personality and Social Psychology Bulletin, 28,* 536–545.

Anderson, J. L., Crawford, C. B., Nadeau, J., & Lindberg, T. (1992). Was the Duchess of Windsor right? A crosscultural review of the sociobiology of ideals of female body shape. *Ethology and Sociobiology, 13,* 197–227.

Anderson, N. H. (Ed.). (1991). *Contributions to information integration theory* (Vols. 1, 2, and 3). Hillsdale, NJ: Erlbaum.

Anderson, S. C. (1993). Anti–stalking laws: Will they curb the erotomanic's obsessive pursuit? *Law and Psychology Review, 17,* 171–191.

Anderson, S. M., & Chen, S. (2002). The relational self: An interpersonal socialcognitive theory. *Psychological Review, 109,* 619–645.

Andersson, J., & Roennberg, J. (1997). Cued memory collaboration: Effects of friendship and type of retrieval cue. *European Journal of Cognitive Psychology, 9,* 273–287.

Andison, F. S. (1977). TV violence and viewer aggression: A cumulation of study results. *Public Opinion Quarterly, 41,* 314–331.

Anthony, D. B., Holmes, J. G., & Wood, J. V. (2007). Social acceptance and selfesteem: Tuning the sociometer to interpersonal value. *Journal of Personality and Social Psychology, 92,* 1024–1039.

Anthony, T., Copper, C., & Mullen, B. (1992). Cross–racial facial identification: A social cognitive integration. *Personality and Social Psychology Bulletin, 18,* 296–301.

Antill, J. K. (1983). Sex role complementarity versus similarity in married couples. *Journal of Personality and Social Psychology, 45,* 145–155.

Antonio, A. L., Chang, M. J., Hakuta, K., Kenny, D. A., Levin, S., & Milem, J. F. (2004). Effects of racial diversity on complex thinking in college students. *Psychological Science, 15,* 507–510.

Apicella, C. L., Dreber, A., Campbell, B., Gray, P. B., Hoffman, M., & Little, A. C. (2008). Testosterone and financial risk preference. *Evolution and Human Behavior, 29,* 384–390.

Applebome, P. (1983, May 31). Racial issues raised in robbery case. *New York Times,* p. A14.

Applebome, P. (1984, March 22). Black is cleared by new arrest in Texas holdup. *New York Times,* p. A16.

Archer, J. (1994). Introduction: Male violence in perspective. In J. Archer (Ed.), *Male violence* (pp. 1–22). New York: Routledge.

Archer, J. (2000). Sex differences in aggression between heterosexual partners: A meta–analytic review. *Psychological Bulletin, 126,* 651–680.

Archer, J. (2009). Does sexual selection explain human sex differences in aggression? *Behavioral and Brain Sciences, 32*(3–4), 249–266.

Archer, J., & Coyne, S. M. (2005). An integrated review of indirect, relational, and social aggression. *Personality & Social Psychology Review, 9,* 212–230.

Archer, R. L. (1984). The farmer and the cowman should be friends: An attempt at reconciliation with Batson, Coke, and Pych. *Journal of Personality and Social Psychology, 46,* 709–711.

Aries, E. J., & Johnson, F. L. (1983). Close friendship in adulthood: Conversational content between same–sex friends. *Sex Roles, 9,* 1183–1197.

Arkes, H. R., Hackett, C., & Boehm, L. (1989). The generality of the relation between familiarity and judged validity. *Journal of Behavioral Decision Making, 2,* 81–94.

Arkin, R. M., & Baumgardner, A. H. (1985). Self–handicapping. In J. H. Harvey & G. Weary (Eds.), *Basic issues in attribution theory and research* (pp. 169–202). New York: Academic Press.

Arkin, R. M., & Baumgardner, A. H. (1988). *Social anxiety and self-presentation: Protective and acquisitive tendencies in safe versus threatening encounters.* Unpublished manuscript, University of Missouri, Columbia.

Armitage, C. J., & Connor, M. (2001). Efficacy of the theory of planned behaviour: A meta—analytic review. *British Journal of Social Psychology, 40,* 471—499.

Armor, D. A., & Taylor, S. E. (1998). Situated optimism: Specific outcome expectancies and self—regulation. In M. P. Zanna (Ed.), *Advances in experimental social psychology* (Vol. 30, pp. 309—379). New York: Academic Press.

Armor, D. A., & Taylor, S. E. (2003). The effects of mindset on behavior: Selfregulation in deliberative and implemental frames of mind. *Personality and Social Psychology Bulletin, 29,* 86—95.

Aron, A., Aron, E. N., & Smollan, D. (1992). Inclusion of other in the self scale and the structure of interpersonal closeness. *Journal of Personality and Social Psychology, 63,* 596—612.

Aron, A., Melinat, E., Aron, E. N., Vallone, R. D., & Bator, R. J. (1997). The experimental generation of interpersonal closeness: A procedure and some preliminary findings. *Personality and Social Psychology Bulletin, 23,* 363—377.

Aron, A., & Westbay, L. (1996). Dimensions of the prototype of love. *Journal of Personality and Social Psychology, 70,* 535—551.

Aron, E. N., & Aron, A. (1997). Sensory—processing sensitivity and its relation to introversion and emotionality. *Journal of Personality and Social Psychology, 73,* 345—368.

Aronson, E. (1969). The theory of cognitive dissonance: A current perspective. In L. Berkowitz (Ed.), *Advances in experimental social psychology* (Vol. 4, pp. 1—34). San Diego, CA: Academic Press.

Aronson, E., Blaney, N., Stephan, C., Sikes, J., & Snapp, M. (1978). *The jigsaw classroom.* Beverly Hills, CA: Sage.

Aronson, E., Turner, J. A., & Carlsmith, J. M. (1963). Communicator credibility and communication discrepancy as determinates of opinion change. *Journal of Abnormal and Social Psychology, 67,* 31—36.

Aronson, E., Wilson, T. D., & Brewer, M. (1998). Experimentation in social psychology. In G. Lindzey & E. Aronson (Eds.), *Handbook of social psychology* (4th ed., pp. 99—142). New York: McGraw—Hill.

Aronson, J., Fried, C. B., & Good, C. (2002). Reducing the effects of stereotype threat on African American college students by shaping theories of intelligence. *Journal of Experimental Social Psychology, 38,* 113—125.

Aronson, J., Lustina, M. J., Good, C., Keough, K., Steele, C. M., & Brown, J. (1999). When white men can't do math: Necessary and sufficient factors in stereotype threat. *Journal of Experimental Social Psychology, 35,* 29—46.

Arriaga, X. B., & Agnew, C. R. (2001). Being committed: Affective, cognitive, and conative components of relationship commitment. *Personality & Social Psychology Bulletin, 27,* 1190—1203.

Arrow, H., McGrath, J. E., & Berdahl, J. L. (2000). *Small groups as complex systems: Formation, coordination, development, and adaptation.* Thousand Oaks, CA: Sage.

Asch, S. E. (1955). Opinions and social pressures. *Scientific American, 193,* 31—35.

Asch, S. E. (1956). Studies of independence and conformity: A minority of one against a unanimous majority. *Psychological Monographs, 70*(9, Whole number 416).

Aseltine, R. H., Jr., Gore, S., & Colten, M. E. (1994). Depression and the social developmental context of adolescence. *Journal of Personality and Social Psychology, 67,* 252—263.

Ashburn—Nardo, L., Voils, C. I., & Monteith, M. J. (2001). Implicit associations as the seeds of intergroup bias: How easily do they take root? *Journal of Personality and Social Psychology, 81,* 789—799.

Assad, K. K., Donnellan, M. B., & Conger, R. D. (2007). Optimism: An enduring resource for romantic relationships. *Journal of Personality and Social Psychology, 93,* 285—297.

Aune, R. K., & Basil, M. C. (1994). A relational obligations approach to the foot—in—the—mouth effect. *Journal of Applied Social Psychology, 24,* 546—556.

Austin, J. R. (2003). Transactive memory in organizational groups: The effects of content, consensus, specialization, and accuracy on group performance. *Journal of Applied Psychology, 88,* 866—878.

Axelrod, R. (1984). *The evolution of cooperation.* New York: Basic Books.

Axelrod, R., & Hamilton, W. D. (1981). The evolution of cooperation. *Science, 211,* 1390—1396.

Axelrod, R., Riolo, R. L., & Cohen, M. D. (2002). Beyond geography: Cooperation with persistent links in the absence of clustered neighborhoods. *Personality & Social Psychology Review, 6,* 341—346.

Axsom, D., Yates, S., & Chaiken, S. (1987). Audience response as a heuristic cue in persuasion. *Journal of Personality and Social Psychology, 53,* 30—40.

Ayduk, Ö., Gyurak, A., Akinola, M., & Mendes, W. B. (2013). Consistency over flattery self—verification processes revealed in implicit and behavioral responses to feedback. *Social Psychological and Personality Science, 4*(5), 538—545.

Ayres, I., & Siegelman, P. (1995). Race and gender

discrimination in bargaining for a new car. *American Economic Review, 85,* 304−321.

Bacon, F. T. (1979). Credibility of repeated statements. *Journal of Experimental Psychology: Human Learning and Memory, 5,* 241−252.

Badahdah, A. M., & Tiemann, K. A. (2005). Mate selection criteria among Muslims living in America. *Evolution and Human Behavior, 26,* 432−440.

Bailensen, J. N., Blascovich, J., & Guadagno, R. E. (2008). Self−representations in immersive virtual environments. *Journal of Applied Social Psychology, 38,* 2673−2690.

Bailenson, J. N., Beall, A. C., Loomis, J., Blascovich, J., & Turk, M. (2005). Transformed social interaction, augmented gaze, and social influence in immersive virtual environments. *Human Communication Research, 31,* 511−537.

Bailenson, J. N., & Yee, N. (2005). Digital chameleons. Automatic assimilation of nonverbal gestures in immersive virtual reality environments. *Psychological Science, 16,* 814−819.

Bailey, J. M., Gaulin, S., Agyei, Y., & Gladue, B. A. (1994). Effects of gender and sexual orientation on evolutionarily relevant aspects of human mating psychology. *Journal of Personality and Social Psychology, 66,* 1081−1093.

Bair, A. N., & Steele, J. R. (2010). Examining the consequences of exposure to racism for the executive functioning of Black students. *Journal of Experimental Social Psychology, 46,* 127−132.

Baize, H. R., & Schroeder, J. E. (1995). Personality and mate selection in personal ads: Evolutionary preferences in a public mate selection process. *Journal of Social Behavior and Personality, 10,* 517−536.

Baker, L. A., Pearcey, S. M., & Dabbs, J. M., Jr. (2002). Testosterone, alcohol, and civil and rough conflict resolution strategies in lesbian couples. *Journal of Homosexuality, 42,* 1637−1647.

Baldwin, M. W., & Main, K. J. (2001). Social anxiety and the cued activation of relational knowledge. *Personality and Social Psychology Bulletin, 27,* 1637−1647.

Ball, A. D., & Tasaki, L. H. (1992). The role and measurement of attachment in consumer behavior. *Journal of Consumer Psychology, 1,* 155−172.

Balliet, D., Mulder, L. B., & Van Lange, P. A. M. (2011). Reward, punishment, and cooperation: A meta−analysis. *Psychological Bulletin, 137*(4), 594−615.

Baltes, B. B., Dickson, M. W., Sherman, M. P.,

Bauer, C. C., & LaGanke, J. (2002). Computer−mediated communication and group decision making: A meta−analysis. *Organizational Behavior and Human Decision Processes, 87,* 156−179.

Banaji, M. R., & Greenwald, A. G. (1994). Implicit social cognition: Attitudes, self−esteem, and stereotypes. *Psychological Review, 102,* 4−27.

Bandura, A. (1973). *Aggression: A social learning analysis.* Englewood Cliffs, NJ: Prentice−Hall.

Bandura, A. (1977). Toward a unifying theory of behavioral change. *Psychological Review, 84,* 191−215.

Bandura, A. (1983). Psychological mechanisms of aggression. In R. G. Geen & E. I. Donnerstein (Eds.), *Aggression: Theoretical and empirical reviews* (Vol. 1, pp. 1−40). New York: Academic Press.

Bandura, A., & Menlove, F. L. (1968). Factors determining vicarious extinction of avoidance behavior through symbolic modeling. *Journal of Personality and Social Psychology, 8,* 99−108.

Bandura, A., Ross, D., & Ross, S. A. (1961). Transmission of aggression through imitation of aggressive models. *Journal of Abnormal and Social Psychology, 63,* 575−582.

Bandura, A., Ross, D., & Ross, S. A. (1963a). Imitation of film−mediated aggressive models. *Journal of Abnormal and Social Psychology, 66,* 3−11.

Bandura, A., Ross, D., & Ross, S. A. (1963b). Vicarious reinforcement of imitative learning. *Journal of Abnormal and Social Psychology, 67,* 601−607.

Bank, B. J., & Hansford, S. L. (2000). Gender and friendship: Why are men's best same−sex friendships less intimate and supportive? *Personal Relationship, 7,* 63−78.

Bantel, K. A., & Jackson, S. E. (1989). Top management and innovations in banking: Does the composition of the top team make a difference? *Strategic Management Journal, 10,* 107−124.

Barbee, A. P., Cunningham, M. R., Winstead, B. A., Derlega, V. J., Gulley, M. R., Yankeelov, P. A., et al. (1993). Effects of gender role expectations on the social support process. *Journal of Social Issues, 49,* 175−190.

Bargh, J. A., Chen, M., & Burrows, L. (1996). Automaticity of social behavior: Direct effects of trait construct and stereotype activation on action. *Journal of Personality and Social Psychology, 71,* 230−244.

Bargh, J., & McKenna, K. (2004). The Internet and social life. *Annual Review of Psychology, 55,* 573−590.

Bargh, J. A., & Pratto, F. (1986). Individual construct accessibility and perceptual selection. *Journal of Experimental Social Psychology, 22,* 293−311.

Bargh, J. A., Raymond, P., Pryor, J. B., & Strack, F. (1995). The attractiveness of the underling: An automatic power (R) sex association and its consequences for sexual harassment. *Journal of Personality and Social Psychology, 68,* 768−781.

Bargh, J. A., & Williams, E. L. (2006). The automaticity of social life. *Psychological Science, 15,* 1−4.

Barker, R. G., & Gump, P. V. (1964). *Big school, small school: High school size and student behavior.* Stanford, CA: Stanford University Press.

Barlett, C. P., & Anderson, C. A. (2011). Reappraising the situation and its impact on aggressive behavior. *Personality and Social Psychology Bulletin, 37(12),* 1564−1573.

Barlett, C. P., Harris, R. J., & Bruey, C. (2008). The effect of the amount of blood in a violent video game on aggression, hostility, and arousal. *Journal of Experimental Social Psychology, 44,* 539−546.

Barley, S. R., & Bechky, B. A. (1994). In the back−rooms of science: The work of technicians in science labs. *Work and Occupations, 21,* 85−126.

Barling, J., & Rosenbaum, A. (1986). Work stressors and wife abuse. *Journal of Applied Psychology, 71,* 346−348.

Barlow, D. H., & Durand, V. M. (1995). *Abnormal psychology: An integrative approach.* Pacific Grove, CA: Brooks/Cole.

Barnes, C. D., Brown, R. P., & Osterman, L. L. (2012). Don't tread on me masculine honor ideology in the US and militant responses to terrorism. *Personality and Social Psychology Bulletin, 38(8),* 1018−1029.

Barnes, C. D., Brown, R. P., &Tamborski, M. (2012). Living dangerously culture of honor, risk−taking, and the nonrandomness of "accidental" deaths. *Social Psychological and Personality Science, 3(1),* 100−107.

Barnett, M. A., Sinisi, C. S., Jaet, B. P., Bealer, R., Rodell, P., & Saunders, L. C. (1990). Perceiving gender differences in children's help−seeking. *Journal of Genetic Psychology, 151,* 451−460.

Baron, R. A. (1974). The aggression inhibiting influence of heightened sexual arousal. *Journal of Personality & Social Psychology, 30,* 318−322.

Baron, R. A. (1989). Personality and organizational conflict: Effects of Type A behavior pattern and self−monitoring. *Organizational Behavior and Human Decision Processes, 44,* 281−296.

Baron, R. A., & Richardson, D. R. (1994). *Human aggression* (2nd ed.). New York: Plenum.

Baron, R. M., & Boudreau, L. A. (1987). An ecological perspective on integrating personality and social psychology. *Journal of Personality and Social Psychology, 53,* 1222−1228.

Baron, R. M., & Misovich, S. J. (1993). Dispositional knowing from an ecological perspective. *Personality and Social Psychology Bulletin, 19,* 541−552.

Baron, R. S. (1986). Distraction−conflict theory: Progress and problems. In L. Berkowitz (Ed.), *Advances in experimental social psychology* (pp. 1−40). Orlando, FL: Academic Press.

Baron, R. S. (2000). Arousal, capacity, and intense indoctrination. *Personality and Social Psychology Review, 4,* 238−254.

Baron, R. S., & Bellman, S. B. (2007). No guts, no glory: Courage, harassment and minority influence. *European Journal of Social Psychology, 37,* 101−124.

Baron, R. S., & Roper, G. (1976). Reaffirmation of social comparison views of choice shifts: Averaging and extremity effects in an autokinetic situation. *Journal of Personality and Social Psychology, 33,* 521−530.

Baron, R. S., Hoppe, S. I., Kao, C. F., Brunsman, B., Linneweh, B., & Rogers, D. (1996). Social corroboration and opinion extremity. *Journal of Experimental Social Psychology, 32,* 537−560.

Baron, R. S., Vandello, J., & Brunsman, B. (1996). The forgotten variable in conformity research: Impact of task importance on social influence. *Journal of Personality and Social Psychology, 71,* 915−927.

Barr, A., Bryan, A., & Kenrick, D. T. (2002). Socially shared cognitions about desire, frequency, and satisfaction in men and women. *Personal Relationships, 9,* 287−300.

Barreto, M., Spears, R., Ellemers, N., & Shahinper, K. (2003). Who wants to know? The effect of audience on identity expression among minority group members. *British Journal of Social Psychology, 42,* 299−318.

Barry, B., & Stewart, G. L. (1997). Composition, process, and performance in self−managed groups: The role of personality. *Journal of Applied Psychology, 82,* 62−78.

Bar−Tal, D., & Raviv, A. (1982). A cognitive−learning model of helping behavior development: Possible implications and applications. In N. Eisenberg (Ed.), *The development of prosocial behavior* (pp. 199−217). New York: Academic Press.

Barthes, J., Godelle, B., & Raymond, M. (2013). Human social stratification and hypergyny:

Toward an understanding of male homosexual preference. *Evolution and Human Behavior, 34*(3), 155–163.

Bartholow, B. D., Anderson, C. A., Carnagey, N. L., & Benjamin, A. J. (2005). Interactive effects of life experience and situational cues on aggression: The weapons priming effect in hunters and nonhunters. *Journal of Experimental Social Psychology, 41,* 48–60.

Bartholow, B. D., Bushman, B. J., & Sestir, M. A. (2006). Chronic violent video game exposure and desensitization to violence: Behavioral and event–related brain potential data. *Journal of Experimental Social Psychology, 42,* 532–539.

Bartholow, B. D., & Heinz, A. (2006). Alcohol and aggression without consumption: Alcohol cues, aggressive thoughts, and hostile perception bias. *Psychological Science, 17,* 30–37.

Bartholow, B. D., Sestir, M. A., & Davis, E. B. (2005). Correlates and consequences of exposure to video game violence: Hostile personality, empathy, and aggressive behavior. *Personality and Social Psychology Bulletin, 31,* 1573–1586.

Bartlett, F. A. (1932). *A study in experimental and social psychology.* New York: Cambridge University Press.

Bartol, K. M., & Martin, D. C. (1986). Women and men in task groups. In R. D. Ashmore & F. K. Del Boca (Eds.), *The social psychology of female-male relations: A critical analysis of central concepts* (pp. 259–310). New York: Academic Press.

Barton, J. (1794). *Lectures on female education.* New York: Gaine.

Bartz, J. A., & Lydon, J. E. (2006). Navigating the interdependence dilemma: Attachment goals and the use of communal norms with potential close others. *Journal of Personality and Social Psychology, 91,* 77–96.

Bass, B. M. (1998). *Transformational leadership: Industry, military, and educational impact.* Mahwah, NJ: Erlbaum.

Bass, B. M., & Avolio, B. J. (1993). Transformational leadership: A response to critiques. In M. M. Chemers & R. Ayman (Eds.), *Leadership theory and research: Perspectives and directions* (pp. 49–80). San Diego, CA: Academic Press.

Bassili, J. N. (1996). Meta–judgmental versus operative indexes of psychological attributes: The case of measures of attitude strength. *Journal of Personality and Social Psychology, 71,* 637–653.

Bastardi, A., & Shafir, E. (1998). On the pursuit and misuse of useless information. *Journal of Personality and Social Psychology, 75,* 19–32.

Bateup, H. S., Booth, A., Shirtcliff, E. A., & Granger, D. A. (2002). Testosterone, cortisol, and women's competition. *Evolution & Human Behavior, 23,* 181–192.

Bator, R. J., & Cialdini, R. B. (2006). The nature of consistency motivation: Consistency, aconsistency, and anticonsistency in a dissonance paradigm. *Social Influence, 1,* 208–233.

Batson, C. D. (1991). *The altruism question: Toward a social-psychological answer.* Hillsdale, NJ: Erlbaum.

Batson, C. D., & Burris, C. T. (1994). Personal religion: Depressant or stimulant of prejudice and discrimination. In M. P. Zanna & J. M. Olson (Eds.), *The psychology of prejudice: The Ontario symposium* (Vol. 7, pp. 149–169). Hillsdale, NJ: Erlbaum.

Batson, C. D., Batson, J. G., Griffitt, C. A., Barrientos, S., Brandt, J. R., Sprengelmeyer, P., et al. (1989). Negative–state relief and the empathy–altruism hypothesis. *Journal of Personality and Social Psychology, 56,* 922–933.

Batson, C. D., Duncan, B. D., Ackerman, P., Buckley, T., & Birch, K. (1981). Is empathic emotion a source of altruistic motivation? *Journal of Personality and Social Psychology, 40,* 290–302.

Batson, C. D., Dyck, J. L., Brandt, J. R., Batson, J. G., Powell, A. L., McMaster, M. R., et al. (1988). Five studies testing two new egoistic alternatives to the empathy–altruism hypothesis. *Journal of Personality and Social Psychology, 55,* 52–77.

Batson, C. D., Eklund, J. H., Chermok, V. L., Hoyt, J. L., & Ortiz, B. G. (2007). An additional antecedent of empathic concern: Valuing the welfare of the person in need. *Journal of Personality and Social Psychology, 93,* 65–74.

Batson, C. D., Flink, C. H., Schoenrade, P. A., Fultz, J., & Pych, V. (1986). Religious orientation and overt versus covert racial prejudice. *Journal of Personality and Social Psychology, 50,* 175–181.

Batson, C. D., Polycarpou, M. P., Harmon–Jones, E., Imhoff, H. J., Mitchener, E. C., Bednar, L. L., et al. (1997). Empathy and attitudes: Can feeling for a member of a stigmatized group improve feelings toward the group? *Journal of Personality and Social Psychology, 72,* 105–118.

Batson, C. D., Sager, K., Garst, E., Kang, M., Rubchinsky, K., & Dawson, K. (1997). Is empathy–induced helping due to self–other merging? *Journal of Personality and Social Psychology, 73,* 495–509.

Batson, C. D., & Shaw, L. L. (1991). Evidence for altruism: Toward a pluralism of prosocial motives. *Psychological Inquiry, 2,* 107–122.

Batson, C. D., Turk, C. L., Shaw, L. L., & Klein, T. R. (1995). Information function of empathic emotion: Learning that we value the other's welfare. *Journal of Personality and Social Psychology, 68,* 300−313.

Batson, C. D., & Ventis, W. L. (1982). *The religious experience: A social-psychological perspective.* New York: Oxford University Press.

Baum, A., & Davis, G. E. (1980). Reducing the stress of high−density living: An architectural intervention. *Journal of Personality and Social Psychology, 38,* 471−481.

Baumeister, R. F. (1982). A self−presentational view of social phenomena. *Psychological Bulletin, 91,* 3−26.

Baumeister, R. F. (1993). Understanding the inner nature of low self−esteem: Uncertain, fragile, protective, and conflicted. In R. F. Baumeister (Ed.), *Self-esteem: The puzzle of low self-regard* (pp. 201−218). New York: Plenum.

Baumeister, R. F. (2012). Need−to−Belong theory. In P. A. M. Van Lange, A. W. Kruglanski, & E. T. Higgins (Eds.), *Handbook of theories of social psychology* (pp. 121−140). Los Angeles, CA: Sage Press.

Baumeister, R. F., Bushman, B. J., & Campbell, W. K. (2000). Self−esteem, narcissism, and aggression: Does violence result from low self−esteem or from threatened egotism? *Current Directions in Psychological Science, 9,* 26−29.

Baumeister, R. F., & Campbell, W. K. (1999). The intrinsic appeal of evil: Sadism, sensational thrills, and threatened egotism. *Personality & Social Psychology Review, 3,* 210−221.

Baumeister, R. F., Campbell, J. D., Kreuger, J. I., & Vohs, K. D. (2003). Does high self−esteem cause better performance, interpersonal success, happiness, or healthier lifestyles? *Psychological Science in the Public Interest, 4,* 1−44.

Baumeister, R. F., Catanese, K. R., & Vohs, K. D. (2001). Is there a gender difference in strength of sex drive? Theoretical views, conceptual distinctions, and a review of relevant evidence. *Personality & Social Psychology Review, 5,* 242−273.

Baumeister, R. F., DeWall, C. N., Ciarocco, N. H., & Twenge, J. M. (2005). Social exclusion impairs self−regulation. *Journal of Personality & Social Psychology, 88,* 589−604.

Baumeister, R. F., Hutton, D. G., & Tice, D. M. (1989). Cognitive processes during deliberate self−presentation: How self−presenters alter and misinterpret the behavior of their interaction partners. *Journal of Experimental Social Psychology, 25,* 59−78.

Baumeister, R. F., & Ilko, S. A. (1995). Shallow gratitude: Public and private acknowledgment of external help in accounts of success. *Basic and Applied Social Psychology, 16,* 191−209.

Baumeister, R. F., & Leary, M. R. (1995). The need to belong: Desire for interpersonal attachments as a fundamental human motivation. *Psychological Bulletin, 117,* 497−529.

Baumeister, R. F., & Showers, C. J. (1986). A review of paradoxical performance effects: Choking under pressure in sports and mental tests. *European Journal of Social Psychology, 16,* 361−383.

Baumeister, R. F., Smart, L., & Boden, J. M. (1996). Relation of threatened egotism to violence and aggression: The dark side of high self−esteem. *Psychological Review, 103,* 5−33.

Baumeister, R. F., & Sommer, K. L. (1997). What do men want? Gender differences and two spheres of belongingness. *Psychological Bulletin, 122,* 38−44.

Baumeister, R. F., Wotman, S. R., & Stillwell, A. M. (1993). Unrequited love: On heartbreak, anger, guilt, scriptlessness, and humiliation. *Journal of Personality and Social Psychology, 64,* 377−394.

Baumgardner, A. H., & Brownlee, E. A. (1987). Strategic failure in social interaction: Evidence for expectancy disconfirmation processes. *Journal of Personality and Social Psychology, 52,* 525−535.

Beach, S. R. H., Tesser, A., Fincham, F. D., Jones, D. J., Johnson, D., & Whitaker, D. J. (1998). Pleasure and pain in doing well, together: An investigation of performance−related affect in close relationships. *Journal of Personality and Social Psychology, 74,* 923−938.

Beaman, A. L., Klentz, B., Diener, E., & Svanum, S. (1979). Self−awareness and transgression in children: Two field studies. *Journal of Personality and Social Psychology, 37,* 1835−1846.

Bearman, P. S., & Moody, J. (2004). Suicide and friendships among American adolescents. *American Journal of Public Health, 94,* 89−95.

Becker, B. J. (1988). Influence again: An examination of reviews and studies of gender differences in social influence. In J. S. Hyde & M. C. Linn (Eds.), *The psychology of gender: Advances through meta-analysis* (pp. 178−209). New York: Academic Press.

Becker, D. V., Kenrick, D. T., Guerin, S., & Maner, J. K. (2005). Concentrating on beauty: Sexual selection and sociospatial memory. *Personality and Social Psychology Bulletin, 31,* 1643−1652.

Becker, D. V., Kenrick, D. T., Neuberg, S. L.,

Blackwell, K. C., & Smith, D. M. (2007). The confounded nature of angry men and happy women. *Journal of Personality and Social Psychology, 92,* 179−190.

Becker, D. V., Neel, R., & Anderson, U. S. (2010). Illusory conjunctions of angry facial expressions follow intergroup biases. *Psychological Science, 21*(7), 938−940.

Becker, H. S. (1963). *Outsiders.* New York: Free Press.

Becker, M., Vignoles, V. L., Owe, E., Brown, R., Smith, P. B., Easterbrook, M., et al. (2012). Culture and the distinctiveness motive: Constructing identity in individualistic and collectivistic contexts. *Journal of Personality and Social Psychology, 102*(4), 833.

Becker, S. W., & Eagly, A. H. (2004). The heroism of women and men. *American Psychologist, 59,* 163−178.

Becoming Barbie. (1995, December 8). *20/20.* American Broadcasting Company.

Beggan, J. K., & Allison, S. T. (1997). More there than meets the eyes: Support for the mere−ownership effect. *Journal of Consumer Psychology, 6,* 285−297.

Beilock, S. L., & Carr, T. H. (2001). On the fragility of skilled performance: What governs choking under pressure? *Journal of Experimental Psychology: General, 130,* 701−725.

Beilock, S. L., Rydell, R. J., & McConnell, A. R. (2007). Stereotype threat and working memory: Mechanisms, alleviation, and spillover. *Journal of Experimental Psychology: General, 136,* 256−276.

Belanger, D., & Tran, G. L. (2011). The impact of transnational migration on gender and marriage in sending communities of Vietnam. *Current Sociology, 59,* 59−77.

Belknap, J., Larson, D. L., Abrams, M. L., Garcia, C., & Anderson−Block, K. (2012). Types of intimate partner homicides committed by women self−defense, proxy/retaliation, and sexual proprietariness. *Homicide Studies, 16*(4), 359−379.

Bell, P. A. (2005). Reanalysis and perspective in the heat−aggression debate. *Journal of Personality and Social Psychology, 88,* 71−73.

Bell, S. T. (2007). Deep−level composition variables as predictors of team performance: A meta−analysis. *Journal of Applied Psychology, 92,* 595−615.

Bello, M. (2008, October 7). *Poll: Donors feel fiscal squeeze.* USA Today, p. 15E.

Belson, W. A. (1978). *Television violence and the adolescent boy.* Westmead, UK: Saxon House, Teakfield.

Bem, D. J. (1967). Self−perception: An alternative explanation of cognitive dissonance phenomena. *Psychological Review, 74,* 183−200.

Bem, D. J. (1972). Self−perception theory. In L. Berkowitz (Ed.), *Advances in experimental social psychology* (Vol. 6, pp. 1−62). New York: Academic Press.

Benensen, J. F., & Alavi, K. (2004). Sex differences in children's investment in same−sex peers. *Evolution and Human Behavior, 25,* 258−266.

Benenson, J. F., & Koulnazarian, M. (2008). Sex differences in help−seeking appear in early childhood. *British Journal of Developmental Psychology, 26,* 163−169.

Benenson, J. F., & Schinazi, J. (2004). Sex differences in reactions to outperforming same−sex friends. *British Journal of Developmental Psychology, 22,* 317−333.

Benenson, J. F., Pascoe, J., & Radmore, N. (2007). Children's altruistic behavior in the dictator game. *Evolution and Human Behavior, 28,* 168−175.

Bennett, B. (2005, December 12). True confessions? *Time, 166,* 45−46.

Bensimon, M., & Bodner, E. (2011). Playing with fire: The impact of football game chanting on level of aggression. *Journal of Applied Social Psychology, 41*(10), 2421−2433.

Benzeval, M., Green, M. J., & Macintyre, S. (2013). Does perceived physical attractiveness in adolescence predict better socioeconomic position in adulthood? Evidence from 20 years of follow up in a population cohort study. *PLoS One, 8*(5), e63975.

Ben−Zeev, T., Fein, S., & Inzlicht, M. (2005). Stereotype threat and arousal. *Journal of Experimental Social Psychology, 41,* 174−181.

Berg, J. H., Stephan, W. G., & Dodson, M. (1981). Attributional modesty in women. *Psychology of Women Quarterly, 5,* 711−727.

Berglas, S., & Jones, E. E. (1978). Drug choice as a self−handicapping strategy in response to non−contingent success. *Journal of Personality and Social Psychology, 36,* 405−417.

Berkowitz, L. (1972). Social norms, feelings, and other factors affecting helping behavior and altruism. In L. Berkowitz (Ed.), *Advances in experimental social psychology* (Vol. 6, pp. 63−108). New York: Academic Press.

Berkowitz, L. (1989). Frustration−aggression hypothesis: Examination and reformulation. *Psychological Bulletin, 106,* 59−73.

Berkowitz, L. (1990). On the formation and regulation of anger and aggression: A cognitive-neoassociationistic analysis. *American Psychologist, 45,* 494−503.

Berkowitz, L. (1993a). *Aggression.* New York: McGraw—Hill.

Berkowitz, L. (1993b). Pain and aggression: Some findings and implications. *Motivation and Emotion, 17,* 277—293.

Berkowitz, L. (2012). A different view of anger: The cognitive—neoassociation conception of the relation of anger to aggression. *Aggressive Behavior, 38*(4), 322—333.

Berkowitz, L., Cochran, S., & Embree, M. (1981). Physical pain and the goal of aversively stimulated aggression. *Journal of Personality and Social Psychology, 40,* 687—700.

Berkowitz, L., & Harmon—Jones, E. (2004). Toward an understanding of the determinants of anger. *Emotion, 4,* 107—130.

Berkowitz, L., & LePage, A. (1967). Weapons as aggression—eliciting stimuli. *Journal of Personality and Social Psychology, 7,* 202—207.

Berkowitz, L., & Thome, P. R. (1987). Pain expectation, negative affect, and angry aggression. *Motivation and Emotion, 11,* 183—193.

Bernard, M. M., Maio, G. R., & Olson, J. M. (2003). The vulnerability of values to attack: Inoculation of values and value—relevant attitudes. *Personality and Social Psychology Bulletin, 29,* 63—75.

Bernichon, T., Cook, K. E., & Brown, J. D. (2003). Seeking self—evaluative feedback: The interactive role of global self—esteem and specific self—views.*Journal of Personality and Social Psychology, 84,* 194—204.

Berns, G. S., Chappelow, J., Zink, C. F., Pagnoni, G., Martin—Skurski, M. E., & Richards, J. (2005). Neurobiological correlates of social conformity and independence during mental rotation. *Biological Psychiatry, 58,* 245—253.

Bernstein, D. A. (1993). Excuses, excuses. *APS Observer, 6,* 4.

Berntson, G. G., & Cacioppo, J. T. (2000). Psychobiology and social psychology: Past, present, and future. *Personality & Social Psychology Review, 4,* 3—15.

Berry, D. S., & Landry, J. C. (1997). Facial maturity and daily social interaction. *Journal of Personality and Social Psychology, 72,* 570—580.

Berscheid, E. (1983). *Emotion.* In H. H. Kelley, E.

Berscheid, A. Christensen, J. Harvey, T. Huston, G. Loevinger, E. McClintock, L. A. Peplau, & D. Peterson (Eds.), *Close relationships* (pp. 110—168). San Francisco: Freeman.

Berscheid, E. (2010). Love in the fourth dimension. *Annual Review of Psychology, 61,* 1—25.

Berscheid, E., & Walster, E. (1974). A little bit about love. In T. Huston (Ed.), *Foundations of interpersonal attraction* (pp. 355—381). New York: Academic Press.

Bertilson, H. S. (1990). Aggression. In V. J. Derlega, B. A. Winstead, & W. H. Jones (Eds.), *Personality: Contemporary theory and research* (pp. 458—480). Chicago: Nelson—Hall.

Besag, V. (1989). *Bullies and victims in school.* Philadelphia, PA: Open University Press.

Betz, A. L., Skowronski, J. J., & Ostrom, T. M. (1996). Shared realities: Social influence and stimulus memory. *Social Cognition, 14,* 113—140.

Bickman, L. (1971). The effect of another bystander's ability to help on bystander intervention in an emergency. *Journal of Experimental Social Psychology, 7,* 367—379.

Bickman, L. (1974). The social power of a uniform. *Journal of Applied Social Psychology, 4,* 47—61.

Biek, M., Wood, W., & Chaiken, S. (1996). Working knowledge, cognitive processing, and attitudes: On the determinants of bias. *Personality and Social Psychology Bulletin, 22,* 547—556.

Biel, A., & Garling, T. (1995). The role of uncertainty in resource dilemmas. *Journal of Environmental Psychology, 15,* 221—233.

Biernat, M., Kobrynowicz, D., & Weber, D. L. (2003). Stereotypes and shifting standards: Some paradoxical effects of cognitive load. *Journal of Applied Social Psychology, 33,* 2060—2079.

Biernat, M., & Manis, M. (1994). Shifting standards and stereotype—based judgments. *Journal of Personality and Social Psychology, 66,* 5—20.

Biesanz, J. C., Neuberg, S. L., Smith, D. M., Asher, T., & Judice, T. N. (2001). When accuracy—motivated perceivers fail: Limited attentional capacity and the reemerging self—fulfilling prophecy. *Personality and Social Psychology Bulletin, 27,* 621—629.

Biesanz, J. C., West, S. G., & Millevoi, A. (2007). What do you learn about someone over time? The relationship between length of acquaintance and consensus and self—other agreement in judgments of personality. *Journal of Personality and Social Psychology, 92,* 119—135.

Bigler, R. S. (1999). The use of multicultural curricula and materials to counter racism in children. *Journal of Social Issues, 55,* 687—705.

Biner, P. M., Angle, S. T., Park, J. H., Mellinger, A. E., & Barber, B. C. (1995). Need state and the illusion of control. *Personality and Social Psychology Bulletin, 21,* 899—907.

Birnbaum, G. E., Reis, H. T., Mikulincer, M., Gillath, O., & Orpaz, A. (2006). When sex is more than just sex: Attachment orientations, sexual experience, and relationship quality. *Journal of Personality and Social Psychology, 91,* 929−943.

Bizer, G. Y., Larsen, J. T., & Petty, R. E. (2011). Exploring the valence−framing effect: Negative framing enhances attitude strength. *Political Psychology, 32*(1), 59−80.

Bjorkvist, K., Osterman, K., & Lagerspetz, K. M. J. (1994). Sex differences in covert aggression among adults. *Aggressive Behavior, 20,* 27−33.

Black, S. L., & Bevan, S. (1992). At the movies with Buss and Durkee: A natural experiment on film violence. *Aggressive Behavior, 18,* 37−45.

Blaine, B., & Crocker, J. (1993). Self−esteem and self−serving biases in reactions to positive and negative events: An integrative review. In R. Baumeister (Ed.), *Self-esteem: The puzzle of low self-regard* (pp. 55−86). New York: Plenum.

Blair, I. V., & Jost, J. T. (2003). Exit, loyalty, and collective action among workers in a simulated business environment: Interactive effects of group identification and boundary permeability. *Social Justice Research, 16,* 95−108.

Blair, R. J. R. (2004). The roles of orbital frontal cortex in the modulation of antisocial behavior. *Brain and Cognition, 55,* 198−208.

Blais, J. (2005, 9 July). Harry Potter has been very good to J.K. Rowling. *USA Today.* Retrieved 26 May 2009.

Blanchard, F. A., Crandall, C. S., Brigham, J. C., & Vaughn, L. A. (1994). Condemning and condoning racism: A social context approach to interracial settings. *Journal of Applied Psychology, 79,* 993−997.

Blanchard, F. A., Lilly, T., & Vaughn, L. A. (1991). Reducing the expression of racial prejudice. *Psychological Science, 2,* 101−105.

Blanchard, F. A., Weigel, R. H., & Cook, S. W. (1975). The effect of relative competence of group members upon interpersonal attraction in cooperating interracial groups. *Journal of Personality and Social Psychology, 32,* 519−530.

Blanck, P. D., Rosenthal, R., Snodgrass, S. E., DePaulo, B. M., & Zuckerman, M. (1981). Sex differences in eavesdropping on nonverbal cues: Developmental changes. *Journal of Personality and Social Psychology, 41,* 391−396.

Blanton, H., Buunk, B. P., Gibbons, F. X., & Kuyper, H. (1999). When better−than−others compare upward: Choice of comparison and comparative evaluation as independent predictors of academic performance. *Journal of Personality and Social Psychology, 76,* 420−430.

Blanton, H., & Jaccard, J. (2006). Arbitrary metrics in psychology. *American Psychologist, 61,* 27−41.

Blanton, H., Cooper, J., Skurnik, I., & Aronson, J. (1997). When bad things happen to good feedback: Exacerbating the need for self−justification with self−affirmations. *Personality and Social Psychology Bulletin, 23,* 684−692.

Blascovich, J., Ginsberg, G. P., & Howe, R. C. (1975). Blackjack and the risky shift, II: Monetary stakes. *Journal of Experimental Social Psychology, 11,* 224−232.

Blascovich, J., & Kelsey, R. M. (1990). Using electro−dermal and cardiovascular measures of arousal in social psychological research. In C. Hendrick & M. S. Clark (Eds.), *Review of personality and social psychology: Research methods in personality and social psychology* (Vol. 11, pp. 45−73). Newbury Park, CA: Sage.

Blascovich, J., Mendes, W. B., Hunter, S. B., & Salomon, K. (1999). Social "facilitation" as challenge and threat. *Journal of Personality & Social Psychology, 77,* 68−77.

Blass, T. (1999). The Milgram paradigm after 35 years. *Journal of Applied Social Psychology, 29,* 955−978.

Blau, F. D., & Kahn, L. M. (2000). *Gender differences in pay* (National Bureau of Economic Research Working Paper: 7732). Cambridge, MA: National Bureau of Economic Research.

Bleske−Rechek, A. L., & Buss, D. M. (2001). Opposite−sex friendship: Sex differences and similarities in initiation, selection, and dissolution. *Personality & Social Psychology Bulletin, 27,* 1310−1323.

Bly, B., Pierce, M., & Prendergast, J. (1986, January). Twenty−two rules for successful self−promotion. *Direct Marketing, 48,* 74.

Bobrow, D., & Bailey, J. M. (2001). Is male homosexuality maintained via kin selection? *Evolution and Human Behavior, 22,* 361−368.

Bocchiaro, P., Zimbardo, P. G., & Van Lange, P. A. M. (2012). To defy or not to defy: An experimental study of the dynamics of disobedience and whistle−blowing. *Social Influence, 7*(1), 35−50. Retrieved from http://dx.doi.org/10.1080/155 34510.2011.648421

Bodenhausen, G. V. (1990). Stereotypes as judgmental heuristics: Evidence of circadian variations in discrimination. *Psychological Science, 1,* 319−322.

Bodenhausen, G. V., Kramer, G. P., & Susser, K. (1994). Happiness and stereotypic thinking in social judgment. *Journal of Personality and Social Psychology, 66,* 621−632.

Bodenhausen, G. V., & Lichtenstein, M. (1987). Social stereotypes and information−processing strategies: The impact of task complexity. *Journal of Personality and Social Psychology, 52,* 871–880.

Bodenhausen, G. V., Sheppard, L. A., & Kramer, G. P. (1994). Negative affect and social judgment: The differential impact of anger and sadness. *European Journal of Social Psychology, 24,* 45–62.

Boehm, L. E. (1994). The validity affect: A search for mediating variables. *Personality and Social Psychology Bulletin, 20,* 285–293.

Boen, F., Vanbeselaere, N., Pandelaere, M., Dewitte, S., Duriez, B., Snauwaert, B., et al. (2002). Politics and basking–inreflected–glory. *Basic and Applied Social Psychology, 24,* 204–213.

Boer, D., Fischer, R., Strack, M., Bond, M. H., Lo, E., & Lam, J. (2011). How shared preferences in music create bonds between people: Values as the missing link. *Personality and Social Psychology Bulletin, 37*(9), 1159–1171.

Bogaert, S., Boone, C., & Declerck, C. (2008). Social value orientation and cooperation in social dilemmas: A review and conceptual model. *British Journal of Social Psychology, 47,* 453–480.

Bogart, L. M., Benotsch, E. G., & Pavlovic, J. D. (2004). Feeling superior but threatened: The relation of narcissism to social comparison. *Basic and Applied Social Psychology, 26,* 35–44.

Bogart, L. M., & Helgeson, V. S. (2000). Social comparisons among women with breast cancer: A longitudinal investigation. *Journal of Applied Social Psychology, 30,* 547–575.

Bohner, G., & Dickel, N. (2011). Attitudes and attitude change. *Annual Review of Psychology, 62,* 391–417.

Bohra, K. A., & Pandey, J. (1984). Ingratiation toward strangers, friends, and bosses. *Journal of Social Psychology, 122,* 217–222.

Boldry, J. G., Gaertner, L., & Quinn, J. (2007). Measuring the measures: A meta–analytic investigation of the measures of outgroup homogeneity. *Group Processes and Intergroup Relations, 10,* 157–178.

Bolger, N., & Amarel, D. (2007). Effects of social support visibility on adjustment to stress. *Journal of Personality and Social Psychology, 92,* 458–475.

Bolger, N., & Eckenrode, J. (1991). Social relationships, personality, and anxiety during a major stressful event. *Journal of Personality and Social Psychology, 61,* 440–449.

Bonacich, E. (1972). A theory of ethnic antagonism: The split labor market. *American Sociological Review, 37,* 547–559.

Bonanno, G. A., Rennicke, C., & Dekel, S. (2005). Self–enhancement among high–exposure survivors of the September 11th terrorist attack: Resilience or social maladjustment? *Journal of Personality and Social Psychology, 88,* 984–998.

Bond, C. F., Jr., & DePaulo, B. M. (2006). Accuracy of deception judgments. *Personality and Social Psychology Review, 10,* 214–234.

Bond, C. F., Jr., & DePaulo, B. M. (2008). Individual differences in judging deception: Accuracy and bias. *Psychological Bulletin, 134,* 477–492.

Bond, C. F., Jr., Thomas, B. J., & Paulson, R. M. (2004). Maintaining lies: The multiple–audience problem. *Journal of Experimental Social Psychology, 40,* 29–48.

Bond, C. F., & Titus, L. J. (1983). Social facilitation: A meta–analysis of 241 studies. *Psychological Bulletin, 94,* 265–292.

Bond, M. H. (2004). Culture and aggression: From context to coercion. *Personality and Social Psychology Review, 8,* 62–78.

Bond, R., & Smith, P. B. (1996). Culture and conformity: A meta–analysis of studies using Asch's line judgment task. *Psychological Bulletin, 119,* 111–137.

Boninger, D. S., Krosnick, J. A., & Berent, M. K. (1995). Origins of attitude importance: Self–interest, social identification, and value relevance. *Journal of Personality and Social Psychology, 68,* 61–80.

Boorstin, D. J. (1983). *The discoverers.* New York: Random House.

Boothroyd, L. G., Jones, B. C., Burt, D. M., DeBruine, L. M., & Perrett, D. I. (2008). Facial correlates of sociosexuality. *Evolution and Human Behavior, 29,* 211–218.

Borden, R. J. (1975). Witnessed aggression: Influence of an observer's sex and values on aggressive responding. *Journal of Personality and Social Psychology, 31,* 567–573.

Borgida, E., Conner, C., & Manteufal, L. (1992). Understanding living kidney donation: A behavioral decision–making perspective. In S. Spacapan & S. Oskamp (Eds.), *Helping and being helped* (pp. 183–212). Newbury Park, CA: Sage.

Bornstein, G. (2003). Intergroup conflict: Individual, group, and collective interests. *Personality & Social Psychology Review, 7,* 129–145.

Bornstein, R. F. (1989). Exposure and affect: Overview and meta–analysis of research, 1968. 1987. *Psychological Bulletin, 106,* 265–289.

Borsari, B., & Carey, K. B. (2003). Decriptive and injunctive norms in college drinking: A meta—analytic integration. *Journal of Studies on Alcohol, 64,* 331—341.

Boski, P. (1983). A study of person perception in Nigeria: Ethnicity and self versus other attributions for achievement-related outcomes. *Journal of Cross-Cultural Psychology, 14,* 85—108.

Bossard, J. H. S. (1932). Residential propinquity as a factor in marriage selection. *American Journal of Sociology, 38,* 219—224.

Bosson, J. K., & Swann, W. B., Jr. (1999). Self—liking, self—competence, and the quest for self—verification. *Personality and Social Psychology Bulletin, 25,* 1230—1241.

Boster, F. J., & Mongeau, P. (1984). Fear—arousing persuasive messages. In R. Bostrom (Ed.), *Communications yearbook* (Vol. 8, pp. 330—375). Beverly Hills, CA: Sage.

Bouchard, T. J., Jr. (2004). Genetic influences on human psychological traits. *Current Directions in Psychological Science, 13,* 148—151.

Boulton, M. J. (1994). The relationship between playful and aggressive fighting in children, adolescents, and adults. In J. Archer (Ed.), *Male violence* (pp. 23—41). New York: Routledge.

Bourgeois, M. J., & Bowen, A. M. (2001). Self—organization of alcohol—related attitudes and beliefs in a campus housing complex: An initial investigation. *Health Psychology, 20,* 434—437.

Bowlby, J. (1969). *Attachment and loss: Vol. 1: Attachment.* New York: Basic Books.

Bowlby, J. (1973). *Attachment and loss: Vol. II: Separation.* New York: Basic Books.

Bowman, N. D., Weber, R., Tamborini, R., & Sherry, J. (2013). Facilitating game play: How others affect performance at and enjoyment of video games. *Media Psychology, 16*(1), 39—64.

Bowles, H. R., Babcock, L., & Lai, L. (2007). Social incentives for gender differences in the propensity to initiate negotiations: Sometimes it does hurt to ask. *Organizational Behavior and Human Decision Processes, 103,* 84—103.

Brune, M. (2001). De Clerambault's syndrome (erotomania) in an evolutionary perspective. *Evolution and Human Behavior, 22,* 409—415.

Branch, T. (1988). *Parting the waters: America in the King years 1954-63.* New York: Simon & Schuster.

Brandis, S. G. (2004). *Servant of the lotus feet: A Hare Krishna odyssey.* New York: Universe.

Brandt, M. J., & Wetherell, G. A. (2012). What attitudes are moral attitudes? The case of attitude heritability. *Social Psychological and Personality Science, 3*(2), 172—179.

Brannigan, A. (1997). The postmodern experiment: Science and ontology in experimental social psychology. *British Journal of Sociology, 48,* 594—610.

Branscombe, N. R., Schmitt, M. T., & Schiffhauer, K. (2007). Racial attitudes in response to thoughts of White privilege. *European Journal of Social Psychology, 37,* 203—215.

Brauer, M., & Er—rafiy, A. (2011). Increasing perceived variability reduces prejudice and discrimination. *Journal of Experimental Social Psychology, 47,* 871—881.

Brauer, M., Judd, C. M., & Jacquelin, V. (2001). The communication of social stereotypes: The effects of group discussion and information distribution on stereotypic appraisals. *Journal of Personality and Social Psychology, 81,* 463—475.

Braver, S. L. (1995). Social contracts and the provision of public goods. In D. A. Schroeder (Ed.), *Social dilemmas: Perspectives on individuals and groups* (pp. 69—86). Westport, CT: Praeger.

Braver, S. L., Linder, D. E., Corwin, T. T., & Cialdini, R. B. (1977). Some conditions that affect admissions of attitude change. *Journal of Experimental Social Psychology, 13,* 565—576.

Brechner, K. C. (1977). An experimental analysis of social traps. *Journal of Experimental Social Psychology, 13,* 552—564.

Brehm, J. W. (1966). *A theory of psychological reactance.* New York: Academic Press.

Brehm, J. W., & Cohen, A. R. (1962). *Explorations in cognitive dissonance.* New York: Wiley.

Brehm, S. S., & Brehm, J. W. (1981). *Psychological reactance.* New York: Academic Press.

Brennan, K. A., & Shaver, P. R. (1995). Dimensions of adult attachment, affect regulation, and romantic relationship functioning. *Personality and Social Bulletin, 21,* 267—283.

Brescoll, V. L., & Uhlmann, E. L. (2008). Can an angry woman get ahead? Status conferral, gender, and expression of emotion in the workplace. *Psychological Science, 19,* 268—275.

Brewer, M. B. (1979). In—group bias in the minimal intergroup situation: A cognitive—motivational analysis. *Psychological Bulletin, 86,* 307—324.

Brewer, M. B. (1988). A dual—process model of impression formation. In T. K. Srull & R. S. Wyer, Jr. (Eds.), *Advances in social cognition* (Vol. 1, pp. 1—36). Hillsdale, NJ: Erlbaum.

Brewer, M. B. (1991). The social self: On being the same and different at the same time. *Personality and Social Psychology Bulletin, 17,* 475—482.

Brewer, M. B. (1997). On the social origins of human nature. In C. McGarty & S. A. Haslam (Eds.), *The message of social psychology: Perspectives on mind in society* (pp. 54–62). Oxford, UK: Blackwell.

Brewer, M. B., & Alexander, M. G. (2002). Intergroup emotions and images. In D. M. Mackie & E. R. Smith (Eds.), *From prejudice to intergroup relations: Differentiated reactions to social groups* (pp. 209–225). New York: Psychology Press.

Brewer, M. B., & Caporael, L. R. (2006). An evolutionary perspective on social identity: Revisiting groups. In M. Schaller, J. Simpson, & D. T. Kenrick (Eds.), *Evolution and social psychology* (pp. 143–161). New York: Psychology Press.

Brewer, M. B., & Chen, Y.–R. (2007). Where (who) are collectives in collectivism? Toward conceptual clarification of individualism and collectivism. *Psychological Review, 114*, 133–151.

Brewer, M. B., Kenny, D. A., & Norem, J. K. (2000). Personality and social psychology at the interface: New directions for interdisciplinary research. *Personality & Social Psychology Review, 4*, 2.

Brickner, M. A., Harkins, S. G., & Ostrom, T. M. (1986). Effects of personal involvement: Thought–provoking implications for social loafing. *Journal of Personality and Social Psychology, 51*, 763–770.

Briggs, J. L. (1970). *Never in anger: Portrait of an Eskimo family.* Cambridge, MA: Harvard University Press.

Briggs, S. R., Cheek, J. M., & Buss, A. H. (1980). An analysis of the Self–Monitoring Scale. *Journal of Personality and Social Psychology, 38*, 679–686.

Brigham, J. C., & Malpass, R. S. (1985). The role of experience and contact in the recognition of faces of own– and other–race persons. *Journal of Social Issues, 41*, 139–155.

Brissette, I. S., Scheier, M. S., & Carver, C. S. (2002). The role of optimism in social network development, coping, and psychological adjustment during a life transition. *Journal of Personality & Social Psychology, 82*, 102–111.

Brown, R. B. (1978). Social and psychological correlates of help seeking behavior among urban adults. *American Journal of Community Psychology, 6*, 425–439.

Brown, S. L., & Brown, R. M. (2006). Selective investment theory: Recasting the functional significance of close relationships. *Psychological Inquiry, 17*, 1–29.

Brown, S. L., Nesse, R. M., Vinokur, A. D., & Smith, D. M. (2003). Providing social support may be more beneficial than receiving it: Results from a prospective study of mortali-

ty. *Psychological Science, 14*, 320–327.

Browne, A. (1993). Violence against women by male partners. *American Psychologist, 48*, 1077–1087.

Brownstein, A. L. (2003). Biased predecision processing. *Psychological Bulletin, 129*, 545–568.

Bruder–Mattson, S. F., & Hovanitz, C. A. (1990). Coping and attributional styles as predictors of depression. *Journal of Clinical Psychology, 46*, 557–565.

Bruner, J. S. (1957). On perceptual readiness. *Psychological Review, 64*, 123–152.

Bryan, A. D., Aiken, L. S., & West, S. G. (1996). Increasing condom use: Evaluation of a theory–based intervention to prevent sexually transmitted diseases in young women. *Health Psychology, 15*, 371–382.

Bryan, A. D., Aiken, L. S., & West, S. G. (1999). The impact of males proposing condom use on perceptions of an initial sexual encounter. *Personality & Social Psychology Bulletin, 25*, 275–286.

Bryan, A. D., Aiken, L. S., & West, S. G. (2004). HIV/STD risk among incarcerated adolescents: Optimism about the future and self–esteem as predictors of condom use self–efficacy. *Journal of Applied Social Psychology, 34*, 912–936.

Bryan, A. D., Webster, G. D., & Mahaffey, A. L. (2011). The big, the rich, and the powerful: Physical, financial, and social dimensions of dominance in mating and attraction. *Personality and Social Psychology Bulletin, 37*(3), 365–382.

Bryan, J. H., & Test, M. A. (1967). Models and helping: Naturalistic studies in aiding behavior. *Journal of Personality and Social Psychology, 6*, 400–407.

Buchan, N. R., Brewer, M. B., Grimalda, G., Wilson, R. K., Fatas, E., & Foddy, M. (2011). Global social identity and global cooperation. *Psychological Science, 22*(6), 821–828.

Buckingham, J. T., & Alicke, M. D. (2002). The influence of individual versus aggregate social comparison and the presence of others on self–evaluations. *Journal of Personality & Social Psychology, 83*, 1117–1130.

Budesheim, T. L., & DePaola, S. J. (1994). Beauty of the beast? The effects of appearance, personality, and issue information on evaluations of political candidates. *Personality and Social Psychology Bulletin, 20*, 339–348.

Buffardi, L. E., & Campbell, W. K. (2008). Narcissism and social networking web sites. *Personality and Social Psychology Bulletin, 34*, 1303–1314.

Bugental, D. B. (2000). Acquisition of the algorithms of social life: A domain−based approach. *Psychological Bulletin, 126,* 187−219.

Bugliosi, V., & Gentry, C. (1974). *Helter skelter.* New York: Bantam.

Bukowski, W. M., Hoza, B., & Boivin, M. (1994). Measuring friendship quality during preand early adolescence: The development and psychometric properties of the friendship qualities scale. *Journal of Personal and Personal Relationships, 11,* 471−484.

Burger, J. M. (1986). Increasing compliance by improving the deal: The that's−not−all technique. *Journal of Personality and Social Psychology, 51,* 277−283.

Burger, J. M. (2009). Replicating Milgram: Would people still obey today? *American Psychologist, 64,* 1−11.

Burger, J. M., & Caldwell, D. F. (2003). The effects of monetary incentives and labeling on the foot−inthe−door effect: Evidence for a self−perception process. *Basic and Applied Social Psychology, 25,* 235−231.

Burger, J. M., & Guadagno, R. E. (2003). Self−concept clarity and the foot−in−thedoor procedure. *Basic and Applied Social Psychology, 25,* 79−86.

Burger, J. M., Soroka, S., Gonzago, K., Murphy, E., & Smervell, E. (2001). The effect of fleeting attraction on compliance to requests. *Personality and Social Psychology Bulletin, 27,* 1578−1586.

Burger King fire−walkers burn feet. (2001, October 7). *Arizona Republic,* p. A12.

Burkley, E. (2008). The role of self−control in resistance to persuasion. *Personality and Social Psychology Bulletin, 34,* 419−431.

Burleson, K., Leach, C. W., & Harrington, D. M. (2005). Upward social comparison and self−concept: Inspiration and inferiority among art students in an advanced programme. *British Journal of Social Psychology, 44,* 109−123.

Burn, S. H. (1996). *The social psychology of gender.* New York: McGraw−Hill.

Burn, S. W. (1991). Social psychology and the stimulation of recycling behaviors: The block leader approach. *Journal of Applied Social Psychology, 21,* 611−629.

Burnkrant, R. E., & Unnava, H. R. (1989). Self−referencing: A strategy for increasing processing of message content. *Personality and Social Psychology Bulletin, 15,* 628−638.

Burns, J. M. (1978). *Leadership.* New York: Harper & Row.

Burnstein, E. (2005). Altruism and genetic relatedness. In D. M. Buss (Ed.), *The handbook of evolutionary psychology* (pp. 528−551). Hoboken, NJ: Wiley.

Burnstein, E., Crandall, C., & Kitayama, S. (1994). Some neo−Darwin decision rules for altruism: Weighing cues for inclusive fitness as a function of the biological importance of the decision. *Journal of Personality and Social Psychology, 67,* 773−789.

Burnstein, E., & Vinokur, A. (1977). Persuasive argumentation and social comparison as determinants of attitude polarization. *Journal of Experimental Social Psychology, 13,* 315−332.

Burstein, K. (2000). *Quoted from panel discussion titled "Hillary Rodham Clinton as feminist heroine."* Retrieved July 4, 2003, from http://www.theamericanenterprise.org/taeja00i.htm

Burton−Chellew, M. N., Ross−Gillespie, A., & West, S. A. (2010). Cooperation in humans: Competition between groups and proximate emotions. *Evolution and Human Behavior, 32,* 104−108.

Bushman, B. J. (1984). Perceived symbols of authority and their influence on compliance. *Journal of Applied Social Psychology, 14,* 501−508.

Bushman, B. J. (1993). Human aggression while under the influence of alcohol and other drugs: An integrative research review. *Current Directions in Psychological Science, 2,* 148−152.

Bushman, B. J. (1995). Moderating role of trait aggressiveness in the effects of violent media on aggression. *Journal of Personality & Social Psychology, 69,* 950−960.

Bushman, B. J., & Anderson, C. A. (2002). Violent video games and hostile expectations: A test of the general aggression model. *Personality & Social Psychology Bulletin, 28,* 1679−1686.

Bushman, B. J., & Baumeister, R. F. (1998). Threatened egotism, narcissism, self−esteem, and direct and displaced aggression: Does self−love or self−hate lead to violence? *Journal of Personality and Social Psychology, 75,* 219−229.

Bushman, B. J., Bonacci, A. M., Pedersen, W. C., Vasquez, E. A., & Miller, N. (2005). Chewing on it can chew you up: Effects of rumination on triggered displaced aggression. *Journal of Personality and Social Psychology, 88,* 969−983.

Bushman, B. J., & Phillips, C. M. (2001). If the television program bleeds, memory for the advertisement recedes. *Current Directions in Psychological Science, 10,* 43−47.

Bushman, B. J., & Stack, A. D. (1996). Forbidden fruit versus tainted fruit: Effects of warning labels on attraction to television violence. *Journal of Experimental Psychology: Applied, 2,* 207−226.

Buss, A. H. (1963). Physical aggression in relation

to different frustrations. *Journal of Abnormal and Social Psychology, 67,* 1–7.

Buss, D. M. (1987). Selection, evocation, and manipulation. *Journal of Personality and Social Psychology, 53,* 1214–1221.

Buss, D. M. (1989). Sex differences in human mate preference: Evolutionary hypothesis tested in 37 cultures. *Behavioral and Brain Sciences, 12,* 1–49.

Buss, D. M., & Duntley, J. D. (2006). The evolution of aggression. In M. Schaller, J. A. Simpson, & D. T. Kenrick (Eds.), *Evolution and social psychology* (pp. 263–285). New York: Psychology Press.

Buss, D. M., & Kenrick, D. T. (1998). Evolutionary social psychology. In D. T. Gilbert, S. T. Fiske, & G. Lindzey (Eds.), *The handbook of social psychology* (4th ed., Vol. 2, pp. 982–1026). Boston: McGraw–Hill.

Buss, D. M., Larsen, R. J., Westen, D., & Semmelroth, J. (1992). Sex differences in jealousy: Evolution, physiology, and psychology. *Psychological Science, 3,* 251–255.

Buss, D. M., & Schmitt, D. P. (1993). Sexual strategies theory: An evolutionary perspective on human mating. *Psychological Review, 2,* 204–232.

Buss, D. M., & Shackelford, T. K. (2008). Attractive women want it all: Good genes, economic investment, parenting proclivities, and emotional commitment. *Evolutionary Psychology, 6,* 134–146.

Butler, J. C. (2000). Personality and emotional correlates of right–wing authoritarianism. *Social Behavior & Personality, 28,* 1–14.

Butz, D. A., & Plant, E. A. (2006). Perceiving out–group members as unresponsive: Implications for approach–related emotions, intentions, and behavior. *Journal of Personality and Social Psychology, 91*(6), 1066–1079.

Buunk, B. P., & Baker, A. B. (1995). Extradyadic sex: The role of descriptive and injunctive norms. *Journal of Sex Research, 32,* 313–318.

Buunk, B. P., Angleitner, A., Oubaid, V., & Buss, D. M. (1996). Sex differences in jealousy in evolutionary and cultural perspective: Tests from the Netherlands, Germany, and the United States. *Psychological Science, 7,* 359–363.

Buunk, B. P., Collins, R. L., Taylor, S. E., VanYperen, N. W., & Dakof, G. A. (1990). The affective consequences of social comparison: Either direction has its ups and downs. *Journal of Personality and Social Psychology, 59,* 1238–1249.

Buunk, B. P., & Dijkstra, P. (2005). A narrow waist versus broad shoulders: Sex and age differences in the jealousy–evoking characteristics of a rival's body build. *Personality and Individual Differences, 39,* 379–389.

Buunk, B. P., Dijkstra, P., Kenrick, D. T., & Warntjes, A. (2001). Age preferences for mates as related to gender, own age, and involvement level. *Evolution & Human Behavior, 22,* 241–250.

Buunk, B. P., Doosje, B. J., Jans, L. G. J. M., & Hopstaken, L. E. M. (1993). Perceived reciprocity, social support, and stress at work: The role of exchange and communal orientation. *Journal of Personality and Social Psychology, 65,* 801–811.

Buunk, B. P., Gibbons, F. X., & Visser, A. (2002). The relevance of social comparison processes for prevention and health care. *Patient Education and Counseling, 47,* 1–3.

Buunk, B. P., & VanYperen, N. (1991). Referential comparisons, relational comparisons, and exchange orientation: Their relation to marital satisfaction. *Personality and Social Psychology Bulletin, 17,* 709–717.

Buunk, B. P., & Verhoeven, K. (1991). Companionship and support in organizations: A microanalysis of the stress–reducing features of social interaction. *Basic and Applied Social Psychology, 12,* 242–258.

Byrne, D. (1971). *The attraction paradigm.* New York: Academic Press.

Byrne, D., & Clore, G. L. (1970). A reinforcement–affect model of evaluative responses. *Personality: An International Journal, 1,* 103–128.

Byrne, D., London, O., & Reeves, K. (1968). The effects of physical attractiveness, sex, and attitude similarity on interpersonal attraction. *Journal of Personality, 36,* 259–271.

Byrnes, D. A., & Kiger, G. (1990). The effect of a prejudice–reduction simulation on attitude change. *Journal of Applied Social Psychology, 20,* 341–356.

Cacioppo, J. T. (2002). Social neuroscience: Understanding the pieces fosters understanding the whole and vice–versa. *American Psychologist, 57,* 819–831.

Cacioppo, J. T., Gardner, W. L., & Berntson, G. G. (1999). The affect system has parallel and integrative processing components: Form follows function. *Journal of Personality and Social Psychology, 76,* 839–855.

Cacioppo, J. T., Hawkley, L. C., Rickett, E. M., & Masi, C. M. (2005). Sociality, spirituality, and meaning making: Chicago health, aging, and social relations study. *Review of General Psychology, 9,* 143–155.

Cacioppo, J. T., Klein, D. J., Berntson, G. G., &

사회심리학

Hatfield, E. (1993). The psychophysiology of emotion. In M. Lewis & J. M. Haviland (Eds.), *Handbook of emotions* (pp. 119–142). New York: Guilford Press.

Cacioppo, J. T., Petty, R. E., Feinstein, J. A., & Jarvis, W. B. G. (1996). Dispositional differences in cognitive motivation: The life and times of individuals varying in need for cognition. *Psychological Bulletin, 119,* 197–253.

Cacioppo, J. T., Petty, R. E., Kao, C. F., & Rodriguez, R. (1986). Central and peripheral routes to persuasion: An individual differences perspective. *Journal of Personality and Social Psychology, 51,* 1032–1043.

Campbell, A. (1999). Staying alive: Evolution, culture, and women's intrasexual aggression. *Behavioral & Brain Sciences, 22,* 203–252.

Campbell, A. (2005). Aggression. In D. M. Buss (Ed.), *Handbook of evolutionary psychology* (pp. 628–652). Hoboken, NJ: Wiley & Sons.

Campbell, D. T. (1958). Common fate, similarity, and other indices of the status of aggregates of persons as social entities. *Behavioral Science, 3,* 14–25.

Campbell, D. T. (1965). Ethnocentric and other altruistic motives. In D. LeVine (Ed.), *Nebraska symposium on motivation: 1965* (pp. 283–311). Lincoln: University of Nebraska Press.

Campbell, D. T. (1975). On the conflicts between biological and social evolution and between psychology and oral tradition. *American Psychologist, 30,* 1103–1126.

Campbell, J. D., & Fairey, P. J. (1989). Informational and normative routes to conformity. *Journal of Personality and Social Psychology, 57,* 457–468.

Campbell, J. D., & Tesser, A. (1985). Self–evaluation maintenance processes in relationships. In S. Duck & D. Perlman (Eds.), *Understanding personal relationships: An interdisciplinary approach* (pp. 107–135). Beverly Hills, CA: Sage.

Campbell, L., & Ellis, B. J. (2005). Commitment, love, and mate retention. In D. M. Buss (Ed.), *The handbook of evolutionary psychology* (pp. 419–446). New York: Wiley.

Campbell, L., Simpson, J. A., Boldry, J., & Kashy, D. A. (2005). Perceptions of conflict and support in romantic relationships: The role of attachment anxiety. *Journal of Personality and Social Psychology, 88,* 510–531.

Campbell, L., Simpson, J. A., Kashy, D. A., & Rholes, W. S. (2001). Attachment orientations, dependence, and behavior in a stressful situation: An application of the actor–partner interdependence model. *Journal of Social and Personal Relationships, 8,* 821–843.

Campbell, M. C. (1995). When attention–getting advertising tactics elicit consumer inferences of manipulative intent. *Journal of Consumer Research, 4,* 225–254.

Campbell, W. K., Bush, C. P., Brunell, A. B., & Shelton, J. (2005). Understanding the social costs of narcissism: The case of the tragedy of the commons. *Personality & Social Psychology Bulletin, 31,* 1358–1368.

Campbell, W. K., Foster, C. A., & Finkel, E. J. (2002). Does self–love lead to love for others? A story of narcissistic game playing. *Journal of Personality & Social Psychology, 83,* 340–354.

Campero–Ciani, A., Corna, F., & Capiluppi, C. (2004). Evidence for maternally inherited factors favouring male homosexuality and promoting female fecundity. *Proceedings of the Royal Society B, 271,* 2217–2221.

Campos, L. D. S., Otta, A., & Siqueira, J. D. E. (2002). Sex differences in mate selection strategies: Content analyses and responses to personal advertisements in Brazil. *Evolution and Human Behavior, 23,* 395–406.

Cann, A. (2004). Rated importance of personal qualities across four relationships. *Journal of Social Psychology, 144,* 322–334.

Cannon, W. B. (1929). *Bodily changes in pain, hunger, fear and rage: An account of recent research into the function of emotional excitement* (2nd ed.). New York: Appleton–Century–Crofts.

Cannon, W. B. (1932). *The wisdom of the body.* New York: Norton.

Cantor, J. R., Zillmann, D., & Einseidel, E. F. (1978). Female responses to provocation after exposure to aggressive and erotic films. *Communication Research, 5,* 395–411.

Cantril, H. (1940). *The invasion from Mars.* Princeton, NJ: Princeton University Press.

Cantu, S. M., Simpson, J. A., Griskevicius, V., Weisberg, Y. J., Durante, K. M., & Beal, D. J. (2014). Fertile and selectively flirty women's behavior toward men changes across the ovulatory cycle. *Psychological Science, 25*(2), 431–438.

Caporael, L. R. (1997). The evolution of truly social cognition: The core configurations model. *Personality and Social Psychology Review, 1,* 276–298.

Caporael, L. R., & Baron, R. M. (1997). Groups as the mind's natural environment. In J. A. Simpson & D. T. Kenrick (Eds.), *Evolutionary social psychology* (pp. 317–344). Hillsdale, NJ: Erlbaum.

Caprara, G. V., Barbanelli, C., Consiglio, C., Picconi, L., & Zimbardo, P. G. (2003). Personalities of politicians and voters: Unique and synergistic relationships. *Journal of Personality & Social Psychology, 84,* 849−856.

Carbonell, J. L., & Castro, Y. (2008). The impact of a leader model on highdominant women's self−selection for leadership. *Sex Roles, 58,* 776−783.

Carducci, B. J., Deuser, P. S., Bauer, A., Large, M., & Ramaekers, M. (1989). An application of the foot in the door technique to organ donation. *Journal of Business and Psychology, 4,* 245−249.

Carli, L. L. (1989). Gender differences in interaction style and influence. *Journal of Personality and Social Psychology, 56,* 565−576.

Carli, L. L. (2001). Gender and social influence. *Journal of Social Issues, 57,* 725−741.

Carlston, D. E. (2013). *Oxford handbook of social cognition.* New York: Oxford University Press.

Carlston, D. E., Skowronski, J. J., & Sparks, C. (1995). Savings in relearning: II. On the formation of behavior−based trait associations and inferences. *Journal of Personality and Social Psychology, 69,* 420−436.

Carnagey, N. I., & Anderson, C. A. (2005). The effects of reward and punishment in violent video games on aggressive affect, cognition, and behavior. *Psychological Science, 16,* 882−889.

Carnegie, D. (1936/1981). *How to win friends and influence people.* New York: Pocket Books.

Carney, D. R., Cuddy, A. J., & Yap, A. J. (2010). Power posing brief nonverbal displays affect neuroendocrine levels and risk tolerance. *Psychological Science, 21*(10), 1363−1368.

Carre, J. M., McCormick, C. M., & Hariri, A. R. (2011). The social neuroendocrinology of human aggression. *Psychoneuroendocrinology, 36*(7), 935−944.

Caruso, E. M. (2008). Use of experienced retrieval ease in self and social judgments. *Journal of Experimental Social Psychology, 44,* 148−155.

Caruso, E. M., Epley, N., & Bazerman, M. H. (2006). The costs and benefits of undoing egocentric responsibility assessments in groups. *Journal of Personality and Social Psychology, 91,* 857−871.

Carver, C. S., & Glass, D. C. (1978). Coronary−prone behavior and interpersonal aggression. *Journal of Personality and Social Psychology, 58,* 622−633.

Carver, C. S., & Scheier, M. F. (1985). Aspects of the self and control of behavior. In B. R. Schlenker (Ed.), *The self and social life* (pp. 146−174). New York: McGraw−Hill.

Carver, C. S., & Scheier, M. F. (1998). *On the self-regulation of behavior.* Cambridge, UK: Cambridge University Press.

Carver, C. S., Scheier, M. F., & Segerstrom, S. C. (2010). Optimism. *Clinical Psychology Review, 30*(7), 879−889.

Case, R. B., Moss, A. J., & and Case, N. (1992). Living alone after myocardial infarction: Impact on prognosis. *Journal of the American Medical Association, 267,* 575−585.

Cashdan, E. (1995). Hormones, sex, and status in women. *Hormones and Behavior, 29,* 345−366.

Caspi, A. (2000). The child is father of the man: Personality continuities from childhood to adulthood. *Journal of Personality & Social Psychology, 78,* 158−172.

Caspi, A., & Bem, D. J. (1990). Personality continuity and change across the life course. In L. A. Pervin (Ed.), *Handbook of personality: Theory and research* (pp. 549−575). New York: Guilford.

Caspi, A., Elder, G. H., & Bem, D. J. (1988). Moving away from the world: Life−course patterns of shy children. *Developmental Psychology, 24,* 824−831.

Caspi, A., & Herbener, E. S. (1990). Continuity and change: Assortative marriage and the consistency of personality in adulthood. *Journal of Personality and Social Psychology, 58,* 250−258.

Castano, E., & Giner−Sorolla, R. (2006). Not quite human: Infrahumanization in response to collective responsibility for intergroup killing. *Journal of Personality and Social Psychology, 90,* 804−818.

Catalano, R., Dooley, D., Novaco, R., Wilson, G., & Hough, R. (1993). Using ECA survey data to examine the effect of job layoffs on violent behavior. *Hospital and Community Psychiatry, 44,* 874−878.

Caughlin, J. P., Huston, T. L., & Houts, R. M. (2000). How does personality matter in marriage? An examination of trait anxiety, interpersonal negativity, and marital satisfaction. *Journal of Personality & Social Psychology, 78,* 326−336.

Cawley, J. (2000). *Body weight and women's labor market outcomes* (National Bureau of Economic Research Working Paper: 7841). Cambridge, MA: National Bureau of Economic Research.

Center for Leadership Studies. (2000). *CLS library.* Retrieved June 15, 2000, from http://cls.binghamton.edu/library.htm. Web site now located at www.gallupleadershipinstitute.org

Centers for Disease Control. (1991). Weapon−carrying among high school students. *Journal of the American Medical Association, 266,* 225−253.

Chagnon, N. A., & Bugos, P. E. (1979). Kin selection and conflict: An analysis of a Yanomano ax fight. In N. A. Chagnon & W. Irons (Eds.), *Evolutionary biology and social behavior* (pp.

213–238). North Scituate, MA: Duxbury Press.

Chaiken, S., & Eagly, A. H. (1983). Communication modality as a determinant of persuasion: The role of communicator salience. *Journal of Personality and Social Psychology, 45,* 241–256.

Chaiken, S., Giner-Sorolla, R., & Chen, S. (1996). Beyond accuracy: Defense and impression motives in heuristic and systematic processing. In P. M. Gollwitzer & J. A. Bargh (Eds.), *The psychology of action* (pp. 553–578). New York: Guilford.

Chaiken, S., & Ledgerwood, A. (2011). A theory of heuristic and systematic information processing. In P. A. M. Van Lange, A. W. Kruglanski, & E. T. Higgins (Eds.), *Handbook of theories of social psychology* (Vol. 1, pp. 246–266). Thousand Oaks, CA: Sage.

Chaiken, S., & Maheswaran, D. (1994). Heuristic processing can bias systematic processing. *Journal of Personality and Social Psychology, 66,* 460–473.

Chaiken, S., & Trope, Y. (Eds.). (1999). *Dual-process theories in social psychology.* New York: Guilford.

Chance, S. E., Brown, R. T., Dabbs, J. M., & Casey, R. (2000). Testosterone, intelligence and behavior disorders in young boys. *Personality & Individual Differences, 28,* 437–445.

Chang, E. C., & Asakawa, K. (2003). Cultural variations on optimistic and pessimistic bias for self versus a sibling: Is there evidence for self-enhancement in the West and for self-criticism in the East when the referent group is specified? *Journal of Personality and Social Psychology, 84,* 569–581.

Chartrand, T. L., & Bargh, J. A. (1999). The chameleon effect: The perception–behavior link and social interaction. *Journal of Personality and Social Psychology, 76,* 893–910.

Chartrand, T. L., & Lakin, J. L. (2013). The antecedents and consequences of human behavioral mimicry. *Annual Review of Psychology, 64,* 285–308.

Chatman, J. A. (1991). Matching people and organizations. *Administrative Science Quarterly, 36,* 459–484.

Chatman, J. A., Caldwell, D. F., & O'Reilly, C. A. (1999). Managerial personality and performance: A semi-idiographic approach. *Journal of Research in Personality, 33,* 514–545.

Cheek, J. M., & Briggs, S. R. (1990). Shyness as a personality trait. In W. R. Crozier (Ed.), *Shyness and embarrassment: Perspectives from social psychology* (pp. 315–337). Cambridge, UK: Cambridge University Press.

Cheek, J. M., & Melchior, L. A. (1990). Shyness, self-esteem, and self-consciousness. In H.

Leitenberg (Ed.), *Handbook of social and evaluation anxiety* (pp. 47–82). New York: Plenum.

Cheek, J. M., Melchior, L. A., & Carpentieri, A. M. (1986). Shyness and self-concept. In L. M. Hartman & K. R. Blankenstein (Eds.), *Perception of self in emotional disorder and psychotherapy* (pp. 113–131). New York: Plenum Press.

Chemers, M. M. (1997). *An integrative theory of leadership.* Mahwah, NJ: Erlbaum.

Chen, F. F. (2008). What happens if we compare chopsticks with forks? The impact of making inappropriate comparisons in cross-cultural research. *Journal of Personality and Social Psychology, 95,* 1005–1018.

Chen, F. F., & Kenrick, D. T. (2002). Repulsion or attraction: Group membership and assumed attitude similarity. *Journal of Personality & Social Psychology, 83,* 111–125.

Chen, M., & Bargh, J. A. (1999). Consequences of automatic evaluation: Immediate behavioral predispositions to approach or avoid the stimulus. *Personality and Social Psychology Bulletin, 25,* 215–224.

Chen, S., Boucher, H. C., & Tapias, M. P. (2006). The relational self revealed: Integrative conceptualization and implications for interpersonal life. *Psychological Bulletin, 132,* 151–179.

Chen, S., Lee-Chai, A. Y., & Bargh, J. A. (2001). Relationship orientation as a moderator of the effects of social power. *Journal of Personality & Social Psychology, 80,* 173–187.

Chen, S., Schechter, D., & Chaiken, S. (1996). Getting at the truth or getting along: Accuracy-versus impressionmotivated heuristic and systematic processing. *Journal of Personality and Social Psychology, 71,* 262–275.

Chen, Y. R., Mannix, E. A., & Okamura, T. (2003). The importance of who you meet: Effects of self-versus otherconcerns among negotiators in the United States, the People's Republic of China, and Japan. *Journal of Experimental Social Psychology, 39,* 1–15.

Cheng, C., Cheung, S., Chio, J. H., & Chan, M. S. (2013). Cultural meaning of perceived control: A meta-analysis of locus of control and psychological symptoms across 18 cultural regions. *Psychological Bulletin, 139*(1), 152–188.

Cheng, C. M., & Chartrand, T. L. (2003). Self-monitoring without awareness: Using mimicry as a nonconscious affiliation strategy. *Journal of Personality and Social Psychology, 85,* 1170–1179.

Chesler, E. (1999, August 9.16). "Hillary Clinton: New York progressive," The Nation. In S. K. Flinn (2000) (Ed.), *Speaking of Hillary: A reader's guide to the most controversial woman in America* (pp. 298–301). Ashland, OR: White Cloud Press.

Chibnall, J. T., & Wiener, R. L. (1988). Disarmament decisions as social dilemmas. *Journal of Applied Social Psychology, 18,* 867—879.

China: Olympics help Tsingtao Sales. (2008, August 20). *The New York Times,* p. C5.

Chinese Cultural Connection. (1987). Chinese values and the search for culture—free dimensions of culture. *Journal of Cross-Cultural Psychology, 18,* 143—164.

Chivers, M. L., Rieger, G., Latty, E., & Bailey, J. M. (2004). A sex difference in the specificity of sexual arousal. *Psychological Science, 15,* 736—744.

Chou, H. T. G., & Edge, N. (2012). "They are happier and having better lives than I am" : The impact of using Facebook on perceptions of others' lives. *Cyberpsychology, Behavior, and Social Networking, 15*(2), 117—121.

Christakis, N. A., & Fowler, J. M. (2008). The collective dynamics of smoking in a large social network. *New England Journal of Medicine, 358,* 2249—2258.

Christensen, P. N., & Kashy, D. A. (1998). Perceptions of and by lonely people in initial social interaction. *Personality and Social Psychology Bulletin, 24,* 322—329.

Christie, R., & Jahoda, M. (1954). *Studies in the scope and method of "The Authoritarian Personality."* Glencoe, IL: Free Press.

Chulef, A. S., Read, S. J., & Walsh, D. A. (2001). A hierarchical taxonomy of human goals. *Motivation and Emotion, 25,* 191—232.

CIA World Factbook (2014). Retrieved from https://www.cia.gov/library/publications / the—world—factbook/rankorder/2224rank. html

Cialdini, R. B. (1995). A full—cycle approach to social psychology. In G. C. Brannigan & M. R. Merrens (Eds.), *The social psychologists: Research adventures* (pp. 52—73). New York: Mc-Graw—Hill.

Cialdini, R. B. (2008). *Influence: Science and practice* (5th ed.). Boston: Allyn & Bacon.

Cialdini, R. B. (2012). The focus theory of normative conduct. In P. A. M. VanLange, A. W. Kruglanski, & T. T. Higgins (Eds.), *Handbook of theory in social psychology* (Vol. II, pp. 295—312). Thousand Oaks, CA: Sage.

Cialdini, R. B., & Ascani, K. (1976). Test of a concession procedure for inducing verbal, behavioral, and further compliance with a request to give blood. *Journal of Applied Psychology, 61,* 295—300.

Cialdini, R. B., & Baumann, D. J. (1981). Littering: A new unobtrusive measure of attitude. *Social Psychology Quarterly, 44,* 254—259.

Cialdini, R. B., Borden, R., Thorne, A., Walker, M., Freeman, S., & Sloane, L. T. (1976). Basking in reflected glory: Three (football) field studies. *Journal of Personality and Social Psychology, 34,* 366—375.

Cialdini, R. B., Brown, S. L., Lewis, B. P., Luce, C., & Neuberg, S. L. (1997). Reinterpreting the empathy—altruism relationship: When one into one equals oneness. *Journal of Personality and Social Psychology, 73,* 481—494.

Cialdini, R. B., Cacioppo, J. T., Bassett, R., & Miller, J. A. (1978). Low—ball procedure for producing compliance: Commitment then cost. *Journal of Personality and Social Psychology, 36,* 463—476.

Cialdini, R. B., Eisenberg, N., Green, B. L., Rhoads, K., & Bator, R. (1998). Undermining the undermining effect of reward on sustained interest. *Journal of Applied Social Psychology, 28,* 253—267.

Cialdini, R. B., Eisenberg, N., Shell, R., & McCreath, H. (1987a). Commitments to help by children: Effects on subsequent prosocial self—attributions. *British Journal of Social Psychology, 26,* 237—245.

Cialdini, R. B., Kallgren, C. A., & Reno, R. R. (1991). A focus theory of normative conduct: A theoretical refinement and reevaluation of the role of norms in human conduct. In M. P. Zanna (Ed.), *Advances in experimental social psychology* (Vol. 24, pp. 201—234). New York: Academic Press.

Cialdini, R. B., Kenrick, D. T., & Baumann, D. J. (1982). Effects of mood on prosocial behavior in children and adults. In N. Eisenberg (Ed.), *The development of prosocial behavior* (pp. 339—359). New York: Academic Press.

Cialdini, R. B., Levy, A., Herman, C. P., Kozlowski, L. T., & Petty, R. E. (1976). Elastic shifts of opinion: Determinants of direction and durability. *Journal of Personality and Social Psychology, 34,* 663—672.

Cialdini, R. B., & Richardson, K. D. (1980). Two indirect tactics of image management: Basking and blasting. *Journal of Personality and Social Psychology, 39,* 406—415.

Cialdini, R. B., Schaller, M., Houlihan, D., Arps, K., Fultz, J., & Beaman, A. L. (1987b). Empathy—based helping: Is it selflessly or selfishly motivated? *Journal of Personality and Social Psychology, 52,* 749—758.

Cialdini, R. B., Trost, M. R., & Newsom, J. T. (1995). Preference for consistency: The development of a valid measure and the discovery of surprising behavioral implications. *Journal of Personality and Social Psychology, 69,* 318—328.

Cialdini, R. B., Vincent, J. E., Lewis, S. K., Catalan, J., Wheeler, D., & Darby, B. L. (1975). Reciprocal concessions procedure for inducing compliance: The door−in−the−face technique. *Journal of Personality and Social Psychology, 31,* 206−215.

Cicerello, A., & Sheehan, E. P. (1995). Personal advertisements: A content analysis. *Journal of Social Behavior and Personality, 10,* 751−756.

Cimbalo, R. S., Faling, V., & Mousaw, P. (1976). The course of love: A crosssectional design. *Psychological Reports, 38,* 1292−1294.

Cioffi, D., & Garner, R. (1996). On doing the decision: The effects of active versus passive choice on commitment and selfperception. *Personality and Social Psychology Bulletin, 22,* 133−147.

Clark, M. S., & Aragon, O. R. (2013). Communal (and other) relationships: History, theory development, recent findings, and future directions. In J. A. Simpson & L. Campbell (Eds.), *Oxford handbook of close relationships* (pp. 255−280). New York: Oxford University Press.

Clark, M. S., & Chrisman, K. (1994). Resource allocation in intimate relationships. In A. H. Weber & J. H. Harvey (Eds.), *Perspectives on close relationships* (pp. 176−192). Boston: Allyn & Bacon.

Clark, M. S., & Jordan, S. D. (2002). Adherence to communal norms: What it means, when it occurs, and some thoughts on how it develops. In B. Laursen & W. G. Graziano (Eds.), *Social exchange in development. New directions for child and adolescent development* (pp. 3−25). San Francisco: Jossey−Bass/Pfeiffer.

Clark, M. S., & Mills, J. R. (2011). A theory of communal (and exchange) relationships. *In Handbook of Theories of Social Psychology* (pp. 232−250). Los Angeles, CA: Sage Publications.

Clark, M. S., & Reis, H. T. (1988). Interpersonal processes in close relationships. *Annual Review of Psychology, 39,* 609−672.

Clark, M. S., Mills, J. R., & Corcoran, D. M. (1989). Keeping track of needs and inputs of friends and strangers. *Personality and Social Psychology Bulletin, 15,* 533−542.

Clark, M. S., & Monin, J. K. (2006). Giving and receiving communal responsiveness as love. In R. J. Sternberg & K. Weis (Eds.), *The new psychology of love* (pp. 200−224). New Haven, CT: Yale University Press.

Clark, M. S., Ouellette, R., Powell, M. C., & Milberg, S. (1987). Recipient's mood, relationship type, and helping. *Journal of Personality and Social Psychology, 53,* 94−103.

Clark, M. S., & Waddell, B. A. (1983). Effects of moods on thoughts about helping, attraction and information acquisition. *Social Psychology Quarterly, 46,* 31−35.

Clark, R. D., III. (1990). Minority influence: The role of argument refutation of the majority position and social support for the minority position. *European Journal of Social Psychology, 20,* 489−497.

Clark, R. D., III. (2001). Effects of majority defection and multiple minority sources on minority influence. *Group Dynamics, 5,* 57−62.

Clark, R. D., III, & Hatfield, E. (1989). Gender differences in receptivity to sexual offers. *Journal of Psychology and Human Sexuality, 2,* 39−55.

Clary, E. G., & Tesser, A. (1983). Reactions to unexpected events: The naive scientist and interpretive activity. *Personality and Social Psychology Bulletin, 9,* 609−620.

Clinton, B. (2007). *Giving: How each of us can change the world.* New York: Knopf.

Clobert, M., & Saroglou, V. (2012). Intercultural non−conscious influences: Prosocial effects of Buddhist priming on Westerners of Christian tradition. *International Journal of Intercultural Relations.*

Clore, G. L., & Byrne, D. (1974). A reinforcement−affect model of attraction. In T. L. Huston (Ed.), *Foundations of interpersonal attraction* (pp. 143−170). New York: Academic Press.

Coall, D. A., & Hertwig, R. (2011). Grandparental investment: A relic of the past or a resource for the future? *Current Directions in Psychological Science, 20,* 93−98.

Cody, M. J., Seiter, J., & Montagne−Miller, Y. (1995). Men and women in the marketplace. In P. J. Kalbfleish & M. J. Cody (Eds.), *Gender, power, and communication in human relationships* (pp. 305−330). Hillsdale, NJ: Erlbaum.

Cohen, A. B. (2009). Many forms of culture. *American Psychologist, 64,* 194.204.

Cohen, A. B., Malka, A., Hill, E. D., Thoemmes, F., Hill, P. C., & Sundie, J. M. (2009). Race as a moderator of the relationship between religiosity and political alignment. *Personality and Social Psychology Bulletin, 35,* 271−282.

Cohen, A. B., Malka, A., Rozin, P., & Cherfas, L. (2006). Religion and unforgivable offenses. *Journal of Personality, 74,* 85−118.

Cohen, D. (1996). Law, social policy, and violence: The impact of regional cultures. *Journal of Personality and Social Psychology, 70,* 961−978.

Cohen, D. (2001). Cultural variation: Considerations and implications. *Psychological Bulletin, 127,* 451−471.

Cohen, D., & Gunz, A. (2002). As seen by the other... : Perceptions of the self in the memories and emotional perceptions of Easterners and Westerners. *Psychological Science, 13,* 55–59.

Cohen, D., & Nisbett, R. E. (1997). Field experiments examining the culture of honor: The role of institutions in perpetuating norms about violence. *Personality and Social Psychology Bulletin, 23,* 1188–1199.

Cohen, D., Nisbett, R. E., Bowdle, B. F., & Schwarz, N. (1996). Insult, aggression, and the Southern culture of honor: An "experimental ethnography." *Journal of Personality and Social Psychology, 70,* 945–960.

Cohen, F., Solomon, S., Maxfield, M., Pyszczynski, T., & Greenberg, J. (2004). Fatal attraction: The effects of mortality salience on evaluations of charismatic, task–oriented, and relationship–oriented leaders. *Psychological Science, 15,* 846–851.

Cohen, J., & Blake, A. (2013, January 23). Hillary Clinton reaches new heights of political popularity. *Washington Post.*

Cohen, J., & Golden, E. (1972). Informational social influence and product evaluation. *Journal of Applied Psychology, 56,* 54–59.

Cohen, L. L., & Swim, J. K. (1995). The differential impact of gender ratios on women and men: Tokenism, self–confidence, and expectations. *Personality and Social Psychology Bulletin, 21,* 876–884.

Cohen, S. G., & Bailey, D. E. (1997). What makes teams work: Group effectiveness research from the shop floor to the executive suite. *Journal of Management, 23,* 239–290.

Cohn, E. G., & Rotton, J. (2005). The curve is still out there: A reply to Bushman, Wang, & Anderson's (2005) "Is the curve relating temperature to aggression linear or curvilinear?" *Journal of Personality and Social Psychology, 89,* 67–70.

Cohn, E. G., Rotton, J., Peterson, A. G., & Tarr, D. B. (2004). Temperature, city size, and the Southern subculture of violence. *Journal of Applied Social Psychology, 34,* 1652–1674.

Coker, A. L., Smith, P. H., McKeown, R. E., & King, M. J. (2000). Frequency and correlates of intimate partner violence by type: Physical, sexual, and psychological battering. *American Journal of Public Health, 90,* 553–559.

Cole, D., & Chaikin, I. (1990). *An iron hand upon the people.* Seattle: University of Washington Press.

Collins, N. L., & Feeney, B. C. (2000). A safe haven: An attachment theory perspective on support seeking and caregiving in intimate relationships. *Journal of Personality & Social Psychology, 78,* 1053–1073.

Collins, N. L., & Feeney, B. C. (2004). Working models of attachment shape perceptions of social support: Evidence from experimental and observational studies. *Journal of Personality and Social Psychology, 87,* 363–383.

Collins, N. L., & Miller, L. C. (1994). Self–disclosure and liking: A meta–analytic review. *Psychological Bulletin, 116,* 457–475.

Collins, R. L. (1996). For better or worse: The impact of upward social comparison on self–evaluations. *Psychological Bulletin, 119,* 51–69.

Colvin, C. R., & Block, J. (1994). Do positive illusions foster mental health? An examination of the Taylor and Brown formulation. *Psychological Bulletin, 116,* 3–20.

Colvin, C. R., Block, J., & Funder, D. C. (1995). Overly positive self–evaluations and personality: Negative implications for mental health. *Journal of Personality and Social Psychology, 68,* 1152–1162.

Colvin, C. R., Vogt, D., & Ickes, W. (1997). Why do friends understand each other better than strangers do? In W. J. Ickes (Ed.), *Empathic accuracy* (pp. 169–193). New York: Guilford Press.

Condon, J. W., & Crano, W. D. (1988). Inferred evaluation and the relation between attitude similarity and interpersonal attraction. *Journal of Personality and Social Psychology, 54,* 789–797.

Condry, J. C., & Condry, S. (1976). Sex differences: A study of the eye of the beholder. *Child Development, 47,* 812–819.

Conley, T. D., Moors, A. C., Matsick, J. L., Ziegler, A., & Valentine, B. A. (2011). Women, men, and the bedroom: Methodological and conceptual insights that narrow, reframe, and eliminate gender differences in sexuality. *Current Direction in Psychological Science, 20*(5), 296–300.

Connery, D. S. (1977). *Guilty until proven innocent.* New York: Putnam's Sons.

Connery, D. S. (1995). *Convicting the innocent.* Cambridge, MA: Brookline.

Conway, L. G., Sexton, S. M., & Tweed, R. G. (2006). Collectivism and governmentally initiated restrictions: A cross–sectional and longitudinal analysis across nations and within a nation. *Journal of Cross-Cultural Psychology, 37,* 20–41.

Cook, S. W. (1978). Interpersonal and attitudinal outcomes in cooperating interracial groups. *Journal of Research and Development in Education, 12,* 97–113.

Cook, W. L. (2000). Understanding attachment security in family context. *Journal of Personality & Social Psychology, 78*, 285—294.

Cooley, C. H. (1922). *Human nature and the social order.* New York: Charles Scribner's Sons.

Coon, C. S. (1946). The universality of natural groupings in human societies. *Journal of Educational Sociology, 20*, 163—168.

Cooper, J., Bennett, E. A., & Sukel, H. L. (1996). Complex scientific testimony: How do jurors make decisions? *Law and Human Behavior, 20*, 379—394.

Cooper, J., Mirabile, R., & Scher, S. J. (2005). Actions and attitudes: The theory of cognitive dissonance. In T. C. Brock & M. C. Green (Eds.), *Persuasion: Psychological insights and perspectives* (pp. 63—79). Thousand Oaks, CA: Sage.

Copeland, J. T. (1994). Prophecies of power: Motivational implications of social power for behavioral confirmation. *Journal of Personality and Social Psychology, 67*, 264—277.

Correll, J., Park, B., Judd, C. M., & Wittenbrink, B. (2002). The police officer's dilemma: Using ethnicity to disambiguate potentially threatening individuals. *Journal of Personality and Social Psychology, 83*, 1314—1329.

Correll, J., Urland, G. R., & Ito, T. A. (2006). Shooting straight from the brain: Early attention to race promotes bias in the decision to shoot. *Journal of Experimental Social Psychology, 42*, 120—128.

Cortes, B. P., Demoulin, S., Rodriguez, R. T., Rodriguez, A. P., & Leyens, J. (2005). Infra—humanization or familiarity? Attribution of uniquely human emotions to the self, the in—group, and the outgroup. *Personality and Social Psychology Bulletin, 31*, 243—253.

Cotterell, N., Eisenberger, R., & Speicher, H. (1992). Inhibiting effects of reciprocation wariness on interpersonal relationships. *Journal of Personality and Social Psychology, 62*, 658—668.

Cottrell, C. A., & Neuberg, S. L. (2005). Different emotional reactions to different groups: A sociofunctional threat—based approach to "prejudice." *Journal of Personality and Social Psychology, 88*, 770—789.

Cottrell, N. B. (1968). Performance in the presence of others: Mere presence, audience, and affiliation effects. In E. C. Simmel, R. A. Hoppe, & G. A. Milton (Eds.), *Social facilitation and imitative behavior* (pp. 91—110). Boston: Allyn & Bacon.

Cottrell, N. B., Wack, D. L., Sekerak, G. J., & Rittle, R. H. (1968). Social facilitation of dominant responses by the presence of an audience and the mere presence of others. *Journal of Personality and Social Psychology, 9*, 245—250.

Coudevylle, G., Ginis, K. A. M., & Famose, J.—P. (2008). Determinants of self—handicapping strategies in sport and their effects on athletic performance. *Social Behavior and Personality, 36*, 391—398.

Coulomb—Cabagno, G., & Rascle, O. (2006). Team sports players' observed aggression as a function of gender, competitive level, and sport type. *Journal of Applied Social Psychology, 36*, 1980—2000.

Coulomb—Cabagno, G., Rascle, O., & Souchen, N. (2005). Players' gender and male referees' decisions about aggression in French soccer: A preliminary study. *Sex Roles, 52*, 547—553.

Cox, C. L., Smith, S. L., & Insko, C. A. (1996). Categorical race versus individuating belief as determinants of discrimination: A study of Southern adolescents in 1966, 1979, and 1993. *Journal of Experimental Social Psychology, 32*, 39—70.

Cox, C. R., & Arndt, J. (2012). How sweet it is to be loved by you: The role of perceived regard in the terror management of close relationships. *Journal of Personality and Social Psychology, 102(3)*, 616—632.

Cox, O. C. (1959). *Caste, class, and race: A study in social dynamics.* New York: Monthly Review Press.

Crabb, P. B. (1996a). Answering machines take the "answering" out of telephone interactions. *Journal of Social Behavior & Personality, 11*, 387—397.

Crabb, P. B. (1996b). Video camcorders and civil inattention. *Journal of Social Behavior & Personality, 11*, 805—816.

Crabb, P. B. (1999). The use of answering machines and caller ID to regulate home privacy. *Environment & Behavior, 31*, 657—670.

Crabb, P. B. (2000). The material culture of homicidal fantasies. *Aggressive Behavior, 26*, 225—234.

Crabb, P. B. (2005). The material culture of suicidal fantasies. *Journal of Psychology, 139*, 211—220.

Craig, B. (1985, July 30). A story of human kindness. *Pacific Stars and Stripes*, 13—16.

Cramer, R. E., McMaster, M. R., Bartell, P. A., & Dragna, M. (1988). Subject competence and the minimization of the bystander effect. *Journal of Applied Social Psychology, 18*, 1133—1148.

Crandall, C. S. (1995). Do parents discriminate against their heavyweight daughters? *Personality and Social Psychology Bulletin, 21*, 724—735.

Crandall, C. S., & Eshleman, A. (2003). A justification—suppression of the expression and experience of prejudice. *Psychological Bulletin, 129*, 414—446.

Crandall, C. S., Eshleman, A., & O'Brien, L. (2002). Social norms and the expression and suppression of prejudice. *Journal of Personality and Social Psychology, 82*, 359—378.

Crano, W. D., & Seyranian, V. (2007). Majority and minority influence. *Social and Personality Psychology Compass, 1*, 572—589.

Crary, D. (2005, December 15). Donor zeal impresses charities: Giving may be record for U.S. *Arizona Republic*, p. A28.

Creasey, G., & Ladd, A. (2005). Generalized and specific attachment representations: Unique and interactive roles in predicting conflict behaviors in close relationships. *Personality and Social Psychology Bulletin, 31*, 1026—1038.

Crichton, R. (1959). *The great impostor*. New York: Random House.

Crichton, R. (1961). *The rascal and the road*. New York: Random House.

Crick, N. R., & Nelson, D. A. (2002). Relational and physical victimization within friendships: Nobody told me there'd be friends like these. *Journal of Abnormal Child Psychology, 30*, 599—607.

Crocker, J., & Major, B. (1989). Social stigma and self—esteem: The selfprotective properties of stigma. *Psychological Review, 96*, 608—630.

Crocker, J., & Park, L. E. (2003). Seeking self—esteem: Construction, maintenance, and protection of self—worth. In M. R. Leary & J. P. Tangney (Eds.), *Handbook of self and identity* (pp. 291—313). New York: Guilford Press.

Crocker, J., & Park, L. E. (2004). The costly pursuit of self—esteem. *Psychological Bulletin, 130*(3), 392—414.

Crocker, J., & Schwartz, I. (1985). Prejudice and in—group favoritism in a minimal intergroup situation: Effects of self—esteem. *Personality and Social Psychology Bulletin, 11*, 379—386.

Crocker, J., Thompson, L. L., McGraw, K. M., & Ingerman, C. (1987). Downward comparison, prejudice, and evaluations of others: Effects of self—esteem and threat. *Journal of Personality and Social Psychology, 52*, 907—916.

Crocker, J., Voelkl, K., Testa, M., & Major, B. M. (1991). Social stigma: Affective consequences of attributional ambiguity. *Journal of Personality and Social Psychology, 60*, 218—228.

Crook, J. H., & Crook, S. J. (1988). Tibetan polyandry: Problems of adaptation and fitness. In L. Betzig, M. Borgerhoff Mulder, & P. Turke (Eds.), *Human reproductive behavior: A Darwinian perspective* (pp. 97—114). Cambridge, UK: Cambridge University Press.

Cross, C. P., Copping, L. T., & Campbell, A. (2011). Sex differences in impulsivity: A meta—analysis. *Psychological Bulletin, 137*(1), 97—130.

Cross, S. E., & Markus, H. R. (1993). Gender in thought, belief, and action: A cognitive approach. In A. E. Beall & R. J. Sternberg (Eds.), *The psychology of gender* (pp. 55—98). New York: Guilford Press.

Croyle, R., & Cooper, J. (1983). Dissonance arousal: Physiological evidence. *Journal of Personality and Social Psychology, 45*, 782—791.

Cullum, J., O'Grady, M., Sandoval, P., Armeli, S., & Tennen, H. (2013). Ignoring norms with a little help from my friends: Social support reduces normative influence on drinking behavior. *Journal of Social and Clinical Psychology, 32*(1), 17—33.

Culos—Reed, S. N., Brawley, L. R., Martin, K. A., & Leary, M. R. (2002). Self—presentation concerns and health behaviors among cosmetic surgery patients. *Journal of Applied Social Psychology, 32*, 560—569.

Cummings, P., Koepsell, T. D., Grossman, D. C., Savarino, J., & Thompson, R. S. (1997). The association between the purchase of a handgun and homicide or suicide. *American Journal of Public Health, 87*, 974—978.

Cunningham, M. R. (1986). Levites and brother's keepers: A sociobiological perspective on prosocial behavior. *Humboldt Journal of Social Relations, 13*, 35—67.

Cunningham, M. R., Barbee, A. P., & Philhower, C. L. (2002). Dimensions of facial physical attractiveness: The intersection of biology and culture. In G. Rhodes & L. R. Zebrowitz (Eds.), *Facial attractiveness: Evolutionary, cognitive, and social perspectives* (pp. 193—238). Westport, CT: Ablex Publishing.

Cunningham, M. R., Druen, P. B., & Barbee, A. P. (1997). Angels, mentors, and friends: Tradeoffs among evolutionary, social, and individual variables in physical appearance. In J. Simpson & D. T. Kenrick (Eds.), *Evolutionary social psychology* (pp. 109—141). Hillsdale, NJ: Erlbaum.

Cunningham, M. R., Jegerski, J., Gruder, C. L., & Barbee, A. P. (1995). *Helping in different social relationships: Charity begins at home*. Unpublished manuscript, University of Louisville, Department of Psychology, Louisville, KY.

Cunningham, M. R., Shaffer, D. R., Barbee, A. P., Wolff, P. L., & Kelley, D. J. (1990). Separate processes in the relation of elation and depression to helping. *Journal of Experimental Social Psychology, 26*, 13—33.

Cunningham, P. B., Henggeler, S. W., Limber,

S. P., Melton, G. B., & Nation, M. A. (2000). Patterns and correlates of gun ownership among non−metropolitan and rural middle school students. *Journal of Clinical Child Psychology, 29*, 432−442.

Curran, J. (1977). Skills training as an approach to the treatment of heterosexual−social anxiety: A review. *Psychological Bulletin, 84*, 140−157.

Curry, O., Roberts, S. G., & Dunbar, R. I. M. (2013). Altruism in social networks: Evidence for a 'kinship premium'. *British Journal of Psychology, 104*, 283−295.

Curtis, N. M., Ronan, K. R., & Borduin, C. M. (2004). Multisystemic treatment: A meta−analysis of outcome studies. *Journal of Family Psychology, 18*, 411−419.

Cutrona, C. E. (1982). Transition to college: Loneliness and the process of social adjustment. In L. A. Peplau & D. Perlman (Eds.), *Loneliness: A sourcebook of current theory, research, and therapy* (pp. 291−309). New York: Wiley−Interscience.

Cutrona, C. E., Cole, V., Colangelo, N., Assouline, S. G., & Russell, D. W. (1994). Perceived parental social support and academic achievement: An attachment theory perspective. *Journal of Personality and Social Psychology, 66*, 369−378.

D'Agostino, P. R. (2000). The encoding and transfer of stereotype−driven inferences. *Social Cognition, 18*, 281−291.

D'Agostino, P. R., & Fincher−Kiefer, R. (1992). Need for cognition and the correspondence bias. *Social Cognition, 10*, 151−163.

Dabbs, J. M., Jr. (1996). Testosterone, aggression, and delinquency. In S. Bhasin, H. L. Gabelnick, J. M. Spieler, R. S. Swerdloff, C. Wang, & C. Kelly (Eds.), *Pharmacology, biology, and clinical applications of androgens: Current status and future prospects* (pp. 179−189). New York: Wiley−Liss.

Dabbs, J. M., Jr. (2000). *Heroes, rogues, and lovers: Testosterone and behavior*. New York: McGraw−Hill.

Dabbs, J. M., Jr., Bernieri, F. J., Strong, R. K., Campo, R., & Milun, R. (2001). Going on stage: Testosterone in greetings and meetings. *Journal of Research in Personality, 35*, 27−40.

Dabbs, J. M., Jr., Carr, S., Frady, R., & Riad, J. (1995). Testosterone, crime, and misbehavior among 692 male prison inmates. *Personality and Individual Differences, 18*, 627−633.

Dabbs, J. M., Jr., Frady, R., Carr, T., & Besch, N. (1987). Saliva testosterone and criminal violence in young prison inmates. *Psychosomatic Medicine, 49*, 174−182.

Dabbs, J. M., Jr., Hargrove, M. F., & Heusel, C. (1996). Testosterone differences among college fraternities: Well−behaved versus rambunctious. *Personality and Individual Differences, 20*, 157−161.

Dabbs, J. M., Jr., Jurkovic, G., & Frady, R. (1991). Salivary testosterone and cortisol among late adolescent male offenders. *Journal of Abnormal Child Psychology, 19*, 469−478.

Dabbs, J. M., Jr., & Morris, R. (1990). Testosterone, social class, and anti−social behavior in a sample of 4462 men. *Psychological Science, 1*, 209−211.

Dalsky, D., Gohm, C. L., Noguchi, K., & Shiomura, K. (2008). Mutual self−enhancement in Japan and the United States. *Journal of Cross-Cultural Psychology, 39*, 215−223.

Daly, J. A., Hogg, E., Sacks, D., Smith, M., & Zimring, L. (1983). Sex and relationship affect social self−grooming. *Journal of Nonverbal Behavior, 7*, 183−189.

Daly, M., Salmon, C., & Wilson, M. (1997). Kinship: The conceptual hole in psychological studies of social cognition and close relationships. In J. A. Simpson & D. T. Kenrick (Eds.), *Evolutionary social psychology* (pp. 265−296). Mahwah, NJ: Erlbaum.

Daly, M., & Wilson, M. (1994). Evolutionary psychology of male violence. In J. Archer (Ed.), *Male violence* (pp. 253−288). New York: Routledge.

Dambrun, M., Taylor, D. M., McDonald, D. A., Crush, J., & Meot, A. (2006). The relative deprivation−gratification continuum and the attitudes of South Africans toward immigrants: A test of the V−curve hypothesis. *Journal of Personality and Social Psychology, 91*, 1032−1044.

Dandeneau, S. D., Baldwin, M. W., Baccus, J. R., Sakellaropoulo, M., & Pruessner, J. C. (2007). Cutting stress off at the pass: Reducing vigilance and responsiveness to social threat by anipulating attention. *Journal of Personality and Social Psychology, 93*, 651−666.

Dardenne, B., Dumont, M., & Bollier, T. (2007). Insidious dangers of benevolent sexism: Consequences for women's performance. *Journal of Personality and Social Psychology, 93*, 764−779.

Darley, J. M., Fleming, J. H., Hilton, J. L., & Swann, W. B., Jr. (1988). Dispelling negative expectancies: The impact of interaction goals and target characteristics on the expectancy confirmation process. *Journal of Experimental Social Psychology, 24*, 19−36.

Darley, J. M., & Latané, B. (1968). Bystander intervention in emergencies: Diffusion of responsibility. *Journal of Personality and Social Psychology, 8,* 377−383.

Das, E. H. H. J., de Wit, J. B. F., & Stroebe, W. (2003). Fear appeals motivate acceptance of action recommendations. *Personality and Social Psychology Bulletin, 29,* 650−664.

Daubman, K. A., Heatherington, L., & Ahn, A. (1992). Gender and the selfpresentation of academic achievement. *Sex Roles, 27,* 187−204.

Dauten, D. (2004, July 22). How to be a good waiter, and other innovative ideas. *Arizona Republic,* p. D3.

Davidson, A. R., Yantis, S., Norwood, M., & Montano, D. E. (1985). Amount of information about the attitude object and attitude−behavior consistency. *Journal of Personality and Social Psychology, 49,* 1184−1198.

Davidson, K., & Prkachin, K. (1997). Optimism and unrealistic optimism have an interacting impact on health−promoting behavior and knowledge changes. *Personality and Social Psychology Bulletin, 23*(6), 617−625.

Davidson, O. G. (1996). *The best of enemies: Race and redemption in the New South.* New York: Scribner.

Davidson, R. J., Ekman, P., Saron, C. D., Senulis, J. A., & Friesen, W. V. (1990). Approach/withdrawal and cerebral asymmetry: Emotional expression and brain physiology. *Journal of Personality and Social Psychology, 58,* 330−341.

Davies, J. C. (1962). Toward a theory of revolution. *American Sociological Review, 27,* 5−19.

Davis, B. P., & Knowles, E. S. (1999). A disrupt-then−reframe technique of social influence. *Journal of Personality and Social Psychology, 76,* 192−199.

Davis, D., & Follette, W. C. (2001). Foibles of witness memory in high profile/traumatic cases. *Journal of Air Law and Commerce, 66,* 1421−1449.

Davis, D., & Leo, R. A. (2006). Psychological weapons of influence: Applications in the interrogation room. *Nevada Lawyer, 14,* 14−19.

Davis, D., & O'Donohue, W. T. (2004). The road to perdition: "Extreme influence" tactics in the interrogation room. In W. T. O'Donohue, P. R. Laws, & C. Hollin (Eds.), *Handbook of forensic psychology* (pp. 897−996). New York: Basic Books.

Davis, D., Shaver, P. R., & Vernon, M. L. (2004). Attachment style and subjective motivations for sex. *Personality and Social Psychology Bulletin, 30,* 1076−1090.

Davis, J. H. (1969). *Group performance.* New York: Addison−Wesley.

Davis, J. H. (1973). Group decision and social interaction: A theory of social decision schemes. *Psychological Review, 80,* 97−125.

Davis, J. H., Kerr, N. L., Atkin, R. S., Holt, R., & Meek, D. (1975). The decision processes of 6and 12−person mock juries assigned unanimous and two thirds majority rules. *Journal of Personality and Social Psychology, 32,* 1−14.

Davis, J. L., & Rusbult, C. E. (2001). Attitude alignment in close relationships. *Journal of Personality & Social Psychology, 81,* 65−84.

Davis, K. E., & Todd, M. J. (1985). Assessing friendship: Prototypes, paradigm cases and relationship description. In S. Duck & D. Perlman (Eds.), *Understanding personal relationships: An interdisciplinary approach* (pp. 17−38). Beverly Hills, CA: Sage.

Davis, M. H. (1994). *Empathy: A social psychological approach.* Madison, WI: Brown and Benchmark.

Davis, M. H. (2000, April 8). Tempe teens brawl in "Fight Club." *Arizona Republic,* p. B1.

Davis, M. H., Conklin, L., Smith, A., & Luce, C. (1996). The effect of perspective taking on the cognitive representation of persons: A merging of self and other. *Journal of Personality and Social Psychology, 70,* 213−226.

Davis, M. H., Morris, M. M., & Kraus, L. A. (1998). Relationship−specific and global perceptions of social support: Associations with well−being and attachment. *Journal of Personality and Social Psychology, 74,* 468−481.

Dawes, R. M. (1989). Statistical criteria for establishing a truly false consensus effect. *Journal of Experimental Social Psychology, 25,* 1−17.

Day, D. V., Shleicher, D. J., Unckless, A. L., & Hiller, N. J. (2002). Self−monitoring personality at work: A meta−analytic investigation of construct validity. *Journal of Applied Psychology, 87,* 390−401.

Deaux, K., & Hanna, R. (1984). Courtship in the personal column: The influence of gender and sexual orientation. *Sex Roles, 11,* 363−375.

Deaux, K., & LaFrance, M. (1998). Gender. In D. T. Gilbert, S. T. Fiske, & G. Lindzey (Eds.), *The handbook of social psychology* (4th ed., Vol. 1, pp. 788−827). New York: McGraw−Hill.

Deaux, K., & Lewis, L. L. (1984). The structure of gender stereotypes: Interrelationships among components and gender label. *Journal of Personality and Social Psychology, 46,* 991−1004.

Deaux, K., & Major, B. (1987). Putting gender into context: An interactive model of gender−related behavior. *Psychological Review, 94,* 369−389.

Deaux, K., Reid, A., Mizrahi, K., & Ethier, K. A.

사회심리학

(1995). Parameters of social identity. *Journal of Personality and Social Psychology, 68*, 280−291.

DeBono, K. G. (1987). Investigating the social−adjustive and value−expressive functions of attitude: Implications for persuasion processes. *Journal of Personality and Social Psychology, 52*, 279−287.

DeBruine, L. M. (2005). Trustworthy but not lust−worthy: Context−specific effects of facial resemblance. *Proceedings of the Royal Society of London B, 272*, 919−922.

DeBruine, L. M., Jones, B. C., & Perrett, D. I. (2005). Women's attractiveness judgments of self−resembling faces change across the menstrual cycle. *Hormones and Behavior, 47*, 379−383.

Decety, J. (2012). Neuroscience of empathic responding. In S. L. Brown, R. M. Brown, & L. A. Penner (Eds.), *Moving beyond self-interest: Perspectives from evolutionary biology, neuroscience, and the social sciences* (pp. 109−132). New York: Oxford University Press.

Deci, E. L., Koestner, R., & Ryan, R. M. (1999). A meta−analytic review of experiments examining the effects of extrinsic rewards on intrinsic motivation. *Psychological Bulletin, 125*, 627−668.

Deci, E. L., Koestner, R., & Ryan, R. M. (2001). Extrinsic rewards and intrinsic motivation in education: Reconsidered once again. *Review of Educational Research, 71*, 1−27.

Deci, E. L., & Ryan, R. M. (1985). *Intrinsic motivation and self-determination in human behavior.* New York: Plenum.

Deci, E. L., & Ryan, R. M. (2000). The "what" and "why" of goal pursuits: Human needs and the self−determination of behavior. *Psychological Inquiry, 11*, 227−268.

DeCremer, D., & VanDijk, E. (2002). Reactions to group success and failure as a function of identification level: A test of the goal−transformation hypothesis in social dilemmas. *Journal of Experimental Social Psychology, 38*, 435−442.

DeDreu, C. K. W. (2003). Time pressure and closing of the mind in negotiation. *Organizational Behavior and Human Decision Processes, 91*, 280−295.

De Dreu, C. K. W., Nijstad, B. A., & van Knippenberg, D. (2008). Motivated information processing in group judgment and decision making. *Personality and Social Psychology Review, 12*, 22−49.

DeDreu, C. K. W., & West, M. A. (2001). Minority dissent and team innovation: The importance of participation in decision making.

Journal of Applied Psychology, 86, 1191−1201.

De Hoogh, A. H. B., Den Hartog, D. N., & Koopman, P. L. (2005). Linking the Big Five factors of personality to charismatic and transactional leadership: Perceived dynamic work environment as a moderator. *Journal of Organizational Behavior, 26*, 839−865.

Del Giudice, M. (2009). Sex, attachment, and the development of reproductive strategies. *Behavioral & Brain Sciences, 32*, 1−68.

Del Guidice, M. (2011). Sex differences in romantic attachment: A meta−analysis. *Personality and Social Psychology Bulletin, 37*(2), 193−214.

DeLisi, M., Vaughn, M. G., Gentile, D. A., Anderson, C. A., & Shook, J. J. (2013). Violent video games, delinquency, and youth violence new evidence. *Youth Violence and Juvenile Justice, 11*(2), 132−142.

Deluga, R. J., & Perry, J. T. (1994). The role of subordinate performance and ingratiation in leader−member exchanges. *Group and Organization Management, 19*, 67−86.

Del Vecchio, T., & O'Leary, K. D. (2004). Effectiveness of anger treatments for specific anger problems: A meta−analytic review. *Clinical Psychology Review, 24*(1), 15−34.

Denissen, J. J. A., Penke, L., & Schmitt, D. P. (2008). Self−esteem reactions to social interactions: Evidence for sociometer mechanisms across days, people, and nations. *Journal of Personality and Social Psychology, 95*, 181−196.

DePaulo, B. M. (1982). Social−psychological processes in informal help seeking. In T. A. Wills (Ed.), *Basic processes in helping relationships* (pp. 255−277). New York: Academic Press.

DePaulo, B. M. (1992). Nonverbal behavior and self−presentation. *Psychological Bulletin, 111*, 203−243.

DePaulo, B. M., Epstein, J. A., & LeMay, C. S. (1990). Responses of the socially anxious to the prospect of interpersonal evaluation. *Journal of Personality, 58*, 623−640.

DePaulo, B. M., & Fisher, J. D. (1980). The costs of asking for help. *Basic and Applied Social Psychology, 1*, 23−35.

DePaulo, B. M., Kashy, D. A., Kirkendol, S. E., Wyer, M. M., & Epstein, J. A. (1996). Lying in everyday life. *Journal of Personality and Social Psychology, 70*, 979−995.

DePaulo, B. M., Lindsay, J. J., Malone, B. E., Muhlenbruck, L., Charlton, K., & Cooper, H. (2003). Cues to deception. *Psychological Bulletin, 129*, 74−112.

Derlega, V. J., Metts, S., Petronio, S., & Margulis, S. J. (1993). *Self-disclosure.* Newbury Park, CA: Sage.

DeSteno, D., Bartlett, M. Y., Braverman, J., & Salovey, P. (2002). Evolutionary mechanism or artifact of measurement? *Journal of Personality & Social Psychology, 83*, 1103–1116.

Deters, F. G., & Mehl, M. R. (2012). Does posting Facebook status updates increase or decrease loneliness? An online social networking experiment. *Social Psychological and Personality Science, 4*(5), 579–586.

Deutsch, L. (1993, August 27). 4 tell jury how they ran from TVs to help Denny. *San Francisco Examiner*, p. A11.

Deutsch, M. (1986). Strategies for inducing cooperation. In R. K. White (Ed.), *Psychology and the prevention of nuclear war* (pp. 162–170). New York: New York University Press.

Deutsch, M., & Gerard, H. B. (1955). A study of normative and informational social influences upon individual judgment. *Journal of Abnormal and Social Psychology, 51*, 629–636.

Devine, P. G. (1989). Stereotypes and prejudice: Their automatic and controlled components. *Journal of Personality and Social Psychology, 56*, 5–18.

Devine, P. G., Monteith, M. J., Zuwerink, J. R., & Elliot, A. J. (1991). Prejudice with and without compunction. *Journal of Personality and Social Psychology, 60*, 817–830.

Devos, T., Silver, L. A., Mackie, D. M., & Smith, E. R. (2002). Experiencing intergroup emotions. In D. M. Mackie & E. R. Smith (Eds.), *From prejudice to intergroup emotions: Differentiated reactions to social groups* (pp. 111–134). New York: Psychology Press.

DeVries, D. L., Edwards, K. J., & Slavin, R. E. (1978). Biracial learning teams and race relations in the classroom: Four field experiments using teams–games–tournament. *Journal of Educational Psychology, 70*(3), 356–362.

de Waal, F. B. M. (1989). *Chimpanzee politics: Power and sex among apes*. Baltimore: Johns Hopkins University Press.

Dewall, C. N., Baumeister, R. F., Stillman, T. F., & Gailliot, M. T. (2007). Violence restrained: Effects of self–regulation and its depletion on aggression. *Journal of Experimental Social Psychology, 43*, 62–76.

Diamond, L. M. (2003). What does sexual orientation orient? A biobehavioral model distinguishing romantic love and sexual desire. *Psychological Review, 110*, 173–192.

Diamond, L. M. (2004). Emerging perspectives on distinctions between romantic love and sexual desire. *Current Directions in Psychological Science, 13*, 116–119.

Diamond, L. M. (2007). A dynamical systems approach to female same–sex sexuality. *Perspectives on Psychological Science, 2*, 142–161.

Diamond, L. M. (2008). Female bisexuality from adolescence to adulthood: Results from a 10–year longitudinal study. *Developmental Psychology, 44*, 5–14.

Diamond, L. M., Hicks, A. M., & Otter–Henderson, K. D. (2008). Every time you go away: Changes in affect, behavior, and physiology associated with travel–related separations from romantic partners. *Journal of Personality and Social Psychology, 95*, 385–403.

Dickerson, S. S., Gruenewald, T. L., & Kemeny, M. E. (2004). When the social self is threatened: Shame, physiology, and health. *Journal of Personality, 72*, 1191–1216.

Dickey, C. (1991, January 7). Why we can't seem to understand the Arabs. *Newsweek*, pp. 26–27.

Diener, E. (2000). Subjective well–being: The science of happiness and a proposal for a national index. *American Psychologist, 55*, 34–43.

Diener, E., & Biswas–Diener, R. (2008). *Happiness: Unlocking the mysteries of psychological wealth*. Malden, MA: Blackwell/Wiley.

Diener, E., Fraser, S. C., Beaman, A. L., & Kelem, R. T. (1976). Effects of deindividuation variables on stealing among Halloween trick–or–treaters. *Journal of Personality and Social Psychology, 33*, 178–183.

Dijker, A. J., & Koomen, W. (1996). Stereotyping and attitudinal effects under time pressure. *European Journal of Social Psychology, 26*, 61–74.

Dijksterhuis, A., & van Knippenberg, A. (1999). On the parameters of associative strength: Central tendency and variability as determinants of stereotype accessibility. *Personality and Social Psychology Bulletin, 25*, 527–536.

Dijkstra, P., & Buunk, B. P. (1998). Jealousy as a function of rival characteristics: An evolutionary perspective. *Personality & Social Psychology Bulletin, 24*, 1158–1166.

Dill, K. E., Brown, B. P., & Collins, M. A. (2008). Effects of exposure to sex–stereotyped video game characters on tolerance of sexual harassment. *Journal of Experimental Social Psychology, 44*, 1402–1408.

DiMento, J. F. (1989). Can social science explain organizational noncompliance with environmental law? *Journal of Social Issues, 45*, 109–133.

Dion, K. L., Dion, K. K., & Keelan, J. P. (1990). Appearance anxiety as a dimension of social–evaluative anxiety: Exploring the ugly duckling syndrome. *Contemporary Social Psychology, 14*, 220–224.

Ditto, P. H., & Lopez, D. F. (1992). Motivated skepticism: Use of differential decision criteria for preferred and nonpreferred conclusions. *Journal of Personality and Social Psychology, 63,* 568–584.

Dodd, E. H., Giuliano, T. A., Boutell, J. M., & Moran, B. E. (2001). Respected or rejected: Perceptions of women who confront sexist remarks. *Sex Roles, 45,* 567–577.

Dodge, K. A., & Coie, J. D. (1987). Social information processing factors in reactive and proactive aggression in children's peer groups. *Journal of Personality and Social Psychology, 53,* 1146–1158.

Dodge, K. A., & Frame, C. L. (1982). Social cognitive biases and deficits in aggressive boys. *Child Development, 53,* 1146–1158.

Dodge, K. A., Price, J. M., Bachorowski, J. A., & Newman, J. P. (1990). Hostile attributional biases in severely aggressive adolescents. *Journal of Abnormal Psychology, 99,* 385–392.

Doherty, K., & Schlenker, B. R. (1991). Self-consciousness and strategic self-presentation. *Journal of Personality, 59,* 1–18.

Dolinski, D. (2000). On inferring one's beliefs from one's attempt and its consequences for subsequent compliance. *Journal of Personality and Social Psychology, 78,* 260–272.

Dolinski, D. (2012). The nature of the first small request as a decisive factor in the effectiveness of the foot–in–the–door technique. *Applied Psychology, 61*(3), 437–453.

Dollard, J., Miller, N. E., Doob, L. W., Mowrer, O. H., & Sears, R. R. (1939). *Frustration and aggression.* New Haven, CT: Yale University Press.

Donahue, E. M. (1994). Do children use the Big Five, too? Content and structural form in personality description. *Journal of Personality, 62,* 45–66.

Donaldson, S. I., Graham, J. W., Piccinin, A. M., & Hansen, W. B. (1995). Resistance–skills training and onset of alcohol use. *Health Psychology, 14,* 291–300.

Donders, N. C., Correll, J., & Wittenbrink, B. (2008). Danger stereotypes predict racially biased attentional processing. *Journal of Experimental Social Psychology, 44,* 1328–1333.

Donnerstein, E., & Berkowitz, L. (1981). Victim reactions to aggressive erotic films as a factor in violence against women. *Journal of Personality and Social Psychology, 41,* 710–724.

Doty, R. M., Peterson, B. E., & Winter, D. G. (1991). Threat and authoritarianism in the United States, 1978.1987. *Journal of Personality and Social Psychology, 61,* 629–640.

Doty, R. M., Winter, D. G., Peterson, B. E., &

Kemmelmeier, M. (1997). Authoritarianism and American students' attitudes about the Gulf War. *Personality and Social Psychology Bulletin, 23,* 1133–1143.

Dovidio, J. F. (1984). Helping behavior and altruism: An empirical and conceptual overview. In L. Berkowitz (Ed.), *Advances in experimental social psychology* (Vol. 17, pp. 361–427). New York: Academic Press.

Dovidio, J. F. (1993, October). *Androgyny, sex roles, and helping.* Paper presented at the meetings of the Society of Experimental Social Psychology, Santa Barbara, CA.

Dovidio, J. F., Ellyson, S. L., Keating, C. F., Heltman, K., & Brown, C. E. (1988). The relationship of social power to visual displays of dominance between men and women. *Journal of Personality and Social Psychology, 54,* 233–242.

Dovidio, J. F., & Gaertner, S. L. (2000). Aversive racism and selection decisions: 1989 and 1999. *Psychological Science, 11,* 315–319.

Dovidio, J. F., Gaertner, S. L., & Kawakami, K. (2003). Intergroup contact: The past, present, and the future. *Group Processes and Intergroup Relations, 6,* 5–20.

Dovidio, J. F., Gaertner, S. L., Validzic, A., Matoka, K., Johnson, B., & Frazier, S. (1997a). Extending the benefits of recategorization: Evaluations, self–disclosure, and helping. *Journal of Experimental Social Psychology, 33,* 401–420.

Dovidio, J. F., Piliavin, J. A., Gaertner, S. L., Schroeder, D. A., & Clark, R. D., III. (1991). The arousal: Cost–Reward Model and the process of intervention: A review of the evidence. In M. S. Clark (Ed.), *Review of personality and social psychology* (Vol. 12, pp. 86–118). Newbury Park, CA: Sage.

Dovidio, J. F., Piliavin, J. A., Schroeder, D. A., & Penner, L. A. (2006). *The social psychology of pro-social behavior.* Mahwah, NJ: Erlbaum.

Dovidio, J. F., ten Vergert, M., Stewart, T. L., Gaertner, S. L., Johnson, J. D., Esses, V. M., et al. (2004). Perspective and prejudice: Antecedents and mediating mechanism. *Personality and Social Psychology Bulletin, 30,* 1537–1549.

Dowd, E. T., Hughes, S., Brockbank, L., Halpain, D., Seibel, C., & Seibel, P. (1988). Compliance–based and defiance–based intervention strategies and psychological reactance in the treatment of free and unfree behavior. *Journal of Counseling Psychology, 35,* 363–369.

Dowd, E. T., Milne, C. R., & Wise, S. L. (1991). The therapeutic reactance scale: A measure of psychological reactance. *Journal of Counseling* and Development, 69, 541−545.

Downs, A. C., & Lyons, P. M. (1991). Natural observations of the links between attractiveness and initial legal judgments. Personality and Social Psychology Bulletin, 17, 541−547.

Doyle, R. (1997, April). By the numbers: Air pollution in the U.S. Scientific American, 27.

Dreher, J., Schmidt, P. J., Kohn, P., Furman, D., Rubinow, D., & Berman, K. F. (2007). Menstrual cycle phase modulates reward−related neural function in women. Proceedings of the National Academy of Sciences, 104, 2465−2470.

Drigotas, S. M., & Barta, W. (2001). The cheating heart: Scientific explorations of infidelity. Current Directions in Psychological Science, 10, 177−180.

Driskell, J. E., Hogan, R., & Salas, E. (1987). Personality and group performance. In C. Hendrick (Ed.), Group processes and intergroup relations (pp. 91−112). Newbury Park, CA: Sage.

Duckitt, J., & Farre, B. (1994). Right−wing authoritarianism and political intolerance among whites in the future majority−rule South Africa. Journal of Social Psychology, 134, 735−741.

Duke, N., Resnick, M. D., & Borowsky, I. W. (2005). Adolescent firearm violence: Position paper of the society for adolescent medicine. Journal of Adolescent Health, 37, 171−174.

Du Maurier, D. (1977). Myself when young: The shaping of a writer. Garden City, NY: Doubleday.

Duncan, L. A., Park, J. H., Faulkner, J., Schaller, M., Neuberg, S. L., & Kenrick, D. T. (2007). Adaptive allocation of attention: Effects of sex and socio−sexuality on visual attention to attractive opposite−sex faces. Evolution and Human Behavior, 28, 359−364.

Dunn, E. W., Aknin, L. B., & Norton, M. I. (2008). Spending money on others promotes happiness. Science, 319, 1687−1688.

Dunn, E. W., & Norton, M. (2013). Happy money: The science of smarter spending. New York: Simon & Schuster.

Dunn, M. J., Brinton, S., & Clark, L. (2010). Universal sex differences in online advertisers age preferences: Comparing data from 14 cultural groups and 2 religious groups. Evolution and Human Behavior, 31, 383−393.

Dunning, D., & Balcetis, E. (2013). Wishful seeing: How preferences shape visual perception. Current Directions in Psychological Science, 22, 33−37.

Dunning, D., Leuenberger, A., & Sherman, D. A. (1995). A new look at motivated inference: Are self−serving theories of success a product of motivational forces? Journal of Personality and Social Psychology, 69, 58−68.

Dunning, D., Perie, M., & Story, A. L. (1991). Self−serving prototypes of social categories. Journal of Personality and Social Psychology, 61, 957−968.

Dunning, D., & Sherman, D. A. (1997). Stereotypes and tacit inference. Journal of Personality and Social Psychology, 73, 459−471.

Duntley, J. D. (2005). Adaptations to dangers from humans. In D. M. Buss (Ed.), Handbook of evolutionary psychology (pp. 224−254). Hoboken, NJ: Wiley.

Dunton, B. C., & Fazio, R. H. (1997). An individual difference measure of motivation to control prejudiced reactions. Personality and Social Psychology Bulletin, 23, 316−326.

Durant, W., & Durant, A. (1963). The age of Louis XIV. New York: Simon & Schuster.

Durante, K. M., Griskevicius, V., Simpson, J. A., Cantu, S. M., & Tybur, J. M. (2012). Sex ratio and women's career choice: Does a scarcity of men lead women to choose briefcase over baby? Journal of Personality and Social Psychology, 103(1), 121−134.

Durante, K. M., Li, N. P., & Haselton, M. G. (2008). Changes in women's choice of dress across the ovulatory cycle: Naturalistic and laboratory taskbased evidence. Personality and Social Psychology Bulletin, 34, 1451−1460.

Duriez, B., Soenens, B., & Vansteenkiste, M. (2008). The intergenerational transmission of authoritarianism: The mediating role of parental goal promotion. Journal of Research in Personality, 42, 622−642.

Dutton, A., & Aron, A. (1974). Some evidence for heightened sexual attraction under conditions of high anxiety. Journal of Personality and Social Psychology, 30, 510−517.

Duval, S., & Wicklund, R. A. (1972). A theory of objective self-awareness. New York: Academic Press.

Dykas, M. J., & Cassidy, J. (2011). Attachment and the processing of social information across the life span: Theory and evidence. Psychological Bulletin, 137(1), 19−46.

Dykman, B., & Reis, H. T. (1979). Personality correlates of classroom seating position. Journal of Educational Psychology, 71, 346−354.

Eagly, A. H. (1987). Sex differences in social behavior: A social-role interpretation. Hillsdale, NJ: Erlbaum.

Eagly, A. H. (1995). The science and politics of comparing women and men. American Psychologist, 50(3), 145−158.

Eagly, A. H., Ashmore, R. D., Makhijani, M. G., & Longo, L. C. (1991). What is beautiful is good, but ⋯ : A metaanalytic review of research on the physical attractiveness stereotype. Psychological Bulletin, 110, 109−128.

Eagly, A. H., & Carli, L. L. (1981). Sex of researchers and sex-typed communications as determinants of sex differences in influencability: A meta-analysis of social influence studies. *Psychological Bulletin, 90*, 1–20.

Eagly, A. H., & Chaiken, S. (1993). *The psychology of attitudes.* Fort Worth, TX: Harcourt Brace Jovanovich.

Eagly, A. H., & Chaiken, S. (1998). Attitude structure and function. In D. Gilbert, S. T. Fiske, & G. Lindzey (Eds.), *Handbook of social psychology* (4th ed., Vol. 2, pp. 269–322). Boston: McGraw-Hill.

Eagly, A. H., & Chrvala, C. (1986). Sex differences in conformity: Status and gender role interpretations. *Psychology of Women Quarterly, 10*, 203–220.

Eagly, A. H., & Crowley, M. (1986). Gender and helping behavior: A metaanalytic view of the social psychological literature. *Psychological Bulletin, 100*, 283–308.

Eagly, A. H., Johannesen-Schmidt, M. C., & Van Engen, M. L. (2003). Transformational, transactional, and laissez-faire leadership styles: A meta-analysis comparing women and men. *Psychological Bulletin, 129*, 569–591.

Eagly, A. H., & Karau, S. J. (1991). Gender and the emergence of leaders: A metaanalysis. *Journal of Personality and Social Psychology, 60*, 685–710.

Eagly, A. H., & Karau, S. J. (2002). Role congruity theory of prejudice toward female leaders. *Psychological Review, 109*, 573–598.

Eagly, A. H., Karau, S. J., & Makhijani, M. G. (1995). Gender and the effectiveness of leaders: A meta-analysis. *Psychological Bulletin, 117*, 125–145.

Eagly, A. H., & Steffen, V. J. (1986). Gender and aggressive behavior: A meta-analystic review of the social psychological literature. *Psychological Bulletin, 100*, 309–330.

Eagly, A. H., & Wood, W. (1999). The origins of sex differences in human behavior: Evolved dispositions versus social roles. *American Psychologist, 54*, 408–423.

Eagly, A. H., Wood, W., & Chaiken, S. (1978). Causal inferences about communicators and their effect on opinion change. *Journal of Personality and Social Psychology, 36*, 424–435.

Eagly, A. H., Wood, W., & Fishbaugh, L. (1981). Sex differences in conformity: Surveillance by the group as a determinant of male nonconformity. *Journal of Personality and Social Psychology, 40*, 384–394.

Eagly, A. H., Wood, W., & Johannesen- Schmidt, M. C. (2004). Social role theory of sex differ-

ences and similarities: Implications for the partner preferences of women and men. In A. H. Eagly, A. E. Beall, & R. Sternberg (Eds.), *Psychology of gender* (2nd ed., pp. 269–295). New York: Guilford Press.

Earley, P. C. (1989). Social loafing and collectivism: A comparison of the United States and the People's Republic of China. *Administrative Science Quarterly, 34*, 565–581.

Eberhardt, J. L., Goff, P. A., Purdie, V. J., & Davies, P. G. (2004). Seeing black: Race, crime, and visual processing. *Journal of Personality and Social Psychology, 87*, 876–893.

Eby, L. T., & Dobbins, G. H. (1997). Collectivistic orientation in teams: An individual and group-level analysis. *Journal of Organizational Behavior, 18*, 275–295.

Edinger, J. A., & Patterson, M. L. (1983). Nonverbal involvement and social control. *Psychological Bulletin, 93*, 30–56.

Edwards, J. A., & Weary, G. (1993). Depression and the impression formation continuum: Piecemeal processing despite the availability of category information. *Journal of Personality and Social Psychology, 64*, 636–645.

Edwards, K., & Smith, E. E. (1996). A disconfirmation bias in the evaluation of arguments. *Journal of Personality and Social Psychology, 71*, 5–24.

Efran, M. G., & Patterson, E. W. J. (1974). Voters vote beautiful: The effects of physical appearance on a national election. *Canadian Journal of Behavioral Science, 6*, 352–356.

Efran, M. G., & Patterson, E. W. J. (1976). *The politics of appearance.* Unpublished manuscript, University of Toronto, ON.

Egan, K. J. (1990). What does it mean to a patient to be "in control"? In F. M. Ferrante, G. W. Ostheimer, & B. G. Covino (Eds.), *Patient-controlled analgesia* (pp. 17–26). Boston: Blackwell.

Eibach, R. P., & Ehrlinger, J. (2006). "Keep your eyes on the prize" : Reference points and racial differences in assessing progress toward equality. *Personality and Social Psychology Bulletin, 32*, 66–77.

Eibl-Eibesfeldt, I. (1973). The expressive behavior of the deaf-and-blind-born. In M. von Cranach & I. Vine (Eds.), *Social communication and movement* (pp. 163–194). New York: Academic Press.

Eid, M., & Diener, E. (2001). Norms for experiencing emotions in different cultures: Inter- and intra-national differences. *Journal of Personality and Social Psychology, 81*, 869–885.

Einon, D. (1994). Are men more promiscuous than women? *Ethology and Sociobiology, 15*, 131–143.

Eisenberg, N., & Fabes, R. A. (1998). Prosocial development. In W. Damon (Ed.), *Handbook of child psychology* (5th ed., Vol. 3, pp. 701–798). New York: Wiley.

Eisenberg, N., & Miller, P. (1987). The relation of empathy to prosocial and related behaviors. *Psychological Bulletin, 101*, 91–119.

Eisenberger, N. I., Lieberman, M. D., & Williams, K. D. (2003). Does rejection hurt? An fMRI study of social exclusion. *Science, 302*, 290–292.

Eisenstadt, D., Leippe, M. R., Stambush, M. A., Rauch, S. M., & Rivers, J. A. (2005). Dissonance and prejudice. *Basic and Applied Social Psychology, 27*, 127–141.

Ekman, P. (1982). *Emotion in the human face* (2nd ed.). Cambridge, UK: Cambridge University Press.

Ekman, P. (1985). *Telling lies: Clues to deceit in the marketplace, politics, and marriage.* New York: W.W. Norton.

Ekman, P., & Friesen, W. V. (1971). Constants across cultures in the face and emotion. *Journal of Personality and Social Psychology, 17*, 124–129.

Ekman, P., & Friesen, W. V. (1978). *The facial-action coding system.* Palo Alto, CA: Consulting Psychologists Press.

Elfenbein, H. A., & Ambady, N. (2002). On the universality and cultural specificity of emotion recognition: A meta–analysis. *Psychological Bulletin, 128*, 203–235.

Elkin, R. A., & Leippe, M. R. (1986). Physiological arousal, dissonance, and attitude change. *Journal of Personality and Social Psychology, 51*, 55–65.

Elliot, A. J., & Church, M. A. (2003). A motivational analysis of defensive pessimism and self–handicapping. *Journal of Personality, 71*, 369–396.

Elliot, A. J., & Devine, P. G. (1994). On the motivational nature of cognitive dissonance: Dissonance as psychological discomfort. *Journal of Personality and Social Psychology, 67*, 382–394.

Elliot, A. J., & Reis, H. T. (2003). Attachment and exploration in adulthood. *Journal of Personality & Social Psychology, 85*, 317–331.

Ellis, B. J., & Symons, D. (1990). Sex differences in sexual fantasy: An evolutionary psychological approach. *Journal of Sex Research, 27*, 527–555.

Ellis, L. (1986). Evidence of neuroandrogenic etiology of sex roles from a combined analysis of human, nonhuman primate and nonprimate mammalian studies. *Personality and Individual Differences, 7*, 519–552.

Ellsworth, P. C., Haney, C., & Costanzo, M. (2001). Society for the Psychological Study of Social Issues (SPSSI) position statement on the death penalty. *Society for Psychological Study of Social Issues. Retrieved from* www.spssi.org/positionstatements.html

Ellsworth, P. C., & Mauro, R. (1998). Psychology and law. In D. T. Gilbert, S. T. Fiske, & G. Lindzey (Eds.), *Handbook of social psychology* (4th ed., Vol. 2, pp. 684–732). New York: McGraw–Hill/Oxford University Press.

Emert, C. (2000, September 2). *Olympic seal of approval.* San Francisco Chronicle, pp. D1–D2.

Emmons, R. A. (1989). The personal striving approach to personality. In L. A. Pervin (Ed.), *Goals concepts in personality and social psychology* (pp. 87–126). Hillsdale, NJ: Erlbaum.

Emmons, R. A., Diener, E., & Larsen, R. J. (1986). Choice and avoidance of everyday situations and affect congruence: Two models of reciprocal interactionism. *Journal of Personality and Social Psychology, 51*, 815–826.

End, C. M., Dietz–Uhler, B., Harrick, E. A., & Jacquemotte, L. (2002). Identifying with winners: A reexamination of sport fans' tendency to BIRG. *Journal of Applied Social Psychology, 32*, 1017–1030.

Engelhardt, C. R., Bartholow, B. D., Kerr, G. T., & Bushman, B. J. (2011). This is your brain on violent video games: Neural desensitization to violence predicts increased aggression following violent video game exposure. *Journal of Experimental Social Psychology, 47(5)*, 1033–1036.

English, T., & Chen, S. (2011). Self–concept consistency and culture: The differential impact of two forms of consistency. *Personality and Social Psychology Bulletin, 37(6)*, 838–849.

Ensari, N., & Miller, N. (2002). The outgroup must not be so bad after all: The effects of disclosure, typicality, and salience on intergroup bias. *Journal of Personality & Social Psychology, 83*, 313–329.

Epley, N., & Gilovich, T. (2004). Are adjustments insufficient? *Personality and Social Psychology Bulletin, 30*, 447–460.

Epley, N., Keysar, B., Van Boven, L., & Gilovich, T. (2004). Perspective taking as egocentric anchoring and adjustment. *Journal of Personality and Social Psychology, 87*, 327–339.

Epstude, K., & Roese, N. J. (2008). The functional theory of counterfactual thinking. *Personality and Social Psychology Review, 12*, 168–192.

Erber, J. T., & Prager, I. G. (2000). Age and excuses for forgetting: Self–handicapping versus damage–control strategies. *International Journal of Aging and Human Development, 50*, 201–214.

Erber, R., & Fiske, S. T. (1984). Outcome dependency and attention to inconsistent information. *Journal of Personality and Social Psychology*, 47, 709–726.

Ericksen, M. K., & Sirgy, M. J. (1989). Achievement motivation and clothing behavior: A self–image congruence analysis. *Journal of Social Behavior and Personality*, 4, 307–326.

Escasa, M., Gray, P. B., & Patton, J. Q. (2010). Male traits associated with attractiveness in Conambo, Ecuador. *Evolution and Human Behavior*, 31, 193–200.

Estow, S., Jamieson, J. P., & Yates, J. R. (2007). Self–monitoring and mimicry of positive and negative social behaviors. *Journal of Research in Personality*, 41, 425–433.

Evans, A. T., & Clark, J. K. (2012). Source characteristics and persuasion: The role of self–monitoring in self–validation. *Journal of Experimental Social Psychology*, 48(1), 383–386.

Evans, C. R., & Dion, K. L. (2012). Group cohesion and performance a meta–analysis. *Small Group Research*, 43(6), 690–701.

Evans, G. W., & Lepore, S. J. (1993). Household crowding and social support: A quasiexperimental analysis. *Journal of Personality and Social Psychology*, 65, 308–316.

Evans, G. W., Lepore, S. J., & Schroeder, A. (1996). The role of interior design elements in human responses to crowding. *Journal of Personality and Social Psychology*, 70, 41–46.

Evans, G. W., Palsane, M. N., & Carrere, S. (1987). Type A behavior and occupational stress: A cross–cultural study of blue–collar workers. *Journal of Personality and Social Psychology*, 52, 1002–1007.

Evans, G. W., & Wener, R. E. (2007). Crowding and personal space invasion on the train: Please don't make me sit in the middle. *Journal of Environmental Psychology*, 27, 90–94.

Evans, J. S. B. T. (2008). Dual–processing accounts of reasoning, judgment, and social cognition. *Annual Review of Psychology*, 59, 255–278.

Executive Pay by the Numbers. (2013). *The New York Times*. Retrieved June 29, from http://www.nytimes.com/interactive/2013/06/30/business/executive–compensation–tables.html?_r=0

Exline, R. V. (1972). Visual interaction: The glances of power and preference. In J. K. Cole (Ed.), *Nebraska symposium on motivation* (Vol. 19, pp. 163–206). Lincoln: University of Nebraska Press.

Farc, M.–M., & Sagarin, B. S. (2009). Using attitude strength to predict registration and voting behavior in 2004 U. S. presidential elections. *Basic and Applied Social Psychology*, 31, 106–173.

Farrar, E. W. R. (1838). *The young lady's friend; A manual of practical advice and instruction to young females on their entering upon the duties of life after quitting school*. London: John W. Parker.

Fast, J. (1970). *Body language*. New York: M. Evans and Company.

Faulkner, J., Schaller, M., Park, J. H., & Duncan, L. A. (2004). Evolved disease–avoidance mechanisms and contemporary xenophobic attitudes. *Group Processes and Intergroup Relations*, 7, 333–353.

Fazio, R. H. (1987). Self–perception theory: A current perspective. In M. P. Zanna, J. M. Olson, & C. P. Herman (Eds.), *Ontario symposium on personality and social psychology* (pp. 129–150). Hillsdale, NJ: Erlbaum.

Fazio, R. H., Jackson, J. R., Dunton, B. C., & Williams, C. J. (1995). Variability in automatic activation as an unobtrusive measure of racial attitudes: A bona fide pipeline? *Journal of Personality and Social Psychology*, 69, 1013–1027.

Fazio, R. H., & Olson, M. A. (2003). Implicit measures in social cognition research: Their meaning and uses. *Annual Review of Psychology*, 54, 297–327.

Fazio, R. H., & Williams, C. J. (1986). Attitude accessibility as a moderator of the attitude–perception and attitude–behavior relations. *Journal of Personality and Social Psychology*, 51, 505–514.

Fazio, R. H., Zanna, M. P., & Cooper, J. (1977). Dissonance and self–perception. *Journal of Experimental Social Psychology*, 13, 464–479.

Feagin, J. R., & Feagin, C. B. (1999). *Racial and ethnic relations* (6th ed.). Upper Saddle River, NJ: Prentice–Hall.

Feather, N. T. (1998). Reactions to penalties for offenses committed by the police and public citizens: Testing a social–cognitive process model of retributive justice. *Journal of Personality & Social Psychology*, 75, 528–544.

Fehr, B. (1988). Prototype analysis of the concepts of love and commitment. *Journal of Personality and Social Psychology*, 55, 557–579.

Fehr, B. (2006). A prototype approach to studying love. In R. J. Sternberg & K. Weis (Eds.), *The new psychology of love* (pp. 225–248). New Haven, CT: Yale University Press.

Fehr, B. (2013). The social psychology of love. In J. A. Simpson & L. Campbell (Eds.), *Oxford handbook of close relationships* (pp. 201–288). New York: Oxford University Press.

Fehr, B., & Russell, J. A. (1991). The concept of love viewed from a prototype perspective. *Journal of Personality and Social Psychology*, 60,

425-438.

Fehr, E., Gachter, S., & Kirchsteiger, G. (1997). Reciprocity as a contract enforcement device. *Econometrica, 65*, 833-860.

Fein, S., & Spencer, S. J. (1997). Prejudice as self-image maintenance: Affirming the self through derogating others. *Journal of Personality and Social Psychology, 73*, 31-44.

Feinberg, D. R., DeBruine, L. M., Jones, B. C., & Little, A. C. (2008, April). Correlated preferences for men's facial and vocal masculinity. *Evolution and Human Behavior, 29*, 233-241.

Feinberg, D. R., Jones, B. C., DeBruine, L. M., Moore, E. R., Smith, M. J. L., Cornwell, R. E., et al. (2005). The voice and face of woman: One ornament that signals quality? *Evolution and Human Behavior, 26*, 398-408.

Feingold, A. (1992). Good-looking people are not what we think. *Psychological Bulletin, 111*, 304-341.

Feldman, R. S., Forrest, J. A., & Happ, B. R. (2002). Self-presentation and verbal deception: Do self-presenters lie more? *Basic and Applied Social Psychology, 24*, 163-170.

Felson, R. B. (1982). Impression management and the escalation of aggression and violence. *Social Psychology Quarterly, 45*, 245-254.

Felson, R. B., & Tedeschi, J. T. (1993). A social interactionist approach to violence: Cross-cultural implications. *Violence and Victims, 8*, 295-310.

Fenigstein, A. (1979). Self-consciousness, self-attention, and social interaction. *Journal of Personality and Social Psychology, 37*, 75-86.

Fenigstein, A., & Abrams, D. (1993). Self-attention and the egocentric assumption of shared perspectives. *Journal of Experimental Social Psychology, 29*, 287-303.

Ferguson, M. J., & Bargh, J. A. (2004). Liking is for doing: The effects of goal pursuit on automatic evaluation. *Journal of Personality and Social Psychology, 87*, 557-572.

Ferrante, F. M., Ostheimer, G. W., & Covino, B. G. (1990). *Patient-controlled analgesia*. Boston: Blackwell Scientific.

Ferrari, J. R. (1991). A second look at behavioral self-handicapping among women. *Journal of Social Behavior and Personality, 6*, 195-206.

Ferreira, M., Garcia-Marques, L., Hamilton, D., Ramos, T., Uleman, J. S., & Jeronimo, R. (2012). On the relation between spontaneous inferences and intentional inferences: An inference monitoring hypothesis. *Journal of Experimental Social Psychology, 48*, 1-12.

Ferris, T. (1997, April 14). *The wrong stuff*. The New Yorker, p. 31.

Feshbach, S. (1984). The catharsis hypothesis, aggressive drive, and the reduction of aggression. *Aggressive Behavior, 10*, 91-101.

Festinger, L. (1954). A theory of social comparison processes. *Human Relations, 7*, 117-140.

Festinger, L. (1957). *A theory of cognitive dissonance*. Stanford, CA: Stanford University Press.

Festinger, L., & Carlsmith, J. M. (1959). Cognitive consequences of forced compliance. *Journal of Abnormal and Social Psychology, 58*, 202-210.

Festinger, L., Pepitone, A., & Newcomb, T. (1952). Some consequences of deindividuation in a group. *Journal of Abnormal and Social Psychology, 47*(#2 Supp.), 382-389.

Festinger, L., Reicken, H. W., & Schachter, S. (1956). *When prophesy fails*. Minneapolis: University of Minnesota Press.

Festinger, L., Schachter, S., & Back, K. (1950). *Social pressures in informal groups*. Stanford, CA: Stanford University Press.

Fiedler, F. E. (1993). The leadership situation and the black box in contingency theories. In M. M. Chemers & R. Ayman (Eds.), *Leadership theory and research: Perspectives and directions* (pp. 1-28). San Diego, CA: Academic Press.

Fiedler, K., Schmid, J., & Stahl, T. (2002). What is the current truth about polygraph lie detection? *Basic and Applied Social Psychology, 24*, 313-324.

Fiedler, K., & Wänke, M. (2009). The cognitive-ecological approach to rationality in social psychology. *Social Cognition, 27*, 699-732.

Fincham, F. D. (2003). Marital conflict: Correlates, structure, and context. *Current Directions in Psychological Science, 12*, 23-27.

Finkel, E. J., Burnette, J. L., & Scissors, L. E. (2007). Vengefully ever after: Destiny beliefs, state attachment anxiety, and forgiveness. *Journal of Personality and Social Psychology, 92*, 871-886.

Finkel, E. J., & Campbell, W. K. (2001). Self-control and accommodation in close relationships: An interdependence analysis. *Journal of Personality & Social Psychology, 81*, 263-277.

Fischer, P., Krueger, J. I., Greitemeyer, T., Vogrincic, C., Kastenmuller, A., Frey, D., et al. (2011). The bystander-effect: A meta-analytic review on bystander intervention in dangerous and non-dangerous emergencies. *Psychological Bulletin, 137*(4), 517-537.

Fishbein, M., & Ajzen, I. (1975). *Beliefs, attitude, intention, and behavior: An introduction to theory and research*. Reading, MA: Addison-Wesley.

Fisher, H. (2006). The drive to love: The neural mechanism for mate selection. In R. J. Sternberg & K. Weis (Eds.), *New psychology of love* (pp.

87–115). New Haven: Yale University Press.

Fisher, H. E., Aron, A., & Brown, L. L. (2006). Romantic love: A mammalian brain system for mate choice. *Philosophical Transactions of the Royal Society B: Biological Sciences, 361*(1476), 2173–2186.

Fisher, R. J., Vandenbosch, M., & Anita, K. A. (2008). An empathy–helping perspective on consumers' responses to fund–raising appeals. *Journal of Consumer Research, 35*, 519–531.

Fisher, W. A., & Grenier, G. (1994). Violent pornography, antiwoman thoughts, and antiwoman acts: In search of reliable effects. *Journal of Sex Research, 31*, 23–38.

Fiske, A. P. (1992). The four elementary forms of sociality: Framework for a unified theory of social relations. *Psychological Review, 99*, 689–723.

Fiske, A. P. (2000). Complementarity theory: Why human social capacities evolved to require cultural complements. *Personality & Social Psychology Review, 4*, 76–94.

Fiske, A. P. (2002). Using individualism and collectivism to compare cultures.a critique of the validity and measurement of the constructs: Comment on Oyserman et al. (2002). *Psychological Bulletin, 128*, 78–88.

Fiske, A. P., Kitayama, S., Markus, H. R., & Nisbett, R. E. (1998). The cultural matrix of social psychology. In D. Gilbert, S. T. Fiske, & G. Lindzey (Eds.), *Handbook of social psychology* (4th ed., Vol. 2, pp. 915–981). Boston: McGraw–Hill.

Fiske, S. T. (2004). *Social beings: A core motives approach to social psychology.* Hoboken, NJ: Wiley.

Fiske, S. T., Cuddy, A. J., Glick, P., & Xu, J. (2002). A model of (often mixed) stereotype content: Competence and warmth respectively follow from perceived status and competition. *Journal of Personality and Social Psychology, 82*, 878–902.

Fiske, S. T., & Neuberg, S. L. (1990). A continuum of impression formation, from category–based to individuating processes: Influences of information and motivation on attention and interpretation. In M. P. Zanna (Ed.), *Advances in experimental social psychology* (Vol. 23, pp. 1–74). New York: Academic Press.

Fiske, S. T., & Taylor, S. E. (1991). *Social cognition* (2nd ed.). New York: McGraw– Hill.

Fitness, J., & Williams, V. (2013). The features and functions of positive emotions in close relationships. Positive Psychology of Love, 44.

Fitzgerald, L. F. (1993). Sexual harassment: Violence against women in the workplace. *American Psychologist, 48*, 1070–1076.

Fleming, J. H., & Darley, J. M. (1991). Mixed messages: The multiple audience problem and strategic communication. *Social Cognition, 9*, 25–46.

Fleming, J. H., & Rudman, L. A. (1993). Between a rock and a hard place: Self–concept regulating and communicative properties of distancing behaviors. *Journal of Personality and Social Psychology, 64*, 44–59.

Fletcher, G. J. O., Simpson, J. A., & Thomas, G. (2000). The measurement of perceived relationship quality components: A confirmatory factor analytic approach. *Personality & Social Psychology Bulletin, 26*, 340–354.

Fletcher, G. J. O., Simpson, J. A., Thomas, G., & Giles, L. (1999). Ideals in intimate relationships. *Journal of Personality & Social Psychology, 76*, 72–89.

Fletcher, G. J. O., Tither, J. M., O'Loughlin, C., Friesen, M., & Overall, N. (2004). Warm and homely or cold and beautiful? Sex differences in trading off traits in mate selection. *Personality and Social Psychology Bulletin, 30*, 659–672.

Flynn, F. J. (2003). How much should I give and how often? The effects of generosity and frequency of favor exchange on social status and productivity. *Academy of Management Journal, 46*, 539–553.

Foddy, M., Smithson, M., Schneider, S., & Hogg, M. (1999). *Resolving social dilemmas: Dynamic, structural, and intergroup aspects.* Philadelphia: Psychology Press.

Ford, C. V. (1996). *Lies! Lies!! Lies!!!: The psychology of deceit.* Washington, DC: American Psychiatric Press.

Ford, T. E. (2000). Effects of sexist humor on tolerance of sexist events. *Personality and Social Psychology Bulletin, 26*, 1094–1107.

Ford, T. E., Ferguson, M. A., Brooks, J. L., & Hagadone, K. M. (2004). Coping sense of humor reduces effects of stereotype threat on women's math performance. *Personality and Social Psychology Bulletin, 30*, 643–653.

Ford, T. E., Wentzel, E. R., & Lorion, J. (2001). Effects of exposure to sexist humor on perceptions of normative tolerance of sexism. *European Journal of Social Psychology, 31*, 677–691.

Forgas, J. P. (1979). *Social episodes: The study of interaction routines.* London: Academic Press.

Forgas, J. P. (1995). The Affect–Infusion Model (AIM). *Psychological Bulletin, 117*, 39–66.

Forgas, J. P. (2013). Don't worry, be sad! On the cognitive, motivational, and interpersonal benefits of negative mood. *Current Directions* in *Psychological Science, 22*(3), 225−232.

Forgas, J. P., & Bower, G. H. (1987). Mood effects on person perception judgments. *Journal of Personality and Social Psychology, 53,* 53−60.

Forgas, J. P., & East, R. (2008). On being happy and gullible: Mood effects on skepticism and the detection of deception. *Journal of Experimental Social Psychology, 44,* 1362−1367.

Forgas, J. P., & Moylan, S. (1987). After the movies: Transient mood and social judgments. *Personality and Social Psychology Bulletin, 13,* 467−477.

Forge, K. L., & Phemister, S. (1987). The effect of prosocial cartoons on preschool children. *Child Development Journal, 17,* 83−88.

Forsyth, D. R. (1990). *Group dynamics* (2nd ed.). Pacific Grove, CA: Brooks/Cole.

Forsyth, D. R., Schlenker, B. R., Leary, M. R., & McCown, N. E. (1985). Self−presentational determinants of sex differences in leadership behavior. *Small Group Behavior, 16,* 197−210.

Foster, C. A., Witcher, B. S., Campbell, W. K., & Green, J. D. (1998). Arousal and attraction: Evidence for automatic and controlled processes. *Journal of Personality and Social Psychology, 74,* 86−101.

Foushee, M. C. (1984). Dyads and triads at 35,000 feet. *American Psychologist, 39,* 885−893.

Frable, D. E. S., Blackstone, T., & Scherbaum, C. (1990). Marginal and mindful: Deviants in social interaction. *Journal of Personality and Social Psychology, 59,* 140−149.

Fraley, R. C. (2002). Attachment stability from infancy to adulthood: Meta−analysis and dynamic modeling of developmental mechanisms. *Personality & Social Psychology Review, 6,* 123−151.

Fraley, R. C., & Davis, K. E. (1997). Attachment formation and transfer in young adults' close friendships and romantic relationships. *Personal Relationships, 4,* 131−144.

Frank, M. G., & Ekman, P. (1993). Not all smiles are created equal: The differences between enjoyment and nonenjoyment smiles. *Humor, 6,* 9−26.

Frank, R. H., Gilovich, T., & Regan, D. T. (1993). Does studying economics inhibit cooperation? *Journal of Economic Perspectives, 7,* 159−171.

Frazier, P. A., Cochran, C. C., & Olson, A. M. (1995). Social science research on lay definitions of sexual harassment. *Journal of Social Issues, 51,* 21−38.

Fredrickson, B. L. (2001). The role of positive emotions in positive psychology: The broaden−andbuild theory of positive emotions. *American Psychologist, 56,* 218−226.

Fredrickson, B. L., & Levenson, R. W. (1998). Positive emotions speed recovery from the cardiovascular sequelae of negative emotions. *Cognition and Emotion, 12,* 191−220.

Fredrickson, B. L., Tugade, M. M., Waugh, C. E., & Larkin, G. R. (2003). What good are positive emotions in crisis? A prospective study of resilience and emotions following the terrorist attacks on the United States on September 11th, 2001. *Journal of Personality and Social Psychology, 84,* 365−376.

Frederico, C. M., & Sidanius, J. (2002). Racism, ideology, and affirmative action revisited: The antecedents and consequences of "principled objections" to affirmative action. *Journal of Personality and Social Psychology, 82*(4), 488−502.

Freedman, J. L., & Fraser, S. C. (1966). Compliance without pressure: The foot−in−the−door technique. *Journal of Personality and Social Psychology, 4,* 195−203.

Freedman, R. E. K., Carter, M. M., Sbrocco, T., & Gray, J. J. (2004). Ethnic differences in preferences for female weight and waist−to−hip ratio: A comparison of African−American and White American college and community samples. *Eating Behaviors, 5,* 191−198.

French, J. R. P., Jr., & Raven, B. (1959). The bases of social power. In D. Cartwright (Ed.), *Studies in social power* (pp. 150−167). Ann Arbor, MI: Institute for Social Research.

Frey, D., & Schulz−Hardt, S. (2001). Confirmation bias in group information seeking and its implications for decision making in administration, business and politics. In F. Butera & G. Mugny (Eds.), *Social influence in social reality: Promoting individual and social change* (pp. 53−73). Ashland, OH: Hogrefe & Huber Publishers.

Friedmann, E., Katcher, A. H., Lynch, J. J., & Thomas, S. A. (1980). Animal companions and one−year survival of patients after discharge from a coronary care unit. *Public Health Reports, 95,* 307−312.

Friedrich−Cofer, L., & Huston, A. (1986). Television violence and aggression: The debate continues. *Psychological Bulletin, 100,* 364−371.

Frieze, I. H., Fisher, J. R., Hanusa, B. H., McHugh, M. C., & Valle, V. H. (1978). Attributions of the causes of success and failure as internal and external barriers to achievement. In J. L. Sherman & F. L. Denmark (Eds.), *The psychology of women: Future directions in research* (pp. 519−552). New York: Psychological Dimensions.

Frieze, I. H., & Ramsey, S. J. (1976). Nonverbal maintenance of traditional sex roles. *Journal of Social Issues, 32,* 133−141.

Frigerio, D., Hirschenhauser, K., Mostl, E., Dittami, J., & Kotrschal, K. (2005). Experimentally elevated testosterone increase status signaling in male Greylag geese (Anser anser). *Acta Ethologica, 7,* 9−18.

Frijda, N. H. (1986). *The emotions.* Cambridge, UK: Cambridge University Press.

Frijda, N. H. (1988). The laws of emotion. *American Psychologist, 43,* 349−358.

Frings, D., Hopthrow, T., Abrams, D., Hulbert, L., & Gutierrez, R. (2008). Groupdrink: The effects of alcohol and group process on vigilance errors. *Group Dynamics: Theory, Research, and Practice, 12,* 179−190.

Fritschler, A. L. (1975). *Smoking and politics.* Englewood Cliffs, NJ: Prentice−Hall.

Fritz, H. L., Nagurney, A. J., & Helgeson, V. S. (2003). Social interactions and cardiovascular reactivity during problem disclosure among friends. *Personality & Social Psychology Bulletin, 29,* 713−725.

Froming, W. J., Nasby, W., & McManus, J. (1998). Prosocial self−schemas, self−awareness, and children's prosocial behavior. *Journal of Personality and Social Psychology, 75,* 766−777.

Fry, D. P. (1990). Play aggression among Zapotec children: Implications for the practice hypothesis. *Aggressive Behavior, 16,* 321−340.

Fry, P. S., & Ghosh, R. (1980). Attributions of success and failure: Comparison of attributional differences between Asian and Caucasian children. *Journal of Cross-Cultural Psychology, 11,* 343−363.

Frye, G. J., Lord, C. G., & Brady, S. E. (2012). Attitude change following imagined positive actions toward a social group: Do memories change attitudes, or attitudes change memories? *Social Cognition, 30*(3), 307−322.

Fu, G., & Lee, K. (2007). Social grooming in the kindergarten: The emergence of flattery behavior. *Developmental Science, 10,* 255−265.

Fu, G., Lee, K., Cameron, C. A., & Xu, F. (2001). Chinese and Canadian adults' categorization and evaluation of lie−and truth−telling about prosocial and antisocial behaviors. *Journal of Cross-Cultural Psychology, 32,* 720−727.

Fultz, J., Batson, C. D., Fortenbach, V. A., McCarthy, P. M., & Varney, L. L. (1986). Social evaluation and the empathy−altruism hypothesis. *Journal of Personality and Social Psychology, 50,* 761−769.

Funder, D. C. (1999). *Personality judgment: A realistic approach to person perception.* San Diego, CA: Academic Press.

Furnham, A. (1996). Factors relating to the allocation of medical resources. *Journal of Social Behavior and Personality, 11,* 615−624.

Furnham, A., Hosoe, T., & Tang, T. L. P. (2002). Male hubris and female humility? A cross−cultural study of ratings of self, parental, and sibling multiple intelligence in America, Britain, and Japan. *Intelligence, 30,* 101−115.

Furnham, A., Mistry, D., & McClelland, A. (2004). The influence of age of the face and the waist to hip ratio on judgments of female attractiveness and traits. *Personality and Individual Differences, 36,* 1171−1185.

Fussell, P. (1983). *Class.* New York: Ballentine.

Gabbay, F. H. (1992). Behavior−genetic strategies in the study of emotion. *Psychological Science, 3,* 50−55.

Gable, S. L., Gonzaga, G. C., & Strachman, A. (2006). Will you be there for me when things go right? Supportive responses to positive event disclosures. *Journal of Personality and Social Psychology, 91,* 904−917.

Gable, S. L., & Haidt, J. (2005). What (and why) is positive psychology? *Review of General Psychology, 9,* 103−110.

Gable, S. L., & Reis, H. T. (1999). Now and then, them and us, this and that: Studying relationships across time, partner, context, and person. *Personal Relationships, 6,* 415−432.

Gabrenya, W. K., Jr., Wang, Y. E., & Latané, B. (1985). Social loafing on an optimizing task: Cross−cultural differences among Chinese and Americans. *Journal of Cross-Cultural Psychology, 16,* 223−242.

Gabriel, S., Carvallo, M., Dean, K. K., Tippin, B., & Renaud, J. (2005). How I see me depends on how I see we: The role of attachment style in social comparison. *Personality and Social Psychology Bulletin, 31,* 1561−1572.

Gaertner, L., Iuzzini, J., & O'Mara, E. M. (2008). When rejection by one fosters aggression against many: Multiplevictim aggression as a consequence of social rejection and perceived groupness. *Journal of Experimental Social Psychology, 44,* 958−970.

Gaertner, L., Iuzzini, J., Witt, M. G., & Orina, M. M. (2006). Us without them: Evidence for an intra−group origin of positive in−group regard. *Journal of Personality and Social Psychology, 90,* 426−439.

Gaertner, S. L., & Bickman, L. (1971). Effects of race on the elicitation of helping behavior. *Journal of Personality and Social Psychology, 20,* 218−222.

Gaertner, S. L., & Dovidio, J. F. (1977). The subtlety of white racism, arousal, and helping behavior. *Journal of Personality and Social Psy-*

chology, 35, 691–707.

Gaertner, S. L., & Dovidio, J. F. (1986). The aversive form of racism. In J. F. Dovidio & S. L. Gaertner (Eds.), *Prejudice, discrimination, and racism* (pp. 61–89). Orlando, FL: Academic Press.

Gaertner, S. L., Mann, J. A., Dovidio, J. F., Murrell, A. J., & Pomare, M. (1990). How does cooperation reduce intergroup bias? *Journal of Personality and Social Psychology, 59*, 692–704.

Gagnon, A., & Bourhis, R. Y. (1996). Discrimination in the minimal group paradigm: Social identity of self–interest. *Personality and Social Psychology Bulletin, 22*, 1289–1301.

Galanti, G. A. (1993). Reflections on brainwashing. In M. D. Langone (Ed.), *Recovery from cults* (pp. 85–103). New York: Norton.

Galaskiewicz, J. (1985). *Social organization of an urban grants economy: A study of business philanthropy and nonprofit organizations.* New York: Academic Press.

Galin, A., & Avraham, S. (2009). A crosscultural perspective on aggressiveness in the workplace: A comparison between Jews and Arabs in Israel. *Cross-Cultural Research, 43*, 30–45.

Galinsky, A. D., & Kray, L. J. (2004). From thinking about what might have been to sharing what we know: The effects of counterfactual mindsets on information sharing in groups. *Journal of Experimental Social Psychology, 40*, 606–618.

Galinsky, A. D., & Moskowitz, G. B. (2000). Perspective–taking: Decreasing stereotype expression, stereotype accessibility, and in–group favoritism. *Journal of Personality and Social Psychology, 78*, 708–724.

Gallup, G. H., Jr. (2003, October 7). *Personal contact affects teen views of Muslims.* Princeton, NJ: Gallup Organization.

Galton, F. (1875). The history of twins as a criterion of the relative power of nature and nurture. *Journal of the Anthropological Institute, 5*, 391–406.

Gangestad, S. W., Garver–Apgar, C. E., Simpson, J. A., & Cousins, A. J. (2007). Changes in women's mate preferences across the ovulatory cycle. *Journal of Personality and Social Psychology, 92*, 151–163.

Gangestad, S. W., Haselton, M. G., & Buss, D. M. (2006). Evolutionary foundations of cultural variation: Evoked culture and mate preferences. *Psychological Inquiry, 17*, 75–95.

Gangestad, S. W., & Simpson, J. A. (2000). The evolution of human mating: Tradeoffs and strategic pluralism. *Behavioral & Brain Sciences, 23*, 573–587.

Gangestad, S. W., Simpson, J. A., Cousins, A. J., Garver–Apgar, C. E., & Christensen, P. N. (2004). Women's preferences for male behavioral displays change across the menstrual cycle. *Psychological Science, 15*, 203–206.

Gangestad, S. W., & Snyder, M. (1985). To carve nature at its joints: On the existence of discrete classes in personality. *Psychological Review, 92*, 317–349.

Gangestad, S. W., & Snyder, M. (2000). Self–monitoring: Appraisal and reappraisal. *Psychological Bulletin, 126*, 530–555.

Gangestad, S. W., & Thornhill, R. (1997). Human sexual selection and developmental stability. In J. A. Simpson & D. T. Kenrick (Eds.), *Evolutionary social psychology* (pp. 169–196). Hillsdale, NJ: Erlbaum.

Gangestad, S. W., Thornhill, R., & Garver–Apgar, C. E. (2002). Changes in women's sexual interests and their partners' mate retention tactics across the menstrual cycle: Evidence for shifting conflicts of interest. *Proceedings of the Royal Society of London, B, 269*, 975–982.

Gangestad, S. W., Thornhill, R., & Garver–Apgar, C.E. (2010). Men's facial masculinity predicts changes in their female partners' sexual interests across the ovulatory cycle, whereas men's intelligence does not. *Evolution and Human Behavior, 31*, 412–424.

Gannon, K. M., Skowronski, J. J., & Betz, A. L. (1994). Depressive diligence in social information processing: Implications for order effects in impressions and for social memory. *Social Cognition, 12*, 263–280.

Ganor, S. (1995). *Light one candle.* New York: Kodansha.

Gantner, A. B., & Taylor, S. P. (1992). Human physical aggression as a function of alcohol and threat of harm. *Aggressive Behavior, 18*, 29–36.

Garcia, S. M., Weaver, K., Moskowitz, G. B., & Darley, J. M. (2002). Crowded minds: The implicit bystander effect. *Journal of Personality and Social Psychology, 83*, 843–853.

Gardikiotis, A. (2011). Minority influence. *Social and Personality Psychology Compass, 5*(9), 679–693.

Gardner, G. T., & Stern, P. C. (1996). *Environmental problems and human behavior.* Boston: Allyn & Bacon.

Gardner, W. L., Gabriel, S., & Hochschild, L. (2002). When you and I are "we," you are not threatening: The role of self–expansion in social comparison. *Journal of Personality & Social Psychology, 82*, 239–251.

Gardner, W. L., Pickett, C. L., & Brewer, M. B. (2000). Social exclusion and selective memory: How the need to belong influences memory for social events. *Personality & Social Psychology Bulletin, 26,* 486−496.

Gardner, W. L., Reithel, B. J., Cogliser, C. C., Walumbwa, F. O., & Foley, R. T. (2012). Matching personality and organizational culture effects of recruitment strategy and the five−factor model on subjective person−organization fit. *Management Communication Quarterly, 26*(4), 585−622.

Garner, R. L. (2005). Post−it note persuasion: A sticky influence. *Journal of Consumer Psychology, 15,* 230−237.

Garrow, D. J. (1986). *Bearing the cross: Martin Luther King, Jr., and the Southern Christian Leadership Conference.* New York: Vintage Books.

Garry, M., & Polaschek, D. L. L. (2000). Imagination and memory. *Current Directions in Psychological Science, 9,* 6−10.

Garver−Apgar, C. E., Gangestad, S. W., & Thornhill, R. (2008). Hormonal correlates of women's mid−cycle preference for the scent of symmetry. *Evolution and Human Behavior, 29,* 223−232.

Gawronski, B. (2012). Back to the future of dissonance theory: Cognitive consistency as a core motive. *Social Cognition, 30*(6), 652−668.

Gawronski, B., Walther, E., & Blank, H. (2005). Cognitive consistency and the formation of interpersonal attitudes: Cognitive balance affects the encoding of social information. *Journal of Experimental Social Psychology, 41,* 618−626.

Geary, D. C. (2000). Evolution and proximate expression of human paternal investment. *Psychological Bulletin, 126,* 55−77.

Geary, D. C. (2005). Evolution of paternal investment. In D. M. Buss (Ed.), *Handbook of evolutionary psychology* (pp. 483−505). New York: Wiley.

Geary, D. C. (2008). Evolution of fatherhood. In C. A. Salmon & T. K. Shackelford (Eds.), *Family relationships: An evolutionary perspective* (pp. 115−144). New York: Oxford University Press.

Geary, D. C., & Flinn, M. V. (2002). Sex differences in behavioral and hormonal response to social threat: Commentary on Taylor et al. (2000). *Psychological Review, 109,* 745−750.

Geis, F. L. (1993). Self−fulfilling prophecies: A social psychological view of gender. In A. E. Beall & R. J. Sternberg (Eds.), *The psychology of gender* (pp. 9−54). New York: Guilford Press.

Geizer, R. S., Rarick, D. L., & Soldow, G. F. (1977). Deception and judgment accuracy: A study in person perception. *Personality and Social Psychology Bulletin, 3,* 446−449.

Gelfand, M. J., Chiu, C. Y., & Hong, Y. Y. (2014). *Advances in culture and psychology* (Vol. 3). New York: Oxford University Press.

Gelfand, M. J., Raver, J. L., Nishii, L., Leslie, L. M., Lun, J., Lim, B. C., et al. (2011). Differences between tight and loose cultures: A 33−nation study. *Science, 332*(6033), 1100−1104.

Geller, E. S. (1992). Applied behavior analysis and social marketing: An integration for environmental preservation. *Journal of Social Issues, 45*(1), 17−36.

Gentry, C. (1991). *J. Edgar Hoover: The man and his secrets.* New York: W.W. Norton.

Gerard, H. B., & Rabbie, J. M. (1961). Fear and social comparison. *Journal of Abnormal and Social Psychology, 62,* 586−592.

Gergen, K. J., Ellsworth, P., Maslach, C., & Seipel, M. (1975). Obligation, donor resources, and reactions to aid in three cultures. *Journal of Personality and Social Psychology, 31,* 390−400.

Gergen, M. (1990). Beyond the evil empire: Horseplay and aggression. *Aggressive Behaviour, 16,* 381−398.

Gergen, M., & Gergen, K. (1983). Interpretive dimensions of international aid. In A. Nadler, J. D. Fisher, & B. M. DePaulo (Eds.), *New directions in helping* (Vol. 3, pp. 32−348). New York: Academic Press.

Gershoff, E. T. (2002). Corporal punishment by parents and associated child behaviors and experiences: A meta−analytic and theoretical review. *Psychological Bulletin, 128,* 539−579.

Giacalone, R. A. (1985). On slipping when you thought you had put your best foot forward: Self−promotion, selfdestruction, and entitlements. *Group and Organization Studies, 10,* 61−80.

Giacalone, R. A., & Riordan, C. A. (1990). Effect of self−presentation on perceptions and recognition in an organization. *The Journal of Psychology, 124,* 25−38.

Giancola, P. R., & Corman, M. D. (2007). Alcohol and aggression: A test of the attention−allocation model. *Psychological Science, 18,* 649−655.

Gibbons, F. X., Benbow, C. P., & Gerrard, M. (1994). From top dog to bottom half: Social comparison strategies in response to poor performance. *Journal of Personality and Social Psychology, 67,* 638−652.

Gibbons, F. X., & Gerrard, M. (1989). Effects of upward and downward social comparison on mood states. *Journal of Social and Clinical Psychology, 8,* 14−31.

Gibbons, F. X., & McCoy, S. B. (1991). Self−esteem, similarity, and reactions to active versus downward social comparison. *Journal of Personality and Social Psychology, 60*, 414−424.

Gibbons, F. X., & Wicklund, R. A. (1982). Self−focused attention and helping behavior. *Journal of Personality and Social Psychology, 43*, 462−474.

Gibson, B. (2008). Can evaluative conditioning change attitudes toward mature brands? New evidence from the implicit association test. *Journal of Consumer Research, 35*, 178−188.

Gibson, B., & Sachau, D. (2000). Sandbagging as a self−presentational strategy: Claiming to be less than you are. *Personality and Social Psychology Bulletin, 26*, 56−70.

Gibson, J. J. (1979). *The ecological approach to visual perception.* Boston: Houghton Mifflin.

Gilbert, D. T., & Hixon, J. G. (1991). The trouble of thinking: Activation and application of stereotypic beliefs. *Journal of Personality and Social Psychology, 60*, 509−517.

Gilbert, D. T., & Malone, P. S. (1995). The correspondence bias. *Psychological Bulletin, 117*, 21−38.

Gilbert, D. T., Pelham, B. W., & Krull, D. S. (1988). On cognitive busyness: When person perceivers meet persons perceived. *Journal of Personality and Social Psychology, 54*, 733−740.

Gilbert, D. T., Tafarodi, R. W., & Malone, P. S. (1993). You can't not believe everything you read. *Journal of Personality and Social Psychology, 65*, 221−233.

Gilbert, P. (1994). Male violence: Towards an integration. In J. Archer (Ed.), *Male violence* (pp. 352−389). New York: Routledge.

Gildersleeve, K. A., DeBruine, L., Haselton, M. G., Frederick, D. A., Penton−Voak, I. S., Jones, B. C., et al. (2013). Shifts in women's mate preferences across the ovulatory cycle: A critique of Harris (2011) and Harris (2012). *Sex Roles, 69*, 516−524.

Gildersleeve, K. A., Haselton, M. G., & Fales, M. (2014). Do women's mate preferences change across the ovulatory cycle? A meta−analytic review. *Psychological Bulletin.* Retrieved from http://dx.doi.org/10.1037/a0035438

Gilligan, C. (1982). *In a different voice.* Cambridge, MA: Harvard University Press.

Gilmartin, B. G. (1987). *Shyness and love: Causes, consequences, and treatment.* Lanham, MD: University Press of America.

Gilovich, T., Medvec, V. H., & Savitsky, K. (2000). The spotlight effect in social judgment: An egocentric bias in estimates of the salience of one's own actions and appearance. *Journal of Personality & Social Psychology, 78*, 211−222.

Giner−Sorolla, R., & Chaiken, S. (1994). The causes of hostile media judgments. *Journal of Experimental Social Psychology, 30*, 165−180.

Ginges, J., Hansen, I., & Norenzayan, A. (2009). Religion and support for suicide attacks. *Psychological Science, 20*, 224−230.

Gjerde, P. F., Onishi, M., & Carlson, K. S. (2004). Personality characteristics associated with romantic attachment: A comparison of interview and self−report methodologies. *Personality and Social Psychology Bulletin, 30*, 1402−1415.

Gladis, M. M., Michela, J. L., Walter, H. J., & Vaughan, R. D. (1992). High school students' perceptions of AIDS risk: Realistic appraisal or motivated denial? *Health Psychology, 11*, 307−316.

Glasman, L. R., & Albarracin, D. (2006). Forming attitudes that predict future behavior. *Psychological Bulletin, 132*, 778−822.

Glick, P., & Fiske, S. T. (1996). The Ambivalent Sexism Inventory: Differentiating hostile and benevolent sexism. *Journal of Personality and Social Psychology, 70*, 491−512.

Glickman, S. E., Frank, L. G., Holekamp, K. E., & Licht, P. (1993). Costs and benefits of "androgenization" in the female spotted hyena. In P. Bateson & P. H. Klopfer (Eds.), *Behavior and evolution: Perspectives in ethology* (Vol. 10, pp. 87−117). New York: Plenum.

Gockel, C., Kerr, N. L., Seok, D.−H., & Harris, D. W. (2008). Indispensability and group identification as sources of task motivation. *Journal of Experimental Social Psychology, 44*, 1316−1321.

Godfrey, D. K., Jones, E. E., & Lord, C. G. (1986). Self−promotion is not ingratiating. *Journal of Personality and Social Psychology, 50*, 106−115.

Goethals, G. R., & Zanna, M. P. (1979). The role of social comparison in choice shifts. *Journal of Personality and Social Psychology, 37*, 1469−1476.

Goffman, E. (1959). *The presentation of self in everyday life.* New York: Anchor Books.

Golby, A. J., Gabrieli, J. D. E., Chiao, J. Y., & Eberhardt, J. L. (2001). Differential responses in the fusiform region to same−race and other−race faces. *Nature Neuroscience, 4*, 845−850.

Goldberg, J. A. (1990). Interrupting the discourse on interruptions: An analysis in terms of relationally neutral, power−and rapport−oriented acts. *Journal of Pragmatics, 14*, 883−903.

Goldin, C., & Rouse, C. (2000). Orchestrating impartiality: The impact of "blind" auditions on female musicians. *American Economic Review, 90*, 715−741.

사회심리학

Goldstein, D. G., & Gigerenzer, G. (2002). Models of ecological rationality: The recognition heuristic. *Psychological Review, 109,* 75−90.

Goldstein, J. H. (1986). *Aggression and crimes of violence* (2nd ed.). New York: Oxford University Press.

Goldstein, N. J., Cialdini, R. B., & Griskevicius, V. (2008). A room with a viewpoint: Using normative appeals to motivate environmental conservation in a hotel setting. *Journal of Consumer Research, 35,* 472−482.

Gollwitzer, P. M., Heckhausen, H., & Steller, B. (1990). Deliberative versus implemental mindsets. *Journal of Personality and Social Psychology, 59,* 1119−1127.

Gonnerman, M. E., Jr., Parker, C. P., Lavine, H., & Huff, J. (2000). The relationship between self−discrepancies and affective states: The moderating roles of self−monitoring and standpoints on the self. *Personality and Social Psychology Bulletin, 26,* 810−819.

Gonzaga, G. C., Campos, B., & Bradbury, T. (2007). Similarity, convergence, and relationship satisfaction in dating and married couples. *Journal of Personality and Social Psychology, 93,* 34−48.

Gonzaga, G. C., Haselton, M. G., Smurda, J., Davies, M., & Poore, J. C. (2008). Love, desire, and the suppression of thoughts of romantic alternatives. *Evolution and Human Behavior, 29,* 119−126.

Gonzales, M. H., & Meyers, S. A. (1993). "Your mother would like me" : Self−presentation in the personal ads of heterosexual and homosexual men and women. *Personality and Social Psychology Bulletin, 19,* 131−142.

Gonzales, P. M., Blanton, H., & Williams, K. J. (2002). The effects of stereotype threat and double−minority status on the test performance of Latino women. *Personality and Social Psychology Bulletin, 28,* 659−670.

Goodman, J. A., Schell, J., Alexander, M. G., & Eidelman, S. (2008). The impact of a derogatory remark on prejudice toward a gay male leader. *Journal of Applied Social Psychology, 38,* 542−555.

Gordijn, E., De Vries, N. K., & De Dreu, C. K. W. (2002). Minority influence on focal and related attitudes: Change in size, attributions, and information processing. *Personality and Social Psychology Bulletin, 28,* 1315−1326.

Gordon, A. M., Impett, E. A., Kogan, A., Oveis, C., & Keltner, D. (2012). To have and to hold: Gratitude promotes relationship maintenance in intimate bonds. *Journal of Personality and Social Psychology, 103*(2), 257−274.

Gordon, R. A. (1996). Impact of ingratiation on

judgments and evaluations: A meta−analytic investigation. *Journal of Personality and Social Psychology, 71,* 54−70.

Gottlieb, B. H. (1994). Social support. In A. L. Weber & J. H. Harvey (Eds.), *Perspectives on close relationships* (pp. 307−324). Boston: Allyn & Bacon.

Gottman, J. M., & Levenson, R. W. (1992). Marital processes predictive of later dissolution: Behavior, physiology, and health. *Journal of Personality and Social Psychology, 63*(2), 221.

Gould, J. L., & Gould, C. L. (1989). *Sexual selection.* New York: Scientific American Library.

Gouldner, A. W. (1960). The norm of reciprocity: A preliminary statement. *American Sociological Review, 25,* 161−178.

Gracia, E., & Herrero, J. (2004). Personal and situational determinants of relationship−specific perceptions of social support. *Social Behavior and Personality, 32,* 459−447.

Gracian, B. (1649/1945). *The art of worldly wisdom.* New York: Charles Thomas.

Graham, S. M., & Clark, M. S. (2006). Self−esteem and organization of valenced information about others: The "Jekyll and Hyde"−ing of relationship partners. *Journal of Personality and Social Psychology, 90,* 652−665.

Gray, P. B., Campbell, B. C., Marlowe, F. W., Lipson, S. F., & Ellison, P. T. (2004a). Social variables predict between−subject but not day−to−day variation in the testosterone of U.S. men. *Psychoneuroendocrinology, 29,* 1153−1162.

Gray, P. B., Chapman, J. F., Burnham, T. C., McIntyre, M. H., Lipson, S. F., & Ellison, P. T. (2004b). Human male pair bonding and testosterone. *Human Nature, 15,* 119−131.

Gray, P. B., Kahlenberg, S. M., Barrett, E. S., Lipson, S. F., & Ellison, P. T. (2002). Marriage and fatherhood are associated with lower testosterone in males. *Evolution & Human Behavior, 23,* 193−201.

Graybar, S. R., Antonuccio, D. O., Boutilier, L. R., & Varble, D. L. (1989). Psychological reactance as a factor affecting patient compliance to physician advice. *Scandinavian Journal of Behaviour Therapy, 18,* 43−51.

Graziano, W. G., & Eisenberg, N. (1997). Agreeableness: A dimension of personality. In R. Hogan, J. Johnson, & S. Briggs (Eds.), *Handbook of personality psychology* (pp. 795−824). San Diego, CA: Academic Press.

Graziano, W. G., Habashi, M. M., Sheese, B. E., & Tobin, R. M. (2007). Agreeableness, empathy, and helping: A person X situation perspective. *Journal of Personality and Social Psychology,*

93, 583-599.

Graziano, W. G., Hair, E. C., & Finch, J. F. (1997). Competitiveness mediates the link between personality and group performance. *Journal of Personality and Social Psychology, 73*, 1394-1408.

Green, B. L., & Kenrick, D. T. (1994). The attractiveness of gender-typed traits at different relationship levels: Androgynous characteristics may be desirable after all. *Personality and Social Psychology Bulletin, 20*, 244-253.

Green, J. D., & Campbell, W. K. (2000). Attachment and exploration in adults: Chronic and contextual accessibility. *Personality & Social Psychology Bulletin, 26*, 452-461.

Green, M. C., Hilken, J., Friedman, H., Grossman, K., Gasiewski, J., Adler, R., et al. (2005). Communication via instant messenger: Short-and long-term effects. *Journal of Applied Social Psychology, 35*, 487-507.

Greenberg, J. (1985). Unattainable goal choice as a self-handicapping strategy. *Journal of Applied Social Psychology, 15*, 140-152.

Greenberg, J., & Baron, R. A. (1993). *Behavior in organizations* (4th ed.). Boston: Allyn & Bacon.

Greenberg, J., Pyszczynski, T., & Solomon, S. (1982). The self-serving attributional bias: Beyond self-presentation. *Journal of Experimental Social Psychology, 18*, 56-67.

Greenberg, J., Pyszczynski, T., Solomon, S., Rosenblatt, A., Veeder, M., Kirkland, S., et al. (1990). Evidence for Terror Management Theory II: The effects of mortality salience on reactions to those who threaten or bolster the cultural worldview. *Journal of Personality and Social Psychology, 58*, 308-318.

Greenberg, J., Schimel, J., Martens, A., Pyszczynski, T., & Solomon, S. (2001). Sympathy for the devil: Evidence that reminding whites of their mortality promotes more favorable reactions to white racists. *Motivation and Emotion, 25*, 113-133.

Greenberg, M. S., & Westcott, D. R. (1983). Indebtedness as a mediator of reactions to aid. In J. D. Fisher, A. Nadler, & B. M. DePaulo (Eds.), *New directions in helping behavior* (Vol. 1, pp. 113-141). San Diego, CA: Academic Press.

Greenwald, A. G. (1968). Cognitive learning, cognitive response to persuasion, and attitude change. In A. G. Greenwald, T. C. Brock, & T. M. Ostrom (Eds.), *Psychological foundations of attitudes* (pp. 147-170). New York: Academic Press.

Greenwald, A. G., Banaji, M. R., Rudman, L. A., Farnham, S. D., Nosek, B. A., & Mellott, D. S. (2002). A unified theory of implicit attitudes, stereotypes, self-esteem, and self-concept. *Psychological Review, 109*, 3-25.

Greenwald, A. G., McGhee, D. E., & Schwartz, J. L. K. (1998). Measuring individual differences in implicit cognition: The implicit association test. *Journal of Personality and Social Psychology, 74*, 1464-1480.

Greenwald, A. G., Nosek, B. A., & Sriram, N. (2006). Consequential validity of the implicit association test: Comment on Blanton and Jaccard (2006). *American Psychologist, 61*, 56-61.

Greenwald, A. G., Oakes, M. A., & Hoffman, H. G. (2003). Targets of discrimination: Effects of race on responses to weapons holders. *Journal of Experimental Social Psychology, 39*, 399-405.

Greenwald, A. G., Pickrell, J. E., & Farnham, S. D. (2002). Implicit partisanship: Taking sides for no reason. *Journal of Personality & Social Psychology, 83*, 367-379.

Gregg, A. P., Seibt, B., & Banaji, M. R. (2006). Easier done than undone: Asymmetry in the malleability of implicit preferences. *Journal of Personality and Social Psychology, 90*, 1-20.

Gregory, S. W., & Webster, S. (1996). A nonverbal signal in voices of interview partners effectively predicts communication accommodation and social status perceptions. *Journal of Personality and Social Psychology, 70*, 1231-1240.

Gregory, W. L., Burroughs, W. J., & Ainslie, F. M. (1985). Self-relevant scenarios as indirect means of attitude change. *Personality and Social Psychology Bulletin, 11*, 435-444.

Greiling, H., & Buss, D. M. (2000). Women's sexual strategies: The hidden dimension of extra-pair mating. *Personality & Individual Differences, 28*, 929-963.

Greitemeyer, T. (2005). Receptivity to sexual offers as a function of sex, socioeconomic status, physical attractiveness, and intimacy of the offer. *Personal Relationships, 12*, 373-386.

Greve, W., & Wentura, D. (2003). Immunizing the self: Self-concept stabilization through reality-adaptive self-definitions. *Personality and Social Psychology Bulletin, 29*, 39-50.

Griffitt, W. (1970). Environmental effects on interpersonal behavior: Ambient effective temperature and attraction. *Journal of Personality and Social Psychology, 15*, 240-244.

Grimes, W. (1997, October 15). In the war against no-shows, restaurants get together. New York Times, p. f11. Griskevicius, V., Cialdini, R. B., & Kenrick, D. T. (2006). Peacocks, Picasso, and parental investment: The effects of romantic motives on creativity. *Journal of Personality & Social Psychology, 91*, 63-76.

Griskevicius, V., Delton, A. W., Robertson, T. E., & Tybur, J. M. (2011). Environmental contingency in life history strategies: The influence of mortality and socioeconomic status on reproductive timing. *Journal of Personality and Social Psychology, 100*, 241−254.

Griskevicius, V., Goldstein, N., Mortensen, C., Cialdini, R. B., & Kenrick, D. T. (2006). Going along versus going alone: When fundamental motives facilitate strategic (non)conformity. *Journal of Personality and Social Psychology, 91*, 281−294.

Griskevicius, V., Goldstein, N. J., Mortensen, C. R., Sundie, J. M., Cialdini, R. B., & Kenrick, D. T. (2009). Fear and loving in Las Vegas: Evolution, emotion, and persuasion. *Journal of Marketing Research, 46*(3), 384−395.

Griskevicius, V., Tybur, J. M., Ackerman, J. M., Delton, A. W., Robertson, T. E., & White, A. E. (2012). The financial consequences of too many men: Sex ratio effects on saving, borrowing, and spending. *Journal of Personality and Social Psychology, 102*(1), 69.

Griskevicius, V., Tybur, J. M., Gangestad, S. W., Perea, E. F., Shapiro, J. R., & Kenrick, D. T. (2009). Aggress to impress: Hostility as an evolved context−dependent strategy. *Journal of Personality and Social Psychology, 96*, 980−994.

Griskevicius, V., Tybur, J. M., Sundie, J. M., Cialdini, R. B., Miller, G. F., & Kenrick, D. T. (2007). Blatant benevolence and conspicuous consumption: When romantic motives elicit strategic costly signals. *Journal of Personality and Social Psychology, 93*, 85−102.

Griskevicius, V., Tybur, J. M., & van den Bergh, B. (2010). Going green to be seen: Status, reputation, and conspicuous conservation. *Journal of Personality and Social Psychology, 98*(3), 392−404.

Groom, C. J., & Pennebaker, J. W. (2005). The language of love: Sex, sexual orientation, and language use in online personal advertisements. *Sex Roles, 52*, 447−461.

Gross, J. J., John, O. P., & Richards, J. M. (2000). The dissociation of emotion expression from emotion experience: A personality perspective. *Personality and Social Psychology Bulletin, 26*, 712−726.

Grube, J. A., & Piliavin, J. A. (2000). Role identity, organizational experiences, and volunteer performance. *Personality and Social Psychology Bulletin, 26*, 1108−1119.

Gruner, S. L. (1996, November). *Reward good consumers.* Inc., p. 84.

Grusec, J. E. (1991). The socialization of empathy. In M. S. Clark (Ed.), *Review of personality and social psychology* (Vol. 12, pp. 9−33). Newbury Park, CA: Sage.

Grusec, J. E., Kuczynski, L., Rushton, J. P., & Simutis, Z. M. (1978). Modeling, direct instruction, and attributions: Effects on altruism. *Developmental Psychology, 14*, 51−57.

Grusec, J. E., & Redler, E. (1980). Attribution, reinforcement, and altruism: A developmental analysis. *Developmental Psychology, 16*, 525−534.

Guadagno, R. E., Okdie, B. M., & Eno, C. A. (2008). Who blogs: Personality predictors of blogging. *Computers in Human Behavior, 24*, 1993−2004.

Gudjonsson, G. H. (1988). How to defeat the polygraph tests. In A. Gale (Ed.), *The polygraph test: Lies, truth and science* (pp. 126−136). London: Sage.

Gudjonsson, G. H. (2003). *The psychology of interrogations and confessions: A handbook.* New York: Wiley.

Guadagno, R. E., Muscanell, N. L., Rice, L. M., & Roberts, N. (2013). Social influence online: The impact of social validation and likability on compliance. *Psychology of Popular Media Culture, 2*(1), 51−60. Retrieved from http://dx.doi.org/10.1037/a0030592

Guéguen, N., Meineri, S., Martin, A., & Grandjean, I. (2010). The combined effect of the foot−in−thedoor technique and the "but you are free" technique: An evaluation on the selective sorting of household wastes. *Ecopsychology, 2*(4), 231−237.

Guéguen, N., & Pascual, A. (2000). Evocation of freedom and compliance: The "but you are free of···" technique. *Current Research in Social Psychology, 5*, 264−270.

Guéguen, N., & Pascual, A. (2013). Low−ball and compliance: Commitment even if the request is a deviant one. *Social Influence*, (ahead−of−print), 1−10.

Guenther, C. L., & Alicke, M. D. (2008). Self−enhancement and belief perseverance. *Journal of Experimental Social Psychology, 44*, 706−712.

Guerin, B. (1993). *Social facilitation.* Paris: Cambridge University Press.

Guerin, B. (1994). What do people think about the risks of driving? *Journal of Applied Social Psychology, 24*, 994−1021.

Guimond, S. (2000). Group socialization and prejudice: The social transmission of intergroup attitudes and beliefs. *European Journal of Social Psychology, 30*, 335−354.

Guimond, S., Dambrun, M., Michinov, N., & Duarte, S. (2003). Does social dominance generate prejudice? Integrating individual and contextual determinants of intergroup cognitions.

Journal of Personality and Social Psychology, 84, 697−721.

Guimond, S., Dif, S., & Aupy, A. (2002). Social identity, relative group status and intergroup attitudes: When favourable outcomes change intergroup relations··· for the worse. European *Journal of Social Psychology, 32,* 739−760.

Guinote, A. (2008). Power and affordances: When the situation has more power over powerful than powerless individuals. *Journal of Personality and Social Psychology, 95,* 237−252.

Gully, S. M., Devine, D. J., & Whitney, D. J. (1995). A meta−analysis of cohesion and performance: Effects of level of analysis and task interdependence. *Small Group Research, 26,* 497−520.

Gump, B. B., & Kulik, J. A. (1997). Stress, affiliation, and emotional contagion. *Journal of Personality and Social Psychology, 72,* 305−319.

Guroff, G., & Grant, S. (1981). *Soviet elites: World view and perceptions of the U.S.* (USICA Report No. R−18−81). Washington, DC: Office of Research, United States International Communication Agency.

Gustafson, R. (1992). Alcohol and aggression: A replication study controlling for potential confounding variables. *Aggressive Behavior, 18,* 21−28.

Gutentag, M., & Secord, P. F. (1983). *Too many women? The sex ratio question.* Beverly Hills, CA: Sage.

Gutierres, S. E., Kenrick, D. T., & Partch, J. J. (1999). Beauty, dominance, and the mating game: Contrast effects in selfassessment reflect gender differences in mate selection. *Personality & Social Psychology Bulletin, 25,* 1126−1134.

Hackman, J. R., & Morris, C. G. (1975). Group tasks, group interaction process, and group performance effectiveness: A review and proposed integration. In L. Berkowitz (Ed.), *Advances in experimental social psychology* (Vol. 8, pp. 47−99). New York: Academic Press.

Hackman, J. R., & Oldham, G. R. (1980). *Work redesign.* Reading, MA: Addison−Wesley.

Haddock, G., Zanna, M. P., & Esses, V. M. (1993). Assessing the structure of prejudicial attitudes: The case of attitudes toward homosexuals. *Journal of Personality and Social Psychology, 65,* 1105−1118.

Haddock, G., Zanna, M. P., & Esses, V. M. (1994). The (limited) role of trait−laden stereotypes in predicting attitudes toward Native peoples. *British Journal of Social Psychology, 33,* 83−106.

Haidt, J. (2001). The emotional dog and its rational tail: A social intuitionist approach to moral judgment. *Psychological Review, 108,* 814−834.

Hald, G. M., & Høgh−Olesen, H. (2010). Receptivity to sexual invitations from strangers of the opposite gender. *Evolution and Human Behavior, 31,* 453−458.

Halevy, N., Bornstein, G., & Sagiv, L. (2008). "Ingroup love" and "out−group hate" as motives for individual participation in intergroup conflict: A new game paradigm. *Psychological Science, 19,* 405−411.

Haley, H., & Sidanius, J. (2005). Person−organization congruence and the maintenance of group−based social hierarchy: A social dominance perspective. *Group Processes and Intergroup Relations, 8,* 187−203.

Hall, J. A., Carter, J. D., & Horgan, T. G. (2001). Status roles and recall of nonverbal cues. *Journal of Nonverbal Behavior, 25,* 79−100.

Hall, J. A., Coats, E. J., & LeBeau, L. S. (2005). Nonverbal behavior and the vertical dimension of social relations: A meta−analysis. *Psychological Bulletin, 131,* 898−924.

Hall, J. A., & Friedman, G. B. (1999). Status, gender, and nonverbal behavior: A study of structured interactions between employees of a company. *Personality and Social Psychology Bulletin, 25*(9), 1082−1091.

Hall, J. A., & Halberstadt, A. G. (1986). Smiling and gazing. In J. S. Hyde & M. C. Linn (Eds.), *The psychology of gender: Advances through meta-analysis* (pp. 136−158). Baltimore: Johns Hopkins University Press.

Hamann, S., Herman, R. A., Nolan, C. L., & Wallen, K. (2004). Men and women differ in amygdala response to visual sexual stimuli. *Nature Neuroscience, 7,* 411−416.

Hamby, S. (2009). The gender debate about intimate partner violence: Solutions and dead ends. *Psychological Trauma: Theory, Research, Practice, and Policy, 1*(1), 24.

Hamermesh, D., & Biddle, J. E. (1994). Beauty and the labor market. *The American Economic Review, 84,* 1174−1194.

Hames, J. L., Hagan, C. R., & Joiner, T. E. (2013). Interpersonal processes in depression. *Annual Review of Clinical Psychology, 9,* 355−377.

Hames, R. B. (1979). Relatedness and interaction among the Ye'kwana. In N. S. Chagnon & W. Irons (Eds.), *Evolutionary biology and human social behavior* (pp. 128−141). North Scituate, MA: Duxbury Press.

Hamilton, D. L. (1981). *Cognitive processes in stereotyping and intergroup behavior.* Hillsdale, NJ: Erlbaum.

Hamilton, V. L., Sanders, J., & McKearney, S. J. (1995). Orientations toward authority in an authoritarian state: Moscow in 1990. *Personality and Social Psychology Bulletin, 21*, 356–365.

Hamilton, W. D. (1964). The genetical evolution of social behavior. *Journal of Theoretical Biology, 7*, 1–52.

Hammock, W. R., & Yung, B. (1993). Psychology's role in the public health response to assaultive violence among young African–American men. *American Psychologist, 48*, 142–154.

Han, S.–P., & Shavitt, S. (1994). Persuasion and culture: Advertising appeals in individualistic and collectivistic societies. *Journal of Experimental Social Psychology, 30*, 326–350.

Hanko, K., Master, S., & Sabini, J. (2004). Some evidence about character and mate selection. *Personality and Social Psychology Bulletin, 30*, 732–742.

Harackiewicz, J. M., Sansone, C., & Manderlink, G. (1985). Competence, achievement orientation, and intrinsic motivation: A process analysis. *Journal of Personality and Social Psychology, 48*, 493–508.

Hardin, G. (1968). The tragedy of the commons. *Science, 162*, 1243–1248.

Hardy, C. L., & Van Vugt, M. (2006). Nice guys finish first: The competitive altruism hypothesis. *Personality and Social Psychology Bulletin, 10*, 1402–1413.

Hare, R. D., Harpur, T. J., Hakstein, A. R., Forth, A. E., Hart, S. D., & Newman, J. P. (1990). The revised psychopathy checklist: Descriptive statistics, reliability, and factor structure. *Psychological Assessment, 2*, 338.

Harkins, S. G. (1987). Social facilitation and social loafing. *Journal of Experimental Social Psychology, 23*, 1–18.

Harkins, S. G., & Jackson, J. M. (1985). The role of evaluation in eliminating social loafing. *Personality and Social Psychology Bulletin, 11*, 457–465.

Harland, P., Staats, H., & Wilke, H. A. M. (2007). Situational and personality factors as direct or personal norm mediated predictors of pro–environmental behavior. *Basic and Applied Social Psychology, 29*, 323–334.

Harlow, C.W. (2005, November). *Hate crime reported by victims and police* (Bureau of Justice Statistics Special Report, NCJ 209911). Retrieved from www.ojp. usdoj.gov/bjs/pub/pdf/hcrvp.pdf

Harlow, R. E., & Cantor, N. (1994). Social pursuit of academics: Side effects and spillover of strategic reassurance seeking. *Journal of Personality and Social Psychology, 66*, 386–397.

Harmon–Jones, E., & Allen, J. J. B. (2001). The role of affect in the mere exposure effect: Evidence from psychophysiological and in-

dividual differences approaches. *Personality & Social Psychology Bulletin, 27*, 889–898.

Harmon–Jones, E., Brehm, J. W., Greenberg, J., Simon, L., & Nelson, D. E. (1996). Evidence that production of aversive consequences is not necessary to create cognitive dissonance. *Journal of Personality and Social Psychology, 70*, 5–16.

Harmon–Jones, E., & Devine, P. G. (2003). Introduction to the special section on social neuroscience: Promise and caveats. *Journal of Personality & Social Psychology, 85*, 589–593.

Harmon–Jones, E., & Harmon–Jones, C. (2002). Testing the action–based model of cognitive dissonance: The effect of action orientation on postdecisional attitudes. *Personality and Social Psychology Bulletin, 28*, 711–723.

Harmon–Jones, E., Peterson, H., & Vaughn, K. (2003). The dissonance–inducing effects of an inconsistency between experienced empathy and knowledge of past failures to help. *Basic and Applied Social Psychology, 25*, 69–78.

Harpur, T. (1993). Cognitive and biological factors contributing to the abnormal perception of emotional material in psychopathic criminals [Abstract]. *Violent Crime and Its Victims: Proceedings of American Society of Criminology, 45*, 86–87.

Harrer, H. (1996). *Seven years in Tibet*. New York: Tarcher/Putnam.

Harris, C. R. (2003). A review of sex differences in sexual jealousy, including self–report data, psychophysiological responses, interpersonal violence, and morbid jealousy. *Personality & Social Psychology Review, 7*, 102–128.

Harris, M. B. (1992). Sex, race, and experiences of aggression. *Aggressive Behavior, 18*, 201–217.

Harris, M. D. (1977). The effects of altruism on mood. *Journal of Social Psychology, 102*, 197–208.

Harris, M. J., & Rosenthal, R. (1985). Mediation of interpersonal expectancy effects: 31 meta–analyses. *Psychological Bulletin, 97*, 363–386.

Harris, R. N., & Snyder, C. R. (1986). The role of uncertain self–esteem in self–handicapping. *Journal of Personality and Social Psychology, 51*, 451–458.

Hart, E. A., Leary, M. R., & Rejeski, W. J. (1989). The measurement of social physique anxiety. *Journal of Sport and Exercise Psychology, 11*, 94–104.

Harter, S. (1993). Causes and consequences of low self–esteem in children and adolescents. In R. Baumeister (Ed.), *Self-esteem: The puzzle of low self-regard* (pp. 87–116). New York: Plenum.

Harton, H. C., & Bourgeois, M. J. (2004). Cultural elements emerge from dynamic social impact. In M. Schaller & C. S. Crandall (Eds.), *The psychological foundations of culture* (pp. 41–75). Mahwah, NJ: Erlbaum.

Hartwig, M., & Bond, C. F., Jr. (2011). Why do lie–catchers fail? A lens model meta–analysis of human lie judgments. *Psychological Bulletin, 137*(4), 643.

Harvey, J. H., & Omarzu, J. (1997). Minding the close relationship. *Personality and Social Psychology Review, 1*, 224–240.

Harvey, M. D., & Enzle, M. E. (1981). A cognitive model of social norms for understanding the transgression–helping effect. *Journal of Personality and Social Psychology, 41*, 866–888.

Haselton, M. G., & Buss, D. M. (2000). Error management theory: A new perspective on biases in cross–sex mind reading. *Journal of Personality & Social Psychology, 78*, 81–91.

Haselton, M. G., & Funder, D. C. (2006). The evolution of accuracy and bias in social judgment. In M. Schaller, J. A. Simpson, & D. T. Kenrick (Eds.), *Evolution and social psychology* (pp. 16–37). New York: Psychology Press.

Haselton, M. G., & Gangestad, S. W. (2006). Conditional expression of women's desires and men's mate guarding across the ovulatory cycle. *Hormones and Behavior, 49*, 509–518.

Haselton, M. G., Mortezaie, M., Pillsworth, E. G., Bleske, A. E., & Frederick, D. A. (2007). Ovulatory shifts in human female ornamentation: Near ovulation, women dress to impress. *Hormones and Behavior, 51*, 40–45.

Haselton, M. G., & Nettle, D. (2006). The paranoid optimist: An integrative evolutionary model of cognitive biases. *Personality and Social Psychology Review, 10*, 47–66.

Haslam, N. (1997). Four grammars for primate social relations. In J. A. Simpson & D. T. Kenrick (Eds.), *Evolutionary social psychology* (pp. 297–316). Mahwah, NJ: Erlbaum.

Haslam, N., & Fiske, A. P. (1999). Relational models theory: A confirmatory factor analysis. *Personal Relationships, 6*(2), 241–250.

Hassan, S. (1990). *Combatting cult mind control.* Rochester, VT: Park Street Press.

Hassan, S. (2000). *Releasing the bonds: Empowering people to think for themselves.* Boston, MA: Freedom of Mind Press.

Hastie, R., Penrod, S. D., & Pennington, N. (1983). *Inside the jury.* Cambridge, MA: Harvard University Press.

Hastie, R., & Stasser, G. (2000). Computer simulation methods for social psychology. In H. T. Reis & C. M. Judd (Eds.), *Handbook of research methods in social and personality psychology* (pp. 85–114). New York: Cambridge University Press.

Hatfield, E., Greenberger, E., Traupmann, J., & Lambert, P. (1982). Equity and sexual satisfaction in recently married couples. *Journal of Sex Research, 18*, 18–32.

Hatfield, E., & Rapson, R. L. (1996). *Love and sex: Cross-cultural perspectives.* Boston: Allyn & Bacon.

Hatfield, E., Traupmann, J., Sprecher, S., Utne, M., & Hay, J. (1985). Equity and intimate relationships: Recent research. In W. Ickes (Ed.), *Compatible and incompatible relationships* (pp. 1–27). New York: Springer–Verlag.

Haugtvedt, C. P., & Petty, R. E. (1992). Personality and persuasion: Need for cognition moderates the persistence and resistance of attitude changes. *Journal of Personality and Social Psychology, 63*, 308–319.

Hawken, P., Lovins, A., & Lovins, L. H. (1999). *Natural capitalism: Creating the next industrial revolution.* Boston: Little Brown.

Hawley, P. H., Little, T. D., & Card, N. A. (2008). The myth of the alpha male: A new look at dominance–related beliefs and behaviors among adolescent males and females. *International Journal of Behavioral Development, 32*, 76–88.

Hayden, T. (2003, June 9). *Fished out.* U.S. News & World Report, pp. 38–45.

Hazan, C., & Diamond, L. M. (2000). The place of attachment in human mating. *Review of General Psychology, 4*, 186–204.

Hazan, C., & Shaver, P. R. (1987). Romantic love conceptualized as an attachment process. *Journal of Personality and Social Psychology, 52*, 511–524.

Hazan, C., & Shaver, P. R. (1994a). Attachment as an organizational framework for research on close relationships. *Psychological Inquiry, 5*, 1–22.

Hazan, C., & Shaver, P. R. (1994b). Deeper into attachment theory. *Psychological Inquiry, 5*, 68–79.

Hearold, S. (1986). A synthesis of 1043 effects of television on social behavior. In G. Comstock (Ed.), *Public communications and behavior* (Vol. I, pp. 65–133). New York: Academic Press.

Heatherton, T. F. (2011). Neuroscience of self and self–regulation. *Annual Review of Psychology, 62*, 363.

Heaven, P. C. L., & St. Quintin, D. (2003). Personality factors predict racial prejudice. *Personality and Individual Differences, 34*, 625–634.

Hebl, M. R., Foster, J. B., Mannix, L. M., & Dovidio, J. F. (2002). Formal and interpersonal discrimination: A field study of bias toward homosexual applicants. *Personality and Social Psychology Bulletin, 28,* 815−825.

Heckel, R. V. (1973). Leadership and voluntary seating choice. *Psychological Reports, 32,* 141−142.

Heckhausen, J., & Schultz, R. (1995). A life−span theory of control. *Psychological Review, 102,* 284−304.

Heider, F. (1946). Attitudes and cognitive organization. *Journal of Psychology, 21,* 107−112.

Heider, F. (1958). *The psychology of interpersonal relations.* New York: Wiley.

Heilman, M. E., Block, C. J., & Martell, R. F. (1995). Sex stereotypes: Do they influence perceptions of managers? *Journal of Social Behavior and Personality, 10,* 237−252.

Heilman, M. E., & Okimoto, T. G. (2007). Why are women penalized for success at male tasks? The implied communality deficit. *Journal of Applied Psychology, 92,* 81−92.

Heilman, M. E., Wallen, A. S., Fuchs, D., & Tamkins, M. M. (2004). Penalties for success: Reactions to women who succeed at male gender−typed tasks. *Journal of Applied Psychology, 89,* 416−427.

Heine, S. J., & Hamamura, T. (2007). In search of East Asian self−enhancement. *Personality and Social Psychology Review, 11,* 1−24.

Heine, S. J., & Lehman, D. R. (1995). Cultural variation in unrealistic optimism: Does the West feel more invulnerable than the East? *Journal of Personality and Social Psychology, 68,* 595−607.

Heine, S. J., & Lehman, D. R. (1997). Culture, dissonance, and self−affirmation. *Personality and Social Psychology Bulletin, 23,* 389−400.

Hejmadi, A., Davidson, R. J., & Rozin, P. (2000). Exploring Hindu Indian emotion expressions: Evidence for accurate recognition by Americans and Indians. *Psychological Science, 11,* 183−187.

Helgeson, V. S. (1992). Moderators of the relation between perceived control and adjustment to chronic illness. *Journal of Personality and Social Psychology, 63,* 656−666.

Helgeson, V. S., Shaver, P., & Dyer, M. (1987). Prototypes of intimacy and distance in same−sex and opposite−sex relationships. *Journal of Social and Personal Relationships, 4,* 195−234.

Helgeson, V. S., & Taylor, S. E. (1993). Self−generated feelings of control and adjustment to physical illness. *Journal of Social Issues, 47,* 91−103.

Hellmuth, J. C., & McNulty, J. K. (2008). Neuroticism, marital violence, and the moderating role of stress and behavioral skills. *Journal of Personality and Social Psychology, 95,* 166−180.

Helmreich, R. L., & Collins, B. E. (1967). Situational determinants of affiliative preference under stress. *Journal of Personality and Social Psychology, 6,* 79−85.

Helweg−Larsen, M., & Shepperd, J. A. (2001). Do moderators of the optimistic bias affect personal or target risk estimates? A review of the literature. *Personality and Social Psychology Review, 5,* 74−95.

Hemphill, J. K. (1950). Relations between the size of the group and the behavior of "superior" leaders. *Journal of Social Psychology, 32,* 11−22.

Henderlong, J., & Lepper, M. R. (2002). The effects of praise on children's intrinsic motivation: A review and synthesis. *Psychological Bulletin, 128,* 774−795.

Hendrick, C., & Hendrick, S. S. (1986). A theory and method of love. *Journal of Personality and Social Psychology, 50,* 392−402.

Hendrick, C., & Hendrick, S. S. (2006). Styles of romantic love. In R. J. Sternberg & K. Weis (Eds.), *The new psychology of love* (pp. 149−170). New Haven, CT: Yale University Press.

Hendricks, M., & Brickman, P. (1974). Effects of status and knowledgeability of audience on self−presentation. *Sociometry, 37,* 440−449.

Hendry, J. (1993). *Wrapping culture: Politeness, presentation, and power in Japan and other societies.* Oxford, UK: Clarendon Press.

Henley, N. M. (1973). Status and sex: Some touching observations. *Bulletin of the Psychonomic Society, 2,* 91−93.

Henley, N. M., & Harmon, S. (1985). The nonverbal semantics of power and gender: A perceptual study. In S. L. Ellyson & J. F. Dovidio (Eds.), *Power, dominance, and nonverbal behavior* (pp. 151−164). New York: Springer−Verlag.

Henrich, J., Ensminger, J., Boyd, R., Henrich, N. S., Bowles, S., Hill, K., et al. (2006). "Economic man" in cross−cultural perspective: Behavioral experiments in 15 small−scale societies. *Behavioral and Brain Sciences, 28,* 795−855.

Henrich, J., & Gil−White, F. J. (2001). The evolution of prestige: Freely conferred status as a mechanism for enhancing the benefits of cultural transmission. *Evolution and Human Behavior, 22,* 165−196.

Hepburn, L. M., & Hemenway, D. (2004). Firearm availability and homicide: A review of the literature. *Aggression and Violent Behavior, 9,* 417−440.

Hepworth, J. T., & West, S. G. (1988). Lynching and the economy: A time−series reanalysis of Hovland and Sears (1940). *Journal of Person-*

ality and Social Psychology, 55, 239−247.

Herek, G. M. (1986). The instrumentality of attitudes. Toward a neofunctional theory. *Journal of Social Issues, 42*, 99−114.

Herek, G. M., & Capitanio, J. P. (1996). "Some of my best friends" : Intergroup contact, concealable stigma, and heterosexuals' attitudes toward gay men and lesbians. *Personality and Social Psychology Bulletin, 22*, 412−424.

Herek, G. M., Janis, I. L., & Huth, P. (1987). Decision making during international crises: Is quality of process related to outcome? *Journal of Conflict Resolution, 31*, 203−226.

Herrera, H. (1983). *Frida: A biography of Frida Kahlo.* New York: Harper Collins.

Hershleifer, D., & Shumway, T. (2003, June). Good day sunshine: Stock returns and the weather. *Journal of Finance*, 1009−1032.

Hertel, G., & Kerr, N. L. (2001). Priming in−group favoritism: The impact of normative scripts in the minimal group paradigm. *Journal of Experimental Social Psychology, 37*, 316−324.

Hertel, G., Kerr, N. L., & Messé, L. A. (2000). Motivation gains in performance groups: Paradigmatic and theoretical developments on the Kohler effect. *Journal of Personality and Social Psychology, 79*, 580−601.

Hertwig, R., Gigerenzer, G., & Hoffrage, U. (1997). The reiteration effect in hindsight bias. *Psychological Review, 104*, 194−202.

Hidi, S., & Harackiewicz, J. M. (2000). Motivating the academically unmotivated: A critical issue for the 21st century. *Review of Educational Research, 70*, 151−179.

Higgins, E. T. (1996). Knowledge activation: Accessibility, applicability, and salience. In E. T. Higgins & A. W. Kruglanski (Eds.), *Social psychology: Handbook of basic principles* (pp. 133−168). New York: Guilford.

Higgins, E. T. (1997). Beyond pleasure and pain. *American Psychologist, 52*, 1280−1300.

Higgins, E. T., King, G. A., & Mavin, G. H. (1982). Individual construct accessibility and subjective impressions and recall. *Journal of Personality and Social Psychology, 43*, 35−47.

Higgins, E. T., Rholes, W. S., & Jones, C. R. (1977). Category accessibility and impression formation. *Journal of Experimental Social Psychology, 13*, 141−154.

Higgins, R. L., & Harris, R. N. (1988). Strategic "alcohol" use: Drinking to selfhandicap. *Journal of Social and Clinical Psychology, 6*, 191−202.

Hill, K., & Hurtado, A. M. (1993). Hunter−gatherers in the New World. In P. Sherman & J. Alcock (Eds.), *Exploring animal behavior* (pp. 154−160). Sunderland, MA: Sinauer.

Hill, K., & Hurtado, M. (1996). *Ache life history.* Hawthorne, NY: Aldine−deGruyter.

Hill, S. E. (2007). Overestimation bias in mate competition. *Evolution and Human Behavior, 28*, 118−123.

Hill, S. E., & DelPriore, D. J. (2012). (Not) bringing up baby: The effects of jealousy on the desire to have and invest in children. *Personality and Social Psychology Bulletin, 39*(2), 206−218.

Hill, S. E., Rodeheffer, C. D., Griskevicius, V., Durante, K., & White, A. E. (2012). Boosting beauty in an economic decline: Mating, spending, and the lipstick effect. *Journal of Personality and Social Psychology, 103*(2), 275−291.

Hilmert, C. J., Kulik, J. A., & Christenfeld, N. J. S. (2006). Positive and negative opinion modeling: The influence of another's similarity and dissimilarity. *Journal of Personality and Social Psychology, 90*, 440−452.

Hinz, V. B., Matz, D. C., & Patience, R. A. (2001). Does women's hair signal reproductive potential? *Journal of Experimental Social Psychology, 37*, 166−172.

Hirt, E. R., Deppe, R. K., & Gordon, L. J. (1991). Self−reported versus behavioral self−handicapping: Empirical evidence for a theoretical distinction. *Journal of Personality and Social Psychology, 61*, 981−991.

Hirt, E. R., & Markman, K. D. (1995). Multiple explanation: A consider−an−alternative strategy for debiasing judgments. *Journal of Personality and Social Psychology, 69*, 1069−1086.

Hirt, E. R., McDonald, H. E., & Erickson, G. A. (1995). How do I remember thee? The role of encoding set and delay in reconstructive memory processes. *Journal of Experimental Social Psychology, 31*, 379−409.

Hirt, E. R., Zillman, D., Erickson, G. A., & Kennedy, C. (1992). Costs and benefits of allegiance: Changes in fans' self−ascribed competencies after team victory versus defeat. *Journal of Personality and Social Psychology, 63*, 724−738.

Hochberg, A. (1996, April 19). 1971 School desegregation made friends out of enemies. *National Public Radio All Things Considered.*

Hodges, B. H., & Geyer, A. L. (2006). A nonconformist account of the Asch experiments. *Personality and Social Psychology Review, 10*, 2−19.

Hodgkinson, V. A., & Weitzman, M. S. (1990). *Giving and volunteering in the United States.* Washington, DC: Independent Sector.

Hodgkinson, V. A., & Weitzman, M. S. (1994). *Giving and volunteering in the United States.* Washington, DC: Independent Sector.

Hodson, G. (2011). Do ideologically intolerant people benefit from intergroup contact? *Current Directions in Psychological Science, 20*, 154–159.

Hodson, G., Dovidio, J. F., & Esses, V. M. (2003). Ingroup identification as a moderator of positive–negative asymmetry in social discrimination. *European Journal of Social Psychology, 33*, 215–233.

Hoffman, M. L. (1984). Interaction of affect and cognition in empathy. In C. E. Izard, J. Kagan, & R. B. Zajonc (Eds.), *Emotions, cognitions, and behavior* (pp. 103–131). Cambridge, UK: Cambridge University Press.

Hofling, C. K., Brotzman, E., Dalrymple, S., Graves, N., & Pierce, C. M. (1966). An experimental study in nurse–physician relationships. *Journal of Nervous and Mental Disease, 143*, 171–180.

Hofstede, G. (1980/2001). *Culture's consequences: International differences in workrelated values.* Thousand Oaks, CA: Sage.

Hogan, R. (1993). A socioanalytic theory of personality. In M. Page (Ed.), *Nebraska symposium on motivation: Personality-Current theory and research* (pp. 58–89). Lincoln: University of Nebraska Press.

Hogan, R., & Hogan, J. (1991). Personality and status. In D. Gilbert & J. J. Connolly (Eds.), *Personality, social skills, and psychopathology: An individual differences approach* (pp. 137–154). New York: Plenum Press.

Hogan, R., Curphy, G. J., & Hogan, J. (1994). What we know about leadership: Effectiveness and personality. *American Psychologist, 49*, 493–504.

Hogan, R., Jones, W. H., & Cheek, J. M. (1985). Socioanalytic theory: An alternative to armadillo psychology. In B. R. Schlenker (Ed.), *The self and social life* (pp. 175–198). New York: McGraw–Hill.

Hogan, R., & Kaiser, R. B. (2005). What we know about leadership. *Review of General Psychology, 9*, 169–180.

Hogan, R., Raza, S., Sampson, D., Miller, C., & Salas, E. (1989). *The impact of personality on team performance* (Report to the Office of Naval Research). Tulsa, OK: University of Tulsa.

Hogg, M. A. (2003). Intergroup relations. In J. DeLamater (Ed.), *Handbook of social psychology* (pp. 479–501). New York: Kluwer.

Hogg, M. A., Abrams, D., Otten, S., & Hinkle, S. (2004). The social identity perspective: Intergroup relations, self–conception, and small groups. *Small Group Research, 35*, 246–276.

Hogg, M. A., Hohman, Z. P., & Rivera, J. E. (2008). Why do people join groups? Three motivational accounts from social psychology. *Social and Personality Psychology Compass, 2/3*, 1269–1280.

Holland, J. L. (1985). *Making vocational choices: A theory of vocational personalities and work environments* (2nd ed.). Englewood Cliffs, NJ: Prentice–Hall.

Holland, J. L. (1997). *Making vocational choices: A theory of vocation personalities and work environments* (3rd ed.). Lutz, FL: Psychological Assessment Resources.

Hollander, E. P. (1993). Legitimacy, power, and influence: A perspective on relational features of leadership. In M. M. Chemers & R. Ayman (Eds.), *Leadership theory and research: Perspectives and directions* (pp. 29–47). San Diego, CA: Academic Press.

Holmberg, D., & MacKenzie, S. (2002). So far so good: Scripts for romantic relationship development as predictors of relational well–being. *Journal of Social and Personal Relationships, 19*, 777–796.

Holoien, D. S., & Fiske, S. T. (2013). Downplaying positive impressions: Compensation between warmth and competence in impression management. *Journal of Experimental Social Psychology, 49*(1), 33–41.

Holtgraves, T., & Dulin, J. (1994). The Muhammad Ali effect: Differences between African Americans and European Americans in their perceptions of a truthful bragger. *Language and Communication, 14*, 275–285.

Holtgraves, T., & Srull, T. K. (1989). The effects of positive self–descriptions on impressions: General principles and individual differences. *Personality and Social Psychology Bulletin, 15*, 452–462.

Holtgraves, T., & Yang, J.–N. (1990). Politeness as universal: Cross–cultural perceptions of request strategies and inferences based on their use. *Journal of Personality and Social Psychology, 59*, 719–729.

Homer–Dixon, T. F., Boutwell, J. H., & Rathjens, G. W. (1993, February). Environmental change and violent conflict. *Scientific American*, 38–45.

Hönekopp, J., Rudolph, U., Beier, L., Liebert, A., & Muller, C. (2007). Physical attractiveness of face and body as indicators of physical fitness in men. *Evolution and Human Behavior, 28*, 106–111.

Hong, Y. Y., Chiu, C. Y., & Kung, T. M. (1997). Bringing culture out in front: Effects of cultural meaning system activation on social cognition. In K. Leung, Y. Kashima, U. Kim, & S. Yamaguchi (Eds.), *Progress in Asian social psychology* (Vol. 1, pp. 135–146). Singapore: Wiley.

Honts, C. R., Raskin, D. C., & Kircher, D. C. (1994). Mental and physical countermeasures reduce the accuracy of polygraph tests. *Journal of Applied Psychology, 79*, 252–259.

Hood, R. W., Jr., Spilka, B., Hunsberger, B., & Gorsuch, R. (1996). *The psychology of religion: An empirical approach* (2nd ed.). New York: Guilford.

Hooper, N., Davies, N., Davies, L., & McHugh, L. (2011). Comparing thought suppression and mindfulness as coping techniques for spider fear. *Consciousness and Cognition, 20*(4), 1824–1830.

Hopper, J. R., & Nielsen, J. M. (1991). Recycling as altruistic behavior: Normative and behavioral strategies to expand participation in a community recycling program. *Environment and Behavior, 23*, 195–220.

Horowitz, L. M., Wilson, K. R., Turan, B., Zolotsev, P., Constantino, M. J., & Henderson, L. (2006). How interpersonal motives clarify the meaning of interpersonal behavior: A revised circumplex model. *Personality and Social Psychology Review, 10*, 67–86.

Horwitz, S. K., & Horwitz, I. B. (2007). The effects of team diversity on team outcomes: A meta−analytic review of team demography. *Journal of Management, 33*, 987–1015.

Hoshino−Browne, E., Zanna, A. S., Spencer, S. J., Zanna, M. P., & Kitayama, S. (2005). On the cultural guises of cognitive dissonance: The case of Easterners and Westerners. *Journal of Personality and Social Psychology, 89*, 294–310.

House, R. J., & Shamir, B. (1993). Toward the integration of transformational, charismatic, and visionary theories. In M. M. Chemers & R. Ayman (Eds.), *Leadership theory and research: Perspectives and directions* (pp. 81–108). San Diego, CA: Academic Press.

Hovland, C. I., Janis, I. L., & Kelley, H. H. (1953). *Communication and persuasion: Psychological studies of opinion change.* New Haven, CT: Yale University Press.

Hovland, C. I., Lumsdaine, A. A., & Sheffield, F. D. (1949). *Experiments on mass communication.* Princeton, NJ: Princeton University Press.

Hovland, C. I., & Sears, R. (1940). Minor studies in aggression: VI. Correlation of lynchings with economic indices. *Journal of Psychology, 9*, 301–310.

Howard, G. S. (2000). Adapting human lifestyles for the 21st century. *American Psychologist, 55*, 509–515.

Hoyt, C. L. (2010). Women, men, and leadership: Exploring the gender gap at the top. *Social and Personality Psychology Compass, 4*(7), 484–498.

Hrdy, S. B. (1999). *Mother nature: A history of mothers, infants, and natural selection.* New York: Pantheon Books.

Hsu, F. L. K. (1983). *Rugged individualism reconsidered.* Knoxville: University of Tennessee Press.

Huang, J. Y., & Bargh, J. A. (2014). The Selfish Goal: Autonomously operating motivational structures as the proximate cause of human judgment and behavior. *Behavioral & Brain Sciences, 37*(2), 121–135.

Hubbard, J. A., Dodge, K. A., Cillessen, A. H. N., Coie, J. D., & Schwartz, D. (2001). The dyadic nature of social information processing in boys' reactive and proactive aggression. *Journal of Personality & Social Psychology, 80*, 268–280.

Huesmann, L. R., Moise−Titus, J., Podolski, C. L., & Eron, L. D. (2003). Longitudinal relations between children's exposure to TV violence and their aggressive and violent behavior in young adulthood. *Developmental Psychology, 39*, 201–221.

Hüffmeier, J., Krumm, S., Kanthak, J., & Hertel, G. (2012). "Don't let the group down" : Facets of instrumentality moderate the motivating effects of groups in a field experiment. *European Journal of Social Psychology, 42*(5), 533–538.

Hugenberg, K., & Sacco, D. F. (2008). Social categorization and stereotyping: How social categorization biases person perception and face memory. *Social and Personality Psychology Compass, 2*, 1052–1072.

Hull, C. L. (1934). *Hypnosis and suggestibility.* New York: D. Appleton− Century.

Human, L. J., Biesanz, J. C., Parisotto, K. L., & Dunn, E. W. (2012). Your best self helps reveal your true self: Positive self−presentation leads to more accurate personality impressions. *Social Psychological and Personality Science, 3*(1), 23–30.

Hunsberger, B., & Jackson, L. M. (2005). Religion, meaning, and prejudice. *Journal of Social Issues, 61*, 807–826.

Hunter, J. A., Platow, M. J., Howard, M. L., & Stringer, M. (1996). Social identity and intergroup evaluation bias: Realistic categories and domain specific self−esteem in a conflict setting. *European Journal of Social Psychology, 26*, 631–647.

Hutchings, P. B., & Haddock, G. (2008). Look black in anger: The role of implicit prejudice in the categorization and perceived emotional intensity of racially ambiguous faces. *Journal of Experimental Social Psychology, 44*,

1418—1420.

Hyde, J. S. (1990). Meta—analysis and the psychology of gender differences. *Signs, 16*, 55—73.

Hyde, J. S. (1996). Where are the gender differences? Where are the gender similarities? In D. M. Buss & N. M. Malamuth (Eds.), *Sex, power, conflict: Evolutionary and feminist perspectives* (pp. 107—118). New York: Oxford University Press.

Ickes, W. (1993). Traditional gender roles: Do they make, and then break, our relationships? *Journal of Social Issues, 49*, 71—85.

Igarashi, T., Takai, J., & Yoshida, T. (2005). Gender differences in social network development via mobile phone text messages: A longitudinal study. *Journal of Social and Personal Relationships, 22*, 691—713.

Ilgen, D. R., & Hulin, C. L. (2000). *Computational modeling of behavior in organizations: The third scientific discipline.* Washington, DC: American Psychological Association.

Impett, E. A., Gable, S. L., & Peplau, L. A. (2005). Giving up and giving in: The costs and benefits of daily sacrifice in intimate relationships. *Journal of Personality and Social Psychology, 89*, 327—344.

Inbau, F. E., Reid, J. E., Buckley, J. P., & Jayne, B. C. (2001). *Criminal interrogation and confessions* (4th ed.). Gaithersburg, MD: Aspen Publishers.

Ingham, A. G., Levinger, G., Graves, J., & Peckham, V. (1974). The Ringelmann effect: Studies of group size and group performance. *Journal of Personality and Social Psychology, 10*, 371—384.

Insko, C. A. (1965). Verbal reinforcement of attitude. *Journal of Personality and Social Psychology, 2*, 621—623.

Insko, C. A., Drenan, S., Solomon, M. R., Smith, R., & Wade, T. J. (1983). Conformity as a function of the consistency of positive self—evaluation with being liked and being right. *Journal of Experimental Social Psychology, 19*, 341—358.

Insko, C. A., Schopler, J., Graetz, K. A., Drigotas, S. M., Currey, D. P., Smith, S. L., et al. (1994). Individual—intergroup discontinuity in the Prisoner's Dilemma Game. *Journal of Conflict Resolution, 38*, 87—116.

Insko, C. A., Schopler, J., Hoyle, R. H., Dardis, G. J., & Graetz, K. A. (1990). Individual—group discontinuity as a function of fear and greed. *Journal of Personality and Social Psychology, 58*, 68—79.

Insko, C. A., Schopler, J., Pemberton, M. B., Wieselquist, J., McIlraith, S. A., Currey, D. P., et al. (1998). Long—term outcome maximization and the reduction of interindividual—intergroup discontinuity. *Journal of Personality & Social Psychology, 75*, 695—711.

Insko, C. A., Smith, R. H., Alicke, M. D., Wade, J., & Taylor, S. (1985). Conformity and group size: The concern with being right and the concern with being liked. *Personality and Social Psychology Bulletin, 11*, 41—50.

Inzlicht, M., & Schmader, T. (2012). *Stereotype threat: Theory, process, and application.* New York: Oxford University Press.

Isbell, L. (2004). Not all happy people are lazy or stupid: Evidence of systematic processing in happy moods. *Journal of Experimental Social Psychology, 40*, 341—349.

Isen, A. M. (2002). Missing in action in the AIM: Positive affect's facilitation of cognitive flexibility, innovation, and problem solving. *Psychological Inquiry, 13*, 57—65.

Isen, A. M., Shalker, T. E., Clark, M., & Karp, L. (1978). Affect, accessibility of material in memory, and behavior. *Journal of Personality and Social Psychology, 36*, 1—12.

Isenberg, D. J. (1986). Group polarization: A critical review and meta—analysis. *Journal of Personality and Social Psychology, 50*, 1141—1151.

Iyengar, S. S., & Lepper, M. R. (1999). Rethinking the value of choice: A cultural perspective on intrinsic motivation. *Journal of Personality & Social Psychology, 76*, 349—366.

Izard, C. E. (2007). Basic emotions, natural kinds, emotion schemas, and a new paradigm. *Perspectives on Psychological Science, 2*, 260—280.

Jacks, J. Z., & Cameron, K. A. (2003). Strategies for resisting persuasion. *Basic and Applied Social Psychology, 25*, 145—161.

Jackson, J. J., & Kirkpatrick, L. A. (2007). The structure and measurement of human mating strategies: Toward a multidimensional model of sociosexuality. *Evolution and Human Behavior, 28*, 382—391.

Jackson, J. J., & Kirkpatrick, L. A. (2008). The structure and measurement of human mating strategies: Toward a multidimensional model of sociosexuality. *Evolution and Human Behavior, 28*, 382—391.

Jackson, L. M., & Esses, V. M. (1997). Of scripture and ascription: The relation between religious fundamentalism and intergroup helping. *Personality and Social Psychology Bulletin, 23*, 893—906.

Jacobs, J. R. (1992). Facilitators of romantic attraction and their relation to lovestyle. *Social Behavior and Personality, 20*, 227—234.

Jacobson, R. P., Mortensen, C. R., & Cialdini, R. B. (2011). Bodies obliged and unbound: Differentiated response tendencies for injunctive and descriptive social norms. *Journal of Personality and Social Psychology, 100*(3), 433–448. Retrieved from http://dx.doi.org/10.1037/a0021470

James, W. (1890). *Principles of psychology.* New York: Henry Holt.

Jamieson, J. P., & Harkins, S. G. (2007). Mere effort and stereotype threat performance effects. *Journal of Personality and Social Psychology, 93,* 544–564.

Janicki, M., & Krebs, D. L. (1998). Evolutionary approaches to culture. In C. Crawford & D. L. Krebs (Eds.), *Handbook of evolutionary psychology: Ideas, issues, and applications* (pp. 163–208). Mahwah, NJ: Erlbaum.

Janis, I. L. (1972). *Victims of groupthink.* Boston: Houghton Mifflin.

Janis, I. L. (1983). *Groupthink: Psychological studies of policy decisions and fiascoes* (2nd ed.). Boston: Houghton Mifflin.

Janis, I. L. (1997). *Groupthink. In W. A. Lesko (Ed.), Readings in social psychology* (3rd ed., pp. 333–337). Boston: Allyn & Bacon.

Janis, I. L., & Mann, L. (1977). *Decision making: A psychological analysis of conflict, choice, and commitment.* New York: Free Press.

Janiszewski, C., & Uy, D. (2008). Precision of the anchor influences the amount of adjustment. *Psychological Science, 19,* 121–127.

Jankowiak, W. R., & Fischer, E. F. (1992). A cross–cultural perspective on romantic love. *Ethnology, 31,* 149–155.

Janoff–Bulman, R., & Wade, M. B. (1996). The dilemma of self–advocacy for women: Another case of blaming the victim? *Journal of Social and Clinical Psychology, 15,* 143–152.

Jaremka, L. M., Fagundes, C. P., Peng, J., Bennett, J. M., Glaser, R., Malarkey, W. B., et al. (2013). Loneliness promotes inflammation during acute stress. *Psychological Science, 24,* 1089–1097.

Jemmott, J. B., III, Ditto, P. H., & Croyle, R. T. (1986). Judging health status: Effects of perceived prevalence and personal relevance. *Journal of Personality and Social Psychology, 50,* 899–905.

Jenkins, S. S., & Aube, J. (2002). Gender differences and gender–related constructs in dating aggression. *Personality & Social Psychology Bulletin, 28,* 1106–1118.

Jensen–Campbell, L. A., & Graziano, W. G. (2000). Beyond the schoolyard: Relationships as moderators of daily interpersonal conflict. *Personality & Social Psychology Bulletin, 26,* 923–935.

Jensen–Campbell, L. A., Graziano, W. G., & West, S. G. (1995). Dominance, prosocial orientation, and female preferences: Do nice guys really finish last? *Journal of Personality and Social Psychology, 68,* 427–440.

Jetten, J., Spears, R., & Manstead, A. S. R. (1997). Strength of identification and intergroup differentiation: The influence of group norms. *European Journal of Social Psychology, 27,* 603–609.

Jockin, V., McGue, M., & Lykken, D. T. (1996). Personality and divorce: A genetic analysis. *Journal of Personality and Social Psychology, 71,* 288–299.

Johns, M., Schmader, T., & Martens, A. (2005). Knowing is half the battle: Teaching stereotype threat as a means of improving women's math performance. *Psychological Science, 16,* 175–179.

Johnson, B. T., & Eagly, A. H. (1989). The effect of involvement on persuasion: A meta–analysis. *Psychological Bulletin, 106,* 290–314.

Johnson, D. (1993). The politics of violence research. *Psychological Science, 4,* 131–133.

Johnson, D. J., & Rusbult, C. E. (1989). Resisting temptation: Devaluation of alternative partners as a means of maintaining commitment in close relationships. *Journal of Personality and Social Psychology, 57,* 967–980.

Johnson, D. W., & Johnson, R. T. (1975). *Learning together and alone: Cooperation, competition, and individualization.* Englewood Cliffs, NJ: Prentice–Hall.

Johnson, D. W., & Johnson, R. T. (1994). Cooperative learning in the culturally diverse classroom. In R. DeVillar, C. Fultis, & J. Cummings (Eds.), *Cultural diversity in schools* (pp. 57–74). New York: SUNY Press.

Johnson, D. W., Johnson, R. T., & Maruyama, G. (1984). Goal interdependence and interpersonal attraction in heterogeneous classrooms: A meta–analysis. In N. Miller & M. B. Brewer (Eds.), *Groups in contact* (pp. 187–213). New York: Academic Press.

Johnson, F. L., & Aries, E. J. (1983). Conversational patterns among same–sex pairs of late adolescent close friends. *Journal of Genetic Psychology, 142,* 225–238.

Johnson, K. A., White, A. E., Boyd, B. M., & Cohen, A. B. (2011). Matzah, meat, milk, and mana: Psychological influences on religiocultural food practices. *Journal of Cross-Cultural Psychology, 14,* 1421–1436.

Johnson, K. L., Gill, S., Reichman, V., & Tassinary, L. G. (2007). Swagger, sway, and sexuality: Judging sexual orientation from body mo-

사회심리학

tion and morphology. *Journal of Personality and Social Psychology, 93*, 321–334.

Johnson, R. T., Burk, J. A., & Kirkpatrick, L. A. (2007). Dominance and prestige as differential predictors of aggression and testosterone levels in men. *Evolution and Human Behavior, 28*, 345–351.

Johnson, R. W., Kelly, R. J., & LeBlanc, B. A. (1995). Motivational basis of dissonance: Aversive consequences or inconsistency. *Personality and Social Psychology Bulletin, 21*, 850–855.

Joiner, T. E., Jr. (1994). Contagious depression: Existence, specificity to depressed symptoms, and the role of reassurance seeking. *Journal of Personality and Social Psychology, 67*, 287–296.

Joiner, T. E., Alfano, M. S., & Metalsky, G. I. (1992). When depression breeds contempt: Reassurance seeking, self–esteem, and rejection of depressed college students by their roommates. *Journal of Abnormal Psychology, 101*, 165–173.

Joireman, J., Anderson, J., & Strathman, A. (2003). The aggression paradox: Understanding links among aggression, sensation seeking, and the consideration of future consequences. *Journal of Personality & Social Psychology, 84*, 1287–1302.

Joireman, J. A., Van Lange, P. A. M., & Van Vugt, M. (2004). Who cares about the environmental impact of cars? Those with an eye toward the future. *Environment and Behavior, 36*, 187–206.

Jokela, M., Kivimaki, M., Elovainio, M., & Keltikangas–Jarvinen, L. (2009). Personality and having children: A two–way relationship. *Journal of Personality and Social Psychology, 96*, 218–230.

Jonas, E., Graupmann, V., & Frey, D. (2006). The influence of mood on the search for supporting versus conflicting information. *Personality and Social Psychology Bulletin, 32*, 3–15.

Jonas, E., Schulz–Hardt, S., & Frey, D. (2005). Giving advice or making decisions in someone else's place: The influence of impression, defense, and accuracy motivation on the search for new information. *Personality and Social Psychology Bulletin, 31*, 977–990.

Jonason, P. K. (2007). An evolutionary psychology perspective on sex differences in exercise behaviors and motivations. *Journal of Social Psychology, 147*, 5–14.

Jones, B. C., DeBruine, L. M., & Little, A. C. (2007). The role of symmetry in attraction to average faces. *Perception and Psychophysics, 69*, 1273–1277.

Jones, B. C., Little, A. C., Boothroyd, L. G., De-Bruine, L. M., Feinberg, D. R., Law Smith, M. J., et al. (2005). Commitment to relationships and preferences for femininity and apparent health in faces are strongest on days of the menstrual cycle when progesterone level is high. *Hormones and Behavior, 48*, 283–290.

Jones, B. C., Little, A. C., Penton–Voak, I. S., Tiddeman, B. P., Burt, D. M., & Perrett, D. I. (2001). Facial symmetry and judgements of apparent health: Support for a "good genes" explanation of the attractiveness–symmetry relationship. *Evolution and Human Behavior, 22*, 417–429.

Jones, B. C., Perrett, D. I., Little, A. C., Boothroyd, L. G., Cornwell, R. E., Feinberg, D. R., et al. (2005). Menstrual cycle, pregnancy and oral contraceptive use alter attraction to apparent health in faces. *Proceedings of the Royal Society of London B, 272*, 347–354.

Jones, E. E. (1990). *Interpersonal perception.* New York: Freeman.

Jones, E. E., & Davis, K. E. (1965). From acts to dispositions the attribution process in person perception. *Advances in Experimental Social Psychology, 2*, 219–266.

Jones, E. E., & Harris, V. A. (1967). The attribution of attitudes. *Journal of Experimental Social Psychology, 3*, 1–24.

Jones, E. E., & Kelly, J. R. (2007). Contributions to a group discussion and perceptions of leadership: Does quantity always count more than quality? *Group Dynamics: Theory, Research, and Practice, 11*, 15–30.

Jones, E. E., & Pittman, T. S. (1982). Toward a general theory of strategic self–presentation. In J. Suls (Ed.), *Psychological perspectives on the self* (Vol. 1, pp. 231–262). Hills–dale, NJ: Erlbaum.

Jones, E. E., & Wortman, C. (1973). *Ingratiation: An attributional approach.* Morristown, NJ: General Learning Corporation.

Jones, J. T., Pelham, B. W., Carvallo, M., & Mirenberg, M. C. (2004). How do I love thee? Let me count the Js: Implicit egotism and interpersonal attraction. *Journal of Personality and Social Psychology, 87*, 665–683.

Jones, M. A., & Sigler, R. T. (2002). Law enforcement partnership in community corrections: An evaluation of juvenile offender curfew checks. *Journal of Criminal Justice, 30*, 245–256.

Jones, W. H., & Carver, M. D. (1991). Adjustment and coping implications of loneliness. In C. R. Snyder & D. R. Forsyth (Eds.), *Handbook of social and clinical psychology* (pp. 395–410). New York: Pergamon.

Jones, W. H., Cavert, C. W., Snider, R. L., & Bruce, T. (1985). Relational stress: An analysis of situations and events associated with loneliness. In S.Duck & D. Perlman (Eds.), *Understanding personal relationships: An interdisciplinary approach* (pp. 221−242). Beverly Hills, CA: Sage.

Jones, W. H., Freemon, J. E., & Goswick, R. A. (1981). The persistence of loneliness: Self and other determinants. *Journal of Personality, 49,* 27−48.

Jones, W. H., Hobbs, S. A., & Hockenbury, D. (1982). Loneliness and social skill deficits. *Journal of Personality and Social Psychology, 42,* 682−689.

Jones, W. H., Sansone, C., & Helm, B. (1983). Loneliness and interpersonal judgments. *Personality and Social Psychology Bulletin, 9,* 437−441.

Jordan, A. H., & Monin, B. (2008). From sucker to saint: Moralization in response to self−threat. *Psychological Science, 19,* 809−815.

Jorden, D. L. (1993). Newspaper effects on policy preferences. *Public Opinion Quarterly, 57,* 191−204.

Josephs, R. A., Markus, H. R., & Tarafodi, R. W. (1992). Gender and self−esteem. *Journal of Personality and Social Psychology, 63,* 391−402.

Jost, J. T., & Burgess, D. (2000). Attitudinal ambivalence and the conflict between group and system justification motives in low status groups. *Personality and Social Psychology Bulletin, 26,* 293−305.

Jost, J. T., Glaser, J., Kruglanski, A. W., & Sulloway, F. J. (2003). Political conservatism as motivated social cognition. *Psychological Bulletin, 129,* 339−375.

Joule, R. V. (1987). Tobacco deprivation: The foot−in−the−door technique versus the low−ball technique. *European Journal of Social Psychology, 17,* 361−365.

Joule, R. V., Gouilloux, F., & Weber, F. (1989). The lure: A new compliance procedure. *Journal of Social Psychology, 129,* 741−749.

Judge, T. A., & Bretz, R. D., Jr. (1994). Political influence behavior and career success. *Journal of Management, 20,* 43−65.

Jussim, L. (1991). Social perception and social reality: A reflection−construction model. *Psychological Review, 98,* 54−73.

Jussim, L. (2012). *Social perception and social reality: Why accuracy dominates bias and self-fulfilling prophecy.* New York: Oxford University Press.

Jussim, L., Eccles, J., & Madon, S. (1995). Social perception, social stereotypes, and teacher expectations: Accuracy and the quest for the powerful self−fulfilling prophecy. In M. P. Zanna (Ed.), *Advances in experimental social*

psychology (Vol. 27, pp. 215−255). New York: Academic Press.

Kacmar, K. M., Carlson, D. S., & Bratton, V. K. (2004). Situational and dispositional factors as antecedents of ingratiatory behaviors in organizational settings. *Journal of Vocational Behavior, 65,* 309−331.

Kacmar, K. M., Delery, J. E., & Ferris, G. R. (1992). Differential effectiveness of applicant impression management tactics on employment interview decisions. *Journal of Applied Social Psychology, 22*(16), 1250−1272.

Kadlec, D. (1997, May 5). The new world of giving. *Time, 149,* 62−64.

Kafetsios, K., & Nezlek, J. B. (2002). Attachment styles in everyday social interaction. *European Journal of Social Psychology, 32,* 719−735.

Kahan, D. M. (1997). Social influence, social meaning, and deterrence. *Virginia Law Review, 83,* 349−395.

Kahneman, D., Knetsch, J. L., & Thaler, R. (1986). Fairness and the assumptions of economics. *Journal of Business, 59,* S285−S300.

Kahneman, D., Knetsch, J. L., & Thaler, R. H. (1991). The endowment effect, loss aversion, and status quo bias. *Journal of Economic Perspectives, 5,* 193−206.

Kahneman, D., & Tversky, A. (1972). Subjective probability: A judgment of representativeness. *Cognitive Psychology, 3,* 430−454.

Kallgren, C. A., Reno, R. R., & Cialdini, R. B. (2000). A focus theory of normative conduct: When norms do and do not affect behavior. *Personality & Social Psychology Bulletin, 26,* 1002−1012.

Kallgren, C. A., & Wood, W. (1986). Access to attitude−relevant information in memory as a determinant of attitudebehavior consistency. *Journal of Experimental Social Psychology, 22,* 328−338.

Kalven, H., Jr., & Zeisel, H. (1966). *The American jury.* Boston: Little, Brown.

Kammrath, L. K., & Peetz, J. (2011). The limits of love: Predicting immediate versus sustained caring behaviors in close relationships. *Journal of Experimental Social Psychology, 47,* 414−417.

Kanazawa, S. (1992). Outcome or expectancy? Antecedent of spontaneous causal attribution. *Personality and Social Psychology Bulletin, 18,* 659−668.

Kanter, R. M. (1977). *Men and women of the corporation.* New York: Basic Books.

Kantola, S. J., Syme, G. J., & Campbell, N. A. (1984). Cognitive dissonance and energy conservation. *Journal of Applied Psychology, 69,* 416−421.

Kaplan, H. B. (2003). Social psychological perspectives on deviance. In J. DeLamater (Ed.), *Handbook of social psychology* (pp. 479–502). New York: Kluwer.

Kaprio, J., Koskenvuo, M., & Rita, H. (1987). Mortality after bereavement: A prospective study of 95,647 widowed persons. *American Journal of Public Health, 77*, 283–287.

Karau, S. J., & Williams, K. D. (1993). Social loafing: A meta–analytic review and theoretical integration. *Journal of Personality and Social Psychology, 65*, 681–706.

Karau, S. J., & Williams, K. D. (2001). Understanding individual mutation in groups: The collective effort model. In M. E. Turner (Ed.), *Groups at work: Theory and research* (pp. 113–141). Mahwah, NJ: Erlbaum.

Karon, T. (2004, May 26). Why al–Qaeda thrives. *Time Online Edition.* Retrieved from www.time.com/time/world/article/0,8599,642825,00.html

Karp, D. R., & Gaulding, C. L. (1995). Motivational underpinning of command–and–control, market–based, and voluntarist environmental policies. *Human Relations, 48*, 439–465.

Kasser, T., & Sheldon, K. M. (2000). Of wealth and death: Materialism, mortality salience, and consumption behavior. *Psychological Science, 11*, 348–351.

Kassin, S. M. (2008). False confessions: Causes, consequences, and implications for reform. *Current Directions in Psychological Science, 17*, 249–253.

Kassin, S. M., & Kiechel, K. L. (1996). The social psychology of false confessions: Compliance, internalization, and confabulation. *Psychological Science, 7*, 125–128.

Katz, I., Wackenhut, J., & Hass, R. G. (1986). Racial ambivalence, value duality, and behavior. In J. F. Dovidio & S. L. Gaertner (Eds.), *Prejudice, discrimination, and racism* (pp. 35–59). Orlando, FL: Academic Press.

Kay, A. C., Gaucher, D., Napier, J. L., Callan, M. J., & Laurin, K. (2008). God and the government: Testing a compensatory control mechanism for the support of external systems. *Journal of Personality and Social Psychology, 95*, 18–35.

Keating, C. F., Mazur, A., & Segall, M. H. (1977). Facial gestures which influence the perception of status. *Sociometry, 40*, 374–378.

Keinan, G. (1987). Decision making under stress: Scanning of alternatives under controllable and uncontrollable threats. *Journal of Personality and Social Psychology, 52*, 639–644.

Keller, J. (2002). Blatant stereotype threat and women's math performance: Self–handicapping as a strategic means to cope with obtrusive negative performance expectations. *Sex Roles, 47*, 193–198.

Keller, J., & Dauenheimer, D. (2003). Stereotype threat in the classroom: Dejection mediates the disrupting threat effect on women's math performance. *Personality and Social Psychology Bulletin, 29*, 371–381.

Kellermann, A. L., Rivara, F. P., Rushforth, N. B., Banton, J. B., Reay, O. T., Francisco, J. T., et al. (1993). Gun ownership as a risk factor for homicide in the home. *New England Journal of Medicine, 329*, 1084–1091.

Kelley, A. E. (2005). Neurochemical networks encoding emotion and motivation: An evolutionary perspective. In J. M. Fellous & M. A. Arbib (Eds.), *Who needs emotions? The brain meets the robot* (pp. 29–77). New York: Oxford University Press.

Kelley, H. H. (1950). The warm–cold variable in first impressions of persons. *Journal of Personality, 18*, 431–439.

Kelley, H. H. (1973). The processes of causal attribution. *American Psychologist, 28*, 107–128.

Kelley, H. H., & Stahelski, A. J. (1970). Social interaction basis of cooperators' and competitors' beliefs about others. *Journal of Personality and Social Psychology, 16*, 66–91.

Kelly, A. E. (1998). Clients' secret keeping in outpatient therapy. *Journal of Counseling Psychology, 45*, 50–57.

Kelly, A. E., & McKillop, K. J. (1996). Consequences of revealing personal secrets. *Psychological Bulletin, 120*, 450–465.

Kelly, A. M., Klusas, J. A., vonWeiss, R. T., & Kenny, C. (2001). What is it about revealing secrets that is beneficial? *Personality & Social Psychology Bulletin, 27*, 651–665.

Kelly, E. L., & Conley, J. J. (1987). Personality and compatibility: A prospective analysis of marital stability and marital satisfaction. *Journal of Personality and Social Psychology, 52*, 27–40.

Kelly, M. (1993, May 23). "Saint Hillary," New York Times. In S. K. Flinn (2000) (Ed.), *Speaking of Hillary: A reader's guide to the most controversial woman in America* (pp. 89–103). Ashland, OR: White Cloud Press.

Kelman, H. C. (1998). Social–psychological contributions to peace making and peacebuilding in the Middle East. *Applied Psychology: An International Review, 47*, 5–28.

Kelman, H. C. (1999). Interactive problem solving as a metaphor for international conflict resolution: Lessons for the policy process. *Peace and Conflict: Journal of Peace Psychology, 5*, 201–218.

Keltner, D., & Ekman, P. (1994). Facial expressions in emotion. In V. S. Ramachandran (Ed.), *Encyclopedia of human behavior* (Vol. 2, pp. 361–369). San Diego, CA: Academic Press.

Keltner, D., Haidt, J., & Shiota, M. N. (2006). Social functionalism and the evolution of emotions. In M. Schaller, J. A. Simpson, & D. T. Kenrick (Eds.), *Evolution and social psychology* (pp. 115–142). New York: Psychology Press.

Kemmelmeier, M., & Winter, D. G. (2000). Putting threat into perspective: Experimental studies on perceptual distortion in international conflict. *Personality & Social Psychology Bulletin, 26*, 795–809.

Kenny, D. A. (1994). *Interpersonal perception: A social relations analysis.* New York: Guilford.

Kenny, D. A., Albright, L., Malloy, T. E., & Kashy, D. A. (1994). Consensus in interpersonal perception: Acquaintance and the big five. *Psychological Bulletin, 116*, 245–258.

Kenny, D. A., & DePaulo, B. M. (1993). Do people know how others view them? An empirical and theoretical account. *Psychological Bulletin, 114*, 145–161.

Kenny, D. A., & Kashy, D. A. (1994). Enhanced co–orientation in the perception of friends: A social relations analysis. *Journal of Personality and Social Psychology, 67*, 1024–1033.

Kenrick, D. T. (1991). Proximate altruism and ultimate selfishness. *Psychological Inquiry, 2*, 135–137.

Kenrick, D. T. (2006a). A dynamical evolutionary view of love. In R. J. Sternberg & K. Weis (Eds.), *Psychology of love* (2nd ed., pp. 15–34). New Haven, CT: Yale University Press.

Kenrick, D. T. (2006b). Evolutionary psychology: Resistance is futile. *Psychological Inquiry, 17*, 102–108.

Kenrick, D. T. (2013). Men and women are only as different as they look! *Psychological Inquiry, 24*, 202–206.

Kenrick, D. T., Ackerman, J., & Ledlow, S. (2003). Evolutionary social psychology: Adaptive predispositions and human culture. In J. DeLamater (Ed.), *Handbook of social psychology* (pp. 103–124). New York: Kluwer.

Kenrick, D. T., Becker, D. V., Butner, J., Li, N. P., & Maner, J. K. (2004). Evolutionary cognitive science: Adding what and why to how the mind works. In K. Sterelney & J. Fitness (Eds.), *From mating to mentality: Evaluating evolutionary psychology.* New York: Psychology Press.

Kenrick, D. T., Delton, A. W., Robertson, T., Becker, D. V., & Neuberg, S. L. (2007). How the mind warps: A social evolutionary perspective on cognitive processing disjunctions. In J. P. Forgas, M. G. Haselton, & W. Von Hippel (Eds.), *The evolution of the social mind: Evolution and social cognition* (pp. 49–68). New York: Psychology Press.

Kenrick, D. T., & Funder, D. C. (1988). Profiting from controversy: Lessons from the person–situation debate. *American Psychologist, 43*, 23–34.

Kenrick, D. T., & Gomez–Jacinto, L. (2014). Economics, sex, and the emergence of society: A dynamic life history model of cultural variation. In M. J. Gelfand, C. Y. Chiu, & Y. Y. Hong (Eds.), *Advances in culture and psychology* (Vol. 3, pp. 78–123). New York: Oxford University Press.

Kenrick, D. T., & Griskevicius, V. (2013). *The rational animal: How evolution made us smarter than we think.* New York: Basic Books.

Kenrick, D. T., Griskevicius, V., Neuberg, S. L., & Schaller, M. (2010). Renovating the pyramid of needs: Contemporary extensions built upon ancient foundations. *Perspectives on Psychological Science, 5*, 292–314.

Kenrick, D. T., Groth, G. R., Trost, M. R., & Sadalla, E. K. (1993). Integrating evolutionary and social exchange perspectives on relationships: Effects of gender, self–appraisal, and involvement level on mate selection criteria. *Journal of Personality and Social Psychology, 64*, 951–969.

Kenrick, D. T., & Johnson, G. A. (1979). Interpersonal attraction in aversive environments: A problem for the classical conditioning paradigm? *Journal of Personality and Social Psychology, 37*, 572–579.

Kenrick, D. T., & Keefe, R. C. (1992). Age preferences in mates reflect sex differences in human reproductive strategies. *Behavioral and Brain Sciences, 15*, 75–133.

Kenrick, D. T., Keefe, R. C., Bryan, A., Barr, A., & Brown, S. (1995). Age preferences and mate choice among homosexuals and heterosexuals: A case for modular psychological mechanisms. *Journal of Personality and Social Psychology, 69*, 1166–1172.

Kenrick, D. T., & Li, N. (2000). The Darwin is in the details. *American Psychologist, 5*, 1060–1061.

Kenrick, D. T., Li, N. P., & Butner, J. (2003). Dynamical evolutionary psychology: Individual decision–rules and emergent social norms. *Psychological Review, 110*, 3–28.

Kenrick, D. T., & MacFarlane, S. (1986). Ambient temperature and horn honking: A field study of interpersonal hostility. *Environment and Be-*

havior, *18*, 179−191.

Kenrick, D. T., Maner, J. K., Butner, J., Li, N. P., Becker, D. V., & Schaller, M. (2002). Dynamic evolutionary psychology: Mapping the domains of the new interactionist paradigm. *Personality and Social Psychology Review, 6*, 347−356.

Kenrick, D. T., Maner, J. K., & Li, N. L. (2014). Evolutionary social psychology. In D. M. Buss (Ed.), *Handbook of evolutionary psychology* (2nd ed.). New York: Wiley.

Kenrick, D. T., Montello, D. R., Gutierres, S. E., & Trost, M. R. (1993). Effects of physical attractiveness on affect and perceptual judgment: When social comparison overrides social reinforcement. *Personality and Social Psychology Bulletin, 19*, 195−199.

Kenrick, D. T., Neuberg, S. L., Zierk, K., & Krones, J. (1994). Evolution and social cognition: Contrast effects as a function of sex, dominance, and physical attractiveness. *Personality and Social Psychology Bulletin, 20*, 210−217.

Kenrick, D. T., Nieuweboer, S., & Buunk, A. P. (2010). Universal mechanisms and cultural diversity: Replacing the blank slate with a coloring book. In M. Schaller, S. Heine, A. Norenzayan, T. Yamagishi, & T. Kameda (Eds.), *Evolution, culture, and the human mind* (pp. 257−272). Mahwah, NJ: Lawrence Erlbaum Associates.

Kenrick, D. T., Sadalla, E. K., Groth, G., & Trost, M. R. (1990). Evolution, traits, and the stages of human courtship: Qualifying the parental investment model. *Journal of Personality, 58*, 97−117.

Kenrick, D. T., & Sheets, V. (1994). Homicidal fantasies. *Ethology and Sociobiology, 14*, 231−246.

Kenrick, D. T., Sundie, J. M., & Kurzban, R. (2008). Cooperation and conflict between kith, kin, and strangers: Game theory by domains. In C. Crawford & D. Krebs (Eds.), *Foundations of evolutionary psychology*. Mahwah, NJ: Lawrence Erlbaum Associates.

Kenrick, D. T., Sundie, J. M., Nicastle, L. D., & Stone, G. O. (2001). Can one ever be too wealthy or too chaste? Searching for nonlinearities in mate judgment. *Journal of Personality & Social Psychology, 80*, 462−471.

Kenrick, D. T., Trost, M. R., & Sheets, V. L. (1996). The feminist advantages of an evolutionary perspective. In D. M. Buss & N. Malamuth (Eds.), *Sex, power, conflict: Feminist and evolutionary perspectives* (pp. 29−53). New York: Oxford University Press.

Kernis, M. H., Cornell, D. P., Sun, C.−R., Berry, A., & Harlow, T. (1993). There's more to

self−esteem than whether it is high or low: The importance of stability of self−esteem. *Journal of Personality and Social Psychology, 65*, 1190−1204.

Kernis, M. H., Grannemann, B. D., & Barclay, L. C. (1992). Stability of self−esteem: Assessment, correlates, and excuse making. *Journal of Personality, 60*, 621−644.

Kernis, M. H., Paradise, A. W., Whitaker, D., Wheatman, S., & Goldman, B. (2000). Master of one's "Psychological Domain"? Not likely if one's self−esteem is unstable. *Personality and Social Psychology Bulletin, 26*, 1297−1305.

Kerr, N. L. (1983). Motivation losses in small groups: A social dilemma analysis. *Journal of Personality and Social Psychology, 45*, 819−828.

Kerr, N. L. (1995). Norms in social dilemmas. In D. A. Schroeder (Ed.), *Social dilemmas: Perspectives on individuals and groups* (pp. 31−47). Westport, CT: Praeger.

Kerr, N. L. (2002). When is a minority a minority? Active versus passive minority advocacy and social influence. *European Journal of Social Psychology, 32*, 471−483.

Kerr, N. L., Atkin, R. S., Stasser, G., Meek, D., Holt, R. W., & Davis, J. H. (1976). Guilt beyond a reasonable doubt: Effects of concept definition and assigned decision rule on the judgments of mock jurors. *Journal of Personality and Social Psychology, 34*, 282−294.

Kerr, N. L., & Bruun, S. E. (1981). Ringelman revisited: Alternative explanations for the social loafing effect. *Personality and Social Psychology Bulletin, 7*, 224−231.

Kerr, N. L., & Bruun, S. E. (1983). Dispensability of member effort and group motivation losses: Free−rider effects. *Journal of Personality and Social Psychology, 44*, 78−94.

Kerr, N. L., Garst, J., Lewandowski, D. A., & Harris, S. E. (1997). That still small voice: Commitment to cooperate as an internalized versus a social norm. *Personality and Social Psychology Bulletin, 23*, 1300−1311.

Kerr, N. L., & Kaufman−Gilliland, C. M. (1994). Communication, commitment, and cooperation in social dilemmas. *Journal of Personality and Social Psychology, 66*, 513−529.

Kerr, N. L., & MacCoun, R. J. (1985). The effects of jury size and polling method on the process and product of jury deliberation. *Journal of Personality and Social Psychology, 48*, 349−363.

Kerr, N. L., & Tindale, R. S. (2004). Group performance and decision making. *Annual Review of Psychology, 55*, 623−655.

Ketelaar, T., & Ellis, B. J. (2000). Are evolutionary explanations unfalsifiable? Evolutionary psychology and the Lakatosian philosophy of science. *Psychological Inquiry, 11*, 1−21.

Kettenmann, A. (2008). *Kahlo*. Los Angeles: Taschen.

Kiecolt−Glaser, J. K., Malarkey, W. B., Chee, M., Newton, T., Cacioppo, J. T., Mao, H., et al. (1993). Negative behavior during marital conflict is associated with immunological down−regulation. *Psychosomatic Medicine, 55*, 395−409.

Kiecolt−Glaser, J. K., & Newton, T. L. (2001). Marriage and health: His and hers. *Psychological Bulletin, 127*, 472−503.

Killeya, L. A., & Johnson, B. T. (1998). Experimental induction of biased systematic processing: The directed thought technique. *Personality and Social Psychology Bulletin, 24*, 17−33.

Kim, H. S. (2002). We talk, therefore we think? A cultural analysis of the effect of talking on thinking. *Journal of Personality & Social Psychology, 83*, 828−842.

Kim, H. S., & Baron, R. S. (1988). Exercise and the illusory correlation: Does arousal heighten stereotypic processing? *Journal of Experimental Social Psychology, 24*, 366−380.

Kim, H. S., & Sherman, D. K. (2007). "Express yourself" : Culture and the effect of self−expression on choice. *Journal of Personality and Social Psychology, 92*, 1−11.

Kim, H. S., Sherman, D. K., Mojaverian, T., Sasaki, J. Y., Park, J., Suh, E. M., et al. (2011). Gene−culture interaction oxytocin receptor polymorphism (OXTR) and emotion regulation. *Social Psychological and Personality Science, 2*(6), 665−672.

Kimmel, P. R. (1997). Cultural perspectives on international negotiations. In L. A. Peplau & S. E. Taylor (Eds.), *Sociocultural perspectives in social psychology* (pp. 395−411). New York: Prentice−Hall.

King, M., Green, J., Osborn, D. P. J., Arkell, J., Hetherton, J., & Pereira, E. (2005). Family size in white gay and heterosexual men. *Archives of Sexual Behavior, 34*, 117−122.

Kinsey, A. C., Pomeroy, W. B., & Martin, C. E. (1948). *Sexual behavior in the human male*. Philadelphia: Saunders.

Kipnis, D. (1984). The use of power in organizations and in interpersonal settings. In S. Oskamp (Ed.), *Applied social psychology annual* (Vol. 5, pp. 179−210). Newbury Park, CA: Sage.

Kirkcaldy, B. D., Shephard, R. J., & Siefen, R. G. (2002). The relationship between physical activity and self−image and problem behavior among adolescents. *Social Psychiatry and Psychiatric Epidemiology, 37*, 544−550.

Kirkpatrick, L. A., & Hazan, C. (1994). Attachment styles and close relationships: A four−year prospective study. *Personal Relationships, 1*, 123−142.

Kirkpatrick, L. A., & Shaver, P. (1988). Fear and affiliation reconsidered from a stress and coping perspective: The importance of cognitive clarity and fear reduction. *Journal of Social and Clinical Psychology, 7*, 214−233.

Kirkpatrick, L. A., Waugh, C. E., Valencia, A., & Webster, G. D. (2002). The functional domain specificity of self−esteem and the differential prediction of aggression. *Journal of Personality & Social Psychology, 82*, 756−767.

Kirmani, A. (1990). The effect of perceived advertising cost on brand perceptions. *Journal of Consumer Research, 17*, 160−171.

Kirmani, A., & Wright, P. (1989). Money talks: Perceived advertising expense and expected product quality. *Journal of Consumer Research, 16*, 344−353.

Kitayama, S., & Cohen, D. (2007). *Handbook of cultural psychology*. New York: Guilford Press.

Kitayama, S., Mesquita, B., & Karasawa, M. (2006). Cultural affordances and emotional experience: Socially engaging and disengaging emotions in Japan and the United States. *Journal of Personality and Social Psychology, 91*, 890−903.

Kitayama, S., Takagi, H., & Matsumoto, H. (1995). Cultural psychology of Japanese self: I. Causal attribution of success and failure [in Japanese]. *Japanese Psychological Review, 38*, 247−280.

Kiviat, B. (2003, July 28). Sunny money on Wall Street. *Time*, p. 70.

Kiyonari, T., & Barclay, P. (2008). Cooperation in social dilemmas: Free riding may be thwarted by second−order reward rather than by punishment. *Journal of Personality and Social Psychology, 95*, 826−842.

Kleck, R. E., Vaughan, R. C., Cartwright−Smith, J., Vaughan, K. B., Colby, C., & Lanzetta, J. T. (1976). Effects of being observed on expressive subjective and physical responses to painful stimuli. *Journal of Personality and Social Psychology, 34*, 1211−1218.

Klehe, U.−C., & Anderson, N. (2007). The moderating influence of personality and culture on social loafing in typical versus maximum performance situations. *International Journal of Selection and Assessment, 15*, 250−262.

Klein, K., & Hodges, S. D. (2001). Gender differences, motivation, and emphatic accuracy: When it pays to understand. *Personality & Social Psychology Bulletin, 27*, 720−730.

Klein, S. B., Cosmides, L., Tooby, J., & Chance, S. (2002). Decisions and the evolution of memory: Multiple systems, multiple functions. *Psychological Review, 109,* 306−329.

Klein, O., Snyder, M., & Livingston, R. W. (2004). Prejudice on the stage: Self−monitoring and the public expression of group attitudes. *British Journal of Social Psychology, 43*(2), 299−314.

Klinesmith, J., Kasser, T., & McAndrew, F. T. (2006). Guns, testosterone, and aggression: An experimental test of a mediational hypothesis. *Psychological Science, 17,* 568−571.

Knox, R. E., & Inkster, J. A. (1968). Postdecisional dissonance at post time. *Journal of Personality and Social Psychology, 8,* 319−323.

Knox, R. E., & Safford, R. K. (1976). Group caution at the race track. *Journal of Experimental Social Psychology, 12,* 317−324.

Ko, S. J., Muller, D., Judd, C. M., & Stapel, D. A. (2008). Sneaking in through the back door: How category−based stereotype suppression leads to rebound in feature−based effects. *Journal of Experimental Social Psychology, 44,* 833−839.

Kobayashi, F., Schallert, D. L., & Ogren, H. A. (2003). Japanese and American "folk" vocabularies for emotions. *Journal of Social Psychology, 143,* 451−478.

Koenig, A. M., Eagly, A. H., Mitchell, A. A., & Ristikari, T. (2011). Are leader stereotypes masculine? A meta−analysis of three research paradigms. *Psychological Bulletin, 137*(4), 616.

Koestner, R., & McClelland, D. C. (1990). Perspectives on competence motivation. In L. A. Pervin (Ed.), *Handbook of personality: Theory and research* (pp. 527−548). New York: Guilford.

Koestner, R., & Wheeler, L. (1988). Self−presentation in personal relationships: The influence of implicit notions of attraction and role expectations. *Journal of Social and Personal Relationships, 5,* 149−160.

Kohn, J. L., Rholes, W. S., Simpson, J. A., Martin, A. M., III, Tran, S., & Wilson, C. L. (2012). Changes in marital satisfaction across the transition to parenthood: The role of adult attachment orientations. *Personality and Social Psychology Bulletin, 38*(11), 1506−1522.

Kolditz, T. A., & Arkin, R. M. (1982). An impression management interpretation of the self−handicapping strategy. *Journal of Personality and Social Psychology, 43,* 492−502.

Komorita, S. S., Hilty, J. A., & Parks, C. D. (1991). Reciprocity and cooperation in social dilemmas. *Journal of Conflict Resolution, 35,* 494−518.

Komorita, S. S., Parks, C. D., & Hulbert, L. G. (1992).

Reciprocity and the induction of cooperation in social dilemmas. *Journal of Personality and Social Psychology, 62,* 607−617.

Konrad, A. M., Ritchie, J. E., Jr., Lieb, P., & Corrigall, E. (2000). Sex differences and similarities in job attribute preferences: A meta−analysis. *Psychological Bulletin, 126,* 593−641.

Koole, S. L., Jager, W., VanDenBerg, A. E., Vlek, C. A. J., & Hofstee, W. K. B. (2001). On the social nature of personality: Effects of extraversion, agreeableness, and feedback about collective resource use on cooperation in a resource dilemma. *Personality & Social Psychology Bulletin, 27,* 289−301.

Kors, D. J., Linden, W., & Gerin, W. (1997). Evaluation interferes with social support: Effects of cardiovascular stress reactivity in women. *Journal of Social and Clinical Psychology, 16,* 1−23.

Kosfeld, M., Heinrichs, M., Zak, P. J., Fischbacher, U., & Fehr, E. (2005). Oxytocin increases trust in humans. *Nature, 435,* 673−676.

Kouri, E., Lukas, S., Pope, H., & Oliva, P. (1995). Increased aggressive responding in male volunteers following the administration of gradually increasing doses of testosterone cypionate. *Drug and Alcohol Dependence, 40,* 73−79.

Kowalski, R. M. (2000). "I was only kidding!" : Victims' and perpetrators' perceptions of teasing. *Personality & Social Psychology Bulletin, 26,* 231−241.

Kowalski, R. M., & Leary, M. R. (1990). Strategic self−presentation and the avoidance of aversive events: Antecedents and consequences of self−enhancement and self−depreciation. *Journal of Experimental Social Psychology, 26,* 322−336.

Krackow, A., & Blass, T. (1995). When nurses obey or defy inappropriate physician orders: Attributional differences. *Journal of Social Behavior and Personality, 10,* 585−594.

Kramer, R. M., & Brewer, M. B. (1984). Effects of group identity on resource use in a simulated commons dilemma. *Journal of Personality and Social Psychology, 46*(5), 1044−1057.

Kranzler, D. (1976). *Japanese, Nazis, and Jews: The Jewish refugee community of Shanghai, 1938-45.* New York: Yeshiva University Press.

Krauss, M. W., Piff, P. K., & Keltner, D. (2011). Social class as culture : The convergence of resources and rank in the social realm. *Current Directions in Psychological Science, 20,* 246−250.

Kraut, R. E. (1973). Effects of social labeling on giving to charity. *Journal of Experimental Social Psychology, 9,* 551−562.

Kraut, R., & Kiesler, S. (2003). The social impact of

internet use. *Psychological Science Agenda, 16*(3), 8−10.

Kraut, R., Patterson, M., Lundmark, V., Kiesler, S., Mukhopadhyay, T., & Scherlis, W. (1998). Internet paradox: A social technology that reduces social involvement and psychological wellbeing? *American Psychologist, 53,* 1017−1031.

Kravitz, D. A., & Martin, B. (1986). Ringelmann rediscovered: The original article. *Journal of Personality and Social Psychology, 50,* 936−941.

Kray, L. J., & Galinsky, A. D. (2003). The debiasing effect of counterfactual mindsets: Increasing the search for disconfirmatory information in group decisions. *Organizational Behavior and Human Decision Processes, 91,* 69−81.

Krebs, D. (1975). Empathy and altruism. *Journal of Personality and Social Psychology, 32,* 1134−1146.

Krebs, D. L. (2011). *The origins of morality: An evolutionary account.* New York: Oxford University Press.

Krebs, D. L. (2012). How altruistic by nature? In S. L. Brown, R. M. Brown, & L. A. Penner (Eds.), *Moving beyond self-interest: Perspectives from evolutionary biology, neuroscience, and the social sciences* (pp. 25−38). New York: Oxford University Press.

Krebs, D. L., & Denton, K. (1997). Social illusions and self−deception: The evolution of biases in person perception. In J. A. Simpson & D. T. Kenrick (Eds.), *Evolutionary social psychology* (pp. 21−48). Mahwah, NJ: Erlbaum.

Krebs, D. L., & Janicki, M. (2004). Biological foundations of moral norms. In M. Schaller & C. S. Crandall (Eds.), *The psychological foundations of culture* (pp. 125−148). Mahwah, NJ: Erlbaum.

Kressel, L. M., & Uleman, J. S. (2010). Personality traits function as causal concepts. *Journal of Experimental Social Psychology, 46,* 213−216.

Krosnick, J. A., Betz, A. L., Jussim, L. J., & Lynn, A. R. (1992). Subliminal conditioning of attitudes. *Personality and Social Psychology Bulletin, 18,* 152−162.

Kross, E., Verduyn, P., Demiralp, E., Park, J., Lee, D. S., et al. (2013). Facebook use predicts declines in subjective well−being in young adults. *PLos ONE, 8*(8), e69841. doi:10.1371/journal .pone.0069841

Kruger, D. J., & Fitzgerald, C. J. (2011). Reproductive strategies and relationship preferences associated with prestigious and dominant men. *Personality and Individual Differences, 50*(3), 365−369.

Kruger, D. J., Fitzgerald, C. J., & Peterson, T. (2010). Female scarcity reduces women's marital ages and increases variance in men's marital

ages. *Evolutionary Psychology, 8*(3), 420−431.

Krueger, J. I. (2007). From social projection to social behaviour. *European Review of Social Psychology, 18,* 1−35.

Krueger, J., & Rothbart, M. (1990). Contrast and accentuation effects in category learning. *Journal of Personality and Social Psychology, 59,* 651−663.

Kruger, J., Gordon, C. L., & Kuban, J. (2006). Intentions in teasing: When "just kidding" just isn't good enough. *Journal of Personality and Social Psychology, 90,* 412−425.

Kruger, J. S. (1999). *Egocentrism in self and social judgment.* Unpublished doctoral dissertation, Cornell University.

Kruglanski, A. W., & Freund, T. (1983). The freezing and unfreezing of lay inferences: Effects on impressional primacy, ethnic stereotyping, and numerical anchoring. *Journal of Experimental Social Psychology, 19,* 448−468.

Kruglanski, A. W., & Mayseless, O. (1988). Contextual effects in hypothesis testing: The role of competing alternatives and epistemic motivations. *Social Cognition, 6,* 1−20.

Krull, D. S., Loy, M. H., Lin, J., Wang, C. F., Chen, S., & Zhao, X. (1999). The fundamental attribution error: Correspondence bias in individualist and collectivist cultures. *Personality and Social Psychology Bulletin, 25,* 1208−1219.

Krumhuber, E., & Kappas, A. (2005). Moving smiles: The role of dynamic components for the perception of the genuineness of smiles. *Journal of Nonverbal Behavior, 29,* 3−24.

Krupp, D. B., Debruine, L. M., & Barclay, P. (2008). A cue of kinship promotes cooperation for the public good. *Evolution and Human Behavior, 29,* 49−55.

Krusemark, E. A., Campbell, W. K., & Clementz, B. (2008). Attributions, deception, and event−related potentials: An investigation of the self−serving bias. *Psychophysiology, 45,* 511−515.

Kteily, N. S., Sidanius, J., & Levin, S. (2011). Social dominance orientation: Cause or 'mere effect'? Evidence for SDO as a causal predictor of prejudice and discrimination against ethnic and racial outgroups. *Journal of Experimental Social Psychology, 47,* 208−214.

Kudo, E., & Numazaki, M. (2003). Explicit and direct self−serving bias in Japan: Reexamination of self−serving bias for success and failure. *Journal of Cross-Cultural Psychology, 34,* 511−521.

Kukla, A. (1972). Attributional determinants of achievement−related behavior. *Journal of Personality and Social Psychology, 21,* 166−174.

Kulig, J. W. (2000). Effects of forced exposure to a hypothetical population on false consensus. *Personality and Social Psychology Bulletin, 26,* 629–636.

Kulik, J. A., & Mahler, H. I. M. (1989). Stress and affiliation in a hospital setting: Preoperative roommate preferences. *Personality and Social Psychology Bulletin, 15,* 183–193.

Kulik, J. A., & Mahler, H. I. M. (1990). Stress and affiliation research: On taking the laboratory to health field settings. *Annals of Behavioral Medicine, 12,* 106–111.

Kulik, J. A., & Mahler, H. I. M. (2000). Social comparison, affiliation, and emotional contagion under threat. In J. Suls & L. Wheeler (Eds.), *Handbook of social comparison: Theory and research* (pp. 295–320). New York: Kluwer Academic Publishers.

Kulik, J. A., Mahler, H. I. M., & Earnest, A. (1994). Social comparison and affiliation under threat: Going beyond the affiliate–choice paradigm. *Journal of Personality and Social Psychology, 66*(2), 301–309.

Kunda, Z. (1987). Motivation and inference: Self–serving generation and evaluation of evidence. *Journal of Personality and Social Psychology, 53,* 636–647.

Kunda, Z. (1999). *Social cognition: Making sense of people.* Cambridge, MA: MIT Press.

Kunda, Z., Miller, D. T., & Claire, T. (1990). Combining social concepts: The role of causal reasoning. *Cognitive Science, 14,* 551–577.

Kunda, Z., & Oleson, K. C. (1995). Maintaining stereotypes in the face of disconfirmation: Constructing grounds for subtyping deviants. *Journal of Personality and Social Psychology, 68,* 565–579.

Kurland, J. A., & Gaulin, S. J. C. (2005). Cooperation and conflict among kin. In D. M. Buss (Ed.), *The handbook of evolutionary psychology* (pp. 447–482). Hoboken, NJ: Wiley.

Kurman, J. (2001). Self–enhancement: Is it restricted to individualistic cultures? *Personality and Social Psychology Bulletin, 27,* 1705–1716.

Kurzban, R. (2012). *Why everyone (else) is a hypocrite: Evolution and the modular mind.* Princeton, NJ: Princeton University Press.

Kurzban, R., & Descioli, P. (2008). Reciprocal cooperation in groups: Information–seeking in a public goods game. *European Journal of Social Psychology, 38,* 139–158.

Kurzban, R., DeScioli, P., & O'Brien, E. (2007). Audience effects on moralistic punishment. *Evolution & Human Behavior, 28,* 75–84.

Kurzban, R., Dukes, A., & Weeden, J. (2010). Sex, drugs and moral goals: Reproductive strategies and views about recreational drugs. *Proceedings of the Royal Society B: Biological Sciences, 277*(1699), 3501–3508.

Kurzban, R., & Leary, M. R. (2001). Evolutionary origins of stigmatization: The functions of social exclusion. *Psychological Bulletin, 127,* 187–208.

Kurzban, R., & Neuberg, S. L. (2005). Managing in–group and outgroup relationships. In D. Buss (Ed.), *Handbook of evolutionary psychology* (pp. 653–675). New York: Wiley.

LaFramboise, T., Coleman, H. L., & Gerton, J. (1993). Psychological impact of biculturalism: Evidence and theory. *Psychological Bulletin, 114,* 395–412.

LaFrance, M., Hecht, M. A., & Paluck, E. L. (2003). The contingent smile: A meta–analysis of sex differences in smiling. *Psychological Bulletin, 129,* 305–334.

Laham, S. M., Gonsalkorale, K., & von Hippel, W. (2005). Darwinian grandparenting: Preferential investment in more certain kin. *Personality and Social Psychology Bulletin, 31,* 63–72.

Lakin, J. L., & Chartrand, T. L. (2003). Using non–conscious behavioral mimicry to create affiliation and rapport. *Psychological Science, 14,* 334–339.

Lalumiere, M. L., Harris, G. T., & Rice, M. E. (2001). Psychopathy and developmental instability. *Evolution & Human Behavior, 22,* 75–92.

Lalwani, A. K., Shavitt, S., & Johnson, T. (2006). What is the relation between cultural orientation and socially desirable responding? *Journal of Personality and Social Psychology, 90,* 165–178.

Lambert, A. J., Burroughs, T., & Nguyen, T. (1999). Perceptions of risk and the buffering hypothesis: The role of just world beliefs and right–wing authoritarianism. *Personality & Social Psychology Bulletin, 25,* 643–656.

Lambert, A. J., Payne, B. K., Ramsey, S., & Shatter, L. M. (2005). On the predictive validity of implicit attitude measures: The moderating effect of perceived group variability. *Journal of Experimental Social Psychology, 41,* 114–128.

Lamm, H., & Myers, D. G. (1978). Group–induced polarization of attitudes and behavior. In L. Berkowitz (Ed.), *Advances in experimental social psychology* (Vol. 11, pp. 145–195). Orlando, FL: Academic Press.

Landau, M. J., Solomon, S., Greenberg, J., Cohen, F., Pyszczynski, T., Arndt, J., et al. (2004). Deliver us from evil: The effects of mortality salience and reminders of 9/11 on support for President George W. Bush. *Personality and Social Psychology Bulletin, 30,* 1136–1150.

Lane, C. (1991, January 7). Saddam's Endgame. *Newsweek*, pp. 14–18.

Langer, E. J. (1975). The illusion of control. *Journal of Personality and Social Psychology, 32*, 311–328.

Langer, E. J. (1989). *Mindfulness*. Reading, MA: Addison–Wesley.

Langer, E. J., Blank, A., & Chanowitz, B. (1978). The mindlessness of ostensibly thoughtful action: The role of placebic information in interpersonal interaction. *Journal of Personality and Social Psychology, 36*, 635–642.

Langer, E. J., & Moldoveanu, M. (2000). Mindfulness research and the future. *Journal of Social Issues, 56*, 129–139.

Langewiesche, W. (2003). Columbia's last flight. *The Atlantic Monthly, 292*, 58–87.

Langleben, D., Schroeder, L., Maldjian, J., Gur, R., McDonald, S., Ragland, J., et al. (2002). Brain activity during simulated deception: An event–related functional magnetic resonance study. *NeuroImage, 15*, 727–732.

Langlois, J. H., Kalakanis, L., Rubenstein, A. J., Larson, A., Hallam, M., & Smoot, M. (2000). Maxims or myths of beauty? A meta–analytic and theoretical review. *Psychological Bulletin, 126*, 390–423.

Langlois, J. H., Ritter, J. M., Casey, R. J., & Sawin, D. B. (1995). Infant attractiveness predicts maternal behaviors and attitudes. *Developmental Psychology, 31*, 464–472.

Langlois, J. H., & Roggman, L. A. (1990). Attractive faces are only average. *Psychological Science, 1*, 115–121.

Larimer, M. E., & Neighbors, C. (2003). The impact of social norms on gambling behavior among college students. *Psychology of Addictive Behaviors, 17*, 235–243.

Larrick, R. P., Timmerman, T. A., Carton, A. M., & Abrevaya, J. (2011). Temper, temperature, and temptation heat–related retaliation in baseball. *Psychological Science, 22*(4), 423–428.

Lassek, W. D., & Gaulin, S. J. C. (2008). Waist–hip ratio and cognitive ability: Is gluteofemoral fat a privileged store of neurodevelopmental resources? *Evolution and Human Behavior, 29*, 26–34.

Latané, B. (1996). Dynamic social impact: The creation of culture by communication. *Journal of Communication, 46*, 13–25.

Latané, B., & Bourgeois, M. J. (1996). Experimental evidence for dynamic social impact: The emergence of subcultures in electronic groups. *Journal of Communication, 46*, 35–47.

Latané, B., & Bourgeois, M. J. (2001). Simulating dynamic social impact: Three levels of prediction. In J. Forgas & K. Williams (Eds.), *So-cial influence: Direct and indirect processes* (pp. 61–76). Philadelphia: Psychology Press.

Latané, B., & Bourgeois, M. J. (2001). Successfully simulating dynamic social impact: Three levels of prediction. In J. P. Forgas & K. D. Williams (Eds.), *Social influence: Direct and indirect processes* (pp. 61–76). Sydney Symposium of Social Psychology. New York: Psychology Press.

Latané, B., & Darley, J. M. (1968). Group inhibition of bystander intervention in emergencies. *Journal of Personality and Social Psychology, 10*, 215–221.

Latané, B., & Darley, J. M. (1970). *The unresponsive bystander: Why doesn't he help?* New York: Appleton–Century–Croft.

Latané, B., Liu, J. H., Nowak, A., Bonevento, M., & Zheng, L. (1995). Distance matters: Physical space and social impact. *Personality and Social Psychology Bulletin, 21*, 795–805.

Latané, B., Williams, K., & Harkins, S. (1979). Many ands make light the work: The causes and consequences of social loafing. *Journal of Personality and Social Psychology, 37*, 822–832.

Laughlin, P. R. (1980). Social combination process of cooperative problem–solving groups at verbal intellective tasks. In M. Fishbein (Ed.), *Progress in social psychology* (Vol. 1, pp. 127–155). Hillsdale, NJ: Erlbaum.

Laughlin, P. R., Carey, H. R., & Kerr, N. L. (2008). Group–to–individual problem–solving transfer. *Group Processes & Intergroup Relations, 11*, 319–330.

Laughlin, P. R., & Ellis, A. L. (1986). Demonstrability and social combination processes on mathematical intellective tasks. *Journal of Experimental Social Psychology, 22*, 177–189.

Lavine, H., Burgess, D., Snyder, M., Transue, J., Sullivan, J. L., Haney, B., et al. (1999). Threat, authoritarianism, and voting: An investigation of personality and persuasion. *Personality & Social Psychology Bulletin, 25*, 337–347.

Lazarus, R. S. (1983). The costs and benefits of denial. In S. Breznitz (Ed.), *The denial of stress* (pp. 1–30). Madison, CT: International Universities Press.

Lazarus, R. S., & Folkman, S. (1984). *Stress, appraisal, and coping*. New York: Springer.

Le Bon, G. (1895/1960). *Psychologie des foules* (the crowd). New York: Viking Press.

Leary, M. R. (1986a). The impact of interactional impediments on social anxiety and self–presentation. *Journal of Experimental Social Psychology, 22*, 122–135.

Leary, M. R. (1986b). Affective and behavioral components of shyness. In W. H. Jones, J. M.

Cheek, & S. R. Briggs (Eds.), *Shyness: Perspectives on research and treatment* (pp. 27–38). New York: Plenum Press.

Leary, M. R. (1995). *Self-presentation: Impression management and interpersonal behavior.* Madison, WI: Brown & Benchmark.

Leary, M. R., Allen, A. B., & Terry, M. L. (2011). Managing social images in naturalistic versus laboratory settings: Implications for understanding and studying self-presentation. *European Journal of Social Psychology, 41*(4), 411–421.

Leary, M. R., & Baumeister, R. F. (2000). The nature and function of self-esteem: Sociometer theory. *Advances in Experimental Social Psychology, 32,* 1–62.

Leary, M. R., & Kowalski, R. M. (1990). Impression management: A literature review and two-component model. *Psychological Bulletin, 107,* 34–47.

Leary, M. R., & Shepperd, J. A. (1986). Behavioral self-handicaps versus self-reported handicaps: A conceptual note. *Journal of Personality and Social Psychology, 51,* 1265–1268.

Leary, M. R., Tambor, E. S., Terdal, E. S., & Downs, D. L. (1995). Self-esteem as an interpersonal monitor: The sociometer hypothesis. *Journal of Personality and Social Psychology, 68,* 518–530.

Leary, M. R., & Tangney, J. P. (2003). The self as an organizing construct in the behavioral and social sciences. In M. R. Leary & J. P. Tangney (Eds.), *Handbook of self and identity* (pp. 3–14). New York: Guilford Press.

Leary, M. R., Tchividjian, L. R., & Kraxberger, B. E. (1994). Self-presentation can be hazardous to your health: Impression management and health risk. *Health Psychology, 13,* 461–470.

Leary, M. R., Toner, K., & Gan, M. (2011). Self, identity, and reactions to distal threats: The case of environmental behavior. *Psychological Studies, 56*(1), 159–166.

Leary, M. R., Twenge, J. M., & Quinlivan, E. (2006). Interpersonal rejection as a determinant of anger and aggression. *Personality and Social Psychology Review, 10,* 111–132.

Lee, A. Y. (2001). The mere exposure effect: An uncertainty reduction explanation revisited. *Journal of Personality & Social Psychology, 83,* 1255–1266.

Lee, T. M. C., Liu, H. L., Tan, L. H., Chan, C. C. H., Mahankali, S., Feng, C. M., et al. (2002). Lie detection by functional magnetic resonance imaging. *Human Brain Mapping, 15,* 157–164.

Leek, M., & Smith, P. K. (1989). Phenotypic matching human altruism, and mate selection.

Behavioral and Brain Sciences, 12, 534–535.

Leek, M., & Smith, P. K. (1991). Cooperation and conflict in threegeneration families. In P. K. Smith (Ed.), *The psychology of grandparent-hood: An international perspective* (pp. 177–194). London: Routledge.

Lefebvre, L. M. (1975). Encoding and decoding of ingratiation in modes of smiling and gaze. *British Journal of Social and Clinical Psychology, 14,* 33–42.

Lehman, B. J., & Crano, W. D. (2002). The pervasive effects of vested interest on attitude–criterion consistency in political judgment. *Journal of Experimental Social Psychology, 38,* 101–112.

Lehman, D. R., Chiu, C. Y., & Schaller, M. (2004). Psychology and culture. *Annual Review of Psychology, 55,* 689–714.

Leibman, M. (1970). The effects of sex and race norms on personal space. *Environment and Behavior, 2,* 208–246.

Leippe, M. R. (1995). The case for expert testimony about eyewitness memory. *Psychology, Public Policy, & Law, 1,* 909–959.

Leippe, M. R., & Elkin, R. A. (1987). When motives clash: Issue involvement and response involvement as determinants of persuasion. *Journal of Personality and Social Psychology, 52,* 269–278.

Leitenberg, H., & Henning, K. (1995). Sexual fantasy. *Psychological Bulletin, 117,* 469–496.

Leith, K. P., & Baumeister, R. F. (1998). Empathy, shame, guilt, and narratives of interpersonal conflict: Guilt–prone people are better at perspective–taking. *Journal of Personality, 66,* 1–37.

Lemay, E. P., Jr., & Clark, M. S. (2008). How the head liberates the heart: Projection of communal responsiveness guides relationship promotion. *Journal of Personality and Social Psychology, 94,* 647–671.

Lemieux, R., & Hale, J. L. (2002). Cross–sectional analysis of intimacy, passion, and commitment: Testing the assumptions of the triangular theory of love. *Psychological Reports, 90,* 1009–1014.

Lemyre, L., & Smith, P. M. (1985). Intergroup discrimination and self–esteem in the minimal group paradigm. *Journal of Personality and Social Psychology, 49,* 660–670.

Lench, H. C., & Ditto, P. H. (2008). Automatic optimism: Biased use of base rate information for positive and negative events. *Journal of Experimental Social Psychology, 44,* 631–639.

Leo, R. A. (1996). Inside the interrogation room. *The Journal of Criminal Law and Criminology, 86,*

266–303.

Leo, R. A. (2008). *Police interrogation and American justice.* Cambridge, MA: Harvard University Press.

Lepore, L., & Brown, R. (1997). Category and stereotype activation: Is prejudice inevitable? *Journal of Personality and Social Psychology, 72,* 275–287.

Lepore, S. J., Ragan, J. D., & Jones, S. (2000). Talking facilitates cognitive–emotional processes of adaptation to an acute stressor. *Journal of Personality & Social Psychology, 78,* 499–508.

Lepper, M. R., Greene, D., & Nisbett, R. E. (1973). Undermining children's intrinsic interest with extrinsic reward: A test of the 'overjustification' hypothesis. *Journal of Personality and Social Psychology, 28,* 129–137.

Lerner, J. S., Gonzalez, R. M., Dahl, R. E., Hariri, A. R., & Taylor, S. E. (2005). Facial expressions of emotion reveal neuroendocrine and cardiovascular stress responses. *Biological Psychiatry, 58,* 743–750.

Lerner, M. J. (1980). *The belief in a just world: A fundamental delusion.* New York: Plenum.

Leung, K. (1988). Theoretical advances in justice behavior: Some cross–cultural inputs. In M. H. Bond (Ed.), *The cross-cultural challenge to social psychology* (pp. 218–239). Newbury Park, CA: Sage.

Leventhal, H., & Cameron, L. (1994). Persuasion and health attitudes. In S. Shavitt & T. C. Brock (Eds.), *Persuasion* (pp. 219–249). Boston: Allyn & Bacon.

Levin, S., Federico, C. M., Sidanius, J., & Rabinowitz, J. L. (2002). Social dominance orientation and intergroup bias: The legitimation of favoritism for high–status groups. *Personality & Social Psychology Bulletin, 28,* 144–157.

Levine, H. (1997). *In search of Sugihara.* New York: Free Press.

Levine, J. M., & Moreland, R. L. (1998). Small groups. In D. T. Gilbert, S. T. Fiske, & G. Lindzey (Eds.), *The handbook of social psychology* (4th ed., Vol. 2, pp. 415–469). Boston: Mc-Graw–Hill.

Levine, J. M., & Ranelli, C. J. (1978). Majority reaction to shifting and stable attitudeal deviates. *European Journal of Social Psychology, 8,* 55–70.

Levine, M., Prosser, A., Evans, D., & Reicher, S. (2005). Identity and emergency intervention: How social group membership and inclusiveness of group boundaries shape helping behavior. *Personality and Social Psychology Bulletin, 3,* 443–453.

Levine, R. A., & Campbell, D. T. (1972). *Ethnocentrism: Theories of conflict, ethnic attitudes, and group behavior.* New York: Wiley.

Levine, R. V. (2003). The kindness of strangers. *American Scientist, 91,* 226–233.

Levitt, S. D. (2004). Understanding why crime fell in the 1990s: Four factors that explain the decline and six that do not. *Journal of Economic Perspectives, 18,* 163–190.

Levy–Leboyer, C. (1988). Success and failure in applying psychology. *American Psychologist, 43,* 779–785.

Lewandowski, G. W., & Aron, A. P. (2004). Distinguishing arousal from novelty and challenge in initial romantic attraction between strangers. *Social Behavior and Personality, 32,* 361–372.

Lewin, K., Lippitt, R., & White, R. K. (1939). Patterns of aggressive behavior in experimentally created "social climates." *Journal of Social Psychology, 10,* 271–279.

Lewis, M. (1993). The emergence of human emotions. In M. Lewis & J. M. Haviland (Eds.), *Handbook of emotions* (pp. 223–236). New York: Guilford.

Lewis, M. (2000). *Handbook of emotions.* New York: Guilford.

Leyens, J. P., Camino, L., Parke, R. D., & Berkowitz, L. (1975). Effects of movie violence on aggression in a field setting as a function of group dominance and cohesion. *Journal of Personality and Social Psychology, 32,* 346–360.

Li, N. P., Bailey, J. M., Kenrick, D. T., & Linsenmeier, J. A. (2002). The necessities and luxuries of mate preferences: Testing the trade–offs. *Journal of Personality & Social Psychology, 82,* 947–955.

Li, N. P., Halterman, R. A., Cason, M. J., Knight, G. P., & Maner, J. K. (2008). The stress–affiliation paradigm revisited: Do people prefer the kindness of strangers or their attractiveness? *Personality and Individual Differences, 44,* 382–391.

Li, N. P., & Kenrick, D. T. (2006). Sex similarities and differences in preferences for short–term mates: What, whether, and why. *Journal of Personality and Social Psychology, 90,* 468–489.

Li, N. P., Yong, J. C., Tov, W., Sng, O., Fletcher, G. J. O., Valentine, K. A., et al. (2013). Mate preferences do predict attraction and choices in the early stages of mate selection. *Journal of Personality & Social Psychology, 105*(5), 757–776.

Li, Y. J., Cohen, A. B., Weeden, J., & Kenrick, D. T. (2010). Mating competitors increase religious beliefs. *Journal of Experimental Social Psychology, 46,* 428–431.

Li, Y. J., Johnson, K. A., Cohen, A. B., Williams, M.

J., Knowles, E. D., & Chen, Z. (2012). Fundamental(ist) attribution error: U.S. Protestants are dispositionally focused. *Journal of Personality and Social Psychology, 102*(2), 281–290.

Li, Y. J., Kenrick, D. T., Griskevicius, V., & Neuberg, S. L. (2012). Economic decision biases and fundamental motivations: How mating and self–protection alter loss aversion. *Journal of Personality and Social Psychology, 102*(3), 550–561.

Liberman, V., Samuels, S. M., & Ross, L. (2004). The name of the game: Predictive power of reputations versus situational labels in determining prisoner's dilemma game moves. *Personality and Social Psychology Bulletin, 30,* 1175–1185.

Lickel, B., Hamilton, D. L., & Sherman, S. J. (2001). Elements of a lay theory of groups: Types of groups, relationship styles, and the perception of group entitavity. *Personality and Social Psychology Review, 5,* 129–140.

Liden, R. C., & Mitchell, T. R. (1988). Ingratiatory behaviors in organizational settings. *Academy of Management Review, 12,* 572–587.

Liden, R. C., Wayne, S. J., Jaworski, R. A., & Bennett, N. (2004). Social loafing: A field investigation. *Journal of Management, 30,* 285–304.

Lieberman, D., & Hatfield, E. (2006). Passionate love: Cross–cultural and evolutionary perspectives. In R. J. Sternberg & K. Weis (Eds.), *The new psychology of love* (pp. 274–297). New Haven, CT: Yale University Press.

Lieberman, D., & Lobel, T. (2012). Kinship on the kibbutz: Coresidence duration predicts altruism, personal sexual aversions, and moral attitudes among communally reared peers. *Evolution and Human Behavior, 33*(1), 26–34.

Lieberman, D., & Smith, A. (2012). It's all relative sexual aversions and moral judgments regarding sex among siblings. *Current Directions in Psychological Science, 21*(4), 243–247.

Lieberman, D., Tooby, J., & Cosmides, L. (2003). Does morality have a biological basis? An empirical test of the factors governing moral sentiments relating to incest. *Proceedings of the Royal Society of London, B, 270,* 819–826.

Lieberman, D., Tooby, J., & Cosmides, L. (2007). The architecture of human kin detection. *Nature, 445,* 727–731.

Lieberman, M. D. (2007). Social cognitive neuroscience: A review of core processes. *Annual Review of Psychology, 58,* 259–289.

Lieberman, M. D., Jarcho, J. M., & Obayashi, J. (2005). Attributional inference across cultures: Similar automatic attributions and different controlled corrections. *Personality and Social*

Psychology Bulletin, 31, 889–901.

Liebrand, W. B., & VanRun, G. J. (1985). The effects of social motives on behavior in social dilemmas in two cultures. *Journal of Experimental Social Psychology, 21,* 86–102.

Light, K. C., Grewen, K. M., & Amico, J. A. (2005). More frequent partner hugs and higher oxytocin levels are linked to lower blood pressure and heart rate in premenopausal women. *Biological Psychology, 69,* 5–21.

Lightdale, J. R., & Prentice, D. A. (1994). Rethinking sex differences in aggression: Aggressive behavior in the absence of social roles. *Personality and Social Psychology Bulletin, 20,* 34–44.

Likowski, K., Muhlberger, A., Seibt, B., Pauli, P., & Weyers, P. (2008). Modulation of facial mimicry by attitudes. *Journal of Experimental Social Psychology, 44,* 1065–1072.

Lindsay, J. J., & Anderson, C. A. (2000). From antecedent conditions to violent actions: A general affective aggression model. *Personality & Social Psychology Bulletin, 26,* 533–547.

Lindskold, S. (1983). Cooperators, competitors, and response to GRIT. *Journal of Conflict Resolution, 27,* 521–532.

Linville, P. W., Fischer, G. W., & Salovey, P. (1989). Perceived distributions of the characteristics of in–group and out–group members: Empirical evidence and a computer simulation. *Journal of Personality and Social Psychology, 57,* 165–188.

Lippa, R., & Arad, S. (1999). Gender, personality, and prejudice: The display of authoritarianism and social dominance in interviews with college men and women. *Journal of Research in Personality, 33,* 463–493.

Lippmann, W. (1922). *Public opinion.* New York: Harcourt Brace.

Little, B. R. (1989). Personal projects analysis: Trivial pursuits, magnificent obsessions, and the search for coherence. In D. M. Buss & N. Cantor (Eds.), *Personality psychology: Recent trends and emerging directions* (pp. 15–31). New York: Springer–Verlag.

Little, A. C., Jones, B. C., & DeBruine, L. M. (2008). Preferences for variation in masculinity in real male faces change across the menstrual cycle: Women prefer more masculine faces when they are more fertile. *Personality and Individual Differences, 45,* 478–482.

Littlepage, G. E., Hollingshead, A. B., Drake, L. R., & Littlepage, A. M. (2008). Transactive memory and performance in work groups: Specificity, communication, ability differences, and work allocation. *Group Dynamics: Theory, Research, and Practice, 12,* 223–241.

Locke, K. D. (2005). Connecting the horizontal dimension of social comparison with self−worth and self−confidence. *Personality and Social sychology Bulletin, 31*, 795−803.

Lockwood, P., Shaughnessy, S. C., Fortune, J. L., & Tong, M. (2012). Social comparisons in novel situations: Finding inspiration during life transitions. *Personality and Social Psychology Bulletin, 38*(8), 985−996.

Loftin, C., McDowall, D., Wiersema, B., & Cottey, T. J. (1991). Effects of restrictive licensing of handguns on homicide and suicide in the District of Columbia. *New England Journal of Medicine, 325*, 1615−1620.

Loftus, E. M., & Ketcham, K. (1994). *The myth of repressed memory: False memories and allegations of sexual abuse.* New York: St. Martin's Press.

Loher, B. T., Vancouver, J. B., & Czajka, J. (1994, April). *Preferences and reactions to teams.* Presented at the 9th annual conference of the Society for Industrial and Organizational Psychology, Nashville, TN.

Lord, C. G., Lepper, M. R., & Preston, E. (1984). Considering the opposite: A corrective strategy for social judgment. *Journal of Personality and Social Psychology, 47*, 1231−1243.

Lord, C. G., Ross, L., & Lepper, M. R. (1979). Biased assimilation and attitude polarization. *Journal of Personality and Social Psychology, 37*, 2098−2109.

Lord, C. G., & Saenz, D. S. (1985). Memory deficits and memory surfeits: Differential cognitive consequences of tokenism for tokens and observers. *Journal of Personality and Social Psychology, 49*, 918−926.

Lord, C. G., Saenz, D. S., & Godfrey, D. K. (1987). Effects of perceived scrutiny on participant memory for social interactions. *Journal of Experimental Social Psychology, 23*, 498−517.

Lord, R. G., Foti, R. J., & de Vader, C. L. (1984). A test of leadership categorization theory: Internal structure, information processing, and leadership perceptions. *Organizational Behavior and Human Decision Processes, 34*, 343−378.

Lorenz, K. (1966). *On aggression.* New York: Harcourt−Brace−Jovanovich.

Losch, M., & Cacioppo, J. (1990). Cognitive dissonance may enhance sympathetic tonis, but attitudes are changed to reduce negative affect rather than arousal. *Journal of Experimental Social Psychology, 26*, 289−304.

Loucks, E. B., Berkman, L. F., Gruenewald, T. L., & Seeman, T. E. (2005). Social integration is associated with fibrinogen concentration in elderly men. *Psychosomatic Medicine, 67*, 353−358.

Lucas, T., Alexander, S., Firestone, I. J., & Baltes, B. B. (2006). Self−efficacy and independence from social influence: Discovery of an efficacy−difficulty effect. *Social Influence, 1*, 58−80.

Ludwig, J. (2004, June 1). *Acceptance of interracial marriage at record high.* Report of the Gallup Organization, Princeton, NJ.

Lundgren, S. R., & Prislin, R. (1998). Motivated cognitive processing and attitude change. *Personality and Social Psychology Bulletin, 24*, 715−726.

Lydon, J. E., Fitzsimons, G. M., & Naidoo, L. (2003). Devaluation versus enhancement of attractive alternatives: A critical test using the calibration paradigm. *Personality & Social Psychology Bulletin, 29*, 349−359.

Lydon, J. E., Jamieson, D. W., & Holmes, J. G. (1997). The meaning of social interactions in the transition from acquaintanceship to friendship. *Journal of Personality and Social Psychology, 73*, 536−548.

Lydon, J. E., Menzies−Toman, D., Burton, K., & Bell, C. (2008). If−then contingencies and the differential effects of the availability of an attractive alternative on relationship maintenance for men and women. *Journal of Personality and Social Psychology, 95*, 50−65.

Lydon, J. E., & Quinn, S. K. (2013). Relationship maintenance processes. In J. A. Simpson & L. Campbell (Eds.), *Oxford handbook of close relationships* (pp. 573−588). New York: Oxford University Press.

Lydon, J. E., & Zanna, M. P. (1990). Commitment in the face of adversity: A value−affirmation approach. *Journal of Personality and Social Psychology, 58*, 1040−1057.

Lykken, D., & Tellegen, A. (1996). Happiness is a stochastic phenomenon. *Psychological Science, 7*, 186−189.

Lynn, M., & McCall, M. (1998). *Beyond gratitude and gratuity: A meta-analytic review of the determinants of restaurant tipping.* Unpublished manuscript, Cornell University, School of Hotel Administration, Ithaca, NY.

Lynn, M., & Oldenquist, A. (1986). Egoistic and nonegoistic motives in social dilemmas. *American Psychologist, 41*, 529−534.

Lyubomirsky, S., King, L., & Diener, E. (2005). The benefits of frequent positive affect: Does happiness lead to success? *Psychological Bulletin, 131*, 803−855.

Lyubomirsky, S., & Ross, L. (1998). Hedonic consequences of social comparison: A contrast of happy and unhappy people. *Journal of Personality and Social Psychology, 73*, 1141−1157.

Lyubomirsky, S., Sheldon, K. M., & Schkade, D.

(2005). Pursuing happiness: The architecture of sustainable change. *Review of General Psychology, 9*, 111−131.

Maass, A., & Clark, R. D. (1984). Hidden impact of minorities: Fifteen years of minority influence. *Psychological Bulletin, 95*, 428−450.

Maass, A., Clark, R. D., III., & Haberkorn, G. (1982). The effects of differential ascribed category membership and norms on minority influence. *European Journal of Social Psychology, 12*, 89−104.

MacCoun, R. J., & Kerr, N. L. (1988). Asymmetric influence in mock jury deliberation: Jurors' bias for leniency. *Journal of Personality and Social Psychology, 54*, 21−33.

MacDonald, G., & Leary, M. R. (2005). Why does social exclusion hurt? The relationship between social and physical pain. *Psychological Bulletin, 131*, 202−223.

MacDonald, G., Zanna, M. P., & Holmes, J. G. (2000). An experimental test of the role of alcohol in relationship conflict. *Journal of Experimental Social Psychology, 36*, 182−193.

MacDonald, T. K., Fong, G. T., Zanna, M. P., & Martineau, A. M. (2000). Alcohol myopia and condom use: Can alcohol intoxication be associated with more prudent behavior? *Journal of Personality & Social Psychology, 78*, 605−619.

Mack, D., & Rainey, D. (1990). Female applicants' grooming and personnel selection. *Journal of Social Behavior and Personality, 5*, 399−407.

MacKay, C. (1841/1932). *Popular delusions and the madness of crowds.* New York: Farrar, Straus, and Giroux.

Mackie, D. M., & Goethals, G. R. (1987). Individual and group goals. In C. Hendrick (Ed.), *Group processes* (pp. 144−166). Newbury Park, CA: Sage.

MacNeilage, P. F., & Davis, B. L. (2005). The evolution of language. In D. M. Buss (Ed.), *The handbook of evolutionary psychology* (pp. 653−675). New York: Wiley.

Macrae, C. N., Bodenhausen, G. V., Milne, A. B., & Jetten, J. (1994). Out of mind but back in sight: Stereotypes on the rebound. *Journal of Personality and Social Psychology, 67*, 808−817.

Macrae, C. N., Bodenhausen, G. V., Milne, A. B., & Wheeler, V. (1996). On resisting the temptation for simplification: Counterintentional effects of stereotype suppression on social memory. *Social Cognition, 14*, 1−20.

Macrae, C. N., Hewstone, M., & Griffiths, R. J. (1993). Processing load and memory for stereotype−based information. *European Journal of Social Psychology, 23*, 77−87.

Macrae, C. N., Milne, A. B., & Bodenhausen, G.

V. (1994). Stereotypes as energy−saving devices: A peek inside the cognitive toolbox. *Journal of Personality and Social Psychology, 66*, 37−47.

Maddux, W. W., Galinsky, A. D., Cuddy, A. J. C., & Polifroni, M. (2008). When being a model minority is good⋯ and bad: Realistic threat explains negativity toward Asian Americans. *Personality and Social Psychology Bulletin, 34*, 74−89.

Madon, S., Guyll, M., Buller, A. A., Scherr, K. C., Willard, J., & Spoth, R. (2008). The mediation of mothers' self−fulfilling effects on their children's alcohol use: Self−verification, informational consistency, and modeling processes. *Journal of Personality and Social Psychology, 95*, 369−384.

Madon, S., Smith, A., Jussim, L., Russell, D. W., Eccles, J., Palumbo, P., et al. (2001). Am I as you see me or do you see me as I am? Self−fulfilling prophecies and self−verification. *Personality and Social Psychology Bulletin, 27*, 1214−1224.

Magdol, L. (2002). Is moving gendered? The effects of residential mobility on the psychological well−being of men and women. *Sex Roles, 47*, 553−560.

Magdol, L., & Bessell, D. R. (2003). Social capital, social currency, and portable assets: The impact of residential mobility on exchanges of social support. *Personal Relationships, 10*, 1149−1169.

Maines, D. R., & Hardesty, M. J. (1987). Temporality and gender: Young adults' career and family plans. *Social Forces, 66*, 102−120.

Maio, G. R., & Olson, J. M. (1995). Relations between values, attitudes, and behavioral intentions: The moderating role of attitude function. *Journal of Experimental Social Psychology, 31*, 266−285.

Major, B., Spencer, S., Schmader, T., Wolfe, C., & Crocker, J. (1998). Coping with negative stereotypes about intellectual performance: The role of psychological disengagement. *Personality and Social Psychology Bulletin, 24*, 34−50.

Malamuth, N. M., Addison, T., & Koss, M. (2001). Pornography and sexual aggression: Are there reliable effects and can we understand them? *Annual Review of Sex Research, 11*, 26−91.

Malamuth, N. M., & Donnerstein, E. (1984). *Pornography and sexual aggression.* Orlando, FL: Academic Press.

Malarkey, W., Kiecolt−Glaser, J. K., Pearl, D., & Glaser, R. (1994). Hostile behavior during marital conflict alters pituitary and adrenal hormones. *Psychosomatic Medicine, 56*, 41−51.

Malle, B. F. (1999). How people explain behavior: A new theoretical framework. *Personality & Social Psychology Review, 3*, 23−48.

Malle, B. F. (2004). *How the mind explains behavior: Folk explanations, meaning, and social interaction.* Cambridge, MA: MIT Press.

Malle, B. F. (2006). The actor−observer asymmetry in causal attribution: A (surprising) meta−analysis. *Psychological Bulletin, 132*, 895−919.

Mandel, D. R. (2003). Counterfactuals, emotion, and context. *Cognition and Emotion, 17*, 139−159.

Mandel, D. R., Axelrod, L. J., & Lehman, D. R. (1993). Integrative complexity in reasoning about the Persian Gulf War and the accountability to skeptical audience hypothesis. *Journal of Social Issues, 49*, 201−215.

Mandel, N., & Johnson, E. J. (2002). When Web pages influence choice: Effects of visual primes on experts and novices. *Journal of Consumer Research, 29*, 235−245.

Maner, J. K., DeWall, C. N., Baumeister, R. F., & Schaller, M. (2007). Does social exclusion motivate interpersonal reconnection? Resolving the "porcupine problem." *Journal of Personality and Social Psychology, 92*, 42−55.

Maner, J. K., & Gailliot, M. T. (2007). Altruism and egoism: Prosocial motivations for helping depend on the relationship context. *European Journal of Social Psychology, 37*, 347−358.

Maner, J. K., Gailliot, M. T., Rouby, D. A., & Miller, S. L. (2007). Can't take my eyes off you: Attentional adhesion to mates and rivals. *Journal of Personality and Social Psychology, 93*, 389−401.

Maner, J. K., & Gerend, M. A. (2007). Motivationally selective risk judgments: Do fear and curiosity boost the boons or the banes? *Organizational Behavior and Human Decision Processes, 103*, 256−267.

Maner, J. K., Kenrick, D. T., Becker, D. V., Delton, A. W., Hofer, B., Wilbur, C. J., et al. (2003). Sexually selective cognition: Beauty captures the mind of the beholder. *Journal of Personality and Social Psychology, 6*, 1107−1120.

Maner, J. K., Kenrick, D. T., Becker, D. V., Robertson, T. E., Hofer, B., Neuberg, S. L., et al. (2005). Functional projection: How fundamental social motives can bias interpersonal perception. *Journal of Personality and Social Psychology, 88*, 63−78.

Maner, J. K., Luce, C. L., Neuberg, S. L., Cialdini, R. B., Brown, S., Sagarin, B. J., et al. (2002). The effects of perspective taking on motivations

for helping: Still no evidence for altruism. *Personality and Social Psychology Bulletin, 28*, 1601−1610.

Maner, J. K., & Mead, N. (2010). The essential tension between leadership and power: When leaders sacrifice group goals for the sake of self−interest. *Journal of Personality and Social Psychology, 99*, 482−497.

Manis, M., Cornell, S. D., & Moore, J. C. (1974). Transmission of attitude relevant information through a communication chain. *Journal of Personality and Social Psychology, 30*, 81−94.

Mann, L. (1980). Cross−cultural studies of small groups. In H. Triandis & R. Brislin (Eds.), *Handbook of cross-cultural psychology: Social psychology* (Vol. 5, pp. 155−209). Boston: Allyn & Bacon.

Mann, L. (1981). The baiting crowd in episodes of threatened suicide. *Journal of Personality and Social Psychology, 41*, 703−709.

Mann, T., Nolen−Hoeksema, S., Huang, K., Burgard, D., Wright, A., & Hansen, K. (1997). Are two interventions worse than none? Joint primary and secondary prevention of eating disorders in college females. *Health Psychology, 16*, 215−225.

Manning, R., Levine, M., & Collins, A. (2007). The Kitty Genovese murder and the social psychology of helping: The parable of the 38 witnesses. *American Psychologist, 62*(6), 555.

Manucia, G. K., Baumann, D. J., & Cialdini, R. B. (1984). Mood influences in helping: Direct effects or side effects? *Journal of Personality and Social Psychology, 46*, 357−364.

Marcus−Newhall, A., Pedersen, W. C., Carlson, M., & Miller, N. (2000). Displaced aggression is alive and well: A meta−analytic review. *Journal of Personality & Social Psychology, 78*, 670−689.

Markey, P. M., Funder, D. C., & Ozer, D. J. (2003). Complementarity of interpersonal behaviors in dyadic interactions. *Personality & Social Psychology Bulletin, 29*, 1082−1090.

Markman, H. J., Floyd, F., Stanley, S., & Storaasli, R. (1988). The prevention of marital distress: A longitudinal investigation. *Journal of Consulting and Clinical Psychology, 56*, 210−217.

Markman, H. J., & Rhoades, G. K. (2012). Relationship education research: Current status and future directions. *Journal of Marital and Family Therapy, 38*, 169−200.

Markus, H., & Kitayama, S. (1991). Culture and the self: Implications for cognition, emotion, and motivation. *Psychological Bulletin, 98*, 224−253.

Markus, H., & Nurius, P. (1986). Possible selves.

American Psychologist, 41, 954−969.

Markus, H., & Wurf, E. (1987). The dynamic self−concept: A social psychological perspective. *Annual Review of Psychology, 38*, 299−337.

Marsh, A. A., Elfenbein, H. A., & Ambady, N. (2003). Nonverbal "accents" : Cultural differences in facial expressions of emotion. *Psychological Science, 14*, 373−376.

Marsh, K. L., & Webb, W. M. (1996). Mood uncertainty and social comparison: Implications for mood management. *Journal of Social Behavior and Personality, 11*, 1−26.

Marshall, D. S., & Suggs, R. G. (1971). *Human sexual behavior: Variations in the ethnographic spectrum.* New York: Basic Books.

Martin, C. L. (1987). A ratio measure of sex stereotyping. *Journal of Personality and Social Psychology, 52*, 489−499.

Martin, C. L. (2000). Cognitive theories of gender development. In T. Eckes & H. M. Trautner (Eds.), *The developmental psychology of gender* (pp. 91−121). Mahwah, NJ: Erlbaum.

Martin, C. L., & Halverson, C. F., Jr. (1983). The effects of sex−typing schemas on young children's memory. *Child Development, 54*, 563−574.

Martin, K. A., & Leary, M. R. (1999). Would you drink after a stranger? The influence of self−presentational motives on willingness to take a health risk. *Personality and Social Psychology Bulletin, 25*, 1092−1100.

Martin, K. A., & Leary, M. R. (2001). Self−presentational determinants of health risk behavior among college freshmen. *Psychology and Health, 16*, 17−27.

Martin, R. (1997). "Girls don't talk about garages!" : Perceptions of conversations in same− and cross−sex friendships. *Personal Relationships, 4*, 115−130.

Martin, R., Gardikiotis, A., & Hewstone, M. (2002). Levels of consensus and majority and minority influence. *European Journal of Social Psychology, 32*, 645−665.

Martin, R., Hewstone, M., & Martin, P. Y. (2008). Majority versus minority influence: The role of message processing in determining resistance to counter−persuasion. *European Journal of Social Psychology, 38*, 16−34.

Martin, R. G. (1973). *The woman he loved.* New York: Simon & Schuster.

Martinez, M. (2012). *Charles Manson denied parole, with next parole hearing set for 2027.* CNN Justice. Retrieved from http://www.cnn.com/2012/04/11/justice/california−charles−manson/

Marwell, G., & Ames, R. (1981). Economists free ride, does anyone else? Experiments on the provision of public goods, IV. *Journal of Public Economics, 15*, 295−310.

Marx, E. M., Williams, J. M. G., & Claridge, G. C. (1992). Depression and social problem solving. *Journal of Abnormal Psychology, 101*, 78−86.

Mashek, D. J., Aron, A., & Boncimino, M. (2003). Confusions of self with close others. *Personality and Social Psychology Bulletin, 29*, 382−392.

Massing, M. (1996, July 11). How to win the tobacco war. *New York Review of Books*, pp. 32−36.

Masuda, T., Ellsworth, P. C., Mesquita, B., Leu, J., Tanida, S., & Van de Veerdonk, E. (2008). Placing the face in context: Cultural differences in the perception of facial emotion. *Journal of Personality and Social Psychology, 94*, 365−381.

Matarazzo, J. D. (1980). Behavioral health and behavioral medicine: Frontiers for a new health psychology. *American Psychologist, 35*, 807−817.

Mather, M., & Sutherland, M. R. (2011). Arousal−biased competition in perception and memory. *Perspectives on Psychological Science, 6*, 114−133.

Mathes, E. W. (2005). Men's desire for children carrying their genes and sexual jealousy: A test of paternity uncertainty as an explanation of male sexual jealousy. *Psychological Reports, 96*, 791−798.

Matheson, K., & Dursun, S. (2001). Social identity precursors to the hostile media phenomenon: Partisan perceptions of coverage of the Bosnian conflict. *Group Processes and Intergroup Relations, 4*, 116−125.

Matsumoto, D., & Hwang, H. S. (2011). Judgments of facial expressions of emotion in profile. *Emotion, 11*(5), 1223.

Matsumoto, D., & Willingham, B. (2006). The thrill of victory and the agony of defeat: Spontaneous expressions of medal winners of the 2004 Athens Olympic Games. *Journal of Personality and Social Psychology, 91*, 568−581.

Matsumoto, D., & Willingham, B. (2009). Spontaneous facial expressions of emotion of congenitally and non−congenitally blind individuals. *Journal of Personality and Social Psychology, 96*(1), 1−10.

Matsumoto, D., Yoo, S. H., Nakagawa, S., Altarriba, J., Alexandre, J., Anguas−Wong, A. M., et al. (2008). Culture, emotion regulation, and adjustment. *Journal of Personality and Social Psychology, 94*, 925−937.

Matsunami, K. (1998). *International handbook of funeral customs.* Westport, CT: Greenwood Press.

Matthews, K. A., Scheier, M. F., Brunson, B. I., & Carducci, B. (1980). Attention, unpredictability, and reports of physical symptoms: Eliminating the benefits of unpredictability. *Journal of Personality and Social Psychology, 38*, 525–537.

Mauro, R., Sato, K., & Tucker, J. (1992). The role of appraisal in human emotions: A cross–cultural study. *Journal of Personality and Social Psychology, 62*, 301–317.

Mauss, M. (1967). *The gift.* New York: W. W. Norton.

Maxwell, L. E., & Evans, G. W. (2000). The effects of noise on pre–school children's pre–reading skills. *Journal of Environmental Psychology, 20*, 91–97.

Mazerolle, M., Regner, I., Morisset, P., Rigalleau, F., & Huguet, P. (2012). Stereotype threat threatens automatic recall and undermines controlled processes in older adults. *Psychological Science, 23*(7), 723–727.

Mazur, A., & Booth, A. (1998). Testerosterone and dominance in men. *Behavioral and Brain Sciences, 21*, 353–397.

Mazur, A., Booth, A., & Dabbs, J. M., Jr. (1992). Testosterone and chess competition. *Social Psychology Quarterly, 55*, 70–77.

McAdams, D. P. (1990). *The person.* San Diego, CA: Harcourt Brace Jovanovich.

McAlister, A. L., Ramirez, A. G., Galavotti, C., & Gallion, K. J. (1989). In R. E. Rice & C. K. Atkin (Eds.), *Public communication campaigns* (pp. 291–307). Newbury Park, CA: Sage.

McAndrew, F. T. (2002). New evolutionary perspectives on altruism. *Current Directions in Psychological Science, 11*, 79–82.

McArthur, L. A. (1972). The how and what of why: Some determinants and consequences of causal attribution. *Journal of Personality and Social Psychology, 22*, 171–193.

McArthur, L. Z., & Baron, R. M. (1983). Toward an ecological theory of social perception. *Psychological Review, 90*, 215–238.

McCain, B. E., O'Reilly, C. A., III., & Pfeffer, J. (1983). The effects of departmental demography on turnover: The case of a university. *Academy of Management Journal, 26*, 626–641.

McCann, S. J. H. (1997). Threatening times, "strong" presidential popular vote winners, and the victory margin, 1824.1964. *Journal of Personality and Social Psychology, 73*, 160–170.

McCann, S. J. H. (1999). Threatening times and fluctuations in American church memberships. *Personality & Social Psychology Bulletin, 25*, 325–336.

McCann, S. J. H. (2001). The precocity–longevity hypothesis: Earlier peaks in career achievement predict shorter lives. *Personality & Social Psychology Bulletin, 27*, 1429–1439.

McCanne, T. R., & Anderson, J. A. (1987). Emotional responding following experimental manipulation of facial electromyographic activity. *Journal of Personality and Social Psychology, 52*, 759–768.

McCarthy, B. (1994). Warrior values: A socio–historical survey. In J. Archer (Ed.), *Male violence* (pp. 105–120). New York: Routledge.

McCarthy, J. (1952). The master impostor: An incredible tale. *Life, 32*, 79–89.

McCauley, C. (1989). The nature of social influence in groupthink: Compliance and internalization. *Journal of Personality and Social Psychology, 57*, 250–260.

McClelland, D. C. (1984). *Human motivation.* Glenview, IL: Scott, Foresman.

McClelland, D. C., Atkinson, J. W., Clark, R. A., & Lowell, E. L. (1953). *The achievement motive.* New York: Appleton–Century–Crofts.

McClintock, C. G., Messick, D. M., Kuhlman, D. M., & Campos, F. T. (1973). Motivational basis of choice in three choice decomposed games. *Journal of Experimental Social Psychology, 9*, 572–590.

McConahay, J. B. (1986). Modern racism, ambivalence, and the modern racism scale. In J. F. Dovidio & S. L. Gaertner (Eds.), *Prejudice, discrimination, and racism* (pp. 91–125). Orlando, FL: Academic Press.

McCornack, S. A., & Levine, T. R. (1990). When lovers become leery: The relationship between suspiciousness and accuracy in detecting deception. *Communication Monographs, 57*, 219–230.

McCrae, R. R., Terraciano, A., & 79 members of the personality profiles of cultures project (2005). Personality profiles of cultures: Aggregate personality traits. *Journal of Personality and Social Psychology, 89*, 407–425.

McCrea, S. M., & Hirt, E. R. (2001). The role of ability judgments in self–handicapping. *Personality and Social Psychology Bulletin, 27*, 1378–1389.

McCrea, S. M., Hirt, E. R., & Milner, B. (2008). She works hard for the money: Valuing effort underlies gender differences in behavioral self–handicapping. *Journal of Experimental Social Psychology, 44*, 292–311.

McCullough, M. E. (2008). *Beyond revenge: The evolution of the forgiveness instinct.* San Francisco: Jossey–Bass.

McCullough, M. E., Kimeldorf, M. B., & Cohen, A. D. (2008). An adaptation for altruism? The

social causes, social effects, and social evo-
lution of gratitude. *Current Directions in Psycho-
logical Science, 17,* 281−285.

McDaniel, A., & Thomas, E. (1991, September 30).
Playing chicken in Iraq. *Newsweek,* p. 40.

McDermott, R., Tingley, D., Cowden, J., Frazzetto,
G., & Johnson, D. D. P. (2009). Monoamine
oxidase A gene (MAOA) predicts behavioral
aggression following provocation. *PNAS,
106,* 2118−2123.

McDougall, W. (1908). *Social psychology: An introduc-
tion.* London: Methuen.

McFarland, C., Ross, M., & Conway, M. (1984).
Self−persuasion and self−presentation as
mediators of anticipatory attitude change.
Journal of Personality and Social Psychology, 46,
529−540.

McFarlin, D. B., Baumeister, R. F., & Blascovich,
J. (1984). On knowing when to quit: Task
failure, self−esteem, advice, and nonpro-
ductive persistence. *Journal of Personality, 52,*
138−155.

McGowan, S. (2002). Mental representations in
stressful situations: The calming and dis-
tressing effects of significant others. *Journal
of Experimental Social Psychology, 38,* 152−161.

McGrath, J. E. (1984). *Groups: Interaction and perfor-
mance.* Englewood Cliffs, NJ: Prentice−Hall.

McGrath, J. E., Martin, J., & Kukla, R. A. (1982).
Judgment calls in research. Beverly Hills, CA:
Sage.

McGrath, P. (1991, January 7). More than a madman.
Newsweek, pp. 20−24.

McGregor, J. (1993). Effectiveness of role playing
and antiracist teaching in reducing student
prejudice. *Journal of Education Research, 86*(4),
215.226.

McGuire, A. M. (1994). Helping behaviors in the
natural environment: Dimensions and cor-
relates of helping. *Personality and Social Psychol-
ogy Bulletin, 20,* 45−56.

McGuire, W. J. (1966). Attitudes and opinions. *An-
nual Review of Psychology, 17,* 475−514.

McGuire, W. J. (1997). Creative hypothesis generat-
ing in psychology. *Annual Review of Psychology,
48,* 1−30.

McGuire, W. J., & McGuire, C. V. (1996). Enhanc-
ing self−esteem by directed−thinking tasks:
Cognitive and affective positivity asymme-
tries. *Journal of Personality and Social Psychology,
70,* 1117−1125.

McIntosh, D. N. (2006). Spontaneous facial mim-
icry, liking and emotional contagion. *Polish
Psychological Bulletin, 37,* 31−42.

McIntyre, M., Gangestad, S. W., Gray, P. B., Chap-
man, J. F., Burnham, T. C., O'Rourke, M.

T., et al. (2006). Romantic involvement often
reduces men's testosterone levels. but not
always: The moderating role of extrapair
sexual interest. *Journal of Personality and Social
Psychology, 91,* 642−651.

McIntyre, R. B., Paulson, R. M., & Lord, C. G. (2003).
Alleviating women's mathematics stereotype
threat through salience of group achieve-
ments. *Journal of Experimental Social Psychology,
39,* 83−90.

McKenna, K. Y. A., & Bargh, J. A. (2000). Plan 9
from cyberspace: The implications of the in-
ternet for personality and social psychology.
Personality & Social Psychology Review, 4, 57−75.

McKenna, K. Y. A., Green, A. S., & Gleason, M. E.
J. (2002). Relationship formation on the inter-
net: What's the big attraction? *Journal of Social
Issues, 58,* 9−31.

McKenzie−Mohr, D. (2000). Fostering sustainable
behavior through community−based social
marketing. *American Psychologist, 55,* 531−537.

McKimmie, B. M., Newton, S. A., Schuller, R. A., &
Terry, D. J. (2013). It's not what she says, it's
how she says it: The influence of language
complexity and cognitive load on the per-
suasiveness of expert testimony. *Psychiatry,
Psychology and Law, 20*(4), 578−589.

McLachlan, S., & Hagger, M. S. (2011). The influ-
ence of chronically accessible autonomous
and controlling motives on physical activity
within an extended theory of planned be-
havior. *Journal of Applied Social Psychology, 41*(2),
445−470.

McLeod, P. L., & Lobel, S. A. (1992, August). *The
effects of ethnic diversity on idea generation in small
groups.* Presented at the 52nd annual meeting
of the Academy of Management, Las Vegas,
Nevada.

McMullen, M. N., & Markman, K. D. (2002). Affec-
tive impact of close counterfactuals: Implica-
tions of possible futures for possible pasts.
Journal of Experimental Social Psychology, 38, 64−
70.

McNulty, J. K. (2013). Personality and relationships.
In J. A. Simpson & L. Campbell (Eds.), *Oxford
handbook of close relationships* (pp. 535−552). New
York: Oxford University Press.

McNulty, J. K., O'Mara, E. M., & Karney, B. R.
(2008). Benevolent cognitions as a strategy
of relationship maintenance: "Don't sweat
the small stuff"⋯ But it is not all small stuff.
Journal of Personality and Social Psychology, 94,
631−646.

McNulty, S. E., & Swann, W. B., Jr. (1994). Identity
negotiation in roommate relationships: The
self as architect and consequence of social

reality. *Journal of Personality and Social Psychology, 67*, 1012−1023.

McWilliams, S., & Howard, J. A. (1993). Solidarity and hierarchy in cross−sex friendships. *Journal of Social Issues, 49*, 191−202.

Mead, G. H. (1934). *Mind, self, and society*. Chicago: University of Chicago Press.

Medvec, V. H., Madey, S. F., & Gilovich, T. (1995). When less is more: Counterfactual thinking and satisfaction among Olympic medalists. *Journal of Personality and Social Psychology, 69*, 603−610.

Mehl, M. R., Vazire, S., Ramirez−Esparza, N., Slatcher, R. B., & Pennebaker, J. W. (2007). Are women really more talkative than men? *Science, 317*(5834), 82.

Mehu, M., Grammer, K., & Dunbar, R. (2007). Smiles when sharing. *Evolution and Human Behavior, 28*, 415−422.

Meier, B. P., & Wilkowski, B. M. (2013). Reducing the tendency to aggress: Insights from social and personality psychology. *Social and Personality Psychology Compass, 7*(6), 343−354.

Meier, B. P., Wilkowski, B. M., & Robinson, M. D. (2008). Bringing out the agreeableness in everyone: Using a cognitive self−regulation model to reduce aggression. *Journal of Experimental Social Psychology, 44*, 1383−1387.

Meister, A. (1979). Personal and social factors of social participation. *Journal of Voluntary Action Research, 8*, 6−11.

Meleshko, K. G. A., & Alden, L. E. (1993). Anxiety and self−disclosure: Toward a motivational model. *Journal of Personality and Social Psychology, 64*, 1000−1009.

Mendes, W. B., Reis, H. T., Seery, M. D., & Blascovich, J. (2003). Cardiovascular correlates of emotional expression and suppression: Do content and gender context matter? *Journal of Personality & Social Psychology, 84*, 771−792.

Merton, R. K. (1948). The self−fulfilling prophecy. *Antioch Review, 8*, 193−210.

Mesquita, B. (2001). Emotions in collectivist and individualist contexts. *Journal of Personality and Social Psychology, 80*, 68−74.

Messé, L. A., Hertel, G., Kerr, N. L., Lount, R. B., Jr., & Park, E. S. (2002). Knowledge of partner's ability as a moderator of group motivation gains: An exploration of the Koehler discrepancy effect. *Journal of Personality and Social Psychology, 82*, 935−946.

Messick, D. M., & Brewer, M. B. (1983). Solving social dilemmas: A review. *Review of Personality and Social Psychology, 4*, 11−44.

Meston, C. M., & Frohlich, P. F. (2003). Love at first fright: Partner salience moderates roller coaster−induced excitation transfer. *Archives of Sexual Behavior, 32*, 537−544.

Metcalf, P., & Huntington, R. (1991). *Celebrations of death: The anthropology of mortuary ritual* (2nd ed.). Cambridge, UK: Cambridge University Press.

Miarmi, L., & Evans, K. G. (2007). The impact of distractions on heuristic processing: Internet advertisements and stereotype use. *Journal of Applied Social Psychology, 37*, 539−548.

Michaels, J. W., Blommel, J. M., Brocato, R. M., Linkous, R. A., & Rowe, J. S. (1982). Social facilitation and inhibition in a natural setting. *Replications in Social Psychology, 2*, 21−24.

Michaelsen, L. K., Watson, W. E., & Black, R. H. (1989). A realistic test of individual versus group consensus decision making. *Journal of Applied Psychology, 74*, 834−839.

Midlarsky, E., & Nemeroff, R. (1995, July). *Heroes of the Holocaust: Predictors of their well-being in later life.* Poster presented at the American Psychological Society meetings, New York.

Mikolic, J. M., Parker, J. C., & Pruitt, D. G. (1997). Escalation in response to persistent annoyance: Groups versus individuals and gender effects. *Journal of Personality and Social Psychology, 72*, 151−163.

Mikula, G., & Schwinger, T. (1978). Affective inter−member relations and reward allocation in groups: Some theoretical considerations. In H. Brandstatter, H. J. Davis, & H. Schuller (Eds.), *Dynamics of group decisions* (pp. 229−250). Beverly Hills, CA: Sage.

Mikulincer, M., & Florian, V. (2002). The effects of mortality salience on self−serving attributions. Evidence for the function of self−esteem as a terror management mechanism. *Basic and Applied Social Psychology, 24*, 261−271.

Mikulincer, M., Florian, V., & Hirschberger, G. (2003). The existential function of close relationships: Introducing death into the science of love. *Personality & Social Psychology Review, 7*, 20−40.

Mikulincer, M., Gillath, O., & Shaver, P. R. (2002). Activation of the attachment system in adulthood: Threat−related primes increase the accessibility of mental representations of attachment figures. *Journal of Personality & Social Psychology, 83*, 881−895.

Mikulincer, M., & Shaver, P. R. (2013). The role of attachment security in adolescent and adult close relationships. In J. A. Simpson & L. Campbell (Eds.), *Oxford handbook of close relationships* (pp. 66−89). New York: Oxford University Press.

Milgram, S. (1963). Behavioral study of obedience. *Journal of Abnormal and Social Psychology, 67*,

371−378.

Milgram, S. (1964). Issues in the study of obedience: A reply to Baumrind. *American Psychologist, 19*, 848−852.

Milgram, S. (1965). Some conditions of obedience and disobedience to authority. *Human Relations, 18*, 57−76.

Milgram, S. (1970). The experience of living in cities. *Science, 167*, 1461−1468.

Milgram, S. (1974). *Obedience to authority: An experimental view.* New York: Harper & Row.

Milgram, S., Bickman, L., & Berkowitz, L. (1969). Note on the drawing power of crowds of different size. *Journal of Personality and Social Psychology, 13*(2), 79.

Millar, M. G., & Millar, K. U. (1996). The effect of direct and indirect experiences on affective and cognitive responses and the attitude−behavior relation. *Journal of Experimental Social Psychology, 32*, 561−579.

Miller, A. G., Collins, B. E., & Brief, D. E. (Eds.). (1995). Perspectives on obedience to authority: The legacy of the Milgram experiments. *Journal of Social Issues, 51*(3), 1−19.

Miller, D. T. (1976). Ego involvement and attributions for success and failure. *Journal of Personality and Social Psychology, 34*, 901−906.

Miller, D. T. (1999). The norm of self−interest. *American Psychologist, 54*(12), 1053−1060.

Miller, D. T., & McFarland, C. (1987). Pluralistic ignorance: When similarity is interpreted as dissimilarity. *Journal of Personality and Social Psychology, 53*, 298−305.

Miller, D. T., & Nelson, L. D. (2002). Seeing approach motivation in the avoidance behavior of others: Implications for an understanding of pluralistic ignorance. *Journal of Personality and Social Psychology, 83*, 1066−1075.

Miller, D. T., & Ross, M. (1975). Self−serving biases in attribution of causality: Fact or fiction? *Psychological Bulletin, 82*, 213−255.

Miller, G. F. (2000). *The mating mind: How sexual choice shaped the evolution of human nature.* New York: Doubleday.

Miller, G. F., Tybur, J. M., & Jordan, B. D. (2007). Ovulatory cycle effects on tip earnings by lap dancers: Economic evidence for human estrus? *Evolution and Human Behavior, 28*, 375−381.

Miller, L. (2002, March 19). Charities hop 9/11 inspires "e−philanthropy." *USA Today,* p. 4D.

Miller, L. C., & Fishkin, S. A. (1997). On the dynamics of human bonding and reproductive success: Seeking windows on the adapted−for−human−environmental interface. In J. A. Simpson & D. T. Kenrick (Eds.), *Evolutionary social psychology* (pp. 169−196). Hillsdale, NJ: Erlbaum.

Miller, M., & Hemenway, D. (2008). Guns and suicide in the United States. *New England Journal of Medicine, 359*, 989−991.

Miller, N., & Brewer, M. B. (1984). *Groups in contact.* New York: Academic Press.

Miller, N. H., Pedersen, W. H., Earleywine, M., & Pollock, V. E. (2003). A theoretical model of triggered displaced aggression. *Personality & Social Psychology Review, 7*, 75−97.

Miller, N., & Zimbardo, P. (1966). Motive for fear−induced affiliation: Emotional comparison or interpersonal similarity? *Journal of Personality, 34*, 481−503.

Miller, P. J., Fung, H., & Mintz, J. (1996). Self−construction through narrative practices: A Chinese and American comparison of early socialization. *Ethos, 24*, 237−280.

Miller, R. S. (1995). On the nature of embarrassability: Shyness, social evaluation, and social skill. *Journal of Personality, 63*, 315−339.

Miller, R. S. (1997). Inattentive and contented: Relationship commitment and attention to alternatives. *Journal of Personality and Social Psychology, 73*, 758−766.

Miller, R. S., & Schlenker, B. R. (1985). Egotism in group members: Public and private attributions of responsibility for group performance. *Social Psychology Quarterly, 48*, 85−89.

Miller, S. L., Zielaskowski, K., Maner, J. K., & Plant, E. A. (2012). Self−protective motivation and avoidance of heuristically threatening outgroups. *Evolution and Human Behavior, 33*, 726−735.

Mills, C. M., & Keil, F. C. (2005). The development of cynicism. *Psychological Science, 16*, 385−390.

Mills, J., Clark, M. S., Ford, T. E., & Johnson, M. (2004). Measurement of communal strength. *Personal Relationships, 11*, 213−230.

Miniño, A. M. (2010). *Mortality among teenagers aged 12-19 years: United States, 1999-2006* (NCHS data brief, no 37). Hyattsville, MD: National Center for Health Statistics.

Minkov, M. (2009). Risk−taking reproductive competition explains national murder rates better than socioeconomic inequality. *Cross-Cultural Research, 43*, 3−29.

Minson, J. A., & Mueller, J. S. (2012). The cost of collaboration why joint decision making exacerbates rejection of outside information. *Psychological Science, 23*(3), 219−224.

Mischel, W., Cantor, N., & Feldman, S. (1996). In E. T. Higgins & A. W. Kruglanski (Eds.), *Social psychology: Handbook of basic principles* (pp. 329−360). New York: Guilford.

Mischel, W., Shoda, Y., & Mendoza–Denton, R. (2002). Situation–behavior profiles as a locus of consistency in personality. *Current Directions in Psychological Science, 11*, 50–54.

Mishra, S., Clark, S., & Daly, M. (2007). One woman's behavior affects the attractiveness of others. *Evolution and Human Behavior, 28*, 145–149.

Mitchell, C. (1999). Negotiation as problem solving: Challenging the dominant metaphor. *Peace and Conflict: Journal of Peace Psychology, 5*, 219–224.

Miyamoto, Y., & Kitayama, S. (2002). Cultural variation in correspondence bias: The critical role of attitude diagnosticity of socially constrained behavior. *Journal of Personality & Social Psychology, 83*, 1239–1248.

Miyamoto, Y., Nisbett, R. E., & Masuda, T. (2006). Culture and the physical environment: Holistic versus analytic perceptual affordances. *Psychological Science, 17*, 113–119.

Miyamoto, Y., & Schwarz, N. (2006). When conveying a message may hurt the relationship: Cultural differences in the difficulty of using an answering machine. *Journal of Experimental Social Psychology, 42*, 540–547.

Moffitt, T. E. (1993). Adolescence–limited and lifecourse–persistent antisocial behavior: A developmental taxonomy. *Psychological Review, 100*, 674–701.

Moghaddam, F. M., Taylor, D. M., & Wright, S. C. (1993). *Social psychology in cross-cultural perspective.* New York: W. H. Freeman.

Molden, D. C., Lucas, G. M., Gardner, W. L., Dean, K., & Knowles, M. L. (2009). Motivations for prevention or promotion following social exclusion: Being rejected versus being ignored. *Journal of Personality and Social Psychology, 96*, 415–431.

Moll, J., Krueger, F., Zahn, R., Pardini, M., Oliveira–Souza, R., & Grafman, J. (2007). Human fronto–mesolimbic networks guide decisions about charitable donation. *Proceedings of the National Academy of Sciences, 103*, 15623–15628.

Monin, B. (2003). The warm glow heuristic: When liking leads to familiarity. *Journal of Personality and Social Psychology, 85*, 1035–1048.

Monteith, M. J., Sherman, J. W., & Devine, P. G. (1998). Suppression as a stereotype control strategy. *Personality and Social Psychology Review, 2*, 63–82.

Moore, M. M. (1985). Nonverbal courtship patterns in women: Context and consequences. *Ethology and Sociobiology, 6*, 237–247.

Moreland, R. L. (1987). The formation of small groups. In C. Hendrick (Ed.), *Group processes* (pp. 80–110). Newbury Park, CA: Sage.

Morganthau, T., & Annin, P. (1997, June 16). Should McVeigh die? *Newsweek*, pp. 20–27.

Mori, K., & Arai, M. (2010). No need to fake it: Reproduction of the Asch experiment without confederates. *International Journal of Psychology, 45*(5), 390–397. Retrieved from http://dx.doi.org/10.1080/00207591003774485

Morier, D., & Seroy, C. (1994). The effects of interpersonal expectancies on men's self–presentation of gender–role attitudes to women. *Sex Roles, 31*, 493–504.

Morling, B., Kitayama, S., & Miyamoto, Y. (2002). Cultural practices emphasize influence in the United States and adjustment in Japan. *Personality and Social Psychology Bulletin, 28*, 311–323.

Morling, D., & Lamoreaux, M. (2008). Measuring culture outside the head: A meta–analysis of individualism–collectivism in cultural products. *Personality and Social Psychology Review, 12*, 199–221.

Morr Serewicz, M. C., & Gale, E. (2008). First–date scripts: Gender roles, context, and relationship. *Sex Roles, 58*, 149–164.

Morris, D. (1999, June 15). *The first lady's little problem.* New York Post.

Morris, M. W., & Peng, K. (1994). Culture and cause: American and Chinese attributions for social and physical events. *Journal of Personality and Social Psychology, 67*, 949–971.

Morris, M. W., Podolny, J. M., & Ariel, S. (2001). Culture, norms, and obligations: Cross–national differences in patterns of interpersonal norms and felt obligations toward co–workers. In W. Wosinska, R. B. Cialdini, D. W. Barrett, & J. Reykowski (Eds.), *The practice of social influence in multiple cultures* (pp. 97–124). Mahwah, NJ: Erlbaum.

Morris, S. J., & Kanfer, F. H. (1983). Altruism and depression. *Personality and Social Psychology Bulletin, 9*, 567–577.

Morris, W. N., & Miller, R. S. (1975). The effects of consensus–breaking and consensus–preempting partners on reduction of conformity. *Journal of Experimental Social Psychology, 11*, 215–223.

Morrison, J. D. (1993). *Group composition and creative performance.* Unpublished doctoral dissertation, University of Tulsa, Tulsa, OK.

Morrison, K. R., & Ybarra, O. (2008). The effects of realistic threat and group identification on social dominance orientation. *Journal of Experimental Social Psychology, 44*, 156–163.

Moscovici, S., Lage, E., & Naffrechoux, M. (1969).

Influence of a consistent minority on the responses of a majority in a color perception task. *Sociometry, 32,* 365−380.

Moskowitz, G. B. (1993). Individual differences in social categorization: The influence of personal need for structure on spontaneous trait inferences. *Journal of Personality and Social Psychology, 65,* 132−142.

Moskowitz, G. B. (2002). Preconscious effects of temporary goals on attention. *Journal of Experimental Social Psychology, 38,* 397−404.

Moskowitz, G. B., & Roman, R. J. (1992). Spontaneous trait inferences as self−generated primes: Implications for conscious social judgment. *Journal of Personality and Social Psychology, 62,* 728−738.

Moskowitz, G. B., Salomon, A. R., & Taylor, C. M. (2000). Preconsciously controlling stereotyping: Implicitly activated egalitarian goals prevent the activation of stereotypes. *Social Cognition, 18,* 151−177.

Mugny, G. (1982). *The power of minorities.* New York: Academic Press.

Mullen, B. (1983). Operationalizing the effect of the group on the individual: A self−attention perspective. *Journal of Experimental Social Psychology, 19,* 295−322.

Mullen, B. (1986). Atrocity as a function of lynch mob composition: A self−attention perspective. *Personality and Social Psychology Bulletin, 12,* 187−197.

Mullen, B., Anthony, T., Salas, E., & Driskell, J. E. (1994). Group cohesiveness and quality of decision making: An integration of tests of the groupthink hypothesis. *Small Group Research, 25,* 189−204.

Mullen, B., Brown, R., & Smith, C. (1992). Ingroup bias as a function of salience, relevance, and status: An integration. *European Journal of Social Psychology, 22,* 103−122.

Mullen, B., & Copper, C. (1994). The relation between group cohesiveness and performance: An integration. *Psychological Bulletin, 115,* 210−227.

Mullen, B., & Hu, L. T. (1989). Perceptions of in−group and outgroup variability: A meta−analytic integration. *Basic and Applied Social Psychology, 10,* 233−252.

Mullen, B., Salas, E., & Driskell, J. E. (1989). Salience, motivation, and artifact as contributions to the relation between participation rate and leadership. *Journal of Experimental Social Psychology, 25,* 545−559.

Mullin, C. R., & Linz, D. (1995). Desensitization and resensitization to violence against women: Effects of exposure to sexually violent

films on judgments of domestic violence victims. *Journal of Personality & Social Psychology, 69,* 449−459.

Munro, G. D., & Ditto, P. H. (1997). Biased assimilation, attitude polarization, and affect in reactions to stereotype−relevant scientific information. *Personality and Social Psychology Bulletin, 23*(6), 636−653.

Murdock, G. P. (1923/1970). Rank and potlatch among the Haida. In *Yale University publications in anthropology* (Vol. 13). New Haven, CT: Human Relations Area Files Press.

Murray, D. R., Trudeau, R., & Schaller, M. (2010). On the origins of cultural differences in conformity: Four tests of the pathogen prevalence hypothesis. *Personality and Social Psychology Bulletin, 37,* 318−329.

Murray, H. A. (1938). *Explorations in personality.* New York: Oxford University Press.

Murray, S. L., Rose, P., Bellavia, G. M., Holmes, J. G., & Kusche, A. G. (2002). When rejection stings: How self−esteem constrains relationship−enhancement processes. *Journal of Personality & Social Psychology, 83,* 557−573.

Musch, J., & Grondin, S. (2001). Unequal competition as an impediment to personal development: A review of the relative age effect in sport. *Developmental Review, 21,* 147−167.

Mussweiler, T., & Strack, F. (2000). The use of category and exemplar knowledge in the solution of anchoring tasks. *Journal of Personality and Social Psychology, 78,* 1038−1052.

Mussweiler, T., Strack, F., & Pfeiffer, T. (2000). Overcoming the inevitable anchoring effect: Considering the opposite compensates for selective accessibility. *Personality and Social Psychology Bulletin, 26,* 1142−1150.

Myers, D. G. (1975). Discussion−induced attitude polarization. *Human Relations, 28,* 699−714.

Myers, D. G. (1978). Polarizing effects of social comparison. *Journal of Experimental Social Psychology, 14,* 554−563.

Myers, D. G. (2000). The funds, friends, and faith of happy people. *American Psychologist, 55,* 56−67.

Myers, D. G., & Bishop, G. D. (1970). Discussion effects on racial attitudes. *Science, 169,* 778−789.

Nabi, H., Consoli, S. M., Chastang, J. F., Chiron, M., Lafont, S., & Lagarde, E. (2005). Type A behavior pattern, risky driving behaviors, and serious road traffic accidents: A prospective study of the GAZEL cohort. *American Journal of Epidemiology, 161,* 864−870.

Naccarato, M. E. (1988). *The impact of need for structure on stereotyping and discrimination.* Unpublished master's thesis, University of Waterloo, Ontario.

Nadler, A. (1986). Self−esteem and the seeking and receiving of help: Theoretical and empirical perspectives. In B. Maher & W. Maher (Eds.), *Progress in experimental personality research* (Vol. 14, pp. 115−163). New York: Academic Press.

Nadler, A. (1991). Help−seeking behavior: Psychological costs and instrumental benefits. In M. S. Clark (Ed.), *Review of personality and social psychology* (Vol. 12, pp. 290−311). Newbury Park, CA: Sage.

Nadler, A., & Fisher, J. D. (1986). The role of threat to self−esteem and perceived control in recipient reaction to help: Theory development and empirical validation. In L. Berkowitz (Ed.), *Advances in experimental social psychology* (Vol. 19, pp. 81−122). San Diego, CA: Academic Press.

Nadler, A., Maler, S., & Friedman, A. (1984). Effects of helper's sex, subject's sex, subject's androgyny and self−evaluation on males' and females' willingness to seek and receive help. *Sex Roles, 10*, 327−339.

Nail, P. R., Correll, J. S., Drake, C. E., Glenn, S. B., Scott, G. M., & Stuckey, C. (2001). A validation study of the preference for consistency scale. *Personality and Individual Differences, 31*, 1193−1202.

Nail, P. R., MacDonald, G., & Levy, D. A. (2000). Proposal of a four−dimensional model of social response. *Psychological Bulletin, 126*, 454−470.

Nail, P. R., & Van Leeuwen, M. D. (1993). An analysis and restructuring of the diamond model of social response. *Personality and Social Psychology Bulletin, 19*, 106−116.

Nakao, K. (1987). Analyzing sociometric preferences: An example of Japanese and U.S. business groups. *Journal of Social Behavior and Personality, 2*, 523−534.

Nathanson, S. (1987). *An eye for an eye? The morality of punishing by death.* Totowa, NJ: Rowman & Littlefield.

National Research Council. (2003). *The polygraph and lie detection.* Washington, DC: National Academic Press.

Navarrete, C. D. (2005). Death concerns and other adaptive challenges: The effects of coalition−relevant challenges on worldview defense in the U.S. and Costa Rica. *Group Processes and Intergroup Relations, 8*, 411−427.

Navarrete, C. D., & Fessler, D. M. T. (2006). Disease avoidance and ethnocentrism: The effects of disease vulnerability and disgust

sensitivity on intergroup attitudes. *Evolution and Human Behavior, 27*, 270−282.

Navarrete, C. D., Fessler, D. M. T., & Eng, S. J. (2007). Elevated ethnocentrism in the first trimester of pregnancy. *Evolution and Human Behavior, 28*, 60−65.

Navarrete, C. D., Kurzban, R., Fessler, D. M. T., & Kirkpatrick, L. A. (2004). Anxiety and intergroup bias: Terror management or coalitional psychology? *Group Processes & Intergroup Relations, 7*, 370−397.

Navarrete, C. D., Olsson, A., Ho, A. K., Mendes, W. B., Thomsen, L., & Sidanius, J. (2009). Fear extinction to an outgroup face: The role of target gender. *Psychological Science, 20*, 155−158.

Neel, R., Becker, D. V., Neuberg, S. L., & Kenrick, D. T. (2012). Who expressed what emotion? Men grab anger, women grab happiness. *Journal of Experimental Social Psychology, 48*, 583−586.

Neel, R., Neufeld, S. L., & Neuberg, S. L. (2013). Would an obese person whistle Vivaldi? Targets of prejudice self−present to minimize appearance of specific threats. *Psychological Science, 24*(5), 678−687.

Neidert, G. P., & Linder, D. E. (1990). Avoiding social traps: Some conditions that maintain adherence to restricted consumption. *Social Behaviour, 5*, 261−284.

Neighbors, C., Vietor, N. A., & Knee, C. R. (2002). A motivational model of driving anger and aggression. *Personality & Social Psychology Bulletin, 28*, 324−335.

Nelson, L. L., & Milburn, T. W. (1999). Relationships between problem−solving competencies and militaristic attitudes: Implications for peace education. *Peace and Conflict: Journal of Peace Psychology, 5*, 149−168.

Nemeth, C. J. (1992). Minority dissent as a stimulant to group performance. In S. Worchel, W. Wood, & J. A. Simpson (Eds.), *Group process and productivity* (pp. 95−111). Newbury Park, CA: Sage.

Nemeth, C. J., Mayseless, O., Sherman, J., & Brown, Y. (1990). Improving recall by exposure to consistent dissent. *Journal of Personality and Social Psychology, 58*, 429−437.

Nemeth, C. J., & Wachtler, J. (1974). Creating perceptions of consistency and confidence: A necessary condition for minority influence. *Sociometry, 37*, 529−540.

Neuberg, S. L. (1989). The goal of forming accurate impressions during social interactions: Attenuating the impact of negative expectancies. *Journal of Personality and Social Psychology, 56*,

374-386.

Neuberg, S. L., & Fiske, S. T. (1987). Motivational influences on impression formation: Outcome dependency, accuracy-driven attention, and individuating processes. *Journal of Personality and Social Psychology, 53*, 431-444.

Neuberg, S. L., Kenrick, D. T., & Schaller, M. (2010). Evolutionary social psychology. In S. T. Fiske, D. T. Gilbert, & G. Lindzey (Eds.), *Handbook of social psychology* (5th ed., Vol. II, pp. 761-796). New York: John Wiley & Sons.

Neuberg, S. L., & Newsom, J. T. (1993). Personal need for structure: Individual differences in the desire for simple structure. *Journal of Personality and Social Psychology, 65*, 113-131.

Neuberg, S. L., Schaller, M., & Kenrick, D. T. (2009). Evolutionary social psychology. In S. T. Fiske, D. T. Gilbert, & G. Lindzey (Eds.), *Handbook of social psychology* (5th ed.). New York: John Wiley & Sons.

Neuberg, S. L., Smith, D. M., Hoffman, J. C., & Russell, F. J. (1994). When we observe stigmatized and "normal" individuals interacting: Stigma by association. *Personality and Social Psychology Bulletin, 20*, 196-209.

Neuberg, S. L., Warner, C. M., Mistler, S. A., Berlin, A., Hill, E. D., Johnson, J. D., et al. (2014). Religion and intergroup conflict: Findings from the global group relations project. *Psychological Science, 25*, 198-206.

Neumann, R. (2000). The causal influences of attributions on emotions: A procedural priming approach. *Psychological Science, 11*, 179-182.

Newby-Clark, I. R., McGregor, I., & Zanna, M. P. (2002). Thinking and caring about cognitive inconsistency. *Journal of Personality and Social Psychology, 82*, 157-166.

Newcomb, T. M. (1961). *The acquaintance process.* New York: Holt, Rinehart and Winston.

Neyer, F. J., & Lang, F. R. (2003). Blood is thicker than water: Kinship orientation across adulthood. *Journal of Personality and Social Psychology, 84*, 310-321.

Nezlek, J. B. (1993). The stability of social interaction. *Journal of Personality and Social Psychology, 65*, 930-941.

Nezlek, J. B., & Derks, P. (2001). Use of humor as a coping mechanism, psychological adjustment, and social interaction. *Humor: International Journal of Humor Research, 14*, 395-413.

Nezlek, J. B., Hampton, C. P., & Shean, G. D. (2000). Clinical depression and day-to-day social interaction in a community sample. *Journal of Abnormal Psychology, 109*, 11-19.

Nezlek, J. B., & Leary, M. R. (2002). Individual differences in self-presentational motives in daily social interaction. *Personality and Social Psychology Bulletin, 28*, 211-223.

Niedenthal, P. M., Tangney, J. P., & Gavanski, I. (1994). "If only I weren't" versus "If only I hadn't" : Distinguishing shame and guilt in counterfactual thinking. *Journal of Personality and Social Psychology, 67*, 585-595.

Niemann, Y. F., Jennings, L., Rozelle, R. M., Baxter, J. C., & Sullivan, E. (1994). Use of free responses and cluster analysis to determine stereotypes of eight groups. *Personality and Social Psychology Bulletin, 20*, 379-390.

Nier, J. A., Gaertner, S. L., Dovidio, J. F., Banker, B. S., Ward, C. M., & Rust, M. C. (2001). Changing interracial evaluations and behavior: The effects of a common group identity. *Group Processes and Intergroup Relations, 4*, 299-316.

Nijstad, B. A., Berger-Selman, F., & De Dreu, C. K. (2014). Innovation in top management teams: Minority dissent, transformational leadership, and radical innovations. *European Journal of Work and Organizational Psychology, 23*(2), 310-322.

Nisbett, R. E. (1993). Violence and U.S. regional culture. *American Psychologist, 48*, 441-449.

Nisbett, R. E., Polly, G., & Lang, S. (1995). Homicide and regional U.S. culture. In R. B. Ruback & N. A. Weiner (Eds.), *Interpersonal violent behaviors* (pp. 135-151). New York: Springer.

Nisbett, R. E., & Ross, L. (1980). *Human inference.* Englewood Cliffs, NJ: Prentice Hall.

Noel, J. G., Wann, D. L., & Branscombe, N. R. (1995). Peripheral ingroup membership status and public negativity toward outgroups. *Journal of Personality and Social Psychology, 68*, 127-137.

Nolan, J. M., Schultz, P. W., Cialdini, R. B., Goldstein, N. J., & Griskevicius, V. (2008). Normative social influence is underdetected. *Personality and Social Psychology Bulletin, 34*, 913-923.

Norenzayan, A., Choi, I., & Nisbett, R. E. (2002). Cultural similarities and differences in social inference: Evidence from behavioral predictions and lay theories of behavior. *Personality and Social Psychology Bulletin, 28*, 109-120.

Norenzayan, A., & Heine, S. J. (2005). Psychological universals: What are they and how can we know? *Psychological Bulletin, 131*, 763-784.

Norenzayan, A., & Nisbett, R. E. (2000). Culture and causal cognition. *Current Directions in Psychological Science, 9*, 132-135.

Norenzayan, A., Schaller, M., & Heine, S. J. (2006). Evolution and culture. In M. Schaller, J. A. Simpson, & D. T. Kenrick (Eds.), *Evolution and social psychology* (pp. 343-364). New York: Psychology Press.

Norrander, B. (1997). The independence gap and the gender gap. *Public Opinion Quarterly, 61,* 464–476.

Norton, M. I., Frost, J. H., & Ariely, D. (2007). Less is more: The lure of ambiguity, or why familiarity breeds contempt. *Journal of Personality and Social Psychology, 92,* 97–105.

Notarius, C., & Markman, H. (1993). *We can work it out: Making sense of marital conflict.* New York: G. P. Putnam's Sons.

Notarius, C., & Pellegrini, D. (1984). Marital processes as stressors and stress mediators: Implications for marital repair. In S. Duck (Ed.), *Personal relationship, Vol. 5: Repairing personal relationships* (pp. 67–88). London: Academic Press.

Novaco, R. W. (1975). *Anger control: The development and evaluation of an experimental treatment.* Lexington, MA: Lexington Books.

Novaco, R. W. (1995). Clinical problems of anger and its assessment and regulation through a stress coping skills approach. In W. O'Connor & L. Krasner (Eds.), *Handbook of psychological skills training: Clinical techniques and applications* (pp. 320–338). Boston: Allyn & Bacon.

Nowak, M. A., Sasaki, A., Taylor, C., & Fudenberg, D. (2004). Emergence of cooperation and evolutionary stability in finite populations. *Nature, 428,* 646–650.

Nowak, A., & Vallacher, R. R. (1998). *Dynamical social psychology.* New York: Guilford.

Nowak, A., Vallacher, R., Strawinska, U., & Bree, D. S. (2013). Dynamical social psychology: An introduction. In A. Nowak, K. Winkowska–Nowak, & D. Bree (Eds.), *Complex human dynamics: From mind to societies* (pp. 1–19). Berlin Heidelberg: Springer.

Nowicki, S., & Manheim, S. (1991). Interpersonal complementarity and time of interaction in female relationships. *Journal of Research in Personality,* 322–333.

O'Brian, M. E., & Jacks, J. Z. (2000, February). *Values, self, and resistance to persuasion.* Poster session presented at the annual meeting of the Society of Personality and Social Psychology, Nashville, Tennessee.

O'Brien, J. A. (1993, September 23). Mother's killing still unresolved, but Peter Reilly puts past behind. *The Hartford Courant,* p. A1.

O'Gorman, R., Wilson, D. S., & Miller, R. R. (2008). An evolved cognitive bias for social norms. *Evolution and Human Behavior, 29,* 71–78.

O'Grady, M. A. (2013). Alcohol self–presentation: The role of impression motivation and impression construction. *Journal of Applied Social Psychology, 43*(4), 854–869.

O'Sullivan, M. (2008). Home runs and humbugs: Comment on Bond and DePaulo (2008). *Psychological Bulletin, 134,* 493–497.

O'Sullivan, M., Ekman, P., & Friesen, W. V. (1988). The effect of comparisons on detecting deceit. *Journal of Nonverbal Behavior, 12,* 203–215.

Oakes, P. J., Haslam, S. A., & Turner, J. C. (1994). *Stereotyping and social reality.* Oxford, UK: Blackwell.

Ohman, A., Lundqvist, D., & Esteves, F. (2001). The face in the crowd revisited: A threat advantage with schematic stimuli. *Journal of Personality & Social Psychology, 80,* 381–396.

Ohman, A., & Mineka, S. (2001). Fears, phobias, and preparedness: Toward an evolved module of fear and fear learning. *Psychological Review, 108,* 483–522.

Ohse, D. M., & Stockdale, M. S. (2008). Age comparisons in workplace sexual harassment perceptions. *Sex Roles, 59,* 240–253.

Oishi, S., Kesebir, S., Miao, F. F., Talhelm, T., Endo, Y., Uchida, Y., et al. (2013). Residential mobility increases motivation to expand social network: But why? *Journal of Experimental Social Psychology, 49,* 217–223.

Oishi, S., Wyer, R. S., & Colcombe, S. J. (2000). Cultural variation in the use of current life satisfaction to predict the future. *Journal of Personality & Social Psychology, 78,* 434–445.

Okimoto, D. I., & Rohlen, T. P. (1988). *Inside the Japanese system: Readings on contemporary society and political economy.* Stanford, CA: Stanford University Press.

Olds, J. M., & Milner, P. M. (1954). Positive reinforcement produced by electrical stimulation of the septal area and other areas of the rat brain. *Journal of Comparative and Physiological Psychology, 47,* 419–427.

Oliner, S. P., & Oliner, P. M. (1988). *The altruistic personality: Rescuers of Jews in Nazi Europe.* New York: The Free Press.

Olson, J. M., Hafer, C. L., & Taylor, L. (2001). I'm mad as hell, and I'm not going to take it anymore: Reports of negative emotions as a self–preservation tactic. *Journal of Applied Social Psychology, 31,* 981–999.

Olson, J. M., Vernon, P. A., Harris, J. A., & Jang, K. L. (2001). The heritability of attitudes: A study of twins. *Journal of Personality and Social Psychology, 80,* 845–860.

Olson, M. A., & Fazio, R. H. (2002). Implicit acquisition and manifestation of classically conditioned attitudes. *Social Cognition, 20,* 89–104.

Olsson, A., Ebert, J. P., Banaji, M. R., & Phelps, E. A. (2005). The role of social groups in the persistence of learned fear. *Science, 309*, 785– 787.

Olweus, D. (1978). *Aggression in schools*. New York: Wiley.

Olweus, D. (1991). Bully/victim problems among school children: Basic facts and effects of a school–based intervention program. In D. Pepler & K. Rubin (Eds.), *The development and treatment of childhood aggression* (pp. 411–448). Hillsdale, NJ: Erlbaum.

Olzak, S. (1992). *The dynamics of ethnic competition and conflict*. Stanford, CA: Stanford University Press.

Oppenheimer, D. M. (2004). Spontaneous discounting of availability in frequency judgment tasks. *Psychological Science, 15*, 100–105.

Orians, G. H. (1969). On the evolution of mating systems in birds and mammals. *American Naturalist, 103*, 589–603.

Orive, R. (1988). Social projection and social comparison of opinions. *Journal of Personality and Social Psychology, 54*, 953–964.

Osborne, J. W. (1995). Academics, self–esteem, and race: A look at the underlying assumptions of the disidentification hypothesis. *Personality and Social Psychology Bulletin, 21*, 449– 455.

Osborne, R. E., & Gilbert, D. T. (1992). The preoccupational hazards of social life. *Journal of Personality and Social Psychology, 62*, 219–228.

Osgood, C. E. (1962). *An alternative to war or surrender*. Urbana: University of Illinois Press.

Oskamp, S. (2000). A sustainable future for humanity: How can psychology help? *American Psychologist, 55*, 496–508.

Ostovich, J. M., & Sabini, J. (2005). Timing of puberty and sexuality in men and women. *Archives of Sexual Behavior, 34*, 197–206.

Oswald, D. L., & Clark, E. M. (2003). Best friends forever? High school friendships and the transition to college. *Personal Relationships, 10*, 187–205.

Oswald, D. L., Clark, E. M., & Kelly, C. M. (2004). Friendship maintenance: An analysis of individual and dyad behaviors. *Journal of Social and Clinical Psychology, 23*, 413–441.

Otta, E., Queiroz, R. D., Campos, L. D., daSilva, M., & Silveira, M. T. (1999). Age differences between spouses in a Brazilian marriage sample. *Evolution and Human Behavior, 20*, 99– 104.

Ottati, V., & Lee, Y.–T. (1995). Accuracy: A neglected component of stereotype research. In Y.–T. Lee, L. J. Jussim, & C. R. McCauley (Eds.), *Stereotype accuracy: Toward appreciating group differences* (pp. 29–59). Washington, DC:

American Psychological Association.

Otten, C. A., Penner, L. A., & Altabe, M. N. (1991). An examination of therapists' and college students' willingness to help a psychologically distressed person. *Journal of Social and Clinical Psychology, 10*, 102–120.

Otten, C. A., Penner, L. A., & Waugh, G. (1988). What are friends for: The determinants of psychological helping. *Journal of Social and Clinical Psychology, 7*, 34–41.

Otten, S., & Moskowitz, G. B. (2000). Evidence for implicit evaluative in–group bias: Affect–biased spontaneous trait inference in a minimal group paradigm. *Journal of Experimental Social Psychology, 36*, 77–89.

Overall, N. C., Fletcher, G. J. O., & Friesen, M. D. (2003). Mapping the intimate relationship mind: Comparisons between three models of attachment representations. *Personality and Social Psychology Bulletin, 29*, 1479–1493.

Overall, N. C., Fletcher, G. J. O., & Simpson, J. A. (2006). Regulation processes in intimate relationships: The role of ideal standards. *Journal of Personality and Social Psychology, 91*, 662–685.

Ovitz and out at disney. (1996, December 13). *New York Daily News*, p. 7.

Ovitz, Hollywood power broker, resigns from no. 2 job at Disney. (1996, December 13). *New York Times*, p. 1.

Owens, L., Shute, R., & Slee, P. (2000). "Guess what I just heard!" : Indirect aggression among teenage girls in Australia. *Aggressive Behavior, 26*, 67–83.

Oyserman, D., Bybee, D., Terry, K., & Hart–Johnson, T. (2004). Possible selves as roadmaps. *Journal of Research in Personality, 38*, 130–149.

Oyserman, D., & Lee, S. W. S. (2008). Does culture influence what and how we think? Effects of priming individualism and collectivism. *Psychological Bulletin, 134*, 311–342.

Ozer, D. J. (1986). *Consistency in personality: A methodological framework*. New York: Springer–Verlag.

Packer, D. J. (2008). Identifying systematic disobedience in Milgram's experiments: A meta–analytic review. *Perspectives on Psychological Science, 3*, 301–304.

Packer, D. J. (2012). On not airing our dirty laundry: Intergroup contexts suppress ingroup criticism among strongly identified group members. *British Journal of Social Psychology, 53*(1), 93–111.

Padilla, A. M. (1994). Bicultural development: A theoretical and empirical examination. In R. G. Malgady & O. Rodriguez (Eds.), *Theoretical and conceptual issues in Hispanic mental health* (pp.

20−51). Malabar, FL: Krieger.

Page, B. I., Shapiro, R. Y., & Dempsey, G. (1987). What moves public opinion? *American Political Science Review, 81*, 23−43.

Paicheler, G. (1977). Norms and attitude change II: The phenomenon of bipolarization. *European Journal of Social Psychology, 7*, 5−14.

Palmer, C. T. (1993). Anger, aggression, and humor in Newfoundland floor hockey: An evolutionary analysis. *Aggressive Behavior, 19*, 167−173.

Paloutzian, R. F., & Ellison, C. W. (1982). Loneliness, spiritual well−being and the quality of life. In L. A. Peplau & D. Perlman (Eds.), *Loneliness: A sourcebook of current theory, research, and therapy* (pp. 224−237). New York: Wiley.

Pandey, J., & Rastagi, R. (1979). Machiavellianism and ingratiation. *Journal of Social Psychology, 108*, 221−225.

Panksepp, J. (2003). Can anthropomorphic analyses of separation cries in other animals inform us about the emotional nature of social loss in humans? Comment on Blumberg and Sokoloff (2001). *Psychological Review, 100*, 376−388.

Panksepp, J. (2005). Why does separation distress hurt? Comment on MacDonald and Leary (2005). *Psychological Bulletin, 131*, 224−230.

Panksepp, J., Siviy, S. M., & Normansell, L. A. (1985). Brain opioids and social emotions. In M. Reite & T. Field (Eds.), *The psychobiology of attachment and separation* (pp. 3−50). London: Academic Press.

Paolini, S., Hewstone, M., Cairns, E., & Voci, A. (2004). Effects of direct and indirect cross−group friendships on judgments of Catholics and Protestants in Northern Ireland: The mediating role of an anxiety−reduction mechanism. *Personality and Social Psychology Bulletin, 30*, 770−786.

Park, B., Judd, C. M., & Ryan, C. S. (1991). Social categorization and the representation of variability information. In W. Stroebe & M. Hewstone (Eds.), *European review of social psychology* (Vol. 2, pp. 211−245). New York: Wiley.

Park, J., & Banaji, M. R. (2000). Mood and heuristics: The influence of happy and sad states on sensitivity and bias in stereotyping. *Journal of Personality and Social Psychology, 78*, 1005−1023.

Park, J. H., & Schaller, M. (2005). Does attitude similarity serve as a heuristic cue for kinship? Evidence of an implicit cognitive association. *Evolution and Human Behavior, 26*, 158−170.

Park, J. H., Wieling, M. B., Buunk, A. P., & Massar,

K. (2008). Sex−specific relationship between digit ratio (2D:4D) and romantic jealousy. *Personality and Individual Differences, 44*, 1039−1045.

Park, L. E., Crocker, J., & Mickelson, K. D. (2004). Attachment styles and contingencies of self−worth. *Personality and Social Psychology Bulletin, 30*, 1243−1254.

Park, L., & Maner, J. K. (2009). Does self−threat promote social connection? The role of self−esteem and contingencies of self−worth. *Journal of Personality & Social Psychology, 96*, 203−217.

Park, S., & Catrambone, R. (2007). Social facilitation effects of virtual humans. *Human Factors, 49*, 1054−1060.

Parke, R. D., Berkowitz, L., Leyens, J. P., West, S. G., & Sebastian, J. (1977). Some effects of violent and nonviolent movies on the behavior of juvenile delinquents. In L. Berkowitz (Ed.), *Advances in experimental social psychology* (Vol. 10, pp. 135−172). New York: Academic Press.

Parks, C. D., Henager, R. F., & Scamahorn, S. D. (1996). Trust and reactions to messages of intent in social dilemmas. *Journal of Conflict Resolution, 40*, 134−151.

Parks, C. D., Rumble, A. C., & Posey, D. C. (2002). The effects of envy on reciprocation in a social dilemma. *Personality & Social Psychology Bulletin, 28*, 509−520.

Parks, C. D., Sanna, L. J., & Berel, S. R. (2001). Actions of similar others as inducements to cooperate in social dilemmas. *Personality and Social Psychology Bulletin, 27*(3), 345−354.

Parks, C. D., & Vu, A. D. (1994). Social dilemma behavior of individuals from highly individualistic and collectivist cultures. *Journal of Conflict Resolution, 38*, 708−718.

Parks−Stamm, E. J., Heilman, M. E., & Hearns, K. A. (2008). Motivated to penalize: Women's strategic rejection of successful women. *Personality and Social Psychology Bulletin, 34*, 237−247.

Parrott, W. G. (2002). The functional utility of negative emotions. In L. F. Barrett & P. Salovey (Eds.), *The wisdom in feeling: Psychological processes in emotional intelligence* (pp. 341−359). New York: Guilford Press.

Pashler, H. (1994). Dual−task interference in simple tasks: Data and theory. *Psychological Bulletin, 116*, 220−244.

Pass, J. A., Lindenberg, S. M., & Park, J. H. (2010). All you need is love: Is the sociometer especially sensitive to one's mating capacity? *European Journal of Social Psychology, 40*, 221−234.

Pataki, S. P., Shapiro, C., & Clark, M. S. (1994). Children's acquisition of appropriate norms for friendships and acquaintances. *Journal of Personal Relationships, 11*, 427−442.

Patterson, G. R. (1997). Performance models for parenting: A social interactional perspective. In J. E. Gruser & L. Kuczynski (Eds.), *Parenting and children's internalization of values: A handbook of contemporary theory* (pp. 193−226). New York: John Wiley & Sons.

Patterson, G. R., Chamberlain, P., & Reid, J. B. (1982). A comparative evaluation of parent training procedures. *Behavior Therapy, 13*, 638−650.

Paulhus, D. L., Martin, C. L., & Murphy, G. K. (1992). Some effects of arousal on sex stereotyping. *Personality and Social Psychology Bulletin, 18*, 325−330.

Pavlidis, I., Eberhardt, N. L., & Levine, J. A. (2002). Seeing through the face of deception. *Nature, 415*, 35.

Pawlowski, B., & Dunbar, R. I. M. (1999). Withholding age as putative deception in mate search tactics. *Evolution & Human Behavior, 20*, 53−69.

Pawlowski, B., & Jasienska, G. (2005). Women's preferences for sexual dimorphism in height depend on menstrual cycle phase and expected duration of relationship. *Biological Psychology, 70*, 38−43.

Payne, B. K. (2001). Prejudice and perception: The role of automatic and controlled processes in misperceiving a weapon. *Journal of Personality and Social Psychology, 81*, 181−192.

Payne, B. K., Shimizu, Y., & Jacoby, L. L. (2005). Mental control and visual illusions: Toward explaining race−biased weapon misidentifications. *Journal of Experimental Social Psychology, 41*, 36−47.

Pearce, P. L., & Amato, P. R. (1980). A taxonomy of helping: A multidimensional scaling analysis. *Social Psychology Quarterly, 43*, 363−371.

Peck, S. R., Shaffer, D. R., & Williamson, G. M. (2004). Sexual satisfaction and relationship satisfaction in dating couples: The contributions of relationships communality and favorability of sexual exchanges. *Journal of Psychology and Human Sexuality, 16*, 17−37.

Pedersen, W. C., Bushman, B. J., Vasquez, E. A., & Miller, N. (2008). Kicking the (barking) dog effect: The moderating role of target attributes on triggered displaced aggression. *Personality and Social Psychology Bulletin, 34*, 1382−1395.

Pedersen, W. C., Gonzales, C., & Miller, N. (2000). The moderating effect of trivial triggering provocation on displaced aggression. *Journal of Personality & Social Psychology, 78*, 913−927.

Pelham, B. W. (1993). On the highly positive thoughts of the highly depressed. In R. Baumeister (Ed.), *Self-esteem: The puzzle of low self-regard* (pp. 183−200). New York: Plenum.

Pelto, P. J. (1968). The difference between "tight" and "loose" societies. *Transaction, 5*, 37−40.

Pelz, D. C. (1956). Some social factors related to performance in a research organization. *Administrative Science Quarterly, 1*, 310−325.

Pemberton, M. B., Insko, C. A., & Schopler, J. (1996). Memory for and experience of differential competitive behavior of individuals and groups. *Journal of Personality and Social Psychology, 71*, 953−966.

Pemberton, M., & Sedikides, C. (2001). When do individuals help close others improve? The role of information diagnosticity. *Journal of Personality and Social Psychology, 81*, 234−246.

Pendry, L. F., & Macrae, C. N. (1994). Stereotypes and mental life: The case of the motivated but thwarted tactician. *Journal of Experimental Social Psychology, 30*, 303−325.

Pendry, L. F., & Macrae, C. N. (1996). What the disinterested perceiver overlooks: Goal−directed social categorization. *Personality and Social Psychology Bulletin, 22*, 249−256.

Penn, D. J. (2003). The evolutionary roots of our environmental problems: Toward a Darwinian ecology. *Quarterly Review of Biology, 78*, 275−301.

Pennebaker, J. W., Barger, S. D., & Tiebout, J. (1989). Disclosure of traumas and health among holocaust survivors. *Psychosomatic Medicine, 51*, 577−589.

Pennebaker, J. W., Hughes, C. F., & O'Heeron, R. C. (1987). The psychophysiology of confession: Linking inhibitory and psychosomatic processes. *Journal of Personality and Social Psychology, 52*, 781−793.

Penner, L. A. (2002). The causes of sustained volunteerism: An interactionist perspective. *Journal of Social Issues, 58*, 447−467.

Penner, L. A., Dertke, M. C., & Achenbach, C. J. (1973). The flash system: A field study of altruism. *Journal of Applied Social Psychology, 3*, 362−373.

Penner, L. A., Dovidio, J. F., Piliavin, J. A., & Schroeder, D. A. (2005). Prosocial behavior: Multilevel perspectives. *Annual Review of Psychology, 56*, 365−392.

Penner, L. A., & Finkelstein, M. A. (1998). Dispositional and structural determinants of volunteerism. *Journal of Personality and Social Psychology, 74*, 525−537.

Penner, L. A., Harper, F. W. K., & Albrecht, T. L. (2012). The role of emotions in caregiving: Caring for the pediatric cancer patients. In S. L. Brown, R. M. Brown, & L. A. Penner (Eds.), *Moving beyond self-interest: Perspectives from evolutionary biology, neuroscience, and the social sciences* (pp. 166–177). New York: Oxford University Press.

Penninx, B. W. J. H., Rejeski, W. J., Pandya, J., Miller, M. E., DiBari, M., Applegate, W. B., et al. (2002). Exercise and depressive symptoms: A comparison of aerobic and resistance exercise effects on emotional and physical function in older persons with high and low depressive symptomatology. *Journals of Gerontology B: Psychological Sciences and Social Sciences, 57B,* 124–132.

Penton–Voak, I. S., Little, A. C., Jones, B. C., Burt, D. M., Tiddeman, B. P., & Perrett, D. J. (2003). Female condition influences preferences for sexual dimorphism in faces of male humans (Homo sapiens). *Journal of Comparative Psychology, 117,* 264–271.

Peplau, L. A., Russell, D., & Heim, M. (1979). The experience of loneliness. In I. H. Frieze, D. Bar–Tal, & J. S. Carroll (Eds.), *New approaches to social problems: Applications of attribution theory.* San Francisco: Jossey–Bass.

Perilloux, C., Easton, J. A., & Buss, D. M. (2012). The misperception of sexual interest. *Psychological Science, 23*(2), 146–151.

Perloff, R. M. (1993). *The dynamics of persuasion.* Hillsdale, NJ: Erlbaum.

Perriloux, H. K., Webster, G. D., & Gaulin, S. J. C. (2010). Signals of genetic quality and maternal investment capacity: The dynamic effects of fluctuating asymmetry and waist–to–hip ratio on men's rating of women's attractiveness. *Social Psychological and Personality Science, 1*(1), 34–42.

Pervin, L. A., & Rubin, D. B. (1967). Student dissatisfaction with college and the college dropout: A transactional approach. *Journal of Social Psychology, 72,* 285–295.

Pessiglione, M., Petrovic, P., Daunizeau, J., Palminteri, S., Dolan, R. J., & Frith, C. D. (2008). Subliminal instrumental conditioning demonstrated in the human brain. *Neuron, 59,* 561–567.

Petrocelli, J. V., Tormala, Z. L., & Rucker, D. D. (2007). Unpacking attitude certainty: Attitude certainty and attitude correctness. *Journal of Personality and Social Psychology, 92,* 30–41.

Petronio, S. (2002). *Boundaries of privacy: Dialectics of disclosure.* Albany: State University of New York Press.

Pettigrew, T. F. (1979). The ultimate attribution error: Extending Allport's cognitive analysis of prejudice. *Personality and Social Psychology Bulletin, 5,* 461–476.

Pettigrew, T. F. (1997). Generalized intergroup contact effects on prejudice. *Personality and Social Psychology Bulletin, 23,* 173–185.

Pettigrew, T. F., Christ, O., Wagner, U., & Stellmacher, J. (2007). Direct and indirect intergroup contact effects on prejudice: A normative interpretation. *International Journal of Intercultural Relations, 31,* 411–425.

Pettigrew, T. F., & Meertens, R. W. (1995). Subtle and blatant prejudice in Western Europe. *European Journal of Social Psychology, 25,* 57–75.

Pettigrew, T. F., & Tropp, L. R. (2006). A meta–analytic test of intergroup contact theory. *Journal of Personality and Social Psychology, 90*(5), 751–783.

Petty, R. E., Brinol, P., & Tormala, Z. L. (2002). Thought confidence as a determinant of persuasion. *Journal of Personality and Social Psychology, 82,* 722–741.

Petty, R. E., & Cacioppo, J. T. (1979). Issue involvement can increase or decrease persuasion by enhancing messagerelevant cognitive responses. *Journal of Personality and Social Psychology, 37,* 1915–1926.

Petty, R. E., & Cacioppo, J. T. (1984). The effects of involvement on responses to argument quantity and quality: Central and peripheral routes to persuasion. *Journal of Personality and Social Psychology, 46,* 69–81.

Petty, R. E., & Cacioppo, J. T. (1986). *Communication and persuasion: Central and peripheral routes to attitude change.* New York: Springer–Verlag.

Petty, R. E., Cacioppo, J. T., Strathman, A. J., & Priester, J. R. (2005). To think or not to think. In T. C. Brock & M. C. Green (Eds.), *Persuasion: Psychological insights and perspectives* (pp. 81–116). Thousand Oaks, CA: Sage.

Petty, R. E., & Wegener, D. T. (1998). Matching versus mismatching attitude functions: Implications for scrutiny of persuasive messages. *Personality and Social Psychology Bulletin, 24,* 227–240.

Pfeffer, J. (1998). Understanding organizations: Concepts and controversies. In D. T. Gilbert, S. T. Fiske, & G. Lindzey (Eds.), *Handbook of social psychology* (4th ed., Vol. 2, pp. 733–777). New York: McGraw–Hill.

Phelan, J. E., & Rudman, L. A. (2010). Prejudice toward female leaders: Backlash effects and women's impression management dilemma. *Social and Personality Psychology Compass, 4*(10), 807–820.

사회심리학

Phelps, E. A., O'Connor, K. J., Cunningham, W. A., Funayama, E. S., Gatenby, J. C., Gore, J. C., et al. (2000). Performance on indirect measures of race evaluation predicts amygdala activation. *Journal of Cognitive Neuroscience, 12,* 729–738.

Phillips, D. P. (1985). Natural experiments on the effects of mass media violence on fatal aggression: Strengths and weaknesses of a new approach. In L. Berkowitz (Ed.), *Advances in experimental social psychology* (Vol. 19, pp. 207–250). Orlando, FL: Academic Press.

Phillips, D. P. (1989). Recent advances in suicidology: The study of imitative suicide. In R. F. W. Diekstra, R. Maris, S. Platt, A. Schmidtke, & G. Sonneck (Eds.), *Suicide and its prevention: The role of attitude and imitation* (pp. 299–312). Leiden, Netherlands: E. J. Brill.

Phillips, K. W. (2003). The effects of categorically based expectations on minority influence: The importance of congruence. *Personality & Social Psychology Bulletin, 29,* 3–13.

Phinney, J., & Devich–Navarro, M. (1997). Variations in bicultural identification among African American and Mexican American adolescents. *Journal of Research on Adolescence, 7,* 3–32.

Pickett, C. L., & Gardner, W. L. (2005). The social monitoring system: Enhanced sensitivity to social cues as an adaptive response to social exclusion. In K. Williams, J. Forgas, & W. von Hippel (Eds.), *The social outcast: Ostracism, social exclusion, rejection, and bullying* (pp. 213–226). New York: Psychology Press.

Pietrzak, R. H., Laird, J. D., Stevens, D. A., & Thompson, N. S. (2002). Sex differences in human jealousy: A coordinated study of forced–choice, continuous rating– scale, and physiological responses on the same subjects. *Evolution and Human Behavior, 23,* 83–94.

Piff, P. K., Kraus, M. W., Cote, S., Cheng, B. H., & Keltner, D. (2010). Having less, giving more: The influence of social class on prosocial behavior. *Journal of Personality and Social Psychology, 99*(5), 771–784.

Piliavin, J. A., Dovidio, J. F., Gaertner, S. L., & Clark, R. D., III. (1981). *Emergency intervention.* New York: Academic Press.

Piliavin, J. A., & Piliavin, I. M. (1972). Effect of blood on reactions to a victim. *Journal of Personality and Social Psychology, 23,* 353–361.

Piliavin, J. A., & Unger, R. K. (1985). The helpful but helpless female: Myth or reality? In V. O'Leary, R. K. Unger, & B. S. Wallston (Eds.), *Women, gender and social psychology* (pp. 149–186).

Hillsdale, NJ: Erlbaum.

Pillsworth, E. G., Haselton, M. G., & Buss, D. M. (2004). Ovulatory shifts in female sexual desire. *Journal of Sex Research, 41,* 55–65.

Pilluta, M. M., Malhotra, D., & Murnighan, K. (2003). Attributions of trust and the calculus of reciprocity. *Journal of Experimental Social Psychology, 39,* 448–455.

Pin, E. J., & Turndorf, J. (1990). Staging one's ideal self. In D. Brisset & C. Edgley (Eds.), *Life as theatre* (pp. 163–181). Hawthorne, NY: Aldine de Gruyter.

Pinel, E. (1999). Stigma consciousness: The psychological legacy of social stereotypes. *Journal of Personality and Social Psychology, 76,* 114–128.

Pinker, S. (2002). *The blank slate: The modern denial of human nature.* New York: Viking.

Pipitone, R. N., & Gallup, G. G. (2008). Women's voice attractiveness varies across the menstrual cycle. *Evolution and Human Behavior, 29,* 268–274.

Pittam, J. (1994). *Voice in social interaction: An interdisciplinary approach.* Thousand Oaks, CA: Sage.

Pittman, T. S. (1998). Motivation. In D. T. Gilbert, S. T. Fiske, & G. Lindzey (Eds.), *Handbook of social psychology* (4th ed., Vol. 1, pp. 549–590). New York: McGraw–Hill/Oxford University Press.

Pittman, T. S., & D'Agostino, P. R. (1985). Motivation and attribution: The effects of control deprivation on subsequent information processing. In J. H. Harvey & G. Weary (Eds.), *Attribution: Basic issues and applications* (pp. 117–141). New York: Academic Press.

Plant, E. A. (2004). Responses to interracial interactions over time. *Personality and Social Psychology Bulletin, 30,* 1458–1471.

Plant, E. A., & Devine, P. G. (1998). Internal and external motivation to respond without prejudice. *Journal of Personality and Social Psychology, 75,* 811–832.

Plant, E. A., & Devine, P. G. (2003). Antecedents and implications of intergroup anxiety. *Personality and Social Psychology Bulletin, 29,* 790–801.

Plant, E. A., Peruche, B. M., & Butz, D. A. (2004). Eliminating automatic racial bias: Making race non–diagnostic for responses to criminal suspects. *Journal of Experimental Social Psychology, 41,* 141–156.

Platow, M. J., Haslam, S. A., Both, B., Chew, I., Cuddon, M., Goharpey, N., et al. (2005). "It's not funny if they're laughing" : Self–categorization, social influence, and responses to canned laughter. *Journal of Experimental Social*

Psychology, 41, 542−550.

Platt, J. (1973). Social traps. *American Psychologist, 28*, 641−651.

Pleszczynska, W. K., & Hansell, R. I. C. (1980). Polygyny and decision theory: Testing of a model in lark buntings (Calamospiza malanocorys). *American Naturalist, 116*, 821−830.

Plomin, R., DeFries, J. C., & McClearn, G. E. (1990). *Behavioral genetics: A primer.* New York: W. H. Freeman.

Plous, S. (1985). Perceptual illusions and military realities the nuclear arms race. *Journal of Conflict Resolution, 29*(3), 363−389.

Plutchik, R. (1994). *The psychology and biology of emotion.* New York: HarperCollins.

Pollard, C. A., & Henderson, J. G. (1988). Four types of social phobia in a community sample. *Journal of Nervous and Mental Disease, 176*, 440−445.

Pollet, T. V., & Nettle, D. (2007). Driving a hard bargain: sex ratio and male marriage success in a historical US population. *Biology Letters, 4*, 31−33.

Pollet, T. V., & Nettle, D. (2009). Market forces affect patterns of polygyny in Uganda. *Proceedings of the National Academy of Sciences of the USA, 106*, 2114−2117.

Pomeranz, E. M., Chaiken, S., & Tordesillas, R. S. (1995). Attitude strength and resistance processes. *Journal of Personality and Social Psychology, 69*, 408−419.

Postmes, T., & Spears, R. (1998). Deindividuation and antinormative behavior: A meta−analysis. *Psychological Bulletin, 123*, 238−259.

Postmes, T., Spears, R., & Cihangir, S. (2001). Quality of decision making and group norms. *Journal of Personality and Social Psychology, 80*, 918−930.

Powers, S. I., Pietromonaco, P. R., Gunlicks, M., & Sayer, A. (2006). Dating couples' attachment styles and patterns of cortisol reactivity and recovery in response to a relationship conflict. *Journal of Personality & Social Psychology, 90*, 613−628.

Pratkanis, A. R. (Ed.). (2007). *Science of social influence.* New York: Psychology Press.

Pratto, F. (1996). Sexual politics: The gender gap in the bedroom, the cupboard, and the cabinet. In D. M. Buss & N. M. Malamuth (Eds.), *Sex, power, conflict: Evolutionary and feminist perspectives* (pp. 179−230). New York: Oxford University Press.

Pratto, F., & Bargh, J. A. (1991). Stereotyping based on apparently individuating information: Trait and global components of sex stereotypes under attentional overload. *Journal of*

Experimental Social Psychology, 27, 26−47.

Pratto, F., Liu, J. H., Levin, S., Sidanius, J., Shih, M., & Bachrach, H. (1998). *Social dominance orientation and legitimization of inequality across cultures.* Unpublished manuscript, Stanford University.

Pratto, F., Saguy, T., Stewart, A. L., Morselli, D., Foels, R., Aiello, A., et al. (2013). Attitudes toward global ascendance: Israeli and global perspectives. *Psychological Science, 25*(1), 85−94.

Pratto, F., Sidanius, J., Stallworth, L. M., & Malle, B. F. (1994). Social dominance orientation: A personality variable predicting social and political attitudes. *Journal of Personality and Social Psychology, 67*, 741−763.

Pratto, F., Stallworth, L. M., Sidanius, J., & Siers, B. (1997). The gender gap in occupational role attainment: A social dominance approach. *Journal of Personality and Social Psychology, 72*, 37−53.

Prentice, D. A., & Miller, D. T. (1993). Pluralistic ignorance and alcohol use on campus: Some consequences of misperceiving the social norm. *Journal of Personality and Social Psychology, 64*, 243−256.

Prentice−Dunn, S., & Rogers, R. W. (1980). Effects of deindividuating situational cues and aggressive models on subjective deindividuation and aggression. *Journal of Personality and Social Psychology, 39*, 104−113.

Prentice−Dunn, S., & Rogers, R. W. (1982). Effects of public and private self−awareness on deindividuation and aggression. *Journal of Personality and Social Psychology, 43*, 503−513.

Price, R. H., & Bouffard, D. L. (1974). Behavioral appropriateness and situational constraint as dimensions of social behavior. *Journal of Personality and Social Psychology, 30*, 579−586.

Priester, J. R., & Petty, R. E. (2001). Extending the bases of subjective attitudinal ambivalence. *Journal of Personality and Social Psychology, 80*, 19−34.

Provost, M. P., Troje, N. F., & Quinsey, V. L. (2008). Short−term mating strategies and attraction to masculinity in point−light walkers. *Evolution and Human Behavior, 29*, 65−69.

Pryor, J. B., & Day, J. D. (1988). Interpretations of sexual harassment: An attributional analysis. *Sex Roles, 18*, 405−417.

Pryor, J. B., LaVite, C., & Stoller, L. (1993). A social psychological analysis of sexual harassment: The person/situation interaction. *Journal of Vocational Behavior, 42*, 68−83.

Pryor, J. B., & Merluzzi, T. V. (1985). The role of expertise in processing social interaction scripts. *Journal of Experimental Social Psychology,*

21, 362−379.

Pryor, J. B., & Stoller, L. (1994). Sexual cognition processes in men who are high in the likelihood to sexually harass. *Personality and Social Psychology Bulletin, 20,* 163−169.

Purvis, J. A., Dabbs, J. M., & Hopper, C. H. (1984). The "opener": Skilled user of facial expression and speech pattern. *Personality and Social Psychology Bulletin, 10,* 61−66.

Putnam, R. D. (2000). *Bowling alone: The collapse and revival of American community.* New York: Simon & Schuster.

Puts, D. A. (2005). Mating context and menstrual phase affect women's preferences for male voice pitch. *Evolution and Human Behavior, 26,* 388−397.

Pyszczynski, T., Greenberg, J., & Solomon, S. (1999). A dual−process model of defense against conscious and unconscious death−related thoughts: An extension of terror management theory. *Psychological Review, 106,* 835−845.

Pyszczynski, T., Greenberg, J., Solomon, S., Arndt, J., & Schimel, J. (2004). Why do people need self−esteem? A theoretical and empirical review. *Psychological Bulletin, 130,* 435−468.

Pyszczynski, T., Solomon, S., & Greenberg, J. (2002). *In the wake of 9/11: The psychology of terror.* New York: American Psychological Association.

Pytlik−Zillig, L. M., Hemenover, S. H., & Dienstbier, R. A. (2002). What do we assess when we assess a Big 5 trait? A content analysis of the affective, behavioral and cognitive processes represented in the Big 5 personality inventories. *Personality & Social Psychology Bulletin, 28,* 847−858.

Qiu, C., & Yeung, W. M. (2008). Mood and comparative judgment: Does mood influence everything and finally nothing? *Journal of Consumer Research, 34,* 657−669.

Quinn, A., & Schlenker, B. R. (2002). Can accountability produce independence? Goals as determinants of the impact of accountability on conformity. *Personality and Social Psychology Bulletin, 28,* 472−483.

Quintelier, K. J., Ishii, K., Weeden, J., Kurzban, R., & Braeckman, J. (2013). Individual differences in reproductive strategy are related to views about recreational drug use in Belgium, The Netherlands, and Japan. *Human Nature, 24*(2), 196−217

Radcliffe, N. M., & Klein, W. M. P. (2002). Dispositional, unrealistic, and comparative optimism. *Personality and Social Psychology Bulletin, 28,* 836−846.

Radcliffe−Brown, A. (1913). Three tribes of Western Australia. *Journal of the Royal Anthropological Institute, 43,* 143−194.

Radice, S. (2010). J.K. Rowling: A moral responsibility to give. *Philanthropy Impact.* Retrieved from http://www.philanthropy−impact.org/article/jk−rowling−moral−responsibility−give

Rahman, Q., & Hull, M. S. (2005). An empirical test of the kin selection hypothesis for male homosexuality. *Archives of Sexual Behavior, 34,* 461−467.

Rajecki, D. W., Bledsoe, S. B., & Rasmussen, J. L. (1991). Successful personal ads: Gender differences and similarities in offers, stipulations, and outcomes. *Basic and Applied Social Psychology, 12,* 457−469.

Ramirez, J. M. (1993). Acceptability of aggression in four Spanish regions and a comparison with other European countries. *Aggressive Behavior, 19,* 185−197.

Rampton, S., & Stauber, J. (2001). *Trust us, we're experts.* New York: Tarcher/Putnum.

Rapoport, A., Diekmann, A., & Franzen, A. (1995). Experiments with social traps IV: Reputation effects in the evolution of cooperation. *Rationality and Society, 7,* 431−441.

Ratneswar, S., & Chaiken, S. (1991). Comprehension's role in persuasion: The case of its moderating effect on the impact of source cues. *Journal of Consumer Psychology, 18,* 52−62.

Rausch, H. L. (1977). Paradox, levels, and junctures in person−situation systems. In D. Magnusson & N. S. Endler (Eds.), *Personality at the crossroads* (pp. 287−304). Hillsdale, NJ: Erlbaum.

Rawlins, W. K. (1992). *Friendship matters: Communication, dialectics, and the life course.* New York: Aldine DeGruyter.

Reed, A., & Aquino, K. F. (2003). Moral identity and the expanding circle of moral regard toward out−groups. *Journal of Personality and Social Psychology, 84,* 1270−1286.

Reed, M. B., Lange, J. E., Ketchie, J. M., & Clapp, J. D. (2007). The relationship between social identity and college student drinking. *Social Influence, 2,* 269−294.

Regan, D. T., & Kilduff, M. (1988). Optimism about elections: Dissonance reduction at the ballot box. *Political Psychology, 9,* 101−107.

Regan, P. C. (1998). What if you can't get what you want? Willingness to compromise ideal mate selection standards as a function of sex, mate value, and relationship context. *Personality & Social Psychology Bulletin, 24,* 1294−1303.

Regan, P. C. (1999). Hormonal correlates and

causes of sexual desire: A review. Canadian *Journal of Human Sexuality, 8*, 1—16.

Regan, P. C. (2003). *The mating game: A primer on love, sex, and marriage.* Thousand Oaks, CA: Sage.

Regan, P. C., & Joshi, A. (2003). Ideal partner preferences among adolescents. *Social Behavior and Personality, 31*, 13—20.

Regan, P. C., Medina, R., & Joshi, A. (2001). Partner preferences among homosexual men and women: What is desirable in a sex partner is not necessarily desirable in a romantic partner. *Social Behavior and Personality, 29*, 625—634.

Reich, J. W., & Zautra, A. J. (1995). Spouse encouragement of self—reliance and other—reliance in rheumatoid arthritis couples. *Journal of Behavioral Medicine, 18*, 249—260.

Reich, M. (1971). The economics of racism. In D. M. Gordon (Ed.), *Problems in political economy* (pp. 107—113). Lexington, MA: Heath.

Reif, C. D., & Singer, B. (2000). Interpersonal flourishing: A positive health agenda for the new millennium. *Personality & Social Psychology Review, 4*, 30—44.

Reifman, A., Larrick, R. P., & Fein, S. (1991). Temper and temperature on the diamond: The heat—aggression relationship in major league baseball. *Personality and Social Psychology Bulletin, 17*, 580—585.

Reilly, P. (1995). When will it ever end? In D. S. Connery (Ed.), *Convicting the innocent* (pp. 84—86). Cambridge, MA: Brookline.

Reimann, M., & Zimbardo, P. G. (2011). The dark side of social encounters: Prospects for a neuroscience of human evil. *Journal of Neuroscience, Psychology, and Economics, 4*(3), 174.

Reingen, P. H., & Kernan, J. B. (1993). Social perception and interpersonal influence: Some consequences of the physical attractiveness stereotype in a personal selling setting. *Journal of Consumer Psychology, 2*, 25—38.

Reinhard, M. (2010). Need for cognition and the process of lie detection. *Journal of Experimental Social Psychology, 46*, 961—971.

Reis, H. T., Collins, W. A., & Berscheid, E. (2000). The relationship context of human behavior and development. *Psychological Bulletin, 126*, 844—872.

Reis, H. T., Senchak, M., & Solomon, B. (1985). Sex differences in the intimacy of social interaction: Further examination of potential explanations. *Journal of Personality and Social Psychology, 48*, 1204—1217.

Reis, H. T., Sheldon, K. M., Gable, S. L., Roscoe, J., & Ryan, R. M. (2000). Daily well—being: The role of autonomy, competence, and related-ness. *Personality & Social Psychology Bulletin, 26*, 419—435.

Reis, H. T., Wheeler, L., Spiegel, N., Kernis, M. H., Nezlek, J., & Perri, M. (1982). Physical attractiveness in social interaction: II. Why does appearance affect social experience. *Journal of Personality and Social Psychology, 43*, 979—996.

Reiss, M., & Rosenfeld, P. (1980). Seating preferences as nonverbal communication: A self—presentational analysis. *Journal of Applied Communication Research, 8*, 22—30.

Renninger, L. A., Wade, T. J., & Grammer, K. (2004). Getting that female glance: Patterns and consequences of male nonverbal behavior in courtship contexts. *Evolution and Human Behavior, 25*, 416—431.

Resnick, L. B., Levine, J. M., & Teasley, S. D. (1991). *Perspectives on socially shared cognition.* Washington, DC: American Psychological Association.

Reykowski, J. (1980). Origin of pro—social motivation: Heterogeneity of personality development. *Studia Psychologia, 22*, 91—106.

Reyna, C., Henry, P. J., Korfmacher, W., & Tucker, A. (2006). Examining the principles in principled conservatism: The role of responsibility stereotypes as cues for deservingness in racial policy decisions. *Journal of Personality and Social Psychology, 90*, 109—128.

Reynolds, M. A., Herbenick, M. A., & Bancroft, J. H. (2003). The nature of childhood sexual experiences: Two studies 50 years apart. In J. H. Bancroft (Ed.), *Sexual development in childhood.* Bloomington: Indiana University Press.

Rhodes, G. (2006). The evolution of facial attractiveness. *Annual Review of Psychology, 57*, 199—226.

Rhodes, G., Zebrowitz, L. A., Clark, A., Kalick, S. M., Hightower, A., & McKay, R. (2001). Do facial averageness and symmetry signal health? *Evolution and Human Behavior, 22*, 31—46.

Rhodewalt, F., & Agustsdottir, S. (1986). Effects of self—presentation on the phenomenal self. *Journal of Personality and Social Psychology, 50*, 47—55.

Rhodewalt, F., & Hill, S. K. (1995). Self—handicapping in the classroom: The effects of claimed self—handicaps on responses to academic failure. *Basic and Applied Social Psychology, 16*, 397—416.

Rhodewalt, F., & Smith, T. W. (1991). *Current issues in Type A behavior, coronary proneness, and coronary heart disease.* In C. R. Snyder & D. R. Forsyth (Eds.), Handbook of social and clinical psychology (pp. 197—220). New York: Pergamon. Rholes, W. S., & Ruble, D. N. (1986). Children's impressions of other persons. *Child Development, 57*, 872−878.

Rice, R. W., Instone, D., & Adams, J. (1984). Leader sex, leader success, and leadership process: Two field studies. *Journal of Applied Psychology, 69*, 12−31.

Richardson, D. S., & Green, L. R. (2006). Direct and indirect aggression: Relationships as social context. *Journal of Applied Social Psychology, 36*, 2492−2508.

Richeson, J. A., & Shelton, J. N. (2007). Negotiating interracial interactions: Costs, consequences, and possibilities. *Current Directions in Psychological Science, 16*, 316−320.

Rieskamp, J., & Hoffrage, U. (2008). Inferences under time pressure: How opportunity costs affect strategy selection. *Acta Psychologica, 127*, 258−276.

Rind, B., & Benjamin, D. (1994). Effects of public image concerns and self−image on compliance. *Journal of Social Psychology, 134*, 19−25.

Ringelmann, M. (1913). Recherches sur les moteurs animes: Travail de l'homme [Research on animate sources of power: The work of man]. *Annales de l'Institute National Agronomique, 2e serie-tome, XII*, 1−40.

Robberson, M. R., & Rogers, R. W. (1988). Beyond fear appeals: Negative and positive persuasive appeals to health and self−esteem. *Journal of Applied Social Psychology*, 277−287.

Roberts, B. W., Caspi, A., & Moffitt, T. E. (2003). Work experiences and personality development in young adulthood. *Journal of Personality & Social Psychology, 84*, 582−593.

Roberts, S. C., Havlicek, J., Flegr, J., Hruskova, M., Little, A. C., Jones, B. C., et al. (2004). Female facial attractiveness increases during the fertile phase of the menstrual cycle. *Proceedings of the Royal Society of London B (Suppl.), 271*, S270−S272.

Robins, R. W., & Beer, J. S. (2001). Positive illusions about the self: Short−term benefits and long−term costs. *Journal of Personality and Social Psychology, 80*, 340−352.

Robinson, G. E., Fernals, R. D., & Clayton, D. F. (2008). Genes and social behavior. *Science, 322*, 896−900.

Robinson, M. D., Fetterman, A. K., Hopkins, K., & Krishnakumar, S. (2013). Losing one's cool: Social competence as a novel inverse predictor of provocation−related aggression. *Personality and Social Psychology Bulletin, 39*, 1268−1279.

Robinson, M. D., Johnson, J. T., & Shields, S. A. (1995). On the advantages of modesty: The benefits of a balanced self−presentation. *Communication Research, 22*, 575−591.

Roccato, M., & Ricolfi, L. (2005). On the correlation between right−wing authoritarianism and social dominance orientation. *Basic and Applied Social Psychology, 27*, 187−200.

Rodeheffer, C. D., Hill, S. E., & Lord, C. G. (2012). Does this recession make me look Black? The effect of resource scarcity on the categorization on biracial faces. *Psychological Science, 23*(12), 1476−1478.

Rodin, J. (1986). Aging and health: Effects of the sense of control. *Science, 233*, 1271−1276.

Rodin, J., & Langer, E. J. (1977). Long−term effects of a control−relevant intervention with the institutionalized aged. *Journal of Personality and Social Psychology, 35*, 897−902.

Rodkin, P. C., Farmer, T. W., Pearl, R., & Van Acker, R. (2000). Heterogeneity of popular boys: Antisocial and prosocial configurations. *Developmental Psychology, 36*, 14−24.

Roese, N. J., Pennington, G. L., Coleman, J., Janicki, M., Li, N. P., & Kenrick, D. T. (2006). Sex differences in regret: All for love or some for lust? *Personality and Social Psychology Bulletin, 32*, 770−780.

Roese, N. J., & Summerville, A. (2005). What we regret most··· and why. *Personality and Social Psychology Bulletin, 31*, 1273−1285.

Rogers, M., Miller, N., Mayer, F. S., & Duval, S. (1982). Personal responsibility and salience of the request for help. *Journal of Personality and Social Psychology, 43*, 956−970.

Rogers, R. W., & Mewborn, C. R. (1976). Fear appeals and attitude change: Effects of a threat's noxiousness, probability of occurrence, and the efficacy of coping responses. *Journal of Personality and Social Psychology, 34*, 54−61.

Rohner, R. P., Khaleque, A., & Cournoyer, D. E. (2005). Parental acceptance−rejection: Theory, methods, cross−cultural evidence, and implications. *Ethos, 33*, 299−334.

Rokeach, M. (1971). Long−range experimental modification of values, attitudes, and behavior. *American Psychologist, 26*, 453−459.

Rom, E., & Mikulincer, M. (2003). Attachment theory and group processes: The association between attachment style and group−related representations, goals, memories, and functioning. *Journal of Personality & Social Psychology, 84*, 1220−1237.

Romero, A. A., Agnew, C. R., & Insko, C. A. (1996). The cognitive mediation hypothesis revisited. *Personality and Social Psychology Bulletin, 22*, 651−665.

Roney, C. J. R., & Sorrentino, R. M. (1995). Uncertainty orientation, the self, and others: Individual differences in values and social comparison. *Canadian Journal of Behavioural Science, 27*, 157–170.

Roney, J. R. (2003). Effects of visual exposure to the opposite sex: Cognitive aspects of mate attraction in human males. *Personality & Social Psychology Bulletin, 29*, 393–404.

Rose, S., & Frieze, I. H. (1993). Young singles' contemporary dating scripts. *Sex Roles, 28*, 499–509.

Rosen, S., Cochran, W., & Musser, L. M. (1990). Reactions to a match versus mismatch between and applicant's self–presentational style and work reputation. *Basic and Applied Social Psychology, 11*, 117–129.

Rosenbaum, M. E. (1986). The repulsion hypothesis: On the nondevelopment of relationships. *Journal of Personality and Social Psychology, 61*, 1156–1166.

Rosenfeld, J. P. (2002). Event–related potentials in the detection of deception, malingering, and false memories. In M. Kleiner (Ed.), *Handbook of polygraph testing* (pp. 265–286). San Diego, CA: Academic Press.

Rosenthal, A. M. (1964). *Thirty-eight witnesses.* New York: McGraw–Hill.

Ross, C. E., & Mirowsky, J. (1983). The worse place and the best face. *Social Forces, 62*, 529–536.

Ross, E. A. (1908). *Social psychology.* New York: Macmillan.

Ross, J. R. (1994). *Escape to Shanghai: A Jewish community in China.* New York: Free Press.

Ross, L. (1977). The intuitive psychologist and his shortcomings: Distortions in the attribution process. In L. Berkowitz (Ed.), *Advances in experimental social psychology* (Vol. 10, pp. 174–221). New York: Academic Press.

Ross, L., Greene, D., & House, P. (1977). The "false consensus effect" : An egocentric bias in social perception and attribution processes. *Journal of Experimental Social Psychology, 13*, 279–301.

Ross, L., Lepper, M., & Ward, A. (2010). History of social psychology: Insights, challenges, and contributions to theory and application. In S. T. Fiske, D. T. Gilbert, & G. Lindsey (Eds.), *Handbook of social psychology* (5th ed., Vol. 2, pp. 3–50). Hoboken, NJ: John Wiley & Sons, Inc.

Ross, M., Heine, S. J., Wilson, A. E., & Sugimori, S. (2005). Cross–cultural discrepancies in self–appraisals. *Personality and Social Psychology Bulletin, 31*, 1175–1188.

Ross, M., Xun, W. Q. E., & Wilson, A. E. (2002). Language and the bicultural self. *Personality and Social Psychology Bulletin, 28*, 1040–1050.

Rossion, B., Caldara, R., Seghier, M., Schuller, A. M., Lazeyras, F., & Mayer, E. (2003). A network of occipito–temporal face–sensitive areas besides the right middle fusiform gyrus is necessary for normal face processing. *Brain, 126*, 2381–2395.

Rothbart, M., & Hallmark, W. (1988). Ingroup. out–group differences in the perceived efficacy of coercion and conciliation in resolving social conflict. *Journal of Personality and Social Psychology, 55*, 248–257.

Rotton, J., & Cohn, E. G. (2000). Violence is a curvilinear function of temperature in Dallas: A replication. *Journal of Personality & Social Psychology, 78*, 1074–1081.

Rotundo, M., Nguyen, D. H., & Sackett, P. R. (2001). A meta–analytic review of gender differences in perceptions of sexual harassment. *Journal of Applied Psychology, 86*, 914–922.

Rouhana, N. N., & Kelman, H. C. (1994). Promoting joint thinking in international conflicts: An Israeli–Palestinian continuing workshop. *Journal of Social Issues, 50*, 157–178.

Rousseau, D., & van der Veen, A. M. (2005). The emergence of a shared identity: An agent–based computer simulation of idea diffusion. *Journal of Conflict Resolution, 49*, 686–712.

Rozin, P., & Cohen, A. B. (2003). High frequency of facial expressions corresponding to confusion, concentration, and worry in an analysis of naturally occurring facial expressions of Americans. *Emotion, 3*, 68–75.

Ruback, B. R., & Juing, D. (1997). Territorial defense in parking lots: Retaliation against waiting drivers. *Journal of Applied Social Psychology, 27*, 821–834.

Rubin, M., & Hewstone, M. (1998). Social identity theory's self–esteem hypothesis: A review and some suggestions for clarification. *Personality and Social Psychology Review, 2*, 40–62.

Rubin, R. S., Bartels, L. K., & Bommer, W. H. (2002). Are leaders smarter or do they just seem that way? Exploring perceived intellectual competence and leadership emergence. *Social Behavior and Personality, 30*, 105–118.

Ruddy, M. G., & Adams, S. R. (1995). *Responsiveness to crying: How mothers' beliefs vary with infant's sex.* Poster presented at the American Psychological Society meetings, New York.

Ruder, M., & Bless, H. (2003). Mood and the reliance on the ease of retrieval heuristic. *Journal of Personality and Social Psychology, 85*, 20–32.

Rudman, L. A. (1998). Self–promotion as a risk factor for women: The costs and benefits of counterstereotypical impression management. *Journal of Personality and Social Psychology,* 74, 629–645.

Rudman, L. A., Dohn, M. C., & Fairchild, K. (2007). Implicit self–esteem compensation: Automatic threat defense. *Journal of Personality and Social Psychology,* 93, 798–813.

Rudman, L. A., & Glick, P. (2001). Prescriptive gender stereotypes and backlash toward agentic women. *Journal of Social Issues,* 57, 743–762.

Rudman, L. A., Greenwald, A. G., Mellott, D. S., & Schwartz, J. L. K. (1999). Measuring the automatic components of prejudice: Flexibility and generality of the implicit association test. *Social Cognition,* 17, 437–465.

Rule, B. G., Taylor, B. R., & Dobbs, A. R. (1987). Priming effects of heat on aggressive thoughts. *Social Cognition,* 5, 131–143.

Runyan, W. M. (1981). Why did Van Gogh cut off his ear? The problem of alternative explanations in psychobiography. *Journal of Personality & Social Psychology,* 40, 1070–1077.

Rusbult, C. E., Kumashiro, M., Kubacka, K. E., & Finkel, E. J. (2009). "The part of me that you bring out" : Ideal similarity and the Michaelangelo phenomenon. *Journal of Personality and Social Psychology,* 96, 61–82.

Rusbult, C. E., Zembrodt, I. M., & Gunn, L. K. (1982). Exit, voice, loyalty, and neglect: Responses to dissatisfaction in romantic relationships. *Journal of Personality and Social Psychology,* 43, 1230–1242.

Ruscher, J. B., & Fiske, S. T. (1990). Interpersonal competition can cause individuating impression formation. *Journal of Personality and Social Psychology,* 58, 832–842.

Ruscher, J. B., Fiske, S. T., Miki, H., & Van Manen, S. (1991). Individuating processes in competition: Interpersonal versus intergroup. *Personality and Social Psychology Bulletin,* 17, 595–605.

Rushton, J. P. (1989). Genetic similarity, human altruism and group selection. *Behavioral and Brain Science,* 12, 503–518.

Rushton, J. P., & Bons, T. A. (2005). Mate choice and friendship in twins: Evidence for genetic similarity. *Psychological Science,* 16, 555–559.

Rushton, J. P., Fulker, D. W., Neale, M. C., Nias, D. K. B., & Esyenck, H. J. (1986). Altruism and aggression: The heritability of individual differences. *Journal of Personality and Social Psychology,* 50, 1192–1198.

Rushton, J. P., Russell, R. J. H., & Wells, P. A. (1984). Genetic similarity theory: Beyond kin selection altruism. *Behavioral Genetics,* 14, 179–193.

Russell, D., Peplau, L. A., & Cutrona, C. E. (1980). The revised UCLA loneliness scale: Concurrent and discriminant validity evidence. *Journal of Personality and Social Psychology,* 39, 472–480.

Russell, J. A. (1994). Is there universal recognition of emotion from facial expression? A review of the cross–cultural studies. *Psychological Bulletin,* 115, 102–141.

Russell, J. A. (1995). Facial expressions of emotion: What lies beyond minimal universality? *Psychological Bulletin,* 118, 379–391.

Russo, N. F. (1966). Connotations of seating arrangements. *Cornell Journal of Social Relations,* 2, 37–44.

Ryan, C. S. (1996). Accuracy of black and white college students' ingroup and outgroup stereotypes. *Personality and Social Psychology Bulletin,* 22, 1114–1127.

Ryan, C. S., Judd, C. M., & Park, B. (1996). Effects of racial stereotypes on judgments of individuals: The moderating role of perceived group variability. *Journal of Experimental Social Psychology,* 32, 71–103.

Ryff, C. D. (1995). Psychological well–being in adult life. *Current Directions in Psychological Science,* 4, 99–104.

Ryff, C. D., & Singer, B. (2000). Interpersonal flourishing: A positive health agenda for the new millennium. *Personality and Social Psychology Review,* 4, 30–44.

Saarni, C. (1993). Socialization of emotion. In M. Lewis & J. M. Haviland (Eds.), *Handbook of emotions* (pp. 435–446). New York: Guilford.

Sadalla, E. K., Kenrick, D. T., & Vershure, B. (1987). Dominance and heterosexual attraction. *Journal of Personality and Social Psychology,* 52, 730–738.

Saenz, D. S. (1994). Token status and problem–solving deficits: Detrimental effects of distinctiveness and performance monitoring. *Social Cognition,* 12, 61–74.

Safire, W. (1996, January 8). "Blizzard of lies," New York Times. In S. K. Flinn (2000) (Ed.), *Speaking of Hillary: A reader's guide to the most controversial woman in America* (pp. 146–148). Ashland, OR: White Cloud Press.

Sagarin, B. J. (2005). Reconsidering evolved sex differences in jealousy: Comment on Harris (2003). *Personality and Social Psychology Review,* 9, 62–75.

Sagarin, B. J., Becker, D. V., Guadagno, R. E., Nicastle, L. D., & Millevoi, A. (2003). Sex differences (and similarities) in jealousy: The moderating influence of infidelity experience and sexual orientation of the infidelity. *Evolution & Human Behavior,* 24, 17–23.

Sagarin, B. J., Cialdini, R. B., Rice, W. E., & Serna, S. B. (2002). Dispelling the illusion of invulnerability: The motivations and mechanisms of resistance to persuasion. *Journal of Personality and Social Psychology, 83*, 526−541.

Sagarin, B. J., Martin, A. L., Coutinho, S. A., Edlund, J. E., Patel, L., Skowronski, J. J., & Zengel, B. (2012). Sex−differences in jealousy: A meta−analytic examination. *Evolution and Human Behavior, 33*, 595−614.

Sagiv, L., & Schwartz, S. H. (2000). Value priorities and subjective well−being: Direct relations and congruity effects. *European Journal of Social Psychology, 30*, 177−198.

Sagiv, L., Sverdlik, N., & Schwarz, N. (2011). To compete or to cooperate? Values' impact on perception and action in social dilemma games. *European Journal of Social Psychology, 41*(1), 64−77.

Saks, M. (1977). *Jury verdicts.* Lexington, MA: D.C. Heath.

Salas, D., & Ketzenberger, K. E. (2004). Associations of sex and type of relationship on intimacy. *Psychological Reports, 94*, 1322−1324.

Sales, S. M. (1973). Threat as a factor in authoritarianism: An analysis of archival data. *Journal of Personality and Social Psychology, 28*, 44−57.

Sales, S. M., & Friend, K. E. (1973). Success and failure as determinants of level of authoritarianism. *Behavioral Sciences, 18*, 163−172.

Salmon, C. (2005). Parental investment and parent−offspring conflict. In D. M. Buss (Ed.), *The handbook of evolutionary psychology* (pp. 506−527). New York: Wiley.

Salmon, C. A., & Shackelford, T. K. (2008). Toward an evolutionary psychology of the family. In C. A. Salmon & T. K. Shackelford (Eds.), *Family relationships: An evolutionary perspective* (pp. 3−15). New York: Oxford University Press.

Salmon, P. (2001). Effects of physical exercise on anxiety, depression, and sensitivity to stress: A unifying theory. *Clinical Psychology Review, 21*, 33−61.

Salonia, A., Nappi, R. E., Pontillo, M., Daverio, R., Smeraldi, A., Briganti, A., et al. (2005). Menstrual cycle−related changes in plasma oxytocin are relevant to normal sexual function in healthy women. *Hormones and Behavior, 47*(2), 164−169.

Salovey, P., & Birnbaum, D. (1989). Influence of mood on health−relevant cognitions. *Journal of Personality and Social Psychology, 57*, 539−551.

Salovey, P., Mayer, J. D., & Rosenhan, D. L. (1991). Mood and helping: Mood as a motivator of helping and helping as a regulator of mood. In M. S. Clark (Ed.), *Review of personality and social psychology* (Vol. 12, pp. 215−237). Newbury Park, CA: Sage.

Salovey, P., Rothman, A. J., & Rodin, J. (1998). Health behavior. In D. T. Gilbert, S. T. Fiske, & G. Lindzey (Eds.), *Handbook of social psychology* (4th ed., Vol. 2, pp. 633−683). New York: McGraw−Hill. Sanbonmatsu, D. M., Akimoto, S. A., & Biggs, E. (1993). Overestimating causality: Attributional effects of confirmatory processing. *Journal of Personality and Social Psychology, 65*, 892−903.

Sanchez−Burks, J. (2002). Protestant relational ideology and (in)attention to relational cues in work settings. *Journal of Personality and Social Psychology, 83*, 919−929.

Sanders, G. S. (1981). Driven by distraction: An integrative review of social facilitation theory and research. *Journal of Experimental Social Psychology, 17*, 227−251.

Sandstrom, K. L. (1996). Searching for information, understanding, and self−value: The utilization of peer support groups by gay men with HIV/ AIDS. *Social Work in Health Care, 23*, 51−74.

Sapolsky, R. M. (2001). *A primate's memoir.* New York: Scribner.

Saporito, B. (2005, October 24). Place your bets. *Time*, p. 76.

Sarason, B. R., Sarason, I. G., & Gurung, R. A. R. (1997). Close personal relationships and health outcomes: A key to the role of social support. In S. Duck (Ed.), *Handbook of personal relationships* (2nd ed., pp. 547−573). New York: Wiley.

Sargis, E. G., & Larson, J. R., Jr. (2002). Informational centrality and member participation during group decision making. *Group Processes and Intergroup Relations, 5*, 333−347.

Sarnoff, I., & Zimbardo, P. (1961). Anxiety, fear, and social affiliation. *Journal of Abnormal and Social Psychology, 62*, 356−363.

Satow, K. L. (1975). Social approval and helping. *Journal of Experimental Social Psychology, 11*, 501−509.

Satterfield, J. M. (1998). Cognitive−affective states predict military and political aggression and risk taking. *Journal of Conflict Resolution, 42*, 667−690.

Saucier, D. A., Miller, C. T., & Doucet, N. (2005). Differences in helping whites and blacks: A meta−analysis. *Personality and Social Psychology Review, 9*, 2−16.

Saucier, G. (2000). Isms and the structure of social attitudes. *Journal of Personality & Social Psychology, 78*, 366−385.

Saxe, L. (1994). Detection of deception: Polygraph and integrity tests. *Current Directions in Psychological Science, 3*, 69−73.

Scarr, S. (1981). The transmission of authoritarian attitudes in families: Genetic resemblance in social−political attitudes? In S. Scarr (Ed.), *Race, social class, and individual differences* (pp. 399−427). Hillsdale, NJ: Erlbaum.

Schachter, S. (1951). Deviation, rejection, and communication. *Journal of Abnormal and Social Psychology, 46*, 190−207.

Schachter, S. (1959). *The psychology of affiliation: Experimental studies of the sources of gregariousness.* Stanford, CA: Stanford University Press.

Schachter, S., & Singer, J. E. (1962). Cognitive, social, and psychological determinants of emotional state. *Psychological Review, 69*, 379−399.

Schaeffer, C. M., & Borduin, C. M. (2005). Long−term follow−up to a randomized clinical of multisystemic therapy with serious and violent juvenile offenders. *Journal of Consulting and Clinical Psychology, 73*, 445−453.

Schaller, M. (1997). The psychological consequences of fame: Three tests of the self−consciousness hypothesis. *Journal of Personality, 65*, 291−309.

Schaller, M., Boyd, C., Yohannes, J., & O'Brien, M. (1995). The prejudiced personality revisited: Personal need for structure and formation of erroneous group stereotypes. *Journal of Personality and Social Psychology, 68*, 544−555.

Schaller, M., & Cialdini, R. B. (1990). Happiness, sadness, and helping: A motivational integration. In E. T. Higgins & R. M. Sorrentino (Eds.), *Handbook of motivation and cognition* (Vol. 2, pp. 265−296). New York: Guilford.

Schaller, M., & Murray, D. R. (2008). Pathogens, personality, and culture: Disease prevalence predicts worldwide variability in sociosexuality, extraversion, and openness to experience. *Journal of Personality and Social Psychology, 95*, 212−221.

Schaller, M., & Neuberg, S. L. (2012). Danger, disease, and the nature of prejudice(s). In J. Olson & M. P. Zanna (Eds.), *Advances in experimental social psychology* (Vol. 46, pp. 1−55). Burlington, VT: Academic Press.

Schaller, M., & Park, J. H. (2011). The behavioral immune system (and why it matters). *Current Directions in Psychological Science, 20*(2), 99−103.

Schaller, M., Park, J. H., & Faulkner, J. (2003). Prehistoric dangers and contemporary prejudices. *European Review of Social Psychology, 14*, 105−137.

Schaller, M., Park, J. H., & Kenrick, D. T. (2007). Human evolution and social cognition. In R. I. M. Dunbar & L. Barrett (Eds.), *Oxford handbook of evolutionary psychology*. Oxford, England: Oxford University Press.

Schaller, M., Park, J. H., & Mueller, A. (2003). Fear of the dark: Interactive effects of beliefs about danger and ambient darkness on ethnic stereotypes. *Personality & Social Psychology Bulletin, 29*, 637−649.

Schank, R. C., & Abelson, R. P. (1977). *Scripts, plans, goals, and understanding.* Hillsdale, NJ: Erlbaum.

Scheier, M. F., & Carver, C. S. (1988). A model of behavioral self−regulation: Translating intention into action. In L. Berkowitz (Ed.), *Advances in experimental social psychology* (Vol. 21, pp. 303−346). San Diego, CA: Academic Press.

Schelling, T. C. (1968). The life you save may be your own. In S. Chase (Ed.), *Problems in public expenditure analysis*. Washington, DC: The Brookings Institute.

Scherer, K. R., & Wallbott, H. G. (1994). Evidence for universality and cultural variation of differential emotion response patterning. *Journal of Personality and Social Psychology, 66*, 310−328.

Schimel, J., Pyszczynski, T., Greenberg, J., O'Mahen, H., & Arndt, J. (2000). Running from the shadow: Psychological distancing from others to deny characteristics people fear in themselves. *Journal of Personality and Social Psychology, 78*, 446−462.

Schlenker, B. R. (1980). *Impression management: The self-concept, social identity, and interpersonal relationships.* Monterey, CA: Brooks/Cole.

Schlenker, B. R. (2003). Self−presentation. In M. R. Leary & J. P. Tangney (Eds.), *Handbook of self and identity* (pp. 492−518). New York: Guilford Press.

Schlenker, B. R., Dlugolecki, D. W., & Doherty, K. (1994). The impact of self−presentations on self−appraisals and behavior: The power of public commitment. *Personality and Social Psychology Bulletin, 20*, 20−33.

Schlenker, B. R., & Pontari, B. A. (2000). The strategic control of information: Impression management and self−presentation in daily life. In A. Tesser, R. B. Felson, & J. M. Suls (Eds.), *Psychological perspectives on self and identity* (pp. 199−232). Washington, DC: American Psychological Association.

Schlenker, B. R., Pontari, B. A., & Christopher, A. N. (2001). Excuses and character: Personal and social implications of excuses. *Personality and Social Psychology Review, 5*, 15−32.

Schlenker, B. R., & Trudeau, J. V. (1990). The impact of self−presentations on private self−beliefs: Effects of prior self−beliefs and misattribution. *Journal of Personality and Social Psychology, 58*, 22−32.

Schlenker, B. R., & Weigold, M. F. (1992). Interpersonal processes involving impression regulation and management. *Annual Review of Psychology, 43*, 133–168.

Schlesinger, A. M. (1978). *Robert Kennedy and his times.* New York: Ballantine Books.

Schmader, T., Johns, M., & Forbes, C. (2008). An integrated process model of stereotype threat effects on performance. *Psychological Review, 115*, 336–356.

Schmader, T., & Major, B. (1999). The impact of in–group vs. outgroup performance on personal values. *Journal of Experimental Social Psychology, 35*, 47–67.

Schmidtke, A., & Hafner, H. (1988). The Werther effect after television films: New evidence for an old hypothesis. *Psychological Medicine, 18*, 665–676.

Schmitt, B. H., Gilovich, T., Goore, N., & Joseph, L. (1986). Mere presence and social facilitation: One more time. *Journal of Experimental Social Psychology, 22*, 242–248.

Schmitt, D. P. (2005a). Fundamentals of human mating strategies. In D. M. Buss (Ed.), *Handbook of evolutionary psychology* (pp. 258–291). New York: Wiley.

Schmitt, D. P. (2005b). Is short–term mating the maladaptive result of insecure attachment? A test of competing evolutionary perspectives. *Personality and Social Psychology Bulletin, 31*, 747–768.

Schmitt, D. P. (2006a). Evolutionary and cross–cultural perspectives on love. In R. J. Sternberg & K. Weis (Eds.), *The new psychology of love* (pp. 249–273). New Haven, CT: Yale University Press.

Schmitt, D. P. (2006b). Sociosexuality from Argentina to Zimbabwe: A 48–nation study of sex, culture, and strategies of human mating. *Behavioral and Brain Sciences, 28*, 247–311.

Schmitt, D. P., Jonason, P. K., Byerley, G. J, Flores, S. D., Illbeck, B. E., O'Leary, K. N., & Qudrat, A. (2012). A reexamination of sex differences in sexuality: New studies reveal old truths. *Current Directions in Psychological Science, 21*(2), 135–139.

Schmitt, D. P., and 118 Members of International Sexuality Description Project. (2003). Universal sex differences in the desire for sexual variety: Tests from 52 nations, 6 continents, and 13 islands. *Journal of Personality & Social Psychology, 85*, 85–104.

Schneider, B. H., Woodburn, S., del Pilar Soteras, M., & Udvari, S. J. (2005). Cultural and gender differences in the implications of competition for early adolescent friendship.

Merrill Palmer Quarterly, 51, 163–191.

Schneider, D. J. (1969). Tactical self–presentation after success and failure. *Journal of Personality and Social Psychology, 13*, 262–268.

Schroeder, D. A. (1995a). An introduction to social dilemmas. In D. A. Schroeder (Ed.), *Social dilemmas: Perspectives on individuals and groups* (pp. 1–14). Westport, CT: Praeger.

Schroeder, D. A. (1995b). *Social dilemmas: Perspectives on individuals and groups.* Westport, CT: Praeger.

Schroeder, D. A., Dovidio, J. F., Sibicky, M. E., Matthews, L. L., & Allen, J. L. (1988). Empathy and helping behavior: Egoism or altruism. *Journal of Experimental Social Psychology, 24*, 333–353.

Schug, J., Yuki, M., & Maddux, W. (2010). Relational mobility explains between– and within–culture differences in self–disclosure to close friends. *Psychological Science, 21*(10), 1471–1478.

Schulte, B. (1998, March 8). Sleep research focusing on mind's effectiveness. *The Arizona Republic*, p. A33.

Schultheiss, O. C., Wirth, M. M., Torges, C. M., Pang, J. S., Villacorta, M. A., & Welsh, K. M. (2005). Effects of implicit power motivation on men's and women's implicit learning and testosterone changes after social victory or defeat. *Journal of Personality and Social Psychology, 88*, 174–188.

Schultz, P. W. (1999). Changing behavior with normative feedback interventions: A field experiment on curbside recycling. *Basic and Applied Social Psychology, 21*, 25–36.

Schulz, R. (1976). Effects of control and predictability on the physical and psychological well–being of the institutionalized aged. *Journal of Personality and Social Psychology, 33*, 563–573.

Schulz–Hardt, S., Jochims, M., & Frey, D. (2002). Productive conflict in group decision making: Genuine and contrived dissent as strategies to counteract biased information seeking. *Organizational Behavior and Human Decision Processes, 88*, 563–586.

Schuman, H., Steeh, C., Bobo, L., & Krysan, M. (1997). *Racial attitudes in America: Trends and interpretations.* Cambridge, MA: Harvard University Press.

Schur, E. M. (1971). *Labeling deviant behavior: Its sociological implications.* New York: Harper & Row.

Schutzwohl, A. (2008). The crux of cognitive load: Constraining deliberate and effortful decision processes in romantic jealousy. *Evolution and Human Behavior, 29*, 127–132.

Schwartz, B., Tesser, A., & Powell, E. (1982). Dominance cues in nonverbal behavior. *Social Psychology Quarterly, 45,* 114–120.

Schwartz, S. H. (1977). Normative influences on altruism. In L. Berkowitz (Ed.), *Advances in experimental social psychology* (Vol. 10, pp. 222–280). New York: Academic Press.

Schwartz, S. H., & Gottlieb, A. (1976). Bystander reactions to a violent theft: Crime in Jerusalem. *Journal of Personality and Social Psychology, 34,* 1188–1199.

Schwartz, S. H., & Gottlieb, A. (1980). Bystander anonymity and reactions to emergencies. *Journal of Personality and Social Psychology, 39,* 418–430.

Schwartz, S. H., & Howard, J. A. (1982). Helping and cooperation: A self–based motivational model. In V. J. Derlega & J. Grelak (Eds.), *Cooperation and helping behavior: Theories and research* (pp. 327–353). New York: Academic Press.

Schwartzwald, J., Bizman, A., & Raz, M. (1983). The foot–in–the–door paradigm: Effects of second request size on donation probability and donor generosity. *Personality and Social Psychology Bulletin, 9,* 443–450.

Schwarz, N. (1990a). Assessing frequency reports of mundane behaviors: Contributions of cognitive psychology to questionnaire construction. In C. Hendrick & M. S. Clark (Eds.), *Research methods in personality and social psychology* (pp. 98–119). Newbury Park, CA: Sage.

Schwarz, N. (1990b). Feelings as information: Informational and motivational functions of affective states. In R. Sorrentino & E. T. Higgins (Eds.), *Handbook of motivation and cognition* (Vol. 2, pp. 527–561). New York: Guilford.

Schwarz, N., Bless, H., & Bohner, G. (1991). Mood and persuasion: Affective states influence the processing of persuasive communications. In M. P. Zanna (Ed.), *Advances in experimental social psychology* (Vol. 24, pp. 161–197). New York: Academic Press.

Schwarz, N., Bless, H., Strack, F., Klumpp, G., Rittenauer–Schatka, H., & Simons, A. (1991). Ease of retrieval as information: Another look at the availability heuristic. *Journal of Personality and Social Psychology, 61,* 195–202.

Schwarz, N., & Clore, G. L. (1996). Feelings and phenomenal experiences. In E. T. Higgins & A. W. Kruglanski (Eds.), *Social psychology: Handbook of basic principles* (pp. 433–465). New York: Guilford.

Schwarz, N., & Clore, G. L. (2003). Mood as information: 20 years later. *Psychological Inquiry, 14,* 296–303.

Schwarz, S., & Hassebrauck, M. (2008). Self–perceived and observed variations in women's attractiveness throughout the menstrual cycle.a diary study. *Evolution and Human Behavior, 29,* 282–288.

Scollon, C. N., & Diener, E. (2006). Love, work, and changes in extraversion and neuroticism over time. *Journal of Personality and Social Psychology, 91,* 1152–1165.

Scott, J. P. (1992). Aggression: Functions and control in social systems. *Aggressive Behavior, 18,* 1–20.

Seal, D. W., Smith, M., Coley, B., Perry, J., & Gamez, M. (2008). Urban heterosexual couples' sexual scripts for three shared sexual experiences. *Sex Roles, 58,* 626–638.

Sedikides, C., & Anderson, C. A. (1994). Causal perceptions of intertrait relations: The glue that holds person types together. *Personality and Social Psychology Bulletin, 20,* 294–302.

Sedikides, C., Gaertner, L., & Toguchi, Y. (2003). Pancultural self–enhancement. *Journal of Personality & Social Psychology, 84,* 60–79.

Sedikides, C., Gaertner, L., & Vevea, J. L. (2005). Pancultural self–enhancement reloaded: A meta–analytic reply to Heine. *Journal of Personality and Social Psychology, 4,* 539–551.

Sedikides, C., & Gregg, A. P. (2008). Self–enhancement: Food for thought. *Perspectives on Psychological Science, 3,* 102–116.

Sedikides, C., & Luke, M. (2008). On when self–enhancement and self–criticism function adaptively and maladaptively. In E. C. Chang (Ed.), *Selfcriticism and self–enhancement: Theory, research, and clinical implications* (pp. 181–198). Washington, DC: American Psychological Association.

Sedikides, C., & Skowronski, J. J. (1991). The law of cognitive structure activation. *Psychological Inquiry, 2,* 169–184.

Sedikides, C., & Skowronski, J. J. (1997). The symbolic self in evolutionary context. *Personality and Social Psychology Review, 1,* 80–102.

Sedikides, C., & Skowronski, J. J. (2000). On the evolutionary functions of the symbolic self: The emergence of self–evaluation motives. In A. Tesser, R. B. Felson, & J. M. Suls (Eds.), *Psychological perspectives on self and identity* (pp. 91–117). Washington, DC: American Psychological Association.

Sedikides, C., Skowronski, J. J., & Gaertner, L. (2004). Self–enhancement and self–protection motivation: From the laboratory to an evolutionary context. *Journal of Cultural and Evolutionary Psychology, 2,* 61–79.

Segal, N. L. (2000). *Entwined lives: Twins and what they tell us about human behavior.* New York: Plume.

Segrist, D. J., Corcoran, K. J., Jordan–Fleming, M. K., & Rose, P. (2007). Yeah, I drink… but not as much as other guys: The majority fallacy among male adolescents. *North American Journal of Psychology, 9*, 307–320.

Seijts, G. H., & Latham, G. P. (2000). The effects of goal setting and group size on performance in a social dilemma. *Canadian Journal of Behavioural Science, 32*, 104–116.

Seiter, J. S. (2007). Ingratiation and gratuity: The effect of complimenting customers on tipping behavior in restaurants. *Journal of Applied Social Psychology, 37*, 478–485.

Seligman, C., Becker, L., & Darley, J. (1981). Encouraging residential energy conservation through feedback. In A. Baum & J. Singer (Eds.), *Advances in environmental psychology* (Vol. 3, pp. 93–114). Hillsdale, NJ: Erlbaum.

Seligman, C., Fazio, R. H., & Zanna, M. P. (1980). Effects of salience of extrinsic rewards on liking and loving. *Journal of Personality and Social Psychology, 38*, 453–460.

Seligman, M. E. P., Steen, T. A., Park, N., & Peterson, C. (2005). Positive psychology progress: Empirical validation of interventions. *American Psychologist, 60*, 410–421.

Sell, A., Cosmides, L., Tooby, J., Sznycer, D., von Rueden, C., & Gurven, M. (2008). Human adaptations for the visual assessment of strength and fighting ability from the body and face. *Proceedings of the Royal Society B, 27*, 575–584.

Senneker, P., & Hendrick, C. (1983). Androgyny and helping behavior. *Journal of Personality and Social Psychology, 45*, 916–925.

Servadio, G. (1976). *Mafioso: A history of the mafia from its origins to the present day.* New York: Stein & Day.

Seta. C. E., & Seta, J. J. (1992). Increments and decrements in mean arterial pressure as a function of audience composition: An averaging and summation analysis. *Personality and Social Psychology Bulletin, 18*, 173–181.

Seta, J. J., Crisson, J. E., Seta, C. E., & Wang, M. E. (1989). Task performance and perceptions of anxiety: Averaging and summation in an evaluative setting. *Journal of Personality and Social Psychology, 56*, 387–396.

Seta, J. J., & Seta, C. E. (1993). Stereotypes and the generation of compensatory and noncompensatory expectancies of group members. *Personality and Social Psychology Bulletin, 19*, 722–731.

Shackelford, T. (1998). Divorce as a consequence of spousal infidelity. In V. De Munck (Ed.), *Romantic love and sexual behavior* (pp. 135–153). Westport, CT: Praeger.

Shackelford, T. K., & Buss, D. M. (2000). Marital satisfaction and spousal costinfliction. *Personality & Individual Differences, 28*, 917–928.

Shackelford, T. K., Goetz, A. T., LaMunyon, C. W., Quintus, B. J., & Weekes–Shackelford, V. A. (2004). Sex differences in sexual psychology produce sex–similar preferences for a short–term mate. *Archives of Sexual Behavior, 33*, 405–412.

Shackelford, T. K., LeBlanc, G. J., & Drass, E. (2000). Emotional reactions to infidelity. *Cognition and Emotion, 14*, 643–659.

Shackelford, T. K., Schmitt, D. P., & Buss, D. M. (2005). Universal dimensions of human mate preferences. *Personality and Individual Differences, 39*, 447–458.

Shafer, M., & Crichlow, S. (1996). Antecedents of groupthink: A quantitative study. *Journal of Conflict Resolution, 40*, 415–435.

Shaffer, D., Garland, A., Vieland, V., Underwood, M., & Busner, C. (1991). The impact of curriculum–based suicide prevention programs for teenagers. *Journal of the American Academy of Child and Adolescent Psychiatry, 30*, 588–596.

Shaffer, J. W., Graves–Pirrko, L., Swank, R., & Pearson, T. A. (1987). Clustering of personality traits in youth and the subsequent development of cancer among physicians. *Journal of Behavioral Medicine, 10*, 441–447.

Shamir, B., & Howell, J. M. (1999). Organizational and contextual influences on the emergence and effectiveness of charismatic leadership. *Leadership Quarterly, 10*, 257–283.

Shapiro, J. R., Mistler, S. A., & Neuberg, S. L. (2010). Threatened selves and differential prejudice expression by White and Black perceivers. *Journal of Experimental Social Psychology, 46*, 469–473.

Shapiro, J. S., & Neuberg, S. L. (2007). From stereotype threat to stereotype threats: Implications of a multi–threat framework for causes, moderators, mediators, consequences, and interventions. *Personality and Social Psychology Review, 11*, 107–130.

Shapiro, J. S., & Neuberg, S. L. (2008). When do the stigmatized stigmatize? The ironic effects of being accountable to (perceived) majority group prejudiceexpression norms. *Journal of Personality and Social Psychology, 95*, 877–898.

Sharif, A. F., & Norenzayan, A. (2007). God is watching you: Priming god concepts increases prosocial behavior in an anonymous economic game. *Psychological Science, 18*, 803–809.

Sharpsteen, D. J., & Kirkpatrick, L. A. (1997). Romantic jealousy and adult romantic attachment. *Journal of Personality and Social Psychology, 72*, 627–640.

Shavitt, S. (1990). The role of attitude objects in attitude function. *Journal of Experimental Social Psychology, 26*, 124–148.

Shaw, J. I., & Steers, W. N. (1996). Effects of perceiver sex, search goal, and target person attributes on information search in impression formation. *Journal of Social Behavior & Personality, 11*, 209–227.

Sheets, V. L., & Braver, S. L. (1993, April). *Perceptions of sexual harassment: Effects of a harasser's attractiveness.* Paper presented to the Western Psychological Association, Phoenix, Arizona.

Sheets, V. L., & Braver, S. L. (1999). Organizational status and perceived sexual harassment: Detecting the mediators of a null effect. *Personality & Social Psychology Bulletin, 25*, 1159–1171.

Sheets, V. L., & Lugar, R. (2005). Friendship and gender in Russia and the United States. *Sex Roles, 52*, 131–140.

Sheldon, K. M. (1999). Learning the lessons of tit–for–tat: Even competitors can get the message. *Journal of Personality & Social Psychology, 77*, 1245–1253.

Sheldon, K. M., & Elliot, A. J. (1999). Goal–striving, need satisfaction, and longitudinal well-being: The self–concordance model. *Journal of Personality and Social Psychology, 76*, 482–497.

Shell, R., & Eisenberg, N. (1992). A developmental model of recipients' reactions to aid. *Psychological Bulletin, 111*, 413–433.

Shelton, J. N., Richeson, J. A., & Salvatore, J. (2005). Expecting to be the target of prejudice. Implications for interethnic interactions. *Personality and Social Psychology Bulletin, 31*, 1189–1202.

Shen, H., Wan, F., & Wyer, R. S., Jr. (2011). Cross–cultural differences in the refusal to accept a small gift: The differential influence of reciprocity norms on Asians and North Americans. *Journal of Personality and Social Psychology, 100*(2), 271.

Shepher, J. (1971). Mate selection among second generation kibbutz adolescents and adults: Incest avoidance and negative imprinting. *Archives of Sexual Behavior, 1*, 293–307.

Shepperd, J. A. (1993a). Productivity loss in performance groups: A motivation analysis. *Psychological Bulletin, 113*, 67–81.

Shepperd, J. A. (1993b). Student derogation of the Scholastic Aptitude Test: Biases in perceptions and presentations of College Board scores. *Basic and Applied Social Psychology, 14*, 455–473.

Shepperd, J. A. (2001). The desire to help and behavior in social dilemmas: Exploring responses to catastrophes. *Group Dynamics, 5*, 304–314.

Shepperd, J. A., & Arkin, R. M. (1989). Self–handicapping: The moderating roles of public self–consciousness and task importance. *Personality and Social Psychology Bulletin, 15*, 252–265.

Shepperd, J. A., & Arkin, R. M. (1990). Shyness and self–presentation. In W. R. Crozier (Ed.), *Shyness and embarrassment: Perspectives from social psychology* (pp. 286–314). Cambridge, UK: Cambridge University Press.

Shepperd, J. A., Arkin, R. M., & Slaughter, J. (1995). Constraints on excuse making: The deterring effects of shyness and anticipated retest. *Personality and Social Psychology Bulletin, 21*, 1061–1072.

Shepperd, J. A., Ouellette, J. A., & Fernandez, J. K. (1996). Abandoning unrealistic optimism: Performance estimates and the temporal proximity of self–relevant feedback. *Journal of Personality and Social Psychology, 70*, 844–855.

Shepperd, J. A., & Socherman, R. E. (1997). On the manipulative behavior of low Machiavellians: Feigning incompetence to "sandbag" an opponent. *Journal of Personality and Social Psychology, 72*, 1448–1459.

Shepperd, J. A., & Taylor, K. M. (1999). Social loafing and expectancy–value theory. *Personality and Social Psychology Bulletin, 25*, 1147–1158.

Shepperd, J., Malone, W., & Sweeny, K. (2008). Exploring causes of the self–serving bias. *Social and Personality Psychology Compass, 2*, 895–908.

Sherif, M. (1936). *The psychology of social norms.* New York: Harper.

Sherif, M., Harvey, O. J., White, B. J., Hood, W. R., & Sherif, C. W. (1961/1988). *The Robbers Cave experiment: Intergroup conflict and cooperation.* Middletown, CT: Wesleyan University Press.

Sherman, J. W., & Frost, L. A. (2000). On the encoding of stereotype–relevant information under cognitive load. *Personality and Social Psychology Bulletin, 26*, 26–34.

Sherman, J. W., Kruschke, J. K., Sherman, S. J., Percy, E. J., Petrocelli, J. V., & Conrey, F. R. (2009). Attentional processes in stereotype formation: A common model for category accentuation and illusory correlation. *Journal of Personality and Social Psychology, 96*, 305–323.

Sherman, P. W. (1981). Kinship demography, and Belding's ground squirrel nepotism. *Behavioral Ecology and Sociology, 8*, 604–606.

Sherwin, B. B., Gelfand, M. M., & Brender, W. (1985). Androgen enhances sexual motivation in females: A prospective, crossover study of sex steroid administration in the surgical menopause. *Psychosomatic Medicine, 47,* 339–351.

Shih, M., Pittinsky, T. L., & Ambady, N. (1999). Stereotype susceptibility: Identity salience and shifts in quantitative performance. *Psychological Science, 10,* 80–83.

Shin, K. (1978). *Death penalty and crime: Empirical studies.* Fairfax, Va: Center for Economic Analysis, George Mason University.

Shin, S. J., & Zhou, J. (2007). When is educational specialization heterogeneity related to creativity in research and development teams? Transformational leadership as a moderator. *Journal of Applied Psychology, 92,* 1709–1721.

Shiota, M. N., Campos, B., Gonzaga, G. C., Keltner, D., & Peng, K. (2010). I love you but⋯: Cultural differences in complexity of emotional experience during interaction with a romantic partner. *Cognition and Emotion, 24*(5), 786–799.

Shiota, M. N., Keltner, D., & John, O. P. (2006). Positive emotion dispositions differentially associated with Big Five personality and attachment style. *Journal of Positive Psychology, 1,* 61–71.

Shiota, M. N., Neufeld, S. L., Yeung, W. H., Moser, S. E., & Perea, E. F. (2011). Feeling good: Autonomic nervous system responding in five positive emotions. *Emotion, 11*(6), 1368.

Shoda, Y., LeeTiernan, S., & Mischel, W. (2002). Personality as a dynamical system: Emergency of stability and distinctiveness from intra–and interpersonal interactions. *Personality and Social Psychology Review, 6,* 316–325.

Shotland, R. L., & Straw, M. (1976). Bystander response to an assault: When a man attacks a woman. *Journal of Personality and Social Psychology, 34,* 990–999.

Shulman, S., Elicker, J., & Sroufe, L. A. (1994). Stages of friendship growth in preadolescence as related to attachment history. *Journal of Personal and Personal Relationships, 11,* 341–361.

Shulman, S., Laursen, B., Kalman, Z., & Karpovsky, S. (1997). Adolescent intimacy revisited. *Journal of Youth and Adolescence, 26,* 597–617.

Sicoly, F., & Ross, M. (1979). Facilitation of ego–biased attributions by means of self–serving observer feedback. *Journal of Personality and Social Psychology, 35,* 734–741.

Sidanius, J., Cling, B. J., & Pratto, F. (1991). Ranking and linking as a function of sex and gender role attitudes. *Journal of Social Issues, 47,* 131–149.

Sidanius, J., Haley, H., Molina, L., & Pratto, F. (2007). Vladimir's choice and the distribution of social resources: A group dominance perspective. *Group Processes and Intergroup Relations, 10,* 257–265.

Sidanius, J., Levin, S., Liu, J., & Pratto, F. (2000). Social dominance orientation, anti–egalitarianism and the political psychology of gender: An extension and cross–cultural replication. *European Journal of Social Psychology, 30,* 41–67.

Sidanius, J., & Pratto, F. (1993). The inevitability of oppression and the dynamics of social dominance. In P. Sniderman & P. Tetlock (Eds.), *Prejudice, politics, and the American dilemma* (pp. 173–211). Stanford, CA: Stanford University Press.

Sidanius, J., & Pratto, F. (1999). *Social dominance: An intergroup theory of social hierarchy and oppression.* New York: Cambridge University Press.

Sidanius, J., & Pratto, F. (2003). Social dominance theory and the dynamics of inequality: A reply to Schmitt, Branscombe, & Kappen and Wilson & Liu. *British Journal of Social Psychology, 42,* 207–213.

Sidanius, J., Pratto, F., & Bobo, L. (1994). Social dominance orientation and the political psychology of gender: A case of invariance? *Journal of Personality and Social Psychology, 67,* 998–1011.

Siegel, J. M. (1990). Stressful life events and use of physician services among the elderly. *Journal of Personality and Social Psychology, 58,* 1081–1086.

Siemer, M., Mauss, I., & Gross, J. J. (2007). Same situation, different emotions: How appraisals shape our emotions. *Emotion, 7,* 592–600.

Sigelman, C. K., Howell, J. L., Cornell, D. P., Cutright, J. D., & Dewey, J. C. (1991). Courtesy stigma: The social implications of associating with a gay person. *Journal of Social Psychology, 131,* 45–56.

Silva, N. D., Hutcheson, J., & Wahl, G. D. (2010). Organizational strategy and employee outcomes: A person–organization fit perspective. *The Journal of Psychology, 144*(2), 145–161.

Simon, B., & Sturmer, S. (2003). Respect for group members: Intragroup determinants of collective identification and group–serving behavior. *Personality and Social Psychology Bulletin, 29,* 183–193.

Simon, L., & Greenberg, J. (1996). Further progress in understanding the effects of derogatory ethnic labels: The role of preexisting attitudes toward the targeted group. *Personality and Social Psychology Bulletin, 22,* 1195−1204.

Simonton, D. K. (1994). *Greatness: Who makes history and why.* New York: Guilford.

Simpson, J. A., & Campbell, L. (2005). Methods of evolutionary sciences. In D. M. Buss (Ed.), *The handbook of evolutionary psychology* (pp. 119−145). New York: Wiley.

Simpson, J. A., Collins, W. A., & Salvatore, J. E. (2011). The impact of early interpersonal experience on adult romantic relationship functioning: Recent findings from the Minnesota Longitudinal Study of Risk and Adaptation. *Current Directions in Psychological Science, 20*(6), 355−359.

Simpson, J. A., Collins, W. A., Tran, S., & Haydon, K. C. (2007). Attachment and the experience and expression of emotions in romantic relationships: A developmental perspective. *Journal of Personality and Social Psychology, 92,* 355−367.

Simpson, J. A., & Gangestad, S. W. (1991). Individual differences in sociosexuality: Evidence for convergent and discriminant validity. *Journal of Personality and Social Psychology, 67,* 870−883.

Simpson, J. A., & Gangestad, S. W. (1992). Sociosexuality and romantic partner choice. *Journal of Personality, 60,* 31−51.

Simpson, J. A., Gangestad, S. W., Christensen, P. N., & Leck, K. (1999). Fluctuating asymmetry, sociosexuality, and intrasexual competitive tactics. *Journal of Personality & Social Psychology, 76,* 159−172.

Simpson, J. A., Rholes, W. S., Campbell, L., Tran, S., & Wilson, C. L. (2003). Adult attachment, the transition to parenthood, and depressive symptoms. *Journal of Personality & Social Psychology, 84,* 1172−1187.

Sinclair, H. C., & Frieze, I. H. (2005). When courtship persistence becomes intrusive pursuit: Comparing rejecter and pursuer perspectives of unrequited attraction. *Sex Roles, 52,* 839−852.

Sinclair, L., & Kunda, Z. (2000). Motivated stereotyping of women: She's fine if she praised me but incompetent if she criticized me. *Personality and Social Psychology Bulletin, 26,* 1329−1342.

Sinclair, R. C., Hoffman, C., Mark, M. M., Martin, L. L., & Pickering, T. L. (1994). Construct accessibility and the misattribution of arousal: Schachter and Singer revisited. *Psychological Science, 5,* 15−19.

Sinclair, R. C., Mark, M. M., & Shotland, R. L. (1987). Construct accessibility and generalizability

across response categories. *Personality and Social Psychology Bulletin, 13,* 239−252.

Singer, M. T., & Lalich, J. (1995). *Cults in our midst.* San Francisco: Jossey−Bass.

Singer, T., Seymour, B., O'Doherty, J., Kaube, H., Dolan, R. J., & Frith, C. D. (2004, February 20). Empathy for pain involves the affective but not sensory components of pain. *Science,* 1157−1162.

Singh, D. (1993). Adaptive significance of female physical attractiveness: Role of waist−to−hip ratio. *Journal of Personality and Social Psychology, 65,* 293−307.

Singh, D. (2002). Female mate value at a glance: Relationship of waist−to−hip ratio to health, fecundity and attractiveness. *Neuroendocrinology Letters, 23,* 65−75.

Singh, D., & Bronstad, P. M. (2001). Female body odor is a potential cue to ovulation. *Proceedings of the Royal Society of London, Biology, 268,* 797−801.

Singh, D., Dixson, B. J., Jessop, T. S., Morgan, B., & Dixson, A. F. (2010). Cross−cultural consensus for waist−hip ratio and women's attractiveness. *Evolution and Human Behavior, 31,* 176−181.

Sip, K. E., Roepstorff, A., McGregor, W., & Frith, C. D. (2008). Detecting deception: The scope and limits. *Trends in Cognitive Sciences, 12,* 48−53.

Sisask, M., & Varnik, A. (2012). Media roles in suicide prevention: A systematic review. *International Journal of Environmental Research and Public Health, 9,* 123−138.

Sivacek, J., & Crano, W. D. (1982). Vested interest as a moderator of attitudebehavior consistency. *Journal of Personality and Social Psychology, 43,* 210−221.

Slavin, R. E., & Cooper, R. (1999). Improving intergroup relations: Lessons learned from cooperative learning programs. *Journal of Social Issues, 55,* 647−663.

Smidt, K. E., & DeBono, K. G. (2011). On the effects of product name on product evaluation: An individual difference perspective. *Social Influence, 6*(3), 131−141.

Smith, A. N., Watkins, M. B., Burke, M. J., Christian, M. S., Smith, C. E., Hall, A., et al. (2013). Gendered influence: A gender role perspective on the use and effectiveness of influence tactics. *Journal of Management, 39*(5), 1156−1183.

Smith, B. N., Kerr, N. A., Markus, M. J., & Stasson, M. F. (2001). Individual differences in social loafing: Need for cognition as a motivator in collective performance. *Group Dynamics, 5,*

150—158.

Smith, C. T., De Houwer, J., & Nosek, B. A. (2013). Consider the source persuasion of implicit evaluations is moderated by source credibility. *Personality and Social Psychology Bulletin, 39*(2), 193—205.

Smith, D. M., Neuberg, S. L., Judice, T. N., & Biesanz, J. C. (1997). Target complicity in the confirmation and disconfirmation of erroneous perceiver expectations: Immediate and longer term implications. *Journal of Personality and Social Psychology, 73,* 974—991.

Smith, E. R., & DeCoster, J. (2000). Dual process models in social and cognitive psychology. *Personality and Social Psychology Review, 4,* 108—131.

Smith, E. R., & Semin, G. R. (2007). Situated social cognition. *Current Directions in Psychological Science, 16,* 132—135.

Smith, E. R., & Zarate, M. A. (1992). Exemplar—based model of social judgment. *Psychological Review, 99,* 3—21.

Smith, K. D., Keating, J. P., & Stotland, E. (1989). Altruism reconsidered: The effect of denying feedback on a victim's status to witnesses. *Journal of Personality and Social Psychology, 57,* 641—650.

Smith, P. B., & Bond, M. H. (1994). *Social psychology across cultures.* Boston: Allyn & Bacon.

Smith, P. B., & Bond, M. H. (1998). *Social psychology across cultures* (2nd ed.). Boston: Allyn & Bacon.

Smith, P. B., Bond, M. H., & Kagitcibasi, C. (2006). *Understanding social psychology across cultures: Living and working in a changing world.* London: Sage.

Smolowe, J. (1990, November 26). Contents require immediate attention. *Time,* p. 64.

Snibbe, A. C., & Markus, H. R. (2005). You can't always get what you want: Educational attainment, agency, and choice. *Journal of Personality and Social Psychology, 88,* 703—720.

Snow, D. A., Robinson, C., & McCall, P. L. (1991). "Cooling out" men in singles bars and nightclubs: Observations on the interpersonal survival strategies of women in public places. *Journal of Contemporary Ethnography, 19,* 423—449.

Snyder, C. R., & Forsyth, D. R. (1991). *Handbook of social and clinical psychology.* New York: Pergamon.

Snyder, C. R., & Higgins, R. L. (1988). Excuses: Their effective role in the negotiation of reality. *Psychological Bulletin, 104,* 23—35.

Snyder, C. R., Lassegard, M., & Ford, C. E. (1986). Distancing after group success and failure: Basking in reflected glory and cutting off reflected failure. *Journal of Personality and Social Psychology, 51*(2), 382—388.

Snyder, C. R., Tennen, H., Affleck, G., & Cheavens, J. (2000). Social, personality, clinical, and health psychology tributaries: The merging of a scholary "River of dreams." *Personality and Social Psychology Review, 4,* 16—29.

Snyder, J. K., Fessler, D. M. T., Tiokhin, L., Frederick, D. A., Lee, S. W., & Navarette, C. D. (2011). Trade—offs in a dangerous world: women's fear of crime predicts preference for aggressive and formidable mates. *Evolution and Human Behavior, 32,* 127—137.

Snyder, M. (1974). Self—monitoring of expressive behavior. *Journal of Personality and Social Psychology, 30,* 526—537.

Snyder, M. (1987). *Public appearances, private realities: The psychology of self-monitoring.* New York: Freeman.

Snyder, M., & Cantor, N. (1998). Understanding personality and social behavior: A functionalist strategy. In D. T. Gilbert, S. T. Fiske, & G. Lindzey (Eds.), *The handbook of social psychology* (4th ed., Vol. 1, pp. 635–679). Boston: McGraw—Hill.

Snyder, M., & DeBono, K. G. (1985). Appeals to image and claims about quality: Understanding the psychology of advertising. *Journal of Personality and Social Psychology, 49,* 586—597.

Snyder, M., & DeBono, K. G. (1989). Understanding the functions of attitudes. In A. R. Pratkanis, S. J. Breckler, & A. G. Greenwald (Eds.), *Attitude structure and function* (pp. 339–359). Hillsdale, NJ: Erlbaum.

Snyder, M., & Haugen, J. A. (1995). Why does behavioral confirmation occur? A functional perspective on the role of the target. *Personality and Social Psychology Bulletin, 21,* 963—974.

Snyder, M., & Ickes, W. (1985). Personality and social behavior. In G. Lindzey & E. Aronson (Eds.), *Handbook of social psychology* (3rd ed., Vol. 2, pp. 883–948). New York: Random House.

Snyder, M., & Omoto, A. M. (1992). Who helps and why? In S. Spacapan & S. Oskamp (Eds.), *Helping and being helped: Naturalistic studies* (pp. 213–239). Newbury Park, CA: Sage.

Snyder, M., & Swann, W. B., Jr. (1976). When actions reflect attitudes: The politics of impression management. *Journal of Personality and Social Psychology, 34,* 1034—1042.

Solano, C., Batten, P. G., & Parish, E. A. (1982). Loneliness and patterns of self—disclosure. *Journal of Personality and Social Psychology, 43,* 524—531.

Sommers, S. R., Warp, L. S., & Mahoney, C. C. (2008). Cognitive effects of racial diversity:

White individuals' information processing in heterogeneous groups. *Journal of Experimental Social Psychology, 44,* 1129–1136.

Sorrentino, R. M., & Field, N. (1986). Emergent leadership over time: The functional value of positive motivation. *Journal of Personality and Social Psychology, 50,* 1091–1099.

Speed, A., & Gangestad, S. W. (1997). Romantic popularity and mate preferences: A peer nomination study. *Personality & Social Psychology Bulletin, 9,* 928–935.

Spence, K. W. (1956). *Behavior theory and conditioning.* New Haven, CT: Yale University Press.

Spence, S. A. (2008). Playing Devil's advocate: The case against fMRI lie detection. *Legal and Criminological Psychology, 13,* 11–25.

Spencer, S. J., Josephs, R. A., & Steele, C. M. (1993). Low self–esteem: The uphill struggle for self–integrity. In R. Baumeister (Ed.), *Self-esteem: The puzzle of low self-regard* (pp. 21–36). New York: Plenum.

Spencer, S. J., Steele, C. M., & Quinn, D. (1999). Stereotype threat and women's math performance. *Journal of Experimental and Social Psychology, 35,* 4–28.

Spencer–Rodgers, J., Hamilton, D. L., & Sherman, S. J. (2007). The central role of entitativity in stereotypes of social categories and task groups. *Journal of Personality and Social Psychology, 92,* 369–388.

Sprecher, S., Aron, A., Hatfield, E., Cortese, A., Potapova, E., & Levitskaya, A. (1994). Love: American style, Russian style, and Japanese style. *Personal Relationships, 1,* 349–369.

Sprecher, S., & Regan, P. C. (1998). Passionate and companionate love in courting and young married couples. *Sociological Inquiry, 68,* 163–185.

Sprecher, S., & Regan, P. C. (2000). Sexuality in a relational context. In C. Hendrick & S. Hendrick (Eds.), *Close relationships: A sourcebook* (pp. 217–227). Thousand Oaks, CA: Sage.

Stacy, A., Sussman, S., Dent, C. W., Burton, D., & Flay, B. R. (1992). Moderators of social influence in adolescent smoking. *Personality and Social Psychology Bulletin, 18,* 163–172.

Stangor, C., & Duan, C. (1991). Effects of multiple task demands upon memory for information about social groups. *Journal of Experimental Social Psychology, 27,* 357–378.

Stangor, C., & McMillan, D. (1992). Memory for expectancy–congruent and expectancy–incongruent information: A review of the social and social developmental literatures. *Psychological Bulletin, 111,* 42–61.

Stangor, C., Sullivan, L. A., & Ford, T. E. (1991).

Affective and cognitive determinants of prejudice. *Social Cognition, 9,* 359–380.

Stanley, S. M., Allen, E. S., Markman, H. J., Rhoades, G. K., & Prentice, D. L. (2010). Decreasing divorce in U.S. Army couples: Results from a randomized controlled trial using PREP for Strong Bonds. *Journal of Couple and Relationship Therapy, 9,* 149–160.

Stapel, D. A., & Johnson, C. S. (2007). When nothing compares to me: How defensive motivations and similarity shape social comparison effects. *European Journal of Social Psychology, 37,* 824–838.

Stark, B., & Deaux, K. (1994, July 2). *Integrating motivational and identity theories of volunteerism.* Poster presented at the annual meeting of the American Psychological Society, Washington, DC.

Stasser, G. (1992). Information salience and the discovery of hidden profiles by decision–making groups: A "thought experiment." *Organizational Behavior and Human Decision Processes, 52*(1), 156–181.

Staw, B. M., & Ross, J. (1980). Commitment in an experimenting society. *Journal of Applied Psychology, 65,* 249–260.

Steele, C. M. (1988). The psychology of self–affirmation: Sustaining the integrity of the self. In L. Berkowitz (Ed.), *Advances in experimental social psychology* (Vol. 21, pp. 261–302). New York: Academic Press.

Steele, C. M. (1992, April). Race and the schooling of black Americans. *The Atlantic Monthly,* pp. 68–78.

Steele, C. M., & Aronson, J. (1995). Stereotype threat and the intellectual test performance of African Americans. *Journal of Personality and Social Psychology, 69,* 797–811.

Steele, C. M., & Josephs, R. A. (1988). Drinking your troubles away II: An attention–allocation model of alcohol's effect on psychological stress. *Journal of Abnormal Psychology, 97,* 196–205.

Steiner, I. D. (1972). *Group process and productivity.* New York: Academic Press.

Steinfield, C., Ellison, N. B., & Lampe, C. (2008). Social capital, self–esteem, and use of online social network sites: A longitudinal analysis. *Journal of Applied Developmental Psychology, 29,* 434–445.

Stephan, C. W., Renfro, L., & Stephan, W. G. (2004). The evaluation of multicultural education programs: Techniques and a meta–analysis. In W. G. Stephan & W. P. Vogt (Eds.), *Education programs for improving intergroup relations, theory, research, and practice* (pp. 227–242). New

York: Teachers College Press.

Stephan, W. G. (1978). School desegregation: An evaluation of predictions made in Brown v. Board of Education. *Psychological Bulletin, 85,* 217−238.

Stephan, W. G., Ageyev, V., Coates−Shrider, L., Stephan, C. W., & Abalakina, M. (1994). On the relationship between stereotypes and prejudice: An international study. *Personality and Social Psychology Bulletin, 20,* 277−284.

Stephan, W. G., & Finlay, K. (1999). The role of empathy in improving intergroup relations. *Journal of Social Issues, 55,* 729−743.

Stephan, W. G., & Stephan, C. W. (1984). The role of ignorance in intergroup relations. In N. Miller & M. B. Brewer (Eds.), *Groups in contact* (pp. 229−255). New York: Academic Press.

Stephan, W. G., & Stephan, C. W. (1985). Intergroup anxiety. *Social Issues, 41,* 157−175.

Stephan, W. G., & Stephan, C. W. (1996). *Intergroup relations.* Madison, WI: Brown & Benchmark.

Stephan, W. G., & Stephan, C. W. (2000). An integrated threat theory of prejudice. In S. Oskamp (Ed.), *Reducing prejudice and discrimination* (pp. 23−46). Hillsdale, NJ: Erlbaum.

Stern, P. C. (2000). Psychology and the science of human−environment interactions. *American Psychologist, 55,* 523−530.

Stern, P. C., Diet, T., & Kalof, L. (1993). Value orientations, gender, and environmental concern. *Environment and Behavior, 25,* 322−348.

Sternberg, R. J. (1986). A triangular theory of love. *Psychological Review, 93,* 119−135.

Sternberg, R. J. (2006). A duplex theory of love. In R. J. Sternberg & K. Weis (Eds.), *The new psychology of love* (pp. 184−199). New Haven, CT: Yale University Press.

Sternthal, B., Dholakia, R., & Leavitt, C. (1978). The persuasive effect of source credibility: Tests of cognitive response. *Journal of Consumer Research, 4,* 252−260.

Stevens, L. E., & Fiske, S. T. (1995). Motivation and cognition in social life: A social survival perspective. *Social Cognition, 13,* 189−214.

Stevens, R., & Slavin, R. (1995). The cooperative elementary school: Effects on student's achievement, attitudes, and social relations. *American Educational Research Journal, 32,* 321−351.

Stewart, J. E. (1980). Defendant's attractiveness as a factor in the outcome of criminal trials: An observational study. *Journal of Applied Social Psychology, 10,* 348−361.

Stewart, J. E. (1985). Appearance and punishment: The attraction−leniency effect. *Journal of Social Psychology, 125,* 373−378.

Stewart−Williams, S., & Thomas, A. G. (2013). The ape that thought it was a peacock: Does evolutionary psychology exaggerate human sex differences? *Psychological Inquiry, 24*(3), 137−168.

Stiles, W. B., Lyall, L. M., Knight, D. P., Ickes, W., Waung, M., Hall, C., et al. (1997). Gender differences in verbal presumptuousness and attentiveness. *Personality and Social Psychology Bulletin, 23,* 759−772.

Stinchcombe, A. L. (1965). Social structure and organizations. In J. G. March (Ed.), *Handbook of organizations* (pp. 142−193). Chicago: Rand McNally.

Stinson, D. A., Logel, C., Zanna, M. P., Holmes, J. G., Cameron, J. J., Wood, J. V., et al. (2008). The cost of lower self−esteem: Testing a self−and social−bonds model of health. *Journal of Personality and Social Psychology, 94,* 412−428.

Stone, J. (2002). Battling doubt by avoiding practice: The effects of stereotype threat on self−handicapping in white athletes. *Personality and Social Psychology Bulletin, 28,* 1667−1678.

Stone, J. (2003). Self−consistency for low self−esteem in dissonance processes: The role of self−standards. *Personality and Social Psychology Bulletin, 29,* 446−858.

Stone, J., & Cooper, J. (2001). A self−standards model of cognitive dissonance. *Journal of Experimental Social Psychology, 37,* 228−243.

Stone, J., & Fernandez, N. C. (2008). To practice what we preach: The use of hypocrisy and cognitive dissonance to motivate behavior change. *Social and Personality Psychology Compass, 2,* 1024−1051.

Stone, J., Lynch, C. I., Sjomeling, M., & Darley, J. M. (1999). Stereotype threat effects on black and white athletic performance. *Journal of Personality and Social Psychology, 77,* 1213−1227.

Stone, V. E., Cosmides, L., Tooby, J., Kroll, N., & Knight, R. T. (2002). Selective impairment of reasoning about social exchange in a patient with bilateral limbic system damage. *Proceedings of National Academy of Science, 99,* 11531−11536.

Stoner, J. A. F. (1961). *A comparison of individual and group decisions involving risk.* Unpublished master's thesis, Massachusetts Institute of Technology.

Storey, A. E., Walsh, C. J., Quinton, R. L., & Wynne−Edwards, K. E. (2000). Hormonal correlates of paternal responsiveness in new and expectant fathers. *Evolution & Human Behavior, 21,* 79−95.

Stouffer, S. A., Suchman, E., DeVinney, S. A., Star, S., & Williams, R. M. (Eds.). (1949). *The American soldier: Adjustment during army life.* Princeton, NJ: Princeton University Press.

Strack, F., Martin, L. L., & Stepper, S. (1988). Inhibiting and facilitating conditions of the human smile: A nonobtrusive test of the facial feedback hypothesis. *Journal of Personality and Social Psychology, 54,* 768—777.

Strack, F., Werth, L., & Deutsch, R. (2006). Reflective and impulsive determinants of consumer behavior. *Journal of Consumer Psychology, 16,* 205—216.

Strack, S., & Coyne, J. C. (1983). Social confirmation of dysphoria: Shared and private reactions to depression. *Journal of Personality and Social Psychology, 44,* 798—806.

Straus, M. A. (2012). Blaming the messenger for the bad news about partner violence by women: The methodological, theoretical, and value basis of the purported invalidity of the conflict tactics scales. *Behavioral Sciences & the Law, 30*(5), 538—556.

Street, A. E., Gradus, J. L., Stafford, J., & Kelly, K. (2007). Gender differences in experiences of sexual harassment: Data from a male—dominated environment. *Journal of Consulting and Clinical Psychology, 75,* 464—474.

Strickland, B. R., & Crowne, D. P. (1962). Conformity under conditions of simulated group pressure as a function of need for social approval. *Journal of Social Psychology, 58,* 171—181.

Strijbos, J. W., Martens, R. L., Jochems, W. M. G., & Broers, N. J. (2004). The effect of functional roles on group efficiency: Using multilevel modeling and content analysis to investigate computer—supported collaboration in small groups. *Small Group Research, 35,* 195—229.

Stroessner, S. J., & Mackie, D. M. (1992). The impact of induced affect on the perception of social variability in social groups. *Personality and Social Psychology Bulletin, 18,* 546—554.

Stroh, L. K., Brett, J. M., & Reilly, A. H. (1992). All the right stuff: A comparison of female and male managers' career progression. *Journal of Applied Psychology, 77,* 251—260.

Strohmetz, D. B., Rind, B., Fisher, R., & Lynn, M. (2002). Sweetening the till: The use of candy to increase restaurant tipping. *Journal of Applied Social Psychology, 32,* 300—309.

Strom, S. (2006, April 30). Donor fatigue wasn't a problem in '05, charities say. *Arizona Republic,* p. A13.

Stukas, A. A., Jr., & Snyder, M. (2002). Targets' awareness of expectations and behavioral confirmation in ongoing interactions. *Journal of Experimental Social Psychology, 38,* 31—40.

Sturmer, S., Snyder, M., Kropp, A., & Siem, B. (2006). Empathy—mediated helping: The moderating role of group membership. *Personality and Social Psychology Bulletin, 32,* 943—956.

Suedfeld, P., Wallace, M. D., & Thachuk, K. L. (1993). Changes in integrative complexity among Middle East leaders during the Persian Gulf crisis. *Journal of Social Issues, 49,* 183—191.

Sugarmann, J., & Rand, K. (1994, March 10). Cease fire. *Rolling Stone,* pp. 30—42.

Suh, E. J., Moskowitz, D. S., Fournier, M. A., & Zuroff, D. C. (2004). Gender and relationships: Influences on agentic and communal behaviors. *Personal Relationships, 11,* 41—59.

Suls, J., & Green, P. J. (2003). Pluralistic ignorance and college student perceptions of gender—specific alcohol norms. *Health Psychology, 22,* 479—486.

Suls, J., Lemos, K., & Stewart, H. L. (2002). Self—esteem, construal, and comparisons with the self, friends, and peers. *Journal of Personality & Social Psychology, 82,* 252—261.

Suls, J., Martin, R., & David, J. P. (1998). Person—environment fit and its limits: Agreeableness, neuroticism, and emotional reactivity to interpersonal conflict. *Personality and Social Psychology Bulletin, 24,* 88—98.

Suls, J., Martin, R., & Wheeler, L. (2002). Social comparison: Why, with whom, and with what effect? *Current Directions in Psychological Science, 11,* 159—163.

Sumner, W. G. (1906). *Folkways.* New York: New American Library.

Sundie, J. M., Kenrick, D. T., Griskevicius, V., Tybur, J. M., Vohs, K. D., & Beal, D. J. (2011). Peacocks, Porsches, and Thorstein Veblen: Conspicuous consumption as a sexual signaling system. *Journal of Personality and Social Psychology, 100*(4), 664—680.

Surowiecki, J. (2004). *The wisdom of crowds.* New York: Doubleday.

Sussman, S., Dent, C. W., Flay, R. R., Hansen, W. B., & Johnson, C. A. (1986). Psychosocial predictors of cigarette smoking onset by white, black, Hispanic, and Asian adolescents in Southern California. *Morbidity and Mortality Weekly Report Supplement, 36,* 3—10.

Swann, W. B., Jr. (1990). To be adored or to be known? The interplay of self—enhancement and self—verification. In R. M. Sorrentino & E. T. Higgins (Eds.), *Foundations of social behavior* (Vol. 2, pp. 404—448). New York: Guilford.

Swann, W. B., Jr., Hixon, J. G., & De La Ronde, C. (1992). Embracing the bitter "truth": Negative self-concepts and marital commitment. *Psychological Science, 3*, 118-121.

Swann, W. B., Jr., Rentfrow, P. J., & Guinn, J. S. (2003). Self-verification: The search for coherence. In M. R. Leary & J. P. Tangney (Eds.), *Handbook of self and identity* (pp. 367-383). New York: Guilford Press.

Swann, W. B., Stein-Seroussi, A., & Giesler, R. B. (1992). Why people self-verify. *Journal of Personality and Social Psychology, 62*(3), 392-401.

Swann, W. B., Jr., Stephenson, B., & Pittman, T. S. (1981). Curiosity and control: On the determinants of the search for social knowledge. *Journal of Personality and Social Psychology, 40*, 635-642.

Swim, J. K. (1994). Perceived versus meta-analytic effect sizes: An assessment of the accuracy of gender stereotypes. *Journal of Personality and Social Psychology, 66*, 21-36.

Swim, J. K., Aikin, K. J., Hall, W. S., & Hunter, B. A. (1995). Sexism and racism: Old-fashioned and modern prejudices. *Journal of Personality and Social Psychology, 68*, 199-214.

Swim, J. K., Ferguson, M. J., & Hyers, L. L. (1999). Avoiding stigma by association: Subtle prejudice against lesbians in the form of social distancing. *Basic and Applied Social Psychology, 21*, 61-68.

Swim, J. K., & Hyers, L. L. (1999). Excuse me. What did you just say? Women's public and private responses to sexist remarks. *Journal of Experimental Social Psychology, 35*, 68-88.

Swim, J. K., & Miller, D. L. (1999). White guilt: Its antecedents and consequences for attitudes toward affirmative action. *Personality and Social Psychology Bulletin, 25*, 500-514.

Swim, J. K., & Sanna, L. J. (1996). He's skilled, she's lucky: A meta-analysis of observers' attributions for women's and men's successes and failures. *Personality and Social Psychology Bulletin, 22*, 507-519.

Swim, J. K., & Stangor, C. (1998). Prejudice: The target's perspective. San Diego, CA: Academic Press. Szymanski, K., & Harkins, S. G. (1987). Social loafing and self-evaluation with a social standard. *Journal of Personality and Social Psychology, 53*, 891-897.

Tagler, M. J. (2010). Sex differences in jealousy: Comparing the influences of previous infidelity among college students and adults. *Social Psychological and Personality Science, 1*(4), 353-360.

Tajfel, H. (1969). Cognitive aspects of prejudice. *Journal of Social Issues, 25*, 79-97.

Tajfel, H. (1982). Social psychology of intergroup relations. *Annual Review of Psychology, 33*, 1-39.

Tajfel, H., Billig, M. G., Bundy, R. P., & Flament, C. (1971). Social categorization and intergroup behavior. *Journal of Social Psychology, 1*, 149-178.

Tajfel, H., & Turner, J. (1979). An integrative theory of intergroup conflict. In W. G. Austin & S. Worchel (Eds.), *The social psychology of intergroup relations* (pp. 33-47). Monterey, CA: Brooks-Cole.

Tajfel, H., & Turner, J. C. (1986). The social identity theory of intergroup behavior. In S. Worchel & W. G. Austin (Eds.), *Psychology of intergroup relations* (2nd ed., pp. 7-24). Chicago: Nelson-Hall.

Takahashi, H., Matsuura, M., Yahata, N., Koeda, M., Suhara, T., & Okubo, Y. (2006). Men and women show distinct brain activations during imagery of sexual and emotional infidelity. *Neuroimage, 32*, 1299-1307.

Takemura, K., & Yuki, M. (2007). Are Japanese groups more competitive than Japanese individuals? A cross-cultural validation of the interindividual.intergroup discontinuity effect. *International Journal of Psychology, 42*, 27-35.

Tal, I., & Lieberman, D. (2008). Kin detection and the development of sexual aversions: Toward an integration of theories on family sexual abuse. In C. A. Salmon & T. K. Shackelford (Eds.), *Family relationships: An evolutionary perspective* (pp. 205-229). New York: Oxford University Press.

Tam, T., Hewstone, M., Kenworthy, J., & Cairns, E. (2009). Intergroup trust in Northern Ireland. *Personality and Social Psychology Bulletin, 35*, 45-59.

Tamres, L. K., Janicki, D., & Helgeson, V. S. (2002). Sex differences in coping behavior: A meta-analytic review and an examination of relative coping. *Personality & Social Psychology Bulletin, 6*, 2-30.

Tancredy, C. M., & Fraley, R. C. (2006). The nature of adult twin relationships: An attachment-theoretical perspective. *Journal of Personality and Social Psychology, 90*, 78-93.

Tangney, J. P. (1992). Situational determinants of shame and guilt in young adulthood. *Personality and Social Psychology Bulletin, 18*, 199-206.

Tapias, M. P., Glaser, J., Keltner, D., Vasquez, K., & Wickens, T. (2007). Emotion and prejudice: Specific emotions toward outgroups. *Group Processes and Intergroup Relations, 10*, 27-39.

Taylor, S. E. (2006). Tend and befriend: Biobehavioral bases of affiliation under stress. *Current*

Directions in Psychological Science, 15, 273–277.

Taylor, S. E., & Brown, J. D. (1988). Illusion and well–being: A social psychological perspective on mental health. *Psychological Bulletin, 103*, 193–210.

Taylor, S. E., Burklund, L., Eisenberger, N. I., Lehman, B. J., Hilmert, C. J., & Lieberman, M. D. (2008). Neural bases of moderation of cortisol stress responses by psychosocial resources. *Journal of Personality and Social Psychology, 95*, 197–211.

Taylor, S. E., Collins, R. L., Skolan, L. A., & Aspinwall, L. G. (1989). Maintaining positive illusions in the face of getting negative information: Getting the facts without letting them get to you. *Journal of Social and Clinical Psychology, 8*, 114–129.

Taylor, S. E., & Crocker, J. (1981). Schematic bases of social information processing. In E. T. Higgins, C. P. Herman, & M. P. Zanna (Eds.), *Social cognition: The Ontario Symposium* (Vol. 1, pp. 89–134). Hillsdale, NJ: Erlbaum.

Taylor, S. E., & Fiske, S. T. (1978). Salience, attention, and attribution: Top of the head phenomena. In L. Berkowitz (Ed.), *Advances in experimental social psychology* (Vol. 11, pp. 249–288). New York: Academic Press.

Taylor, S. E., & Gollwitzer, P. M. (1995). Effects of mindset on positive illusions. *Journal of Personality and Social Psychology, 69*, 213–226.

Taylor, S. E., & Gonzaga, G. C. (2006). Evolution, relationships, and health: The social shaping hypothesis. In M. Schaller, J. Simpson, & D. T. Kenrick (Eds.), *Evolution and social psychology* (pp. 211–236). New York: Psychology Press.

Taylor, S. E., Klein, L. C., Lewis, B. P., Gruenwald, T. L., Gurung, R. A. R., & Updegraff, J. A. (2000b). Biobehavioral responses to stress in females: Tend–and–befriend, not fight–or–flight. *Psychological Review, 107*, 411–429.

Taylor, S. E., Lerner, J. S., Sherman, D. K., Sage, R. M., & McDowell, N. K. (2003a). Are self–enhancing cognitions associated with healthy or unhealthy biological profiles? *Journal of Personality & Social Psychology, 85*, 605–616.

Taylor, S. E., Lerner, J. S., Sherman, D. K., Sage, R. M., & McDowell, N. K. (2003b). Portrait of the self–enhancer: Well adjusted and well liked or maladjusted and friendless? *Journal of Personality & Social Psychology, 84*, 165–176.

Taylor, S. E., Lichtman, R. R., & Wood, J. V. (1984). Attributions, beliefs about control, and adjustment to breast cancer. *Journal of Personality and Social Psychology, 46*, 489–502.

Tazelaar, M. J. A., Van Lange, P. A. M., & Ouwerkerk, J. W. (2004). How to cope with

"noise" in social dilemmas: The benefits of communication. *Journal of Personality and Social Psychology, 87*, 845–859.

Teenager got doctors' messages, ordered treatment. (2000, December 17). *St. Louis Post-Dispatch*, p. A7.

Teger, A. (1980). *Too much invested to quit*. New York: Pergamon.

Tenbrunsel, A. E., & Messick, D. M. (1999). Sanctioning systems, decision frames, and cooperation. *Administrative Science Quarterly, 44*, 684–707.

Terkel, S. (1992). *Race: How blacks and whites think and feel about the American obsession*. New York: Anchor.

Terry, D. J., & Hogg, M. A. (1996). Group norms and the attitude–behavior relationship: A role for group identification. *Personality and Social Psychology Bulletin, 22*, 776–793.

Tesser, A. (1988). Toward a self–evaluation maintenance model of social behavior. In L. Berkowitz (Ed.), *Advances in experimental social psychology* (Vol. 21, pp. 181–227). San Diego, CA: Academic Press.

Tesser, A. (1993). The importance of heritability in psychological research: The case of attitudes. *Psychological Review, 100*, 129–142.

Tesser, A. (2000). On the confluence of self–esteem maintenance mechanisms. *Personality & Social Psychology Review, 4*, 290–299.

Tesser, A., & Achee, J. (1994). Aggression, love, conformity, and other social psychological catastrophes. In R. R. Vallacher & A. Nowak (Eds.), *Dynamical systems in social psychology* (pp. 95–109). San Diego, CA: Academic Press.

Tesser, A., & Bau, J. J. (2002). Social psychology: Who we are and what we do. *Personality & Social Psychology Review, 6*, 72–85.

Tesser, A., Campbell, J., & Mickler, S. (1983). The role of social pressure, attention to the stimulus, and self–doubt in conformity. *European Journal of Social Psychology, 13*, 217–233.

Tesser, A., & Smith, J. (1980). Some effects of task relevance and friendship on helping. *Journal of Experimental Social Psychology, 16*, 582–590.

Tessler, R. C., & Schwartz, S. H. (1972). Help–seeking, self–esteem, and achievement motivation: An attributional analysis. *Journal of Personality and Social Psychology, 21*, 318–326.

Tetlock, P. E. (1983). Policy–makers' images of international conflict. *Journal of Social Issues, 39*, 67–86.

Tetlock, P. E., Peterson, R. S., McGuire, C., Chang, S. J., & Feld, P. (1992). Assessing political group dynamics: A test of the groupthink model. *Journal of Personality and Social Psychology, 63,* 403−425.

Thaler, R. H., & Sunstein, C. R. (2008). *Nudge: Improving decisions about health, wealth, and happiness.* New Haven: Yale University Press.

Thibaut, J., & Kelley, H. H. (1959). *The social psychology of groups.* New York: Wiley.

Thompson, E. P., Roman, R. J., Moskowitz, G. B., Chaiken, S., & Bargh, J. A. (1994). Accuracy motivation attenuates covert priming: The systematic reprocessing of social information. *Journal of Personality and Social Psychology, 66,* 474−489.

Thompson, L. (1993). The impact of negotiation on intergroup relations. *Journal of Experimental Social Psychology, 29,* 304−325.

Thompson, L., & Fine, G. A. (1999). Socially shared cognition, affect, and behavior: A review and integration. *Personality & Social Psychology Review, 3,* 278−302.

Thompson, L. L., Levine, J. M., & Messick, D. M. (1999). *Shared cognition in organizations: The management of knowledge.* Mahwah, NJ: Erlbaum.

Thompson, M. M., Naccarato, M. E., & Parker, K. E. (1989). *Assessing cognitive need: The development of the Personal Need for Structure (PNS) and Personal Fear of Invalidity (PFI) measures.* Paper presented at the annual meeting of the Canadian Psychological Association, Halifax, Nova Scotia.

Thompson, M. P., & Kingree, J. B. (2006). The roles of victim and perpetrator alcohol use in intimate partner violence outcomes. *Journal of Interpersonal Violence, 21,* 163−177.

Thompson, S. (1999). Illusions of control: How we overestimate our personal influence. *Current Directions in Psychological Science, 8,* 187−190.

Thompson, S. C., & Schlehofer, M. M. (2008). Control, denial, and heightened sensitivity to personal threat: Testing the generality of the threat orientation approach. *Personality and Social Psychology Bulletin, 34,* 1070−1083.

Thompson, S. C., Sobolow−Shubin, A., Galbraith, M. E., Schwankovsky, L., & Cruzen, D. (1993). Maintaining perceptions of control: Finding control in low−control circumstances. *Journal of Personality and Social Psychology, 64,* 293−304.

Tibon, S. (2000). Personality traits and peace negotiations: Integrative complexity and attitudes toward the Middle East peace process. *Group Decision and Negotiation, 9,* 1−15.

Tibon, S., & Blumberg, H. H. (1999). Authoritarianism and political socialization in the context of the Arab−Israeli conflict. *Political Psychology, 20,* 581−591.

Tice, D. M. (1991). Esteem protection or enhancement? Self−handicapping motives and attributions differ by trait self−esteem. *Journal of Personality and Social Psychology, 60,* 711−725.

Tice, D. M. (1992). Self−concept change and self−presentation: The looking glass self is also a magnifying glass. *Journal of Personality and Social Psychology, 63,* 435−451.

Tice, D. M. (1993). The social motivations of people with low self−esteem. In R. Baumeister (Ed.), *Self-esteem: The puzzle of low self-regard* (pp. 37−54). New York: Plenum.

Tice, D. M., Butler, J. L., Muraven, M. B., & Stillwell, A. M. (1995). When modesty prevails: Differential favorability of self−presentation to friends and strangers. *Journal of Personality and Social Psychology, 69,* 1120−1138.

Tice, D. M., & Wallace, H. M. (2003). The reflected self: Creating yourself as (you think) others see you. In M. R. Leary & J. P. Tangney (Eds.), *Handbook of self identity* (pp. 91−105). New York: Guilford Press.

Tiedens, L. Z., & Fragale, A. R. (2003). Power moves: Complementarity in dominant and submissive nonverbal behavior. *Journal of Personality and Social Psychology, 84,* 558−568.

Tietjen, A. M. (1994). Children's social networks and social supports in cultural context. In W. J. Lonner & R. Malpass (Eds.), *Psychology and culture* (pp. 101−106). Boston: Allyn & Bacon.

Tinbergen, N. (1968). On war and peace in animals and man. *Science, 160,* 1411−1418.

Tindale, R. S., & Davis, J. H. (1983). Group decision making and jury verdicts. In H. H. Blumberg, A. P. Hare, V. Kent, & M. F. Davies (Eds.), *Small groups and social interaction* (Vol. 2, pp. 9−38). Chichester, UK: Wiley.

Tindale, R. S., Davis, J. H., Vollrath, D. A., Nagao, D. H., & Hinsz, V. B. (1990). Asymmetrical social influence in freely interacting groups: A test of three models. *Journal of Personality and Social Psychology, 58,* 438−449.

Tindale, R. S., & Sheffen, S. (2002). Shared information, cognitive load, and group memory. *Group Processes and Intergroup Relations, 5,* 5−18.

Tinsley, C., & Weldon, E. (2003). Responses to a normative conflict among American and Chinese managers. *International Journal of Cross-Cultural Management, 3,* 181−192.

Titchener, E. B. (1909). *Elementary psychology of the thought processes.* New York: Macmillan.

Toch, H. (1969). *Violent men: An inquiry into the psychology of violence.* Chicago, IL: Aldine.

Toch, H. (1984). *Violent men.* Cambridge: Schenkman.

Todd, P. M., Hertwig, R., & Hoffrage, U. (2005).

Evolutionary cognitive psychology. In D. M. Buss (Ed.), *The handbook of evolutionary psychology* (pp. 776–802). New York: Wiley.

Tokayer, M., & Swartz, M. (1979). *The Fugu plan: The untold story of the Japanese and the Jews during World War II.* New York: Paddington.

Tolmacz, R. (2004). Attachment style and willingness to compromise when choosing a mate. *Journal of Social and Personal Relationships, 21,* 267–272.

Toma, C. L., Hancock, J. T., & Ellison, N. B. (2008). Separating fact from fiction: An examination of deceptive self–presentation in online dating profiles. *Personality and Social Psychology Bulletin, 34,* 1023–1036.

Tombs, S., & Silverman, I. (2004). Pupillometry: A sexual selection approach. *Evolution and Human Behavior, 25,* 221–228.

Tomkins, S. S. (1980). Affect as amplification: Some modifications in theory. In R. Plutchik & H. Kellerman (Eds.), *Emotion: Theory, research and experience: Vol. 1: Theories of emotion* (pp. 141–164). New York: Academic Press.

Tooby, J., & Cosmides, L. (1992). The psychological foundations of culture. In J. H. Barkow, L. Cosmides, & J. Tooby (Eds.), *The adapted mind: Evolutionary psychology and the generation of culture* (pp. 19–136). New York: Oxford University Press.

Tooby, J., & Cosmides, L. (2005). Conceptual foundations of evolutionary psychology. In D. M. Buss (Ed.), *The handbook of evolutionary psychology* (pp. 5–67). New York: Wiley.

Toppe, C. M., Kirsch, A. D., & Michel, J. (2001). *Giving and volunteering in the United States.* Washington, DC: Independent Sector.

Torestad, B. (1990). What is anger provoking? A psychophysical study of perceived causes of anger. *Aggressive Behavior, 16,* 9–26.

Tormala, Z. L., & DeSensi, V. L. (2009). The effects of minority/majority source status on attitude certainty: A matching perspective. *Personality and Social Psychology Bulletin, 35,* 114–125.

Tormala, Z. L., & Petty, R. E. (2002). What doesn't kill me makes me stronger: The effects of resisting persuasion on attitude certainty. *Journal of Personality and Social Psychology, 83,* 1298–1313.

Townsend, E. J. (1973). An examination of participants in organizational, political, informational, and interpersonal activities. *Journal of Voluntary Action Research, 2,* 200–211.

Townsend, J. M., & Levy, G. D. (1990). Effects of potential partner's costume and physical attractiveness on sexuality and partner selection: Sex differences in reported preferences of university students. *Journal of Psychology, 124,* 371–376.

Townsend, J. M., & Roberts, L. W. (1993). Gender differences in mate preferences among law students: Diverging and converging criteria. *Journal of Psychology, 127,* 507–528.

Townsend, M. A., McCracken, H. E., & Wilton, K. M. (1988). Popularity and intimacy as determinants of psychological well–being in adolescent friendships. *Journal of Early Adolescence, 8,* 421–436.

Trafimow, D., & Finlay, K. A. (1996). The importance of subjective norms for a majority of people: Between–subjects and within–subjects. *Personality and Social Psychology Bulletin, 22,* 820–828.

Trautmann–Lengsfeld, S., & Herrmann, C. S. (2013). EEG reveals an early influence of social conformity on visual processing in group pressure situations. *Social Neuroscience, 8*(1), 75–89. Retrieved from http://dx.doi.org/10.1080/174 70919.2012.742927

Trawalter, S., Todd, A. R., Baird, A. A., & Richeson, J. A. (2008). Attending to threat: Race–based patterns of selective attention. *Journal of Experimental Social Psychology, 44,* 1322–1327.

Triandis, H. C. (1989). The self and social behavior in differing cultural contexts. *Psychological Review, 96,* 506–520.

Triandis, H. C. (1994). *Culture and social behavior.* New York: McGraw–Hill.

Triplett, N. (1897.1898). The dynamogenic factors in pacemaking and competition. *American Journal of Psychology, 9,* 507–533.

Trivers, R. L. (1971). The evolution of reciprocal altruism. *Quarterly Review of Biology, 46,* 35–37.

Trope, Y., & Thompson, E. P. (1997). Looking for truth in all the wrong places? Asymmetric search of individuating information about stereotypes group members. *Journal of Personality and Social Psychology, 73,* 229–241.

Tropp, L. R., & Brown, A. C. (2004). What benefits the group can also benefit the individual: Group enhancing and individual–enhancing motives for collective action. *Group Processes and Intergroup Relations, 7,* 267–282.

Tsai, J. L., Knutson, B., & Fung, H. H. (2006). Cultural variation in affect valuation. *Journal of Personality and Social Psychology, 90,* 288–307.

Turan, B., & Vicary, A. M. (2010). Who recognizes and choose behaviors that are best for a relationship? The separate roles of knowledge, attachment, and motivation. *Personality and Social Bulletin, 36*(1), 119–131.

Turner, J. C. (1991). *Social influence.* Pacific Grove,

CA: Brooks/Cole.

Turner, S. (1978, January 8). The life and times of a pickle packer. *Boston Globe Magazine*, p. 10.

Turnley, W. H., & Bolino, M. C. (2001). Achieving desired images while avoiding undesired images: Exploring the role of self−monitoring in impression management. *Journal of Applied Psychology, 86*, 351−360.

Tversky, A., & Kahneman, D. (1973). Availability: A heuristic for judging frequency and probability. *Cognitive Psychology, 5*, 207−232.

Tversky, A., & Kahneman, D. (1974). Judgment under uncertainty: Heuristics and biases. *Science, 185*, 1124−1131.

Tversky, A., & Shafir, E. (1992a). The disjunction effect in choice under uncertainty. *Psychological Science, 3*, 305−309.

Tversky, A., & Shafir, E. (1992b). Choice under conflict: The dynamics of deferred decision. *Psychological Science, 3*, 358−361.

Twenge, J. M., & Campbell, W. K. (2003). "Isn't it fun to get the respect that we're going to deserve?" Narcissism, social rejection, and aggression. *Personality & Social Psychology Bulletin, 29*, 261−272.

Twenge, J. M., Catanese, K. R., & Baumeister, R. F. (2002). Social exclusion causes self−defeating behavior. *Journal of Personality & Social Psychology, 83*, 606−615.

Twenge, J. M., Zhang, L., & Im, C. (2004). It's beyond my control: A cross−temporal meta−analysis of increasing externality in locus of control, 1960. 2002. *Personality and Social Psychology Review, 8*, 308−319.

Tybout, A. M., & Yalch, R. F. (1980). The effect of experience: A matter of salience? *Journal of Consumer Research, 6*, 406−413.

Tybur, J. M., Lieberman, D. L., & Griskevicius, V. G. (2009). Microbes, mating, and morality: Individual differences in three functional domains of disgust. *Journal of Personality and Social Psychology, 29*, 103−122.

Tykocinski, O. E., & Steinberg, N. (2005). Coping with disappointing outcomes: Retroactive pessimism and motivated inhibition of counterfactuals. *Journal of Experimental Social Psychology, 41*, 551−558.

Tyler, J. M. (2012). Triggering self−presentation efforts outside of people's conscious awareness. *Personality and Social Psychology Bulletin, 38*(5), 619−627.

Tyler, J. M., & Feldman, R. S. (2005). Deflecting threat to one's image: Dissembling personal information as a self−presentation strategy. *Basic and Applied Social Psychology, 27*, 371−378.

Tyler, J. M., & Feldman, R. S. (2007). The double−edged sword of excuses: When do they help, when do they hurt. *Journal of Social and Clinical Psychology, 26*, 659−688.

Tyler, T. R., & Degoey, P. (1995). Trust in organizational authorities: The influence of motive attributions on willingness to accept decisions. In R. Kramer & T. R. Tyler (Eds.), *Trust in organizational authorities* (pp. 331−356). Beverly Hills, CA: Sage.

U.S. Department of Labor. (2014). *Labor force statistics from the Current Population Survey*. Retrieved April 28, 2014, from http://www.bls.gov/cps/cpsaat11.htm

U.S. Merit Systems Protection Board. (1988). *Sexual harassment in the federal workplace: An update*. Washington, DC: U.S. Government Printing Office.

Udry, J. R., Billy, J. O. G., Morris, N. M., Groff, T. R., & Raj, M. H. (1985). Serum androgenic hormones motivate sexual behavior in adolescent boys. *Fertility and Sterility, 43*, 90−94.

Uleman, J. S., Saribay, S. A., & Gonzalez, C. M. (2008). Spontaneous inferences, implicit impressions, and implicit theories. *Annual Review of Psychology, 59*, 329−360.

Unkelbach, C., Forgas, J. P., & Denson, T. F. (2008). The turban effect: The influence of Muslim headgear and induced affect on aggressive responses in the shooter bias paradigm. *Journal of Experimental Social Psychology, 44*, 1409−1413.

Unlikely Friendship Curriculum Development and Planning Team. (2003). *An unlikely friendship: Curriculum and video guide*. Chapel Hill, NC: FPG Child Development Institute.

U.S. Federal Bureau of Investigation. (2007). *Hate crime statistics*. Retrieved February 10, 2009, from www.fbi.gov/ucr/hc2007/incidents.htm

U.S. Federal Bureau of Investigation. (2012). *Hate crime statistics*. Retrieved April 28, 2014, from http://www.fbi.gov/news/pressrel/press−releases/fbi−releases−2012−hate−crime−statistics

Uskul, A. K., Kitayama, S., & Nisbett, R. E. (2008). Ecocultural basis of cognition: Farmers and fishermen are more holistic than herders. *PNAS, 105*, 8552−8556.

Uslaner, E. M. (2008). Where you stand depends on where your grandparents sat. *Public Opinion Quarterly, 72*, 725−740.

Utz, S. (2004a). Self−construal and cooperation: Is the interdependent self more cooperative than the independent self. *Self and Identity, 3*, 177−190.

Utz, S. (2004b). Self−activation is a twoedged

sword: The effects of I primes on coopera-
tion. *Journal of Experimental Social Psychology, 40,*
769–776.

Utz, S., Ouwerkerk, J. W., & Van Lange, P. A. M.
(2004). What is smart in a social dilemma?
Differential effects of priming competence
on cooperation. *European Journal of Social Psy-
chology, 34,* 317–332.

Väänänen, A., Buunk, B. P., Kiyimaki, M., Pentti,
J., & Vahtera, J. (2005). When it is better to
give than to receive: Long–term effects of
perceived reciprocity in support exchange.
Journal of Personality and Social Psychology, 89,
176–193.

Vallacher, R. R., Read, S. J., & Nowak, A. (2002).
The dynamical perspective in personality
and social psychology. *Personality & Social
Psychology Review, 6,* 264–273.

Vallacher, R. R., & Wegner, D. M. (1985). *A theory of
action identification.* Hillsdale, NJ: Erlbaum.

Vallacher, R. R., & Wegner, D. M. (1987). What do
people think they're doing? Action identi-
fication and human behavior. *Psychological
Review, 94,* 3–15.

Vallone, R. P., Ross, L., & Lepper, M. R. (1985). The
hostile media phenomenon: Biased percep-
tion and perceptions of media bias coverage
of the Beirut massacre. *Journal of Personality
and Social Psychology, 49,* 577–585.

Van Baaren, R. B., Holland, R. W., Kawakami, K.,
& van Knippenberg, A. (2004). Mimicry and
pro–social behavior. *Psychological Science, 15,*
71–74.

van Beest, I., & Williams, K. D. (2006). When in-
clusion costs and ostracism pays, ostracism
still hurts. *Journal of Personality and Social Psy-
chology, 91,* 918–928.

van Bommel, M., van Prooijen, J., Elfers, H., &
van Lange, P. A. M. (2012). Be aware to care:
Public self–awareness leads to a reversal
of the bystander effect. *Journal of Experimental
Social Psychology, 48(4),* 926–930.

Van Boven, L. (2005). Experientialism, materialism,
and the pursuit of happiness. *Review of Gener-
al Psychology, 9,* 132–142.

Van Boven, L., Kruger, J., Savitsky, K., & Gilovich,
T. (2000). When social worlds collide: Over-
confidence in the multiple audience prob-
lem. *Personality and Social Psychology Bulletin, 26,*
619–628.

van den Bergh, B., & Dewitte, S. (2006). The ro-
bustness of the "raise–the–stakes" strategy:
Coping with exploitation in noisy Prisoner's
Dilemma games. *Evolution and Human Behavior,
27,* 19–28.

van den Berghe, P. L. (1983). Human inbreeding

avoidance: Culture in nature. *Behavioral and
Brain Sciences, 6,* 91–123.

van der Plight, J., & Eiser, J. R. (1984). Dimensional
salience, judgment, and attitudes. In J. R.
Eiser (Ed.), *Attitudinal judgment* (pp. 161–177).
New York: Springer–Verlag.

Van Goozen, S. H. M., Cohen–Kettenis, P. T.,
Gooren, L. J. G., Frijda, N. H., & Vande-
Poll, N. E. (1995). Gender differences in
behaviour: Activating effects of cross–sex
hormones. *Psychoneuroendocrinology, 20,* 343–
363.

van Knippenberg, D., De Dreu, C. K. W., & Ho-
man, A. C. (2004). Work group diversity and
group performance: An integrative model
and research agenda. *Journal of Applied Psy-
chology, 89,* 1008–1022.

van Knippenberg, D., & Schippers, M. C. (2007).
Work group diversity. *Annual Review of Psy-
chology, 58,* 515–541.

Van Laar, C., Levin, S., Sinclair, S., & Sidanius, J.
(2005). The effect of college roommate con-
tact on ethnic attitudes and behaviors. *Jour-
nal of Experimental Social Psychology, 41,* 329–
345.

Van Lange, P. A. M., Agnew, C. R., Harinck, F., &
Steemers, G. E. M. (1997). From game theory
to real life: How social value orientation
affects willingness to sacrifice in ongoing
close relationships. *Journal of Personality and
Social Psychology, 73,* 1330–1344.

Van Lange, P. A. M., & Liebrand, W. B. (1991).
The influence of other's morality and own
social value orientation on cooperation in
the Netherlands and the U.S.A. *International
Journal of Psychology, 26,* 429–449.

Van Lange, P. A. M., Otten, W., DeBruin, E. M.
N., & Joireman, J. A. (1997). Development of
prosocial, individualistic, and competitive
orientations: Theory and preliminary evi-
dence. *Journal of Personality and Social Psychology,
73,* 733–746.

Van Lange, P. A. M., & Rusbult, C. E. (1995). My
relationship is better than. and not as bad
as. yours is: The perception of superiority in
close relationships. *Personality and Social Psy-
chology Bulletin, 21,* 32–44.

Van Lange, P. A. M., & Semin–Goosens, A. (1998).
The boundaries of reciprocal cooperation.
European Journal of Social Psychology, 28, 847–
854.

Van Overwalle, F., & Heylighen, F. (2006). Talking
nets: A multiagent connectionist approach
to communication and trust between indi-
viduals. *Psychological Review, 113,* 606–627.

Van Vugt, M. (2006). The evolutionary origins of

leadership and followership. *Personality and Social Psychology Review, 10*, 354−372.

Van Vugt, M. (2009). Averting the tragedy of the commons: Using social psychological science to protect the environment. *Current Directions in Psychological Science, 18*, 169−173.

Van Vugt, M., De Cremer, D., & Janssen, D. P. (2007). Gender differences in cooperation and competition: The male−warrior hypothesis. *Psychological Science, 18*, 19−23.

Van Vugt, M., Griskevicius, V., & Schultz, P. (2014). Naturally green: Harnessing stone age psychological biases to foster environmental behavior. *Social Issues and Policy Review, 8*, 1−32.

Van Vugt, M., & Hart, C. M. (2004). Social identity as social glue: The origins of group loyalty. *Journal of Personality and Social Psychology, 86*, 585−598.

Van Vugt, M., Hogan, R., & Kaiser, R. B. (2008). Leadership, followership, and evolution: Some lessons from the past. *American Psychologist, 63*, 182−196.

Van Vugt, M., & Samuelson, C. D. (1999). The impact of personal metering in the management of a natural resource crisis: A social dilemma analysis. *Personality & Social Psychology Bulletin, 25*, 731−745.

Van Vugt, M., & Spisak, B. R. (2008). Sex differences in the emergence of leadership during competitions within and between groups. *Psychological Science, 19*(9), 854−858.

Van Vugt, M., & Van Lange, P. A. M. (2006). Psychological adaptations for prosocial behavior: The altruism puzzle. In M. Schaller, J. A. Simpson, & D. T. Kenrick (Eds.), *Evolution and social psychology* (pp. 237−261). New York: Psychology Press.

Vancouver, J. B., & Ilgen, D. R. (1989). Effects of interpersonal orientation and the sex−type of the task on choosing to work alone or in groups. *Journal of Applied Psychology, 74*, 927−934.

Vandello, J. A., & Cohen, D. (2003). Male honor and female fidelity: Implicit cultural scripts that perpetuate domestic violence. *Journal of Personality & Social Psychology, 84*, 997−1010.

VanderLaan, D. P., Forrester, D. L., Petterson, L. J., & Vasey, P. L. (2012). Offspring production among the extended relatives of Samoan men and fa'afafine. *PLoS One, 7*(4), e36088.

VanderLaan, D. P., & Vasey, P. L. (2008). Mate retention behavior of men and women in heterosexual and homosexual relationships. *Archives of Sexual Behavior, 37*, 572−585.

Vanman, E. J., Paul, B. Y., Ito, T. A., & Miller, N. (1997). The modern face of prejudice and structural features that moderate the effect of cooperation on affect. *Journal of Personality and Social Psychology, 73*, 941−959.

Vanneste, S., Verplaetse, J., Van Hiel, A., & Braeckman, J. (2007). Attention bias toward noncooperative people. A dot probe classification study in cheating detection. *Evolution and Human Behavior, 28*, 272−276.

Varnum, M. E. W., Na, J., Murata, A., & Kitayama, S. (2012). Social class differences in N400 indicate differences in spontaneous trait inference. *Journal of Experimental Psychology: General, 141*, 518−526.

Varnum, M. E. W., Shi, Z., Chen, A., Qiu, J., & Han, S. (2014). When "Your" reward is the same as "My" reward: Self−construal priming shifts neural responses to own vs. friend's rewards. *NeuroImage, 87*, 164−169.

Vasey, P. L., & VanderLaan, D. P. (2008). Avuncular tendencies and the evolution of male androphilia in Samoan. Fa'afafine. *Archives of Sexual Behavior, 37*, 572−585.

Vasey, P. L., & VanderLaan, D. P. (2010). Avuncular tendencies and the evolution of male androphilia in Samoan fa'afafine. *Archives of Sexual Behavior, 39*(4), 821−830.

Vasey, P. L., & VanderLaan, D. P. (2012). Sexual orientation in men and avuncularity in Japan: Implications for the Kin Selection Hypothesis. *Archives of Sexual Behavior, 41*(1), 209−215.

Vasquez, E. A., Denson, T. F., Pedersen, W. C., Stenstrom, D. M., & Miller, N. (2005). The moderating effect of trigger intensity on triggered displaced aggression. *Journal of Experimental Social Psychology, 41*, 61−67.

Vasquez, K., Durik, A. M., & Hyde, J. S. (2002). Family and work: Implications of adult attachment styles. *Personality & Social Psychology Bulletin, 28*, 874−886.

Veblen, T. (1899). *The theory of the leisure class: An economic study of institutions.* New York: MacMillan.

Veitch, R., & Griffitt, W. (1976). Good news, bad news: Affective and interpersonal effects. *Journal of Applied Social Psychology, 6*, 69−75.

Veroff, J. B. (1981). The dynamics of helpseeking in men and women: A national survey study. *Psychiatry, 44*, 189−200.

Verona, E., & Sullivan, E. A. (2008). Emotional catharsis and aggression revisited: Heart rate reduction following aggressive responding. *Emotion, 8*, 331−340.

Verplanken, B., & Holland, R. W. (2002). Motivated decision making: Effects of activation of self−centrality of values on choices and behavior. *Journal of Personality and Social Psychology, 82,* 434−437.

Verschuere, B., Crombez, G., De Clercq, A., & Koster, E. H. W. (2005). Psychopathic traits and autonomic responding to concealed information in a prison sample. *Psychophysiology, 42,* 239−245.

Vescio, T. K., Sechrist, G. B., & Paolucci, M. P. (2003). Perspective taking and prejudice reduction: The mediational role of empathy arousal and situational attributions. *European Journal of Social Psychology, 33,* 455−472.

Vilela, B. B., Gonzalez, J. A. V., Ferrin, P. F., & del Rio Araujo, M. (2007). Impression management tactics and affective context: Influence on sales performance appraisal. *European Journal of Marketing, 41,* 624−639.

Vinokur, A. D., Price, R. H., & Caplan, R. D. (1996). Hard times and hurtful partners: How financial strain affects depression and relationship satisfaction of unemployed persons and their spouses. *Journal of Personality & Social Psychology, 71,* 166−179.

Visser, P. S., & Krosnick, J. A. (1998). Development of attitude strength over the life cycle: Surge and decline. *Journal of Personality and Social Psychology, 75,* 1389−1410.

Visser, P. S., & Mirabile, R. R. (2004). Attitudes in the social context: The impact of social network composition on individual−level attitude strength. *Journal of Personality and Social Psychology, 87,* 779−795.

Vohs, K. D., Baumeister, R. F., & Ciarocco, N. J. (2005). Self−regulation and self−presentation: Regulatory resource depletion impairs impression management and effortful self−presentation depletes regulatory resources. *Journal of Personality and Social Psychology, 88,* 632−657.

Vohs, K. D., & Schmeichel, B. J. (2003). Self−regulation and extended now: Controlling the self alters the subjective experience of time. *Journal of Personality & Social Psychology, 85,* 217−230.

von Baeyer, C. L., Sherk, D. L., & Zanna, M. P. (1981). Impression management in the job interview: When the female applicant meets the male (chauvinist) interviewer. *Personality and Social Psychology Bulletin, 7,* 45−51.

von Hippel, W., & Gonsalkorale, K. (2005). "That is bloody revolting!" : Inhibitory control of thoughts better left unsaid. *Psychological Science, 16,* 497−500.

von Hippel, W., Sekaquaptewa, D., & Vargas, P. (1997). The linguistic intergroup bias as an implicit indicator of prejudice. *Journal of Experimental Social Psychology, 33,* 490−509.

Vonk, R. (2002). Self−serving interpretations of flattery: Why ingratiation works. *Journal of Personality and Social Psychology, 82,* 515−526.

Vorauer, J. D., & Turpie, C. (2004). Disruptive effects of vigilance on dominant group members' treatment of outgroup members: Choking versus shining under pressure. *Journal of Personality and Social Psychology, 87,* 384−399.

Vrugt, A., & Koenis, S. (2002). Perceived self−efficacy, personal goals, social comparison, and scientific productivity. *Applied Psychology: An International Review, 51,* 593−607.

Vrugt, A., & Van Eechoud, M. (2002). Smiling and self−presentation of men and women for job photographs. *European Journal of Social Psychology, 32,* 419−431.

Wade, T. J. (2000). Evolutionary theory and self−perception: Sex differences in body esteem predictors of self−perceived physical and sexual attractiveness and self−esteem. *International Journal of Psychology, 35,* 36−45.

Wagner, J. D., Flinn, M. V., & England, B. G. (2002). Hormonal response to competition among male coalitions. *Evolution and Human Behavior, 23,* 437−442.

Wakefield, M. (2002, June 22). *The spectator.* Retrieved from http://www.spectator.co.uk/article.php3?table=old&section=current&issue=2002−06−22&id=1978

Waldrop, M. M. (1992). *Complexity: The emerging science at the edge of order and chaos.* New York: Simon & Schuster.

Walker, S., Richardson, D. S., & Green, L. R. (2000). Aggression among older adults: The relationship of interaction networks and gender role to direct and indirect responses. *Aggressive Behavior, 26,* 145−154.

Wallace, M. D. (1979). Arms races and escalations: Some new evidence. In J. D. Singer (Ed.), *Explaining war: Selected papers from the correlates of war project* (pp. 240−252). Beverly Hills, CA: Sage.

Wallach, M. A., Kogan, N., & Bem, D. J. (1962). Group influence on individual risk taking. *Journal of Abnormal and Social Psychology, 65,* 75−86.

Waller, N. G., Kojetin, B. A., Bouchard, T. J., Jr., Lykken, D. T., & Tellegen, A. (1990). Genetic and environmental influences on religious interests, attitudes, and values: A study of twins reared apart and together. *Psychological Science, 1,* 138−142.

Walter, A. (1997). The evolutionary psychology of mate selection in Morocco. A multivariate analysis. *Human Nature, 8,* 113−137.

Wann, D. L., & Grieve, F. G. (2005). Biased evaluations of in−group and outgroup spectator behavior at sporting events: The importance of team identification and threats to social identity. *Journal of Social Psychology, 145,* 531−545.

Warburton, J., & Terry, D. J. (2000). Volunteer decision making by older people. *Basic and Applied Social Psychology, 22,* 245−257.

Washington Post−ABC News National Poll. (2014). *March 2014 Post-ABC national poll: Politics, 2014 midterms, gay marriage.* Retrieved April 28, 2014, from http://www.washington-post.com/page/2010−2019/Washington-Post/2014/03/05/National−Politics/Polling/question_13288.xml?uuid=VWqBHKQ-jEeO4ZTiyVNkgYw

Watanabe, T. (1994, March 20). An unsung "Schindler" from Japan. *Los Angeles Times,* p. 1.

Watson, D., & Humrichouse, J. (2006). Personality development in emerging adulthood: Integrating evidence from self−ratings and spouse ratings. *Journal of Personality and Social Psychology, 91,* 904−917.

Watson, W. E., Kumar, K., & Michaelsen, L. K. (1993). Cultural diversity's impact on interaction process and performance: Comparing homogeneous and diverse task groups. *Academy of Management Journal, 36,* 590−602.

Watson, W., Michaelsen, L. K., & Sharp, W. (1991). Member competence, group interaction, and group decision making: A longitudinal study. *Journal of Applied Psychology, 76,* 803−809.

Wayne, S. J., & Ferris, G. R. (1990). Influence tactics, affect, and exchange quality in supervisor−subordinate interactions: A laboratory experiment and field study. *Journal of Applied Psychology, 75,* 487−499.

Wayneforth, D., Delwadia, S., & Camm, M. (2005). The influence of women's mating strategies on preference for masculine facial architecture. *Evolution and Human Behavior, 26,* 409−416.

Weary, G. (1980). Examination of affect and egotism as mediators of bias in causal attributions. *Journal of Personality and Social Psychology, 38,* 348−357.

Weary, G., Marsh, K. L., Gleicher, F., & Edwards, J. A. (1993). Depression, control motivation, and the processing of information about others. In G. Weary, F. Gleicher, & K. L. Marsh (Eds.), *Control motivation and social cognition* (pp. 255−287). New York: Springer−Verlag.

Weber, J. M., & Murnighan, J. K. (2008). Suckers or saviors? Consistent contributors in social dilemmas. *Journal of Personality and Social Psychology, 95,* 1340−1353.

Weber, R., & Crocker, J. (1983). Cognitive processes in the revision of stereotypic beliefs. *Journal of Personality and Social Psychology, 45,* 961−977.

Webster, D. M. (1993). Motivated augmentation and reduction of the overattribution bias. *Journal of Personality and Social Psychology, 65,* 261−271.

Webster, G. D. (2003). Prosocial behavior in families: Moderators of resource sharing. *Journal of Experimental Social Psychology, 39,* 644−652.

Webster, G. D., & Bryan, A. (2007). Sociosexual attitudes and behaviors: Why two factors are better than one. *Journal of Research in Personality, 41,* 917−922.

Wechsler, H., Lee, J. E., Kuo, M., & Lee, H. (2000). College binge drinking in the 1990s: A continuing problem: Results of the Harvard School of Public Health 1999 College Alcohol Study. *Journal of American College Health, 48,* 199−210.

Wechsler, H., & Nelson, T. F. (2008). What we have learned from the Harvard School of Public Health College Alcohol Study: Focusing attention on college student alcohol consumption and the environmental conditions that promote it. *Journal of Studies on Alcohol and Drugs, 69,* 481−490.

Weeden, J., Cohen, A. B., & Kenrick, D. T. (2008). Religious attendance as reproductive support. *Evolution and Human Behavior, 29,* 327−334.

Weeden, J., & Kurzban, R. (2013). What predicts religiosity? A multinational analysis of reproductive and cooperative morals. *Evolution and Human Behavior, 34*(6), 440−445.

Weeden, J., & Sabini, J. (2005). Physical attractiveness and health in Western societies: A review. *Psychological Bulletin, 131,* 635−653.

Wegner, D. M. (1987). Transactive memory: A contemporary analysis of the group mind. In B. Mullen & G. R. Goethals (Eds.), *Theories of group behavior* (pp. 185−208). New York: Springer−Verlag.

Wegner, D. M. (1995). A computer network model of human transactive memory. *Social Cognition, 13,* 319−339.

Wegner, D. M., & Erber, R. (1992). The hyperaccessibility of suppressed thoughts. *Journal of Personality and Social Psychology, 63,* 903−912.

Wegner, D. M., Erber, R., & Raymond, P. (1991). Transactive memory in close relationships.

Journal of Personality and Social Psychology, 61, 923–929.

Wegner, D. M., Schneider, D. J., Carter, S., III, & Whire, L. (1987). Paradoxical effects of thought suppression. *Journal of Personality and Social Psychology, 58*, 409–418.

Weigel, R. H., Wiser, P. L., & Cook, S. W. (1975). The impact of cooperative learning experiences on cross–ethnic relations and attitudes. *Journal of Social Issues, 31*, 219–244.

Weiner, T., Johnston, D., & Lewis, N. A. (1995). *Betrayal: The story of Aldrich Ames, an American spy.* New York: Random House.

Weinstein, N. D., & Klein, W. M. (1996). Unrealistic optimism: Present and future. *Journal of Social and Clinical Psychology, 15*, 1–8.

Weis, K. (2006). Individualism, collectivism, and the psychology of love. In R. J. Sternberg & K. Weis (Eds.), *New psychology of love* (pp. 313–326). New Haven, CT: Yale University Press.

Weisfeld, G. (1994). Aggression and dominance in the social world of boys. In J. Archer (Ed.), *Male violence* (pp. 43–69). New York: Routledge.

Wells, G. L., & Olsen, E. A. (2003). Eyewitness testimony. *Annual Review of Psychology, 54*, 277–295.

Wells, G. L., Olson, E. A., & Charman, S. D. (2002). The confidence of eyewitnesses in their identifications from lineups. *Current Directions in Psychological Science, 11*, 151–154.

Wenzlaff, R. M., & Wegner, D. M. (2000). Thought suppression. *Annual Review of Psychology, 51*, 93–120.

West, S. G., Gunn, S. P., & Chernicky, P. (1975). Ubiquitous Watergate: An attributional analysis. *Journal of Personality and Social Psychology, 32*, 55–66.

West, S. L., & O'Neal, K. K. (2004). Project D.A.R.E. outcome effectiveness revisited. *American Journal of Public Health, 94*, 1027–1029.

Westerwick, A. (2013). Effects of sponsorship, web site design, and google ranking on the credibility of online information. *Journal of Computer-Mediated Communication, 18*(2), 80–97.

Westra, H. A., & Kuiper, N. A. (1992). Type A, irrational cognitions, and situational factors relating to stress. *Journal of Research in Personality, 26*, 1–20.

Weyant, J. (1978). Effects of mood states, costs, and benefits on helping. *Journal of Personality and Social Psychology, 10*, 1169–1176.

Wheeler, L., Reis, H., & Nezlek, J. (1983). Loneliness, social interaction, and sex roles. *Journal of Personality and Social Psychology, 45*, 943–953.

Wheeler, S. C., & DeMarree, K. G. (2009). Multiple mechanisms of prime–to–behavior effects. *Social and Personality Psychology Compass, 3*(4), 566–581.

White, A. E., Kenrick, D. T., & Neuberg, S. L. (2013). Beauty at the ballot box: Disease threats predict preferences for physically attractive leaders. *Psychological Science, 24*(12), 2429–2436.

White, G. L., Fishbein, S., & Rutstein, J. (1981). Passionate love: The misattribution of arousal. *Journal of Personality and Social Psychology, 41*, 56–62.

White, G. L., & Kight, T. D. (1984). Misattribution of arousal and attraction: Effects of salience of explanation of arousal. *Journal of Experimental Social Psychology, 20*, 55–64.

White, G. M. (1980). Conceptual universals in interpersonal language. *American Anthropologist, 82*, 759–781.

White, L. C. (1988). *Merchants of death.* New York: Morrow.

White, R. K., & Lippitt, R. (1960). *Autocracy and democracy: An experimental inquiry.* New York: Harper & Brothers.

White, R. W. (1959). Motivation reconsidered: The concept of competence. *Psychological Review, 66*, 297–333.

Whitley, B. E., Jr. (1999). Right–wing authoritarianism, social dominance orientation, and prejudice. *Journal of Personality & Social Psychology, 77*, 126–134.

Whitley, B. E., & Lee, S. E. (2000). The relationship of authoritarianism and related constructs to attitudes toward homosexuality. *Journal of Applied Social Psychology, 30*, 144–170.

Whyte, G. (1989). Groupthink reconsidered. *Academy of Management Review, 14*, 40–56.

Widmeyer, W. N. (1990). Group composition in sport. *International Journal of Sport Psychology, 21*, 264–285.

Wiederman, M. W. (1993). Evolved gender differences in mate preferences: Evidence from personal advertisements. *Ethology and Sociobiology, 14*, 331–352.

Wiederman, M. W., & Allgeier, E. R. (1992). Gender differences in mate selection criteria: Sociobiological or socioeconomic explanation? *Ethology and Sociobiology, 13*, 115–124.

Wiederman, M. W., & Hurd, C. (1999). Extradyadic involvement during dating. *Journal of Social & Personal Relationships, 16*, 265–274.

Wiederman, M. W., & Kendall, E. (1999). Evolution, sex, and jealousy: Investigation with a sample from Sweden. *Evolution & Human Behavior, 20*, 121–128.

Wiegman, O., Kuttschreuter, M., & Baarda, B.

(1992). A longitudinal study of the effects of television viewing on aggressive and prosocial behaviors. *British Journal of Social Psychology, 31*, 147–164.

Wiersema, M. F., & Bantel, K. A. (1992). Top management team demography and corporate strategic change. *Academy of Management Journal, 35*, 91–121.

Wiggins, J. S., & Broughton, R. (1985). The interpersonal circle: A structural model for the integration of personality research. In R. Hogan & W. H. Jones (Eds.), *Perspectives in personality* (Vol. 1, pp. 1–48). Greenwich, CT: JAI Press.

Wilder, D. A. (1993). The role of anxiety in facilitating stereotypic judgments of outgroup behavior. In D. M. Mackie & D. L. Hamilton (Eds.), *Affect, cognition, and stereotyping: Interactive processes in intergroup perception* (pp. 87–109). New York: Academic Press.

Wilder, D. A., & Shapiro, P. (1989). The role of competition–induced anxiety in limiting the beneficial impact of positive behavior by an outgroup member. *Journal of Personality and Social Psychology, 56*, 60–69.

Wildschut, T., Pinter, B., Vevea, J. L., Insko, C. A., & Schopler, J. (2003). Beyond the group mind: A quantitative review of the interindividualintergroup discontinuity effect. *Psychological Bulletin, 129*, 698–722.

Wilkowski, B. M., & Robinson, M. D. (2008). The cognitive basis of trait anger and reactive aggression: An integrative analysis. *Personality and Social Psychology Review, 12*, 3–21.

Willer, R. (2004). The effects of government–issued terror warnings on presidential approval ratings. *Current Research in Social Psychology, 10*(1), 1–12.

Williams, E. F., & Gilovich, T. (2008). Do people really believe they are above average? *Journal of Experimental Social Psychology, 44*, 1121–1128.

Williams, J. E., & Best, D. L. (1990). *Measuring sex stereotypes: A multination study*. Newbury Park, CA: Sage.

Williams, K. D. (2007). Ostracism. *Annual Review of Psychology, 58*, 425–452.

Williams, K. D., Bourgeois, M., & Croyle, R. T. (1993). The effects of stealing thunder in criminal and civil trials. *Law and Human Behavior, 17*, 597–609.

Williams, K. D., Cheung, D. K., & Choi, W. (2000). Cyberostracism: Effects of being ignored over the internet. *Journal of Personality and Social Psychology, 79*, 748–762.

Williams, K. D., Harkins, S., & Latané, B. (1981).

Identifiability as a deterrent to social loafing: Two cheering experiments. *Journal of Personality and Social Psychology, 40*, 303–311.

Williams, K. D., & Karau, S. J. (1991). Social loafing and social compensation: The effects of expectations of co–worker performance. *Journal of Personality and Social Psychology, 61*, 570–581.

Williams, K. D., & Nida, S. A. (2011). Ostracism: Consequences and coping. *Current Directions in Psychological Science, 20*, 71–75.

Williams, K., Forgas, J., & von Hippel, W. (2005). *The social outcast: Ostracism, social exclusion, rejection, and bullying*. New York: Psychology Press.

Williams–Avery, R. M., & MacKinnon, D. P. (1996). Injuries and use of protective equipment among college in–line skaters. *Accident Analysis and Prevention, 28*, 779–784.

Williamson, G., & Clark, M. S. (1989). Effects of providing help to another and of relationship type on the provider's mood and self–evaluation. *Journal of Personality and Social Psychology, 56*, 722–734.

Williamson, G., Clark, M. S., Pegalis, L. J., & Behan, A. (1996). Affective consequences of refusing to help in communal and exchange relationships. *Personality and Social Psychology Bulletin, 22*, 34–47.

Williamson, S., Hare, R. D., & Wong, S. (1987). Violence: Criminal psychopaths and their victims. *Canadian Journal of Behavioral Science, 19*, 454–462.

Wills, T. A. (1981). Downward comparison principles in social psychology. *Psychological Bulletin, 90*, 245–271.

Wills, T. A., & DePaulo, B. M. (1991). Interpersonal analysis of the help–seeking process. In C. R. Snyder & D. R. Forsyth (Eds.), *Handbook of social and clinical psychology: The health perspective* (pp. 350–375). Elmsford, NY: Pergammon.

Wilson, A. E., & Ross, M. (2001). From chump to champ: People's appraisals of their earlier and present selves. *Journal of Personality & Social Psychology, 80*, 572–584.

Wilson, D. S., Timmel, J. J., & Miller, R. R. (2004). Cognitive cooperation: When the going gets tough, think as a group. *Human Nature, 15*, 225–250.

Wilson, J. P. (1976). Motivation, modeling, and altruism: A person x situation analysis. *Journal of Personality and Social Psychology, 34*, 1078–1086.

Wilson, M., & Daly, M. (1985). Competitiveness, risk taking, and violence: The young male syndrome. *Ethology and Sociobiology, 6*, 59–73.

Wilson, T. D., & LaFleur, S. J. (1995). Knowing what you'll do: Effects of analyzing reasons on self−prediction. *Journal of Personality and Social Psychology, 68,* 21−35.

Winquist, J. R., & Larson, J. R. (2004). Sources of the discontinuity effect: Playing against a group versus being in a group. *Journal of Experimental Social Psychology, 40,* 675−682.

Winter, D. G. (1973). *The power motive.* New York: Free Press.

Winter, D. G. (1987). Leader appeal, leader performance, and the motive profiles of leaders and followers: A study of American presidents and elections. *Journal of Personality and Social Psychology, 52,* 196−202.

Winter, D. D. (2000). Some big ideas for some big problems. *American Psychologist, 55,* 516−522.

Winter, D. G. (2007). The role of motivation, responsibility, and integrative complexity in crisis escalation: Comparative studies of war and peace crises. *Journal of Personality and Social Psychology, 92,* 920−937.

Wisman, A., & Goldenberg, J. L. (2005). From the grave to the cradle: Evidence that mortality salience engenders a desire for offspring. *Journal of Personality and Social Psychology, 89,* 46−61.

Wisman, A., & Koole, S. L. (2003). Hiding in the crowd: Can mortality salience promote affiliation with others who oppose one's world views? *Journal of Personality & Social Psychology, 84,* 511−526.

Wit, A. P., & Kerr, N. L. (2002). "Me versus just us versus us all" categorization and cooperation in nested social dilemmas. *Journal of Personality & Social Psychology, 83,* 616−637.

Wittenbaum, G. M., & Stasser, G. (1996). Management of information in small groups. In J. L. Nye & A. M. Brower (Eds.), *What's social about social cognition? Research on socially shared cognition in small groups* (pp. 3−28). Thousand Oaks, CA: Sage.

Wittenbrink, B., & Henly, J. R. (1996). Creating social reality: Informational social influence and the content of stereotypic beliefs. *Personality and Social Psychology Bulletin, 22,* 598−610.

Wittenbrink, B., Judd, C. M., & Park, B. (1997). Evidence for racial prejudice at the implicit level and its relationship with questionnaire measures. *Journal of Personality and Social Psychology, 72,* 262−274.

Wolf, S., & Latané, B. (1985). Conformity, innovation, and the psychosocial law. In S. Moscovici, G. Mugny, & E. Van Avermaet (Eds.), *Perspectives on minority influence* (pp. 201−215). Cambridge, UK: Cambridge University Press.

Wolfe, B. D. (1991). *The fabulous life of Diego Rivera.* New York: Cooper Square Press.

Wolfgang, M. E. (1958). *Patterns in criminal homicide.* Philadelphia: University of Pennsylvania Press.

Wong, S., Bond, M. H., & Rodriguez, P. M. (2008). The influence of cultural value orientations on self−reported emotional expression across cultures. *Journal of Cross-Cultural Psychology, 39,* 224−229.

Wood, J. V. (1989). Theory and research concerning social comparisons of personal attributes. *Psychological Bulletin, 106,* 231−248.

Wood, J. V., Giordano−Beech, M., & Ducharme, M. J. (1999). Compensating for failure through social comparison. *Personality and Social Psychology Bulletin, 25,* 1370−1386.

Wood, W., Kallgren, C. A., & Preisler, R. M. (1985). Access to attitude−relevant information in memory as a determinant of persuasion. *Journal of Experimental Social Psychology, 21,* 73−85.

Wood, W., & Neal, D. T. (2007). A new look at habits and the habit−goal interface. *Psychological Review, 114,* 843−863.

Wood, W., & Quinn, J. M. (2003). Forewarned and forearmed? Two meta−analytic syntheses of forewarnings of influence appeals. *Psychological Bulletin, 129,* 119−138.

Wood, W., & Stagner, B. (1994). Why are some people easier to influence than others? In S. Shavitt & T. C. Brock (Eds.), *Persuasion* (pp. 149−174). Boston: Allyn & Bacon.

Wood, J. V., Taylor, S. E., & Lichtman, R. R. (1985). Social comparison in adjustment to breast cancer. *Journal of Personality and Social Psychology, 49,* 1169−1183.

Wood, J. V., & Wilson, A. E. (2003). How important is social comparison? In M. R. Leary & J. P. Tangney (Eds.), *Handbook of self and identity* (pp. 344−366). New York: Guilford Press.

Wood, W., Wong, F. Y., & Chachere, J. G. (1991). Effects of media violence on viewer's aggression in unconstrained social interaction. *Psychological Bulletin, 109,* 371−383.

Wooten, D. B., & Reed, A. (1998). Informational influence and the ambiguity of product experience: Order effects on the weighting of evidence. *Journal of Consumer Psychology, 7,* 79−99.

Word, C. O., Zanna, M. P., & Cooper, J. (1974). The nonverbal mediation of self−fulfilling prophecies in interracial interaction. *Journal of Experimental Social Psychology, 10,* 109−120.

Wortman, C. B., & Linsenmeier, J. (1977). Interpersonal attraction and techniques of ingratiation. In B. Staw & G. Salancik (Eds.), *New directions in organizational behavior* (pp. 133–179). Chicago: St. Clair.

Wosinska, W., Dabul, A. J., Whetstone–Dion, R., & Cialdini, R. B. (1996). Self–presentational responses to success in the organization: The costs and benefits of modesty. *Basic and Applied Social Psychology, 18*, 229–242.

Wyer, N., Sherman, J. W., & Stroessner, S. J. (2000). The roles of motivation and ability in controlling the consequences of stereotype suppression. *Personality and Social Psychology Bulletin, 26*, 13–25.

Wyer, R. S. (2008). The role of knowledge accessibility in cognition and behavior. In C. P. Haugtvedt, P. M. Herr, & F. R. Kardes (Eds.), *Handbook of consumer psychology* (pp. 31–76). New York: Lawrence Erlbaum Associates.

Wyer, R. S., Jr., & Srull, T. K. (1986). Human cognition in its social context. *Psychological Review, 93*, 322–359.

Wylie, R. (1979). *The self-concept* (Vol. 2). Lincoln: University of Nebraska Press.

Xue, M., & Silk, J. B. (2012). The role of tracking and tolerance in relationship among friends. *Evolution and Human Behavior, 33*, 17–25.

Yamagishi, T. (1988a). Seriousness of a social dilemma and the provision of a sanctioning system. *Social Psychology Quarterly, 51*, 32–42.

Yamagishi, T. (1988b). The provision of a sanctioning system in the United States and Japan. *Social Psychology Quarterly, 51*, 264–270.

Yamagishi, T., & Cook, K. S. (1993). Generalized exchange and social dilemmas. *Social Psychology Quarterly, 56*, 235–248.

Yamagishi, T., Hashimoto, H., Cook, K. S., Kiyonari, T., Shinada, M., Mifune, N., et al. (2012). Modesty in self–presentation: A comparison between the USA and Japan. *Asian Journal of Social Psychology, 15*(1), 60–68.

Yamagishi, T., Tanida, S., Mashima, R., Shimoma, E., & Kanazawa, S. (2003). You can judge a book by its cover: Evidence that cheaters may look different from cooperators. *Evolution and Human Behavior, 24*, 290–301.

Yamaguchi, S., Greenwald, A. G., Banaji, M. R., Murakami, F., Chen, D., Shiomura, K., et al. (2007). Apparent universality of positive implicit self–esteem. *Psychological Science, 18*, 498–500.

Yates, S. M., & Aronson, E. (1983). A social psychological perspective on energy conservation in residential buildings. *American Psychologist, 38*(4), 435–444.

Yuki, M., Maddux, W. W., & Masuda, T. (2007). Are the windows to the soul the same in the East and West? Cultural differences in using the eyes and mouth as cues to recognize emotions in Japan and the United States. *Journal of Experimental Social Psychology, 43*, 303–311.

Yun, S., Takeuchi, R., & Liu, W. (2007). Employee self–enhancement motives and job performance behaviors: Investigating the moderating effects of employee role ambiguity and managerial perceptions of employee commitment. *Journal of Applied Psychology, 92*, 745–756.

Zaccaro, S. J. (1984). Social loafing: The role of task attractiveness. *Personality and Social Psychology Bulletin, 10*, 99–106.

Zaccaro, S. J. (1991). Nonequivalent associations between forms of cohesiveness and group–related outcomes: Evidence for multidimensionality. *Journal of Social Psychology, 131*, 387–399.

Zaccaro, S. J., & Lowe, C. A. (1988). Cohesiveness and performance on an additive task: Evidence for multidimensionality. *Journal of Social Psychology, 128*, 547–558.

Zahn–Waxler, C., Robinson, J. L., & Emde, R. N. (1992). The development of empathy in twins. *Developmental Psychology, 28*, 1038–1047.

Zajac, R. J., & Hartup, W. W. (1997). Friends as coworkers: Research review and classroom implications. *Elementary School Journal, 98*, 3–13.

Zajonc, R. B. (1965). Social facilitation. *Science, 149*, 269–274.

Zajonc, R. B. (1968). Attitudinal effects of mere exposure. *Journal of Personality and Social Psychology Monographs, 9*(2, part 2), 1–27.

Zajonc, R. B. (1980). Feeling and thinking: Preferences need no inferences. *American Psychologist, 35*, 151–175.

Zander, A. (1985). *The purposes of groups and organizations.* San Francisco: Jossey–Bass.

Zanna, M. P., & Pack, S. J. (1975). On the self–fulfilling nature of apparent sex differences in behavior. *Journal of Experimental Social Psychology, 11*, 583–591.

Zautra, A. J., Johnson, L. M., & Davis, M. C. (2005). Positive affect as a source of resilience for women in chronic pain. *Journal of Consulting and Clinical Psychology, 73*, 212–220.

Zebrowitz, L. A. (1994). Facial maturity and political prospects: Persuasive, culpable, and powerful faces. In R. C. Schank & E. Langer (Eds.), *Beliefs, reasoning, and decision making: Psychologic in honor of Bob Abelson* (pp. 315–346). Hillsdale, NJ: Erlbaum.

Zebrowitz, L. A., & Collins, M. A. (1997). Accurate social perception at zero acquaintance: The affordances of a Gibsonian approach. *Personality and Social Psychology Review, 1*, 204–223.

Zebrowitz, L. A., & Montepare, J. (2006). The ecological approach to person perception: Evolutionary roots and contemporary offshoots. In M. Schaller, J. A. Simpson, & D. T. Kenrick (Eds.), *Evolution and social psychology* (pp. 81–113). New York: Psychology Press.

Zebrowitz, L. A., & Rhodes, G. (2002). Nature let a hundred flowers bloom: The multiple ways and wherefores of attractiveness. In G. Rhodes & L. A. Zebrowitz (Eds.), *Facial attractiveness: Evolutionary, cognitive, and social perspectives: Advances in visual cognition* (Vol. 1, pp. 261–293). Westport, CT: Ablex Publishing.

Zebrowitz, L. A., Tenenbaum, D. R., & Goldstein, L. H. (1991). The impact of job applicants' facial maturity, gender, and academic achievement on hiring recommendations. *Journal of Applied ocial Psychology, 21*, 525–548.

Zebrowitz, L. A., Voinescu, L., & Collins, M. A. (1996). "Wide–eyed" and "crooked–faced" : Determinants of perceived and real honesty across the life span. *Personality and Social Psychology Bulletin, 22*, 1258–1269.

Zechmeister, J. S., & Romero, C. (2002). Victim and offender accounts of interpersonal conflict: Autobiographical narratives of forgiveness and unforgiveness. *Journal of Personality & Social Psychology, 82*, 675–686.

Zeifman, D., & Hazan, C. (1997). Attachment: The pair in pair–bonds. In J. A. Simpson & D. T. Kenrick (Eds.), *Evolutionary social psychology* (pp. 237–264). Mahwah, NJ: LEA.

Zenger, T. R., & Lawrence, B. S. (1989). Organizational demography: The differential effects of age and tenure distributions on technical communication. *Academy of Management Journal, 32*, 353–376.

Zhang, S., Morris, M. W., Cheng, C. Y., & Yap, A. J. (2013). Heritage–culture images disrupt immigrants' second–language processing through triggering first–language interference. *Proceedings of the National Academy of Sciences, 110*(28), 11272–11277.

Zhang, Z.–X., Hempel, P. S., Han, Y.–L., & Tjosvold, D. (2007). Transactive memory system links work team characteristics and performance. *Journal of Applied Psychology, 92*, 1722–1730.

Zhou, X. D., Wang, X. L., Lu, L., & Hesketh, T. (2011). The very high sex ratio in rural China: Impact on the psychosocial wellbeing of unmarried men. *Social Science & Medicine, 73*, 1422–1427.

Ziegler, R. (2013). Mood and processing of proatti-tudinal and counterattitudinal messages. *Personality and Social Psychology Bulletin, 39*, 482–495.

Zietsch, B. P., Morley, K. I., Shekar, S. N., Verweij, K. J. H., Keller, M. C., MacGregor, S., et al. (2008). Genetic factors predisposing to homosexuality may increase mating success in heterosexuals. *Evolution and Human Behavior, 29*, 424–433.

Zillmann, D. (1983). Transfer of excitation in emotional behavior. In J. Cacioppo & R. E. Petty (Eds.), *Social psychophysiology* (pp. 215–240). New York: Guilford.

Zillmann, D. (1994). Cognition–excitation interdependencies in the escalation of anger and angry aggression. In M. Potegal & J. F. Knutson (Eds.), *Dynamics of aggression: Biological and social processes in dyads and groups* (pp. 45–71). Hillsdale, NJ: Erlbaum.

Zillmann, D., & Weaver, J. B., III. (1999). Effects of prolonged exposure to gratuitous violence on provoked and unprovoked hostile behavior. *Journal of Applied Social Psychology, 29*, 145–165.

Zimbardo, P. G. (1969). The human choice: Individuation, reason, and order versus deindividuation, impulse, and chaos. In W. J. Arnold & D. Levine (Eds.), *Nebraska Symposium on Motivation, 1969* (Vol. 17, pp. 237–307). Lincoln: University of Nebraska.

Zimbardo, P. G. (1997, May). What messages are behind today's cults? *APA Monitor*, p. 14.

Zitek, E. M., & Hebl, M. R. (2007). The role of social norm clarity in the influenced expression of prejudice over time. *Journal of Experimental Social Psychology, 43*, 867–876.

Zou, X., Morris, M. W., & Benet–Martinez, V. (2008). Identity motives and cultural priming: Cultural (dis)identification in assimilative and contrastive responses. *Journal of Experimental Social Psychology, 44*, 1151–1159.

Zuckerman, M., Kieffer, S. C., & Knee, C. R. (1998). Consequences of self–handicapping: Effects on coping, academic performance, and adjustment. *Journal of Personality and Social Psychology, 74*, 1619–1628.

Zuckerman, M., & Tsai, F.–F. (2005). Costs of self–handicapping. *Journal of Personality, 73*, 411–442.

인명

사회심리학

사회심리학

개념

사회심리학

393, 395, 400-401, 418, 420, 608, 665

외집단 편향 638, 645, 654

우울증 66, 138, 158, 335-337, 356, 360, 384, 402, 449

유능함 192-201, 213, 283, 685

유인 상술 기법 310-312

음란물 114, 486-487

이타주의 34, 413, 452-455, 668, 676, 692-694, 696

인종차별 44, 59, 72, 186, 304, 509-510, 513-514, 517, 532, 535, 539, 554, 559-561, 563-566, 641-642, 660, 690, 698

인지 부조화 249, 251-253, 255-256, 264

인지 욕구 159, 232-233

인지적 어림법 131-132

일부다처제 396-397

일부일처제 375, 378, 396

일처다부제 29, 396

ㅈ

자기 감시 172, 260, 262-263

자기 노출 336, 340-341

자기 본위적 편향 140, 144, 146, 385

자기 불구화 196-199, 520

자기 인식 61, 89-90, 92, 168

자기 조절 91-92

자기 충족적 예언 125-127, 385, 499, 530

자기 향상 138-140, 143-144, 149-150, 257

자살 50, 54-57, 131, 272, 289, 304, 306, 328, 500, 506, 534, 537

절감 원리 154-155, 195

점화 78, 111-113, 115, 121-122, 353, 374, 474, 495, 530, 636

조망 수용 451-452, 454

조명 효과 170

조작적 조건형성 219

좌절·공격성 가설 466-468, 470

죄수의 딜레마 619-620, 693

주의 37, 39, 46, 55, 59, 74-77, 79, 85, 92, 120-125, 133-135, 151, 159-161, 164, 170, 180, 206, 227, 231, 234-235, 243, 262, 306, 325, 353, 374, 488, 546, 552, 557, 561, 573, 666, 672, 674, 692

죽음 현저성 146

증가 원리 154-155, 195, 197

지배성 208, 382, 391, 394, 398-401, 408, 461, 463, 489-490, 494-495, 506, 641-642, 673, 678, 685

질투 344, 388-390

집단 사고 600

집단 양극화 595

집단주의 102-105, 111, 114, 130, 145, 148-149, 301, 358-360, 585, 587, 636, 667

ㅊ

차별 116, 132-133, 511-513, 515-520, 522, 524, 531, 535-536, 540, 554-558, 564, 566, 663

친사회적 행동 47, 412-413, 417, 420, 424-426, 430-431, 435-436, 439, 447, 449-452, 454, 457, 663, 672, 677, 679

ㅋ

카타르시스 464

캡티니티스 281

킨제이 보고서 52

ㅌ

탈개인화 58, 573-574

탈동일시 521

테러 51, 138, 263, 493, 522, 533-534, 542, 567, 641, 643, 648

테스토스테론 14, 29, 189, 206, 208, 371, 490-491, 494-495, 506, 606, 692-693

| 지은이 |

로버트 치알디니 Robert B.Cialdini

애리조나주립대학교 심리마케팅학과 석좌교수로, 베스트셀러『설득의 심리학』의 저자다. 사회심리학에서도 설득과 순응, 협상 분야의 전문가로 이름난 그는 '설득의 대부'로 불리며 세계적인 명성을 쌓았다. 《하버드비즈니스리뷰》는 그의 연구를 두고 "오늘날 비즈니스 의제를 위한 획기적인 아이디어"라고 호평하기도 했다. 사회심리학 분야에서 뛰어난 연구 성과와 공헌을 인정받아 2003년 도널드 T. 캠벨상을 수상했고, 2018년 미국예술과학아카데미(America Academy of Arts and Sciences), 2019년 미국국립과학원(National Academy of Sciences)의 정회원이 되었다.

컨설팅 회사 '인플루언스앳워크(Influence at Work)'의 설립자이자 대표이사로 재직 중이다. 기업 기조연설 프로그램, 치알디니 공인 인증 트레이닝(CMCT) 등을 고안해 구글, 마이크로소프트, 코카콜라 등 수많은 글로벌 기업 CEO와 사업가들에게 비즈니스 아이디어를 제시하고 있다. 대표작인『설득의 심리학』은 전 세계 26개국에 번역되어 400만 부 이상 판매되었다. 이 책은《뉴욕타임스》,《월스트리트저널》,《USA투데이》의 베스트셀러로 선정되었을 뿐 아니라,《포천》의 '가장 뛰어난 비즈니스서 75권'과《800 CEO 리드》의 '꼭 읽어야 할 최고의 비즈니스서 100권'에도 올랐다. 이외 저서로『웃는 얼굴로 구워삶는 기술』,『초전 설득』,『설득의 기술』등이 있다.

더글러스 켄릭 Douglas T.Kenrick

애리조나주립대학교의 심리학 교수로, 선구적인 진화심리학 전문가다. 진화심리학 분야를 대표하는 학회 '인간 행동과 진화 학회(The Human Behavior and Evolution Society)'의 집행 위원이며, 200편이 넘는 연구 논문과 저술을 내면서 학계의 주목을 받아왔다. 주로 진화론적 관점으로 인간의 짝 선택, 이타주의, 인종에 관한 고정관념 등을 분석하는 데 천착했다. 특히 살인 판타지에 관한 혁신적인 연구는《뉴욕타임스》,《뉴스위크》,《사이콜로지투데이》같은 저명한 매체들의 찬사를 받았다. 저서로『이성의 동물』(공저),『인간은 야하다』등이 있다.

스티븐 뉴버그 Steven L.Neuberg

애리조나주립대학교 심리학 교수다. 코넬대학교 심리학과 졸업 후, 카네기멜론대학교에서 사회심리학으로 석·박사 학위를 받고 워털루대학교에서 NATO 박사 후 연구 과정을 밟았다. 사회심리학 분야의 전문 학술지《실험사회심리학지(JESP)》의 부편집장을 지냈으며, 집단 간 갈등의 양상을 연구하는 '애리조나주립대학교 글로벌 집단 관계 프로젝트'를 이끌었다. 2012년 애리조나주립대학교 우수 박사 학위상을 수상했다.

| 옮긴이 |

김아영

연세대학교 심리학과를 졸업했다. 글밥 아카데미 수료 후 바른번역 소속으로 기획 및 번역 활동을 이어가고 있으며 디자인 전문 잡지《지콜론(G:)》에서 디자인과 심리를 접목한 칼럼을 연재했다. 옮긴 책으로 『모두가 인기를 원한다』, 『엄마의 자존감』, 『소리 질러서 미안해』, 『땅과 집값의 경제학』, 『단어의 사생활』, 『어떻게 공부할 것인가』, 『확신의 힘』 등이 있고, 직접 기획과 번역을 맡은 책으로 『문학 속에서 고양이를 만나다』가 있다.

사회심리학

마음과 행동을 결정하는 사회적 상황의 힘

초판 1쇄 발행 2020년 1월 9일
초판 12쇄 발행 2023년 12월 4일

지은이 로버트 치알디니, 더글러스 켄릭, 스티븐 뉴버그
옮긴이 김아영

발행인 이재진 **단행본사업본부장** 신동해
편집장 김경림 **디자인** 김은정
마케팅 최혜진 이은미 **홍보** 반여진 허지호 정지연 송임선
국제업무 김은정 김지민 **제작** 정석훈

브랜드 웅진지식하우스 **주소** 경기도 파주시 회동길 20
문의전화 031-956-7213(편집) 02-3670-1123(마케팅)
홈페이지 www.wjbooks.co.kr
인스타그램 www.instagram.com/woongjin_readers
페이스북 https://www.facebook.com/woongjinreaders
블로그 blog.naver.com/wj_booking

발행처 ㈜웅진씽크빅
출판신고 1980년 3월 29일 제406-2007-000046호

한국어판 출판권 © ㈜웅진씽크빅, 2020
ISBN 978-89-01-23821-0 (03330)